2024

法律法规全书系列

中华人民共和国道路交通法律法规全书

（含规章及法律解释）

中国法制出版社
CHINA LEGAL PUBLISHING HOUSE

出版说明

随着中国特色社会主义法律体系的建成，中国的立法进入了"修法时代"。在这一时期，为了使法律体系进一步保持内部的科学、和谐、统一，会频繁出现对法律各层级文件的适时清理。目前，清理工作已经全面展开且取得了阶段性的成果，但这一清理过程在未来几年仍将持续。这对于读者如何了解最新法律修改信息、如何准确适用法律带来了使用上的不便。基于这一考虑，我们精心编辑出版了本书，一方面重在向读者展示我国立法的成果与现状，另一方面旨在帮助读者在法律文件修改频率较高的时代准确适用法律。

本书独具以下四重价值：

1. **文本权威，内容全面**。本书涵盖道路交通领域相关的常用法律、行政法规、国务院文件、部门规章、规范性文件、司法解释，及最高人民法院公布的典型案例、示范文本；独家梳理和收录人大代表建议、政协委员提案的重要答复；书中收录文件均为经过清理修改的现行有效文本，方便读者及时掌握最新法律文件。

2. **查找方便，附录实用**。全书法律文件按照紧密程度排列，方便读者对某一类问题的集中查找；重点法律附加条旨，指引读者快速找到目标条文；附录相关典型案例、文书范本，其中案例具有指引"同案同判"的作用。同时，本书采用可平摊使用的独特开本，避免因书籍太厚难以摊开使用的弊端。

3. **免费增补，动态更新**。为保持本书与新法的同步更新，避免读者因部分法律的修改而反复购买同类图书，我们为读者专门设置了以下服务：(1) 扫码添加书后"法规编辑部"公众号→点击菜单栏→进入资料下载栏→选择法律法规全书资料项→点击网址或扫码下载，即可获取本书每次改版修订内容的电子版文件；(2) 通过"法规编辑部"公众号，及时了解最新立法信息，并可线上留言，编辑团队会就图书相关疑问动态解答。

4. **目录赠送，配套使用**。赠送本书目录的电子版，与纸书配套，立体化、电子化使用，便于检索、快速定位；同时实现将本书装进电脑，随时随地查。

修订说明

《中华人民共和国道路交通法律法规全书》自出版以来，深受广大读者的欢迎和好评。本书在前一版本的基础上，根据最新国家法律、行政法规、部门规章、司法解释及相关文件的制定和修改情况，进行了相应的增删和调整。具体情况如下：

一、新增文件。《铁路旅客车票实名制管理办法》《公路水运工程质量检测管理办法》《公路水路关键信息基础设施安全保护管理办法》《交通运输工程造价工程师注册管理办法》《道路运输电子证照运行服务规范（试行）》《公路运营领域重大事故隐患判定标准》《铁路旅客运输规程》《铁路设备质量安全监督管理办法》。

二、更新文件。《中华人民共和国道路运输条例》《中华人民共和国民事诉讼法》《道路运输从业人员管理规定》《道路运输车辆技术管理规定》《道路旅客运输企业安全管理规范》《网络预约出租汽车经营服务管理暂行办法》。

总 目 录

一、综合 ·· (1)
二、车辆与从业人员管理 ·························· (55)
  1. 车辆管理 ··· (55)
  2. 车辆登记及从业人员管理 ················ (84)
  3. 从业资格管理 ································· (117)
三、交通事故处理 ···································· (154)
四、交通事故损害赔偿 ····························· (191)
  1. 交通事故受伤人员诊疗 ··················· (191)
  2. 司法鉴定 ··· (194)
  3. 损害赔偿 ··· (196)
五、交通事故保险 ···································· (253)
六、交通行政管理 ···································· (292)
  1. 行政许可 ··· (292)
  2. 行政处罚 ··· (308)
  3. 行政强制 ··· (321)
  4. 交通违法处罚 ································· (327)
七、纠纷解决 ·· (385)
  1. 调解 ··· (385)
  2. 行政复议 ··· (387)
  3. 仲裁 ··· (395)
  4. 行政诉讼 ··· (400)
  5. 民事诉讼 ··· (423)
八、交通税费 ·· (483)
九、道路运输与管理 ································· (495)
  1. 一般规定 ··· (495)
  2. 道路旅客运输 ································· (510)
  3. 道路货物运输 ································· (562)
    （1）危险物品运输管理 ··················· (562)
    （2）货物运输管理 ·························· (585)
  4. 道路管理 ··· (602)
十、其他 ·· (633)
  1. 铁路运输 ··· (633)
  2. 水路运输 ··· (659)
  3. 航空运输 ··· (691)
十一、人大代表建议、政协委员提案
    答复 ·· (721)

目 录[*]

一、综 合

中华人民共和国道路交通安全法 ……………… （1）
　　（2021 年 4 月 29 日）
中华人民共和国道路交通安全法实施条例 ……… （11）
　　（2017 年 10 月 7 日）
中华人民共和国公路法 …………………………… （21）
　　（2017 年 11 月 4 日）
公路安全保护条例 ………………………………… （26）
　　（2011 年 3 月 7 日）
交通运输法规制定程序规定 ……………………… （32）
　　（2018 年 11 月 27 日）
交通运输标准化管理办法 ………………………… （37）
　　（2019 年 5 月 13 日）

交通运输政务数据共享管理办法 ………………… （39）
　　（2021 年 4 月 6 日）
小微型客车租赁经营服务管理办法 ……………… （41）
　　（2021 年 8 月 11 日）
高速铁路安全防护管理办法 ……………………… （43）
　　（2020 年 5 月 6 日）
公路水运工程质量检测管理办法 ………………… （48）
　　（2023 年 8 月 22 日）
公路水路关键信息基础设施安全保护管理办法 … （51）
　　（2023 年 4 月 24 日）

二、车辆与从业人员管理

1. 车辆管理
校车安全管理条例 ………………………………… （55）
　　（2012 年 4 月 5 日）
报废机动车回收管理办法 ………………………… （59）
　　（2019 年 4 月 22 日）
报废机动车回收管理办法实施细则 ……………… （61）
　　（2020 年 7 月 18 日）
机动车强制报废标准规定 ………………………… （67）
　　（2012 年 12 月 27 日）
机动车维修管理规定 ……………………………… （70）
　　（2023 年 11 月 10 日）

城市轨道交通运营管理规定 ……………………… （79）
　　（2018 年 5 月 21 日）
2. 车辆登记及从业人员管理
机动车登记规定 …………………………………… （84）
　　（2021 年 12 月 17 日）
机动车驾驶证申领和使用规定 …………………… （97）
　　（2021 年 12 月 17 日）
3. 从业资格管理
机动车驾驶员培训管理规定 ……………………… （117）
　　（2022 年 9 月 26 日）
铁路机车车辆驾驶人员资格许可办法 …………… （122）
　　（2019 年 12 月 2 日）

---

[*] 编者按：本目录中的时间为法律文件的公布时间或最后一次修正、修订公布时间。

铁路机车车辆驾驶人员资格许可实施细则 …… （125）
　　（2020年4月30日）
道路运输驾驶员诚信考核办法 …………… （131）
　　（2022年7月20日）
道路运输从业人员管理规定 ……………… （133）
　　（2022年11月10日）
交通运输工程造价工程师注册管理办法 …… （144）
　　（2023年4月23日）

出租汽车驾驶员从业资格管理规定 ……… （145）
　　（2021年8月11日）
·文书范本·
二手车买卖合同（示范文本） …………… （151）
·指导案例·
赵春明等诉烟台市福山区汽车运输公司、
　卫德平等机动车交通事故责任纠纷案 …… （152）

三、交通事故处理

中华人民共和国刑法（节录） …………… （154）
　　（2020年12月26日）
道路交通事故处理程序规定 ……………… （164）
　　（2017年7月22日）
高速公路交通应急管理程序规定 ………… （174）
　　（2008年12月3日）
最高人民法院关于审理交通肇事刑事案件具
　体应用法律若干问题的解释 …………… （178）
　　（2000年11月15日）
最高人民法院、最高人民检察院、公安部、
　司法部关于办理醉酒危险驾驶刑事案件的
　意见 …………………………………… （179）
　　（2023年12月13日）
关于依法办理"碰瓷"违法犯罪案件的指
　导意见 ………………………………… （182）
　　（2020年10月14日）

·标准规范·
车辆驾驶人员血液、呼气酒精含量阈值与检
　验（GB 19522-2010） ………………… （184）
　　（2017年2月28日）
·实用附录·
1. 道路交通事故处理流程图（简易程序
　办理案件） …………………………… （186）
2. 道路交通事故处理流程图（一般程序
　办理案件） …………………………… （187）
3. 道路交通事故索赔流程图 …………… （188）
·典型案例·
上海市浦东新区人民检察院诉张纪伟、金
　鑫危险驾驶案 ………………………… （189）

四、交通事故损害赔偿

1. **交通事故受伤人员诊疗**
道路交通事故受伤人员临床诊疗指南（节录） … （191）
　　（2007年5月31日）
2. **司法鉴定**
全国人民代表大会常务委员会关于司法鉴定
　管理问题的决定 ……………………… （194）
　　（2015年4月24日）
3. **损害赔偿**
中华人民共和国民法典（节录） ………… （196）
　　（2020年5月28日）

最高人民法院关于审理道路交通事故损害赔
　偿案件适用法律若干问题的解释 ……… （198）
　　（2020年12月29日）
最高人民法院关于审理人身损害赔偿案件适
　用法律若干问题的解释 ………………… （200）
　　（2022年4月24日）
最高人民法院关于确定民事侵权精神损害赔
　偿责任若干问题的解释 ………………… （202）
　　（2020年12月29日）

- 标准规范·
  人体损伤致残程度分级 …………… (202)
    (2016年4月18日)
  人体损伤程度鉴定标准 …………… (226)
    (2013年8月30日)
- 典型案例·
  1. 刘雷诉汪维剑、朱开荣、天安保险盐城中心支公司交通事故人身损害赔偿纠纷案 …………………………… (246)
  2. 荣宝英诉王阳、永诚财产保险股份有限公司江阴支公司机动车交通事故责任纠纷案 …………………… (249)
  3. 王德钦诉杨德胜、泸州市汽车二队交通事故损害赔偿纠纷案 …………… (250)

五、交通事故保险

中华人民共和国保险法 …………… (253)
  (2015年4月24日)
机动车交通事故责任强制保险条例 … (267)
  (2019年3月2日)
机动车辆保险理赔管理指引 ………… (270)
  (2012年2月21日)
道路交通事故社会救助基金管理办法 … (279)
  (2021年12月1日)
机动车交通事故责任强制保险费率浮动暂行办法 …………………………… (282)
  (2020年9月9日)

最高人民法院关于适用《中华人民共和国保险法》若干问题的解释（二） … (285)
  (2020年12月29日)
· 典型案例·
  1. 葛宇斐诉沈丘县汽车运输有限公司、中国人民财产保险股份有限公司周口市分公司、中国人民财产保险股份有限公司沈丘支公司道路交通事故损害赔偿纠纷案 …………………… (287)
  2. 曹连成、胡桂兰、曹新建、曹显忠诉民生人寿保险股份有限公司江苏分公司保险合同纠纷案 …………… (290)

六、交通行政管理

1. 行政许可
中华人民共和国行政许可法 ………… (292)
  (2019年4月23日)
交通行政许可实施程序规定 ………… (298)
  (2004年11月22日)
交通行政许可监督检查及责任追究规定 … (307)
  (2004年11月22日)
2. 行政处罚
中华人民共和国行政处罚法 ………… (308)
  (2021年1月22日)
中华人民共和国治安管理处罚法（节录） …… (315)
  (2012年10月26日)

3. 行政强制
中华人民共和国行政强制法 ………… (321)
  (2011年6月30日)
4. 交通违法处罚
交通运输行政执法程序规定 ………… (327)
  (2021年6月30日)
道路交通安全违法行为处理程序规定 … (356)
  (2020年4月17日)
道路交通安全违法行为记分管理办法 … (363)
  (2021年12月17日)

· 请示答复 ·

最高人民法院关于公安交警部门能否以交通
　　违章行为未处理为由不予核发机动车检验
　　合格标志问题的答复 …………………… （367）
　　（2008 年 11 月 17 日）

· 文书范本 ·

道路交通安全违法行为处理法律文书（式样）… （367）

七、纠纷解决

1. 调解

中华人民共和国人民调解法 ………………… （385）
　　（2010 年 8 月 28 日）

2. 行政复议

中华人民共和国行政复议法 ………………… （387）
　　（2023 年 9 月 1 日）

3. 仲裁

中华人民共和国仲裁法 ……………………… （395）
　　（2017 年 9 月 1 日）

4. 行政诉讼

中华人民共和国行政诉讼法 ………………… （400）
　　（2017 年 6 月 27 日）

最高人民法院关于适用《中华人民共和国行
　　政诉讼法》的解释 ……………………… （407）
　　（2018 年 2 月 6 日）

5. 民事诉讼

中华人民共和国民事诉讼法 ………………… （423）
　　（2023 年 9 月 1 日）

最高人民法院关于适用《中华人民共和国民
　　事诉讼法》的解释 ……………………… （444）
　　（2022 年 4 月 1 日）

· 实用附录 ·

1. 民事诉讼流程图（一审） ………………… （481）
2. 民事诉讼流程图（二审） ………………… （482）

八、交通税费

中华人民共和国税收征收管理法 …………… （483）
　　（2015 年 4 月 24 日）

中华人民共和国车船税法 …………………… （489）
　　（2019 年 4 月 23 日）

中华人民共和国车船税法实施条例 ………… （491）
　　（2019 年 3 月 2 日）

中华人民共和国车辆购置税法 ……………… （493）
　　（2018 年 12 月 29 日）

九、道路运输与管理

1. 一般规定

中华人民共和国道路运输条例 ……………… （495）
　　（2023 年 7 月 20 日）

道路运输车辆技术管理规定 ………………… （501）
　　（2023 年 4 月 24 日）

道路运输车辆动态监督管理办法 …………… （503）
　　（2022 年 2 月 14 日）

道路运输服务质量投诉管理规定 …………… （506）
　　（2016 年 9 月 2 日）

道路运输电子证照运行服务规范（试行） …… （509）
　　（2022 年 11 月 4 日）

2. 道路旅客运输

道路旅客运输及客运站管理规定 …………… （510）
　　（2023 年 11 月 10 日）

道路旅客运输企业安全管理规范 …………… （520）
　　（2023 年 11 月 11 日）

公路运营领域重大事故隐患判定标准 ……… （529）
　　（2023 年 10 月 8 日）

农村公路建设质量管理办法 …………… (529)
　　(2018 年 11 月 13 日)
农村道路旅客运输班线通行条件审核规则 …… (532)
　　(2014 年 12 月 24 日)
城市公共汽车和电车客运管理规定 ……… (532)
　　(2017 年 3 月 7 日)
交通运输部办公厅关于进一步加强城市公共
　　汽车和电车运行安全保障工作的通知 ……… (538)
　　(2018 年 11 月 9 日)
巡游出租汽车经营服务管理规定 ………… (539)
　　(2021 年 8 月 11 日)
网络预约出租汽车经营服务管理暂行办法 …… (549)
　　(2022 年 11 月 30 日)
网络预约出租汽车监管信息交互平台运行管
　　理办法 …………………………………… (554)
　　(2022 年 5 月 24 日)
工业和信息化部关于加强车联网网络安全和
　　数据安全工作的通知 …………………… (555)
　　(2021 年 9 月 15 日)
交通运输部关于印发《出租汽车服务质量信
　　誉考核办法》的通知 …………………… (557)
　　(2022 年 5 月 27 日)
3. 道路货物运输
(1) 危险物品运输管理
危险货物道路运输安全管理办法 ………… (562)
　　(2019 年 11 月 10 日)
放射性物品运输安全管理条例 …………… (568)
　　(2009 年 9 月 14 日)
道路危险货物运输管理规定 ……………… (574)
　　(2023 年 11 月 10 日)
铁路危险货物运输安全监督管理规定 …… (579)
　　(2022 年 9 月 26 日)
(2) 货物运输管理
道路货物运输及站场管理规定 …………… (585)
　　(2023 年 11 月 10 日)
超限运输车辆行驶公路管理规定 ………… (589)
　　(2021 年 8 月 11 日)
智能快件箱寄递服务管理办法 …………… (594)
　　(2019 年 6 月 20 日)

国务院办公厅转发交通运输部等部门关于加
　　快道路货运行业转型升级促进高质量发展
　　意见的通知 ……………………………… (596)
　　(2019 年 4 月 21 日)
交通运输部办公厅、公安部办公厅、市场监
　　管总局办公厅关于进一步落实道路货运车
　　辆检验检测改革政策有关工作的通知 …… (598)
　　(2018 年 9 月 30 日)
道路普通货物运输车辆网上年度审验工作规
　　范 ………………………………………… (599)
　　(2022 年 3 月 22 日)
4. 道路管理
城市道路管理条例 ………………………… (602)
　　(2019 年 3 月 24 日)
收费公路管理条例 ………………………… (604)
　　(2004 年 9 月 13 日)
公路工程建设项目评标工作细则 ………… (608)
　　(2022 年 9 月 30 日)
国际道路运输管理规定 …………………… (613)
　　(2023 年 11 月 10 日)
农村公路养护管理办法 …………………… (617)
　　(2015 年 11 月 11 日)
路政管理规定 ……………………………… (619)
　　(2016 年 12 月 10 日)
国务院办公厅关于印发深化收费公路制度改
　　革取消高速公路省界收费站实施方案的通
　　知 ………………………………………… (624)
　　(2019 年 5 月 16 日)
交通运输部关于公布交通运输部行政处罚、
　　行政检查事项清单和收费目录清单的公告 … (625)
　　(2017 年 8 月 31 日)
交通运输部办公厅、公安部办公厅关于整治
　　冲卡逃费维护收费公路运营秩序的通知 …… (626)
　　(2017 年 5 月 17 日)
工业和信息化部、发展改革委、科技部等关
　　于加强低速电动车管理的通知 ………… (627)
　　(2018 年 11 月 2 日)
·典型案例·
淮安市人民检察院诉康兆永、王刚危险物
　　品肇事案 ………………………………… (628)

十、其 他

1. 铁路运输

中华人民共和国铁路法 …………… (633)
　　(2015 年 4 月 24 日)
铁路旅客车票实名制管理办法 …… (637)
　　(2022 年 11 月 18 日)
铁路旅客运输规程 ………………… (639)
　　(2022 年 11 月 3 日)
铁路安全管理条例 ………………… (642)
　　(2013 年 8 月 17 日)
铁路设备质量安全监督管理办法 … (650)
　　(2023 年 7 月 26 日)
铁路交通事故应急救援和调查处理条例 … (653)
　　(2012 年 11 月 9 日)
最高人民法院关于审理铁路运输人身损害赔偿纠纷案件适用法律若干问题的解释 …… (656)
　　(2021 年 12 月 8 日)
国务院办公厅转发交通运输部等单位关于加强铁路沿线安全环境治理工作意见的通知 … (657)
　　(2021 年 5 月 19 日)

2. 水路运输

中华人民共和国海上交通安全法 … (659)
　　(2021 年 4 月 29 日)
国内水路运输管理规定 …………… (669)
　　(2020 年 2 月 24 日)
中华人民共和国船舶安全监督规则 … (676)
　　(2022 年 9 月 26 日)
中华人民共和国国际海运条例实施细则 …… (680)
　　(2023 年 11 月 10 日)
中华人民共和国内河海事行政处罚规定 …… (685)
　　(2022 年 9 月 26 日)

3. 航空运输

中华人民共和国民用航空法 ……… (691)
　　(2021 年 4 月 29 日)
民用航空安全管理规定 …………… (706)
　　(2018 年 2 月 13 日)
国际航空运输价格管理规定 ……… (710)
　　(2020 年 10 月 9 日)
定期国际航空运输管理规定 ……… (711)
　　(2019 年 10 月 21 日)
运输机场使用许可规定 …………… (713)
　　(2022 年 6 月 12 日)

·指导案例·

阿卜杜勒·瓦希德诉中国东方航空股份有限公司航空旅客运输合同纠纷案 ………… (718)

十一、人大代表建议、政协委员提案答复

关于十三届全国人大五次会议第 8682 号建议的答复函 ……………………… (721)
　　——关于加强农村公路建设的建议
　　(2022 年 6 月 28 日)
关于政协第十三届全国委员会第五次会议第 00455 号(工交邮电类 052 号)提案答复的函 ………………… (722)
　　——关于支持偏远地区"四好农村路"建设的提案
　　(2022 年 6 月 17 日)
关于十三届全国人大四次会议第 9032 号建议的答复函 ……………………… (723)
　　——关于增加农村公路防护经费的建议
　　(2021 年 6 月 25 日)
关于十三届全国人大三次会议第 9425 号建议的答复函 ……………………… (725)
　　——关于放开大型货运汽车等驾驶员培训市场的建议
　　(2020 年 7 月 31 日)

关于十三届全国人大一次会议第 3088 号建议的答复函 ……………………………………（726）
　　——关于以更有效措施提升道路交通运输本质安全的建议
（2018 年 6 月 26 日）
关于十二届全国人大五次会议第 1032 号建议的答复函 ……………………………………（727）
　　——关于发展城市公共自行车的建议
（2017 年 8 月 2 日）
关于十二届全国人大五次会议第 8619 号建议答复的函 ……………………………………（728）
　　——关于尽快制定支持和规范共享单车发展政策的建议
（2017 年 8 月 2 日）

关于政协十三届全国委员会第三次会议第 0618 号（工交邮电类 073 号）提案答复的函 …………………………………………（729）
　　——关于完善高速公路限速管理的提案
（2020 年 8 月 18 日）
关于政协第十三届全国委员会第一次会议第 4529 号（工交邮电类 367 号）提案答复的函 …………………………………………（729）
　　——关于多措并举引导网约车行业科学发展规范建设的提案
（2018 年 10 月 25 日）

· 实用附录 ·

1. 机动车交通事故责任强制保险基础费率表（2008 版） …………………………………（732）
2. 准驾车型及代号 …………………………（734）
3. 道路交通安全违法行为记分分值 …………（735）

一、综　合

中华人民共和国道路交通安全法

- 2003年10月28日第十届全国人民代表大会常务委员会第五次会议通过
- 根据2007年12月29日第十届全国人民代表大会常务委员会第三十一次会议《关于修改〈中华人民共和国道路交通安全法〉的决定》第一次修正
- 根据2011年4月22日第十一届全国人民代表大会常务委员会第二十次会议《关于修改〈中华人民共和国道路交通安全法〉的决定》第二次修正
- 根据2021年4月29日第十三届全国人民代表大会常务委员会第二十八次会议《关于修改〈中华人民共和国道路交通安全法〉等八部法律的决定》第三次修正

第一章　总　则

第一条　【立法宗旨】为了维护道路交通秩序，预防和减少交通事故，保护人身安全，保护公民、法人和其他组织的财产安全及其他合法权益，提高通行效率，制定本法。

第二条　【适用范围】中华人民共和国境内的车辆驾驶人、行人、乘车人以及与道路交通活动有关的单位和个人，都应当遵守本法。

第三条　【基本原则】道路交通安全工作，应当遵循依法管理、方便群众的原则，保障道路交通有序、安全、畅通。

第四条　【道路交通安全管理规划及实施】各级人民政府应当保障道路交通安全管理工作与经济建设和社会发展相适应。

县级以上地方各级人民政府应当适应道路交通发展的需要，依据道路交通安全法律、法规和国家有关政策，制定道路交通安全管理规划，并组织实施。

第五条　【道路交通安全工作的管辖】国务院公安部门负责全国道路交通安全管理工作。县级以上地方各级人民政府公安机关交通管理部门负责本行政区域内的道路交通安全管理工作。

县级以上各级人民政府交通、建设管理部门依据各自职责，负责有关的道路交通工作。

第六条　【道路交通安全宣传】各级人民政府应当经常进行道路交通安全教育，提高公民的道路交通安全意识。

公安机关交通管理部门及其交通警察执行职务时，应当加强道路交通安全法律、法规的宣传，并模范遵守道路交通安全法律、法规。

机关、部队、企业事业单位、社会团体以及其他组织，应当对本单位的人员进行道路交通安全教育。

教育行政部门、学校应当将道路交通安全教育纳入法制教育的内容。

新闻、出版、广播、电视等有关单位，有进行道路交通安全教育的义务。

第七条　【道路交通安全管理的发展要求】对道路交通安全管理工作，应当加强科学研究，推广、使用先进的管理方法、技术、设备。

第二章　车辆和驾驶人

第一节　机动车、非机动车

第八条　【机动车登记制度】国家对机动车实行登记制度。机动车经公安机关交通管理部门登记后，方可上道路行驶。尚未登记的机动车，需要临时上道路行驶的，应当取得临时通行牌证。

第九条　【注册登记】申请机动车登记，应当提交以下证明、凭证：

（一）机动车所有人的身份证明；

（二）机动车来历证明；

（三）机动车整车出厂合格证明或者进口机动车进口凭证；

（四）车辆购置税的完税证明或者免税凭证；

（五）法律、行政法规规定应当在机动车登记时提交的其他证明、凭证。

公安机关交通管理部门应当自受理申请之日起五个工作日内完成机动车登记审查工作，对符合前款规定条件的，应当发放机动车登记证书、号牌和行驶证；对不符合前款规定条件的，应当向申请人说明不予登记的理由。

公安机关交通管理部门以外的任何单位或者个人不得发放机动车号牌或者要求机动车悬挂其他号牌，本法另有规定的除外。

机动车登记证书、号牌、行驶证的式样由国务院公安部门规定并监制。

第十条 【机动车应符合国家安全技术标准】准予登记的机动车应当符合机动车国家安全技术标准。申请机动车登记时，应当接受对该机动车的安全技术检验。但是，经国家机动车产品主管部门依据机动车国家安全技术标准认定的企业生产的机动车型，该车型的新车在出厂时经检验符合机动车国家安全技术标准，获得检验合格证的，免予安全技术检验。

第十一条 【机动车上道行驶手续和号牌悬挂】驾驶机动车上道路行驶，应当悬挂机动车号牌，放置检验合格标志、保险标志，并随车携带机动车行驶证。

机动车号牌应当按照规定悬挂并保持清晰、完整，不得故意遮挡、污损。

任何单位和个人不得收缴、扣留机动车号牌。

第十二条 【变更登记】有下列情形之一的，应当办理相应的登记：

（一）机动车所有权发生转移的；

（二）机动车登记内容变更的；

（三）机动车用作抵押的；

（四）机动车报废的。

第十三条 【机动车安检】对登记后上道路行驶的机动车，应当依照法律、行政法规的规定，根据车辆用途、载客载货数量、使用年限等不同情况，定期进行安全技术检验。对提供机动车行驶证和机动车第三者责任强制保险单的，机动车安全技术检验机构应当予以检验，任何单位不得附加其他条件。对符合机动车国家安全技术标准的，公安机关交通管理部门应当发给检验合格标志。

对机动车的安全技术检验实行社会化。具体办法由国务院规定。

机动车安全技术检验实行社会化的地方，任何单位不得要求机动车到指定的场所进行检验。

公安机关交通管理部门、机动车安全技术检验机构不得要求机动车到指定的场所进行维修、保养。

机动车安全技术检验机构对机动车检验收取费用，应当严格执行国务院价格主管部门核定的收费标准。

第十四条 【强制报废制度】国家实行机动车强制报废制度，根据机动车的安全技术状况和不同用途，规定不同的报废标准。

应当报废的机动车必须及时办理注销登记。

达到报废标准的机动车不得上道路行驶。报废的大型客、货车及其他营运车辆应当在公安机关交通管理部门的监督下解体。

第十五条 【特种车辆标志图案的喷涂和警报器、标志灯具的安装、使用】警车、消防车、救护车、工程救险车应当按照规定喷涂标志图案，安装警报器、标志灯具。其他机动车不得喷涂、安装、使用上述车辆专用的或者与其相类似的标志图案、警报器或者标志灯具。

警车、消防车、救护车、工程救险车应当严格按照规定的用途和条件使用。

公路监督检查的专用车辆，应当依照公路法的规定，设置统一的标志和示警灯。

第十六条 【禁止拼装、改变、伪造、变造等违法行为】任何单位或者个人不得有下列行为：

（一）拼装机动车或者擅自改变机动车已登记的结构、构造或者特征；

（二）改变机动车型号、发动机号、车架号或者车辆识别代号；

（三）伪造、变造或者使用伪造、变造的机动车登记证书、号牌、行驶证、检验合格标志、保险标志；

（四）使用其他机动车的登记证书、号牌、行驶证、检验合格标志、保险标志。

第十七条 【机动车第三者责任强制保险制度和道路交通事故社会救助基金】国家实行机动车第三者责任强制保险制度，设立道路交通事故社会救助基金。具体办法由国务院规定。

第十八条 【非机动车的管理】依法应当登记的非机动车，经公安机关交通管理部门登记后，方可上道路行驶。

依法应当登记的非机动车的种类，由省、自治区、直辖市人民政府根据当地实际情况规定。

非机动车的外形尺寸、质量、制动器、车铃和夜间反光装置，应当符合非机动车安全技术标准。

第二节 机动车驾驶人

第十九条 【驾驶证】驾驶机动车，应当依法取得机动车驾驶证。

申请机动车驾驶证，应当符合国务院公安部门规定的驾驶许可条件；经考试合格后，由公安机关交通管理部门发给相应类别的机动车驾驶证。

持有境外机动车驾驶证的人，符合国务院公安部门规定的驾驶许可条件，经公安机关交通管理部门考核合格的，可以发给中国的机动车驾驶证。

驾驶人应当按照驾驶证载明的准驾车型驾驶机动

车;驾驶机动车时,应当随身携带机动车驾驶证。

公安机关交通管理部门以外的任何单位或者个人,不得收缴、扣留机动车驾驶证。

第二十条 【驾驶培训】机动车的驾驶培训实行社会化,由交通运输主管部门对驾驶培训学校、驾驶培训班实行备案管理,并对驾驶培训活动加强监督,其中专门的拖拉机驾驶培训学校、驾驶培训班由农业(农业机械)主管部门实行监督管理。

驾驶培训学校、驾驶培训班应当严格按照国家有关规定,对学员进行道路交通安全法律、法规、驾驶技能的培训,确保培训质量。

任何国家机关以及驾驶培训和考试主管部门不得举办或者参与举办驾驶培训学校、驾驶培训班。

第二十一条 【上路行驶前的安全检查】驾驶人驾驶机动车上道路行驶前,应当对机动车的安全技术性能进行认真检查;不得驾驶安全设施不全或者机件不符合技术标准等具有安全隐患的机动车。

第二十二条 【机动车驾驶人应当安全驾驶】机动车驾驶人应当遵守道路交通安全法律、法规的规定,按照操作规范安全驾驶、文明驾驶。

饮酒、服用国家管制的精神药品或者麻醉药品,或者患有妨碍安全驾驶机动车的疾病,或者过度疲劳影响安全驾驶的,不得驾驶机动车。

任何人不得强迫、指使、纵容驾驶人违反道路交通安全法律、法规和机动车安全驾驶要求驾驶机动车。

第二十三条 【机动车驾驶证定期审验】公安机关交通管理部门依照法律、行政法规的规定,定期对机动车驾驶证实施审验。

第二十四条 【累积记分制度】公安机关交通管理部门对机动车驾驶人违反道路交通安全法律、法规的行为,除依法给予行政处罚外,实行累积记分制度。公安机关交通管理部门对累积记分达到规定分值的机动车驾驶人,扣留机动车驾驶证,对其进行道路交通安全法律、法规教育,重新考试;考试合格的,发还其机动车驾驶证。

对遵守道路交通安全法律、法规,在一年内无累积记分的机动车驾驶人,可以延长机动车驾驶证的审验期。具体办法由国务院公安部门规定。

第三章 道路通行条件

第二十五条 【道路交通信号和分类】全国实行统一的道路交通信号。

交通信号包括交通信号灯、交通标志、交通标线和交通警察的指挥。

交通信号灯、交通标志、交通标线的设置应当符合道路交通安全、畅通的要求和国家标准,并保持清晰、醒目、准确、完好。

根据通行需要,应当及时增设、调换、更新道路交通信号。增设、调换、更新限制性的道路交通信号,应当提前向社会公告,广泛进行宣传。

第二十六条 【交通信号灯分类和示义】交通信号灯由红灯、绿灯、黄灯组成。红灯表示禁止通行,绿灯表示准许通行,黄灯表示警示。

第二十七条 【铁路道口的警示标志】铁路与道路平面交叉的道口,应当设置警示灯、警示标志或者安全防护设施。无人看守的铁路道口,应当在距道口一定距离处设置警示标志。

第二十八条 【道路交通信号的保护】任何单位和个人不得擅自设置、移动、占用、损毁交通信号灯、交通标志、交通标线。

道路两侧及隔离带上种植的树木或者其他植物,设置的广告牌、管线等,应当与交通设施保持必要的距离,不得遮挡路灯、交通信号灯、交通标志,不得妨碍安全视距,不得影响通行。

第二十九条 【公共交通的规划、设计、建设和对交通安全隐患的防范】道路、停车场和道路配套设施的规划、设计、建设,应当符合道路交通安全、畅通的要求,并根据交通需求及时调整。

公安机关交通管理部门发现已经投入使用的道路存在交通事故频发路段,或者停车场、道路配套设施存在交通安全严重隐患的,应当及时向当地人民政府报告,并提出防范交通事故、消除隐患的建议,当地人民政府应当及时作出处理决定。

第三十条 【道路或交通信号毁损的处置措施】道路出现坍塌、坑槽、水毁、隆起等毁损或者交通信号灯、交通标志、交通标线等交通设施损毁、灭失的,道路、交通设施的养护部门或者管理部门应当设置警示标志并及时修复。

公安机关交通管理部门发现前款情形,危及交通安全,尚未设置警示标志的,应当及时采取安全措施,疏导交通,并通知道路、交通设施的养护部门或者管理部门。

第三十一条 【未经许可不得占道从事非交通活动】未经许可,任何单位和个人不得占用道路从事非交通活动。

第三十二条 【占用道路施工的处置措施】因工程建设需要占用、挖掘道路,或者跨越、穿越道路架设、增设管线设施,应当事先征得道路主管部门的同意;影响交通安全的,还应当征得公安机关交通管理部门的同意。

施工作业单位应当在经批准的路段和时间内施工作业,并在距离施工作业地点来车方向安全距离处设置明显的安全警示标志,采取防护措施;施工作业完毕,应当迅速清除道路上的障碍物,消除安全隐患,经道路主管部门和公安机关交通管理部门验收合格,符合通行要求后,方可恢复通行。

对未中断交通的施工作业道路,公安机关交通管理部门应当加强交通安全监督检查,维护道路交通秩序。

第三十三条 【停车场、停车泊位的设置】新建、改建、扩建的公共建筑、商业街区、居住区、大(中)型建筑等,应当配建、增建停车场;停车泊位不足的,应当及时改建或者扩建;投入使用的停车场不得擅自停止使用或者改作他用。

在城市道路范围内,在不影响行人、车辆通行的情况下,政府有关部门可以施划停车泊位。

第三十四条 【行人过街设施、盲道的设置】学校、幼儿园、医院、养老院门前的道路没有行人过街设施的,应当施划人行横道线,设置提示标志。

城市主要道路的人行道,应当按照规划设置盲道。盲道的设置应当符合国家标准。

第四章 道路通行规定
第一节 一般规定

第三十五条 【右侧通行】机动车、非机动车实行右侧通行。

第三十六条 【车道划分和通行规则】根据道路条件和通行需要,道路划分为机动车道、非机动车道和人行道的,机动车、非机动车、行人实行分道通行。没有划分机动车道、非机动车道和人行道的,机动车在道路中间通行,非机动车和行人在道路两侧通行。

第三十七条 【专用车道只准许规定车辆通行】道路划设专用车道的,在专用车道内,只准许规定的车辆通行,其他车辆不得进入专用车道内行驶。

第三十八条 【遵守交通信号】车辆、行人应当按照交通信号通行;遇有交通警察现场指挥时,应当按照交通警察的指挥通行;在没有交通信号的道路上,应当在确保安全、畅通的原则下通行。

第三十九条 【交通管理部门可根据情况采取管理措施并提前公告】公安机关交通管理部门根据道路和交通流量的具体情况,可以对机动车、非机动车、行人采取疏导、限制通行、禁止通行等措施。遇有大型群众性活动、大范围施工等情况,需要采取限制交通的措施,或者作出与公众的道路交通活动直接有关的决定,应当提前向社会公告。

第四十条 【交通管制】遇有自然灾害、恶劣气象条件或者重大交通事故等严重影响交通安全的情形,采取其他措施难以保证交通安全时,公安机关交通管理部门可以实行交通管制。

第四十一条 【授权国务院规定道路通行的其他具体规定】有关道路通行的其他具体规定,由国务院规定。

第二节 机动车通行规定

第四十二条 【机动车行驶速度】机动车上道路行驶,不得超过限速标志标明的最高时速。在没有限速标志的路段,应当保持安全车速。

夜间行驶或者在容易发生危险的路段行驶,以及遇有沙尘、冰雹、雨、雪、雾、结冰等气象条件时,应当降低行驶速度。

第四十三条 【不得超车的情形】同车道行驶的机动车,后车应当与前车保持足以采取紧急制动措施的安全距离。有下列情形之一的,不得超车:

(一)前车正在左转弯、掉头、超车的;

(二)与对面来车有会车可能的;

(三)前车为执行紧急任务的警车、消防车、救护车、工程救险车的;

(四)行经铁路道口、交叉路口、窄桥、弯道、陡坡、隧道、人行横道、市区交通流量大的路段等没有超车条件的。

第四十四条 【交叉路口通行规则】机动车通过交叉路口,应当按照交通信号灯、交通标志、交通标线或者交通警察的指挥通过;通过没有交通信号灯、交通标志、交通标线或者交通警察指挥的交叉路口时,应当减速慢行,并让行人和优先通行的车辆先行。

第四十五条 【交通不畅条件下的行驶】机动车遇有前方车辆停车排队等候或者缓慢行驶时,不得借道超车或者占用对面车道,不得穿插等候的车辆。

在车道减少的路段、路口,或者在没有交通信号灯、交通标志、交通标线或者交通警察指挥的交叉路口遇到停车排队等候或者缓慢行驶时,机动车应当依次交替通行。

第四十六条 【铁路道口通行规则】机动车通过铁路道口时,应当按照交通信号或者管理人员的指挥通行;没有交通信号或者管理人员的,应当减速或者停车,在确认安全后通过。

第四十七条 【避让行人】机动车行经人行横道时,应当减速行驶;遇行人正在通过人行横道,应当停车让行。

机动车行经没有交通信号的道路时,遇行人横过道路,应当避让。

第四十八条 【机动车载物】机动车载物应当符合核定的载质量,严禁超载;载物的长、宽、高不得违反装载要求,不得遗洒、飘散载运物。

机动车运载超限的不可解体的物品,影响交通安全的,应当按照公安机关交通管理部门指定的时间、路线、速度行驶,悬挂明显标志。在公路上运载超限的不可解体的物品,并应当依照公路法的规定执行。

机动车载运爆炸物品、易燃易爆化学物品以及剧毒、放射性等危险物品,应当经公安机关批准后,按指定的时间、路线、速度行驶,悬挂警示标志并采取必要的安全措施。

第四十九条 【机动车载人】机动车载人不得超过核定的人数,客运机动车不得违反规定载货。

第五十条 【货运车运营规则】禁止货运机动车载客。

货运机动车需要附载作业人员的,应当设置保护作业人员的安全措施。

第五十一条 【安全带及安全头盔的使用】机动车行驶时,驾驶人、乘坐人员应当按规定使用安全带,摩托车驾驶人及乘坐人员应当按规定戴安全头盔。

第五十二条 【机动车故障处置】机动车在道路上发生故障,需要停车排除故障时,驾驶人应当立即开启危险报警闪光灯,将机动车移至不妨碍交通的地方停放;难以移动的,应当持续开启危险报警闪光灯,并在来车方向设置警告标志等措施扩大示警距离,必要时迅速报警。

第五十三条 【特种车辆的优先通行权】警车、消防车、救护车、工程救险车执行紧急任务时,可以使用警报器、标志灯具;在确保安全的前提下,不受行驶路线、行驶方向、行驶速度和信号灯的限制,其他车辆和行人应当让行。

警车、消防车、救护车、工程救险车非执行紧急任务时,不得使用警报器、标志灯具,不享有前款规定的道路优先通行权。

第五十四条 【养护、工程作业等车辆的作业通行权】道路养护车辆、工程作业车进行作业时,在不影响过往车辆通行的前提下,其行驶路线和方向不受交通标志、标线限制,过往车辆和人员应当注意避让。

洒水车、清扫车等机动车应当按照安全作业标准作业;在不影响其他车辆通行的情况下,可以不受车辆分道行驶的限制,但是不得逆向行驶。

第五十五条 【拖拉机的通行和营运】高速公路、大中城市中心城区内的道路,禁止拖拉机通行。其他禁止拖拉机通行的道路,由省、自治区、直辖市人民政府根据当地实际情况规定。

在允许拖拉机通行的道路上,拖拉机可以从事货运,但是不得用于载人。

第五十六条 【机动车的停泊】机动车应当在规定地点停放。禁止在人行道上停放机动车;但是,依照本法第三十三条规定施划的停车泊位除外。

在道路上临时停车的,不得妨碍其他车辆和行人通行。

第三节 非机动车通行规定

第五十七条 【非机动车通行规则】驾驶非机动车在道路上行驶应当遵守有关交通安全的规定。非机动车应当在非机动车道内行驶;在没有非机动车道的道路上,应当靠车行道的右侧行驶。

第五十八条 【非机动车行驶速度限制】残疾人机动轮椅车、电动自行车在非机动车道内行驶时,最高时速不得超过十五公里。

第五十九条 【非机动车的停放】非机动车应当在规定地点停放。未设停放地点的,非机动车停放不得妨碍其他车辆和行人通行。

第六十条 【畜力车使用规则】驾驭畜力车,应当使用驯服的牲畜;驾驭畜力车横过道路时,驾驭人应当下车牵引牲畜;驾驭人离开车辆时,应当拴系牲畜。

第四节 行人和乘车人通行规定

第六十一条 【行人通行规则】行人应当在人行道内行走,没有人行道的靠路边行走。

第六十二条 【行人横过道路规则】行人通过路口或者横过道路,应当走人行横道或者过街设施;通过有交通信号灯的人行横道,应当按照交通信号灯指示通行;通过没有交通信号灯、人行横道的路口,或者在没有过街设施的路段横过道路,应当在确认安全后通过。

第六十三条 【行人禁止行为】行人不得跨越、倚坐道路隔离设施,不得扒车、强行拦车或者实施妨碍道路交通安全的其他行为。

第六十四条 【特殊行人通行规则】学龄前儿童以及不能辨认或者不能控制自己行为的精神疾病患者、智力障碍者在道路上通行，应当由其监护人、监护人委托的人或者对其负有管理、保护职责的人带领。

盲人在道路上通行，应当使用盲杖或者采取其他导盲手段，车辆应当避让盲人。

第六十五条 【行人通过铁路道口规则】行人通过铁路道口时，应当按照交通信号或者管理人员的指挥通行；没有交通信号和管理人员的，应当在确认无火车驶临后，迅速通过。

第六十六条 【乘车规则】乘车人不得携带易燃易爆等危险物品，不得向车外抛洒物品，不得有影响驾驶人安全驾驶的行为。

第五节 高速公路的特别规定

第六十七条 【高速公路通行规则、时速限制】行人、非机动车、拖拉机、轮式专用机械车、铰接式客车、全挂拖斗车以及其他设计最高时速低于七十公里的机动车，不得进入高速公路。高速公路限速标志标明的最高时速不得超过一百二十公里。

第六十八条 【故障处理】机动车在高速公路上发生故障时，应当依照本法第五十二条的有关规定办理；但是，警告标志应当设置在故障车来车方向一百五十米以外，车上人员应当迅速转移到右侧路肩上或者应急车道内，并且迅速报警。

机动车在高速公路上发生故障或者交通事故，无法正常行驶的，应当由救援车、清障车拖拽、牵引。

第六十九条 【不得在高速公路上拦截车辆】任何单位、个人不得在高速公路上拦截检查行驶的车辆，公安机关的人民警察依法执行紧急公务除外。

第五章 交通事故处理

第七十条 【交通事故处理及报警】在道路上发生交通事故，车辆驾驶人应当立即停车，保护现场；造成人身伤亡的，车辆驾驶人应当立即抢救受伤人员，并迅速报告执勤的交通警察或公安机关交通管理部门。因抢救受伤人员变动现场的，应当标明位置。乘车人、过往车辆驾驶人、过往行人应当予以协助。

在道路上发生交通事故，未造成人身伤亡，当事人对事实及成因无争议的，可以即行撤离现场，恢复交通，自行协商处理损害赔偿事宜；不即行撤离现场的，应当迅速报告执勤的交通警察或者公安机关交通管理部门。

在道路上发生交通事故，仅造成轻微财产损失，并且基本事实清楚的，当事人应当先撤离现场再进行协商处理。

第七十一条 【交通事故逃逸的处理】车辆发生交通事故后逃逸的，事故现场目击人员和其他知情人员应当向公安机关交通管理部门或者交通警察举报。举报属实的，公安机关交通管理部门应当给予奖励。

第七十二条 【交警处理交通事故程序】公安机关交通管理部门接到交通事故报警后，应当立即派交通警察赶赴现场，先组织抢救受伤人员，并采取措施，尽快恢复交通。

交通警察应当对交通事故现场进行勘验、检查，收集证据；因收集证据的需要，可以扣留事故车辆，但是应当妥善保管，以备核查。

对当事人的生理、精神状况等专业性较强的检验，公安机关交通管理部门应当委托专门机构进行鉴定。鉴定结论应当由鉴定人签名。

第七十三条 【交通事故认定书】公安机关交通管理部门应当根据交通事故现场勘验、检查、调查情况和有关的检验、鉴定结论，及时制作交通事故认定书，作为处理交通事故的证据。交通事故认定书应当载明交通事故的基本事实、成因和当事人的责任，并送达当事人。

第七十四条 【交通事故的调解或起诉】对交通事故损害赔偿的争议，当事人可以请求公安机关交通管理部门调解，也可以直接向人民法院提起民事诉讼。

经公安机关交通管理部门调解，当事人未达成协议或者调解书生效后不履行的，当事人可以向人民法院提起民事诉讼。

第七十五条 【受伤人员的抢救及费用承担】医疗机构对交通事故中的受伤人员应当及时抢救，不得因抢救费用未及时支付而拖延救治。肇事车辆参加机动车第三者责任强制保险的，由保险公司在责任限额范围内支付抢救费用；抢救费用超过责任限额的，未参加机动车第三者责任强制保险或者肇事后逃逸的，由道路交通事故社会救助基金先行垫付部分或者全部抢救费用，道路交通事故社会救助基金管理机构有权向交通事故责任人追偿。

第七十六条 【交通事故赔偿责任】机动车发生交通事故造成人身伤亡、财产损失的，由保险公司在机动车第三者责任强制保险责任限额范围内予以赔偿；不足的部分，按照下列规定承担赔偿责任：

（一）机动车之间发生交通事故的，由有过错的一方承担赔偿责任；双方都有过错的，按照各自过错的比例分担责任。

（二）机动车与非机动车驾驶人、行人之间发生交通事故,非机动车驾驶人、行人没有过错的,由机动车一方承担赔偿责任;有证据证明非机动车驾驶人、行人有过错的,根据过错程度适当减轻机动车一方的赔偿责任;机动车一方没有过错的,承担不超过百分之十的赔偿责任。

交通事故的损失是由非机动车驾驶人、行人故意碰撞机动车造成的,机动车一方不承担赔偿责任。

第七十七条 【道路外交通事故处理】车辆在道路以外通行时发生的事故,公安机关交通管理部门接到报案的,参照本法有关规定办理。

第六章 执法监督

第七十八条 【交警管理及考核上岗】公安机关交通管理部门应当加强对交通警察的管理,提高交通警察的素质和管理道路交通的水平。

公安机关交通管理部门应当对交通警察进行法制和交通安全管理业务培训、考核。交通警察经考核不合格的,不得上岗执行职务。

第七十九条 【依法履行法定职责】公安机关交通管理部门及其交通警察实施道路交通安全管理,应当依据法定的职权和程序,简化办事手续,做到公正、严格、文明、高效。

第八十条 【执行职务要求】交通警察执行职务时,应当按照规定着装,佩带人民警察标志,持有人民警察证件,保持警容严整,举止端庄,指挥规范。

第八十一条 【收费标准】依照本法发放牌证等收取工本费,应当严格执行国务院价格主管部门核定的收费标准,并全部上缴国库。

第八十二条 【处罚和收缴分离原则】公安机关交通管理部门依法实施罚款的行政处罚,应当依照有关法律、行政法规的规定,实施罚款决定与罚款收缴分离;收缴的罚款以及依法没收的违法所得,应当全部上缴国库。

第八十三条 【回避制度】交通警察调查处理道路交通安全违法行为和交通事故,有下列情形之一的,应当回避:

(一)是本案的当事人或者当事人的近亲属;

(二)本人或者其近亲属与本案有利害关系;

(三)与本案当事人有其他关系,可能影响案件的公正处理。

第八十四条 【执法监督】公安机关交通管理部门及其交通警察的行政执法活动,应当接受行政监察机关依法实施的监督。

公安机关督察部门应当对公安机关交通管理部门及其交通警察执行法律、法规和遵守纪律的情况依法进行监督。

上级公安机关交通管理部门应当对下级公安机关交通管理部门的执法活动进行监督。

第八十五条 【举报、投诉制度】公安机关交通管理部门及其交通警察执行职务,应当自觉接受社会和公民的监督。

任何单位和个人都有权对公安机关交通管理部门及其交通警察不严格执法以及违法违纪行为进行检举、控告。收到检举、控告的机关,应当依据职责及时查处。

第八十六条 【交警执法保障】任何单位不得给公安机关交通管理部门下达或者变相下达罚款指标;公安机关交通管理部门不得以罚款数额作为考核交通警察的标准。

公安机关交通管理部门及其交通警察对超越法律、法规规定的指令,有权拒绝执行,并同时向上级机关报告。

第七章 法律责任

第八十七条 【交通管理部门的职权】公安机关交通管理部门及其交通警察对道路交通安全违法行为,应当及时纠正。

公安机关交通管理部门及其交通警察应当依据事实和本法的有关规定对道路交通安全违法行为予以处罚。对于情节轻微,未影响道路通行的,指出违法行为,给予口头警告后放行。

第八十八条 【处罚种类】对道路交通安全违法行为的处罚种类包括:警告、罚款、暂扣或者吊销机动车驾驶证、拘留。

第八十九条 【对违法行人、乘车人、非机动车驾驶人的处罚】行人、乘车人、非机动车驾驶人违反道路交通安全法律、法规关于道路通行规定的,处警告或者五元以上五十元以下罚款;非机动车驾驶人拒绝接受罚款处罚的,可以扣留其非机动车。

第九十条 【对违法机动车驾驶人的处罚】机动车驾驶人违反道路交通安全法律、法规关于道路通行规定的,处警告或者二十元以上二百元以下罚款。本法另有规定的,依照规定处罚。

第九十一条 【饮酒、醉酒驾车处罚】饮酒后驾驶机动车的,处暂扣六个月机动车驾驶证,并处一千元以上二千元以下罚款。因饮酒后驾驶机动车被处罚,再次饮酒后驾驶机动车的,处十日以下拘留,并处一千元以上二千元以下罚款,吊销机动车驾驶证。

醉酒驾驶机动车的,由公安机关交通管理部门约束至酒醒,吊销机动车驾驶证,依法追究刑事责任;五年内不得重新取得机动车驾驶证。

饮酒后驾驶营运机动车的,处十五日拘留,并处五千元罚款,吊销机动车驾驶证,五年内不得重新取得机动车驾驶证。

醉酒驾驶营运机动车的,由公安机关交通管理部门约束至酒醒,吊销机动车驾驶证,依法追究刑事责任;十年内不得重新取得机动车驾驶证,重新取得机动车驾驶证后,不得驾驶营运机动车。

饮酒后或者醉酒驾驶机动车发生重大交通事故,构成犯罪的,依法追究刑事责任,并由公安机关交通管理部门吊销机动车驾驶证,终生不得重新取得机动车驾驶证。

第九十二条 【超载行为处罚】公路客运车辆载客超过额定乘员的,处二百元以上五百元以下罚款;超过额定乘员百分之二十或者违反规定载货的,处五百元以上二千元以下罚款。

货运机动车超过核定载质量的,处二百元以上五百元以下罚款;超过核定载质量百分之三十或者违反规定载客的,处五百元以上二千元以下罚款。

有前两款行为的,由公安机关交通管理部门扣留机动车至违法状态消除。

运输单位的车辆有本条第一款、第二款规定的情形,经处罚不改的,对直接负责的主管人员处二千元以上五千元以下罚款。

第九十三条 【对违法泊车的处理及拖车规则】对违反道路交通安全法律、法规关于机动车停放、临时停车规定的,可以指出违法行为,并予以口头警告,令其立即驶离。

机动车驾驶人不在现场或者虽在现场但拒绝立即驶离,妨碍其他车辆、行人通行的,处二十元以上二百元以下罚款,并可以将该机动车拖移至不妨碍交通的地点或者公安机关交通管理部门指定的地点停放。公安机关交通管理部门拖车不得向当事人收取费用,并应当及时告知当事人停放地点。

因采取不正确的方法拖车造成机动车损坏的,应当依法承担补偿责任。

第九十四条 【对机动车安检机构的管理】机动车安全技术检验机构实施机动车安全技术检验超过国务院价格主管部门核定的收费标准收取费用的,退还多收取的费用,并由价格主管部门依照《中华人民共和国价格法》的有关规定给予处罚。

机动车安全技术检验机构不按照机动车国家安全技术标准进行检验,出具虚假检验结果的,由公安机关交通管理部门处所收检验费用五倍以上十倍以下罚款,并依法撤销其检验资格;构成犯罪的,依法追究刑事责任。

第九十五条 【未悬挂号牌、未放置标志、未携带证件、未合理安放号牌的处理】上道路行驶的机动车未悬挂机动车号牌,未放置检验合格标志、保险标志,或者未随车携带行驶证、驾驶证的,公安机关交通管理部门应当扣留机动车,通知当事人提供相应的牌证、标志或者补办相应手续,并可以依照本法第九十条的规定予以处罚。当事人提供相应的牌证、标志或者补办相应手续的,应当及时退还机动车。

故意遮挡、污损或者不按规定安装机动车号牌的,依照本法第九十条的规定予以处罚。

第九十六条 【对伪造、变造行为的处罚】伪造、变造或者使用伪造、变造的机动车登记证书、号牌、行驶证、驾驶证的,由公安机关交通管理部门予以收缴,扣留该机动车,处十五日以下拘留,并处二百元以上五千元以下罚款;构成犯罪的,依法追究刑事责任。

伪造、变造或者使用伪造、变造的检验合格标志、保险标志的,由公安机关交通管理部门予以收缴,扣留该机动车,处十日以下拘留,并处一千元以上三千元以下罚款;构成犯罪的,依法追究刑事责任。

使用其他车辆的机动车登记证书、号牌、行驶证、检验合格标志、保险标志的,由公安机关交通管理部门予以收缴,扣留该机动车,处二千元以上五千元以下罚款。

当事人提供相应的合法证明或者补办相应手续的,应当及时退还机动车。

第九十七条 【对非法安装警报器、标志灯具的处罚】非法安装警报器、标志灯具的,由公安机关交通管理部门强制拆除,予以收缴,并处二百元以上二千元以下罚款。

第九十八条 【对未投保交强险的处罚】机动车所有人、管理人未按照国家规定投保机动车第三者责任强制保险的,由公安机关交通管理部门扣留车辆至依照规定投保后,并处依照规定投保最低责任限额应缴纳的保险费的二倍罚款。

依照前款缴纳的罚款全部纳入道路交通事故社会救助基金。具体办法由国务院规定。

第九十九条 【其他违法行为的处罚】有下列行为之一的,由公安机关交通管理部门处二百元以上二千元以下罚款:

(一)未取得机动车驾驶证、机动车驾驶证被吊销或者机动车驾驶证被暂扣期间驾驶机动车的；

（二）将机动车交由未取得机动车驾驶证或者机动车驾驶证被吊销、暂扣的人驾驶的；

（三）造成交通事故后逃逸，尚不构成犯罪的；

（四）机动车行驶超过规定时速百分之五十的；

（五）强迫机动车驾驶人违反道路交通安全法律、法规和机动车安全驾驶要求驾驶机动车，造成交通事故，尚不构成犯罪的；

（六）违反交通管制的规定强行通行，不听劝阻的；

（七）故意损毁、移动、涂改交通设施，造成危害后果，尚不构成犯罪的；

（八）非法拦截、扣留机动车辆，不听劝阻，造成交通严重阻塞或者较大财产损失的。

行为人有前款第二项、第四项情形之一的，可以并处吊销机动车驾驶证；有第一项、第三项、第五项至第八项情形之一的，可以并处十五日以下拘留。

第一百条 【驾驶拼装及应报废机动车的处理】驾驶拼装的机动车或者已达到报废标准的机动车上道路行驶的，公安机关交通管理部门应当予以收缴，强制报废。

对驾驶前款所列机动车上道路行驶的驾驶人，处二百元以上二千元以下罚款，并吊销机动车驾驶证。

出售已达到报废标准的机动车的，没收违法所得，处销售金额等额的罚款，对该机动车依照本条第一款的规定处理。

第一百零一条 【交通事故刑事责任及终生禁驾规定】违反道路交通安全法律、法规的规定，发生重大交通事故，构成犯罪的，依法追究刑事责任，并由公安机关交通管理部门吊销机动车驾驶证。

造成交通事故后逃逸的，由公安机关交通管理部门吊销机动车驾驶证，且终生不得重新取得机动车驾驶证。

第一百零二条 【对专业运输单位的管理】对六个月内发生二次以上特大交通事故负有主要责任或者全部责任的专业运输单位，由公安机关交通管理部门责令消除安全隐患，未消除安全隐患的机动车，禁止上道路行驶。

第一百零三条 【机动车的生产和销售管理】国家机动车产品主管部门未按照机动车国家安全技术标准严格审查，许可不合格机动车型投入生产的，对负有责任的主管人员和其他直接责任人员给予降级或者撤职的行政处分。

机动车生产企业经国家机动车产品主管部门许可生产的机动车型，不执行机动车国家安全技术标准或者未严格进行机动车成品质量检验，致使质量不合格的机动车出厂销售的，由质量技术监督部门依照《中华人民共和国产品质量法》的有关规定给予处罚。

擅自生产、销售未经国家机动车产品主管部门许可生产的机动车型的，没收非法生产、销售的机动车成品及配件，可以并处非法产品价值三倍以上五倍以下罚款；有营业执照的，由工商行政管理部门吊销营业执照，没有营业执照的，予以查封。

生产、销售拼装的机动车或者生产、销售擅自改装的机动车的，依照本条第三款的规定处罚。

有本条第二款、第三款、第四款所列违法行为，生产或者销售不符合机动车国家安全技术标准的机动车，构成犯罪的，依法追究刑事责任。

第一百零四条 【擅自挖掘、占用道路的处理】未经批准，擅自挖掘道路、占用道路施工或者从事其他影响道路交通安全活动的，由道路主管部门责令停止违法行为，并恢复原状，可以依法给予罚款；致使通行的人员、车辆及其他财产遭受损失的，依法承担赔偿责任。

有前款行为，影响道路交通安全活动的，公安机关交通管理部门可以责令停止违法行为，迅速恢复交通。

第一百零五条 【道路施工、管理单位未履行职责的责任】道路施工作业或者道路出现损毁，未及时设置警示标志，未采取防护措施，或者应当设置交通信号灯、交通标志、交通标线而没有设置或者应当及时变更交通信号灯、交通标志、交通标线而没有及时变更，致使通行的人员、车辆及其他财产遭受损失的，负有相关职责的单位应当依法承担赔偿责任。

第一百零六条 【对妨碍交通标志行为的管理】在道路两侧及隔离带上种植树木、其他植物或者设置广告牌、管线等，遮挡路灯、交通信号灯、交通标志，妨碍安全视距的，由公安机关交通管理部门责令行为人排除妨碍；拒不执行的，处二百元以上二千元以下罚款，并强制排除妨碍，所需费用由行为人负担。

第一百零七条 【当场处罚】对道路交通违法行为人予以警告、二百元以下罚款，交通警察可以当场作出行政处罚决定，并出具行政处罚决定书。

行政处罚决定书应当载明当事人的违法事实、行政处罚的依据、处罚内容、时间、地点以及处罚机关名称，并由执法人员签名或者盖章。

第一百零八条 【罚款的缴纳】当事人应当自收到罚款的行政处罚决定书之日起十五日内，到指定的银行缴纳罚款。

对行人、乘车人和非机动车驾驶人的罚款，当事人无异议的，可以当场予以收缴罚款。

罚款应当开具省、自治区、直辖市财政部门统一制发的罚款收据；不出具财政部门统一制发的罚款收据的，当事人有权拒绝缴纳罚款。

第一百零九条　【逾期不缴纳罚款的处理】 当事人逾期不履行行政处罚决定的，作出行政处罚决定的行政机关可以采取下列措施：

（一）到期不缴纳罚款的，每日按罚款数额的百分之三加处罚款；

（二）申请人民法院强制执行。

第一百一十条　【扣留机动车驾驶证的规则】 执行职务的交通警察认为应当对道路交通违法行为人给予暂扣或者吊销机动车驾驶证处罚的，可以先予扣留机动车驾驶证，并在二十四小时内将案件移交公安机关交通管理部门处理。

道路交通违法行为人应当在十五日内到公安机关交通管理部门接受处理。无正当理由逾期未接受处理的，吊销机动车驾驶证。

公安机关交通管理部门暂扣或者吊销机动车驾驶证的，应当出具行政处罚决定书。

第一百一十一条　【有权作出拘留裁决的机关】 对违反本法规定予以拘留的行政处罚，由县、市公安局、公安分局或者相当于县一级的公安机关裁决。

第一百一十二条　【扣留车辆的规则】 公安机关交通管理部门扣留机动车、非机动车，应当当场出具凭证，并告知当事人在规定期限内到公安机关交通管理部门接受处理。

公安机关交通管理部门对被扣留的车辆应当妥善保管，不得使用。

逾期不来接受处理，并且经公告三个月仍不来接受处理的，对扣留的车辆依法处理。

第一百一十三条　【暂扣、吊销的期限】 暂扣机动车驾驶证的期限从处罚决定生效之日起计算；处罚决定生效前先予扣留机动车驾驶证的，扣留一日折抵暂扣期限一日。

吊销机动车驾驶证后重新申请领取机动车驾驶证的期限，按照机动车驾驶证管理规定办理。

第一百一十四条　【根据技术监控记录进行的处罚】 公安机关交通管理部门根据交通技术监控记录资料，可以对违法的机动车所有人或者管理人依法予以处罚。对能够确定驾驶人的，可以依照本法的规定依法予以处罚。

第一百一十五条　【对交警及交管部门违法行为的处理】 交通警察有下列行为之一的，依法给予行政处分：

（一）为不符合法定条件的机动车发放机动车登记证书、号牌、行驶证、检验合格标志的；

（二）批准不符合法定条件的机动车安装、使用警车、消防车、救护车、工程救险车的警报器、标志灯具，喷涂标志图案的；

（三）为不符合驾驶许可条件、未经考试或者考试不合格人员发放机动车驾驶证的；

（四）不执行罚款决定与罚款收缴分离制度或者不按规定将依法收取的费用、收缴的罚款及没收的违法所得全部上缴国库的；

（五）举办或者参与举办驾驶学校或者驾驶培训班、机动车修理厂或者收费停车场等经营活动的；

（六）利用职务上的便利收受他人财物或者谋取其他利益的；

（七）违法扣留车辆、机动车行驶证、驾驶证、车辆号牌的；

（八）使用依法扣留的车辆的；

（九）当场收取罚款不开具罚款收据或者不如实填写罚款额的；

（十）徇私舞弊，不公正处理交通事故的；

（十一）故意刁难，拖延办理机动车牌证的；

（十二）非执行紧急任务时使用警报器、标志灯具的；

（十三）违反规定拦截、检查正常行驶的车辆的；

（十四）非执行紧急公务时拦截搭乘机动车的；

（十五）不履行法定职责的。

公安机关交通管理部门有前款所列行为之一的，对直接负责的主管人员和其他直接责任人员给予相应的行政处分。

第一百一十六条　【对违规交警的处分】 依照本法第一百一十五条的规定，给予交通警察行政处分的，在作出行政处分决定前，可以停止其执行职务；必要时，可以予以禁闭。

依照本法第一百一十五条的规定，交通警察受到降级或者撤职行政处分的，可以予以辞退。

交通警察受到开除处分或者被辞退的，应当取消警衔；受到撤职以下行政处分的交通警察，应当降低警衔。

第一百一十七条　【对构成犯罪的交警追究刑事责任】 交通警察利用职权非法占有公共财物，索取、收受贿赂，或者滥用职权、玩忽职守，构成犯罪的，依法追究刑事责任。

第一百一十八条 【公安交管部门、交警违法赔偿责任】公安机关交通管理部门及其交通警察有本法第一百一十五条所列行为之一，给当事人造成损失的，应当依法承担赔偿责任。

第八章 附 则

第一百一十九条 【本法用语含义】本法中下列用语的含义：

（一）"道路"，是指公路、城市道路和虽在单位管辖范围但允许社会机动车通行的地方，包括广场、公共停车场等用于公众通行的场所。

（二）"车辆"，是指机动车和非机动车。

（三）"机动车"，是指以动力装置驱动或者牵引，上道路行驶的供人员乘用或者用于运送物品以及进行工程专项作业的轮式车辆。

（四）"非机动车"，是指以人力或者畜力驱动，上道路行驶的交通工具，以及虽有动力装置驱动但设计最高时速、空车质量、外形尺寸符合有关国家标准的残疾人机动轮椅车、电动自行车等交通工具。

（五）"交通事故"，是指车辆在道路上因过错或者意外造成的人身伤亡或者财产损失的事件。

第一百二十条 【军警机动车管理】中国人民解放军和中国人民武装警察部队在编机动车牌证、在编机动车检验以及机动车驾驶人考核工作，由中国人民解放军、中国人民武装警察部队有关部门负责。

第一百二十一条 【拖拉机管理】对上道路行驶的拖拉机，由农业（农业机械）主管部门行使本法第八条、第九条、第十三条、第十九条、第二十三条规定的公安机关交通管理部门的管理职权。

农业（农业机械）主管部门依照前款规定行使职权，应当遵守本法有关规定，并接受公安机关交通管理部门的监督；对违反规定的，依照本法有关规定追究法律责任。

本法施行前由农业（农业机械）主管部门发放的机动车牌证，在本法施行后继续有效。

第一百二十二条 【境外车辆入境管理】国家对入境的境外机动车的道路交通安全实施统一管理。

第一百二十三条 【授权制定执行具体标准】省、自治区、直辖市人民代表大会常务委员会可以根据本地区的实际情况，在本法规定的罚款幅度内，规定具体的执行标准。

第一百二十四条 【生效日期】本法自2004年5月1日起施行。

中华人民共和国道路交通安全法实施条例

· 2004年4月30日中华人民共和国国务院令第405号公布
· 根据2017年10月7日《国务院关于修改部分行政法规的决定》修订

第一章 总 则

第一条 根据《中华人民共和国道路交通安全法》（以下简称道路交通安全法）的规定，制定本条例。

第二条 中华人民共和国境内的车辆驾驶人、行人、乘车人以及与道路交通活动有关的单位和个人，应当遵守道路交通安全法和本条例。

第三条 县级以上地方各级人民政府应当建立、健全道路交通安全工作协调机制，组织有关部门对城市建设项目进行交通影响评价，制定道路交通安全管理规划，确定管理目标，制定实施方案。

第二章 车辆和驾驶人
第一节 机动车

第四条 机动车的登记，分为注册登记、变更登记、转移登记、抵押登记和注销登记。

第五条 初次申领机动车号牌、行驶证的，应当向机动车所有人住所地的公安机关交通管理部门申请注册登记。

申请机动车注册登记，应当交验机动车，并提交以下证明、凭证：

（一）机动车所有人的身份证明；

（二）购车发票等机动车来历证明；

（三）机动车整车出厂合格证明或者进口机动车进口凭证；

（四）车辆购置税完税证明或者免税凭证；

（五）机动车第三者责任强制保险凭证；

（六）法律、行政法规规定应当在机动车注册登记时提交的其他证明、凭证。

不属于国务院机动车产品主管部门规定免予安全技术检验的车型的，还应当提供机动车安全技术检验合格证明。

第六条 已注册登记的机动车有下列情形之一的，机动车所有人应当向登记该机动车的公安机关交通管理部门申请变更登记：

（一）改变机动车车身颜色的；

（二）更换发动机的；

（三）更换车身或者车架的；

（四）因质量有问题，制造厂更换整车的；

（五）营运机动车改为非营运机动车或者非营运机动车改为营运机动车的；

（六）机动车所有人的住所迁出或者迁入公安机关交通管理部门管辖区域的。

申请机动车变更登记，应当提交下列证明、凭证，属于前款第（一）项、第（二）项、第（三）项、第（四）项、第（五）项情形之一的，还应当交验机动车；属于前款第（二）项、第（三）项情形之一的，还应当同时提交机动车安全技术检验合格证明：

（一）机动车所有人的身份证明；

（二）机动车登记证书；

（三）机动车行驶证。

机动车所有人的住所在公安机关交通管理部门管辖区域内迁移、机动车所有人的姓名（单位名称）或者联系方式变更的，应当向登记该机动车的公安机关交通管理部门备案。

第七条 已注册登记的机动车所有权发生转移的，应当及时办理转移登记。

申请机动车转移登记，当事人应当向登记该机动车的公安机关交通管理部门交验机动车，并提交以下证明、凭证：

（一）当事人的身份证明；

（二）机动车所有权转移的证明、凭证；

（三）机动车登记证书；

（四）机动车行驶证。

第八条 机动车所有人将机动车作为抵押物抵押的，机动车所有人应当向登记该机动车的公安机关交通管理部门申请抵押登记。

第九条 已注册登记的机动车达到国家规定的强制报废标准的，公安机关交通管理部门应当在报废期满的2个月前通知机动车所有人办理注销登记。机动车所有人应当在报废期满前将机动车交售给机动车回收企业，由机动车回收企业将报废的机动车登记证书、号牌、行驶证交公安机关交通管理部门注销。机动车所有人逾期不办理注销登记的，公安机关交通管理部门应当公告该机动车登记证书、号牌、行驶证作废。

因机动车灭失申请注销登记的，机动车所有人应当向公安机关交通管理部门提交本人身份证明，交回机动车登记证书。

第十条 办理机动车登记的申请人提交的证明、凭证齐全、有效的，公安机关交通管理部门应当当场办理登记手续。

人民法院、人民检察院以及行政执法部门依法查封、扣押的机动车，公安机关交通管理部门不予办理机动车登记。

第十一条 机动车登记证书、号牌、行驶证丢失或者损毁，机动车所有人申请补发的，应当向公安机关交通管理部门提交本人身份证明和申请材料。公安机关交通管理部门经与机动车登记档案核实后，在收到申请之日起15日内补发。

第十二条 税务部门、保险机构可以在公安机关交通管理部门的办公场所集中办理与机动车有关的税费缴纳、保险合同订立等事项。

第十三条 机动车号牌应当悬挂在车前、车后指定位置，保持清晰、完整。重型、中型载货汽车及其挂车、拖拉机及其挂车的车身或者车厢后部应当喷涂放大的牌号，字样应当端正并保持清晰。

机动车检验合格标志、保险标志应当粘贴在机动车前窗右上角。

机动车喷涂、粘贴标识或者车身广告的，不得影响安全驾驶。

第十四条 用于公路营运的载客汽车、重型载货汽车、半挂牵引车应当安装、使用符合国家标准的行驶记录仪。交通警察可以对机动车行驶速度、连续驾驶时间以及其他行驶状态信息进行检查。安装行驶记录仪可以分步实施，实施步骤由国务院机动车产品主管部门会同有关部门规定。

第十五条 机动车安全技术检验由机动车安全技术检验机构实施。机动车安全技术检验机构应当按照国家机动车安全技术检验标准对机动车进行检验，对检验结果承担法律责任。

质量技术监督部门负责对机动车安全技术检验机构实行计量认证管理，对机动车安全技术检验设备进行检定，对执行国家机动车安全技术检验标准的情况进行监督。

机动车安全技术检验项目由国务院公安部门会同国务院质量技术监督部门规定。

第十六条 机动车应当从注册登记之日起，按照下列期限进行安全技术检验：

（一）营运载客汽车5年以内每年检验1次；超过5年的，每6个月检验1次；

（二）载货汽车和大型、中型非营运载客汽车10年以内每年检验1次；超过10年的，每6个月检验1次；

（三）小型、微型非营运载客汽车6年以内每2年检

验 1 次;超过 6 年的,每年检验 1 次;超过 15 年的,每 6 个月检验 1 次;

（四）摩托车 4 年以内每 2 年检验 1 次;超过 4 年的,每年检验 1 次;

（五）拖拉机和其他机动车每年检验 1 次。

营运机动车在规定检验期限内经安全技术检验合格的,不再重复进行安全技术检验。

第十七条 已注册登记的机动车进行安全技术检验时,机动车行驶证记载的登记内容与该机动车的有关情况不符,或者未按照规定提供机动车第三者责任强制保险凭证的,不予通过检验。

第十八条 警车、消防车、救护车、工程救险车标志图案的喷涂以及警报器、标志灯具的安装、使用规定,由国务院公安部门制定。

第二节 机动车驾驶人

第十九条 符合国务院公安部门规定的驾驶许可条件的人,可以向公安机关交通管理部门申请机动车驾驶证。

机动车驾驶证由国务院公安部门规定式样并监制。

第二十条 学习机动车驾驶,应当先学习道路交通安全法律、法规和相关知识,考试合格后,再学习机动车驾驶技能。

在道路上学习驾驶,应当按照公安机关交通管理部门指定的路线、时间进行。在道路上学习机动车驾驶技能应当使用教练车,在教练员随车指导下进行,与教学无关的人员不得乘坐教练车。学员在学习驾驶中有道路交通安全违法行为或者造成交通事故的,由教练员承担责任。

第二十一条 公安机关交通管理部门应当对申请机动车驾驶证的人进行考试,对考试合格的,在 5 日内核发机动车驾驶证;对考试不合格的,书面说明理由。

第二十二条 机动车驾驶证的有效期为 6 年,本条例另有规定的除外。

机动车驾驶人初次申领机动车驾驶证后的 12 个月为实习期。在实习期内驾驶机动车的,应当在车身后部粘贴或者悬挂统一式样的实习标志。

机动车驾驶人在实习期内不得驾驶公共汽车、营运客车或者执行任务的警车、消防车、救护车、工程救险车以及载有爆炸物品、易燃易爆化学物品、剧毒或者放射性等危险物品的机动车;驾驶的机动车不得牵引挂车。

第二十三条 公安机关交通管理部门对机动车驾驶人的道路交通安全违法行为除给予行政处罚外,实行道路交通安全违法行为累积记分(以下简称记分)制度,记

分周期为 12 个月。对在一个记分周期内记分达到 12 分的,由公安机关交通管理部门扣留其机动车驾驶证,该机动车驾驶人应当按照规定参加道路交通安全法律、法规的学习并接受考试。考试合格的,记分予以清除,发还机动车驾驶证;考试不合格的,继续参加学习和考试。

应当给予记分的道路交通安全违法行为及其分值,由国务院公安部门根据道路交通安全违法行为的危害程度规定。

公安机关交通管理部门应当提供记分查询方式供机动车驾驶人查询。

第二十四条 机动车驾驶人在一个记分周期内记分未达到 12 分,所处罚款已经缴纳的,记分予以清除;记分虽未达到 12 分,但尚有罚款未缴纳的,记分转入下一记分周期。

机动车驾驶人在一个记分周期内记分 2 次以上达到 12 分的,除按照第二十三条的规定扣留机动车驾驶证、参加学习、接受考试外,还应当接受驾驶技能考试。考试合格的,记分予以清除,发还机动车驾驶证;考试不合格的,继续参加学习和考试。

接受驾驶技能考试的,按照本人机动车驾驶证载明的最高准驾车型考试。

第二十五条 机动车驾驶人记分达到 12 分,拒不参加公安机关交通管理部门通知的学习,也不接受考试的,由公安机关交通管理部门公告其机动车驾驶证停止使用。

第二十六条 机动车驾驶人在机动车驾驶证的 6 年有效期内,每个记分周期均未达到 12 分的,换发 10 年有效期的机动车驾驶证;在机动车驾驶证的 10 年有效期内,每个记分周期均未达到 12 分的,换发长期有效的机动车驾驶证。

换发机动车驾驶证时,公安机关交通管理部门应当对机动车驾驶证进行审验。

第二十七条 机动车驾驶证丢失、损毁,机动车驾驶人申请补发的,应当向公安机关交通管理部门提交本人身份证明和申请材料。公安机关交通管理部门经与机动车驾驶证档案核实后,在收到申请之日起 3 日内补发。

第二十八条 机动车驾驶人在机动车驾驶证丢失、损毁、超过有效期或者被依法扣留、暂扣期间以及记分达到 12 分的,不得驾驶机动车。

第三章 道路通行条件

第二十九条 交通信号灯分为:机动车信号灯、非机动车信号灯、人行横道信号灯、车道信号灯、方向指示信

号灯、闪光警告信号灯、道路与铁路平面交叉道口信号灯。

第三十条 交通标志分为：指示标志、警告标志、禁令标志、指路标志、旅游区标志、道路施工安全标志和辅助标志。

道路交通标线分为：指示标线、警告标线、禁止标线。

第三十一条 交通警察的指挥分为：手势信号和使用器具的交通指挥信号。

第三十二条 道路交叉路口和行人横过道路较为集中的路段应当设置人行横道、过街天桥或者过街地下通道。

在盲人通行较为集中的路段，人行横道信号灯应当设置声响提示装置。

第三十三条 城市人民政府有关部门可以在不影响行人、车辆通行的情况下，在城市道路上施划停车泊位，并规定停车泊位的使用时间。

第三十四条 开辟或者调整公共汽车、长途汽车的行驶路线或者车站，应当符合交通规划和安全、畅通的要求。

第三十五条 道路养护施工单位在道路上进行养护、维修时，应当按照规定设置规范的安全警示标志和安全防护设施。道路养护施工作业车辆、机械应当安装示警灯，喷涂明显的标志图案，作业时应当开启示警灯和危险报警闪光灯。对未中断交通的施工作业道路，公安机关交通管理部门应当加强交通安全监督检查。发生交通阻塞时，及时做好分流、疏导，维护交通秩序。

道路施工需要车辆绕行的，施工单位应当在绕行处设置标志；不能绕行的，应当修建临时通道，保证车辆和行人通行。需要封闭道路中断交通的，除紧急情况外，应当提前5日向社会公告。

第三十六条 道路或者交通设施养护部门、管理部门应当在急弯、陡坡、临崖、临水等危险路段，按照国家标准设置警告标志和安全防护设施。

第三十七条 道路交通标志、标线不规范，机动车驾驶人容易发生辨认错误的，交通标志、标线的主管部门应当及时予以改善。

道路照明设施应当符合道路建设技术规范，保持照明功能完好。

第四章 道路通行规定

第一节 一般规定

第三十八条 机动车信号灯和非机动车信号灯表示：

（一）绿灯亮时，准许车辆通行，但转弯的车辆不得妨碍被放行的直行车辆、行人通行；

（二）黄灯亮时，已越过停止线的车辆可以继续通行；

（三）红灯亮时，禁止车辆通行。

在未设置非机动车信号灯和人行横道信号灯的路口，非机动车和行人应当按照机动车信号灯的表示通行。

红灯亮时，右转弯的车辆在不妨碍被放行的车辆、行人通行的情况下，可以通行。

第三十九条 人行横道信号灯表示：

（一）绿灯亮时，准许行人通过人行横道；

（二）红灯亮时，禁止行人进入人行横道，但是已经进入人行横道的，可以继续通过或者在道路中心线处停留等候。

第四十条 车道信号灯表示：

（一）绿色箭头灯亮时，准许本车道车辆按指示方向通行；

（二）红色叉形灯或者箭头灯亮时，禁止本车道车辆通行。

第四十一条 方向指示信号灯的箭头方向向左、向上、向右分别表示左转、直行、右转。

第四十二条 闪光警告信号灯为持续闪烁的黄灯，提示车辆、行人通行时注意瞭望，确认安全后通过。

第四十三条 道路与铁路平面交叉道口有两个红灯交替闪烁或者一个红灯亮时，表示禁止车辆、行人通行；红灯熄灭时，表示允许车辆、行人通行。

第二节 机动车通行规定

第四十四条 在道路同方向划有2条以上机动车道的，左侧为快速车道，右侧为慢速车道。在快速车道行驶的机动车应当按照快速车道规定的速度行驶，未达到快速车道规定的行驶速度的，应当在慢速车道行驶。摩托车应当在最右侧车道行驶。有交通标志标明行驶速度的，按照标明的行驶速度行驶。慢速车道内的机动车超越前车时，可以借用快速车道行驶。

在道路同方向划有2条以上机动车道的，变更车道的机动车不得影响相关车道内行驶的机动车的正常行驶。

第四十五条 机动车在道路上行驶不得超过限速标志、标线标明的速度。在没有限速标志、标线的道路上，机动车不得超过下列最高行驶速度：

（一）没有道路中心线的道路，城市道路为每小时30公里，公路为每小时40公里；

（二）同方向只有1条机动车道的道路，城市道路为每小时50公里，公路为每小时70公里。

第四十六条 机动车行驶中遇有下列情形之一的，最高行驶速度不得超过每小时30公里，其中拖拉机、电瓶车、轮式专用机械车不得超过每小时15公里：

（一）进出非机动车道，通过铁路道口、急弯路、窄路、窄桥时；

（二）掉头、转弯、下陡坡时；

（三）遇雾、雨、雪、沙尘、冰雹，能见度在50米以内时；

（四）在冰雪、泥泞的道路上行驶时；

（五）牵引发生故障的机动车时。

第四十七条 机动车超车时，应当提前开启左转向灯、变换使用远、近光灯或者鸣喇叭。在没有道路中心线或者同方向只有1条机动车道的道路上，前车遇后车发出超车信号时，在条件许可的情况下，应当降低速度、靠右让路。后车应当在确认有充足的安全距离后，从前车的左侧超越，在与被超车辆拉开必要的安全距离后，开启右转向灯，驶回原车道。

第四十八条 在没有中心隔离设施或者没有中心线的道路上，机动车遇相对方向来车时应当遵守下列规定：

（一）减速靠右行驶，并与其他车辆、行人保持必要的安全距离；

（二）在有障碍的路段，无障碍的一方先行；但有障碍的一方已驶入障碍路段而无障碍的一方未驶入时，有障碍的一方先行；

（三）在狭窄的坡路，上坡的一方先行；但下坡的一方已行至中途而上坡的一方未上坡时，下坡的一方先行；

（四）在狭窄的山路，不靠山体的一方先行；

（五）夜间会车应当在距相对方向来车150米以外改用近光灯，在窄路、窄桥与非机动车会车时应当使用近光灯。

第四十九条 机动车在有禁止掉头或者禁止左转弯标志、标线的地点以及在铁路道口、人行横道、桥梁、急弯、陡坡、隧道或者容易发生危险的路段，不得掉头。

机动车在没有禁止掉头或者没有禁止左转弯标志、标线的地点可以掉头，但不得妨碍正常行驶的其他车辆和行人的通行。

第五十条 机动车倒车时，应当察明车后情况，确认安全后倒车。不得在铁路道口、交叉路口、单行路、桥梁、急弯、陡坡或者隧道中倒车。

第五十一条 机动车通过有交通信号灯控制的交叉路口，应当按照下列规定通行：

（一）在划有导向车道的路口，按所需行进方向驶入导向车道；

（二）准备进入环形路口的让已在路口内的机动车先行；

（三）向左转弯时，靠路口中心点左侧转弯。转弯时开启转向灯，夜间行驶开启近光灯；

（四）遇放行信号时，依次通过；

（五）遇停止信号时，依次停在停止线以外。没有停止线的，停在路口以外；

（六）向右转弯遇有同车道前车正在等候放行信号时，依次停车等候；

（七）在没有方向指示信号灯的交叉路口，转弯的机动车让直行的车辆、行人先行。相对方向行驶的右转弯机动车让左转弯车辆先行。

第五十二条 机动车通过没有交通信号灯控制也没有交通警察指挥的交叉路口，除应当遵守第五十一条第(二)项、第(三)项的规定外，还应当遵守下列规定：

（一）有交通标志、标线控制的，让优先通行的一方先行；

（二）没有交通标志、标线控制的，在进入路口前停车瞭望，让右方道路的来车先行；

（三）转弯的机动车让直行的车辆先行；

（四）相对方向行驶的右转弯的机动车让左转弯的车辆先行。

第五十三条 机动车遇有前方交叉路口交通阻塞时，应当依次停在路口以外等候，不得进入路口。

机动车在遇有前方机动车停车排队等候或者缓慢行驶时，应当依次排队，不得从前方车辆两侧穿插或者超越行驶，不得在人行横道、网状线区域内停车等候。

机动车在车道减少的路口、路段，遇有前方机动车停车排队等候或者缓慢行驶的，应当每车道一辆依次交替驶入车道减少后的路口、路段。

第五十四条 机动车载物不得超过机动车行驶证上核定的载质量，装载长度、宽度不得超出车厢，并应当遵守下列规定：

（一）重型、中型载货汽车，半挂车载物，高度从地面起不得超过4米，载运集装箱的车辆不得超过4.2米；

（二）其他载货的机动车载物，高度从地面起不得超过2.5米；

（三）摩托车载物，高度从地面起不得超过1.5米，长度不得超出车身0.2米。两轮摩托车载物宽度左右各不得超出车把 0.15 米；三轮摩托车载物宽度不得超过车身。

载客汽车除车身外部的行李架和内置的行李箱外，不得载货。载客汽车行李架载货，从车顶起高度不得超过 0.5 米，从地面起高度不得超过 4 米。

第五十五条 机动车载人应当遵守下列规定：

（一）公路载客汽车不得超过核定的载客人数，但按照规定免票的儿童除外，在载客人数已满的情况下，按照规定免票的儿童不得超过核定载客人数的 10%；

（二）载货汽车车厢不得载客。在城市道路上，货运机动车在留有安全位置的情况下，车厢内可以附载临时作业人员 1 人至 5 人；载物高度超过车厢栏板时，货物上不得载人；

（三）摩托车后座不得乘坐未满 12 周岁的未成年人，轻便摩托车不得载人。

第五十六条 机动车牵引挂车应当符合下列规定：

（一）载货汽车、半挂牵引车、拖拉机只允许牵引 1 辆挂车。挂车的灯光信号、制动、连接、安全防护等装置应当符合国家标准；

（二）小型载客汽车只允许牵引旅居挂车或者总质量 700 千克以下的挂车。挂车不得载人；

（三）载货汽车所牵引挂车的载质量不得超过载货汽车本身的载质量。

大型、中型载客汽车，低速载货汽车，三轮汽车以及其他机动车不得牵引挂车。

第五十七条 机动车应当按照下列规定使用转向灯：

（一）向左转弯、向左变更车道、准备超车、驶离停车地点或者掉头时，应当提前开启左转向灯；

（二）向右转弯、向右变更车道、超车完毕驶回原车道、靠路边停车时，应当提前开启右转向灯。

第五十八条 机动车在夜间没有路灯、照明不良或者遇有雾、雨、雪、沙尘、冰雹等低能见度情况下行驶时，应当开启前照灯、示廓灯和后位灯，但同方向行驶的后车与前车近距离行驶时，不得使用远光灯。机动车雾天行驶应当开启雾灯和危险报警闪光灯。

第五十九条 机动车在夜间通过急弯、坡路、拱桥、人行横道或者没有交通信号灯控制的路口时，应当交替使用远近光灯示意。

机动车驶近急弯、坡道顶端等影响安全视距的路段以及超车或者遇有紧急情况时，应当减速慢行，并鸣喇叭示意。

第六十条 机动车在道路上发生故障或者发生交通事故，妨碍交通又难以移动的，应当按照规定开启危险报警闪光灯并在车后 50 米至 100 米处设置警告标志，夜间还应当同时开启示廓灯和后位灯。

第六十一条 牵引故障机动车应当遵守下列规定：

（一）被牵引的机动车除驾驶人外不得载人，不得拖带挂车；

（二）被牵引的机动车宽度不得大于牵引机动车的宽度；

（三）使用软连接牵引装置时，牵引车与被牵引车之间的距离应当大于 4 米小于 10 米；

（四）对制动失效的被牵引车，应当使用硬连接牵引装置牵引；

（五）牵引车和被牵引车均应当开启危险报警闪光灯。

汽车吊车和轮式专用机械车不得牵引车辆。摩托车不得牵引车辆或者被其他车辆牵引。

转向或者照明、信号装置失效的故障机动车，应当使用专用清障车拖曳。

第六十二条 驾驶机动车不得有下列行为：

（一）在车门、车厢没有关好时行车；

（二）在机动车驾驶室的前后窗范围内悬挂、放置妨碍驾驶人视线的物品；

（三）拨打接听手持电话、观看电视等妨碍安全驾驶的行为；

（四）下陡坡时熄火或者空挡滑行；

（五）向道路上抛撒物品；

（六）驾驶摩托车手离车把或者在车把上悬挂物品；

（七）连续驾驶机动车超过 4 小时未停车休息或者停车休息时间少于 20 分钟；

（八）在禁止鸣喇叭的区域或者路段鸣喇叭。

第六十三条 机动车在道路上临时停车，应当遵守下列规定：

（一）在设有禁停标志、标线的路段，在机动车道与非机动车道、人行道之间设有隔离设施的路段以及人行横道、施工地段，不得停车；

（二）交叉路口、铁路道口、急弯路、宽度不足 4 米的窄路、桥梁、陡坡、隧道以及距离上述地点 50 米以内的路段，不得停车；

（三）公共汽车站、急救站、加油站、消防栓或者消防队（站）门前以及距离上述地点 30 米以内的路段，除使用上述设施的以外，不得停车；

（四）车辆停稳前不得开车门和上下人员，开关车门不得妨碍其他车辆和行人通行；

（五）路边停车应当紧靠道路右侧，机动车驾驶人不得离车，上下人员或者装卸物品后，立即驶离；

（六）城市公共汽车不得在站点以外的路段停车上下乘客。

第六十四条　机动车行经漫水路或者漫水桥时，应当停车察明水情，确认安全后，低速通过。

第六十五条　机动车载运超限物品行经铁路道口的，应当按照当地铁路部门指定的铁路道口、时间通过。

机动车行经渡口，应当服从渡口管理人员指挥，按照指定地点依次待渡。机动车上下渡船时，应当低速慢行。

第六十六条　警车、消防车、救护车、工程救险车在执行紧急任务遇交通受阻时，可以断续使用警报器，并遵守下列规定：

（一）不得在禁止使用警报器的区域或者路段使用警报器；

（二）夜间在市区不得使用警报器；

（三）列队行驶时，前车已经使用警报器的，后车不再使用警报器。

第六十七条　在单位院内、居民居住区内，机动车应当低速行驶，避让行人；有限速标志的，按照限速标志行驶。

第三节　非机动车通行规定

第六十八条　非机动车通过有交通信号灯控制的交叉路口，应当按照下列规定通行：

（一）转弯的非机动车让直行的车辆、行人优先通行；

（二）遇有前方路口交通阻塞时，不得进入路口；

（三）向左转弯时，靠路口中心点的右侧转弯；

（四）遇有停止信号时，应当依次停在路口停止线以外。没有停止线的，停在路口以外。

（五）向右转弯遇有同方向前车正在等候放行信号时，在本车道内能够转弯的，可以通行；不能转弯的，依次等候。

第六十九条　非机动车通过没有交通信号灯控制也没有交通警察指挥的交叉路口，除应当遵守第六十八条第(一)项、第(二)项和第(三)项的规定外，还应当遵守下列规定：

（一）有交通标志、标线控制的，让优先通行的一方先行；

（二）没有交通标志、标线控制的，在路口外慢行或者停车瞭望，让右方道路的来车先行；

（三）相对方向行驶的右转弯的非机动车让左转弯的车辆先行。

第七十条　驾驶自行车、电动自行车、三轮车在路段上横过机动车道，应当下车推行，有人行横道或者行人过街设施的，应当从人行横道或者行人过街设施通过；没有人行横道、没有行人过街设施或者不便使用行人过街设施的，在确认安全后直行通过。

因非机动车道被占用无法在本车道内行驶的非机动车，可以在受阻的路段借用相邻的机动车道行驶，并在驶过被占用路段后迅速驶回非机动车道。机动车遇此情况应当减速让行。

第七十一条　非机动车载物，应当遵守下列规定：

（一）自行车、电动自行车、残疾人机动轮椅车载物，高度从地面起不得超过1.5米，宽度左右各不得超出车把0.15米，长度前端不得超出车轮，后端不得超出车身0.3米；

（二）三轮车、人力车载物，高度从地面起不得超过2米，宽度左右各不得超出车身0.2米，长度前端不得超出车身1米；

（三）畜力车载物，高度从地面起不得超过2.5米，宽度左右各不得超出车身0.2米，长度前端不得超出车辕，后端不得超出车身1米。

自行车载人的规定，由省、自治区、直辖市人民政府根据当地实际情况制定。

第七十二条　在道路上驾驶自行车、三轮车、电动自行车、残疾人机动轮椅车应当遵守下列规定：

（一）驾驶自行车、三轮车必须年满12周岁；

（二）驾驶电动自行车和残疾人机动轮椅车必须年满16周岁；

（三）不得醉酒驾驶；

（四）转弯前应当减速慢行，伸手示意，不得突然猛拐，超越前车时不得妨碍被超越的车辆行驶；

（五）不得牵引、攀扶车辆或者被其他车辆牵引，不得双手离把或者手中持物；

（六）不得扶身并行、互相追逐或者曲折竞驶；

（七）不得在道路上骑独轮自行车或者2人以上骑行的自行车；

（八）非下肢残疾的人不得驾驶残疾人机动轮椅车；

（九）自行车、三轮车不得加装动力装置；

（十）不得在道路上学习驾驶非机动车。

第七十三条　在道路上驾驭畜力车应当年满16周岁，并遵守下列规定：

（一）不得醉酒驾驶；

（二）不得并行，驾驶人不得离开车辆；

（三）行经繁华路段、交叉路口、铁路道口、人行横道、急弯路、宽度不足 4 米的窄路或者窄桥、陡坡、隧道或者容易发生危险的路段，不得超车。驾驶两轮畜力车应当下车牵引牲畜；

（四）不得使用未经驯服的牲畜驾车，随车幼畜须拴系；

（五）停放车辆应当拉紧车闸，拴系牲畜。

第四节 行人和乘车人通行规定

第七十四条 行人不得有下列行为：

（一）在道路上使用滑板、旱冰鞋等滑行工具；

（二）在车行道内坐卧、停留、嬉闹；

（三）追车、抛物击车等妨碍道路交通安全的行为。

第七十五条 行人横过机动车道，应当从人行过街设施通过；没有人行过街设施的，应当从人行横道通过；没有人行横道的，应当观察来往车辆的情况，确认安全后直行通过，不得在车辆临近时突然加速横穿或者中途倒退、折返。

第七十六条 行人列队在道路上通行，每横列不得超过 2 人，但在已经实行交通管制的路段不受限制。

第七十七条 乘坐机动车应当遵守下列规定：

（一）不得在机动车道上拦乘机动车；

（二）在机动车道上不得从机动车左侧上下车；

（三）开关车门不得妨碍其他车辆和行人通行；

（四）机动车行驶中，不得干扰驾驶，不得将身体任何部分伸出车外，不得跳车；

（五）乘坐两轮摩托车应当正向骑坐。

第五节 高速公路的特别规定

第七十八条 高速公路应当标明车道的行驶速度，最高车速不得超过每小时 120 公里，最低车速不得低于每小时 60 公里。

在高速公路上行驶的小型载客汽车最高车速不得超过每小时 120 公里，其他机动车不得超过每小时 100 公里，摩托车不得超过每小时 80 公里。

同方向有 2 条车道的，左侧车道的最低车速为每小时 100 公里；同方向有 3 条以上车道的，最左侧车道的最低车速为每小时 110 公里，中间车道的最低车速为每小时 90 公里。道路限速标志标明的车速与上述车道行驶车速的规定不一致的，按照道路限速标志标明的车速行驶。

第七十九条 机动车从匝道驶入高速公路，应当开启左转向灯，在不妨碍已在高速公路内的机动车正常行驶的情况下驶入车道。

机动车驶离高速公路时，应当开启右转向灯，驶入减速车道，降低车速后驶离。

第八十条 机动车在高速公路上行驶，车速超过每小时 100 公里时，应当与同车道前车保持 100 米以上的距离，车速低于每小时 100 公里时，与同车道前车距离可以适当缩短，但最小距离不得少于 50 米。

第八十一条 机动车在高速公路上行驶，遇有雾、雨、雪、沙尘、冰雹等低能见度气象条件时，应当遵守下列规定：

（一）能见度小于 200 米时，开启雾灯、近光灯、示廓灯和前后位灯，车速不得超过每小时 60 公里，与同车道前车保持 100 米以上的距离；

（二）能见度小于 100 米时，开启雾灯、近光灯、示廓灯、前后位灯和危险报警闪光灯，车速不得超过每小时 40 公里，与同车道前车保持 50 米以上的距离；

（三）能见度小于 50 米时，开启雾灯、近光灯、示廓灯、前后位灯和危险报警闪光灯，车速不得超过每小时 20 公里，并从最近的出口尽快驶离高速公路。

遇有前款规定情形时，高速公路管理部门应当通过显示屏等方式发布速度限制、保持车距等提示信息。

第八十二条 机动车在高速公路上行驶，不得有下列行为：

（一）倒车、逆行、穿越中央分隔带掉头或者在车道内停车；

（二）在匝道、加速车道或者减速车道上超车；

（三）骑、轧车行道分界线或者在路肩上行驶；

（四）非紧急情况时在应急车道行驶或者停车；

（五）试车或者学习驾驶机动车。

第八十三条 在高速公路上行驶的载货汽车车厢不得载人。两轮摩托车在高速公路行驶时不得载人。

第八十四条 机动车通过施工作业路段时，应当注意警示标志，减速行驶。

第八十五条 城市快速路的道路交通安全管理，参照本节的规定执行。

高速公路、城市快速路的道路交通安全管理工作，省、自治区、直辖市人民政府公安机关交通管理部门可以指定设区的市人民政府公安机关交通管理部门或者相当于同级的公安机关交通管理部门承担。

第五章 交通事故处理

第八十六条 机动车与机动车、机动车与非机动车在道路上发生未造成人身伤亡的交通事故,当事人对事实及成因无争议的,在记录交通事故的时间、地点、对方当事人的姓名和联系方式、机动车牌号、驾驶证号、保险凭证号、碰撞部位,并共同签名后,撤离现场,自行协商损害赔偿事宜。当事人对交通事故事实及成因有争议的,应当迅速报警。

第八十七条 非机动车与非机动车或者行人在道路上发生交通事故,未造成人身伤亡,且基本事实及成因清楚的,当事人应当先撤离现场,再自行协商处理损害赔偿事宜。当事人对交通事故事实及成因有争议的,应当迅速报警。

第八十八条 机动车发生交通事故,造成道路、供电、通讯等设施损毁的,驾驶人应当报警等候处理,不得驶离。机动车可以移动的,应当将机动车移至不妨碍交通的地点。公安机关交通管理部门应当将事故有关情况通知有关部门。

第八十九条 公安机关交通管理部门或者交通警察接到交通事故报警,应当及时赶赴现场,对未造成人身伤亡,事实清楚,并且机动车可以移动的,应当在记录事故情况后责令当事人撤离现场,恢复交通。对拒不撤离现场的,予以强制撤离。

对属于前款规定情况的道路交通事故,交通警察可以适用简易程序处理,并当场出具事故认定书。当事人共同请求调解的,交通警察可以当场对损害赔偿争议进行调解。

对道路交通事故造成人员伤亡和财产损失需要勘验、检查现场的,公安机关交通管理部门应当按照勘查现场工作规范进行。现场勘查完毕,应当组织清理现场,恢复交通。

第九十条 投保机动车第三者责任强制保险的机动车发生交通事故,因抢救受伤人员需要保险公司支付抢救费用的,由公安机关交通管理部门通知保险公司。

抢救受伤人员需要道路交通事故救助基金垫付费用的,由公安机关交通管理部门通知道路交通事故社会救助基金管理机构。

第九十一条 公安机关交通管理部门应当根据交通事故当事人的行为对发生交通事故所起的作用以及过错的严重程度,确定当事人的责任。

第九十二条 发生交通事故后当事人逃逸的,逃逸的当事人承担全部责任。但是,有证据证明对方当事人也有过错的,可以减轻责任。

当事人故意破坏、伪造现场、毁灭证据的,承担全部责任。

第九十三条 公安机关交通管理部门对经过勘验、检查现场的交通事故应当在勘查现场之日起10日内制作交通事故认定书。对需要进行检验、鉴定的,应当在检验、鉴定结果确定之日起5日内制作交通事故认定书。

第九十四条 当事人对交通事故损害赔偿有争议,各方当事人一致请求公安机关交通管理部门调解的,应当在收到交通事故认定书之日起10日内提出书面调解申请。

对交通事故致死的,调解从办理丧葬事宜结束之日起开始;对交通事故致伤的,调解从治疗终结或者定残之日起开始;对交通事故造成财产损失的,调解从确定损失之日起开始。

第九十五条 公安机关交通管理部门调解交通事故损害赔偿争议的期限为10日。调解达成协议的,公安机关交通管理部门应当制作调解书送交各方当事人,调解书经各方当事人共同签字后生效;调解未达成协议的,公安机关交通管理部门应当制作调解终结书送交各方当事人。

交通事故损害赔偿项目和标准依照有关法律的规定执行。

第九十六条 对交通事故损害赔偿的争议,当事人向人民法院提起民事诉讼的,公安机关交通管理部门不再受理调解申请。

公安机关交通管理部门调解期间,当事人向人民法院提起民事诉讼的,调解终止。

第九十七条 车辆在道路以外发生交通事故,公安机关交通管理部门接到报案的,参照道路交通安全法和本条例的规定处理。

车辆、行人与火车发生的交通事故以及在渡口发生的交通事故,依照国家有关规定处理。

第六章 执法监督

第九十八条 公安机关交通管理部门应当公开办事制度、办事程序,建立警风警纪监督员制度,自觉接受社会和群众的监督。

第九十九条 公安机关交通管理部门及其交通警察办理机动车登记,发放号牌,对驾驶人考试、发证,处理道路交通安全违法行为,处理道路交通事故,应当严格遵守有关规定,不得越权执法,不得延迟履行职责,不得擅自改变处罚的种类和幅度。

第一百条 公安机关交通管理部门应当公布举报电话,受理群众举报投诉,并及时调查核实,反馈查处结果。

第一百零一条　公安机关交通管理部门应当建立执法质量考核评议、执法责任制和执法过错追究制度，防止和纠正道路交通安全执法中的错误或者不当行为。

第七章　法律责任

第一百零二条　违反本条例规定的行为，依照道路交通安全法和本条例的规定处罚。

第一百零三条　以欺骗、贿赂等不正当手段取得机动车登记或者驾驶许可的，收缴机动车登记证书、号牌、行驶证或者机动车驾驶证，撤销机动车登记或者机动车驾驶许可；申请人在3年内不得申请机动车登记或者机动车驾驶许可。

第一百零四条　机动车驾驶人有下列行为之一，又无其他机动车驾驶人即时替代驾驶的，公安机关交通管理部门除依法给予处罚外，可以将其驾驶的机动车移至不妨碍交通的地点或者有关部门指定的地点停放：

（一）不能出示本人有效驾驶证的；

（二）驾驶的机动车与驾驶证载明的准驾车型不符的；

（三）饮酒、服用国家管制的精神药品或者麻醉药品、患有妨碍安全驾驶的疾病，或者过度疲劳仍继续驾驶的；

（四）学习驾驶人员没有教练人员随车指导单独驾驶的。

第一百零五条　机动车驾驶人有饮酒、醉酒、服用国家管制的精神药品或者麻醉药品嫌疑的，应当接受测试、检验。

第一百零六条　公路客运载客汽车超过核定乘员，载货汽车超过核定载质量的，公安机关交通管理部门依法扣留机动车后，驾驶人应当将超载的乘车人转运、将超载的货物卸载，费用由超载机动车的驾驶人或者所有人承担。

第一百零七条　依照道路交通安全法第九十二条、第九十五条、第九十六条、第九十八条的规定被扣留的机动车，驾驶人或者所有人、管理人30日内没有提供被扣留机动车的合法证明，没有补办相应手续，或者不前来接受处理，经公安机关交通管理部门通知并且经公告3个月仍不前来接受处理的，由公安机关交通管理部门将该机动车送交有资格的拍卖机构拍卖，所得价款上缴国库；非法拼装的机动车予以拆除；达到报废标准的机动车予以报废；机动车涉及其他违法犯罪行为的，移交有关部门处理。

第一百零八条　交通警察按照简易程序当场作出行政处罚的，应当告知当事人道路交通安全违法行为的事实、处罚的理由和依据，并将行政处罚决定书当场交付被处罚人。

第一百零九条　对道路交通安全违法行为人处以罚款或者暂扣驾驶证处罚的，由违法行为发生地的县级以上人民政府公安机关交通管理部门或者相当于同级的公安机关交通管理部门作出决定；对处以吊销机动车驾驶证处罚的，由设区的市人民政府公安机关交通管理部门或者相当于同级的公安机关交通管理部门作出决定。

公安机关交通管理部门对非本辖区机动车的道路交通安全违法行为没有当场处罚的，可以由机动车登记地的公安机关交通管理部门处罚。

第一百一十条　当事人对公安机关交通管理部门及其交通警察的处罚有权进行陈述和申辩，交通警察应当充分听取当事人的陈述和申辩，不得因当事人陈述、申辩而加重其处罚。

第八章　附　则

第一百一十一条　本条例所称上道路行驶的拖拉机，是指手扶拖拉机等最高设计行驶速度不超过每小时20公里的轮式拖拉机和最高设计行驶速度不超过每小时40公里、牵引挂车方可从事道路运输的轮式拖拉机。

第一百一十二条　农业（农业机械）主管部门应当定期向公安机关交通管理部门提供拖拉机登记、安全技术检验以及拖拉机驾驶证发放的资料、数据。公安机关交通管理部门对拖拉机驾驶人作出暂扣、吊销驾驶证处罚或者记分处理的，应当定期将处罚决定书和记分情况通报有关的农业（农业机械）主管部门。吊销驾驶证的，还应当将驾驶证送交有关的农业（农业机械）主管部门。

第一百一十三条　境外机动车入境行驶，应当向入境地的公安机关交通管理部门申请临时通行号牌、行驶证。临时通行号牌、行驶证应当根据行驶需要，载明有效日期和允许行驶的区域。

入境的境外机动车申请临时通行号牌、行驶证以及境外人员申请机动车驾驶许可的条件、考试办法由国务院公安部门规定。

第一百一十四条　机动车驾驶许可考试的收费标准，由国务院价格主管部门规定。

第一百一十五条　本条例自2004年5月1日起施行。1960年2月11日国务院批准、交通部发布的《机动车管理办法》，1988年3月9日国务院发布的《中华人民共和国道路交通管理条例》，1991年9月22日国务院发布的《道路交通事故处理办法》，同时废止。

中华人民共和国公路法

- 1997 年 7 月 3 日第八届全国人民代表大会常务委员会第二十六次会议通过
- 根据 1999 年 10 月 31 日第九届全国人民代表大会常务委员会第十二次会议《关于修改〈中华人民共和国公路法〉的决定》第一次修正
- 根据 2004 年 8 月 28 日第十届全国人民代表大会常务委员会第十一次会议《关于修改〈中华人民共和国公路法〉的决定》第二次修正
- 根据 2009 年 8 月 27 日第十一届全国人民代表大会常务委员会第十次会议《关于修改部分法律的决定》第三次修正
- 根据 2016 年 11 月 7 日第十二届全国人民代表大会常务委员会第二十四次会议《关于修改〈中华人民共和国对外贸易法〉等十二部法律的决定》第四次修正
- 根据 2017 年 11 月 4 日第十二届全国人民代表大会常务委员会第三十次会议《关于修改〈中华人民共和国会计法〉等十一部法律的决定》第五次修正

第一章 总 则

第一条 为了加强公路的建设和管理,促进公路事业的发展,适应社会主义现代化建设和人民生活的需要,制定本法。

第二条 在中华人民共和国境内从事公路的规划、建设、养护、经营、使用和管理,适用本法。

本法所称公路,包括公路桥梁、公路隧道和公路渡口。

第三条 公路的发展应当遵循全面规划、合理布局、确保质量、保障畅通、保护环境、建设改造与养护并重的原则。

第四条 各级人民政府应当采取有力措施,扶持、促进公路建设。公路建设应当纳入国民经济和社会发展计划。

国家鼓励、引导国内外经济组织依法投资建设、经营公路。

第五条 国家帮助和扶持少数民族地区、边远地区和贫困地区发展公路建设。

第六条 公路按其在公路路网中的地位分为国道、省道、县道和乡道,并按技术等级分为高速公路、一级公路、二级公路、三级公路和四级公路。具体划分标准由国务院交通主管部门规定。

新建公路应当符合技术等级的要求。原有不符合最低技术等级要求的等外公路,应当采取措施,逐步改造为符合技术等级要求的公路。

第七条 公路受国家保护,任何单位和个人不得破坏、损坏或者非法占用公路、公路用地及公路附属设施。

任何单位和个人都有爱护公路、公路用地及公路附属设施的义务,有权检举和控告破坏、损坏公路、公路用地、公路附属设施和影响公路安全的行为。

第八条 国务院交通主管部门主管全国公路工作。

县级以上地方人民政府交通主管部门主管本行政区域内的公路工作;但是,县级以上地方人民政府交通主管部门对国道、省道的管理、监督职责,由省、自治区、直辖市人民政府确定。

乡、民族乡、镇人民政府负责本行政区域内的乡道的建设和养护工作。

县级以上地方人民政府交通主管部门可以决定由公路管理机构依照本法规定行使公路行政管理职责。

第九条 禁止任何单位和个人在公路上非法设卡、收费、罚款和拦截车辆。

第十条 国家鼓励公路工作方面的科学技术研究,对在公路科学技术研究和应用方面作出显著成绩的单位和个人给予奖励。

第十一条 本法对专用公路有规定的,适用于专用公路。

专用公路是指由企业或者其他单位建设、养护、管理,专为或者主要为本企业或者本单位提供运输服务的道路。

第二章 公路规划

第十二条 公路规划应当根据国民经济和社会发展以及国防建设的需要编制,与城市建设发展规划和其他方式的交通运输发展规划相协调。

第十三条 公路建设用地规划应当符合土地利用总体规划,当年建设用地应当纳入年度建设用地计划。

第十四条 国道规划由国务院交通主管部门会同国务院有关部门并商国道沿线省、自治区、直辖市人民政府编制,报国务院批准。

省道规划由省、自治区、直辖市人民政府交通主管部门会同同级有关部门并商省道沿线下一级人民政府编制,报省、自治区、直辖市人民政府批准,并报国务院交通主管部门备案。

县道规划由县级人民政府交通主管部门会同同级有关部门编制,经本级人民政府审定后,报上一级人民政府批准。

乡道规划由县级人民政府交通主管部门协助乡、民族乡、镇人民政府编制,报县级人民政府批准。

依照第三款、第四款规定批准的县道、乡道规划,应当报批准机关的上一级人民政府交通主管部门备案。

省道规划应当与国道规划相协调。县道规划应当与省道规划相协调。乡道规划应当与县道规划相协调。

第十五条 专用公路规划由专用公路的主管单位编制,经其上级主管部门审定后,报县级以上人民政府交通主管部门审核。

专用公路规划应当与公路规划相协调。县级以上人民政府交通主管部门发现专用公路规划与国道、省道、县道、乡道规划有不协调的地方,应当提出修改意见,专用公路主管部门和单位应当作出相应的修改。

第十六条 国道规划的局部调整由原编制机关决定。国道规划需要作重大修改的,由原编制机关提出修改方案,报国务院批准。

经批准的省道、县道、乡道公路规划需要修改的,由原编制机关提出修改方案,报原批准机关批准。

第十七条 国道的命名和编号,由国务院交通主管部门确定;省道、县道、乡道的命名和编号,由省、自治区、直辖市人民政府交通主管部门按照国务院交通主管部门的有关规定确定。

第十八条 规划和新建村镇、开发区,应当与公路保持规定的距离并避免在公路两侧对应进行,防止造成公路街道化,影响公路的运行安全与畅通。

第十九条 国家鼓励专用公路用于社会公共运输。专用公路主要用于社会公共运输时,由专用公路的主管单位申请,或者由有关方面申请,专用公路的主管单位同意,并经省、自治区、直辖市人民政府交通主管部门批准,可以改划为省道、县道或者乡道。

第三章 公路建设

第二十条 县级以上人民政府交通主管部门应当依据职责维护公路建设秩序,加强对公路建设的监督管理。

第二十一条 筹集公路建设资金,除各级人民政府的财政拨款,包括依法征税筹集的公路建设专项资金转为的财政拨款外,可以依法向国内外金融机构或者外国政府贷款。

国家鼓励国内外经济组织对公路建设进行投资。开发、经营公路的公司可以依照法律、行政法规的规定发行股票、公司债券筹集资金。

依照本法规定出让公路收费权的收入必须用于公路建设。

向企业和个人集资建设公路,必须根据需要与可能,坚持自愿原则,不得强行摊派,并符合国务院的有关规定。

公路建设资金还可以采取符合法律或者国务院规定的其他方式筹集。

第二十二条 公路建设应当按照国家规定的基本建设程序和有关规定进行。

第二十三条 公路建设项目应当按照国家有关规定实行法人负责制度、招标投标制度和工程监理制度。

第二十四条 公路建设单位应当根据公路建设工程的特点和技术要求,选择具有相应资格的勘查设计单位、施工单位和工程监理单位,并依照有关法律、法规、规章的规定和公路工程技术标准的要求,分别签订合同,明确双方的权利义务。

承担公路建设项目的可行性研究单位、勘查设计单位、施工单位和工程监理单位,必须持有国家规定的资质证书。

第二十五条 公路建设项目的施工,须按国务院交通主管部门的规定报请县级以上地方人民政府交通主管部门批准。

第二十六条 公路建设必须符合公路工程技术标准。

承担公路建设项目的设计单位、施工单位和工程监理单位,应当按照国家有关规定建立健全质量保证体系,落实岗位责任制,并依照有关法律、法规、规章以及公路工程技术标准的要求和合同约定进行设计、施工和监理,保证公路工程质量。

第二十七条 公路建设使用土地依照有关法律、行政法规的规定办理。

公路建设应当贯彻切实保护耕地、节约用地的原则。

第二十八条 公路建设需要使用国有荒山、荒地或者需要在国有荒山、荒地、河滩、滩涂上挖砂、采石、取土的,依照有关法律、行政法规的规定办理后,任何单位和个人不得阻挠或者非法收取费用。

第二十九条 地方各级人民政府对公路建设依法使用土地和搬迁居民,应当给予支持和协助。

第三十条 公路建设项目的设计和施工,应当符合依法保护环境、保护文物古迹和防止水土流失的要求。

公路规划中贯彻国防要求的公路建设项目,应当严格按照规划进行建设,以保证国防交通的需要。

第三十一条 因建设公路影响铁路、水利、电力、邮电设施和其他设施正常使用时,公路建设单位应当事先征得有关部门的同意;因公路建设对有关设施造成损坏的,公路建设单位应当按照不低于该设施原有的技术标准予以修复,或者给予相应的经济补偿。

第三十二条 改建公路时，施工单位应当在施工路段两端设置明显的施工标志、安全标志。需要车辆绕行的，应当在绕行路口设置标志；不能绕行的，必须修建临时道路，保证车辆和行人通行。

第三十三条 公路建设项目和公路修复项目竣工后，应当按照国家有关规定进行验收；未经验收或者验收不合格的，不得交付使用。

建成的公路，应当按照国务院交通主管部门的规定设置明显的标志、标线。

第三十四条 县级以上地方人民政府应当确定公路两侧边沟（截水沟、坡脚护坡道，下同）外缘起不少于一米的公路用地。

第四章 公路养护

第三十五条 公路管理机构应当按照国务院交通主管部门规定的技术规范和操作规程对公路进行养护，保证公路经常处于良好的技术状态。

第三十六条 国家采用依法征税的办法筹集公路养护资金，具体实施办法和步骤由国务院规定。

依法征税筹集的公路养护资金，必须专项用于公路的养护和改建。

第三十七条 县、乡级人民政府对公路养护需要的挖砂、采石、取土以及取水，应当给予支持和协助。

第三十八条 县、乡级人民政府应当在农村义务工的范围内，按照国家有关规定组织公路两侧的农村居民履行为公路建设和养护提供劳务的义务。

第三十九条 为保障公路养护人员的人身安全，公路养护人员进行养护作业时，应当穿着统一的安全标志服；利用车辆进行养护作业时，应当在公路作业车辆上设置明显的作业标志。

公路养护车辆进行作业时，在不影响过往车辆通行的前提下，其行驶路线和方向不受公路标志、标线限制；过往车辆对公路养护车辆和人员应当注意避让。

公路养护工程施工影响车辆、行人通行时，施工单位应当依照本法第三十二条的规定办理。

第四十条 因严重自然灾害致使国道、省道交通中断，公路管理机构应当及时修复；公路管理机构难以及时修复时，县级以上地方人民政府应当及时组织当地机关、团体、企业事业单位、城乡居民进行抢修，并可以请求当地驻军支援，尽快恢复交通。

第四十一条 公路用地范围内的山坡、荒地，由公路管理机构负责水土保持。

第四十二条 公路绿化工作，由公路管理机构按照公路工程技术标准组织实施。

公路用地上的树木，不得任意砍伐；需要更新砍伐的，应当经县级以上地方人民政府交通主管部门同意后，依照《中华人民共和国森林法》的规定办理审批手续，并完成更新补种任务。

第五章 路政管理

第四十三条 各级地方人民政府应当采取措施，加强对公路的保护。

县级以上地方人民政府交通主管部门应当认真履行职责，依法做好公路保护工作，并努力采用科学的管理方法和先进的技术手段，提高公路管理水平，逐步完善公路服务设施，保障公路的完好、安全和畅通。

第四十四条 任何单位和个人不得擅自占用、挖掘公路。

因修建铁路、机场、电站、通信设施、水利工程和进行其他建设工程需要占用、挖掘公路或者使公路改线的，建设单位应当事先征得有关交通主管部门的同意；影响交通安全的，还须征得有关公安机关的同意。占用、挖掘公路或者使公路改线的，建设单位应当按照不低于该段公路原有的技术标准予以修复、改建或者给予相应的经济补偿。

第四十五条 跨越、穿越公路修建桥梁、渡槽或者架设、埋设管线等设施的，以及在公路用地范围内架设、埋设管线、电缆等设施的，应当事先经有关交通主管部门同意，影响交通安全的，还须征得有关公安机关的同意；所修建、架设或者埋设的设施应当符合公路工程技术标准的要求。对公路造成损坏的，应当按照损坏程度给予补偿。

第四十六条 任何单位和个人不得在公路上及公路用地范围内摆摊设点、堆放物品、倾倒垃圾、设置障碍、挖沟引水、利用公路边沟排放污物或者进行其他损坏、污染公路和影响公路畅通的活动。

第四十七条 在大中型公路桥梁和渡口周围二百米、公路隧道上方和洞口外一百米范围内，以及在公路两侧一定距离内，不得挖砂、采石、取土、倾倒废弃物，不得进行爆破作业及其他危及公路、公路桥梁、公路隧道、公路渡口安全的活动。

在前款范围内因抢险、防汛需要修筑堤坝、压缩或者拓宽河床的，应当事先报经省、自治区、直辖市人民政府交通主管部门会同水行政主管部门批准，并采取有效的保护有关的公路、公路桥梁、公路隧道、公路渡口安全的措施。

第四十八条 铁轮车、履带车和其他可能损害公路路面的机具,不得在公路上行驶。

农业机械因当地田间作业需要在公路上短距离行驶或者军用车辆执行任务需要在公路上行驶的,可以不受前款限制,但是应当采取安全保护措施。对公路造成损坏的,应当按照损坏程度给予补偿。

第四十九条 在公路上行驶的车辆的轴载质量应当符合公路工程技术标准要求。

第五十条 超过公路、公路桥梁、公路隧道或者汽车渡船的限载、限高、限宽、限长标准的车辆,不得在有限定标准的公路、公路桥梁上或者公路隧道内行驶,不得使用汽车渡船。超过公路或者公路桥梁限载标准确需行驶的,必须经县级以上地方人民政府交通主管部门批准,并按要求采取有效的防护措施;运载不可解体的超限物品的,应当按照指定的时间、路线、时速行驶,并悬挂明显标志。

运输单位不能按照前款规定采取防护措施的,由交通主管部门帮助其采取防护措施,所需费用由运输单位承担。

第五十一条 机动车制造厂和其他单位不得将公路作为检验机动车制动性能的试车场地。

第五十二条 任何单位和个人不得损坏、擅自移动、涂改公路附属设施。

前款公路附属设施,是指为保护、养护公路和保障公路安全畅通所设置的公路防护、排水、养护、管理、服务、交通安全、渡运、监控、通信、收费等设施、设备以及专用建筑物、构筑物等。

第五十三条 造成公路损坏的,责任者应当及时报告公路管理机构,并接受公路管理机构的现场调查。

第五十四条 任何单位和个人未经县级以上地方人民政府交通主管部门批准,不得在公路用地范围内设置公路标志以外的其他标志。

第五十五条 在公路上增设平面交叉道口,必须按照国家有关规定经过批准,并按国家规定的技术标准建设。

第五十六条 除公路防护、养护需要的以外,禁止在公路两侧的建筑控制区内修建建筑物和地面构筑物;需要在建筑控制区内埋设管线、电缆等设施的,应当事先经县级以上地方人民政府交通主管部门批准。

前款规定的建筑控制区的范围,由县级以上地方人民政府按照保障公路运行安全和节约用地的原则,依照国务院的规定划定。

建筑控制区范围经县级以上地方人民政府依照前款规定划定后,由县级以上地方人民政府交通主管部门设置标桩、界桩。任何单位和个人不得损坏、擅自挪动该标桩、界桩。

第五十七条 除本法第四十七条第二款的规定外,本章规定由交通主管部门行使的路政管理职责,可以依照本法第八条第四款的规定,由公路管理机构行使。

第六章 收费公路

第五十八条 国家允许依法设立收费公路,同时对收费公路的数量进行控制。

除本法第五十九条规定可以收取车辆通行费的公路外,禁止任何公路收取车辆通行费。

第五十九条 符合国务院交通主管部门规定的技术等级和规模的下列公路,可以依法收取车辆通行费:

(一)由县级以上地方人民政府交通主管部门利用贷款或者向企业、个人集资建成的公路;

(二)由国内外经济组织依法受让前项收费公路收费权的公路;

(三)由国内外经济组织依法投资建成的公路。

第六十条 县级以上地方人民政府交通主管部门利用贷款或者集资建成的收费公路的收费期限,按照收费偿还贷款、集资款的原则,由省、自治区、直辖市人民政府依照国务院交通主管部门的规定确定。

有偿转让公路收费权的公路,收费权转让后,由受让方收费经营。收费权的转让期限由出让、受让双方约定,最长不得超过国务院规定的年限。

国内外经济组织投资建设公路,必须按照国家有关规定办理审批手续;公路建成后,由投资者收费经营。收费经营期限按照收回投资并有合理回报的原则,由有关交通主管部门与投资者约定并按照国家有关规定办理审批手续,但最长不得超过国务院规定的年限。

第六十一条 本法第五十九条第一款第一项规定的公路中的国道收费权的转让,应当在转让协议签订之日起三十个工作日内报国务院交通主管部门备案;国道以外的其他公路收费权的转让,应当在转让协议签订之日起三十个工作日内报省、自治区、直辖市人民政府备案。

前款规定的公路收费权出让的最低成交价,以国有资产评估机构评估的价值为依据确定。

第六十二条 受让公路收费权和投资建设公路的国内外经济组织应当依法成立开发、经营公路的企业(以下简称公路经营企业)。

第六十三条 收费公路车辆通行费的收费标准,由公路收费单位提出方案，报省、自治区、直辖市人民政府交通主管部门会同同级物价行政主管部门审查批准。

第六十四条 收费公路设置车辆通行费的收费站，应当报经省、自治区、直辖市人民政府审查批准。跨省、自治区、直辖市的收费公路设置车辆通行费的收费站，由有关省、自治区、直辖市人民政府协商确定；协商不成的，由国务院交通主管部门决定。同一收费公路由不同的交通主管部门组织建设或者由不同的公路经营企业经营的，应当按照"统一收费、按比例分成"的原则，统筹规划，合理设置收费站。

两个收费站之间的距离，不得小于国务院交通主管部门规定的标准。

第六十五条 有偿转让公路收费权的公路，转让收费权合同约定的期限届满，收费权由出让方收回。

由国内外经济组织依照本法规定投资建成并经营的收费公路，约定的经营期限届满，该公路由国家无偿收回，由有关交通主管部门管理。

第六十六条 依照本法第五十九条规定受让收费权或者由国内外经济组织投资建成经营的公路的养护工作，由各该公路经营企业负责。各该公路经营企业在经营期间应当按照国务院交通主管部门规定的技术规范和操作规程做好对公路的养护工作。在受让收费权的期限届满，或者经营期限届满时，公路应当处于良好的技术状态。

前款规定的公路的绿化和公路用地范围内的水土保持工作，由各该公路经营企业负责。

第一款规定的公路的路政管理，适用本法第五章的规定。该公路路政管理的职责由县级以上地方人民政府交通主管部门或者公路管理机构的派出机构、人员行使。

第六十七条 在收费公路上从事本法第四十四条第二款、第四十五条、第四十八条、第五十条所列活动的，除依照各该条的规定办理外，给公路经营企业造成损失的，应当给予相应的补偿。

第六十八条 收费公路的具体管理办法，由国务院依照本法制定。

第七章 监督检查

第六十九条 交通主管部门、公路管理机构依法对有关公路的法律、法规执行情况进行监督检查。

第七十条 交通主管部门、公路管理机构负有管理和保护公路的责任，有权检查、制止各种侵占、损坏公路、公路用地、公路附属设施及其他违反本法规定的行为。

第七十一条 公路监督检查人员依法在公路、建筑控制区、车辆停放场所、车辆所属单位等进行监督检查时，任何单位和个人不得阻挠。

公路经营者、使用者和其他有关单位、个人，应当接受公路监督检查人员依法实施的监督检查，并为其提供方便。

公路监督检查人员执行公务，应当佩戴标志，持证上岗。

第七十二条 交通主管部门、公路管理机构应当加强对所属公路监督检查人员的管理和教育，要求公路监督检查人员熟悉国家有关法律和规定，公正廉洁，热情服务，秉公执法，对公路监督检查人员的执法行为应当加强监督检查，对其违法行为应当及时纠正，依法处理。

第七十三条 用于公路监督检查的专用车辆，应当设置统一的标志和示警灯。

第八章 法律责任

第七十四条 违反法律或者国务院有关规定，擅自在公路上设卡、收费的，由交通主管部门责令停止违法行为，没收违法所得，可以处违法所得三倍以下的罚款，没有违法所得的，可以处二万元以下的罚款；对负有直接责任的主管人员和其他直接责任人员，依法给予行政处分。

第七十五条 违反本法第二十五条规定，未经有关交通主管部门批准擅自施工的，交通主管部门可以责令停止施工，并可以处五万元以下的罚款。

第七十六条 有下列违法行为之一的，由交通主管部门责令停止违法行为，可以处三万元以下的罚款：

（一）违反本法第四十四条第一款规定，擅自占用、挖掘公路的；

（二）违反本法第四十五条规定，未经同意或者未按照公路工程技术标准的要求修建桥梁、渡槽或者架设、埋设管线、电缆等设施的；

（三）违反本法第四十七条规定，从事危及公路安全的作业的；

（四）违反本法第四十八条规定，铁轮车、履带车和其他可能损害路面的机具擅自在公路上行驶的；

（五）违反本法第五十条规定，车辆超限使用汽车渡船或者在公路上擅自超限行驶的；

（六）违反本法第五十二条、第五十六条规定，损坏、移动、涂改公路附属设施或者损坏、挪动建筑控制区的标桩、界桩，可能危及公路安全的。

第七十七条 违反本法第四十六条的规定，造成公路路面损坏、污染或者影响公路畅通的，或者违反本法第五十一条规定，将公路作为试车场地的，由交通主管部门责令停止违法行为，可以处五千元以下的罚款。

第七十八条 违反本法第五十三条规定，造成公路损坏，未报告的，由交通主管部门处一千元以下的罚款。

第七十九条 违反本法第五十四条规定，在公路用地范围内设置公路标志以外的其他标志的，由交通主管部门责令限期拆除，可以处二万元以下的罚款；逾期不拆除的，由交通主管部门拆除，有关费用由设置者负担。

第八十条 违反本法第五十五条规定，未经批准在公路上增设平面交叉道口的，由交通主管部门责令恢复原状，处五万元以下的罚款。

第八十一条 违反本法第五十六条规定，在公路建筑控制区内修建建筑物、地面构筑物或者擅自埋设管线、电缆等设施的，由交通主管部门责令限期拆除，并可以处五万元以下的罚款。逾期不拆除的，由交通主管部门拆除，有关费用由建筑者、构筑者承担。

第八十二条 除本法第七十四条、第七十五条的规定外，本章规定由交通主管部门行使的行政处罚权和行政措施，可以依照本法第八条第四款的规定由公路管理机构行使。

第八十三条 阻碍公路建设或者公路抢修，致使公路建设或者抢修不能正常进行，尚未造成严重损失的，依照《中华人民共和国治安管理处罚法》的规定处罚。

损毁公路或者擅自移动公路标志，可能影响交通安全，尚不够刑事处罚的，适用《中华人民共和国道路交通安全法》第九十九条的处罚规定。

拒绝、阻碍公路监督检查人员依法执行职务未使用暴力、威胁方法的，依照《中华人民共和国治安管理处罚法》的规定处罚。

第八十四条 违反本法有关规定，构成犯罪的，依法追究刑事责任。

第八十五条 违反本法有关规定，对公路造成损害的，应当依法承担民事责任。

对公路造成较大损害的车辆，必须立即停车，保护现场，报告公路管理机构，接受公路管理机构的调查、处理后方得驶离。

第八十六条 交通主管部门、公路管理机构的工作人员玩忽职守、徇私舞弊、滥用职权，构成犯罪的，依法追究刑事责任；尚不构成犯罪的，依法给予行政处分。

第九章 附 则

第八十七条 本法自1998年1月1日起施行。

公路安全保护条例

- 2011年2月16日国务院第144次常务会议通过
- 2011年3月7日中华人民共和国国务院令第593号公布
- 自2011年7月1日起施行

第一章 总 则

第一条 为了加强公路保护，保障公路完好、安全和畅通，根据《中华人民共和国公路法》，制定本条例。

第二条 各级人民政府应当加强对公路保护工作的领导，依法履行公路保护职责。

第三条 国务院交通运输主管部门主管全国公路保护工作。

县级以上地方人民政府交通运输主管部门主管本行政区域的公路保护工作；但是，县级以上地方人民政府交通运输主管部门对国道、省道的保护职责，由省、自治区、直辖市人民政府确定。

公路管理机构依照本条例的规定具体负责公路保护的监督管理工作。

第四条 县级以上各级人民政府发展改革、工业和信息化、公安、工商、质检等部门按照职责分工，依法开展公路保护的相关工作。

第五条 县级以上各级人民政府应当将政府及其有关部门从事公路管理、养护所需经费以及公路管理机构行使公路行政管理职能所需经费纳入本级人民政府财政预算。但是，专用公路的公路保护经费除外。

第六条 县级以上各级人民政府交通运输主管部门应当综合考虑国家有关车辆技术标准、公路使用状况等因素，逐步提高公路建设、管理和养护水平，努力满足国民经济和社会发展以及人民群众生产、生活需要。

第七条 县级以上各级人民政府交通运输主管部门应当依照《中华人民共和国突发事件应对法》的规定，制定地震、泥石流、雨雪冰冻灾害等损毁公路的突发事件（以下简称公路突发事件）应急预案，报本级人民政府批准后实施。

公路管理机构、公路经营企业应当根据交通运输主管部门制定的公路突发事件应急预案，组建应急队伍，并定期组织应急演练。

第八条 国家建立健全公路突发事件应急物资储备保障制度，完善应急物资储备、调配体系，确保发生公路突发事件时能够满足应急处置工作的需要。

第九条 任何单位和个人不得破坏、损坏、非法占用或者非法利用公路、公路用地和公路附属设施。

第二章 公路线路

第十条 公路管理机构应当建立健全公路管理档案，对公路、公路用地和公路附属设施调查核实、登记造册。

第十一条 县级以上地方人民政府应当根据保障公路运行安全和节约用地的原则以及公路发展的需要，组织交通运输、国土资源等部门划定公路建筑控制区的范围。

公路建筑控制区的范围，从公路用地外缘起向外的距离标准为：

（一）国道不少于20米；
（二）省道不少于15米；
（三）县道不少于10米；
（四）乡道不少于5米。

属于高速公路的，公路建筑控制区的范围从公路用地外缘起向外的距离标准不少于30米。

公路弯道内侧、互通立交以及平面交叉道口的建筑控制区范围根据安全视距等要求确定。

第十二条 新建、改建公路的建筑控制区的范围，应当自公路初步设计批准之日起30日内，由公路沿线县级以上地方人民政府依照本条例划定并公告。

公路建筑控制区与铁路线路安全保护区、航道保护范围、河道管理范围或者水工程管理和保护范围重叠的，经公路管理机构和铁路管理机构、航道管理机构、水行政主管部门或者流域管理机构协商后划定。

第十三条 在公路建筑控制区内，除公路保护需要外，禁止修建建筑物和地面构筑物；公路建筑控制区划定前已经合法修建的不得扩建，因公路建设或者保障公路运行安全等原因需要拆除的应当依法给予补偿。

在公路建筑控制区外修建的建筑物、地面构筑物以及其他设施不得遮挡公路标志，不得妨碍安全视距。

第十四条 新建村镇、开发区、学校和货物集散地、大型商业网点、农贸市场等公共场所，与公路建筑控制区边界外缘的距离应当符合下列标准，并尽可能在公路一侧建设：

（一）国道、省道不少于50米；
（二）县道、乡道不少于20米。

第十五条 新建、改建公路与既有城市道路、铁路、通信等线路交叉或者新建、改建城市道路、铁路、通信等线路与既有公路交叉的，建设费用由新建、改建单位承担；城市道路、铁路、通信等线路的管理部门、单位或者公路管理机构要求提高既有建设标准而增加的费用，由提出要求的部门或者单位承担。

需要改变既有公路与城市道路、铁路、通信等线路交叉方式的，按照公平合理的原则分担建设费用。

第十六条 禁止将公路作为检验车辆制动性能的试车场地。

禁止在公路、公路用地范围内摆摊设点、堆放物品、倾倒垃圾、设置障碍、挖沟引水、打场晒粮、种植作物、放养牲畜、采石、取土、采空作业、焚烧物品、利用公路边沟排放污物或者进行其他损坏、污染公路和影响公路畅通的行为。

第十七条 禁止在下列范围内从事采矿、采石、取土、爆破作业等危及公路、公路桥梁、公路隧道、公路渡口安全的活动：

（一）国道、省道、县道的公路用地外缘起向外100米，乡道的公路用地外缘起向外50米；
（二）公路渡口和中型以上公路桥梁周围200米；
（三）公路隧道上方和洞口外100米。

在前款规定的范围内，因抢险、防汛需要修筑堤坝、压缩或者拓宽河床的，应当经省、自治区、直辖市人民政府交通运输主管部门会同水行政主管部门或者流域管理机构批准，并采取安全防护措施方可进行。

第十八条 除按照国家有关规定设立的为车辆补充燃料的场所、设施外，禁止在下列范围内设立生产、储存、销售易燃、易爆、剧毒、放射性等危险物品的场所、设施：

（一）公路用地外缘起向外100米；
（二）公路渡口和中型以上公路桥梁周围200米；
（三）公路隧道上方和洞口外100米。

第十九条 禁止擅自在中型以上公路桥梁跨越的河道上下游各1000米范围内抽取地下水、架设浮桥以及修建其他危及公路桥梁安全的设施。

在前款规定的范围内，确需进行抽取地下水、架设浮桥等活动的，应当经水行政主管部门、流域管理机构等有关单位会同公路管理机构批准，并采取安全防护措施方可进行。

第二十条 禁止在公路桥梁跨越的河道上下游的下列范围内采砂：

（一）特大型公路桥梁跨越的河道上游500米，下游3000米；
（二）大型公路桥梁跨越的河道上游500米，下游2000米；
（三）中小型公路桥梁跨越的河道上游500米，下游1000米。

第二十一条 在公路桥梁跨越的河道上下游各 500 米范围内依法进行疏浚作业的,应当符合公路桥梁安全要求,经公路管理机构确认安全方可作业。

第二十二条 禁止利用公路桥梁进行牵拉、吊装等危及公路桥梁安全的施工作业。

禁止利用公路桥梁(含桥下空间)、公路隧道、涵洞堆放物品,搭建设施以及铺设高压电线和输送易燃、易爆或者其他有毒有害气体、液体的管道。

第二十三条 公路桥梁跨越航道的,建设单位应当按照国家有关规定设置桥梁航标、桥柱标、桥梁水尺标,并按照国家标准、行业标准设置桥区水上航标和桥墩防撞装置。桥区水上航标由航标管理机构负责维护。

通过公路桥梁的船舶应当符合公路桥梁通航净空要求,严格遵守航行规则,不得在公路桥梁下停泊或者系缆。

第二十四条 重要的公路桥梁和公路隧道按照《中华人民共和国人民武装警察法》和国务院、中央军委的有关规定由中国人民武装警察部队守护。

第二十五条 禁止损坏、擅自移动、涂改、遮挡公路附属设施或者利用公路附属设施架设管道、悬挂物品。

第二十六条 禁止破坏公路、公路用地范围内的绿化物。需要更新采伐护路林的,应当向公路管理机构提出申请,经批准方可更新采伐,并及时补种;不能及时补种的,应当交纳补种所需费用,由公路管理机构代为补种。

第二十七条 进行下列涉路施工活动,建设单位应当向公路管理机构提出申请:

(一)因修建铁路、机场、供电、水利、通信等建设工程需要占用、挖掘公路、公路用地或者使公路改线;

(二)跨越、穿越公路修建桥梁、渡槽或者架设、埋设管道、电缆等设施;

(三)在公路用地范围内架设、埋设管道、电缆等设施;

(四)利用公路桥梁、公路隧道、涵洞铺设电缆等设施;

(五)利用跨越公路的设施悬挂非公路标志;

(六)在公路上增设或者改造平面交叉道口;

(七)在公路建筑控制区内埋设管道、电缆等设施。

第二十八条 申请进行涉路施工活动的建设单位应当向公路管理机构提交下列材料:

(一)符合有关技术标准、规范要求的设计和施工方案;

(二)保障公路、公路附属设施质量和安全的技术评价报告;

(三)处置施工险情和意外事故的应急方案。

公路管理机构应当自受理申请之日起 20 日内作出许可或者不予许可的决定;影响交通安全的,应当征得公安机关交通管理部门的同意;涉及经营性公路的,应当征求公路经营企业的意见;不予许可的,公路管理机构应当书面通知申请人并说明理由。

第二十九条 建设单位应当按照许可的设计和施工方案进行施工作业,并落实保障公路、公路附属设施质量和安全的防护措施。

涉路施工完毕,公路管理机构应当对公路、公路附属设施是否达到规定的技术标准以及施工是否符合保障公路、公路附属设施质量和安全的要求进行验收;影响交通安全的,还应当经公安机关交通管理部门验收。

涉路工程设施的所有人、管理人应当加强维护和管理,确保工程设施不影响公路的完好、安全和畅通。

第三章 公路通行

第三十条 车辆的外廓尺寸、轴荷和总质量应当符合国家有关车辆外廓尺寸、轴荷、质量限值等机动车安全技术标准,不符合标准的不得生产、销售。

第三十一条 公安机关交通管理部门办理车辆登记,应当当场查验,对不符合机动车国家安全技术标准的车辆不予登记。

第三十二条 运输不可解体物品需要改装车辆的,应当由具有相应资质的车辆生产企业按照规定的车型和技术参数进行改装。

第三十三条 超过公路、公路桥梁、公路隧道限载、限高、限宽、限长标准的车辆,不得在公路、公路桥梁或者公路隧道行驶;超过汽车渡船限载、限高、限宽、限长标准的车辆,不得使用汽车渡船。

公路、公路桥梁、公路隧道限载、限高、限宽、限长标准调整的,公路管理机构、公路经营企业应当及时变更限载、限高、限宽、限长标志;需要绕行的,还应当标明绕行路线。

第三十四条 县级人民政府交通运输主管部门或者乡级人民政府可以根据保护乡道、村道的需要,在乡道、村道的出入口设置必要的限高、限宽设施,但是不得影响消防和卫生急救等应急通行需要,不得向通行车辆收费。

第三十五条 车辆载运不可解体物品,车货总体的外廓尺寸或者总质量超过公路、公路桥梁、公路隧道的限载、限高、限宽、限长标准,确需在公路、公路桥梁、公路隧道行驶的，从事运输的单位和个人应当向公路管理机构申请公路超限运输许可。

第三十六条 申请公路超限运输许可按照下列规定办理：

（一）跨省、自治区、直辖市进行超限运输的，向公路沿线各省、自治区、直辖市公路管理机构提出申请，由起运地省、自治区、直辖市公路管理机构统一受理，并协调公路沿线各省、自治区、直辖市公路管理机构对超限运输申请进行审批，必要时可以由国务院交通运输主管部门统一协调处理；

（二）在省、自治区范围内跨设区的市进行超限运输，或者在直辖市范围内跨区、县进行超限运输的，向省、自治区、直辖市公路管理机构提出申请，由省、自治区、直辖市公路管理机构受理并审批；

（三）在设区的市范围内跨区、县进行超限运输的，向设区的市公路管理机构提出申请，由设区的市公路管理机构受理并审批；

（四）在区、县范围内进行超限运输的，向区、县公路管理机构提出申请，由区、县公路管理机构受理并审批。

公路超限运输影响交通安全的，公路管理机构在审批超限运输申请时，应当征求公安机关交通管理部门意见。

第三十七条 公路管理机构审批超限运输申请，应当根据实际情况勘测通行路线，需要采取加固、改造措施的，可以与申请人签订有关协议，制定相应的加固、改造方案。

公路管理机构应当根据其制定的加固、改造方案，对通行的公路桥梁、涵洞等设施进行加固、改造；必要时应当对超限运输车辆进行监管。

第三十八条 公路管理机构批准超限运输申请的，应当为超限运输车辆配发国务院交通运输主管部门规定式样的超限运输车辆通行证。

经批准进行超限运输的车辆，应当随车携带超限运输车辆通行证，按照指定的时间、路线和速度行驶，并悬挂明显标志。

禁止租借、转让超限运输车辆通行证。禁止使用伪造、变造的超限运输车辆通行证。

第三十九条 经省、自治区、直辖市人民政府批准，有关交通运输主管部门可以设立固定超限检测站点，配备必要的设备和人员。

固定超限检测站点应当规范执法，并公布监督电话。公路管理机构应当加强对固定超限检测站点的管理。

第四十条 公路管理机构在监督检查中发现车辆超过公路、公路桥梁、公路隧道或者汽车渡船的限载、限高、限宽、限长标准的，应当就近引导至固定超限检测站点进行处理。

车辆应当按照超限检测指示标志或者公路管理机构监督检查人员的指挥接受超限检测，不得故意堵塞固定超限检测站点通行车道、强行通过固定超限检测站点或者以其他方式扰乱超限检测秩序，不得采取短途驳载等方式逃避超限检测。

禁止通过引路绕行等方式为不符合国家有关载运标准的车辆逃避超限检测提供便利。

第四十一条 煤炭、水泥等货物集散地以及货运站等场所的经营人、管理人应当采取有效措施，防止不符合国家有关载运标准的车辆出场(站)。

道路运输管理机构应当加强对煤炭、水泥等货物集散地以及货运站等场所的监督检查，制止不符合国家有关载运标准的车辆出场(站)。

任何单位和个人不得指使、强令车辆驾驶人超限运输货物，不得阻碍道路运输管理机构依法进行监督检查。

第四十二条 载运易燃、易爆、剧毒、放射性等危险物品的车辆，应当符合国家有关安全管理规定，并避免通过特大型公路桥梁或者特长公路隧道；确需通过特大型公路桥梁或者特长公路隧道的，负责审批易燃、易爆、剧毒、放射性等危险物品运输许可的机关应当提前将行驶时间、路线通知特大型公路桥梁或者特长公路隧道的管理单位，并对在特大型公路桥梁或者特长公路隧道行驶的车辆进行现场监管。

第四十三条 车辆应当规范装载，装载物不得触地拖行。车辆装载物易掉落、遗洒或者飘散的，应当采取厢式密闭等有效防护措施方可在公路上行驶。

公路上行驶车辆的装载物掉落、遗洒或者飘散的，车辆驾驶人、押运人员应当及时采取措施处理；无法处理的，应当在掉落、遗洒或者飘散物来车方向适当距离外设置警示标志，并迅速报告公路管理机构或者公安机关交通管理部门。其他人员发现公路上有影响交通安全的障碍物的，也应当及时报告公路管理机构或者公安机关交通管理部门。公安机关交通管理部门应当责令改正车辆装载物掉落、遗洒、飘散等违法行为；公路管理机构、公路经营企业应当及时清除掉落、遗洒、飘散在公路上的障碍物。

车辆装载物掉落、遗洒、飘散后，车辆驾驶人、押运人员未及时采取措施处理，造成他人人身、财产损害的，道路运输企业、车辆驾驶人应当依法承担赔偿责任。

第四章 公路养护

第四十四条 公路管理机构、公路经营企业应当加强公路养护,保证公路经常处于良好技术状态。

前款所称良好技术状态,是指公路自身的物理状态符合有关技术标准的要求,包括路面平整,路肩、边坡平顺,有关设施完好。

第四十五条 公路养护应当按照国务院交通运输主管部门规定的技术规范和操作规程实施作业。

第四十六条 从事公路养护作业的单位应当具备下列资质条件:

(一)有一定数量的符合要求的技术人员;

(二)有与公路养护作业相适应的技术设备;

(三)有与公路养护作业相适应的作业经历;

(四)国务院交通运输主管部门规定的其他条件。

公路养护作业单位资质管理办法由国务院交通运输主管部门另行制定。

第四十七条 公路管理机构、公路经营企业应当按照国务院交通运输主管部门的规定对公路进行巡查,并制作巡查记录;发现公路坍塌、坑槽、隆起等损毁的,应当及时设置警示标志,并采取措施修复。

公安机关交通管理部门发现公路坍塌、坑槽、隆起等损毁,危及交通安全的,应当及时采取措施,疏导交通,并通知公路管理机构或者公路经营企业。

其他人员发现公路坍塌、坑槽、隆起等损毁的,应当及时向公路管理机构、公安机关交通管理部门报告。

第四十八条 公路管理机构、公路经营企业应当定期对公路、公路桥梁、公路隧道进行检测和评定,保证其技术状态符合有关技术标准;对经检测发现不符合车辆通行安全要求的,应当进行维修,及时向社会公告,并通知公安机关交通管理部门。

第四十九条 公路管理机构、公路经营企业应当定期检查公路隧道的排水、通风、照明、监控、报警、消防、救助等设施,保持设施处于完好状态。

第五十条 公路管理机构应当统筹安排公路养护作业计划,避免集中进行公路养护作业造成交通堵塞。

在省、自治区、直辖市交界区域进行公路养护作业,可能造成交通堵塞的,有关公路管理机构、公安机关交通管理部门应当事先书面通报相邻的省、自治区、直辖市公路管理机构、公安机关交通管理部门,共同制定疏导预案,确定分流路线。

第五十一条 公路养护作业需要封闭公路的,或者占用半幅公路进行作业,作业路段长度在2公里以上,并且作业期限超过30日的,除紧急情况外,公路养护作业单位应当在作业开始之日前5日向社会公告,明确绕行路线,并在绕行处设置标志;不能绕行的,应当修建临时道路。

第五十二条 公路养护作业人员作业时,应当穿着统一的安全标志服。公路养护车辆、机械设备作业时,应当设置明显的作业标志,开启危险报警闪光灯。

第五十三条 发生公路突发事件影响通行的,公路管理机构、公路经营企业应当及时修复公路、恢复通行。设区的市级以上人民政府交通运输主管部门应当根据修复公路、恢复通行的需要,及时调集抢修力量,统筹安排有关作业计划,下达路网调度指令,配合有关部门组织绕行、分流。

设区的市级以上公路管理机构应当按照国务院交通运输主管部门的规定收集、汇总公路损毁、公路交通流量等信息,开展公路突发事件的监测、预报和预警工作,并利用多种方式及时向社会发布有关公路运行信息。

第五十四条 中国人民武装警察交通部队按照国家有关规定承担公路、公路桥梁、公路隧道等设施的抢修任务。

第五十五条 公路永久性停止使用的,应当按照国务院交通运输主管部门规定的程序核准后作报废处理,并向社会公告。

公路报废后的土地使用管理依照有关土地管理的法律、行政法规执行。

第五章 法律责任

第五十六条 违反本条例的规定,有下列情形之一的,由公路管理机构责令限期拆除,可以处5万元以下的罚款。逾期不拆除的,由公路管理机构拆除,有关费用由违法行为人承担:

(一)在公路建筑控制区内修建、扩建建筑物、地面构筑物或者未经许可埋设管道、电缆等设施的;

(二)在公路建筑控制区外修建的建筑物、地面构筑物以及其他设施遮挡公路标志或者妨碍安全视距的。

第五十七条 违反本条例第十八条、第十九条、第二十三条规定的,由安全生产监督管理部门、水行政主管部门、流域管理机构、海事管理机构等有关单位依法处理。

第五十八条 违反本条例第二十条规定的,由水行政主管部门或者流域管理机构责令改正,可以处3万元以下的罚款。

第五十九条 违反本条例第二十二条规定的,由公路管理机构责令改正,处2万元以上10万元以下的罚款。

第六十条　违反本条例的规定,有下列行为之一的,由公路管理机构责令改正,可以处3万元以下的罚款:

(一)损坏、擅自移动、涂改、遮挡公路附属设施或者利用公路附属设施架设管道、悬挂物品,可能危及公路安全的;

(二)涉路工程设施影响公路完好、安全和畅通的。

第六十一条　违反本条例的规定,未经批准更新采伐护路林的,由公路管理机构责令补种,没收违法所得,并处采伐林木价值3倍以上5倍以下的罚款。

第六十二条　违反本条例的规定,未经许可进行本条例第二十七条第一项至第五项规定的涉路施工活动的,由公路管理机构责令改正,可以处3万元以下的罚款;未经许可进行本条例第二十七条第六项规定的涉路施工活动的,由公路管理机构责令改正,处5万元以下的罚款。

第六十三条　违反本条例的规定,非法生产、销售外廓尺寸、轴荷、总质量不符合国家有关车辆外廓尺寸、轴荷、质量限值等机动车安全技术标准的车辆的,依照《中华人民共和国道路交通安全法》的有关规定处罚。

具有国家规定资质的车辆生产企业未按照规定车型和技术参数改装车辆的,由原发证机关责令改正,处4万元以上20万元以下的罚款;拒不改正的,吊销其资质证书。

第六十四条　违反本条例的规定,在公路上行驶的车辆,车货总体的外廓尺寸、轴荷或者总质量超过公路、公路桥梁、公路隧道、汽车渡船限定标准的,由公路管理机构责令改正,可以处3万元以下的罚款。

第六十五条　违反本条例的规定,经批准进行超限运输的车辆,未按照指定时间、路线和速度行驶的,由公路管理机构或者公安机关交通管理部门责令改正;拒不改正的,公路管理机构或者公安机关交通管理部门可以扣留车辆。

未随车携带超限运输车辆通行证的,由公路管理机构扣留车辆,责令车辆驾驶人提供超限运输车辆通行证或者相应的证明。

租借、转让超限运输车辆通行证的,由公路管理机构没收超限运输车辆通行证,处1000元以上5000元以下的罚款。使用伪造、变造的超限运输车辆通行证的,由公路管理机构没收伪造、变造的超限运输车辆通行证,处3万元以下的罚款。

第六十六条　对1年内违法超限运输超过3次的货运车辆,由道路运输管理机构吊销其车辆营运证;对1年内违法超限运输超过3次的货运车辆驾驶人,由道路运输管理机构责令其停止从事营业性运输;道路运输企业1年内违法超限运输的货运车辆超过本单位货运车辆总数10%的,由道路运输管理机构责令道路运输企业停业整顿;情节严重的,吊销其道路运输经营许可证,并向社会公告。

第六十七条　违反本条例的规定,有下列行为之一的,由公路管理机构强制拖离或者扣留车辆,处3万元以下的罚款:

(一)采取故意堵塞固定超限检测站点通行车道、强行通过固定超限检测站点等方式扰乱超限检测秩序的;

(二)采取短途驳载等方式逃避超限检测的。

第六十八条　违反本条例的规定,指使、强令车辆驾驶人超限运输货物的,由道路运输管理机构责令改正,处3万元以下的罚款。

第六十九条　车辆装载物触地拖行、掉落、遗洒或者飘散,造成公路路面损坏、污染的,由公路管理机构责令改正,处5000元以下的罚款。

第七十条　违反本条例的规定,公路养护作业单位未按照国务院交通运输主管部门规定的技术规范和操作规程进行公路养护作业的,由公路管理机构责令改正,处1万元以上5万元以下的罚款;拒不改正的,吊销其资质证书。

第七十一条　造成公路、公路附属设施损坏的单位和个人应当立即报告公路管理机构,接受公路管理机构的现场调查处理;危及交通安全的,还应当设置警示标志或者采取其他安全防护措施,并迅速报告公安机关交通管理部门。

发生交通事故造成公路、公路附属设施损坏的,公安机关交通管理部门在处理交通事故时应当及时通知有关公路管理机构到场调查处理。

第七十二条　造成公路、公路附属设施损坏,拒不接受公路管理机构现场调查处理的,公路管理机构可以扣留车辆、工具。

公路管理机构扣留车辆、工具的,应当当场出具凭证,并告知当事人在规定期限内到公路管理机构接受处理。逾期不接受处理,并且经公告3个月仍不来接受处理的,对扣留的车辆、工具,由公路管理机构依法处理。

公路管理机构对被扣留的车辆、工具应当妥善保管,不得使用。

第七十三条　违反本条例的规定,公路管理机构工作人员有下列行为之一的,依法给予处分:

（一）违法实施行政许可的；
（二）违反规定拦截、检查正常行驶的车辆的；
（三）未及时采取措施处理公路坍塌、坑槽、隆起等损毁的；
（四）违法扣留车辆、工具或者使用依法扣留的车辆、工具的；
（五）有其他玩忽职守、徇私舞弊、滥用职权行为的。
公路管理机构有前款所列行为之一的，对负有直接责任的主管人员和其他直接责任人员依法给予处分。

第七十四条 违反本条例的规定，构成违反治安管理行为的，由公安机关依法给予治安管理处罚；构成犯罪的，依法追究刑事责任。

第六章 附 则

第七十五条 村道的管理和养护工作，由乡级人民政府参照本条例的规定执行。
专用公路的保护不适用本条例。

第七十六条 军事运输使用公路按照国务院、中央军事委员会的有关规定执行。

第七十七条 本条例自2011年7月1日起施行。1987年10月13日国务院发布的《中华人民共和国公路管理条例》同时废止。

交通运输法规制定程序规定

· 2016年9月2日交通运输部发布
· 根据2018年11月27日《交通运输部关于修改〈交通运输法规制定程序规定〉的决定》修正

第一章 总 则

第一条 为规范交通运输法规制定程序，保证交通运输立法质量，根据《中华人民共和国立法法》《行政法规制定程序条例》和《规章制定程序条例》，制定本规定。

第二条 交通运输法规的立项、起草、审核、审议、公布、备案、解释和废止，适用本规定。

第三条 本规定所称交通运输法规，是指调整铁路、公路、水路、民航、邮政等事项的下列规范性文件：
（一）交通运输部上报国务院审查后提交全国人民代表大会及其常务委员会审议的法律送审稿；
（二）交通运输部上报国务院审议的行政法规送审稿；
（三）交通运输部制定及交通运输部与国务院其他部门联合制定的规章。

第四条 制定交通运输法规应当遵循下列原则：
（一）贯彻落实党和国家的路线方针政策和决策部署；
（二）法律送审稿不得与宪法相违背；行政法规送审稿不得与宪法、法律相违背；规章不得同宪法、法律、行政法规、国务院的决定及命令相违背；法律之间、行政法规之间、规章之间应当衔接、协调。
（三）体现和维护人民群众的根本利益，保护交通运输从业者的合法权益，促进和保障交通运输行业健康、可持续发展。
（四）没有法律或者国务院的行政法规、决定、命令的依据，部门规章不得设定减损公民、法人和其他组织权利或者增加其义务的规范，不得增加本部门的权力或者减少本部门的法定职责。

第五条 制定交通运输领域重大体制和重大政策调整的法规，应当将法规草案或者草案涉及的重大问题按照有关规定及时报告党组。其中属于经济社会等方面重大体制和重大政策调整的重要法律或者行政法规，还应当按照有关规定及时报告党中央。

第六条 交通运输法规的名称应当准确、规范，符合下列规定：
（一）法律称"法"；
（二）行政法规称"条例""规定""办法""实施细则"；
（三）规章称"规定""办法""规则""实施细则""实施办法"，不得称"条例"。

第七条 交通运输法规应当备而不繁，结构合理，逻辑严密，条文清晰，用语准确，文字简练，具有可操作性。
法律、行政法规已经明确规定的内容，规章原则上不作重复规定。

第八条 交通运输法规根据内容需要，可以分为章、节、条、款、项、目。章、节、条的序号用中文数字依次表述，款不编号，项的序号用中文数字加括号依次表述，目的序号用阿拉伯数字依次表述。
除内容复杂的外，规章一般不分章、节。

第九条 交通运输法规制定工作由交通运输部法制工作部门（以下简称法制工作部门）归口管理，具体工作主要包括：
（一）编制和组织实施交通运输立法规划和年度立法计划，根据全国人民代表大会及其常务委员会的相关部门、国务院的相关部门要求，组织报送立法规划、年度立法计划的建议；
（二）统筹铁路、公路、水路、民航、邮政法规的起草

工作,组织综合交通运输和公路、水路法规的起草工作;

(三)负责交通运输法规送审稿的审核修改和报请审议工作;

(四)负责组织配合立法机关开展法律、行政法规草案的审核修改工作;

(五)组织交通运输部规章的解释、清理、废止工作;

(六)负责交通运输部规章的公布、备案工作;

(七)负责组织实施交通运输法规后评估工作。

交通运输立法工作经费应当按照财政预算管理和使用。

第二章 立 项

第十条 交通运输部负责综合交通运输法规体系建设工作,提出综合交通运输法规体系建设的意见。

第十一条 法制工作部门应当按照突出重点、统筹兼顾、符合需要、切实可行的原则,于每年年底编制下一年度的立法计划。

每年10月底前,法制工作部门应当向部内有行业管理职责的部门或者单位、国家铁路局、中国民用航空局、国家邮政局(以下统称部管国家局)征询交通运输法规的立法建议,也可以向省级交通运输主管部门征询、向社会公开征集交通运输法规的立法建议。

第十二条 部内有行业管理职责的部门或者单位、部管国家局根据职责和管理工作的实际情况,认为需要制定、修订交通运输法规的,应当按照法制工作部门规定的时间及内容要求,提出立法立项建议。

各级地方人民政府交通运输管理部门、其他单位、社会团体和个人可以向法制工作部门提出立法立项建议。

第十三条 立法立项建议的内容涉及部内多个部门、单位或者部管国家局职责的,可以由相关部门、单位或者部管国家局联合提出立项建议;对于立项建议有分歧的,由法制工作部门协调提出处理意见,仍不能达成一致意见的,报部领导决定。

第十四条 交通运输部规章的内容涉及国务院两个以上部门职权范围的事项,应当与相关部门联合制定规章。部管国家局不得与国务院部门联合制定、发布规章。

第十五条 对涉及公民、法人和其他组织权利、义务,具有普遍约束力且反复适用的交通运输行业管理制度,应当制定交通运输法规。

第十六条 下列事项不属于交通运输法规立项范围:

(一)交通运输行政机关及所属单位的内部管理事项、工作制度及仅规范部属单位的管理性事务等;

(二)对具体事项的通知、答复、批复等;

(三)需要保密的事项;

(四)依照《中华人民共和国立法法》规定不属于交通运输法规规定的其他事项。

第十七条 立法立项建议应当包括以下内容:

(一)交通运输法规的名称;

(二)依据的上位法及党和国家的路线方针政策和决策部署;

(三)立法项目是新制定还是修订,修订形式如果是修正案的,应当予以说明;

(四)立法目的、必要性和所要解决的主要问题;

(五)立法项目的调整对象和调整范围;

(六)确立的主要制度,是否包含行政许可、行政强制等内容以及主要依据和理由;

(七)立法进度安排;

(八)立法项目承办单位和责任人;

(九)发布机关,联合发布的,需要联合发布部门的书面同意意见。

立法立项建议是由部门或者单位提出的,应当由部门或者单位主要负责人签署。

立法立项建议是由部管国家局提出的,应当由部管国家局向部行文提出。

第十八条 法制工作部门应当根据以下原则,对立法立项建议进行评估论证,拟订交通运输部年度立法计划:

(一)是否符合交通运输部近期和年度重点工作要求;

(二)交通运输法律和行政法规的立项建议是否符合综合交通运输法规体系建设的总体要求;

(三)立法事项是否属于应当通过立法予以规范的范畴,拟规范的事项是否超出立法权限,是否属于交通运输部的法定职责范围,拟定的承办单位、发布机关是否恰当;

(四)法规之间是否相互衔接,内容有无重复交叉;

(五)立法时机是否成熟;

(六)立法计划的总体安排是否切实可行。

第十九条 立法计划分为一类立法项目和二类立法项目。

一类立法项目,是指应当在年内完成的立法项目,即法律送审稿、行政法规送审稿在年内上报国务院,规章在年内公布;已报送国务院、全国人大的,需要配合司法部、全国人大相关部门开展审核修改。

二类立法项目，是指有立法必要性，不能保证年内完成，但需要着手研究起草、条件成熟后适时报审的立法项目。

第二十条 立法计划应当包括以下内容：

（一）立法项目名称；

（二）立法项目承办单位和责任人；

（三）报法制工作部门审核时间；

（四）报交通运输部部务会议（以下简称部务会议）审议时间或者上报国务院时间；

（五）其他需要列明的内容。

第二十一条 交通运输部年度立法计划经主管部领导审核报部务会议审议后印发执行并向社会公布。

交通运输部年度立法计划是开展交通运输年度立法工作的依据，应当严格执行。承办单位应当按照立法计划规定的时间完成起草、送审工作，法制工作部门应当按照规定的时间完成审核工作。法制工作部门应当及时跟踪了解年度立法计划执行情况，加强组织协调和督促指导，并定期予以通报。

立法计划在执行过程中需要对计划内的立法项目予以调整的，立法项目的承办单位应当提出变更立法计划的建议并会商法制工作部门，报主管法制工作的部领导和分管其业务的部领导批准后，由法制工作部门对立法计划作出调整；立法项目的承办单位是部管国家局的，应当由部管国家局向部行文提出变更建议，经主管法制工作的部领导批准后，由法制工作部门对立法计划作出调整。

第三章 起草

第二十二条 交通运输法规由立法计划规定的承办单位负责组织起草。需与有关部委联合起草的，应当同有关部委协调组织起草工作。

起草专业性较强的交通运输法规，可以委托教学科研单位、社会组织、有关专家起草。

第二十三条 起草交通运输法规，应当遵循《中华人民共和国立法法》确定的立法原则，符合宪法和法律以及本规定第四条、第五条的规定，同时还应当符合下列要求：

（一）弘扬社会主义核心价值观；

（二）体现全面深化改革精神，科学规范行政行为，促进政府职能向宏观调控、市场监管、社会管理、公共服务、环境保护等方面转变；

（三）符合精简、统一、效能的原则，简化行政管理手续；

（四）切实保障公民、法人和其他组织的合法权益，在规定其应当履行的义务的同时，应当规定其相应的权利和保障权利实现的途径；

（五）体现行政机关的职权和责任相统一的原则，在赋予行政机关必要职权的同时，应当规定其行使职权的条件、程序和应当承担的责任；

（六）体现交通运输事业发展和交通运输行业管理工作的客观规律；

（七）符合法定职责和立法权限；

（八）符合立法技术的要求。

第二十四条 承办单位应当落实责任人员或者根据需要成立起草小组，制定起草工作方案。

第二十五条 法制工作部门应当及时了解交通运输法规的起草情况，协助承办单位协调解决起草过程中的问题，可以与承办单位协商，提早介入交通运输法规起草工作。

第二十六条 起草交通运输法规，除依法需要保密或者国务院决定不公布的外，应当将法规草案及其说明等向社会公布征求意见，期限一般不少于30日。

由部内部门、单位起草的交通运输法规，送审前由承办单位在交通运输部政府网站并通过法制工作部门在中国政府法制信息网上向社会公开征求意见。由部管国家局起草的交通运输法规，在送审前由部管国家局在交通运输部政府网站、部管国家局政府网站和中国政府法制信息网上同步向社会公开征求意见。

除向社会公布征求意见的情形外，起草交通运输法规还可以采取书面征求意见、座谈会、听证会等多种形式，广泛征求有关部门、企业、行业协会、商会等组织和公民的意见，开展深入调研。

起草公路、水路法规应当书面征求省级交通运输主管部门的意见。

第二十七条 起草交通运输法规，涉及社会公众普遍关注的热点难点问题和经济社会发展遇到的突出矛盾，减损公民、法人和其他组织权利或者增加其义务，对社会公众有重要影响等重大利益调整事项的，承办单位应当进行论证咨询，广泛听取有关方面的意见。

起草的规章涉及重大利益调整或者存在重大意见分歧，对公民、法人或者其他组织的权利义务有较大影响，人民群众普遍关注，需要进行听证的，按照《规章制定程序条例》的规定执行。

承办单位应当认真研究反馈意见，并在起草说明中对意见的处理情况和理由予以说明。

对于部门间争议较大的重要交通运输法规草案，可以引入第三方评估。对于可能引发社会稳定风险的交通运输法规草案，承办单位应当进行社会稳定风险评估。

第二十八条 承办单位应当就草案的主要思路和核心制度向主管部领导请示；涉及重大技术、安全、规划方面管理事项的，应当根据职责的关联性，主动听取交通运输部总工程师、安全总监、总规划师的意见。

第二十九条 交通运输法规内容涉及部内多个部门、单位或者部管国家局职责的，承办单位应当征求相关部门、单位或者部管国家局的意见。经充分协商仍不能取得一致意见的，承办单位应当在起草说明中说明情况。

起草交通运输法律、行政法规，承办单位应当就涉及其他部门的职责或者与其他部门关系紧密的规定，与有关部门充分协商。涉及部门职责分工、行政许可、财政支持、税收优惠政策的，应当征得机构编制、财政、税务等相关部门同意。

起草交通运输规章，涉及国务院其他部门的职责或者与国务院其他部门关系紧密的，承办单位应当充分征求国务院其他部门的意见。

第三十条 承办单位应当编写起草说明。起草说明应当包括以下内容：

（一）立法目的和必要性；

（二）立法依据；

（三）起草过程；

（四）征求意见的情况、主要意见及处理、协调情况；

（五）对设定行政许可、行政强制等事项的专项论证以及规定行政许可、行政强制等事项的说明；

（六）对确立的主要制度和主要条款的说明；

（七）其他需要说明的内容。

第三十一条 承办单位应当按照立法计划确定的进度安排完成起草工作，形成送审稿，并按时送交审核。

承办单位为部内部门、单位的，送审稿应当由承办单位的主要负责人签署；涉及部内其他部门、单位职责的，应当在送审前会签；由多个部门、单位共同起草的送审稿，应当由这些部门、单位主要负责人共同签署；涉及部管国家局职责或者与部管国家局共同起草的，应当在送交审核前经部管国家局主要负责人签字确认。

第三十二条 承办单位提交送审稿时，应当一并报送起草说明和其他有关材料。

其他有关材料主要包括所规范领域的实际情况和相关数据、实践中存在的主要问题、汇总的意见、调研报告、听证会笔录、考察报告、国内外有关立法资料等。

第三十三条 承办单位为部内部门、单位的，送审稿、起草说明和其他有关材料以填写法规送审单的方式送法制工作部门审核。

承办单位为部管国家局的，由承办单位通过向部行文报送审核。

列入一类立法项目的送审稿原则上应当于当年9月底前报送。

第四章 审 核

第三十四条 送审稿由法制工作部门统一负责审核修改。

第三十五条 法制工作部门主要从以下方面对送审稿进行初审：

（一）提交的材料是否齐备，是否符合本规定的要求；

（二）是否是立法计划安排或者报经同意后增列为立法计划的项目；

（三）是否按照本规定要求征求了有关方面的意见，并对主要意见提出了处理意见，对有关分歧意见是否经过充分协调并提出处理意见；

（四）联合发布的规章是否取得联合部门的书面同意。

经初审，送审稿不具备送交审核要求，或者送审稿存在《行政法规制定程序条例》第十九条、《规章制定程序条例》第二十条规定情形的，法制工作部门可以缓办或者退回承办单位。承办单位应当按照要求完善后再送交审核。

第三十六条 法制工作部门接收送审稿后主要从以下方面对送审稿进行审核修改：

（一）是否符合本规定第二十三条的规定；

（二）对有关分歧意见的处理是否适当、合理；

（三）是否符合实际，具备可操作性。

除关系重大、内容复杂或者存在重大意见分歧外，法制工作部门应当在3个月内完成规章送审稿的审核修改。

第三十七条 法制工作部门应当将送审稿或者送审稿涉及的主要问题发送有关机关、组织和专家征求意见。

法制工作部门可以将送审稿或者修改稿及其说明等向社会公布，征求意见。向社会公布征求意见的期限一般不少于30日。

送审稿涉及重大利益调整的，法制工作部门应当进行论证咨询，广泛听取有关方面的意见。论证咨询可以采取座谈会、论证会、听证会、委托研究等多种形式。

送审稿涉及重大利益调整或者存在重大意见分歧，对公民、法人或者其他组织的权利义务有较大影响，人民群众普遍关注，承办单位在起草过程中未举行听证会的，法制工作部门经部领导批准，可以举行听证会。

第三十八条　法制工作部门应当组织或者会同承办单位就送审稿涉及的重大、疑难问题，深入基层进行实地调查研究，听取基层有关机关、组织和公民的意见。

第三十九条　法制工作部门可以就送审稿中的有关重要法律问题和行业管理重大问题，通过部法律专家咨询工作机制，征求相关法律专家和行业管理专家的意见。

法制工作部门应当对专家咨询意见进行全面客观的整理，并提出对专家意见的处理建议。

第四十条　部内各相关部门、单位或者部管国家局对送审稿中关于管理体制、职责分工、主要管理制度等内容有不同意见的，法制工作部门应当组织协调，力求达成一致意见；经过充分协调不能达成一致意见的，应当将争议的主要问题、各方意见和处理建议及时报主管部领导进行协调或者报部领导决定。

对有较大争议的重要立法事项，法制工作部门可以委托有关专家、教学科研单位、社会组织进行评估。

第四十一条　法制工作部门应当认真研究各方意见，在与承办单位协商后，对送审稿进行修改，形成交通运输法规送审修改稿和对送审修改稿的说明。

第四十二条　交通运输法规送审修改稿和说明由法制工作部门主要负责人签署，承办单位为部内部门、单位的，送承办单位和相关部门、单位会签；承办单位为部管国家局的，经其法制工作部门负责人签字确认。

交通运输法规送审修改稿经部领导审核同意后，提请部务会议审议。

第五章　审议与公布

第四十三条　交通运输法规送审修改稿由部务会议审议。

部务会议审议交通运输法规送审修改稿时，由法制工作部门负责人对送审修改稿作说明。

承办单位为部管国家局的，必要时由部管国家局法制工作部门负责人作补充说明。

第四十四条　部务会议审议通过的规章送审修改稿，由部长签署并以交通运输部令形式公布。

部务会议审议通过的由交通运输部主办的与国务院其他部门联合制定的规章送审修改稿，由交通运输部部长与国务院其他部门的主要领导共同签署，以联合部令形式公布，使用交通运输部令的序号。

部务会议审议通过的法律、行政法规送审修改稿，由部正式行文报国务院审查。上报前，应当与司法部沟通。在全国人民代表大会及其常务委员会的相关部门、国务院的相关部门审核修改过程中，由法制工作部门牵头会同部内或者部管国家局的承办单位配合开展审核修改工作。

第四十五条　经部务会议审议未通过的交通运输法规送审修改稿，由法制工作部门按照部务会议要求，会同承办单位进行修改、完善后，报部领导审核同意后再次提交部务会议审定。

第四十六条　公布规章的命令应当载明规章的制定机关、序号、规章名称、通过日期、施行日期、公布日期和签署人等内容。

第四十七条　规章公布后，应当及时在国务院公报或者部门公报和中国政府法制信息网以及《中国交通报》、交通运输部政府网站上刊登。

在国务院公报或者部门公报上刊登的规章文本为标准文本。

第四十八条　规章应当在公布之日起30日后施行，但是涉及国家安全以及公布后不立即施行将有碍规章施行的，可以自公布之日起施行。

第六章　备案、修订、解释和废止

第四十九条　规章应当在公布后30日内，由法制工作部门按照有关规定报送国务院备案。

第五十条　具有下列情形之一的，交通运输法规应当予以修订：

（一）内容与上位法矛盾或者抵触的；

（二）内容不符合党和国家路线方针政策及相关要求的；

（三）内容与交通运输行业发展形势变化或者法定职能不相符的；

（四）其他应当修订的情形。

第五十一条　规章的解释权属于交通运输部。规章的解释同规章具有同等效力。

规章有下列情形之一的，应当予以解释：

（一）规章条文本身需要进一步明确具体含义的；

（二）规章制定后出现新的情况，需要明确适用依据的。

第五十二条　规章的解释由原承办单位负责起草，由法制工作部门按照规章审核程序进行审核、修改；或者由法制工作部门起草，征求原承办单位的意见。

规章的解释报请部务会议审议或者经部领导批准后

以交通运输部文件公布。

第五十三条 规章有下列情况之一的,应当予以废止:

(一)规定的事项已执行完毕,或者因情势变迁,无继续施行必要的;

(二)因有关法律、行政法规的废止或者修改,失去立法依据的;

(三)与新颁布的法律、行政法规相违背的;

(四)主要内容已不适用的;

(五)同一事项已被新公布施行的规章所代替,规章失去存在意义的;

(六)规章规定的施行期限届满的;

(七)应当予以废止的其他情形。

第五十四条 规章的废止由法制工作部门归口管理。

规章的废止可以由部内有关部门、单位、省级交通运输主管部门向法制工作部门提出,或者由部管国家局向部提出,也可以由法制工作部门直接提出。由法制工作部门直接提出的,要征求相关部门、单位或者部管国家局的意见。

第五十五条 除第五十三条第(六)项规定的情形外,修订、废止规章应当经部务会议审议决定,以部令形式及时公布。

第七章 附 则

第五十六条 交通运输法规的清理工作由法制工作部门统一组织实施,但铁路、民航、邮政法律、行政法规清理工作由部管国家局分别负责组织实施。

前款规定的部门、单位应当根据全面深化改革、经济社会发展需要以及上位法规定,及时组织开展法规清理工作。对不适应全面深化改革和经济社会发展要求、不符合上位法规定的交通运输法规,应当及时修改或者废止,或者提出修改、废止的建议。

第五十七条 法制工作部门或者承办单位可以组织对有关交通运输法规或者运输法规中的有关规定进行立法后评估,并把评估结果作为修改、废止或者建议修改、废止有关法规的重要参考。

第五十八条 交通运输部与部管国家局在法规制定过程中的工作联系与行文要求,依照交通运输部与管理的国家局职责分工和工作程序的有关规定执行。

第五十九条 负责起草交通运输地方性法规、规章的交通运输主管部门,在起草过程中可以征求交通运输部的意见。

第六十条 本规定自2016年11月1日起施行。交通部于2006年11月24日发布的《交通法规制定程序规定》(交通部令2006年第11号)同时废止。

交通运输标准化管理办法

· 2019年5月13日交通运输部令第12号公布
· 自2019年7月1日起施行

第一章 总 则

第一条 为规范交通运输标准化工作,提升产品和服务质量,促进交通运输行业高质量发展,依据《中华人民共和国标准化法》,制定本办法。

第二条 在中华人民共和国境内从事综合交通运输、铁路、公路、水路、民航、邮政领域的标准(统称为交通运输标准)制定、实施、监督等相关活动,除遵守相关法律、行政法规外,还应当遵守本办法。

第三条 交通运输标准包括国家标准、行业标准、地方标准、团体标准和企业标准。国家标准分为强制性标准、推荐性标准,行业标准、地方标准是推荐性标准。

第四条 涉及铁路、公路、水路、民航、邮政两种及以上领域需要协调衔接和共同使用的技术要求,应当制定综合交通运输标准。

铁路、公路、水路、民航、邮政领域的标准应当与综合交通运输标准协调衔接。

第五条 国家对标准化工作实行国务院标准化行政主管部门统一管理与国务院有关行政主管部门分工管理相结合的工作机制。

交通运输部负责综合交通运输和公路、水路领域标准化相关管理工作。

国家铁路局、中国民用航空局、国家邮政局按照各自职责分别负责铁路、民航、邮政领域标准化相关管理工作。

县级以上地方人民政府标准化行政主管部门会同交通运输主管部门按照职责负责本行政区域内交通运输标准化相关管理工作。

第六条 交通运输部标准化管理委员会负责指导交通运输标准技术体系建设,统筹协调衔接综合交通运输、铁路、公路、水路、民航、邮政领域标准,研究审核交通运输标准化发展重大政策和重要事项等工作。

第七条 鼓励组织和参与制定国际标准,持续推进交通运输标准的外文翻译和出版工作,加强与世界各国在交通运输标准方面的交流与合作。

第二章 标准化规划

第八条 交通运输标准化规划应当符合国家标准化体系建设规划、交通运输行业规划，充分考虑新技术、新业态发展趋势，经交通运输部标准化管理委员会审核后，报请交通运输部发布。

第九条 交通运输标准体系应当依据交通运输标准化规划制定，由交通运输部发布。

综合交通运输标准体系应当经交通运输部标准化管理委员会审核后，报请交通运输部发布。

标准体系实行动态管理，根据需要及时进行调整。

第十条 交通运输标准化年度计划应当依据标准体系并结合行业发展需要制定，由交通运输部发布。

第十一条 国家铁路局、中国民用航空局、国家邮政局可以根据工作需要制定本领域标准化规划、标准体系和年度计划。

第三章 标准制定

第十二条 拟制定交通运输国家标准的项目，应当按照有关规定报国务院标准化行政主管部门立项；拟制定交通运输行业标准的项目，由交通运输部立项，其中铁路、民航、邮政领域的行业标准分别由国家铁路局、中国民用航空局、国家邮政局立项。

有关单位和个人可以向前款规定的立项单位提出标准项目立项建议。

第十三条 交通运输国家或者行业推荐性标准的起草、技术审查工作，应当由专业标准化技术委员会（以下简称标委会）承担；强制性标准的起草、技术审查工作，可以委托标委会承担。

标委会可以由生产者、经营者、使用者、消费者以及有关行政主管部门、科研院所、检测机构、社会团体等相关方组成。

未成立标委会的，应当成立专家组承担国家标准、行业标准的起草、技术审查工作。标委会和专家组的组成应当具有广泛代表性。

第十四条 标委会或者专家组应当在广泛调研、深入研讨、试验论证的基础上，起草标准征求意见稿。

标委会或者专家组可以组织科研机构、大专院校、社会团体和企业具体参与或者承担标准起草的相关工作，并全过程跟踪指导。

第十五条 交通运输标准应当采取多种方式征求行业内外有关部门、协会、企业以及相关生产、使用、管理、科研和检测等单位的意见。综合交通运输标准涉及铁路、民航、邮政领域的标准，还应当征求国家铁路局、中国民用航空局、国家邮政局意见。

第十六条 标委会或者专家组根据意见征集情况对标准征求意见稿及时进行修改完善，形成标准送审稿，并按照标准审查有关规定对标准送审稿及时进行技术审查。

技术审查可以采用会议审查、书面审查或者网络电子投票审查方式。强制性标准应当采用会议审查。对技术、经济和社会意义重大以及涉及面广、分歧意见多的推荐性标准，原则上应当采用会议审查。

第十七条 交通运输国家标准报国务院标准化行政主管部门按照有关规定发布；行业标准由交通运输部编号、发布，其中铁路、民航、邮政领域的行业标准分别由国家铁路局、中国民用航空局、国家邮政局编号、发布，报国务院标准化行政主管部门备案。

交通运输国家标准、行业标准按照国务院标准化行政主管部门制定的编号规则进行编号。

第十八条 交通运输国家标准、行业标准发布后，县级以上人民政府交通运输主管部门、相关标委会应当积极组织开展标准宣传实施等工作，传播标准化理念，推广标准化经验，推动全行业运用标准化方式组织生产、经营、管理和服务。

第十九条 交通运输国家标准、行业标准制定过程中形成的有关资料，应当按照标准档案管理相关规定的要求归档。

第二十条 交通运输地方标准、团体标准、企业标准的制定按照国务院标准化行政主管部门有关规定执行。

第四章 标准实施与监督

第二十一条 交通运输强制性标准应当严格执行。鼓励积极采用交通运输推荐性标准。

不符合交通运输强制性标准的产品、服务，不得生产、销售、进口或者提供。

第二十二条 交通运输强制性标准应当免费向社会公开。推动交通运输推荐性标准免费向社会公开。鼓励团体标准、企业标准通过标准信息公开服务平台向社会公开。

第二十三条 企业应当依法公开其执行的交通运输标准的编号和名称，并按照标准组织生产经营活动；执行自行制定的企业标准的，还应当公开产品、服务的功能指标和产品的性能指标。企业研制新产品、改进产品或者进行技术改造，应当符合标准化要求。

第二十四条 县级以上人民政府交通运输主管部门

应当依据法定职责,对交通运输标准实施情况进行监督检查。强制性标准实施情况应当作为监督检查的重点。

第二十五条 县级以上人民政府交通运输主管部门应当建立举报投诉制度,公开举报投诉方式。接到举报投诉的,应当按照规定及时处理。

第二十六条 交通运输部应当建立交通运输标准实施信息反馈和评估机制,根据技术进步情况和行业发展需要适时进行实施效果评估,并对其制定的标准进行复审。复审结果应当作为修订、废止相关标准的依据。复审周期一般不超过5年。

铁路、民航、邮政领域的标准实施信息反馈和评估机制分别由国家铁路局、中国民用航空局、国家邮政局依据前款规定执行。

鼓励有关单位和个人向县级以上地方人民政府交通运输主管部门或者标准化行政主管部门反馈标准实施情况。

第二十七条 县级以上人民政府交通运输主管部门应当加强计量、检验检测、认证认可基础能力建设,完善相关制度,提升技术水平,增强标准化工作监督检查及服务能力。

第二十八条 交通运输企事业单位违反本办法有关规定的,依照有关法律、行政法规的规定予以处罚。

第五章 附 则

第二十九条 国家铁路局、中国民用航空局、国家邮政局可以依据本办法制定铁路、民航、邮政领域标准化具体管理规定。

第三十条 法律、行政法规和国务院决定对工程建设强制性标准的制定另有规定的,从其规定。

第三十一条 本办法自2019年7月1日起施行。

交通运输政务数据共享管理办法

· 2021年4月6日
· 交科技发[2021]33号

第一章 总 则

第一条 为规范交通运输政务数据共享,推动交通运输数字政府建设,加快建设交通强国,依据国务院关于政务数据共享管理要求,制定本办法。

第二条 本办法所称交通运输政务部门(以下简称政务部门),是指交通运输主管部门及法律、法规授权行使交通运输行政管理职能的事业单位和社会组织。

本办法所称交通运输政务数据,是指政务部门在履行职责过程中直接或通过第三方依法采集、产生、获取的,以电子形式记录、保存的各类非涉密数据、文件、资料和图表等。

本办法所称提供部门,是指产生和提供政务数据的政务部门。本办法所称使用部门,是指因履行职责需要使用政务数据的政务部门。

第三条 本办法用于规范交通运输部及部际、部省相关政务部门因履行职责需要提供和使用政务数据的行为。

第四条 部科技主管部门负责管理、监督和评估政务数据共享工作,组织管理交通运输政务数据目录编制工作,组织推进部数据共享交换平台(以下简称部共享平台)政务数据接入,组织开展相关制度文件、标准规范的制修订和宣贯实施,监督部共享平台的运行。

综合交通运输大数据应用技术支持部门(以下简称技术支持部门)受部科技主管部门委托,负责部共享平台的建设运维、部共享平台政务数据目录和政务数据维护管理,并为政务数据共享和开发利用等工作提供技术支持。

提供部门负责组织开展本部门政务数据目录编制、政务数据提供和授权等相关工作,并对所提供政务数据质量负责。

使用部门依据政务数据目录申请使用政务数据、安全合规使用政务数据,并反馈使用情况。

第五条 政务数据共享应遵循以下原则:

(一)以共享为原则,不共享为例外。政务数据原则上均应共享,国家相关法律法规或政策制度明确不得共享的除外。

(二)需求导向,无偿使用。使用部门提出明确的共享需求和政务数据使用用途,提供部门应及时响应并无偿提供共享服务。

(三)统一标准,平台交换。按照国家及行业相关标准规范进行政务数据的编目、采集、存储、交换和共享工作。政务部门应基于部、省两级共享平台开展政务数据共享。

(四)建立机制,保障安全。建立健全政务数据共享管理机制。加强对政务数据共享全过程的身份鉴别、授权管理和安全保障,确保政务数据安全。

第二章 分类与要求

第六条 政务数据按共享类型分为无条件共享、有条件共享、不予共享三种类型。

可提供给所有政务部门共享使用的政务数据属于无

条件共享类。

可提供给部分政务部门共享使用或仅部分内容能够提供给政务部门共享使用的政务数据属于有条件共享类。

不宜提供给其他政务部门共享使用的政务数据属于不予共享类。

第七条 政务数据共享类型划分应遵循以下要求：

（一）经脱密处理的交通运输基础设施空间和属性信息，以及运载工具基本信息、从业企业基本信息、从业人员基本信息、行政许可信息、执法案件结果信息、信用信息等基础数据是政务部门履行职责的共同需要，必须接入部共享平台实现集中汇聚、统筹管理、及时更新，供政务部门无条件共享使用。

（二）列入有条件共享类的政务数据，提供部门应明确共享条件。

（三）列入不予共享类的政务数据，提供部门应出具国家相关法律法规或政策制度依据。

第三章 目录编制与管理

第八条 政务数据目录是实现政务数据共享和业务协同的基础，是政务部门间政务数据共享的依据。

政务数据目录核心元数据包括分类、名称、提供部门、格式、信息项信息、更新周期、共享类型、共享条件、共享范围、共享方式、来源系统、安全分级等内容。政务数据目录应按照版本进行管理。

第九条 提供部门应依据相关技术规范在部共享平台编制政务数据目录，确保政务数据目录准确完整。通过合规性检测的政务数据目录方可在部共享平台发布。

政务数据目录一经发布，不得随意更改。因信息系统升级改造等原因造成数据变更，确需更改政务数据目录的，提供部门应及时在部共享平台上更新目录。数据正被使用的，提供部门应至少在数据变更前3个月进行登记。

第四章 提供与使用

第十条 凡涉及交通运输部的政务数据共享均应通过部共享平台实施，部共享平台提供联机查询、数据订阅、数据下载等共享服务。

第十一条 新建的部级信息系统、部省联网运行的信息系统，须通过部共享平台实现政务数据共享。原有跨部门、跨层级的行业政务数据共享交换系统在升级改造时，须迁移到部共享平台。

第十二条 使用部门申请共享政务数据时应明确使用用途。

申请无条件共享类政务数据的，经部共享平台身份验证通过后可自动获得授权。

申请有条件共享类政务数据的，技术支持部门应在3个工作日内完成申请信息初审；通过初审的，提供部门须在7个工作日内完成审核。拒绝共享的，提供部门应提供法律法规或政策制度依据。需提供其他证明材料的，提供部门应在共享条件中说明。

对于不予共享的政务数据，使用部门因履行职责确需使用的，由使用部门与提供部门协商解决。

第十三条 已接入部共享平台的行业外政务数据，由部科技主管部门授权使用。未接入部共享平台的行业外政务数据，使用部门向部科技主管部门提交申请，由部科技主管部门协调接入。

第十四条 提供部门可委托技术支持部门对政务数据申请进行审核，技术支持部门定期向提供部门反馈审核情况。

第十五条 提供部门应保障所提供政务数据的完整性、准确性、时效性和可用性。对使用部门反馈的政务数据质量问题，提供部门应及时予以校核并反馈。

第十六条 使用部门应依法依规使用政务数据，按照申请的使用用途将政务数据用于本部门履职需要，不得滥用、非授权使用、未经许可扩散或泄露所获取的政务数据，不得直接或以改变数据形式等方式提供给第三方，也不得用于或变相用于其他目的。需改变使用用途的，应重新申请并获得授权。

第十七条 使用部门应在部共享平台上反馈共享政务数据使用情况，包括满足需求情况、数据质量以及使用效果。对于已授权但3个月内未使用的政务数据，授权部门可撤销授权。

第五章 监督与保障

第十八条 部科技主管部门负责建立政务数据共享监督评估制度，组织开展政务数据检查和共享评估工作。

第十九条 政务部门应遵循国家和行业网络安全管理法规、政策和制度，按照"谁管理、谁负责"和"谁使用、谁负责"的原则，建立健全政务数据安全保障机制，落实安全管理责任和数据分类分级要求，加强本部门政务数据提供渠道和使用环境的安全防护，切实保障政务数据采集、存储、传输、共享和使用安全。

第二十条 部级信息系统应在立项阶段通过部共享平台预编政务数据目录，上线试运行前在部共享平台上编制正式政务数据目录，并在试运行6个月内接入政务数据。

部共享平台提供的编制回执将作为项目立项审批、上线试运行及验收等环节重要依据。通过政务数据预编目录合规性检测的，方可下载预编目回执；通过政务数据目录合规性检测并接入数据的，方可下载正式编目回执。

申请部补助资金的省级信息化建设项目，应按照部印发的建设指南、标准规范等指导性文件，落实政务数据共享要求。

第二十一条 政务部门应保障信息资源共享工作经费，将政务数据目录编制、共享平台建设及运行维护等工作经费纳入本部门年度预算。

第二十二条 政务部门主要负责人是本部门政务数据共享工作的第一责任人。政务部门应明确本部门实施机构和工作人员。

第二十三条 政务部门有下列情形之一的，由部科技主管部门通知整改：

（一）未按要求编制和更新政务数据目录的。

（二）未向部共享平台及时提供、更新政务数据的。

（三）向部共享平台提供的政务数据和实际掌握数据不一致的，或提供的政务数据不符合有关规范、无法使用的。

（四）对已发现不一致或有明显错误的政务数据，不及时校核的。

（五）对共享获取的政务数据管理失控，致使出现滥用、非授权使用、未经许可扩散或泄漏的。

（六）未经提供部门授权，擅自将政务数据提供给第三方或用于其他目的的。

（七）违反本办法规定的其他行为。

第二十四条 不按本办法要求执行且通报后拒不整改的，不予安排运行维护经费，不予提供硬件资源，不予审批新建、改建、扩建项目。

第六章 附 则

第二十五条 本办法由部科技主管部门负责解释。

第二十六条 本办法自 2021 年 4 月 15 日起施行。2017 年 4 月 27 日交通运输部印发的《交通运输政务信息资源共享管理办法（试行）》（交科技发〔2017〕58 号）同时废止。涉及政务内网数据共享有关规定另行制定。

附件 1. 政务数据提供与更新流程（略）

附件 2. 政务数据申请与授权流程（略）

小微型客车租赁经营服务管理办法

· 2020 年 12 月 20 日交通运输部令 2020 年第 22 号发布
· 根据 2021 年 8 月 11 日《交通运输部关于修改〈小微型客车租赁经营服务管理办法〉的决定》修正

第一章 总 则

第一条 为规范小微型客车租赁经营服务行为，保护经营者和承租人合法权益，制定本办法。

第二条 从事小微型客车租赁经营服务，应当遵守本办法。

本办法所称小微型客车租赁经营服务，是指小微型客车租赁经营者与承租人订立租赁合同，将 9 座及以下的小微型客车交付承租人使用，收取租赁费用的经营活动。

第三条 交通运输部负责指导全国小微型客车租赁管理工作。

县级以上地方人民政府负责小微型客车租赁管理的行政主管部门（以下统称小微型客车租赁行政主管部门）负责本行政区域内小微型客车租赁管理工作。

第四条 小微型客车租赁经营者应当依法经营，诚实守信，优质服务，公平竞争。

第五条 国家鼓励小微型客车租赁实行规模化、网络化经营，鼓励使用新能源汽车开展小微型客车租赁。

第二章 经营服务

第六条 从事小微型客车租赁经营的，应当具备下列条件：

（一）取得企业法人资格；

（二）投入经营的小微型客车应当经检验合格且登记的使用性质为租赁（以下称租赁小微型客车）；

（三）有与租赁业务相适应的经营场所、管理人员；

（四）在经营所在地有相应服务机构及服务能力；

（五）有健全的经营管理制度、服务规程、安全管理制度和应急救援预案。

从事分时租赁经营的，还应当具备以下服务能力：

（一）有与开展分时租赁业务相适应的信息数据交互及处理能力，保证服务平台运行可靠；

（二）有相应服务人员负责调配租赁小微型客车。

第七条 从事小微型客车租赁经营的，应当在向市场监督管理部门办理有关登记手续或者新设服务机构开展经营活动后 60 日内，就近向经营所在地市级或者县级小微型客车租赁行政主管部门办理备案，并附送本办法第六条相应的材料。

备案材料不完备或者不符合要求的，受理备案的小微型客车租赁行政主管部门应当书面通知备案人补充完善。

第八条 小微型客车租赁行政主管部门受理备案后，应当将小微型客车租赁经营者的企业名称、经营范围、企业注册地址、服务机构地址和联系方式，以及租赁小微型客车号牌号码、车辆类型、所有人、使用性质、品牌型号、注册日期、核定载人数等备案信息进行建档管理。

第九条 备案事项发生变更的，小微型客车租赁经营者应当在变更之日起15日内到原备案机构办理变更备案。

小微型客车租赁经营者暂停或者终止经营的，应当在暂停或终止经营之日起15日内，向原备案机构书面报告。

暂停或者终止分时租赁经营的，应当提前30日向社会公告，并同时向原备案机构书面报告。

第十条 小微型客车租赁经营者和接受委托提供小微型客车租赁交易撮合、信息发布等服务的电子商务平台经营者，应当遵守国家网络安全、个人信息保护、数据安全、电子商务等方面的法律法规，依法收集相关信息和数据，严格保护个人信息和重要数据，维护网络数据安全，支持配合有关部门开展相关监管工作。

第十一条 小微型客车租赁经营者应当按照国家有关标准规范为承租人提供安全便利优质的小微型客车租赁服务，确保车辆安全、卫生状况良好。

小微型客车租赁经营者不得随车提供驾驶劳务。

第十二条 小微型客车租赁经营者还应当遵守下列规定：

（一）在经营场所或者服务平台以显著方式明示服务项目、租赁流程、租赁车辆类型、收费标准、押金收取与退还、客服与监督电话等事项；

（二）按照合同约定将租赁小微型客车交付承租人，交付的租赁小微型客车在租赁期间应当符合《中华人民共和国道路交通安全法》规定的上路行驶条件，车内设施设备功能齐全正常，外观内饰完好整洁；

（三）随车配备租赁小微型客车机动车行驶证；

（四）按照国家有关规定对租赁小微型客车进行检测、维护，确保技术性能良好；

（五）建立救援服务体系，租赁小微型客车在租赁期间出现故障或者发生事故时，按照合同约定提供救援、换车服务；

（六）建立租赁经营管理档案，保存租赁经营信息，并按照要求报送相关数据信息；

（七）从事分时租赁经营的，应当按照国家有关规定计程计时，收取承租人押金和预付资金的，还应当按照国家有关规定管理押金和预付资金。

第十三条 承租人应当遵守下列规定：

（一）承租人为自然人的，应当持其机动车驾驶证租赁小微型客车；承租人为法人或者其他组织的，应当持实际驾驶人的机动车驾驶证租赁小微型客车；

（二）上路行驶期间，随车携带租赁小微型客车机动车行驶证；

（三）按照操作规范驾驶租赁小微型客车，遵守道路交通安全相关法律法规；

（四）按照合同约定使用租赁小微型客车，不得携带易燃、易爆、毒害性、放射性、腐蚀性物质或者传染病原体等危害公共安全的危险物质，不得利用租赁小微型客车从事违法犯罪活动；

（五）妥善保管租赁小微型客车，未经小微型客车租赁经营者同意，不得改动租赁小微型客车部件、设施和变更机动车使用性质，不得将租赁小微型客车抵押、变卖、转租；

（六）租赁期间租赁小微型客车发生交通违法、交通事故的，按照相关法律、行政法规接受处理。

第十四条 小微型客车租赁经营者应当与承租人订立租赁合同。在订立租赁合同前，小微型客车租赁经营者应当对承租人身份进行查验，并留存有关信息。承租人为自然人的，应当查验其身份证件。承租人为企业法人或者其他组织的，应当查验企业法人营业执照或者其他有效登记证件、授权委托书、经办人身份证件。

租赁小微型客车应当交付给经过身份查验的承租人，对身份不明、拒绝身份查验的，不得提供租赁服务。

第十五条 小微型客车租赁经营者应当按照安全生产相关法律法规，落实安全生产责任，完善安全生产规章制度，加强安全生产管理。

第十六条 鼓励小微型客车租赁经营者办理车上人员责任险等保险。

第十七条 小微型客车租赁经营者应当建立服务投诉制度，公布服务监督电话，指定部门或者人员受理投诉。接到投诉后，应当及时受理，于10日内处理完毕并告知投诉人处理结果。

第十八条 机动车使用性质登记为租赁的小微型客车不得擅自用于道路运输经营。利用租赁小微型客车从事道路运输经营的，应当先按照道路运输经营相关管理规定办理行政许可和机动车使用性质变更手续。

第十九条　租赁小微型客车按照租赁载客汽车使用年限执行报废管理。租赁小微型客车使用性质由租赁变更为营运的，应当按照小微型营运载客汽车使用年限执行报废管理。

第三章　监督管理

第二十条　小微型客车租赁行政主管部门应当在小微型客车租赁经营者办理备案后2个工作日内，通过政府监管平台或者相关政府网站向社会公布本办法第八条规定的建档信息，并传送至全国互联网道路运输便民政务服务系统。

鼓励小微型客车租赁经营者运营系统与政府监管平台实现信息对接。

第二十一条　小微型客车租赁行政主管部门应当依法加强市场监管和企业信用管理，定期组织开展小微型客车租赁服务质量信誉考核并及时公布考核情况。

第二十二条　小微型客车租赁行政主管部门应当按照法定职责督促指导小微型客车租赁经营者落实承租人身份查验要求。

第二十三条　小微型客车租赁行政主管部门应当建立投诉举报制度，公开投诉电话、通信地址或者电子邮箱，明确投诉办结时限，接受小微型客车租赁相关投诉和社会监督。

第二十四条　汽车租赁行业协会应当加强行业自律，建立完善行业自律性管理约束机制，规范会员行为，维护公平竞争的市场环境。

第四章　法律责任

第二十五条　小微型客车租赁经营者违反本办法，有下列行为之一的，由小微型客车租赁行政主管部门责令改正，并处3000元以上1万元以下罚款：

（一）未按照规定办理备案或者变更备案的；

（二）提供的租赁小微型客车不符合《中华人民共和国道路交通安全法》规定的上路行驶条件的；

（三）未建立小微型客车租赁经营管理档案或者未按照规定报送相关数据信息的；

（四）未在经营场所或者服务平台以显著方式明示服务项目、租赁流程、租赁车辆类型、收费标准、押金收取与退还、客服与监督电话等事项的。

小微型客车租赁经营者未取得道路运输经营许可或者出租汽车经营许可，随车提供驾驶劳务的，按照《中华人民共和国道路运输条例》《巡游出租汽车经营服务管理规定》《网络预约出租汽车经营服务管理暂行办法》中关于从事非法营运的规定进行处罚。

第二十六条　小微型客车租赁经营者和受委托的电子商务平台经营者，违反国家反恐怖、道路运输经营、网络安全、个人信息保护、数据安全、电子商务等方面的法律法规，按照相关规定进行处罚。

第五章　附　则

第二十七条　本办法所称分时租赁，是指利用移动互联网、卫星定位等信息技术构建服务平台，以分钟或者小时等为计时单位，为承租人提供自助式小微型客车预定和取还、费用结算等服务的租赁经营方式。

第二十八条　本办法自2021年4月1日起施行。

高速铁路安全防护管理办法

· 2020年5月6日交通运输部令2020年第8号公布
· 自2020年7月1日起施行

第一章　总　则

第一条　为了加强高速铁路安全防护，防范铁路外部风险，保障高速铁路安全和畅通，维护人民生命财产安全，根据《中华人民共和国铁路法》《中华人民共和国安全生产法》《中华人民共和国反恐怖主义法》《铁路安全管理条例》等法律、行政法规，制定本办法。

第二条　本办法适用于设计开行时速250公里以上（含预留），并且初期运营时速200公里以上的客运列车专线铁路（以下称高速铁路）。

第三条　高速铁路安全防护坚持安全第一、预防为主、依法管理、综合治理的方针，坚持技防、物防、人防相结合，构建政府部门依法管理、企业实施主动防范、社会力量共同参与的综合治理格局。

第四条　国家铁路局负责全国高速铁路安全监督管理工作。地区铁路监督管理局负责辖区内的高速铁路安全监督管理工作。

国家铁路局和地区铁路监督管理局（以下统称铁路监管部门）应当按照法定职责，健全完善高速铁路安全防护标准，加强行政执法，协调相关单位及时消除危及高速铁路安全的隐患。

第五条　各级公安、自然资源、生态环境、住房和城乡建设、交通运输、水利、应急管理等部门和消防救援机构（以下统称相关部门）应当依照法定职责，协调和处理保障高速铁路安全的有关事项，做好保障高速铁路安全的相关工作，防范和制止危害高速铁路安全的行为。

第六条 从事高速铁路运输、建设、设备制造维修的相关企业应当落实安全生产主体责任,建立、健全安全生产责任制和高速铁路安全防护相关管理制度,执行国家关于高速铁路安全防护的相关标准,保障安全生产管理机构或者人员配备,加强对从业人员的教育培训,改善安全生产条件,保证高速铁路安全防护所必需的资金投入。

第七条 铁路监管部门、铁路运输企业等单位应当按照国家有关规定制定突发事件应急预案,并组织应急演练。

铁路运输企业应当按照《中华人民共和国突发事件应对法》等国家有关规定,在车站、列车等场所配备报警装置以及必要的应急救援设备设施和人员。

第八条 铁路监管部门、高速铁路沿线地方各级人民政府相关部门应当落实"谁执法谁普法"的普法责任制,加强保障高速铁路安全有关法律法规、安全生产知识的宣传教育,增强安全防护意识,防范危害高速铁路安全的行为。

第九条 支持和鼓励社会力量积极参与高速铁路安全防护工作,铁路监管部门和相关部门以及铁路运输企业应当建立并公开监督举报渠道,根据各自职责及时处理影响高速铁路安全的问题。

对维护高速铁路安全作出突出贡献的单位或者个人,按照有关规定给予表彰奖励。

第二章 线路安全防护

第十条 铁路监管部门应当推动协调相关部门、高速铁路沿线地方人民政府构建高速铁路综合治理体系,健全治安防控运行机制,落实高速铁路护路联防责任制。

第十一条 国家铁路局应当联合国务院相关部门和有关企业、地区铁路监督管理局应当联合地方人民政府及相关部门和有关企业,推动建立安全信息通报和问题督办机制,做到协调配合、齐抓共管、联防联控。

第十二条 高速铁路线路安全保护区的划定,按照《铁路安全管理条例》等法律、行政法规和国家有关规定执行。高速铁路线路安全保护区用地依法纳入国土空间规划统筹安排。

铁路建设单位或者铁路运输企业应当配合地区铁路监督管理局或者地方人民政府开展高速铁路线路安全保护区划定工作。地方人民政府组织划定高速铁路线路安全保护区的,高速铁路线路安全保护区划定并公告完成后,铁路建设单位或者铁路运输企业应当将相关资料提供给地区铁路监督管理局。

建设跨河、临河的高速铁路桥梁等工程设施并划定高速铁路线路安全保护区的,应当符合防洪标准、岸线规划等要求,其工程建设方案应当按照《中华人民共和国水法》《中华人民共和国防洪法》有关规定报经有关水行政主管部门或者经授权的流域管理机构审查同意。

建设跨越或者穿越航道、临航道的高速铁路桥梁、隧道等工程设施并划定高速铁路线路安全保护区的,应当按照《中华人民共和国航道法》有关规定开展航道通航条件影响评价,并报送有关交通运输主管部门或者航道管理机构审核。

第十三条 禁止在高速铁路线路安全保护区内烧荒、放养牲畜。

禁止向高速铁路线路安全保护区排污、倾倒垃圾以及其他危害铁路安全的物质。

禁止擅自进入、毁坏、移动高速铁路安全防护设施。

在高速铁路线路安全保护区内建造建筑物、构筑物等设施,取土、挖砂、挖沟、采空作业或者堆放、悬挂物品,必须符合保证高速铁路安全的国家标准、行业标准,征得铁路运输企业同意并签订安全协议,遵守施工安全规范,采取措施防止影响铁路运输安全。铁路运输企业应当公布办理相关手续的部门以及相应的渠道,及时办理相关手续,并派员对施工现场实行安全监督。

第十四条 高速铁路与道路立体交叉设施及其附属安全设施竣工验收合格后,应当按照国家规定移交有关单位管理、维护。

上跨高速铁路的道路桥梁及其他建筑物、构筑物的管理部门或者经营企业应当建立定期检查及维护机制,定期检查道路桥梁及其他建筑物、构筑物,以及相关的安全防护设施、警示标志,加强风险研判,采取有效措施,防止道路桥梁构筑物、附着物等坠入高速铁路线路。

对可能影响高速铁路安全的检查、维护行为,应当提前与铁路运输企业沟通,共同制定安全保障措施。铁路运输企业应当提供便利条件。

第十五条 下穿高速铁路桥梁、涵洞的道路,其限高、限宽标志和限高防护架应当符合国家标准,由公路管理部门或者当地人民政府指定的部门、铁路运输企业等按照有关规定设置、维护。

下穿高速铁路桥梁、涵洞的道路进行改造时,施工单位要与铁路运输企业协商一致后实施,严格控制桥梁、涵洞下净高,并根据路面标高的变化及时调整限高防护架的设置。

第十六条 跨越、下穿或者并行高速铁路线路的油气、供气供热、供排水、电力等管线规划、设计、施工应当满足相关国家标准、行业标准及管理规定。施工前应当向铁路运输企业通报，与铁路运输企业协商一致后方可施工，必要时铁路运输企业可以派员进行安全防护。对跨越高速铁路的电力线路，应当采取可靠的防坠落措施。

跨越、下穿高速铁路的油气、供气供热、供排水等管线应当设置满足国家相关技术规范和标准要求的安全保护设施。下穿时，优先选择在铁路桥梁、预留管线涵洞、综合管廊等既有设施处穿越；特殊条件下，需穿越路基时，应当进行专项设计，满足路基沉降的限制指标。

并行高速铁路的油气、供气供热、供排水等管线敷设时，最小水平净距应当满足相关国家标准、行业标准和安全保护要求。

油气、供气供热、供排水、电力等管线的产权单位或者经营企业应当加强检查维护管理，确保状态良好。铁路运输企业应当积极配合。

第十七条 在高速铁路线路两侧建造、设立生产、加工、储存或者销售易燃、易爆或者放射性物品等危险物品的场所、仓库，应当符合国家标准、行业标准规定的安全防护距离。

第十八条 在高速铁路线路两侧从事采矿、采石或者爆破作业的，应当遵守有关采矿和民用爆炸物品的法律法规，符合保障安全生产的国家标准、行业标准和铁路安全保护的相关要求。

在高速铁路线路路堤坡脚、路堑坡顶、铁路桥梁外侧起向外各1000米范围内，以及在铁路隧道上方中心线两侧各1000米范围内，确需从事露天采矿、采石或者爆破作业的，应当充分考虑高速铁路安全需求，依法进行安全评估、安全监理，与铁路运输企业协商一致，依照法律法规规定报经有关主管部门批准，并采取相应的安全防护措施。

矿产资源开采过程中，在矿井、水平、采区设计时，对高速铁路及其主要配套建筑物、构筑物应当划定保护矿柱。

新建高速铁路用地与探矿权人的矿产资源勘查范围、采矿权人的采矿采石影响范围发生重叠或者在尾矿库溃坝冲击范围的，或者新建高速铁路线路跨越上述范围的，铁路建设单位应当与有关权利主体协商一致，签订安全协议，共同制定安全保障措施，按照国家有关规定处理，确保矿山生产经营单位安全生产条件符合相关规定。

第十九条 禁止违反有关规定在高速铁路桥梁跨越处河道上下游的一定范围内采砂、淘金。县级以上地方人民政府水行政主管部门、自然资源主管部门应当按照各自职责划定并公告禁采区域、设置禁采标志，制止非法采砂、淘金行为。

禁止在高速铁路线路路堤坡脚、路堑坡顶或者铁路桥梁外侧起向外各200米范围内抽取地下水；200米范围外，高速铁路线路经过的区域属于地面沉降区域，抽取地下水危及高速铁路安全的，应当设置地下水禁止开采区或者限制开采区，具体范围由地区铁路监督管理局会同县级以上地方人民政府水行政主管部门提出方案，报省、自治区、直辖市人民政府批准并公告。

第二十条 在高速铁路附近从事排放粉尘、烟尘及腐蚀性气体的生产活动，应当严格执行国家规定的排放标准。

生态环境主管部门应当加大检查和管理力度，对相关违法行为依法进行处罚。

第二十一条 有关单位和个人在高速铁路邻近区域内施工、建造构筑物或者从事其他生产经营活动，应当遵守保证高速铁路安全的法律法规和相关标准，采取措施防止影响高速铁路运输安全。

第二十二条 在高速铁路线路及其邻近区域进行施工作业，应当符合工程建设安全管理规定，并执行铁路营业线施工安全管理规定。建设单位应当会同设计、施工单位与铁路运输企业共同制定安全施工方案，按照方案进行施工。施工完毕应当及时清理现场，不得影响高速铁路运营安全。

铁路运输企业应当向社会公布办理铁路营业线施工手续的部门以及相应的渠道，及时办理相关手续。

在高速铁路线路安全保护区内和纳入邻近营业线施工计划的施工，铁路运输企业应当按照国家规定派员对施工现场实行安全监督。

第二十三条 邻近高速铁路的杆塔应当按照国家标准、行业标准和铁路安全防护要求进行设计安装，杆塔产权单位应当建立定期检查维护制度，确保杆塔牢固稳定。

在高速铁路线路安全保护区内，禁止种植妨碍行车瞭望或者有倒伏危险可能影响线路、电力、牵引供电安全的树木等植物；对已种植的，应当依法限期迁移或者修剪、砍伐。

铁路运输企业发现高速铁路线路安全保护区内既有的林木存在可能危及高速铁路安全隐患的，应当告知其产权人或者管理人及时采取措施消除安全隐患。产权人或者管理人拒绝或者怠于处置的，铁路运输企业应当及时向铁路沿线林业主管部门报告，由林业主管部门协调产权人或者管理人采取措施消除安全隐患。

第二十四条 在高速铁路电力线路导线两侧各 500 米范围内，不得升放风筝、气球、孔明灯等飘浮物体，不得使用弓弩、弹弓、汽枪等攻击性器械从事可能危害高速铁路安全的行为。在高速铁路电力线路导线两侧升放无人机的，应当遵守国家有关规定。

对高速铁路线路两侧的塑料大棚、彩钢棚、广告牌、防尘网等轻质建筑物、构筑物，其所有权人或者实际控制人应当采取加固防护措施，并对塑料薄膜、锡箔纸、彩钢瓦、铁皮等建造、构造材料及时清理，防止大风天气条件下危害高速铁路安全。

第二十五条 铁路运输企业应当对高速铁路线路、防护设施、警示标志、安全环境等进行经常性巡查和维护；对巡查中发现的安全问题应当立即处理，不能立即处理的应当及时报告地区铁路监督管理局或者其他相关部门。巡查和处理情况应当记录留存。

第三章 安全防护设施及管理

第二十六条 高速铁路应当实行全封闭管理，范围包括线路、车站、动车存放场所、隧道斜井和竖井的出入口，以及其他与运行相关的附属设备设施处所。铁路建设单位或者铁路运输企业应当按照国家铁路局的规定在铁路用地范围内设置封闭设施和警示标志。

高速铁路与普速铁路共用车站的并行地段，在高速铁路线路与普速铁路线路间设置物理隔离；区间的并行地段，在普速铁路外侧依照高速铁路线路标准进行封闭。

高速铁路高架桥下的铁路用地，应当根据周边生产、生活环境情况，按照确保高速铁路设备设施安全的要求，实行封闭管理或者保护性利用管理。

铁路运输企业应当建立进出高速铁路线路作业门的管理制度。

第二十七条 铁路运输企业应当在客运车站广场、售票厅、进出站口、安检区、直梯及电扶梯、候车区、站台、通道、车厢、动车存放场所等重要场所和其他人员密集的场所，以及高速铁路桥梁、隧道、重要设备设施处所和路基重要区段等重点部位配备、安装监控系统。监控系统应当符合相关国家标准、行业标准，与当地公共安全视频监控系统实现图像资源共享。

客运车站以及动车存放场所周界应当设置实体围墙。车站广场应当设置防冲撞设施，有条件的设置硬隔离设施。

第二十八条 铁路运输企业应当在高速铁路沿线桥头、隧道口、路基地段等易进入重点区段安装、设置周界入侵报警系统。站台两端应当安装、设置警示标志和封闭设施，防止无关人员进入高速铁路线路。高速铁路周界入侵报警系统应当符合相关国家标准、行业标准。

高速铁路沿线视频监控建设应当纳入当地公共安全视频监控建设联网应用工作体系，并充分利用公共通信杆塔等资源，减少重复建设。

第二十九条 铁路运输企业应当根据沿线的自然灾害、地质条件、线路环境等情况，建立必要的灾害监测系统。

第三十条 高速铁路长大隧道、高架桥、旅客聚集区等重点区域，应当按照国家有关规定设置紧急情况下的应急疏散逃生通道并保证畅通，同时安装、设置指示标识。高速铁路长大隧道的照明设施设备、消防设施应当保持状态良好。

第三十一条 在下列地点，应当按照国家有关规定安装、设置防止车辆以及其他物体进入、坠入高速铁路线路的安全防护设施和警示标志：

（一）高速铁路路堑上的道路；

（二）位于高速铁路线路安全保护区内的道路；

（三）跨越高速铁路线路的道路桥梁及其他建筑物、构筑物。

第三十二条 船舶通过高速铁路桥梁应当符合桥梁的通航净空高度并遵守航行规则。桥区航标中的桥梁航标、桥柱标、桥梁水尺标由铁路运输企业负责设置、维护，水面航标由铁路运输企业负责设置，航道管理部门负责维护。

建设跨越通航水域的高速铁路桥梁，应当根据有关规定同步设计、同步建设桥梁防撞设施。铁路运输企业或者铁路桥梁产权单位负责防撞设施的维护管理。

第三十三条 铁路建设单位应当按照相关法律法规和国家标准、行业标准，在建设高速铁路客运站和直接为其运营服务的段、厂、调度指挥中心、到发中转货场、仓库时，确保相关安全防护设备设施同时设计、同时施工、同时投入生产和使用。

第四章 运营安全防护

第三十四条 除生产作业或者监督检查工作需要外，任何人一律不得进入动车组司机室。

进入动车组司机室，应当严格遵守国家安全管理规定和铁路运输企业安全生产制度。

第三十五条 旅客购买高速铁路列车车票、乘坐高速铁路列车，应当出示有效身份证件。对车票所记载身份信息与所持身份证件或者真实身份不符的持票人，铁路运输企业有权拒绝其进站乘车，并报告公安机关。

依照有关规定办理的高铁快运，铁路运输企业应当对客户身份进行查验，登记身份信息，并按规定对运送的物品进行安全检查。

铁路运输企业应当为公安机关依法履行职责提供数据支持和协助。

第三十六条 铁路禁止或者限制携带的物品种类及其数量由国家铁路局会同公安部规定。铁路运输企业应当在高速铁路车站、列车等场所对禁止或者限制携带的物品种类及其数量进行公布，并通过广播、视频等形式进行宣传。

第三十七条 铁路运输企业应当依照法律、行政法规和有关规定，承担安全检查的主体责任，设立相应的安检机构和安检场地，配备与运量相适应的安全检查人员和设备设施，对进入高速铁路车站的人员、物品进行安全检查。

从事安全检查的工作人员应当经过识别和处置危险物品等相关专业知识培训并考试合格。安全检查工作人员应当佩戴安全检查标志，依法履行安全检查职责，并有权拒绝不接受安全检查的旅客进站乘车或者经高速铁路运输物品。

第三十八条 禁止任何单位和个人扰乱高速铁路建设和运输秩序，损坏或者非法占用高速铁路设施设备、相关标志和高速铁路用地。

铁路运输企业应当按规定配备安保人员和相应设备、设施，加强安全检查和保卫工作。有关重点目标管理单位应当依照《中华人民共和国反恐怖主义法》等相关法律法规的规定，履行防范和应对处置恐怖活动职责，制定建立公共安全视频图像信息系统值班监看、信息保存使用、运行维护等管理制度，落实对重要岗位人员进行安全背景审查，以及对进入重点目标的人员、物品和交通工具进行安全检查等相关工作。

公安机关应当按照法定职责，维护高速铁路车站、列车等场所和高速铁路沿线的治安秩序，依法监督检查指导铁路运输企业治安保卫工作；依法查处摆放障碍、破坏设施、损坏设备、盗割电缆、擅自进入高速铁路线路等危及高速铁路运输安全和秩序的违法行为。

第三十九条 高速铁路的重要桥梁和隧道按照国家有关规定进行守护。

第四十条 县级以上各级人民政府相关部门、铁路运输企业应当依照自然灾害防治法律法规的规定，加强高速铁路沿线灾害隐患的排查、治理、通报、预防和应急处理等工作。

高速铁路勘察、设计阶段应当加强地质灾害危险性评估工作，尽量避开地质灾害隐患威胁，无法避让的，应当在设计、建设阶段及时采取治理措施排除地质灾害隐患风险，为铁路建设及运营提供安全环境。

高速铁路规划、勘察、设计、建设，应当优化地质选线，加强沿线区域地震活动性研究。位于活动断裂带的高速铁路，沿线应当装设地震预警监测系统。大型桥梁、隧道、站房等重点工程，应当强化场址地震安全性评价，满足抗震设防相关标准。

县级以上各级人民政府相关部门、铁路运输企业应当依照法律、行政法规的规定，建立地质灾害、气象灾害等预警信息互联互通机制，研判灾害对高速铁路安全的影响，及时进行预报预警。铁路运输企业应当针对不同灾害等级或者情况采取相应的防范措施。

第四十一条 铁路运输企业应当依照有关法律法规和技术标准要求，建立高速铁路网络安全保障体系，落实网络安全管理制度和技术防护措施，制定网络安全事件应急预案，采取有效措施确保网络安全稳定运行，保护旅客、托运人电子信息安全。

第四十二条 铁路运输企业应当遵守消防法律法规规章和消防技术标准，落实消防安全主体责任，制定消防安全制度、消防安全操作规程，配置符合要求的消防设施、器材，设置消防安全标志、组织防火检查，及时消除火灾隐患，制定灭火和应急疏散预案，并定期演练。

消防救援机构等相关部门依法履行消防监督管理职责。

第五章 监督管理

第四十三条 铁路监管部门应当制定年度安全监督检查计划，重点对以下事项进行监督检查：

（一）铁路运输高峰期和恶劣气象条件下关键时期的运输安全；

（二）高速铁路开通运营、重要设施设备运用状态、沿线外部环境等铁路运输安全关键环节；

（三）铁路运输突发事件应急预案的建立和落实情况。

铁路监管部门根据需要，可以牵头协调组织相关部门开展高速铁路安全防护联合监督检查。

第四十四条 铁路监管部门应当对监督检查过程中发现的问题，以及铁路运输企业等单位报送的问题进行梳理分析。对影响高速铁路运营安全的，应当及时采取函告、约谈等方式督促相关企业或者地方政府相关部门落实责任、消除隐患；对安全防护推进不力的部门和单位,可以在铁路监管部门政府网站上向社会公告。

对高速铁路事故隐患,铁路监管部门应当责令有关单位立即排除,并加强督办落实;重大事故隐患排除前或者排除过程中无法保证安全的,铁路监管部门应当责令从危险区域内撤出人员、设备,停止作业,重大事故隐患排除后方可恢复。

相关部门发现铁路安全隐患,属于职责范围内的,应当依法责令有关单位或者个人立即排除。

第四十五条 铁路监管部门和相关部门应当依照法律法规和相关职责规定对影响高速铁路安全的行为进行处罚。

第四十六条 发生涉及高速铁路运输安全的突发事件后,铁路运输企业及其所属的生产经营单位应当立即采取措施组织抢救,防止事故扩大,减少人员伤亡和财产损失,并向事件发生地地方人民政府及相关部门和地区铁路监督管理局报告。

第四十七条 事件发生地相关部门和地区铁路监督管理局接到报告后,应当依照有关法律、行政法规的规定和应急预案要求,立即采取措施控制事态发展,组织开展应急救援和处置工作,并按规定报告。

第六章 附 则

第四十八条 本办法自2020年7月1日起施行。

公路水运工程质量检测管理办法

· 2023年8月22日交通运输部令2023年第9号公布
· 自2023年10月1日起施行

第一章 总 则

第一条 为了加强公路水运工程质量检测管理,保证公路水运工程质量及人民生命和财产安全,根据《建设工程质量管理条例》,制定本办法。

第二条 公路水运工程质量检测机构、质量检测活动及监督管理,适用本办法。

第三条 本办法所称公路水运工程质量检测,是指按照本办法规定取得公路水运工程质量检测机构资质的公路水运工程质量检测机构(以下简称检测机构),根据国家有关法律、法规的规定,依据相关技术标准、规范、规程,对公路水运工程所用材料、构件、工程制品、工程实体等进行的质量检测活动。

第四条 公路水运工程质量检测活动应当遵循科学、客观、严谨、公正的原则。

第五条 交通运输部负责全国公路水运工程质量检测活动的监督管理。

县级以上地方人民政府交通运输主管部门按照职责负责本行政区域内的公路水运工程质量检测活动的监督管理。

第二章 检测机构资质管理

第六条 检测机构从事公路水运工程质量检测(以下简称质量检测)活动,应当按照资质等级对应的许可范围承担相应的质量检测业务。

第七条 检测机构资质分为公路工程和水运工程专业。

公路工程专业设甲级、乙级、丙级资质和交通工程专项、桥梁隧道工程专项资质。

水运工程专业分为材料类和结构类。水运工程材料类设甲级、乙级、丙级资质。水运工程结构类设甲级、乙级资质。

第八条 申请公路工程甲级、交通工程专项,水运工程材料类甲级、结构类甲级检测机构资质的,应当按照本办法规定向交通运输部提交申请。

申请公路工程乙级和丙级、桥梁隧道工程专项,水运工程材料类乙级和丙级、结构类乙级检测机构资质的,应当按照本办法规定向注册地的省级人民政府交通运输主管部门提交申请。

第九条 申请检测机构资质的检测机构(以下简称申请人)应当具备以下条件:

(一)依法成立的法人;

(二)具有一定数量的具备公路水运工程试验检测专业技术能力的人员(以下简称检测人员);

(三)拥有与申请资质相适应的质量检测仪器设备和设施;

(四)具备固定的质量检测场所,且环境条件满足质量检测要求;

(五)具有有效运行的质量保证体系。

第十条 申请人可以同时申请不同专业、不同等级的检测机构资质。

第十一条 申请人应当按照本办法规定向许可机关提交以下申请材料:

(一)检测机构资质申请书;

(二)检测人员、仪器设备和设施、质量检测场所证明材料;

(三)质量保证体系文件。

申请人应当通过公路水运工程质量检测管理信息系统提交申请材料,并对其申请材料实质内容的真实性负责。许可机关不得要求申请人提交与其申请资质无关的技术资料和其他材料。

第十二条 许可机关受理申请后,应当组织开展专家技术评审。

专家技术评审由技术评审专家组(以下简称专家组)承担,实行专家组组长负责制。

参与评审的专家应当由许可机关从其建立的质量检测专家库中随机抽取,并符合回避要求。

专家应当客观、独立、公正开展评审,保守申请人商业秘密。

第十三条 专家技术评审包括书面审查和现场核查两个阶段,所用时间不计算在行政许可期限内,但许可机关应当将专家技术评审时间安排书面告知申请人。专家技术评审的时间最长不得超过60个工作日。

第十四条 专家技术评审应当对申请人提交的全部材料进行书面审查,并对实际状况与申请材料的符合性、申请人完成质量检测项目的实际能力、质量保证体系运行等情况进行现场核查。

第十五条 专家组应当在专家技术评审时限内向许可机关报送专家技术评审报告。

专家技术评审报告应当包括对申请人资质条件等事项的核查抽查情况和存在问题,是否存在实际状况与申请材料严重不符、伪造质量检测报告、出具虚假数据等严重违法违规问题,以及评审总体意见等。

许可机关可以将专家技术评审情况向社会公示。

第十六条 许可机关应当自受理申请之日起20个工作日内作出是否准予行政许可的决定。

许可机关准予行政许可的,应当向申请人颁发检测机构资质证书;不予行政许可的,应当作出书面决定并说明理由。

第十七条 检测机构资质证书由正本和副本组成。

正本上应当注明机构名称,发证机关,资质专业、类别、等级,发证日期,有效期,证书编号,检测资质标识等;副本上还应当注明注册地址、检测场所地址、机构性质、法定代表人、行政负责人、技术负责人、质量负责人、检测项目及参数、资质延续记录、变更记录等。

检测机构资质证书分为纸质证书和电子证书。纸质证书与电子证书全国通用,具有同等效力。

第十八条 检测机构资质证书有效期为5年。

有效期满拟继续从事质量检测业务的,检测机构应当提前90个工作日向许可机关提出资质延续申请。

第十九条 申请人申请资质延续审批的,应当符合第九条规定的条件。

第二十条 申请人应当按照本办法第十一条规定,提交资质延续审批申请材料。

第二十一条 许可机关应当对申请资质延续审批的申请人进行专家技术评审,并在检测机构资质证书有效期满前,作出是否准予延续的决定。

符合资质条件的,许可机关准予检测机构资质证书延续5年。

第二十二条 资质延续审批中的专家技术评审以专家组书面审查为主,但申请人存在本办法第四十八条第三项、第五十二条、第五十三条第五项和第五十五条规定的违法行为,以及许可机关认为需要核查的情形的,应当进行现场核查。

第二十三条 检测机构的名称、注册地址、检测场所地址、法定代表人、行政负责人、技术负责人和质量负责人等事项发生变更的,检测机构应当在完成变更后10个工作日内向原许可机关申请变更。

发生检测场所地址变更的,许可机关应当选派2名以上专家进行现场核查,并在15个工作日内办理完毕;其他变更事项许可机关应当在5个工作日内办理完毕。

检测机构发生合并、分立、重组、改制等情形的,应当按照本办法的规定重新提交资质申请。

第二十四条 检测机构需要终止经营的,应当在终止经营之日15日前告知许可机关,并按照规定办理有关注销手续。

第二十五条 许可机关开展检测机构资质行政许可和专家技术评审不得收费。

第二十六条 检测机构资质证书遗失或者污损的,可以向许可机关申请补发。

第三章 检测活动管理

第二十七条 取得资质的检测机构应当根据需要设立公路水运工程质量检测工地试验室(以下简称工地试验室)。

工地试验室是检测机构设置在公路水运工程施工现场,提供设备、派驻人员,承担相应质量检测业务的临时工作场所。

负有工程建设项目质量监督管理责任的交通运输主管部门应当对工地试验室进行监督管理。

第二十八条 检测机构和检测人员应当独立开展检测工作,不受任何干扰和影响,保证检测数据客观、公正、准确。

第二十九条 检测机构应当保证质量保证体系有效

运行。

检测机构应当按照有关规定对仪器设备进行正常维护,定期检定与校准。

第三十条 检测机构应当建立样品管理制度,提倡盲样管理。

第三十一条 检测机构应当建立健全档案制度,原始记录和质量检测报告内容必须清晰、完整、规范,保证档案齐备和检测数据可追溯。

第三十二条 检测机构应当重视科技进步,及时更新质量检测仪器设备和设施。

检测机构应当加强公路水运工程质量检测信息化建设,不断提升质量检测信息化水平。

第三十三条 检测机构出具的质量检测报告应当符合规范要求,包括检测项目、参数数量(批次)、检测依据、检测场所地址、检测数据、检测结果等相关信息。

检测机构不得出具虚假检测报告,不得篡改或者伪造检测报告。

第三十四条 检测机构在同一公路水运工程项目标段中不得同时接受建设、监理、施工等多方的质量检测委托。

第三十五条 检测机构依据合同承担公路水运工程质量检测业务,不得转包、违规分包。

第三十六条 在检测过程中发现检测项目不合格且涉及工程主体结构安全的,检测机构应当及时向负有工程建设项目质量监督管理责任的交通运输主管部门报告。

第三十七条 检测机构的技术负责人和质量负责人应当由公路水运工程试验检测师担任。

质量检测报告应当由公路水运工程试验检测师审核、签发。

第三十八条 检测机构应当加强检测人员培训,不断提高质量检测业务水平。

第三十九条 检测人员不得同时在两家或者两家以上检测机构从事检测活动,不得借工作之便推销建设材料、构配件和设备。

第四十条 检测机构资质证书不得转让、出租。

第四章 监督管理

第四十一条 县级以上人民政府交通运输主管部门(以下简称交通运输主管部门)应当加强对质量检测工作的监督检查,及时纠正、查处违反本办法的行为。

第四十二条 交通运输主管部门开展监督检查工作,主要包括下列内容:

(一)检测机构资质证书使用的规范性,有无转包、违规分包、超许可范围承揽业务、涂改和租借资质证书等行为;

(二)检测机构能力的符合性,工地试验室设立和施工现场检测情况;

(三)原始记录、质量检测报告的真实性、规范性和完整性;

(四)采用的技术标准、规范和规程是否合法有效,样品的管理是否符合要求;

(五)仪器设备的运行、检定和校准情况;

(六)质量保证体系运行的有效性;

(七)检测机构和检测人员质量检测活动的规范性、合法性和真实性;

(八)依据职责应当监督检查的其他内容。

第四十三条 交通运输主管部门实施监督检查时,有权采取以下措施:

(一)要求被检查的检测机构或者有关单位提供相关文件和资料;

(二)查阅、记录、录音、录像、照相和复制与检查相关的事项和资料;

(三)进入检测机构的检测工作场地进行抽查;

(四)发现有不符合有关标准、规范、规程和本办法的质量检测行为,责令立即改正或者限期整改。

检测机构应当予以配合,如实说明情况和提供相关资料。

第四十四条 交通运输部、省级人民政府交通运输主管部门应当组织比对试验,验证检测机构的能力,比对试验情况录入公路水运工程质量检测管理信息系统。

检测机构应当按照前款规定参加比对试验并按照要求提供相关资料。

第四十五条 任何单位和个人都有权向交通运输主管部门投诉或者举报违法违规的质量检测行为。

交通运输主管部门收到投诉或者举报后,应当及时核实处理。

第四十六条 交通运输部建立健全质量检测信用管理制度。

质量检测信用管理实行统一领导,分级负责。各级交通运输主管部门依据职责定期对检测机构和检测人员的从业行为开展信用管理,并向社会公开。

第四十七条 检测机构取得资质后,不再符合相应资质条件的,许可机关应当责令其限期整改并向社会公开。检测机构完成整改后,应当向许可机关提出资质重新核定申请。

第五章　法律责任

第四十八条　检测机构违反本办法规定,有下列行为之一的,其检测报告无效,由交通运输主管部门处1万元以上3万元以下罚款;造成危害后果的,处3万元以上10万元以下罚款;构成犯罪的,依法追究刑事责任:

(一)未取得相应资质从事质量检测活动的;

(二)资质证书已过有效期从事质量检测活动的;

(三)超出资质许可范围从事质量检测活动的。

第四十九条　检测机构隐瞒有关情况或者提供虚假材料申请资质的,许可机关不予受理或者不予行政许可,并给予警告;检测机构1年内不得再次申请该资质。

第五十条　检测机构以欺骗、贿赂等不正当手段取得资质证书的,由许可机关予以撤销;检测机构3年内不得再次申请该资质;构成犯罪的,依法追究刑事责任。

第五十一条　检测机构未按照本办法第二十三条规定申请变更的,由交通运输主管部门责令限期办理;逾期未办理的,给予警告或者通报批评。

第五十二条　检测机构违反本办法规定,有下列行为之一的,由交通运输主管部门责令改正,处1万元以上3万元以下罚款;造成危害后果的,处3万元以上10万元以下罚款;构成犯罪的,依法追究刑事责任:

(一)出具虚假检测报告,篡改、伪造检测报告的;

(二)将检测业务转包、违规分包的。

第五十三条　检测机构违反本办法规定,有下列行为之一的,由交通运输主管部门责令改正,处5000元以上1万元以下罚款:

(一)质量保证体系未有效运行的,或者未按照有关规定对仪器设备进行正常维护的;

(二)未按规定进行档案管理,造成检测数据无法追溯的;

(三)在同一工程项目标段中同时接受建设、监理、施工等多方的质量检测委托的;

(四)未按规定报告在检测过程中发现检测项目不合格且涉及工程主体结构安全的;

(五)接受监督检查时不如实提供有关资料,或者拒绝、阻碍监督检查的。

第五十四条　检测机构或者检测人员违反本办法规定,有下列行为之一的,由交通运输主管部门责令改正,给予警告或者通报批评:

(一)未按规定进行样品管理的;

(二)同时在两家或者两家以上检测机构从事检测活动的;

(三)借工作之便推销建设材料、构配件和设备的;

(四)不按照要求参加比对试验的。

第五十五条　检测机构违反本办法规定,转让、出租检测机构资质证书的,由交通运输主管部门责令停止违法行为,收缴有关证件,处5000元以下罚款。

第五十六条　交通运输主管部门工作人员在质量检测管理工作中,有下列情形之一的,依法给予处分;构成犯罪的,依法追究刑事责任:

(一)对不符合法定条件的申请人颁发资质证书的;

(二)对符合法定条件的申请人不予颁发资质证书的;

(三)对符合法定条件的申请人未在法定期限内颁发资质证书的;

(四)利用职务上的便利,索取、收受他人财物或者谋取其他利益的;

(五)不依法履行监督职责或者监督不力,造成严重后果的。

第六章　附则

第五十七条　检测机构资质等级条件、专家技术评审工作程序由交通运输部另行制定。

第五十八条　检测机构资质证书由许可机关按照交通运输部规定的统一格式制作。

第五十九条　本办法自2023年10月1日起施行。交通部2005年10月19日公布的《公路水运工程试验检测管理办法》(交通部令2005年第12号)、交通运输部2016年12月10日公布的《交通运输部关于修改〈公路水运工程试验检测管理办法〉的决定》(交通运输部令2016年第80号)、2019年11月28日公布的《交通运输部关于修改〈公路水运工程试验检测管理办法〉的决定》(交通运输部令2019年第38号)同时废止。

公路水路关键信息基础设施安全保护管理办法

·2023年4月24日交通运输部令2023年第4号公布
·自2023年6月1日起施行

第一章　总　则

第一条　为了保障公路水路关键信息基础设施安全,维护网络安全,根据《中华人民共和国网络安全法》《关键信息基础设施安全保护条例》等法律、行政法规,制定本办法。

第二条　公路水路关键信息基础设施的安全保护和监督管理工作,适用本办法。

前款所称公路水路关键信息基础设施是指在公路水路领域，一旦遭到破坏、丧失功能或者数据泄露，可能严重危害国家安全、国计民生和公共利益的重要网络设施、信息系统等。

第三条 交通运输部负责全国公路水路关键信息基础设施安全保护和监督管理。对在全国范围运营以及其他经交通运输部评估明确由部管理的公路水路关键信息基础设施（以下统称部级设施），由交通运输部具体实施安全保护和监督管理工作。

省级人民政府交通运输主管部门按照职责对本行政区域内运营的公路水路关键信息基础设施（以下统称省级设施）具体实施安全保护和监督管理。

交通运输部和省级人民政府交通运输主管部门以下统称交通运输主管部门。

第四条 公路水路关键信息基础设施安全保护坚持强化和落实公路水路关键信息基础设施运营者（以下简称运营者）主体责任，加强和规范交通运输主管部门监督管理，充分发挥社会各方面的作用，共同保护公路水路关键信息基础设施安全。

第五条 任何个人和组织不得实施非法侵入、干扰、破坏公路水路关键信息基础设施的活动，不得危害公路水路关键信息基础设施安全。

第二章 公路水路关键信息基础设施认定

第六条 交通运输部负责制定和修改公路水路关键信息基础设施认定规则，并报国务院公安部门备案。

制定和修改认定规则应当主要考虑下列因素：

（一）网络设施、信息系统等对于公路水路关键核心业务的重要程度；

（二）网络设施、信息系统等是否存储处理国家核心数据，以及网络设施、信息系统等一旦遭到破坏、丧失功能或者数据泄露可能带来的危害程度；

（三）对其他行业和领域的关联性影响。

第七条 交通运输部根据认定规则负责组织认定公路水路关键信息基础设施，形成公路水路关键信息基础设施清单，及时将认定结果通知运营者，并通报国务院公安部门。

第八条 公路水路关键信息基础设施发生改建、扩建、运营者变更等较大变化，可能影响其认定结果的，运营者应当及时将相关情况报告交通运输部。交通运输部自收到报告之日起3个月内完成重新认定，更新公路水路关键信息基础设施清单，并通报国务院公安部门。

第九条 省级人民政府交通运输主管部门应当按照交通运输部的相关要求，负责组织筛选识别省级行政区域内运营的公路水路关键信息基础设施待认定对象，并研究提出初步认定意见报交通运输部。

交通运输部应当将认定结果通知省级人民政府交通运输主管部门。

第三章 运营者责任义务

第十条 新建、改建、扩建或者升级改造公路水路关键信息基础设施的，安全保护措施应当与公路水路关键信息基础设施同步规划、同步建设、同步使用。

运营者应当按照国家有关规定对安全保护措施予以验证。

第十一条 运营者应当建立健全网络安全保护制度和责任制，保障人力、财力、物力投入。运营者的主要负责人对公路水路关键信息基础设施安全保护负总责，领导关键信息基础设施安全保护和重大网络安全事件处置工作，组织研究解决重大网络安全问题。

运营者应当明确管理本单位公路水路关键信息基础设施安全保护工作的具体负责人。

第十二条 运营者应当设置专门安全管理机构，明确负责人和关键岗位人员并进行安全背景审查和安全技能培训，符合要求的人员方能上岗。鼓励网络安全专门人才从事公路水路关键信息基础设施安全保护工作。

运营者应当保障专门安全管理机构的人员配备，开展与网络安全和信息化有关的决策应当有专门安全管理机构人员参与。

专门安全管理机构的负责人和关键岗位人员的身份、安全背景等发生变化或者必要时，运营者应当重新进行安全背景审查。

第十三条 运营者应当保障专门安全管理机构的运行经费，并依法依规严格规范经费使用和管理，防止资金挤占挪用。

重要网络设施和安全设备达到使用期限的，运营者应当优先保障设施设备更新经费。

第十四条 运营者应当加强公路水路关键信息基础设施供应链安全管理，应当采购依法通过检测认证的网络关键设备和网络安全专用产品，优先采购安全可信的网络产品和服务；采购网络产品和服务可能影响国家安全的，应当按照国家网络安全规定通过安全审查。

鼓励运营者从已通过云计算服务安全评估的云计算服务平台中采购云计算服务。

第十五条 运营者应当加强公路水路关键信息基础设施个人信息和数据安全保护，将在我国境内运营中收集和产生的个人信息和重要数据存储在境内。因业务需要,确需向境外提供数据的,应当按照国家相关规定进行安全评估；法律、行政法规另有规定的,依照其规定执行。

第十六条 公路水路关键信息基础设施的网络安全保护等级应当不低于第三级。

运营者应当在网络安全等级保护的基础上,对公路水路关键信息基础设施实行重点保护,采取技术保护措施和其他必要措施,应对网络安全事件,防范网络攻击和违法犯罪活动,保障公路水路关键信息基础设施安全稳定运行,维护数据的完整性、保密性和可用性。

第十七条 运营者应当自行或者委托网络安全服务机构对公路水路关键信息基础设施每年至少进行一次网络安全检测和风险评估,对发现的安全问题及时整改。部级设施的运营者应当直接向交通运输部报送相关情况；省级设施的运营者应当将相关情况报经省级人民政府交通运输主管部门审核后报送交通运输部。

第十八条 法律、行政法规和国家有关规定要求使用商用密码进行保护的公路水路关键信息基础设施,其运营者应当使用商用密码进行保护,自行或者委托商用密码检测机构每年至少开展一次商用密码应用安全性评估。

商用密码应用安全性评估应当与公路水路关键信息基础设施安全检测评估、网络安全等级测评制度相衔接,避免重复评估、测评。

第十九条 运营者应当加强保密管理,按照国家有关规定与网络产品和服务提供者等必要人员签订安全保密协议,明确提供者等必要人员的技术支持和安全保密义务与责任,并对义务与责任履行情况进行监督。

第二十条 运营者应当制定网络安全教育培训制度,定期开展网络安全教育培训和技能考核。教育培训的具体内容和学时应当遵守国家有关规定。

第二十一条 运营者应当建设本单位网络安全监测系统,对公路水路关键信息基础设施开展全天候监测和值班值守。

运营者应当加强本单位网络安全信息通报预警力量建设,依托国家网络与信息安全信息通报机制,及时收集、汇总、分析各方网络安全信息,组织开展网络安全威胁分析和态势研判,及时通报预警和处置。

第二十二条 运营者应当按照国家有关要求制定网络安全事件应急预案,建立网络安全事件应急处置机制,加强应急力量建设和应急资源储备,每年至少开展一次应急演练,并针对应急演练发现的突出问题和漏洞隐患,及时整改加固,完善保护措施。

第二十三条 部级设施发生重大网络安全事件或者发现重大网络安全威胁时,运营者应当直接向交通运输部、公安机关报告,并立即启动本单位网络安全事件应急预案。

省级设施发生重大网络安全事件或者发现重大网络安全威胁时,运营者应当立即向省级人民政府交通运输主管部门、公安机关报告,并启动本单位网络安全事件应急预案。省级人民政府交通运输主管部门应当将相关情况及时报告交通运输部。

公路水路关键信息基础设施发生特别重大网络安全事件或者发现特别重大网络安全威胁时,交通运输部应当在收到报告后,及时向国家网信部门、国务院公安部门报告。

第四章 保障和监督

第二十四条 交通运输部应当制定公路水路关键信息基础设施安全规划,明确保护目标、基本要求、工作任务、具体措施。

交通运输主管部门、运营者应当严格落实公路水路关键信息基础设施安全规划。

第二十五条 交通运输部应当建立公路水路关键信息基础设施网络安全监测预警制度,充分利用网络安全信息共享机制,及时掌握公路水路关键信息基础设施运行状况、安全态势,预警通报网络安全威胁和隐患,指导做好安全防范工作。

省级人民政府交通运输主管部门应当及时掌握省级设施的运行状况、安全态势,并组织做好预警通报和安全防范工作。

第二十六条 交通运输部应当按照国家网络安全事件应急预案的要求,建立健全公路水路网络安全事件应急预案,定期组织应急演练；指导运营者做好网络安全事件应对处置,并根据需要组织提供技术支持与协助。

省级人民政府交通运输主管部门应当依据前款规定组织做好本行政区域内公路水路网络安全事件应急预案、应急演练相关工作,并将应急预案、应急演练情况及时报告交通运输部。省级人民政府交通运输主管部门应当指导省级设施运营者做好网络安全事件应对处置,并根据需要组织提供技术支持与协助。

第二十七条 交通运输主管部门应当定期组织开展公路水路关键信息基础设施网络安全检查检测,指导监督运营者建立问题台账,制定整改方案,及时整改安全隐患、完善安全措施。省级人民政府交通运输主管部门应当将检查检测情况及时报告交通运输部。

公路水路关键信息基础设施网络安全检查检测应当在国家网信部门的统筹协调下开展,避免不必要的检查和交叉重复检查。检查工作不得收取费用,不得要求被检查单位购买指定品牌或者指定生产、销售单位的产品和服务。

第二十八条　运营者对交通运输主管部门开展的网络安全检查检测工作,以及公安、国家安全、保密行政管理、密码管理等有关部门依法开展的公路水路关键信息基础设施网络安全检查工作应当予以配合,并如实提供网络安全管理制度、重要资产清单、网络日志等必要的资料。

第二十九条　交通运输主管部门按照国家有关规定,对网络安全工作不力、重大安全问题隐患久拖不改,或者存在重大网络安全风险、发生重大网络安全事件的运营者,约谈单位负责人,并加大网络安全监督检查力度。

第三十条　交通运输主管部门、网络安全服务机构及其工作人员对于在公路水路关键信息基础设施安全保护过程中获取的信息,只能用于维护网络安全,并严格按照有关法律、行政法规的要求确保信息安全,不得泄露、出售或者非法向他人提供。

第五章　法律责任

第三十一条　运营者违反本办法规定的,由交通运输主管部门按照《关键信息基础设施安全保护条例》等法律、行政法规的规定予以处罚。

第三十二条　交通运输主管部门及其工作人员存在以下情形之一的,按照《关键信息基础设施安全保护条例》等法律、行政法规的规定予以处分:

(一)未履行公路水路关键信息基础设施安全保护和监督管理职责或者玩忽职守、滥用职权、徇私舞弊的;

(二)在开展公路水路关键信息基础设施网络安全检查工作中收取费用,或者要求被检查单位购买指定品牌或者指定生产、销售单位的产品和服务的;

(三)将在公路水路关键信息基础设施安全保护工作中获取的信息用于其他用途,或者泄露、出售、非法向他人提供的。

第六章　附　则

第三十三条　本办法自2023年6月1日起施行。

二、车辆与从业人员管理

1. 车辆管理

校车安全管理条例

- 2012年3月28日国务院第197次常务会议通过
- 2012年4月5日中华人民共和国国务院令第617号公布
- 自公布之日起施行

第一章 总 则

第一条 为了加强校车安全管理,保障乘坐校车学生的人身安全,制定本条例。

第二条 本条例所称校车,是指依照本条例取得使用许可,用于接送接受义务教育的学生上下学的7座以上的载客汽车。

接送小学生的校车应当是按照专用校车国家标准设计和制造的小学生专用校车。

第三条 县级以上地方人民政府应当根据本行政区域的学生数量和分布状况等因素,依法制定、调整学校设置规划,保障学生就近入学或者在寄宿制学校入学,减少学生上下学的交通风险。实施义务教育的学校及其教学点的设置、调整,应当充分听取学生家长等有关方面的意见。

县级以上地方人民政府应当采取措施,发展城市和农村的公共交通,合理规划、设置公共交通线路和站点,为需要乘车上下学的学生提供方便。

对确实难以保障就近入学,并且公共交通不能满足学生上下学需要的农村地区,县级以上地方人民政府应当采取措施,保障接受义务教育的学生获得校车服务。

国家建立多渠道筹措校车经费的机制,并通过财政资助、税收优惠、鼓励社会捐赠等多种方式,按照规定支持使用校车接送学生的服务。支持校车服务所需的财政资金由中央财政和地方财政分担,具体办法由国务院财政部门制定。支持校车服务的税收优惠办法,依照法律、行政法规规定的税收管理权限制定。

第四条 国务院教育、公安、交通运输以及工业和信息化、质量监督检验检疫、安全生产监督管理等部门依照法律、行政法规和国务院的规定,负责校车安全管理的有关工作。国务院教育、公安部门会同国务院有关部门建立校车安全管理工作协调机制,统筹协调校车安全管理工作中的重大事项,共同做好校车安全管理工作。

第五条 县级以上地方人民政府对本行政区域的校车安全管理工作负总责,组织有关部门制定并实施与当地经济发展水平和校车服务需求相适应的校车服务方案,统一领导、组织、协调有关部门履行校车安全管理职责。

县级以上地方人民政府教育、公安、交通运输、安全生产监督管理等有关部门依照本条例以及本级人民政府的规定,履行校车安全管理的相关职责。有关部门应当建立健全校车安全管理信息共享机制。

第六条 国务院标准化主管部门会同国务院工业和信息化、公安、交通运输等部门,按照保障安全、经济适用的要求,制定并及时修订校车安全国家标准。

生产校车的企业应当建立健全产品质量保证体系,保证所生产(包括改装,下同)的校车符合校车安全国家标准;不符合标准的,不得出厂、销售。

第七条 保障学生上下学交通安全是政府、学校、社会和家庭的共同责任。社会各方面应当为校车通行提供便利,协助保障校车通行安全。

第八条 县级和设区的市级人民政府教育、公安、交通运输、安全生产监督管理部门应当设立并公布举报电话、举报网络平台,方便群众举报违反校车安全管理规定的行为。

接到举报的部门应当及时依法处理;对不属于本部门管理职责的举报,应当及时移送有关部门处理。

第二章 学校和校车服务提供者

第九条 学校可以配备校车。依法设立的道路旅客运输经营企业、城市公共交通企业,以及根据县级以上地方人民政府规定设立的校车运营单位,可以提供校车服务。

县级以上地方人民政府根据本地区实际情况,可以制定管理办法,组织依法取得道路旅客运输经营许可的个体经营者提供校车服务。

第十条 配备校车的学校和校车服务提供者应当建立健全校车安全管理制度，配备安全管理人员，加强校车的安全维护，定期对校车驾驶人进行安全教育，组织校车驾驶人学习道路交通安全法律法规以及安全防范、应急处置和应急救援知识，保障学生乘坐校车安全。

第十一条 由校车服务提供者提供校车服务的，学校应当与校车服务提供者签订校车安全管理责任书，明确各自的安全管理责任，落实校车运行安全管理措施。

学校应当将校车安全管理责任书报县级或者设区的市级人民政府教育行政部门备案。

第十二条 学校应当对教师、学生及其监护人进行交通安全教育，向学生讲解校车安全乘坐知识和校车安全事故应急处理技能，并定期组织校车安全事故应急处理演练。

学生的监护人应当履行监护义务，配合学校或者校车服务提供者的校车安全管理工作。学生的监护人应当拒绝使用不符合安全要求的车辆接送学生上下学。

第十三条 县级以上地方人民政府教育行政部门应当指导、监督学校建立健全校车安全管理制度，落实校车安全管理责任，组织学校开展交通安全教育。公安机关交通管理部门应当配合教育行政部门组织学校开展交通安全教育。

第三章 校车使用许可

第十四条 使用校车应当依照本条例的规定取得许可。

取得校车使用许可应当符合下列条件：

（一）车辆符合校车安全国家标准，取得机动车检验合格证明，并已经在公安机关交通管理部门办理注册登记；

（二）有取得校车驾驶资格的驾驶人；

（三）有包括行驶线路、开行时间和停靠站点的合理可行的校车运行方案；

（四）有健全的安全管理制度；

（五）已经投保机动车承运人责任保险。

第十五条 学校或者校车服务提供者申请取得校车使用许可，应当向县级或者设区的市级人民政府教育行政部门提交书面申请和证明其符合本条例第十四条规定条件的材料。教育行政部门应当自收到申请材料之日起3个工作日内，分别送同级公安机关交通管理部门、交通运输部门征求意见，公安机关交通管理部门和交通运输部门应当在3个工作日内回复意见。教育行政部门应当自收到回复意见之日起5个工作日内提出审查意见，报本级人民政府。本级人民政府决定批准的，由公安机关交通管理部门发给校车标牌，并在机动车行驶证上签注校车类型和核载人数；不予批准的，书面说明理由。

第十六条 校车标牌应当载明本车的号牌号码、车辆的所有人、驾驶人、行驶线路、开行时间、停靠站点以及校车标牌发牌单位、有效期等事项。

第十七条 取得校车标牌的车辆应当配备统一的校车标志灯和停车指示标志。

校车未运载学生上道路行驶的，不得使用校车标牌、校车标志灯和停车指示标志。

第十八条 禁止使用未取得校车标牌的车辆提供校车服务。

第十九条 取得校车标牌的车辆达到报废标准或者不再作为校车使用的，学校或者校车服务提供者应当将校车标牌交回公安机关交通管理部门。

第二十条 校车应当每半年进行一次机动车安全技术检验。

第二十一条 校车应当配备逃生锤、干粉灭火器、急救箱等安全设备。安全设备应当放置在便于取用的位置，并确保性能良好、有效适用。

校车应当按照规定配备具有行驶记录功能的卫星定位装置。

第二十二条 配备校车的学校和校车服务提供者应当按照国家规定做好校车的安全维护，建立安全维护档案，保证校车处于良好技术状态。不符合安全技术条件的校车，应当停运维修，消除安全隐患。

校车应当由依法取得相应资质的维修企业维修。承接校车维修业务的企业应当按照规定的维修技术规范维修校车，并按照国务院交通运输主管部门的规定对所维修的校车实行质量保证期制度，在质量保证期内对校车的维修质量负责。

第四章 校车驾驶人

第二十三条 校车驾驶人应当依照本条例的规定取得校车驾驶资格。

取得校车驾驶资格应当符合下列条件：

（一）取得相应准驾车型驾驶证并具有3年以上驾驶经历，年龄在25周岁以上、不超过60周岁；

（二）最近连续3个记分周期内没有被记满分记录；

（三）无致人死亡或者重伤的交通事故责任记录；

（四）无饮酒后驾驶或者醉酒驾驶机动车记录，最近1年内无驾驶客运车辆超员、超速等严重交通违法行为记录；

（五）无犯罪记录；

（六）身心健康，无传染性疾病，无癫痫、精神病等可能危及行车安全的疾病病史，无酗酒、吸毒行为记录。

第二十四条 机动车驾驶人申请取得校车驾驶资格，应当向县级或者设区的市级人民政府公安机关交通管理部门提交书面申请和证明其符合本条例第二十三条规定条件的材料。公安机关交通管理部门应当自收到申请材料之日起5个工作日内审查完毕，对符合条件的，在机动车驾驶证上签注准许驾驶校车；不符合条件的，书面说明理由。

第二十五条 机动车驾驶人未取得校车驾驶资格，不得驾驶校车。禁止聘用未取得校车驾驶资格的机动车驾驶人驾驶校车。

第二十六条 校车驾驶人应当每年接受公安机关交通管理部门的审验。

第二十七条 校车驾驶人应当遵守道路交通安全法律法规，严格按照机动车道路通行规则和驾驶操作规范安全驾驶、文明驾驶。

第五章 校车通行安全

第二十八条 校车行驶线路应当尽量避开急弯、陡坡、临崖、临水的危险路段；确实无法避开的，道路或者交通设施的管理、养护单位应当按照标准对上述危险路段设置安全防护设施、限速标志、警告标牌。

第二十九条 校车经过的道路出现不符合安全通行条件的状况或者存在交通安全隐患的，当地人民政府应当组织有关部门及时改善道路安全通行条件、消除安全隐患。

第三十条 校车运载学生，应当按照国务院公安部门规定的位置放置校车标牌，开启校车标志灯。

校车运载学生，应当按照经审核确定的线路行驶，遇有交通管制、道路施工以及自然灾害、恶劣气象条件或者重大交通事故等影响道路通行情形的除外。

第三十一条 公安机关交通管理部门应当加强对校车行驶线路的道路交通秩序管理。遇交通拥堵的，交通警察应当指挥疏导运载学生的校车优先通行。

校车运载学生，可以在公共交通专用车道以及其他禁止社会车辆通行但允许公共交通车辆通行的路段行驶。

第三十二条 校车上下学生，应当在校车停靠站点停靠；未设校车停靠站点的路段可以在公共交通站台停靠。

道路或者交通设施的管理、养护单位应当按照标准设置校车停靠站点预告标识和校车停靠站点标牌，施划校车停靠站点标线。

第三十三条 校车在道路上停车上下学生，应当靠道路右侧停靠，开启危险报警闪光灯，打开停车指示标志。校车在同方向只有一条机动车道的道路上停靠时，后方车辆应当停车等待，不得超越。校车在同方向有两条以上机动车道的道路上停靠时，校车停靠车道后方和相邻机动车道上的机动车应当停车等待，其他机动车道上的机动车应当减速通过。校车后方停车等待的机动车不得鸣喇叭或者使用灯光催促校车。

第三十四条 校车载人不得超过核定的人数，不得以任何理由超员。

学校和校车服务提供者不得要求校车驾驶人超员、超速驾驶校车。

第三十五条 载有学生的校车在高速公路上行驶的最高时速不得超过80公里，在其他道路上行驶的最高时速不得超过60公里。

道路交通安全法律法规规定或者道路上限速标志、标线标明的最高时速低于前款规定的，从其规定。

载有学生的校车在急弯、陡坡、窄路、窄桥以及冰雪、泥泞的道路上行驶，或者遇有雾、雨、雪、沙尘、冰雹等低能见度气象条件时，最高时速不得超过20公里。

第三十六条 交通警察对违反道路交通安全法律法规的校车，可以在消除违法行为的前提下先予放行，待校车完成接送学生任务后再对校车驾驶人进行处罚。

第三十七条 公安机关交通管理部门应当加强对校车运行情况的监督检查，依法查处校车道路交通安全违法行为，定期将校车驾驶人的道路交通安全违法行为和交通事故信息抄送其所属单位和教育行政部门。

第六章 校车乘车安全

第三十八条 配备校车的学校、校车服务提供者应当指派照管人员随校车全程照管乘车学生。校车服务提供者为学校提供校车服务的，双方可以约定由学校指派随车照管人员。

学校和校车服务提供者应当定期对随车照管人员进行安全教育，组织随车照管人员学习道路交通安全法律法规、应急处置和应急救援知识。

第三十九条　随车照管人员应当履行下列职责：

（一）学生上下车时，在车下引导、指挥，维护上下车秩序；

（二）发现驾驶人无校车驾驶资格，饮酒、醉酒后驾驶，或者身体严重不适以及校车超员等明显妨碍行车安全情形的，制止校车开行；

（三）清点乘车学生人数，帮助、指导学生安全落座、系好安全带，确认车门关闭后示意驾驶人启动校车；

（四）制止学生在校车行驶过程中离开座位等危险行为；

（五）核实学生下车人数，确认乘车学生已经全部离车后本人方可离车。

第四十条　校车的副驾驶座位不得安排学生乘坐。

校车运载学生过程中，禁止除驾驶人、随车照管人员以外的人员乘坐。

第四十一条　校车驾驶人驾驶校车上道路行驶前，应当对校车的制动、转向、外部照明、轮胎、安全门、座椅、安全带等车况是否符合安全技术要求进行检查，不得驾驶存在安全隐患的校车上道路行驶。

校车驾驶人不得在校车载有学生时给车辆加油，不得在校车发动机引擎熄灭前离开驾驶座位。

第四十二条　校车发生交通事故，驾驶人、随车照管人员应当立即报警，设置警示标志。乘车学生继续留在校车内有危险的，随车照管人员应当将学生撤离到安全区域，并及时与学校、校车服务提供者、学生的监护人联系处理后续事宜。

第七章　法律责任

第四十三条　生产、销售不符合校车安全国家标准的校车的，依照道路交通安全、产品质量管理的法律、行政法规的规定处罚。

第四十四条　使用拼装或者达到报废标准的机动车接送学生的，由公安机关交通管理部门收缴并强制报废机动车；对驾驶人处2000元以上5000元以下的罚款，吊销其机动车驾驶证；对车辆所有人处8万元以上10万元以下的罚款，有违法所得的予以没收。

第四十五条　使用未取得校车标牌的车辆提供校车服务，或者使用未取得校车驾驶资格的人员驾驶校车的，由公安机关交通管理部门扣留该机动车，处1万元以上2万元以下的罚款，有违法所得的予以没收。

取得道路运输经营许可的企业或者个体经营者有前款规定的违法行为，除依照前款规定处罚外，情节严重的，由交通运输主管部门吊销其经营许可证件。

伪造、变造或者使用伪造、变造的校车标牌的，由公安机关交通管理部门收缴伪造、变造的校车标牌，扣留该机动车，处2000元以上5000元以下的罚款。

第四十六条　不按照规定为校车配备安全设备，或者不按照规定对校车进行安全维护的，由公安机关交通管理部门责令改正，处1000元以上3000元以下的罚款。

第四十七条　机动车驾驶人未取得校车驾驶资格驾驶校车的，由公安机关交通管理部门处1000元以上3000元以下的罚款，情节严重的，可以并处吊销机动车驾驶证。

第四十八条　校车驾驶人有下列情形之一的，由公安机关交通管理部门责令改正，可以处200元罚款：

（一）驾驶校车运载学生，不按照规定放置校车标牌、开启校车标志灯，或者不按照经审核确定的线路行驶；

（二）校车上下学生，不按照规定在校车停靠站点停靠；

（三）校车未运载学生上道路行驶，使用校车标牌、校车标志灯和停车指示标志；

（四）驾驶校车上道路行驶前，未对校车车况是否符合安全技术要求进行检查，或者驾驶存在安全隐患的校车上道路行驶；

（五）在校车载有学生时给车辆加油，或者在校车发动机引擎熄灭前离开驾驶座位。

校车驾驶人违反道路交通安全法律法规关于道路通行规定的，由公安机关交通管理部门依法从重处罚。

第四十九条　校车驾驶人违反道路交通安全法律法规被依法处罚或者发生道路交通事故，不再符合本条例规定的校车驾驶人条件的，由公安机关交通管理部门取消校车驾驶资格，并在机动车驾驶证上签注。

第五十条　校车载人超过核定人数的，由公安机关交通管理部门扣留车辆至违法状态消除，并依照道路交通安全法律法规的规定从重处罚。

第五十一条　公安机关交通管理部门查处校车道路

交通安全违法行为,依法扣留车辆的,应当通知相关学校或者校车服务提供者转运学生,并在违法状态消除后立即发还被扣留车辆。

第五十二条 机动车驾驶人违反本条例规定,不避让校车的,由公安机关交通管理部门处200元罚款。

第五十三条 未依照本条例规定指派照管人员随校车全程照管乘车学生的,由公安机关责令改正,可以处500元罚款。

随车照管人员未履行本条例规定的职责的,由学校或者校车服务提供者责令改正;拒不改正的,给予处分或者予以解聘。

第五十四条 取得校车使用许可的学校、校车服务提供者违反本条例规定,情节严重的,原作出许可决定的地方人民政府可以吊销其校车使用许可,由公安机关交通管理部门收回校车标牌。

第五十五条 学校违反本条例规定的,除依照本条例有关规定予以处罚外,由教育行政部门给予通报批评;导致发生学生伤亡事故的,对政府举办的学校的负有责任的领导人员和直接责任人员依法给予处分;对民办学校由审批机关责令暂停招生,情节严重的,吊销其办学许可证,并由教育行政部门责令负有责任的领导人员和直接责任人员5年内不得从事学校管理事务。

第五十六条 县级以上地方人民政府不依法履行校车安全管理职责,致使本行政区域发生校车安全重大事故的,对负有责任的领导人员和直接责任人员依法给予处分。

第五十七条 教育、公安、交通运输、工业和信息化、质量监督检验检疫、安全生产监督管理等有关部门及其工作人员不依法履行校车安全管理职责的,对负有责任的领导人员和直接责任人员依法给予处分。

第五十八条 违反本条例的规定,构成违反治安管理行为的,由公安机关依法给予治安管理处罚;构成犯罪的,依法追究刑事责任。

第五十九条 发生校车安全事故,造成人身伤亡或者财产损失的,依法承担赔偿责任。

第八章 附 则

第六十条 县级以上地方人民政府应当合理规划幼儿园布局,方便幼儿就近入园。

入园幼儿应当由监护人或者其委托的成年人接送。对确因特殊情况不能由监护人或者其委托的成年人接送,需要使用车辆集中接送的,应当使用按照专用校车国家标准设计和制造的幼儿专用校车,遵守本条例校车安全管理的规定。

第六十一条 省、自治区、直辖市人民政府应当结合本地区实际情况,制定本条例的实施办法。

第六十二条 本条例自公布之日起施行。

本条例施行前已经配备校车的学校和校车服务提供者及其聘用的校车驾驶人应当自本条例施行之日起90日内,依照本条例的规定申请取得校车使用许可、校车驾驶资格。

本条例施行后,用于接送小学生、幼儿的专用校车不能满足需求的,在省、自治区、直辖市人民政府规定的过渡期限内可以使用取得校车标牌的其他载客汽车。

报废机动车回收管理办法

· 2019年4月22日中华人民共和国国务院令第715号公布
· 自2019年6月1日起施行

第一条 为了规范报废机动车回收活动,保护环境,促进循环经济发展,保障道路交通安全,制定本办法。

第二条 本办法所称报废机动车,是指根据《中华人民共和国道路交通安全法》的规定应当报废的机动车。

不属于《中华人民共和国道路交通安全法》规定的应当报废的机动车,机动车所有人自愿作报废处理的,依照本办法的规定执行。

第三条 国家鼓励特定领域的老旧机动车提前报废更新,具体办法由国务院有关部门另行制定。

第四条 国务院负责报废机动车回收管理的部门主管全国报废机动车回收(含拆解,下同)监督管理工作,国务院公安、生态环境、工业和信息化、交通运输、市场监督管理等部门在各自的职责范围内负责报废机动车回收有关的监督管理工作。

县级以上地方人民政府负责报废机动车回收管理的部门对本行政区域内报废机动车回收活动实施监督管理。县级以上地方人民政府公安、生态环境、工业和信息化、交通运输、市场监督管理等部门在各自的职责范围内对本行政区域内报废机动车回收活动实施有关的监督管理。

第五条 国家对报废机动车回收企业实行资质认定制度。未经资质认定,任何单位或者个人不得从事报废机动车回收活动。

国家鼓励机动车生产企业从事报废机动车回收活动。机动车生产企业按照国家有关规定承担生产者责任。

第六条 取得报废机动车回收资质认定，应当具备下列条件：

（一）具有企业法人资格；

（二）具有符合环境保护等有关法律、法规和强制性标准要求的存储、拆解场地，拆解设备、设施以及拆解操作规范；

（三）具有与报废机动车拆解活动相适应的专业技术人员。

第七条 拟从事报废机动车回收活动的，应当向省、自治区、直辖市人民政府负责报废机动车回收管理的部门提出申请。省、自治区、直辖市人民政府负责报废机动车回收管理的部门应当依法进行审查，对符合条件的，颁发资质认定书；对不符合条件的，不予资质认定并书面说明理由。

省、自治区、直辖市人民政府负责报废机动车回收管理的部门应当充分利用计算机网络等先进技术手段，推行网上申请、网上受理等方式，为申请人提供便利条件。申请人可以在网上提出申请。

省、自治区、直辖市人民政府负责报废机动车回收管理的部门应当将本行政区域内取得资质认定的报废机动车回收企业名单及时向社会公布。

第八条 任何单位或者个人不得要求机动车所有人将报废机动车交售给指定的报废机动车回收企业。

第九条 报废机动车回收企业对回收的报废机动车，应当向机动车所有人出具《报废机动车回收证明》，收回机动车登记证书、号牌、行驶证，并按照国家有关规定及时向公安机关交通管理部门办理注销登记，将注销证明转交机动车所有人。

《报废机动车回收证明》样式由国务院负责报废机动车回收管理的部门规定。任何单位或者个人不得买卖或者伪造、变造《报废机动车回收证明》。

第十条 报废机动车回收企业对回收的报废机动车，应当逐车登记机动车的型号、号牌号码、发动机号码、车辆识别代号等信息；发现回收的报废机动车疑似赃物或者用于盗窃、抢劫等犯罪活动的犯罪工具的，应当及时向公安机关报告。

报废机动车回收企业不得拆解、改装、拼装、倒卖疑似赃物或者犯罪工具的机动车或者其发动机、方向机、变速器、前后桥、车架（以下统称"五大总成"）和其他零部件。

第十一条 回收的报废机动车必须按照有关规定予以拆解；其中，回收的报废大型客车、货车等营运车辆和校车，应当在公安机关的监督下解体。

第十二条 拆解的报废机动车"五大总成"具备再制造条件的，可以按照国家有关规定出售给具有再制造能力的企业经过再制造予以循环利用；不具备再制造条件的，应当作为废金属，交售给钢铁企业作为冶炼原料。

拆解的报废机动车"五大总成"以外的零部件符合保障人身和财产安全等强制性国家标准，能够继续使用的，可以出售，但应当标明"报废机动车回用件"。

第十三条 国务院负责报废机动车回收管理的部门应当建立报废机动车回收信息系统。报废机动车回收企业应当如实记录本企业回收的报废机动车"五大总成"等主要部件的数量、型号、流向等信息，并上传至报废机动车回收信息系统。

负责报废机动车回收管理的部门、公安机关应当通过政务信息系统实现信息共享。

第十四条 拆解报废机动车，应当遵守环境保护法律、法规和强制性标准，采取有效措施保护环境，不得造成环境污染。

第十五条 禁止任何单位或者个人利用报废机动车"五大总成"和其他零部件拼装机动车，禁止拼装的机动车交易。

除机动车所有人将报废机动车依法交售给报废机动车回收企业外，禁止报废机动车整车交易。

第十六条 县级以上地方人民政府负责报废机动车回收管理的部门应当加强对报废机动车回收企业的监督检查，建立和完善以随机抽查为重点的日常监督检查制度，公布抽查事项目录，明确抽查的依据、频次、方式、内容和程序，随机抽取被检查企业，随机选派检查人员。抽查情况和查处结果应当及时向社会公布。

在监督检查中发现报废机动车回收企业不具备本办法规定的资质认定条件的，应当责令限期改正；拒不改正或者逾期未改正的，由原发证部门吊销资质认定书。

第十七条 县级以上地方人民政府负责报废机动车回收管理的部门应当向社会公布本部门的联系方式，方便公众举报违法行为。

县级以上地方人民政府负责报废机动车回收管理的部门接到举报的，应当及时依法调查处理，并为举报人保密;对实名举报的,负责报废机动车回收管理的部门应当将处理结果告知举报人。

第十八条 负责报废机动车回收管理的部门在监督管理工作中发现不属于本部门处理权限的违法行为的,应当及时移交有权处理的部门;有权处理的部门应当及时依法调查处理,并将处理结果告知负责报废机动车回收管理的部门。

第十九条 未取得资质认定,擅自从事报废机动车回收活动的,由负责报废机动车回收管理的部门没收非法回收的报废机动车、报废机动车"五大总成"和其他零部件,没收违法所得;违法所得在5万元以上的,并处违法所得2倍以上5倍以下的罚款;违法所得不足5万元或者没有违法所得的,并处5万元以上10万元以下的罚款。对负责报废机动车回收管理的部门没收非法回收的报废机动车、报废机动车"五大总成"和其他零部件,必要时有关主管部门应当予以配合。

第二十条 有下列情形之一的,由公安机关依法给予治安管理处罚:

(一)买卖或者伪造、变造《报废机动车回收证明》;

(二)报废机动车回收企业明知或者应当知道回收的机动车为赃物或者用于盗窃、抢劫等犯罪活动的犯罪工具,未向公安机关报告,擅自拆解、改装、拼装、倒卖该机动车。

报废机动车回收企业有前款规定情形,情节严重的,由原发证部门吊销资质认定书。

第二十一条 报废机动车回收企业有下列情形之一的,由负责报废机动车回收管理的部门责令改正,没收报废机动车"五大总成"和其他零部件,没收违法所得;违法所得在5万元以上的,并处违法所得2倍以上5倍以下的罚款;违法所得不足5万元或者没有违法所得的,并处5万元以上10万元以下的罚款;情节严重的,责令停业整顿直至由原发证部门吊销资质认定书:

(一)出售不具备再制造条件的报废机动车"五大总成";

(二)出售不能继续使用的报废机动车"五大总成"以外的零部件;

(三)出售的报废机动车"五大总成"以外的零部件未标明"报废机动车回用件"。

第二十二条 报废机动车回收企业对回收的报废机动车,未按照国家有关规定及时向公安机关交通管理部门办理注销登记并将注销证明转交机动车所有人的,由

负责报废机动车回收管理的部门责令改正,可以处1万元以上5万元以下的罚款。

利用报废机动车"五大总成"和其他零部件拼装机动车或者出售报废机动车整车、拼装的机动车的,依照《中华人民共和国道路交通安全法》的规定予以处罚。

第二十三条 报废机动车回收企业未如实记录本企业回收的报废机动车"五大总成"等主要部件的数量、型号、流向等信息并上传至报废机动车回收信息系统的,由负责报废机动车回收管理的部门责令改正,并处1万元以上5万元以下的罚款;情节严重的,责令停业整顿。

第二十四条 报废机动车回收企业违反环境保护法律、法规和强制性标准,污染环境的,由生态环境主管部门责令限期改正,并依法予以处罚;拒不改正或者逾期未改正的,由原发证部门吊销资质认定书。

第二十五条 负责报废机动车回收管理的部门和其他有关部门的工作人员在监督管理工作中滥用职权、玩忽职守、徇私舞弊的,依法给予处分。

第二十六条 违反本办法规定,构成犯罪的,依法追究刑事责任。

第二十七条 报废新能源机动车回收的特殊事项,另行制定管理规定。

军队报废机动车的回收管理,依照国家和军队有关规定执行。

第二十八条 本办法自2019年6月1日起施行。2001年6月16日国务院公布的《报废汽车回收管理办法》同时废止。

报废机动车回收管理办法实施细则

- 2020年7月18日中华人民共和国商务部、中华人民共和国国家发展和改革委员会、中华人民共和国工业和信息化部、中华人民共和国公安部、中华人民共和国生态环境部、中华人民共和国交通运输部、国家市场监督管理总局令2020年第2号公布
- 自2020年9月1日起施行

第一章 总 则

第一条 为规范报废机动车回收拆解活动,加强报废机动车回收拆解行业管理,根据国务院《报废机动车回收管理办法》(以下简称《管理办法》),制定本细则。

第二条 在中华人民共和国境内从事报废机动车回收拆解活动,适用本细则。

第三条 国家鼓励报废机动车回收拆解行业市场化、专业化、集约化发展，推动完善报废机动车回收利用体系，提高回收利用效率和服务水平。

第四条 商务部负责组织全国报废机动车回收拆解的监督管理工作，发展改革委、工业和信息化部、公安部、生态环境部、交通运输部、市场监管总局等部门在各自职责范围内负责报废机动车有关监督管理工作。

第五条 省级商务主管部门负责实施报废机动车回收拆解企业（以下简称回收拆解企业）资质认定工作。县级以上地方商务主管部门对本行政区域内报废机动车回收拆解活动实施监督管理，促进行业健康有序发展。

县级以上地方公安机关依据职责及相关法律法规的规定，对报废机动车回收拆解行业治安状况、买卖伪造票证等活动实施监督管理，并依法处置。

县级以上地方生态环境主管部门依据职责对回收拆解企业回收拆解活动的环境污染防治工作进行监督管理，防止造成环境污染，并依据相关法律法规处理。

县级以上地方发展改革、工业和信息化、交通运输、市场监管部门在各自的职责范围内负责本行政区域内报废机动车有关监督管理工作。

第六条 报废机动车回收拆解行业协会、商会等应当制定行业规范，提供信息咨询、培训等服务，开展行业监测和预警分析，加强行业自律。

第二章 资质认定和管理

第七条 国家对回收拆解企业实行资质认定制度。未经资质认定，任何单位或者个人不得从事报废机动车回收拆解活动。

国家鼓励机动车生产企业从事报废机动车回收拆解活动，机动车生产企业按照国家有关规定承担生产者责任，应当向回收拆解企业提供报废机动车拆解指导手册等相关技术信息。

第八条 取得报废机动车回收拆解资质认定，应当具备下列条件：

（一）具有企业法人资格；

（二）拆解经营场地符合所在地城市总体规划或者国土空间规划及安全要求，不得建在居民区、商业区、饮用水水源保护区及其他环境敏感区内；

（三）符合国家标准《报废机动车回收拆解企业技术规范》（GB22128）的场地、设施设备、存储、拆解技术规范，以及相应的专业技术人员要求；

（四）符合环保标准《报废机动车拆解环境保护技术规范》（HJ348）要求；

（五）具有符合国家规定的生态环境保护制度，具备相应的污染防治措施，对拆解产生的固体废物有妥善处置方案。

第九条 申请资质认定的企业（以下简称申请企业）应当书面向拆解经营场地所在地省级商务主管部门或者通过商务部"全国汽车流通信息管理应用服务"系统提出申请，并提交下列书面材料：

（一）设立申请报告（应当载明申请企业的名称、法定代表人、注册资本、住所、拆解场所、统一社会信用代码等内容）；

（二）申请企业《营业执照》；

（三）申请企业章程；

（四）申请企业法定代表人身份证或者其他有效身份证件；

（五）拆解经营场地土地使用权、房屋产权证明或者租期10年以上的土地租赁合同或者土地使用权出租合同及房屋租赁证明材料；

（六）申请企业购置或者以融资租赁方式获取的用于报废机动车拆解和污染防治的设施、设备清单，以及发票或者融资租赁合同等所有权证明文件；

（七）生态环境主管部门出具的建设项目环境影响评价文件的审批文件；

（八）申请企业高级管理和专业技术人员名单；

（九）申请企业拆解操作规范、安全规程和固体废物利用处置方案。

上述材料可以通过政府信息系统获取的，审核机关可不再要求申请企业提供。

第十条 省级商务主管部门应当对收到的资质认定申请材料进行审核，对材料齐全、符合法定形式的，应当受理申请；对材料不齐全或者不符合法定形式的，应当在收到申请之日起5个工作日内告知申请企业需要补正的内容。

省级商务主管部门可以委托拆解经营场地所在地地（市）级商务主管部门对申请材料是否齐全、符合法定形式进行审核。

第十一条 省级商务主管部门受理资质认定申请后，应当组织成立专家组对申请企业进行现场验收评审。

省级商务主管部门应当建立由报废机动车拆解、生态环境保护、财务等相关领域专业技术人员组成的专家库,专家库人数不少于 20 人。现场验收评审专家组由 5 人以上单数专家组成,从专家库中随机抽取专家产生,专家应当具有专业代表性。

专家组根据本细则规定的资质认定条件,实施现场验收评审,如实填写《现场验收评审意见表》。现场验收评审专家应当对现场验收评审意见负责。

省级商务主管部门应当参照商务部报废机动车回收拆解企业现场验收评审意见示范表,结合本地实际,制定本地区《现场验收评审意见表》。

第十二条 省级商务主管部门经审查资质认定申请材料、《现场验收评审意见表》等,认为申请符合资质认定条件的,在省级商务主管部门网站和"全国汽车流通信息管理应用服务"系统予以公示,公示期不少于 5 个工作日。公示期间,对申请有异议的,省级商务主管部门应当根据需要通过组织听证、专家复评复审等对异议进行核实;对申请无异议的,省级商务主管部门应当在"全国汽车流通信息管理应用服务"系统对申请予以通过,创建企业账户,并颁发《报废机动车回收拆解企业资质认定证书》(以下简称《资质认定书》)。对申请不符合资质认定条件的,省级商务主管部门应当作出不予资质认定的决定并书面说明理由。

省级商务主管部门应当及时将本行政区域内取得资质认定的回收拆解企业名单向社会公布。

第十三条 省级商务主管部门应当自受理资质认定申请之日起 20 个工作日内完成审查工作并作出相关决定。20 个工作日内不能作出决定的,经省级商务主管部门负责人批准,可以延长 10 个工作日,并应当将延长期限的理由告知申请企业。

现场验收评审、听证等所需时间不计算在本条规定的期限内。省级商务主管部门应当将所需时间书面告知申请企业。

第十四条 回收拆解企业不得涂改、出租、出借《资质认定书》,或者以其他形式非法转让《资质认定书》。

第十五条 回收拆解企业设立分支机构的,应当在市场监管部门注册登记后 30 日内通过"全国汽车流通信息管理应用服务"系统向分支机构注册登记所在地省级商务主管部门备案,并上传下列材料的电子文档:

(一)分支机构《营业执照》;

(二)《报废机动车回收拆解企业分支机构备案信息表》。

回收拆解企业的分支机构不得拆解报废机动车。

第十六条 回收拆解企业名称、住所或者法定代表人发生变更的,回收拆解企业应当自信息变更之日起 30 日内通过"全国汽车流通信息管理应用服务"系统上传变更说明及变更后的《营业执照》,经拆解经营场地所在地省级商务主管部门核准后换发《资质认定书》。

第十七条 回收拆解企业拆解经营场地发生迁建、改建、扩建的,应当依据本细则重新申请回收拆解企业资质认定。申请符合资质认定条件的,予以换发《资质认定书》;不符合资质认定条件的,由原发证机关注销其《资质认定书》。

第三章 回收拆解行为规范

第十八条 回收拆解企业在回收报废机动车时,应当核验机动车所有人有效身份证件,逐车登记机动车型号、号牌号码、车辆识别代号、发动机号等信息,并收回下列证牌:

(一)机动车登记证书原件;

(二)机动车行驶证原件;

(三)机动车号牌。

回收拆解企业应当核对报废机动车的车辆型号、号牌号码、车辆识别代号、发动机号等实车信息是否与机动车登记证书、机动车行驶证记载的信息一致。

无法提供本条第一款所列三项证牌中任意一项的,应当由机动车所有人出具书面情况说明,并对其真实性负责。

机动车所有人为自然人且委托他人代办的,还需提供受委托人有效证件及授权委托书;机动车所有人为机关、企业、事业单位、社会团体等的,需提供加盖单位公章的营业执照复印件、统一社会信用代码证书复印件或者社会团体法人登记证书复印件以及单位授权委托书、经办人身份证件。

第十九条 回收拆解企业在回收报废机动车后,应当通过"全国汽车流通信息管理应用服务"系统如实录入机动车信息,打印《报废机动车回收证明》,上传机动车拆解前照片,机动车拆解后,上传拆解后照片。上传的照片应当包括机动车拆解前整体外观、拆解后状况以及车辆识别代号等特征。对按照规定应当在公安机关监督下解体的报废机动车,回收拆解企业应当在机动车拆解后,打印《报废机动车回收证明》。

回收拆解企业应当按照国家有关规定及时向公安机关交通管理部门申请机动车注销登记,将注销证明及《报废机动车回收证明》交给机动车所有人。

第二十条 报废机动车"五大总成"和尾气后处理装置,以及新能源汽车动力蓄电池不齐全的,机动车所有人应当书面说明情况,并对其真实性负责。机动车车架(或者车身)或者发动机缺失的应当认定为车辆缺失,回收拆解企业不得出具《报废机动车回收证明》。

第二十一条 机动车存在抵押、质押情形的,回收拆解企业不得出具《报废机动车回收证明》。

发现回收的报废机动车疑似为赃物或者用于盗窃、抢劫等犯罪活动工具的,以及涉嫌伪造变造号牌、车辆识别代号、发动机号的,回收拆解企业应当向公安机关报告。已经打印的《报废机动车回收证明》应当予以作废。

第二十二条 《报废机动车回收证明》需要重新开具或者作废的,回收拆解企业应当收回已开具的《报废机动车回收证明》,并向拆解经营场地所在地地(市)级商务主管部门提出书面申请。地(市)级商务主管部门在"全国汽车流通信息管理应用服务"系统中对相关信息进行更改,并通报同级公安机关交通管理部门。

第二十三条 回收拆解企业必须在其资质认定的拆解经营场地内对回收的报废机动车予以拆解,禁止以任何方式交易报废机动车整车、拼装车。回收的报废大型客、货车等营运车辆和校车,应当在公安机关现场或者视频监督下解体。回收拆解企业应当积极配合报废机动车监督解体工作。

第二十四条 回收拆解企业拆解报废机动车应当符合国家标准《报废机动车回收拆解企业技术规范》(GB22128)相关要求,并建立生产经营全覆盖的电子监控系统,录像保存至少1年。

第二十五条 回收拆解企业应当遵守环境保护法律、法规和强制性标准,建立固体废物管理台账,如实记录报废机动车拆解产物的种类、数量、流向、贮存、利用和处置等信息,并通过"全国固体废物管理信息系统"进行填报;制定危险废物管理计划,按照国家有关规定贮存、运输、转移和利用处置危险废物。

第四章 回收利用行为规范

第二十六条 回收拆解企业应当建立报废机动车零部件销售台账,如实记录报废机动车"五大总成"数量、型号、流向等信息,并录入"全国汽车流通信息管理应用服务"系统。

回收拆解企业应当对出售用于再制造的报废机动车"五大总成"按照商务部制定的标识规则编码,其中车架应当录入原车辆识别代号信息。

第二十七条 回收拆解企业应当按照国家对新能源汽车动力蓄电池回收利用管理有关要求,对报废新能源汽车的废旧动力蓄电池或者其他类型储能装置进行拆卸、收集、贮存、运输及回收利用,加强全过程安全管理。

回收拆解企业应当将报废新能源汽车车辆识别代号及动力蓄电池编码、数量、型号、流向等信息,录入"新能源汽车国家监测与动力蓄电池回收利用溯源综合管理平台"系统。

第二十八条 回收拆解企业拆解的报废机动车"五大总成"具备再制造条件的,可以按照国家有关规定出售给具有再制造能力的企业经过再制造予以循环利用;不具备再制造条件的,应当作为废金属,交售给冶炼或者破碎企业。

第二十九条 回收拆解企业拆解的报废机动车"五大总成"以外的零部件符合保障人身和财产安全等强制性国家标准,能够继续使用的,可以出售,但应当标明"报废机动车回用件"。

回收拆解企业拆解的尾气后处理装置、危险废物应当如实记录,并交由有处理资质的企业进行拆解处置,不得向其他企业出售和转卖。

回收拆解企业拆卸的动力蓄电池应当交售给新能源汽车生产企业建立的动力蓄电池回收服务网点,或者符合国家对动力蓄电池梯次利用管理有关要求的梯次利用企业,或者从事废旧动力蓄电池综合利用的企业。

第三十条 禁止任何单位或者个人利用报废机动车"五大总成"拼装机动车。

第三十一条 机动车维修经营者不得承修已报废的机动车。

第五章 监督管理

第三十二条 县级以上地方商务主管部门应当会同相关部门,采取"双随机、一公开"方式,对本行政区域内报废机动车回收拆解活动实施日常监督检查,重点检查以下方面:

(一)回收拆解企业符合资质认定条件情况;

(二)报废机动车回收拆解程序合规情况;

(三)《资质认定书》使用合规情况;

(四)出具《报废机动车回收证明》情况;

（五）"五大总成"及其他零部件处置情况。

第三十三条 县级以上地方商务主管部门可以会同相关部门采取下列措施进行监督检查：

（一）进入从事报废机动车回收拆解活动的有关场所进行检查；

（二）询问与监督检查事项有关的单位和个人，要求其说明情况；

（三）查阅、复制有关文件、资料，检查相关数据信息系统及复制相关信息数据；

（四）依据有关法律法规采取的其他措施。

第三十四条 县级以上地方商务主管部门发现回收拆解企业不再具备本细则第八条规定条件的，应当责令其限期整改；拒不改正或者逾期未改正的，由原发证机关撤销其《资质认定书》。

回收拆解企业停止报废机动车回收拆解业务12个月以上的，或者注销营业执照的，由原发证机关撤销其《资质认定书》。

省级商务主管部门应当将本行政区域内被撤销、吊销《资质认定书》的回收拆解企业名单及时向社会公布。

回收拆解企业因违反本细则受到被吊销《资质认定书》的行政处罚，禁止该企业自行政处罚生效之日起三年内再次申请报废机动车回收拆解资质认定。

第三十五条 各级商务、发展改革、工业和信息化、公安、生态环境、交通运输、市场监管等部门应当加强回收拆解企业监管信息共享，及时分享资质认定、变更、撤销等信息、回收拆解企业行政处罚以及《报废机动车回收证明》和报废机动车照片等信息。

第三十六条 县级以上地方商务主管部门应当会同有关部门建立回收拆解企业信用档案，将企业相关违法违规行为依法作出的处理决定录入信用档案，并及时向社会公布。

第三十七条 《资质认定书》《报废机动车回收证明》和《报废机动车回收拆解企业分支机构备案信息表》样式由商务部规定，省级商务主管部门负责印制发放，任何单位和个人不得买卖或者伪造、变造。

第三十八条 省级商务主管部门应当加强对现场验收评审专家库的管理，实施动态调整机制。专家在验收评审过程中出现违反独立、客观、公平、公正原则问题的，省级商务主管部门应当及时将有关专家调整出现场验收评审专家库，且不得再次选入。

第三十九条 县级以上地方商务主管部门应当向社会公布本部门的联系方式，方便公众举报报废机动车回收拆解相关的违法行为。

县级以上地方商务主管部门接到举报，应当及时依法调查处理，并为举报人保密；对实名举报的，应当将处理结果告知举报人。

第六章 法律责任

第四十条 违反本细则第七条第一款规定，未取得资质认定，擅自从事报废机动车回收拆解活动的，由县级以上地方商务主管部门会同有关部门按照《管理办法》第十九条规定没收非法回收拆解的报废机动车、报废机动车"五大总成"和其他零部件，没收违法所得；违法所得在5万元以上的，并处违法所得2倍以上5倍以下的罚款；违法所得不足5万元或者没有违法所得的，并处5万元以上10万元以下的罚款。

违反本细则第七条第二款规定，机动车生产企业未按照国家有关规定承担生产者责任向回收拆解企业提供相关技术支持的，由县级以上地方工业和信息化主管部门责令改正，并处1万元以上3万元以下的罚款。

第四十一条 违反本细则第十四条规定，回收拆解企业涂改、出租、出借或者以其他形式非法转让《资质认定书》的，由县级以上地方商务主管部门责令改正，并处1万元以上3万元以下的罚款。

第四十二条 违反本细则第十五条第一款规定，回收拆解企业未按照要求备案分支机构的，由分支机构注册登记所在地县级以上地方商务主管部门责令改正，并处1万元以上3万元以下的罚款。

违反本细则第十五条第二款规定，回收拆解企业的分支机构对报废机动车进行拆解的，由分支机构注册登记所在地县级以上地方商务主管部门责令改正，并处3万元罚款；拒不改正或者情节严重的，由原发证部门吊销回收拆解企业的《资质认定书》。

第四十三条 违反本细则第十九条第一款、第二十条、第二十一条的规定，回收拆解企业违规开具或者发放《报废机动车回收证明》，或者未按照规定对已出具《报废机动车回收证明》的报废机动车进行拆解的，由县级以上地方商务主管部门责令限期改正，整改期间暂停打印《报废机动车回收证明》；情节严重的，处1万元以上3万元以下的罚款。

回收拆解企业明知或者应当知道回收的机动车为赃物或者用于盗窃、抢劫等犯罪活动的犯罪工具，未向公安机关报告，擅自拆解、改装、拼装、倒卖该机动车的，由县级以上地方公安机关按照《治安管理处罚法》予以治安管理处罚，构成犯罪的，依法追究刑事责任。

因违反前款规定，被追究刑事责任或者两年内被治安管理处罚两次以上的，由原发证部门吊销《资质认定书》。

第四十四条 违反本细则第十九条第二款规定，回收拆解企业未按照国家有关规定及时向公安机关交通管理部门办理机动车注销登记，并将注销证明转交机动车所有人的，由县级以上地方商务主管部门按照《管理办法》第二十二条规定责令改正，可以处1万元以上5万元以下的罚款。

第四十五条 违反本细则第二十三条规定，回收拆解企业未在其资质认定的拆解经营场地内对回收的报废机动车予以拆解，或者交易报废机动车整车、拼装车的，由县级以上地方商务主管部门责令改正，并处3万元罚款；拒不改正或者情节严重的，由原发证部门吊销《资质认定书》。

第四十六条 违反本细则第二十四条规定，回收拆解企业未建立生产经营全覆盖的电子监控系统，或者录像保存不足1年的，由县级以上地方商务主管部门责令限期改正，整改期间暂停打印《报废机动车回收证明》；情节严重的，处1万元以上3万元以下的罚款。

第四十七条 回收拆解企业违反环境保护法律、法规和强制性标准，污染环境的，由生态环境主管部门按照《管理办法》第二十四条规定责令限期改正，并依法予以处罚；拒不改正或者逾期未改正的，由原发证部门吊销《资质认定书》。

回收拆解企业不再符合本细则第八条规定有关环境保护相关认定条件的，由生态环境主管部门责令限期改正，并依法予以处罚；拒不改正或者逾期未改正的，由原发证部门撤销《资质认定书》。

回收拆解企业违反本细则第二十五条规定的，由生态环境主管部门依法予以处罚。

第四十八条 违反本细则第二十六条规定，回收拆解企业未按照要求建立报废机动车零部件销售台账并如实记录"五大总成"信息并上传信息系统的，由县级以上地方商务主管部门按照《管理办法》第二十三条规定责令改正，并处1万元以上5万元以下的罚款；情节严重的，责令停业整顿。

第四十九条 违反本细则第二十七条规定，回收拆解企业未按照国家有关标准和规定要求，对报废新能源汽车的废旧动力蓄电池或者其他类型储能设施进行拆卸、收集、贮存、运输及回收利用的，或者未将报废新能源汽车车辆识别代号及动力蓄电池编码、数量、型号、流向等信息录入有关平台的，由县级以上地方商务主管部门会同工业和信息化主管部门责令改正，并处1万元以上3万元以下的罚款。

第五十条 违反本细则第二十八条、第二十九条规定，回收拆解企业出售的报废机动车"五大总成"及其他零部件不符合相关要求的，由县级以上地方商务主管部门按照《管理办法》第二十一条规定责令改正，没收报废机动车"五大总成"和其他零部件，没收违法所得；违法所得在5万元以上的，并处违法所得2倍以上5倍以下的罚款；违法所得不足5万元或者没有违法所得的，并处5万元以上10万元以下的罚款；情节严重的，责令停业整顿直至由原发证部门吊销《资质认定书》。

回收拆解企业将报废机动车"五大总成"及其他零部件出售给或者交予本细则第二十八条、第二十九条规定以外企业处理的，由县级以上地方商务主管部门会同有关部门责令改正，并处1万元以上3万元以下的罚款。

第五十一条 违反本细则第三十一条规定，机动车维修经营者承修已报废的机动车的，由县级以上道路运输管理机构责令改正；有违法所得的，没收违法所得，处违法所得2倍以上10倍以下的罚款；没有违法所得或者违法所得不足1万元的，处2万元以上5万元以下的罚款，没收报废机动车；情节严重的，由县级以上道路运输管理机构责令停业整顿；构成犯罪的，依法追究刑事责任。

第五十二条 违反本细则第三十七条规定，买卖或者伪造、变造《资质认定书》的，由县级以上地方公安机关依法给予治安管理处罚。

买卖或者伪造、变造《报废机动车回收证明》的，由县级以上地方公安机关按照《治安管理处罚法》予以治安管理处罚。

第五十三条 发现在拆解或者处置过程中可能造成环境污染的电器电子等产品，设计使用列入国家禁止使用名录的有毒有害物质的，回收拆解企业有权向市场监管部门进行举报，有关部门应当及时通报市场监管部门。市场监管部门依据《循环经济促进法》第五十一条规定处理。

第五十四条 各级商务、发展改革、工业和信息化、公安、生态环境、交通运输、市场监管等部门及其工作人员应当按照《管理办法》和本细则规定履行职责。违反相关规定的，按照《管理办法》第二十五条规定追究责任。任何单位和个人有权对相关部门及其工作人员的违法违规行为进行举报。

第七章 附 则

第五十五条 省级商务主管部门可以结合本地实际情况制定本细则的实施办法，并报商务部备案。

第五十六条 本细则实施前已经取得报废机动车回收资质的企业，应当在本细则实施后两年内按照本细则的要求向省级商务主管部门申请重新进行资质认定。通过资质认定的，换发《资质认定书》；超过两年未通过资质认定的，由原发证部门注销其《资质认定书》。

第五十七条 县级以上地方商务主管部门涉及本细则有关商务执法职责发生调整的，有关商务执法职责由本级人民政府确定的承担相关职责的部门实施。

第五十八条 本细则由商务部会同发展改革委、工业和信息化部、公安部、生态环境部、交通运输部、市场监管总局负责解释。

第五十九条 本细则自2020年9月1日起施行。

机动车强制报废标准规定

- 2012年12月27日商务部、国家发展和改革委员会、公安部、环境保护部令第12号公布
- 自2013年5月1日起施行

第一条 为保障道路交通安全、鼓励技术进步、加快建设资源节约型、环境友好型社会，根据《中华人民共和国道路交通安全法》及其实施条例、《中华人民共和国大气污染防治法》、《中华人民共和国噪声污染防治法》，制定本规定。

第二条 根据机动车使用和安全技术、排放检验状况，国家对达到报废标准的机动车实施强制报废。

第三条 商务、公安、环境保护、发展改革等部门依据各自职责，负责报废机动车回收拆解监督管理、机动车强制报废标准执行有关工作。

第四条 已注册机动车有下列情形之一的应当强制报废，其所有人应当将机动车交售给报废机动车回收拆解企业，由报废机动车回收拆解企业按规定进行登记、拆解、销毁等处理，并将报废机动车登记证书、号牌、行驶证交公安机关交通管理部门注销：

（一）达到本规定第五条规定使用年限的；

（二）经修理和调整仍不符合机动车安全技术国家标准对在用车有关要求的；

（三）经修理和调整或者采用控制技术后，向大气排放污染物或噪声仍不符合国家标准对在用车有关要求的；

（四）在检验有效期届满后连续3个机动车检验周期内未取得机动车检验合格标志的。

第五条 各类机动车使用年限分别如下：

（一）小、微型出租客运汽车使用8年，中型出租客运汽车使用10年，大型出租客运汽车使用12年；

（二）租赁载客汽车使用15年；

（三）小型教练载客汽车使用10年，中型教练载客汽车使用12年，大型教练载客汽车使用15年；

（四）公交客运汽车使用13年；

（五）其他小、微型营运载客汽车使用10年，大、中型营运载客汽车使用15年；

（六）专用校车使用15年；

（七）大、中型非营运载客汽车（大型轿车除外）使用20年；

（八）三轮汽车、装用单缸发动机的低速货车使用9年，装用多缸发动机的低速货车以及微型载货汽车使用12年，危险品运输载货汽车使用10年，其他载货汽车（包括半挂牵引车和全挂牵引车）使用15年；

（九）有载货功能的专项作业车使用15年，无载货功能的专项作业车使用30年；

（十）全挂车、危险品运输半挂车使用10年，集装箱半挂车20年，其他半挂车使用15年；

（十一）正三轮摩托车使用12年，其他摩托车使用13年。

对小、微型出租客运汽车（纯电动汽车除外）和摩托车，省、自治区、直辖市人民政府有关部门可结合本地实际情况，制定严于上述使用年限的规定，但小、微型出租客运汽车不得低于6年，正三轮摩托车不得低于10年，其他摩托车不得低于11年。

小、微型非营运载客汽车、大型非营运轿车、轮式专用机械车无使用年限限制。

机动车使用年限起始日期按照注册登记日期计算，但自出厂之日起超过2年未办理注册登记手续的，按照出厂日期计算。

第六条 变更使用性质或者转移登记的机动车应当按照下列有关要求确定使用年限和报废：

（一）营运载客汽车与非营运载客汽车相互转换的，按照营运载客汽车的规定报废，但小、微型非营运载客汽车和大型非营运轿车转为营运载客汽车的，应按照本规定附件1所列公式核算累计使用年限，且不得超过15年；

（二）不同类型的营运载客汽车相互转换的，按照使用

(三)小、微型出租客运汽车和摩托车需要转出登记所属地省、自治区、直辖市范围的,按照使用年限较严的规定报废。

(四)危险品运输载货汽车、半挂车与其他载货汽车、半挂车相互转换的,按照危险品运输载货车、半挂车的规定报废。

距本规定要求使用年限1年以内(含1年)的机动车,不得变更使用性质、转移所有权或者转出登记地所属地市级行政区域。

第七条 国家对达到一定行驶里程的机动车引导报废。达到下列行驶里程的机动车,其所有人可以将机动车交售给报废机动车回收拆解企业,由报废机动车回收拆解企业按规定进行登记、拆解、销毁等处理,并将报废的机动车登记证书、号牌、行驶证交公安机关交通管理部门注销:

(一)小、微型出租客运汽车行驶60万千米,中型出租客运汽车行驶50万千米,大型出租客运汽车行驶60万千米;

(二)租赁载客汽车行驶60万千米;

(三)小型和中型教练载客汽车行驶50万千米,大型教练载客汽车行驶60万千米;

(四)公交客运汽车行驶40万千米;

(五)其他小、微型营运载客汽车行驶60万千米,中型营运载客汽车行驶50万千米,大型营运载客汽车行驶80万千米;

(六)专用校车行驶40万千米;

(七)小、微型非营运载客汽车和大型非营运轿车行驶60万千米,中型非营运载客汽车行驶50万千米,大型非营运载客汽车行驶60万千米;

(八)微型载货汽车行驶50万千米,中、轻型载货车行驶60万千米,重型载货汽车(包括半挂牵引车和全挂牵引车)行驶70万千米,危险品运输载货汽车行驶40万千米,装用多缸发动机的低速货车行驶30万千米;

(九)专项作业车、轮式专用机械车行驶50万千米;

(十)正三轮摩托车行驶10万千米,其他摩托车行驶12万千米。

第八条 本规定所称机动车是指上道路行驶的汽车、挂车、摩托车和轮式专用机械车;非营运载客汽车是指个人或者单位不以获取利润为目的的自用载客汽车;危险品运输载货汽车是指专门用于运输剧毒化学品、爆炸品、放射性物品、腐蚀性物品等危险品的车辆;变更使用性质是指使用性质由营运转为非营运或者由非营运转为营运,小、微型出租、租赁、教练等不同类型的营运载客汽车之间的相互转换,以及危险品运输载货汽车转为其他载货汽车。本规定所称检验周期是指《中华人民共和国道路交通安全法实施条例》规定的机动车安全技术检验周期。

第九条 省、自治区、直辖市人民政府有关部门依据本规定第五条制定的小、微型出租客运汽车或者摩托车使用年限标准,应当及时向社会公布,并报国务院商务、公安、环境保护等部门备案。

第十条 上道路行驶拖拉机的报废标准规定另行制定。

第十一条 本规定自2013年5月1日起施行。2013年5月1日前已达到本规定所列报废标准的,应当在2014年4月30日前予以报废。《关于发布〈汽车报废标准〉的通知》(国经贸经〔1997〕456号)、《关于调整轻型载货汽车报废标准的通知》(国经贸经〔1998〕407号)、《关于调整汽车报废标准若干规定的通知》(国经贸资源〔2000〕1202号)、《关于印发〈农用运输车报废标准〉的通知》(国经贸资源〔2001〕234号)、《摩托车报废标准暂行规定》(国家经贸委、发展计划委、公安部、环保总局令〔2002〕第33号)同时废止。

附件1

非营运小微型载客汽车和大型轿车变更使用性质后累计使用年限计算公式

$$累计使用年限 = 原状态已使用年 + \left(1 - \frac{原状态已使用年}{原状态使用年限}\right) \times 状态改变后年限$$

备注:公式中原状态已使用年中不足一年的按一年计算,例如,已使用2.5年按照3年计算;原状态使用年限数值取定值为17;累计使用年限计算结果向下圆整为整数,且不超过15年。

附件2

机动车使用年限及行驶里程参考值汇总表

车辆类型与用途				使用年限(年)	行驶里程参考值(万千米)
汽车	载客	营运	出租客运 小、微型	8	60
			出租客运 中型	10	50
			出租客运 大型	12	60
			租赁	15	60
			教练 小型	10	50
			教练 中型	12	50
			教练 大型	15	60
			公交客运	13	40
			其他 小、微型	10	60
			其他 中型	15	50
			其他 大型	15	80
			专用校车	15	40
		非营运	小、微型客车、大型轿车*	无	60
			中型客车	20	50
			大型客车	20	60
	载货		微型	12	50
			中、轻型	15	60
			重型	15	70
			危险品运输	10	40
			三轮汽车、装用单缸发动机的低速货车	9	无
			装用多缸发动机的低速货车	12	30
	专项作业		有载货功能	15	50
			无载货功能	30	50
挂车	半挂车		集装箱	20	无
			危险品运输	10	无
			其他	15	无
	全挂车			10	无
摩托车			正三轮	12	10
			其他	13	12
轮式专用机械车				无	50

注:1. 表中机动车主要依据《机动车类型术语和定义》(GA802—2008)进行分类;标注*车辆为乘用车。
2. 对小、微型出租客运汽车(纯电动汽车除外)和摩托车,省、自治区、直辖市人民政府有关部门可结合本地实际情况,制定严于表中使用年限的规定,但小、微型出租客运汽车不得低于6年,正三轮摩托车不得低于10年,其他摩托车不得低于11年。

机动车维修管理规定

- 2005 年 6 月 24 日交通部发布
- 根据 2015 年 8 月 8 日《交通运输部关于修改〈机动车维修管理规定〉的决定》第一次修正
- 根据 2016 年 4 月 19 日《交通运输部关于修改〈机动车维修管理规定〉的决定》第二次修正
- 根据 2019 年 6 月 21 日《交通运输部关于修改〈机动车维修管理规定〉的决定》第三次修正
- 根据 2021 年 8 月 11 日《交通运输部关于修改〈机动车维修管理规定〉的决定》第四次修正
- 根据 2023 年 11 月 10 日《交通运输部关于修改〈机动车维修管理规定〉的决定》第五次修正

第一章 总则

第一条 为规范机动车维修经营活动，维护机动车维修市场秩序，保护机动车维修各方当事人的合法权益，保障机动车运行安全，保护环境，节约能源，促进机动车维修业的健康发展，根据《中华人民共和国道路运输条例》及有关法律、行政法规的规定，制定本规定。

第二条 从事机动车维修经营的，应当遵守本规定。

本规定所称机动车维修经营，是指以维持或者恢复机动车技术状况和正常功能，延长机动车使用寿命为作业任务所进行的维护、修理以及维修救援等相关经营活动。

第三条 机动车维修经营者应当依法经营，诚实信用，公平竞争，优质服务，落实安全生产主体责任和维修质量主体责任。

第四条 机动车维修管理，应当公平、公正、公开和便民。

第五条 任何单位和个人不得封锁或者垄断机动车维修市场。

托修方有权自主选择维修经营者进行维修。除汽车生产厂家履行缺陷汽车产品召回、汽车质量"三包"责任外，任何单位和个人不得强制或者变相强制指定维修经营者。

鼓励机动车维修企业实行集约化、专业化、连锁经营，促进机动车维修业的合理分工和协调发展。

鼓励推广应用机动车维修环保、节能、不解体检测和故障诊断技术，推进行业信息化建设和救援、维修服务网络化建设，提高机动车维修行业整体素质，满足社会需要。

鼓励机动车维修企业优先选用具备机动车检测维修国家职业资格的人员，并加强技术培训，提升从业人员素质。

第六条 交通运输部主管全国机动车维修管理工作。

县级以上地方人民政府交通运输主管部门（以下简称交通运输主管部门）负责本行政区域的机动车维修管理工作。

第二章 经营备案

第七条 从事机动车维修经营业务的，应当在依法向市场监督管理机构办理有关登记手续后，向所在地县级交通运输主管部门进行备案。

交通运输主管部门应当按照《中华人民共和国道路运输条例》和本规定实施机动车维修经营备案。交通运输主管部门不得向机动车维修经营者收取备案相关费用。

第八条 机动车维修经营依据维修车型种类、服务能力和经营项目实行分类备案。

机动车维修经营业务根据维修对象分为汽车维修经营业务、危险货物运输车辆维修经营业务、摩托车维修经营业务和其他机动车维修经营业务四类。

汽车维修经营业务、其他机动车维修经营业务根据经营项目和服务能力分为一类维修经营业务、二类维修经营业务和三类维修经营业务。

摩托车维修经营业务根据经营项目和服务能力分为一类维修经营业务和二类维修经营业务。

第九条 一类、二类汽车维修经营业务或者其他机动车维修经营业务，可以从事相应车型的整车修理、总成修理、整车维护、小修、维修救援、专项修理和维修竣工检验工作；三类汽车维修经营业务（含汽车综合小修）、三类其他机动车维修经营业务，可以分别从事汽车综合小修或者发动机维修、车身维修、电气系统维修、自动变速器维修、轮胎动平衡及修补、四轮定位检测调整、汽车润滑与养护、喷油泵和喷油器维修、曲轴修磨、气缸镗磨、散热器维修、空调维修、汽车美容装潢、汽车玻璃安装及修复等汽车专项维修工作。具体有关经营项目按照《汽车维修业开业条件》（GB/T 16739）相关条款的规定执行。

第十条 一类摩托车维修经营业务，可以从事摩托车整车修理、总成修理、整车维护、小修、专项修理和竣工检验工作；二类摩托车维修经营业务，可以从事摩托车维护、小修和专项修理工作。

第十一条 危险货物运输车辆维修经营业务，除可以从事危险货物运输车辆维修经营业务外，还可以从事一类汽车维修经营业务。

第十二条 从事汽车维修经营业务或者其他机动车

维修经营业务的,应当符合下列条件:

（一）有与其经营业务相适应的维修车辆停车场和生产厂房。租用的场地应当有书面的租赁合同,且租赁期限不得少于1年。停车场和生产厂房面积按照国家标准《汽车维修业开业条件》(GB/T 16739)相关条款的规定执行。

（二）有与其经营业务相适应的设备、设施。所配备的计量设备应当符合国家有关技术标准要求,并经法定检定机构检定合格。从事汽车维修经营业务的设备、设施的具体要求按照国家标准《汽车维修业开业条件》(GB/T 16739)相关条款的规定执行;从事其他机动车维修经营业务的设备、设施的具体要求,参照国家标准《汽车维修业开业条件》(GB/T 16739)执行,但所配备设施、设备应与其维修车型相适应。

（三）有必要的技术人员:

1. 从事一类和二类维修业务的应当各配备至少1名技术负责人员、质量检验人员、业务接待人员以及从事机修、电器、钣金、涂漆的维修技术人员。技术负责人员应当熟悉汽车或者其他机动车维修业务,并掌握汽车或者其他机动车维修及相关政策法规和技术规范;质量检验人员应当熟悉各类汽车或者其他机动车维修检测作业规范,掌握汽车或者其他机动车维修故障诊断和质量检验的相关技术,熟悉汽车或者其他机动车维修服务收费标准及相关政策法规和技术规范,并持有与承修车型种类相适应的机动车驾驶证;从事机修、电器、钣金、涂漆的维修技术人员应当熟悉所从事工种的维修技术和操作规范,并了解汽车或者其他机动车维修及相关政策法规。各类技术人员的配备要求按照《汽车维修业开业条件》(GB/T 16739)相关条款的规定执行。

2. 从事三类维修业务的,按照其经营项目分别配备相应的机修、电器、钣金、涂漆的维修技术人员;从事汽车综合小修、发动机维修、车身维修、电气系统维修、自动变速器维修的,还应当配备技术负责人员和质量检验人员。各类技术人员的配备要求按照国家标准《汽车维修业开业条件》(GB/T 16739)相关条款的规定执行。

（四）有健全的维修管理制度。包括质量管理制度、安全生产管理制度、车辆维修档案管理制度、人员培训制度、设备管理制度及配件管理制度。具体要求按照国家标准《汽车维修业开业条件》(GB/T 16739)相关条款的规定执行。

（五）有必要的环境保护措施。具体要求按照国家标准《汽车维修业开业条件》(GB/T 16739)相关条款的规定执行。

第十三条　从事危险货物运输车辆维修的汽车维修经营者,除具备汽车维修经营一类维修经营业务的条件外,还应当具备下列条件:

（一）有与其作业内容相适应的专用维修车间和设备、设施,并设置明显的指示性标志;

（二）有完善的突发事件应急预案,应急预案包括报告程序、应急指挥以及处置措施等内容;

（三）有相应的安全管理人员;

（四）有齐全的安全操作规程。

本规定所称危险货物运输车辆维修,是指对运输易燃、易爆、腐蚀、放射性、剧毒等性质货物的机动车维修,不包含对危险货物运输车辆罐体的维修。

第十四条　从事摩托车维修经营的,应当符合下列条件:

（一）有与其经营业务相适应的摩托车维修停车场和生产厂房。租用的场地应当有书面的租赁合同,且租赁期限不得少于1年。停车场和生产厂房的面积按照国家标准《摩托车维修业开业条件》(GB/T 18189)相关条款的规定执行。

（二）有与其经营业务相适应的设备、设施。所配备的计量设备应符合国家有关技术标准要求,并经法定检定机构检定合格。具体要求按照国家标准《摩托车维修业开业条件》(GB/T 18189)相关条款的规定执行。

（三）有必要的技术人员:

1. 从事一类维修业务的应当至少有1名质量检验人员。质量检验人员应当熟悉各类摩托车维修检测作业规范,掌握摩托车维修故障诊断和质量检验的相关技术,熟悉摩托车维修服务收费标准及相关政策法规和技术规范。

2. 按照其经营业务分别配备相应的机修、电器、钣金、涂漆的维修技术人员。机修、电器、钣金、涂漆的维修技术人员应当熟悉所从事工种的维修技术和操作规范,并了解摩托车维修及相关政策法规。

（四）有健全的维修管理制度。包括质量管理制度、安全生产管理制度、摩托车维修档案管理制度、人员培训制度、设备管理制度及配件管理制度。具体要求按照国家标准《摩托车维修业开业条件》(GB/T 18189)相关条款的规定执行。

（五）有必要的环境保护措施。具体要求按照国家标准《摩托车维修业开业条件》(GB/T 18189)相关条款的规定执行。

第十五条 从事机动车维修经营的,应当向所在地的县级交通运输主管部门进行备案,提交《机动车维修经营备案表》(见附件1),并附送符合本规定第十二条、第十三条、第十四条规定条件的下列材料,保证材料真实完整:

(一)维修经营者的营业执照复印件;

(二)经营场地(含生产厂房和业务接待室)、停车场面积材料、土地使用权及产权证明等相关材料;

(三)技术人员汇总表,以及各相关人员的学历、技术职称或职业资格证明等相关材料;

(四)维修设备设施汇总表,维修检测设备及计量设备检定合格证明等相关材料;

(五)维修管理制度等相关材料;

(六)环境保护措施等相关材料。

第十六条 从事机动车维修连锁经营服务的,其机动车维修连锁经营企业总部应先完成备案。

机动车维修连锁经营服务网点可由机动车维修连锁经营企业总部向连锁经营服务网点所在地县级交通运输主管部门进行备案,提交《机动车维修经营备案表》,附送下列材料,并对材料真实性承担相应的法律责任:

(一)连锁经营协议书副本;

(二)连锁经营的作业标准和管理手册;

(三)连锁经营服务网点符合机动车维修经营相应条件的承诺书。

连锁经营服务网点的备案经营项目应当在机动车维修连锁经营企业总部备案经营项目范围内。

第十七条 交通运输主管部门收到备案材料后,对材料齐全且符合备案要求的应当予以备案,并编号归档;对材料不全或者不符合备案要求的,应当场或者自收到备案材料之日起5日内一次性书面通知备案人需要补充的全部内容。

第十八条 机动车维修经营者名称、法定代表人、经营范围、经营地址等备案事项发生变化的,应当向原办理备案的交通运输主管部门办理备案变更。

机动车维修经营者需要终止经营的,应当在终止经营前30日告知原备案机构。

第十九条 交通运输主管部门应当向社会公布已备案的机动车维修经营者名单并及时更新,便于社会查询和监督。

第三章 维修经营

第二十条 机动车维修经营者应当按照备案的经营范围开展维修服务。

第二十一条 机动车维修经营者应当将《机动车维修标志牌》(见附件2)悬挂在经营场所的醒目位置。

《机动车维修标志牌》由机动车维修经营者按照统一式样和要求自行制作。

第二十二条 机动车维修经营者不得擅自改装机动车,不得承修已报废的机动车,不得利用配件拼装机动车。

托修方要改变机动车车身颜色,更换发动机、车身和车架的,应当按照有关法律、法规的规定办理相关手续,机动车维修经营者在查看相关手续后方可承修。

第二十三条 机动车维修经营者应当加强对从业人员的安全教育和职业道德教育,确保安全生产。

机动车维修从业人员应当执行机动车维修安全生产操作规程,不得违章作业。

第二十四条 机动车维修产生的废弃物,应当按照国家的有关规定进行处理。

第二十五条 机动车维修经营者应当公布机动车维修工时定额和收费标准,合理收取费用。

机动车维修工时定额可按各省机动车维修协会等行业中介组织统一制定的标准执行,也可按机动车维修经营者报所在地交通运输主管部门备案后的标准执行,也可按机动车生产厂家公布的标准执行。当上述标准不一致时,优先适用机动车维修经营者备案的标准。

机动车维修经营者应当将其执行的机动车维修工时单价标准报所在地交通运输主管部门备案。

机动车生产、进口企业应当在新车型投放市场后六个月内,向社会公布其生产、进口机动车车型的维修技术信息和工时定额。具体要求按照国家有关部门关于汽车维修技术信息公开的规定执行。

第二十六条 机动车维修经营者应当使用规定的结算票据,并向托修方交付维修结算清单,作为托修方追责依据。维修结算清单中,工时费与材料费应当分项计算。维修结算清单应当符合交通运输部有关标准要求,维修结算清单内容应包括托修方信息、承修方信息、维修费用明细单等。

机动车维修经营者不出具规定的结算票据和结算清单的,托修方有权拒绝支付费用。

第二十七条 机动车维修经营者应当按照规定,向交通运输主管部门报送统计资料。

交通运输主管部门应当为机动车维修经营者保守商业秘密。

第二十八条 机动车维修连锁经营企业总部应当按

照统一采购、统一配送、统一标识、统一经营方针、统一服务规范和价格的要求,建立连锁经营的作业标准和管理手册,加强对连锁经营服务网点经营行为的监管和约束,杜绝不规范的商业行为。

第四章 质量管理

第二十九条 机动车维修经营者应当按照国家、行业或者地方的维修标准规范和机动车生产、进口企业公开的维修技术信息进行维修。尚无标准或规范的,可参照机动车生产企业提供的维修手册、使用说明书和有关技术资料进行维修。

机动车维修经营者不得通过临时更换机动车污染控制装置、破坏机动车车载排放诊断系统等维修作业,使机动车通过排放检验。

第三十条 机动车维修经营者不得使用假冒伪劣配件维修机动车。

机动车维修配件实行追溯制度。机动车维修经营者应当记录配件采购、使用信息,查验产品合格证等相关证明,并按规定留存配件来源凭证。

托修方、维修经营者可以使用同质配件维修机动车。同质配件是指,产品质量等同或者高于装车零部件标准要求,且具有良好装车性能的配件。

机动车维修经营者对于换下的配件、总成,应当交托修方自行处理。

机动车维修经营者应当将原厂配件、同质配件和修复配件分别标识,明码标价,供用户选择。

第三十一条 机动车维修经营者对机动车进行二级维护、总成修理、整车修理的,应当实行维修前诊断检验、维修过程检验和竣工质量检验制度。

承担机动车维修竣工质量检验的机动车维修企业或机动车检验检测机构应当使用符合有关标准并在检定有效期内的设备,按照有关标准进行检测,如实提供检测结果证明,并对检测结果承担法律责任。

第三十二条 机动车维修竣工质量检验合格的,维修质量检验人员应当签发《机动车维修竣工出厂合格证》(见附件3);未签发机动车维修竣工出厂合格证的机动车,不得交付使用,车主可以拒绝交费或接车。

第三十三条 机动车维修经营者应当建立机动车维修档案,并实行档案电子化管理。维修档案应当包括:维修合同(托修单)、维修项目、维修人员及维修结算清单等。对机动车进行二级维护、总成修理、整车修理的,维修档案还应当包括:质量检验单、质量检验人员、竣工出厂合格证(副本)等。

机动车维修经营者应当按照规定如实填报、及时上传承修机动车的维修电子数据记录至国家有关汽车维修电子健康档案系统。机动车生产厂家或者第三方开发、提供机动车维修服务管理系统的,应当向汽车维修电子健康档案系统开放相应数据接口。

机动车托修方有权查阅机动车维修档案。

第三十四条 交通运输主管部门应当加强机动车维修从业人员管理,建立健全从业人员信用档案,加强从业人员诚信监管。

机动车维修经营者应当加强从业人员从业行为管理,促进从业人员诚信、规范从业维修。

第三十五条 交通运输主管部门应当加强对机动车维修经营的质量监督和管理,采用定期检查、随机抽样检测检验的方法,对机动车维修经营者维修质量进行监督。

交通运输主管部门可以委托具有法定资格的机动车维修质量监督检验单位,对机动车维修质量进行监督检验。

第三十六条 机动车维修实行竣工出厂质量保证期制度。

汽车和危险货物运输车辆整车修理或总成修理质量保证期为车辆行驶20000公里或者100日;二级维护质量保证期为车辆行驶5000公里或者30日;一级维护、小修及专项修理质量保证期为车辆行驶2000公里或者10日。

摩托车整车修理或者总成修理质量保证期为摩托车行驶7000公里或者80日;维护、小修及专项修理质量保证期为摩托车行驶800公里或者10日。

其他机动车整车修理或者总成修理质量保证期为机动车行驶6000公里或者60日;维护、小修及专项修理质量保证期为机动车行驶700公里或者7日。

质量保证期中行驶里程和日期指标,以先达到者为准。

机动车维修质量保证期,从维修竣工出厂之日起计算。

第三十七条 在质量保证期和承诺的质量保证期内,因维修质量原因造成机动车无法正常使用,且承修方在3日内不能或者无法提供因非维修原因而造成机动车无法使用的相关证据的,机动车维修经营者应当及时无偿返修,不得故意拖延或者无理拒绝。

在质量保证期内,机动车因同一故障或维修项目经两次修理仍不能正常使用的,机动车维修经营者应当负责联系其他机动车维修经营者,并承担相应修理费用。

第三十八条　机动车维修经营者应当公示承诺的机动车维修质量保证期。所承诺的质量保证期不得低于第三十六条的规定。

第三十九条　交通运输主管部门应当受理机动车维修质量投诉，积极按照维修合同约定和相关规定调解维修质量纠纷。

第四十条　机动车维修质量纠纷双方当事人均有保护当事车辆原始状态的义务。必要时可拆检车辆有关部位，但双方当事人应同时在场，共同认可拆检情况。

第四十一条　对机动车维修质量的责任认定需要进行技术分析和鉴定，且承修方和托修方共同要求交通运输主管部门出面协调的，交通运输主管部门应当组织专家组或委托具有法定检测资格的检测机构作出技术分析和鉴定。鉴定费用由责任方承担。

第四十二条　对机动车维修经营者实行质量信誉考核制度。机动车维修质量信誉考核办法另行制定。

机动车维修质量信誉考核内容应当包括经营者基本情况、经营业绩（含奖励情况）、不良记录等。

第四十三条　交通运输主管部门应当采集机动车维修企业信用信息，并建立机动车维修企业信用档案，除涉及国家秘密、商业秘密外，应当依法公开，供公众查阅。机动车维修质量信誉考核结果、汽车维修电子健康档案系统维修电子数据记录上传情况及车主评价、投诉和处理情况是机动车维修信用档案的重要组成部分。

第四十四条　建立机动车维修经营者和从业人员黑名单制度，县级交通运输主管部门负责认定机动车维修经营者和从业人员黑名单，具体办法由交通运输部另行制定。

第五章　监督检查

第四十五条　交通运输主管部门应当加强对机动车维修经营活动的监督检查。

交通运输主管部门应当依法履行对维修经营者的监管职责，对维修经营者是否依法备案或者备案事项是否属实进行监督检查。

交通运输主管部门的工作人员应当严格按照职责权限和程序进行监督检查，不得滥用职权、徇私舞弊，不得乱收费、乱罚款。

第四十六条　交通运输主管部门应当积极运用信息化技术手段，科学、高效地开展机动车维修管理工作。

第四十七条　交通运输主管部门的执法人员在机动车维修经营场所实施监督检查时，应当有 2 名以上人员参加，并向当事人出示交通运输部监制的交通行政执法证件。

交通运输主管部门实施监督检查时，可以采取下列措施：

（一）询问当事人或者有关人员，并要求其提供有关资料；

（二）查询、复制与违法行为有关的维修台帐、票据、凭证、文件及其他资料，核对与违法行为有关的技术资料；

（三）在违法行为发现场所进行摄影、摄像取证；

（四）检查与违法行为有关的维修设备及相关机具的有关情况。

检查的情况和处理结果应当记录，并按照规定归档。当事人有权查阅监督检查记录。

第四十八条　从事机动车维修经营活动的单位和个人，应当自觉接受交通运输主管部门及其工作人员的检查，如实反映情况，提供有关资料。

第六章　法律责任

第四十九条　违反本规定，从事机动车维修经营业务，未按规定进行备案的，由交通运输主管部门责令改正；拒不改正的，处 3000 元以上 1 万元以下的罚款。

第五十条　违反本规定，从事机动车维修经营业务不符合国务院交通运输主管部门制定的机动车维修经营业务标准的，由交通运输主管部门责令改正；情节严重的，由交通运输主管部门责令停业整顿。

第五十一条　违反本规定，机动车维修经营者使用假冒伪劣配件维修机动车，承修已报废的机动车或者擅自改装机动车的，由交通运输主管部门责令改正；有违法所得的，没收违法所得，处违法所得 2 倍以上 10 倍以下的罚款；没有违法所得或者违法所得不足 1 万元的，处 2 万元以上 5 万元以下的罚款，没收假冒伪劣配件及报废车辆；情节严重的，由交通运输主管部门责令停业整顿；构成犯罪的，依法追究刑事责任。

第五十二条　违反本规定，机动车维修经营者签发虚假机动车维修竣工出厂合格证的，由交通运输主管部门责令改正；有违法所得的，没收违法所得，处违法所得 2 倍以上 10 倍以下的罚款；没有违法所得或者违法所得不足 3000 元的，处 5000 元以上 2 万元以下的罚款；情节严重的，由交通运输主管部门责令停业整顿；构成犯罪的，依法追究刑事责任。

第五十三条　违反本规定，有下列行为之一的，由交通运输主管部门责令其限期整改：

（一）机动车维修经营者未按照规定执行机动车维

修质量保证期制度的；

（二）机动车维修经营者未按照有关技术规范进行维修作业的；

（三）伪造、转借、倒卖机动车维修竣工出厂合格证的；

（四）机动车维修经营者只收费不维修或者虚列维修作业项目的；

（五）机动车维修经营者未在经营场所醒目位置悬挂机动车维修标志牌的；

（六）机动车维修经营者未在经营场所公布收费项目、工时定额和工时单价的；

（七）机动车维修经营者超出公布的结算工时定额、结算工时单价向托修方收费的；

（八）机动车维修经营者未按规定建立机动车维修档案并实行档案电子化管理，或者未及时上传维修电子数据记录至国家有关汽车维修电子健康档案系统的。

第五十四条　违反本规定，交通运输主管部门的工作人员有下列情形之一的，依法给予行政处分；构成犯罪的，依法追究刑事责任：

（一）不按照规定实施备案和黑名单制度的；

（二）参与或者变相参与机动车维修经营业务的；

（三）发现违法行为不及时查处的；

（四）索取、收受他人财物或谋取其他利益的；

（五）其他违法违纪行为。

第七章　附　则

第五十五条　本规定自 2005 年 8 月 1 日起施行。经商国家发展和改革委员会、原国家工商行政管理总局同意，1986 年 12 月 12 日原交通部、原国家经委、原国家工商行政管理局发布的《汽车维修行业管理暂行办法》同时废止，1991 年 4 月 10 日原交通部颁布的《汽车维修质量管理办法》同时废止。

附件：1. 机动车维修经营备案表
　　　2. 机动车维修标志牌
　　　3. 机动车维修竣工出厂合格证

附件 1：

机动车维修经营备案表

（□首次备案　□备案变更）

经营者名称	（与营业执照名称一致）				
经营地址	××省（区、市）××市（州）××县（市、区）××街（镇、乡）××号				
企业法定代表人 （个体不填写此项）		统一社会信用代码			
主要负责人 （个体填写经营者，企业填写法人任命的负责人）	姓名		身份证号		
	联系电话		电子邮箱/传真		
企业性质	□国有　□集体　□私营　□外资（国别　　）				
经营类型	□综合修理　□机动车生产、进口企业授权维修　□其他（　　）　　　　　□连锁经营				
经营范围	业务类型	□汽车维修	□摩托车维修		□其他机动车维修
	业户类别	□一类　□二类　□三类	□一类　□二类		□一类　□二类　□三类
	一类项目种类	□大中型客车维修　□大型货车维修　□小型车维修　□危险货物运输车辆维修（可多选）			
	二类	□大中型客车维修　□大型货车维修　□小型车维修（可多选）			
	三类	□综合小修　□发动机维修　□车身维修　□电气系统维修　□自动变速器维修　□轮胎动平衡及修补　□四轮定位检测调整　□汽车润滑与养护　□喷油泵和喷油器维修　□曲轴修磨　□气缸镗磨　□散热器维修　□空调维修　□汽车美容装潢　□汽车玻璃安装及修复（可多选）			

续表

其他备案材料	通用要求	□1. 维修经营者的营业执照复印件 □2. 经营场地、停车场面积、土地使用权及产权证明等相关材料 □3. 技术人员汇总表,以及各相关人员的学历、技术职称或职业资格证明等相关材料 □4. 维修设备设施汇总表,维修检测设备及计量设备检定合格证明等相关材料 □5. 维修管理制度等相关材料 □6. 环境保护措施等相关材料
	特殊要求	□7. 与其作业内容相适应的专用维修车间和设备、设施等相关材料(危险货物运输车辆维修经营者填写) □8. 突发事件应急预案(危险货物运输车辆维修经营者填写) □9. 安全管理人员汇总表(危险货物运输车辆维修经营者填写) □10. 安全操作规程材料(危险货物运输车辆维修经营者填写) □11. 连锁经营协议书副本(连锁维修经营者填写) □12. 连锁经营的作业标准和管理手册(连锁维修经营者填写) □13. 连锁经营服务网点符合机动车维修经营相应条件承诺书(连锁维修经营者填写)

本经营者声明:
1. 已知晓《道路运输条例》《机动车维修管理规定》《汽车维修业开业条件》(GB/T 16739)、《摩托车维修业开业条件》(GB/T 18189)等国家机动车维修有关法律法规及标准,知晓机动车维修开业条件要求和备案要求;
2. 所提供的备案材料信息内容真实、准确,不存在虚假记载、误导性陈述或者重大遗漏,所有文件的签名、印章真实有效。如有不实之处,愿承担相应的法律责任。

       法定代表人或主要负责人(签字):   单位(盖章):   年 月 日

□备案材料齐全;
□备案材料不齐全,请补充:
   承办人(签字): 年 月 日
	复核(签字):
	备案编号:
	   备案机关(盖章): 年 月 日

填写说明:
(1)请根据《机动车维修管理规定》有关要求填写此表;
(2)其他备案材料:维修经营者备案应依法提交第1至6项材料,危险货物运输车辆维修经营者还需提交第7至10项材料,维修连锁经营服务者还需提交第11至13项材料;
(3)承办人是指备案机关受理备案并对备案材料依法进行审查的工作人员,复核是指备案机关对备案材料进行复核并备案编号的工作人员;
(4)办理备案变更的,仅需填写变更事项,并与原备案表一并存档。

附件 2

<h2 style="text-align:center">机动车维修标志牌</h2>

1. "一、二类汽车及其他机动车维修企业标志牌"式样

（A）汽车 ⟲ 维修企业

No.××××××

经营项目　　（B）

备案部门　　××××××

监督电话　　××××××××

××××××　监制

注：1. 外轮廓尺寸为 750mm×500mm×25mm；"汽车维修企业"用 55mm×40mm 长黑体，蓝色徽标直径为 85mm，No.×××××用高 20mm 黑体；"经营项目、许可部门、监督电话"用 32mm×27mm 长黑体；材质：铜牌材。

2. A 处根据许可项目，分别填写一类或二类。

3. B 处根据许可项目，分别填写小型车、大中型客车、大型货车维修。危险品运输车辆维修企业，还应增加危险货物运输车辆维修。用 23mm×30mm 扁体。

2. "专项(三类)汽车及其他机动车维修企业标志牌"式样

专项(三类)汽车 ⟲ 维修企业(业户)

No.××××××

经营项目　　（A）

备案部门　　××××××

监督电话　　××××××××

××××××　监制

注：1. 外轮廓尺寸为 750mm×500mm×25mm；"专项(三类)汽车维修企业(业户)"用 55mm×40mm 长黑体；蓝色徽标直径为 85mm；No.×××××用高 20mm 黑体；"经营项目、许可部门、监督电话"用 32mm×27mm 长黑体；材质：铜牌材。

2. A 处根据许可项目，分别填写：汽车综合小修、发动机维修、车身维修、电气系统维修、自动变速器维修、轮胎动平衡及修补、四轮定位检测调整、汽车润滑与养护、喷油泵喷油器维修、曲轴修磨、气缸镗磨、散热器维修、空调维修、汽车美容装潢、汽车玻璃安装及修复等，用高 23mm×28mm 的扁黑体。

3. "摩托车维修企业标志牌"式样

(A) 摩托车 维修企业

No.××××××

经营项目　　　　(B)

备案部门　××××××

监督电话　××××××××

××××××　监制

注：1. 外轮廓尺寸为 750mm×500mm×25mm；"摩托车维修企业"用 55mm×40mm 长黑体；蓝色徽标直径为 85mm；No.××××××用高 20mm 黑体；"经营项目、许可部门、监督电话"用 32mm×27mm 长黑体；材质：铜牌材。
2. A 处根据许可项目，分别填写一类或二类，并与 B 相协调。
3. B 处根据许可项目，分别填写摩托车整车修理、总成修理、整车维护、小修、竣工检验和专项修理。用高 23mm×28mm 扁体。

附件 3

机动车维修竣工出厂合格证

1. "机动车维修竣工出厂合格证"式样(正面)

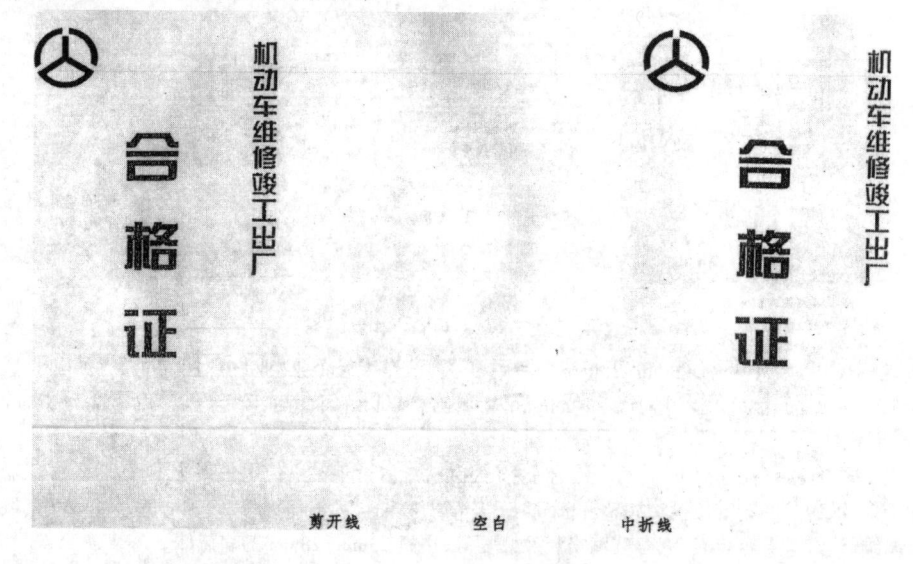

剪开线　　空白　　中折线

2. "机动车维修竣工出厂合格证"内容

No. 00000000 存根	No. 00000000 车属单位保管	No. 00000000 质量保证卡
托 修 方 _____ 车 牌 号 码 _____ 车 型 _____ 发动机型号/编号 _____ 底 盘（车 身）号 _____ 维 修 类 别 _____ 维 修 合 同 编 号 _____ 出 厂 里 程 表 示 值 _____ 　　该车按维修合同维修,经检验合格,准予出厂。 　　　　　质量检验员:(盖章) 　　　　　承修单位:(盖章) 进厂日期:　　　 出厂日期: 托修方接车人:　　　 (签字) 接车日期:	托 修 方 _____ 车 牌 号 码 _____ 车 型 _____ 发动机型号/编号 _____ 底 盘（车 身）号 _____ 维 修 类 别 _____ 维 修 合 同 编 号 _____ 出 厂 里 程 表 示 值 _____ 　　该车按维修合同维修,经检验合格,准予出厂。 　　　　　质量检验员:(盖章) 　　　　　承修单位:(盖章) 进厂日期:　　　 出厂日期: 托修方接车人:　　　 (签字) 接车日期:	该车按维修合同进行维修,本厂对维修竣工的车辆实行质量保证,质量保证期为车辆行驶_____万公里或者_____日。在托修单位严格执行走合期规定、合理使用、正常维护的情况下,出现的维修质量问题,凭此卡随竣工出厂合格证,由本厂负责包修,免返修工料费和工时费,在原维修类别期限内修竣交托修方。 返修情况记录: <table><tr><th>次数</th><th>返修项目</th><th>返修日期</th><th>修竣日期</th><th>送修人</th><th>质检员</th></tr><tr><td></td><td></td><td></td><td></td><td></td><td></td></tr></table> 维修发票号: 维修竣工出厂日期:
（对应正面合格证面）	（对应正面合格证面）	（对应正面白底）

注:1. 外廓尺寸为260mm×184mm。"存根"、"车属单位保管"字体为小四号仿宋;"质量保证卡"字体为五号仿宋。
　　2. 材质:157克铜版纸。

城市轨道交通运营管理规定

· 2018年5月21日交通运输部令第8号公布
· 自2018年7月1日起施行

第一章　总　则

第一条　为规范城市轨道交通运营管理,保障运营安全,提高服务质量,促进城市轨道交通行业健康发展,根据国家有关法律、行政法规和国务院有关文件要求,制定本规定。

第二条　地铁、轻轨等城市轨道交通的运营及相关管理活动,适用本规定。

第三条　城市轨道交通运营管理应当遵循以人民为中心、安全可靠、便捷高效、经济舒适的原则。

第四条　交通运输部负责指导全国城市轨道交通运营管理工作。

省、自治区交通运输主管部门负责指导本行政区域内的城市轨道交通运营管理工作。

城市轨道交通所在地城市交通运输主管部门或者城市人民政府指定的城市轨道交通运营主管部门(以下统称城市轨道交通运营主管部门)在本级人民政府的领导下负责组织实施本行政区域内的城市轨道交通运营监督管理工作。

第二章　运营基础要求

第五条　城市轨道交通运营主管部门在城市轨道交通线网规划及建设规划征求意见阶段,应当综合考虑与城市规划的衔接、城市轨道交通客流需求、运营安全保障等因素,对线网布局和规模、换乘枢纽规划、建设时序、资源共享、线网综合应急指挥系统建设、线路功能定位、线路制式、系统规模、交通接驳等提出意见。

城市轨道交通运营主管部门在城市轨道交通工程项目可行性研究报告和初步设计文件编制审批征求意见阶段,应当对客流预测、系统设计运输能力、行车组织、运营管理、运营服务、运营安全等提出意见。

第六条　城市轨道交通工程项目可行性研究报告和初步设计文件中应当设置运营服务专篇,内容应当至少包括：

（一）车站开通运营的出入口数量、站台面积、通道宽度、换乘条件、站厅容纳能力等设施、设备能力与服务需求和安全要求的符合情况；

（二）车辆、通信、信号、供电、自动售检票等设施设备选型与线网中其他线路设施设备的兼容情况；

（三）安全应急设施规划布局、规模等与运营安全的适应性，与主体工程的同步规划和设计情况；

（四）与城市轨道交通线网运力衔接配套情况；

（五）其他交通方式的配套衔接情况；

（六）无障碍环境建设情况。

第七条　城市轨道交通车辆、通信、信号、供电、机电、自动售检票、站台门等设施设备和综合监控系统应当符合国家规定的运营准入技术条件，并实现系统互联互通、兼容共享，满足网络化运营需要。

第八条　城市轨道交通工程项目原则上应当在可行性研究报告编制前，按照有关规定选择确定运营单位。运营单位应当满足以下条件：

（一）具有企业法人资格，经营范围包括城市轨道交通运营管理；

（二）具有健全的行车管理、客运管理、设施设备管理、人员管理等安全生产管理体系和服务质量保障制度；

（三）具有车辆、通信、信号、供电、机电、轨道、土建结构、运营管理等专业管理人员，以及与运营安全相适应的专业技术人员。

第九条　运营单位应当全程参与城市轨道交通工程项目按照规定开展的不载客试运行，熟悉工程设备和标准，察看系统运行的安全可靠性，发现存在质量问题和安全隐患的，应当督促城市轨道交通建设单位（以下简称建设单位）及时处理。

运营单位应当在运营接管协议中明确相关土建工程、设施设备、系统集成的保修范围、保修期限和保修责任，并督促建设单位将上述内容纳入建设工程质量保修书。

第十条　城市轨道交通工程项目验收合格后，由城市轨道交通运营主管部门组织初期运营前安全评估。通过初期运营前安全评估的，方可依法办理初期运营手续。

初期运营期间，运营单位应当按照设计标准和技术规范，对土建工程、设施设备、系统集成的运行状况和质量进行监控，发现存在问题或者安全隐患的，应当要求相关责任单位按照有关规定或者合同约定及时处理。

第十一条　城市轨道交通线路初期运营期满一年，运营单位应当向城市轨道交通运营主管部门报送初期运营报告，并由城市轨道交通运营主管部门组织正式运营前安全评估。通过安全评估的，方可依法办理正式运营手续。对安全评估中发现的问题，城市轨道交通运营主管部门应当报告城市人民政府，同时通告有关责任单位要求限期整改。

开通初期运营的城市轨道交通线路有甩项工程的，甩项工程完工并验收合格后，应当通过城市轨道交通运营主管部门组织的安全评估，方可投入使用。受客观条件限制难以完成甩项工程的，运营单位应当督促建设单位与设计单位履行设计变更手续。全部甩项工程投入使用或者履行设计变更手续后，城市轨道交通工程项目方可依法办理正式运营手续。

第十二条　运营单位承担运营安全生产主体责任，应当建立安全生产责任制，设置安全生产管理机构，配备专职安全管理人员，保障安全运营所必需的资金投入。

第十三条　运营单位应当配置满足运营需求的从业人员，按相关标准进行安全和技能培训教育，并对城市轨道交通列车驾驶员、行车调度员、行车值班员、信号工、通信工等重点岗位人员进行考核，考核不合格的，不得从事岗位工作。运营单位应当对重点岗位人员进行安全背景审查。

城市轨道交通列车驾驶员应当按照法律法规的规定取得驾驶员职业准入资格。

运营单位应当对列车驾驶员定期开展心理测试，对不符合要求的及时调整工作岗位。

第十四条　运营单位应当按照有关规定，完善风险分级管控和隐患排查治理双重预防制度，建立风险数据库和隐患排查手册，对于可能影响安全运营的风险隐患及时整改，并向城市轨道交通运营主管部门报告。

城市轨道交通运营主管部门应当建立运营重大隐患治理督办制度，督促运营单位采取安全防护措施，尽快消除重大隐患；对非运营单位原因不能及时消除的，应当报告城市人民政府依法处理。

第十五条　运营单位应当建立健全本单位的城市轨道交通运营设施设备定期检查、检测评估、养护维修、更新改造制度和技术管理体系，并报城市轨道交通运营主管部门备案。

运营单位应当对设施设备进行定期检查、检测评估，及时养护维修和更新改造，并保存记录。

第十六条　城市轨道交通运营主管部门和运营单位应当建立城市轨道交通智能管理系统，对所有运营过程、区域和关键设施设备进行监管，具备运行控制、关键设施和关键部位监测、风险管控和隐患排查、应急处置、安全监控等功能，并实现运营单位和各级交通运输主管部门之间的信息共享，提高运营安全管理水平。

运营单位应当建立网络安全管理制度，严格落实网络安全有关规定和等级保护要求，加强列车运行控制等关键系统信息安全保护，提升网络安全水平。

第十七条 城市轨道交通运营主管部门应当对运营单位运营安全管理工作进行监督检查，定期委托第三方机构组织专家开展运营期间安全评估工作。

初期运营前、正式运营前以及运营期间的安全评估工作管理办法由交通运输部另行制定。

第十八条 城市轨道交通运营主管部门和运营单位应当建立城市轨道交通运营信息统计分析制度，并按照有关规定及时报送相关信息。

第三章 运营服务

第十九条 运营单位应当按照有关标准为乘客提供安全、可靠、便捷、高效、经济的服务，保证服务质量。

运营单位应当向社会公布运营服务质量承诺并报城市轨道交通运营主管部门备案，定期报告履行情况。

第二十条 运营单位应当根据城市轨道交通沿线乘客出行规律及网络化运输组织要求，合理编制运行图，并报城市轨道交通运营主管部门备案。

运营单位调整运行图严重影响服务质量的，应当向城市轨道交通运营主管部门说明理由。

第二十一条 运营单位应当通过标识、广播、视频设备、网络等多种方式按照下列要求向乘客提供运营服务和安全应急等信息：

（一）在车站醒目位置公布首末班车时间、城市轨道交通线网示意图、进出站指示、换乘指示和票价信息；

（二）在站厅或者站台提供列车到达、间隔时间、方向提示、周边交通方式换乘、安全提示、无障碍出行等信息；

（三）在车厢提供城市轨道交通线网示意图、列车运行方向、到站、换乘、开关车门提示等信息；

（四）首末班车时间调整、车站出入口封闭、设施设备故障、限流、封站、甩站、暂停运营等非正常运营信息。

第二十二条 城市轨道交通票价制定和调整按照国家有关规定执行。

城市轨道交通运营主管部门应当按照有关标准组织实施交通一卡通在轨道交通的建设与推广应用，推动跨区域、跨交通方式的互联互通。

第二十三条 城市轨道交通运营主管部门应当制定城市轨道交通乘客乘车规范，乘客应当遵守。拒不遵守的，运营单位有权劝阻和制止，制止无效的，报告公安机关依法处理。

第二十四条 城市轨道交通运营主管部门应当通过乘客满意度调查等多种形式，定期对运营单位服务质量进行监督和考评，考评结果向社会公布。

第二十五条 城市轨道交通运营主管部门和运营单位应当分别建立投诉受理制度。接到乘客投诉后，应当及时处理，并将处理结果告知乘客。

第二十六条 乘客应当持有效乘车凭证乘车，不得使用无效、伪造、变造的乘车凭证。运营单位有权查验乘客的乘车凭证。

第二十七条 乘客及其他人员因违法违规行为对城市轨道交通运营造成严重影响的，应当依法追究责任。

第二十八条 鼓励运营单位采用大数据分析、移动互联网等先进技术及有关设施设备，提升服务品质。运营单位应当保证乘客个人信息的采集和使用符合国家网络和信息安全有关规定。

第四章 安全支持保障

第二十九条 城市轨道交通工程项目应当按照规定划定保护区。

开通初期运营前，建设单位应当向运营单位提供保护区平面图，并在具备条件的保护区设置提示或者警示标志。

第三十条 在城市轨道交通保护区内进行下列作业的，作业单位应当按照有关规定制定安全防护方案，经运营单位同意后，依法办理相关手续并对作业影响区域进行动态监测：

（一）新建、改建、扩建或者拆除建（构）筑物；

（二）挖掘、爆破、地基加固、打井、基坑施工、桩基础施工、钻探、灌浆、喷锚、地下顶进作业；

（三）敷设或者搭架管线、吊装等架空作业；

（四）取土、采石、采砂、疏浚河道；

（五）大面积增加或者减少建（构）筑物载荷的活动；

（六）电焊、气焊和使用明火等具有火灾危险作业。

第三十一条 运营单位有权进入作业现场进行巡查，发现危及或者可能危及城市轨道交通运营安全的情形，运营单位有权予以制止，并要求相关责任单位或者个人采取措施消除妨害；逾期未改正的，及时报告有关部门依法处理。

第三十二条 使用高架线路桥下空间不得危害城市轨道交通运营安全，并预留高架线路桥梁设施日常检查、检测和养护维修条件。

地面、高架线路沿线建（构）筑物或者植物不得妨碍行车瞭望，不得侵入城市轨道交通线路的限界。沿线建（构）筑物、植物可能妨碍行车瞭望或者侵入线路限界的，责任单位应当及时采取措施消除影响。责任单位不能消除影响，危及城市轨道交通运营安全、情况紧急的，运营单位可以先行处置，并及时报告有关部门依法处理。

第三十三条 禁止下列危害城市轨道交通运营设施设备安全的行为：

（一）损坏隧道、轨道、路基、高架、车站、通风亭、冷却塔、变电站、管线、护栏护网等设施；

（二）损坏车辆、机电、电缆、自动售检票等设备，干扰通信信号、视频监控设备等系统；

（三）擅自在高架桥梁及附属结构上钻孔打眼，搭设电线或者其他承力绳索，设置附着物；

（四）损坏、移动、遮盖安全标志、监测设施以及安全防护设备。

第三十四条 禁止下列危害或者可能危害城市轨道交通运营安全的行为：

（一）拦截列车；

（二）强行上下车；

（三）擅自进入隧道、轨道或者其他禁入区域；

（四）攀爬或者跨越围栏、护栏、护网、站台门等；

（五）擅自操作有警示标志的按钮和开关装置，在非紧急状态下动用紧急或者安全装置；

（六）在城市轨道交通车站出入口5米范围内停放车辆、乱设摊点等，妨碍乘客通行和救援疏散；

（七）在通风口、车站出入口50米范围内存放有毒、有害、易燃、易爆、放射性和腐蚀性等物品；

（八）在出入口、通风亭、变电站、冷却塔周边躺卧、留宿、堆放和晾晒物品；

（九）在地面或者高架线路两侧各100米范围内升放风筝、气球等低空飘浮物体和无人机等低空飞行器。

第三十五条 在城市轨道交通车站、车厢、隧道、站前广场等范围内设置广告、商业设施的，不得影响正常运营，不得影响导向、提示、警示、运营服务等标识识别、设施设备使用和检修，不得挤占出入口、通道、应急疏散设施空间和防火间距。

城市轨道交通车站站台、站厅层不应设置妨碍安全疏散的非运营设施。

第三十六条 禁止乘客携带有毒、有害、易燃、易爆、放射性、腐蚀性以及其他可能危及人身和财产安全的危险物品进站、乘车。运营单位应当按规定在车站醒目位置公示城市轨道交通禁止、限制携带物品目录。

第三十七条 各级城市轨道交通运营主管部门应当按照职责监督指导运营单位开展反恐防范、安检、治安防范和消防安全管理相关工作。

鼓励推广应用安检新技术、新产品，推动实行安检新模式，提高安检质量和效率。

第三十八条 交通运输部应当建立城市轨道交通重点岗位从业人员不良记录和乘客违法违规行为信息库，并按照规定将有关信用信息及时纳入交通运输和相关统一信用信息共享平台。

第三十九条 鼓励经常乘坐城市轨道交通的乘客担任志愿者，及时报告城市轨道交通运营安全问题和隐患，检举揭发危害城市轨道交通运营安全的违法违规行为。运营单位应当对志愿者开展培训。

第五章 应急处置

第四十条 城市轨道交通所在地城市及以上地方各级人民政府应当建立运营突发事件处置工作机制，明确相关部门和单位的职责分工、工作机制和处置要求，制定完善运营突发事件应急预案。

运营单位应当按照有关法规要求建立运营突发事件应急预案体系，制定综合应急预案、专项应急预案和现场处置方案。运营单位应当组织专家对专项应急预案进行评审。

因地震、洪涝、气象灾害等自然灾害和恐怖袭击、刑事案件等社会安全事件以及其他因素影响或者可能影响城市轨道交通正常运营时，参照运营突发事件应急预案做好监测预警、信息报告、应急响应、后期处置等相关应对工作。

第四十一条 运营单位应当储备必要的应急物资，配备专业应急救援装备，建立应急救援队伍，配齐应急人员，完善应急值守和报告制度，加强应急培训，提高应急救援能力。

第四十二条 城市轨道交通运营主管部门应当按照有关法规要求，在城市人民政府领导下会同有关部门定期组织开展联动应急演练。

运营单位应当定期组织运营突发事件应急演练，其中综合应急预案演练和专项应急预案演练每半年至少组织一次。现场处置方案演练应当纳入日常工作，开展常态化演练。运营单位应当组织社会公众参与应急演练，引导社会公众正确应对突发事件。

第四十三条 运营单位应当在城市轨道交通车站、

车辆、地面和高架线路等区域的醒目位置设置安全警示标志，按照规定在车站、车辆配备灭火器、报警装置和必要的救生器材，并确保能够正常使用。

第四十四条　城市轨道交通运营突发事件发生后，运营单位应当按照有关规定及时启动相应应急预案。运营单位应当充分发挥志愿者在突发事件应急处置中的作用，提高乘客自救互救能力。

现场工作人员应当按照各自岗位职责要求开展现场处置，通过广播系统、乘客信息系统和人工引导等方式，引导乘客快速疏散。

第四十五条　运营单位应当加强城市轨道交通客流监测。可能发生大客流时，应当按照预案要求及时增加运力进行疏导；大客流可能影响运营安全时，运营单位可以采取限流、封站、甩站等措施。

因运营突发事件、自然灾害、社会安全事件以及其他原因危及运营安全时，运营单位可以暂停部分区段或者全线网的运营，根据需要及时启动相应应急保障预案，做好客流疏导和现场秩序维护，并报告城市轨道交通运营主管部门。

运营单位采取限流、甩站、封站、暂停运营措施应当及时告知公众，其中封站、暂停运营措施还应当向城市轨道交通运营主管部门报告。

第四十六条　城市轨道交通运营主管部门和运营单位应当建立城市轨道交通运营安全重大故障和事故报送制度。

城市轨道交通运营主管部门和运营单位应当定期组织对重大故障和事故原因进行分析，不断完善城市轨道交通运营安全管理制度以及安全防范和应急处置措施。

第四十七条　城市轨道交通运营主管部门和运营单位应当加强舆论引导，宣传文明出行、安全乘车理念和突发事件应对知识，培养公众安全防范意识，引导理性应对突发事件。

第六章　法律责任

第四十八条　违反本规定第十条、第十一条，城市轨道交通工程项目（含甩项工程）未经安全评估投入运营的，由城市轨道交通运营主管部门责令限期整改，并对运营单位处以2万元以上3万元以下的罚款，同时对其主要负责人处以1万元以下的罚款；有严重安全隐患的，城市轨道交通运营主管部门应当责令暂停运营。

第四十九条　违反本规定，运营单位有下列行为之一的，由城市轨道交通运营主管部门责令限期改正；逾期未改正的，处以5000元以上3万元以下的罚款，并可对其主要负责人处以1万元以下的罚款：

（一）未全程参与试运行；

（二）未按照相关标准对从业人员进行技能培训教育；

（三）列车驾驶员未按照法律法规的规定取得职业准入资格；

（四）列车驾驶员、行车调度员、行车值班员、信号工、通信工等重点岗位从业人员未经考核上岗；

（五）未按照有关规定完善风险分级管控和隐患排查治理双重预防制度；

（六）未建立风险数据库和隐患排查手册；

（七）未按要求报告运营安全风险隐患整改情况；

（八）未建立设施设备检查、检测评估、养护维修、更新改造制度和技术管理体系；

（九）未对设施设备定期检查、检测评估和及时养护维修、更新改造；

（十）未按照有关规定建立运营突发事件应急预案体系；

（十一）储备的应急物资不满足需要，未配备专业应急救援装备，或者未建立应急救援队伍、配齐应急人员；

（十二）未按时组织运营突发事件应急演练。

第五十条　违反本规定第十八条、第四十六条，运营单位未按照规定上报城市轨道交通运营相关信息或者运营安全重大故障和事故的，由城市轨道交通运营主管部门责令限期改正；逾期未改正的，处以5000元以上3万元以下的罚款。

第五十一条　违反本规定，运营单位有下列行为之一，由城市轨道交通运营主管部门责令限期改正；逾期未改正的，处以1万元以下的罚款：

（一）未向社会公布运营服务质量承诺或者定期报告履行情况；

（二）运行图未报城市轨道交通运营主管部门备案或者调整运行图严重影响服务质量的，未向城市轨道交通运营主管部门说明理由；

（三）未按规定向乘客提供运营服务和安全应急等信息；

（四）未建立投诉受理制度，或者未及时处理乘客投诉并将处理结果告知乘客；

（五）采取的限流、甩站、封站、暂停运营等措施，未及时告知公众或者封站、暂停运营等措施未向城市轨道交通运营主管部门报告。

第五十二条　违反本规定第三十二条，有下列行为之一，由城市轨道交通运营主管部门责令相关责任人和单位限期改正、消除影响；逾期未改正的，可以对个人处以5000元以下的罚款，对单位处以3万元以下的罚款；造成损失的，依法承担赔偿责任；情节严重构成犯罪的，依法追究刑事责任：

（一）高架线路桥下的空间使用可能危害运营安全的；

（二）地面、高架线路沿线建（构）筑物或者植物妨碍行车瞭望、侵入限界的。

第五十三条 违反本规定第三十三条、第三十四条，运营单位有权予以制止，并由城市轨道交通运营主管部门责令改正，可以对个人处以5000元以下的罚款，对单位处以3万元以下的罚款；违反治安管理规定的，由公安机关依法处理；构成犯罪的，依法追究刑事责任。

第五十四条 城市轨道交通运营主管部门不履行本规定职责造成严重后果的，或者有其他滥用职权、玩忽职守、徇私舞弊行为的，对负有责任的领导人员和直接责任人员依法给予处分；构成犯罪的，依法追究刑事责任。

第五十五条 地方性法规、地方政府规章对城市轨道交通运营违法行为需要承担的法律责任与本规定有不同规定的，从其规定。

第七章 附 则

第五十六条 本规定自2018年7月1日起施行。

2. 车辆登记及从业人员管理

机动车登记规定

- 2021年12月17日中华人民共和国公安部令第164号公布
- 自2022年5月1日起施行

第一章 总 则

第一条 为了规范机动车登记，保障道路交通安全，保护公民、法人和其他组织的合法权益，根据《中华人民共和国道路交通安全法》及其实施条例，制定本规定。

第二条 本规定由公安机关交通管理部门负责实施。

省级公安机关交通管理部门负责本省（自治区、直辖市）机动车登记工作的指导、检查和监督。直辖市公安机关交通管理部门车辆管理所、设区的市或者相当于同级的公安机关交通管理部门车辆管理所负责办理本行政区域内机动车登记业务。

县级公安机关交通管理部门车辆管理所可以办理本行政区域内除危险货物运输车、校车、中型以上载客汽车登记以外的其他机动车登记业务。具体业务范围和办理条件由省级公安机关交通管理部门确定。

警用车辆登记业务按照有关规定办理。

第三条 车辆管理所办理机动车登记业务，应当遵循依法、公开、公正、便民的原则。

车辆管理所办理机动车登记业务，应当依法受理申请人的申请，审查申请人提交的材料，按规定查验机动车。对符合条件的，按照规定的标准、程序和期限办理机动车登记。对申请材料不齐全或者不符合法定形式的，应当一次书面或者电子告知申请人需要补正的全部内容。对不符合规定的，应当书面或者电子告知不予受理、登记的理由。

车辆管理所应当将法律、行政法规和本规定的有关办理机动车登记的事项、条件、依据、程序、期限以及收费标准、需要提交的全部材料的目录和申请表示范文本等在办公场所公示。

省级、设区的市或者相当于同级的公安机关交通管理部门应当在互联网上发布信息，便于群众查阅办理机动车登记的有关规定，查询机动车登记、检验等情况，下载、使用有关表格。

第四条 车辆管理所办理机动车登记业务时，应当按照减环节、减材料、减时限的要求，积极推行一次办结、限时办结等制度，为申请人提供规范、便利、高效的服务。

公安机关交通管理部门应当积极推进与有关部门信息互联互通，对实现信息共享、网上核查的，申请人免予提交相关证明凭证。

公安机关交通管理部门应当按照就近办理、便捷办理的原则，推进在机动车销售企业、二手车交易市场等地设置服务站点，方便申请人办理机动车登记业务，并在办公场所和互联网公示辖区内的业务办理网点、地址、联系电话、办公时间和业务范围。

第五条 车辆管理所应当使用全国统一的计算机管理系统办理机动车登记、核发机动车登记证书、号牌、行驶证和检验合格标志。

计算机管理系统的数据库标准和软件全国统一，能够完整、准确地记录和存储机动车登记业务全过程和经办人员信息，并能够实时将有关信息传送到全国公安交通管理信息系统。

第六条 车辆管理所应当使用互联网交通安全综合服务管理平台受理申请人网上提交的申请，验证申请人身份，按规定办理机动车登记业务。

互联网交通安全综合服务管理平台信息管理系统数据库标准和软件全国统一。

第七条 申请办理机动车登记业务的，应当如实向车辆管理所提交规定的材料、交验机动车，如实申告规定的事项，并对其申请材料实质内容的真实性以及机动车的合法性负责。

第八条 公安机关交通管理部门应当建立机动车登记业务监督制度，加强对机动车登记、牌证生产制作和发放等监督管理。

第九条 车辆管理所办理机动车登记业务时可以依据相关法律法规认可、使用电子签名、电子印章、电子证照。

第二章 机动车登记

第一节 注册登记

第十条 初次申领机动车号牌、行驶证的，机动车所有人应当向住所地的车辆管理所申请注册登记。

第十一条 机动车所有人应当到机动车安全技术检验机构对机动车进行安全技术检验，取得机动车安全技术检验合格证明后申请注册登记。但经海关进口的机动车和国务院机动车产品主管部门认定免予安全技术检验的机动车除外。

免予安全技术检验的机动车有下列情形之一的，应当进行安全技术检验：

（一）国产机动车出厂后两年内未申请注册登记的；

（二）经海关进口的机动车进口后两年内未申请注册登记的；

（三）申请注册登记前发生交通事故的。

专用校车办理注册登记前，应当按照专用校车国家安全技术标准进行安全技术检验。

第十二条 申请注册登记的，机动车所有人应当交验机动车，确认申请信息，并提交以下证明、凭证：

（一）机动车所有人的身份证明；

（二）购车发票等机动车来历证明；

（三）机动车整车出厂合格证明或者进口机动车进口凭证；

（四）机动车交通事故责任强制保险凭证；

（五）车辆购置税、车船税完税证明或者免税凭证，但法律规定不属于征收范围的除外；

（六）法律、行政法规规定应当在机动车注册登记时提交的其他证明、凭证。

不属于经海关进口的机动车和国务院机动车产品主管部门规定免予安全技术检验的机动车，还应当提交机动车安全技术检验合格证明。

车辆管理所应当自受理申请之日起二日内，查验机动车，采集、核对车辆识别代号拓印膜或者电子资料，审查提交的证明、凭证，核发机动车登记证书、号牌、行驶证和检验合格标志。

机动车安全技术检验、税务、保险等信息实现与有关部门或者机构联网核查的，申请人免予提交相关证明、凭证，车辆管理所核对相关电子信息。

第十三条 车辆管理所办理消防车、救护车、工程救险车注册登记时，应当对车辆的使用性质、标志图案、标志灯具和警报器进行审查。

机动车所有人申请机动车使用性质登记为危险货物运输、公路客运、旅游客运的，应当具备相关道路运输许可；实现与有关部门联网核查道路运输许可信息、车辆使用性质信息的，车辆管理所应当核对相关电子信息。

申请危险货物运输车登记的，机动车所有人应当为单位。

车辆管理所办理注册登记时，应当对牵引车和挂车分别核发机动车登记证书、号牌、行驶证和检验合格标志。

第十四条 车辆管理所实现与机动车制造厂新车出厂查验信息联网的，机动车所有人申请小型、微型非营运载客汽车注册登记时，免予交验机动车。

车辆管理所应当会同有关部门在具备条件的摩托车销售企业推行摩托车带牌销售，方便机动车所有人购置车辆、投保保险、缴纳税款、注册登记一站式办理。

第十五条 有下列情形之一的，不予办理注册登记：

（一）机动车所有人提交的证明、凭证无效的；

（二）机动车来历证明被涂改或者机动车来历证明记载的机动车所有人与身份证明不符的；

（三）机动车所有人提交的证明、凭证与机动车不符的；

（四）机动车未经国务院机动车产品主管部门许可生产或者未经国家进口机动车主管部门许可进口的；

（五）机动车的型号或者有关技术参数与国务院机动车产品主管部门公告不符的；

（六）机动车的车辆识别代号或者有关技术参数不符合国家安全技术标准的；

（七）机动车达到国家规定的强制报废标准的；

（八）机动车被监察机关、人民法院、人民检察院、行政执法部门依法查封、扣押的；

（九）机动车属于被盗抢骗的；
（十）其他不符合法律、行政法规规定的情形。

第二节 变更登记

第十六条 已注册登记的机动车有下列情形之一的，机动车所有人应当向登记地车辆管理所申请变更登记：

（一）改变车身颜色的；
（二）更换发动机的；
（三）更换车身或者车架的；
（四）因质量问题更换整车的；
（五）机动车登记的使用性质改变的；
（六）机动车所有人的住所迁出、迁入车辆管理所管辖区域的。

属于第一款第一项至第三项规定的变更事项，机动车所有人应当在变更后十日内向车辆管理所申请变更登记。

第十七条 申请变更登记的，机动车所有人应当交验机动车，确认申请信息，并提交以下证明、凭证：

（一）机动车所有人的身份证明；
（二）机动车登记证书；
（三）机动车行驶证；
（四）属于更换发动机、车身或者车架的，还应当提交机动车安全技术检验合格证明；
（五）属于因质量问题更换整车的，还应当按照第十二条的规定提交相关证明、凭证。

车辆管理所应当自受理之日起一日内，查验机动车，审查提交的证明、凭证，在机动车登记证书上签注变更事项，收回行驶证，重新核发行驶证。属于第十六条第一款第三项、第四项、第六项规定的变更登记事项的，还应当采集、核对车辆识别代号拓印膜或者电子资料。属于机动车使用性质变更为公路客运、旅游客运，实现与有关部门联网核查道路运输许可信息、车辆使用性质信息的，还应当核对相关电子信息。属于需要重新核发机动车号牌的，收回号牌、行驶证，核发号牌、行驶证和检验合格标志。

小型、微型载客汽车因改变车身颜色申请变更登记，车辆不在登记地的，可以向车辆所在地车辆管理所提出申请。车辆所在地车辆管理所应当按规定查验机动车，审查提交的证明、凭证，并将机动车查验电子资料转递至登记地车辆管理所，登记地车辆管理所按规定复核并核发行驶证。

第十八条 机动车所有人的住所迁出车辆管理所管辖区域的，转出地车辆管理所应当自受理之日起三日内，查验机动车，在机动车登记证书上签注变更事项，制作上传机动车电子档案资料。机动车所有人应当在三十日内到住所地车辆管理所申请机动车转入。属于小型、微型载客汽车或者摩托车机动车所有人的住所迁出车辆管理所管辖区域的，应当向转入地车辆管理所申请变更登记。

申请机动车转入的，机动车所有人应当确认申请信息，提交身份证明、机动车登记证书，并交验机动车。机动车在转入时已超过检验有效期的，应当按规定进行安全技术检验并提交机动车安全技术检验合格证明和交通事故责任强制保险凭证。车辆管理所应当自受理之日起三日内，查验机动车，采集、核对车辆识别代号拓印膜或者电子资料，审查相关证明、凭证和机动车电子档案资料，在机动车登记证书上签注转入信息，收回号牌、行驶证，确定新的机动车号牌号码，核发号牌、行驶证和检验合格标志。

机动车所有人申请转出、转入前，应当将涉及该车的道路交通安全违法行为和交通事故处理完毕。

第十九条 机动车所有人为两人以上，需要将登记的所有人姓名变更为其他共同所有人姓名的，可以向登记地车辆管理所申请变更登记。申请时，机动车所有人应当共同提出申请，确认申请信息，提交机动车登记证书、行驶证、变更前和变更后机动车所有人的身份证明和共同所有的公证证明，但属于夫妻双方共同所有的，可以提供结婚证或者证明夫妻关系的居民户口簿。

车辆管理所应当自受理之日起一日内，审查提交的证明、凭证，在机动车登记证书上签注变更事项，收回号牌、行驶证，确定新的机动车号牌号码，重新核发号牌、行驶证和检验合格标志。变更后机动车所有人的住所不在车辆管理所管辖区域内的，迁出地和迁入地车辆管理所应当按照第十八条的规定办理变更登记。

第二十条 同一机动车所有人名下机动车的号牌号码需要互换，符合以下情形的，可以向登记地车辆管理所申请变更登记：

（一）两辆机动车在同一辖区车辆管理所登记；
（二）两辆机动车属于同一号牌种类；
（三）两辆机动车使用性质为非营运。

机动车所有人应当确认申请信息，提交机动车所有人身份证明、两辆机动车的登记证书、行驶证、号牌。申请前，应当将两车的道路交通安全违法行为和交通事故处理完毕。

车辆管理所应当自受理之日起一日内，审查提交的证明、凭证，在机动车登记证书上签注变更事项，收回两车的号牌、行驶证，重新核发号牌、行驶证和检验合格标志。

同一机动车一年内可以互换变更一次机动车号牌号码。

第二十一条 有下列情形之一的，不予办理变更登记：

（一）改变机动车的品牌、型号和发动机型号的，但经国务院机动车产品主管部门许可选装的发动机除外；

（二）改变已登记的机动车外形和有关技术参数的，但法律、法规和国家强制性标准另有规定的除外；

（三）属于第十五条第一项、第七项、第八项、第九项规定情形的。

距机动车强制报废标准规定要求使用年限一年以内的机动车，不予办理第十六条第五项、第六项规定的变更事项。

第二十二条 有下列情形之一，在不影响安全和识别号牌的情况下，机动车所有人不需要办理变更登记：

（一）增加机动车车内装饰；

（二）小型、微型载客汽车加装出入口踏步件；

（三）货运机动车加装防风罩、水箱、工具箱、备胎架等。

属于第一款第二项、第三项规定变更事项的，加装的部件不得超出车辆宽度。

第二十三条 已注册登记的机动车有下列情形之一的，机动车所有人应当在信息或者事项变更后三十日内，向登记地车辆管理所申请变更备案：

（一）机动车所有人住所在车辆管理所管辖区域内迁移、机动车所有人姓名（单位名称）变更的；

（二）机动车所有人身份证明名称或者号码变更的；

（三）机动车所有人联系方式变更的；

（四）车辆识别代号因磨损、锈蚀、事故等原因辨认不清或者损坏的；

（五）小型、微型自动挡载客汽车加装、拆除、更换肢体残疾人操纵辅助装置的；

（六）载货汽车、挂车加装、拆除车用起重尾板的；

（七）小型、微型载客汽车在不改变车身主体结构且保证安全的情况下加装车顶行李架，换装不同式样散热器面罩、保险杠、轮毂的；属于换装轮毂的，不得改变轮胎规格。

第二十四条 申请变更备案的，机动车所有人应当确认申请信息，按照下列规定办理：

（一）属于第二十三条第一项规定情形的，机动车所有人应当提交身份证明、机动车登记证书、行驶证。车辆管理所应当自受理之日起一日内，在机动车登记证书上签注备案事项，收回并重新核发行驶证；

（二）属于第二十三条第二项规定情形的，机动车所有人应当提交身份证明、机动车登记证书；属于身份证明号码变更的，还应当提交相关变更证明。车辆管理所应当自受理之日起一日内，在机动车登记证书上签注备案事项；

（三）属于第二十三条第三项规定情形的，机动车所有人应当提交身份证明。车辆管理所应当自受理之日起一日内办理备案；

（四）属于第二十三条第四项规定情形的，机动车所有人应当提交身份证明、机动车登记证书、行驶证，交验机动车。车辆管理所应当自受理之日起一日内，查验机动车，监督重新打刻原车辆识别代号，采集、核对车辆识别代号拓印膜或者电子资料，在机动车登记证书上签注备案事项；

（五）属于第二十三条第五项、第六项规定情形的，机动车所有人应当提交身份证明、行驶证、机动车安全技术检验合格证明、操纵辅助装置或者尾板加装合格证明，交验机动车。车辆管理所应当自受理之日起一日内，查验机动车，收回并重新核发行驶证；

（六）属于第二十三条第七项规定情形的，机动车所有人应当提交身份证明、行驶证，交验机动车。车辆管理所应当自受理之日起一日内，查验机动车，收回并重新核发行驶证。

因第二十三条第五项、第六项、第七项申请变更备案，车辆不在登记地的，可以向车辆所在地车辆管理所提出申请。车辆所在地车辆管理所应当按规定查验机动车，审查提交的证明、凭证，并将机动车查验电子资料转递至登记地车辆管理所，登记地车辆管理所按规定复核并核发行驶证。

第三节 转让登记

第二十五条 已注册登记的机动车所有权发生转让的，现机动车所有人应当自机动车交付之日起三十日内向登记地车辆管理所申请转让登记。

机动车所有人申请转让登记前，应当将涉及该车的道路交通安全违法行为和交通事故处理完毕。

第二十六条 申请转让登记的，现机动车所有人应当交验机动车，确认申请信息，并提交以下证明、凭证：

（一）现机动车所有人的身份证明；

（二）机动车所有权转让的证明、凭证；

（三）机动车登记证书；

（四）机动车行驶证；

（五）属于海关监管的机动车，还应当提交海关监管车辆解除监管证明书或者海关批准的转让证明；

（六）属于超过检验有效期的机动车，还应当提交机动车安全技术检验合格证明和交通事故责任强制保险凭证。

车辆管理所应当自受理申请之日起一日内，查验机动车，核对车辆识别代号拓印膜或者电子资料，审查提交的证明、凭证，收回号牌、行驶证，确定新的机动车号牌号码，在机动车登记证书上签注转让事项，重新核发号牌、行驶证和检验合格标志。

在机动车抵押登记期间申请转让登记的，应当由原机动车所有人、现机动车所有人和抵押权人共同申请，车辆管理所一并办理新的抵押登记。

在机动车质押备案期间申请转让登记的，应当由原机动车所有人、现机动车所有人和质权人共同申请，车辆管理所一并办理新的质押备案。

第二十七条 车辆管理所办理转让登记时，现机动车所有人住所不在车辆管理所管辖区域内的，转出地车辆管理所应当自受理之日起三日内，查验机动车，核对车辆识别代号拓印膜或者电子资料，审查提交的证明、凭证，收回号牌、行驶证，在机动车登记证书上签注转让和变更事项，核发有效期为三十日的临时行驶车号牌，制作上传机动车电子档案资料。机动车所有人应当在临时行驶车号牌的有效期限内到转入地车辆管理所申请机动车转入。

申请机动车转入时，机动车所有人应当确认申请信息，提交身份证明、机动车登记证书，并交验机动车。机动车在转入时已超过检验有效期的，应当按规定进行安全技术检验并提交机动车安全技术检验合格证明和交通事故责任强制保险凭证。转入地车辆管理所应当自受理之日起三日内，查验机动车，采集、核对车辆识别代号拓印膜或者电子资料，审查相关证明、凭证和机动车电子档案资料，在机动车登记证书上签注转入信息，核发号牌、行驶证和检验合格标志。

小型、微型载客汽车或者摩托车在转入地交易的，现机动车所有人应当向转入地车辆管理所申请转让登记。

第二十八条 二手车出口企业收购机动车的，车辆管理所应当自受理之日起三日内，查验机动车，核对车辆识别代号拓印膜或者电子资料，审查提交的证明、凭证，在机动车登记证书上签注转让待出口事项，收回号牌、行驶证，核发有效期不超过六十日的临时行驶车号牌。

第二十九条 有下列情形之一的，不予办理转让登记：

（一）机动车与该车档案记载内容不一致的；

（二）属于海关监管的机动车，海关未解除监管或者批准转让的；

（三）距机动车强制报废标准规定要求使用年限一年以内的机动车；

（四）属于第十五条第一项、第二项、第七项、第八项、第九项规定情形的。

第三十条 被监察机关、人民法院、人民检察院、行政执法部门依法没收并拍卖，或者被仲裁机构依法仲裁裁决，或者被监察机关依法处理，或者被人民法院调解、裁定、判决机动车所有权转让时，原机动车所有人未向现机动车所有人提供机动车登记证书、号牌或者行驶证的，现机动车所有人在办理转让登记时，应当提交监察机关或者人民法院出具的未得到机动车登记证书、号牌或者行驶证的协助执行通知书，或者人民检察院、行政执法部门出具的未得到机动车登记证书、号牌或者行驶证的证明。车辆管理所应当公告原机动车登记证书、号牌或者行驶证作废，并在办理转让登记的同时，补发机动车登记证书。

第四节 抵押登记

第三十一条 机动车作为抵押物抵押的，机动车所有人和抵押权人应当向登记地车辆管理所申请抵押登记；抵押权消灭的，应当向登记地车辆管理所申请解除抵押登记。

第三十二条 申请抵押登记的，由机动车所有人和抵押权人共同申请，确认申请信息，并提交下列证明、凭证：

（一）机动车所有人和抵押权人的身份证明；

（二）机动车登记证书；

（三）机动车抵押合同。

车辆管理所应当自受理之日起一日内，审查提交的证明、凭证，在机动车登记证书上签注抵押登记的内容和日期。

在机动车抵押登记期间，申请因质量问题更换整车变更登记、机动车迁出迁入、共同所有人变更或者补领、换领机动车登记证书的，应当由机动车所有人和抵押权人共同申请。

第三十三条 申请解除抵押登记的，由机动车所有人和抵押权人共同申请，确认申请信息，并提交下列证明、凭证：

（一）机动车所有人和抵押权人的身份证明；

（二）机动车登记证书。

人民法院调解、裁定、判决解除抵押的，机动车所有人或者抵押权人应当确认申请信息，提交机动车登记证书、人民法院出具的已经生效的调解书、裁定书或者判决书，以及相应的协助执行通知书。

车辆管理所应当自受理之日起一日内，审查提交的证明、凭证，在机动车登记证书上签注解除抵押登记的内容和日期。

第三十四条 机动车作为质押物质押的，机动车所有人可以向登记地车辆管理所申请质押备案；质押权消灭的，应当向登记地车辆管理所申请解除质押备案。

申请办理机动车质押备案或者解除质押备案的，由机动车所有人和质权人共同申请，确认申请信息，并提交以下证明、凭证：

（一）机动车所有人和质权人的身份证明；

（二）机动车登记证书。

车辆管理所应当自受理之日起一日内，审查提交的证明、凭证，在机动车登记证书上签注质押备案或者解除质押备案的内容和日期。

第三十五条 机动车抵押、解除抵押信息实现与有关部门或者金融机构等联网核查的，申请人免予提交相关证明、凭证。

机动车抵押登记日期、解除抵押登记日期可以供公众查询。

第三十六条 属于第十五条第一项、第七项、第八项、第九项或者第二十九条第二项规定情形的，不予办理抵押登记、质押备案。对机动车所有人、抵押权人、质权人提交的证明、凭证无效，或者机动车被监察机关、人民法院、人民检察院、行政执法部门依法查封、扣押的，不予办理解除抵押登记、质押备案。

第五节 注销登记

第三十七条 机动车有下列情形之一的，机动车所有人应当向登记地车辆管理所申请注销登记：

（一）机动车已达到国家强制报废标准的；

（二）机动车未达到国家强制报废标准，机动车所有人自愿报废的；

（三）因自然灾害、失火、交通事故等造成机动车灭失的；

（四）机动车因故不在我国境内使用的；

（五）因质量问题退车的。

属于第一款第四项、第五项规定情形的，机动车所有人申请注销登记前，应当将涉及该车的道路交通安全违法行为和交通事故处理完毕。

属于二手车出口符合第一款第四项规定情形的，二手车出口企业应当在机动车办理海关出口通关手续后二个月内申请注销登记。

第三十八条 属于第三十七条第一款第一项、第二项规定情形，机动车所有人申请注销登记的，应当向报废机动车回收企业交售机动车，确认申请信息，提交机动车登记证书、号牌和行驶证。

报废机动车回收企业应当确认机动车，向机动车所有人出具报废机动车回收证明，七日内将申请表、机动车登记证书、号牌、行驶证和报废机动车回收证明副本提交车辆管理所。属于报废校车、大型客车、重型货车及其他营运车辆的，申请注销登记时，还应当提交车辆识别代号拓印膜、车辆解体的照片或者电子资料。

车辆管理所应当自受理之日起一日内，审查提交的证明、凭证，收回机动车登记证书、号牌、行驶证，出具注销证明。

对车辆不在登记地的，机动车所有人可以向车辆所在地机动车回收企业交售报废机动车。报废机动车回收企业应当确认机动车，向机动车所有人出具报废机动车回收证明，七日内将申请表、机动车登记证书、号牌、行驶证、报废机动车回收证明副本以及车辆识别代号拓印膜或者电子资料提交报废地车辆管理所。属于报废校车、大型客车、重型货车及其他营运车辆的，还应当提交车辆解体的照片或者电子资料。

报废地车辆管理所应当自受理之日起一日内，审查提交的证明、凭证，收回机动车登记证书、号牌、行驶证，并通过计算机登记管理系统将机动车报废信息传递给登记地车辆管理所。登记地车辆管理所应当自接到机动车报废信息之日起一日内办理注销登记，并出具注销证明。

机动车报废信息实现与有关部门联网核查的，报废机动车回收企业免予提交相关证明、凭证，车辆管理所应当核对相关电子信息。

第三十九条 属于第三十七条第一款第三项、第四项、第五项规定情形，机动车所有人申请注销登记的，应当确认申请信息，并提交以下证明、凭证：

（一）机动车所有人身份证明；

（二）机动车登记证书；

（三）机动车行驶证；

(四)属于海关监管的机动车,因故不在我国境内使用的,还应当提交海关出具的海关监管车辆进(出)境领(销)牌照通知书;

(五)属于因质量问题退车的,还应当提交机动车制造厂或者经销商出具的退车证明。

申请人因机动车灭失办理注销登记的,应当书面承诺因自然灾害、失火、交通事故等导致机动车灭失,并承担不实承诺的法律责任。

二手车出口企业因二手车出口办理注销登记的,应当提交机动车所有人身份证明、机动车登记证书和机动车出口证明。

车辆管理所应当自受理之日起一日内,审查提交的证明、凭证,属于机动车因故不在我国境内使用的还应当核查机动车出境记录,收回机动车登记证书、号牌、行驶证,出具注销证明。

第四十条 已注册登记的机动车有下列情形之一的,登记地车辆管理所应当办理机动车注销:

(一)机动车登记被依法撤销的;

(二)达到国家强制报废标准的机动车被依法收缴并强制报废的。

第四十一条 已注册登记的机动车有下列情形之一的,车辆管理所应当公告机动车登记证书、号牌、行驶证作废:

(一)达到国家强制报废标准,机动车所有人逾期不办理注销登记的;

(二)机动车登记被依法撤销后,未收缴机动车登记证书、号牌、行驶证的;

(三)达到国家强制报废标准的机动车被依法收缴并强制报废的;

(四)机动车所有人办理注销登记时未交回机动车登记证书、号牌、行驶证的。

第四十二条 属于第十五条第一项、第八项、第九项或者第二十九条第一项规定情形的,不予办理注销登记。机动车在抵押登记、质押备案期间的,不予办理注销登记。

第三章 机动车牌证

第一节 牌证发放

第四十三条 机动车所有人可以通过计算机随机选取或者按照选号规则自行编排的方式确定机动车号牌号码。

公安机关交通管理部门应当使用统一的机动车号牌选号系统发放号牌号码,号牌号码公开向社会发放。

第四十四条 办理机动车变更登记、转让登记或者注销登记后,原机动车所有人申请机动车登记时,可以向车辆管理所申请使用原机动车号牌号码。

申请使用原机动车号牌号码应当符合下列条件:

(一)在办理机动车迁出、共同所有人变更、转让登记或者注销登记后两年内提出申请;

(二)机动车所有人拥有原机动车且使用原号牌号码一年以上;

(三)涉及原机动车的道路交通安全违法行为和交通事故处理完毕。

第四十五条 夫妻双方共同所有的机动车将登记的机动车所有人姓名变更为另一方姓名,婚姻关系存续期满一年且经夫妻双方共同申请的,可以使用原机动车号牌号码。

第四十六条 机动车具有下列情形之一,需要临时上道路行驶的,机动车所有人应当向车辆管理所申领临时行驶车号牌:

(一)未销售的;

(二)购买、调拨、赠予等方式获得机动车后尚未注册登记的;

(三)新车出口销售的;

(四)进行科研、定型试验的;

(五)因轴荷、总质量、外廓尺寸超出国家标准不予办理注册登记的特型机动车。

第四十七条 机动车所有人申领临时行驶车号牌应当提交以下证明、凭证:

(一)机动车所有人的身份证明;

(二)机动车交通事故责任强制保险凭证;

(三)属于第四十六条第一项、第五项规定情形的,还应当提交机动车整车出厂合格证明或者进口机动车进口凭证;

(四)属于第四十六条第二项规定情形的,还应当提交机动车来历证明,以及机动车整车出厂合格证明或者进口机动车进口凭证;

(五)属于第四十六条第三项规定情形的,还应当提交机动车制造厂出具的安全技术检验证明以及机动车出口证明;

(六)属于第四十六条第四项规定情形的,还应当提交书面申请,以及机动车安全技术检验合格证明或者机动车制造厂出具的安全技术检验证明。

车辆管理所应当自受理之日起一日内,审查提交的证明、凭证,属于第四十六条第一项、第二项、第三项规定情形,需要临时上道路行驶的,核发有效期不超过三十日的临时行驶车号牌。属于第四十六条第四项规定情形的,核发有效期不超过六个月的临时行驶车号牌。属于第四十六条第五项规定情形的,核发有效期不超过九十日的临时行驶车号牌。

因号牌制作的原因,无法在规定时限内核发号牌的,车辆管理所应当核发有效期不超过十五日的临时行驶车号牌。

对属于第四十六条第一项、第二项规定情形,机动车所有人需要多次申领临时行驶车号牌的,车辆管理所核发临时行驶车号牌不得超过三次。属于第四十六条第三项规定情形的,车辆管理所核发一次临时行驶车号牌。

临时行驶车号牌有效期不得超过机动车交通事故责任强制保险有效期。

机动车办理登记后,机动车所有人收到机动车号牌之日起三日后,临时行驶车号牌作废,不得继续使用。

第四十八条 对智能网联机动车进行道路测试、示范应用需要上道路行驶的,道路测试、示范应用单位应当向车辆管理所申领临时行驶车号牌,提交以下证明、凭证:

(一)道路测试、示范应用单位的身份证明;
(二)机动车交通事故责任强制保险凭证;
(三)经主管部门确认的道路测试、示范应用凭证;
(四)机动车安全技术检验合格证明。

车辆管理所应当自受理之日起一日内,审查提交的证明、凭证,核发临时行驶车号牌。临时行驶车号牌有效期应当与准予道路测试、示范应用凭证上签注的期限保持一致,但最长不得超过六个月。

第四十九条 对临时入境的机动车需要上道路行驶的,机动车所有人应当按规定向入境地或者始发地车辆管理所申领临时入境机动车号牌和行驶证。

第五十条 公安机关交通管理部门应当使用统一的号牌管理信息系统制作、发放、收回、销毁机动车号牌和临时行驶车号牌。

第二节 牌证补换领

第五十一条 机动车号牌灭失、丢失或者损毁的,机动车所有人应当向登记地车辆管理所申请补领、换领。申请时,机动车所有人应当确认申请信息并提交身份证明。

车辆管理所应当审查提交的证明、凭证,收回未灭失、丢失或者损毁的号牌,自受理之日起十五日内补发、换发号牌,原机动车号牌号码不变。

补发、换发号牌期间,申请人可以申领有效期不超过十五日的临时行驶车号牌。

补领、换领机动车号牌的,原机动车号牌作废,不得继续使用。

第五十二条 机动车登记证书、行驶证灭失、丢失或者损毁的,机动车所有人应当向登记地车辆管理所申请补领、换领。申请时,机动车所有人应当确认申请信息并提交身份证明。

车辆管理所应当审查提交的证明、凭证,收回损毁的登记证书、行驶证,自受理之日起一日内补发、换发登记证书、行驶证。

补领、换领机动车登记证书、行驶证的,原机动车登记证书、行驶证作废,不得继续使用。

第五十三条 机动车所有人发现登记内容有错误的,应当及时要求车辆管理所更正。车辆管理所应当自受理之日起五日内予以确认。确属登记错误的,在机动车登记证书上更正相关内容,换发行驶证。需要改变机动车号牌号码的,应当收回号牌、行驶证,确定新的机动车号牌号码,重新核发号牌、行驶证和检验合格标志。

第三节 检验合格标志核发

第五十四条 机动车所有人可以在机动车检验有效期满前三个月内向车辆管理所申请检验合格标志。除大型载客汽车、校车以外的机动车因故不能在登记地检验的,机动车所有人可以向车辆所在地车辆管理所申请检验合格标志。

申请前,机动车所有人应当将涉及该车的道路交通安全违法行为和交通事故处理完毕。申请时,机动车所有人应当确认申请信息并提交行驶证、机动车交通事故责任强制保险凭证、车船税纳税或者免税证明、机动车安全技术检验合格证明。

车辆管理所应当自受理之日起一日内,审查提交的证明、凭证,核发检验合格标志。

第五十五条 对免予到机动车安全技术检验机构检验的机动车,机动车所有人申请检验合格标志时,应当提交机动车所有人身份证明或者行驶证、机动车交通事故责任强制保险凭证、车船税纳税或者免税证明。

车辆管理所应当自受理之日起一日内,审查提交的证明、凭证,核发检验合格标志。

第五十六条 公安机关交通管理部门应当实行机动车检验合格标志电子化,在核发检验合格标志的同时,发放检验合格标志电子凭证。

检验合格标志电子凭证与纸质检验合格标志具有同等效力。

第五十七条 机动车检验合格标志灭失、丢失或者损毁,机动车所有人需要补领、换领的,可以持机动车所有人身份证明或者行驶证向车辆管理所申请补领或者换领。对机动车交通事故责任强制保险在有效期内的,车辆管理所应当自受理之日起一日内补发或者换发。

第四章 校车标牌核发

第五十八条 学校或者校车服务提供者申请校车使用许可,应当按照《校车安全管理条例》向县级或者设区的市级人民政府教育行政部门提出申请。公安机关交通管理部门收到教育行政部门送来的征求意见材料后,应当在一日内通知申请人交验机动车。

第五十九条 县级或者设区的市级公安机关交通管理部门应当自申请人交验机动车之日起二日内确认机动车,查验校车标志灯、停车指示标志、卫星定位装置以及逃生锤、干粉灭火器、急救箱等安全设备,审核行驶线路、开行时间和停靠站点。属于专用校车的,还应当查验校车外观标识。审查以下证明、凭证:

(一)机动车所有人的身份证明;

(二)机动车行驶证;

(三)校车安全技术检验合格证明;

(四)包括行驶线路、开行时间和停靠站点的校车运行方案;

(五)校车驾驶人的机动车驾驶证。

公安机关交通管理部门应当自收到教育行政部门征求意见材料之日起三日内向教育行政部门回复意见,但申请人未按规定交验机动车的除外。

第六十条 学校或者校车服务提供者按照《校车安全管理条例》取得校车使用许可后,应当向县级或者设区的市级公安机关交通管理部门领取校车标牌。领取时应当确认表格信息,并提交以下证明、凭证:

(一)机动车所有人的身份证明;

(二)校车驾驶人的机动车驾驶证;

(三)机动车行驶证;

(四)县级或者设区的市级人民政府批准的校车使用许可;

(五)县级或者设区的市级人民政府批准的包括行驶线路、开行时间和停靠站点的校车运行方案。

公安机关交通管理部门应当在收到领取表之日起三日内核发校车标牌。对属于专用校车的,应当核对行驶证上记载的校车类型和核载人数;对不属于专用校车的,应当在行驶证副页上签注校车类型和核载人数。

第六十一条 校车标牌应当记载本车的号牌号码、机动车所有人、驾驶人、行驶路线、开行时间、停靠站点、发牌单位、有效期限等信息。校车标牌分前后两块,分别放置于前风窗玻璃右下角和后风窗玻璃适当位置。

校车标牌有效期的截止日期与校车安全技术检验有效期的截止日期一致,但不得超过校车使用许可有效期。

第六十二条 专用校车应当自注册登记之日起每半年进行一次安全技术检验,非专用校车应当自取得校车标牌后每半年进行一次安全技术检验。

学校或者校车服务提供者应当在校车检验有效期满前一个月内向公安机关交通管理部门申请检验合格标志。

公安机关交通管理部门应当自受理之日起一日内,审查提交的证明、凭证,核发检验合格标志,换发校车标牌。

第六十三条 已取得校车标牌的机动车达到报废标准或者不再作为校车使用的,学校或者校车服务提供者应当拆除校车标志灯、停车指示标志,消除校车外观标识,并将校车标牌交回核发的公安机关交通管理部门。

专用校车不得改变使用性质。

校车使用许可被吊销、注销或者撤销的,学校或者校车服务提供者应当拆除校车标志灯、停车指示标志,消除校车外观标识,并将校车标牌交回核发的公安机关交通管理部门。

第六十四条 校车行驶线路、开行时间、停靠站点或者车辆、所有人、驾驶人发生变化的,经县级或者设区的市级人民政府批准后,应当按照本规定重新领取校车标牌。

第六十五条 公安机关交通管理部门应当每月将校车标牌的发放、变更、收回等信息报本级人民政府备案,并通报教育行政部门。

学校或者校车服务提供者应当自取得校车标牌之日起,每月查询校车道路交通安全违法行为记录,及时到公安机关交通管理部门接受处理。核发校车标牌的公安机关交通管理部门应当每月汇总辖区内校车道路交通安全违法和交通事故等情况,通知学校或者校车服务提供者,并通报教育行政部门。

第六十六条 校车标牌灭失、丢失或者损毁的,学校或者校车服务提供者应当向核发标牌的公安机关交通管理部门申请补领或者换领。申请时,应当提交机动车所有人的身份证明及机动车行驶证。公安机关交通管理部门应当自受理之日起三日内审核，补发或者换发校车标牌。

第五章 监督管理

第六十七条 公安机关交通管理部门应当建立业务监督管理中心，通过远程监控、数据分析、日常检查、档案抽查、业务回访等方式，对机动车登记及相关业务办理情况进行监督管理。

直辖市、设区的市或者相当于同级的公安机关交通管理部门应当通过监管系统每周对机动车登记及相关业务办理情况进行监控、分析，及时查处整改发现的问题。省级公安机关交通管理部门应当通过监管系统每月对机动车登记及相关业务办理情况进行监控、分析，及时查处、通报发现的问题。

车辆管理所存在严重违规办理机动车登记情形的，上级公安机关交通管理部门可以暂停该车辆管理所办理相关业务或者指派其他车辆管理所人员接管业务。

第六十八条 县级公安机关交通管理部门办理机动车登记及相关业务的，办公场所、设施设备、人员资质和信息系统等应当满足业务办理需求，并符合相关规定和标准要求。

直辖市、设区的市公安机关交通管理部门应当加强对县级公安机关交通管理部门办理机动车登记及相关业务的指导、培训和监督管理。

第六十九条 机动车销售企业、二手车交易市场、机动车安全技术检验机构、报废机动车回收企业和邮政、金融机构、保险机构等单位，经公安机关交通管理部门委托可以设立机动车登记服务站，在公安机关交通管理部门监督管理下协助办理机动车登记及相关业务。

机动车登记服务站应当规范设置名称和外观标识，公开业务范围、办理依据、办理程序、收费标准等事项。机动车登记服务站应当使用统一的计算机管理系统协助办理机动车登记及相关业务。

机动车登记服务站协助办理机动车登记的，可以提供办理保险和车辆购置税、机动车预查验、信息预录入等服务，便利机动车所有人一站式办理。

第七十条 公安机关交通管理部门应当建立机动车登记服务站监督管理制度，明确设立条件、业务范围、办理要求、信息系统安全等规定，签订协议及责任书，通过业务抽查、网上巡查、实地检查、业务回访等方式加强对机动车登记服务站协助办理业务情况的监督管理。

机动车登记服务站存在违反规定办理机动车登记及相关业务、违反信息安全管理规定等情形的，公安机关交通管理部门应当暂停委托其业务办理，限期整改；有严重违规情形的，终止委托其业务办理。机动车登记服务站违反规定办理业务给当事人造成经济损失的，应当依法承担赔偿责任；构成犯罪的，依法追究相关责任人员刑事责任。

第七十一条 公安机关交通管理部门应当建立号牌制作发放监管制度，加强对机动车号牌制作单位和号牌质量的监督管理。

机动车号牌制作单位存在违反规定制作和发放机动车号牌的，公安机关交通管理部门应当暂停其相关业务，限期整改；构成犯罪的，依法追究相关责任人员刑事责任。

第七十二条 机动车安全技术检验机构应当按照国家机动车安全技术检验标准对机动车进行检验，对检验结果承担法律责任。

公安机关交通管理部门在核发机动车检验合格标志时，发现机动车安全技术检验机构存在为未经检验的机动车出具检验合格证明、伪造或者篡改检验数据等出具虚假检验结果行为的，停止认可其出具的检验合格证明，依法进行处罚，并通报市场监督管理部门；构成犯罪的，依法追究相关责任人员刑事责任。

第七十三条 从事机动车查验工作的人员，应当持有公安机关交通管理部门颁发的资格证书。公安机关交通管理部门应当在公安民警、警务辅助人员中选拔足够数量的机动车查验员，从事查验工作。机动车登记服务站工作人员可以在车辆管理所监督下承担机动车查验工作。

机动车查验员应当严格遵守查验工作纪律，不得减少查验项目、降低查验标准，不得参与、协助、纵容为违规机动车办理登记。公安民警、警务辅助人员不得参与或者变相参与机动车安全技术检验机构经营活动，不得收取机动车安全技术检验机构、机动车销售企业、二手车交易市场、报废机动车回收企业等相关企业、申请人的财物。

车辆管理所应当对机动车查验过程进行全程录像，并实时监控查验过程，没有使用录像设备的，不得进行查验。机动车查验中，查验员应当使用执勤执法记录仪记录查验过程。车辆管理所应当建立机动车查验音视频档案，存储录像设备和执勤执法记录仪记录的音像资料。

第七十四条 车辆管理所在办理机动车登记及相关业务过程中发现存在以下情形的，应当及时开展调查：

（一）机动车涉嫌走私、被盗抢骗、非法生产销售、拼

（组）装、非法改装的；

（二）涉嫌提交虚假申请材料的；

（三）涉嫌使用伪造、变造机动车牌证的；

（四）涉嫌以欺骗、贿赂等不正当手段取得机动车登记的；

（五）存在短期内频繁补换领牌证、转让登记、转出转入等异常情形的；

（六）存在其他违法违规情形的。

车辆管理所发现申请人通过互联网办理机动车登记及相关业务存在第一款规定嫌疑情形的，应当转为现场办理，当场审查申请材料，及时开展调查。

第七十五条 车辆管理所开展调查时，可以通知申请人协助调查，询问嫌疑情况，记录调查内容，并可以采取检验鉴定、实地检查等方式进行核查。

对经调查发现涉及行政案件或者刑事案件的，应当依法采取必要的强制措施或者其他处置措施，移交有管辖权的公安机关按照《公安机关办理行政案件程序规定》《公安机关办理刑事案件程序规定》等规定办理。

对办理机动车登记时发现机动车涉嫌走私的，公安机关交通管理部门应当将机动车及相关资料移交海关依法处理。

第七十六条 已注册登记的机动车被盗抢骗的，车辆管理所应当根据刑侦部门提供的情况，在计算机登记系统内记录，停止办理该车的各项登记和业务。被盗抢骗机动车发还后，车辆管理所应当恢复办理该车的各项登记和业务。

机动车在被盗抢骗期间，发动机号码、车辆识别代号或者车身颜色被改变的，车辆管理所应当凭有关技术鉴定证明办理变更备案。

第七十七条 公安机关交通管理部门及其交通警察、警务辅助人员办理机动车登记工作，应当接受监察机关、公安机关督察审计部门等依法实施的监督。

公安机关交通管理部门及其交通警察、警务辅助人员办理机动车登记工作，应当自觉接受社会和公民的监督。

第六章　法律责任

第七十八条 有下列情形之一的，由公安机关交通管理部门处警告或者二百元以下罚款：

（一）重型、中型载货汽车、专项作业车、挂车及大型客车的车身或者车厢后部未按照规定喷涂放大的牌号或者放大的牌号不清晰的；

（二）机动车喷涂、粘贴标识或者车身广告，影响安全驾驶的；

（三）载货汽车、专项作业车及挂车未按照规定安装侧面及后下部防护装置、粘贴车身反光标识的；

（四）机动车未按照规定期限进行安全技术检验的；

（五）改变车身颜色、更换发动机、车身或者车架，未按照第十六条规定的时限办理变更登记的；

（六）机动车所有权转让后，现机动车所有人未按照第二十五条规定的时限办理转让登记的；

（七）机动车所有人办理变更登记、转让登记，未按照第十八条、第二十七条规定的时限到住所地车辆管理所申请机动车转入的；

（八）机动车所有人未按照第二十三条规定申请变更备案的。

第七十九条 除第十六条、第二十二条、第二十三条规定的情形外，擅自改变机动车外形和已登记的有关技术参数的，由公安机关交通管理部门责令恢复原状，并处警告或者五百元以下罚款。

第八十条 隐瞒有关情况或者提供虚假材料申请机动车登记的，公安机关交通管理部门不予受理或者不予登记，处五百元以下罚款；申请人在一年内不得再次申请机动车登记。

对发现申请人通过机动车虚假交易、以合法形式掩盖非法目的等手段，在机动车登记业务中牟取不正当利益的，依照第一款的规定处理。

第八十一条 以欺骗、贿赂等不正当手段取得机动车登记的，由公安机关交通管理部门收缴机动车登记证书、号牌、行驶证，撤销机动车登记，处二千元以下罚款；申请人在三年内不得再次申请机动车登记。

以欺骗、贿赂等不正当手段办理补、换领机动车登记证书、号牌、行驶证和检验合格标志等业务的，由公安机关交通管理部门收缴机动车登记证书、号牌、行驶证和检验合格标志，未收缴的，公告作废，处二千元以下罚款。

组织、参与实施第八十条、本条前两款行为之一牟取经济利益的，由公安机关交通管理部门处违法所得三倍以上五倍以下罚款，但最高不超过十万元。

第八十二条 省、自治区、直辖市公安厅、局可以根据本地区的实际情况，在本规定的处罚幅度范围内，制定具体的执行标准。

对本规定的道路交通安全违法行为的处理程序按照《道路交通安全违法行为处理程序规定》执行。

第八十三条 交通警察有下列情形之一的，按照有关规定给予处分；对聘用人员予以解聘。构成犯罪的，依法追究刑事责任：

（一）违反规定为被盗抢骗、走私、非法拼（组）装、达到国家强制报废标准的机动车办理登记的；

（二）不按照规定查验机动车和审查证明、凭证的；

（三）故意刁难，拖延或者拒绝办理机动车登记的；

（四）违反本规定增加机动车登记条件或者提交的证明、凭证的；

（五）违反第四十三条的规定，采用其他方式确定机动车号牌号码的；

（六）违反规定跨行政辖区办理机动车登记和业务的；

（七）与非法中介串通牟取经济利益的；

（八）超越职权进入计算机登记管理系统办理机动车登记和业务，或者不按规定使用计算机登记管理系统办理机动车登记和业务的；

（九）违反规定侵入计算机登记管理系统，泄漏、篡改、买卖系统数据，或者泄漏系统密码的；

（十）违反规定向他人出售或者提供机动车登记信息的；

（十一）参与或者变相参与机动车安全技术检验机构经营活动的；

（十二）利用职务上的便利索取、收受他人财物或者牟取其他利益的；

（十三）强令车辆管理所违反本规定办理机动车登记的。

交通警察未按照第七十三条第三款规定使用执法记录仪的，根据情节轻重，按照有关规定给予处分。

第八十四条　公安机关交通管理部门有第八十三条所列行为之一的，按照有关规定对直接负责的主管人员和其他直接责任人员给予相应的处分。

公安机关交通管理部门及其工作人员有第八十三条所列行为之一，给当事人造成损失的，应当依法承担赔偿责任。

第七章　附　则

第八十五条　机动车登记证书、号牌、行驶证、检验合格标志的式样由公安部统一制定并监制。

机动车登记证书、号牌、行驶证、检验合格标志的制作应当符合有关标准。

第八十六条　机动车所有人可以委托代理人代理申请各项机动车登记和业务，但共同所有人变更、申请补领机动车登记证书、机动车灭失注销的除外；对机动车所有人因死亡、出境、重病、伤残或者不可抗力等原因不能到

场的，可以凭相关证明委托代理人代理申请，或者由继承人申请。

代理人申请机动车登记和业务时，应当提交代理人的身份证明和机动车所有人的委托书。

第八十七条　公安机关交通管理部门应当实行机动车登记档案电子化，机动车电子档案与纸质档案具有同等效力。车辆管理所对办理机动车登记时不需要留存原件的证明、凭证，应当以电子文件形式归档。

第八十八条　本规定所称进口机动车以及进口机动车的进口凭证是指：

（一）进口机动车：

1.经国家限定口岸海关进口的汽车；

2.经各口岸海关进口的其他机动车；

3.海关监管的机动车；

4.国家授权的执法部门没收的走私、无合法进口证明和利用进口关键件非法拼（组）装的机动车。

（二）进口机动车的进口凭证：

1.进口汽车的进口凭证，是国家限定口岸海关签发的货物进口证明书；

2.其他进口机动车的进口凭证，是各口岸海关签发的货物进口证明书；

3.海关监管的机动车的进口凭证，是监管地海关出具的海关监管车辆进（出）境领（销）牌照通知书；

4.国家授权的执法部门没收的走私、无进口证明和利用进口关键件非法拼（组）装的机动车的进口凭证，是该部门签发的没收走私汽车、摩托车证明书。

第八十九条　本规定所称机动车所有人、身份证明以及住所是指：

（一）机动车所有人包括拥有机动车的个人或者单位。

1.个人是指我国内地的居民和军人（含武警）以及香港、澳门特别行政区、台湾地区居民、定居国外的中国公民和外国人；

2.单位是指机关、企业、事业单位和社会团体以及外国驻华使馆、领馆和外国驻华办事机构、国际组织驻华代表机构。

（二）身份证明：

1.机关、企业、事业单位、社会团体的身份证明，是该单位的统一社会信用代码证书、营业执照或者社会团体法人登记证书，以及加盖单位公章的委托书和被委托人的身份证明。机动车所有人为单位的内设机构，本身不具备领取统一社会信用代码证书条件的，可以使用上级

单位的统一社会信用代码证书作为机动车所有人的身份证明。上述单位已注销、撤销或者破产，其机动车需要办理变更登记、转让登记、解除抵押登记、注销登记、解除质押备案和补、换领机动车登记证书、号牌、行驶证的，已注销的企业的身份证明，是市场监督管理部门出具的准予注销登记通知书；已撤销的机关、事业单位、社会团体的身份证明，是其上级主管机关出具的有关证明；已破产无有效营业执照的企业，其身份证明是依法成立的财产清算机构或者人民法院依法指定的破产管理人出具的有关证明。商业银行、汽车金融公司申请办理抵押登记业务的，其身份证明是营业执照或者加盖公章的营业执照复印件；

2. 外国驻华使馆、领馆和外国驻华办事机构、国际组织驻华代表机构的身份证明，是该使馆、领馆或者该办事机构、代表机构出具的证明；

3. 居民的身份证明，是居民身份证或者临时居民身份证。在户籍地以外居住的内地居民，其身份证明是居民身份证或者临时居民身份证，以及公安机关核发的居住证明或者居住登记证明；

4. 军人（含武警）的身份证明，是居民身份证或者临时居民身份证。在未办理居民身份证前，是军队有关部门核发的军官证、文职干部证、士兵证、离休证、退休证等有效军人身份证件，以及其所在的团级以上单位出具的本人住所证明；

5. 香港、澳门特别行政区居民的身份证明，是港澳居民居住证；或者是其所持有的港澳居民来往内地通行证或外交部核发的中华人民共和国旅行证，以及公安机关出具的住宿登记证明；

6. 台湾地区居民的身份证明，是台湾居民居住证；或者是其所持有的公安机关核发的五年有效的台湾居民来往大陆通行证或外交部核发的中华人民共和国旅行证，以及公安机关出具的住宿登记证明；

7. 定居国外的中国公民的身份证明，是中华人民共和国护照和公安机关出具的住宿登记证明；

8. 外国人的身份证明，是其所持有的有效护照或者其他国际旅行证件，停居留期三个月以上的有效签证或者停留、居留许可，以及公安机关出具的住宿登记证明；或者是外国人永久居留身份证；

9. 外国驻华使馆、领馆人员、国际组织驻华代表机构人员的身份证明，是外交部核发的有效身份证件。

（三）住所：

1. 单位的住所是其主要办事机构所在地；

2. 个人的住所是户籍登记地或者其身份证明记载的住址。在户籍地以外居住的内地居民的住所是公安机关核发的居住证明或者居住登记证明记载的住址。

属于在户籍地以外办理除机动车注册登记、转让登记、住所迁入、共同所有人变更以外业务的，机动车所有人免予提交公安机关核发的居住证明或者居住登记证明。

属于在户籍地以外办理小型、微型非营运载客汽车注册登记的，机动车所有人免予提交公安机关核发的居住证明或者居住登记证明。

第九十条 本规定所称机动车来历证明以及机动车整车出厂合格证明是指：

（一）机动车来历证明：

1. 在国内购买的机动车，其来历证明是机动车销售统一发票或者二手车交易发票。在国外购买的机动车，其来历证明是该车销售单位开具的销售发票及其翻译文本，但海关监管的机动车不需提供来历证明；

2. 监察机关依法没收、追缴或者责令退赔的机动车，其来历证明是监察机关出具的法律文书，以及相应的协助执行通知书；

3. 人民法院调解、裁定或者判决转让的机动车，其来历证明是人民法院出具的已经生效的调解书、裁定书或者判决书，以及相应的协助执行通知书；

4. 仲裁机构仲裁裁决转让的机动车，其来历证明是仲裁裁决书和人民法院出具的协助执行通知书；

5. 继承、赠予、中奖、协议离婚和协议抵偿债务的机动车，其来历证明是继承、赠予、中奖、协议离婚、协议抵偿债务的相关文书和公证机关出具的公证书；

6. 资产重组或者资产整体买卖中包含的机动车，其来历证明是资产主管部门的批准文件；

7. 机关、企业、事业单位和社会团体统一采购并调拨到下属单位未注册登记的机动车，其来历证明是机动车销售统一发票和该部门出具的调拨证明；

8. 机关、企业、事业单位和社会团体已注册登记并调拨到下属单位的机动车，其来历证明是该单位出具的调拨证明。被上级单位调回或者调拨到其他下属单位的机动车，其来历证明是上级单位出具的调拨证明；

9. 经公安机关破案发还的被盗抢骗且已向原机动车所有人理赔完毕的机动车，其来历证明是权益转让证明书。

（二）机动车整车出厂合格证明：

1. 机动车整车厂生产的汽车、摩托车、挂车，其出厂合格证明是该厂出具的机动车整车出厂合格证；

2.使用国产或者进口底盘改装的机动车，其出厂合格证明是机动车底盘生产厂出具的机动车底盘出厂合格证或者进口机动车底盘的进口凭证和机动车改装厂出具的机动车整车出厂合格证；

3.使用国产或者进口整车改装的机动车，其出厂合格证明是机动车生产厂出具的机动车整车出厂合格证或者进口机动车的进口凭证和机动车改装厂出具的机动车整车出厂合格证。

4.监察机关、人民法院、人民检察院或者行政执法机关依法扣留、没收并拍卖的未注册登记的国产机动车，未能提供出厂合格证明的，可以凭监察机关、人民法院、人民检察院或者行政执法机关出具的证明替代。

第九十一条 本规定所称二手车出口企业是指经商务主管部门认定具备二手车出口资质的企业。

第九十二条 本规定所称"一日"、"二日"、"三日"、"五日"、"七日"、"十日"、"十五日"，是指工作日，不包括节假日。

临时行驶车号牌的最长有效期"十五日"、"三十日"、"六十日"、"九十日"、"六个月"，包括工作日和节假日。

本规定所称"以下"、"以上"、"以内"，包括本数。

第九十三条 本规定自2022年5月1日起施行。2008年5月27日发布的《机动车登记规定》（公安部令第102号）和2012年9月12日发布的《公安部关于修改〈机动车登记规定〉的决定》（公安部令第124号）同时废止。本规定生效后，公安部以前制定的规定与本规定不一致的，以本规定为准。

机动车驾驶证申领和使用规定

· 2021年12月17日中华人民共和国公安部令第162号公布
· 自2022年4月1日起施行

第一章 总 则

第一条 为了规范机动车驾驶证申领和使用，保障道路交通安全，保护公民、法人和其他组织的合法权益，根据《中华人民共和国道路交通安全法》及其实施条例、《中华人民共和国行政许可法》，制定本规定。

第二条 本规定由公安机关交通管理部门负责实施。

省级公安机关交通管理部门负责本省（自治区、直辖市）机动车驾驶证业务工作的指导、检查和监督。直辖市公安机关交通管理部门车辆管理所、设区的市或者相当于同级的公安机关交通管理部门车辆管理所负责办理本行政区域内机动车驾驶证业务。

县级公安机关交通管理部门车辆管理所可以办理本行政区域内除大型客车、重型牵引挂车、城市公交车、中型客车、大型货车场地驾驶技能、道路驾驶技能考试以外的其他机动车驾驶证业务。具体业务范围和办理条件由省级公安机关交通管理部门确定。

第三条 车辆管理所办理机动车驾驶证业务，应当遵循依法、公开、公正、便民的原则。

车辆管理所办理机动车驾驶证业务，应当依法受理申请人的申请，审查申请人提交的材料。对符合条件的，按照规定的标准、程序和期限办理机动车驾驶证。对申请材料不齐全或者不符合法定形式的，应当一次书面或者电子告知申请人需要补正的全部内容。对不符合条件的，应当书面或者电子告知理由。

车辆管理所应当将法律、行政法规和本规定的有关办理机动车驾驶证的事项、条件、依据、程序、期限以及收费标准、需要提交的全部材料的目录和申请表示范文本等在办公场所公示。

省级、设区的市或者相当于同级的公安机关交通管理部门应当在互联网上发布信息，便于群众查阅办理机动车驾驶证的有关规定，查询驾驶证使用状态、交通违法及记分等情况，下载、使用有关表格。

第四条 车辆管理所办理机动车驾驶证业务时，应当按照减环节、减材料、减时限的要求，积极推行一次办结、限时办结等制度，为申请人提供规范、便利、高效的服务。

公安机关交通管理部门应当积极推进与有关部门信息互联互通，对实现信息共享、网上核查的，申请人免予提交相关证明凭证。

公安机关交通管理部门应当按照就近办理、便捷办理的原则，推进在驾驶人考场、政务服务大厅等地设置服务站点，方便申请人办理机动车驾驶证业务，并在办公场所和互联网公示辖区内的业务办理网点、地址、联系电话、办公时间和业务范围。

第五条 车辆管理所应当使用全国统一的计算机管理系统办理机动车驾驶证业务、核发机动车驾驶证。

计算机管理系统的数据库标准和软件全国统一，能够完整、准确地记录和存储机动车驾驶证业务办理、驾驶人考试等全过程和经办人员信息，并能够实时将有关信息传送到全国公安交通管理信息系统。

第六条　车辆管理所应当使用互联网交通安全综合服务管理平台受理申请人网上提交的申请,验证申请人身份,按规定办理机动车驾驶证业务。

互联网交通安全综合服务管理平台信息管理系统数据库标准和软件全国统一。

第七条　申请办理机动车驾驶证业务的,应当如实向车辆管理所提交规定的材料,如实申告规定的事项,并对其申请材料实质内容的真实性负责。

第八条　公安机关交通管理部门应当建立机动车驾驶证业务监督制度,加强对驾驶人考试、驾驶证核发和使用的监督管理。

第九条　车辆管理所办理机动车驾驶证业务时可以依据相关法律法规认可、使用电子签名、电子印章、电子证照。

第二章　机动车驾驶证申请

第一节　机动车驾驶证

第十条　驾驶机动车,应当依法取得机动车驾驶证。

第十一条　机动车驾驶人准予驾驶的车型顺序依次分为:大型客车、重型牵引挂车、城市公交车、中型客车、大型货车、小型汽车、小型自动挡汽车、低速载货汽车、三轮汽车、残疾人专用小型自动挡载客汽车、轻型牵引挂车、普通三轮摩托车、普通二轮摩托车、轻便摩托车、轮式专用机械车、无轨电车和有轨电车(附件1)。

第十二条　机动车驾驶证记载和签注以下内容:

(一)机动车驾驶人信息:姓名、性别、出生日期、国籍、住址、身份证明号码(机动车驾驶证号码)、照片;

(二)车辆管理所签注内容:初次领证日期、准驾车型代号、有效期限、核发机关印章、档案编号、准予驾驶机动车听力辅助条件。

第十三条　机动车驾驶证有效期分为六年、十年和长期。

第二节　申　请

第十四条　申请机动车驾驶证的人,应当符合下列规定:

(一)年龄条件:

1. 申请小型汽车、小型自动挡汽车、残疾人专用小型自动挡载客汽车、轻便摩托车准驾车型的,在18周岁以上;

2. 申请低速载货汽车、三轮汽车、普通三轮摩托车、普通二轮摩托车或者轮式专用机械车准驾车型的,在18周岁以上,60周岁以下;

3. 申请城市公交车、中型客车、大型货车、轻型牵引挂车、无轨电车或者有轨电车准驾车型的,在20周岁以上,60周岁以下;

4. 申请大型客车、重型牵引挂车准驾车型的,在22周岁以上,60周岁以下;

5. 接受全日制驾驶职业教育的学生,申请大型客车、重型牵引挂车准驾车型的,在19周岁以上,60周岁以下。

(二)身体条件:

1. 身高:申请大型客车、重型牵引挂车、城市公交车、大型货车、无轨电车准驾车型的,身高为155厘米以上。申请中型客车准驾车型的,身高为150厘米以上;

2. 视力:申请大型客车、重型牵引挂车、城市公交车、中型客车、大型货车、无轨电车或者有轨电车准驾车型的,两眼裸视力或者矫正视力达到对数视力表5.0以上。申请其他准驾车型的,两眼裸视力或者矫正视力达到对数视力表4.9以上。单眼视力障碍,优眼裸视力或者矫正视力达到对数视力表5.0以上,且水平视野达到150度的,可以申请小型汽车、小型自动挡汽车、低速载货汽车、三轮汽车、残疾人专用小型自动挡载客汽车准驾车型的机动车驾驶证;

3. 辨色力:无红绿色盲;

4. 听力:两耳分别距音叉50厘米能辨别声源方向。有听力障碍但佩戴助听设备能够达到以上条件的,可以申请小型汽车、小型自动挡汽车准驾车型的机动车驾驶证;

5. 上肢:双手拇指健全,每只手其他手指必须有三指健全,肢体和手指运动功能正常。但手指末节残缺或者左手有三指健全,且双手手掌完整的,可以申请小型汽车、小型自动挡汽车、低速载货汽车、三轮汽车准驾车型的机动车驾驶证;

6. 下肢:双下肢健全且运动功能正常,不等长度不得大于5厘米。单独左下肢缺失或者丧失运动功能,但右下肢正常的,可以申请小型自动挡汽车准驾车型的机动车驾驶证;

7. 躯干、颈部:无运动功能障碍;

8. 右下肢、双下肢缺失或者丧失运动功能但能够自主坐立,且上肢符合本项第5目规定的,可以申请残疾人专用小型自动挡载客汽车准驾车型的机动车驾驶证。一只手掌缺失,另一只手拇指健全,其他手指有两指健全,上肢和手指运动功能正常,且下肢符合本项第6目规定的,可以申请残疾人专用小型自动挡载客汽车准驾车型的机动车驾驶证;

9. 年龄在70周岁以上能够通过记忆力、判断力、反应力等能力测试的，可以申请小型汽车、小型自动挡汽车、残疾人专用小型自动挡载客汽车、轻便摩托车准驾车型的机动车驾驶证。

第十五条 有下列情形之一的，不得申请机动车驾驶证：

（一）有器质性心脏病、癫痫病、美尼尔氏症、眩晕症、癔病、震颤麻痹、精神病、痴呆以及影响肢体活动的神经系统疾病等妨碍安全驾驶疾病的；

（二）三年内有吸食、注射毒品行为或者解除强制隔离戒毒措施未满三年，以及长期服用依赖性精神药品成瘾尚未戒除的；

（三）造成交通事故后逃逸构成犯罪的；

（四）饮酒后或者醉酒驾驶机动车发生重大交通事故构成犯罪的；

（五）醉酒驾驶机动车或者饮酒后驾驶营运机动车依法被吊销机动车驾驶证未满五年的；

（六）醉酒驾驶营运机动车依法被吊销机动车驾驶证未满十年的；

（七）驾驶机动车追逐竞驶、超员、超速、违反危险化学品安全管理规定运输危险化学品构成犯罪依法被吊销机动车驾驶证未满五年的；

（八）因本款第四项以外的其他违反交通管理法律法规的行为发生重大交通事故构成犯罪依法被吊销机动车驾驶证未满十年的；

（九）因其他情形依法被吊销机动车驾驶证未满二年的；

（十）驾驶许可依法被撤销未满三年的；

（十一）未取得机动车驾驶证驾驶机动车，发生负同等以上责任交通事故造成人员重伤或者死亡未满十年的；

（十二）三年内有代替他人参加机动车驾驶人考试行为的；

（十三）法律、行政法规规定的其他情形。

未取得机动车驾驶证驾驶机动车，有第一款第五项至第八项行为之一的，在规定期限内不得申请机动车驾驶证。

第十六条 初次申领机动车驾驶证的，可以申请准驾车型为城市公交车、大型货车、小型汽车、小型自动挡汽车、低速载货汽车、三轮汽车、残疾人专用小型自动挡载客汽车、普通三轮摩托车、普通二轮摩托车、轻便摩托车、轮式专用机械车、无轨电车、有轨电车的机动车驾驶证。

已持有机动车驾驶证，申请增加准驾车型的，可以申请增加的准驾车型为大型客车、重型牵引挂车、城市公交车、中型客车、大型货车、小型汽车、小型自动挡汽车、低速载货汽车、三轮汽车、轻型牵引挂车、普通三轮摩托车、普通二轮摩托车、轻便摩托车、轮式专用机械车、无轨电车、有轨电车。

第十七条 已持有机动车驾驶证，申请增加准驾车型的，应当在本记分周期和申请前最近一个记分周期内没有记满12分记录。申请增加轻型牵引挂车、中型客车、重型牵引挂车、大型客车准驾车型的，还应当符合下列规定：

（一）申请增加轻型牵引挂车准驾车型的，已取得驾驶小型汽车、小型自动挡汽车准驾车型资格一年以上；

（二）申请增加中型客车准驾车型的，已取得驾驶城市公交车、大型货车、小型汽车、小型自动挡汽车、低速载货汽车或者三轮汽车准驾车型资格二年以上，并在申请前最近连续二个记分周期内没有记满12分记录；

（三）申请增加重型牵引挂车准驾车型的，已取得驾驶中型客车或者大型货车准驾车型资格二年以上，或者取得驾驶大型客车准驾车型资格一年以上，并在申请前最近连续二个记分周期内没有记满12分记录；

（四）申请增加大型客车准驾车型的，已取得驾驶城市公交车、中型客车准驾车型资格二年以上，已取得驾驶大型货车准驾车型资格三年以上，或者取得驾驶重型牵引挂车准驾车型资格一年以上，并在申请前最近连续三个记分周期内没有记满12分记录。

正在接受全日制驾驶职业教育的学生，已在校取得驾驶小型汽车准驾车型资格，并在本记分周期和申请前最近一个记分周期内没有记满12分记录的，可以申请增加大型客车、重型牵引挂车准驾车型。

第十八条 有下列情形之一的，不得申请大型客车、重型牵引挂车、城市公交车、中型客车、大型货车准驾车型：

（一）发生交通事故造成人员死亡，承担同等以上责任的；

（二）醉酒后驾驶机动车的；

（三）再次饮酒后驾驶机动车的；

（四）有吸食、注射毒品后驾驶机动车行为的，或者有执行社区戒毒、强制隔离戒毒、社区康复措施记录的；

（五）驾驶机动车追逐竞驶、超员、超速、违反危险化学品安全管理规定运输危险化学品构成犯罪的；

（六）被吊销或者撤销机动车驾驶证未满十年的；

（七）未取得机动车驾驶证驾驶机动车，发生负同等以上责任交通事故造成人员重伤或者死亡的。

第十九条 持有军队、武装警察部队机动车驾驶证，符合本规定的申请条件，可以申请对应准驾车型的机动车驾驶证。

第二十条 持有境外机动车驾驶证，符合本规定的申请条件，且取得该驾驶证时在核发国家或者地区一年内累计居留九十日以上的，可以申请对应准驾车型的机动车驾驶证。属于申请准驾车型为大型客车、重型牵引挂车、中型客车机动车驾驶证的，还应当取得境外相应准驾车型机动车驾驶证二年以上。

第二十一条 持有境外机动车驾驶证，需要临时驾驶机动车的，应当按规定向车辆管理所申领临时机动车驾驶许可。

对入境短期停留的，可以申领有效期为三个月的临时机动车驾驶许可；停居留时间超过三个月的，有效期可以延长至一年。

临时入境机动车驾驶人的临时机动车驾驶许可在一个记分周期内累积记分达到12分，未按规定参加道路交通安全法律、法规和相关知识学习、考试的，不得申请机动车驾驶证或者再次申请临时机动车驾驶许可。

第二十二条 申领机动车驾驶证的人，按照下列规定向车辆管理所提出申请：

（一）在户籍所在地居住的，应当在户籍所在地提出申请；

（二）在户籍所在地以外居住的，可以在居住地提出申请；

（三）现役军人（含武警），应当在部队驻地提出申请；

（四）境外人员，应当在居留地或者居住地提出申请；

（五）申请增加准驾车型的，应当在所持机动车驾驶证核发地提出申请；

（六）接受全日制驾驶职业教育，申请增加大型客车、重型牵引挂车准驾车型的，应当在接受教育地提出申请。

第二十三条 申请机动车驾驶证，应当确认申请信息，并提交以下证明：

（一）申请人的身份证明；

（二）医疗机构出具的有关身体条件的证明。

第二十四条 持军队、武装警察部队机动车驾驶证的人申请机动车驾驶证，应当确认申请信息，并提交以下证明、凭证：

（一）申请人的身份证明。属于复员、转业、退伍人员，还应当提交军队、武装警察部队核发的复员、转业、退伍证明；

（二）医疗机构出具的有关身体条件的证明；

（三）军队、武装警察部队机动车驾驶证。

第二十五条 持境外机动车驾驶证的人申请机动车驾驶证，应当确认申请信息，并提交以下证明、凭证：

（一）申请人的身份证明；

（二）医疗机构出具的有关身体条件的证明；

（三）所持机动车驾驶证。属于非中文表述的，还应当提供翻译机构出具或者公证机构公证的中文翻译文本。

属于外国驻华使馆、领馆人员及国际组织驻华代表机构人员申请的，按照外交对等原则执行。

属于内地居民申请的，还应当提交申请人的护照或者往来港澳通行证、往来台湾通行证。

第二十六条 实行小型汽车、小型自动挡汽车驾驶证自学直考的地方，申请人可以使用加装安全辅助装置的自备机动车，在具备安全驾驶经历等条件的人员随车指导下，按照公安机关交通管理部门指定的路线、时间学习驾驶技能，按照第二十三条的规定申请相应准驾车型的驾驶证。

小型汽车、小型自动挡汽车驾驶证自学直考管理制度由公安部另行规定。

第二十七条 申请机动车驾驶证的人，符合本规定要求的驾驶许可条件，有下列情形之一的，可以按第十六条第一款和第二十三条的规定直接申请相应准驾车型的机动车驾驶证考试：

（一）原机动车驾驶证因超过有效期未换证被注销的；

（二）原机动车驾驶证因未提交身体条件证明被注销的；

（三）原机动车驾驶证由本人申请注销的；

（四）原机动车驾驶证因身体条件暂时不符合规定被注销的；

（五）原机动车驾驶证或者准驾车型资格因其他原因被注销的，但机动车驾驶证被吊销或者被撤销的除外；

（六）持有的军队、武装警察部队机动车驾驶证超过有效期的；

（七）持有境外机动车驾驶证或者境外机动车驾驶证超过有效期的。

有前款第六项、第七项规定情形之一的，还应当提交机动车驾驶证。

第二十八条 申请人提交的证明、凭证齐全、符合法定形式的，车辆管理所应当受理，并按规定审查申请人的机动车驾驶证申请条件。属于第二十五条规定情形的，还应当核查申请人的出入境记录；属于第二十七条第一款第一项至第五项规定情形之一的，还应当核查申请人的驾驶经历；属于正在接受全日制驾驶职业教育的学生，申请增加大型客车、重型牵引挂车准驾车型的，还应当核查申请人的学籍。

公安机关交通管理部门已经实现与医疗机构等单位联网核查的，申请人免于提交身体条件证明等证明、凭证。

对于符合申请条件的，车辆管理所应当按规定安排预约考试；不需要考试的，一日内核发机动车驾驶证。申请人属于复员、转业、退伍人员持军队、武装警察部队机动车驾驶证申请机动车驾驶证的，应当收回军队、武装警察部队机动车驾驶证。

第二十九条 车辆管理所对申请人的申请条件及提交的材料、申告的事项有疑义的，可以对实质内容进行调查核实。

调查时，应当询问申请人并制作询问笔录，向证明、凭证的核发机关核查。

经调查，申请人不符合申请条件的，不予办理；有违法行为的，依法予以处理。

第三章　机动车驾驶人考试
第一节　考试内容和合格标准

第三十条 机动车驾驶人考试内容分为道路交通安全法律、法规和相关知识考试科目（以下简称"科目一"）、场地驾驶技能考试科目（以下简称"科目二"）、道路驾驶技能和安全文明驾驶常识考试科目（以下简称"科目三"）。

已持有小型自动挡汽车准驾车型驾驶证申请增加小型汽车准驾车型的，应当考试科目二和科目三。

已持有大型客车、城市公交车、中型客车、大型货车、小型汽车、小型自动挡汽车准驾车型驾驶证申请增加轻型牵引挂车准驾车型的，应当考试科目二和科目三安全文明驾驶常识。

已持有轻便摩托车准驾车型驾驶证申请增加普通三轮摩托车、普通二轮摩托车准驾车型的，或者持有普通二轮摩托车驾驶证申请增加普通三轮摩托车准驾车型的，应当考试科目二和科目三。

已持有大型客车、重型牵引挂车、城市公交车、大型货车、小型汽车、小型自动挡汽车准驾车型驾驶证的机动车驾驶人身体条件发生变化，不符合所持机动车驾驶证准驾车型的条件，但符合残疾人专用小型自动挡载客汽车准驾车型条件，申请变更的，应当考试科目二和科目三。

第三十一条 考试内容和合格标准全国统一，根据不同准驾车型规定相应的考试项目。

第三十二条 科目一考试内容包括：道路通行、交通信号、道路交通安全违法行为和交通事故处理、机动车驾驶证申领和使用、机动车登记等规定以及其他道路交通安全法律、法规和规章。

第三十三条 科目二考试内容包括：

（一）大型客车、重型牵引挂车、城市公交车、中型客车、大型货车考试桩考、坡道定点停车和起步、侧方停车、通过单边桥、曲线行驶、直角转弯、通过限宽门、窄路掉头，以及模拟高速公路、连续急弯山区路、隧道、雨（雾）天、湿滑路、紧急情况处置；

（二）小型汽车、低速载货汽车考试倒车入库、坡道定点停车和起步、侧方停车、曲线行驶、直角转弯；

（三）小型自动挡汽车、残疾人专用小型自动挡载客汽车考试倒车入库、侧方停车、曲线行驶、直角转弯；

（四）轻型牵引挂车考试桩考、曲线行驶、直角转弯；

（五）三轮汽车、普通三轮摩托车、普通二轮摩托车和轻便摩托车考试桩考、坡道定点停车和起步、通过单边桥；

（六）轮式专用机械车、无轨电车、有轨电车的考试内容由省级公安机关交通管理部门确定。

对第一款第一项至第三项规定的准驾车型，省级公安机关交通管理部门可以根据实际增加考试内容。

第三十四条 科目三道路驾驶技能考试内容包括：大型客车、重型牵引挂车、城市公交车、中型客车、大型货车、小型汽车、小型自动挡汽车、低速载货汽车和残疾人专用小型自动挡载客汽车考试上车准备、起步、直线行驶、加减挡位操作、变更车道、靠边停车、直行通过路口、路口左转弯、路口右转弯、通过人行横道线、通过学校区域、通过公共汽车站、会车、超车、掉头、夜间行驶；其他准驾车型的考试内容，由省级公安机关交通管理部门确定。

大型客车、重型牵引挂车、城市公交车、中型客车、大型货车考试里程不少于10公里，其中初次申领城市公交车、大型货车准驾车型的，白天考试里程不少于5公里，夜间考试里程不少于3公里。小型汽车、小型自动挡汽车、低速载货汽车、残疾人专用小型自动挡载客汽车考试里程不少于3公里。不进行夜间考试的,应当进行模拟夜间灯光考试。

对大型客车、重型牵引挂车、城市公交车、中型客车、大型货车准驾车型,省级公安机关交通管理部门应当根据实际增加山区、隧道、陡坡等复杂道路驾驶考试内容。对其他汽车准驾车型,省级公安机关交通管理部门可以根据实际增加考试内容。

第三十五条 科目三安全文明驾驶常识考试内容包括:安全文明驾驶操作要求、恶劣气象和复杂道路条件下的安全驾驶知识、爆胎等紧急情况下的临危处置方法、防范次生事故处置知识、伤员急救知识等。

第三十六条 持军队、武装警察部队机动车驾驶证的人申请大型客车、重型牵引挂车、城市公交车、中型客车、大型货车准驾车型机动车驾驶证的,应当考试科目一和科目三;申请其他准驾车型机动车驾驶证的,免予考试核发机动车驾驶证。

第三十七条 持境外机动车驾驶证申请机动车驾驶证的,应当考试科目一。申请准驾车型为大型客车、重型牵引挂车、城市公交车、中型客车、大型货车机动车驾驶证的,应当考试科目一、科目二和科目三。

属于外国驻华使馆、领馆人员及国际组织驻华代表机构人员申请的,应当按照外交对等原则执行。

第三十八条 各科目考试的合格标准为:

(一)科目一考试满分为100分,成绩达到90分的为合格;

(二)科目二考试满分为100分,考试大型客车、重型牵引挂车、城市公交车、中型客车、大型货车、轻型牵引挂车准驾车型的,成绩达到90分为合格,其他准驾车型的成绩达到80分的为合格;

(三)科目三道路驾驶技能和安全文明驾驶常识考试满分分别为100分,成绩分别达到90分的为合格。

第二节 考试要求

第三十九条 车辆管理所应当按照预约的考场和时间安排考试。申请人科目一考试合格后,可以预约科目二或者科目三道路驾驶技能考试。有条件的地方,申请人可以同时预约科目二、科目三道路驾驶技能考试,预约成功后可以连续进行考试。科目二、科目三道路驾驶技能考试均合格后,申请人可以当日参加科目三安全文明驾驶常识考试。

申请人申请大型客车、重型牵引挂车、城市公交车、中型客车、大型货车、轻型牵引挂车驾驶证,因当地尚未设立科目二考场的,可以选择省(自治区)内其他考场参加考试。

申请人申领小型汽车、小型自动挡汽车、低速载货汽车、三轮汽车、残疾人专用小型自动挡载客汽车、轻型牵引挂车驾驶证期间,已通过部分科目考试后,居住地发生变更的,可以申请变更考试地,在现居住地预约其他科目考试。申请变更考试地不得超过三次。

车辆管理所应当使用全国统一的考试预约系统,采用互联网、电话、服务窗口等方式供申请人预约考试。

第四十条 初次申请机动车驾驶证或者申请增加准驾车型的,科目一考试合格后,车辆管理所应当在一日内核发学习驾驶证明。

属于第三十条第二款至第四款规定申请增加准驾车型以及第五款规定申请变更准驾车型的,受理后直接核发学习驾驶证明。

属于自学直考的,车辆管理所还应当按规定发放学车专用标识(附件2)。

第四十一条 申请人在场地和道路上学习驾驶,应当按规定取得学习驾驶证明。学习驾驶证明的有效期为三年,但有效期截止日期不得超过申请年龄条件上限。申请人应当在有效期内完成科目二和科目三考试。未在有效期内完成考试的,已考试合格的科目成绩作废。

学习驾驶证明可以采用纸质或者电子形式,纸质学习驾驶证明和电子学习驾驶证明具有同等效力。申请人可以通过互联网交通安全综合服务管理平台打印或者下载学习驾驶证明。

第四十二条 申请人在道路上学习驾驶,应当随身携带学习驾驶证明,使用教练车或者学车专用标识签注的自学用车,在教练员或者学车专用标识签注的指导人员随车指导下,按照公安机关交通管理部门指定的路线、时间进行。

申请人为自学直考人员的,在道路上学习驾驶时,应当在自学用车上按规定放置、粘贴学车专用标识,自学用车不得搭载随车指导人员以外的其他人员。

第四十三条 初次申请机动车驾驶证或者申请增加准驾车型的,申请人预约考试科目二,应当符合下列规定:

(一)报考小型汽车、小型自动挡汽车、低速载货汽车、三轮汽车、残疾人专用小型自动挡载客汽车、轮式专用机械车、无轨电车、有轨电车准驾车型的,在取得学习驾驶证明满十日后预约考试;

(二)报考大型客车、重型牵引挂车、城市公交车、中型客车、大型货车、轻型牵引挂车准驾车型的,在取得学习驾驶证明满二十日后预约考试。

第四十四条 初次申请机动车驾驶证或者申请增加准驾车型的，申请人预约考试科目三，应当符合下列规定：

（一）报考小型自动挡汽车、残疾人专用小型自动挡载客汽车、低速载货汽车、三轮汽车准驾车型的，在取得学习驾驶证明满二十日后预约考试；

（二）报考小型汽车、轮式专用机械车、无轨电车、有轨电车准驾车型的，在取得学习驾驶证明满三十日后预约考试；

（三）报考大型客车、重型牵引挂车、城市公交车、中型客车、大型货车准驾车型的，在取得学习驾驶证明满四十日后预约考试。属于已经持有汽车类驾驶证，申请增加准驾车型的，在取得学习驾驶证明满三十日后预约考试。

第四十五条 持军队、武装警察部队或者境外机动车驾驶证申请机动车驾驶证的，应当自车辆管理所受理之日起三年内完成科目考试。

第四十六条 申请人因故不能按照预约时间参加考试的，应当提前一日申请取消预约。对申请人未按照预约考试时间参加考试的，判定该次考试不合格。

第四十七条 每个科目考试一次，考试不合格的，可以补考一次。不参加补考或者补考仍不合格的，本次考试终止，申请人应当重新预约考试，但科目二、科目三考试应当在十日后预约。科目三安全文明驾驶常识考试不合格的，已通过的道路驾驶技能考试成绩有效。

在学习驾驶证明有效期内，科目二和科目三道路驾驶技能考试预约考试的次数分别不得超过五次。第五次考试仍不合格的，已考试合格的其他科目成绩作废。

第四十八条 车辆管理所组织考试前应当使用全国统一的计算机管理系统当日随机选配考试员，随机安排考生分组，随机选取考试路线。

第四十九条 从事考试工作的人员，应当持有公安机关交通管理部门颁发的资格证书。公安机关交通管理部门应当在公安民警、警务辅助人员中选拔足够数量的考试员，从事考试工作。可以聘用运输企业驾驶人、警风警纪监督员等人员承担考试辅助工作和监督职责。

考试员应当认真履行考试职责，严格按照规定考试，接受社会监督。在考试前应当自我介绍，讲解考试要求，核实申请人身份；考试中应当严格执行考试程序，按照考试项目和考试标准评定考试成绩；考试后应当当场公布考试成绩，讲评考试不合格原因。

每个科目的考试成绩单应当有申请人和考试员的签名。未签名的不得核发机动车驾驶证。

第五十条 考试员、考试辅助人员及考场工作人员应当严格遵守考试工作纪律，不得为不符合机动车驾驶许可条件、未经考试、考试不合格人员签注合格考试成绩，不得减少考试项目、降低评判标准或者参与、协助、纵容考试作弊，不得参与或者变相参与驾驶培训机构、社会考场经营活动，不得收取驾驶培训机构、社会考场、教练员、申请人的财物。

第五十一条 直辖市、设区的市或者相当于同级的公安机关交通管理部门应当根据本地考试需求建设考场，配备足够数量的考试车辆。对考场布局、数量不能满足本地考试需求的，应当采取政府购买服务等方式使用社会考场，并按照公平竞争、择优选定的原则，依法通过公开招标等程序确定。对考试供给能力能够满足考试需求的，应当及时向社会公告，不再购买社会考场服务。

考试场地建设、路段设置、车辆配备、设施设备配置以及考试项目、评判要求应当符合相关标准。考试场地、考试设备和考试系统应当经省级公安机关交通管理部门验收合格后方可使用。公安机关交通管理部门应当加强对辖区考场的监督管理，定期开展考试场地、考试车辆、考试设备和考场管理情况的监督检查。

第三节 考试监督管理

第五十二条 车辆管理所应当在办事大厅、候考场所和互联网公开各考场的考试能力、预约计划、预约人数和约考结果等情况，公布考场布局、考试路线和流程。考试预约计划应当至少在考试前十日在互联网上公开。

车辆管理所应当在候考场所、办事大厅向群众直播考试视频，考生可以在考试结束后三日内查询自己的考试视频资料。

第五十三条 车辆管理所应当严格比对、核验考生身份，对考试过程进行全程录音、录像，并实时监控考试过程，没有使用录音、录像设备的，不得组织考试。严肃考试纪律，规范考场秩序，对考场秩序混乱的，应当中止考试。考试过程中，考试员应当使用执法记录仪记录监考过程。

车辆管理所应当建立音视频信息档案，存储录音、像设备和执法记录仪记录的音像资料。建立考试质量抽查制度，每日抽查音视频信息档案，发现存在违反考试纪律、考场秩序混乱以及音视频信息缺失或不完整的，应当进行调查处理。

省级公安机关交通管理部门应当定期抽查音视频信

息档案，及时通报、纠正、查处发现的问题。

第五十四条 车辆管理所应当根据考试场地、考试设备、考试车辆、考试员数量等实际情况，核定每个考场、每个考试员每日最大考试量。

车辆管理所应当根据驾驶培训主管部门提供的信息对驾驶培训机构教练员、教练车、训练场地等情况进行备案。

第五十五条 公安机关交通管理部门应当建立业务监督管理中心，通过远程监控、数据分析、日常检查、档案抽查、业务回访等方式，对机动车驾驶人考试和机动车驾驶证业务办理情况进行监督管理。

直辖市、设区的市或者相当于同级的公安机关交通管理部门应当通过监管系统每周对机动车驾驶人考试情况进行监控、分析，及时查处整改发现的问题。省级公安机关交通管理部门应当通过监管系统每月对机动车驾驶人考试情况进行监控、分析，及时查处、通报发现的问题。

车辆管理所存在为未经考试或者考试不合格人员核发机动车驾驶证等严重违规办理机动车驾驶证业务情形的，上级公安机关交通管理部门可以暂停该车辆管理所办理相关业务或者指派其他车辆管理所人员接管业务。

第五十六条 县级公安机关交通管理部门办理机动车驾驶证业务的，办公场所、设施设备、人员资质和信息系统等应当满足业务办理需求，并符合相关规定和标准要求。

直辖市、设区的市公安机关交通管理部门应当加强对县级公安机关交通管理部门办理机动车驾驶证相关业务的指导、培训和监督管理。

第五十七条 公安机关交通管理部门应当对社会考场的场地设施、考试系统、考试工作等进行统一管理。

社会考场的考试系统应当接入机动车驾驶人考试管理系统，实时上传考试过程录音录像、考试成绩等信息。

第五十八条 直辖市、设区的市或者相当于同级的公安机关交通管理部门应当每月向社会公布车辆管理所考试员考试质量情况、三年内驾龄驾驶人交通违法率和交通肇事率等信息。

直辖市、设区的市或者相当于同级的公安机关交通管理部门应当每月向社会公布辖区内驾驶培训机构的考试合格率、三年内驾龄驾驶人交通违法率和交通肇事率等信息，按照考试合格率、三年内驾龄驾驶人交通违法率和交通肇事率对驾驶培训机构培训质量公开排名，并通报培训主管部门。

第五十九条 对三年内驾龄驾驶人发生一次死亡3人以上交通事故且负主要以上责任的，省级公安机关交通管理部门应当倒查车辆管理所考试、发证情况，向社会公布倒查结果。对三年内驾龄驾驶人发生一次死亡1至2人的交通事故且负主要以上责任的，直辖市、设区的市或者相当于同级的公安机关交通管理部门应当组织责任倒查。

直辖市、设区的市或者相当于同级的公安机关交通管理部门发现驾驶培训机构及其教练员存在缩短培训学时、减少培训项目以及贿赂考试员、以承诺考试合格等名义向学员索取财物、参与违规办理驾驶证或者考试舞弊行为的，应当通报培训主管部门，并向社会公布。

公安机关交通管理部门发现考场、考试设备生产销售企业及其工作人员存在组织或者参与考试舞弊、伪造或者篡改考试系统数据的，不得继续使用该考场或者采购该企业考试设备；构成犯罪的，依法追究刑事责任。

第四章 发证、换证、补证

第六十条 申请人考试合格后，应当接受不少于半小时的交通安全文明驾驶常识和交通事故案例警示教育，并参加领证宣誓仪式。

车辆管理所应当在申请人参加领证宣誓仪式的当日核发机动车驾驶证。

第六十一条 公安机关交通管理部门应当实行机动车驾驶证电子化，机动车驾驶人可以通过互联网交通安全综合服务管理平台申请机动车驾驶证电子版。

机动车驾驶证电子版与纸质版具有同等效力。

第六十二条 机动车驾驶人在机动车驾驶证的六年有效期内，每个记分周期均未记满12分的，换发十年有效期的机动车驾驶证；在机动车驾驶证的十年有效期内，每个记分周期均未记满12分的，换发长期有效的机动车驾驶证。

第六十三条 机动车驾驶人应当于机动车驾驶证有效期满前九十日内，向机动车驾驶证核发地或者核发地以外的车辆管理所申请换证。申请时应当确认申请信息，并提交以下证明、凭证：

（一）机动车驾驶人的身份证明；

（二）医疗机构出具的有关身体条件的证明。

第六十四条 机动车驾驶人户籍迁出原车辆管理所管辖区的，应当向迁入地车辆管理所申请换证。机动车驾驶人在核发地车辆管理所管辖区以外居住的，可以向居住地车辆管理所申请换证。申请时应当确认申请信息，提交机动车驾驶人的身份证明和机动车驾驶证，并申报身体条件情况。

第六十五条　年龄在60周岁以上的,不得驾驶大型客车、重型牵引挂车、城市公交车、中型客车、大型货车、轮式专用机械车、无轨电车和有轨电车。持有大型客车、重型牵引挂车、城市公交车、中型客车、大型货车驾驶证的,应当到机动车驾驶证核发地或者核发地以外的车辆管理所换领准驾车型为小型汽车或者小型自动挡汽车的机动车驾驶证,其中属于持有重型牵引挂车驾驶证的,还可以保留轻型牵引挂车准驾车型。

年龄在70周岁以上的,不得驾驶低速载货汽车、三轮汽车、轻型牵引挂车、普通三轮摩托车、普通二轮摩托车。持有普通三轮摩托车、普通二轮摩托车驾驶证的,应当到机动车驾驶证核发地或者核发地以外的车辆管理所换领准驾车型为轻便摩托车的机动车驾驶证;持有驾驶证包含轻型牵引挂车准驾车型的,应当到机动车驾驶证核发地或者核发地以外的车辆管理所换领准驾车型为小型汽车或者小型自动挡汽车的机动车驾驶证。

有前两款规定情形之一的,车辆管理所应当通知机动车驾驶人在三十日内办理换证业务。机动车驾驶人逾期未办理的,车辆管理所应当公告准驾车型驾驶资格作废。

申请时应当确认申请信息,并提交第六十三条规定的证明、凭证。

机动车驾驶人自愿降低准驾车型的,应当确认申请信息,并提交机动车驾驶人的身份证明和机动车驾驶证。

第六十六条　有下列情形之一的,机动车驾驶人应当在三十日内到机动车驾驶证核发地或者核发地以外的车辆管理所申请换证:

（一）在车辆管理所管辖区域内,机动车驾驶证记载的机动车驾驶人信息发生变化的;

（二）机动车驾驶证损毁无法辨认的。

申请时应当确认申请信息,并提交机动车驾驶人的身份证明;属于第一款第一项的,还应当提交机动车驾驶证;属于身份证明号码变更的,还应当提交相关变更证明。

第六十七条　机动车驾驶人身体条件发生变化,不符合所持机动车驾驶证准驾车型的条件,但符合准予驾驶的其他准驾车型条件的,应当在三十日内到机动车驾驶证核发地或者核发地以外的车辆管理所申请降低准驾车型。申请时应当确认申请信息,并提交机动车驾驶人的身份证明、医疗机构出具的有关身体条件的证明。

机动车驾驶人身体条件发生变化,不符合第十四条第二项规定或者具有第十五条规定情形之一,不适合驾驶机动车的,应当在三十日内到机动车驾驶证核发地车辆管理所申请注销。申请时应当确认申请信息,并提交机动车驾驶人的身份证明和机动车驾驶证。

机动车驾驶人身体条件不适合驾驶机动车的,不得驾驶机动车。

第六十八条　车辆管理所对符合第六十三条至第六十六条、第六十七条第一款规定的,应当在一日内换发机动车驾驶证。对符合第六十七条第二款规定的,应当在一日内注销机动车驾驶证。其中,对符合第六十四条、第六十五条、第六十六条第一款第一项、第六十七条规定的,还应当收回原机动车驾驶证。

第六十九条　机动车驾驶证遗失的,机动车驾驶人应当向机动车驾驶证核发地或者核发地以外的车辆管理所申请补发。申请时应当确认申请信息,并提交机动车驾驶人的身份证明。符合规定的,车辆管理所应当在一日内补发机动车驾驶证。

机动车驾驶人补领机动车驾驶证后,原机动车驾驶证作废,不得继续使用。

机动车驾驶证被依法扣押、扣留或者暂扣期间,机动车驾驶人不得申请补发。

第七十条　机动车驾驶人向核发地以外的车辆管理所申请办理第六十三条、第六十五条、第六十六条、第六十七条第一款、第六十九条规定的换证、补证业务时,应当同时按照第六十四条规定办理。

第五章　机动车驾驶人管理

第一节　审　验

第七十一条　公安机关交通管理部门对机动车驾驶人的道路交通安全违法行为,除依法给予行政处罚外,实行道路交通安全违法行为累积记分制度,记分周期为12个月,满分为12分。

机动车驾驶人在一个记分周期内记分达到12分的,应当按规定参加学习、考试。

第七十二条　机动车驾驶人应当按照法律、行政法规的规定,定期到公安机关交通管理部门接受审验。

机动车驾驶人按照本规定第六十三条、第六十四条换领机动车驾驶证时,应当接受公安机关交通管理部门的审验。

持有大型客车、重型牵引挂车、城市公交车、中型客车、大型货车驾驶证的驾驶人,应当在每个记分周期结束后三十日内到公安机关交通管理部门接受审验。但在一个记分周期内没有记分记录的,免予本记分周期审验。

持有第三款规定以外准驾车型驾驶证的驾驶人,发生交通事故造成人员死亡承担同等以上责任未被吊销机动车驾驶证的,应当在本记分周期结束后三十日内到公安机关交通管理部门接受审验。

年龄在70周岁以上的机动车驾驶人发生责任交通事故造成人员重伤或者死亡的,应当在本记分周期结束后三十日内到公安机关交通管理部门接受审验。

机动车驾驶人可以在机动车驾驶证核发地或者核发地以外的地方参加审验、提交身体条件证明。

第七十三条 机动车驾驶证审验内容包括:

(一)道路交通安全违法行为、交通事故处理情况;

(二)身体条件情况;

(三)道路交通安全违法行为记分及记满12分后参加学习和考试情况。

持有大型客车、重型牵引挂车、城市公交车、中型客车、大型货车驾驶证一个记分周期内有记分的,以及持有其他准驾车型驾驶证发生交通事故造成人员死亡承担同等以上责任未被吊销机动车驾驶证的驾驶人,审验时应当参加不少于三小时的道路交通安全法律法规、交通安全文明驾驶、应急处置等知识学习,并接受交通事故案例警示教育。

年龄在70周岁以上的机动车驾驶人审验时还应当按照规定进行记忆力、判断力、反应力等能力测试。

对道路交通安全违法行为或者交通事故未处理完毕的、身体条件不符合驾驶许可条件的、未按照规定参加学习、教育和考试的,不予通过审验。

第七十四条 年龄在70周岁以上的机动车驾驶人,应当每年进行一次身体检查,在记分周期结束后三十日内,提交医疗机构出具的有关身体条件的证明。

持有残疾人专用小型自动挡载客汽车驾驶证的机动车驾驶人,应当每三年进行一次身体检查,在记分周期结束后三十日内,提交医疗机构出具的有关身体条件的证明。

机动车驾驶人按照本规定第七十二条第三款、第四款规定参加审验时,应当申报身体条件情况。

第七十五条 机动车驾驶人因服兵役、出国(境)等原因,无法在规定时间内办理驾驶证期满换证、审验、提交身体条件证明的,可以在驾驶证有效期内或者有效期届满一年内向机动车驾驶证核发地车辆管理所申请延期办理。申请时应当确认申请信息,并提交机动车驾驶人的身份证明。

延期期限最长不超过三年。延期期间机动车驾驶人不得驾驶机动车。

第二节 监督管理

第七十六条 机动车驾驶人初次取得汽车类准驾车型或者初次取得摩托车类准驾车型后的12个月为实习期。

在实习期内驾驶机动车的,应当在车身后部粘贴或者悬挂统一式样的实习标志(附件3)。

第七十七条 机动车驾驶人在实习期内不得驾驶公共汽车、营运客车或者执行任务的警车、消防车、救护车、工程救险车以及载有爆炸物品、易燃易爆化学物品、剧毒或者放射性等危险物品的机动车;驾驶的机动车不得牵引挂车。

驾驶人在实习期内驾驶机动车上高速公路行驶,应当由持相应或者包含其准驾车型驾驶证三年以上的驾驶人陪同。其中,驾驶残疾人专用小型自动挡载客汽车的,可以由持有小型自动挡载客汽车以上准驾车型驾驶证的驾驶人陪同。

在增加准驾车型后的实习期内,驾驶原准驾车型的机动车时不受上述限制。

第七十八条 持有准驾车型为残疾人专用小型自动挡载客汽车的机动车驾驶人驾驶机动车时,应当按规定在车身设置残疾人机动车专用标志(附件4)。

有听力障碍的机动车驾驶人驾驶机动车时,应当佩戴助听设备。有视力矫正的机动车驾驶人驾驶机动车时,应当佩戴眼镜。

第七十九条 机动车驾驶人有下列情形之一的,车辆管理所应当注销其机动车驾驶证:

(一)死亡的;

(二)提出注销申请的;

(三)丧失民事行为能力,监护人提出注销申请的;

(四)身体条件不适合驾驶机动车的;

(五)有器质性心脏病、癫痫病、美尼尔氏症、眩晕症、癔病、震颤麻痹、精神病、痴呆以及影响肢体活动的神经系统疾病等妨碍安全驾驶疾病的;

(六)被查获有吸食、注射毒品后驾驶机动车行为,依法被责令社区戒毒、社区康复或者决定强制隔离戒毒,或者长期服用依赖性精神药品成瘾尚未戒除的;

(七)代替他人参加机动车驾驶人考试的;

(八)超过机动车驾驶证有效期一年以上未换证的;

(九)年龄在70周岁以上,在一个记分周期结束后一年内未提交身体条件证明的;或者持有残疾人专用小型自动挡载客汽车准驾车型,在三个记分周期结束后一年内未提交身体条件证明的;

（十）年龄在60周岁以上，所持机动车驾驶证只具有轮式专用机械车、无轨电车或者有轨电车准驾车型，或者年龄在70周岁以上，所持机动车驾驶证只具有低速载货汽车、三轮汽车准驾车型的；

（十一）机动车驾驶证依法被吊销或者驾驶许可依法被撤销的。

有第一款第二项至第十一项情形之一，未收回机动车驾驶证的，应当公告机动车驾驶证作废。

有第一款第八项情形被注销机动车驾驶证未超过二年的，机动车驾驶人参加道路交通安全法律、法规和相关知识考试合格后，可以恢复驾驶资格。申请人可以向机动车驾驶证核发地或者核发地以外的车辆管理所申请。

有第一款第九项情形被注销机动车驾驶证，机动车驾驶证在有效期内或者超过有效期不满一年的，机动车驾驶人提交身体条件证明后，可以恢复驾驶资格。申请人可以向机动车驾驶证核发地或者核发地以外的车辆管理所申请。

有第一款第二项至第九项情形之一，按照第二十七条规定申请机动车驾驶证，有道路交通安全违法行为或者交通事故未处理记录的，应当将道路交通安全违法行为、交通事故处理完毕。

第八十条 机动车驾驶人在实习期内发生的道路交通安全违法行为被记满12分的，注销其实习的准驾车型驾驶资格。

第八十一条 机动车驾驶人联系电话、联系地址等信息发生变化的，应当在信息变更后三十日内，向驾驶证核发地车辆管理所备案。

持有大型客车、重型牵引挂车、城市公交车、中型客车、大型货车驾驶证的驾驶人从业单位等信息发生变化的，应当在信息变更后三十日内，向从业单位所在地车辆管理所备案。

第八十二条 道路运输企业应当定期将聘用的机动车驾驶人向所在地公安机关交通管理部门备案，督促及时处理道路交通安全违法行为、交通事故和参加机动车驾驶证审验。

公安机关交通管理部门应当每月向辖区内交通运输主管部门、运输企业通报机动车驾驶人的道路交通安全违法行为、记分和交通事故等情况。

第八十三条 车辆管理所在办理驾驶证核发及相关业务过程中发现存在以下情形的，应当及时开展调查：

（一）涉嫌提交虚假申请材料的；

（二）涉嫌在考试过程中有贿赂、舞弊行为的；

（三）涉嫌以欺骗、贿赂等不正当手段取得机动车驾驶证的；

（四）涉嫌使用伪造、变造的机动车驾驶证的；

（五）存在短期内频繁补换领、转出转入驾驶证等异常情形的；

（六）存在其他违法违规情形的。

车辆管理所发现申请人通过互联网办理驾驶证补证、换证等业务存在前款规定嫌疑情形的，应当转为现场办理，当场审查申请材料，及时开展调查。

第八十四条 车辆管理所开展调查时，可以通知申请人协助调查，询问嫌疑情况，记录调查内容，并可以采取实地检查、调取档案、调取考试视频监控等方式进行核查。

对经调查发现涉及行政案件或者刑事案件的，应当依法采取必要的强制措施或者其他处置措施，移交有管辖权的公安机关按照《公安机关办理行政案件程序规定》《公安机关办理刑事案件程序规定》等规定办理。

第八十五条 办理残疾人专用小型自动挡载客汽车驾驶证业务时，提交的身体条件证明应当由省级卫生健康行政部门认定的专门医疗机构出具。办理其他机动车驾驶证业务时，提交的身体条件证明应当由县级、部队团级以上医疗机构，或者经地市级以上卫生健康行政部门认定的具有健康体检资质的二级以上医院、乡镇卫生院、社区卫生服务中心、健康体检中心等医疗机构出具。

身体条件证明自出具之日起六个月内有效。

公安机关交通管理部门应当会同卫生健康行政部门在办公场所和互联网公示辖区内可以出具有关身体条件证明的医疗机构名称、地址及联系方式。

第八十六条 医疗机构出具虚假身体条件证明的，公安机关交通管理部门应当停止认可该医疗机构出具的证明，并通报卫生健康行政部门。

第三节 校车驾驶人管理

第八十七条 校车驾驶人应当依法取得校车驾驶资格。

取得校车驾驶资格应当符合下列条件：

（一）取得相应准驾车型驾驶证并具有三年以上驾驶经历，年龄在25周岁以上、不超过60周岁；

（二）最近连续三个记分周期内没有被记满12分记录；

（三）无致人死亡或者重伤的交通事故责任记录；

（四）无酒后驾驶或者醉酒驾驶机动车记录，最近一年内无驾驶客运车辆超员、超速等严重道路交通安全违法行为记录；

（五）无犯罪记录；

（六）身心健康，无传染性疾病，无癫痫病、精神病等可能危及行车安全的疾病病史，无酗酒、吸毒行为记录。

第八十八条 机动车驾驶人申请取得校车驾驶资格，应当向县级或者设区的市级公安机关交通管理部门提出申请，确认申请信息，并提交以下证明、凭证：

（一）申请人的身份证明；

（二）机动车驾驶证；

（三）医疗机构出具的有关身体条件的证明。

第八十九条 公安机关交通管理部门自受理申请之日起五日内审查提交的证明、凭证，并向所在地县级公安机关核查，确认申请人无犯罪、吸毒行为记录。对符合条件的，在机动车驾驶证上签注准许驾驶校车及相应车型，并通报教育行政部门；不符合条件的，应当书面说明理由。

第九十条 校车驾驶人应当在每个记分周期结束后三十日内到公安机关交通管理部门接受审验。审验时，应当提交医疗机构出具的有关身体条件的证明，参加不少于三小时的道路交通安全法律法规、交通安全文明驾驶、应急处置等知识学习，并接受交通事故案例警示教育。

第九十一条 公安机关交通管理部门应当与教育行政部门和学校建立校车驾驶人的信息交换机制，每月通报校车驾驶人的交通违法、交通事故和审验等情况。

第九十二条 校车驾驶人有下列情形之一的，公安机关交通管理部门应当注销其校车驾驶资格，通知机动车驾驶人换领机动车驾驶证，并通报教育行政部门和学校：

（一）提出注销申请的；

（二）年龄超过60周岁的；

（三）在致人死亡或者重伤的交通事故负有责任的；

（四）有酒后驾驶或者醉酒驾驶机动车，以及驾驶客运车辆超员、超速等严重道路交通安全违法行为的；

（五）有记满12分或者犯罪记录的；

（六）有传染性疾病、癫痫病、精神病等可能危及行车安全的疾病，有酗酒、吸毒行为记录的。

未收回签注校车驾驶许可的机动车驾驶证的，应当公告其校车驾驶资格作废。

第六章 法律责任

第九十三条 申请人隐瞒有关情况或者提供虚假材料申领机动车驾驶证的，公安机关交通管理部门不予受理或者不予办理，处五百元以下罚款；申请人在一年内不得再次申领机动车驾驶证。

申请人在考试过程中有贿赂、舞弊行为的，取消考试资格，已经通过考试的其他科目成绩无效，公安机关交通管理部门处二千元以下罚款；申请人在一年内不得再次申领机动车驾驶证。

申请人以欺骗、贿赂等不正当手段取得机动车驾驶证的，公安机关交通管理部门收缴机动车驾驶证，撤销机动车驾驶许可，处二千元以下罚款；申请人在三年内不得再次申领机动车驾驶证。

组织、参与实施前三款行为之一牟取经济利益的，由公安机关交通管理部门处违法所得三倍以上五倍以下罚款，但最高不超过十万元。

申请人隐瞒有关情况或者提供虚假材料申请校车驾驶资格的，公安机关交通管理部门不予受理或者不予办理，处五百元以下罚款；申请人在一年内不得再次申请校车驾驶资格。申请人以欺骗、贿赂等不正当手段取得校车驾驶资格的，公安机关交通管理部门撤销校车驾驶资格，处二千元以下罚款；申请人在三年内不得再次申请校车驾驶资格。

第九十四条 申请人在教练员或者学车专用标识签注的指导人员随车指导下，使用符合规定的机动车学习驾驶中有道路交通安全违法行为或者发生交通事故的，按照《道路交通安全法实施条例》第二十条规定，由教练员或者随车指导人员承担责任。

第九十五条 申请人在道路上学习驾驶时，有下列情形之一的，由公安机关交通管理部门对教练员或者随车指导人员处二十元以上二百元以下罚款：

（一）未按照公安机关交通管理部门指定的路线、时间进行的；

（二）未按照本规定第四十二条规定放置、粘贴学车专用标识的。

第九十六条 申请人在道路上学习驾驶时，有下列情形之一的，由公安机关交通管理部门对教练员或者随车指导人员处二百元以上五百元以下罚款：

（一）未使用符合规定的机动车的；

（二）自学用车搭载随车指导人员以外的其他人员的。

第九十七条 申请人在道路上学习驾驶时，有下列情形之一的，由公安机关交通管理部门按照《道路交通安全法》第九十九条第一款第一项规定予以处罚：

（一）未取得学习驾驶证明的；

（二）没有教练员或者随车指导人员的；
（三）由不符合规定的人员随车指导的。

将机动车交由有前款规定情形之一的申请人驾驶的，由公安机关交通管理部门按照《道路交通安全法》第九十九条第一款第二项规定予以处罚。

第九十八条 机动车驾驶人有下列行为之一的，由公安机关交通管理部门处二十元以上二百元以下罚款：

（一）机动车驾驶人补换领机动车驾驶证后，继续使用原机动车驾驶证的；

（二）在实习期内驾驶机动车不符合第七十七条规定的；

（三）持有大型客车、重型牵引挂车、城市公交车、中型客车、大型货车驾驶证的驾驶人，未按照第八十一条规定申报变更信息的。

有第一款第一项规定情形的，由公安机关交通管理部门收回原机动车驾驶证。

第九十九条 机动车驾驶人有下列行为之一的，由公安机关交通管理部门处二百元以上五百元以下罚款：

（一）机动车驾驶证被依法扣押、扣留或者暂扣期间，采用隐瞒、欺骗手段补领机动车驾驶证的；

（二）机动车驾驶人身体条件发生变化不适合驾驶机动车，仍驾驶机动车的；

（三）逾期不参加审验仍驾驶机动车的。

有第一款第一项、第二项规定情形之一的，由公安机关交通管理部门收回机动车驾驶证。

第一百条 机动车驾驶人参加审验教育时在签注学习记录、学习过程中弄虚作假的，相应学习记录无效，重新参加审验学习，由公安机关交通管理部门处一千元以下罚款。

代替实际机动车驾驶人参加审验教育的，由公安机关交通管理部门处二千元以下罚款。

组织他人实施前两款行为之一，有违法所得的，由公安机关交通管理部门处违法所得三倍以下罚款，但最高不超过二万元；没有违法所得的，由公安机关交通管理部门处二万元以下罚款。

第一百零一条 省、自治区、直辖市公安厅、局可以根据本地区的实际情况，在本规定的处罚幅度范围内，制定具体的执行标准。

对本规定的道路交通安全违法行为的处理程序按照《道路交通安全违法行为处理程序规定》执行。

第一百零二条 公安机关交通管理部门及其交通警察、警务辅助人员办理机动车驾驶证业务、开展机动车驾驶人考试工作，应当接受监察机关、公安机关督察审计部门等依法实施的监督。

公安机关交通管理部门及其交通警察、警务辅助人员办理机动车驾驶证业务、开展机动车驾驶人考试工作，应当自觉接受社会和公民的监督。

第一百零三条 交通警察有下列情形之一的，按照有关规定给予处分；聘用人员有下列情形之一的予以解聘。构成犯罪的，依法追究刑事责任：

（一）为不符合机动车驾驶许可条件、未经考试、考试不合格人员签注合格考试成绩或者核发机动车驾驶证的；

（二）减少考试项目、降低评判标准或者参与、协助、纵容考试作弊的；

（三）为不符合规定的申请人发放学习驾驶证明、学车专用标识的；

（四）与非法中介串通牟取经济利益的；

（五）违反规定侵入机动车驾驶证管理系统、泄漏篡改、买卖系统数据，或者泄漏系统密码的；

（六）违反规定向他人出售或者提供机动车驾驶证信息的；

（七）参与或者变相参与驾驶培训机构、社会考场、考试设备生产销售企业经营活动的；

（八）利用职务上的便利索取、收受他人财物或者牟取其他利益的。

交通警察未按照第五十三条第一款规定使用执法记录仪的，根据情节轻重，按照有关规定给予处分。

公安机关交通管理部门有第一款所列行为之一的，按照有关规定对直接负责的主管人员和其他直接责任人员给予相应的处分。

第七章 附 则

第一百零四条 国家之间对机动车驾驶证有互认可协议的，按照协议办理。

国家之间签订有关协定涉及机动车驾驶证的，按照协定执行。

第一百零五条 机动车驾驶人可以委托代理人代理换证、补证、提交身体条件证明、提交审验材料、延期办理和注销业务。代理人申请机动车驾驶证业务时，应当提交代理人的身份证明和机动车驾驶人的委托书。

第一百零六条 公安机关交通管理部门应当实行驾驶人考试、驾驶证管理档案电子化。机动车驾驶证电子档案与纸质档案具有同等效力。

第一百零七条 机动车驾驶证、临时机动车驾驶许可和学习驾驶证明的式样由公安部统一制定并监制。

机动车驾驶证、临时机动车驾驶许可和学习驾驶证明的制作应当按照中华人民共和国公共安全行业标准《中华人民共和国机动车驾驶证件》执行。

第一百零八条 拖拉机驾驶证的申领和使用另行规定。拖拉机驾驶证式样、规格应当符合中华人民共和国公共安全行业标准《中华人民共和国机动车驾驶证件》的规定。

第一百零九条 本规定下列用语的含义：

（一）身份证明是指：

1. 居民的身份证明，是居民身份证或者临时居民身份证；

2. 现役军人（含武警）的身份证明，是居民身份证或者临时居民身份证。在未办理居民身份证前，是军队有关部门核发的军官证、文职干部证、士兵证、离休证、退休证等有效军人身份证件，以及其所在的团级以上单位出具的部队驻地住址证明；

3. 香港、澳门特别行政区居民的身份证明，是港澳居民居住证；或者是其所持有的港澳居民来往内地通行证或者外交部核发的中华人民共和国旅行证，以及公安机关出具的住宿登记证明；

4. 台湾地区居民的身份证明，是台湾居民居住证；或者是其所持有的公安机关核发的五年有效的台湾居民来往大陆通行证或者外交部核发的中华人民共和国旅行证，以及公安机关出具的住宿登记证明；

5. 定居国外的中国公民的身份证明，是中华人民共和国护照和公安机关出具的住宿登记证明；

6. 外国人的身份证明，是其所持有的有效护照或者其他国际旅行证件，停居留期三个月以上的有效签证或者停留、居留许可，以及公安机关出具的住宿登记证明；或者是外国人永久居留身份证；

7. 外国驻华使馆、领馆人员、国际组织驻华代表机构人员的身份证明，是外交部核发的有效身份证件。

（二）住址是指：

1. 居民的住址，是居民身份证或者临时居民身份证记载的住址；

2. 现役军人（含武警）的住址，是居民身份证或者临时居民身份证记载的住址。在未办理居民身份证前，是其所在的团级以上单位出具的部队驻地住址；

3. 境外人员的住址，是公安机关出具的住宿登记证明记载的地址；

4. 外国驻华使馆、领馆人员及国际组织驻华代表机构人员的住址，是外交部核发的有效身份证件记载的地址。

（三）境外机动车驾驶证是指外国、香港、澳门特别行政区、台湾地区核发的具有单独驾驶资格的正式机动车驾驶证，不包括学习驾驶证、临时驾驶证、实习驾驶证。

（四）汽车类驾驶证是指大型客车、重型牵引挂车、城市公交车、中型客车、大型货车、小型汽车、小型自动挡汽车、低速载货汽车、三轮汽车、残疾人专用小型自动挡汽车、轻型牵引挂车、轮式专用机械车、无轨电车、有轨电车准驾车型驾驶证。摩托车类驾驶证是指普通三轮摩托车、普通二轮摩托车、轻便摩托车准驾车型驾驶证。

第一百一十条 本规定所称"一日"、"三日"、"五日"，是指工作日，不包括节假日。

本规定所称"以上"、"以下"，包括本数。

第一百一十一条 本规定自2022年4月1日起施行。2012年9月12日发布的《机动车驾驶证申领和使用规定》（公安部令第123号）和2016年1月29日发布的《公安部关于修改〈机动车驾驶证申领和使用规定〉的决定》（公安部令第139号）同时废止。本规定生效后，公安部以前制定的规定与本规定不一致的，以本规定为准。

附件：

1. 准驾车型及代号
2. 学车专用标识式样
3. 实习标志式样
4. 残疾人机动车专用标志

附件 1

准驾车型及代号

准驾车型	代号	准驾的车辆	准予驾驶的其他准驾车型
大型客车	A1	大型载客汽车	A3、B1、B2、C1、C2、C3、C4、M
重型牵引挂车	A2	总质量大于 4500kg 的汽车列车	B1、B2、C1、C2、C3、C4、C6、M
城市公交车	A3	核载 10 人以上的城市公共汽车	C1、C2、C3、C4
中型客车	B1	中型载客汽车(含核载 10 人以上、19 人以下的城市公共汽车)	C1、C2、C3、C4、M
大型货车	B2	重型、中型载货汽车;重型、中型专项作业车	C1、C2、C3、C4、M
小型汽车	C1	小型、微型载客汽车以及轻型、微型载货汽车;轻型、微型专项作业车	C2、C3、C4
小型自动挡汽车	C2	小型、微型自动挡载客汽车以及轻型、微型自动挡载货汽车;轻型、微型自动挡专项作业车;上肢残疾人专用小型自动挡载客汽车	
低速载货汽车	C3	低速载货汽车	C4
三轮汽车	C4	三轮汽车	
残疾人专用小型自动挡载客汽车	C5	残疾人专用小型、微型自动挡载客汽车(允许上肢、右下肢或者双下肢残疾人驾驶)	
轻型牵引挂车	C6	总质量小于(不包含等于)4500kg 的汽车列车	
普通三轮摩托车	D	发动机排量大于 50ml 或者最大设计车速大于 50km/h 的三轮摩托车	E、F
普通二轮摩托车	E	发动机排量大于 50ml 或者最大设计车速大于 50km/h 的二轮摩托车	F
轻便摩托车	F	发动机排量小于等于 50ml,最大设计车速小于等于 50km/h 的摩托车	
轮式专用机械车	M	轮式专用机械车	
无轨电车	N	无轨电车	
有轨电车	P	有轨电车	

附件2

学车专用标识式样
（正面）

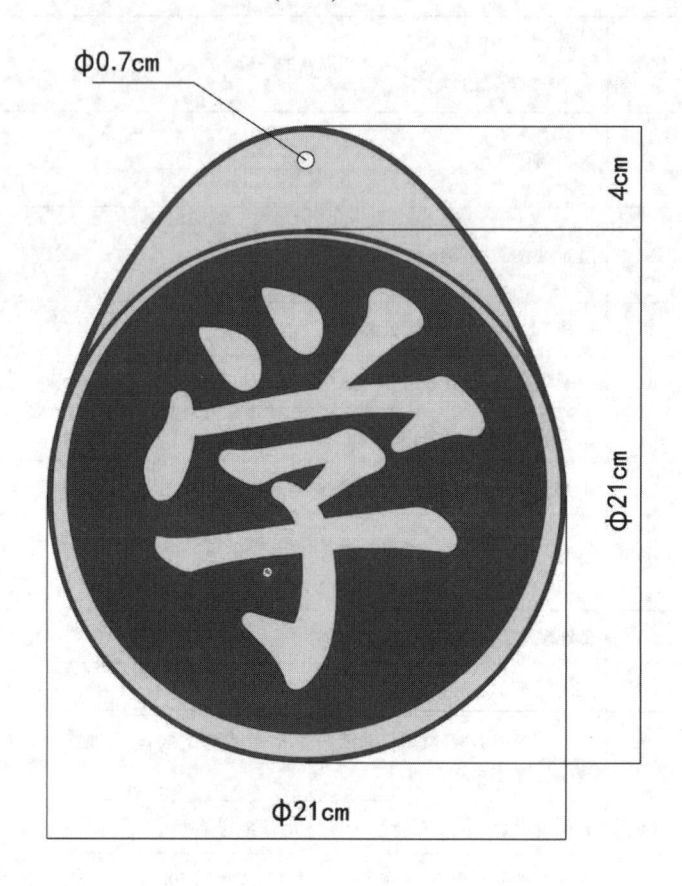

φ0.7cm

4cm

φ21cm

φ21cm

注：1、学车专用标识的主色为大红色 ■ M100Y100，配色为黄色 ■ Y100；

2、"学"字用大小为400磅的粗楷体，描边12磅；

3、学车专用标识共2张，分别放置在车内前挡风玻璃右下角、粘贴在车辆尾部。

学车专用标识式样

（背面）

标识编号 _____

自学人员
姓名 _____
身份证明号码 _____

指导人员
姓名 _____
驾驶证号码 _____

自学用车
号牌号码 _____
车辆识别代号 _____

签发机关

签发日期 _____
有效期止日期 _____

附件 3

实习标志式样

一、汽车实习标志式样

比例：1:1
φ16cm

注：1. 实习标志的主色为黄色 ▇ Y100，配色为桔红色 ▇ M80Y100
2. "实习"两字用大小为250磅的粗楷体
3. 在实习期内驾驶机动车的，应当在车身后部粘贴或悬挂实习标志

二、摩托车实习标志式样

注：1. 实习标志的主色为黄色 ▨ Y100 ，配色为桔红色 ▨ M80Y100
　　2. "实习"两字用大小为130磅的粗楷体
　　3. 在实习期内驾驶机动车的，应当在车身后部粘贴或悬挂实习标志

附件4

残疾人机动车专用标志

式样

方格尺寸图

颜色值：
$C=100, M=80, Y=5, K=0$

使用规定：
1. 残疾人驾驶机动车时,应当在车身前部和后部分别设置专用标志。
2. 专用标志应当设置在车身距离地面0.4m以上1.2m以下的位置。

3. 从业资格管理

<h2 style="text-align:center">机动车驾驶员培训管理规定</h2>

· 2022 年 9 月 21 日第 22 次部务会议通过
· 2022 年 9 月 26 日交通运输部令 2022 年第 32 号公布
· 自 2022 年 11 月 1 日起施行

<h3 style="text-align:center">第一章 总 则</h3>

第一条 为规范机动车驾驶员培训经营活动，维护机动车驾驶员培训市场秩序，保护各方当事人的合法权益，根据《中华人民共和国道路交通安全法》《中华人民共和国道路运输条例》等有关法律、行政法规，制定本规定。

第二条 从事机动车驾驶员培训业务的，应当遵守本规定。

机动车驾驶员培训业务是指以培训学员的机动车驾驶能力或者以培训道路运输驾驶人员的从业能力为教学任务，为社会公众有偿提供驾驶培训服务的活动。包括对初学机动车驾驶人员、增加准驾车型的驾驶人员和道路运输驾驶人员所进行的驾驶培训、继续教育以及机动车驾驶员培训教练场经营等业务。

第三条 机动车驾驶员培训实行社会化，从事机动车驾驶员培训业务应当依法经营，诚实信用，公平竞争。

第四条 机动车驾驶员培训管理应当公平、公正、公开和便民。

第五条 交通运输部主管全国机动车驾驶员培训管理工作。

县级以上地方人民政府交通运输主管部门（以下简称交通运输主管部门）负责本行政区域内的机动车驾驶员培训管理工作。

<h3 style="text-align:center">第二章 经营备案</h3>

第六条 机动车驾驶员培训依据经营项目、培训能力和培训内容实行分类备案。

机动车驾驶员培训业务根据经营项目分为普通机动车驾驶员培训、道路运输驾驶员从业资格培训和机动车驾驶员培训教练场经营三类。

普通机动车驾驶员培训根据培训能力分为一级普通机动车驾驶员培训、二级普通机动车驾驶员培训和三级普通机动车驾驶员培训三类。

道路运输驾驶员从业资格培训根据培训内容分为道路客货运输驾驶员从业资格培训和危险货物运输驾驶员从业资格培训两类。

第七条 从事三类（含三类）以上车型普通机动车驾驶员培训业务的，备案为一级普通机动车驾驶员培训；从事两类车型普通机动车驾驶员培训业务的，备案为二级普通机动车驾驶员培训；只从事一类车型普通机动车驾驶员培训业务的，备案为三级普通机动车驾驶员培训。

第八条 从事经营性道路旅客运输驾驶员、经营性道路货物运输驾驶员从业资格培训业务的，备案为道路客货运输驾驶员从业资格培训；从事道路危险货物运输驾驶员从业资格培训业务的，备案为危险货物运输驾驶员从业资格培训。

第九条 从事机动车驾驶员培训教练场经营业务的，备案为机动车驾驶员培训教练场经营。

第十条 从事普通机动车驾驶员培训业务的，应当具备下列条件：

（一）取得企业法人资格。

（二）有健全的组织机构。

包括教学、教练员、学员、质量、安全、结业考核和设施设备管理等组织机构，并明确负责人、管理人员、教练员和其他人员的岗位职责。具体要求按照有关国家标准执行。

（三）有健全的管理制度。

包括安全管理制度、教练员管理制度、学员管理制度、培训质量管理制度、结业考核制度、教学车辆管理制度、教学设施设备管理制度、教练场地管理制度、档案管理制度等。具体要求按照有关国家标准执行。

（四）有与培训业务相适应的教学人员。

1. 有与培训业务相适应的理论教练员。机动车驾驶员培训机构聘用的理论教练员应当具备以下条件：

持有机动车驾驶证，具有汽车及相关专业中专以上学历或者汽车及相关专业中级以上技术职称，具有 2 年以上安全驾驶经历，掌握道路交通安全法规、驾驶理论、机动车构造、交通安全心理学、常用伤员急救等安全驾驶知识，了解车辆环保和节约能源的有关知识，了解教育学、教育心理学的基本教学知识，具备编写教案、规范讲解的授课能力。

2. 有与培训业务相适应的驾驶操作教练员。机动车驾驶员培训机构聘用的驾驶操作教练员应当具备以下条件：

持有相应的机动车驾驶证，年龄不超过 60 周岁，符合一定的安全驾驶经历和相应车型驾驶经历，熟悉道路交通安全法规、驾驶理论、机动车构造、交通安全心理学和应急驾驶的基本知识，了解车辆维护和常见故障诊断等有关知识，具备驾驶要领讲解、驾驶动作示范、指导驾驶的教学能力。

3. 所配备的理论教练员数量要求及每种车型所配备的驾驶操作教练员数量要求应当按照有关国家标准执行。

(五)有与培训业务相适应的管理人员。

管理人员包括理论教学负责人、驾驶操作训练负责人、教学车辆管理人员、结业考核人员和计算机管理人员等。具体要求按照有关国家标准执行。

(六)有必要的教学车辆。

1. 所配备的教学车辆应当符合国家有关技术标准要求,并装有副后视镜、副制动踏板、灭火器及其他安全防护装置。具体要求按照有关国家标准执行。

2. 从事一级普通机动车驾驶员培训的,所配备的教学车辆不少于 80 辆;从事二级普通机动车驾驶员培训的,所配备的教学车辆不少于 40 辆;从事三级普通机动车驾驶员培训的,所配备的教学车辆不少于 20 辆。具体要求按照有关国家标准执行。

(七)有必要的教学设施、设备和场地。

具体要求按照有关国家标准执行。租用教练场地的,还应当持有书面租赁合同和出租方土地使用证明,租赁期限不得少于 3 年。

第十一条 从事道路运输驾驶员从业资格培训业务的,应当具备下列条件:

(一)取得企业法人资格。

(二)有健全的组织机构。

包括教学、教练员、学员、质量、安全和设施设备管理等组织机构,并明确负责人、管理人员、教练员和其他人员的岗位职责。具体要求按照有关国家标准执行。

(三)有健全的管理制度。

包括安全管理制度、教练员管理制度、学员管理制度、培训质量管理制度、教学车辆管理制度、教学设施设备管理制度、教练场地管理制度、档案管理制度等。具体要求按照有关国家标准执行。

(四)有与培训业务相适应的教学车辆。

1. 从事道路客货运输驾驶员从业资格培训业务的,应当同时具备大型客车、城市公交车、中型客车、小型汽车、小型自动挡汽车等五种车型中至少一种车型的教学车辆和重型牵引挂车、大型货车等两种车型中至少一种车型的教学车辆。

2. 从事危险货物运输驾驶员从业资格培训业务的,应当具备重型牵引挂车、大型货车等两种车型中至少一种车型的教学车辆。

3. 所配备的教学车辆不少于 5 辆,且每种车型教学车辆不少于 2 辆。教学车辆具体要求按照有关国家标准执行。

(五)有与培训业务相适应的教学人员。

1. 从事道路客货运输驾驶员从业资格理论知识培训的,教练员应当持有机动车驾驶证,具有汽车及相关专业大专以上学历或者汽车及相关专业高级以上技术职称,具有 2 年以上安全驾驶经历,熟悉道路交通安全法规、驾驶理论、旅客运输法规、货物运输法规以及机动车维修、货物装卸保管和旅客急救等相关知识,了解教育学、教育心理学的基本教学知识,具备编写教案、规范讲解的授课能力,具有 2 年以上从事普通机动车驾驶员培训的教学经历,且近 2 年无不良的教学记录。从事应用能力教学的,还应当具有相应车型的驾驶经历,熟悉机动车安全检视、伤员急救、危险源辨识与防御性驾驶以及节能驾驶的相关知识,具备相应的教学能力。

2. 从事危险货物运输驾驶员从业资格理论知识培训的,教练员应当持有机动车驾驶证,具有化工及相关专业大专以上学历或者化工及相关专业高级以上技术职称,具有 2 年以上安全驾驶经历,熟悉道路交通安全法规、驾驶理论、危险货物运输法规、危险化学品特性、包装容器使用方法、职业安全防护和应急救援等知识,具备相应的授课能力,具有 2 年以上化工及相关专业的教学经历,且近 2 年无不良的教学记录。从事应用能力教学的,还应当具有相应车型的驾驶经历,熟悉机动车安全检视、伤员急救、危险源辨识与防御性驾驶以及节能驾驶的相关知识,具备相应的教学能力。

3. 所配备教练员的数量应不低于教学车辆的数量。

(六)有必要的教学设施、设备和场地。

1. 配备相应车型的教练场地,机动车构造、机动车维护、常见故障诊断和排除、货物装卸保管、医学救护、消防器材等教学设施、设备和专用场地。教练场地要求按照有关国家标准执行。

2. 从事危险货物运输驾驶员从业资格培训业务的,还应当同时配备常见危险化学品样本、包装容器、教学挂图、危险化学品实验室等设施、设备和专用场地。

第十二条 从事机动车驾驶员培训教练场经营业务的,应当具备下列条件:

(一)取得企业法人资格。

(二)有与经营业务相适应的教练场地。具体要求按照有关国家标准执行。

(三)有与经营业务相适应的场地设施、设备,办公教学、生活设施以及维护服务设施。具体要求按照有关国家标准执行。

（四）具备相应的安全条件。包括场地封闭设施、训练区隔离设施、安全通道以及消防设施、设备等。具体要求按照有关国家标准执行。

（五）有相应的管理人员。包括教练场安全负责人、档案管理人员以及场地设施、设备管理人员。

（六）有健全的安全管理制度。包括安全检查制度、安全责任制度、教学车辆安全管理制度以及突发事件应急预案等。

第十三条 从事机动车驾驶员培训业务的，应当依法向市场监督管理部门办理有关登记手续后，最迟不晚于开始经营活动的15日内，向所在地县级交通运输主管部门办理备案，并提交以下材料，保证材料真实、完整、有效：

（一）《机动车驾驶员培训备案表》（式样见附件1）；

（二）企业法定代表人身份证明；

（三）经营场所使用权证明或者产权证明；

（四）教练场地使用权证明或者产权证明；

（五）教练场地技术条件说明；

（六）教学车辆技术条件、车型及数量证明（从事机动车驾驶员培训教练场经营的无需提交）；

（七）教学车辆购置证明（从事机动车驾驶员培训教练场经营的无需提交）；

（八）机构设置、岗位职责和管理制度材料；

（九）各类设施、设备清单；

（十）拟聘用人员名册、职称证明；

（十一）营业执照；

（十二）学时收费标准。

从事普通机动车驾驶员培训业务的，在提交备案材料时，应当同时提供由公安机关交通管理部门出具的相关人员安全驾驶经历证明，安全驾驶经历的起算时间自备案材料提交之日起倒计。

第十四条 县级交通运输主管部门收到备案材料后，对材料齐全且符合要求的，应当予以备案并编号归档；材料不齐全或者不符合要求的，应当当场或者自收到备案材料之日起5日内一次性书面通知备案人需要补充的全部内容。

第十五条 机动车驾驶员培训机构变更培训能力、培训车型及数量、培训内容、教练场地等备案事项的，应当符合法定条件、标准，并在变更之日起15日内向原备案部门办理备案变更。

机动车驾驶员培训机构名称、法定代表人、经营场所等营业执照登记事项发生变化的，应当在完成营业执照变更登记后15日内向原备案部门办理变更手续。

第十六条 机动车驾驶员培训机构需要终止经营的，应当在终止经营前30日内书面告知原备案部门。

第十七条 县级交通运输主管部门应当向社会公布已备案的机动车驾驶员培训机构名称、法定代表人、经营场所、培训车型、教练场地等信息，并及时更新，供社会查询和监督。

第三章 教练员管理

第十八条 机动车驾驶培训教练员实行职业技能等级制度。鼓励机动车驾驶员培训机构优先聘用取得职业技能等级证书的人员担任教练员。鼓励教练员同时具备理论教练员和驾驶操作教练员的教学水平。

第十九条 机动车驾驶员培训机构应当建立健全教练员聘用管理制度，不得聘用最近连续3个记分周期内有交通违法记分满分记录或者发生交通死亡责任事故、组织或者参与考试舞弊、收受或者索取学员财物的人员担任教练员。

第二十条 教练员应当按照统一的教学大纲规范施教，并如实填写《教学日志》和《机动车驾驶员培训记录》（以下简称《培训记录》，式样见附件2）。

在教学过程中，教练员不得将教学车辆交给与教学无关人员驾驶。

第二十一条 机动车驾驶员培训机构应当对教练员进行道路交通安全法律法规、教学技能、应急处置等相关内容的岗前培训，加强对教练员职业道德教育和驾驶新知识、新技术的再教育，对教练员每年进行至少一周的培训，提高教练员的职业素质。

第二十二条 机动车驾驶员培训机构应当加强对教练员教学情况的监督检查，定期开展教练员教学质量信誉考核，公布考核结果，督促教练员提高教学质量。

第二十三条 省级交通运输主管部门应当制定教练员教学质量信誉考核办法，考核内容应当包括教练员的教学业绩、教学质量排行情况、参加再教育情况、不良记录等。

第二十四条 机动车驾驶员培训机构应当建立教练员档案，并将教练员档案主要信息按要求报送县级交通运输主管部门。

教练员档案包括教练员的基本情况、职业技能等级证书取得情况、参加岗前培训和再教育情况、教学质量信誉考核情况等。

县级交通运输主管部门应当建立教练员信息档案，并通过信息化手段对教练员信息档案进行动态管理。

第四章 经营管理

第二十五条 机动车驾驶员培训机构开展培训业务，应当与备案事项保持一致，并保持备案经营项目需具备的业务条件。

第二十六条 机动车驾驶员培训机构应当在经营场所的醒目位置公示其经营项目、培训能力、培训车型、培训内容、收费项目、收费标准、教练员、教学场地、投诉方式、学员满意度评价参与方式等情况。

第二十七条 机动车驾驶员培训机构应当与学员签订培训合同，明确双方权利义务，按照合同约定提供培训服务，保障学员自主选择教练员等合法权益。

第二十八条 机动车驾驶员培训机构应当在备案地开展培训业务，不得采取异地培训、恶意压价、欺骗学员等不正当手段开展经营活动，不得允许社会车辆以其名义开展机动车驾驶员培训经营活动。

第二十九条 机动车驾驶员培训实行学时制，按照学时合理收取费用。鼓励机动车驾驶员培训机构提供计时培训计时收费、先培训后付费服务模式。

对每个学员理论培训时间每天不得超过6个学时，实际操作培训时间每天不得超过4个学时。

第三十条 机动车驾驶员培训机构应当建立学时预约制度，并向社会公布联系电话和预约方式。

第三十一条 参加机动车驾驶员培训的人员，在报名时应当填写《机动车驾驶员培训学员登记表》（以下简称《学员登记表》，式样见附件3），并提供身份证明。参加道路运输驾驶员从业资格培训的人员，还应当同时提供相应的驾驶证。报名人员应当对所提供材料的真实性负责。

第三十二条 机动车驾驶员培训机构应当按照全国统一的教学大纲内容和学时要求，制定教学计划，开展培训教学活动。

培训教学活动结束后，机动车驾驶员培训机构应当组织学员结业考核，向考核合格的学员颁发《机动车驾驶员培训结业证书》（以下简称《结业证书》，式样见附件4）。

《结业证书》由省级交通运输主管部门按照全国统一式样监制并编号。

第三十三条 机动车驾驶员培训机构应当建立学员档案。学员档案主要包括：《学员登记表》、《教学日志》、《培训记录》、《结业证书》复印件等。

学员档案保存期不少于4年。

第三十四条 机动车驾驶员培训机构应当使用符合标准并取得牌证、具有统一标识的教学车辆。

教学车辆的统一标识由省级交通运输主管部门负责制定，并组织实施。

第三十五条 机动车驾驶员培训机构应当按照国家有关规定对教学车辆进行定期维护和检测，保持教学车辆性能完好，满足教学和安全行车的要求，并按照国家有关规定及时更新。

禁止使用报废、检测不合格和其他不符合国家规定的车辆从事机动车驾驶员培训业务。不得随意改变教学车辆的用途。

第三十六条 机动车驾驶员培训机构应当建立教学车辆档案。教学车辆档案主要内容包括：车辆基本情况、维护和检测情况、技术等级记录、行驶里程记录等。

教学车辆档案应当保存至车辆报废后1年。

第三十七条 机动车驾驶员培训机构应当在其备案的教练场地开展基础和场地驾驶培训。

机动车驾驶员培训机构在道路上进行培训活动，应当遵守公安机关交通管理部门指定的路线和时间，并在教练员随车指导下进行，与教学无关的人员不得乘坐教学车辆。

第三十八条 机动车驾驶员培训机构应当保持教学设施、设备的完好，充分利用先进的科技手段，提高培训质量。

第三十九条 机动车驾驶员培训机构应当按照有关规定，向交通运输主管部门报送《培训记录》以及有关统计资料等信息。

《培训记录》应当经教练员签字、机动车驾驶员培训机构审核确认。

第四十条 交通运输主管部门应当根据机动车驾驶员培训机构执行教学大纲、颁发《结业证书》等情况，对《培训记录》及有关资料进行严格审查。

第四十一条 省级交通运输主管部门应当建立机动车驾驶员培训机构质量信誉考评体系，制定机动车驾驶员培训监督管理的量化考核标准，并定期向社会公布对机动车驾驶员培训机构的考核结果。

机动车驾驶员培训机构质量信誉考评应当包括培训机构的基本情况、学员满意度评价情况、教学大纲执行情况、《结业证书》发放情况、《培训记录》填写情况、培训业绩、考试情况、不良记录、教练员教学质量信誉考核开展情况等内容。

机动车驾驶员培训机构的学员满意度评价应当包括教学质量、服务质量、教学环境、教学方式、教练员评价等内容，具体实施细则由省级交通运输主管部门确定。

第五章　监督检查

第四十二条　交通运输主管部门应当依法对机动车驾驶员培训经营活动进行监督检查，督促机动车驾驶员培训机构及时办理备案手续，加强对机动车驾驶员培训机构是否备案、是否保持备案经营项目需具备的业务条件、备案事项与实际从事业务是否一致等情况的检查。

监督检查活动原则上随机抽取检查对象、检查人员，严格遵守《交通运输行政执法程序规定》等相关规定，检查结果向社会公布。

第四十三条　机动车驾驶员培训机构、管理人员、教练员、学员以及其他相关人员应当积极配合执法检查人员的监督检查工作，如实反映情况，提供有关资料。

第四十四条　已经备案的机动车驾驶员培训机构未保持备案经营项目需具备的业务条件的，交通运输主管部门应当责令其限期整改，并将整改要求、整改结果等相关情况向社会公布。

第四十五条　交通运输主管部门应当健全信用管理制度，加强机动车驾驶员培训机构质量信誉考核结果的运用，强化对机动车驾驶员培训机构和教练员的信用监管。

第四十六条　交通运输主管部门应当与相关部门建立健全协同监管机制，及时向公安机关、市场监督管理等部门通报机动车驾驶员培训机构备案、停业、终止经营等信息，加强部门间信息共享和跨部门联合监管。

第四十七条　鼓励机动车驾驶员培训相关行业协会健全完善行业规范，加强行业自律，促进行业持续健康发展。

第六章　法律责任

第四十八条　违反本规定，从事机动车驾驶员培训业务，有下列情形之一的，由交通运输主管部门责令改正；拒不改正的，处 5000 元以上 2 万元以下的罚款：

（一）从事机动车驾驶员培训业务未按规定办理备案的；

（二）未按规定办理备案变更的；

（三）提交虚假备案材料的。

有前款第三项行为且情节严重的，其直接负责的主管人员和其他直接责任人员 5 年内不得从事原备案的机动车驾驶员培训业务。

第四十九条　违反本规定，机动车驾驶员培训机构不严格按照规定进行培训或者在培训结业证书发放时弄虚作假，有下列情形之一的，由交通运输主管部门责令改正；拒不改正的，责令停业整顿：

（一）未按全国统一的教学大纲进行培训的；

（二）未在备案的教练场地开展基础和场地驾驶培训的；

（三）未按规定组织学员结业考核或者未向培训结业的人员颁发《结业证书》的；

（四）向未参加培训、未完成培训、未参加结业考核或者结业考核不合格的人员颁发《结业证书》的。

第五十条　违反本规定，机动车驾驶员培训机构有下列情形之一的，由交通运输主管部门责令限期整改，逾期整改不合格的，予以通报批评：

（一）未在经营场所的醒目位置公示其经营项目、培训能力、培训车型、培训内容、收费项目、收费标准、教练员、教学场地、投诉方式、学员满意度评价参与方式等情况的；

（二）未按规定聘用教学人员的；

（三）未按规定建立教练员档案、学员档案、教学车辆档案的；

（四）未按规定报送《培训记录》、教练员档案主要信息和有关统计资料等信息的；

（五）使用不符合规定的车辆及设施、设备从事教学活动的；

（六）存在索取、收受学员财物或者谋取其他利益等不良行为的；

（七）未按规定与学员签订培训合同的；

（八）未按规定开展教练员岗前培训或者再教育的；

（九）未定期开展教练员教学质量信誉考核或者未公布考核结果的。

第五十一条　违反本规定，教练员有下列情形之一的，由交通运输主管部门责令限期整改；逾期整改不合格的，予以通报批评：

（一）未按全国统一的教学大纲进行教学的；

（二）填写《教学日志》《培训记录》弄虚作假的；

（三）教学过程中有道路交通安全违法行为或者造成交通事故的；

（四）存在索取、收受学员财物或者谋取其他利益等不良行为的；

（五）未按规定参加岗前培训或者再教育的；

（六）在教学过程中将教学车辆交给与教学无关人

员驾驶的。

第五十二条 违反本规定，交通运输主管部门的工作人员有下列情形之一的，依法给予处分；构成犯罪的，依法追究刑事责任：

（一）不按规定为机动车驾驶员培训机构办理备案的；

（二）参与或者变相参与机动车驾驶员培训业务的；

（三）发现违法行为不及时查处的；

（四）索取、收受他人财物或者谋取其他利益的；

（五）有其他违法违纪行为的。

第七章 附 则

第五十三条 本规定自2022年11月1日起施行。2006年1月12日以交通部令2006年第2号公布的《机动车驾驶员培训管理规定》，2016年4月21日以交通运输部令2016年第51号公布的《关于修改〈机动车驾驶员培训管理规定〉的决定》同时废止。

铁路机车车辆驾驶人员资格许可办法

· 2019年12月2日交通运输部令2019年第43号公布
· 自2020年3月1日起施行

第一章 总 则

第一条 为规范铁路机车车辆驾驶人员资格许可工作，保障铁路运输安全和畅通，根据《中华人民共和国行政许可法》《铁路安全管理条例》等法律、行政法规和国家有关规定，制定本办法。

第二条 在中华人民共和国境内的铁路营业线上，承担公共运输或者施工、维修、检测、试验等任务的铁路机车、动车组、大型养路机械、轨道车、接触网作业车驾驶人员（以下简称驾驶人员），应当依照本办法向国家铁路局申请铁路机车车辆驾驶资格，经考试合格后取得资格许可，并获得相应类别的铁路机车车辆驾驶证（以下简称驾驶证）。

内地与香港过境铁路机车车辆驾驶人员资格管理按有关规定办理。

第三条 国家铁路局负责铁路机车车辆驾驶人员资格许可管理工作。

各地区铁路监督管理局（含北京铁路督察室，下同）负责本辖区内铁路机车车辆驾驶人员资格监督检查工作。

国家铁路局和各地区铁路监督管理局，以下统称铁路监管部门。

第四条 下列人员不得驾驶铁路机车车辆：

（一）走私、贩卖或者吸食毒品的；

（二）组织、领导或者参与恐怖主义活动的；

（三）饮酒、服用国家管制的精神药品或者麻醉药品，或者患有妨碍安全驾驶铁路机车车辆疾病，或者存在其他影响安全驾驶行为的；

（四）违章驾驶后未采取考核、教育、培训等措施的。

第五条 驾驶资格分为机车系列和自轮运转车辆系列。具体代码及对应的准驾机车车辆类型为：

（一）机车系列：

J1类准驾动车组和内燃、电力机车；

J2类准驾动车组（不含动力集中型电力动车组）和内燃机车；

J3类准驾动车组（不含动力集中型内燃动车组）和电力机车；

J4类准驾动车组（不含动力分散型电力动车组）和内燃、电力机车；

J5类准驾内燃机车；

J6类准驾电力机车；

J7类准驾动力分散型电力动车组；

J8类准驾动力集中型内燃动车组；

J9类准驾动力集中型电力动车组。

（二）自轮运转车辆系列：

L1类准驾大型养路机械和轨道车、接触网作业车；

L2类准驾大型养路机械；

L3类准驾轨道车、接触网作业车。

第六条 国家铁路局推进铁路机车车辆驾驶人员信息管理系统建设，通过系统实现驾驶资格申请、考试、证件管理、监督检查等功能。

第七条 国家铁路局建立铁路机车车辆驾驶人员资格信用信息记录库，对聘用铁路机车车辆驾驶人员的企业（以下简称企业）、驾驶资格考试涉及的单位以及人员违反驾驶资格申请、考试、证件管理、执业等相关规定的行为，纳入信用信息记录库并上报至国家统一信用信息共享平台。

第八条 企业应当落实安全生产主体责任，建立健全驾驶人员管理制度。

企业应当为驾驶资格申请人提供必要的学习、培训条件。

企业应当对驾驶人员进行岗前教育和培训，教育和培训合格后方可上岗；未经教育和培训，或者经教育和培训后考核不合格的人员，不得上岗作业。

企业应当定期对驾驶人员组织培训和考核，制定培训大纲和培训计划，建立培训档案，保存培训考核记录。考核不合格的驾驶人员应当及时调整工作岗位。

企业应当对驾驶人员定期进行健康检查，符合国家对驾驶人员健康标准要求的，方可允许上岗作业。

企业应当对驾驶资格申请人和驾驶人员进行安全背景审查，科学合理制定执乘制度，保证驾驶人员身心健康，并根据动车组驾驶人员的年龄、健康状况、技能水平等确定合理的执乘方式，确保铁路运输安全。

第九条　驾驶人员应当遵守铁路运输安全法律、法规的规定，严格按照操作规程安全驾驶，有权拒绝违章指挥。

第十条　任何单位或者个人不得强迫、指使、纵容驾驶人员违反铁路运输安全法律、法规和安全驾驶要求驾驶铁路机车车辆，不得将铁路机车车辆交由不具有相应驾驶资格的人员（不含经批准在相应申请考试机型上进行实际操作训练或者实际操作考试的人员，下同）驾驶。

第二章　申　请

第十一条　申请驾驶证的，应当具备以下条件：

（一）年龄在18周岁至45周岁；

（二）身体健康，符合国家对驾驶人员健康标准的要求，驾驶适应性测试合格，有良好的汉字读写能力并能够熟练运用普通话交流；

（三）具有国家承认的大专及以上学历（含高职，下同）或者铁路相关专业中专学历；但是本条第三款规定的除外；

（四）机车系列申请人应当连续机务乘务学习1年以上或者机务乘务学习行程6万公里以上，自轮运转车辆系列申请人应当连续自轮运转车辆乘务学习6个月以上；但是本条第二款、第三款规定的除外；

（五）不具有本办法第四条第（一）项、第（二）项规定的情形。

申请J9或者J8类驾驶资格的，应当连续动车组机务乘务学习1年以上且乘务学习行程6万公里以上。

申请J7类驾驶资格的，应当具有国家承认的机车车辆或者机电类专业大专及以上学历；并且连续动车组机务乘务学习行程20万公里，或者连续动车组机务乘务学习2年以上且乘务学习行程15万公里以上，或者连续担任动车组机械师职务2年以上且连续动车组机务乘务学习行程10万公里以上。

初次申请驾驶证只能申请机车系列J9、J8、J7、J6、J5中的一种，或者自轮运转车辆系列L3、L2中的一种。

第十二条　初次申请驾驶证的，申请人应当提交以下材料：

（一）铁路机车车辆驾驶人员资格考试申请表；

（二）本人居民身份证、港澳台居民居住证或者外国人永久居留身份证；

（三）具有资质的健康体检机构或者二级及以上医疗机构按要求出具的近1年内的体检合格报告；

（四）本人学历相关材料。

第十三条　申请人应当按照本办法规定提交完整、真实的申请材料。

通过铁路机车车辆驾驶人员信息管理系统申请时，按系统要求办理。

第十四条　增加本系列准驾机车车辆类型或者增加准驾系列称为增驾。申请增驾时，每次可以申请某一系列的一种机车车辆类型。

已具有J9、J8、J7、J6、J5类驾驶资格之一可以互为申请其中的一种，已具有J4、J3、J2类驾驶资格之一可以申请J1类，已具有L3、L2类驾驶资格之一可以申请L1类。

申请J1、J2或者J3类增驾资格，以及J9、J8、J6、J5类申请J7类增驾资格时，应当不超过45周岁，具有所持有的驾驶资格2年以上且安全乘务10万公里以上；J9、J8、J6、J5类互为申请增驾资格时，应当具有所持驾驶资格1年以上且安全乘务6万公里以上。

L2类持证人申请L1类驾驶资格时，应当具有L2类驾驶资格2年以上且安全乘务1万公里以上；L3类持证人申请L1类驾驶资格时，应当具有L3类驾驶资格2年以上且安全乘务3万公里以上。

第十五条　申请增驾时，申请人应当提交第十二条第一项、第二项、第三项规定材料和已持有的驾驶证信息。

第三章　考　试

第十六条　国家铁路局组织建立并管理驾驶资格考试考点、专家库、试题库、考评员库，发布考试公告，编写并公布考试大纲。

第十七条　国家铁路局铁路机车车辆驾驶人员资格考试中心具体承办铁路机车车辆驾驶人员资格考试工作。

驾驶资格考试考点应当符合规定，达到相应的保密要求。

第十八条　初次申请和申请增驾的人员应当参加国家铁路局组织的考试。考试包括理论考试和实际操作考试。

理论考试内容包括行车安全规章和专业知识两个科目。实际操作考试内容包括检查与试验、驾驶两个科目。

经理论考试合格后，方准予参加实际操作考试。理论考试或者实际操作考试如有一个科目不合格，即为考试不合格。

第十九条 理论考试成绩2年内有效。在理论考试合格有效期内，最多允许参加3次实际操作考试。未在有效期内完成实际操作考试的，本次理论考试成绩作废。

国家铁路局应当公布申请人考试成绩供申请人查询。

第四章　驾驶证管理

第二十条 申请人符合条件且考试合格的，由国家铁路局作出准予行政许可的决定，并颁发相应类别的实体驾驶证。铁路机车车辆驾驶人员信息管理系统自动生成电子驾驶证。

第二十一条 驾驶证仅限本人持有和使用，企业不得非法扣留驾驶证。驾驶人员执业时，应当携带实体驾驶证，遇执法检查时，应当主动配合驾驶资格查验工作。

查验驾驶资格时，电子驾驶证和实体驾驶证均可以作为验证依据。若实体驾驶证与电子驾驶证信息发生不一致时，以电子驾驶证信息为准。

第二十二条 驾驶证应当记载和签注以下内容：

（一）持证人信息：姓名、性别、出生日期、所在单位、公民身份号码或者港澳台居民居住证号码或者外国人永久居留身份证号码、本人照片；

（二）核发机构签注：准驾机车车辆类型代码、初次领驾驶证日期、有效起止日期、核发机关印章。

第二十三条 驾驶证有效期为6年。驾驶证有效截止日期不得超过持证人法定退休日期。

驾驶证有效期满，需要延续的，应当在驾驶证有效期届满前90日至30日前向国家铁路局提出换证申请。驾驶证记载内容发生变化、损毁或者丢失的，应当在90日内向国家铁路局申请换证或者补证。国家铁路局审核后认为符合条件的，予以换证或者补证。

非有效期满换证或者补证的，换发或者补发后的驾驶证有效截止日期不变。申请换证或者补证时无须提交体检合格报告和照片。

驾驶证申请补证期间，驾驶人员可以凭电子驾驶证执业。

第二十四条 有下列情形之一的，应当撤销驾驶资格许可：

（一）工作人员滥用职权、玩忽职守，致使不符合条件的人员取得驾驶证的；

（二）以欺骗、贿赂等不正当手段取得驾驶证的；

（三）依法可以撤销驾驶资格许可的其他情形。

因本条第一款第二项原因撤销驾驶资格许可的，3年内不得再次申请驾驶证。

第二十五条 有下列情形之一的，应当注销驾驶资格许可：

（一）驾驶证有效期届满未延续的；

（二）驾驶员死亡或者丧失行为能力的；

（三）驾驶证被依法撤销的；

（四）法律、法规规定的其他情形。

第五章　监督管理

第二十六条 铁路监管部门应当加强对企业和驾驶人员的监督检查，对违法违规行为及时纠正，依法查处。

第二十七条 企业应当加强对本单位驾驶人员的管理，不得实施下列行为：

（一）安排未取得驾驶资格的人员驾驶铁路机车车辆；

（二）安排驾驶人员持过期、失效或者不符合准驾类型的驾驶证驾驶铁路机车车辆；

（三）安排存在本办法第四条规定情形的人员驾驶铁路机车车辆。

第二十八条 企业发现本单位驾驶人员的驾驶资格许可存在应当被撤销、注销情形的，应当自发现之日起30日内向国家铁路局报告。

第二十九条 铁路监管部门执法人员对企业和驾驶人员进行监督检查时应当出示有效的执法证件，不得干扰驾驶人员的正常工作，不得非法扣留驾驶证。

第六章　法律责任

第三十条 申请人隐瞒有关情况或者提供虚假材料申请驾驶证的，国家铁路局不予受理或者不予行政许可，并给予警告；申请人在1年内不得再次申请。

第三十一条 申请人在考试过程中有贿赂、舞弊行为的，取消考试资格，已经通过的考试科目成绩无效。

第三十二条 驾驶人员有下列行为之一的，由铁路监管部门处1000元以下的罚款：

（一）饮酒、服用国家管制的精神药品或者麻醉药品后驾驶铁路机车车辆的；

（二）因个人违章驾驶铁路机车车辆发生较大及以上铁路交通事故的；

（三）将铁路机车车辆交由未取得驾驶资格的人员

驾驶的；

（四）持过期、失效或者不符合准驾类型的驾驶证驾驶铁路机车车辆的。

第三十三条　驾驶资格申请、考试相关单位和个人有下列行为之一的，由铁路监管部门给予警告，处违法所得3倍以下、最高不超过3万元的罚款，没有违法所得的，处1万元以下的罚款；对直接负责的主管人员和其他直接责任人员处1000元以下的罚款：

（一）对驾驶适应性测试不合格的申请人出具虚假合格证明的；

（二）对不符合要求的申请人出具虚假乘务经历合格证明的。

第三十四条　企业有下列行为之一的，由铁路监管部门责令改正，给予警告，处违法所得3倍以下、最高不超过3万元的罚款，没有违法所得的，处1万元以下的罚款；对直接负责的主管人员和其他直接责任人员处1000元以下的罚款：

（一）明知驾驶人员饮酒、服用国家管制的精神药品或者麻醉药品仍安排其驾驶铁路机车车辆的；

（二）明知驾驶人员患有妨碍安全驾驶铁路机车车辆的疾病，或者存在其他影响安全驾驶行为仍安排其驾驶铁路机车车辆的；

（三）强迫、指使、纵容驾驶人员违反铁路运输安全法律、法规和安全驾驶要求驾驶铁路机车车辆的；

（四）安排未取得驾驶资格的人员驾驶铁路机车车辆的；

（五）安排驾驶资格与准驾类型不符的人员驾驶铁路机车车辆的；

（六）安排驾驶人员持过期、失效驾驶证驾驶铁路机车车辆的；

（七）对违章驾驶人员未采取考核、教育、培训等措施仍安排其驾驶铁路机车车辆的。

第三十五条　企业有下列行为之一的，由铁路监管部门给予警告，处违法所得3倍以下、最高不超过3万元的罚款，没有违法所得的，处1万元以下的罚款；对直接负责的主管人员和其他直接责任人员处1000元以下的罚款；违反《中华人民共和国安全生产法》的，按照《中华人民共和国安全生产法》的有关规定给予处罚：

（一）上岗前未对驾驶人员进行上岗培训的；

（二）未建立驾驶人员管理制度的；

（三）未制定岗位培训大纲和培训计划的；

（四）未建立培训档案的；

（五）未定期组织培训考核的；

（六）对培训考核不合格的人员未及时调整工作岗位的；

（七）非法扣留驾驶人员驾驶证的；

（八）发现本单位驾驶人员存在符合驾驶证撤销、注销的情形未按时报告国家铁路局的。

第三十六条　有下列行为之一的，按照有关规定对责任人员给予处分；构成犯罪的，依法追究刑事责任：

（一）参与、协助、纵容考试舞弊的；

（二）故意为不符合申请条件、未经考试、考试不合格人员签注合格成绩或者核发驾驶证的；

（三）故意为不符合条件的人员换发或者补发驾驶证的；

（四）在办理驾驶资格过程中索取或者收受他人财物或者谋取其他利益的。

第七章　附　则

第三十七条　国家铁路局依据本办法制定实施细则。

第三十八条　本办法自2020年3月1日起施行。2013年12月24日以交通运输部令2013年第14号公布的《铁路机车车辆驾驶人员资格许可办法》同时废止。

铁路机车车辆驾驶人员资格许可实施细则

· 2020年4月30日
· 国铁设备监规〔2020〕15号

第一章　总　则

第一条　为加强铁路安全管理，规范铁路机车车辆驾驶人员资格许可工作，依据《铁路安全管理条例》（国务院令第639号）和《铁路机车车辆驾驶人员资格许可办法》（交通运输部令2019年第43号）等法律法规和国家有关规定，制定本细则。

第二条　在中华人民共和国境内的铁路营业线上，承担公共运输或者施工、维修、检测、试验等任务的铁路机车、动车组、大型养路机械、轨道车、接触网作业车驾驶人员（以下简称驾驶人员），应当依照本细则向国家铁路局申请铁路机车车辆驾驶资格，经考试合格后取得资格许可，并获得相应类别的铁路机车车辆驾驶证（以下简称驾驶证，式样见附件1）。

第三条　驾驶证分为机车系列和自轮运转车辆系列。具体代码及对应的准驾机车车辆类型为：

（一）机车系列：

J1 类准驾动车组和内燃、电力机车；

J2 类准驾动车组（不含动力集中型电力动车组）和内燃机车；

J3 类准驾动车组（不含动力集中型内燃动车组）和电力机车；

J4 类准驾动车组（不含动力分散型电力动车组）和内燃、电力机车；

J5 类准驾内燃机车；

J6 类准驾电力机车；

J7 类准驾动力分散型电力动车组；

J8 类准驾动力集中型内燃动车组；

J9 类准驾动力集中型电力动车组。

（二）自轮运转车辆系列：

L1 类准驾大型养路机械和轨道车、接触网作业车；

L2 类准驾大型养路机械；

L3 类准驾轨道车、接触网作业车。

第四条 聘用铁路机车车辆驾驶人员的企业（以下简称企业）应当落实安全生产主体责任，建立健全驾驶人员管理制度。

企业应当为驾驶资格申请人提供必要的学习、培训条件。

企业应当对驾驶人员进行岗前教育和培训，教育和培训合格后可上岗；未经教育和培训，或者经教育和培训后考核不合格的人员，不得上岗作业。

企业应当定期对驾驶人员组织培训和考核，制定培训大纲和培训计划，建立培训档案，保存培训考核记录。考核不合格的驾驶人员应当及时调整工作岗位。

企业应当对驾驶人员定期进行健康检查，符合国家对驾驶人员健康标准要求的，方可允许上岗作业。

企业应当对驾驶资格申请人和驾驶人员进行安全背景审查，科学合理制定执乘制度，保证驾驶人员身心健康，并根据动车组驾驶人员的年龄、健康状况、技能水平等确定合理的执乘方式，确保铁路运输安全。

第五条 驾驶人员应当遵守铁路运输安全法律、法规的规定，严格按照操作规程安全驾驶，有权拒绝违章指挥。

第六条 下列人员不得驾驶铁路机车车辆：

（一）走私、贩卖或者吸食毒品的；

（二）组织、领导或者参与恐怖主义活动的；

（三）饮酒、服用国家管制的精神药品或者麻醉药品，或者患有妨碍安全驾驶铁路机车车辆疾病，或者存在其他影响安全驾驶行为的；

（四）违章驾驶后未采取考核、教育、培训等措施的。

第七条 任何单位或者个人不得强迫、指使、纵容驾驶人员违反铁路运输安全法律、法规和安全驾驶要求驾驶铁路机车车辆，不得将铁路机车车辆交由不具有相应驾驶资格的人员（不含经批准在相应申请考试机型上进行实际操作训练或者实际操作考试的人员，下同）驾驶。

第二章 申请条件

第八条 铁路机车车辆驾驶人员资格申请人（以下简称申请人）应当按照本细则规定提交完整、真实的申请材料。

通过铁路机车车辆驾驶资格信息管理系统（以下简称信息管理系统）申请时，按信息管理系统有关要求办理。企业应当明确具体部门及人员并在专用计算机上负责本单位驾驶人员的信息查询及申请资格初审管理等工作。

第九条 初次申请驾驶证，只能申请机车系列 J9、J8、J7、J6、J5 中的一种，或者自轮运转车辆系列 L3、L2 中的一种。申请人应当符合以下条件：

（一）按理论考试报名截止日期计算，年龄满 18 周岁，且不超过 45 周岁；

（二）身体健康，符合《铁路机车车辆驾驶人员健康检查规范》（TB/T3091）规定的健康标准，驾驶适应性测试合格，具有良好的汉字读写能力并能够熟练运用普通话交流；

（三）具有国家承认的大专及以上学历（含高职，下同）或者铁路相关专业中专学历；

（四）机车系列申请人应当连续机务乘务学习 1 年以上或者机务乘务学习行程 6 万公里以上。申请 J9 或者 J8 类驾驶资格时，申请人应当连续动车组机务乘务学习 1 年以上且乘务学习行程 6 万公里以上；申请 J7 类驾驶资格时，申请人应当具有国家承认的大专及以上学历、机车车辆或者机电类专业，连续动车组机务乘务学习行程 20 万公里或者连续动车组机务乘务学习 2 年以上且乘务学习行程 15 万公里以上，或者连续担任动车组机械师职务 2 年以上且连续动车组机务乘务学习行程 10 万公里以上。

（五）自轮运转车辆系列申请人应当连续自轮运转车辆乘务学习 6 个月以上。

第十条 初次申请驾驶资格时，申请人应当提交以下材料：

（一）完整填报的铁路机车车辆驾驶人员资格考试申请表（格式见附件2）；

（二）本人居民身份证或者港澳台居民居住证或者外国人永久居留身份证（双面扫描至同一页）；

（三）具有资质的健康体检机构，或者二级及以上医疗机构按照《铁路机车车辆驾驶人员健康检查规范》（TB/T3091）出具的近1年内的体检合格报告；

（四）本人学历相关材料；

（五）动车组机械师申请J7类驾驶资格时需提供动车组机械师任职相关材料。

第十一条 增加本系列准驾机车车辆类型或者增加准驾系列称为增驾。申请增驾时，申请人且应当符合以下条件：

（一）申请J1类增驾资格时，J2类驾驶证持有人（以下简称持证人）应当具有J6或者J9驾驶资格且符合本条第（六）项规定，J3类持证人应当具有J5或者J8驾驶资格且符合本条第（六）项规定，J4类持证人应当符合本条第（五）项规定；

（二）申请J2类增驾资格时，应当具有J5、J7、J8驾驶资格中的两种，具有J5和J8类驾驶资格的应当符合本条第（五）项规定，具有J5和J7或者J7和J8类驾驶资格的应当符合本条第（六）项规定；

（三）申请J3类增驾资格时，应当具有J6、J7、J9驾驶资格中的两种，具有J6和J9驾驶资格的应当符合本条第（五）项规定，具有J6和J7或者J7和J9驾驶资格的应当符合本条第（六）项规定；

（四）申请J4类增驾资格时，应当具有J5、J6、J8、J9类驾驶资格中的三种，且应当符合本条第（六）项规定；

（五）申请J7类增驾资格时，应当至少具有J5、J6、J8、J9类驾驶资格中的一种，居民身份证或者港澳台居民居住证或者外国人永久居留身份证记载的年龄不超过45周岁，具有所持有的驾驶资格2年以上且安全乘务10万公里以上；

（六）具有J5、J6、J8、J9类中的一种或者多种驾驶资格后申请增驾时，应当具有最新所持有的驾驶资格1年以上且安全乘务6万公里以上；

（七）申请L1类增驾资格时，L2类持证人应当具有L2类驾驶资格2年以上且安全乘务1万公里以上，L3类持证人应当具有L3类驾驶资格2年以上且安全乘务3万公里以上。

第十二条 申请增驾时，申请人应当提交第十条（一）、（二）、（三）项规定材料和已持有的驾驶证信息。

第十三条 申请增驾时，每次可申请某一系列的一种机车车辆类型。跨系列申请增驾时，按初次申请条件办理。

具有J5、J6、J7、J8、J9类中的一种或者多种驾驶资格后申请增驾时，满足J1、J2、J3、J4类准驾类型条件的，应当合并升级准驾类型；具有L2类或者L3类驾驶资格后互为申请L3类或者L2类驾驶资格时，按增驾办理。

第三章 考 试

第十四条 国家铁路局铁路机车车辆驾驶人员资格考试中心（以下简称考试中心）具体承办驾驶人员资格考试的下列工作：

（一）制定考试管理办法，以及考试相关工作制度，并组织实施；

（二）依据考试大纲建立健全考试题库，确定考试题型，制定考试评分标准，研究改进考试方法；

（三）审核确定考试站、考点、报名点并动态管理，依据考试公告组织考试报名；

（四）组织建立并动态管理考试专家库、考评员库；

（五）审核申请人资格，并组织考试；

（六）公布考试结果，接受考试咨询；

（七）依据国家铁路局行政许可决定书，组织制作并发放驾驶证。

第十五条 考试中心应当按照本细则和有关规定对考试具体承办单位和有关工作人员进行确认、培训和监督检查。

第十六条 初次申请和申请增驾的人员应当参加国家铁路局组织的考试。考试包括理论考试和实际操作考试（以下简称实作考试）。

理论考试内容包括行车安全规章和专业知识两个科目。

实作考试内容包括检查与试验、驾驶两个科目。

经理论考试合格后，方准予参加实作考试。理论考试或者实作考试如有一个科目不合格，即为考试不合格。

第十七条 理论考试由考试中心按照国家铁路局颁布的考试大纲统一组织命题，统一评分标准。

实作考试由考试中心按照国家铁路局颁布的考试大纲组织考试站或者实作考点执行。

第十八条 申请人报名参加理论考试时，应当出示报名材料原件。考试报名点应当留存居民身份证或者港澳台居民居住证或者外国人永久居留身份证、学历证明和驾驶证（申请增驾时）的复印件，以及铁路机车车辆驾驶人员资格考试申请表和体检合格报告的原件，并保存报名材料的电子扫描件。需要留存考生纸质报名材料的企业，应当向考试报名点申请复印，加盖考试报名点有效公章。考试报名点应当现场采集申请人照片，及时传入信息管理系统。

照片要求：半身脱帽正面照，白底彩色，着深色上衣，幅面规格为 20x25mm，大小约 100K，分辨率不低于 300dpi，采用 JPEG 格式。

考试报名点应当做好对申请人报名有关个人信息的保密工作。

第十九条 考试报名点和考试站应当按规定对申请人理论考试资格进行初审，符合条件的，向申请人提供理论考试准考证。

考试中心应当按规定对申请人的理论考试资格进行抽查复核，不符合条件的，取消申请人理论考试资格。

第二十条 申请人凭本人居民身份证或者港澳台居民居住证或者外国人永久居留身份证和理论考试准考证参加理论考试。考试中心在考试结束后 30 个工作日内公布考试成绩并向考试合格者提供理论考试合格通知单。

第二十一条 申请人凭理论考试合格通知单在相应申请考试机型进行不少于 3 个月的实际操作训练后，方可向考试报名点提交铁路机车车辆驾驶人员资格考试申请表，申请参加实作考试。

第二十二条 考试报名点和考试站应当按规定对申请人实作考试资格进行初审，符合条件的，向申请人提供实作考试准考证。申请人凭本人居民身份证或者港澳台居民居住证或者外国人永久居留身份证和实作考试准考证参加实作考试。

考试中心应当按规定对申请人的实作考试资格进行抽查复核，不符合条件的，取消申请人实作考试资格。

第二十三条 实作考试由考试中心统一组织，组织考试站或者实作考点具体实施。实作考试具体承办单位应当在每次实作考试结束后 10 个工作日内向考试中心上报当次实作考试成绩。

逐步推广采用模拟驾驶考评方式，提升实作考试测试水平。

第二十四条 理论考试成绩 2 年内有效，起始日期以理论考试合格通知单的签发日期为准。未在有效期内完成实作考试的，本次理论考试成绩作废。在理论考试合格通知单有效期内，申请人最多可参加 3 次实作考试。

第二十五条 理论考试试卷和实作考试试卷及试题按机密件管理。理论考试试卷由考试中心负责保存，实作考试评分记录表、成绩单由实作考点负责保存，并将电子扫描件报考试中心保存。

第二十六条 考试中心接收到实作考试具体承办单位上报的申请人实作考试成绩及相关资料后，应当在 15 个工作日内完成所有考试科目成绩的汇总审核，并在指定网站公布成绩供申请人查询。

公布成绩后 5 个工作日内没有异议的，由考试中心通过信息管理系统统一向国家铁路局设备监督管理司报送驾驶证办理材料。国家铁路局应当在收到考试中心报送的材料后 5 个工作日内作出行政许可决定，并在行政许可决定之日起 3 个工作日内完成网上公告。

第二十七条 考试中心应当定期对考试情况及时总结分析，不断研究改进考试方法。

第四章 驾驶证管理

第二十八条 国家铁路局设备监督管理司负责驾驶证的监制和日常管理。

申请人符合条件且考试合格的，由国家铁路局作出准予行政许可的决定，并颁发相应类别的实体驾驶证。信息管理系统自动生成电子驾驶证。

第二十九条 驾驶证应当记载和签注以下内容：

（一）记载内容：姓名、性别、出生日期、所在单位、公民身份号码或者港澳台居民居住证号码或者外国人永久居留身份证号码和本人照片；

（二）签注内容：准驾机车车辆类型代码、初次领驾驶证日期、有效起止日期和核发机关印章。

第三十条 推广应用信息管理系统，完整、准确、及时记录和存储驾驶人员资格考试申请、考试记录、驾驶证管理等信息，实现驾驶资格许可管理信息化。

驾驶人员通过信息管理系统申请驾驶证换（补）及注销时，由企业管理人员初审合格后提交。

第三十一条 驾驶证仅限本人持有和使用，企业不得非法扣留驾驶证。驾驶人员执业时，应当携带实体驾驶证，遇执法检查时，应当主动配合驾驶资格查验工作。

查验驾驶资格时，电子驾驶证和实体驾驶证均可作为验证依据。若实体驾驶证与电子驾驶证信息发生不一致时，以电子驾驶证信息为准。

第三十二条 驾驶证有效期为 6 年。驾驶证有效截止日期不得超过持证人法定退休日期。

第三十三条 驾驶证有效期满或者记载内容发生变化的，应当向国家铁路局提出换证申请。驾驶证有效期满、需要延续的，应当在驾驶证有效期届满前 90 日内 30 日前向考试中心提交换证申请材料。驾驶证记载内容变化、损毁或者驾驶证丢失，应当于 90 日内向考试中心提交换证或者补证申请材料。国家铁路局审核后认为符合条件的,予以换证或者补证。

非有效期满换证或者补证的,换证或者补证时无须提交体检合格报告和照片,换发或者补发后的驾驶证有效截止日期不变。

驾驶证申请补证期间,驾驶人员可凭电子驾驶证执业。

第三十四条 驾驶证有效期满需换证时,持证人应当向考试中心提交下列材料:

(一)驾驶证换(补)证申请表(格式见附件3);

(二)本人居民身份证或者港澳台居民居住证或者外国人永久居留身份证(双面扫描至同一页);

(三)已持有的驾驶证(电子扫描件);

(四)具有资质的健康体检机构,或者二级及以上医疗机构按照《铁路机车车辆驾驶人员健康检查规范》(TB/T3091)出具的近1年内的体检合格报告;

(五)符合第十八条要求拍摄的本人近期照片。

申请补发驾驶证的,应当提交前款第(一)、(二)、(五)项规定的材料。补发的驾驶证正面右上角作"补"字标记。

第三十五条 非有效期满因驾驶证记载内容发生变化或者持证人自愿降低准驾机型申请换证的,应当提交第三十四条第(一)、(二)、(三)项规定的材料。

第三十六条 考试中心收到驾驶证换证或者补证申请材料后,应当在15个工作日内完成换证或者补证申请(格式见附件4、附件5、附件6)汇总审核,并上报国家铁路局设备监督管理司。国家铁路局应当在收到考试中心报送的材料后5个工作日内作出行政许可决定,并在作出行政许可决定之日起3个工作日内完成网上公告。

第三十七条 有下列情形之一的,应当撤销驾驶证:

(一)工作人员滥用职权、玩忽职守,致使不符合条件的人员取得驾驶证的;

(二)以欺骗、贿赂等不正当手段取得驾驶证的;

(三)依法可以撤销驾驶资格许可的其他情形。

因本条第一款第二项原因撤销驾驶资格许可的,3年内不得再次申请驾驶证。

第三十八条 有下列情形之一的,应当注销驾驶证:

(一)驾驶证有效期届满未延续的;

(二)驾驶人员死亡或者丧失行为能力的;

(三)驾驶证被依法撤销的;

(四)法律、法规规定的其他情形。

第五章 监督管理

第三十九条 国家铁路局及其铁路监督管理机构(以下简称铁路监管部门)应当加强对企业和驾驶人员的监督检查,对违法违规行为及时纠正,依法查处。对高速列车驾驶人员和企业应当加大监督检查力度。

第四十条 铁路监管部门应当督促企业对本单位驾驶人员加强管理,不得实施下列行为:

(一)安排未取得驾驶资格的人员驾驶铁路机车车辆;

(二)安排驾驶人员持过期、失效或者不符合准驾类型的驾驶证驾驶铁路机车车辆;

(三)安排存在本细则第六条规定情形的人员驾驶铁路机车车辆。

第四十一条 驾驶人员和企业应当配合铁路监管部门的监督检查,提供相关材料。监督检查的重点内容包括:

(一)驾驶人员保持驾驶资格条件情况;

(二)企业建立健全驾驶人员管理制度情况;

(三)企业对驾驶人员的培训和管理,以及对聘用的驾驶人员的岗前培训情况。

第四十二条 企业发现本单位驾驶人员的驾驶资格许可存在应当撤销、注销情形的,应当自发现之日起30日内书面报告考试中心,考试中心审核汇总后报国家铁路局设备监督管理司,由国家铁路局依法作出决定并公告。

通过信息管理系统办理的,由企业管理人员初审合格后提交。

第四十三条 铁路监管部门执法人员对企业和驾驶人员进行监督检查时应当出示有效的执法证件,不得干扰驾驶人员的正常工作,不得非法扣留驾驶证。

第六章 法律责任

第四十四条 申请人隐瞒有关情况或者提供虚假材料申请驾驶资格的,国家铁路局不予受理或者不予行政许可,并给予警告;申请人在1年内不得再次申请。

第四十五条 申请人在考试过程中有贿赂、舞弊行为的,取消考试资格,已经通过的考试科目成绩无效。

第四十六条 驾驶人员有下列行为之一的,由铁路监管部门视情形处以相应罚款:

(一)饮酒、服用国家管制的精神药品或者麻醉药品后驾驶铁路机车车辆的,处1000元的罚款;

(二)因个人违章驾驶铁路机车车辆发生较大及以上铁路交通事故的,处1000元的罚款;

(三)将铁路机车车辆交由未取得驾驶资格的人员驾驶的,处800元的罚款;

（四）持过期、失效或者不符合准驾类型的驾驶证驾驶铁路机车车辆的，处600元的罚款。

第四十七条　驾驶资格申请、考试相关单位和个人有下列行为之一的，由铁路监管部门给予警告，处违法所得3倍以下、最高不超过3万元的罚款，没有违法所得的，处1万元罚款；对直接负责的主管人员和其他直接责任人员处1000元的罚款：

（一）对驾驶适应性测试不合格的申请人出具虚假合格证明的；

（二）对不符合要求的申请人出具虚假乘务经历合格证明的。

第四十八条　健康体检机构或者医疗机构对不符合健康标准的申请人出具虚假合格证明的，由县级以上人民政府卫生行政部门依据《医疗机构管理条例》《健康体检管理暂行规定》有关规定进行处罚。

第四十九条　企业有下列行为之一的，由铁路监管部门责令改正，给予警告，处违法所得3倍以下、最高不超过3万元的罚款，没有违法所得的，处1万元罚款；对直接负责的主管人员和其他直接责任人员视情形处以相应罚款：

（一）明知驾驶人员饮酒、服用国家管制的精神药品或者麻醉药品仍安排其驾驶铁路机车车辆的，处1000元的罚款；

（二）明知驾驶人员患有妨碍安全驾驶铁路机车车辆的疾病，或者存在其他影响安全驾驶行为仍安排其驾驶铁路机车车辆的，处1000元的罚款；

（三）强迫、指使、纵容驾驶人员违反铁路运输安全法律、法规和安全驾驶要求驾驶铁路机车车辆的，处1000元的罚款；

（四）安排未取得驾驶资格的人员驾驶铁路机车车辆的，处800元的罚款；

（五）安排驾驶资格与准驾机型不符的人员驾驶铁路机车车辆的，处600元的罚款；

（六）安排驾驶人员持过期、失效驾驶证驾驶铁路机车车辆的，处600元的罚款；

（七）对违章驾驶人员未采取考核、教育、培训等措施仍安排其驾驶铁路机车车辆的，处600元的罚款。

第五十条　企业有下列行为之一的，由铁路监管部门责令改正，给予警告，处违法所得3倍以下、最高不超过3万元的罚款，没有违法所得的，处1万元罚款；对直接负责的主管人员和其他直接责任人员视情形处以相应罚款；违反《中华人民共和国安全生产法》的，按照《中华人民共和国安全生产法》的有关规定给予处罚：

（一）上岗前未对驾驶人员进行上岗培训的，处1000元的罚款；

（二）未建立驾驶人员管理制度的，处1000元的罚款；

（三）未制定岗位培训大纲和培训计划的，处800元的罚款；

（四）未建立培训档案的，处800元的罚款；

（五）未定期组织培训考核的，处800元的罚款；

（六）对培训考核不合格的人员未及时调整工作岗位的，处800元的罚款；

（七）非法扣留驾驶人员驾驶证的，处600元的罚款；

（八）发现本单位驾驶人员存在符合驾驶证撤销、注销的情形未按时报告国家铁路局的，处600元的罚款。

第五十一条　有下列行为之一的，按照有关规定对责任人员给予处分；构成犯罪的，依法追究刑事责任：

（一）参与、协助、纵容考试舞弊的；

（二）故意为不符合申请条件、未经考试、考试不合格人员签注合格成绩或者核发驾驶证的；

（三）故意为不符合条件的人员换发或者补发驾驶证的；

（四）在办理驾驶资格过程中索取或者收受他人财物或者谋取其他利益的。

第七章　附　则

第五十二条　本细则中电子存档材料或者纸质材料保存期限为长期。电子存档材料或者纸质材料系指申请人的考试报名材料、理论考试试卷、实作考试评分记录表、成绩单及驾驶证换、补证申请材料等。

第五十三条　本细则中要求申请人提交的各类材料，未明确要求为原件或复印件的，所提交材料应当为原件或复印件的电子扫描件。

第五十四条　按原《铁路机车车辆驾驶人员资格许可办法》（交通运输部令2013年第14号）《铁路机车车辆驾驶人员资格许可实施细则》（国铁设备监〔2016〕42号）有关要求获得的铁路机车车辆驾驶证，有效期内可继续使用，其准驾机车车辆类型执行本细则有关要求。换证或者补证时，驾驶证上签注的准驾机车车辆类型应当按照本细则有关要求作如下更改：

原J1类准驾机车车辆类型更改为：J5类、J6类、J7类；

原J2类准驾机车车辆类型更改为：J5类、J7类；

原J3类准驾机车车辆类型更改为：J6类、J7类；

原 J4 类准驾机车车辆类型更改为:J5 类、J6 类;

原 J5、J6 类准驾机车车辆类型不作更改。

第五十五条 本细则自 2020 年 5 月 1 日起施行。《铁路机车车辆驾驶人员资格许可实施细则》(国铁设备监〔2016〕42 号)同时废止。

附件:1. 铁路机车车辆驾驶证式样(略)

2. 铁路机车车辆驾驶人员资格考试申请表(略)

3. 铁路机车车辆驾驶证换(补)证申请表(略)

4. 铁路机车车辆驾驶证(有效期满)换证申请汇总表(略)

5. 铁路机车车辆驾驶证(非有效期满)换证申请汇总表(略)

6. 铁路机车车辆驾驶证补证申请汇总表(略)

道路运输驾驶员诚信考核办法

- 2022 年 7 月 20 日
- 交运规〔2022〕6 号

第一章 总 则

第一条 为加强道路运输驾驶员动态管理,推进道路运输驾驶员诚信体系建设,引导道路运输驾驶员依法经营、诚实信用,根据《中华人民共和国道路运输条例》《危险化学品安全管理条例》《道路运输从业人员管理规定》等法规规章,制定本办法。

第二条 道路运输驾驶员的诚信考核,应当遵守本办法。

本办法所称的道路运输驾驶员,是指经营性道路客货运输驾驶员和道路危险货物运输驾驶员。

本办法所称的诚信考核,是指对道路运输驾驶员在道路运输活动中的安全生产、遵守法规和服务质量等情况进行的综合评价。

第三条 道路运输驾驶员诚信考核工作应当遵循公平、公正、公开和便民的原则。

第四条 道路运输驾驶员应当自觉遵守国家相关法律、行政法规及规章,诚实信用,文明从业,履行社会责任,为社会提供安全、优质的运输服务。

第五条 交通运输主管部门应当依托信息化方式组织开展道路运输驾驶员诚信考核,推动道路运输驾驶员高频服务事项"跨省通办"和道路运输从业资格电子证件应用,实现"电子建档、数据互联、系统归集、自动评价"。

第六条 交通运输部指导全国道路运输驾驶员诚信考核工作。

县级以上地方人民政府交通运输主管部门负责组织实施本行政区域内的道路运输驾驶员诚信考核工作。

第二章 诚信考核等级与计分

第七条 道路运输驾驶员诚信考核等级分为优良、合格、基本合格和不合格,分别用 AAA 级、AA 级、A 级和 B 级表示。

第八条 道路运输驾驶员诚信考核内容包括:

(一)安全生产情况:安全生产责任事故情况;

(二)遵守法规情况:违反道路运输相关法律、法规、规章的有关情况;

(三)服务质量情况:服务质量事件和有责投诉的有关情况。

第九条 道路运输驾驶员诚信考核实行计分制,考核周期为 12 个月,满分为 20 分,从道路运输驾驶员初次领取从业资格证件之日起计算。一个考核周期届满,经确定诚信考核等级后,该考核周期内的计分予以清除,不转入下一个考核周期。

根据道路运输驾驶员违反诚信考核指标的情况,一次计分的分值分别为:20 分、10 分、5 分、3 分、1 分五种。计分分值标准见附件。

第十条 对道路运输驾驶员的道路运输违法行为,处罚与计分同时执行。

道路运输驾驶员一次有两个以上违法行为的,计分时应当分别计算,累加分值。道路运输驾驶员同一违法行为同时符合两个以上计分情形的,按照较重情形予以计分。

第十一条 经依法变更或者撤销道路运输驾驶员违法行为处罚决定的,相应计分分值予以变更或者撤销,相应的诚信考核等级按规定予以调整。

第十二条 道路运输驾驶员诚信考核等级,由交通运输主管部门按照下列标准进行评定:

(一)道路运输驾驶员具备以下条件的,诚信考核等级为 AAA 级:

1. 上一考核周期的诚信考核等级为 AA 级及以上;

2. 考核周期内累计计分分值为 0 分。

(二)道路运输驾驶员具备以下条件的,诚信考核等级为 AA 级:

1. 未达到 AAA 级的考核条件;

2. 上一考核周期的诚信考核等级为 A 级及以上;

3. 考核周期内累计计分分值未达到 10 分。

(三)道路运输驾驶员具备以下条件的,诚信考核等级为 A 级：

1. 未达到 AA 级的考核条件；
2. 考核周期内累计计分分值未达到 20 分。

（四）道路运输驾驶员考核周期内累计计分有 20 分及以上记录的，诚信考核等级为 B 级。

（五）新取得道路运输从业资格证件或者初次参加诚信考核的道路运输驾驶员，其诚信考核初始等级为 A 级。

第三章 诚信考核实施与管理

第十三条 设区的市级交通运输主管部门应当建立道路运输驾驶员诚信档案，并及时将道路运输驾驶员的相关信息和材料存入其诚信档案。

根据道路运输驾驶员的从业资格类别，道路运输驾驶员诚信档案主要内容包括：

（一）基本情况，包括道路运输驾驶员的姓名、性别、身份证号、住址、联系电话、服务单位、初领驾驶证日期、准驾车型、从业资格证号、从业资格类别、从业资格证件领取时间和变更记录以及继续教育情况等；

（二）安全生产记录，包括有关部门抄告的以及交通运输主管部门掌握的责任事故的时间、地点、事故原因、事故经过、死伤人数、经济损失等事故概况以及责任认定和处理情况；

（三）遵守法规情况，包括本行政区域内查处的和本行政区域外共享或者抄告的道路运输驾驶员违反道路运输相关法律法规的情况；

（四）服务质量记录，包括经交通运输主管部门通报、行业协会组织公告、有关媒体曝光并经核实的服务质量事件的时间、社会影响等情况，以及有责投诉的投诉人、投诉内容、责任人、受理机关及处理情况；

（五）道路运输驾驶员历次诚信考核等级相关情况。

第十四条 道路运输驾驶员基本情况信息保存到从业资格证件注销或者撤销后 3 年。安全生产、遵守法规、服务质量信息保存期不少于 3 年。

第十五条 交通运输主管部门应当畅通投诉渠道，收集并汇总道路运输驾驶员的有关诚信信息，存入道路运输驾驶员诚信档案。

不具备法律效力的证据或者正在处理的涉及驾驶员违反道路运输法规的相关情况，不作为道路运输驾驶员诚信考核的依据。

第十六条 省级交通运输主管部门应当建立道路运输驾驶员信息共享机制，推动交通运输行政执法综合管理信息系统与道路运政管理信息系统业务对接，并依托交通运输部数据资源共享平台及时将本辖区查处的外省道路运输驾驶员的违法行为和计分情况，共享至相应的省级交通运输主管部门。

收到共享信息的省级交通运输主管部门应当及时将相关信息存入道路运输驾驶员诚信档案。

第十七条 道路运输驾驶员诚信考核信息应当真实、客观，信息采集应当确保全面、准确、及时，实现全过程记录和可追溯。交通运输主管部门应当在 3 日内将道路运输驾驶员违法行为和计分信息更新至诚信档案，并依托交通运输部互联网道路运输便民政务服务系统等将道路运输驾驶员计分情况、诚信考核等级等信息及时提供给道路运输驾驶员查询。

第十八条 道路运输驾驶员诚信考核周期届满后 20 日内，设区的市级交通运输主管部门应当根据道路运输驾驶员诚信考核计分情况及相关证明材料等确定诚信考核等级。

诚信考核周期内，发生较大以上道路交通事故尚未有责任认定结论的，交通运输主管部门应当待事故责任明确后，确定诚信考核等级。

第十九条 交通运输主管部门应当依法依规向社会公布本辖区内道路运输驾驶员历次考核周期的计分分值、诚信考核等级等信息查询方式，可通过交通运输部互联网道路运输便民政务服务系统等为道路运输驾驶员提供诚信考核等级查询、下载、打印等服务。

第二十条 单位和个人对公布的诚信考核信息有异议的，可以在公告之日起 15 日内，向交通运输主管部门进行书面举报或举证，并提供相关证明材料。

举报人应当如实签署姓名或者单位名称，并附联系方式。

交通运输主管部门应当为举报人保密，不得向其他单位或者个人泄漏举报人的姓名及有关情况。

第四章 奖惩措施

第二十一条 交通运输主管部门应当根据道路运输驾驶员诚信考核等情况实施分级分类监管。对诚信考核等级为不合格的驾驶员，应当纳入行业重点监管对象，提高监督检查频次。

第二十二条 道路运输经营者应当及时掌握本单位道路运输驾驶员的诚信考核等级，并依法加强对诚信考核等级为不合格的道路运输驾驶员的教育和管理。

第二十三条 道路运输驾驶员诚信考核等级为不合格的，应当在诚信考核等级确定后 30 日内，按照《道路运输从业人员管理规定》要求，到道路运输企业或者从业资格培训机构接受不少于18个学时的道路运输法规、职业道德和安全知识的继续教育，完成规定的继续教育后，其诚信考核等级恢复为A级。

第二十四条 鼓励道路运输经营者以及其他相关的社团组织对诚信考核等级为AAA级的道路运输驾驶员进行表彰奖励。

交通运输主管部门对于道路运输经营者一年内所属诚信考核等级为AAA级的驾驶员比例达到80%以上或者AA级、AAA级驾驶员比例达到90%以上，且均没有不合格驾驶员的，可以在行业表彰奖励等方面建立激励机制。

第二十五条 鼓励道路运输经营者安排诚信考核等级为A级及以上的道路运输驾驶员，承担具有重大政治和国防战备意义、社会影响大、安全风险高的运输生产任务；安排其承担国家法定节假日期间的道路旅客运输任务。

第二十六条 道路运输经营者在一个年度内，所属取得从业资格证件的道路运输驾驶员累计有20%以上诚信考核等级为B级的，交通运输主管部门应当向其下发整改通知书，并不得将其作为道路运输行业表彰评优的对象。

第五章 附 则

第二十七条 各省、自治区、直辖市交通运输主管部门可依据本办法制定实施细则。

第二十八条 省级交通运输主管部门可以参照本办法制定道路危险货物运输押运人员、装卸管理人员以及机动车驾驶培训教练员和机动车维修技术人员诚信考核办法。

第二十九条 本办法由中华人民共和国交通运输部负责解释。

第三十条 本办法自2022年9月1日起施行。《关于印发道路运输驾驶员诚信考核办法（试行）的通知》（交公路发〔2008〕280号）和《关于印发〈道路运输驾驶员继续教育办法〉的通知》（交运发〔2011〕106号）同时废止。

道路运输从业人员管理规定

- 2006年11月23日交通部令第9号发布
- 根据2016年4月21日《交通运输部关于修改〈道路运输从业人员管理规定〉的决定》第一次修正
- 根据2019年6月21日《交通运输部关于修改〈道路运输从业人员管理规定〉的决定》第二次修正
- 根据2022年11月10日《交通运输部关于修改〈道路运输从业人员管理规定〉的决定》第三次修正

第一章 总 则

第一条 为加强道路运输从业人员管理，提高道路运输从业人员职业素质，根据《中华人民共和国安全生产法》、《中华人民共和国道路运输条例》、《危险化学品安全管理条例》以及有关法律、行政法规，制定本规定。

第二条 本规定所称道路运输从业人员是指经营性道路客货运输驾驶员、道路危险货物运输从业人员、机动车维修技术技能人员、机动车驾驶培训教练员、道路运输企业主要负责人和安全生产管理人员，其他道路运输从业人员。

经营性道路客货运输驾驶员包括经营性道路旅客运输驾驶员和经营性道路货物运输驾驶员。

道路危险货物运输从业人员包括道路危险货物运输驾驶员、装卸管理人员和押运人员。

机动车维修技术技能人员包括机动车维修技术负责人员、质量检验人员以及从事机修、电器、钣金、涂漆、车辆技术评估（含检测）作业的技术技能人员。

机动车驾驶培训教练员包括理论教练员、驾驶操作教练员、道路客货运输驾驶员从业资格培训教练员和危险货物运输驾驶员从业资格培训教练员。

其他道路运输从业人员是指除上述人员以外的道路运输从业人员，包括道路客运乘务员、机动车驾驶培训机构教学负责人及结业考核人员、机动车维修企业价格结算员及业务接待员。

第三条 道路运输从业人员应当依法经营，诚实信用，规范操作，文明从业。

第四条 道路运输从业人员管理工作应当公平、公正、公开和便民。

第五条 交通运输部负责全国道路运输从业人员管理工作。

县级以上地方交通运输主管部门负责本行政区域内的道路运输从业人员管理工作。

第二章 从业资格管理

第六条 国家对经营性道路客货运输驾驶员、道路危险货物运输从业人员实行从业资格考试制度。其他实施国家职业资格制度的道路运输从业人员，按照国家职业资格的有关规定执行。

从业资格是对道路运输从业人员所从事的特定岗位职业素质的基本评价。

经营性道路客货运输驾驶员和道路危险货物运输从业人员必须取得相应从业资格，方可从事相应的道路运输活动。

鼓励机动车维修企业、机动车驾驶员培训机构优先聘用取得国家职业资格证书或者职业技能等级证书的从业人员从事机动车维修和机动车驾驶员培训工作。

第七条　道路运输从业人员从业资格考试应当按照交通运输部编制的考试大纲、考试题库、考核标准、考试工作规范和程序组织实施。

第八条　经营性道路客货运输驾驶员从业资格考试由设区的市级交通运输主管部门组织实施。

道路危险货物运输从业人员从业资格考试由设区的市级交通运输主管部门组织实施。

第九条　经营性道路旅客运输驾驶员应当符合下列条件：

（一）取得相应的机动车驾驶证1年以上；

（二）年龄不超过60周岁；

（三）3年内无重大以上交通责任事故；

（四）掌握相关道路旅客运输法规、机动车维修和旅客急救基本知识；

（五）经考试合格，取得相应的从业资格证件。

第十条　经营性道路货物运输驾驶员应当符合下列条件：

（一）取得相应的机动车驾驶证；

（二）年龄不超过60周岁；

（三）掌握相关道路货物运输法规、机动车维修和货物装载保管基本知识；

（四）经考试合格，取得相应的从业资格证件。

第十一条　道路危险货物运输驾驶员应当符合下列条件：

（一）取得相应的机动车驾驶证；

（二）年龄不超过60周岁；

（三）3年内无重大以上交通责任事故；

（四）取得经营性道路旅客运输或者货物运输驾驶员从业资格2年以上或者接受全日制驾驶职业教育的；

（五）接受相关法规、安全知识、专业技术、职业卫生防护和应急救援知识的培训，了解危险货物性质、危害特征、包装容器的使用特性和发生意外时的应急措施；

（六）经考试合格，取得相应的从业资格证件。

从事4500千克及以下普通货运车辆运营活动的驾驶员，申请从事道路危险货物运输的，应当符合前款第（一）、（二）、（三）、（五）、（六）项规定的条件。

第十二条　道路危险货物运输装卸管理人员和押运人员应当符合下列条件：

（一）年龄不超过60周岁；

（二）初中以上学历；

（三）接受相关法规、安全知识、专业技术、职业卫生防护和应急救援知识的培训，了解危险货物性质、危害特征、包装容器的使用特性和发生意外时的应急措施；

（四）经考试合格，取得相应的从业资格证件。

第十三条　机动车维修技术技能人员应当符合下列条件：

（一）技术负责人员

1. 具有机动车维修或者相关专业大专以上学历，或者具有机动车维修或相关专业中级以上专业技术职称；

2. 熟悉机动车维修业务，掌握机动车维修相关政策法规和技术规范。

（二）质量检验人员

1. 具有高中以上学历；

2. 熟悉机动车维修检测作业规范，掌握机动车维修故障诊断和质量检验的相关技术，熟悉机动车维修服务标准相关政策法规和技术规范。

（三）从事机修、电器、钣金、涂漆、车辆技术评估（含检测）作业的技术技能人员

1. 具有初中以上学历；

2. 熟悉所从事工种的维修技术和操作规范，并了解机动车维修相关政策法规。

第十四条　机动车驾驶培训教练员应当符合下列条件：

（一）理论教练员

1. 取得机动车驾驶证，具有2年以上安全驾驶经历；

2. 具有汽车及相关专业中专以上学历或者汽车及相关专业中级以上技术职称；

3. 掌握道路交通安全法规、驾驶理论、机动车构造、交通安全心理学、常用伤员急救等安全驾驶知识，了解车辆环保和节约能源的有关知识，了解教育学、教育心理学的基本教学知识，具备编写教案、规范讲解的授课能力。

（二）驾驶操作教练员

1. 取得相应的机动车驾驶证，符合安全驾驶经历和

相应车型驾驶经历的要求；

2. 年龄不超过 60 周岁；

3. 熟悉道路交通安全法规、驾驶理论、机动车构造、交通安全心理学和应急驾驶的基本知识，了解车辆维护和常见故障诊断等有关知识，具备驾驶要领讲解、驾驶动作示范、指导驾驶的教学能力。

（三）道路客货运输驾驶员从业资格培训教练员

1. 具有汽车及相关专业大专以上学历或者汽车及相关专业高级以上技术职称；

2. 掌握道路旅客运输法规、货物运输法规以及机动车维修、货物装卸保管和旅客急救等相关知识，具备相应的授课能力；

3. 具有 2 年以上从事普通机动车驾驶员培训的教学经历，且近 2 年无不良的教学记录。

（四）危险货物运输驾驶员从业资格培训教练员

1. 具有化工及相关专业大专以上学历或者化工及相关专业高级以上技术职称；

2. 掌握危险货物运输法规、危险化学品特性、包装容器使用方法、职业安全防护和应急救援等知识，具备相应的授课能力；

3. 具有 2 年以上化工及相关专业的教学经历，且近 2 年无不良的教学记录。

第十五条 申请参加经营性道路客货运输驾驶员从业资格考试的人员，应当向其户籍地或者暂住地设区的市级交通运输主管部门提出申请，填写《经营性道路客货运输驾驶员从业资格考试申请表》（式样见附件1），并提供下列材料：

（一）身份证明；

（二）机动车驾驶证；

（三）申请参加道路旅客运输驾驶员从业资格考试的，还应当提供道路交通安全主管部门出具的 3 年内无重大以上交通责任事故记录证明。

第十六条 申请参加道路危险货物运输驾驶员从业资格考试的，应当向其户籍地或者暂住地设区的市级交通运输主管部门提出申请，填写《道路危险货物运输从业人员从业资格考试申请表》（式样见附件2），并提供下列材料：

（一）身份证明；

（二）机动车驾驶证；

（三）道路旅客运输驾驶员从业资格证件或者道路货物运输驾驶员从业资格证件或者全日制驾驶职业教育学籍证明（从事4500千克及以下普通货运车辆运营活动的驾驶员除外）；

（四）相关培训证明；

（五）道路交通安全主管部门出具的 3 年内无重大以上交通责任事故记录证明。

第十七条 申请参加道路危险货物运输装卸管理人员和押运人员从业资格考试的，应当向其户籍地或者暂住地设区的市级交通运输主管部门提出申请，填写《道路危险货物运输从业人员从业资格考试申请表》，并提供下列材料：

（一）身份证明；

（二）学历证明；

（三）相关培训证明。

第十八条 交通运输主管部门对符合申请条件的申请人应当在受理考试申请之日起 30 日内安排考试。

第十九条 交通运输主管部门应当在考试结束 5 日内公布考试成绩。实施计算机考试的，应当现场公布考试成绩。对考试合格人员，应当自公布考试成绩之日起 5 日内颁发相应的道路运输从业人员从业资格证件。

第二十条 道路运输从业人员从业资格考试成绩有效期为 1 年，考试成绩逾期作废。

第二十一条 申请人在从业资格考试中有舞弊行为的，取消当次考试资格，考试成绩无效。

第二十二条 交通运输主管部门应当建立道路运输从业人员从业资格管理档案，并推进档案电子化。

道路运输从业人员从业资格管理档案包括：从业资格考试申请材料，从业资格考试及从业资格证件记录，从业资格证件换发、补发、变更记录，违章、事故及诚信考核等。

第二十三条 交通运输主管部门应当向社会提供道路运输从业人员相关从业信息的查询服务。

第三章 从业资格证件管理

第二十四条 经营性道路客货运输驾驶员、道路危险货物运输从业人员经考试合格后，取得《中华人民共和国道路运输从业人员从业资格证》（纸质证件和电子证件式样见附件3）。

第二十五条 道路运输从业人员从业资格证件全国通用。

第二十六条 已获得从业资格证件的人员需要增加相应从业资格类别的，应当向原发证机关提出申请，并按照规定参加相应培训和考试。

第二十七条 道路运输从业人员从业资格证件由交通运输部统一印制并编号。

经营性道路客货运输驾驶员、道路危险货物运输从业人员从业资格证件由设区的市级交通运输主管部门发放和管理。

第二十八条 交通运输主管部门应当建立道路运输从业人员从业资格证件管理数据库，推广使用从业资格电子证件。

交通运输主管部门应当结合道路运输从业人员从业资格证件的管理工作，依托信息化系统，推进从业人员管理数据共享，实现异地稽查信息共享、动态资格管理和高频服务事项跨区域协同办理。

第二十九条 道路运输从业人员从业资格证件有效期为6年。道路运输从业人员应当在从业资格证件有效期届满30日前到原发证机关办理换证手续。

道路运输从业人员从业资格证件遗失、毁损的，应当到原发证机关办理证件补发手续。

道路运输从业人员服务单位等信息变更的，应当到交通运输主管部门办理从业资格证件变更手续。道路运输从业人员申请转籍的，受理地交通运输主管部门应当查询核实相应从业资格证件信息后，重新发放从业资格证件并建立档案，收回原证件并通报原发证机关注销原证件和归档。

第三十条 道路运输从业人员办理换证、补证和变更手续，应当填写《道路运输从业人员从业资格证件换发、补发、变更登记表》(式样见附件4)。

第三十一条 交通运输主管部门应当对符合要求的从业资格证件换发、补发、变更申请予以办理。

申请人违反相关从业资格管理规定且尚未接受处罚的，受理机关应当在其接受处罚后换发、补发、变更相应的从业资格证件。

第三十二条 道路运输从业人员有下列情形之一的，由发证机关注销其从业资格证件：

（一）持证人死亡的；

（二）持证人申请注销的；

（三）经营性道路客货运输驾驶员、道路危险货物运输从业人员年龄超过60周岁的；

（四）经营性道路客货运输驾驶员、道路危险货物运输驾驶员的机动车驾驶证被注销或者被吊销的；

（五）超过从业资格证件有效期180日未申请换证的。

凡被注销的从业资格证件，应当由发证机关予以收回，公告作废并登记归档；无法收回的，从业资格证件自行作废。

第三十三条 交通运输主管部门应当通过信息化手段记录、归集道路运输从业人员的交通运输违法违章等信息。尚未实现信息化管理的，应当将经营性道路客货运输驾驶员、道路危险货物运输从业人员的违章行为记录在《中华人民共和国道路运输从业人员从业资格证》的违章记录栏内，并通报发证机关。发证机关应当将相关信息作为道路运输从业人员诚信考核的依据。

第三十四条 道路运输从业人员诚信考核周期为12个月，从初次领取从业资格证件之日起计算。诚信考核等级分为优良、合格、基本合格和不合格，分别用AAA级、AA级、A级和B级表示。

省级交通运输主管部门应当将道路运输从业人员每年的诚信考核结果向社会公布，供公众查阅。

道路运输从业人员诚信考核具体办法另行制定。

第四章 从业行为规定

第三十五条 经营性道路客货运输驾驶员以及道路危险货物运输从业人员应当在从业资格证件许可的范围内从事道路运输活动。道路危险货物运输驾驶员除可以驾驶道路危险货物运输车辆外，还可以驾驶原从业资格证件许可的道路旅客运输车辆或者道路货物运输车辆。

第三十六条 道路运输从业人员在从事道路运输活动时，应当携带相应的从业资格证件，并应当遵守国家相关法规和道路运输安全操作规程，不得违法经营、违章作业。

第三十七条 道路运输从业人员应当按照规定参加国家相关法规、职业道德及业务知识培训。

经营性道路客货运输驾驶员和道路危险货物运输驾驶员诚信考核等级为不合格的，应当按照规定参加继续教育。

第三十八条 经营性道路客货运输驾驶员和道路危险货物运输驾驶员不得超限、超载运输，连续驾驶时间不得超过4个小时，不得超速行驶和疲劳驾驶。

第三十九条 经营性道路旅客运输驾驶员和道路危险货物运输驾驶员应当按照规定填写行车日志。行车日志式样由省级交通运输主管部门统一制定。

第四十条 经营性道路旅客运输驾驶员应当采取必要措施保证旅客的人身和财产安全，发生紧急情况时，应当积极进行救护。

经营性道路货物运输驾驶员应当采取必要措施防止货物脱落、扬撒等。

严禁驾驶道路货物运输车辆从事经营性道路旅客运输活动。

第四十一条 道路危险货物运输驾驶员应当按照道路交通安全主管部门指定的行车时间和路线运输危险货物。

道路危险货物运输装卸管理人员应当按照安全作业规程对道路危险货物装卸作业进行现场监督，确保装卸安全。

道路危险货物运输押运人员应当对道路危险货物运输进行全程监管。

道路危险货物运输从业人员应当严格按照道路危险货物运输有关标准进行操作，不得违章作业。

第四十二条 在道路危险货物运输过程中发生燃烧、爆炸、污染、中毒或者被盗、丢失、流散、泄漏等事故，道路危险货物运输驾驶员、押运人员应当立即向当地公安部门和所在运输企业或者单位报告，说明事故情况、危险货物品名和特性，并采取一切可能的警示措施和应急措施，积极配合有关部门进行处置。

第四十三条 机动车维修技术技能人员应当按照维修规范和程序作业，不得擅自扩大维修项目，不得使用假冒伪劣配件，不得擅自改装机动车，不得承修已报废的机动车，不得利用配件拼装机动车。

第四十四条 机动车驾驶培训教练员应当按照全国统一的教学大纲实施教学，规范填写教学日志和培训记录，不得擅自减少学时和培训内容。

第四十五条 道路运输企业主要负责人和安全生产管理人员必须具备与本单位所从事的生产经营活动相应的安全生产知识和管理能力，由设区的市级交通运输主管部门对其安全生产知识和管理能力考核合格。考核不得收费。

道路运输企业主要负责人和安全生产管理人员考核管理办法另行制定。

第五章 法律责任

第四十六条 违反本规定，有下列行为之一的人员，由县级以上交通运输主管部门责令改正，处200元以上2000元以下的罚款：

（一）未取得相应从业资格证件，驾驶道路客运车辆的；

（二）使用失效、伪造、变造的从业资格证件，驾驶道路客运车辆的；

（三）超越从业资格证件核定范围，驾驶道路客运车辆的。

驾驶道路货运车辆违反前款规定的，由县级以上交通运输主管部门责令改正，处200元罚款。

第四十七条 违反本规定，有下列行为之一的人员，由设区的市级交通运输主管部门处5万元以上10万元以下的罚款：

（一）未取得相应从业资格证件，从事道路危险货物运输活动的；

（二）使用失效、伪造、变造的从业资格证件，从事道路危险货物运输活动的；

（三）超越从业资格证件核定范围，从事道路危险货物运输活动的。

第四十八条 道路运输从业人员有下列不具备安全条件情形之一的，由发证机关撤销其从业资格证件：

（一）经营性道路客货运输驾驶员、道路危险货物运输从业人员身体健康状况不符合有关机动车驾驶和相关从业要求且没有主动申请注销从业资格的；

（二）经营性道路客货运输驾驶员、道路危险货物运输驾驶员发生重大以上交通事故，且负主要责任的；

（三）发现重大事故隐患，不立即采取消除措施，继续作业的。

被撤销的从业资格证件应当由发证机关公告作废并登记归档。

第四十九条 道路运输企业主要负责人和安全生产管理人员未按照规定经考核合格的，由所在地设区的市级交通运输主管部门依照《中华人民共和国安全生产法》第九十七条的规定进行处罚。

第五十条 违反本规定，交通运输主管部门工作人员有下列情形之一的，依法给予行政处分：

（一）不按规定的条件、程序和期限组织从业资格考试的；

（二）发现违法行为未及时查处的；

（三）索取、收受他人财物及谋取其他不正当利益的；

（四）其他违法行为。

第六章 附 则

第五十一条 从业资格考试收费标准和从业资格证件工本费由省级以上交通运输主管部门会同同级财政部门、物价部门核定。

第五十二条 使用总质量4500千克及以下普通货运车辆的驾驶人员，不适用本规定。

第五十三条 本规定自2007年3月1日起施行。2001年9月6日公布的《营业性道路运输驾驶员职业培训管理规定》（交通部令2001年第7号）同时废止。

附件1

经营性道路客货运输驾驶员从业资格考试申请表

姓　名		性　别		学　历		
住　址			（电话）			照片
工作单位			（电话）			
身份证号						
培训单位						
驾驶证准驾车型		初领驾驶证日期			年　月　日	
申请种类			初领□		增加□	
原从业资格证件号						
申请类别		道路旅客运输□		道路货物运输□		
材料清单		身份证明原件□　身份证明复印件□　驾驶证原件□ 驾驶证复印件□　无重大以上责任事故记录证明□				
承　诺	本人承诺上述所有内容真实、有效，并承担由此产生的法律责任。 本人签字：　　　　　　　　　　　　　　日期：					
考试记录	成绩	考　核　员		考　核　员		
道路运输管理机构意见	（盖章） 　　　　　　　　　　　　　　　　　年　　月　　日					
从业资格证件发放	发放人（签字）			日期		
	领取人（签字）			日期		

附件 2

道路危险货物运输从业人员从业资格考试申请表

姓　名		性　别		学　历		照片
住　址		（电话）	
工作单位		（电话）	
身份证号			
培训单位			
原从业资格证件号			
驾驶证准驾车型			初领驾驶证日期	colspan="3"	年　月　日
申请类别		道路危险货物运输驾驶员□	道路危险货物运输装卸管理人员□	colspan="3"	道路危险货物运输押运人员□
材料清单		身份证明原件□　身份证明复印件□　学历证明原件□　学历证明复印件□　危险货物运输培训证明□　驾驶证原件□驾驶证复印件□　道路旅客运输从业资格证原件□　道路旅客运输从业资格证复印件□　道路货物运输从业资格证原件□　道路货物运输从业资格证复印件□　无重大以上责任事故记录证明□　全日制驾驶职业教育学籍证明□
承　诺		本人承诺上述所有内容真实、有效，并承担由此产生的法律责任。 　　　　　　　　　　　　　　　　　　　　本人签字：　　　　　日期：
考试记录		成绩	考核员	colspan="3"	考核员
				colspan="3"	
				colspan="3"	
				colspan="3"	
交通运输 主管部门意见		（盖章） 　　　　　　　　　　　　　　　　　　　　　年　　月　　日
从业资格证件发放		发放人(签字)		日期		
		领取人(签字)		日期		

附件3

中华人民共和国道路运输从业人员从业资格证式样

中华人民共和国交通运输部制	中华人民共和国 道路运输从业人员 从业资格证
（封底）	（封面）
编号：No.	照片 （二寸） 发证机关（钢印）
（封二）	（第1页）

姓　名		性别	
出生日期		国籍	
住　址			
证　号			
准驾车型			
二维码区			

发证机关	从业资格类别：	
	初次领证日期　年　月　日	
	有效起始日期　年　月　日	
	有效期限	（盖章）
发证机关	从业资格类别：	
	初次领证日期　年　月　日	
	有效起始日期　年　月　日	
	有效期限	（盖章）
发证机关	从业资格类别：	
	初次领证日期　年　月　日	
	有效起始日期　年　月　日	
	有效期限	（盖章）

（第2页）　　　　　　　　　　　　　　　　　　　　　　　　　　　　（第3页）

注册（登记）记录	
从业资格类别	记录内容

继续教育记录	
从业资格类别	记录内容

（第4页）　　　　　　　　　　　　　　　　　　　　　　　　　　　　（第5页）

诚信(信誉)考核记录		
从业资格类别	年度	考核结果

(第6页)

违章和计分记录	
从业资格类别	记录内容

(第7页)

违章和计分记录	
从业资格类别	记录内容

(第8页)

证件使用说明

1. 本证为道路运输从业资格的有效证件,在全国范围内通用,必须随身携带。

2. 本证有效期届满30日前需到原发证机关办理换证手续。本证遗失、毁损或变更的,需到原发证机关办理证件补发或变更手续。

3. 持证人员需按从业资格管理规定进行注册(登记),并按期进行继续教育、诚信(信誉)考核。

(第9页)

说明:

1. 封面

字体字号分别为:

"中华人民共和国道路运输从业人员"——17磅汉仪楷体简体,烫金压凹。

"从业资格证"——24磅汉仪楷体简体,烫金压凹。

"国徽"——宽33mm,高35mm,烫金压凹。

2. 封底

"中华人民共和国交通运输部制"——10磅汉仪楷体简体,压凹。

3. 成品尺寸:宽80mm,高115mm。

4. 第2、3页内容只能打印,禁止手写或者涂改。采用电子证件的,应当包含本式样所确定的相关信息。

5. 第3页发证机关栏中,每栏的从业资格类别打印1类从业资格类别汉字全称,示例:经营性道路旅客运输驾驶员。每证不超过3类从业资格类别,按取得从业资格的先后顺序由上到下依次打印。

6. 第4—8页注册(登记)、继续教育、诚信(信誉)考核、违章和计分等记录对应的从业资格类别栏打印从业资格类别汉字简称,示例:客运驾驶员。

附件 4

道路运输从业人员从业资格证件换发、补发、变更登记表

姓　名		性　别		学　历		照片
住　址			（电话）			
工作单位			（电话）			
身份证号						
驾驶证准驾车型		初领驾驶证日期				
原从业资格证件号		初领从业资格证件日期		年　月　日		
申请种类		换发□	补发□		变更□	
申请理由						
承　诺	本人承诺上述所有内容真实、有效,并承担由此产生的法律责任。 本人签字：　　日期：					
管理部门意见						（盖章） 年　月　日
从业资格证件发放	发放人(签字)			日期		
	领取人(签字)			日期		

交通运输工程造价工程师注册管理办法

- 2023年4月23日交通运输部令2023年第2号公布
- 自2023年8月1日起施行

第一条 为了加强和规范交通运输工程造价工程师注册管理，维护交通运输工程建设市场秩序，根据《中华人民共和国建筑法》等法律、行政法规，制定本办法。

第二条 交通运输工程造价工程师的注册及监督管理，适用本办法。

前款所称交通运输工程造价工程师，是指通过交通运输工程造价工程师职业资格考试，经依法注册后从事交通运输工程相关造价活动的专业技术人员。

第三条 交通运输部负责全国交通运输工程造价工程师注册的监督管理。

县级以上地方人民政府交通运输主管部门根据职责负责本行政区域内交通运输工程造价工程师注册的监督管理。

第四条 交通运输工程造价工程师分为公路、水运工程两个类别。每个类别均分为一级造价工程师和二级造价工程师。

一级造价工程师执业范围为交通运输工程建设项目全过程的造价管理与咨询等，具体包括：

（一）项目建议书、可行性研究投资估算编制与审核，项目评价造价分析；

（二）工程设计概算、施工预算编制与审核；

（三）工程招标投标文件工程量和造价的编制与审核；

（四）工程合同价款、结算价款、竣工决算价款的编制与管理；

（五）工程审计、仲裁、诉讼、保险中的造价鉴定，工程造价纠纷调解；

（六）工程计价依据、造价指标的编制与管理。

二级造价工程师主要协助一级造价工程师开展相关工作，并可独立开展以下具体工作：

（一）工程工料分析、计划、组织与成本管理，施工图预算、设计概算编制；

（二）工程量清单、最高投标限价、投标报价编制；

（三）工程合同价款、结算价款、竣工决算价款的编制。

第五条 交通运输工程造价工程师实行执业注册管理制度。通过交通运输工程造价工程师职业资格考试且拟从事工程造价相关工作的人员，经注册后方可以造价工程师名义执业。

第六条 申请注册交通运输工程造价工程师的人员，应当具备下列条件：

（一）通过相应类别、等级的造价工程师职业资格考试；

（二）受聘于一家工程造价咨询企业或者从事交通运输工程相关业务的企业、事业单位；

（三）未受刑事处罚，或者刑事处罚已执行完毕。

第七条 交通运输部负责交通运输工程一级造价工程师的注册工作。

省级人民政府交通运输主管部门负责交通运输工程二级造价工程师的注册工作。

第八条 申请人应当自取得交通运输工程造价工程师职业资格考试合格证明之日起1年内，向第七条规定的许可机关申请注册。逾期未申请的，应当在符合本办法规定的继续教育要求后方可申请。

申请人在申请注册时，应当提交下列材料或者信息：

（一）申请人身份证明；

（二）注册申请表；

（三）职业资格考试合格证明；

（四）与聘用单位签订的劳动合同或者劳务合同；

（五）逾期申请的，还应当提供符合继续教育要求的相关材料。

第九条 交通运输部、省级人民政府交通运输主管部门应当通过全国交通运输工程造价工程师相关管理系统，在线办理造价工程师注册申请、受理、审批等相关工作。

申请人通过全国交通运输工程造价工程师相关管理系统在线申请造价工程师注册的，应当将第八条规定的材料或者信息录入系统，并对提交材料或者信息的真实性负责。

第十条 许可机关应当按照《交通行政许可实施程序规定》开展许可工作。准予许可的，颁发电子或者纸质造价工程师注册证书。电子证书与纸质证书具有同等法律效力，式样由交通运输部统一规定。

注册证书有效期4年，在全国范围内适用。

第十一条 交通运输工程造价工程师可以在注册证书有效期届满3个月之前，向原许可机关提交延续申请，并提交以下材料：

（一）延续申请；

（二）与聘用单位签订的劳动合同或者劳务合同；

（三）符合本办法第十八条规定的继续教育相关材料。

第十二条　许可机关收到延续申请后,应当在交通运输工程造价工程师注册许可有效期届满前,对造价工程师是否符合本办法规定的资格条件进行审查。符合条件的,许可机关应当作出准予延续的决定;不符合条件的,应当责令限期整改,整改后仍不符合条件的,许可机关应当作出不予延续的决定。

第十三条　交通运输工程造价工程师的执业单位发生变更的,应当自变更之日起60日内向原许可机关申请变更注册。

第十四条　交通运输工程造价工程师申请注销注册证书或者有《中华人民共和国行政许可法》第七十条规定情形的,原许可机关应当依法办理注销手续并予以公告。

第十五条　交通运输工程造价工程师应当在注册证书明确的等级及执业范围内进行执业。

第十六条　交通运输工程造价工程师应当在本人形成的工程造价成果文件上签字并加盖执业印章。

执业印章由交通运输工程造价工程师按照国家有关规定自行制作。

第十七条　交通运输工程造价工程师不得同时受聘于两个或者两个以上单位执业,不得允许他人以本人名义执业。

第十八条　交通运输工程造价工程师在执业期间,应当按照国家有关规定接受继续教育,更新专业知识,提高专业水平。

交通运输工程造价工程师参加继续教育的方式按照人力资源和社会保障部门有关规定执行。

第十九条　县级以上人民政府交通运输主管部门应当依照职责,加强对交通运输工程造价工程师注册活动的监督管理。

县级以上人民政府交通运输主管部门实施监督检查时,可以询问当事人,向造价工程师所在的执业单位或者相关人员了解情况,查阅、复制工程造价成果文件等有关资料。

第二十条　交通运输工程造价工程师违反本办法有关规定的,县级以上人民政府交通运输主管部门应当责令改正,并给予警告或者通报批评。

第二十一条　县级以上人民政府交通运输主管部门应当对交通运输工程造价工程师实施信用管理,并按照规定将有关信息纳入信用信息共享平台。

第二十二条　本办法自2023年8月1日起施行。

出租汽车驾驶员从业资格管理规定

- 2011年12月26日交通运输部令2011年第13号发布
- 根据2016年8月26日《交通运输部关于修改〈出租汽车驾驶员从业资格管理规定〉的决定》第一次修正
- 根据2021年8月11日《交通运输部关于修改〈出租汽车驾驶员从业资格管理规定〉的决定》第二次修正

第一章　总　则

第一条　为了规范出租汽车驾驶员从业行为,提升出租汽车客运服务水平,根据国家有关规定,制定本规定。

第二条　出租汽车驾驶员的从业资格管理适用本规定。

第三条　国家对从事出租汽车客运服务的驾驶员实行从业资格制度。

出租汽车驾驶员从业资格包括巡游出租汽车驾驶员从业资格和网络预约出租汽车驾驶员从业资格等。

第四条　出租汽车驾驶员从业资格管理工作应当公平、公正、公开和便民。

第五条　出租汽车驾驶员应当依法经营、诚实守信、文明服务、保障安全。

第六条　交通运输部负责指导全国出租汽车驾驶员从业资格管理工作。

各省、自治区人民政府交通运输主管部门在本级人民政府领导下,负责指导本行政区域内出租汽车驾驶员从业资格管理工作。

直辖市、设区的市级或者县级交通运输主管部门或者人民政府指定的其他出租汽车行政主管部门(以下称出租汽车行政主管部门)在本级人民政府领导下,负责具体实施出租汽车驾驶员从业资格管理。

第二章　考　试

第七条　出租汽车驾驶员从业资格考试包括全国公共科目和区域科目考试。

全国公共科目考试是对国家出租汽车法律法规、职业道德、服务规范、安全运营等具有普遍规范要求的知识测试。

巡游出租汽车驾驶员从业资格区域科目考试是对地方出租汽车政策法规、经营区域人文地理和交通路线等具有区域服务特征的知识测试。

网络预约出租汽车驾驶员从业资格区域科目考试是对地方出租汽车政策法规等具有区域规范要求的知识测试。设区的市级以上地方人民政府出租汽车行政主管部门可以根据区域服务特征自行确定其他考试内容。

第八条 全国公共科目考试实行全国统一考试大纲。全国公共科目考试大纲、考试题库由交通运输部负责编制。

区域科目考试大纲和考试题库由设区的市级以上地方人民政府出租汽车行政主管部门负责编制。

出租汽车驾驶员从业资格考试由设区的市级以上地方人民政府出租汽车行政主管部门按照交通运输部编制的考试工作规范和程序组织实施。鼓励推广使用信息化方式和手段组织实施出租汽车驾驶员从业资格考试。

第九条 拟从事出租汽车客运服务的，应当填写《出租汽车驾驶员从业资格证申请表》（式样见附件1），向所在地设区的市级出租汽车行政主管部门申请参加出租汽车驾驶员从业资格考试。

第十条 申请参加出租汽车驾驶员从业资格考试的，应当符合下列条件：

（一）取得相应准驾车型机动车驾驶证并具有3年以上驾驶经历；

（二）无交通肇事犯罪、危险驾驶犯罪记录，无吸毒记录，无饮酒后驾驶记录，最近连续3个记分周期内没有记满12分记录；

（三）无暴力犯罪记录；

（四）城市人民政府规定的其他条件。

第十一条 申请参加出租汽车驾驶员从业资格考试的，应当提供符合第十条规定的证明或者承诺材料：

（一）机动车驾驶证及复印件；

（二）无交通肇事犯罪、危险驾驶犯罪记录，无吸毒记录，无饮酒后驾驶记录，最近连续3个记分周期内没有记满12分记录的材料；

（三）无暴力犯罪记录的材料；

（四）身份证明及复印件；

（五）城市人民政府规定的其他材料。

第十二条 设区的市级出租汽车行政主管部门对符合申请条件的申请人，应当按照出租汽车驾驶员从业资格考试工作规范及时安排考试。

首次参加出租汽车驾驶员从业资格考试的申请人，全国公共科目和区域科目考试应当在首次申请考试的区域完成。

第十三条 设区的市级出租汽车行政主管部门应当在考试结束10日内公布考试成绩。考试合格成绩有效期为3年。

全国公共科目考试成绩在全国范围内有效，区域科目考试成绩在所在地行政区域内有效。

第十四条 出租汽车驾驶员从业资格考试全国公共科目和区域科目考试均合格的，设区的市级出租汽车行政主管部门应当自公布考试成绩之日起10日内向巡游出租汽车驾驶员核发《巡游出租汽车驾驶员证》、向网络预约出租汽车驾驶员核发《网络预约出租汽车驾驶员证》(《巡游出租汽车驾驶员证》和《网络预约出租汽车驾驶员证》以下统称从业资格证）。

从业资格证式样参照《中华人民共和国道路运输从业人员从业资格证》式样。

鼓励推广使用从业资格电子证件。采用电子证件的，应当包含证件式样所确定的相关信息。

第十五条 出租汽车驾驶员到从业资格证发证机关核定的范围外从事出租汽车客运服务的，应当参加当地的区域科目考试。区域科目考试合格的，由当地设区的市级出租汽车行政主管部门核发从业资格证。

第三章 注 册

第十六条 取得从业资格证的出租汽车驾驶员，应当经出租汽车行政主管部门从业资格注册后，方可从事出租汽车客运服务。

出租汽车驾驶员从业资格注册有效期为3年。

第十七条 出租汽车经营者应当聘用取得从业资格证的出租汽车驾驶员，并在出租汽车驾驶员办理从业资格注册后再安排上岗。

第十八条 巡游出租汽车驾驶员申请从业资格注册或者延续注册的，应当填写《巡游出租汽车驾驶员从业资格注册登记表》（式样见附件2），持其从业资格证及与出租汽车经营者签订的劳动合同或者经营合同，到发证机关所在地出租汽车行政主管部门申请注册。

个体巡游出租汽车经营者自己驾驶出租汽车从事经营活动的，持其从业资格证及车辆运营证申请注册。

第十九条 受理注册申请的出租汽车行政主管部门应当在5日内办理完结注册手续，并在从业资格证中加盖注册章。

第二十条 巡游出租汽车驾驶员注册有效期届满需继续从事出租汽车客运服务的，应当在有效期届满30日前，向所在地出租汽车行政主管部门申请延续注册。

第二十一条 出租汽车驾驶员不具有完全民事行为能力，或者受到刑事处罚且刑事处罚尚未执行完毕的，不予延续注册。

第二十二条 巡游出租汽车驾驶员在从业资格注册有效期内，与出租汽车经营者解除劳动合同或者经营合同的，应当在20日内向原注册机构报告，并申请注销注册。

巡游出租汽车驾驶员变更服务单位的，应当重新申请注册。

第二十三条 网络预约出租汽车驾驶员的注册，通过出租汽车经营者向发证机关所在地出租汽车行政主管部门报备完成，报备信息包括驾驶员从业资格证信息、与出租汽车经营者签订的劳动合同或者协议等。

网络预约出租汽车驾驶员与出租汽车经营者解除劳动合同或者协议的，通过出租汽车经营者向发证机关所在地出租汽车行政主管部门报备完成注销。

第四章 继续教育

第二十四条 出租汽车驾驶员在注册期内应当按规定完成继续教育。

取得从业资格证超过3年未申请注册的，注册后上岗前应当完成不少于27学时的继续教育。

第二十五条 交通运输部统一制定出租汽车驾驶员继续教育大纲并向社会公布。继续教育大纲内容包括出租汽车相关政策法规、社会责任和职业道德、服务规范、安全运营和节能减排知识等。

第二十六条 出租汽车驾驶员继续教育由出租汽车经营者组织实施。

第二十七条 出租汽车驾驶员完成继续教育后，应当由出租汽车经营者向所在地出租汽车行政主管部门报备，出租汽车行政主管部门在出租汽车驾驶员从业资格证中予以记录。

第二十八条 出租汽车行政主管部门应当加强对出租汽车经营者组织继续教育情况的监督检查。

第二十九条 出租汽车经营者应当建立学员培训档案，将继续教育计划、继续教育师资情况、参培学员登记表等纳入档案管理，并接受出租汽车行政主管部门的监督检查。

第五章 从业资格证件管理

第三十条 出租汽车驾驶员从业资格证由交通运输部统一制发并制定编号规则。设区的市级出租汽车行政主管部门负责从业资格证的发放和管理工作。

第三十一条 出租汽车驾驶员从业资格证遗失、毁损的，应当到原发证机关办理证件补（换）发手续。

第三十二条 出租汽车驾驶员办理从业资格证补（换）发手续，应当填写《出租汽车驾驶员从业资格证补（换）发登记表》（式样见附件3）。出租汽车行政主管部门应当对符合要求的从业资格证补（换）发申请予以办理。

第三十三条 出租汽车驾驶员在从事出租汽车客运服务时，应当携带从业资格证。

第三十四条 出租汽车驾驶员从业资格证不得转借、出租、涂改、伪造或者变造。

第三十五条 出租汽车经营者应当维护出租汽车驾驶员的合法权益，为出租汽车驾驶员从业资格注册、继续教育等提供便利。

第三十六条 出租汽车行政主管部门应当加强对出租汽车驾驶员的从业管理，将其违法行为记录作为服务质量信誉考核的依据。

第三十七条 出租汽车行政主管部门应当建立出租汽车驾驶员从业资格管理档案。

出租汽车驾驶员从业资格管理档案包括：从业资格考试申请材料、从业资格证申请、注册及补（换）发记录、违法行为记录、交通责任事故情况、继续教育记录和服务质量信誉考核结果等。

第三十八条 出租汽车驾驶员有下列情形之一的，由发证机关注销其从业资格证。从业资格证被注销的，应当及时收回；无法收回的，由发证机关公告作废。

（一）持证人死亡的；

（二）持证人申请注销的；

（三）持证人达到法定退休年龄的；

（四）持证人机动车驾驶证被注销或者被吊销的；

（五）因身体健康等其他原因不宜继续从事出租汽车客运服务的。

第三十九条 出租汽车驾驶员有下列不具备安全运营条件情形之一的，由发证机关撤销其从业资格证，并公告作废：

（一）持证人身体健康状况不再符合从业要求且没有主动申请注销从业资格证的；

（二）有交通肇事犯罪、危险驾驶犯罪记录，有吸毒记录，有饮酒后驾驶记录，有暴力犯罪记录，最近连续3个记分周期内记满12分记录。

第四十条 出租汽车驾驶员在运营过程中，应当遵守国家对驾驶员在法律法规、职业道德、服务规范、安全运营等方面的资格规定，文明行车、优质服务。出租汽车驾驶员不得有下列行为：

（一）途中甩客或者故意绕道行驶；

（二）不按照规定使用出租汽车相关设备；

（三）不按照规定使用文明用语，车容车貌不符合要求；

（四）未经乘客同意搭载其他乘客；

（五）不按照规定出具相应车费票据；

（六）网络预约出租汽车驾驶员违反规定巡游揽客、站点候客；

（七）巡游出租汽车驾驶员拒载，或者未经约车人或乘客同意、网络预约出租汽车驾驶员无正当理由未按承诺到达约定地点提供预约服务；

（八）巡游出租汽车驾驶员不按照规定使用计程计价设备、违规收费或者网络预约出租汽车驾驶员违规收费；

（九）对举报、投诉其服务质量或者对其服务作出不满意评价的乘客实施报复。

出租汽车驾驶员有本条前款违法行为的，应当加强继续教育；情节严重的，出租汽车行政主管部门应当对其延期注册。

第六章 法律责任

第四十一条 违反本规定，有下列行为之一的人员，由县级以上出租汽车行政主管部门责令改正，并处 200 元以上 2000 元以下的罚款；构成犯罪的，依法追究刑事责任：

（一）未取得从业资格证或者超越从业资格证核定范围，驾驶出租汽车从事经营活动的；

（二）使用失效、伪造、变造的从业资格证，驾驶出租汽车从事经营活动的；

（三）转借、出租、涂改从业资格证的。

第四十二条 出租汽车驾驶员违反第十六条、第四十条规定的，由县级以上出租汽车行政主管部门责令改正，并处 200 元以上 500 元以下的罚款。

第四十三条 违反本规定，聘用未取得从业资格证的人员，驾驶出租汽车从事经营活动的，由县级以上出租汽车行政主管部门责令改正，并处 3000 元以上 1 万元以下的罚款；情节严重的，处 1 万元以上 3 万元以下的罚款。

第四十四条 违反本规定，有下列行为之一的出租汽车经营者，由县级以上出租汽车行政主管部门责令改正，并处 1000 元以上 3000 元以下的罚款：

（一）聘用未按规定办理注册手续的人员，驾驶出租汽车从事经营活动的；

（二）不按照规定组织实施继续教育的。

第四十五条 违反本规定，出租汽车行政主管部门及工作人员有下列情形之一的，对直接负责的主管人员和其他直接责任人员，依法给予行政处分；构成犯罪的，依法追究刑事责任：

（一）未按规定的条件、程序和期限组织从业资格考试及核发从业资格证的；

（二）发现违法行为未及时查处的；

（三）索取、收受他人财物及谋取其他不正当利益的；

（四）其他违法行为。

第四十六条 地方性法规、政府规章对出租汽车驾驶员违法行为需要承担的法律责任与本规定有不同规定的，从其规定。

第七章 附则

第四十七条 本规定施行前依法取得的从业资格证继续有效。可在原证件有效期届满前申请延续注册时申请换发新的从业资格证，并按规定进行注册。

其他预约出租汽车驾驶员的从业资格参照巡游出租汽车驾驶员执行。

第四十八条 本规定自 2012 年 4 月 1 日起施行。

附件 1

出租汽车驾驶员从业资格证申请表

姓　名		性　别		
住　址	（电话）			照片
身份证号				
培训单位				
机动车驾驶证准驾车型		初领机动车驾驶证日期		年　月　日

续表

材料清单	申请材料清单： □ 机动车驾驶证及复印件 □ 无交通肇事犯罪、危险驾驶犯罪记录，无吸毒记录，无饮酒后驾驶记录，最近连续3个记分周期内没有记满12分记录的材料 □ 无暴力犯罪记录的材料 □ 身份证明及复印件 □ 其他规定的材料 □ 近期1寸彩色照片				
承　诺	本人承诺上述所有内容真实、有效，并承担此产生的法律责任。 　　　　　　　　　　　　本人签字：　　　　　　日期：				
申请类别	□ 巡游出租汽车驾驶员　　　　□ 网络预约出租汽车驾驶员				
考试记录	类　别	考试时间	成　绩	考核员	考核员
^	全国公共科目考试				
^	区域科目考试				
管理部门意见	经审核： 　□ 同意发证（具备从业资格条件，且从业资格考试成绩合格）。 　□ 不同意发证，理由：_____ 　　　　　　　　　　　　　　　　　　　　　　　　（盖章） 　　　　　　　　　　　　　　　　　　　　　　年　月　日				
从业资格证发放	从业资格证号				
^	发放人（签字）			日　期	
^	领取人（签字）			日　期	

注：1. 此表为申请核发从业资格证的原始记录，须存入从业资格管理档案。
　　2. 此表考试记录为考生参加从业资格证考试后的相关信息，可将考试成绩单等一并存入从业资格管理档案。

附件2

巡游出租汽车驾驶员从业资格注册登记表

姓　名		性　别		照　片
住　址	（电话）			^
注册服务单位	（电话）			^
身份证号				
从业资格证号				
申请种类			□ 注册　　　□ 延续注册	
材料清单	注册材料清单： □ 从业资格证及复印件 □ 劳动合同或者经营合同原件及复印件			延续注册材料清单： □ 从业资格证及复印件 □ 劳动合同或者经营合同原件及复印件 □ 继续教育记录	^

续表

承诺	本人承诺上述所有内容真实、有效,并承担由此产生的法律责任。 本人签字:　　　　日期:		
管理部门意见	经审核: 　□ 同意注册;　　□ 不同意注册,理由:_____		（盖章） 年　月　日
从业资格证发放	从业资格证号		
	发放人(签字)		日期
	领取人(签字)		日期

注:此表为申请从业资格证注册的原始记录,须存入从业资格管理档案。

附件3

出租汽车驾驶员从业资格证补(换)发申请表

姓　名		性　别		照片
住　址		(电话)		
身份证号				
机动车驾驶证准驾车型		初领机动车驾驶证日期	年 月 日	
原从业资格证件号		初领从业资格证件日期	年 月 日	
申请种类		□ 补发　　□ 换发		
承诺	本人承诺上述所有内容真实、有效,并承担由此产生的法律责任。 本人签字:　　　　日期:			
管理部门意见	经审核,□ 同意补(换)发证件; 　　　　□ 不同意补(换)发证件,理由:_____			（盖章） 年　月　日
从业资格证发放	从业资格证号			
	发放人(签字)		日期	
	领取人(签字)		日期	

二手车买卖合同[①]
（示范文本）

合同编号：

卖方：
住所：　　　　　　法定代表人：
（如为自然人）身份证号码：电话号码：

买方：
住所：　　　　　　法定代表人：
（如为自然人）身份证号码：电话号码：

根据《中华人民共和国合同法》、《二手车流通管理办法》等有关法律、法规、规章的规定，就二手车的买卖事宜，买卖双方在平等、自愿、协商一致的基础上签订本合同。

第一条　车辆基本情况
1. 车主名称：＿＿＿＿＿＿＿＿＿＿＿＿＿＿＿；
车牌号码：＿＿＿＿＿＿＿＿＿＿＿＿＿＿＿；
厂牌型号：＿＿＿＿＿＿＿＿＿。
2. 车辆状况说明见附件一。
3. 车辆相关凭证见附件二。

第二条　车辆价款、过户手续费及支付时间、方式
1. 车辆价款及过户手续费
本车价款（不含税费或其他费用）为人民币：＿＿＿＿＿元（小写：＿＿＿＿＿元）。
过户手续费（包含税费）为人民币：＿＿＿＿＿元（小写：＿＿＿＿＿元）。
2. 支付时间、方式
待本车过户、转籍手续办理完成后＿＿＿个工作日内，买方向卖方支付本车价款。（采用分期付款方式的可另行约定）
过户手续费由＿＿＿方承担。＿＿＿方应于本合同签订之日起＿＿＿个工作日内，将过户手续费支付给双方约定的过户手续办理方。

第三条　车辆的过户、交付及风险承担
＿＿＿方应于本合同签订之日起＿＿＿个工作日内，将办理本车过户、转籍手续所需的一切有关证件、资料的原件及复印件交给＿＿＿方，该方为过户手续办理方。

卖方应于本车过户、转籍手续办理完成后＿＿＿个工作日内在＿＿＿（地点）向买方交付车辆及相关凭证（见附件一）。

在车辆交付买方之前所发生的所有风险由卖方承担和负责处理；在车辆交付买方之后所发生的所有风险由买方承担和负责处理。

第四条　双方的权利和义务
1. 卖方应按照合同约定的时间、地点向买方交付车辆。
2. 卖方应保证合法享有车辆的所有权或处置权。
3. 卖方保证所出示及提供的与车辆有关的一切证件、证明及信息合法、真实、有效。
4. 买方应按照合同约定支付价款。
5. 对转出本地的车辆，买方应了解、确认车辆能在转入所在地办理转入手续。

第五条　违约责任
1. 卖方向买方提供的有关车辆信息不真实，买方有权要求卖方赔偿因此造成的损失。
2. 卖方未按合同的约定将本车及其相关凭证交付买方的，逾期每日按本车价款总额的＿＿＿%向买方支付违约金。
3. 买方未按照合同约定支付本车价款的，逾期每日按本车价款总额＿＿＿%向卖方支付违约金。
4. 因卖方原因致使车辆不能办理过户、转籍手续的，买方有权要求卖方返还车辆价款并承担一切损失；因买方原因致使车辆不能办理过户、转籍手续的，卖方有权要求买方返还车辆并承担一切损失。
5. 任何一方违反合同约定的，均应赔偿由此给对方造成的损失。

第六条　合同争议的解决方式
因本合同发生的争议，由当事人协商或调解解决；协商或调解不成的，按下列第＿＿＿种方式解决：
1. 提交＿＿＿＿＿＿仲裁委员会仲裁；
2. 依法向人民法院起诉。

第七条　合同的生效
本合同一式＿＿＿份，经双方当事人签字或盖章之日起生效。

[①] 国家工商行政管理总局工商市字〔2007〕155号发布。

第八条　其他约定

附件一：车辆状况说明书（车辆信息表）
附件二：车辆相关凭证
1.《机动车登记证书》
2.《机动车行驶证》
3. 有效的机动车安全技术检验合格标志
4. 车辆购置税完税证明
5. 车船使用税缴付凭证
6. 车辆养路费缴付凭证
7. 车辆保险单

8. 购车发票

卖方：　　　　（签章）　　　卖方开户银行：
　　　　　　　　　　　　　　账号：
　　　　　　　　　　　　　　户名：

买方：　　　　（签章）　　　买方开户银行：
　　　　　　　　　　　　　　账号：
　　　　　　　　　　　　　　户名：

签订地点：

签订日期：　　　　年　　月　　日

· 指导案例

赵春明等诉烟台市福山区汽车运输公司、卫德平等机动车交通事故责任纠纷案[①]

【关键词】
民事　机动车交通事故　责任　套牌　连带责任

【裁判要点】
机动车所有人或者管理人将机动车号牌出借他人套牌使用，或者明知他人套牌使用其机动车号牌不予制止，套牌机动车发生交通事故造成他人损害的，机动车所有人或者管理人应当与套牌机动车所有人或者管理人承担连带责任。

【相关法条】
《中华人民共和国侵权责任法》第八条
《中华人民共和国道路交通安全法》第十六条

【基本案情】
2008年11月25日5时30分许，被告林则东驾驶套牌的鲁F41703货车在同三高速公路某段行驶时，与同向行驶的被告周亚平驾驶的客车相撞，两车冲下路基，客车翻滚致车内乘客冯永菊当场死亡。经交警部门认定，货车司机林则东负主要责任，客车司机周亚平负次要责任，冯永菊不负事故责任。原告赵春明、赵某某、冯某某、侯某某分别系死者冯永菊的丈夫、儿子、父亲和母亲。

鲁F41703号牌在车辆管理部门登记的货车并非肇事货车，该号牌登记货车的所有人系被告烟台市福山区汽车运输公司（以下简称福山公司），实际所有人系被告卫德平，该货车在被告永安财产保险股份有限公司烟台中心支公司（以下简称永安保险公司）投保机动车第三者责任强制保险。

套牌使用鲁F41703号牌的货车（肇事货车）实际所有人为被告卫广辉，林则东系卫广辉雇佣的司机。据车辆管理部门登记信息反映，鲁F41703号牌登记货车自2004年4月26日至2008年7月2日，先后15次被以损坏或灭失为由申请补领号牌和行驶证。2007年8月23日卫广辉申请补领行驶证的申请表上有福山公司的签章。事发后，福山公司曾派人到交警部门处理相关事宜。审理中，卫广辉表示，卫德平对套牌事宜知情并收取套牌费，事发后卫广辉还向卫德平借用鲁F41703号牌登记货车的保单去处理事故，保单仍在卫广辉处。

发生事故的客车的登记所有人系被告朱荣明，但该车辆几经转手，现实际所有人系周亚平，朱荣明对该客车既不支配也未从该车运营中获益。被告上海腾飞建设工程有限公司（以下简称腾飞公司）系周亚平的雇主，但事发时周亚平并非履行职务。该客车在中国人民财产保险股份有限公司上海市分公司（以下简称人保公司）投保了机动车第三者责任强制保险。

【裁判结果】
上海市宝山区人民法院于2010年5月18日作出（2009）宝民一（民）初字第1128号民事判决：一、被告卫广辉、林则东赔偿四原告丧葬费、精神损害抚慰金、死亡赔偿金、交通费、误工费、住宿费、被扶养人生活费和律师费共计396863元；二、被告周亚平赔偿四原告丧葬费、精神损害抚慰金、死亡赔偿金、交通费、误工费、住宿费、被扶养人

[①] 案例来源：最高人民法院指导案例19号。

生活费和律师费共计170084元；三、被告福山公司、卫德平对上述判决主文第一项的赔偿义务承担连带责任；被告卫广辉、林则东、周亚平对上述判决主文第一、二项的赔偿义务互负连带责任；四、驳回四原告的其余诉讼请求。宣判后，卫德平提起上诉。上海市第二中级人民法院于2010年8月5日作出(2010)沪二中民一(民)终字第1353号民事判决：驳回上诉，维持原判。

【裁判理由】

法院生效裁判认为：根据本案交通事故责任认定，肇事货车司机林则东负事故主要责任，而卫广辉是肇事货车的实际所有人，也是林则东的雇主，故卫广辉和林则东应就本案事故损失连带承担主要赔偿责任。永安保险公司承保的鲁F41703货车并非实际肇事货车，其也不知道鲁F41703机动车号牌被肇事货车套牌，故永安保险公司对本案事故不承担赔偿责任。根据交通事故责任认定，本案客车司机周亚平对事故负次要责任，周亚平也是该客车的实际所有人，故周亚平应对本案事故损失承担次要赔偿责任。朱荣明虽系该客车的登记所有人，但该客车已几经转手，朱荣明既不支配该车，也未从该车运营中获益，故其对本案事故不承担责任。周亚平虽受雇于腾飞公司，但本案事发时周亚平并非在为腾飞公司履行职务，故腾飞公司对本案亦不承担责任。至于承保该客车的人保公司，因死者冯永菊系车内人员，依法不适用机动车交通事故责任强制保险，故人保公司对本案不承担责任。另，卫广辉和林则东一方、周亚平一方虽各自应承担的责任比例有所不同，但车祸的发生系两方的共同侵权行为所致，故卫广辉、林则东对于周亚平的应负责任份额、周亚平对于卫广辉、林则东的应负责任份额，均应互负连带责任。

鲁F41703货车的登记所有人福山公司和实际所有人卫德平，明知卫广辉等人套用自己的机动车号牌而不予阻止，且提供方便，纵容套牌货车在公路上行驶，福山公司与卫德平的行为已属于出借机动车号牌给他人使用的情形，该行为违反了《中华人民共和国道路交通安全法》等有关机动车管理的法律规定。将机动车号牌出借他人套牌使用，将会纵容不符合安全技术标准的机动车通过套牌在道路上行驶，增加道路交通的危险性，危及公共安全。套牌机动车发生交通事故造成损害，号牌出借人同样存在过错，对于肇事的套牌车一方应负的赔偿责任，号牌出借人应当承担连带责任。故福山公司和卫德平应对卫广辉与林则东一方的赔偿责任份额承担连带责任。

三、交通事故处理

中华人民共和国刑法（节录）

- 1979 年 7 月 1 日第五届全国人民代表大会第二次会议通过
- 1997 年 3 月 14 日第八届全国人民代表大会第五次会议修订
- 根据 1998 年 12 月 29 日第九届全国人民代表大会常务委员会第六次会议通过的《全国人民代表大会常务委员会关于惩治骗购外汇、逃汇和非法买卖外汇犯罪的决定》、1999 年 12 月 25 日第九届全国人民代表大会常务委员会第十三次会议通过的《中华人民共和国刑法修正案》、2001 年 8 月 31 日第九届全国人民代表大会常务委员会第二十三次会议通过的《中华人民共和国刑法修正案（二）》、2001 年 12 月 29 日第九届全国人民代表大会常务委员会第二十五次会议通过的《中华人民共和国刑法修正案（三）》、2002 年 12 月 28 日第九届全国人民代表大会常务委员会第三十一次会议通过的《中华人民共和国刑法修正案（四）》、2005 年 2 月 28 日第十届全国人民代表大会常务委员会第十四次会议通过的《中华人民共和国刑法修正案（五）》、2006 年 6 月 29 日第十届全国人民代表大会常务委员会第二十二次会议通过的《中华人民共和国刑法修正案（六）》、2009 年 2 月 28 日第十一届全国人民代表大会常务委员会第七次会议通过的《中华人民共和国刑法修正案（七）》、2009 年 8 月 27 日第十一届全国人民代表大会常务委员会第十次会议通过的《全国人民代表大会常务委员会关于修改部分法律的决定》、2011 年 2 月 25 日第十一届全国人民代表大会常务委员会第十九次会议通过的《中华人民共和国刑法修正案（八）》、2015 年 8 月 29 日第十二届全国人民代表大会常务委员会第十六次会议通过的《中华人民共和国刑法修正案（九）》、2017 年 11 月 4 日第十二届全国人民代表大会常务委员会第三十次会议通过的《中华人民共和国刑法修正案（十）》和 2020 年 12 月 26 日第十三届全国人民代表大会常务委员会第二十四次会议通过的《中华人民共和国刑法修正案（十一）》修正①

第一编 总 则

第一章 刑法的任务、基本原则和适用范围

第一条 【立法宗旨】为了惩罚犯罪，保护人民，根据宪法，结合我国同犯罪作斗争的具体经验及实际情况，制定本法。

第二条 【本法任务】中华人民共和国刑法的任务，是用刑罚同一切犯罪行为作斗争，以保卫国家安全，保卫人民民主专政的政权和社会主义制度，保护国有财产和劳动群众集体所有的财产，保护公民私人所有的财产，保护公民的人身权利、民主权利和其他权利，维护社会秩序、经济秩序，保障社会主义建设事业的顺利进行。

第三条 【罪刑法定】法律明文规定为犯罪行为的，依照法律定罪处刑；法律没有明文规定为犯罪行为的，不得定罪处刑。

第四条 【适用刑法人人平等】对任何人犯罪，在适用法律上一律平等。不允许任何人有超越法律的特权。

第五条 【罪责刑相适应】刑罚的轻重，应当与犯罪分子所犯罪行和承担的刑事责任相适应。

第六条 【属地管辖权】凡在中华人民共和国领域内犯罪的，除法律有特别规定的以外，都适用本法。

凡在中华人民共和国船舶或者航空器内犯罪的，也适用本法。

犯罪的行为或者结果有一项发生在中华人民共和国领域内的，就认为是在中华人民共和国领域内犯罪。

第七条 【属人管辖权】中华人民共和国公民在中华人民共和国领域外犯本法规定之罪的，适用本法，但是按本法规定的最高刑为三年以下有期徒刑的，可以不予追究。

中华人民共和国国家工作人员和军人在中华人民共和国领域外犯本法规定之罪的，适用本法。

第八条 【保护管辖权】外国人在中华人民共和国领域外对中华人民共和国国家或者公民犯罪，而按本法规定的最低刑为三年以上有期徒刑的，可以适用本法，但是按照犯罪地的法律不受处罚的除外。

第九条 【普遍管辖权】对于中华人民共和国缔结或者参加的国际条约所规定的罪行，中华人民共和国在

---

① 刑法、历次刑法修正案、涉及修改刑法的决定的施行日期，分别依据各法律所规定的施行日期确定。

另，总则部分条文主旨为编者所加，分则部分条文主旨是根据司法解释确定罪名所加。

所承担条约义务的范围内行使刑事管辖权的,适用本法。

第十条　【对外国刑事判决的消极承认】凡在中华人民共和国领域外犯罪,依照本法应当负刑事责任的,虽然经过外国审判,仍然可以依照本法追究,但是在外国已经受过刑罚处罚的,可以免除或者减轻处罚。

第十一条　【外交代表刑事管辖豁免】享有外交特权和豁免权的外国人的刑事责任,通过外交途径解决。

第十二条　【刑法溯及力】中华人民共和国成立以后本法施行以前的行为,如果当时的法律不认为是犯罪的,适用当时的法律;如果当时的法律认为是犯罪的,依照本法总则第四章第八节的规定应当追诉的,按照当时的法律追究刑事责任,但是如果本法不认为是犯罪或者处刑较轻的,适用本法。

本法施行以前,依照当时的法律已经作出的生效判决,继续有效。

第二章　犯　罪
第一节　犯罪和刑事责任

第十三条　【犯罪概念】一切危害国家主权、领土完整和安全,分裂国家、颠覆人民民主专政的政权和推翻社会主义制度,破坏社会秩序和经济秩序,侵犯国有财产或者劳动群众集体所有的财产,侵犯公民私人所有的财产,侵犯公民的人身权利、民主权利和其他权利,以及其他危害社会的行为,依照法律应当受刑罚处罚的,都是犯罪,但是情节显著轻微危害不大的,不认为是犯罪。

第十四条　【故意犯罪】明知自己的行为会发生危害社会的结果,并且希望或者放任这种结果发生,因而构成犯罪的,是故意犯罪。

故意犯罪,应当负刑事责任。

第十五条　【过失犯罪】应当预见自己的行为可能发生危害社会的结果,因为疏忽大意而没有预见,或者已经预见而轻信能够避免,以致发生这种结果的,是过失犯罪。

过失犯罪,法律有规定的才负刑事责任。

第十六条　【不可抗力和意外事件】行为在客观上虽然造成了损害结果,但是不是出于故意或者过失,而是由于不能抗拒或者不能预见的原因所引起的,不是犯罪。

第十七条　【刑事责任年龄】已满十六周岁的人犯罪,应当负刑事责任。

已满十四周岁不满十六周岁的人,犯故意杀人、故意伤害致人重伤或者死亡、强奸、抢劫、贩卖毒品、放火、爆炸、投放危险物质罪的,应当负刑事责任。

已满十二周岁不满十四周岁的人,犯故意杀人、故意伤害罪,致人死亡或者以特别残忍手段致人重伤造成严重残疾,情节恶劣,经最高人民检察院核准追诉的,应当负刑事责任。

对依照前三款规定追究刑事责任的不满十八周岁的人,应当从轻或者减轻处罚。

因不满十六周岁不予刑事处罚的,责令其父母或者其他监护人加以管教;在必要的时候,依法进行专门矫治教育。①

第十七条之一　【已满七十五周岁的人的刑事责任】已满七十五周岁的人故意犯罪的,可以从轻或者减轻处罚;过失犯罪的,应当从轻或者减轻处罚。②

第十八条　【特殊人员的刑事责任能力】精神病人在不能辨认或者不能控制自己行为的时候造成危害结果,经法定程序鉴定确认的,不负刑事责任,但是应当责令他的家属或者监护人严加看管和医疗;在必要的时候,由政府强制医疗。

间歇性的精神病人在精神正常的时候犯罪,应当负刑事责任。

尚未完全丧失辨认或者控制自己行为能力的精神病人犯罪的,应当负刑事责任,但是可以从轻或者减轻处罚。

醉酒的人犯罪,应当负刑事责任。

第十九条　【又聋又哑的人或盲人犯罪的刑事责任】又聋又哑的人或者盲人犯罪,可以从轻、减轻或者免除处罚。

第二十条　【正当防卫】为了使国家、公共利益、本人或者他人的人身、财产和其他权利免受正在进行的不法侵害,而采取的制止不法侵害的行为,对不法侵害人造成损害的,属于正当防卫,不负刑事责任。

正当防卫明显超过必要限度造成重大损害的,应当

---

① 根据 2020 年 12 月 26 日《中华人民共和国刑法修正案(十一)》修改。原条文为:"已满十六周岁的人犯罪,应当负刑事责任。
"已满十四周岁不满十六周岁的人,犯故意杀人、故意伤害致人重伤或者死亡、强奸、抢劫、贩卖毒品、放火、爆炸、投毒罪的,应当负刑事责任。
"已满十四周岁不满十八周岁的人犯罪,应当从轻或者减轻处罚。
"因不满十六周岁不予刑事处罚的,责令他的家长或者监护人加以管教;在必要的时候,也可以由政府收容教养。"
② 根据 2011 年 2 月 25 日《中华人民共和国刑法修正案(八)》增加。

负刑事责任,但是应当减轻或者免除处罚。

对正在进行行凶、杀人、抢劫、强奸、绑架以及其他严重危及人身安全的暴力犯罪,采取防卫行为,造成不法侵害人伤亡的,不属于防卫过当,不负刑事责任。

第二十一条　【紧急避险】为了使国家、公共利益、本人或者他人的人身、财产和其他权利免受正在发生的危险,不得已采取的紧急避险行为,造成损害的,不负刑事责任。

紧急避险超过必要限度造成不应有的损害的,应当负刑事责任,但是应当减轻或者免除处罚。

第一款中关于避免本人危险的规定,不适用于职务上、业务上负有特定责任的人。

第二节　犯罪的预备、未遂和中止

第二十二条　【犯罪预备】为了犯罪,准备工具、制造条件的,是犯罪预备。

对于预备犯,可以比照既遂犯从轻、减轻处罚或者免除处罚。

第二十三条　【犯罪未遂】已经着手实行犯罪,由于犯罪分子意志以外的原因而未得逞的,是犯罪未遂。

对于未遂犯,可以比照既遂犯从轻或者减轻处罚。

第二十四条　【犯罪中止】在犯罪过程中,自动放弃犯罪或者自动有效地防止犯罪结果发生的,是犯罪中止。

对于中止犯,没有造成损害的,应当免除处罚;造成损害的,应当减轻处罚。

第三节　共同犯罪

第二十五条　【共同犯罪概念】共同犯罪是指二人以上共同故意犯罪。

二人以上共同过失犯罪,不以共同犯罪论处;应当负刑事责任的,按照他们所犯的罪分别处罚。

第二十六条　【主犯】组织、领导犯罪集团进行犯罪活动的或者在共同犯罪中起主要作用的,是主犯。

三人以上为共同实施犯罪而组成的较为固定的犯罪组织,是犯罪集团。

对组织、领导犯罪集团的首要分子,按照集团所犯的全部罪行处罚。

对于第三款规定以外的主犯,应当按照其所参与的或者组织、指挥的全部犯罪处罚。

第二十七条　【从犯】在共同犯罪中起次要或者辅助作用的,是从犯。

对于从犯,应当从轻、减轻处罚或者免除处罚。

第二十八条　【胁从犯】对于被胁迫参加犯罪的,应当按照他的犯罪情节减轻处罚或者免除处罚。

第二十九条　【教唆犯】教唆他人犯罪的,应当按照他在共同犯罪中所起的作用处罚。教唆不满十八周岁的人犯罪的,应当从重处罚。

如果被教唆的人没有犯被教唆的罪,对于教唆犯,可以从轻或者减轻处罚。

第四节　单位犯罪

第三十条[①]　**【单位负刑事责任的范围】**公司、企业、事业单位、机关、团体实施的危害社会的行为,法律规定为单位犯罪的,应当负刑事责任。

第三十一条　【单位犯罪的处罚原则】单位犯罪的,对单位判处罚金,并对其直接负责的主管人员和其他直接责任人员判处刑罚。本法分则和其他法律另有规定的,依照规定。

第三章　刑　罚

第一节　刑罚的种类

第三十二条　【主刑和附加刑】刑罚分为主刑和附加刑。

第三十三条　【主刑种类】主刑的种类如下:

(一)管制;

(二)拘役;

(三)有期徒刑;

(四)无期徒刑;

(五)死刑。

第三十四条　【附加刑种类】附加刑的种类如下:

(一)罚金;

(二)剥夺政治权利;

(三)没收财产。

附加刑也可以独立适用。

第三十五条　【驱逐出境】对于犯罪的外国人,可以

[①] 根据2014年4月24日通过的《全国人民代表大会常务委员会关于〈中华人民共和国刑法〉第三十条的解释》:

"全国人民代表大会常务委员会根据司法实践中遇到的情况,讨论了刑法第三十条的含义及公司、企业、事业单位、机关、团体等单位实施刑法规定的危害社会的行为,法律未规定追究单位的刑事责任的,如何适用刑法有关规定的问题,解释如下:

"公司、企业、事业单位、机关、团体等单位实施刑法规定的危害社会的行为,刑法分则和其他法律未规定追究单位的刑事责任的,对组织、策划、实施该危害社会行为的人依法追究刑事责任。"

独立适用或者附加适用驱逐出境。

第三十六条 【赔偿经济损失与民事优先原则】由于犯罪行为而使被害人遭受经济损失的,对犯罪分子除依法给予刑事处罚外,并应根据情况判处赔偿经济损失。

承担民事赔偿责任的犯罪分子,同时被判处罚金,其财产不足以全部支付的,或者被判处没收财产的,应当先承担对被害人的民事赔偿责任。

第三十七条 【非刑罚性处置措施】对于犯罪情节轻微不需要判处刑罚的,可以免予刑事处罚,但是可以根据案件的不同情况,予以训诫或者责令具结悔过、赔礼道歉、赔偿损失,或者由主管部门予以行政处罚或者行政处分。

第三十七条之一 【利用职业便利实施犯罪的禁业限制】因利用职业便利实施犯罪,或者实施违背职业要求的特定义务的犯罪被判处刑罚的,人民法院可以根据犯罪情况和预防再犯罪的需要,禁止其自刑罚执行完毕之日或者假释之日起从事相关职业,期限为三年至五年。

被禁止从事相关职业的人违反人民法院依照前款规定作出的决定的,由公安机关依法给予处罚;情节严重的,依照本法第三百一十三条的规定定罪处罚。

其他法律、行政法规对其从事相关职业另有禁止或者限制性规定的,从其规定。①

第二节 管 制

第三十八条 【管制的期限与执行机关】管制的期限,为三个月以上二年以下。

判处管制,可以根据犯罪情况,同时禁止犯罪分子在执行期间从事特定活动,进入特定区域、场所,接触特定的人。②

对判处管制的犯罪分子,依法实行社区矫正。③

违反第二款规定的禁止令的,由公安机关依照《中华人民共和国治安管理处罚法》的规定处罚。④

第三十九条 【被管制罪犯的义务与权利】被判处管制的犯罪分子,在执行期间,应当遵守下列规定:

(一)遵守法律、行政法规,服从监督;

(二)未经执行机关批准,不得行使言论、出版、集会、结社、游行、示威自由的权利;

(三)按照执行机关规定报告自己的活动情况;

(四)遵守执行机关关于会客的规定;

(五)离开所居住的市、县或者迁居,应当报经执行机关批准。

对于被判处管制的犯罪分子,在劳动中应当同工同酬。

第四十条 【管制期满解除】被判处管制的犯罪分子,管制期满,执行机关应即向本人和其所在单位或者居住地的群众宣布解除管制。

第四十一条 【管制刑期的计算和折抵】管制的刑期,从判决执行之日起计算;判决执行以前先行羁押的,羁押一日折抵刑期二日。

第三节 拘 役

第四十二条 【拘役的期限】拘役的期限,为一个月以上六个月以下。

第四十三条 【拘役的执行】被判处拘役的犯罪分子,由公安机关就近执行。

在执行期间,被判处拘役的犯罪分子每月可以回家一天至两天;参加劳动的,可以酌量发给报酬。

第四十四条 【拘役刑期的计算和折抵】拘役的刑期,从判决执行之日起计算;判决执行以前先行羁押的,羁押一日折抵刑期一日。

第四节 有期徒刑、无期徒刑

第四十五条 【有期徒刑的期限】有期徒刑的期限,除本法第五十条、第六十九条规定外,为六个月以上十五年以下。

第四十六条 【有期徒刑与无期徒刑的执行】被判处有期徒刑、无期徒刑的犯罪分子,在监狱或者其他执行场所执行;凡有劳动能力的,都应当参加劳动,接受教育和改造。

第四十七条 【有期徒刑刑期的计算与折抵】有期徒刑的刑期,从判决执行之日起计算;判决执行以前先行羁押的,羁押一日折抵刑期一日。

第五节 死 刑

第四十八条 【死刑、死缓的适用对象及核准程序】死刑只适用于罪行极其严重的犯罪分子。对于应当判处死刑的犯罪分子,如果不是必须立即执行的,可以判处死

---

① 根据 2015 年 8 月 29 日《中华人民共和国刑法修正案(九)》增加。
② 根据 2011 年 2 月 25 日《中华人民共和国刑法修正案(八)》增加一款,作为第二款。
③ 根据 2011 年 2 月 25 日《中华人民共和国刑法修正案(八)》修改。原条文为:"被判处管制的犯罪分子,由公安机关执行。"
④ 根据 2011 年 2 月 25 日《中华人民共和国刑法修正案(八)》增加一款,作为第四款。

刑同时宣告缓期二年执行。

死刑除依法由最高人民法院判决的以外，都应当报请最高人民法院核准。死刑缓期执行的，可以由高级人民法院判决或者核准。

第四十九条 【死刑适用对象的限制】犯罪的时候不满十八周岁的人和审判的时候怀孕的妇女，不适用死刑。

审判的时候已满七十五周岁的人，不适用死刑，但以特别残忍手段致人死亡的除外。①

第五十条 【死缓变更】判处死刑缓期执行的，在死刑缓期执行期间，如果没有故意犯罪，二年期满以后，减为无期徒刑；如果确有重大立功表现，二年期满以后，减为二十五年有期徒刑；如果故意犯罪，情节恶劣的，报请最高人民法院核准后执行死刑；对于故意犯罪未执行死刑的，死刑缓期执行的期间重新计算，并报最高人民法院备案。②

对被判处死刑缓期执行的累犯以及因故意杀人、强奸、抢劫、绑架、放火、爆炸、投放危险物质或者有组织的暴力性犯罪被判处死刑缓期执行的犯罪分子，人民法院根据犯罪情节等情况可以同时决定对其限制减刑。③

第五十一条 【死缓期间及减为有期徒刑的刑期计算】死刑缓期执行的期间，从判决确定之日起计算。死刑缓期执行减为有期徒刑的刑期，从死刑缓期执行期满之日起计算。

第六节 罚 金

第五十二条 【罚金数额的裁量】判处罚金，应当根据犯罪情节决定罚金数额。

第五十三条 【罚金的缴纳】罚金在判决指定的期限内一次或者分期缴纳。期满不缴纳的，强制缴纳。对于不能全部缴纳罚金的，人民法院在任何时候发现被执行人有可以执行的财产，应当随时追缴。

由于遭遇不能抗拒的灾祸等原因缴纳确实有困难的，经人民法院裁定，可以延期缴纳、酌情减少或者免除。④

第七节 剥夺政治权利

第五十四条 【剥夺政治权利的含义】剥夺政治权利是剥夺下列权利：

（一）选举权和被选举权；

（二）言论、出版、集会、结社、游行、示威自由的权利；

（三）担任国家机关职务的权利；

（四）担任国有公司、企业、事业单位和人民团体领导职务的权利。

第五十五条 【剥夺政治权利的期限】剥夺政治权利的期限，除本法第五十七条规定外，为一年以上五年以下。

判处管制附加剥夺政治权利的，剥夺政治权利的期限与管制的期限相等，同时执行。

第五十六条 【剥夺政治权利的附加、独立适用】对于危害国家安全的犯罪分子应当附加剥夺政治权利；对于故意杀人、强奸、放火、爆炸、投毒、抢劫等严重破坏社会秩序的犯罪分子，可以附加剥夺政治权利。

独立适用剥夺政治权利的，依照本法分则的规定。

第五十七条 【对死刑、无期徒刑犯罪剥夺政治权利的适用】对于被判处死刑、无期徒刑的犯罪分子，应当剥夺政治权利终身。

在死刑缓期执行减为有期徒刑或者无期徒刑减为有期徒刑的时候，应当把附加剥夺政治权利的期限改为三年以上十年以下。

第五十八条 【剥夺政治权利的刑期计算、效力与执行】附加剥夺政治权利的刑期，从徒刑、拘役执行完毕之日或者从假释之日起计算；剥夺政治权利的效力当然施用于主刑执行期间。

---

① 根据 2011 年 2 月 25 日《中华人民共和国刑法修正案（八）》增加一款，作为第二款。

② 根据 2011 年 2 月 25 日《中华人民共和国刑法修正案（八）》第一次修改。原条文为："判处死刑缓期执行的，在死刑缓期执行期间，如果没有故意犯罪，二年期满以后，减为无期徒刑；如果确有重大立功表现，二年期满以后，减为十五年以上二十年以下有期徒刑；如果故意犯罪，查证属实的，由最高人民法院核准，执行死刑。"

根据 2015 年 8 月 29 日《中华人民共和国刑法修正案（九）》第二次修改。原第一款条文为："判处死刑缓期执行的，在死刑缓期执行期间，如果没有故意犯罪，二年期满以后，减为无期徒刑；如果确有重大立功表现，二年期满以后，减为二十五年有期徒刑；如果故意犯罪，查证属实的，由最高人民法院核准，执行死刑。"

③ 根据 2011 年 2 月 25 日《中华人民共和国刑法修正案（八）》增加。

④ 根据 2015 年 8 月 29 日《中华人民共和国刑法修正案（九）》修改。原条文为："罚金在判决指定的期限内一次或者分期缴纳。期满不缴纳的，强制缴纳。对于不能全部缴纳罚金的，人民法院在任何时候发现被执行人有可以执行的财产，应当随时追缴。如果由于遭遇不能抗拒的灾祸缴纳确实有困难的，可以酌情减少或者免除。"

被剥夺政治权利的犯罪分子,在执行期间,应当遵守法律、行政法规和国务院公安部门有关监督管理的规定,服从监督;不得行使本法第五十四条规定的各项权利。

第八节 没收财产

第五十九条 【没收财产的范围】没收财产是没收犯罪分子个人所有财产的一部或者全部。没收全部财产的,应当对犯罪分子个人及其扶养的家属保留必需的生活费用。

在判处没收财产的时候,不得没收属于犯罪分子家属所有或者应有的财产。

第六十条 【以没收的财产偿还债务】没收财产以前犯罪分子所负的正当债务,需要以没收的财产偿还的,经债权人请求,应当偿还。

第四章 刑罚的具体运用

第一节 量刑

第六十一条 【量刑的一般原则】对于犯罪分子决定刑罚的时候,应当根据犯罪的事实、犯罪的性质、情节和对于社会的危害程度,依照本法的有关规定判处。

第六十二条 【从重处罚与从轻处罚】犯罪分子具有本法规定的从重处罚、从轻处罚情节的,应当在法定刑的限度以内判处刑罚。

第六十三条 【减轻处罚】犯罪分子具有本法规定的减轻处罚情节的,应当在法定刑以下判处刑罚;本法规定有数个量刑幅度的,应当在法定量刑幅度的下一个量刑幅度内判处刑罚。①

犯罪分子虽然不具有本法规定的减轻处罚情节,但是根据案件的特殊情况,经最高人民法院核准,也可以在法定刑以下判处刑罚。

第六十四条 【犯罪物品的处理】犯罪分子违法所得的一切财物,应当予以追缴或者责令退赔;对被害人的合法财产,应当及时返还;违禁品和供犯罪所用的本人财物,应当予以没收。没收的财物和罚金,一律上缴国库,不得挪用和自行处理。

第二节 累犯

第六十五条 【一般累犯】被判处有期徒刑以上刑罚的犯罪分子,刑罚执行完毕或者赦免以后,在五年以内再犯应当判处有期徒刑以上刑罚之罪的,是累犯,应当从重处罚,但是过失犯罪和不满十八周岁的人犯罪的除外。②

前款规定的期限,对于被假释的犯罪分子,从假释期满之日起计算。

第六十六条 【特别累犯】危害国家安全犯罪、恐怖活动犯罪、黑社会性质的组织犯罪的犯罪分子,在刑罚执行完毕或者赦免以后,在任何时候再犯上述任一类罪的,都以累犯论处。③

第三节 自首和立功

第六十七条 【自首和坦白】犯罪以后自动投案,如实供述自己的罪行的,是自首。对于自首的犯罪分子,可以从轻或者减轻处罚。其中,犯罪较轻的,可以免除处罚。

被采取强制措施的犯罪嫌疑人、被告人和正在服刑的罪犯,如实供述司法机关还未掌握的本人其他罪行的,以自首论。

犯罪嫌疑人虽不具有前两款规定的自首情节,但是如实供述自己罪行的,可以从轻处罚;因其如实供述自己罪行,避免特别严重后果发生的,可以减轻处罚。④

第六十八条 【立功】犯罪分子有揭发他人犯罪行为,查证属实的,或者提供重要线索,从而得以侦破其他案件等立功表现的,可以从轻或者减轻处罚;有重大立功表现的,可以减轻或者免除处罚。⑤

第四节 数罪并罚

第六十九条 【数罪并罚的一般原则】判决宣告以前一人犯数罪的,除判处死刑和无期徒刑的以外,应当在总和刑期以下、数刑中最高刑期以上,酌情决定执行的刑期,但是管制最高不能超过三年,拘役最高不能超过一

---

① 根据 2011 年 2 月 25 日《中华人民共和国刑法修正案(八)》修改。原第一款条文为:"犯罪分子具有本法规定的减轻处罚情节的,应当在法定刑以下判处刑罚。"

② 根据 2011 年 2 月 25 日《中华人民共和国刑法修正案(八)》修改。原第一款条文为:"被判处有期徒刑以上刑罚的犯罪分子,刑罚执行完毕或者赦免以后,在五年以内再犯应当判处有期徒刑以上刑罚之罪的,是累犯,应当从重处罚,但是过失犯罪除外。"

③ 根据 2011 年 2 月 25 日《中华人民共和国刑法修正案(八)》修改。原文为:"危害国家安全的犯罪分子在刑罚执行完毕或者赦免以后,在任何时候再犯危害国家安全罪的,都以累犯论处。"

④ 根据 2011 年 2 月 25 日《中华人民共和国刑法修正案(八)》增加一款,作为第三款。

⑤ 根据 2011 年 2 月 25 日《中华人民共和国刑法修正案(八)》修改,删去本条第二款。原第二款条文为:"犯罪后自首又有重大立功表现的,应当减轻或者免除处罚。"

年,有期徒刑总和刑期不满三十五年的,最高不能超过二十年,总和刑期在三十五年以上的,最高不能超过二十五年。

数罪中有判处有期徒刑和拘役的,执行有期徒刑。数罪中有判处有期徒刑和管制,或者拘役和管制的,有期徒刑、拘役执行完毕后,管制仍须执行。①

数罪中有判处附加刑的,附加刑仍须执行,其中附加刑种类相同的,合并执行,种类不同的,分别执行。②

第七十条 【判决宣告后发现漏罪的并罚】判决宣告以后,刑罚执行完毕以前,发现被判刑的犯罪分子在判决宣告以前还有其他罪没有判决的,应当对新发现的罪作出判决,把前后两个判决所判处的刑罚,依照本法第六十九条的规定,决定执行的刑罚。已经执行的刑期,应当计算在新判决决定的刑期以内。

第七十一条 【判决宣告后又犯新罪的并罚】判决宣告以后,刑罚执行完毕以前,被判刑的犯罪分子又犯罪的,应当对新犯的罪作出判决,把前罪没有执行的刑罚和后罪所判处的刑罚,依照本法第六十九条的规定,决定执行的刑罚。

第五节 缓 刑

第七十二条 【缓刑的适用条件】对于被判处拘役、三年以下有期徒刑的犯罪分子,同时符合下列条件的,可以宣告缓刑,对其中不满十八周岁的人、怀孕的妇女和已满七十五周岁的人,应当宣告缓刑:

(一)犯罪情节较轻;

(二)有悔罪表现;

(三)没有再犯罪的危险;

(四)宣告缓刑对所居住社区没有重大不良影响。

宣告缓刑,可以根据犯罪情况,同时禁止犯罪分子在缓刑考验期限内从事特定活动,进入特定区域、场所,接触特定的人。

被宣告缓刑的犯罪分子,如果被判处附加刑,附加刑仍须执行。③

第七十三条 【缓刑的考验期限】拘役的缓刑考验期限为原判刑期以上一年以下,但是不能少于二个月。

有期徒刑的缓刑考验期限为原判刑期以上五年以下,但是不能少于一年。

缓刑考验期限,从判决确定之日起计算。

第七十四条 【累犯不适用缓刑】对于累犯和犯罪集团的首要分子,不适用缓刑。④

第七十五条 【缓刑犯应遵守的规定】被宣告缓刑的犯罪分子,应当遵守下列规定:

(一)遵守法律、行政法规,服从监督;

(二)按照考察机关的规定报告自己的活动情况;

(三)遵守考察机关关于会客的规定;

(四)离开所居住的市、县或者迁居,应当报经考察机关批准。

第七十六条 【缓刑的考验及其积极后果】对宣告缓刑的犯罪分子,在缓刑考验期限内,依法实行社区矫正,如果没有本法第七十七条规定的情形,缓刑考验期满,原判的刑罚就不再执行,并公开予以宣告。⑤

第七十七条 【缓刑的撤销及其处理】被宣告缓刑的犯罪分子,在缓刑考验期限内犯新罪或者发现判决宣告以前还有其他罪没有判决的,应当撤销缓刑,对新犯的罪或者新发现的罪作出判决,把前罪和后罪所判处的刑罚,依照本法第六十九条的规定,决定执行的刑罚。

被宣告缓刑的犯罪分子,在缓刑考验期限内,违反法律、行政法规或者国务院有关部门关于缓刑的监督管理规定,或者违反人民法院判决中的禁止令,情节严重的,应当撤销缓刑,执行原判刑罚。⑥

---

① 根据2015年8月29日《中华人民共和国刑法修正案(九)》增加一款,作为第二款。原第二款作为第三款。

② 根据2011年2月25日《中华人民共和国刑法修正案(八)》修改。原条文为:"判决宣告以前一人犯数罪的,除判处死刑和无期徒刑的以外,应当在总和刑期以下、数罪中最高刑期以上,酌情决定执行的刑期,但是管制最高不能超过三年,拘役最高不能超过一年,有期徒刑最高不能超过二十年。

"如果数罪中有判处附加刑的,附加刑仍须执行。"

③ 根据2011年2月25日《中华人民共和国刑法修正案(八)》修改。原条文为:"对于被判处拘役、三年以下有期徒刑的犯罪分子,根据犯罪分子的犯罪情节和悔罪表现,适用缓刑确实不致再危害社会的,可以宣告缓刑。

"被宣告缓刑的犯罪分子,如果被判处附加刑,附加刑仍须执行。"

④ 根据2011年2月25日《中华人民共和国刑法修正案(八)》修改。原条文为:"对于累犯,不适用缓刑。"

⑤ 根据2011年2月25日《中华人民共和国刑法修正案(八)》修改。原条文为:"被宣告缓刑的犯罪分子,在缓刑考验期限内,由公安机关考察,所在单位或者基层组织予以配合,如果没有本法第七十七条规定的情形,缓刑考验期满,原判的刑罚就不再执行,并公开予以宣告。"

⑥ 根据2011年2月25日《中华人民共和国刑法修正案(八)》修改。原第二款条文为:"被宣告缓刑的犯罪分子,在缓刑考验期限内,违反法律、行政法规或者国务院公安部门有关缓刑的监督管理规定,情节严重的,应当撤销缓刑,执行原判刑罚。"

第六节 减 刑

第七十八条 【减刑条件与限度】被判处管制、拘役、有期徒刑、无期徒刑的犯罪分子，在执行期间，如果认真遵守监规，接受教育改造，确有悔改表现的，或者有立功表现的，可以减刑；有下列重大立功表现之一的，应当减刑：

（一）阻止他人重大犯罪活动的；

（二）检举监狱内外重大犯罪活动，经查证属实的；

（三）有发明创造或者重大技术革新的；

（四）在日常生产、生活中舍己救人的；

（五）在抗御自然灾害或者排除重大事故中，有突出表现的；

（六）对国家和社会有其他重大贡献的。

减刑以后实际执行的刑期不能少于下列期限：

（一）判处管制、拘役、有期徒刑的，不能少于原判刑期的二分之一；

（二）判处无期徒刑的，不能少于十三年；

（三）人民法院依照本法第五十条第二款规定限制减刑的死刑缓期执行的犯罪分子，缓期执行期满后依法减为无期徒刑的，不能少于二十五年，缓期执行期满后依法减为二十五年有期徒刑的，不能少于二十年。①

第七十九条 【减刑程序】对于犯罪分子的减刑，由执行机关向中级以上人民法院提出减刑建议书。人民法院应当组成合议庭进行审理，对确有悔改或者立功事实的，裁定予以减刑。非经法定程序不得减刑。

第八十条 【无期徒刑减刑的刑期计算】无期徒刑减为有期徒刑的刑期，从裁定减刑之日起计算。

第七节 假 释

第八十一条 【假释的适用条件】被判处有期徒刑的犯罪分子，执行原判刑期二分之一以上，被判处无期徒刑的犯罪分子，实际执行十三年以上，如果认真遵守监规，接受教育改造，确有悔改表现，没有再犯罪的危险的，可以假释。如果有特殊情况，经最高人民法院核准，可以不受上述执行刑期的限制。

对累犯以及因故意杀人、强奸、抢劫、绑架、放火、爆炸、投放危险物质或者有组织的暴力性犯罪被判处十年以上有期徒刑、无期徒刑的犯罪分子，不得假释。

对犯罪分子决定假释时，应当考虑其假释后对所居住社区的影响。②

第八十二条 【假释的程序】对于犯罪分子的假释，依照本法第七十九条规定的程序进行。非经法定程序不得假释。

第八十三条 【假释的考验期限】有期徒刑的假释考验期限，为没有执行完毕的刑期；无期徒刑的假释考验期限为十年。

假释考验期限，从假释之日起计算。

第八十四条 【假释犯应遵守的规定】被宣告假释的犯罪分子，应当遵守下列规定：

（一）遵守法律、行政法规，服从监督；

（二）按照监督机关的规定报告自己的活动情况；

（三）遵守监督机关关于会客的规定；

（四）离开所居住的市、县或者迁居，应当报经监督机关批准。

第八十五条 【假释考验及其积极后果】对假释的犯罪分子，在假释考验期限内，依法实行社区矫正，如果没有本法第八十六条规定的情形，假释考验期满，就认为原判刑罚已经执行完毕，并公开予以宣告。③

第八十六条 【假释的撤销及其处理】被假释的犯罪分子，在假释考验期限内犯新罪，应当撤销假释，依照本法第七十一条的规定实行数罪并罚。

在假释考验期限内，发现被假释的犯罪分子在判决宣告以前还有其他罪没有判决的，应当撤销假释，依照本法第七十条的规定实行数罪并罚。

被假释的犯罪分子，在假释考验期限内，有违反法律、行政法规或者国务院有关部门关于假释的监督管理规定的行为，尚未构成新的犯罪的，应当依照法定程序撤

---

① 根据2011年2月25日《中华人民共和国刑法修正案（八）》修改。原第二款条文为："减刑以后实际执行的刑期，判处管制、拘役、有期徒刑的，不能少于原判刑期的二分之一；判处无期徒刑的，不能少于十年。"

② 根据2011年2月25日《中华人民共和国刑法修正案（八）》修改。原条文为："被判处有期徒刑的犯罪分子，执行原判刑期二分之一以上，被判处无期徒刑的犯罪分子，实际执行十年以上，如果认真遵守监规，接受教育改造，确有悔改表现，假释后不致再危害社会的，可以假释。如果有特殊情况，经最高人民法院核准，可以不受上述执行刑期的限制。

"对累犯以及因杀人、爆炸、抢劫、强奸、绑架等暴力性犯罪被判处十年以上有期徒刑、无期徒刑的犯罪分子，不得假释。"

③ 根据2011年2月25日《中华人民共和国刑法修正案（八）》修改。原条文为："被假释的犯罪分子，在假释考验期限内，由公安机关予以监督，如果没有本法第八十六条规定的情形，假释考验期满，就认为原判刑罚已经执行完毕，并公开予以宣告。"

销假释，收监执行未执行完毕的刑罚。①

第八节 时 效

第八十七条 【追诉时效期限】犯罪经过下列期限不再追诉：

（一）法定最高刑为不满五年有期徒刑的，经过五年；

（二）法定最高刑为五年以上不满十年有期徒刑的，经过十年；

（三）法定最高刑为十年以上有期徒刑的，经过十五年；

（四）法定最高刑为无期徒刑、死刑的，经过二十年。如果二十年以后认为必须追诉的，须报请最高人民检察院核准。

第八十八条 【不受追诉时效限制】在人民检察院、公安机关、国家安全机关立案侦查或者在人民法院受理案件以后，逃避侦查或者审判的，不受追诉期限的限制。

被害人在追诉期限内提出控告，人民法院、人民检察院、公安机关应当立案而不予立案的，不受追诉期限的限制。

第八十九条 【追诉期限的计算与中断】追诉期限从犯罪之日起计算；犯罪行为有连续或者继续状态的，从犯罪行为终了之日起计算。

在追诉期限以内又犯罪的，前罪追诉的期限从犯后罪之日起计算。

第五章 其他规定

第九十条 【民族自治地方刑法适用的变通】民族自治地方不能全部适用本法规定的，可以由自治区或者省的人民代表大会根据当地民族的政治、经济、文化的特点和本法规定的基本原则，制定变通或者补充的规定，报请全国人民代表大会常务委员会批准施行。

第九十一条 【公共财产的范围】本法所称公共财产，是指下列财产：

（一）国有财产；

（二）劳动群众集体所有的财产；

（三）用于扶贫和其他公益事业的社会捐助或者专项基金的财产。

在国家机关、国有公司、企业、集体企业和人民团体管理、使用或者运输中的私人财产，以公共财产论。

第九十二条 【公民私人所有财产的范围】本法所称公民私人所有的财产，是指下列财产：

（一）公民的合法收入、储蓄、房屋和其他生活资料；

（二）依法归个人、家庭所有的生产资料；

（三）个体户和私营企业的合法财产；

（四）依法归个人所有的股份、股票、债券和其他财产。

第九十三条②【国家工作人员的范围】本法所称国家工作人员，是指国家机关中从事公务的人员。

国有公司、企业、事业单位、人民团体中从事公务的人员和国家机关、国有公司、企业、事业单位委派到非国有公司、企业、事业单位、社会团体从事公务的人员，以及其他依照法律从事公务的人员，以国家工作人员论。

第九十四条 【司法工作人员的范围】本法所称司法工作人员，是指有侦查、检察、审判、监管职责的工作人员。

第九十五条 【重伤】本法所称重伤，是指有下列情

---

① 根据 2011 年 2 月 25 日《中华人民共和国刑法修正案（八）》修改。原第三款条文为："被假释的犯罪分子，在假释考验期限内，有违反法律、行政法规或者国务院公安部门有关假释的监督管理规定的行为，尚未构成新的犯罪的，应当依照法定程序撤销假释，收监执行未执行完毕的刑罚。"

② 根据 2009 年 8 月 27 日修正的《全国人民代表大会常务委员会关于〈中华人民共和国刑法〉第九十三条第二款的解释》：

"全国人民代表大会常务委员会讨论了村民委员会等村基层组织人员在从事哪些工作时属于刑法第九十三条第二款规定的'其他依照法律从事公务的人员'，解释如下：

"村民委员会等村基层组织人员协助人民政府从事下列行政管理工作，属于刑法第九十三条第二款规定的'其他依照法律从事公务的人员'：

"（一）救灾、抢险、防汛、优抚、扶贫、移民、救济款物的管理；

"（二）社会捐助公益事业款物的管理；

"（三）国有土地的经营和管理；

"（四）土地征收、征用补偿费用的管理；

"（五）代征、代缴税款；

"（六）有关计划生育、户籍、征兵工作；

"（七）协助人民政府从事的其他行政管理工作。

"村民委员会等村基层组织人员从事前款规定的公务，利用职务上的便利，非法占有公共财物、挪用公款、索取他人财物或者非法收受他人财物，构成犯罪的，适用刑法第三百八十二条和第三百八十三条贪污罪、第三百八十四条挪用公款罪、第三百八十五条和第三百八十六条受贿罪的规定。"

形之一的伤害：

（一）使人肢体残废或者毁人容貌的；

（二）使人丧失听觉、视觉或者其他器官机能的；

（三）其他对于人身健康有重大伤害的。

第九十六条　【违反国家规定之含义】本法所称违反国家规定，是指违反全国人民代表大会及其常务委员会制定的法律和决定，国务院制定的行政法规、规定的行政措施、发布的决定和命令。

第九十七条　【首要分子的范围】本法所称首要分子，是指在犯罪集团或者聚众犯罪中起组织、策划、指挥作用的犯罪分子。

第九十八条　【告诉才处理的含义】本法所称告诉才处理，是指被害人告诉才处理。如果被害人因受强制、威吓无法告诉的，人民检察院和被害人的近亲属也可以告诉。

第九十九条　【以上、以下、以内之界定】本法所称以上、以下、以内，包括本数。

第一百条　【前科报告制度】依法受过刑事处罚的人，在入伍、就业的时候，应当如实向有关单位报告自己曾受过刑事处罚，不得隐瞒。

犯罪的时候不满十八周岁被判处五年有期徒刑以下刑罚的人，免除前款规定的报告义务。①

......

第一百一十六条　【破坏交通工具罪】破坏火车、汽车、电车、船只、航空器，足以使火车、汽车、电车、船只、航空器发生倾覆、毁坏危险，尚未造成严重后果的，处三年以上十年以下有期徒刑。

第一百一十七条　【破坏交通设施罪】破坏轨道、桥梁、隧道、公路、机场、航道、灯塔、标志或者进行其他破坏活动，足以使火车、汽车、电车、船只、航空器发生倾覆、毁坏危险，尚未造成严重后果的，处三年以上十年以下有期徒刑。

......

第一百一十九条　【破坏交通工具罪】【破坏交通设施罪】【破坏电力设备罪】【破坏易燃易爆设备罪】破坏交通工具、交通设施、电力设备、燃气设备、易燃易爆设备，造成严重后果的，处十年以上有期徒刑、无期徒刑或者死刑。

【过失损坏交通工具罪】【过失损坏交通设施罪】【过失损坏电力设备罪】【过失损坏易燃易爆设备罪】过失犯前款罪的，处三年以上七年以下有期徒刑；情节较轻的，处三年以下有期徒刑或者拘役。

......

第一百三十三条　【交通肇事罪】违反交通运输管理法规，因而发生重大事故，致人重伤、死亡或者使公私财产遭受重大损失的，处三年以下有期徒刑或者拘役；交通运输肇事后逃逸或者有其他特别恶劣情节的，处三年以上七年以下有期徒刑；因逃逸致人死亡的，处七年以上有期徒刑。

第一百三十三条之一　【危险驾驶罪】在道路上驾驶机动车，有下列情形之一的，处拘役，并处罚金：

（一）追逐竞驶，情节恶劣的；

（二）醉酒驾驶机动车的；

（三）从事校车业务或者旅客运输，严重超过额定乘员载客，或者严重超过规定时速行驶的；

（四）违反危险化学品安全管理规定运输危险化学品，危及公共安全的。

机动车所有人、管理人对前款第三项、第四项行为负有直接责任的，依照前款的规定处罚。

有前两款行为，同时构成其他犯罪的，依照处罚较重的规定定罪处罚。②

第一百三十三条之二　【妨害安全驾驶罪】对行驶中的公共交通工具的驾驶人员使用暴力或者抢控驾驶操纵装置，干扰公共交通工具正常行驶，危及公共安全的，处一年以下有期徒刑、拘役或者管制，并处或者单处罚金。

前款规定的驾驶人员在行驶的公共交通工具上擅离职守，与他人互殴或者殴打他人，危及公共安全的，依照前款的规定处罚。

有前两款行为，同时构成其他犯罪的，依照处罚较重的规定定罪处罚。③

......

第一百三十六条　【危险物品肇事罪】违反爆炸性、易燃性、放射性、毒害性、腐蚀性物品的管理规定，在生产、储存、运输、使用中发生重大事故，造成严重后果的，

---

① 根据2011年2月25日《中华人民共和国刑法修正案（八）》增加一款，作为第二款。

② 根据2011年2月25日《中华人民共和国刑法修正案（八）》增加。根据2015年8月29日《中华人民共和国刑法修正案（九）》修改。原条文为："在道路上驾驶机动车追逐竞驶，情节恶劣的，或者在道路上醉酒驾驶机动车的，处拘役，并处罚金。

"有前款行为，同时构成其他犯罪的，依照处罚较重的规定定罪处罚。"

③ 根据2020年12月26日《中华人民共和国刑法修正案（十一）》增加。

处三年以下有期徒刑或者拘役;后果特别严重的,处三年以上七年以下有期徒刑。

……

道路交通事故处理程序规定

- 2017年7月22日中华人民共和国公安部令第146号公布
- 自2018年5月1日起施行

第一章 总 则

第一条 为了规范道路交通事故处理程序,保障公安机关交通管理部门依法履行职责,保护道路交通事故当事人的合法权益,根据《中华人民共和国道路交通安全法》及其实施条例等有关法律、行政法规,制定本规定。

第二条 处理道路交通事故,应当遵循合法、公正、公开、便民、效率的原则,尊重和保障人权,保护公民的人格尊严。

第三条 道路交通事故分为财产损失事故、伤人事故和死亡事故。

财产损失事故是指造成财产损失,尚未造成人员伤亡的道路交通事故。

伤人事故是指造成人员受伤,尚未造成人员死亡的道路交通事故。

死亡事故是指造成人员死亡的道路交通事故。

第四条 道路交通事故的调查处理应当由公安机关交通管理部门负责。

财产损失事故可以由当事人自行协商处理,但法律法规及本规定另有规定的除外。

第五条 交通警察经过培训并考试合格,可以处理适用简易程序的道路交通事故。

处理伤人事故,应当由具有道路交通事故处理初级以上资格的交通警察主办。

处理死亡事故,应当由具有道路交通事故处理中级以上资格的交通警察主办。

第六条 公安机关交通管理部门处理道路交通事故应当使用全国统一的交通管理信息系统。

鼓励应用先进的科技装备和先进技术处理道路交通事故。

第七条 交通警察处理道路交通事故,应当按照规定使用执法记录设备。

第八条 公安机关交通管理部门应当建立与司法机关、保险机构等有关部门间的数据信息共享机制,提高道路交通事故处理工作信息化水平。

第二章 管 辖

第九条 道路交通事故由事故发生地的县级公安机关交通管理部门管辖。未设立县级公安机关交通管理部门的,由设区的市公安机关交通管理部门管辖。

第十条 道路交通事故发生在两个以上管辖区域的,由事故起始点所在地公安机关交通管理部门管辖。

对管辖权有争议的,由共同的上一级公安机关交通管理部门指定管辖。指定管辖前,最先发现或者最先接到报警的公安机关交通管理部门应当先行处理。

第十一条 上级公安机关交通管理部门在必要的时候,可以处理下级公安机关交通管理部门管辖的道路交通事故,或者指定下级公安机关交通管理部门限时将案件移送其他下级公安机关交通管理部门处理。

案件管辖权发生转移的,处理时限从案件接收之日起计算。

第十二条 中国人民解放军、中国人民武装警察部队人员、车辆发生道路交通事故的,按照本规定处理。依法应当吊销、注销中国人民解放军、中国人民武装警察部队核发的机动车驾驶证以及对现役军人实施行政拘留或者追究刑事责任的,移送中国人民解放军、中国人民武装警察部队有关部门处理。

上道路行驶的拖拉机发生道路交通事故的,按照本规定处理。公安机关交通管理部门对拖拉机驾驶人依法暂扣、吊销、注销驾驶证或者记分处理的,应当将决定书和记分情况通报有关的农业(农业机械)主管部门。吊销、注销驾驶证的,还应当将驾驶证送交有关的农业(农业机械)主管部门。

第三章 报警和受案

第十三条 发生死亡事故、伤人事故的,或者发生财产损失事故且有下列情形之一的,当事人应当保护现场并立即报警:

(一)驾驶人无有效机动车驾驶证或者驾驶的机动车与驾驶证载明的准驾车型不符的;

(二)驾驶人有饮酒、服用国家管制的精神药品或者麻醉药品嫌疑的;

(三)驾驶人有从事校车业务或者旅客运输,严重超过额定乘员载客,或者严重超过规定时速行驶嫌疑的;

(四)机动车无号牌或者使用伪造、变造的号牌的;

(五)当事人不能自行移动车辆的;

(六)一方当事人离开现场的;

(七)有证据证明事故是由一方故意造成的。

驾驶人必须在确保安全的原则下，立即组织车上人员疏散到路外安全地点，避免发生次生事故。驾驶人已因道路交通事故死亡或者受伤无法行动的，车上其他人员应当自行组织疏散。

第十四条 发生财产损失事故且有下列情形之一，车辆可以移动的，当事人应当组织车上人员疏散到路外安全地点，在确保安全的原则下，采取现场拍照或者标划事故车辆现场位置等方式固定证据，将车辆移至不妨碍交通的地点后报警：

（一）机动车无检验合格标志或者无保险标志的；

（二）碰撞建筑物、公共设施或者其他设施的。

第十五条 载运爆炸性、易燃性、毒害性、放射性、腐蚀性、传染病病原体等危险物品车辆发生事故的，当事人应当立即报警，危险物品车辆驾驶人、押运人应当按照危险物品安全管理法律、法规、规章以及有关操作规程的规定，采取相应的应急处置措施。

第十六条 公安机关及其交通管理部门接到报警的，应当受理，制作受案登记表并记下列内容：

（一）报警方式、时间，报警人姓名、联系方式，电话报警的，还应当记录报警电话；

（二）发生或者发现道路交通事故的时间、地点；

（三）人员伤亡情况；

（四）车辆类型、车辆号牌号码，是否载有危险物品以及危险物品的种类、是否发生泄漏等；

（五）涉嫌交通肇事逃逸的，还应当询问并记录肇事车辆的车型、颜色、特征及其逃逸方向、逃逸驾驶人的体貌特征等有关情况。

报警人不报姓名的，应当记录在案。报警人不愿意公开姓名的，应当为其保密。

第十七条 接到道路交通事故报警后，需要派员到现场处置，或者接到出警指令的，公安机关交通管理部门应当立即派交通警察赶赴现场。

第十八条 发生道路交通事故后当事人未报警，在事故现场撤除后，当事人又报警请求公安机关交通管理部门处理的，公安机关交通管理部门应当按照本规定第十六条规定的记录内容予以记录，并在三日内作出是否接受案件的决定。

经核查道路交通事故事实存在的，公安机关交通管理部门应当受理，制作受案登记表；经核查无法证明道路交通事故事实存在，或者不属于公安机关交通管理部门管辖的，应当书面告知当事人，并说明理由。

第四章 自行协商

第十九条 机动车与机动车、机动车与非机动车发生财产损失事故，当事人应当在确保安全的原则下，采取现场拍照或者标划事故车辆现场位置等方式固定证据后，立即撤离现场，将车辆移至不妨碍交通的地点，再协商处理损害赔偿事宜，但有本规定第十三条第一款情形的除外。

非机动车与非机动车或者行人发生财产损失事故，当事人应当先撤离现场，再协商处理损害赔偿事宜。

对应当自行撤离现场而未撤离的，交通警察应当责令当事人撤离现场；造成交通堵塞的，对驾驶人处以200元罚款。

第二十条 发生可以自行协商处理的财产损失事故，当事人可以通过互联网在线自行协商处理；当事人对事实及成因有争议的，可以通过互联网共同申请公安机关交通管理部门在线确定当事人的责任。

当事人报警的，交通警察、警务辅助人员可以指导当事人自行协商处理。当事人要求交通警察到场处理的，应当指派交通警察到现场调查处理。

第二十一条 当事人自行协商达成协议的，制作道路交通事故自行协商协议书，并共同签名。道路交通事故自行协商协议书应当载明事故发生的时间、地点、天气、当事人姓名、驾驶证号或者身份证号、联系方式、机动车种类和号牌号码、保险公司、保险凭证号、事故形态、碰撞部位、当事人的责任等内容。

第二十二条 当事人自行协商达成协议的，可以按照下列方式履行道路交通事故损害赔偿：

（一）当事人自行赔偿；

（二）到投保的保险公司或者道路交通事故保险理赔服务场所办理损害赔偿事宜。

当事人自行协商达成协议后未履行的，可以申请人民调解委员会调解或者向人民法院提起民事诉讼。

第五章 简易程序

第二十三条 公安机关交通管理部门可以适用简易程序处理以下道路交通事故，但有交通肇事、危险驾驶犯罪嫌疑的除外：

（一）财产损失事故；

（二）受伤当事人伤势轻微，各方当事人一致同意适用简易程序处理的伤人事故。

适用简易程序的，可以由一名交通警察处理。

第二十四条 交通警察适用简易程序处理道路交通

事故时，应当在固定现场证据后，责令当事人撤离现场，恢复交通。拒不撤离现场的，予以强制撤离。当事人无法及时移动车辆影响通行和交通安全的，交通警察应当将车辆移至不妨碍交通的地点。具有本规定第十三条第一款第一项、第二项情形之一的，按照《中华人民共和国道路交通安全法实施条例》第一百零四条规定处理。

撤离现场后，交通警察应当根据现场固定的证据和当事人、证人陈述等，认定并记录道路交通事故发生的时间、地点、天气、当事人姓名、驾驶证号或者身份证号、联系方式、机动车种类和号牌号码、保险公司、保险凭证号、道路交通事故形态、碰撞部位等，并根据本规定第六十条确定当事人的责任，当场制作道路交通事故认定书。不具备当场制作条件的，交通警察应当在三日内制作道路交通事故认定书。

道路交通事故认定书应当由当事人签名，并现场送达当事人。当事人拒绝签名或者接收的，交通警察应当在道路交通事故认定书上注明情况。

第二十五条　当事人共同请求调解的，交通警察应当当场进行调解，并在道路交通事故认定书上记录调解结果，由当事人签名，送达当事人。

第二十六条　有下列情形之一的，不适用调解，交通警察可以在道路交通事故认定书上载明有关情况后，将道路交通事故认定书送达当事人：

（一）当事人对道路交通事故认定有异议的；

（二）当事人拒绝在道路交通事故认定书上签名的；

（三）当事人不同意调解的。

第六章　调　查

第一节　一般规定

第二十七条　除简易程序外，公安机关交通管理部门对道路交通事故进行调查时，交通警察不得少于二人。

交通警察调查时应当向被调查人员出示《人民警察证》，告知被调查人依法享有的权利和义务，向当事人发送联系卡。联系卡载明交通警察姓名、办公地址、联系方式、监督电话等内容。

第二十八条　交通警察调查道路交通事故时，应当合法、及时、客观、全面地收集证据。

第二十九条　对发生一次死亡三人以上道路交通事故的，公安机关交通管理部门应当开展深度调查；对造成其他严重后果或者存在严重安全问题的道路交通事故，可以开展深度调查。具体程序另行规定。

第二节　现场处置和调查

第三十条　交通警察到达事故现场后，应当立即进行下列工作：

（一）按照事故现场安全防护有关标准和规范的要求划定警戒区域，在安全距离位置放置发光或者反光锥筒和警告标志，确定专人负责现场交通指挥和疏导。因道路交通事故导致交通中断或者现场处置、勘查需要采取封闭道路等交通管制措施的，还应当视情在事故现场来车方向提前组织分流，放置绕行提示标志；

（二）组织抢救受伤人员；

（三）指挥救护、勘查等车辆停放在安全和便于抢救、勘查的位置，开启警灯，夜间还应当开启危险报警闪光灯和示廓灯；

（四）查找道路交通事故当事人和证人，控制肇事嫌疑人；

（五）其他需要立即开展的工作。

第三十一条　道路交通事故造成人员死亡的，应当经急救、医疗人员或者法医确认，并由具备资质的医疗机构出具死亡证明。尸体应当存放在殡葬服务单位或者医疗机构等有停尸条件的场所。

第三十二条　交通警察应当对事故现场开展下列调查工作：

（一）勘查事故现场，查明事故车辆、当事人、道路及其空间关系和事故发生时的天气情况；

（二）固定、提取或者保全现场证据材料；

（三）询问当事人、证人并制作询问笔录；现场不具备制作询问笔录条件的，可以通过录音、录像记录询问过程；

（四）其他调查工作。

第三十三条　交通警察勘查道路交通事故现场，应当按照有关法规和标准的规定，拍摄现场照片，绘制现场图，及时提取、采集与案件有关的痕迹、物证等，制作现场勘查笔录。现场勘查过程中发现当事人涉嫌利用交通工具实施其他犯罪的，应当妥善保护犯罪现场和证据，控制犯罪嫌疑人，并立即报告公安机关主管部门。

发生一次死亡三人以上事故的，应当进行现场摄像，必要时可以聘请具有专门知识的人参加现场勘验、检查。

现场图、现场勘查笔录应当由参加勘查的交通警察、当事人和见证人签名。当事人、见证人拒绝签名或者无法签名以及无见证人的，应当记录在案。

第三十四条　痕迹、物证等证据可能因时间、地点、气象等原因导致改变、毁损、灭失的，交通警察应当及时固定、提取或者保全。

对涉嫌饮酒或者服用国家管制的精神药品、麻醉药品驾驶车辆的人员,公安机关交通管理部门应当按照《道路交通安全违法行为处理程序规定》及时抽血或者提取尿样等检材,送交有检验鉴定资质的机构进行检验。

车辆驾驶人员当场死亡的,应当及时抽血检验。不具备抽血条件的,应当由医疗机构或者鉴定机构出具证明。

第三十五条 交通警察应当核查当事人的身份证件、机动车驾驶证、机动车行驶证、检验合格标志、保险标志等。

对交通肇事嫌疑人可以依法传唤。对在现场发现的交通肇事嫌疑人,经出示《人民警察证》,可以口头传唤,并在询问笔录中注明嫌疑人到案经过、到案时间和离开时间。

第三十六条 勘查事故现场完毕后,交通警察应当清点并登记现场遗留物品,迅速组织清理现场,尽快恢复交通。

现场遗留物品能够当场发还的,应当当场发还并做记录;当场无法确定所有人的,应当登记,并妥善保管,待所有人确定后,及时发还。

第三十七条 因调查需要,公安机关交通管理部门可以向有关单位、个人调取汽车行驶记录仪、卫星定位装置、技术监控设备的记录资料以及其他与事故有关的证据材料。

第三十八条 因调查需要,公安机关交通管理部门可以组织道路交通事故当事人、证人对肇事嫌疑人、嫌疑车辆等进行辨认。

辨认应当在交通警察的主持下进行。主持辨认的交通警察不得少于二人。多名辨认人对同一辨认对象进行辨认时,应当由辨认人个别进行。

辨认时,应当将辨认对象混杂在特征相类似的其他对象中,不得给辨认人任何暗示。辨认肇事嫌疑人时,被辨认的人数不得少于七人;对肇事嫌疑人照片进行辨认的,不得少于十人的照片。辨认嫌疑车辆时,同类车辆不得少于五辆;对肇事嫌疑车辆照片进行辨认时,不得少于十辆的照片。

对尸体等特定辨认对象进行辨认,或者辨认人能够准确描述肇事嫌疑人、嫌疑车辆独有特征的,不受数量的限制。

对肇事嫌疑人的辨认,辨认人不愿意公开进行时,可以在不暴露辨认人的情况下进行,并应当为其保守秘密。

对辨认经过和结果,应当制作辨认笔录,由交通警察、辨认人、见证人签名。必要时,可以对辨认过程进行录音或者录像。

第三十九条 因收集证据的需要,公安机关交通管理部门可以扣留事故车辆,并开具行政强制措施凭证。扣留的车辆应当妥善保管。

公安机关交通管理部门不得扣留事故车辆所载货物。对所载货物在核实重量、体积及货物损失后,通知机动车驾驶人或者货物所有人自行处理。无法通知当事人或者当事人不自行处理的,按照《公安机关办理行政案件程序规定》的有关规定办理。

严禁公安机关交通管理部门指定停车场停放扣留的事故车辆。

第四十条 当事人涉嫌犯罪的,因收集证据的需要,公安机关交通管理部门可以依据《中华人民共和国刑事诉讼法》《公安机关办理刑事案件程序规定》,扣押机动车驾驶证等与事故有关的物品、证件,并按照规定出具扣押法律文书。扣押的物品应当妥善保管。

对扣押的机动车驾驶证等物品、证件,作为证据使用的,应当随案移送,并制作随案移送清单一式两份,一份留存,一份交人民检察院。对于实物不宜移送的,应当将其清单、照片或者其他证明文件随案移送。待人民法院作出生效判决后,按照人民法院的通知,依法作出处理。

第四十一条 经过调查,不属于公安机关交通管理部门管辖的,应当将案件移送有关部门并书面通知当事人,或者告知当事人处理途径。

公安机关交通管理部门在调查过程中,发现当事人涉嫌交通肇事、危险驾驶犯罪的,应当按照《中华人民共和国刑事诉讼法》《公安机关办理刑事案件程序规定》立案侦查。发现当事人有其他违法犯罪嫌疑的,应当及时移送有关部门,移送不影响事故的调查和处理。

第四十二条 投保机动车交通事故责任强制保险的车辆发生道路交通事故,因抢救受伤人员需要保险公司支付抢救费用的,公安机关交通管理部门应当书面通知保险公司。

抢救受伤人员需要道路交通事故社会救助基金垫付费用的,公安机关交通管理部门应当书面通知道路交通事故社会救助基金管理机构。

道路交通事故造成人员死亡需要救助基金垫付丧葬费用的,公安机关交通管理部门应当在送达尸体处理通知书的同时,告知受害人亲属向道路交通事故社会救助基金管理机构提出书面垫付申请。

第三节 交通肇事逃逸查缉

第四十三条 公安机关交通管理部门应当根据管辖

区域和道路情况，制定交通肇事逃逸案件查缉预案，并组织专门力量办理交通肇事逃逸案件。

发生交通肇事逃逸案件后，公安机关交通管理部门应当立即启动查缉预案，布置警力堵截，并通过全国机动车缉查布控系统查缉。

第四十四条 案发地公安机关交通管理部门可以通过发协查通报、向社会公告等方式要求协查、举报交通肇事逃逸车辆或者侦破线索。发出协查通报或者向社会公告时，应当提供交通肇事逃逸案件基本事实、交通肇事逃逸车辆情况、特征及逃逸方向等有关情况。

中国人民解放军和中国人民武装警察部队车辆涉嫌交通肇事逃逸的，公安机关交通管理部门应当通报中国人民解放军、中国人民武装警察部队有关部门。

第四十五条 接到协查通报的公安机关交通管理部门，应当立即布置堵截或者排查。发现交通肇事逃逸车辆或者嫌疑车辆的，应当予以扣留，依法传唤交通肇事逃逸人或者与协查通报相符的嫌疑人，并及时将有关情况通知案发地公安机关交通管理部门。案发地公安机关交通管理部门应当立即派交通警察前往办理移交。

第四十六条 公安机关交通管理部门查获交通肇事逃逸车辆或者交通肇事逃逸嫌疑人后，应当按原范围撤销协查通报，并通过全国机动车缉查布控系统撤销布控。

第四十七条 公安机关交通管理部门侦办交通肇事逃逸案件期间，交通肇事逃逸案件的受害人及其家属向公安机关交通管理部门询问案件侦办情况的，除依法不应当公开的内容外，公安机关交通管理部门应当告知并做好记录。

第四十八条 道路交通事故社会救助基金管理机构已经为受害人垫付抢救费用或者丧葬费用的，公安机关交通管理部门应当在交通肇事逃逸案件侦破后及时书面告知道路交通事故社会救助基金管理机构交通肇事逃逸驾驶人的有关情况。

第四节 检验、鉴定

第四十九条 需要进行检验、鉴定的，公安机关交通管理部门应当按照有关规定，自事故现场调查结束之日起三日内委托具备资质的鉴定机构进行检验、鉴定。

尸体检验应当在死亡之日起三日内委托。对交通肇事逃逸车辆的检验、鉴定自查获肇事嫌疑车辆之日起三日内委托。

对现场调查结束之日起三日后需要检验、鉴定的，应当报经上一级公安机关交通管理部门批准。

对精神疾病的鉴定，由具有精神病鉴定资质的鉴定机构进行。

第五十条 检验、鉴定费用由公安机关交通管理部门承担，但法律法规另有规定或者当事人自行委托伤残评定、财产损失评估的除外。

第五十一条 公安机关交通管理部门应当与鉴定机构确定检验、鉴定完成的期限，确定的期限不得超过三十日。超过三十日的，应当报经上一级公安机关交通管理部门批准，但最长不得超过六十日。

第五十二条 尸体检验不得在公众场合进行。为了确定死因需要解剖尸体的，应当征得死者家属同意。死者家属不同意解剖尸体的，经县级以上公安机关或者上一级公安机关交通管理部门负责人批准，可以解剖尸体，并且通知死者家属到场，由其在解剖尸体通知书上签名。

死者家属无正当理由拒不到场或者拒绝签名的，交通警察应当在解剖尸体通知书上注明。对身份不明的尸体，无法通知死者家属的，应当记录在案。

第五十三条 尸体检验报告确定后，应当书面通知死者家属在十日内办理丧葬事宜。无正当理由逾期不办理的应记录在案，并经县级以上公安机关或者上一级公安机关交通管理部门负责人批准，由公安机关或者上一级公安机关交通管理部门处理尸体，逾期存放的费用由死者家属承担。

对于没有家属、家属不明或者因自然灾害等不可抗力导致无法通知或者通知后家属拒绝领回的，经县级以上公安机关或者上一级公安机关交通管理部门负责人批准，可以及时处理。

对身份不明的尸体，由法医提取人身识别检材，并对尸体拍照、采集相关信息后，由公安机关交通管理部门填写身份不明尸体信息登记表，并在设区的市级以上报纸刊登认尸启事。登报后三十日仍无人认领的，经县级以上公安机关或者上一级公安机关交通管理部门负责人批准，可以及时处理。

因宗教习俗等原因对尸体处理期限有特殊需要的，经县级以上公安机关或者上一级公安机关交通管理部门负责人批准，可以紧急处理。

第五十四条 鉴定机构应当在规定的期限内完成检验、鉴定，并出具书面检验报告、鉴定意见，由鉴定人签名，鉴定意见还应当加盖机构印章。检验报告、鉴定意见应当载明以下事项：

（一）委托人；

（二）委托日期和事项；

（三）提交的相关材料；

（四）检验、鉴定的时间；

（五）依据和结论性意见，通过分析得出结论性意见的，应当有分析证明过程。

检验报告、鉴定意见应当附有鉴定机构、鉴定人的资质证明或者其他证明文件。

第五十五条 公安机关交通管理部门应当对检验报告、鉴定意见进行审核，并在收到检验报告、鉴定意见之日起五日内，将检验报告、鉴定意见复印件送达当事人，但有下列情形之一的除外：

（一）检验、鉴定程序违法或者违反相关专业技术要求，可能影响检验报告、鉴定意见公正、客观的；

（二）鉴定机构、鉴定人不具备鉴定资质和条件的；

（三）检验报告、鉴定意见明显依据不足的；

（四）故意作虚假鉴定的；

（五）鉴定人应当回避而没有回避的；

（六）检材虚假或者检材被损坏、不具备鉴定条件的；

（七）其他可能影响检验报告、鉴定意见公正、客观的情形。

检验报告、鉴定意见有前款规定情形之一的，经县级以上公安机关交通管理部门负责人批准，应当在收到检验报告、鉴定意见之日起三日内重新委托检验、鉴定。

第五十六条 当事人对检验报告、鉴定意见有异议，申请重新检验、鉴定的，应当自公安机关交通管理部门送达之日起三日内提出书面申请，经县级以上公安机关交通管理部门负责人批准，原办案单位应当重新委托检验、鉴定。检验报告、鉴定意见不具有本规定第五十五条第一款情形的，经县级以上公安机关交通管理部门负责人批准，由原办案单位作出不准予重新检验、鉴定的决定，并在作出决定之日起三日内书面通知申请人。

同一交通事故的同一检验、鉴定事项，重新检验、鉴定以一次为限。

第五十七条 重新检验、鉴定应当另行委托鉴定机构。

第五十八条 自检验报告、鉴定意见确定之日起五日内，公安机关交通管理部门应当通知当事人领取扣留的事故车辆。

因扣留车辆发生的费用由作出决定的公安机关交通管理部门承担，但公安机关交通管理部门通知当事人领取，当事人逾期未领取产生的停车费用由当事人自行承担。

经通知当事人三十日后不领取的车辆，经公告三个月仍不领取的，对扣留的车辆依法处理。

第七章 认定与复核
第一节 道路交通事故认定

第五十九条 道路交通事故认定应当做到事实清楚、证据确实充分、适用法律正确、责任划分公正、程序合法。

第六十条 公安机关交通管理部门应当根据当事人的行为对发生道路交通事故所起的作用以及过错的严重程度，确定当事人的责任。

（一）因一方当事人的过错导致道路交通事故的，承担全部责任；

（二）因两方或者两方以上当事人的过错发生道路交通事故的，根据其行为对事故发生的作用以及过错的严重程度，分别承担主要责任、同等责任和次要责任；

（三）各方均无导致道路交通事故的过错，属于交通意外事故的，各方均无责任。

一方当事人故意造成道路交通事故的，他方无责任。

第六十一条 当事人有下列情形之一的，承担全部责任：

（一）发生道路交通事故后逃逸的；

（二）故意破坏、伪造现场、毁灭证据的。

为逃避法律责任追究，当事人弃车逃逸以及潜逃藏匿的，如有证据证明其他当事人也有过错，可以适当减轻责任，但同时有证据证明逃逸当事人有第一款第二项情形的，不予减轻。

第六十二条 公安机关交通管理部门应当自现场调查之日起十日内制作道路交通事故认定书。交通肇事逃逸案件在查获交通肇事车辆和驾驶人后十日内制作道路交通事故认定书。对需要进行检验、鉴定的，应当在检验报告、鉴定意见确定之日起五日内制作道路交通事故认定书。

有条件的地方公安机关交通管理部门可以试行在互联网公布道路交通事故认定书，但对涉及的国家秘密、商业秘密或者个人隐私，应当保密。

第六十三条 发生死亡事故以及复杂、疑难的伤人事故后，公安机关交通管理部门应当在制作道路交通事故认定书或者道路交通事故证明前，召集各方当事人到场，公开调查取得的证据。

证人要求保密或者涉及国家秘密、商业秘密以及个人隐私的，按照有关法律法规的规定执行。

当事人不到场的，公安机关交通管理部门应当予以记录。

第六十四条 道路交通事故认定书应当载明以下内容：

（一）道路交通事故当事人、车辆、道路和交通环境等基本情况；

（二）道路交通事故发生经过；

（三）道路交通事故证据及事故形成原因分析；

（四）当事人导致道路交通事故的过错及责任或者意外原因；

（五）作出道路交通事故认定的公安机关交通管理部门名称和日期。

道路交通事故认定书应当由交通警察签名或者盖章，加盖公安机关交通管理部门道路交通事故处理专用章。

第六十五条 道路交通事故认定书应当在制作后三日内分别送达当事人，并告知申请复核、调解和提起民事诉讼的权利、期限。

当事人收到道路交通事故认定书后，可以查阅、复制、摘录公安机关交通管理部门处理道路交通事故的证据材料，但证人要求保密或者涉及国家秘密、商业秘密以及个人隐私的，按照有关法律法规的规定执行。公安机关交通管理部门对当事人复制的证据材料应当加盖公安机关交通管理部门事故处理专用章。

第六十六条 交通肇事逃逸案件尚未侦破，受害一方当事人要求出具道路交通事故认定书的，公安机关交通管理部门应当在接到当事人书面申请后十日内，根据本规定第六十一条确定各方当事人责任，制作道路交通事故认定书，并送达受害方当事人。道路交通事故认定书应当载明事故发生的时间、地点、受害人情况及调查得到的事实，以及受害方当事人的责任。

交通肇事逃逸案件侦破后，已经按照前款规定制作道路交通事故认定书的，应当按照本规定第六十一条重新确定责任，制作道路交通事故认定书，分别送达当事人。重新制作的道路交通事故认定书除应当载明本规定第六十四条规定的内容外，还应当注明撤销原道路交通事故认定书。

第六十七条 道路交通事故基本事实无法查清、成因无法判定的，公安机关交通管理部门应当出具道路交通事故证明，载明道路交通事故发生的时间、地点、当事人情况及调查得到的事实，分别送达当事人，并告知申请复核、调解和提起民事诉讼的权利、期限。

第六十八条 由于事故当事人、关键证人处于抢救状态或者因其他客观原因导致无法及时取证，现有证据不足以认定案件基本事实的，经上一级公安机关交通管理部门批准，道路交通事故认定的时限可中止计算，并书面告知各方当事人或者其代理人，但中止的时间最长不得超过六十日。

当中止认定的原因消失，或者中止期满受伤人员仍然无法接受调查的，公安机关交通管理部门应当在五日内，根据已经调查取得的证据制作道路交通事故认定书或者出具道路交通事故证明。

第六十九条 伤人事故符合下列条件，各方当事人一致书面申请快速处理的，经县级以上公安机关交通管理部门负责人批准，可以根据已经取得的证据，自当事人申请之日起五日内制作道路交通事故认定书：

（一）当事人不涉嫌交通肇事、危险驾驶犯罪的；

（二）道路交通事故基本事实及成因清楚，当事人无异议的。

第七十条 对尚未查明身份的当事人，公安机关交通管理部门应当在道路交通事故认定书或者道路交通事故证明中予以注明，待身份信息查明以后，制作书面补充说明送达各方当事人。

第二节 复 核

第七十一条 当事人对道路交通事故认定或者出具道路交通事故证明有异议的，可以自道路交通事故认定书或者道路交通事故证明送达之日起三日内提出书面复核申请。当事人逾期提交复核申请的，不予受理，并书面通知申请人。

复核申请应当载明复核请求及其理由和主要证据。同一事故的复核以一次为限。

第七十二条 复核申请人通过作出道路交通事故认定的公安机关交通管理部门提出复核申请的，作出道路交通事故认定的公安机关交通管理部门应当自收到复核申请之日起二日内将复核申请连同道路交通事故有关材料移送上一级公安机关交通管理部门。

复核申请人直接向上一级公安机关交通管理部门提出复核申请的，上一级公安机关交通管理部门应当通知作出道路交通事故认定的公安机关交通管理部门自收到通知之日起五日内提交案卷材料。

第七十三条 除当事人逾期提交复核申请的情形外，上一级公安机关交通管理部门收到复核申请之日即为受理之日。

第七十四条 上一级公安机关交通管理部门自受理复核申请之日起三十日内，对下列内容进行审查，并作出复核结论：

（一）道路交通事故认定的事实是否清楚、证据是否确实充分、适用法律是否正确、责任划分是否公正；

（二）道路交通事故调查及认定程序是否合法；

（三）出具道路交通事故证明是否符合规定。

复核原则上采取书面审查的形式，但当事人提出要求或者公安机关交通管理部门认为有必要时，可以召集各方当事人到场，听取各方意见。

办理复核案件的交通警察不得少于二人。

第七十五条　复核审查期间，申请人提出撤销复核申请的，公安机关交通管理部门应当终止复核，并书面通知各方当事人。

受理复核申请后，任何一方当事人就该事故向人民法院提起诉讼并经人民法院受理的，公安机关交通管理部门应当将受理当事人复核申请的有关情况告知相关人民法院。

受理复核申请后，人民检察院对交通肇事犯罪嫌疑人作出批准逮捕决定的，公安机关交通管理部门应当将受理当事人复核申请的有关情况告知相关人民检察院。

第七十六条　上一级公安机关交通管理部门认为原道路交通事故认定事实清楚、证据确实充分、适用法律正确、责任划分公正、程序合法的，应当作出维持原道路交通事故认定的复核结论。

上一级公安机关交通管理部门认为调查及认定程序存在瑕疵，但不影响道路交通事故认定的，在责令原办案单位补正或者作出合理解释后，可以作出维持原道路交通事故认定的复核结论。

上一级公安机关交通管理部门认为原道路交通事故认定有下列情形之一的，应当作出责令原办案单位重新调查、认定的复核结论：

（一）事实不清的；

（二）主要证据不足的；

（三）适用法律错误的；

（四）责任划分不公正的；

（五）调查及认定违反法定程序可能影响道路交通事故认定的。

第七十七条　上一级公安机关交通管理部门审查原道路交通事故证明后，按下列规定处理：

（一）认为事故成因确属无法查清，应当作出维持原道路交通事故证明的复核结论；

（二）认为事故成因仍需进一步调查的，应当作出责令原办案单位重新调查、认定的复核结论。

第七十八条　上一级公安机关交通管理部门应当在作出复核结论后三日内将复核结论送达各方当事人。公安机关交通管理部门认为必要的，应当召集各方当事人，当场宣布复核结论。

第七十九条　上一级公安机关交通管理部门作出责令重新调查、认定的复核结论后，原办案单位应当在十日内依照本规定重新调查，重新作出道路交通事故认定，撤销原道路交通事故认定书或者原道路交通事故证明。

重新调查需要检验、鉴定的，原办案单位应当在检验报告、鉴定意见确定之日起五日内，重新作出道路交通事故认定。

重新作出道路交通事故认定的，原办案单位应当送达各方当事人，并报上一级公安机关交通管理部门备案。

第八十条　上一级公安机关交通管理部门可以设立道路交通事故复核委员会，由办理复核案件的交通警察会同相关行业代表、社会专家学者等人员共同组成，负责案件复核，并以上一级公安机关交通管理部门的名义作出复核结论。

第八章　处罚执行

第八十一条　公安机关交通管理部门应当按照《道路交通安全违法行为处理程序规定》，对当事人的道路交通安全违法行为依法作出处罚。

第八十二条　对发生道路交通事故构成犯罪，依法应当吊销驾驶人机动车驾驶证的，应当在人民法院作出有罪判决后，由设区的市公安机关交通管理部门依法吊销机动车驾驶证。同时具有逃逸情形的，公安机关交通管理部门应当同时依法作出终生不得重新取得机动车驾驶证的决定。

第八十三条　专业运输单位六个月内两次发生一次死亡三人以上事故，且单位或者车辆驾驶人对事故承担全部责任或者主要责任的，专业运输单位所在地的公安机关交通管理部门应当报经设区的市公安机关交通管理部门批准后，作出责令限期消除安全隐患的决定，禁止未消除安全隐患的机动车上道路行驶，并通报道路交通事故发生地及运输单位所在地的人民政府有关行政管理部门。

第九章　损害赔偿调解

第八十四条　当事人可以采取以下方式解决道路交通事故损害赔偿争议：

（一）申请人民调解委员会调解；

（二）申请公安机关交通管理部门调解；

（三）向人民法院提起民事诉讼。

第八十五条 当事人申请人民调解委员会调解,达成调解协议后,双方当事人认为有必要的,可以根据《中华人民共和国人民调解法》共同向人民法院申请司法确认。

当事人申请人民调解委员会调解,调解未达成协议的,当事人可以直接向人民法院提起民事诉讼,或者自人民调解委员会作出终止调解之日起三日内,一致书面申请公安机关交通管理部门进行调解。

第八十六条 当事人申请公安机关交通管理部门调解的,应当在收到道路交通事故认定书、道路交通事故证明或者上一级公安机关交通管理部门维持原道路交通事故认定的复核结论之日起十日内一致书面申请。

当事人申请公安机关交通管理部门调解,调解未达成协议的,当事人可以依法向人民法院提起民事诉讼,或者申请人民调解委员会进行调解。

第八十七条 公安机关交通管理部门应当按照合法、公正、自愿、及时的原则进行道路交通事故损害赔偿调解。

道路交通事故损害赔偿调解应当公开进行,但当事人申请不予公开的除外。

第八十八条 公安机关交通管理部门应当与当事人约定调解的时间、地点,并于调解时间三日前通知当事人。口头通知的,应当记入调解记录。

调解参加人因故不能按期参加调解的,应当在预定调解时间一日前通知承办的交通警察,请求变更调解时间。

第八十九条 参加损害赔偿调解的人员包括:

(一)道路交通事故当事人及其代理人;

(二)道路交通事故车辆所有人或者管理人;

(三)承保机动车保险的保险公司人员;

(四)公安机关交通管理部门认为有必要参加的其他人员。

委托代理人应当出具由委托人签名或者盖章的授权委托书。授权委托书应当载明委托事项和权限。

参加损害赔偿调解的人员每方不得超过三人。

第九十条 公安机关交通管理部门受理调解申请后,应当按照下列规定日期开始调解:

(一)造成人员死亡的,从规定的办理丧葬事宜时间结束之日起;

(二)造成人员受伤的,从治疗终结之日起;

(三)因伤致残的,从定残之日起;

(四)造成财产损失的,从确定损失之日起。

公安机关交通管理部门受理调解申请时已超过前款规定的时间,调解自受理调解申请之日起开始。

公安机关交通管理部门应当自调解开始之日起十日内制作道路交通事故损害赔偿调解书或者道路交通事故损害赔偿调解终结书。

第九十一条 交通警察调解道路交通事故损害赔偿,按照下列程序实施:

(一)告知各方当事人权利、义务;

(二)听取各方当事人的请求及理由;

(三)根据道路交通事故认定书认定的事实以及《中华人民共和国道路交通安全法》第七十六条的规定,确定当事人承担的损害赔偿责任;

(四)计算损害赔偿的数额,确定各方当事人承担的比例,人身损害赔偿的标准按照《中华人民共和国侵权责任法》《最高人民法院关于审理人身损害赔偿案件适用法律若干问题的解释》《最高人民法院关于审理道路交通事故损害赔偿案件适用法律若干问题的解释》等有关规定执行,财产损失的修复费用、折价赔偿费用按照实际价值或者评估机构的评估结论计算;

(五)确定赔偿履行方式及期限。

第九十二条 因确定损害赔偿的数额,需要进行伤残评定、财产损失评估的,由各方当事人协商确定有资质的机构进行,但财产损失数额巨大涉嫌刑事犯罪的,由公安机关交通管理部门委托。

当事人委托伤残评定、财产损失评估的费用,由当事人承担。

第九十三条 经调解达成协议的,公安机关交通管理部门应当当场制作道路交通事故损害赔偿调解书,由各方当事人签字,分别送达各方当事人。

调解书应当载明以下内容:

(一)调解依据;

(二)道路交通事故认定书认定的基本事实和损失情况;

(三)损害赔偿的项目和数额;

(四)各方的损害赔偿责任及比例;

(五)赔偿履行方式和期限;

(六)调解日期。

经调解各方当事人未达成协议的,公安机关交通管理部门应当终止调解,制作道路交通事故损害赔偿调解终结书,送达各方当事人。

第九十四条 有下列情形之一的,公安机关交通管理部门应当终止调解,并记录在案:

（一）调解期间有一方当事人向人民法院提起民事诉讼的；
（二）一方当事人无正当理由不参加调解的；
（三）一方当事人调解过程中退出调解的。

第九十五条 有条件的地方公安机关交通管理部门可以联合有关部门，设置道路交通事故保险理赔服务场所。

第十章 涉外道路交通事故处理

第九十六条 外国人在中华人民共和国境内发生道路交通事故的，除按照本规定执行外，还应当按照办理涉外案件的有关法律、法规、规章的规定执行。

公安机关交通管理部门处理外国人发生的道路交通事故，应当告知当事人我国法律、法规、规章规定的当事人在处理道路交通事故中的权利和义务。

第九十七条 外国人发生道路交通事故有下列情形之一的，不准其出境：
（一）涉嫌犯罪的；
（二）有未了结的道路交通事故损害赔偿案件，人民法院决定不准出境的；
（三）法律、行政法规规定不准出境的其他情形。

第九十八条 外国人发生道路交通事故并承担全部责任或者主要责任的，公安机关交通管理部门应当告知道路交通事故损害赔偿权利人可以向人民法院提出采取诉前保全措施的请求。

第九十九条 公安机关交通管理部门在处理道路交通事故过程中，使用中华人民共和国通用的语言文字。对不通晓我国语言文字的，应当为其提供翻译；当事人通晓我国语言文字而不需要他人翻译的，应当出具书面声明。

经公安机关交通管理部门批准，外国人可以自行聘请翻译，翻译费由当事人承担。

第一百条 享有外交特权与豁免的人员发生道路交通事故时，应当主动出示有效身份证件，交通警察认为应当给予暂扣或者吊销机动车驾驶证处罚的，可以扣留机动车驾驶证。需要对享有外交特权与豁免的人员进行调查的，可以约谈，谈话时仅限于与道路交通事故有关的内容。需要检验、鉴定车辆的，公安机关交通管理部门应当征得其同意，并在检验、鉴定后立即发还。

公安机关交通管理部门应当根据收集的证据，制作道路交通事故认定书送达当事人，当事人拒绝接收的，送达至其所在机构；没有所在机构或者所在机构不明确的，由当事人所属国家的驻华使领馆转交送达。

享有外交特权与豁免的人员应当配合公安机关交通管理部门的调查和检验、鉴定。对于经核查确实享有外交特权与豁免但不同意接受调查或者检验、鉴定的，公安机关交通管理部门应当将有关情况记录在案，损害赔偿事宜通过外交途径解决。

第一百零一条 公安机关交通管理部门处理享有外交特权与豁免的外国人发生人员死亡事故的，应当将其身份、证件及事故经过、损害后果等基本情况记录在案，并将有关情况迅速通报省级人民政府外事部门和该外国人所属国家的驻华使馆或者领馆。

第一百零二条 外国驻华领事机构、国际组织、国际组织驻华代表机构享有特权与豁免的人员发生道路交通事故的，公安机关交通管理部门参照本规定第一百条、第一百零一条规定办理，但《中华人民共和国领事特权与豁免条例》、中国已参加的国际公约以及我国与有关国家或者国际组织缔结的协议有不同规定的除外。

第十一章 执法监督

第一百零三条 公安机关警务督察部门可以依法对公安机关交通管理部门及其交通警察处理道路交通事故工作进行现场督察，查处违纪违法行为。

上级公安机关交通管理部门对下级公安机关交通管理部门处理道路交通事故工作进行监督，发现错误应当及时纠正，造成严重后果的，依纪依法追究有关人员的责任。

第一百零四条 公安机关交通管理部门及其交通警察处理道路交通事故，应当公开办事制度、办事程序，建立警风警纪监督员制度，并自觉接受社会和群众的监督。

任何单位和个人都有权对公安机关交通管理部门及其交通警察不依法严格公正处理道路交通事故、利用职务上的便利收受他人财物或者谋取其他利益、徇私舞弊、滥用职权、玩忽职守以及其他违纪违法行为进行检举、控告。收到检举、控告的机关，应当依据职责及时查处。

第一百零五条 在调查处理道路交通事故时，交通警察或者公安机关检验、鉴定人员有下列情形之一的，应当回避：
（一）是本案的当事人或者是当事人的近亲属的；
（二）本人或者其近亲属与本案有利害关系的；
（三）与本案当事人有其他关系，可能影响案件公正处理的。

交通警察或者公安机关检验、鉴定人员需要回避的，由本级公安机关交通管理部门负责人或者检验、鉴定人员所属的公安机关决定。公安机关交通管理部门负责人需要回避的，由公安机关或者上一级公安机关交通管理部门负责人决定。

对当事人提出的回避申请，公安机关交通管理部门应当在二日内作出决定，并通知申请人。

第一百零六条 人民法院、人民检察院审理、审查道路交通事故案件，需要公安机关交通管理部门提供有关证据的，公安机关交通管理部门应当在接到调卷公函之日起三日内，或者按照其时限要求，将道路交通事故案件调查材料正本移送人民法院或者人民检察院。

第一百零七条 公安机关交通管理部门对查获交通肇事逃逸车辆及人员提供有效线索或者协助的人员、单位，应当给予表彰和奖励。

公安机关交通管理部门及其交通警察接到协查通报不配合协查并造成严重后果的，由公安机关或者上级公安机关交通管理部门追究有关人员和单位主管领导的责任。

第十二章 附 则

第一百零八条 道路交通事故处理资格等级管理规定由公安部另行制定，资格证书式样全国统一。

第一百零九条 公安机关交通管理部门应当在邻省、市（地）、县交界的国、省、县道上，以及辖区内交通流量集中的路段，设置标有管辖地公安机关交通管理部门名称及道路交通事故报警电话号码的提示牌。

第一百一十条 车辆在道路以外通行时发生的事故，公安机关交通管理部门接到报案的，参照本规定处理。涉嫌犯罪的，及时移送有关部门。

第一百一十一条 执行本规定所需要的法律文书式样，由公安部制定。公安部没有制定式样，执法工作中需要的其他法律文书，省级公安机关可以制定式样。

当事人自行协商处理损害赔偿事宜的，可以自行制作协议书，但应当符合本规定第二十一条关于协议书内容的规定。

第一百一十二条 本规定中下列用语的含义是：

（一）"交通肇事逃逸"，是指发生道路交通事故后，当事人为逃避法律责任，驾驶或者遗弃车辆逃离道路交通事故现场以及潜逃藏匿的行为。

（二）"深度调查"，是指以有效防范道路交通事故为目的，对道路交通事故发生的深层次原因以及道路交通安全相关因素开展延伸调查，分析查找安全隐患及管理漏洞，并提出从源头解决问题的意见和建议的活动。

（三）"检验报告、鉴定意见确定"，是指检验报告、鉴定意见复印件送达当事人之日起三日内，当事人未申请重新检验、鉴定的，以及公安机关交通管理部门批准重新检验、鉴定，鉴定机构出具检验报告、鉴定意见的。

（四）"外国人"，是指不具有中国国籍的人。

（五）本规定所称的"一日"、"二日"、"三日"、"五日"、"十日"，是指工作日，不包括节假日。

（六）本规定所称的"以上"、"以下"均包括本数在内。

（七）"县级以上公安机关交通管理部门"，是指县级以上人民政府公安机关交通管理部门或者相当于同级的公安机关交通管理部门。

（八）"设区的市公安机关交通管理部门"，是指设区的市人民政府公安机关交通管理部门或者相当于同级的公安机关交通管理部门。

（九）"设区的市公安机关"，是指设区的市人民政府公安机关或者相当于同级的公安机关。

第一百一十三条 本规定没有规定的道路交通事故案件办理程序，依照《公安机关办理行政案件程序规定》《公安机关办理刑事案件程序规定》的有关规定执行。

第一百一十四条 本规定自2018年5月1日起施行。2008年8月17日发布的《道路交通事故处理程序规定》（公安部令第104号）同时废止。

高速公路交通应急管理程序规定

· 2008年12月3日
· 公通字〔2008〕54号

第一章 总 则

第一条 为加强高速公路交通应急管理，切实保障高速公路交通安全畅通和人民生命财产安全，有效处置交通拥堵，根据《中华人民共和国道路交通安全法》及其实施条例、《中华人民共和国突发事件应对法》的有关规定，制定本规定。

第二条 因道路交通事故、危险化学品泄漏、恶劣天气、自然灾害以及其他突然发生影响安全畅通的事件，造成高速公路交通中断和车辆滞留，各级公安机关按照本规定进行应急处置。

第三条 高速公路交通应急管理工作应当坚持以人为本、统一领导、分工负责、协调联动、快速反应、依法实施的原则，将应急救援和交通疏导工作作为首要任务，确保人民群众生命财产安全和交通安全畅通。

第四条 各级公安机关要完善高速公路交通应急管理领导机构，建立统一指挥、分级负责、部门联动、协调有序、反应灵敏、运转高效的高速公路交通应急管理机制。

第五条 各级公安机关应当建立高速公路分级应急响应机制。公安部指导各级公安机关开展高速公路交通应急管理工作，省级公安机关指导或指挥本省（自治区、直辖市）公安机关开展高速公路交通应急管理工作，地市级以下公安机关根据职责负责辖区内高速公路交通应急管理工作。

第六条 各级公安机关应当结合实际，在本级人民政府统一领导下，会同环境保护、交通运输、卫生、安全监管、气象等部门和高速公路经营管理、医疗急救、抢险救援等单位，联合建立高速公路交通应急管理预警机制和协作机制。

第七条 省级公安机关应当建立完善相邻省（自治区、直辖市）高速公路交通应急协调工作机制，配合相邻省（自治区、直辖市）做好跨省际高速公路交通应急管理工作。

第八条 各级公安机关交通管理部门根据管理体制和管理职责，具体负责本辖区内高速公路交通应急管理工作。

第二章 应急准备

第九条 根据道路交通中断造成车辆滞留的影响范围和严重程度，高速公路应急响应从高到低分为一级、二级、三级和四级应急响应级别。各级公安机关应当完善高速公路交通管理应急预案体系，根据职权制定相应级别的应急预案，在应急预案中分别对交通事故、危险化学品泄漏、恶劣天气、自然灾害等不同突发情况做出具体规定。

第十条 各级公安机关应当根据高速公路交通应急管理实际需要，为高速公路公安交通管理部门配备应急处置的有关装备和设施，完善通讯、交通、救援、信息发布等装备器材及民警个人防护装备。

第十一条 公安部制定一级响应应急预案，每两年组织一次演练和培训。省级公安机关制定二级和三级响应应急预案，每年组织一次演练和培训。地市级公安机关制定四级响应应急预案，每半年组织一次演练和培训。

第十二条 跨省（自治区、直辖市）实施交通应急管理的应急预案应由省级公安机关制定，通报相关省级公安机关，并报公安部备案。

跨地市实施交通应急管理的应急预案应由地市级公安机关制定，通报相关地市级公安机关，并报省级公安机关备案。

第三章 应急响应

第十三条 道路交通中断24小时以上，造成车辆滞留严重影响相邻三个以上省（自治区、直辖市）高速公路通行的为一级响应；道路交通中断24小时以上，造成车辆滞留涉及相邻两个以上省（自治区、直辖市）高速公路通行的为二级响应；道路交通中断24小时以上，造成车辆滞留影响省（自治区、直辖市）内相邻三个以上地市辖区高速公路通行的为三级响应；道路交通中断12小时以上，造成车辆滞留影响两个以上地市辖区内高速公路通行的为四级响应。

第十四条 各级公安机关接到应急事件报警后，应当详细了解事件情况，对事件的处置时间和可能造成的影响及时作出研判。在确认高速公路交通应急管理响应级别后，应当立即启动相应级别的应急预案并明确向下一级公安机关宣布进入应急状态。各级公安机关在宣布或者接上级公安机关命令进入应急状态后，应当立即部署本级相关部门或相关下级公安机关执行。

第十五条 一级响应时，公安部启动一级响应应急预案，宣布进入一级应急状态，成立高速公路交通应急管理指挥部，指导、协调所涉及地区公安机关开展交通应急管理工作，必要时派员赴现场指导工作，相关省级公安机关成立相应领导机构，指导或指挥省（自治区、直辖市）内各级公安机关开展各项交通应急管理工作。

第十六条 二级响应时，由发生地省级公安机关联合被影响地省级公安机关启动二级响应应急预案，宣布进入二级应急状态，以发生地省级公安机关为主成立高速公路交通应急管理指挥部，协调被影响地省级公安机关开展交通应急管理工作。必要时由公安部协调开展工作。

第十七条 三级响应时，省级公安机关启动三级响应应急预案，宣布进入三级应急状态，成立高速公路交通应急管理指挥部，指挥本省（自治区、直辖市）内各级公安机关开展交通应急管理工作。

第十八条 四级响应时，由发生地地市级公安机关联合被影响地公安机关启动四级响应应急预案，宣布进入四级应急状态，以发生地地市级公安机关为主成立高速公路交通应急管理指挥部，指挥本地公安机关，协调被影响地公安机关开展交通应急管理工作。

第十九条 发生地和被影响地难以区分时，上级公安机关可以指令下级公安机关牵头成立临时领导机构，指挥、协调高速公路交通应急管理工作。

第二十条 各级公安机关要根据事态的发展和现场

处置情况及时调整响应级别。响应级别需要提高的，应当在初步确定后30分钟内，宣布提高响应级别或报请上级公安机关提高响应级别，启动相应级别的应急预案。

第四章 应急处置

第二十一条 一级响应，需要采取封闭高速公路交通管理措施的，由公安部作出决定；二级以下响应，需要采取封闭高速公路交通管理措施的，应当由省级公安机关作出决定，封闭高速公路24小时以上的应报公安部备案；情况特别紧急，如不采取封闭高速公路交通管理措施，可能造成群死群伤重特大交通事故等情形的，可先行封闭高速公路，再按规定逐级上报批准或备案。

第二十二条 高速公路实施交通应急管理时，非紧急情况不得关闭省际入口，一级、二级响应时，本省（自治区、直辖市）范围内不能疏导交通，确需关闭高速公路省际入口的，按以下要求进行：

（一）采取关闭高速公路省际入口措施，应当事先征求相邻省级公安机关意见；

（二）一级响应时，需要关闭高速公路省际入口的，应当报公安部批准后实施；

（三）二级响应时，关闭高速公路省际入口可能在24小时以上的，由省级公安机关批准后实施，同时应当向公安部上报道路基本情况、处置措施、关闭高速公路省际入口后采取的应对措施以及征求相邻省级公安机关意见情况；24小时以内的，由省级公安机关批准后实施；

（四）具体实施关闭高速公路省际入口措施的公安机关，应当每小时向相邻省（自治区、直辖市）协助实施交通管理的公安机关通报一次处置突发事件工作进展情况；

（五）应急处置完毕，应当立即解除高速公路省际入口关闭措施，并通知相邻省级公安机关协助疏导交通，关闭高速公路省际入口24小时以上的，还应当同时上报公安部。

第二十三条 高速公路实施交通应急管理一级、二级响应时，实施远端分流，需组织车辆绕道相邻省（自治区、直辖市）公路通行的，按以下要求进行：

（一）跨省（自治区、直辖市）组织实施车辆绕道通行的，应当报省级公安机关同意，并与相邻省级公安机关就通行线路、通行组织等有关情况协商一致后报公安部批准；

（二）组织车辆绕道通行应采取现场指挥、引导通行等措施确保安全；

（三）按照有关规定发布车辆绕道通行和路况等信息。

第五章 现场处置措施

第二十四条 重特大交通事故交通应急管理现场处置措施：

（一）启动高速公路交通应急管理协作机制，立即联系医疗急救机构，组织抢救受伤人员，上报事故现场基本情况，保护事故现场，维护现场秩序；

（二）划定警戒区，并在警戒区外按照"远疏近密"的要求，从距来车方向五百米以外开始设置警告标志。白天要指定交通警察负责警戒并指挥过往车辆减速、变更车道。夜间或者雨、雪、雾等天气情况造成能见度低于五百米时，需从距来车方向一千米以外开始设置警告标志，并停放警车，打开警灯或电子显示屏示警；

（三）控制交通肇事人，疏散无关人员，视情采取临时性交通管制措施及其他控制措施，防止引发次生交通事故；

（四）在医疗急救机构人员到达现场之前，组织抢救受伤人员，对因抢救伤员需要移动车辆、物品的，应当先标明原始位置；

（五）确保应急车道畅通，引导医疗、施救等车辆、人员顺利出入事故现场，做好辅助性工作；救护车辆不足时，启用警车或征用过往车辆协助运送伤员到医疗急救机构。

第二十五条 危险化学品运输车辆交通事故交通应急管理现场处置措施：

（一）启动高速公路交通应急管理协作机制，及时向驾驶人、押运人员及其他有关人员了解运载的物品种类及可能导致的后果，迅速上报危险化学品种类、危害程度、是否泄漏、死伤人员及周边河流、村庄受害等情况；

（二）划定警戒区域，设置警戒线，清理、疏散无关车辆、人员，安排事故未受伤人员至现场上风口地带；在医疗急救机构人员到达现场之前，组织抢救受伤人员。控制、保护肇事者和当事人，防止逃逸和其他意外的发生；

（三）确保应急车道畅通，引导医疗、救援等车辆、人员顺利出入事故现场，做好辅助性工作；救护车辆不足时，启用警车或征用过往车辆协助运送伤员到医疗急救机构；

（四）严禁在事故现场吸烟、拨打手机或使用明火可能引起燃烧、爆炸等严重后果的行为。经环境保护、安全监管等部门及公安消防机构监测可能发生重大险情的，要立即将现场警力和人员撤至安全区域；

（五）解救因车辆撞击、侧翻、失火、落水、坠落而被困的人员，排除可能存在的隐患和险情，防止发生次生交通事故。

　　第二十六条　恶劣天气交通应急管理现场处置措施：

　　（一）迅速上报路况信息，包括雾、雨、雪、冰等恶劣天气的区域范围及变化趋势、能见度、车流量等情况；

　　（二）根据路况和上级要求，采取分段通行、间断放行、绕道通行、引导通行等措施；

　　（三）加强巡逻，及时发现和处置交通事故现场，严防发生次生交通事故；

　　（四）采取封闭高速公路交通管理措施时，要通过设置绕行提示标志、电子显示屏或可变情报板、交通广播等方式发布提示信息，按照交通应急管理预案进行分流。

　　第二十七条　自然灾害交通应急管理现场处置措施：

　　（一）接到报警后，民警迅速赶往现场，了解现场具体情况；

　　（二）因自然灾害导致路面堵塞，及时采取封闭道路措施，对受影响路段入口实施交通管制；

　　（三）通过设置绕行提示标志、电子显示屏或可变情报板、交通广播等方式发布提示信息，按照交通分流预案进行分流；

　　（四）封闭道路分流后须立即采取带离的方式清理道路上的滞留车辆；

　　（五）根据现场情况调度施救力量，及时清理现场，确保尽早恢复交通。

　　第二十八条　公安机关接报应急情况后，应当采取以下措施：

　　（一）了解道路交通中断和车辆滞留的影响范围和严重程度，根据高速公路交通应急管理响应级别，启动相应的应急预案，启动高速公路交通应急管理协作机制；

　　（二）按照本规定要求及时上报有关信息；

　　（三）会同相关职能部门，组织实施交通管理措施，及时采取分段通行、间断放行、绕道通行、引导通行等措施疏导滞留车辆；

　　（四）依法及时发布交通预警、分流和诱导等交通管理信息。

　　第二十九条　公安机关接到危险化学品泄漏交通事故报警后，应当立即报告当地人民政府，通知有关部门到现场协助处理。

　　第三十条　各级公安机关应当在高速公路交通管理应急预案中详细规定交通警察现场处置操作规程。

　　第三十一条　交通警察在实施交通应急管理现场处置操作规程时，应当严格执行安全防护规定，注意自身安全。

第六章　信息报告与发布

　　第三十二条　需采取的应急措施超出公安机关职权范围的，事发地公安机关应当向当地人民政府报告，请求协调解决，同时向上级公安机关报告。

　　第三十三条　高速公路实施交通应急管理可能影响相邻省（自治区、直辖市）道路交通的，在及时处置的同时，要立即向相邻省（自治区、直辖市）的同级公安机关通报。

　　第三十四条　受邻省高速公路实施交通应急管理影响，造成本省（自治区、直辖市）道路交通中断和车辆滞留的，应当立即向邻省同级公安机关通报，同时向上级公安机关和当地人民政府报告。

　　第三十五条　信息上报的内容应当包括事件发生时间、地点、原因、目前道路交通状况、事件造成损失及危害、判定的响应级别、已经采取的措施、工作建议以及预计恢复交通的时间等情况，完整填写《高速公路交通应急管理信息上报表》。

　　第三十六条　信息上报可通过电话、传真、公安信息网传输等方式，紧急情况下，应当立即通过电话上报，遇有暂时无法查清的情况，待查清后续报。

　　第三十七条　高速公路实施交通应急管理需启动一级响应的，应当在初步确定启动一级响应1小时内将基本信息逐级上报至公安部；需启动二级响应的，应当在初步确定启动二级响应30分钟内将基本信息逐级上报至省级公安机关；需启动三级和四级响应的，应当及时将基本信息逐级上报至省级公安机关。公安部指令要求查报的，可由当地公安机关在规定时间内直接报告。

　　第三十八条　各级公安机关应当按照有关规定在第一时间向社会发布高速公路交通应急管理简要信息，随后发布初步核实情况、政府应对措施和公众防范措施等，并根据事件处置情况做好后续发布工作。对外发布的有关信息应当及时、准确、客观、全面。

　　第三十九条　本省（自治区、直辖市）或相邻省（自治区、直辖市）高速公路实施交通应急管理，需采取交通管制措施影响本省（自治区、直辖市）道路交通，应当采取现场接受采访、举行新闻发布会等形式通过本省（自治区、直辖市）电视、广播、报纸、网络等媒体及时公布信息。同时，协调高速公路经营管理单位在高速公路沿线电子显示屏滚动播放交通管制措施。

　　第四十条　应急处置完毕，应当迅速取消交通应急管理等措施,尽快恢复交通,待道路交通畅通后撤离现场,并及时向社会发布取消交通应急管理措施和恢复交通的信息。

第七章 评估总结

第四十一条 各级公安机关要对制定的应急预案定期组织评估,并根据演练和启动预案的情况,适时调整应急预案内容。公安部每两年组织对一级响应应急预案进行一次评估,省级公安机关每年组织对二级和三级响应应急预案进行一次评估,地市级公安机关每半年对四级响应应急预案进行一次评估。

第四十二条 应急处置结束后,应急处置工作所涉及的公安机关应当对应急响应工作进行总结,并对应急预案进行修订完善。

第八章 附 则

第四十三条 违反本规定中关于关闭高速公路省际入口、组织车辆绕行分流和信息报告、发布等要求,影响应急事件处置的,给予有关人员相应纪律处分;造成严重后果的,依法追究有关人员法律责任。

第四十四条 本规定中所称"以上"、"以下"、"以内"、"以外"包含本数。

第四十五条 高速公路以外的其他道路交通应急管理参照本规定执行。

第四十六条 本规定自印发之日起实施。

附件:高速公路交通应急管理信息上报表(略)

最高人民法院关于审理交通肇事刑事案件具体应用法律若干问题的解释

- 2000年11月10日最高人民法院审判委员会第1136次会议通过
- 2000年11月15日最高人民法院公告公布
- 自2000年11月21日起施行
- 法释〔2000〕33号

为依法惩处交通肇事犯罪活动,根据刑法有关规定,现将审理交通肇事刑事案件具体应用法律的若干问题解释如下:

第一条 从事交通运输人员或者非交通运输人员,违反交通运输管理法规发生重大交通事故,在分清事故责任的基础上,对于构成犯罪的,依照刑法第一百三十三条的规定定罪处罚。

第二条 交通肇事具有下列情形之一的,处3年以下有期徒刑或者拘役:

(一)死亡1人或者重伤3人以上,负事故全部或者主要责任的;

(二)死亡3人以上,负事故同等责任的;

(三)造成公共财产或者他人财产直接损失,负事故全部或者主要责任,无能力赔偿数额在30万元以上的。

交通肇事致1人以上重伤,负事故全部或者主要责任,并具有下列情形之一的,以交通肇事罪定罪处罚:

(一)酒后、吸食毒品后驾驶机动车辆的;

(二)无驾驶资格驾驶机动车辆的;

(三)明知是安全装置不全或者安全机件失灵的机动车辆而驾驶的;

(四)明知是无牌证或者已报废的机动车辆而驾驶的;

(五)严重超载驾驶的;

(六)为逃避法律追究逃离事故现场的。

第三条 "交通运输肇事后逃逸",是指行为人具有本解释第二条第一款规定和第二款第(一)至(五)项规定的情形之一,在发生交通事故后,为逃避法律追究而逃跑的行为。

第四条 交通肇事具有下列情形之一的,属于"有其他特别恶劣情节",处3年以上7年以下有期徒刑:

(一)死亡2人以上或者重伤5人以上,负事故全部或者主要责任的;

(二)死亡6人以上,负事故同等责任的;

(三)造成公共财产或者他人财产直接损失,负事故全部或者主要责任,无能力赔偿数额在60万元以上的。

第五条 "因逃逸致人死亡",是指行为人在交通肇事后为逃避法律追究而逃跑,致使被害人因得不到救助而死亡的情形。

交通肇事后,单位主管人员、机动车辆所有人、承包人或者乘车人指使肇事人逃逸,致使被害人因得不到救助而死亡的,以交通肇事罪的共犯论处。

第六条 行为人在交通肇事后为逃避法律追究,将被害人带离事故现场后隐藏或者遗弃,致使被害人无法得到救助而死亡或者严重残疾的,应当分别依照刑法第二百三十二条、第二百三十四条第二款的规定,以故意杀人罪或者故意伤害罪定罪处罚。

第七条 单位主管人员、机动车辆所有人或者机动车辆承包人指使、强令他人违章驾驶造成重大交通事故,具有本解释第二条规定情形之一的,以交通肇事罪定罪处罚。

第八条 在实行公共交通管理的范围内发生重大交通事故的,依照刑法第一百三十三条和本解释的有关规定办理。

在公共交通管理的范围外,驾驶机动车辆或者使用其他交通工具致人伤亡或者致使公共财产或者他人财产遭受重大损失,构成犯罪的,分别依照刑法第一百三十四条、第一百三十五条、第二百三十三条等规定定罪处罚。

第九条 各省、自治区、直辖市高级人民法院可以根据本地实际情况,在30万元至60万元、60万元至100万元的幅度内,确定本地区执行本解释第二条第一款第(三)项、第四条第(三)项的起点数额标准,并报最高人民法院备案。

最高人民法院、最高人民检察院、公安部、司法部关于办理醉酒危险驾驶刑事案件的意见

·2023年12月13日
·高检发办字〔2023〕187号

为维护人民群众生命财产安全和道路交通安全,依法惩治醉酒危险驾驶(以下简称醉驾)违法犯罪,根据刑法、刑事诉讼法等有关规定,结合执法司法实践,制定本意见。

一、总体要求

第一条 人民法院、人民检察院、公安机关办理醉驾案件,应当坚持分工负责,互相配合,互相制约,坚持正确适用法律,坚持证据裁判原则,严格执法,公正司法,提高办案效率,实现政治效果、法律效果和社会效果的有机统一。人民检察院依法对醉驾案件办理活动实行法律监督。

第二条 人民法院、人民检察院、公安机关办理醉驾案件,应当全面准确贯彻宽严相济刑事政策,根据案件的具体情节,实行区别对待,做到该宽则宽,当严则严,罚当其罪。

第三条 人民法院、人民检察院、公安机关和司法行政机关应当坚持惩治与预防相结合,采取多种方式强化综合治理、诉源治理,从源头上预防和减少酒后驾驶行为发生。

二、立案与侦查

第四条 在道路上驾驶机动车,经呼气酒精含量检测,显示血液酒精含量达到80毫克/100毫升以上的,公安机关应当依照刑事诉讼法和本意见的规定决定是否立案。对情节显著轻微、危害不大,不认为是犯罪的,不予立案。

公安机关应当及时提取犯罪嫌疑人血液样本送检。认定犯罪嫌疑人是否醉酒,主要以血液酒精含量鉴定意见作为依据。

犯罪嫌疑人经呼气酒精含量检测,显示血液酒精含量达到80毫克/100毫升以上,在提取血液样本前脱逃或者找人顶替的,可以以呼气酒精含量检测结果作为认定其醉酒的依据。

犯罪嫌疑人在公安机关依法检查时或者发生道路交通事故后,为逃避法律追究,在呼气酒精含量检测或者提取血液样本前故意饮酒的,可以以查获后血液酒精含量鉴定意见作为认定其醉酒的依据。

第五条 醉驾案件中"道路""机动车"的认定适用道路交通安全法有关"道路""机动车"的规定。

对机关、企事业单位、厂矿、校园、居民小区等单位管辖范围内的路段是否认定为"道路",应当以其是否具有"公共性",是否"允许社会机动车通行"作为判断标准。只允许单位内部机动车、特定来访机动车通行的,可以不认定为"道路"。

第六条 对醉驾犯罪嫌疑人、被告人,根据案件具体情况,可以依法予以拘留或者取保候审。具有下列情形之一的,一般予以取保候审:

(一)因本人受伤需要救治的;
(二)患有严重疾病,不适宜羁押的;
(三)系怀孕或者正在哺乳自己婴儿的妇女;
(四)系生活不能自理的人的唯一扶养人;
(五)其他需要取保候审的情形。

对符合取保候审条件,但犯罪嫌疑人、被告人不能提出保证人,也不交纳保证金的,可以监视居住。对违反取保候审、监视居住规定的犯罪嫌疑人、被告人,情节严重的,可以予以逮捕。

第七条 办理醉驾案件,应当收集以下证据:

(一)证明犯罪嫌疑人情况的证据材料,主要包括人口信息查询记录或者户籍证明等身份证明;驾驶证、驾驶人信息查询记录;犯罪前科记录、曾因饮酒后驾驶机动车被查获或者行政处罚记录、本次交通违法行政处罚决定书等;

(二)证明醉酒检测鉴定情况的证据材料,主要包括呼气酒精含量检测结果、呼气酒精含量检测仪标定证书、

血液样本提取笔录、鉴定委托书或者鉴定机构接收检材登记材料、血液酒精含量鉴定意见、鉴定意见通知书等；

（三）证明机动车情况的证据材料，主要包括机动车行驶证、机动车信息查询记录、机动车照片等；

（四）证明现场执法情况的照片，主要包括现场检查机动车、呼气酒精含量检测、提取与封装血液样本等环节的照片，并应当保存相关环节的录音录像资料；

（五）犯罪嫌疑人供述和辩解。

根据案件具体情况，还应当收集以下证据：

（一）犯罪嫌疑人是否饮酒、驾驶机动车有争议的，应当收集同车人员、现场目击证人或者共同饮酒人员等证人证言、饮酒场所及行驶路段监控记录等；

（二）道路属性有争议的，应当收集相关管理人员、业主等知情人员证言、管理单位或者有关部门出具的证明等；

（三）发生交通事故的，应当收集交通事故认定书、事故路段监控记录、人体损伤程度等鉴定意见、被害人陈述等；

（四）可能构成自首的，应当收集犯罪嫌疑人到案经过等材料；

（五）其他确有必要收集的证据材料。

第八条 对犯罪嫌疑人血液样本提取、封装、保管、送检、鉴定等程序，按照公安部、司法部有关道路交通安全违法行为处理程序、鉴定规则等规定执行。

公安机关提取、封装血液样本过程应当全程录音录像。血液样本提取、封装应当做好标记和编号，由提取人、封装人、犯罪嫌疑人在血液样本提取笔录上签字。犯罪嫌疑人拒绝签字的，应当注明。提取的血液样本应当及时送往鉴定机构进行血液酒精含量鉴定。因特殊原因不能及时送检的，应当按照有关规范和技术标准保管检材并在五个工作日内送检。

鉴定机构应当对血液样品制备和仪器检测过程进行录音录像。鉴定机构应当在收到送检血液样本后三个工作日内，按照有关规范和技术标准进行鉴定并出具血液酒精含量鉴定意见，通知或者送交委托单位。

血液酒精含量鉴定意见作为证据使用的，办案单位应当自收到血液酒精含量鉴定意见之日起五个工作日内，书面通知犯罪嫌疑人、被告人、被害人或者其法定代理人。

第九条 具有下列情形之一，经补正或者作出合理解释的，血液酒精含量鉴定意见可以作为定案的依据；不能补正或者作出合理解释的，应当予以排除：

（一）血液样本提取、封装、保管不规范的；

（二）未按规定的时间和程序送检、出具鉴定意见的；

（三）鉴定过程未按规定同步录音录像的；

（四）存在其他瑕疵或者不规范的取证行为的。

三、刑事追究

第十条 醉驾具有下列情形之一，尚不构成其他犯罪的，从重处理：

（一）造成交通事故且负事故全部或者主要责任的；

（二）造成交通事故后逃逸的；

（三）未取得机动车驾驶证驾驶汽车的；

（四）严重超员、超载、超速驾驶的；

（五）服用国家规定管制的精神药品或者麻醉药品后驾驶的；

（六）驾驶机动车从事客运活动且载有乘客的；

（七）驾驶机动车从事校车业务且载有师生的；

（八）在高速公路上驾驶的；

（九）驾驶重型载货汽车的；

（十）运输危险化学品、危险货物的；

（十一）逃避、阻碍公安机关依法检查的；

（十二）实施威胁、打击报复、引诱、贿买证人、鉴定人等人员或者毁灭、伪造证据等妨害司法行为的；

（十三）二年内曾因饮酒后驾驶机动车被查获或者受过行政处罚的；

（十四）五年内曾因危险驾驶行为被判决有罪或者作相对不起诉的；

（十五）其他需要从重处理的情形。

第十一条 醉驾具有下列情形之一的，从宽处理：

（一）自首、坦白、立功的；

（二）自愿认罪认罚的；

（三）造成交通事故，赔偿损失或者取得谅解的；

（四）其他需要从宽处理的情形。

第十二条 醉驾具有下列情形之一，且不具有本意见第十条规定情形的，可以认定为情节显著轻微、危害不大，依照刑法第十三条、刑事诉讼法第十六条的规定处理：

（一）血液酒精含量不满150毫克/100毫升的；

（二）出于急救伤病人员等紧急情况驾驶机动车，且不构成紧急避险的；

（三）在居民小区、停车场等场所因挪车、停车入位等短距离驾驶机动车的；

（四）由他人驾驶至居民小区、停车场等场所短距离接替驾驶停放机动车的，或者为了交由他人驾驶，自居民小区、停车场等场所短距离驶出的；

（五）其他情节显著轻微的情形。

醉酒后出于急救伤病人员等紧急情况，不得已驾驶机动车，构成紧急避险的，依照刑法第二十一条的规定处理。

第十三条　对公安机关移送审查起诉的醉驾案件，人民检察院综合考虑犯罪嫌疑人驾驶的动机和目的、醉酒程度、机动车类型、道路情况、行驶时间、速度、距离以及认罪悔罪表现等因素，认为属于犯罪情节轻微的，依照刑法第三十七条、刑事诉讼法第一百七十七条第二款的规定处理。

第十四条　对符合刑法第七十二条规定的醉驾被告人，依法宣告缓刑。具有下列情形之一的，一般不适用缓刑：

（一）造成交通事故致他人轻微伤或者轻伤，且负事故全部或者主要责任的；

（二）造成交通事故且负事故全部或者主要责任，未赔偿损失的；

（三）造成交通事故后逃逸的；

（四）未取得机动车驾驶证驾驶汽车的；

（五）血液酒精含量超过180毫克/100毫升的；

（六）服用国家规定管制的精神药品或者麻醉药品后驾驶的；

（七）采取暴力手段抗拒公安机关依法检查，或者实施妨害司法行为的；

（八）五年内曾因饮酒后驾驶机动车被查获或者受过行政处罚的；

（九）曾因危险驾驶行为被判决有罪或者作相对不起诉的；

（十）其他情节恶劣的情形。

第十五条　对被告人判处罚金，应当根据醉驾行为、实际损害后果等犯罪情节，综合考虑被告人缴纳罚金的能力，确定与主刑相适应的罚金数额。起刑点一般不应低于道路交通安全法规定的饮酒后驾驶机动车相应情形的罚款数额；每增加一个月拘役，增加一千元至五千元罚金。

第十六条　醉驾同时构成交通肇事罪、过失以危险方法危害公共安全罪、以危险方法危害公共安全罪等其他犯罪的，依照处罚较重的规定定罪，依法从严追究刑事责任。

醉酒驾驶机动车，以暴力、威胁方法阻碍公安机关依法检查，又构成妨害公务罪、袭警罪等其他犯罪的，依照数罪并罚的规定处罚。

第十七条　犯罪嫌疑人醉驾被现场查获后，经允许离开，再经公安机关通知到案或者主动到案，不认定为自动投案；造成交通事故后保护现场、抢救伤者，向公安机关报告并配合调查的，应当认定为自动投案。

第十八条　根据本意见第十二条第一款、第十三条、第十四条处理的案件，可以将犯罪嫌疑人、被告人自愿接受安全驾驶教育、从事交通志愿服务、社区公益服务等情况作为作出相关处理的考量因素。

第十九条　对犯罪嫌疑人、被告人决定不起诉或者免予刑事处罚的，可以根据案件的不同情况，予以训诫或者责令具结悔过、赔礼道歉、赔偿损失，需要给予行政处罚、处分的，移送有关主管机关处理。

第二十条　醉驾属于严重的饮酒后驾驶机动车行为。血液酒精含量达到80毫克/100毫升以上，公安机关应当在决定不予立案、撤销案件或者移送审查起诉前，给予行为人吊销机动车驾驶证行政处罚。根据本意见第十二条第一款处理的案件，公安机关还应当按照道路交通安全法规定的饮酒后驾驶机动车相应情形，给予行为人罚款、行政拘留的行政处罚。

人民法院、人民检察院依据本意见第十二条第一款、第十三条处理的案件，对被不起诉人、被告人需要予以行政处罚的，应当提出检察意见或者司法建议，移送公安机关依照前款规定处理。公安机关应当将处理情况通报人民法院、人民检察院。

四、快速办理

第二十一条　人民法院、人民检察院、公安机关和司法行政机关应当加强协作配合，在遵循法定程序、保障当事人权利的前提下，因地制宜建立健全醉驾案件快速办理机制，简化办案流程，缩短办案期限，实现醉驾案件优质高效办理。

第二十二条　符合下列条件的醉驾案件，一般应当适用快速办理机制：

（一）现场查获，未造成交通事故的；

（二）事实清楚，证据确实、充分，法律适用没有争议的；

（三）犯罪嫌疑人、被告人自愿认罪认罚的；

（四）不具有刑事诉讼法第二百二十三条规定情形的。

第二十三条 适用快速办理机制办理的醉驾案件，人民法院、人民检察院、公安机关一般应当在立案侦查之日起三十日内完成侦查、起诉、审判工作。

第二十四条 在侦查或者审查起诉阶段采取取保候审措施的，案件移送至审查起诉或者审判阶段时，取保候审期限尚未届满且符合取保候审条件的，受案机关可以不再重新作出取保候审决定，由公安机关继续执行原取保候审措施。

第二十五条 对醉驾被告人拟提出缓刑量刑建议或者宣告缓刑的，一般可以不进行调查评估。确有必要的，应当及时委托社区矫正机构或者有关社会组织进行调查评估。受委托方应当及时向委托机关提供调查评估结果。

第二十六条 适用简易程序、速裁程序的醉驾案件，人民法院、人民检察院、公安机关和司法行政机关可以采取合并式、要素式、表格式等方式简化文书。

具备条件的地区，可以通过一体化的网上办案平台流转、送达电子卷宗、法律文书等，实现案件线上办理。

五、综合治理

第二十七条 人民法院、人民检察院、公安机关和司法行政机关应当积极落实普法责任制，加强道路交通安全法治宣传教育，广泛开展普法进机关、进乡村、进社区、进学校、进企业、进单位、进网络工作，引导社会公众培养规则意识，养成守法习惯。

第二十八条 人民法院、人民检察院、公安机关和司法行政机关应当充分运用司法建议、检察建议、提示函等机制，督促有关部门、企事业单位，加强本单位人员教育管理，加大驾驶培训环节安全驾驶教育，规范代驾行业发展，加强餐饮、娱乐等涉酒场所管理，加大警示提醒力度。

第二十九条 公安机关、司法行政机关应当根据醉驾服刑人员、社区矫正对象的具体情况，制定有针对性的教育改造、矫正方案，实现分类管理、个别化教育，增强其悔罪意识、法治观念，帮助其成为守法公民。

六、附　则

第三十条 本意见自 2023 年 12 月 28 日起施行。《最高人民法院　最高人民检察院　公安部关于办理醉酒驾驶机动车刑事案件适用法律若干问题的意见》（法发〔2013〕15 号）同时废止。

关于依法办理"碰瓷"违法犯罪案件的指导意见

· 2020 年 10 月 14 日
· 公通字〔2020〕12 号

各省、自治区、直辖市高级人民法院、人民检察院、公安厅（局），新疆维吾尔自治区高级人民法院生产建设兵团分院，新疆生产建设兵团人民检察院、公安局：

近年来，"碰瓷"现象时有发生。所谓"碰瓷"，是指行为人通过故意制造或者编造其被害假象，采取诈骗、敲诈勒索等方式非法索取财物的行为。实践中，一些不法分子有的通过"设局"制造或者捏造他人对其人身、财产造成损害来实施；有的通过自伤、造成同伙受伤或者利用自身原有损伤，诬告系被害人所致来实施；有的故意制造交通事故，利用被害人违反道路通行规定或者酒后驾驶、无证驾驶、机动车手续不全等违法违规行为，通过被害人害怕被查处的心理来实施；有的在"碰瓷"行为被识破后，直接对被害人实施抢劫、抢夺、故意伤害等违法犯罪活动等。此类违法犯罪行为性质恶劣，危害后果严重，败坏社会风气，且易滋生黑恶势力，人民群众反响强烈。为依法惩治"碰瓷"违法犯罪活动，保障人民群众合法权益，维护社会秩序，根据刑法、刑事诉讼法、治安管理处罚法等法律的规定，制定本意见。

一、实施"碰瓷"，虚构事实、隐瞒真相，骗取赔偿，符合刑法第二百六十六条规定的，以诈骗罪定罪处罚；骗取保险金，符合刑法第一百九十八条规定的，以保险诈骗罪定罪处罚。

实施"碰瓷"，捏造人身、财产权益受到侵害的事实，虚构民事纠纷，提起民事诉讼，符合刑法第三百零七条之一规定的，以虚假诉讼罪定罪处罚；同时构成其他犯罪的，依照处罚较重的规定定罪从重处罚。

二、实施"碰瓷"，具有下列行为之一，敲诈勒索他人财物，符合刑法第二百七十四条规定的，以敲诈勒索罪定罪处罚：

1. 实施撕扯、推搡等轻微暴力或者围困、阻拦、跟踪、贴靠、滋扰、纠缠、哄闹、聚众造势、扣留财物等软暴力行为的；

2. 故意制造交通事故，进而利用被害人违反道路通行规定或者其他违法违规行为相要挟的；

3. 以揭露现场掌握的当事人隐私相要挟的；

4. 扬言对被害人及其近亲属人身、财产实施侵害的。

三、实施"碰瓷"，当场使用暴力、胁迫或者其他方法，当场劫取他人财物，符合刑法第二百六十三条规定的，以抢劫罪定罪处罚。

四、实施"碰瓷"，采取转移注意力、趁人不备等方式，窃取、夺取他人财物，符合刑法第二百六十四条、第二百六十七条规定的，分别以盗窃罪、抢夺罪定罪处罚。

五、实施"碰瓷"，故意造成他人财物毁坏，符合刑法第二百七十五条规定的，以故意毁坏财物罪定罪处罚。

六、实施"碰瓷"，驾驶机动车对其他机动车进行追逐、冲撞、挤别、拦截或者突然加减速、急刹车等可能影响交通安全的行为，因而发生重大事故，致人重伤、死亡或者使公私财物遭受重大损失，符合刑法第一百三十三条规定的，以交通肇事罪定罪处罚。

七、为实施"碰瓷"而故意杀害、伤害他人或者过失致人重伤、死亡，符合刑法第二百三十二条、第二百三十四条、第二百三十三条、第二百三十五条规定的，分别以故意杀人罪、故意伤害罪、过失致人死亡罪、过失致人重伤罪定罪处罚。

八、实施"碰瓷"，为索取财物，采取非法拘禁等方法非法剥夺他人人身自由或者非法搜查他人身体，符合刑法第二百三十八条、第二百四十五条规定的，分别以非法拘禁罪、非法搜查罪定罪处罚。

九、共同故意实施"碰瓷"犯罪，起主要作用的，应当认定为主犯，对其参与或者组织、指挥的全部犯罪承担刑事责任；起次要或者辅助作用的，应当认定为从犯，依法予以从轻、减轻处罚或者免除处罚。

三人以上为共同故意实施"碰瓷"犯罪而组成的较为固定的犯罪组织，应当认定为犯罪集团。对首要分子应当按照集团所犯全部罪行处罚。

符合黑恶势力认定标准的，应当按照黑社会性质组织、恶势力或者恶势力犯罪集团侦查、起诉、审判。

十、对实施"碰瓷"，尚不构成犯罪，但构成违反治安管理行为的，依法给予治安管理处罚。

各级人民法院、人民检察院和公安机关要严格依法办案，加强协作配合，对"碰瓷"违法犯罪行为予以快速处理、准确定性、依法严惩。一要依法及时开展调查处置、批捕、起诉、审判工作。公安机关接到报案、控告、举报后应当立即赶到现场，及时制止违法犯罪，妥善保护案发现场，控制行为人。对于符合立案条件的及时开展立案侦查，全面收集证据，调取案发现场监视视频，收集在场证人证言，核查涉案人员、车辆信息等，并及时串并案进行侦查。人民检察院对于公安机关提请批准逮捕、移送审查起诉的"碰瓷"案件，符合逮捕、起诉条件的，应当依法尽快予以批捕、起诉。对于"碰瓷"案件，人民法院应当依法及时审判，构成犯罪的，严格依法追究犯罪分子刑事责任。二要加强协作配合。公安机关、人民检察院要加强沟通协调，解决案件定性、管辖、证据标准等问题，确保案件顺利办理。对于疑难复杂案件，公安机关可以听取人民检察院意见。对于确需补充侦查的，人民检察院要制作明确、详细的补充侦查纲要，公安机关应当及时补充证据。人民法院要加强审判力量，严格依法公正审判。三要严格贯彻宽严相济的刑事政策，落实认罪认罚从宽制度。要综合考虑主观恶性大小、行为的手段、方式、危害后果以及在案件中所起作用等因素，切实做到区别对待。对于"碰瓷"犯罪集团的首要分子、积极参加的犯罪分子以及屡教不改的犯罪分子，应当作为打击重点依法予以严惩。对犯罪性质和危害后果特别严重、社会影响特别恶劣的犯罪分子，虽具有酌定从宽情节但不足以从宽处罚的，依法不予从宽处罚。具有自首、立功、坦白、认罪认罚等情节的，依法从宽处理。同时，应当准确把握法律尺度，注意区分"碰瓷"违法犯罪同普通民事纠纷、行政违法的界限，既防止出现"降格处理"，也要防止打击面过大等问题。四要强化宣传教育。人民法院、人民检察院、公安机关在依法惩处此类犯罪的过程中，要加大法制宣传教育力度，在依法办案的同时，视情通过新闻媒体、微信公众号、微博等形式，向社会公众揭露"碰瓷"违法犯罪的手段和方式，引导人民群众加强自我保护意识，遇到此类情形，应当及时报警，依法维护自身合法权益。要适时公开曝光一批典型案例，通过对案件解读，有效震慑违法犯罪分子，在全社会营造良好法治环境。

各地各相关部门要认真贯彻执行。执行中遇有问题，请及时上报各自上级机关。

•标准规范

车辆驾驶人员血液、呼气酒精含量阈值与检验（GB 19522-2010）

· 2017年2月28日
· 国家标准化管理委员会公告2017年第3号

前　言

本标准的第4章、5.2、5.3为强制性的，其余为推荐性的。

本标准按照GB/T 1.1—2009给出的规则起草。

本标准代替GB 19522—2004《车辆驾驶人员血液、呼气酒精含量阈值与检验》，与GB 19522—2004相比主要技术变化如下：

——删除了规范性引用文件中的GA 307，增加了GB/T 21254、GA/T 842和GA/T 843（见第2章，2004年版的第2章）；

——删除了术语和定义中的"饮酒驾车"、"醉酒驾车"（2004年版的3.3、3.4）；

——4.1表1中的表述修改："饮酒驾车"修改为："饮酒后驾驶"，"醉酒驾车"修改为："醉酒后驾驶"（见表1，2004年版的表1）；

——在血液酒精含量检验中，增加了"检验结果应当出具书面报告"（见5.3.1）；

——增加了血液酒精含量检验（见5.3.2）；

——增加了唾液酒精检测（见5.4）；

——修改了"呼出气体酒精含量探测器"的名称（见5.2，2004年版5.1、6.1）。

本标准由中华人民共和国公安部提出并归口。

本标准起草单位：重庆市公安局交通管理局。

本标准主要起草人：赵新才、蒋志全、曹峻华、万驰。

本标准所代替标准的历次版本发布情况为：

——GB 19522—2004。

车辆驾驶人员血液、呼气酒精含量阈值与检验

1　范围

本标准规定了车辆驾驶人员饮酒后及醉酒后驾车时血液、呼气中的酒精含量值和检验方法。本标准适用于驾车中的车辆驾驶人员。

2　规范性引用文件

下列文件对于本文件的应用是必不可少的。凡是注日期的引用文件，仅注日期的版本适用于本文件。凡是不注日期的引用文件，其最新版本（包括所有的修改单）适用于本文件。

GB/T 21254 呼出气体酒精含量检测仪

GA/T 1073 生物样品血液、尿液中乙醇、甲醇、正丙醇、乙醛、丙酮、异丙醇和正丁醇的顶空-气相色谱检验方法

GA/T 842 血液酒精含量的检验方法，GA/T 843 唾液酒精检测试纸条

3　术语和定义

下列术语和定义适用于本文件。

3.1　车辆驾驶人员 vehicle drivers

机动车驾驶人员和非机动车驾驶人员。

3.2　酒精含量 alcohol concentration

车辆驾驶人员血液或呼气中的酒精浓度。

4　酒精含量值

4.1　酒精含量阈值

车辆驾驶人员饮酒后或者醉酒后驾车血液中的酒精含量阈值见表1。

表1　车辆驾驶人员血液酒精含量阈值

驾驶行为类别	阈值（mg/100mL）
饮酒后驾车	≥20,<80
醉酒后驾车	≥80

4.2 血液与呼气酒精含量换算

车辆驾驶人员呼气酒精含量按1:2 200的比例关系换算成血液酒精含量，即呼气酒精含量值乘以2 200等于血液酒精含量值。

5　检验方法

5.1　一般规定

车辆驾驶人员饮酒后或者醉酒后驾车时的酒精含量检验应进行呼气酒精含量检验或者血液酒精含量检验。对不具备呼气或者血液酒精含量检验条件的，可进行唾液酒精定性检测或者人体平衡试验评价驾驶能力。

5.2　呼气酒精含量检验

5.2.1　呼气酒精含量采用呼出气体酒精含量检测仪

进行检验。检验结果应记录并签字。

5.2.2 呼出气体酒精含量检测仪的技术指标和性能应符合 GB/T 21254 的规定。

5.2.3 呼气酒精含量检验的具体操作步骤,按照呼出气体酒精含量检测仪的操作要求进行。

5.3 血液酒精含量检验

5.3.1 对需要检验血液中酒精含量的,应及时抽取血样。抽取血样应由专业人员按要求进行,不应采用醇类药品对皮肤进行消毒;抽出血样中应添加抗凝剂,防止血液凝固;装血样的容器应洁净、干燥,按检验规范封装,低温保存,及时送检。检验结果应当出具书面报告。

5.3.2 血液酒精含量检验方法按照 GA/T 1073 或者 GA/T 842 的规定

5.4 唾液酒精检测

5.4.1 唾液酒精检测采用唾液酒精检测试纸条进行定性检测。检测结果应记录并签字。

5.4.2 唾液酒精检测试纸条的技术指标、性能应符合 GA/T 843 的规定。

5.4.3 唾液酒精检测的具体操作步骤按照唾液酒精检测试纸条的操作要求进行。

5.5 人体平衡试验

人体平衡试验采用步行回转试验或者单腿直立试验,评价驾驶能力。步行回转试验、单腿直立试验的具体方法、要求和评价标准,见附录 A。

附录 A
(规范性附录)
人体平衡试验

A.1 平衡试验的要求

步行回转试验和单腿直立试验应在结实、干燥、不滑、照明良好的环境下进行。对年龄超过 60 岁、身体有缺陷影响自身平衡的人不进行此项试验。被试人员鞋后跟不应高于 5cm。在试验时,试验人员与被试人员应保持 1m 以上距离。

A.2 步行回转试验

A.2.1 步行回转试验即被试人员沿着一条直线行走九步,边走边大声数步数(1,2,3,…,9),然后转身按原样返回。试验时,分讲解和行走两个阶段进行。讲解阶段,被试人员按照脚跟对脚尖的方式站立在直线的一端,两手在身体两侧自然下垂,听试验人员的试验过程讲解;行走阶段,被试人员在得到试验人员行走指令后,开始行走。

A.2.2 试验中,试验人员观察以下八个指标,符合二个以上的,视为暂时丧失驾驶能力:

a) 在讲解过程中,被试人员失去平衡(失去原来的脚跟对脚尖的姿态);
b) 讲解结束之前,开始行走;
c) 为保持自身平衡,在行走时停下来;
d) 行走时,脚跟与脚尖不能互相碰撞,至少间隔 1.5cm;
e) 行走时偏离直线;
f) 用手臂进行平衡(手臂离开原位置 15cm 以上);
g) 失去平衡或转弯不当;
h) 走错步数。

A.3 单腿直立试验

A.3.1 单腿直立试验即被试人员一只脚站立,向前提起另一只脚距地面 15cm 以上,脚趾向前,脚底平行地面,并大声用千位数计数(1001,1002,1003,…),持续 30s。试验时,分讲解、平衡与计数两个阶段。讲解阶段,被试人员双脚同时站立,两手在身体两侧自然下垂,听试验人员的试验过程讲解。平衡与计数阶段,被试人员一只脚站立并开始计数。

A.3.2 试验中,试验人员观察以下四个指标,符合二个以上的,视为暂时丧失驾驶能力:

1) 在平衡时发生摇晃,前后、左右摇摆 15cm 以上;
2) 用手臂进行平衡,手臂离开原位置 15cm 以上;
3) 为保持平衡单脚跳;
4) 放下提起的脚。

· 实用附录

1. 道路交通事故处理流程图
（简易程序办理案件）

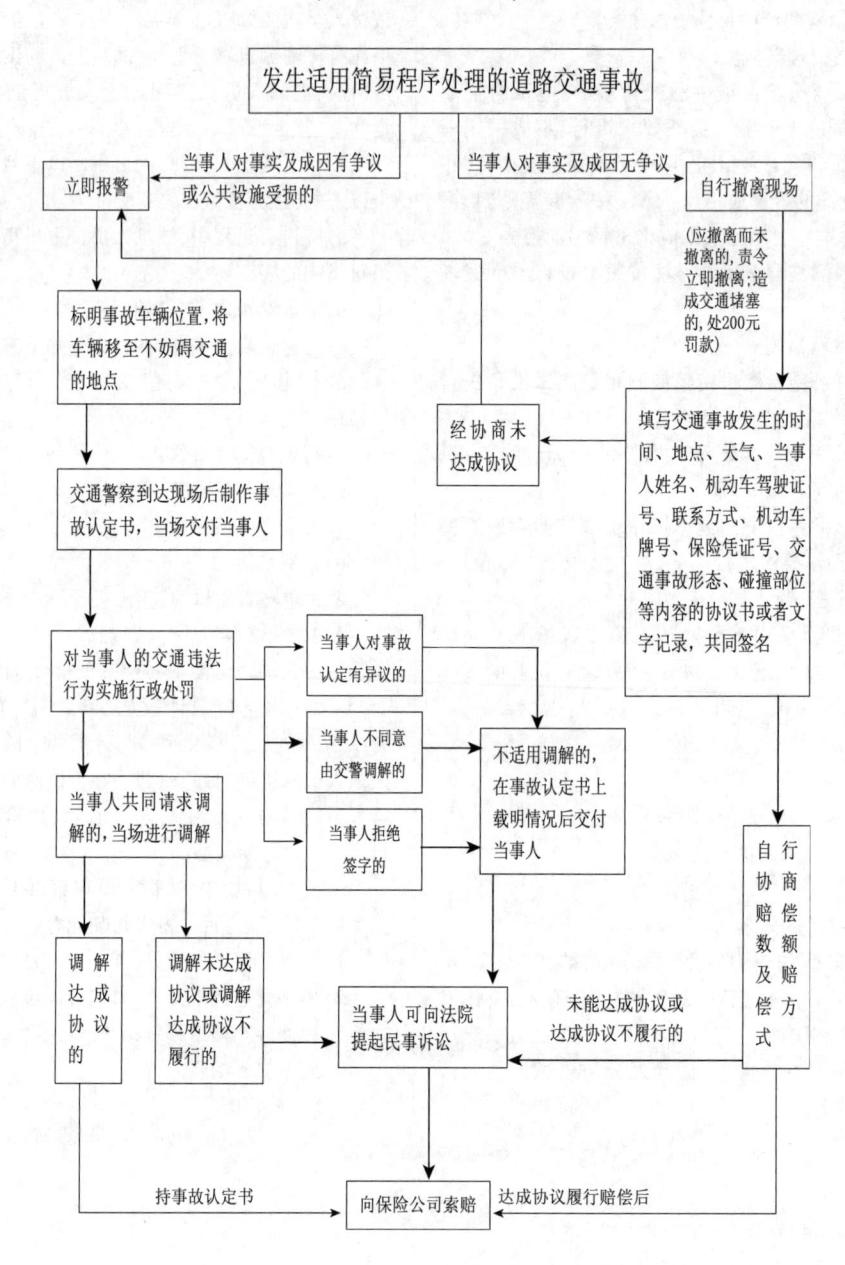

发生适用简易程序处理的道路交通事故

- 当事人对事实及成因有争议或公共设施受损的 → 立即报警
- 当事人对事实及成因无争议 → 自行撤离现场（应撤离而未撤离的，责令立即撤离；造成交通堵塞的，处200元罚款）

立即报警 → 标明事故车辆位置，将车辆移至不妨碍交通的地点 → 交通警察到达现场后制作事故认定书，当场交付当事人 → 对当事人的交通违法行为实施行政处罚 → 当事人共同请求调解的，当场进行调解

自行撤离现场 → 填写交通事故发生的时间、地点、天气、当事人姓名、机动车驾驶证号、联系方式、机动车牌号、保险凭证号、交通事故形态、碰撞部位等内容的协议书或者文字记录，共同签名 → 自行协商赔偿数额及赔偿方式

经协商未达成协议

当事人对事故认定有异议的
当事人不同意由交警调解的
当事人拒绝签字的
→ 不适用调解的，在事故认定书上载明情况后交付当事人

调解达成协议的
调解未达成协议或调解达成协议不履行的 → 当事人可向法院提起民事诉讼

未能达成协议或达成协议不履行的 → 当事人可向法院提起民事诉讼

持事故认定书 → 向保险公司索赔 ← 达成协议履行赔偿后

2. 道路交通事故处理流程图
（一般程序办理案件）

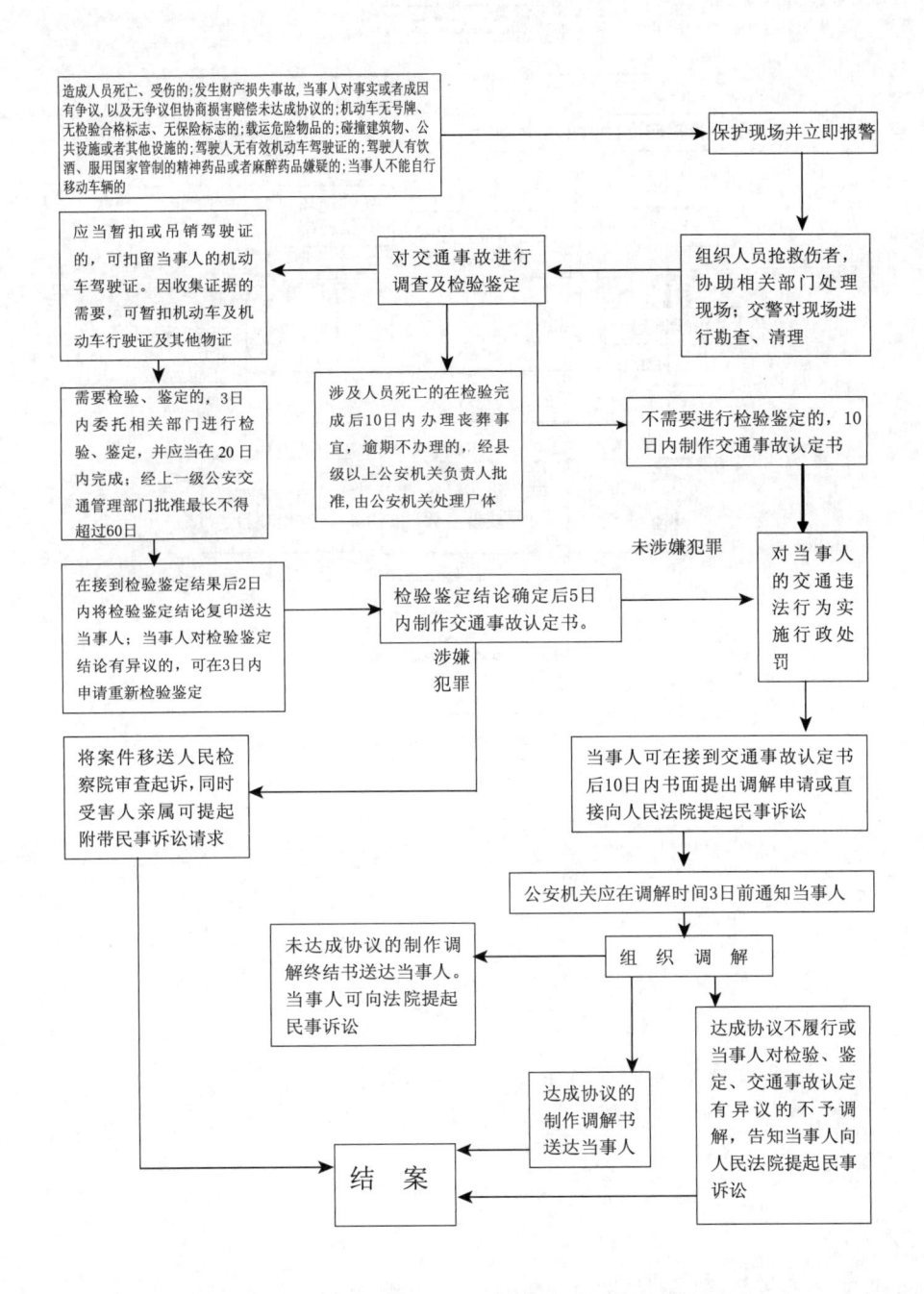

```
┌─────────────────────────────────────────────┐         ┌──────────────────┐
│造成人员死亡、受伤的;发生财产损失事故,当事人对 │         │                  │
│事实或者成因有争议,以及无争议但协商损害赔偿未  │────────▶│保护现场并立即报警│
│达成协议的;机动车无号牌、无检验合格标志、无保  │         │                  │
│险标志的;载运危险物品的;碰撞建筑物、公共设施  │         └─────────┬────────┘
│或者其他设施的;驾驶人无有效机动车驾驶证的;驾  │                   │
│驶人有饮酒、服用国家管制的精神药品或者麻醉药品 │                   ▼
│嫌疑的;当事人不能自行移动车辆的                │         ┌──────────────────┐
└─────────────────────────────────────────────┘         │组织人员抢救伤者, │
                                                         │协助相关部门处理  │
┌──────────────────┐      ┌──────────────────┐          │现场;交警对现场进 │
│应当暂扣或吊销驾驶│      │                  │◀─────────│行勘查、清理      │
│证的,可扣留当事人 │◀─────│对交通事故进行    │          └──────────────────┘
│的机动车驾驶证。因│      │调查及检验鉴定    │
│收集证据的需要,可 │      │                  │
│暂扣机动车及机动车│      └──────────────────┘          ┌──────────────────┐
│行驶证及其他物证  │                                     │不需要进行检验鉴定│
└─────────┬────────┘                                     │的,10日内制作交通│
          │                                              │事故认定书        │
          ▼                                              └──────────────────┘
┌──────────────────┐      ┌──────────────────┐
│需要检验、鉴定的,3│      │涉及人员死亡的在检│
│日内委托相关部门进│      │验完成后10日内办理│
│行检验、鉴定,并应 │      │丧葬事宜,逾期不办 │
│当在20日内完成;经 │      │理的,经县级以上公 │
│上一级公安交通管理│      │安机关负责人批准, │
│部门批准最长不得超│      │由公安机关处理尸体│
│过60日             │      └──────────────────┘        未涉嫌犯罪
└─────────┬────────┘                                     ┌──────────────────┐
          │                                              │对当事人的交通违法│
          ▼                                              │行为实施行政处罚  │
┌──────────────────┐      ┌──────────────────┐          └─────────┬────────┘
│在接到检验鉴定结果│      │检验鉴定结论确定后│                    │
│后2日内将检验鉴定 │      │5日内制作交通事故 │                    │
│结论复印送达当事  │      │认定书。          │                    ▼
│人;当事人对检验鉴 │      └──────────────────┘          ┌──────────────────┐
│定结论有异议的,可 │           涉嫌犯罪                  │当事人可在接到交通│
│在3日内申请重新检 │                                     │事故认定书后10日内│
│验鉴定             │                                     │书面提出调解申请或│
└──────────────────┘                                     │直接向人民法院提起│
                                                         │民事诉讼          │
┌──────────────────┐                                     └─────────┬────────┘
│将案件移送人民检察│                                               │
│院审查起诉,同时受 │                                               ▼
│害人亲属可提起附带│                                     ┌──────────────────┐
│民事诉讼请求       │                                     │公安机关应在调解时│
└──────────────────┘                                     │间3日前通知当事人 │
                                                         └─────────┬────────┘
┌──────────────────┐                                               │
│未达成协议的制作调│                                               ▼
│解终结书送达当事  │◀─────────────────────────────         ┌──────────────────┐
│人。当事人可向法院│                                     │组织调解          │
│提起民事诉讼       │                                     └─────────┬────────┘
└──────────────────┘                                               │
                         ┌──────────────────┐                    │
                         │达成协议的制作调解│                    │
                         │书送达当事人      │◀───────────────────┤
                         └─────────┬────────┘                    │
                                   │                              ▼
                                   ▼                    ┌──────────────────┐
                         ┌──────────────────┐          │达成协议不履行或当│
                         │     结  案       │◀─────────│事人对检验、鉴定、│
                         └──────────────────┘          │交通事故认定有异议│
                                                         │的不予调解,告知当 │
                                                         │事人向人民法院提起│
                                                         │民事诉讼          │
                                                         └──────────────────┘
```

3. 道路交通事故索赔流程图

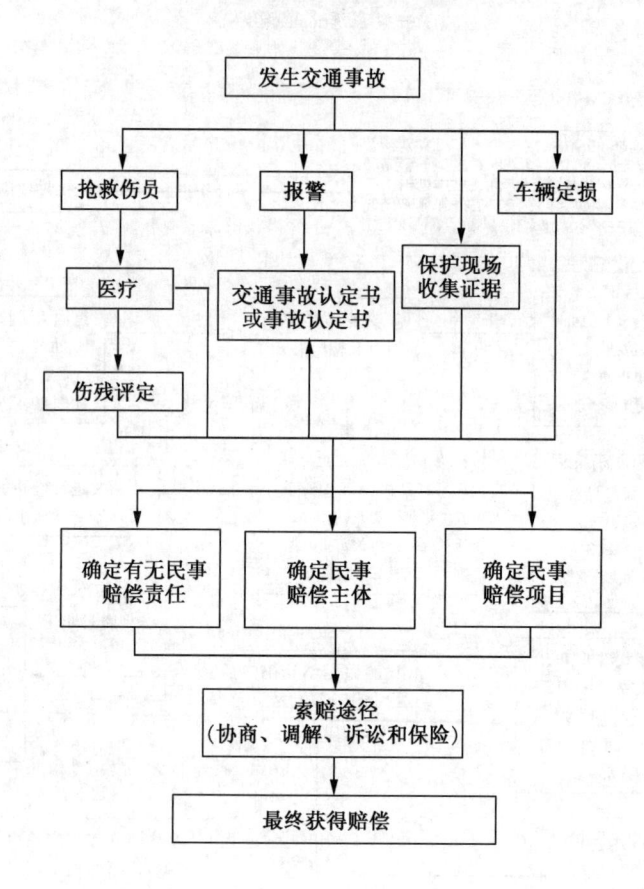

```
                          发生交通事故
                               │
          ┌────────────────────┼────────────────────┐
          ▼                    ▼                    ▼
       抢救伤员                报警                车辆定损
          │                    │                    │
          ▼                    ▼                    ▼
        医疗           交通事故认定书          保护现场
          │            或事故认定书            收集证据
          ▼
       伤残评定
          │
          └────────────────────┼────────────────────┐
                               │
          ┌────────────────────┼────────────────────┐
          ▼                    ▼                    ▼
      确定有无民事          确定民事             确定民事
       赔偿责任             赔偿主体             赔偿项目
          │                    │                    │
          └────────────────────┼────────────────────┘
                               ▼
                           索赔途径
                   (协商、调解、诉讼和保险)
                               │
                               ▼
                          最终获得赔偿
```

• 典型案例

上海市浦东新区人民检察院诉张纪伟、金鑫危险驾驶案①

【裁判摘要】

根据《中华人民共和国刑法》第一百三十三条之一的规定,行为人在道路上驾驶机动车追逐竞驶,情节恶劣的,以危险驾驶罪定罪处罚。

【案情】

公诉机关:上海市浦东新区人民检察院。

被告人:张纪伟(绰号"小太阳")。因本案于2012年2月6日被取保候审。

被告人:金鑫(绰号"骆驼")。因本案于2012年2月7日被取保候审。

上海市浦东新区人民检察院以被告人张纪伟、金鑫犯危险驾驶罪,向上海市浦东新区人民法院提起公诉。

起诉书指控:2012年2月3日20时20分许,被告人张纪伟、金鑫相约在上海市浦东新区乐园路99号铭心赛车服务部碰面后,张纪伟驾驶无牌的HONGDA(本田)1000CC大功率二轮摩托车,金鑫驾驶套用粤NL8406号牌的YAMAHA(雅马哈)大功率二轮摩托车,自该车行出发,行至杨高路、巨峰路路口掉头后,沿杨高路由北向南行驶,经南浦大桥至陆家浜路接人。行驶途中,张纪伟、金鑫为了追求驾驶大功率二轮摩托车的刺激,在多处路段超速行驶,在多个路口闯红灯行驶,曲折变道超越其他车辆,以此相互显示各自的驾车技能。当行驶至陆家浜路、河南南路路口时,张纪伟、金鑫遇执勤民警检查,遂驾车沿河南南路经复兴东路隧道、张杨路逃离,并于当晚21时许驾车回到张纪伟住所。民警接群众举报后,通过调取街面监控录像,锁定张纪伟重大犯罪嫌疑。2012年2月5日21时许,民警在上海市浦东新区栖山路1555弄33号5B室将张纪伟抓获到案,张纪伟如实交代其伙同金鑫追逐竞驶的犯罪事实,并向民警提供了金鑫的手机号码。2012年2月6日21时许,金鑫接公安机关电话后投案自首,如实供述上述犯罪事实。公诉机关认为,张纪伟、金鑫在道路上驾驶机动车追逐竞驶,情节恶劣,其行为均已触犯《中华人民共和国刑法》第一百三十三条之一之规定,应当以危险驾驶罪追究刑事责任,依法提请审判。

被告人张纪伟、金鑫在庭审中对上述指控无异议。

上海市浦东新区人民法院一审查明:

2012年2月3日20时20分许,被告人张纪伟、金鑫相约驾驶摩托车出去"接人、跑跑路"、"享受这种大功率世界顶级摩托车的刺激感",双方讲好"陆家浜路、河南南路路口是目的地,谁先到谁就等谁",随后,由张纪伟驾驶无牌的HONGDA(本田)1000CC大功率二轮摩托车(经过改装),金鑫驾驶套用粤NL8406号牌的YAMAHA(雅马哈)大功率二轮摩托车(经过改装)从浦东新区乐园路99号车行出发,行至杨高路、巨峰路路口掉头沿杨高路由北向南行驶,经南浦大桥到陆家浜路下桥,后沿河南南路经复兴东路隧道、张杨路回到张纪伟住所,全程28.5公里,途经多个公交站点、居民小区、学校和大型超市,在行驶途中,二被告人驾车在密集车流中反复并线、曲折穿插、多次闯红灯、大幅超速行驶,当行驶至陆家浜路、河南南路路口时,张纪伟、金鑫遇执勤民警检查,遂驾车沿河南南路经复兴东路隧道、张杨路逃离。其中,在杨高南路浦建路立交(限速60km/h)张纪伟驾驶速度达115km/h、金鑫驾驶速度98km/h;在南浦大桥桥面(限速60km/h)张纪伟驾驶速度达108km/h、金鑫驾驶速度达108km/h;在南浦大桥陆家浜路引桥下匝道(限速40km/h)张纪伟驾驶速度大于59km/h、金鑫驾驶速度大于68km/h;在复兴东路隧道(限速60km/h)张纪伟驾驶速度102km/h、金鑫驾驶速度99km/h。

2012年2月5日21时许,被告人张纪伟被抓获到案后,如实供述上述事实,并向公安机关提供被告人金鑫的手机号码。金鑫接公安机关电话通知后于2012年2月6日21时许主动投案,并如实供述上述事实。

上述事实,有经庭审举证、质证的证人袁艺佳的证言、证人王明周的证言及辨认笔录、涉案机动车驾驶证、行驶证、驾驶人信息查询结果、街面监控录像、截图及公安机关出具的情况说明、上海市道路交通事故鉴定中心鉴定书、工作情况、抓获经过、机动车销售统一发票及车辆照片、普通摩托车粤NL8406车辆信息、车辆产品历史详细信息、陆丰市公安局交通警察大队出具的函调回复,二被告人供述及其户籍资料等证据证实,足以认定。

本案的争议焦点是:如何理解和认定《中华人民共和国刑法》第一百三十三条之一规定的"在道路上驾驶机动车追逐竞驶,情节恶劣"。

上海市浦东新区人民法院一审认为:

---

① 案例来源:《中华人民共和国最高人民法院公报》2013年第12期。

根据《中华人民共和国刑法》第一百三十三条之一的规定，行为人在道路上驾驶机动车追逐竞驶，情节恶劣的，依法构成危险驾驶罪。对于因在道路上驾驶机动车追逐竞驶构成危险驾驶罪的，除"在道路上驾驶机动车"的条件外，具体而言，还应符合"追逐竞驶"、"情节恶劣"的法定构成要件。

关于本案被告人行为是否构成追逐竞驶。法律所规定的"追逐竞驶"，一般指行为人出于竞技、追求刺激或者其他目的，二人及以上分别驾驶机动车在公共通行道路、城市道路或者其他道路上竞相行驶，严重影响公共秩序和道路交通安全的驾驶行为。

具体到本案中，首先，从主观驾驶心态上看，二被告人到案后先后供述"一起出去晃晃、兜兜、跑跑路"，后又先后具体分别供述"自己手痒，心里面想找点享乐和刺激"、"有段时间没开过了，手痒，心里要感受驾驶这种车辆的快感，所以就一起驾车去了"、"开这种世界顶级摩托车心里感到舒服、刺激、速度快"、"享受这种大功率世界顶级摩托车的刺激感"。同时，二被告人又分别供述"只管发挥自己的驾车技能"、"在道路上穿插、超车、得到心理满足"、在面临红灯时"相信自己的操控车辆的技能闯过去不会出事"、"相信的自己的驾车技能"、"刹车不舒服、逢车必超"、"从前面两辆车的夹缝穿过去"、"前方有车就变道曲折行驶再超越"。上述供述亦得到街面监控的印证，可以反映出二被告人在本案中追求刺激、显示驾驶技能的竞技心理。

其次，从行驶路线上看，二被告人均供述行驶路线系共同自浦东新区乐园路99号出发，至陆家浜路、河南南路路口接人，以及"谁先到、谁就等谁"，此点亦得到证人袁艺佳的证言、街面监控视频印证，可以证明二被告人共同约定了竞相行驶的起点和终点。

再次，从客观行为上看，二被告人的出发地点系赛车服务部，驾驶的系超标大功率改装摩托车，为追求速度多次随意变道，曲折穿插、闯红灯、大幅超速严重违章等客观行为，进一步印证二被告人出于竞技、追求刺激的主观目的在道路上驾驶机动车，这些客观行为有在案的监控视频、截图、鉴定结论、证人证言等证据证实，与二被告人多次供述也相互印证。故综上，可以认定二被告人行为构成"追逐竞驶"。

关于本案被告人行为是否属于"情节恶劣"。法律规定的"情节恶劣"，一般需结合行为人是否有驾驶资格、是否改装大功率车辆及有无合法号牌、是否大幅度超速、是否在密集路段竞驶、是否多次多人竞驶、是否引发事故及恐慌、是否抗拒或躲避执法、是否有饮酒或吸毒等导致控制力下降行为等因素综合判断，其核心应当是该追逐竞驶行为是否导致公共交通安全处于危险状态之下。本案中，二被告人虽然具有驾驶资格，但其行为是否属于情节恶劣，应根据其驾驶行为、违规程度的综合判断。第一，从驾驶的车辆看，二被告人驾驶的系无牌和套牌的大功率改装摩托车；第二，从驾驶的速度看，总体驾驶速度很快，多处路段超速达50%以上；第三，从驾驶的方式看，二被告人反复并线、穿插前车、多次闯红灯行驶；第四，从对待执法的态度看，二被告人在民警盘查时驾车逃避执法；第五，从行驶的路段看，途经的杨高路、张杨路、南浦大桥、复兴东路隧道等均系城市主干道及高架、隧道，沿途还有多处学校、公交及地铁站点、居民小区、大型超市等路段，均属车流和人流密集地段，在高速驾驶的刺激心态下和躲避执法的紧张心态下，极易引发重大恶性交通事故。上述行为对不特定多数人的生命健康及财产安全造成相当程度威胁，实际上将道路交通公共安全置于危险状态之下，故可以认定二被告人在道路上驾驶机动车追逐竞驶的行为属"情节恶劣"。

综上，被告人张纪伟、金鑫在道路上驾驶机动车追逐竞驶，情节恶劣，其行为均已构成危险驾驶罪。公诉机关指控的罪名成立。鉴于张纪伟到案后能如实供述所犯罪行，依法可以从轻处罚。鉴于金鑫系自首，依法亦从轻处罚。二被告人系共同犯罪，且系共同实施正犯，不予区分主从犯。二被告人在审理过程中均已认识到行为的违法性及社会危害性，承诺不再从事危险驾驶行为，并多次表示认罪悔罪，鉴于其行为未造成实际危害后果，综合考虑上述情节，依法适用缓刑。

据此，上海市浦东新区人民法院依照《中华人民共和国刑法》第一百三十三条之一、第二十五条第一款、第五十三条、第六十七条、第七十二条、第七十三条之规定，于2013年1月14日判决如下：

一、被告人张纪伟犯危险驾驶罪，判处拘役四个月，缓刑四个月，并处罚金人民币四千元；

二、被告人金鑫犯危险驾驶罪，判处拘役三个月，缓刑三个月，并处罚金人民币三千元。

一审宣判后，被告人张纪伟、金鑫在法定期间内未提起上诉，检察机关亦未提出抗诉，判决已经发生法律效力。

四、交通事故损害赔偿

1. 交通事故受伤人员诊疗

道路交通事故受伤人员临床诊疗指南(节录)

· 2007年5月31日
· 卫医发〔2007〕175号

第一篇
道路交通事故受伤人员创伤简介

一、创伤的基本含义与特点

根据《道路交通安全法》规定,道路是指公路、城市道路和虽在单位管辖范围但允许社会机动车通行的地方,包括广场、公共停车场等用于公众通行的场所。交通事故是指车辆在道路上因过错或者意外造成的人身伤亡或者财产损失的事件。

(一)道路交通事故创伤发生的特点:

1. 发生率高,在临床医学上属常见病、多发病;
2. 伤情复杂。往往是多发伤、复合伤并存,表现为多个部位损伤,或多种因素的损伤;
3. 发病突然,病情凶险,变化快。休克、昏迷等早期并发症发生率高;
4. 现场急救至关重要。往往影响着临床救治时机和创伤的转归;
5. 致残率高。

这些都要求现场急救人员、事故处理人员、医务人员等有关工作人员尽最大努力争取时间,抢救伤员生命,避免或减少并发症的发生。

道路交通事故人员创伤是特殊类型的损伤。由运动的车辆和人之间交互作用而形成,机制复杂,伤情多变。其中最多见的和最典型的是撞击伤。就撞击伤而言,由于受伤者所处的具体条件的不同,伤情可有很大差异。有关统计资料表明,受伤部位发生率较高的是头部和下肢,其次为体表和上肢。重伤的发生率较高,约占创伤的40%,多为多发伤。创伤的性质以挫伤、撕裂伤、辗压伤和闭合性骨折最为多见。

(二)不同受伤人员的伤情特点:

1. 机动车内人员伤情特点:

道路交通事故创伤中,司机与前排乘坐人员受伤发生率较后排人员为高。

机动车内人员受伤的基本机理是惯性作用所致,在车辆被撞击的瞬间,由于车辆的突然减速,司乘人员受惯性作用撞向车前部,甚至经前窗抛出而受伤。就受伤部位而言,司机较多发生头面部、上肢,其次是胸部、脊柱和股部的损伤;乘客较多发生锁骨和肱骨的损伤。

翻车事故时,乘客可被抛出致摔伤、减速伤、创伤性窒息、砸伤等;发生车辆追尾事故时,乘客可受挥鞭伤,出现颈髓、颅内损伤等;困在车内的乘客经多次抛投、撞击、挤压,造成严重多发伤。

2. 摩托车驾驶员的伤情特点:

摩托车驾驶员在驾车行驶时,上半身基本上没有保护,易受伤。在乘客座位上的人员,多数是在撞击时被抛出而致摔伤。摩托车创伤致死者中80%的摩托车驾驶员和90%的摩托车搭乘人员死于头颈部创伤。

3. 骑自行车人的伤情特点:

一般说,自行车速较慢,冲击力不大,因自身因素发生的创伤多较轻。当机动车与其相撞而发生创伤时,骑自行车人被撞倒,如头部先着地,则造成颅脑伤,其次是上肢和下肢损伤。或继发辗压伤,或在受第二次撞击造成腹部内脏损伤。

4. 行人的伤情特点:

在道路交通事故创伤中,行人的受伤多是由机动车辆撞伤,其受伤的作用力一是撞击力,二是摔伤或辗压。再者,行人因受撞击时所处的位置不同和车辆类型不同,伤情特点各异。小车正面撞击行人,直接碰撞行人的下肢或腰部,行人常被弹至车体上方,碰撞到挡风玻璃、车顶而致伤,继而,摔至地面,可发生头颅或软组织损伤,又可遭受辗压;若侧面撞击,先被抛出,后遭另外车辆辗压。大型车辆撞击,多撞击行人的头部或胸腹部,易造成两手、两膝和头面部损伤。

二、道路交通事故人员创伤的基本分类

创伤分类有几种方法,如按体表有无伤口分类,按人体的受伤部位分类,按致伤因素分类等。这里简单介绍按体表有无伤口常用的基本分类法,以供相关人员对创伤的性质和伤情有一个概括性了解和掌握。

依据体表结构的完整性是否受到破坏即体表有无开放的伤口将创伤分为开放性和闭合性两大类。一般来说，开放性创伤容易诊断，易发生伤口污染而继发感染；闭合性创伤诊断有时相当困难（如某些内脏伤），常需要一定时间的临床密切观察期或一定的检查手段才能排除或确诊。多数闭合性损伤可无明显感染，但某些情况下（如空腔脏器破裂）也可以造成严重的感染。

（一）开放性创伤

在交通事故人员创伤中按受伤机制不同一般可分为擦伤、撕裂伤、切割伤和刺伤：

1. 擦伤：是创伤中最轻的一种，是皮肤的浅表损伤，通常仅有受伤皮肤表面擦痕，有少数点状出血或渗血、渗液。

2. 撕裂伤：是由钝性暴力作用于人体造成皮肤和皮下组织的撕裂，多由行驶车辆的拖拉、碾挫所致。伤口呈碎裂状，创缘多不规则，污染多较严重。

3. 切割伤：为锐利物体切开体表所致，如破碎的玻璃、断裂的金属材料、塑料材料等，伤口创缘较整齐，伤口大小及深浅不一，严重者可伤及深部的血管、神经、肌肉，甚至脏器。出血较多。

4. 刺伤：由尖细的锐性物体刺入体内所致，刺伤的伤口多较小，但较深，有时会伤及内脏器官。

（二）闭合性创伤

闭合性损伤按受伤机制和表现形式的不同通常分为挫伤、挤压伤、扭伤、冲击伤和震荡伤：

1. 挫伤：系钝性暴力或重物打击所致的皮下软组织的损伤，多因车辆碰撞、颠覆、坠落造成，主要表现为伤部肿胀、皮下瘀血，严重者可有肌纤维的撕裂和深部形成血肿。如果作用力的方向为螺旋方向称为捻挫，其损伤更为严重。

2. 挤压伤：肢体或躯干大面积的、长时间的受到外部重物的挤压或固定体位的自压所造成的肌肉组织损伤。局部出现严重水肿，血管内可发生血栓形成，组织细胞可发生变性坏死，可发生挤压综合征。挤压伤与挫伤相似，但受力更大，接触面积大，受压时间长。对人体伤害较挫伤更重。

3. 扭伤：是关节部位一侧受到过大的牵张力，相关的韧带超过其正常活动范围而造成的损伤。关节可能会出现一过性的半脱位和韧带纤维部分撕裂，并有内出血、局部肿胀、皮肤青紫和活动障碍。严重的扭伤可伤及肌肉及肌腱，以至发生关节软骨损伤、骨撕脱等。

4. 震荡伤：是头部或身体某些部位受到钝力打击，造成暂时性的意识丧失或功能障碍，无明显的器质性改变。如脑震荡、脊髓震荡、视网膜震荡等。

5. 关节脱位和半脱位：不匀称的暴力作用于关节所致。按骨骼完全脱离或部分脱离关节面分为：关节脱位和半脱位。暴力同时造成关节囊损伤，重者复位后易复发。

6. 闭合型骨折：骨组织受到强暴力作用造成部分或全部断裂。虽然体表没有伤口，但有时造成邻近的神经血管损伤。

7. 闭合性内脏伤：人体受暴力损伤，体表完好无损但能量传入体内造成伤害。如头部受伤时，出现颅内出血、脑挫伤；腹部受撞击时，肝、脾破裂；汽车乘员的安全带伤时，出现内脏出血、脊柱骨折等。

此外，在道路交通事故中除机械性创伤外还可能发生由车辆损毁引发的火灾、爆炸、落水等所致的烧伤、冲击伤、溺水等损伤，其损伤的情况视部位、程度而不同。

三、道路交通事故创伤诊断与处理的基本原则

（一）诊断的基本原则

1. 做好伤情的早期判断

道路交通事故的人员创伤多为多部位、多脏器损伤，伤情多较严重，伤死率较高。首先根据伤员的伤情做出早期判断，对意识状态、有无伤口、受伤部位、肢体活动情况、出血情况等有一个全面掌握，尤其要注意威胁伤员生命的重要体征血压、脉搏、呼吸的变化，注意呼吸道是否通畅，呼吸运动是否有力，血压是否下降，脉搏是否快速、细弱等，以便快速急救。

2. 了解受伤史，分析受伤机制

道路交通事故创伤的伤员一般比较危重，在抢救的同时应尽可能采集受伤史，了解受伤的过程，通过对外伤机制的分析可以对创伤做出大致的判断。

（二）损伤的基本机制

1. 惯性作用

因车辆的突然加速或减速引起或因快速行进的车辆突然刹车停驶，车内乘员惯性向前，身体的某些部位与车体相撞而致伤，如司机前胸撞击到方向盘可引进胸部挫伤；头面部撞击汽车挡风玻璃造成颌面伤；颅颈交界处的韧带、关节、骨骼及脊髓和脑组织亦可发生损伤。

2. 撞击作用

车辆直接碰撞造成人员损伤，撞击力可以直接或间接作用人体，也可将人抛出而致摔伤。

3. 挤压作用

人体被车轮辗压，可以造成碾压部位变形，组织被牵拉撕裂，重者可造成骨折或内脏损伤。

4. 安全带伤

高速行驶的车辆突然减速或急刹车，通过座位安全带固定的人员，固定的部位由于减速力量、挤压力、传导力可致肠系膜根部、腹腔脏器、腰椎等损伤。

5. 烧伤

由于肇事车辆燃烧起火而伤及乘员。

（三）体格检查

创伤的检查要以首先观察伤员的生命体征、其次检查受伤部位和其他方面的变化的原则进行。

1. 伤情初步估计

重点观察伤员的呼吸、脉搏、血压、意识、体温等方面的变化，初步分析判断伤情。

2. 重点检查受伤部位

（1）头部创伤要注意检查颅骨、瞳孔、鼻腔、耳道、腱反射等。

（2）胸部创伤要注意检查胸廓形状，呼吸运动等。

（3）腹部创伤要检查压痛、肌紧张、移动性浊音等。

（4）四肢创伤要检查骨折、关节脱位、血肿等。

3. 伤口的检查

注意检查伤口的大小、深度、出血状况、外露组织、有无血管、神经损伤或可能伤及的脏器，伤口污染情况，有无异物存留等。

4. 闭合伤损伤的检查

除常规物理检查外，常需借助于辅助检查。

5. 辅助检查

（1）诊断性穿刺：包括胸腔穿刺和腹腔穿刺，用以判断有无内脏损伤，如血气胸、消化道损伤、腹腔内出血等。

（2）实验室检查：除按临床诊疗规范要的检查外，尤其要做血常规检查、出、凝血时间，对部分伤后全身改变或并发症的伤员，还要注意检查电解及相关项目。

（3）影像学检查：

1) X线检查：用于骨折、胸或腹部伤及异物存留等。

2) CT、MRI检查：有利于颅脑损伤的定位和腹部实质性脏器、脊髓及某些特殊部位的骨折损伤的诊断。

3) 超声检查：主要用于心脏损伤的诊断。

4) 血管造影：用以确定血管损伤。

5) 肌电图及体表诱发电位检查对脊髓及周围神经损伤的诊断有辅助意义。

6) 导管术检查：插入导尿管可有助于泌尿系损伤的诊断，胸、腹部创伤置入腔内导管可动态观察内脏出血或破裂情况。

6. 手术探查

手术探查是诊断和治疗的重要手段，既可明确诊断，更有利于抢救和进一步治疗。

（四）处理的基本原则

在道路交通事故损伤中，对受伤比较轻微或简单的创伤处置自然容易，而对那些严重的损伤或复杂的复合伤处置起来就比较困难。在紧急情况下，由于伤情在不断变化，有些闭合性损伤诊断的明确还需一个临床过程，在这种情况下，要求医护人员边抢救、边诊断、边治疗，不失时机地救治伤员。

1. 急救：详见附件——创伤现场急救常识。

2. 治疗：

（1）局部处理：

1) 闭合性创伤：处理原则是复位、局部制动。内脏损伤、血管损伤或神经损伤时，需手术治疗。

2) 开放性创伤伤口处理：

道路交通事故人员创伤的伤口多有不同程度污染，或伤口中存留异物或失活组织，死腔大，或血管损伤影响血运等，受伤时间与伤口处理的时间间隔长短也影响伤口处置方法的选择，一般情况下在伤口清扩下行一期缝合，缝合时注意无菌操作，伤口冲洗、消毒，血凝块、异物和失活组织的清除，注意组织对合，消灭死腔。

必要时充分引流，延期或二期缝合。

（2）全身治疗：

1) 维持有效呼吸

对胸外伤中多发性肋骨骨折、开放性气胸、张力性气胸和血胸采用胸腔闭式引流等胸科治疗，必要时采用呼吸机等措施。

2) 维持循环功能

主要是止血、补充有效循环血容量和控制休克。

3) 抗生素的应用

根据伤口污染程度和机体抗感染的能力决定抗生素的应用。

决定用药时，应根据污染或感染的可能致病菌种选择首选和递选的抗生素种类，谨防滥用抗生素造成的不良后果。（详见附件四，《抗菌药物临床应用指导原则》）

4) 注射破伤风抗毒素及专科特用药物

5) 对症处理

止痛，镇静等。

6) 体液的调整

维持水、电解质和酸碱平衡。

7) 营养供给

对不能进食或消化吸收功能障碍的伤员要注意合理营养供应,供给营养时主要是满足热量消耗和纠正氮负平衡,也需要补充维生素和微量元素。营养补给的途径最安全的是胃肠道,对不能经口进食而胃肠功能基本正常的伤员可采用鼻饲或空肠造瘘。对肠吸收功能障碍的伤员可采用肠外营养疗法。

8) 手术选择

对有开放性伤口、出血、穿刺伤伤及重要器官或闭合性内脏破裂以及骨折往往需要手术治疗。

对需手术止血防治休克的要立即手术,对闭合性内脏损伤需手术探查的也要立即行手术探查。

3. 并发症的治疗(见创伤早期并发症)。

第二篇

道路交通事故受伤人员医疗处置原则和认定

第一条 医疗机构对道路交通事故中的受伤人员应当及时抢救,不得因抢救费用未及时支付而拖延救治。

第二条 《道路交通事故受伤人员临床诊疗指南》明确道路交通事故中受伤人员的诊疗原则、方法和内容;规范医疗机构对道路交通事故受伤人员进行诊疗的行为;适用于评价对道路交通事故受伤人员以及其他原因造成的受伤人员实施的诊疗内容的必要性和合理性。

第三条 在对道路交通事故受伤人员进行临床诊疗的过程中,各项临床检查、治疗包括用药和使用医用材料,以及病房和病床等标准,在当地基本医疗保险规定的范围内选择。

第四条 处置原则和认定,只限于对道路交通事故人员创伤及其并发症、合并症的医疗处置,不包括伤者自身的既往伤病和并发病等的处置。后二者需考虑伤病的参与度,划分为完全、主要、同等、次要、轻微及无因果关系等六个等级。

第五条 各项临床处置,只有在相关医疗文书齐全时,方可认定。

(一)门诊病人的各种医疗费用正式票据,须附有:

(1)与费用相对应的药品处方、检查报告单、诊疗内容等;

(2)诊断证明书及对应诊断的病历。

(二)住院病人医疗费用正式票据,须附有:

(1)所有费用的明细清单;

(2)对应处置的医嘱单;

(3)诊断证明书、住院病历、出院记录等。

第六条 临床诊疗应达到临床医学一般原则所承认的治愈(即临床症状和体征消失)或体征固定。具体时限,可参照中华人民共和国公共安全行业标准《人身损害受伤人员误工损失日评定准则》(GA/T 521-2004),必要时申请司法鉴定。

第七条 因道路交通事故损伤所致的人体残废(伤残 impairment),包括:精神的、生理功能的和解剖结构的异常,及其导致的生活、工作和社会活动能力不同程度的丧失,参照中华人民共和国国家标准《道路交通事故受伤人员伤残评定》(GB 18667-2002)由相关司法鉴定机构进行鉴定。

第三篇

(略)

2. 司法鉴定

全国人民代表大会常务委员会
关于司法鉴定管理问题的决定

- 2005年2月28日第十届全国人民代表大会常务委员会第十四次会议通过
- 根据2015年4月24日第十二届全国人民代表大会常务委员会第十四次会议《关于修改〈中华人民共和国义务教育法〉等五部法律的决定》修正

为了加强对鉴定人和鉴定机构的管理,适应司法机关和公民、组织进行诉讼的需要,保障诉讼活动的顺利进行,特作如下决定:

一、司法鉴定是指在诉讼活动中鉴定人运用科学技术或者专门知识对诉讼涉及的专门性问题进行鉴别和判断并提供鉴定意见的活动。

二、国家对从事下列司法鉴定业务的鉴定人和鉴定机构实行登记管理制度:

(一)法医类鉴定;

(二)物证类鉴定;

(三)声像资料鉴定;

(四)根据诉讼需要由国务院司法行政部门商最高人民法院、最高人民检察院确定的其他应当对鉴定人和鉴定机构实行登记管理的鉴定事项。

法律对前款规定事项的鉴定人和鉴定机构的管理另有规定的,从其规定。

三、国务院司法行政部门主管全国鉴定人和鉴定机构的登记管理工作。省级人民政府司法行政部门依照本决定的规定，负责对鉴定人和鉴定机构的登记、名册编制和公告。

四、具备下列条件之一的人员，可以申请登记从事司法鉴定业务：

（一）具有与所申请从事的司法鉴定业务相关的高级专业技术职称；

（二）具有与所申请从事的司法鉴定业务相关的专业执业资格或者高等院校相关专业本科以上学历，从事相关工作五年以上；

（三）具有与所申请从事的司法鉴定业务相关工作十年以上经历，具有较强的专业技能。

因故意犯罪或者职务过失犯罪受过刑事处罚的，受过开除公职处分的，以及被撤销鉴定人登记的人员，不得从事司法鉴定业务。

五、法人或者其他组织申请从事司法鉴定业务的，应当具备下列条件：

（一）有明确的业务范围；

（二）有在业务范围内进行司法鉴定所必需的仪器、设备；

（三）有在业务范围内进行司法鉴定所必需的依法通过计量认证或者实验室认可的检测实验室；

（四）每项司法鉴定业务有三名以上鉴定人。

六、申请从事司法鉴定业务的个人、法人或者其他组织，由省级人民政府司法行政部门审核，对符合条件的予以登记，编入鉴定人和鉴定机构名册并公告。

省级人民政府司法行政部门应当根据鉴定人或者鉴定机构的增加和撤销登记情况，定期更新所编制的鉴定人和鉴定机构名册并公告。

七、侦查机关根据侦查工作的需要设立的鉴定机构，不得面向社会接受委托从事司法鉴定业务。

人民法院和司法行政部门不得设立鉴定机构。

八、各鉴定机构之间没有隶属关系；鉴定机构接受委托从事司法鉴定业务，不受地域范围的限制。

鉴定人应当在一个鉴定机构中从事司法鉴定业务。

九、在诉讼中，对本决定第二条所规定的鉴定事项发生争议，需要鉴定的，应当委托列入鉴定人名册的鉴定人进行鉴定。鉴定人从事司法鉴定业务，由所在的鉴定机构统一接受委托。

鉴定人和鉴定机构应当在鉴定人和鉴定机构名册注明的业务范围内从事司法鉴定业务。

鉴定人应当依照诉讼法律规定实行回避。

十、司法鉴定实行鉴定人负责制度。鉴定人应当独立进行鉴定，对鉴定意见负责并在鉴定书上签名或者盖章。多人参加的鉴定，对鉴定意见有不同意见的，应当注明。

十一、在诉讼中，当事人对鉴定意见有异议的，经人民法院依法通知，鉴定人应当出庭作证。

十二、鉴定人和鉴定机构从事司法鉴定业务，应当遵守法律、法规，遵守职业道德和职业纪律，尊重科学，遵守技术操作规范。

十三、鉴定人或者鉴定机构有违反本决定规定行为的，由省级人民政府司法行政部门予以警告，责令改正。

鉴定人或者鉴定机构有下列情形之一的，由省级人民政府司法行政部门给予停止从事司法鉴定业务三个月以上一年以下的处罚；情节严重的，撤销登记：

（一）因严重不负责任给当事人合法权益造成重大损失的；

（二）提供虚假证明文件或者采取其他欺诈手段，骗取登记的；

（三）经人民法院依法通知，拒绝出庭作证的；

（四）法律、行政法规规定的其他情形。

鉴定人故意作虚假鉴定，构成犯罪的，依法追究刑事责任；尚不构成犯罪的，依照前款规定处罚。

十四、司法行政部门在鉴定人和鉴定机构的登记管理工作中，应当严格依法办事，积极推进司法鉴定的规范化、法制化。对于滥用职权、玩忽职守，造成严重后果的直接责任人员，应当追究相应的法律责任。

十五、司法鉴定的收费标准由省、自治区、直辖市人民政府价格主管部门会同同级司法行政部门制定。

十六、对鉴定人和鉴定机构进行登记、名册编制和公告的具体办法，由国务院司法行政部门制定，报国务院批准。

十七、本决定下列用语的含义是：

（一）法医类鉴定，包括法医病理鉴定、法医临床鉴定、法医精神病鉴定、法医物证鉴定和法医毒物鉴定。

（二）物证类鉴定，包括文书鉴定、痕迹鉴定和微量鉴定。

（三）声像资料鉴定，包括对录音带、录像带、磁盘、光盘、图片等载体上记录的声音、图像信息的真实性、完整性及其所反映的情况过程进行的鉴定和对记录的声音、图像中的语言、人体、物体作出种类或者同一认定。

十八、本决定自2005年10月1日起施行。

3. 损害赔偿

中华人民共和国民法典（节录）

·2020年5月28日第十三届全国人民代表大会第三次会议通过
·2020年5月28日中华人民共和国主席令第45号公布
·自2021年1月1日起施行

……

第七编 侵权责任

第一章 一般规定

第一千一百六十四条 【侵权责任编的调整范围】本编调整因侵害民事权益产生的民事关系。

第一千一百六十五条 【过错责任原则与过错推定责任】行为人因过错侵害他人民事权益造成损害的，应当承担侵权责任。

依照法律规定推定行为人有过错，其不能证明自己没有过错的，应当承担侵权责任。

第一千一百六十六条 【无过错责任】行为人造成他人民事权益损害，不论行为人有无过错，法律规定应当承担侵权责任的，依照其规定。

第一千一百六十七条 【危及他人人身、财产安全的责任承担方式】侵权行为危及他人人身、财产安全的，被侵权人有权请求侵权人承担停止侵害、排除妨碍、消除危险等侵权责任。

第一千一百六十八条 【共同侵权】二人以上共同实施侵权行为，造成他人损害的，应当承担连带责任。

第一千一百六十九条 【教唆侵权、帮助侵权】教唆、帮助他人实施侵权行为的，应当与行为人承担连带责任。

教唆、帮助无民事行为能力人、限制民事行为能力人实施侵权行为的，应当承担侵权责任；该无民事行为能力人、限制民事行为能力人的监护人未尽到监护职责的，应当承担相应的责任。

第一千一百七十条 【共同危险行为】二人以上实施危及他人人身、财产安全的行为，其中一人或者数人的行为造成他人损害，能够确定具体侵权人的，由侵权人承担责任；不能确定具体侵权人的，行为人承担连带责任。

第一千一百七十一条 【分别侵权的连带责任】二人以上分别实施侵权行为造成同一损害，每个人的侵权行为都足以造成全部损害的，行为人承担连带责任。

第一千一百七十二条 【分别侵权的按份责任】二人以上分别实施侵权行为造成同一损害，能够确定责任大小的，各自承担相应的责任；难以确定责任大小的，平均承担责任。

第一千一百七十三条 【与有过错】被侵权人对同一损害的发生或者扩大有过错的，可以减轻侵权人的责任。

第一千一百七十四条 【受害人故意】损害是因受害人故意造成的，行为人不承担责任。

第一千一百七十五条 【第三人过错】损害是因第三人造成的，第三人应当承担侵权责任。

第一千一百七十六条 【自甘风险】自愿参加具有一定风险的文体活动，因其他参加者的行为受到损害的，受害人不得请求其他参加者承担侵权责任；但是，其他参加者对损害的发生有故意或者重大过失的除外。

活动组织者的责任适用本法第一千一百九十八条至第一千二百零一条的规定。

第一千一百七十七条 【自力救济】合法权益受到侵害，情况紧迫且不能及时获得国家机关保护，不立即采取措施将使其合法权益受到难以弥补的损害的，受害人可以在保护自己合法权益的必要范围内采取扣留侵权人的财物等合理措施；但是，应当立即请求有关国家机关处理。

受害人采取的措施不当造成他人损害的，应当承担侵权责任。

第一千一百七十八条 【特别规定优先适用】本法和其他法律对不承担责任或者减轻责任的情形另有规定的，依照其规定。

第二章 损害赔偿

第一千一百七十九条 【人身损害赔偿范围】侵害他人造成人身损害的，应当赔偿医疗费、护理费、交通费、营养费、住院伙食补助费等为治疗和康复支出的合理费用，以及因误工减少的收入。造成残疾的，还应当赔偿辅助器具费和残疾赔偿金；造成死亡的，还应当赔偿丧葬费和死亡赔偿金。

第一千一百八十条 【以相同数额确定死亡赔偿金】因同一侵权行为造成多人死亡的，可以以相同数额确定死亡赔偿金。

第一千一百八十一条 【被侵权人死亡时请求权主体的确定】被侵权人死亡的，其近亲属有权请求侵权人承担侵权责任。被侵权人为组织，该组织分立、合并的，承继权利的组织有权请求侵权人承担侵权责任。

被侵权人死亡的，支付被侵权人医疗费、丧葬费等合理费用的人有权请求侵权人赔偿费用,但是侵权人已经支付该费用的除外。

第一千一百八十二条 【侵害他人人身权益造成财产损失的赔偿计算方式】侵害他人人身权益造成财产损失的,按照被侵权人因此受到的损失或者侵权人因此获得的利益赔偿;被侵权人因此受到的损失以及侵权人因此获得的利益难以确定,被侵权人和侵权人就赔偿数额协商不一致,向人民法院提起诉讼的,由人民法院根据实际情况确定赔偿数额。

第一千一百八十三条 【精神损害赔偿】侵害自然人人身权益造成严重精神损害的,被侵权人有权请求精神损害赔偿。

因故意或者重大过失侵害自然人具有人身意义的特定物造成严重精神损害的,被侵权人有权请求精神损害赔偿。

第一千一百八十四条 【财产损失的计算】侵害他人财产的,财产损失按照损失发生时的市场价格或者其他合理方式计算。

第一千一百八十五条 【故意侵害知识产权的惩罚性赔偿责任】故意侵害他人知识产权,情节严重的,被侵权人有权请求相应的惩罚性赔偿。

第一千一百八十六条 【公平分担损失】受害人和行为人对损害的发生都没有过错的,依照法律的规定由双方分担损失。

第一千一百八十七条 【赔偿费用的支付方式】损害发生后,当事人可以协商赔偿费用的支付方式。协商不一致的,赔偿费用应当一次性支付;一次性支付确有困难的,可以分期支付,但是被侵权人有权请求提供相应的担保。

第四章 产品责任

第一千二百零二条 【产品生产者侵权责任】因产品存在缺陷造成他人损害的,生产者应当承担侵权责任。

……

第五章 机动车交通事故责任

第一千二百零八条 【机动车交通事故责任的法律适用】机动车发生交通事故造成损害的,依照道路交通安全法律和本法的有关规定承担赔偿责任。

第一千二百零九条 【租赁、借用机动车交通事故责任】因租赁、借用等情形机动车所有人、管理人与使用人不是同一人时,发生交通事故造成损害,属于该机动车一方责任的,由机动车使用人承担赔偿责任;机动车所有人、管理人对损害的发生有过错的,承担相应的赔偿责任。

第一千二百一十条 【转让并交付但未办理登记的机动车侵权责任】当事人之间已经以买卖或者其他方式转让并交付机动车但是未办理登记,发生交通事故造成损害,属于该机动车一方责任的,由受让人承担赔偿责任。

第一千二百一十一条 【挂靠机动车交通事故责任】以挂靠形式从事道路运输经营活动的机动车,发生交通事故造成损害,属于该机动车一方责任的,由挂靠人和被挂靠人承担连带责任。

第一千二百一十二条 【擅自驾驶他人机动车交通事故责任】未经允许驾驶他人机动车,发生交通事故造成损害,属于该机动车一方责任的,由机动车使用人承担赔偿责任;机动车所有人、管理人对损害的发生有过错的,承担相应的赔偿责任,但是本章另有规定的除外。

第一千二百一十三条 【交通事故侵权救济来源的支付顺序】机动车发生交通事故造成损害,属于该机动车一方责任的,先由承保机动车强制保险的保险人在强制保险责任限额范围内予以赔偿;不足部分,由承保机动车商业保险的保险人按照保险合同的约定予以赔偿;仍然不足或者没有投保机动车商业保险的,由侵权人赔偿。

第一千二百一十四条 【拼装车、报废车交通事故责任】以买卖或者其他方式转让拼装或者已经达到报废标准的机动车,发生交通事故造成损害的,由转让人和受让人承担连带责任。

第一千二百一十五条 【盗抢机动车交通事故责任】盗窃、抢劫或者抢夺的机动车发生交通事故造成损害的,由盗窃人、抢劫人或者抢夺人承担赔偿责任。盗窃人、抢劫人或者抢夺人与机动车使用人不是同一人,发生交通事故造成损害,属于该机动车一方责任的,由盗窃人、抢劫人或者抢夺人与机动车使用人承担连带责任。

保险人在机动车强制保险责任限额范围内垫付抢救费用的,有权向交通事故责任人追偿。

第一千二百一十六条 【驾驶人逃逸责任承担规则】机动车驾驶人发生交通事故后逃逸,该机动车参加强制保险的,由保险人在机动车强制保险责任限额范围内予以赔偿;机动车不明、该机动车未参加强制保险或者抢救费用超过机动车强制保险责任限额,需要支付被侵权人人身伤亡的抢救、丧葬等费用的,由道路交通事故社会救助基金垫付。道路交通事故社会救助基金垫付后,其管理机构有权向交通事故责任人追偿。

第一千二百一十七条 【好意同乘规则】非营运机动车发生交通事故造成无偿搭乘人损害,属于该机动车一方责任的,应当减轻其赔偿责任,但是机动车使用人有故意或者重大过失的除外。

……

最高人民法院关于审理道路交通事故损害赔偿案件适用法律若干问题的解释

· 2012年9月17日由最高人民法院审判委员会第1556次会议通过
· 根据2020年12月23日最高人民法院审判委员会第1823次会议通过的《最高人民法院关于修改〈最高人民法院关于在民事审判工作中适用〈中华人民共和国工会法〉若干问题的解释〉等二十七件民事类司法解释的决定》修正
· 2020年12月29日最高人民法院公告公布
· 自2021年1月1日起施行
· 法释〔2020〕17号

为正确审理道路交通事故损害赔偿案件,根据《中华人民共和国民法典》《中华人民共和国道路交通安全法》《中华人民共和国保险法》《中华人民共和国民事诉讼法》等法律的规定,结合审判实践,制定本解释。

一、关于主体责任的认定

第一条 机动车发生交通事故造成损害,机动车所有人或者管理人有下列情形之一,人民法院应当认定其对损害的发生有过错,并适用民法典第一千二百零九条的规定确定其相应的赔偿责任:

(一)知道或者应当知道机动车存在缺陷,且该缺陷是交通事故发生原因之一的;

(二)知道或者应当知道驾驶人无驾驶资格或者未取得相应驾驶资格的;

(三)知道或者应当知道驾驶人因饮酒、服用国家管制的精神药品或者麻醉药品,或者患有妨碍安全驾驶机动车的疾病等依法不能驾驶机动车的;

(四)其它应当认定机动车所有人或者管理人有过错的。

第二条 被多次转让但是未办理登记的机动车发生交通事故造成损害,属于该机动车一方责任,当事人请求由最后一次转让并交付的受让人承担赔偿责任的,人民法院应予支持。

第三条 套牌机动车发生交通事故造成损害,属于该机动车一方责任,当事人请求由套牌机动车的所有人或者管理人承担赔偿责任的,人民法院应予支持;被套牌机动车所有人或者管理人同意套牌的,应当与套牌机动车的所有人或者管理人承担连带责任。

第四条 拼装车、已达到报废标准的机动车或者依法禁止行驶的其他机动车被多次转让,并发生交通事故造成损害,当事人请求由所有的转让人和受让人承担连带责任的,人民法院应予支持。

第五条 接受机动车驾驶培训的人员,在培训活动中驾驶机动车发生交通事故造成损害,属于该机动车一方责任,当事人请求驾驶培训单位承担赔偿责任的,人民法院应予支持。

第六条 机动车试乘过程中发生交通事故造成试乘人损害,当事人请求提供试乘服务者承担赔偿责任的,人民法院应予支持。试乘人有过错,应当减轻提供试乘服务者的赔偿责任。

第七条 因道路管理维护缺陷导致机动车发生交通事故造成损害,当事人请求道路管理者承担相应赔偿责任的,人民法院应予支持。但道路管理者能够证明已经依照法律、法规、规章的规定,或者按照国家标准、行业标准、地方标准的要求尽到安全防护、警示等管理维护义务的除外。

依法不得进入高速公路的车辆、行人,进入高速公路发生交通事故造成自身损害,当事人请求高速公路管理者承担赔偿责任的,适用民法典第一千二百四十三条的规定。

第八条 未按照法律、法规、规章或者国家标准、行业标准、地方标准的强制性规定设计、施工,致使道路存在缺陷并造成交通事故,当事人请求建设单位与施工单位承担相应赔偿责任的,人民法院应予支持。

第九条 机动车存在产品缺陷导致交通事故造成损害,当事人请求生产者或者销售者依照民法典第七编第四章的规定承担赔偿责任的,人民法院应予支持。

第十条 多辆机动车发生交通事故造成第三人损害,当事人请求多个侵权人承担赔偿责任的,人民法院应当区分不同情况,依照民法典第一千一百七十条、第一千一百七十一条、第一千一百七十二条的规定,确定侵权人承担连带责任或者按份责任。

二、关于赔偿范围的认定

第十一条 道路交通安全法第七十六条规定的"人身伤亡",是指机动车发生交通事故侵害被侵权人的生命权、身体权、健康权等人身权益所造成的损害,包括民法典第一千一百七十九条和第一千一百八十三条规定的各项损害。

道路交通安全法第七十六条规定的"财产损失",是指因机动车发生交通事故侵害被侵权人的财产权益所造成的损失。

第十二条 因道路交通事故造成下列财产损失,当事人请求侵权人赔偿的,人民法院应予支持:

(一)维修被损坏车辆所支出的费用、车辆所载物品的损失、车辆施救费用;

(二)因车辆灭失或者无法修复,为购买交通事故发生时与被损坏车辆价值相当的车辆重置费用;

(三)依法从事货物运输、旅客运输等经营性活动的车辆,因无法从事相应经营活动所产生的合理停运损失;

(四)非经营性车辆因无法继续使用,所产生的通常替代性交通工具的合理费用。

三、关于责任承担的认定

第十三条 同时投保机动车第三者责任强制保险(以下简称"交强险")和第三者责任商业保险(以下简称"商业三责险")的机动车发生交通事故造成损害,当事人同时起诉侵权人和保险公司的,人民法院应当依照民法典第一千二百一十三条的规定,确定赔偿责任。

被侵权人或者其近亲属请求承保交强险的保险公司优先赔偿精神损害的,人民法院应予支持。

第十四条 投保人允许的驾驶人驾驶机动车致使投保人遭受损害,当事人请求承保交强险的保险公司在责任限额范围内予以赔偿的,人民法院应予支持,但投保人为本车上人员的除外。

第十五条 有下列情形之一导致第三人人身损害,当事人请求保险公司在交强险责任限额范围内予以赔偿,人民法院应予支持:

(一)驾驶人未取得驾驶资格或者未取得相应驾驶资格的;

(二)醉酒、服用国家管制的精神药品或者麻醉药品后驾驶机动车发生交通事故的;

(三)驾驶人故意制造交通事故的。

保险公司在赔偿范围内向侵权人主张追偿权的,人民法院应予支持。追偿权的诉讼时效期间自保险公司实际赔偿之日起计算。

第十六条 未依法投保交强险的机动车发生交通事故造成损害,当事人请求投保义务人在交强险责任限额范围内予以赔偿的,人民法院应予支持。

投保义务人和侵权人不是同一人,当事人请求投保义务人和侵权人在交强险责任限额内承担相应责任的,人民法院应予支持。

第十七条 具有从事交强险业务资格的保险公司违法拒绝承保、拖延承保或者违法解除交强险合同,投保义务人在向第三人承担赔偿责任后,请求该保险公司在交强险责任限额范围内承担相应赔偿责任的,人民法院应予支持。

第十八条 多辆机动车发生交通事故造成第三人损害,损失超出各机动车交强险责任限额之和的,由各保险公司在各自责任限额范围内承担赔偿责任;损失未超出各机动车交强险责任限额之和,当事人请求由各保险公司按照其责任限额与责任限额之和的比例承担赔偿责任的,人民法院应予支持。

依法分别投保交强险的牵引车和挂车连接使用时发生交通事故造成第三人损害,当事人请求由各保险公司在各自的责任限额范围内平均赔偿的,人民法院应予支持。

多辆机动车发生交通事故造成第三人损害,其中部分机动车未投保交强险,当事人请求先由已承保交强险的保险公司在责任限额内予以赔偿的,人民法院应予支持。保险公司就超出其应承担的部分向未投保交强险的投保义务人或者侵权人行使追偿权的,人民法院应予支持。

第十九条 同一交通事故的多个被侵权人同时起诉的,人民法院应当按照各被侵权人的损失比例确定交强险的赔偿数额。

第二十条 机动车所有权在交强险合同有效期内发生变动,保险公司在交通事故发生后,以该机动车未办理交强险合同变更手续为由主张免除赔偿责任的,人民法院不予支持。

机动车在交强险合同有效期内发生改装、使用性质改变等导致危险程度增加的情形,发生交通事故后,当事人请求保险公司在责任限额范围内予以赔偿的,人民法院应予支持。

前款情形下,保险公司另行起诉请求投保义务人按照重新核定后的保险费标准补足当期保险费的,人民法院应予支持。

第二十一条 当事人主张交强险人身伤亡保险金请求权转让或者设定担保的行为无效的,人民法院应予支持。

四、关于诉讼程序的规定

第二十二条 人民法院审理道路交通事故损害赔偿案件,应当将承保交强险的保险公司列为共同被告。但该保险公司已经在交强险责任限额范围内予以赔偿且当事人无异议的除外。

人民法院审理道路交通事故损害赔偿案件,当事人请求将承保商业三者险的保险公司列为共同被告的,人民法院应予准许。

第二十三条 被侵权人因道路交通事故死亡,无近亲属或者近亲属不明,未经法律授权的机关或者有关组织向人民法院起诉主张死亡赔偿金的,人民法院不予受理。

侵权人以已向未经法律授权的机关或者有关组织支付死亡赔偿金为理由,请求保险公司在交强险责任限额范围内予以赔偿的,人民法院不予支持。

被侵权人因道路交通事故死亡,无近亲属或者近亲属不明,支付被侵权人医疗费、丧葬费等合理费用的单位或者个人,请求保险公司在交强险责任限额范围内予以赔偿的,人民法院应予支持。

第二十四条 公安机关交通管理部门制作的交通事故认定书,人民法院应依法审查并确认其相应的证明力,但有相反证据推翻的除外。

五、关于适用范围的规定

第二十五条 机动车在道路以外的地方通行时引发的损害赔偿案件,可以参照适用本解释的规定。

第二十六条 本解释施行后尚未终审的案件,适用本解释;本解释施行前已经终审,当事人申请再审或者按照审判监督程序决定再审的案件,不适用本解释。

最高人民法院关于审理人身损害赔偿案件适用法律若干问题的解释

- 2003年12月4日最高人民法院审判委员会第1299次会议通过
- 根据2020年12月23日最高人民法院审判委员会第1823次会议通过的《最高人民法院关于修改〈最高人民法院关于在民事审判工作中适用《中华人民共和国工会法》若干问题的解释〉等二十七件民事类司法解释的决定》第一次修正
- 根据2022年2月15日最高人民法院审判委员会第1864次会议通过的《最高人民法院关于修改〈最高人民法院关于审理人身损害赔偿案件适用法律若干问题的解释〉的决定》第二次修正
- 2022年4月24日最高人民法院公告公布
- 自2022年5月1日起施行

为正确审理人身损害赔偿案件,依法保护当事人的合法权益,根据《中华人民共和国民法典》《中华人民共和国民事诉讼法》等有关法律规定,结合审判实践,制定本解释。

第一条 因生命、身体、健康遭受侵害,赔偿权利人起诉请求赔偿义务人赔偿物质损害和精神损害的,人民法院应予受理。

本条所称"赔偿权利人",是指因侵权行为或者其他致害原因直接遭受人身损害的受害人以及死亡受害人的近亲属。

本条所称"赔偿义务人",是指因自己或者他人的侵权行为以及其他致害原因依法应当承担民事责任的自然人、法人或者非法人组织。

第二条 赔偿权利人起诉部分共同侵权人的,人民法院应当追加其他共同侵权人作为共同被告。赔偿权利人在诉讼中放弃对部分共同侵权人的诉讼请求的,其他共同侵权人对被放弃诉讼请求的被告应当承担的赔偿份额不承担连带责任。责任范围难以确定的,推定各共同侵权人承担同等责任。

人民法院应当将放弃诉讼请求的法律后果告知赔偿权利人,并将放弃诉讼请求的情况在法律文书中叙明。

第三条 依法应当参加工伤保险统筹的用人单位的劳动者,因工伤事故遭受人身损害,劳动者或者其近亲属向人民法院起诉请求用人单位承担民事赔偿责任的,告知其按《工伤保险条例》的规定处理。

因用人单位以外的第三人侵权造成劳动者人身损害,赔偿权利人请求第三人承担民事赔偿责任的,人民法院应予支持。

第四条 无偿提供劳务的帮工人,在从事帮工活动中致人损害的,被帮工人应当承担赔偿责任。被帮工人承担赔偿责任后向有故意或者重大过失的帮工人追偿的,人民法院应予支持。被帮工人明确拒绝帮工的,不承担赔偿责任。

第五条 无偿提供劳务的帮工人因帮工活动遭受人身损害的,根据帮工人和被帮工人各自的过错承担相应的责任;被帮工人明确拒绝帮工的,被帮工人不承担赔偿责任,但可以在受益范围内予以适当补偿。

帮工人在帮工活动中因第三人的行为遭受人身损害的,有权请求第三人承担赔偿责任,也有权请求被帮工人予以适当补偿。被帮工人补偿后,可以向第三人追偿。

第六条 医疗费根据医疗机构出具的医药费、住院费等收款凭证,结合病历和诊断证明等相关证据确定。赔偿义务人对治疗的必要性和合理性有异议的,应当承担相应的举证责任。

医疗费的赔偿数额，按照一审法庭辩论终结前实际发生的数额确定。器官功能恢复训练所必要的康复费、适当的整容费以及其他后续治疗费，赔偿权利人可以待实际发生后另行起诉。但根据医疗证明或者鉴定结论确定必然发生的费用，可以与已经发生的医疗费一并予以赔偿。

第七条　误工费根据受害人的误工时间和收入状况确定。

误工时间根据受害人接受治疗的医疗机构出具的证明确定。受害人因伤致残持续误工的，误工时间可以计算至定残日前一天。

受害人有固定收入的，误工费按照实际减少的收入计算。受害人无固定收入的，按照其最近三年的平均收入计算；受害人不能举证证明其最近三年的平均收入状况的，可以参照受诉法院所在地相同或者相近行业上一年度职工的平均工资计算。

第八条　护理费根据护理人员的收入状况和护理人数、护理期限确定。

护理人员有收入的，参照误工费的规定计算；护理人员没有收入或者雇佣护工的，参照当地护工从事同等级别护理的劳务报酬标准计算。护理人员原则上为一人，但医疗机构或者鉴定机构有明确意见的，可以参照确定护理人员人数。

护理期限应计算至受害人恢复生活自理能力时止。受害人因残疾不能恢复生活自理能力的，可以根据其年龄、健康状况等因素确定合理的护理期限，但最长不超过二十年。

受害人定残后的护理，应当根据其护理依赖程度并结合配制残疾辅助器具的情况确定护理级别。

第九条　交通费根据受害人及其必要的陪护人员因就医或者转院治疗实际发生的费用计算。交通费应当以正式票据为凭；有关凭据应当与就医地点、时间、人数、次数相符合。

第十条　住院伙食补助费可以参照当地国家机关一般工作人员的出差伙食补助标准予以确定。

受害人确有必要到外地治疗，因客观原因不能住院，受害人本人及其陪护人员实际发生的住宿费和伙食费，其合理部分应予赔偿。

第十一条　营养费根据受害人伤残情况参照医疗机构的意见确定。

第十二条　残疾赔偿金根据受害人丧失劳动能力程度或者伤残等级，按照受诉法院所在地上一年度城镇居民人均可支配收入标准，自定残之日起按二十年计算。但六十周岁以上的，年龄每增加一岁减少一年；七十五周岁以上的，按五年计算。

受害人因伤致残但实际收入没有减少，或者伤残等级较轻但造成职业妨害严重影响其劳动就业的，可以对残疾赔偿金作相应调整。

第十三条　残疾辅助器具费按照普通适用器具的合理费用标准计算。伤情有特殊需要的，可以参照辅助器具配制机构的意见确定相应的合理费用标准。

辅助器具的更换周期和赔偿期限参照配制机构的意见确定。

第十四条　丧葬费按照受诉法院所在地上一年度职工月平均工资标准，以六个月总额计算。

第十五条　死亡赔偿金按照受诉法院所在地上一年度城镇居民人均可支配收入标准，按二十年计算。但六十周岁以上的，年龄每增加一岁减少一年；七十五周岁以上的，按五年计算。

第十六条　被扶养人生活费计入残疾赔偿金或者死亡赔偿金。

第十七条　被扶养人生活费根据扶养人丧失劳动能力程度，按照受诉法院所在地上一年度城镇居民人均消费支出标准计算。被扶养人为未成年人的，计算至十八周岁；被扶养人无劳动能力又无其他生活来源的，计算二十年。但六十周岁以上的，年龄每增加一岁减少一年；七十五周岁以上的，按五年计算。

被扶养人是指受害人依法应当承担扶养义务的未成年人或者丧失劳动能力又无其他生活来源的成年近亲属。被扶养人还有其他扶养人的，赔偿义务人只赔偿受害人依法应当负担的部分。被扶养人有数人的，年赔偿总额累计不超过上一年度城镇居民人均消费支出额。

第十八条　赔偿权利人举证证明其住所地或者经常居住地城镇居民人均可支配收入高于受诉法院所在地标准的，残疾赔偿金或者死亡赔偿金可以按照其住所地或者经常居住地的相关标准计算。

被扶养人生活费的相关计算标准，依照前款原则确定。

第十九条　超过确定的护理期限、辅助器具费给付年限或者残疾赔偿金给付年限，赔偿权利人向人民法院起诉请求继续给付护理费、辅助器具费或者残疾赔偿金的，人民法院应予受理。赔偿权利人确需继续护理、配制辅助器具，或者没有劳动能力和生活来源的，人民法院应当判令赔偿义务人继续给付相关费用五至十年。

第二十条 赔偿义务人请求以定期金方式给付残疾赔偿金、辅助器具费的,应当提供相应的担保。人民法院可以根据赔偿义务人的给付能力和提供担保的情况,确定以定期金方式给付相关费用。但是,一审法庭辩论终结前已经发生的费用、死亡赔偿金以及精神损害抚慰金,应当一次性给付。

第二十一条 人民法院应当在法律文书中明确定期金的给付时间、方式以及每期给付标准。执行期间有关统计数据发生变化的,给付金额应当适时进行相应调整。

定期金按照赔偿权利人的实际生存年限给付,不受本解释有关赔偿期限的限制。

第二十二条 本解释所称"城镇居民人均可支配收入""城镇居民人均消费支出""职工平均工资",按照政府统计部门公布的各省、自治区、直辖市以及经济特区和计划单列市上一年度相关统计数据确定。

"上一年度",是指一审法庭辩论终结时的上一统计年度。

第二十三条 精神损害抚慰金适用《最高人民法院关于确定民事侵权精神损害赔偿责任若干问题的解释》予以确定。

第二十四条 本解释自 2022 年 5 月 1 日起施行。施行后发生的侵权行为引起的人身损害赔偿案件适用本解释。

本院以前发布的司法解释与本解释不一致的,以本解释为准。

最高人民法院关于确定民事侵权
精神损害赔偿责任若干问题的解释

- 2001 年 2 月 26 日由最高人民法院审判委员会第 1161 次会议通过
- 根据 2020 年 12 月 23 日最高人民法院审判委员会第 1823 次会议通过的《最高人民法院关于修改〈最高人民法院关于在民事审判工作中适用《中华人民共和国工会法》若干问题的解释〉等二十七件民事类司法解释的决定》修正
- 2020 年 12 月 29 日最高人民法院公告公布
- 自 2021 年 1 月 1 日起施行
- 法释〔2020〕17 号

为在审理民事侵权案件中正确确定精神损害赔偿责任,根据《中华人民共和国民法典》等有关法律规定,结合审判实践,制定本解释。

第一条 因人身权益或者具有人身意义的特定物受到侵害,自然人或者其近亲属向人民法院提起诉讼请求精神损害赔偿的,人民法院应当依法予以受理。

第二条 非法使被监护人脱离监护,导致亲子关系或者近亲属间的亲属关系遭受严重损害,监护人向人民法院起诉请求赔偿精神损害的,人民法院应当依法予以受理。

第三条 死者的姓名、肖像、名誉、荣誉、隐私、遗体、遗骨等受到侵害,其近亲属向人民法院提起诉讼请求精神损害赔偿的,人民法院应当依法予以支持。

第四条 法人或者非法人组织以名誉权、荣誉权、名称权遭受侵害为由,向人民法院起诉请求精神损害赔偿的,人民法院不予支持。

第五条 精神损害的赔偿数额根据以下因素确定:

(一)侵权人的过错程度,但是法律另有规定的除外;

(二)侵权行为的目的、方式、场合等具体情节;

(三)侵权行为所造成的后果;

(四)侵权人的获利情况;

(五)侵权人承担责任的经济能力;

(六)受理诉讼法院所在地的平均生活水平。

第六条 在本解释公布施行之前已经生效施行的司法解释,其内容有与本解释不一致的,以本解释为准。

· 标准规范

人体损伤致残程度分级

- 2016 年 4 月 18 日

1 范围

本标准规定了人体损伤致残程度分级的原则、方法、内容和等级划分。

本标准适用于人身损害致残程度等级鉴定。

2 规范性引用文件

下列文件对本标准的应用是必不可少的。凡是注日期的引用文件,仅注日期的版本适用于本标准;凡是不注日期的引用文件,其最新版本(包括所有的修改单)适用于本标准。

最高人民法院、最高人民检察院、公安部、国家安全部、司法部发布人体损伤程度鉴定标准

GB/T 16180-2014 劳动能力鉴定 职工工伤与职业病致残等级

GB/T 31147 人身损害护理依赖程度评定

3 术语和定义

3.1 损伤
各种因素造成的人体组织器官结构破坏和/或功能障碍。

3.2 残疾
人体组织器官结构破坏或者功能障碍，以及个体在现代临床医疗条件下难以恢复的生活、工作、社会活动能力不同程度的降低或者丧失。

4 总则

4.1 鉴定原则
应以损伤治疗后果或者结局为依据，客观评价组织器官缺失和/或功能障碍程度，科学分析损伤与残疾之间的因果关系，实事求是地进行鉴定。

受伤人员符合两处以上致残程度等级者，鉴定意见中应该分别写明各处的致残程度等级。

4.2 鉴定时机
应在原发性损伤及其与之确有关联的并发症治疗终结或者临床治疗效果稳定后进行鉴定。

4.3 伤病关系处理
当损伤与原有伤、病共存时，应分析损伤与残疾后果之间的因果关系。根据损伤在残疾后果中的作用力大小确定因果关系的不同形式，可依次分别表述为：完全作用、主要作用、同等作用、次要作用、轻微作用、没有作用。

除损伤"没有作用"以外，均应按照实际残情鉴定致残程度等级，同时说明损伤与残疾后果之间的因果关系；判定损伤"没有作用"的，不应进行致残程度鉴定。

4.4 致残等级划分
本标准将人体损伤致残程度划分为10个等级，从一级（人体致残率100%）到十级（人体致残率10%），每级致残率相差10%。致残程度等级划分依据见附录A。

4.5 判断依据
依据人体组织器官结构破坏、功能障碍及其对医疗、护理的依赖程度，适当考虑由于残疾引起的社会交往和心理因素影响，综合判定致残程度等级。

5 致残程度分级

5.1 一级

5.1.1 颅脑、脊髓及周围神经损伤
1）持续性植物生存状态；
2）精神障碍或者极重度智能减退，日常生活完全不能自理；
3）四肢瘫（肌力3级以下）或者三肢瘫（肌力2级以下）；
4）截瘫（肌力2级以下）伴重度排便功能障碍与重度排尿功能障碍。

5.1.2 颈部及胸部损伤
1）心功能不全，心功能Ⅳ级；
2）严重器质性心律失常，心功能Ⅲ级；
3）心脏移植术后，心功能Ⅲ级；
4）心肺联合移植术后；
5）肺移植术后呼吸困难（极重度）。

5.1.3 腹部损伤
1）原位肝移植术后肝衰竭晚期；
2）双肾切除术后或者孤肾切除术后，需透析治疗维持生命；肾移植术后肾衰竭。

5.1.4 脊柱、骨盆及四肢损伤
1）三肢缺失（上肢肘关节以上，下肢膝关节以上）；
2）二肢缺失（上肢肘关节以上，下肢膝关节以上），第三肢各大关节功能丧失均达75%；
3）二肢缺失（上肢肘关节以上，下肢膝关节以上），第三肢任二大关节强直固定或者功能丧失均达90%。

5.2 二级

5.2.1 颅脑、脊髓及周围神经损伤
1）精神障碍或者重度智能减退，日常生活随时需有人帮助；
2）三肢瘫（肌力3级以下）；
3）偏瘫（肌力2级以下）；
4）截瘫（肌力2级以下）；
5）非肢体瘫运动障碍（重度）。

5.2.2 头面部损伤
1）容貌毁损（重度）；
2）上颌骨或者下颌骨完全缺损；
3）双眼球缺失或者萎缩；
4）双眼盲目5级；
5）双侧眼睑严重畸形（或者眼睑重度下垂，遮盖全部瞳孔），伴双眼盲目3级以上。

5.2.3 颈部及胸部损伤
1）呼吸困难（极重度）；
2）心脏移植术后；
3）肺移植术后。

5.2.4 腹部损伤
1）肝衰竭晚期；
2）肾衰竭；
3）小肠大部分切除术后，消化吸收功能丧失，完全依赖肠外营养。

5.2.5 脊柱、骨盆及四肢损伤
1) 双上肢肘关节以上缺失,或者一上肢肘关节以上缺失伴一下肢膝关节以上缺失;
2) 一肢缺失(上肢肘关节以上,下肢膝关节以上),其余任二肢体各有二大关节功能丧失均达75%;
3) 双上肢各大关节均强直固定或者功能丧失均达90%。

5.2.6 体表及其他损伤
1) 皮肤瘢痕形成达体表面积90%;
2) 重型再生障碍性贫血。

5.3 三级
5.3.1 颅脑、脊髓及周围神经损伤
1) 精神障碍或者重度智能减退,不能完全独立生活,需经常有人监护;
2) 完全感觉性失语或者混合性失语;
3) 截瘫(肌力3级以下)伴排便或者排尿功能障碍;
4) 双手全肌瘫(肌力2级以下),伴双腕关节功能丧失均达75%;
5) 重度排便功能障碍伴重度排尿功能障碍。

5.3.2 头面部损伤
1) 一眼球缺失、萎缩或者盲目5级,另一眼盲目3级;
2) 双眼盲目4级;
3) 双眼视野接近完全缺损,视野有效值≤4%(直径≤5°);
4) 吞咽功能障碍,完全依赖胃管进食。

5.3.3 颈部及胸部损伤
1) 食管闭锁或者切除术后,摄食依赖胃造口或者空肠造口;
2) 心功能不全,心功能Ⅲ级。

5.3.4 腹部损伤
1) 全胰缺失;
2) 一侧肾切除术后,另一侧肾功能重度下降;
3) 小肠大部分切除术后,消化吸收功能严重障碍,大部分依赖肠外营养。

5.3.5 盆部及会阴部损伤
1) 未成年人双侧卵巢缺失或者萎缩,完全丧失功能;
2) 未成年人双侧睾丸缺失或者萎缩,完全丧失功能;
3) 阴茎接近完全缺失(残留长度≤1.0cm)。

5.3.6 脊柱、骨盆及四肢损伤
1) 二肢缺失(上肢腕关节以上,下肢膝关节以上);
2) 一肢缺失(上肢腕关节以上,下肢膝关节以上),另一肢各大关节均强直固定或者功能丧失均达90%;

3) 双上肢各大关节功能丧失均达75%;双下肢各大关节均强直固定或者功能丧失均达90%;一上肢与一下肢各大关节均强直固定或者功能丧失均达90%。

5.4 四级
5.4.1 颅脑、脊髓及周围神经损伤
1) 精神障碍或者中度智能减退,日常生活能力严重受限,间或需要帮助;
2) 外伤性癫痫(重度);
3) 偏瘫(肌力3级以下);
4) 截瘫(肌力3级以下);
5) 阴茎器质性勃起障碍(重度)。

5.4.2 头面部损伤
1) 符合容貌毁损(重度)标准之三项者;
2) 上颌骨或者下颌骨缺损达1/2;
3) 一眼球缺失、萎缩或者盲目5级,另一眼重度视力损害;
4) 双眼盲目3级;
5) 双眼视野极度缺损,视野有效值≤8%(直径≤10°);
6) 双耳听力障碍≥91dB HL。

5.4.3 颈部及胸部损伤
1) 严重器质性心律失常,心功能Ⅱ级;
2) 一侧全肺切除术后;
3) 呼吸困难(重度)。

5.4.4 腹部损伤
1) 肝切除2/3以上;
2) 肝衰竭中期;
3) 胰腺大部分切除,胰岛素依赖;
4) 肾功能重度下降;
5) 双侧肾上腺缺失;
6) 永久性回肠造口。

5.4.5 盆部及会阴部损伤
1) 膀胱完全缺失或者切除术后,行永久性输尿管腹壁造瘘或者肠代膀胱并永久性造口。

5.4.6 脊柱、骨盆及四肢损伤
1) 一上肢腕关节以上缺失伴一下肢踝关节以上缺失,或者双下肢踝关节以上缺失;
2) 双下肢各大关节功能丧失均达75%;一上肢与一下肢各大关节功能丧失均达75%;
3) 手功能丧失分值达150分。

5.4.7 体表及其他损伤
1) 皮肤瘢痕形成达体表面积70%;

2)放射性皮肤癌。
5.5 五级
5.5.1 颅脑、脊髓及周围神经损伤
1)精神障碍或者中度智能减退,日常生活能力明显受限,需要指导;
2)完全运动性失语;
3)完全性失用、失写、失读或者失认等;
4)双侧完全性面瘫;
5)四肢瘫(肌力4级以下);
6)单肢瘫(肌力2级以下);
7)非肢体瘫运动障碍(中度);
8)双手大部分肌瘫(肌力2级以下);
9)双足全肌瘫(肌力2级以下);
10)排便伴排尿功能障碍,其中一项达重度。

5.5.2 头面部损伤
1)符合容貌毁损(重度)标准之二项者;
2)一眼球缺失、萎缩或者盲目5级,另一眼中度视力损害;
3)双眼重度视力损害;
4)双眼视野重度缺损,视野有效值≤16%(直径≤20°);
5)一侧眼睑严重畸形(或者眼睑重度下垂,遮盖全部瞳孔),伴另一眼盲目3级以上;
6)双耳听力障碍≥81dB HL;
7)一耳听力障碍≥91dB HL,另一耳听力障碍≥61dB HL;
8)舌根大部分缺损;
9)咽或者咽后区损伤遗留吞咽功能障碍,只能吞咽流质食物。

5.5.3 颈部及胸部损伤
1)未成年人甲状腺损伤致功能减退,药物依赖;
2)甲状旁腺功能损害(重度);
3)食管狭窄,仅能进流质食物;
4)食管损伤,肠代食管术后。

5.5.4 腹部损伤
1)胰头合并十二指肠切除术后;
2)一侧肾切除术后,另一侧肾功能中度下降;
3)肾移植术后,肾功能基本正常;
4)肾上腺皮质功能明显减退;
5)全胃切除术后;
6)小肠部分切除术后,消化吸收功能障碍,部分依赖肠外营养;
7)全结肠缺失。

5.5.5 盆部及会阴部损伤
1)永久性输尿管腹壁造口;
2)尿瘘难以修复;
3)直肠阴道瘘难以修复;
4)阴道严重狭窄(仅可容纳一中指);
5)双侧睾丸缺失或者完全萎缩,丧失生殖功能;
6)阴茎大部分缺失(残留长度≤3.0cm)。

5.5.6 脊柱、骨盆及四肢损伤
1)一上肢肘关节以上缺失;
2)一肢缺失(上肢腕关节以上,下肢膝关节以上),另一肢各大关节功能丧失均达50%或者其余肢体任二大关节功能丧失均达75%;
3)手功能丧失分值≥120分。

5.6 六级
5.6.1 颅脑、脊髓及周围神经损伤
1)精神障碍或者中度智能减退,日常生活能力部分受限,但能部分代偿,部分日常生活需要帮助;
2)外伤性癫痫(中度);
3)尿崩症(重度);
4)一侧完全性面瘫;
5)三肢瘫(肌力4级以下);
6)截瘫(肌力4级以下)伴排便或者排尿功能障碍;
7)双手部分肌瘫(肌力3级以下);
8)一手全肌瘫(肌力2级以下),伴相应腕关节功能丧失75%以上;
9)双足全肌瘫(肌力3级以下);
10)阴茎器质性勃起障碍(中度)。

5.6.2 头面部损伤
1)符合容貌毁损(中度)标准之四项者;
2)面部中心区条状瘢痕形成(宽度达0.3cm),累计长度达20.0cm;
3)面部片状细小瘢痕形成或者色素显著异常,累计达面部面积的80%;
4)双侧眼睑严重畸形;
5)一眼球缺失、萎缩或者盲目5级,另一眼视力≤0.5;
6)一眼重度视力损害,另一眼中度视力损害;
7)双眼视野中度缺损,视野有效值≤48%(直径≤60°);
8)双侧前庭平衡功能丧失,睁眼行走困难,不能并足站立;

9)唇缺损或者畸形,累计相当于上唇 2/3 以上。

5.6.3 颈部及胸部损伤

1)双侧喉返神经损伤,影响功能;

2)一侧胸廓成形术后,切除 6 根以上肋骨;

3)女性双侧乳房完全缺失;

4)心脏瓣膜置换术后,心功能不全;

5)心功能不全,心功能Ⅱ级;

6)器质性心律失常安装永久性起搏器后;

7)严重器质性心律失常;

8)两肺叶切除术后。

5.6.4 腹部损伤

1)肝切除 1/2 以上;

2)肝衰竭早期;

3)胰腺部分切除术后伴功能障碍,需药物治疗;

4)肾功能中度下降;

5)小肠部分切除术后,影响消化吸收功能,完全依赖肠内营养。

5.6.5 盆部及会阴部损伤

1)双侧卵巢缺失或者萎缩,完全丧失功能;

2)未成年人双侧卵巢萎缩,部分丧失功能;

3)未成年人双侧睾丸萎缩,部分丧失功能;

4)会阴部瘢痕挛缩伴阴道狭窄;

5)睾丸或者附睾损伤,生殖功能重度损害;

6)双侧输精管损伤难以修复;

7)阴茎严重畸形,不能实施性交行为。

5.6.6 脊柱、骨盆及四肢损伤

1)脊柱骨折后遗留 30°以上侧弯或者后凸畸形;

2)一肢缺失(上肢腕关节以上,下肢膝关节以上);

3)双足跖跗关节以上缺失;

4)手或者足功能丧失分值≥90 分。

5.6.7 体表及其他损伤

1)皮肤瘢痕形成达体表面积 50%;

2)非典型再生障碍性贫血。

5.7 七级

5.7.1 颅脑、脊髓及周围神经损伤

1)精神障碍或者轻度智能减退,日常生活有关的活动能力极重度受限;

2)不完全感觉性失语;

3)双侧大部分面瘫;

4)偏瘫(肌力 4 级以下);

5)截瘫(肌力 4 级以下);

6)单肢瘫(肌力 3 级以下);

7)一手大部分肌瘫(肌力 2 级以下);

8)一足全肌瘫(肌力 2 级以下);

9)重度排便功能障碍或者重度排尿功能障碍。

5.7.2 头面部损伤

1)面部中心区条状瘢痕形成(宽度达 0.3cm),累计长度达 15.0cm;

2)面部片状细小瘢痕形成或者色素显著异常,累计达面部面积的 50%;

3)双侧眼睑重度下垂,遮盖全部瞳孔;

4)一眼球缺失或者萎缩;

5)双眼中度视力损害;

6)一眼盲目 3 级,另一眼视力≤0.5;

7)双眼偏盲;

8)一侧眼睑严重畸形(或者眼睑重度下垂,遮盖全部瞳孔)合并该眼盲目 3 级以上;

9)一耳听力障碍≥81dB HL,另一耳听力障碍≥61dB HL;

10)咽或者咽后区损伤遗留吞咽功能障碍,只能吞咽半流质食物;

11)上颌骨或者下颌骨缺损达 1/4;

12)上颌骨或者下颌骨部分缺损伴牙齿缺失 14 枚以上;

13)颌面部软组织缺损,伴发涎漏。

5.7.3 颈部及胸部损伤

1)甲状腺功能损害(重度);

2)甲状旁腺功能损害(中度);

3)食管狭窄,仅能进半流质食物;食管重建术后并发反流性食管炎;

4)颏颈粘连(中度);

5)女性双侧乳房大部分缺失或者严重畸形;

6)未成年或者育龄女性双侧乳头完全缺失;

7)胸廓畸形,胸式呼吸受限;

8)一肺叶切除,并肺段或者肺组织楔形切除术后。

5.7.4 腹部损伤

1)肝切除 1/3 以上;

2)一侧肾切除术后;

3)胆道损伤胆肠吻合术后,反复发作逆行性胆道感染;

4)未成年人脾切除术后;

5)小肠部分(包括回盲部)切除术后;

6)永久性结肠造口;

7)肠瘘长期不愈(1 年以上)。

5.7.5 盆部及会阴部损伤
1) 永久性膀胱造口；
2) 膀胱部分切除术后合并轻度排尿功能障碍；
3) 原位肠代膀胱术后；
4) 子宫大部分切除术后；
5) 睾丸损伤，血睾酮降低，需药物替代治疗；
6) 未成年人一侧睾丸缺失或者严重萎缩；
7) 阴茎畸形，难以实施性交行为；
8) 尿道狭窄(重度)或者成形术后；
9) 肛管或者直肠损伤，排便功能重度障碍或者肛门失禁(重度)；
10) 会阴部瘢痕挛缩致肛门闭锁，结肠造口术后。

5.7.6 脊柱、骨盆及四肢损伤
1) 双下肢长度相差 8.0cm 以上；
2) 一下肢踝关节以上缺失；
3) 四肢任一大关节(踝关节除外)强直固定于非功能位；
4) 四肢任二大关节(踝关节除外)功能丧失均达75%；
5) 一手除拇指外，余四指完全缺失；
6) 双足足弓结构完全破坏；
7) 手或者足功能丧失分值≥60分。

5.8 八级

5.8.1 颅脑、脊髓及周围神经损伤
1) 精神障碍或者轻度智能减退，日常生活有关的活动能力重度受限；
2) 不完全运动性失语；不完全性失用、失写、失读或者失认；
3) 尿崩症(中度)；
4) 一侧大部分面瘫，遗留眼睑闭合不全和口角歪斜；
5) 单肢瘫(肌力4级以下)；
6) 非肢体瘫运动障碍(轻度)；
7) 一手大部分肌瘫(肌力3级以下)；
8) 一足全肌瘫(肌力3级以下)；
9) 阴茎器质性勃起障碍(轻度)。

5.8.2 头面部损伤
1) 容貌毁损(中度)；
2) 符合容貌毁损(重度)标准之一项者；
3) 头皮完全缺损，难以修复；
4) 面部条状瘢痕形成，累计长度达 30.0cm；面部中心区条状瘢痕形成(宽度达 0.2cm)，累计长度达15.0cm；
5) 面部块状增生性瘢痕形成，累计面积达 15.0cm²；面部中心区块状增生性瘢痕形成，单块面积达 7.0cm² 或者多块累计面积达 9.0cm²；
6) 面部片状细小瘢痕形成或者色素异常，累计面积达 100.0cm²；
7) 一眼盲目4级；
8) 一眼视野接近完全缺损，视野有效值≤4%(直径≤5°)；
9) 双眼外伤性青光眼，经手术治疗；
10) 一侧眼睑严重畸形(或者眼睑重度下垂，遮盖全部瞳孔)合并该眼重度视力损害；
11) 一耳听力障碍≥91dB HL；
12) 双耳听力障碍≥61dB HL；
13) 双侧鼻翼大部分缺损，或者鼻尖大部分缺损合并一侧鼻翼大部分缺损；
14) 舌体缺损达舌系带；
15) 唇缺损或者畸形，累计相当于上唇1/2以上；
16) 脑脊液漏经手术治疗后持续不愈；
17) 张口受限Ⅲ度；
18) 发声功能或者构音功能障碍(重度)；
19) 咽成形术后咽下运动异常。

5.8.3 颈部及胸部损伤
1) 甲状腺功能损害(中度)；
2) 颈总动脉或者颈内动脉严重狭窄支架置入或者血管移植术后；
3) 食管部分切除术后，并后遗胸腔胃；
4) 女性一侧乳房完全缺失；女性双侧乳房缺失或者毁损，累计范围相当于一侧乳房3/4以上；
5) 女性双侧乳头完全缺失；
6) 肋骨骨折12根以上并后遗6处畸形愈合；
7) 心脏或者大血管修补术后；
8) 一肺叶切除术后；
9) 胸廓成形术后，影响呼吸功能；
10) 呼吸困难(中度)。

5.8.4 腹部损伤
1) 腹壁缺损≥腹壁的1/4；
2) 成年人脾切除术后；
3) 胰腺部分切除术后；
4) 胃大部分切除术后；
5) 肠部分切除术后，影响消化吸收功能；
6) 胆道损伤，胆肠吻合术后；
7) 损伤致肾性高血压；

8）肾功能轻度下降；
9）一侧肾上腺缺失；
10）肾上腺皮质功能轻度减退。
5.8.5　盆部及会阴部损伤
1）输尿管损伤行代替术或者改道术后；
2）膀胱大部分切除术后；
3）一侧输卵管和卵巢缺失；
4）阴道狭窄；
5）一侧睾丸缺失；
6）睾丸或者附睾损伤，生殖功能轻度损害；
7）阴茎冠状沟以上缺失；
8）阴茎皮肤瘢痕形成，严重影响性交行为。
5.8.6　脊柱、骨盆及四肢损伤
1）二椎体压缩性骨折（压缩程度均达 1/3）；
2）三个以上椎体骨折，经手术治疗后；
3）女性骨盆骨折致骨产道变形，不能自然分娩；
4）股骨头缺血性坏死，难以行关节假体置换术；
5）四肢长骨开放性骨折并发慢性骨髓炎、大块死骨形成，长期不愈（1 年以上）；
6）双上肢长度相差 8.0cm 以上；
7）双下肢长度相差 6.0cm 以上；
8）四肢任一大关节（踝关节除外）功能丧失 75% 以上；
9）一踝关节强直固定于非功能位；
10）一肢体各大关节功能丧失均达 50%；
11）一手拇指缺失达近节指骨 1/2 以上并相应掌指关节强直固定；
12）一足足弓结构完全破坏，另一足足弓结构部分破坏；
13）手或者足功能丧失分值≥40 分。
5.8.7　体表及其他损伤
1）皮肤瘢痕形成达体表面积 30%。
5.9　九级
5.9.1　颅脑、脊髓及周围神经损伤
1）精神障碍或者轻度智能减退，日常生活有关的活动能力中度受限；
2）外伤性癫痫（轻度）；
3）脑叶部分切除术后；
4）一侧部分面瘫，遗留眼睑闭合不全或者口角歪斜；
5）一手部分肌瘫（肌力 3 级以下）；
6）一足大部分肌瘫（肌力 3 级以下）；
7）四肢重要神经损伤（上肢肘关节以上，下肢膝关节以上），遗留相应肌群肌力 3 级以下；
8）严重影响阴茎勃起功能；
9）轻度排便或者排尿功能障碍。
5.9.2　头面部损伤
1）头皮瘢痕形成或者无毛发，达头皮面积 50%；
2）颅骨缺损 25.0cm^2 以上，不宜或者无法手术修补；
3）容貌毁损（轻度）；
4）面部条状瘢痕形成，累计长度达 20.0cm；面部条状瘢痕形成（宽度达 0.2cm），累计长度达 10.0cm，其中至少 5.0cm 以上位于面部中心区；
5）面部块状瘢痕形成，单块面积达 7.0cm^2，或者多块累计面积达 9.0cm^2；
6）面部片状细小瘢痕形成或者色素异常，累计面积达 30.0cm^2；
7）一侧眼睑严重畸形；一侧眼睑重度下垂，遮盖全部瞳孔；双侧眼睑轻度畸形；双侧眼睑下垂，遮盖部分瞳孔；
8）双眼泪器损伤均后遗溢泪；
9）双眼角膜斑翳或者血管翳，累及瞳孔区；双眼角膜移植术后；
10）双眼外伤性白内障；儿童人工晶体植入术后；
11）一眼盲目 3 级；
12）一眼重度视力损害，另一眼视力≤0.5；
13）一眼视野极度缺损，视野有效值≤8%（直径≤10°）；
14）双眼象限性视野缺损；
15）一侧眼睑轻度畸形（或者眼睑下垂，遮盖部分瞳孔）合并该眼中度视力损害；
16）一眼眶骨折后遗眼球内陷 5mm 以上；
17）耳廓缺损或者畸形，累计相当于一侧耳廓；
18）一耳听力障碍≥81dB HL；
19）一耳听力障碍≥61dB HL，另一耳听力障碍≥41dB HL；
20）一侧鼻翼或者鼻尖大部分缺损或者严重畸形；
21）唇缺损或者畸形，露齿 3 枚以上（其中 1 枚露齿达 1/2）；
22）颌骨骨折，经牵引或者固定治疗后遗留功能障碍；
23）上颌骨或者下颌骨部分缺损伴牙齿缺失或者折断 7 枚以上；
24）张口受限Ⅱ度；
25）发声功能或者构音功能障碍（轻度）。
5.9.3　颈部及胸部损伤

1) 颈前三角区瘢痕形成,累计面积达 50.0cm²;
2) 甲状腺功能损害(轻度);
3) 甲状旁腺功能损害(轻度);
4) 气管或者支气管成形术后;
5) 食管吻合术后;
6) 食管腔内支架置入术后;
7) 食管损伤,影响吞咽功能;
8) 女性双侧乳房缺失或者毁损,累计范围相当于一侧乳房 1/2 以上;
9) 女性一侧乳房大部分缺失或者严重畸形;
10) 女性一侧乳头完全缺失或者双侧乳头部分缺失(或者畸形);
11) 肋骨骨折 12 根以上,或者肋骨部分缺失 4 根以上;肋骨骨折 8 根以上并后遗 4 处畸形愈合;
12) 心功能不全,心功能 I 级;
13) 冠状动脉移植术后;
14) 心脏室壁瘤;
15) 心脏异物存留或者取出术后;
16) 缩窄性心包炎;
17) 胸导管损伤;
18) 肺段或者肺组织楔形切除术后;
19) 肺脏异物存留或者取出术后。

5.9.4 腹部损伤
1) 肝部分切除术后;
2) 脾部分切除术后;
3) 外伤性胰腺假性囊肿术后;
4) 一侧肾部分切除术后;
5) 胃部分切除术后;
6) 肠部分切除术后;
7) 胆道损伤胆管外引流术后;
8) 胆囊切除术后;
9) 肠梗阻反复发作;
10) 膈肌修补术后遗留功能障碍(如膈肌麻痹或者膈疝)。

5.9.5 盆部及会阴部损伤
1) 膀胱部分切除术后;
2) 输尿管狭窄成形术后;
3) 输尿管狭窄行腔内扩张术或者腔内支架置入术后;
4) 一侧卵巢缺失或者丧失功能;
5) 一侧输卵管缺失或者丧失功能;
6) 子宫部分切除术后;

7) 一侧附睾缺失;
8) 一侧输精管损伤难以修复;
9) 尿道狭窄(轻度);
10) 肛管或者直肠损伤,排便功能轻度障碍或者肛门失禁(轻度)。

5.9.6 脊柱、骨盆及四肢损伤
1) 一椎体粉碎性骨折,椎管内骨性占位;
2) 一椎体并相应附件骨折,经手术治疗后;二椎体压缩性骨折;
3) 骨盆两处以上骨折或者粉碎性骨折,严重畸形愈合;
4) 青少年四肢长骨骨骺粉碎性或者压缩性骨折;
5) 四肢任一大关节行关节假体置换术后;
6) 双上肢前臂旋转功能丧失均达 75%;
7) 双上肢长度相差 6.0cm 以上;
8) 双下肢长度相差 4.0cm 以上;
9) 四肢任一大关节(踝关节除外)功能丧失 50% 以上;
10) 一踝关节功能丧失 75% 以上;
11) 一肢体各大关节功能丧失均达 25%;
12) 双足拇趾功能丧失均达 75%;一足 5 趾功能均完全丧失;
13) 双足跟骨粉碎性骨折畸形愈合;
14) 双足足弓结构部分破坏;一足足弓结构完全破坏;
15) 手或者足功能丧失分值≥25 分。

5.9.7 体表及其他损伤
1) 皮肤瘢痕形成达体表面积 10%。

5.10 十级

5.10.1 颅脑、脊髓及周围神经损伤
1) 精神障碍或者轻度智能减退,日常生活有关的活动能力轻度受限;
2) 颅脑损伤后遗脑软化灶形成,伴有神经系统症状或者体征;
3) 一侧部分面瘫;
4) 嗅觉功能完全丧失;
5) 尿崩症(轻度);
6) 四肢重要神经损伤,遗留相应肌群肌力 4 级以下;
7) 影响阴茎勃起功能;
8) 开颅术后。

5.10.2 头面部损伤
1) 面颅骨部分缺损或者畸形,影响面容;

2) 头皮瘢痕形成或者无毛发,面积达 40.0cm²;

3) 面部条状瘢痕形成(宽度达 0.2cm),累计长度达 6.0cm,其中至少 3.0cm 位于面部中心区;

4) 面部条状瘢痕形成,累计长度达 10.0cm;

5) 面部块状瘢痕形成,单块面积达 3.0cm²,或者多块累计面积达 5.0cm²;

6) 面部片状细小瘢痕形成或者色素异常,累计面积达 10.0cm²;

7) 一侧眼睑下垂,遮盖部分瞳孔;一侧眼睑轻度畸形;一侧睑球粘连影响眼球运动;

8) 一眼泪器损伤后遗溢泪;

9) 一眼眶骨折后遗眼球内陷 2mm 以上;

10) 复视或者斜视;

11) 一眼角膜斑翳或者血管翳,累及瞳孔区;一眼角膜移植术后;

12) 一眼外伤性青光眼,经手术治疗;一眼外伤性低眼压;

13) 一眼外伤后无虹膜;

14) 一眼外伤性白内障;一眼无晶体或者人工晶体植入术后;

15) 一眼中度视力损害;

16) 双眼视力≤0.5;

17) 一眼视野中度缺损,视野有效值≤48%(直径≤60°);

18) 一耳听力障碍≥61dB HL;

19) 双耳听力障碍≥41dB HL;

20) 一侧前庭平衡功能丧失,伴听力减退;

21) 耳廓缺损或者畸形,累计相当于一侧耳廓的 30%;

22) 鼻尖或者鼻翼部分缺损深达软骨;

23) 唇外翻或者小口畸形;

24) 唇缺损或者畸形,致露齿;

25) 舌部分缺损;

26) 牙齿缺失或者折断 7 枚以上;牙槽骨部分缺损,合并牙齿缺失或者折断 4 枚以上;

27) 张口受限 I 度;

28) 咽或者咽后区损伤影响吞咽功能。

5.10.3 颈部及胸部损伤

1) 颏颈粘连畸形松解术后;

2) 颈前三角区瘢痕形成,累计面积达 25.0cm²;

3) 一侧喉返神经损伤,影响功能;

4) 器质性声音嘶哑;

5) 食管修补术后;

6) 女性一侧乳房部分缺失或者畸形;

7) 肋骨骨折 6 根以上,或者肋骨部分缺失 2 根以上;肋骨骨折 4 根以上并后遗 2 处畸形愈合;

8) 肺修补术后;

9) 呼吸困难(轻度)。

5.10.4 腹部损伤

1) 腹壁疝,难以手术修补;

2) 肝、脾或者胰腺修补术后;

3) 胃、肠或者胆道修补术后;

4) 膈肌修补术后。

5.10.5 盆部及会阴部损伤

1) 肾、输尿管或者膀胱修补术后;

2) 子宫或者卵巢修补术后;

3) 外阴或者阴道修补术后;

4) 睾丸破裂修补术后;

5) 一侧输精管破裂修复术后;

6) 尿道修补术后;

7) 会阴部瘢痕挛缩,肛管狭窄;

8) 阴茎头部分缺失。

5.10.6 脊柱、骨盆及四肢损伤

1) 枢椎齿状突骨折,影响功能;

2) 一椎体压缩性骨折(压缩程度达 1/3)或者粉碎性骨折;一椎体骨折经手术治疗后;

3) 四处以上横突、棘突或者椎弓根骨折,影响功能;

4) 骨盆两处以上骨折或者粉碎性骨折,畸形愈合;

5) 一侧髌骨切除;

6) 一侧膝关节交叉韧带、半月板伴侧副韧带撕裂伤经手术治疗后,影响功能;

7) 青少年四肢长骨骨折累及骨骺;

8) 一上肢前臂旋转功能丧失 75%以上;

9) 双上肢长度相差 4.0cm 以上;

10) 双下肢长度相差 2.0cm 以上;

11) 四肢任一大关节(踝关节除外)功能丧失 25%以上;

12) 一踝关节功能丧失 50%以上;

13) 下肢任一大关节骨折后遗创伤性关节炎;

14) 肢体重要血管循环障碍,影响功能;

15) 一手小指完全缺失并第 5 掌骨部分缺损;

16) 一足拇趾功能丧失 75%以上;一足 5 趾功能丧失均达 50%;双足拇趾功能丧失均达 50%;双足除拇趾外任何 4 趾功能均完全丧失;

17) 一足跟骨粉碎性骨折畸形愈合；
18) 一足足弓结构部分破坏；
19) 手或者足功能丧失分值≥10分。

5.10.7 体表及其他损伤
1) 手部皮肤瘢痕形成或者植皮术后，范围达一手掌面积50%；
2) 皮肤瘢痕形成达体表面积4%；
3) 皮肤创面长期不愈超过1年，范围达体表面积1%。

6 附则

6.1 遇有本标准致残程度分级系列中未列入的致残情形，可根据残疾的实际情况，依据本标准附录A的规定，并比照最相似等级的条款，确定其致残程度等级。

6.2 同一部位和性质的残疾，不应采用本标准条款两条以上或者同一条款两次以上进行鉴定。

6.3 本标准中四肢大关节是指肩、肘、腕、髋、膝、踝等六大关节。

6.4 本标准中牙齿折断是指冠折1/2以上，或者牙齿部分缺失致牙髓腔暴露。

6.5 移植、再植或者再造成活组织器官的损伤应根据实际后遗功能障碍程度参照相应分级条款进行致残程度等级鉴定。

6.6 永久性植入式假体(如颅骨修补材料、种植牙、人工支架等)损坏引起的功能障碍可参照相应分级条款进行致残程度等级鉴定。

6.7 本标准中四肢重要神经是指臂丛及其分支神经(包括正中神经、尺神经、桡神经和肌皮神经等)和腰骶丛及其分支神经(包括坐骨神经、腓总神经和胫神经等)。

6.8 本标准中四肢重要血管是指与四肢重要神经伴行的同名动、静脉。

6.9 精神分裂症或者心境障碍等内源性疾病不是外界致伤因素直接作用所致，不宜作为致残程度等级鉴定的依据，但应对外界致伤因素与疾病之间的因果关系进行说明。

6.10 本标准所指未成年人是指年龄未满18周岁者。

6.11 本标准中涉及面部瘢痕致残程度需测量长度或者面积的数值时，0~6周岁者按标准规定值50%计，7~14周岁者按80%计。

6.12 本标准中凡涉及数量、部位规定时，注明"以上"、"以下"者，均包含本数(有特别说明的除外)。

附录A
(规范性附录)
致残程度等级划分依据

A.1 一级残疾的划分依据
a) 组织器官缺失或者功能完全丧失，其他器官不能代偿；
b) 存在特殊医疗依赖；
c) 意识丧失；
d) 日常生活完全不能自理；
e) 社会交往完全丧失。

A.2 二级残疾的划分依据
a) 组织器官严重缺损或者畸形，有严重功能障碍，其他器官难以代偿；
b) 存在特殊医疗依赖；
c) 日常生活大部分不能自理；
d) 各种活动严重受限，仅限于床上或者椅子上的活动；
e) 社会交往基本丧失。

A.3 三级残疾的划分依据
a) 组织器官严重缺损或者畸形，有严重功能障碍；
b) 存在特殊医疗依赖；
c) 日常生活大部分或者部分不能自理；
d) 各种活动严重受限，仅限于室内的活动；
e) 社会交往极度困难。

A.4 四级残疾的划分依据
a) 组织器官严重缺损或者畸形，有重度功能障碍；
b) 存在特殊医疗依赖或者一般医疗依赖；
c) 日常生活能力严重受限，间或需要帮助；
d) 各种活动严重受限，仅限于居住范围内的活动；
e) 社会交往困难。

A.5 五级残疾的划分依据
a) 组织器官大部分缺损或者明显畸形，有中度(偏重)功能障碍；
b) 存在一般医疗依赖；
c) 日常生活能力部分受限，偶尔需要帮助；
d) 各种活动中度受限，仅限于就近的活动；
e) 社会交往严重受限。

A.6 六级残疾的划分依据
a) 组织器官大部分缺损或者明显畸形，有中度功能障碍；
b) 存在一般医疗依赖；

c)日常生活能力部分受限,但能部分代偿,条件性需要帮助;
d)各种活动中度受限,活动能力降低;
e)社会交往贫乏或者狭窄。

A.7　七级残疾的划分依据
a)组织器官大部分缺损或者明显畸形,有中度(偏轻)功能障碍;
b)存在一般医疗依赖,无护理依赖;
c)日常生活有关的活动能力极重度受限;
d)各种活动中度受限,短暂活动不受限,长时间活动受限;
e)社会交往能力降低。

A.8　八级残疾的划分依据
a)组织器官部分缺损或者畸形,有轻度功能障碍,并造成明显影响;
b)存在一般医疗依赖,无护理依赖;
c)日常生活有关的活动能力重度受限;
d)各种活动轻度受限,远距离活动受限;
e)社会交往受约束。

A.9　九级残疾的划分依据
a)组织器官部分缺损或者畸形,有轻度功能障碍,并造成较明显影响;
b)无医疗依赖或者存在一般医疗依赖,无护理依赖;
c)日常生活有关的活动能力中度受限;
d)工作与学习能力下降;
e)社会交往能力部分受限。

A.10　十级残疾的划分依据
a)组织器官部分缺损或者畸形,有轻度功能障碍,并造成一定影响;
b)无医疗依赖或者存在一般医疗依赖,无护理依赖;
c)日常生活有关的活动能力轻度受限;
d)工作与学习能力受到一定影响;
e)社会交往能力轻度受限。

附录 B
(资料性附录)
器官功能分级判定基准及使用说明

B.1　持续性植物生存状态

植物生存状态可以是暂时的,也可以呈持续性。持续性植物生存状态是指严重颅脑损伤经治疗及必要的康复后仍缺乏意识活动,丧失语言,而仅保留无意识的姿势调整和运动功能的状态。机体虽能维持基本生命体征,但无意识和思维,缺乏对自身和周围环境的感知能力的生存状态。伤者有睡眠-觉醒周期,部分或全部保存下丘脑和脑干功能,但是缺乏任何适应性反应,缺乏任何接受和反映信息的功能性思维。

植物生存状态诊断标准:①认知功能丧失,无意识活动,不能执行指令;②保持自主呼吸和血压;③有睡眠-觉醒周期;④不能理解或表达语言;⑤自动睁眼或刺激下睁眼;⑥可有无目的性眼球跟踪运动;⑦丘脑下部及脑干功能基本保存。

持续性植物生存状态指脑损伤后上述表现至少持续6个月以上,且难以恢复。

注:反复发作性意识障碍,作为癫痫的一组症状或癫痫发作的一种形式时,不单独鉴定其致残程度。

B.2　精神障碍

B.2.1　症状标准

有下列表现之一者:
a)智能损害综合征;
b)遗忘综合征;
c)人格改变;
d)意识障碍;
e)精神病性症状(如幻觉、妄想、紧张综合征等);
f)情感障碍综合征(如躁狂综合征、抑郁综合征等);
g)解离(转换)综合征;
h)神经症样综合征(如焦虑综合征、情感脆弱综合征等)。

B.2.2　精神障碍的认定
a)精神障碍的发病基础需有颅脑损伤的存在;
b)精神障碍的起病时间需与颅脑损伤的发生相吻合;
c)精神障碍应随着颅脑损伤的改善而缓解;
d)无证据提示精神障碍的发病存在其他原因(如强阳性家族史)。

精神分裂症和躁郁症均为内源性疾病,发病主要决定于病人自身的生物学素质,不属于人身损害所致的精神障碍。

B.3　智能损害

B.3.1　智能损害的症状
a)记忆减退,最明显的是学习新事物的能力受损;
b)以思维和信息处理过程减退为特征的智能损害,如抽象概括能力减退,难以解释成语、谚语,掌握词汇量减少,不能理解抽象意义的语汇,难以概括同类事物的共

同特征,或判断力减退;
c) 情感障碍,如抑郁、淡漠,或敌意增加等;
d) 意志减退,如懒散、主动性降低;
e) 其他高级皮层功能受损,如失语、失认、失用或者人格改变等;
f) 无意识障碍。
注:符合上述症状标准至少满6个月方可诊断。

B.3.2　智能损害分级
a) 极重度智能减退　智商(IQ)<20;语言功能丧失;生活完全不能自理。
b) 重度智能减退　IQ 20~34;语言功能严重受损,不能进行有效的交流;生活大部分不能自理。
c) 中度智能减退　IQ 35~49;能掌握日常生活用语,但词汇贫乏,对周围环境辨别能力差,只能以简单的方式与人交往;生活部分不能自理,能做简单劳动。
d) 轻度智能减退　IQ 50~69;无明显语言障碍,对周围环境有较好的辨别能力,能比较恰当的与人交往;生活能自理,能做一般非技术性工作。
e) 边缘智能状态　IQ 70~84;抽象思维能力或者思维广度、深度及机敏性显示不良;不能完成高级或者复杂的脑力劳动。

B.4　生活自理能力
具体评价方法参考《人身损害护理依赖程度评定》(GB/T 31147)。

B.5　失语症
失语症是指由于中枢神经损伤导致抽象信号思维障碍而丧失口语、文字的表达和理解能力的临床症候群,失语症不包括由于意识障碍和普通的智力减退造成的语言症状,也不包括听觉、视觉、书写、发音等感觉和运动器官损害引起的语言、阅读和书写障碍。

失语症又可分为:完全运动性失语,不完全运动性失语;完全感觉性失语,不完全感觉性失语;混合性失语;完全性失用,不完全性失用;完全性失写,不完全性失写;完全性失读,不完全性失读;完全性失认,不完全性失认等。
注:脑外伤后失语的认定应该符合以下几个方面的要求:(1)脑损伤的部位应该与语言功能有关;(2)病史材料应该有就诊记录并且有关于失语的描述;(3)有明确的临床诊断或者专家咨询意见。

B.6　外伤性癫痫分度
外伤性癫痫通常是指颅脑损伤3个月后发生的癫痫,可分为以下三度:
a) 轻度　各种类型的癫痫发作,经系统服药治疗1年后能控制的;
b) 中度　各种类型的癫痫发作,经系统服药治疗1年后,全身性强直-阵挛发作、单纯或复杂部分发作,伴自动症或精神症状(相当于大发作、精神运动性发作)平均每月1次或1次以下,失神发作和其他类型发作平均每周1次以下;
c) 重度　各种类型的癫痫发作,经系统服药治疗1年后,全身性强直-阵挛发作、单纯或复杂部分发作,伴自动症或精神症状(相当于大发作、精神运动性发作)平均每月2次以上,失神发作和其他类型发作平均每周2次以上。
注:外伤性癫痫致残程度鉴定时应根据以下信息综合判断:(1)应有脑器质性损伤或中毒性脑病的病史;(2)应有一年来系统治疗的临床病史资料;(3)可能时,应提供其他有效资料,如脑电图检查、血药浓度测定结果等。其中,前两项是癫痫致残程度鉴定的必要条件。

B.7　肌力分级
肌力是指肌肉收缩时的力量,在临床上分为以下六级:
a) 0级　肌肉完全瘫痪,毫无收缩;
b) 1级　可看到或者触及肌肉轻微收缩,但不能产生动作;
c) 2级　肌肉在不受重力影响下,可进行运动,即肢体能在床面上移动,但不能抬高;
d) 3级　在和地心引力相反的方向中尚能完成其动作,但不能对抗外加阻力;
e) 4级　能对抗一定的阻力,但较正常人降低;
f) 5级　正常肌力。
注:肌力检查时应注意以下几点综合判断:(1)肌力减退多见于神经源性和肌源性,如神经系统损伤所致肌力减退,则应有相应的损伤基础;(2)肌力检查结果是否可靠依赖于检查者正确的检查方法和受检者的理解与配合,肌力检查结果的可靠性要结合伤者的配合程度而定;(3)必要时,应进行神经电生理等客观检查。

B.8　非肢体瘫运动障碍分度
非肢体瘫的运动障碍,包括肌张力增高、深感觉障碍和(或)小脑性共济失调,不自主运动或者震颤等。根据其对生活自理的影响程度划分为轻、中、重三度:
a) 重度　不能自行进食、大小便、洗漱、翻身和穿衣,需要他人护理;
b) 中度　完成上述动作困难,但在他人帮助下可以完成;

c) 轻度　完成上述动作虽有一定困难,但基本可以自理。

注:非肢体运动障碍程度的评定应注意以下几点综合判断:(1)有引起非肢体瘫运动障碍的损伤基础;(2)病史材料中有非肢体瘫运动障碍的诊疗记录和症状描述;(3)有相关生活自理能力受限的检查记录;(4)家属或者近亲属的代诉仅作为参考。

B.9　尿崩症分度
a) 重度　每日尿量在 10000mL 以上;
b) 中度　每日尿量在 5001~9999mL;
c) 轻度　每日尿量在 2500~5000mL。

B.10　排便功能障碍(大便失禁)分度
a) 重度　大便不能控制,肛门括约肌收缩力很弱或者丧失,肛门括约肌收缩反射很弱或者消失,肛门注水法测定直肠内压<20cmH$_2$O;
b) 轻度　稀便不能控制,肛门括约肌收缩力较弱,肛门括约肌收缩反射较弱,肛门注水法测定直肠内压 20~30cmH$_2$O。

注:此处排便功能障碍是指脑、脊髓或者自主神经损伤致肛门括约肌功能障碍所引起的大便失禁。而肛门或者直肠损伤既可以遗留大便失禁,也可以遗留排便困难,应依据相应条款评定致残程度等级。

B.11　排尿功能障碍分度
a) 重度　出现真性重度尿失禁或者排尿困难且尿潴留残余尿≥50mL 者;
b) 轻度　出现真性轻度尿失禁或者排尿困难且尿潴留残余尿≥10mL 但<50mL 者。

注:此处排尿功能障碍是指脑、脊髓或者自主神经损伤致膀胱括约肌功能障碍所引起的小便失禁或者尿潴留。当膀胱括约肌损伤遗留尿失禁或者尿潴留时,也可依据排尿功能障碍程度评定致残程度等级。

B.12　器质性阴茎勃起障碍分度
a) 重度　阴茎无勃起反应,阴茎硬度及周径均无改变;
b) 中度　阴茎勃起时最大硬度>0%,<40%;
c) 轻度　阴茎勃起时最大硬度≥40%,<60%,或者阴茎勃起时最大硬度虽达 60%,但持续时间<10 分钟。

注1:阴茎勃起正常值范围　最大硬度≥60%,持续时间≥10 分钟。

注2:器质性阴茎勃起障碍是指脑、脊髓或者周围神经(躯体神经或者自主神经)损伤所引起的。其他致伤因素所致的血管性、内分泌性或者药物性阴茎勃起障碍也可依此分度评定致残程度等级。

B.13　阴茎勃起功能影响程度分级
a) 严重影响阴茎勃起功能　连续监测三晚,阴茎夜间勃起平均每晚≤1 次;
b) 影响阴茎勃起功能　连续监测三晚,阴茎夜间勃起平均每晚≤3 次。

B.14　面部瘢痕分类
本标准规定的面部包括前额发际下,两耳根前与下颌下缘之间的区域,包括额部、眶部、鼻部、口唇部、颏部、颧部、颊部和腮腺咬肌部,不包括耳廓。以眉弓水平线为上横线,以下唇唇红缘中点处作水平线为下横线,以双侧外眦处作两条垂直线,上述四条线围绕的中央部分为面部中心区。

本标准将面部瘢痕分为以下几类:
a) 面部块状瘢痕　是指增生性瘢痕、瘢痕疙瘩、蹼状瘢痕等,不包括浅表瘢痕(外观多平坦,与四周皮肤表面平齐或者稍低,平滑光亮,色素减退,一般不引起功能障碍);
b) 面部细小瘢痕(或者色素明显改变)　是指面部较密集散在瘢痕或者色素沉着(或者脱失),瘢痕呈网状或者斑片状,其间可见正常皮肤。

B.15　容貌毁损分度

B.15.1　重度
面部瘢痕畸形,并有以下六项中四项者:
a) 双侧眉毛完全缺失;
b) 双睑外翻或者完全缺失;
c) 双侧耳廓完全缺失;
d) 外鼻完全缺失;
e) 上、下唇外翻或者小口畸形;
f) 颏颈粘连(中度以上)。

B.15.2　中度
面部瘢痕畸形,并有以下六项中三项者:
a) 眉毛部分缺失(累计达一侧眉毛 1/2);
b) 眼睑外翻或者部分缺失;
c) 耳廓部分缺损(累计达一侧耳廓 15%);
d) 鼻部分缺损(鼻尖或者鼻翼缺损深达软骨);
e) 唇外翻或者小口畸形;
f) 颏颈粘连(轻度)。

B.15.3　轻度
含中度畸形六项中二项者。

B.16　眼睑畸形分度

B.16.1　眼睑轻度畸形

a) 轻度眼睑外翻　睑结膜与眼球分离，泪点脱离泪阜；
b) 眼睑闭合不全　自然闭合及用力闭合时均不能使睑裂完全消失；
c) 轻度眼睑缺损　上睑和/或下睑软组织缺损，范围<一侧上睑的1/2。

B.16.2　眼睑严重畸形
a) 重度眼睑外翻　睑结膜严重外翻，穹隆部消失；
b) 重度眼睑缺损　上睑和/或下睑软组织缺损，范围≥一侧上睑的1/2。

B.17　张口受限分度
a) 张口受限Ⅰ度　尽力张口时，上、下切牙间仅可勉强置入垂直并列之示指和中指；
b) 张口受限Ⅱ度　尽力张口时，上、下切牙间仅可置入垂直之示指；
c) 张口受限Ⅲ度　尽力张口时，上、下切牙间距小于示指之横径。

B.18　面瘫(面神经麻痹)分级
a) 完全性面瘫　是指面神经5个分支(颞支、颧支、颊支、下颌缘支和颈支)支配的全部肌肉(包括颈部的颈阔肌)瘫痪；
b) 大部分面瘫　是指面神经5个分支中有3个分支支配的肌肉瘫痪；
c) 部分面瘫　是指面神经5个分支中有1个分支支配的肌肉瘫痪。

B.19　视力损害分级
盲及视力损害分级标准见表B-1。

表B-1　盲及视力损害分级标准

分类	远视力低于	远视力等于或优于
轻度或无视力损害		0.3
中度视力损害(视力损害1级)	0.3	0.1
重度视力损害(视力损害2级)	0.1	0.05
盲(盲目3级)	0.05	0.02
盲(盲目4级)	0.02	光感
盲(盲目5级)	无光感	

B.20　颏颈粘连分度
a) 轻度　单纯的颈部瘢痕或者颈胸瘢痕。瘢痕位于颌颈角平面以下的颈胸部，颈部活动基本不受限制，饮食、吞咽等均无影响；
b) 中度　颏颈瘢痕粘连或者颏颈胸瘢痕粘连。颈部后仰及旋转受到限制，饮食、吞咽有所影响，不流涎，下唇前庭沟并不消失，能闭口；
c) 重度　唇颏颈瘢痕粘连。自下唇至颈前均为挛缩瘢痕，下唇、颏部和颈前区均粘连在一起，颈部处于强迫低头姿势。

B.21　甲状腺功能低下分度
a) 重度　临床症状严重，T3、T4或者FT3、FT4低于正常值，TSH>50μU/L；
b) 中度　临床症状较重，T3、T4或者FT3、FT4正常，TSH>50μU/L；
c) 轻度　临床症状较轻，T3、T4或者FT3、FT4正常，TSH轻度增高但<50μU/L。

B.22　甲状旁腺功能低下分度
a) 重度　空腹血钙质量浓度<6mg/dL；
b) 中度　空腹血钙质量浓度6~7mg/dL；
c) 轻度　空腹血钙质量浓度7.1~8mg/dL。
注：以上分级均需结合临床症状，必要时参考甲状旁腺激素水平综合判定。

B.23　发声功能障碍分度
a) 重度　声哑、不能出声；
b) 轻度　发音过弱、声嘶、低调、粗糙、带鼻音。

B.24　构音功能障碍分度
a) 重度　音不分明，语不成句，难以听懂，甚至完全不能说话；
b) 轻度　发音不准，吐字不清，语调速度、节律等异常，以及鼻音过重等。

B.25　呼吸困难分度(见表B-2)

表 B-2 呼吸困难分度

程度	临床表现	阻塞性通气功能减退：一秒钟用力呼气量占预计值百分比	限制性通气功能减退：肺活量	血氧分压（mmHg）
极重度	稍活动（如穿衣、谈话）即气短。	<30%	<50%	<60
重度	平地步行 100 米即有气短。	30%~49%	50%~59%	60~87
中度	平地步行 1000 米无气短，但不能与同龄健康者保持相同速度，快步行走出现气短，登山或上楼时气短明显。	50%~79%	60%~69%	—
轻度	与同龄健康者在平地一同步行无气短，但登山或上楼时呈现气短。	≥80%	70%	—

注：动脉血氧分压在 60~87mmHg 时，需参考其他肺功能检验结果。

B.26 心功能分级

a) Ⅰ级 体力活动无明显受限，日常活动不易引起过度乏力、呼吸困难或者心悸等不适。亦称心功能代偿期；

b) Ⅱ级 体力活动轻度受限，休息时无明显不适症状，但日常活动即可引起乏力、心悸、呼吸困难或者心绞痛。亦称Ⅰ度或者轻度心衰；

c) Ⅲ级 体力活动明显受限，休息时无症状，轻于日常的活动即可引起上述症状。亦称Ⅱ度或者中度心衰；

d) Ⅳ级 不能从事任何体力活动，休息时亦有充血性心衰或心绞痛症状，任何体力活动后加重。亦称Ⅲ度或者重度心衰。

注：心功能评残时机应以损伤后心功能稳定 6 个月以上为宜，结合心功能客观检查结果，如 EF 值等。

B.27 肝衰竭分期

a) 早期 ①极度疲乏，并有厌食、呕吐和腹胀等严重消化道症状；②黄疸进行性加重（血清总胆红素≥171μmol/L 或每日上升 17.1μmol/L；③有出血倾向，30%<凝血酶原活动度（PTA）≤40%；未出现肝性脑病或明显腹水。

b) 中期 在肝衰竭早期表现的基础上，病情进一步进展，并出现以下情况之一者：①出现Ⅱ度以上肝性脑病和（或）明显腹水；②出血倾向明显（出血点或瘀斑），且 20%<凝血酶原活动度（PTA）≤30%。

c) 晚期 在肝衰竭中期表现的基础上，病情进一步进展，并出现以下情况之一者：①有难治性并发症，例如肝肾综合征、上消化道出血、严重感染和难以纠正的电解质紊乱；②出现Ⅲ度以上肝性脑病；③有严重出血倾向（注射部位瘀斑等），凝血酶原活动度（PTA）≤20%。

B.28 肾功能损害分期

肾功能损害是指：①肾脏损伤（肾脏结构或功能异常）≥3 个月，可以有或无肾小球滤过率（GFR）下降，临床上表现为病理学检查异常或者肾损伤（包括血、尿成分异常或影像学检查异常）；②GFR<60mL/(min·1.73m²) 达 3 个月，有或无肾脏损伤证据。

慢性肾脏病（CKD）肾功能损害分期见表 B-3。

表 B-3 肾功能损害分期

CKD 分期	名称	诊断标准
1 期	肾功能正常	GFR≥90mL/(min·1.73m²)
2 期	肾功能轻度下降	GFR60~89mL/(min·1.73m²)≥3 个月，有或无肾脏损伤证据
3 期	肾功能中度下降	GFR30~59mL/(min·1.73m²)
4 期	肾功能重度下降	GFR15~29mL/(min·1.73m²)
5 期	肾衰竭	GFR<15mL/(min·1.73m²)

B.29 肾上腺皮质功能减退分度

B.29.1 功能明显减退

a) 乏力，消瘦，皮肤、黏膜色素沉着，白癜，血压降低，食欲不振；

b) 24h 尿中 17-羟类固醇 < 4mg，17-酮类固醇 < 10mg；

c) 血浆皮质醇含量：早上 8 时，< 9mg/100mL；下午 4 时，< 3mg/100mL；

d) 尿中皮质醇 < 5mg/24h。

B.29.2 功能轻度减退

a) 具有功能明显减退之 b)、c) 两项者；

b) 无典型临床症状。

B.30 生殖功能损害分度

a) 重度 精液中精子缺如；

b) 轻度 精液中精子数 < 500 万/mL，或者异常精子 > 30%，或者死精子与运动能力很弱的精子 > 30%。

B.31 尿道狭窄分度

B.31.1 尿道重度狭窄

a) 临床表现为尿不成线、滴沥，伴有尿急、尿不尽或者遗尿等症状；

b) 尿道造影检查显示尿道明显狭窄，狭窄部位尿道内径小于正常管径的 1/3；

c) 超声检查示膀胱残余尿阳性；

d) 尿流动力学检查示严重排尿功能障碍；

e) 经常行尿道扩张效果不佳，有尿道成形术适应证。

B.31.2 尿道轻度狭窄

a) 临床表现为尿流变细、尿不尽等；

b) 尿道造影检查示尿道狭窄，狭窄部位尿道内径小于正常管径的 2/3；

c) 超声检查示膀胱残余尿阳性；

d) 尿流动力学检查示排尿功能障碍；

e) 有尿道扩张治疗适应证。

注：尿道狭窄应以尿道造影等客观检查为主，结合临床表现综合评判。

B.32 股骨头坏死分期

a) 股骨头坏死 1 期（超微结构变异期） X 线片显示股骨头承载系统中的骨小梁结构排列紊乱、断裂，出现股骨头边缘毛糙。临床上伴有或不伴有局限性轻微疼痛；

b) 股骨头坏死 2 期（有感期） X 线片显示股骨头内部出现小的囊变影，囊变区周围的环区密度不均，骨小梁结构紊乱、稀疏或模糊，也可出现细小的塌陷，塌陷面积可达 10%～30%。临床伴有疼痛明显、活动轻微受限等；

c) 股骨头坏死 3 期（坏死期） X 线片显示股骨头形态改变，可出现边缘不完整、虫蚀状或扁平等形状，部分骨小梁结构消失，骨密度很不均匀，髋臼与股骨头间隙增宽或变窄，也可有骨赘形成。临床表现为疼痛、间歇性跛行、关节活动受限以及患肢出现不同程度的缩短等；

d) 股骨头坏死 4 期（致残期） 股骨头的形态、结构明显改变，出现大面积不规则塌陷或变平，骨小梁结构变异，髋臼与股骨头间隙消失等。临床表现为疼痛、功能障碍、僵直不能行走，出现髋关节脱位或半脱位，可致相应膝关节活动部分受限。

注：本标准股骨头坏死是指股骨头坏死 3 期或者 4 期。若股骨头坏死影像学表现尚未达股骨头坏死 3 期，但临床已行股骨头置换手术，则按四肢大关节人工关节置换术后鉴定致残程度等级。

B.33 再生障碍性贫血

B.33.1 再生障碍性贫血诊断标准

a) 血常规检查 全血细胞减少，校正后的网织红细胞比例 < 1%，淋巴细胞比例增高。至少符合以下三项中的两项：Hb < 100g/L；BPC < 50×10^9/L；中性粒细胞绝对值（ANC）< 1.5×10^9/L。

b) 骨髓穿刺 多部位（不同平面）骨髓增生减低或重度减低；小粒空虚，非造血细胞（淋巴细胞、网状细胞、浆细胞、肥大细胞等）比例增高；巨核细胞明显减少或缺如；红系、粒系细胞均明显减少。

c) 骨髓活检（髂骨） 全切片增生减低，造血组织减少，脂肪组织和（或）非造血细胞增多，网硬蛋白不增加，无异常细胞。

d) 除外检查 必须除外先天性和其他获得性、继发性骨髓衰竭性疾病。

B.33.2 重型再生障碍性贫血

a) 骨髓细胞增生程度 < 25% 正常值；若 ≥ 25% 但 < 50%，则残存造血细胞应 < 30%。

b) 血常规需具备下列三项中的两项：ANC < 0.5×10^9/L；校正的网织红细胞 < 1% 或绝对值 < 20×10^9/L；BPC < 20×10^9/L。

注：若 ANC < 0.2×10^9/L 为极重型再生障碍性贫血。

B.33.3 非重型再生障碍性贫血

未达到重型标准的再生障碍性贫血。

附录 C
（资料性附录）
常用鉴定技术和方法

C.1 视力障碍检查

本标准所指的视力均指"矫正视力"。视力记录可采用小数记录或者 5 分记录两种方式。正常视力是指远距视力经矫正(包括接触镜、针孔镜等)达到 0.8 以上。

中心视力好而视野缩小,以注视点为中心,如视野半径小于 10 度而大于 5 度者相当于盲目 3 级,半径小于 5 度者相当于盲目 4 级。

周边视野检查要求:直径 5mm 的白色视标,检查距离 330mm,视野背景亮度为 31.5asb。

视力障碍检查具体方法参考《视觉功能障碍法医鉴定指南》(SF/Z JD 0103004)。

C.2 视野有效值计算

视野有效值计算公式:

$$\text{实测视野有效值}(\%) = \frac{8\text{条子午线实测视野值的总和}}{500}$$

视野有效值换算见表 C-1。

表 C-1 视野有效值与视野半径的换算

视野有效值(%)	视野度数(半径)
8	5°
16	10°
24	15°
32	20°
40	25°
48	30°
56	35°
64	40°
72	45°

C.3 听力评估方法

听力障碍检查应符合《听力障碍的法医学评定》(GA/T 914)。听力损失计算应按照世界卫生组织推荐的听力减退分级的频率范围,取 0.5、1、2、4kHz 四个频率气导听阈级的平均值。如所得均值不是整数,则小数点后之尾数采用 4 舍 5 入法修为整数。

纯音听阈级测试时,如某一频率纯音气导最大声输出仍无反应时,以最大声输出值作为该频率听阈级。

听觉诱发电位测试时,若最大输出声强仍引不出反应波形的,以最大输出声强为反应阈值。在听阈评估时,听力学单位一律使用听力级(dB HL)。一般情况下,受试者听觉诱发电位反应阈要比其行为听阈高 10~20dB(该差值又称"校正值"),即受试者的行为听阈等于其听觉诱发电位反应阈减去"校正值"。实施听觉诱发电位检测的机构应建立本实验室的"校正值",若尚未建立,建议取参考平均值(15dB)作为"校正值"。

纯音气导听阈级应考虑年龄因素,按照《声学 听阈与年龄关系的统计分布》(GB/T 7582)听阈级偏差的中值(50%)进行修正(见表 C-2)。

表 C-2 耳科正常人随年龄增长超过的听阈偏差中值(GB/T 7582)

年龄	男				女			
	500	1000	2000	4000	500	1000	2000	4000
30~39	1	1	1	2	1	1	1	1
40~49	2	2	3	8	2	2	3	4
50~59	4	4	7	16	4	4	6	9
60~69	6	7	12	28	6	7	11	16
70~	9	11	19	43	9	11	16	24

C.4 前庭功能检查

本标准所指的前庭功能丧失及减退,是指外力作用于颅脑或者耳部,造成前庭系统的损伤,伤后出现前庭平衡功能障碍的临床表现,自发性前庭体征检查法和诱发性前庭功能检查法等有阳性发现(如眼震电图/眼震视图、静、动态平衡仪、前庭诱发电位等检查)。应结合听力检查与神经系统检查,以及影像学检查综合判定前庭功能障碍程度。

C.5 阴茎勃起功能评定

阴茎勃起功能应符合 GA/T 1188《男性性功能障碍法医学鉴定》的要求。

C.6 体表面积计算

九分估算法:成人体表面积视为 100%,将总体表面积划分为 11 个 9% 等面积区域。即:头(面)部与颈部共占 1 个 9%,双上肢共占 2 个 9%,躯干前后及会阴部共占 3 个 9%,臀部及双下肢共占 5 个 9%+1%(见表 C-3)。

表 C-3 体表面积的九分估算法

部位	面积(%)	按九分法面积(%)
头	6	(1×9)= 9
颈	3	
前躯	13	(3×9)= 27
后躯	13	
会阴	1	
双上臂	7	(2×9)= 18
双前臂	6	
双手	5	
臀	5	(5×9+1)= 46
双大腿	21	
双小腿	13	
双足	7	
全身合计	100	(11×9+1)= 100

手掌法:受检者五指并拢,一掌面约相当其自身体表面积的 1%。

公式计算法:体表总面积 $S(m^2) = 0.0061 \times 身长(cm) + 0.0128 \times 体重(kg) - 0.1529$。

注:12 岁以下儿童体表面积:头颈部% = [9+(12-年龄)]%,双下肢% = [46-(12-年龄)]%。

C.7 肢体关节功能评定

先根据受损关节活动度大小及关节肌群肌力等级直接查表(见表 C-4~表 C-9)得出受损关节各方位功能丧失值,再将受损关节各方位功能丧失值累计求和后除以该关节活动方位数(如肩关节活动方位为 6)即可得出受损关节功能丧失值。

注:(1)表 C-4~表 C-9 仅适用于四肢大关节骨关节损伤后遗关节运动活动度受限合并周围神经损伤后遗相关肌群肌力下降所致关节功能障碍的情形。单纯中枢神经或者周围神经损伤所致关节功能障碍的情形应适用专门性条款。(2)当关节活动受限于某一方位时,其同一轴位的另一方位功能丧失值以 100% 计。如腕关节掌屈和背屈,轴位相同,但方位不同。当腕关节活动限制在掌屈 10 度与 50 度之间,则掌屈以 40 度计(查表求得功能丧失值为 30%),而背屈功能丧失值以 100% 计。(3)伤侧关节功能丧失值应与对(健)侧进行比较,即同时用查表法分别求出伤侧和对侧关节功能丧失值,并用伤侧关节功能丧失值减去对侧关节功能丧失值,其差值即为伤侧关节功能实际丧失值。(4)由于本方法对于关节功能的评定已经考虑到肌力减退对于关节功能的影响,故在测量关节运动活动度时,应以关节被动活动度为准。

C.7.1 肩关节功能丧失程度评定(见表 C-4)

表 C-4　肩关节功能丧失程度(%)

关节运动活动度		≤M1	M2	M3	M4	M5
			肌	力		
前屈	≥171	100	75	50	25	0
	151~170	100	77	55	32	10
	131~150	100	80	60	40	20
	111~130	100	82	65	47	30
	91~110	100	85	70	55	40
	71~90	100	87	75	62	50
	51~70	100	90	80	70	60
	31~50	100	92	85	77	70
	≤30	100	95	90	85	80
后伸	≥41	100	75	50	25	0
	31~40	100	80	60	40	20
	21~30	100	85	70	55	40
	11~20	100	90	80	70	60
	≤10	100	95	90	85	80
外展	≥171	100	75	50	25	0
	151~170	100	77	55	32	10
	131~150	100	80	60	40	20
	111~130	100	82	65	47	30
	91~110	100	85	70	55	40
	71~90	100	87	75	62	50
	51~70	100	90	80	70	60
	31~50	100	92	85	77	70
	≤30	100	95	90	85	80
内收	≥41	100	75	50	25	0
	31~40	100	80	60	40	20
	21~30	100	85	70	55	40
	11~20	100	90	80	70	60
	≤10	100	95	90	85	80
内旋	≥81	100	75	50	25	0
	71~80	100	77	55	32	10
	61~70	100	80	60	40	20
	51~60	100	82	65	47	30
	41~50	100	85	70	55	40
	31~40	100	87	75	62	50
	21~30	100	90	80	70	60
	11~20	100	92	85	77	70
	≤10	100	95	90	85	80

	关节运动活动度	肌力				
		≤M1	M2	M3	M4	M5
外旋	≥81	100	75	50	25	0
	71~80	100	77	55	32	10
	61~70	100	80	60	40	20
	51~60	100	82	65	47	30
	41~50	100	85	70	55	40
	31~40	100	87	75	62	50
	21~30	100	90	80	70	60
	11~20	100	92	85	77	70
	≤10	100	95	90	85	80

C.7.2 肘关节功能丧失程度评定（见表C-5）

表C-5 肘关节功能丧失程度(%)

	关节运动活动度	肌力				
		≤M1	M2	M3	M4	M5
屈曲	≥41	100	75	50	25	0
	36~40	100	77	55	32	10
	31~35	100	80	60	40	20
	26~30	100	82	65	47	30
	21~25	100	85	70	55	40
	16~20	100	87	75	62	50
	11~15	100	90	80	70	60
	6~10	100	92	85	77	70
	≤5	100	95	90	85	80
伸展	81~90	100	75	50	25	0
	71~80	100	77	55	32	10
	61~70	100	80	60	40	20
	51~60	100	82	65	47	30
	41~50	100	85	70	55	40
	31~40	100	87	75	62	50
	21~30	100	90	80	70	60
	11~20	100	92	85	77	70
	≤10	100	95	90	85	80

注：为方便肘关节功能计算，此处规定肘关节以屈曲90度为中立位0度。

C.7.3 腕关节功能丧失程度评定(见表C-6)

表C-6 腕关节功能丧失程度(%)

关节运动活动度		≤M1	M2	M3	M4	M5
掌屈	≥61	100	75	50	25	0
	51~60	100	77	55	32	10
	41~50	100	80	60	40	20
	31~40	100	82	65	47	30
	26~30	100	85	70	55	40
	21~25	100	87	75	62	50
	16~20	100	90	80	70	60
	11~15	100	92	85	77	70
	≤10	100	95	90	85	80
背屈	≥61	100	75	50	25	0
	51~60	100	77	55	32	10
	41~50	100	80	60	40	20
	31~40	100	82	65	47	30
	26~30	100	85	70	55	40
	21~25	100	87	75	62	50
	16~20	100	90	80	70	60
	11~15	100	92	85	77	70
	≤10	100	95	90	85	80
桡屈	≥21	100	75	50	25	0
	16~20	100	80	60	40	20
	11~15	100	85	70	55	40
	6~10	100	90	80	70	60
	≤5	100	95	90	85	80
尺屈	≥41	100	75	50	25	0
	31~40	100	80	60	40	20
	21~30	100	85	70	55	40
	11~20	100	90	80	70	60
	≤10	100	95	90	85	80

C.7.4 髋关节功能丧失程度评定(见表 C-7)

表 C-7 髋关节功能丧失程度(%)

关节运动活动度		≤M1	M2	M3	M4	M5
前屈	≥121	100	75	50	25	0
	106~120	100	77	55	32	10
	91~105	100	80	60	40	20
	76~90	100	82	65	47	30
	61~75	100	85	70	55	40
	46~60	100	87	75	62	50
	31~45	100	90	80	70	60
	16~30	100	92	85	77	70
	≤15	100	95	90	85	80
后伸	≥11	100	75	50	25	0
	6~10	100	85	70	55	20
	1~5	100	90	80	70	50
	0	100	95	90	85	80
外展	≥41	100	75	50	25	0
	31~40	100	80	60	40	20
	21~30	100	85	70	55	40
	11~20	100	90	80	70	60
	≤10	100	95	90	85	80
内收	≥16	100	75	50	25	0
	11~15	100	80	60	40	20
	6~10	100	85	70	55	40
	1~5	100	90	80	70	60
	0	100	95	90	85	80
外旋	≥41	100	75	50	25	0
	31~40	100	80	60	40	20
	21~30	100	85	70	55	40
	11~20	100	90	80	70	60
	≤10	100	95	90	85	80
内旋	≥41	100	75	50	25	0
	31~40	100	80	60	40	20
	21~30	100	85	70	55	40
	11~20	100	90	80	70	60
	≤10	100	95	90	85	80

注:表中前屈指屈膝位前屈。

C.7.5 膝关节功能丧失程度评定(见表C-8)

表 C-8 膝关节功能丧失程度(%)

关节运动活动度		≤M1	M2	M3	M4	M5
				肌 力		
屈曲	≥130	100	75	50	25	0
	116~129	100	77	55	32	10
	101~115	100	80	60	40	20
	86~100	100	82	65	47	30
	71~85	100	85	70	55	40
	61~70	100	87	75	62	50
	46~60	100	90	80	70	60
	31~45	100	92	85	77	70
	≤30	100	95	90	85	80
伸展	≤-5	100	75	50	25	0
	-6~-10	100	77	55	32	10
	-11~-20	100	80	60	40	20
	-21~-25	100	82	65	47	30
	-26~-30	100	85	70	55	40
	-31~-35	100	87	75	62	50
	-36~-40	100	90	80	70	60
	-41~-45	100	92	85	77	70
	≥46	100	95	90	85	80

注:表中负值表示膝关节伸展时到达功能位(直立位)所差的度数。考虑到膝关节同一轴位屈伸活动相互重叠,膝关节功能丧失程度的计算方法与其他关节略有不同,即根据关节屈曲与伸展运动活动度查表得出相应功能丧失程度,再求和即为膝关节功能丧失程度。当二者之和大于100%时,以100%计算。

C.7.6 踝关节功能丧失程度评定(见表C-9)

表 C-9 踝关节功能丧失程度(%)

关节运动活动度		≤M1	M2	M3	M4	M5
				肌 力		
背屈	≥16	100	75	50	25	0
	11~15	100	80	60	40	20
	6~10	100	85	70	55	40
	1~5	100	90	80	70	60
	0	100	95	90	85	80
跖屈	≥41	100	75	50	25	0
	31~40	100	80	60	40	20
	21~30	100	85	70	55	40
	11~20	100	90	80	70	60
	≤10	100	95	90	85	80

C.8 手、足功能丧失程度评定

C.8.1 手、足缺失评分(见图 C-1 和图 C-2)

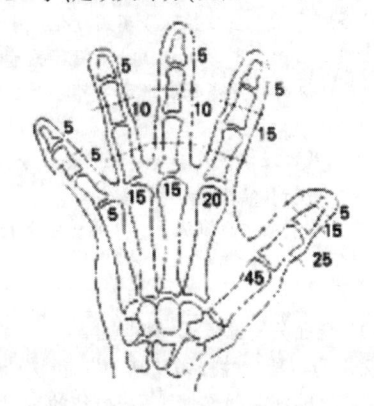

图 C-1　手缺失评分示意图
图中数字示手指缺失平面相当于手功能丧失的分值

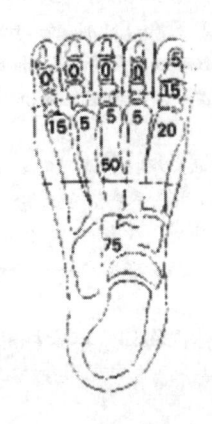

图 C-2　足缺失评分示意图
图中数字示足缺失平面相当于足功能丧失的分值

C.8.2 手指关节功能障碍评分(见表 C-10)

表 C-10　手指关节功能障碍相当于手功能丧失分值的评定

受累部位及情形		功能障碍程度及手功能丧失分值		
^	^	非功能位强直	功能位强直或关节活动度≤1/2 参考值	关节活动度>1/2、但≤3/4 参考值
拇指	第一掌腕/掌指/指间关节均受累	40	25	15
^	掌指、指间关节均受累	30	20	10
^	掌指、指间单一关节受累	20	15	5
示指	掌指、指间关节均受累	20	15	5
^	掌指或近侧指间关节受累	15	10	0
^	远侧指间关节受累	5	5	0
中指	掌指、指间关节均受累	15	5	5
^	掌指或近侧指间关节受累	10	5	0
^	远侧指间关节受累	5	0	0
环指	掌指、指间关节均受累	10	5	5
^	掌指或近侧指间关节受累	5	5	0
^	远侧指间关节受累	5	0	0
小指	掌指、指间关节均受累	5	5	0
^	掌指或近侧指间关节受累	5	5	0
^	远侧指间关节受累	0	0	0
腕关节	手功能大部分丧失时腕关节受累	10	5	0

注1：单手、单足部分缺失及功能障碍定级说明：(1)手、足缺失及功能障碍量化图表不能代替标准具体残级条款，条款中有列举的伤情应优先依据相应条款确定残级，只有在现有残级条款未能列举具体致残程度等级的情况下，可以参照本图表量化评估定级；(2)图C-1中将每一手指划分为远、中、近三个区域，依据各部位功能重要性赋予不同分值。手部分缺失离断的各种情形可按不同区域分值累计相加，参考定级。图C-2使用方法同图C-1；(3)表C-10按手指各关节及腕关节功能障碍的不同程度分别赋予不同分值，各种手功能障碍的情形或合并手部分缺失的致残程度情形均可按对应分值累计相加。

注2：双手部分缺失及功能障碍定级说明：双手功能损伤，按双手分值加权累计定级。设一手功能为100分，双手总分为200分。设分值较高一手分值为A，分值较低一手分值为B，最终双手计分为：A+B×(200-A)/200。

注3：双足部分缺失定级说明：双足功能损伤，按双足分值加权累计定级。设一足功能为75分，双足总分为150分。设分值较高一足分值为A，分值较低一足分值为B，最终双足计分为：A+B×(150-A)/150。

人体损伤程度鉴定标准

·2013年8月30日

1 范围

本标准规定了人体损伤程度鉴定的原则、方法、内容和等级划分。

本标准适用于《中华人民共和国刑法》及其他法律、法规所涉及的人体损伤程度鉴定。

2 规范性引用文件

下列文件对于本文件的应用是必不可少的。本标准引用文件的最新版本适用于本标准。

GB 18667 道路交通事故受伤人员伤残评定

GB/T 16180 劳动能力鉴定 职工工伤与职业病致残等级

GB/T 26341-2010 残疾人残疾分类和分级

3 术语和定义

3.1 重伤

使人肢体残废、毁人容貌、丧失听觉、丧失视觉、丧失其他器官功能或者其他对于人身健康有重大伤害的损伤，包括重伤一级和重伤二级。

3.2 轻伤

使人肢体或者容貌损害，听觉、视觉或者其他器官功能部分障碍或者其他对于人身健康有中度伤害的损伤，包括轻伤一级和轻伤二级。

3.3 轻微伤

各种致伤因素所致的原发性损伤，造成组织器官结构轻微损害或者轻微功能障碍。

4 总则

4.1 鉴定原则

4.1.1 遵循实事求是的原则，坚持以致伤因素对人体直接造成的原发性损伤及由损伤引起的并发症或者后遗症为依据，全面分析，综合鉴定。

4.1.2 对于以原发性损伤及其并发症作为鉴定依据的，鉴定时应以损伤当时伤情为主，损伤的后果为辅，综合鉴定。

4.1.3 对于以容貌损害或者组织器官功能障碍作为鉴定依据的，鉴定时应以损伤的后果为主，损伤当时伤情为辅，综合鉴定。

4.2 鉴定时机

4.2.1 以原发性损伤为主要鉴定依据的，伤后即可进行鉴定；以损伤所致的并发症为主要鉴定依据的，在伤情稳定后进行鉴定。

4.2.2 以容貌损害或者组织器官功能障碍为主要鉴定依据的，在损伤90日后进行鉴定；在特殊情况下可以根据原发性损伤及其并发症出具鉴定意见，但须对有可能出现的后遗症加以说明，必要时应进行复检并予以补充鉴定。

4.2.3 疑难、复杂的损伤，在临床治疗终结或者伤情稳定后进行鉴定。

4.3 伤病关系处理原则

4.3.1 损伤为主要作用的，既往伤/病为次要或者轻微作用的，应依据本标准相应条款进行鉴定。

4.3.2 损伤与既往伤/病共同作用的，即二者作用相当的，应依据本标准相应条款适度降低损伤程度等级，即等级为重伤一级和重伤二级的，可视具体情况鉴定为轻伤一级或者轻伤二级，等级为轻伤一级和轻伤二级的，均鉴定为轻微伤。

4.3.3 既往伤/病为主要作用的，即损伤为次要或者轻微作用的，不宜进行损伤程度鉴定，只说明因果关系。

5 损伤程度分级

5.1 颅脑、脊髓损伤

5.1.1 重伤一级

a)植物生存状态。

b)四肢瘫(三肢以上肌力3级以下)。
c)偏瘫、截瘫(肌力2级以下),伴大便、小便失禁。
d)非肢体瘫的运动障碍(重度)。
e)重度智能减退或者器质性精神障碍,生活完全不能自理。

5.1.2 重伤二级
a)头皮缺损面积累计75.0cm² 以上。
b)开放性颅骨骨折伴硬脑膜破裂。
c)颅骨凹陷性或者粉碎性骨折,出现脑受压症状和体征,须手术治疗。
d)颅底骨折,伴脑脊液漏持续4周以上。
e)颅底骨折,伴面神经或者听神经损伤引起相应神经功能障碍。
f)外伤性蛛网膜下腔出血,伴神经系统症状和体征。
g)脑挫(裂)伤,伴神经系统症状和体征。
h)颅内出血,伴脑受压症状和体征。
i)外伤性脑梗死,伴神经系统症状和体征。
j)外伤性脑脓肿。
k)外伤性脑动脉瘤,须手术治疗。
l)外伤性迟发性癫痫。
m)外伤性脑积水,须手术治疗。
n)外伤性颈动脉海绵窦瘘。
o)外伤性下丘脑综合征。
p)外伤性尿崩症。
q)单肢瘫(肌力3级以下)。
r)脊髓损伤致重度肛门失禁或者重度排尿障碍。

5.1.3 轻伤一级
a)头皮创口或者瘢痕长度累计20.0cm以上。
b)头皮撕脱伤面积累计50.0cm² 以上;头皮缺损面积累计24.0cm² 以上。
c)颅骨凹陷性或者粉碎性骨折。
d)颅底骨折伴脑脊液漏。
e)脑挫(裂)伤;颅内出血;慢性颅内血肿;外伤性硬脑膜下积液。
f)外伤性脑积水;外伤性颅内动脉瘤;外伤性脑梗死;外伤性颅内低压综合征。
g)脊髓损伤致排便或者排尿功能障碍(轻度)。
h)脊髓挫裂伤。

5.1.4 轻伤二级
a)头皮创口或者瘢痕长度累计8.0cm以上。
b)头皮撕脱伤面积累计20.0cm² 以上;头皮缺损面积累计10.0cm² 以上。

c)帽状腱膜下血肿范围50.0cm² 以上。
d)颅骨骨折。
e)外伤性蛛网膜下腔出血。
f)脑神经损伤引起相应神经功能障碍。

5.1.5 轻微伤
a)头部外伤后伴有神经症状。
b)头皮擦伤面积5.0cm² 以上;头皮挫伤;头皮下血肿。
c)头皮创口或者瘢痕。

5.2 面部、耳廓损伤
5.2.1 重伤一级
a)容貌毁损(重度)。

5.2.2 重伤二级
a)面部条状瘢痕(50%以上位于中心区),单条长度10.0cm以上,或者两条以上长度累计15.0cm以上。
b)面部块状瘢痕(50%以上位于中心区),单块面积6.0cm² 以上,或者两块以上面积累计10.0cm² 以上。
c)面部片状细小瘢痕或者显著色素异常,面积累计达面部30%。
d)一侧眼球萎缩或者缺失。
e)眼睑缺失相当于一侧上眼睑1/2以上。
f)一侧眼睑重度外翻或者双侧眼睑中度外翻。
g)一侧上睑下垂完全覆盖瞳孔。
h)一侧眼眶骨折致眼球内陷0.5cm以上。
i)一侧鼻泪管和内眦韧带断裂。
j)鼻部离断或者缺损30%以上。
k)耳廓离断、缺损或者挛缩畸形累计相当于一侧耳廓面积50%以上。
l)口唇离断或者缺损致牙齿外露3枚以上。
m)舌体离断或者缺损达舌系带。
n)牙齿脱落或者牙折共7枚以上。
o)损伤致张口困难Ⅲ度。
p)面神经损伤致一侧面肌大部分瘫痪,遗留眼睑闭合不全和口角歪斜。
q)容貌毁损(轻度)。

5.2.3 轻伤一级
a)面部单个创口或者瘢痕长度6.0cm以上;多个创口或者瘢痕长度累计10.0cm以上。
b)面部块状瘢痕,单块面积4.0cm² 以上;多块面积累计7.0cm² 以上。
c)面部片状细小瘢痕或者明显色素异常,面积累计30.0cm² 以上。

d) 眼睑缺失相当于一侧上眼睑 1/4 以上。
e) 一侧眼睑中度外翻;双侧眼睑轻度外翻。
f) 一侧上眼睑下垂覆盖瞳孔超过 1/2。
g) 两处以上不同眶壁骨折;一侧眶壁骨折致眼球内陷 0.2cm 以上。
h) 双侧泪器损伤伴溢泪。
i) 一侧鼻泪管断裂;一侧内眦韧带断裂。
j) 耳廓离断、缺损或者挛缩畸形累计相当于一侧耳廓面积 30% 以上。
k) 鼻部离断或者缺损 15% 以上。
l) 口唇离断或者缺损致牙齿外露 1 枚以上。
m) 牙齿脱落或者牙折共 4 枚以上。
n) 损伤致张口困难 Ⅱ 度。
o) 腮腺总导管完全断裂。
p) 面神经损伤致一侧面肌部分瘫痪,遗留眼睑闭合不全或者口角歪斜。

5.2.4 轻伤二级
a) 面部单个创口或者瘢痕长度 4.5cm 以上;多个创口或者瘢痕长度累计 6.0cm 以上。
b) 面颊穿透创,皮肤创口或者瘢痕长度 1.0cm 以上。
c) 口唇全层裂创,皮肤创口或者瘢痕长度 1.0cm 以上。
d) 面部块状瘢痕,单块面积 3.0cm² 以上或多块面积累计 5.0cm² 以上。
e) 面部片状细小瘢痕或者色素异常,面积累计 8.0cm² 以上。
f) 眶壁骨折(单纯眶内壁骨折除外)。
g) 眼睑缺损。
h) 一侧眼睑轻度外翻。
i) 一侧上眼睑下垂覆盖瞳孔。
j) 一侧眼睑闭合不全。
k) 一侧泪器损伤伴溢泪。
l) 耳廓创口或者瘢痕长度累计 6.0cm 以上。
m) 耳廓离断、缺损或者挛缩畸形累计相当于一侧耳廓面积 15% 以上。
n) 鼻尖或者一侧鼻翼缺损。
o) 鼻骨粉碎性骨折;双侧鼻骨骨折;鼻骨骨折合并上颌骨额突骨折;鼻骨骨折合并中隔骨折;双侧上颌骨额突骨折。
p) 舌缺损。
q) 牙齿脱落或者牙折 2 枚以上。

r) 腮腺、颌下腺或者舌下腺实质性损伤。
s) 损伤致张口困难 Ⅰ 度。
t) 颌骨骨折(牙槽突骨折及一侧上颌骨额突骨折除外)。
u) 颧骨骨折。

5.2.5 轻微伤
a) 面部软组织创。
b) 面部损伤留有瘢痕或者色素改变。
c) 面部皮肤擦伤,面积 2.0cm² 以上;面部软组织挫伤;面部划伤 4.0cm 以上。
d) 眶内壁骨折。
e) 眼部挫伤;眼部外伤后影响外观。
f) 耳廓创。
g) 鼻骨骨折;鼻出血。
h) 上颌骨额突骨折。
i) 口腔粘膜破损;舌损伤。
j) 牙齿脱落或者缺损;牙槽突骨折;牙齿松动 2 枚以上或者 Ⅲ 度松动 1 枚以上。

5.3 听器听力损伤
5.3.1 重伤一级
a) 双耳听力障碍(≥91dB HL)。
5.3.2 重伤二级
a) 一耳听力障碍(≥91dB HL)。
b) 一耳听力障碍(≥81dB HL),另一耳听力障碍(≥41dB HL)。
c) 一耳听力障碍(≥81dB HL),伴同侧前庭平衡功能障碍。
d) 双耳听力障碍(≥61dB HL)。
e) 双侧前庭平衡功能丧失,睁眼行走困难,不能并足站立。

5.3.3 轻伤一级
a) 双耳听力障碍(≥41dB HL)。
b) 双耳外耳道闭锁。

5.3.4 轻伤二级
a) 外伤性鼓膜穿孔 6 周不能自行愈合。
b) 听骨骨折或者脱位;听骨链固定。
c) 一耳听力障碍(≥41dB HL)。
d) 一侧前庭平衡功能障碍,伴同侧听力减退。
e) 一耳外耳道横截面 1/2 以上狭窄。

5.3.5 轻微伤
a) 外伤性鼓膜穿孔。
b) 鼓室积血。

c) 外伤后听力减退。
5.4 视器视力损伤
5.4.1 重伤一级
a) 一眼眼球萎缩或者缺失,另一眼盲目3级。
b) 一眼视野完全缺损,另一眼视野半径20°以下(视野有效值32%以下)。
c) 双眼盲目4级。
5.4.2 重伤二级
a) 一眼盲目3级。
b) 一眼重度视力损害,另一眼中度视力损害。
c) 一眼视野半径10°以下(视野有效值16%以下)。
d) 双眼偏盲;双眼残留视野半径30°以下(视野有效值48%以下)。
5.4.3 轻伤一级
a) 外伤性青光眼,经治疗难以控制眼压。
b) 一眼虹膜完全缺损。
c) 一眼重度视力损害;双眼中度视力损害。
d) 一眼视野半径30°以下(视野有效值48%以下);双眼视野半径50°以下(视野有效值80%以下)。
5.4.4 轻伤二级
a) 眼球穿通伤或者眼球破裂伤;前房出血须手术治疗;房角后退;虹膜根部离断或者虹膜缺损超过1个象限;睫状体脱离;晶状体脱位;玻璃体积血;外伤性视网膜脱离;外伤性视网膜出血;外伤性黄斑裂孔;外伤性脉络膜脱离。
b) 角膜斑翳或者血管翳;外伤性白内障;外伤性低眼压;外伤性青光眼。
c) 瞳孔括约肌损伤致瞳孔显著变形或者瞳孔散大(直径0.6cm以上)。
d) 斜视;复视。
e) 睑球粘连。
f) 一眼矫正视力减退至0.5以下(或者较伤前视力下降0.3以上);双眼矫正视力减退至0.7以下(或者较伤前视力下降0.2以上);原单眼中度以上视力损害者,伤后视力降低一个级别。
g) 一眼视野半径50°以下(视野有效值80%以下)。
5.4.5 轻微伤
a) 眼球损伤影响视力。
5.5 颈部损伤
5.5.1 重伤一级
a) 颈部大血管破裂。
b) 咽喉部广泛毁损,呼吸完全依赖气管套管或者造口。

c) 咽或者食管广泛毁损,进食完全依赖胃管或者造口。
5.5.2 重伤二级
a) 甲状旁腺功能低下(重度)。
b) 甲状腺功能低下,药物依赖。
c) 咽部、咽后区、喉或者气管穿孔。
d) 咽喉或者颈部气管损伤,遗留呼吸困难(3级)。
e) 咽或者食管损伤,遗留吞咽功能障碍(只能进流食)。
f) 喉损伤遗留发声障碍(重度)。
g) 颈内动脉血栓形成,血管腔狭窄(50%以上)。
h) 颈总动脉血栓形成,血管腔狭窄(25%以上)。
i) 颈前三角区增生瘢痕,面积累计30.0cm²以上。
5.5.3 轻伤一级
a) 颈前部单个创口或者瘢痕长度10.0cm以上;多个创口或者瘢痕长度累计16.0cm以上。
b) 颈前三角区瘢痕,单块面积10.0cm²以上;多块面积累计12.0cm²以上。
c) 咽喉部损伤遗留发声或者构音障碍。
d) 咽或者食管损伤,遗留吞咽功能障碍(只能进半流食)。
e) 颈总动脉血栓形成;颈内动脉血栓形成;颈外动脉血栓形成;椎动脉血栓形成。
5.5.4 轻伤二级
a) 颈前部单个创口或者瘢痕长度5.0cm以上;多个创口或者瘢痕长度累计8.0cm以上。
b) 颈前部瘢痕,单块面积4.0cm²以上,或者两块以上面积累计6.0cm²以上。
c) 甲状腺挫裂伤。
d) 咽喉软骨骨折。
e) 喉或者气管损伤。
f) 舌骨骨折。
g) 膈神经损伤。
h) 颈部损伤出现窒息征象。
5.5.5 轻微伤
a) 颈部创口或者瘢痕长度1.0cm以上。
b) 颈部擦伤面积4.0cm²以上。
c) 颈部挫伤面积2.0cm²以上。
d) 颈部划伤长度5.0cm以上。
5.6 胸部损伤
5.6.1 重伤一级
a) 心脏损伤,遗留心功能不全(心功能Ⅳ级)。

b)肺损伤致一侧全肺切除或者双肺三肺叶切除。
5.6.2 重伤二级
a)心脏挫伤,遗留心功能不全(心功能Ⅲ级)。
b)心脏破裂;心包破裂。
c)女性双侧乳房损伤,完全丧失哺乳功能;女性一侧乳房大部分缺失。
d)纵隔血肿或者气肿,须手术治疗。
e)气管或者支气管破裂,须手术治疗。
f)肺破裂,须手术治疗。
g)血胸、气胸或者血气胸,伴一侧肺萎陷70%以上,或者双侧肺萎陷均在50%以上。
h)食管穿孔或者全层破裂,须手术治疗。
i)脓胸或者肺脓肿;乳糜胸;支气管胸膜瘘;食管胸膜瘘;食管支气管瘘。
j)胸腔大血管破裂。
k)膈肌破裂。
5.6.3 轻伤一级
a)心脏挫伤致心包积血。
b)女性一侧乳房损伤,丧失哺乳功能。
c)肋骨骨折6处以上。
d)纵隔血肿;纵隔气肿。
e)血胸、气胸或者血气胸,伴一侧肺萎陷30%以上,或者双侧肺萎陷均在20%以上。
f)食管挫裂伤。
5.6.4 轻伤二级
a)女性一侧乳房部分缺失或者乳腺导管损伤。
b)肋骨骨折2处以上。
c)胸骨骨折;锁骨骨折;肩胛骨骨折。
d)胸锁关节脱位;肩锁关节脱位。
e)胸部损伤,致皮下气肿1周不能自行吸收。
f)胸腔积血;胸腔积气。
g)胸壁穿透创。
h)胸部挤压出现窒息征象。
5.6.5 轻微伤
a)肋骨骨折;肋软骨骨折。
b)女性乳房擦挫伤。
5.7 腹部损伤
5.7.1 重伤一级
a)肝功能损害(重度)。
b)胃肠道损伤致消化吸收功能严重障碍,依赖肠外营养。
c)肾功能不全(尿毒症期)。

5.7.2 重伤二级
a)腹腔大血管破裂。
b)胃、肠、胆囊或者胆道全层破裂,须手术治疗。
c)肝、脾、胰或者肾破裂,须手术治疗。
d)输尿管损伤致尿外渗,须手术治疗。
e)腹部损伤致肠瘘或者尿瘘。
f)腹部损伤引起弥漫性腹膜炎或者感染性休克。
g)肾周血肿或者肾包膜下血肿,须手术治疗。
h)肾功能不全(失代偿期)。
i)肾损伤致肾性高血压。
j)外伤性肾积水;外伤性肾动脉瘤;外伤性肾动静脉瘘。
k)腹腔积血或者腹膜后血肿,须手术治疗。
5.7.3 轻伤一级
a)胃、肠、胆囊或者胆道非全层破裂。
b)肝包膜破裂;肝脏实质内血肿直径2.0cm以上。
c)脾包膜破裂;脾实质内血肿直径2.0cm以上。
d)胰腺包膜破裂。
e)肾功能不全(代偿期)。
5.7.4 轻伤二级
a)胃、肠、胆囊或者胆道挫伤。
b)肝包膜下或者实质内出血。
c)脾包膜下或者实质内出血。
d)胰腺挫伤。
e)肾包膜下或者实质内出血。
f)肝功能损害(轻度)。
g)急性肾功能障碍(可恢复)。
h)腹腔积血或者腹膜后血肿。
i)腹壁穿透创。
5.7.5 轻微伤
a)外伤性血尿。
5.8 盆部及会阴损伤
5.8.1 重伤一级
a)阴茎及睾丸全部缺失。
b)子宫及卵巢全部缺失。
5.8.2 重伤二级
a)骨盆骨折畸形愈合,致双下肢相对长度相差5.0cm以上。
b)骨盆不稳定性骨折,须手术治疗。
c)直肠破裂,须手术治疗。
d)肛管损伤致大便失禁或者肛管重度狭窄,须手术治疗。

e)膀胱破裂,须手术治疗。
f)后尿道破裂,须手术治疗。
g)尿道损伤致重度狭窄。
h)损伤致早产或者死胎;损伤致胎盘早期剥离或者流产,合并轻度休克。
i)子宫破裂,须手术治疗。
j)卵巢或者输卵管破裂,须手术治疗。
k)阴道重度狭窄。
l)幼女阴道Ⅱ度撕裂伤。
m)女性会阴或者阴道Ⅲ度撕裂伤。
n)龟头缺失达冠状沟。
o)阴囊皮肤撕脱伤面积占阴囊皮肤面积50%以上。
p)双侧睾丸损伤,丧失生育能力。
q)双侧附睾或者输精管损伤,丧失生育能力。
r)直肠阴道瘘;膀胱阴道瘘;直肠膀胱瘘。
s)重度排尿障碍。

5.8.3 轻伤一级
a)骨盆2处以上骨折;骨盆骨折畸形愈合;髋臼骨折。
b)前尿道破裂,须手术治疗。
c)输尿管狭窄。
d)一侧卵巢缺失或者萎缩。
e)阴道轻度狭窄。
f)龟头缺失1/2以上。
g)阴囊皮肤撕脱伤面积占阴囊皮肤面积30%以上。
h)一侧睾丸或者附睾缺失;一侧睾丸或者附睾萎缩。

5.8.4 轻伤二级
a)骨盆骨折。
b)直肠或者肛管挫裂伤。
c)一侧输尿管挫裂伤;膀胱挫裂伤;尿道挫裂伤。
d)子宫挫裂伤;一侧卵巢或者输卵管挫裂伤。
e)阴道撕裂伤。
f)女性外阴皮肤创口或者瘢痕长度累计4.0cm以上。
g)龟头部分缺损。
h)阴茎撕脱伤;阴茎皮肤创口或者瘢痕长度2.0cm以上;阴茎海绵体出血并形成硬结。
i)阴囊壁贯通创;阴囊皮肤创口或者瘢痕长度累计4.0cm以上;阴囊内积血,2周内未完全吸收。
j)一侧睾丸破裂、血肿、脱位或者扭转。
k)一侧输精管破裂。
l)轻度肛门失禁或者轻度肛门狭窄。
m)轻度排尿障碍。
n)外伤性难免流产;外伤性胎盘早剥。

5.8.5 轻微伤
a)会阴部软组织挫伤。
b)会阴创;阴囊创;阴茎创。
c)阴囊皮肤挫伤。
d)睾丸或者阴茎挫伤。
e)外伤性先兆流产。

5.9 脊柱四肢损伤
5.9.1 重伤一级
a)二肢以上离断或者缺失(上肢腕关节以上、下肢踝关节以上)。
b)二肢六大关节功能完全丧失。

5.9.2 重伤二级
a)四肢任一大关节强直畸形或者功能丧失50%以上。
b)臂丛神经干性或者束性损伤,遗留肌瘫(肌力3级以下)。
c)正中神经肘部以上损伤,遗留肌瘫(肌力3级以下)。
d)桡神经肘部以上损伤,遗留肌瘫(肌力3级以下)。
e)尺神经肘部以上损伤,遗留肌瘫(肌力3级以下)。
f)骶丛神经或者坐骨神经损伤,遗留肌瘫(肌力3级以下)。
g)股骨干骨折缩短5.0cm以上、成角畸形30°以上或者严重旋转畸形。
h)胫腓骨骨折缩短5.0cm以上、成角畸形30°以上或者严重旋转畸形。
i)膝关节挛缩畸形屈曲30°以上。
j)一侧膝关节交叉韧带完全断裂遗留旋转不稳。
k)股骨颈骨折或者髋关节脱位,致股骨头坏死。
l)四肢长骨骨折不愈合或者假关节形成;四肢长骨骨折并发慢性骨髓炎。
m)一足离断或者缺失50%以上;足跟离断或者缺失50%以上。
n)一足的第一趾和其余任何二趾离断或者缺失;一足除第一趾外,离断或者缺失4趾。
o)两足5个以上足趾离断或者缺失。
p)一足第一趾及其相连的跖骨离断或者缺失。
q)一足除第一趾外,任何三趾及其相连的跖骨离断或者缺失。

5.9.3 轻伤一级
a)四肢任一大关节功能丧失25%以上。
b)一节椎体压缩骨折超过1/3以上;二节以上椎体

骨折;三处以上横突、棘突或者椎弓骨折。
c) 膝关节韧带断裂伴半月板破裂。
d) 四肢长骨骨折畸形愈合。
e) 四肢长骨粉碎性骨折或者两处以上骨折。
f) 四肢长骨骨折累及关节面。
g) 股骨颈骨折未见股骨头坏死,已行假体置换。
h) 骶板断裂。
i) 一足离断或者缺失10%以上;足跟离断或者缺失20%以上。
j) 一足的第一趾离断或者缺失;一足除第一趾外的任何二趾离断或者缺失。
k) 三个以上足趾离断或者缺失。
l) 除第一趾外任何一趾及其相连的跖骨离断或者缺失。
m) 肢体皮肤创口或者瘢痕长度累计45.0cm以上。

5.9.4 轻伤二级
a) 四肢任一大关节功能丧失10%以上。
b) 四肢重要神经损伤。
c) 四肢重要血管破裂。
d) 椎骨骨折或者脊椎脱位(尾椎脱位不影响功能的除外);外伤性椎间盘突出。
e) 肢体大关节韧带断裂;半月板破裂。
f) 四肢长骨骨折;髌骨骨折。
g) 骨骺分离。
h) 损伤致肢体大关节脱位。
i) 第一趾缺失超过趾间关节;除第一趾外,任何二趾缺失超过趾间关节;一趾缺失。
j) 两节趾骨骨折;一节趾骨骨折合并一跖骨骨折。
k) 两跖骨骨折或者一跖骨完全骨折;距骨、跟骨、骰骨、楔骨或者足舟骨骨折;跖跗关节脱位。
l) 肢体皮肤一处创口或者瘢痕长度10.0cm以上;两处以上创口或者瘢痕长度累计15.0cm以上。

5.9.5 轻微伤
a) 肢体一处创口或者瘢痕长度1.0cm以上;两处以上创口或者瘢痕长度累计1.5cm以上;刺创深达肌层。
b) 肢体关节、肌腱或者韧带损伤。
c) 骨挫伤。
d) 足骨骨折。
e) 外伤致趾甲脱落,甲床暴露;甲床出血。
f) 尾椎脱位。

5.10 手损伤
5.10.1 重伤一级

a) 双手离断、缺失或者功能完全丧失。

5.10.2 重伤二级
a) 手功能丧失累计达一手功能36%。
b) 一手拇指挛缩畸形不能对指和握物。
c) 一手除拇指外,其余任何三指挛缩畸形,不能对指和握物。
d) 一手拇指离断或者缺失超过指间关节。
e) 一手示指和中指全部离断或者缺失。
f) 一手除拇指外的任何三指离断或者缺失均超过近侧指间关节。

5.10.3 轻伤一级
a) 手功能丧失累计达一手功能16%。
b) 一手拇指离断或者缺失未超过指间关节。
c) 一手除拇指外的示指和中指离断或者缺失均超过远侧指间关节。
d) 一手除拇指外的环指和小指离断或者缺失均超过近侧指间关节。

5.10.4 轻伤二级
a) 手功能丧失累计达一手功能4%。
b) 除拇指外的一个指节离断或者缺失。
c) 两节指骨线性骨折或者一节指骨粉碎性骨折(不含第2至5指末节)。
d) 舟骨骨折、月骨脱位或者掌骨完全性骨折。

5.10.5 轻微伤
a) 手擦伤面积10.0cm^{2}以上或者挫伤面积6.0cm^{2}以上。
b) 手一处创口或者瘢痕长度1.0cm以上;两处以上创口或者瘢痕长度累计1.5cm以上;刺伤深达肌层。
c) 手关节或者肌腱损伤。
d) 腕骨、掌骨或者指骨骨折。
e) 外伤致指甲脱落,甲床暴露;甲床出血。

5.11 体表损伤
5.11.1 重伤二级
a) 挫伤面积累计达体表面积30%。
b) 创口或者瘢痕长度累计200.0cm以上。

5.11.2 轻伤一级
a) 挫伤面积累计达体表面积10%。
b) 创口或者瘢痕长度累计40.0cm以上。
c) 撕脱伤面积100.0cm^{2}以上。
d) 皮肤缺损30.0cm^{2}以上。

5.11.3 轻伤二级
a) 挫伤面积达体表面积6%。

b) 单个创口或者瘢痕长度 10.0cm 以上；多个创口或者瘢痕长度累计 15.0cm 以上。

c) 撕脱伤面积 50.0cm² 以上。

d) 皮肤缺损 6.0cm² 以上。

5.11.4 轻微伤

a) 擦伤面积 20.0cm² 以上或者挫伤面积 15.0cm² 以上。

b) 一处创口或者瘢痕长度 1.0cm 以上；两处以上创口或者瘢痕长度累计 1.5cm 以上；刺创深达肌层。

c) 咬伤致皮肤破损。

5.12 其他损伤

5.12.1 重伤一级

a) 深 II°以上烧烫伤面积达体表面积 70%或者 III°面积达 30%。

5.12.2 重伤二级

a) II°以上烧烫伤面积达体表面积 30%或者 III°面积达 10%；面积低于上述程度但合并吸入有毒气体中毒或者严重呼吸道烧烫伤。

b) 枪弹创，创道长度累计 180.0cm。

c) 各种损伤引起脑水肿(脑肿胀)、脑疝形成。

d) 各种损伤引起休克(中度)。

e) 挤压综合征(II级)。

f) 损伤引起脂肪栓塞综合征(完全型)。

g) 各种损伤致急性呼吸窘迫综合征(重度)。

h) 电击伤(II°)。

i) 溺水(中度)。

j) 脑内异物存留；心脏异物存留。

k) 器质性阴茎勃起障碍(重度)。

5.12.3 轻伤一级

a) II°以上烧烫伤面积达体表面积 20%或者 III°面积达 5%。

b) 损伤引起脂肪栓塞综合征(不完全型)。

c) 器质性阴茎勃起障碍(中度)。

5.12.4 轻伤二级

a) II°以上烧烫伤面积达体表面积 5%或者 III°面积达 0.5%。

b) 呼吸道烧伤。

c) 挤压综合征(I级)。

d) 电击伤(Ⅰ°)。

e) 溺水(轻度)。

f) 各种损伤引起休克(轻度)。

g) 呼吸功能障碍，出现窒息征象。

h) 面部异物存留；眶内异物存留；鼻窦异物存留。

i) 胸腔内异物存留；腹腔内异物存留；盆腔内异物存留。

j) 深部组织内异物存留。

k) 骨折内固定物损坏需要手术更换或者修复。

l) 各种置入式假体装置损坏需要手术更换或者修复。

m) 器质性阴茎勃起障碍(轻度)。

5.12.5 轻微伤

a) 身体各部位骨皮质的砍(刺)痕；轻微撕脱性骨折，无功能障碍。

b) 面部 I°烧烫伤面积 10.0cm² 以上；浅 II°烧烫伤。

c) 颈部 I°烧烫伤面积 15.0cm² 以上；浅 II°烧烫伤面积 2.0cm² 以上。

d) 体表 I°烧烫伤面积 20.0cm² 以上；浅 II°烧烫伤面积 4.0cm² 以上；深 II°烧烫伤。

6 附则

6.1 伤后因其他原因死亡的个体，其生前损伤比照本标准相关条款综合鉴定。

6.2 未列入本标准中的物理性、化学性和生物性等致伤因素造成的人体损伤，比照本标准中的相应条款综合鉴定。

6.3 本标准所称的损伤是指各种致伤因素所引起的人体组织器官结构破坏或者功能障碍。反应性精神病、癔症等，均为内源性疾病，不宜鉴定损伤程度。

6.4 本标准未作具体规定的损伤，可以遵循损伤程度等级划分原则，比照本标准相近条款进行损伤程度鉴定。

6.5 盲管创、贯通创，其创道长度可视为皮肤创口长度，并参照皮肤创口长度相应条款鉴定损伤程度。

6.6 牙折包括冠折、根折和根冠折，冠折须暴露髓腔。

6.7 骨皮质的砍(刺)痕或者轻微撕脱性骨折(无功能障碍)的，不构成本标准所指的轻伤。

6.8 本标准所称大血管是指胸主动脉、主动脉弓分支、肺动脉、肺静脉、上腔静脉和下腔静脉，腹主动脉、髂总动脉、髂外动脉、髂外静脉。

6.9 本标准四肢大关节是指肩、肘、腕、髋、膝、踝等六大关节。

6.10 本标准四肢重要神经是指臂丛及其分支神经(包括正中神经、尺神经、桡神经和肌皮神经等)和腰骶丛及其分支神经(包括坐骨神经、腓总神经、腓浅神经和胫神经等)。

6.11 本标准四肢重要血管是指与四肢重要神经伴行的同名动、静脉。

6.12 本标准幼女或者儿童是指年龄不满 14 周岁的个体。

6.13 本标准所称的假体是指植入人体内替代组织器官功能的装置,如:颅骨修补材料、人工晶体、义眼座、固定义齿(种植牙)、阴茎假体、人工关节、起搏器、支架等,但可摘式义眼、义齿等除外。

6.14 移植器官损伤参照相应条款综合鉴定。

6.15 本标准所称组织器官包括再植或者再造成活的。

6.16 组织器官缺失是指损伤当时完全离体或者仅有少量皮肤和皮下组织相连,或者因损伤经手术切除的。器官离断(包括牙齿脱落),经再植、再造手术成功的,按损伤当时情形鉴定损伤程度。

6.17 对于两个部位以上同类损伤可以累加,比照相关部位数值规定高的条款进行评定。

6.18 本标准所涉及的体表损伤数值,0~6 岁按 50%计算,7~10 岁按 60%计算,11~14 岁按 80%计算。

6.19 本标准中出现的数字均含本数。

附录 A
(规范性附录)
损伤程度等级划分原则

A.1 重伤一级

各种致伤因素所致的原发性损伤或者由原发性损伤引起的并发症,严重危及生命;遗留肢体严重残废或者重度容貌毁损;严重丧失听觉、视觉或者其他重要器官功能。

A.2 重伤二级

各种致伤因素所致的原发性损伤或者由原发性损伤引起的并发症,危及生命;遗留肢体残废或者轻度容貌毁损;丧失听觉、视觉或者其他重要器官功能。

A.3 轻伤一级

各种致伤因素所致的原发性损伤或者由原发性损伤引起的并发症,未危及生命;遗留组织器官结构、功能中度损害或者明显影响容貌。

A.4 轻伤二级

各种致伤因素所致的原发性损伤或者由原发性损伤引起的并发症,未危及生命;遗留组织器官结构、功能轻度损害或者影响容貌。

A.5 轻微伤

各种致伤因素所致的原发性损伤,造成组织器官结构轻微损害或者轻微功能障碍。

A.6 等级限度

重伤二级是重伤的下限,与重伤一级相衔接,重伤一级的上限是致人死亡;轻伤二级是轻伤的下限,与轻伤一级相衔接,轻伤一级的上限与重伤二级相衔接;轻微伤的上限与轻伤二级相衔接,未达轻微伤标准的,不鉴定为轻微伤。

附录 B
(规范性附录)
功能损害判定基准和使用说明

B.1 颅脑损伤

B.1.1 智能(IQ)减退

极重度智能减退:IQ 低于 25;语言功能丧失;生活完全不能自理。

重度智能减退:IQ25~39 之间;语言功能严重受损,不能进行有效的语言交流;生活大部分不能自理。

中度智能减退:IQ40~54 之间;能掌握日常生活用语,但词汇贫乏,对周围环境辨别能力差,只能以简单的方式与人交往;生活部分不能自理,能做简单劳动。

轻度智能减退:IQ55~69 之间;无明显语言障碍,对周围环境有较好的辨别能力,能比较恰当的与人交往;生活能自理,能做一般非技术性工作。

边缘智能状态:IQ70~84 之间;抽象思维能力或者思维广度、深度机敏性显示不良;不能完成高级复杂的脑力劳动。

B.1.2 器质性精神障碍

有明确的颅脑损伤伴不同程度的意识障碍病史,并且精神障碍发生和病程与颅脑损伤相关。症状表现为:意识障碍;遗忘综合征;痴呆;器质性人格改变;精神病性症状;神经症样症状;现实检验能力或者社会功能减退。

B.1.3 生活自理能力

生活自理能力主要包括以下五项:

(1)进食。

(2)翻身。

(3)大、小便。

(4)穿衣、洗漱。

(5)自主行动。

生活完全不能自理:是指上述五项均需依赖护理者。

生活大部分不能自理:是指上述五项中三项以上需依赖护理者。

生活部分不能自理:是指上述五项中一项以上需依赖护理者。

B.1.4 肌瘫(肌力)

0 级:肌肉完全瘫痪,毫无收缩。

1 级:可看到或者触及肌肉轻微收缩,但不能产生动作。

2级：肌肉在不受重力影响下，可进行运动，即肢体能在床面上移动，但不能抬高。

3级：在和地心引力相反的方向中尚能完成其动作，但不能对抗外加的阻力。

4级：能对抗一定的阻力，但较正常人为低。

5级：正常肌力。

B.1.5 非肢体瘫的运动障碍

非肢体瘫的运动障碍包括肌张力增高，共济失调，不自主运动或者震颤等。根据其对生活自理影响的程度划分为轻、中、重三度。

重度：不能自行进食，大小便，洗漱，翻身和穿衣，需要他人护理。

中度：上述动作困难，但在他人帮助下可以完成。

轻度：完成上述动作虽有一些困难，但基本可以自理。

B.1.6 外伤性迟发性癫痫应具备的条件

(1)确证的头部外伤史。

(2)头部外伤90日后仍被证实有癫痫的临床表现。

(3)脑电图检查（包括常规清醒脑电图检查、睡眠脑电图检查或者较长时间连续同步录像脑电图检查等）显示异常脑电图。

(4)影像学检查确证颅脑器质性损伤。

B.1.7 肛门失禁

重度：大便不能控制；肛门括约肌收缩力很弱或者丧失；肛门括约肌收缩反射很弱或者消失；直肠内压测定，肛门注水法<20cmH₂O。

轻度：稀便不能控制；肛门括约肌收缩力较弱；肛门括约肌收缩反射较弱；直肠内压测定，肛门注水法20～30cmH₂O。

B.1.8 排尿障碍

重度：出现真性重度尿失禁或者尿潴留残余尿≥50mL。

轻度：出现真性轻度尿失禁或者尿潴留残余尿<50mL。

B.2 头面部损伤

B.2.1 眼睑外翻

重度外翻：睑结膜严重外翻，穹隆部消失。

中度外翻：睑结膜和睑板结膜外翻。

轻度外翻：睑结膜与眼球分离，泪点脱离泪阜。

B.2.2 容貌毁损

重度：面部瘢痕畸形，并有以下六项中四项者。(1)眉毛缺失；(2)双睑外翻或者缺失；(3)外耳缺失；(4)鼻缺失；(5)上、下唇外翻或者小口畸形；(6)颈颏粘连。

中度：具有以下六项中三项者。(1)眉毛部分缺失；(2)眼睑外翻或者缺失；(3)耳廓部分缺失；(4)鼻翼部分缺失；(5)唇外翻或者小口畸形；(6)颈部瘢痕畸形。

轻度：含中度畸形六项中二项者。

B.2.3 面部及中心区

面部的范围是指前额发际下，两耳屏前与下颌下缘之间的区域，包括额部、眶部、鼻部、口唇部、颏部、颧部、颊部、腮腺咬肌部。

面部中心区：以眉弓水平线为上横线，以下唇唇红缘中点处作水平线为下横线，以双侧外眦处作两条垂直线，上述四条线围绕的中央部分为中心区。

B.2.4 面瘫（面神经麻痹）

本标准涉及的面瘫主要是指外周性（核下性）面神经损伤所致。

完全性面瘫：是指面神经5个分支（颞支、颧支、颊支、下颌缘支和颈支）支配的全部颜面肌肉瘫痪，表现为：额纹消失，不能皱眉；眼睑不能充分闭合，鼻唇沟变浅；口角下垂，不能示齿，鼓腮，吹口哨，饮食时汤水流逸。

不完全性面瘫：是指面神经颧支、下颌支或者颞支和颊支损伤出现部分上述症状和体征。

B.2.5 张口困难分级

张口困难Ⅰ度：大张口时，只能垂直置入示指和中指。

张口困难Ⅱ度：大张口时，只能垂直置入示指。

张口困难Ⅲ度：大张口时，上、下切牙间距小于示指之横径。

B.3 听器听力损伤

听力损失计算应按照世界卫生组织推荐的听力减退分级的频率范围，取0.5、1、2、4kHz四个频率气导听阈级的平均值。如所得均值不是整数，则小数点后之尾数采用4舍5入法进为整数。

纯音听阈级测试时，如某一频率纯音气导最大声输出仍无反应时，以最大声输出值作为该频率听阈级。

听觉诱发电位测试时，若最大输出声强仍引不出反应波形的，以最大输出声强为反应阈值。在听阈评估时，听力学单位一律使用听力级(dB HL)。一般情况下，受试者听觉诱发电位反应阈要比其行为听阈高10～20dB（该差值又称"校正值"），即受试者的行为听阈等于其听觉诱发电位反应阈减去"校正值"。听觉诱发电位检测实验室应建立自己的"校正值"，如果没有自己的"校正值"，则取平均值(15dB)作为"较正值"。

纯音气导听阈级应考虑年龄因素，按照《纯音气导阈的年龄修正值》(GB7582-87)听阈级偏差的中值(50%)进行修正，其中4000Hz的修正值参考2000Hz的数值。

表 B.1　纯音气导阈值的年龄修正值(GB7582-87)

年龄	男 500Hz	男 1000Hz	男 2000Hz	女 500Hz	女 1000Hz	女 2000Hz
30	1	1	1	1	1	1
40	2	2	3	2	2	3
50	4	4	7	4	4	6
60	6	7	12	6	7	11
70	10	11	19	10	11	16

B.4 视觉器官损伤
B.4.1 盲及视力损害分级

表 B.2　盲及视力损害分级标准(2003年,WHO)

分类	远视力低于	远视力等于或优于
轻度或无视力损害		0.3
中度视力损害(视力损害1级)	0.3	0.1
重度视力损害(视力损害2级)	0.1	0.05
盲(盲目3级)	0.05	0.02
盲(盲目4级)	0.02	光感
盲(盲目5级)		无光感

B.4.2 视野缺损
视野有效值计算公式:

$$实测视野有效值(\%) = \frac{8条子午线实测视野值}{500}$$

表 B.3　视野有效值与视野半径的换算

视野有效值(%)	视野度数(半径)
8	5°
16	10°
24	15°
32	20°
40	25°
48	30°
56	35°
64	40°
72	45°
80	50°
88	55°
96	60°

B.5 颈部损伤
B.5.1 甲状腺功能低下
重度:临床症状严重;T3、T4或者FT3、FT4低于正常值,TSH>50μU/L。

中度:临床症状较重;T3、T4或者FT3、FT4正常,TSH>50μU/L。

轻度:临床症状较轻;T3、T4或者FT3、FT4正常,TSH,轻度增高但<50μU/L。

B.5.2 甲状旁腺功能低下(以下分级需结合临床症状分析)
重度:空腹血钙<6mg/dL。

中度:空腹血钙6~7mg/dL。

轻度:空腹血钙7.1~8mg/dL。

B.5.3 发声功能障碍
重度:声哑、不能出声。

轻度:发音过弱、声嘶、低调、粗糙、带鼻音。

B.5.4 构音障碍
严重构音障碍:表现为发音不分明,语不成句,难以听懂,甚至完全不能说话。

轻度构音障碍:表现为发音不准、吐字不清、语调速度、节律等异常,鼻音过重。

B.6 胸部损伤

B.6.1 心功能分级

Ⅰ级:体力活动不受限,日常活动不引起过度的乏力、呼吸困难或者心悸。即心功能代偿期。

Ⅱ级:体力活动轻度受限,休息时无症状,日常活动即可引起乏力、心悸、呼吸困难或者心绞痛。亦称Ⅰ度或者轻度心衰。

Ⅲ级:体力活动明显受限,休息时无症状,轻于日常的活动即可引起上述症状。亦称Ⅱ度或者中度心衰。

Ⅳ级:不能从事任何体力活动,休息时亦有充血性心衰或心绞痛症状,任何体力活动后加重。亦称Ⅲ度或者重度心衰。

B.6.2 呼吸困难

1级:与同年龄健康者在平地一同步行无气短,但登山或者上楼时呈气短。

2级:平路步行1000m无气短,但不能与同龄健康者保持同样速度,平路快步行走呈现气短,登山或者上楼时气短明显。

3级:平路步行100m即有气短。

4级:稍活动(如穿衣、谈话)即气短。

B.6.3 窒息征象

临床表现为面、颈、上胸部皮肤出现针尖大小的出血点,以面部与眼眶部为明显;球睑结膜下出现出血斑点。

B.7 腹部损伤

B.7.1 肝功能损害

表 B.4 肝功能损害分度

程度	血清清蛋白	血清总胆红素	腹水	脑症	凝血酶原时间
重度	<2.5g/dL	>3.0mg/dL	顽固性	明显	明显延长(较对照组>9秒)
中度	2.5~3.0g/dL	2.0~3.0mg/dL	无或者少量,治疗后消失	无或者轻度	延长(较对照组>6秒)
轻度	3.1~3.5g/dL	1.5~2.0mg/dL	无	无	稍延长(较对照组>3秒)

B.7.2 肾功能不全

表 B.5 肾功能不全分期

分期	内生肌酐清除率	血尿素氮浓度	血肌酐浓度	临床症状
代偿期	降至正常的50% 50~70mL/min	正常	正常	通常无明显临床症状
失代偿期	25~49mL/min		>177μmol/L(2mg/dL)但<450μmol/L(5mg/dL)	无明显临床症状,可有轻度贫血;夜尿、多尿
尿毒症期	<25mL/min	>21.4mmol/L(60mg/dL)	450~707μmol/L(5~8mg/dL)	常伴有酸中毒和严重尿毒症临床症状

B.7.3 会阴及阴道撕裂

Ⅰ度:会阴部粘膜、阴唇系带、前庭粘膜、阴道粘膜等处有撕裂,但未累及肌层及筋膜。

Ⅱ度:撕裂伤累及盆底肌肉筋膜,但未累及肛括约肌。

Ⅲ度:肛门括约肌全部或者部分撕裂,甚至直肠前壁亦被撕裂。

B.8 其他损伤

B.8.1 烧烫伤分度

表 B.6 烧伤深度分度

程 度		损伤组织	烧伤部位特点	愈后情况
Ⅰ度		表皮	皮肤红肿,有热、痛感,无水疱,干燥,局部温度稍有增高	不留瘢痕
Ⅱ度	浅Ⅱ度	真皮浅层	剧痛,表皮有大而薄的水疱,疱底有组织充血和明显水肿;组织坏死仅限于皮肤的真皮层,局部温度明显增高	不留瘢痕
	深Ⅱ度	真皮深层	痛,损伤已达真皮深层,水疱较小,表皮和真皮层大部分凝固和坏死。将已分离的表皮揭去,可见基底微湿,色泽苍白上有红出血点,局部温度较低	可留下瘢痕
Ⅲ度		全层皮肤或者皮下组织、肌肉、骨骼	不痛,皮肤全层坏死,干燥如皮革样,不起水疱,蜡白或者焦黄、炭化,知觉丧失,脂肪层的大静脉全部坏死,局部温度低,发凉	需自体皮肤移植,有瘢痕或者畸形

B.8.2 电击伤

Ⅰ度:全身症状轻微,只有轻度心悸。触电肢体麻木,全身无力,如极短时间内脱离电源,稍休息可恢复正常。

Ⅱ度:触电肢体麻木,面色苍白,心跳、呼吸增快,甚至昏厥、意识丧失,但瞳孔不散大。对光反射存在。

Ⅲ度:呼吸浅而弱、不规则,甚至呼吸骤停。心律不齐,有室颤或者心搏骤停。

B.8.3 溺水

重度:落水后3~4分钟,神志昏迷,呼吸不规则,上腹部膨胀,心音减弱或者心跳、呼吸停止。淹溺到死亡的时间一般为5~6分钟。

中度:落水后1~2分钟,神志模糊,呼吸不规则或者表浅,血压下降,心跳减慢,反射减弱。

轻度:刚落水片刻,神志清,血压升高,心率、呼吸增快。

B.8.4 挤压综合征

系人体肌肉丰富的四肢与躯干部位因长时间受压(例如暴力挤压)或者其他原因造成局部循环障碍,结果引起肌肉缺血性坏死,出现肢体明显肿胀、肌红蛋白尿及高血钾等为特征的急性肾功能衰竭。

Ⅰ级:肌红蛋白尿试验阳性,肌酸磷酸激酶(CPK)增高,而无肾衰等周身反应者。

Ⅱ级:肌红蛋白尿试验阳性,肌酸磷酸激酶(CPK)明显升高,血肌酐和尿素氮增高,少尿,有明显血浆渗入组织间隙,致有效血容量丢失,出现低血压者。

Ⅲ级:肌红蛋白尿试验阳性,肌酸磷酸激酶(CPK)显著升高,少尿或者尿闭,休克,代谢性酸中毒以及高血钾者。

B.8.5 急性呼吸窘迫综合征

急性呼吸窘迫综合征(ARDS)须具备以下条件:
(1)有发病的高危因素。
(2)急性起病,呼吸频率数和/或呼吸窘迫。
(3)低氧血症,$PaO_2/FiO_2 \leq 200mmHg$。
(4)胸部X线检查两肺浸润影。
(5)肺毛细血管楔压(PCWP)≤18mmHg,或者临床上除外心源性肺水肿。

凡符合以上5项可诊断为ARDS。

表 B.7 急性呼吸窘迫综合征分度

程度	临床分级			血气分析分级	
	呼吸频率	临床表现	X线示	吸空气	吸纯氧15分钟后
轻度	>35次/分	无发绀	无异常或者纹理增多,边缘模糊	氧分压<8.0kPa 二氧化碳分压<4.7kPa	氧分压<46.7kPa Qs/Qt>10%
中度	>40次/分	发绀,肺部有异常体征	斑片状阴影或者呈磨玻璃样改变,可见支气管气相	氧分压<6.7kPa 二氧化碳分压<5.3kPa	氧分压<20.0kPa Qs/Qt>20%
重度	呼吸极度窘迫	发绀进行性加重,肺广泛湿罗音或者实变	双肺大部分密度普遍增高,支气管气相明显	氧分压<5.3kPa(40mmHg) 二氧化碳分压>6.0kPa	氧分压<13.3kPa Qs/Qt>30%

B.8.6 脂肪栓塞综合征

不完全型(或者称部分症候群型):伤者骨折后出现胸部疼痛、咳呛震痛、胸闷气急、痰中带血、神疲身软、面色无华,皮肤出现瘀血点、上肢无力伸举,脉多细涩。实验室检查有明显低氧血症,预后一般良好。

完全型(或者称典型症候群型):伤者创伤骨折后出现神志恍惚,严重呼吸困难、口唇紫绀、胸闷欲绝、脉细涩。本型初起表现为呼吸和心动过速、高热等非特异症状。此后出现呼吸窘迫、神志不清以至昏迷等神经系统症状,在眼结膜及肩、胸皮下可见散在瘀血点,实验室检查可见血色素降低,血小板减少,血沉增快以及出现低氧血症。肺部X线检查可见多变的进行性的肺部斑片状阴影改变和右心扩大。

B.8.7 休克分度

表 B.8 休克分度

程度	血压(收缩压)kPa	脉搏(次/分)	全身状况
轻度	12~13.3(90~100mmHg)	90~100	尚好
中度	10~12(75~90mmHg)	110~130	抑制、苍白、皮肤冷
重度	<10(<75mmHg)	120~160	明显抑制
垂危	0		呼吸障碍、意识模糊

B.8.8 器质性阴茎勃起障碍

重度:阴茎无勃起反应,阴茎硬度及周径均无改变。

中度:阴茎勃起时最大硬度>0,<40%,每次勃起持续时间<10分钟。

轻度:阴茎勃起时最大硬度≥40%,<60%,每次勃起持续时间<10分钟。

附录 C
(资料性附录)
人体损伤程度鉴定常用技术

C.1 视力障碍检查

视力记录可采用小数记录或者5分记录两种方式。视力(指远距视力)经用镜片(包括接触镜、针孔镜等),纠正达到正常视力范围(0.8以上)或者接近正常视力范围(0.4-0.8)的都不属视力障碍范围。

中心视力好而视野缩小,以注视点为中心,视野半径小于10度而大于5度者为盲目3级,如半径小于5度者为盲目4级。

周边视野检查:视野缩小系指因损伤致眼球注视前方而不转动所能看到的空间范围缩窄,以致难以从事正常工作、学习或者其他活动。

对视野检查要求,视标颜色:白色,视标大小:5mm,检查距离330mm,视野背景亮度:31.5asb。周边视野缩小,鉴定以实测得八条子午线视野值的总和计算平均值,即有效视野值。

视力障碍检查具体方法参考《视觉功能障碍法医鉴定指南》(SF/Z JD0103004)。

C.2 听力障碍检查

听力障碍检查应符合《听力障碍的法医学评定》(GA/T 914)。

C.3 前庭平衡功能检查

本标准所指的前庭平衡功能丧失及前庭平衡功能减退,是指外力作用颅脑或者耳部,造成前庭系统的损伤。伤后出现前庭平衡功能障碍的临床表现,自发性前庭体征检查法和诱发性前庭功能检查法等有阳性发现(如眼震电图/眼震视图、静、动态平衡仪、前庭诱发电位等检查),结合听力检查和神经系统检查,以及影像学检查综合判定,确定前庭平衡功能是丧失,或者减退。

C.4 阴茎勃起功能检测

阴茎勃起功能检测应满足阴茎勃起障碍法医学鉴定的基本要求,具体方法参考《男子性功能障碍法医学鉴定规范》(SF/Z JD0103002)。

C.5 体表面积计算

九分估算法:成人体表面积视为100%,将总体表面积划分为11个9%等面积区域,即头(面)颈部占一个9%,双上肢占二个9%,躯干前后及会阴部占三个9%,臀部及双下肢占五个9%+1%(见表C1)。

表 C.1　体表面积的九分估算法

部位	面积,%	按九分法面积,%
头	6	(1×9)= 9
颈	3	
前躯	13	
后躯	13	(3×9)= 27
会阴	1	
双上臂	7	
双前臂	6	(2×9)= 18
双手	5	
臀	5	
双大腿	21	(5×9+1)= 46
双小腿	13	
双足	7	
全身合计	100	(11×9+1)= 100

注:12 岁以下儿童体表面积:头颈部＝9+(12－年龄),双下肢＝46-(12－年龄)

手掌法:受检者五指并拢,一掌面相当其自身体表面积的 1%。

公式计算法:S(平方米)= 0.0061×身长(cm)+ 0.0128×体重(kg)-0.1529

C.6 肢体关节功能丧失程度评价

肢体关节功能评价使用说明(适用于四肢大关节功能评定):

1. 各关节功能丧失程度等于相应关节所有轴位(如腕关节有两个轴位)和所有方位(如腕关节有四个方位)功能丧失值的之和再除以相应关节活动的方位数之和。例如:腕关节掌屈 40 度,背屈 30 度,桡屈 15 度,尺屈 20 度。查表得相应功能丧失值分别为 30%、40%、60% 和 60%,求得腕关节功能丧失程度为 47.5%。如果掌屈伴肌力下降(肌力 3 级),查表得相应功能丧失值分别为 65%、40%、60% 和 60%。求得腕关节功能丧失程度为 56.25%。

2. 当关节活动受限于某一方位时,其同一轴位的另一方位功能丧失值以 100% 计。如腕关节掌屈和背屈轴位上的活动限制在掌屈 10 度与 40 度之间,则背屈功能丧失值以 100% 计,而掌屈以 40 度计,查表得功能丧失值为 30%,背屈功能以 100% 计,则腕关节功能丧失程度为 65%。

3. 对疑有关节病变(如退行性变)并影响关节功能时,伤侧关节功能丧失值应与对侧进行比较,即同时用查表法分别求出伤侧和对侧关节功能丧失值,并用伤侧关节功能丧失值减去对侧关节功能丧失值即为伤侧关节功能实际丧失值。

4. 由于本标准对于关节功能的评定已经考虑到肌力减退对于关节功能的影响,故在测量关节运动活动度时,应以关节被动活动度为准。

C.6.1 肩关节功能丧失程度评定

表 C.2　肩关节功能丧失程度(%)

	关节运动活动度	≤M1	M2	M3	M4	M5
前屈	≥171	100	75	50	25	0
	151~170	100	77	55	32	10
	131~150	100	80	60	40	20
	111~130	100	82	65	47	30
	91~110	100	85	70	55	40
	71~90	100	87	75	62	50
	51~70	100	90	80	70	60
	31~50	100	92	85	77	70
	≤30	100	95	90	85	80

续 表

关节运动活动度		肌　力				
		≤M1	M2	M3	M4	M5
后伸	≥41	100	75	50	25	0
	31~40	100	80	60	40	20
	21~30	100	85	70	55	40
	11~20	100	90	80	70	60
	≤10	100	95	90	85	80
外展	≥171	100	75	50	25	0
	151~170	100	77	55	32	10
	131~150	100	80	60	40	20
	111~130	100	82	65	47	30
	91~110	100	85	70	55	40
	71~90	100	87	75	62	50
	51~70	100	90	80	70	60
	31~50	100	92	85	77	70
	≤30	100	95	90	85	80
内收	≥41	100	75	50	25	0
	31~40	100	80	60	40	20
	21~30	100	85	70	55	40
	11~20	100	90	80	70	60
	≤10	100	95	90	85	80
内旋	≥81	100	75	50	25	0
	71~80	100	77	55	32	10
	61~70	100	80	60	40	20
	51~60	100	82	65	47	30
	41~50	100	85	70	55	40
	31~40	100	87	75	62	50
	21~30	100	90	80	70	60
	11~20	100	92	85	77	70
	≤10	100	95	90	85	80
外旋	≥81	100	75	50	25	0
	71~80	100	77	55	32	10
	61~70	100	80	60	40	20
	51~60	100	82	65	47	30
	41~50	100	85	70	55	40
	31~40	100	87	75	62	50
	21~30	100	90	80	70	60
	11~20	100	92	85	77	70
	≤10	100	95	90	85	80

C.6.2 肘关节功能丧失程度评定

表 C.3　肘关节功能丧失程度(%)

	关节运动活动度	≤M1	M2	M3	M4	M5
屈曲	≥41	100	75	50	25	0
	36~40	100	77	55	32	10
	31~35	100	80	60	40	20
	26~30	100	82	65	47	30
	21~25	100	85	70	55	40
	16~20	100	87	75	62	50
	11~15	100	90	80	70	60
	6~10	100	92	85	77	70
	≤5	100	95	90	85	80
伸展	81~90	100	75	50	25	0
	71~80	100	77	55	32	10
	61~70	100	80	60	40	20
	51~60	100	82	65	47	30
	41~50	100	85	70	55	40
	31~40	100	87	75	62	50
	21~30	100	90	80	70	60
	11~20	100	92	85	77	70
	≤10	100	95	90	85	80

注：为方便肘关节功能计算，此处规定肘关节以屈曲90度为中立位0度。

C.6.3 腕关节功能丧失程度评定

表 C.4　腕关节功能丧失程度(%)

	关节运动活动度	≤M1	M2	M3	M4	M5
掌屈	≥61	100	75	50	25	0
	51~60	100	77	55	32	10
	41~50	100	80	60	40	20
	31~40	100	82	65	47	30
	26~30	100	85	70	55	40
	21~25	100	87	75	62	50
	16~20	100	90	80	70	60
	11~15	100	92	85	77	70
	≤10	100	95	90	85	80

续　表

	关节运动活动度	肌　力				
		≤M1	M2	M3	M4	M5
背屈	≥61	100	75	50	25	0
	51~60	100	77	55	32	10
	41~50	100	80	60	40	20
	31~40	100	82	65	47	30
	26~30	100	85	70	55	40
	21~25	100	87	75	62	50
	16~20	100	90	80	70	60
	11~15	100	92	85	77	70
	≤10	100	95	90	85	80
桡屈	≥21	100	75	50	25	0
	16~20	100	80	60	40	20
	11~15	100	85	70	55	40
	6~10	100	90	80	70	60
	≤5	100	95	90	85	80
尺屈	≥41	100	75	50	25	0
	31~40	100	80	60	40	20
	21~30	100	85	70	55	40
	11~20	100	90	80	70	60
	≤10	100	95	90	85	80

C.6.4　髋关节功能丧失程度评定

表 C.5　髋关节功能丧失程度(%)

	关节运动活动度	肌　力				
		≤M1	M2	M3	M4	M5
前屈	≥121	100	75	50	25	0
	106~120	100	77	55	32	10
	91~105	100	80	60	40	20
	76~90	100	82	65	47	30
	61~75	100	85	70	55	40
	46~60	100	87	75	62	50
	31~45	100	90	80	70	60
	16~30	100	92	85	77	70
	≤15	100	95	90	85	80

续 表

| | 关节运动活动度 | 肌 力 |||||
		≤M1	M2	M3	M4	M5
后伸	≥11	100	75	50	25	0
	6~10	100	85	70	55	20
	1~5	100	90	80	70	50
	0	100	95	90	85	80
外展	≥41	100	75	50	25	0
	31~40	100	80	60	40	20
	21~30	100	85	70	55	40
	11~20	100	90	80	70	60
	≤10	100	95	90	85	80
内收	≥16	100	75	50	25	0
	11~15	100	80	60	40	20
	6~10	100	85	70	55	40
	1~5	100	90	80	70	60
	0	100	95	90	85	80
外旋	≥41	100	75	50	25	0
	31~40	100	80	60	40	20
	21~30	100	85	70	55	40
	11~20	100	90	80	70	60
	≤10	100	95	90	85	80
内旋	≥41	100	75	50	25	0
	31~40	100	80	60	40	20
	21~30	100	85	70	55	40
	11~20	100	90	80	70	60
	≤10	100	95	90	85	80

注：表中前屈指屈膝位前屈。

C.6.5 膝关节功能丧失程度评定

表 C.6 膝关节功能丧失程度(%)

	关节运动活动度	肌 力				
		≤M1	M2	M3	M4	M5
屈曲	≥130	100	75	50	25	0
	116~129	100	77	55	32	10
	101~115	100	80	60	40	20
	86~100	100	82	65	47	30
	71~85	100	85	70	55	40
	61~70	100	87	75	62	50
	46~60	100	90	80	70	60
	31~45	100	92	85	77	70
	≤30	100	95	90	85	80
伸展	≤-5	100	75	50	25	0
	-6~-10	100	77	55	32	10
	-11~-20	100	80	60	40	20
	-21~-25	100	82	65	47	30
	-26~-30	100	85	70	55	40
	-31~-35	100	87	75	62	50
	-36~-40	100	90	80	70	60
	-41~-45	100	92	85	77	70
	≥46	100	95	90	85	80

注:表中负值表示膝关节伸展时到达功能位(直立位)所差的度数。

使用说明:考虑到膝关节同一轴位屈伸活动相互重叠,膝关节功能丧失程度的计算方法与其他关节略有不同,即根据关节屈曲与伸展运动活动度查表得出相应功能丧失程度,再求和即为膝关节功能丧失程度。当二者之和大于100%时,以100%计算。

C.6.6 踝关节功能丧失程度评定

表 C.7 踝关节功能丧失程度(%)

	关节运动活动度	肌 力				
		≤M1	M2	M3	M4	M5
背屈	≥16	100	75	50	25	0
	11~15	100	80	60	40	20
	6~10	100	85	70	55	40
	1~5	100	90	80	70	60
	0	100	95	90	85	80

续 表

| 关节运动活动度 | 肌 力 |||||
	≤M1	M2	M3	M4	M5
≥41	100	75	50	25	0
31~40	100	80	60	40	20
21~30	100	85	70	55	40
11~20	100	90	80	70	60
≤10	100	95	90	85	80

（跖屈）

C.7 手功能计算

C.7.1 手缺失和丧失功能的计算

一手拇指占一手功能的 36%，其中末节和近节指节各占 18%；食指、中指各占一手功能的 18%，其中末节指节占 8%、中节指节占 7%、近节指节占 3%；无名指和小指各占一手功能的 9%，其中末节指节占 4%、中节指节占 3%、近节指节占 2%。一手掌占一手功能的 10%，其中第一掌骨占 4%，第二、第三掌骨各占 2%，第四、第五掌骨各占 1%。本标准中，双手缺失或丧失功能的程度是按前面方法累加计算的结果。

C.7.2 手感觉丧失功能的计算

手感觉丧失功能是指因事故损伤所致手的掌侧感觉功能的丧失。手感觉丧失功能的计算按相应手功能丧失程度的 50% 计算。

• 典型案例

1. 刘雷诉汪维剑、朱开荣、天安保险盐城中心支公司交通事故人身损害赔偿纠纷案①

【裁判摘要】

投保人通过保险公司设立的营销部购买机动车第三者责任险，营销部营销人员为侵吞保费，将自己伪造的、内容和形式与真保单一致的假保单填写后，加盖伪造的保险公司业务专用章，通过营销部的销售员在该营销部内销售并交付投保人。作为不知情的善意投保人有理由相信其购买的保险是真实的，保单的内容也并不违反有关法律的规定，营销部的行为在民法上应当视为保险公司的行为。因此，虽然投保人持有的保单是假的，但并不能据此免除保险公司根据保险合同依法应当承担的民事责任。

【案情】

原告：刘雷。
被告：汪维剑。
被告：朱开荣。
被告：天安保险股份有限公司盐城中心支公司。
负责人：于正祥，该公司总经理。

原告刘雷因与被告汪维剑、朱开荣、天安保险股份有限公司盐城中心支公司（以下简称天安盐城支公司）发生道路交通事故人身损害赔偿纠纷，向常熟市人民法院提起民事诉讼。

原告刘雷诉称：2005 年 7 月 20 日 22 时，在淼南村道吴庄村旁，被告汪维剑驾驶被告朱开荣的苏 JFR978 三轮摩托车掉头时，与原告驾驶的电动自行车相撞，致原告受伤。交警大队认定汪维剑负事故主要责任，刘雷负次要责任。请求判令被告赔偿医药费、误工费、护理费、交通费、住院伙食补助费、救护费等计 24172 元，伤残费用待鉴定后再提出。审理中，原告变更了相关的诉讼请求，要求被告赔偿医药费 27516 元、救护费 40 元、误工费 35850 元、护理费 7625 元、交通费 1076 元、住院伙食补助费 1125 元、营养费 3050 元、残疾赔偿金 28168 元、精神损害抚慰金 5000 元、伙食费 325 元、餐费 3100 元，共计 112875 元。

被告汪维剑、朱开荣未作答辩。

被告天安保险盐城支公司辩称：我公司收到法院寄来原告刘雷的诉状及附件材料后，经核对，我公司从未向被告朱开荣签发过该摩托车保险单证，并发现该保单业务专用章与我公司印章不一致，我公司与朱开荣就摩托车保险一事从未形成保险合同关系。因此，我公司在此交通事故

---

① 案例来源：《中华人民共和国最高人民法院公报》2012 年第 3 期。

赔偿一案中不应为假保单承担赔偿责任。请求驳回原告对我公司的诉讼请求。

常熟市人民法院一审查明：2005年7月20日22时许，被告汪维剑驾驶苏JFR978"新感觉"正三轮载货摩托车在淼南村道吴庄村旁道路上掉头时，车前轮左侧等处与由南往北行驶的原告刘雷所驾驶的无号牌"爱奇克"电动自行车右侧保险杠等处相撞，致刘雷受伤，电动自行车损坏。事故发生后，常熟市公安局交通巡逻警察大队进行了调查，于2005年8月1日作出了2005年第07126号交通事故认定书，认为汪维剑夜间驾车在道路上掉头，未能做到不妨碍其他车辆的通行，是造成该事故的主要原因，其行为违反《中华人民共和国道路交通安全法实施条例》第四十九条第二款及《江苏省道路交通安全条例》第三十八条第(一)项之规定；刘雷夜间驾驶未开灯光且事故后经检验为制动不合格的无号牌电动自行车且车速较快，亦是造成该事故的一个原因，其行为违反《中华人民共和国道路交通安全法》第十八条第三款、第三十八条及《江苏省道路交通安全条例》第十六条第一款第(二)项之规定，认定汪维剑负该事故的主要责任、刘雷负该事故的次要责任。

原告刘雷伤后被救送至常熟市新区医院进行治疗，被诊断为左胫腓骨开放性骨折，住院治疗12天；随即，刘雷又入常熟市第二人民医院住院治疗22天。2006年8月15日至19日，刘雷又在常熟市第二人民医院住院治疗4天。2006年11月17日至12月1日，刘雷在上海交通大学附属第六人民医院住院治疗13.5天。2006年12月1日至12日，刘雷在上海徐汇区宛平地段医院继续住院治疗11天。此外，刘雷伤后还在上述各医院及常熟市梅李中心卫生院门诊治疗。刘雷花去医疗费共27556.70元。刘雷伤后由其亲属进行护理。审理中，常熟市人民法院根据刘雷的申请，委托常熟市第一人民医院司法鉴定所对刘雷的伤残等级、误工期限、护理期限及人数、营养期限进行了鉴定。该所于2007年7月9日作出鉴定结论，认为刘雷因交通事故致左胫腓骨开放性骨折已构成十级伤残；误工期限为伤后至定残前一日，住院期间及出院后90日应予1人护理并予营养支持。

另查明：原告刘雷在常熟瀛环织造印染有限公司工作，其主张日收入50元。被告汪维剑驾驶的苏JFR978"新感觉"正三轮载货摩托车的登记车主为被告朱开荣。汪维剑在事故后向常熟市公安局交通巡逻警察大队提供了苏JFR978"新感觉"正三轮载货摩托车的保险单(编号0500064813)，该保险单反映该摩托车在天安盐城支公司投保有保险期限自2005年5月30日0时起至2006年5月29日24时止的责任限额为20000元的第三者综合损害责任险。审理中，常熟市人民法院委托盐城市公安局对苏JFR978正三轮载货摩托车的保险单(编号0500064813)协助调查，查实该保单系营销部工作人员刘明星伪造的保单中的一份。

又查明：天安盐城支公司在响水设有营销部，该营销部对外签订保险合同时使用天安盐城支公司的业务专用章，刘明星曾任该营销部的负责人。刘明星在任职期间，伪造了天安盐城支公司的业务专用章、私自印制了保单，并进行销售。本案中，苏JFR978正三轮载货摩托车的保险单(编号0500064813)系刘明星通过响水营销部的销售员在该营销部内销售的，内容由销售员填写。2005年9月7日，天安盐城支公司向盐城市公安局报案，称刘明星于2004年12月以来，私刻公司公章、私印保单，骗取多人保险费用。2005年9月30日，盐城市公安局决定立案侦查。2005年10月20日，刘明星因涉嫌职务侵占犯罪被盐城市公安局刑事拘留。2005年11月25日，盐城市人民检察院以涉嫌合同诈骗罪对刘明星批准逮捕。刘明星现已被响水县人民法院以合同诈骗罪判处有期徒刑。

本案一审的争议焦点是：被告天安盐城支公司是否应承担保险赔偿责任。

常熟市人民法院一审认为：

原告刘雷就本起事故所造成的损失向法院提起诉讼的时间在2006年4月1日以前，根据2006年7月1日以前的规定，机动车发生交通事故造成人身伤亡、财产损失的，由保险公司就事故所产生的损失在第三者责任险的保险责任限额内予以赔偿。保险公司在第三者责任险的保险责任限额内所承担的赔偿责任是无过错责任，无论交通事故当事人是否有过错，保险公司都应予以赔偿。超过保险责任限额的部分，机动车与非机动车驾驶人、行人之间发生交通事故的，由机动车一方承担责任；但是，有证据证明非机动车驾驶人、行人违反道路交通安全法律、法规，机动车驾驶人已经采取必要处置措施的，减轻机动车一方的责任。

被告汪维剑在事故后向交警部门提供的苏JFR978"新感觉"正三轮载货摩托车的保险单(编号0500064813)确为假保单，但系由刘明星的犯罪行为所造成，而刘明星在使用假保单实施犯罪时，其是天安盐城支公司设在响水的营销部的负责人，假保单是通过营销部的销售门市销售的，可见天安盐城支公司对响水营销部管理不力，该公司在响水营销部销售刘明星伪造的假保单的过程中有明显过错。因此，天安盐城支公司应当为此承担责任。

交警部门认定被告汪维剑负该次事故的主要责任、原告刘雷负该次事故的次要责任并无不当，予以采纳。被告汪维剑、朱开荣分别为苏JFR978"新感觉"正三轮载货摩托车的驾驶人和登记车主，由于双方均未到庭，致法院无法查明其能否免责的事由，故应对刘雷在事故中造成的损失共同承担赔偿责任。鉴于刘雷对该事故的发生有过错，负事故的次要责任，应相应减轻汪维剑、朱开荣的赔偿责任。由汪维剑、朱开荣对事故造成的刘雷的损失承担80%的赔偿责任。

至于原告刘雷在事故中造成的损失及其所主张的赔偿费用，应按照最高人民法院《关于审理人身损害赔偿案件适用法律若干问题的解释》中规定的范围、项目和标准进行计算。

关于医疗费，认定为27556元；关于误工费，认定为26937.69元；关于护理费，认定为6100元；关于交通费，酌情认定为800元；关于住院伙食补助费，认定为1125元；关于营养费，认定为1525元；关于残疾赔偿金，认定为28168元；关于精神损害抚慰金，认定为5000元；关于原告刘雷主张的伙食费、餐费，不属于法律规定的赔偿范围和项目，不予支持。

综上所述，本起事故造成的原告刘雷的损失，包括医疗费27556元、误工费26937.69元、护理费6100元、交通费800元、住院伙食补助费1125元、营养费1525元、残疾赔偿金28168元、精神损害抚慰金5000元，合计为97211.69元。应由天安盐城支公司在第三者责任险的责任限额范围内向刘雷赔偿20000元。对超过责任限额的数额77211.69元，由被告汪维剑、朱开荣按80%的比例赔偿刘雷61769.35元。汪维剑、朱开荣经法院合法传唤，无正当理由拒不到庭，应视为其放弃诉讼抗辩的权利，由此可能造成的不利后果，应由其自行承担。据此，常熟市人民法院依照《中华人民共和国民事诉讼法》第一百四十四条、《中华人民共和国道路交通安全法》第七十六条第一款，最高人民法院《关于审理人身损害赔偿案件适用法律若干问题的解释》第一条、第二条、第十七条、第十八条，最高人民法院《关于确定民事侵权精神损害赔偿责任若干问题的解释》第一条、第八条第二款、第十条、第十一条的规定，于2007年11月17日作出判决：

一、被告天安盐城支公司赔偿原告刘雷因交通事故造成的医疗费、误工费、护理费、交通费、住院伙食补助费、营养费、残疾赔偿金、精神损害抚慰金等计20000元，于本判决生效后十日内履行。

二、被告汪维剑、朱开荣赔偿原告刘雷因交通事故造成的医疗费、误工费、护理费、交通费、住院伙食补助费、营养费、残疾赔偿金、精神损害抚慰金等计61769.35元，于本判决生效后十日内履行。

三、驳回原告刘雷的其他诉讼请求。

天安盐城支公司不服一审民事判决，向苏州市中级人民法院提起上诉称：（1）一审法院仅凭一份假保单和犯罪分子在公安部门的供词就认定保险公司管理不力而认定保险公司承担责任，于法无据。（2）罪犯刘明星原系本公司响水营销部的负责人，但刘明星2004年12月便擅自离开公司，自2005年起便不再是保险公司响水营销部负责人，他的犯罪行为与保险公司的管理和培训无关，保险公司不应当承担民事赔偿责任。（3）本案2007年10月由简易程序转为普通程序，但10月22日开庭审理时人民陪审员计宝奇、张丽云均未到庭，仍由邵均独任审理，程序不合法，其结果无效。请求二审法院依法改判。

被上诉人刘雷、汪维剑、朱开荣未作答辩。

苏州市中级人民法院经二审，确认了一审查明的事实。

二审另查明，2007年10月22日上午8：30在常熟市人民法院第四法庭对本案进行了第二次开庭审理，人民陪审员计宝奇、张丽云均到庭参加庭审，并在庭审笔录上签了名。

本案二审的争议焦点仍是：上诉人天安盐城支公司是否应承担保险赔偿责任。

苏州市中级人民法院二审认为：

上诉人天安盐城支公司在响水设有营销部，该营销部对外签订保险合同时使用天安盐城支公司的业务专用章，刘明星承认曾任该营销部的负责人，在任职期间，伪造了天安盐城支公司的业务专用章、私自印制了保单，并进行销售。上诉人认为刘明星2004年12月便擅自离开公司，自2005年起就不再是上诉人公司响水营销部负责人，但未能提供证据证实。且本案中，苏JFR978正三轮载货摩托车的保险单（编号0500064813）系刘明星通过响水营销部的销售员在该营销部内销售的，内容由销售员填写，保单的内容和形式与真保单一致。作为善意相对人的被保险人原审被告朱开荣在上诉人的响水营销部购买第三者综合损害责任险，朱开荣有理由相信其购买的保险是真实的，保单的内容也并不违反有关法律的规定，响水营销部的行为在民法上应当视为上诉人的行为，因此，虽然朱开荣持有的保单是假的，但此系由上诉人的工作人员利用职务上的行为所致，朱开荣无从察知，上诉人则应当加强管理监督，故不能据此免除上诉人应当承担的民事责任，常熟市人民法院判决上诉人在其保险限额内承担赔偿责任并无不妥。

关于上诉人天安盐城支公司提出一审审理程序不合法的上诉理由因与事实不符，不予支持。

综上所述，上诉人天安盐城支公司的上诉理由均不能成立，原审法院判决并无不当，应予维持。苏州市中级人民法院依照《中华人民共和国民事诉讼法》第一百七十条第一款第（一）项之规定，于2008年6月19日判决：

驳回上诉，维持原判。

本判决为终审判决。

2. 荣宝英诉王阳、永诚财产保险股份有限公司江阴支公司机动车交通事故责任纠纷案①

【关键词】

民事　交通事故　过错责任

【裁判要点】

交通事故的受害人没有过错，其体质状况对损害后果的影响不属于可以减轻侵权人责任的法定情形。

【相关法条】

《中华人民共和国侵权责任法》第二十六条

《中华人民共和国道路交通安全法》第七十六条第一款第（二）项

【基本案情】

原告荣宝英诉称：被告王阳驾驶轿车与其发生刮擦，致其受伤。该事故经江苏省无锡市公安局交通巡逻警察支队滨湖大队（简称滨湖交警大队）认定：王阳负事故的全部责任，荣宝英无责。原告要求下述两被告赔偿医疗费30006元、住院伙食补助费414元、营养费1620元、残疾赔偿金27658.05元、护理费6000元、交通费800元、精神损害抚慰金10500元，并承担本案诉讼费用及鉴定费用。

被告永诚财产保险股份有限公司江阴支公司（简称永诚保险公司）辩称：对于事故经过及责任认定没有异议，其愿意在交强险限额范围内予以赔偿；对于医疗费用30006元、住院伙食补助费414元没有异议；因鉴定意见结论中载明"损伤参与度评定为75%，其个人体质的因素占25%"，故确定残疾赔偿金应当乘以损伤参与度系数0.75，认可20743.54元；对于营养费认可1350元、护理费认可3300元、交通费认可400元、鉴定费用不予承担。

被告王阳辩称：对于事故经过及责任认定没有异议，原告的损失应当由永诚保险公司在交强险限额范围内优先予以赔偿；鉴定费用请求法院依法判决，其余各项费用同意保险公司意见；其已向原告赔偿20000元。

法院经审理查明：2012年2月10日14时45分许，王阳驾驶号牌为苏MT1888的轿车，沿江苏省无锡市滨湖区蠡湖大道由北往南行驶至蠡湖大道大通路口人行横道线时，碰擦行人荣宝英致其受伤。2月11日，滨湖交警大队作出《道路交通事故认定书》，认定王阳负事故的全部责任，荣宝英无责。事故发生当天，荣宝英即被送往医院治疗，发生医疗费用30006元，王阳垫付20000元。荣宝英治疗恢复期间，以每月2200元聘请一名家政服务人员。号牌苏MT1888轿车在永诚保险公司投保了机动车交通事故责任强制保险，保险期间为2011年8月17日0时起至2012年8月16日24时止。原、被告一致确认荣宝英的医疗费用为30006元、住院伙食补助费为414元、精神损害抚慰金为10500元。

荣宝英申请并经无锡市中西医结合医院司法鉴定所鉴定，结论为：1. 荣宝英左桡骨远端骨折的伤残等级评定为十级；左下肢损伤的伤残等级评定为九级。损伤参与度评定为75%，其个人体质的因素占25%。2. 荣宝英的误工期评定为150日，护理期评定为60日，营养期评定为90日。一审法院据此确认残疾赔偿金27658.05元扣减25%为20743.54元。

【裁判结果】

江苏省无锡市滨湖区人民法院于2013年2月8日作出（2012）锡滨民初字第1138号判决：一、被告永诚保险公司于本判决生效后十日内赔偿荣宝英医疗费用、住院伙食补助费、营养费、残疾赔偿金、护理费、交通费、精神损害抚慰金共计45343.54元。二、被告王阳于本判决生效后十日内赔偿荣宝英医疗费用、住院伙食补助费、营养费、鉴定费共计4040元。三、驳回原告荣宝英的其他诉讼请求。宣判后，荣宝英向江苏省无锡市中级人民法院提出上诉。无锡市中级人民法院经审理于2013年6月21日以原审适用法律错误为由作出（2013）锡民终字第497号民事判决：一、撤销无锡市滨湖区人民法院（2012）锡滨民初字第1138号民事判决。二、被告永诚保险公司于本判决生效后十日内赔偿荣宝英52258.05元。三、被告王阳于本判决生效后十日内赔偿荣宝英4040元。四、驳回原告荣宝英的其他诉讼请求。

【裁判理由】

法院生效裁判认为：《中华人民共和国侵权责任法》第二十六条规定："被侵权人对损害的发生也有过错的，可以减轻侵权人的责任。"《中华人民共和国道路交通安全法》第七十六条第一款第（二）项规定："机动车与非机动车驾

---

① 案例来源：最高人民法院指导案例24号。

驶人、行人之间发生交通事故,非机动车驾驶人、行人没有过错的,由机动车一方承担赔偿责任;有证据证明非机动车驾驶人、行人有过错的,根据过错程度适当减轻机动车一方的赔偿责任。"因此,交通事故中在计算残疾赔偿金是否应当扣减时应当根据受害人对损失的发生或扩大是否存在过错进行分析。本案中,虽然原告荣宝英的个人体质状况对损害后果的发生具有一定影响,但这不是《侵权责任法》等法律规定的过错,荣宝英不应因个人体质状况对交通事故导致的伤残存在一定影响而自负相应责任,原审判决以伤残等级鉴定结论中将荣宝英个人体质状况"损伤参与度评定为75%"为由,在计算残疾赔偿金时作相应扣减属适用法律错误,应予纠正。

从交通事故受害人发生损伤及造成损害后果的因果关系看,本起交通事故的引发系肇事者王阳驾驶机动车穿越人行横道线时,未尽到安全注意义务碰擦行人荣宝英所致;本起交通事故造成的损害后果系受害人荣宝英被机动车碰撞、跌倒发生骨折所致,事故责任认定荣宝英对本起事故不负责任,其对事故的发生及损害后果的造成均无过错。虽然荣宝英年事已高,但其年老骨质疏松仅是事故造成后果的客观因素,并无法律上的因果关系。因此,受害人荣宝英对于损害的发生或者扩大没有过错,不存在减轻或者免除加害人赔偿责任的法定情形。同时,机动车应当遵守文明行车、礼让行人的一般交通规则和社会公德。本案所涉事故发生在人行横道线上,正常行走的荣宝英对将被机动车碰撞这一事件无法预见,而王阳驾驶机动车在路经人行横道线时未依法减速慢行、避让行人,导致事故发生。因此,依法应当由机动车一方承担事故引发的全部赔偿责任。

根据我国《道路交通安全法》的相关规定,机动车发生交通事故造成人身伤亡、财产损失的,由保险公司在机动车第三者责任强制保险责任限额范围内予以赔偿。而我国交强险立法并未规定在确定交强险责任时应依据受害人体质状况对损害后果的影响作相应扣减,保险公司的免责事由也仅限于受害人故意造成交通事故的情形,即便是投保机动车无责,保险公司也应在交强险无责限额内予以赔偿。因此,对于受害人符合法律规定的赔偿项目和标准的损失,均属交强险的赔偿范围,参照"损伤参与度"确定损害赔偿责任和交强险责任均没有法律依据。

3. 王德钦诉杨德胜、泸州市汽车二队交通事故损害赔偿纠纷案①

【裁判要旨】

《民法通则》第一百一十九条规定的"死者生前扶养的人",既包括死者生前实际扶养的人,也包括应当由死者抚养,但因为死亡事故发生,死者尚未抚养的子女。

【案情】

原告:王德钦,男,1岁,住四川省泸州市江阳区蓝田镇。

法定代理人:牟萍,女,22岁,原告王德钦之母,住址同上。

被告:杨德胜,男,39岁,住四川省泸州市纳溪区棉花坡乡。

被告:四川省泸州市汽车二队,住所地:四川省泸州市龙马潭区。

法定代表人:肖开红,该队经理。

原告王德钦因与被告杨德胜、四川省泸州市汽车二队发生道路交通事故损害赔偿纠纷,由其法定代理人牟萍代理向四川省泸州市江阳区人民法院提起诉讼。

原告王德钦的法定代理人代为诉称:在一次交通事故中,原告之父王先强被挂靠在被告泸州市汽车二队的被告杨德胜驾驶的汽车轧死。交警部门认定:杨德胜负此次交通事故的主要责任。依照《中华人民共和国民法通则》(以下简称民法通则)第一百一十九条、《中华人民共和国继承法》(以下简称继承法)第二十八条的规定,原告必要的生活费、教育费,应当由杨德胜赔偿,泸州市汽车二队应当承担连带赔偿责任。由于杨德胜的反对,此项赔偿在原交通肇事一案的刑事附带民事判决中未解决。请求判令:1. 被告给原告支付生活费、教育费18458元;2. 被告给原告支付精神抚慰金10000元;3. 本案诉讼费由被告负担。

原告王德钦提交的证据有:

1. 第2002065号道路交通事故责任认定书一份、2002年6月8日和7月1日的道路交通事故损害赔偿调解书各一份、第2002003号道路交通事故损害赔偿调解终结书一份、泸州市江阳区人民法院的(2002)江阳刑初字第234号刑事附带民事判决书一份、泸州市中级人民法院(2002)泸刑终字第101号刑事附带民事调解书一份,用以证明杨德胜在交通肇事一案中虽然承担了90%的赔偿责任,但不包括原告请求赔偿的项目。

---

① 案例来源:《中华人民共和国最高人民法院公报》2006年第3期。

2. 泸州市江阳区蓝田镇上坝村凤凰山农业合作社的证明两份、对证人毛西华、王树林的调查笔录各一份，用以证明王先强和牟萍自由恋爱多年，二人一起同居生活；王先强在与牟萍办理结婚手续的过程中死亡，其时牟萍已怀孕。

3. 出生医学记录一份、医疗发票15张，用以证明牟萍于2002年10月22日在四川省泸州市中医院生育王德钦，为此支出医疗费3238元。

4. 证人牟萍、唐华丽、邓建华、高晓红、牟勇的证言各一份，四川华西医学鉴定中心物2003-077号法医学鉴定报告书一份、鉴定发票两张，用以证明牟勇从王先强身上提取血样交民警保存，以及经亲子鉴定，王德钦确系王先强亲生儿子。

5. 四川省泸州市民政局的证明一份，用以证明当地最低生活保障费为每人每月130元。

被告杨德胜辩称：王先强死时未婚，没有配偶，何来子女。民法通则第九条规定："公民从出生时起到死亡时止，具有民事权利能力，依法享有民事权利，承担民事义务。"原告即便算王先强的遗腹子，王先强死亡时其尚未出生，不是具有民事权利能力的、能够行使请求权的民事主体。继承法第二十八条规定："遗产分割时，应当保留胎儿的继承份额。胎儿出生时是死体的，保留的份额按照法定继承办理。"本案是交通肇事损害赔偿，不是继承案件，赔偿金不等于遗产，保留胎儿份额的规定不能在本案适用。民法通则第一百一十九条规定："侵害公民身体造成伤害的，应当赔偿医疗费、因误工减少的收入、残废者生活补助费等费用；造成死亡的，并应当支付丧葬费、死者生前扶养的人必要的生活费等费用。"在交通肇事一案中，王先强生前扶养人的经济赔偿问题已经附带解决。原告不是王先强生前扶养的人，不能依照这条规定来请求赔偿，其诉讼请求应当驳回。

被告杨德胜提交四川省泸州市公安局蓝田派出所的常住人口登记表一份，用以证明王先强未婚，其与牟萍不存在夫妻关系。

被告泸州市汽车二队辩称：即使能证明原告王德钦是被害人王先强的遗腹子，也只能按《道路交通事故处理办法》进行赔偿。1岁的孩子懂得什么精神损害，为什么要请求支付精神抚慰金？不能满足原告的全部诉讼请求。

被告泸州市汽车二队未举证。

法庭主持了质证、认证。被告对原告方提交的1、2、3、5及4组中部分证据的真实性予以确认，但认为血样是在处理事故交警没有参与的情况下由原告亲属提取的，程序不合法，其真实性值得怀疑，由此对4组中其他证据与本案的关联性不予确认。原告方对被告杨德胜提交的王先强未婚证据无异议。

法庭认为：原告提交的大部分证据和被告杨德胜提交的证据，因双方当事人无异议，予以确认。关于血样采集问题，经审查，在交警部门主持调解交通事故赔偿纠纷时，由于孩子尚未出生，交警部门认为其无权解决遗腹子赔偿问题，也无需证明自己无权解决的问题，故未提取王先强的血样。但在王先强遗体被火化前，办案民警意识到如果不留血样，可能会给将来解决这一问题造成困难，故向死者亲友提醒。牟勇遂当众在王先强的身体上采集了血液，封好后当场交给办案民警保存。牟勇在特定情况下当众提取王先强血样，这个过程有唐华丽、牟萍、邓建华、高晓红等多个证人证实。牟勇的取证真实、客观，且不违背法律规定，是有效的民事行为。根据牟勇提取血样所作的鉴定，与本案有关联性，应予采信。

泸州市江阳区人民法院经审理查明：

2002年4月27日，挂靠在被告泸州市汽车二队的被告杨德胜驾驶川E07363号小货车，从泸州市纳溪区安富镇沿泸纳二级公路向泸州方向行驶，当行至该公路3KM+200M处会车时，由于对前方路面情况观察不够，将同向行走的赶猪人王先强撞倒，王先强经抢救无效死亡。泸州市公安局交通警察支队二大队认定，杨德胜负此次事故的主要责任。在解决杨德胜交通肇事应承担的民事赔偿责任时，被害人王先强的父母曾请求杨德胜和泸州市汽车二队连带赔偿"未生下来的小孩抚养费"。由于王先强至死未婚，没有妻子，且小孩尚未出生，无法断定其与王先强的关系，故在杨德胜反对下，未能满足此项赔偿请求。2002年10月22日，牟萍生了原告王德钦。2003年1月，牟颖代理王德钦提起本案诉讼。

审理期间，经原告王德钦方申请，法院提取了在交警处保存的被害人王先强血样和王先强母亲保存的王先强血衣，同时送到四川华西法医学鉴定中心鉴定。因血衣变质，丧失了检验条件，四川华西法医学鉴定中心只对血样进行了鉴定。结论为：王先强是王德钦的亲生父亲。

同时查明：原告王德钦的母亲牟萍与王先强自由恋爱多年并同居生活。王先强死亡时，牟萍已怀孕。2002年，泸州市的最低生活保障标准为每月130元，教育费年约需444元。

本案**争议焦点**是：对被害人死亡时遗留的胎儿，加害人有无赔偿责任？

泸州市江阳区人民法院认为：

本案证据证明，原告王德钦与被害人王先强之间存在着父子血缘关系。《中华人民共和国婚姻法》第二十一条规定:"父母对子女有抚养教育的义务;子女对父母有赡养扶助的义务。"第二十五条规定:"非婚生子女享有与婚生子女同等的权利,任何人不得加以危害和歧视。"父母对子女的抚养教育义务,是由父母与子女间存在的血缘关系决定的,不因父母之间是否存在婚姻关系而发生实质性变化。

民法通则第一百一十九条规定,侵害公民身体造成死亡的,加害人应当向被害人一方支付死者生前扶养的人必要的生活费等费用。"死者生前扶养的人",既包括死者生前实际扶养的人,也包括应当由死者抚养,但因为死亡事故发生,死者尚未抚养的子女。原告王德钦与王先强存在父子关系,是王先强应当抚养的人。王德钦出生后,向加害王先强的人主张赔偿,符合民法通则的这一规定。由于被告杨德胜的加害行为,致王德钦出生前王先强死亡,使王德钦不能接受其父王先强的抚养。本应由王先强负担的王德钦生活费、教育费等必要费用的二分之一,理应由杨德胜赔偿。生活费按泸州市2002年最低生活保障每月130元标准,教育费按每年444元标准,计算至王德钦18周岁时止。民法通则第一百三十一条规定:"受害人对于损害的发生也有过错的,可以减轻侵害人的民事责任。"考虑到在交通事故中,王先强也有一定过错,故可以减轻杨德胜10%的赔偿责任。被告泸州市汽车二队是杨德胜车辆的挂靠单位,在杨德胜不能给付赔偿金的情况下,应当承担垫付责任。

原告王德钦一方请求被告给付精神抚慰金,这一请求不符合最高人民法院在《关于确定民事侵权精神损害赔偿责任若干问题的解释》中的规定,不予支持。

据此,泸州市江阳区人民法院于2003年5月28日判决:

一、被告杨德胜在本判决书生效后10日内,一次性给付原告王德钦生活费12636元、教育费3600元,共计16236元;其余损失1804元,由王德钦自行负担;

二、被告泸州市汽车二队对上列赔偿款承担垫付责任;

三、驳回原告王德钦的其他诉讼请求。

诉讼费1712元,鉴定费4000元,合计5712元,由原告王德钦负担812元,被告杨德胜负担4900元。

一审宣判后,双方当事人均未上诉。判决生效后,被告一方已经自动履行了判决确定的给付义务。

五、交通事故保险

中华人民共和国保险法

- 1995年6月30日第八届全国人民代表大会常务委员会第十四次会议通过
- 根据2002年10月28日第九届全国人民代表大会常务委员会第三十次会议《关于修改〈中华人民共和国保险法〉的决定》第一次修正
- 2009年2月28日第十一届全国人民代表大会常务委员会第七次会议修订
- 根据2014年8月31日第十二届全国人民代表大会常务委员会第十次会议《关于修改〈中华人民共和国保险法〉等五部法律的决定》第二次修正
- 根据2015年4月24日第十二届全国人民代表大会常务委员会第十四次会议《关于修改〈中华人民共和国计量法〉等五部法律的决定》第三次修正

第一章 总 则

第一条 【立法目的】为了规范保险活动,保护保险活动当事人的合法权益,加强对保险业的监督管理,维护社会经济秩序和社会公共利益,促进保险事业的健康发展,制定本法。

第二条 【调整范围】本法所称保险,是指投保人根据合同约定,向保险人支付保险费,保险人对于合同约定的可能发生的事故因其发生所造成的财产损失承担赔偿保险金责任,或者当被保险人死亡、伤残、疾病或者达到合同约定的年龄、期限等条件时承担给付保险金责任的商业保险行为。

第三条 【适用范围】在中华人民共和国境内从事保险活动,适用本法。

第四条 【从事保险活动的基本原则】从事保险活动必须遵守法律、行政法规,尊重社会公德,不得损害社会公共利益。

第五条 【诚实信用原则】保险活动当事人行使权利、履行义务应当遵循诚实信用原则。

第六条 【保险业务经营主体】保险业务由依照本法设立的保险公司以及法律、行政法规规定的其他保险组织经营,其他单位和个人不得经营保险业务。

第七条 【境内投保原则】在中华人民共和国境内的法人和其他组织需要办理境内保险的,应当向中华人民共和国境内的保险公司投保。

第八条 【分业经营原则】保险业和银行业、证券业、信托业实行分业经营、分业管理,保险公司与银行、证券、信托业务机构分别设立。国家另有规定的除外。

第九条 【保险监督管理机构】国务院保险监督管理机构依法对保险业实施监督管理。

国务院保险监督管理机构根据履行职责的需要设立派出机构。派出机构按照国务院保险监督管理机构的授权履行监督管理职责。

第二章 保险合同
第一节 一般规定

第十条 【保险合同及其主体】保险合同是投保人与保险人约定保险权利义务关系的协议。

投保人是指与保险人订立保险合同,并按照合同约定负有支付保险费义务的人。

保险人是指与投保人订立保险合同,并按照合同约定承担赔偿或者给付保险金责任的保险公司。

第十一条 【保险合同订立原则】订立保险合同,应当协商一致,遵循公平原则确定各方的权利和义务。

除法律、行政法规规定必须保险的外,保险合同自愿订立。

第十二条 【保险利益、保险标的】人身保险的投保人在保险合同订立时,对被保险人应当具有保险利益。

财产保险的被保险人在保险事故发生时,对保险标的应当具有保险利益。

人身保险是以人的寿命和身体为保险标的的保险。

财产保险是以财产及其有关利益为保险标的的保险。

被保险人是指其财产或者人身受保险合同保障,享有保险金请求权的人。投保人可以为被保险人。

保险利益是指投保人或者被保险人对保险标的具有的法律上承认的利益。

第十三条 【保险合同成立与生效】投保人提出保险要求,经保险人同意承保,保险合同成立。保险人应当及时向投保人签发保险单或者其他保险凭证。

保险单或者其他保险凭证应当载明当事人双方约定的合同内容。当事人也可以约定采用其他书面形式载明合同内容。

依法成立的保险合同,自成立时生效。投保人和保险人可以对合同的效力约定附条件或者附期限。

第十四条 【保险合同效力】保险合同成立后,投保人按照约定交付保险费,保险人按照约定的时间开始承担保险责任。

第十五条 【保险合同解除】除本法另有规定或者保险合同另有约定外,保险合同成立后,投保人可以解除合同,保险人不得解除合同。

第十六条 【投保人如实告知义务】订立保险合同,保险人就保险标的或者被保险人的有关情况提出询问的,投保人应当如实告知。

投保人故意或者因重大过失未履行前款规定的如实告知义务,足以影响保险人决定是否同意承保或者提高保险费率的,保险人有权解除合同。

前款规定的合同解除权,自保险人知道有解除事由之日起,超过三十日不行使而消灭。自合同成立之日起超过二年的,保险人不得解除合同;发生保险事故的,保险人应当承担赔偿或者给付保险金的责任。

投保人故意不履行如实告知义务的,保险人对于合同解除前发生的保险事故,不承担赔偿或者给付保险金的责任,并不退还保险费。

投保人因重大过失未履行如实告知义务,对保险事故的发生有严重影响的,保险人对于合同解除前发生的保险事故,不承担赔偿或者给付保险金的责任,但应当退还保险费。

保险人在合同订立时已经知道投保人未如实告知的情况的,保险人不得解除合同;发生保险事故的,保险人应当承担赔偿或者给付保险金的责任。

保险事故是指保险合同约定的保险责任范围内的事故。

第十七条 【保险人说明义务】订立保险合同,采用保险人提供的格式条款的,保险人向投保人提供的投保单应当附格式条款,保险人应当向投保人说明合同的内容。

对保险合同中免除保险人责任的条款,保险人在订立合同时应当在投保单、保险单或者其他保险凭证上作出足以引起投保人注意的提示,并对该条款的内容以书面或者口头形式向投保人作出明确说明;未作提示或者明确说明的,该条款不产生效力。

第十八条 【保险合同内容】保险合同应当包括下列事项:

(一)保险人的名称和住所;

(二)投保人、被保险人的姓名或者名称、住所,以及人身保险的受益人的姓名或者名称、住所;

(三)保险标的;

(四)保险责任和责任免除;

(五)保险期间和保险责任开始时间;

(六)保险金额;

(七)保险费以及支付办法;

(八)保险金赔偿或者给付办法;

(九)违约责任和争议处理;

(十)订立合同的年、月、日。

投保人和保险人可以约定与保险有关的其他事项。

受益人是指人身保险合同中由被保险人或者投保人指定的享有保险金请求权的人。投保人、被保险人可以为受益人。

保险金额是指保险人承担赔偿或者给付保险金责任的最高限额。

第十九条 【无效格式条款】采用保险人提供的格式条款订立的保险合同中的下列条款无效:

(一)免除保险人依法应承担的义务或者加重投保人、被保险人责任的;

(二)排除投保人、被保险人或者受益人依法享有的权利的。

第二十条 【保险合同变更】投保人和保险人可以协商变更合同内容。

变更保险合同的,应当由保险人在保险单或者其他保险凭证上批注或者附贴批单,或者由投保人和保险人订立变更的书面协议。

第二十一条 【通知义务】投保人、被保险人或者受益人知道保险事故发生后,应当及时通知保险人。故意或者因重大过失未及时通知,致使保险事故的性质、原因、损失程度等难以确定的,保险人对无法确定的部分,不承担赔偿或者给付保险金的责任,但保险人通过其他途径已经及时知道或者应当及时知道保险事故发生的除外。

第二十二条 【协助义务】保险事故发生后,按照保险合同请求保险人赔偿或者给付保险金时,投保人、被保险人或者受益人应当向保险人提供其所能提供的与确认保险事故的性质、原因、损失程度等有关的证明和资料。

保险人按照合同的约定,认为有关的证明和资料不完整的,应当及时一次性通知投保人、被保险人或者受益人补充提供。

第二十三条 【理赔】保险人收到被保险人或者受益人的赔偿或者给付保险金的请求后,应当及时作出核定;情形复杂的,应当在三十日内作出核定,但合同另有约定的除外。保险人应当将核定结果通知被保险人或者受益人;对属于保险责任的,在与被保险人或者受益人达成赔偿或者给付保险金的协议后十日内,履行赔偿或者给付保险金义务。保险合同对赔偿或者给付保险金的期限有约定的,保险人应当按照约定履行赔偿或者给付保险金义务。

保险人未及时履行前款规定义务的,除支付保险金外,应当赔偿被保险人或者受益人因此受到的损失。

任何单位和个人不得非法干预保险人履行赔偿或者给付保险金的义务,也不得限制被保险人或者受益人取得保险金的权利。

第二十四条 【拒绝赔付通知】保险人依照本法第二十三条的规定作出核定后,对不属于保险责任的,应当自作出核定之日起三日内向被保险人或者受益人发出拒绝赔偿或者拒绝给付保险金通知书,并说明理由。

第二十五条 【先行赔付】保险人自收到赔偿或者给付保险金的请求和有关证明、资料之日起六十日内,对其赔偿或者给付保险金的数额不能确定的,应当根据已有证明和资料可以确定的数额先予支付;保险人最终确定赔偿或者给付保险金的数额后,应当支付相应的差额。

第二十六条 【诉讼时效】人寿保险以外的其他保险的被保险人或者受益人,向保险人请求赔偿或者给付保险金的诉讼时效期间为二年,自其知道或者应当知道保险事故发生之日起计算。

人寿保险的被保险人或者受益人向保险人请求给付保险金的诉讼时效期间为五年,自其知道或者应当知道保险事故发生之日起计算。

第二十七条 【保险欺诈】未发生保险事故,被保险人或者受益人谎称发生了保险事故,向保险人提出赔偿或者给付保险金请求的,保险人有权解除合同,并不退还保险费。

投保人、被保险人故意制造保险事故的,保险人有权解除合同,不承担赔偿或者给付保险金的责任;除本法第四十三条规定外,不退还保险费。

保险事故发生后,投保人、被保险人或者受益人以伪造、变造的有关证明、资料或者其他证据,编造虚假的事故原因或者夸大损失程度的,保险人对其虚报的部分不承担赔偿或者给付保险金的责任。

投保人、被保险人或者受益人有前三款规定行为之一,致使保险人支付保险金或者支出费用的,应当退回或者赔偿。

第二十八条 【再保险】保险人将其承担的保险业务,以分保形式部分转移给其他保险人的,为再保险。

应再保险接受人的要求,再保险分出人应当将其自负责任及原保险的有关情况书面告知再保险接受人。

第二十九条 【再保险的保费及赔付】再保险接受人不得向原保险的投保人要求支付保险费。

原保险的被保险人或者受益人不得向再保险接受人提出赔偿或者给付保险金的请求。

再保险分出人不得以再保险接受人未履行再保险责任为由,拒绝履行或者迟延履行其原保险责任。

第三十条 【争议条款解释】采用保险人提供的格式条款订立的保险合同,保险人与投保人、被保险人或者受益人对合同条款有争议的,应当按照通常理解予以解释。对合同条款有两种以上解释的,人民法院或者仲裁机构应当作出有利于被保险人和受益人的解释。

第二节 人身保险合同

第三十一条 【人身保险利益】投保人对下列人员具有保险利益:

(一)本人;

(二)配偶、子女、父母;

(三)前项以外与投保人有抚养、赡养或者扶养关系的家庭其他成员、近亲属;

(四)与投保人有劳动关系的劳动者。

除前款规定外,被保险人同意投保人为其订立合同的,视为投保人对被保险人具有保险利益。

订立合同时,投保人对被保险人不具有保险利益的,合同无效。

第三十二条 【申报年龄不真实的处理】投保人申报的被保险人年龄不真实,并且其真实年龄不符合合同约定的年龄限制的,保险人可以解除合同,并按照合同约定退还保险单的现金价值。保险人行使合同解除权,适用本法第十六条第三款、第六款的规定。

投保人申报的被保险人年龄不真实,致使投保人支付的保险费少于应付保险费的,保险人有权更正并要求投保人补交保险费,或者在给付保险金时按照实付保险费与应付保险费的比例支付。

投保人申报的被保险人年龄不真实,致使投保人支付的保险费多于应付保险费的,保险人应当将多收的保险费退还投保人。

第三十三条 【死亡保险的禁止】投保人不得为无民事行为能力人投保以死亡为给付保险金条件的人身保险,保险人也不得承保。

父母为其未成年子女投保的人身保险,不受前款规定限制。但是,因被保险人死亡给付的保险金总和不得超过国务院保险监督管理机构规定的限额。

第三十四条 【死亡保险合同的效力】以死亡为给付保险金条件的合同,未经被保险人同意并认可保险金额的,合同无效。

按照以死亡为给付保险金条件的合同所签发的保险单,未经被保险人书面同意,不得转让或者质押。

父母为其未成年子女投保的人身保险,不受本条第一款规定限制。

第三十五条 【保险费的支付】投保人可以按照合同约定向保险人一次支付全部保险费或者分期支付保险费。

第三十六条 【逾期支付保险费】合同约定分期支付保险费,投保人支付首期保险费后,除合同另有约定外,投保人自保险人催告之日起超过三十日未支付当期保险费,或者超过约定的期限六十日未支付当期保险费的,合同效力中止,或者由保险人按照合同约定的条件减少保险金额。

被保险人在前款规定期限内发生保险事故的,保险人应当按照合同约定给付保险金,但可以扣减欠交的保险费。

第三十七条 【合同效力的恢复】合同效力依照本法第三十六条规定中止的,经保险人与投保人协商并达成协议,在投保人补交保险费后,合同效力恢复。但是,自合同效力中止之日起满二年双方未达成协议的,保险人有权解除合同。

保险人依照前款规定解除合同的,应当按照合同约定退还保险单的现金价值。

第三十八条 【禁止通过诉讼要求支付保险费】保险人对人寿保险的保险费,不得用诉讼方式要求投保人支付。

第三十九条 【受益人的确定】人身保险的受益人由被保险人或者投保人指定。

投保人指定受益人时须经被保险人同意。投保人为与其有劳动关系的劳动者投保人身保险,不得指定被保险人及其近亲属以外的人为受益人。

被保险人为无民事行为能力人或者限制民事行为能力人的,可以由其监护人指定受益人。

第四十条 【受益顺序及份额】被保险人或者投保人可以指定一人或者数人为受益人。

受益人为数人的,被保险人或者投保人可以确定受益顺序和受益份额;未确定受益份额的,受益人按照相等份额享有受益权。

第四十一条 【受益人变更】被保险人或者投保人可以变更受益人并书面通知保险人。保险人收到变更受益人的书面通知后,应当在保险单或者其他保险凭证上批注或者附贴批单。

投保人变更受益人时须经被保险人同意。

第四十二条 【保险金作为遗产情形】被保险人死亡后,有下列情形之一的,保险金作为被保险人的遗产,由保险人依照《中华人民共和国继承法》的规定履行给付保险金的义务:

(一)没有指定受益人,或者受益人指定不明无法确定的;

(二)受益人先于被保险人死亡,没有其他受益人的;

(三)受益人依法丧失受益权或者放弃受益权,没有其他受益人的。

受益人与被保险人在同一事件中死亡,且不能确定死亡先后顺序的,推定受益人死亡在先。

第四十三条 【受益权丧失】投保人故意造成被保险人死亡、伤残或者疾病的,保险人不承担给付保险金的责任。投保人已交足二年以上保险费的,保险人应当按照合同约定向其他权利人退还保险单的现金价值。

受益人故意造成被保险人死亡、伤残、疾病的,或者故意杀害被保险人未遂的,该受益人丧失受益权。

第四十四条 【被保险人自杀处理】以被保险人死亡为给付保险金条件的合同,自合同成立或者合同效力恢复之日起二年内,被保险人自杀的,保险人不承担给付保险金的责任,但被保险人自杀时为无民事行为能力人的除外。

保险人依照前款规定不承担给付保险金责任的,应当按照合同约定退还保险单的现金价值。

第四十五条 【免于赔付情形】因被保险人故意犯罪或者抗拒依法采取的刑事强制措施导致其伤残或者死亡的,保险人不承担给付保险金的责任。投保人已交足二年以上保险费的,保险人应当按照合同约定退还保险单的现金价值。

第四十六条 【禁止追偿】被保险人因第三者的行为而发生死亡、伤残或者疾病等保险事故的，保险人向被保险人或者受益人给付保险金后，不享有向第三者追偿的权利，但被保险人或者受益人仍有权向第三者请求赔偿。

第四十七条 【人身保险合同解除】投保人解除合同的，保险人应当自收到解除合同通知之日起三十日内，按照合同约定退还保险单的现金价值。

第三节 财产保险合同

第四十八条 【财产保险利益】保险事故发生时，被保险人对保险标的不具有保险利益的，不得向保险人请求赔偿保险金。

第四十九条 【保险标的转让】保险标的转让的，保险标的的受让人承继被保险人的权利和义务。

保险标的转让的，被保险人或者受让人应当及时通知保险人，但货物运输保险合同和另有约定的合同除外。

因保险标的转让导致危险程度显著增加的，保险人自收到前款规定的通知之日起三十日内，可以按照合同约定增加保险费或者解除合同。保险人解除合同的，应当将已收取的保险费，按照合同约定扣除自保险责任开始之日起至合同解除之日止应收的部分后，退还投保人。

被保险人、受让人未履行本条第二款规定的通知义务的，因转让导致保险标的的危险程度显著增加而发生的保险事故，保险人不承担赔偿保险金的责任。

第五十条 【禁止解除合同】货物运输保险合同和运输工具航程保险合同，保险责任开始后，合同当事人不得解除合同。

第五十一条 【安全义务】被保险人应当遵守国家有关消防、安全、生产操作、劳动保护等方面的规定，维护保险标的的安全。

保险人可以按照合同约定对保险标的的安全状况进行检查，及时向投保人、被保险人提出消除不安全因素和隐患的书面建议。

投保人、被保险人未按照约定履行其对保险标的的安全应尽责任的，保险人有权要求增加保险费或者解除合同。

保险人为维护保险标的的安全，经被保险人同意，可以采取安全预防措施。

第五十二条 【危险增加通知义务】在合同有效期内，保险标的的危险程度显著增加的，被保险人应当按照合同约定及时通知保险人，保险人可以按照合同约定增加保险费或者解除合同。保险人解除合同的，应当将已收取的保险费，按照合同约定扣除自保险责任开始之日起至合同解除之日止应收的部分后，退还投保人。

被保险人未履行前款规定的通知义务的，因保险标的的危险程度显著增加而发生的保险事故，保险人不承担赔偿保险金的责任。

第五十三条 【降低保险费】有下列情形之一的，除合同另有约定外，保险人应当降低保险费，并按日计算退还相应的保险费：

（一）据以确定保险费率的有关情况发生变化，保险标的的危险程度明显减少的；

（二）保险标的的保险价值明显减少的。

第五十四条 【保费退还】保险责任开始前，投保人要求解除合同的，应当按照合同约定向保险人支付手续费，保险人应当退还保险费。保险责任开始后，投保人要求解除合同的，保险人应当将已收取的保险费，按照合同约定扣除自保险责任开始之日起至合同解除之日止应收的部分后，退还投保人。

第五十五条 【保险价值的确定】投保人和保险人约定保险标的的保险价值并在合同中载明的，保险标的发生损失时，以约定的保险价值为赔偿计算标准。

投保人和保险人未约定保险标的的保险价值的，保险标的发生损失时，以保险事故发生时保险标的的实际价值为赔偿计算标准。

保险金额不得超过保险价值。超过保险价值的，超过部分无效，保险人应当退还相应的保险费。

保险金额低于保险价值的，除合同另有约定外，保险人按照保险金额与保险价值的比例承担赔偿保险金的责任。

第五十六条 【重复保险】重复保险的投保人应当将重复保险的有关情况通知各保险人。

重复保险的各保险人赔偿保险金的总和不得超过保险价值。除合同另有约定外，各保险人按照其保险金额与保险金额总和的比例承担赔偿保险金的责任。

重复保险的投保人可以就保险金额总和超过保险价值的部分，请求各保险人按比例返还保险费。

重复保险是指投保人对同一保险标的、同一保险利益、同一保险事故分别与两个以上保险人订立保险合同，且保险金额总和超过保险价值的保险。

第五十七条 【防止或减少损失责任】保险事故发生时，被保险人应当尽力采取必要的措施，防止或者减少损失。

保险事故发生后，被保险人为防止或者减少保险标的的损失所支付的必要的、合理的费用,由保险人承担;保险人所承担的费用数额在保险标的损失赔偿金额以外另行计算,最高不超过保险金额的数额。

第五十八条 【赔偿解除】保险标的发生部分损失的,自保险人赔偿之日起三十日内,投保人可以解除合同;除合同另有约定外,保险人也可以解除合同,但应当提前十五日通知投保人。

合同解除的,保险人应当将保险标的未受损失部分的保险费,按照合同约定扣除自保险责任开始之日起至合同解除之日止应收的部分后,退还投保人。

第五十九条 【保险标的残值权利归属】保险事故发生后,保险人已支付了全部保险金额,并且保险金额等于保险价值的,受损保险标的的全部权利归于保险人;保险金额低于保险价值的,保险人按照保险金额与保险价值的比例取得受损保险标的的部分权利。

第六十条 【代位求偿权】因第三者对保险标的的损害而造成保险事故的,保险人自向被保险人赔偿保险金之日起,在赔偿金额范围内代位行使被保险人对第三者请求赔偿的权利。

前款规定的保险事故发生后,被保险人已经从第三者取得损害赔偿的,保险人赔偿保险金时,可以相应扣减被保险人从第三者已取得的赔偿金额。

保险人依照本条第一款规定行使代位请求赔偿的权利,不影响被保险人就未取得赔偿的部分向第三者请求赔偿的权利。

第六十一条 【不能行使代位求偿权的法律后果】保险事故发生后,保险人未赔偿保险金之前,被保险人放弃对第三者请求赔偿的权利的,保险人不承担赔偿保险金的责任。

保险人向被保险人赔偿保险金后,被保险人未经保险人同意放弃对第三者请求赔偿的权利的,该行为无效。

被保险人故意或者因重大过失致使保险人不能行使代位请求赔偿的权利的,保险人可以扣减或者要求返还相应的保险金。

第六十二条 【代位求偿权行使限制】除被保险人的家庭成员或者其组成人员故意造成本法第六十条第一款规定的保险事故外,保险人不得对被保险人的家庭成员或者其组成人员行使代位请求赔偿的权利。

第六十三条 【协助行使代位求偿权】保险人向第三者行使代位请求赔偿的权利时,被保险人应当向保险人提供必要的文件和所知道的有关情况。

第六十四条 【勘险费用承担】保险人、被保险人为查明和确定保险事故的性质、原因和保险标的的损失程度所支付的必要的、合理的费用,由保险人承担。

第六十五条 【责任保险】保险人对责任保险的被保险人给第三者造成的损害,可以依照法律的规定或者合同的约定,直接向该第三者赔偿保险金。

责任保险的被保险人给第三者造成损害,被保险人对第三者应负的赔偿责任确定的,根据被保险人的请求,保险人应当直接向该第三者赔偿保险金。被保险人怠于请求的,第三者有权就其应获赔偿部分直接向保险人请求赔偿保险金。

责任保险的被保险人给第三者造成损害,被保险人未向该第三者赔偿的,保险人不得向被保险人赔偿保险金。

责任保险是指以被保险人对第三者依法应负的赔偿责任为保险标的的保险。

第六十六条 【责任保险相应费用承担】责任保险的被保险人因给第三者造成损害的保险事故而被提起仲裁或者诉讼的,被保险人支付的仲裁或者诉讼费用以及其他必要的、合理的费用,除合同另有约定外,由保险人承担。

第三章 保险公司

第六十七条 【设立须经批准】设立保险公司应当经国务院保险监督管理机构批准。

国务院保险监督管理机构审查保险公司的设立申请时,应当考虑保险业的发展和公平竞争的需要。

第六十八条 【设立条件】设立保险公司应当具备下列条件:

(一)主要股东具有持续盈利能力,信誉良好,最近三年内无重大违法违规记录,净资产不低于人民币二亿元;

(二)有符合本法和《中华人民共和国公司法》规定的章程;

(三)有符合本法规定的注册资本;

(四)有具备任职专业知识和业务工作经验的董事、监事和高级管理人员;

(五)有健全的组织机构和管理制度;

(六)有符合要求的营业场所和与经营业务有关的其他设施;

(七)法律、行政法规和国务院保险监督管理机构规定的其他条件。

第六十九条 【注册资本】设立保险公司,其注册资本的最低限额为人民币二亿元。

国务院保险监督管理机构根据保险公司的业务范围、经营规模，可以调整其注册资本的最低限额，但不得低于本条第一款规定的限额。

保险公司的注册资本必须为实缴货币资本。

第七十条 【申请文件、资料】申请设立保险公司，应当向国务院保险监督管理机构提出书面申请，并提交下列材料：

（一）设立申请书，申请书应当载明拟设立的保险公司的名称、注册资本、业务范围等；

（二）可行性研究报告；

（三）筹建方案；

（四）投资人的营业执照或者其他背景资料，经会计师事务所审计的上一年度财务会计报告；

（五）投资人认可的筹备组负责人和拟任董事长、经理名单及本人认可证明；

（六）国务院保险监督管理机构规定的其他材料。

第七十一条 【批准决定】国务院保险监督管理机构应当对设立保险公司的申请进行审查，自受理之日起六个月内作出批准或者不批准筹建的决定，并书面通知申请人。决定不批准的，应当书面说明理由。

第七十二条 【筹建期限和要求】申请人应当自收到批准筹建通知之日起一年内完成筹建工作；筹建期间不得从事保险经营活动。

第七十三条 【保险监督管理机构批准开业申请的期限和决定】筹建工作完成后，申请人具备本法第六十八条规定的设立条件的，可以向国务院保险监督管理机构提出开业申请。

国务院保险监督管理机构应当自受理开业申请之日起六十日内，作出批准或者不批准开业的决定。决定批准的，颁发经营保险业务许可证；决定不批准的，应当书面通知申请人并说明理由。

第七十四条 【设立分支机构】保险公司在中华人民共和国境内设立分支机构，应当经保险监督管理机构批准。

保险公司分支机构不具有法人资格，其民事责任由保险公司承担。

第七十五条 【设立分支机构提交的材料】保险公司申请设立分支机构，应当向保险监督管理机构提出书面申请，并提交下列材料：

（一）设立申请书；

（二）拟设机构三年业务发展规划和市场分析材料；

（三）拟任高级管理人员的简历及相关证明材料；

（四）国务院保险监督管理机构规定的其他材料。

第七十六条 【审批保险公司设立分支机构申请的期限】保险监督管理机构应当对保险公司设立分支机构的申请进行审查，自受理之日起六十日内作出批准或者不批准的决定。决定批准的，颁发分支机构经营保险业务许可证；决定不批准的，应当书面通知申请人并说明理由。

第七十七条 【工商登记】经批准设立的保险公司及其分支机构，凭经营保险业务许可证向工商行政管理机关办理登记，领取营业执照。

第七十八条 【工商登记期限】保险公司及其分支机构自取得经营保险业务许可证之日起六个月内，无正当理由未向工商行政管理机关办理登记的，其经营保险业务许可证失效。

第七十九条 【境外机构设立规定】保险公司在中华人民共和国境外设立子公司、分支机构，应当经国务院保险监督管理机构批准。

第八十条 【外国保险机构驻华代表机构设立的批准】外国保险机构在中华人民共和国境内设立代表机构，应当经国务院保险监督管理机构批准。代表机构不得从事保险经营活动。

第八十一条 【董事、监事和高级管理人员任职规定】保险公司的董事、监事和高级管理人员，应当品行良好，熟悉与保险相关的法律、行政法规，具有履行职责所需的经营管理能力，并在任职前取得保险监督管理机构核准的任职资格。

保险公司高级管理人员的范围由国务院保险监督管理机构规定。

第八十二条 【董事、高级管理人员的任职禁止】有《中华人民共和国公司法》第一百四十六条规定的情形或者下列情形之一的，不得担任保险公司的董事、监事、高级管理人员：

（一）因违法行为或者违纪行为被金融监督管理机构取消任职资格的金融机构的董事、监事、高级管理人员，自被取消任职资格之日起未逾五年的；

（二）因违法行为或者违纪行为被吊销执业资格的律师、注册会计师或者资产评估机构、验证机构等机构的专业人员，自被吊销执业资格之日起未逾五年的。

第八十三条 【董事、监事、高级管理人员的责任】保险公司的董事、监事、高级管理人员执行公司职务时违反法律、行政法规或者公司章程的规定，给公司造成损失的，应当承担赔偿责任。

第八十四条 【变更事项批准】保险公司有下列情形之一的,应当经保险监督管理机构批准:

(一)变更名称;

(二)变更注册资本;

(三)变更公司或者分支机构的营业场所;

(四)撤销分支机构;

(五)公司分立或者合并;

(六)修改公司章程;

(七)变更出资额占有限责任公司资本总额百分之五以上的股东,或者变更持有股份有限公司股份百分之五以上的股东;

(八)国务院保险监督管理机构规定的其他情形。

第八十五条 【精算报告制度和合规报告制度】保险公司应当聘用专业人员,建立精算报告制度和合规报告制度。

第八十六条 【如实报送报告、报表、文件和资料】保险公司应当按照保险监督管理机构的规定,报送有关报告、报表、文件和资料。

保险公司的偿付能力报告、财务会计报告、精算报告、合规报告及其他有关报告、报表、文件和资料必须如实记录保险业务事项,不得有虚假记载、误导性陈述和重大遗漏。

第八十七条 【账簿、原始凭证和有关资料的保管】保险公司应当按照国务院保险监督管理机构的规定妥善保管业务经营活动的完整账簿、原始凭证和有关资料。

前款规定的账簿、原始凭证和有关资料的保管期限,自保险合同终止之日起计算,保险期间在一年以下的不得少于五年,保险期间超过一年的不得少于十年。

第八十八条 【聘请或解聘中介服务机构】保险公司聘请或者解聘会计师事务所、资产评估机构、资信评级机构等中介服务机构,应当向保险监督管理机构报告;解聘会计师事务所、资产评估机构、资信评级机构等中介服务机构,应当说明理由。

第八十九条 【解散和清算】保险公司因分立、合并需要解散,或者股东会、股东大会决议解散,或者公司章程规定的解散事由出现,经国务院保险监督管理机构批准后解散。

经营有人寿保险业务的保险公司,除因分立、合并或者被依法撤销外,不得解散。

保险公司解散,应当依法成立清算组进行清算。

第九十条 【重整、和解和破产清算】保险公司有《中华人民共和国企业破产法》第二条规定情形的,经国务院保险监督管理机构同意,保险公司或者其债权人可以依法向人民法院申请重整、和解或者破产清算;国务院保险监督管理机构也可以依法向人民法院申请对该保险公司进行重整或者破产清算。

第九十一条 【破产财产的清偿顺序】破产财产在优先清偿破产费用和共益债务后,按照下列顺序清偿:

(一)所欠职工工资和医疗、伤残补助、抚恤费用,所欠应当划入职工个人账户的基本养老保险、基本医疗保险费用,以及法律、行政法规规定应当支付给职工的补偿金;

(二)赔偿或者给付保险金;

(三)保险公司欠缴的除第(一)项规定以外的社会保险费用和所欠税款;

(四)普通破产债权。

破产财产不足以清偿同一顺序的清偿要求的,按照比例分配。

破产保险公司的董事、监事和高级管理人员的工资,按照该公司职工的平均工资计算。

第九十二条 【人寿保险合同及责任准备金转让】经营有人寿保险业务的保险公司被依法撤销或者被依法宣告破产的,其持有的人寿保险合同及责任准备金,必须转让给其他经营有人寿保险业务的保险公司;不能同其他保险公司达成转让协议的,由国务院保险监督管理机构指定经营有人寿保险业务的保险公司接受转让。

转让或者由国务院保险监督管理机构指定接受转让前款规定的人寿保险合同及责任准备金的,应当维护被保险人、受益人的合法权益。

第九十三条 【经营保险业务许可证的注销】保险公司依法终止其业务活动,应当注销其经营保险业务许可证。

第九十四条 【适用公司法的规定】保险公司,除本法另有规定外,适用《中华人民共和国公司法》的规定。

第四章 保险经营规则

第九十五条 【业务范围】保险公司的业务范围:

(一)人身保险业务,包括人寿保险、健康保险、意外伤害保险等保险业务;

(二)财产保险业务,包括财产损失保险、责任保险、信用保险、保证保险等保险业务;

(三)国务院保险监督管理机构批准的与保险有关的其他业务。

保险人不得兼营人身保险业务和财产保险业务。但是,经营财产保险业务的保险公司经国务院保险监督管理机构批准，可以经营短期健康保险业务和意外伤害保险业务。

保险公司应当在国务院保险监督管理机构依法批准的业务范围内从事保险经营活动。

第九十六条 【再保险业务】经国务院保险监督管理机构批准，保险公司可以经营本法第九十五条规定的保险业务的下列再保险业务：

（一）分出保险；

（二）分入保险。

第九十七条 【保证金】保险公司应当按照其注册资本总额的百分之二十提取保证金，存入国务院保险监督管理机构指定的银行，除公司清算时用于清偿债务外，不得动用。

第九十八条 【责任准备金】保险公司应当根据保障被保险人利益、保证偿付能力的原则，提取各项责任准备金。

保险公司提取和结转责任准备金的具体办法，由国务院保险监督管理机构制定。

第九十九条 【公积金】保险公司应当依法提取公积金。

第一百条 【保险保障基金】保险公司应当缴纳保险保障基金。

保险保障基金应当集中管理，并在下列情形下统筹使用：

（一）在保险公司被撤销或者被宣告破产时，向投保人、被保险人或者受益人提供救济；

（二）在保险公司被撤销或者被宣告破产时，向依法接受其人寿保险合同的保险公司提供救济；

（三）国务院规定的其他情形。

保险保障基金筹集、管理和使用的具体办法，由国务院制定。

第一百零一条 【最低偿付能力】保险公司应当具有与其业务规模和风险程度相适应的最低偿付能力。保险公司的认可资产减去认可负债的差额不得低于国务院保险监督管理机构规定的数额；低于规定数额的，应当按照国务院保险监督管理机构的要求采取相应措施达到规定的数额。

第一百零二条 【财产保险公司自留保险费】经营财产保险业务的保险公司当年自留保险费，不得超过其实有资本金加公积金总和的四倍。

第一百零三条 【最大损失责任的赔付要求】保险公司对每一危险单位，即对一次保险事故可能造成的最大损失范围所承担的责任，不得超过其实有资本金加公积金总和的百分之十；超过的部分应当办理再保险。

保险公司对危险单位的划分应当符合国务院保险监督管理机构的规定。

第一百零四条 【危险单位划分方法和巨灾风险安排方案】保险公司对危险单位的划分方法和巨灾风险安排方案，应当报国务院保险监督管理机构备案。

第一百零五条 【再保险】保险公司应当按照国务院保险监督管理机构的规定办理再保险，并审慎选择再保险接受人。

第一百零六条 【资金运用的原则和形式】保险公司的资金运用必须稳健，遵循安全性原则。

保险公司的资金运用限于下列形式：

（一）银行存款；

（二）买卖债券、股票、证券投资基金份额等有价证券；

（三）投资不动产；

（四）国务院规定的其他资金运用形式。

保险公司资金运用的具体管理办法，由国务院保险监督管理机构依照前两款的规定制定。

第一百零七条 【保险资产管理公司】经国务院保险监督管理机构会同国务院证券监督管理机构批准，保险公司可以设立保险资产管理公司。

保险资产管理公司从事证券投资活动，应当遵守《中华人民共和国证券法》等法律、行政法规的规定。

保险资产管理公司的管理办法，由国务院保险监督管理机构会同国务院有关部门制定。

第一百零八条 【关联交易管理和信息披露制度】保险公司应当按照国务院保险监督管理机构的规定，建立对关联交易的管理和信息披露制度。

第一百零九条 【关联交易的禁止】保险公司的控股股东、实际控制人、董事、监事、高级管理人员不得利用关联交易损害公司的利益。

第一百一十条 【重大事项披露】保险公司应当按照国务院保险监督管理机构的规定，真实、准确、完整地披露财务会计报告、风险管理状况、保险产品经营情况等重大事项。

第一百一十一条 【保险销售人员任职资格】保险公司从事保险销售的人员应当品行良好，具有保险销售所需的专业能力。保险销售人员的行为规范和管理办法，由国务院保险监督管理机构规定。

第一百一十二条 【保险代理人登记制度】保险公

司应当建立保险代理人登记管理制度，加强对保险代理人的培训和管理，不得唆使、诱导保险代理人进行违背诚信义务的活动。

第一百一十三条　【依法使用经营保险业务许可证】保险公司及其分支机构应当依法使用经营保险业务许可证，不得转让、出租、出借经营保险业务许可证。

第一百一十四条　【公平合理拟订保险条款和保险费率并及时履行义务】保险公司应当按照国务院保险监督管理机构的规定，公平、合理拟订保险条款和保险费率，不得损害投保人、被保险人和受益人的合法权益。

保险公司应当按照合同约定和本法规定，及时履行赔偿或者给付保险金义务。

第一百一十五条　【公平竞争原则】保险公司开展业务，应当遵循公平竞争的原则，不得从事不正当竞争。

第一百一十六条　【保险业务行为禁止】保险公司及其工作人员在保险业务活动中不得有下列行为：

（一）欺骗投保人、被保险人或者受益人；

（二）对投保人隐瞒与保险合同有关的重要情况；

（三）阻碍投保人履行本法规定的如实告知义务，或者诱导其不履行本法规定的如实告知义务；

（四）给予或者承诺给予投保人、被保险人、受益人保险合同约定以外的保险费回扣或者其他利益；

（五）拒不依法履行保险合同约定的赔偿或者给付保险金义务；

（六）故意编造未曾发生的保险事故、虚构保险合同或者故意夸大已经发生的保险事故的损失程度进行虚假理赔，骗取保险金或者牟取其他不正当利益；

（七）挪用、截留、侵占保险费；

（八）委托未取得合法资格的机构从事保险销售活动；

（九）利用开展保险业务为其他机构或者个人牟取不正当利益；

（十）利用保险代理人、保险经纪人或者保险评估机构，从事以虚构保险中介业务或者编造退保等方式套取费用等违法活动；

（十一）以捏造、散布虚假事实等方式损害竞争对手的商业信誉，或者其他不正当竞争行为扰乱保险市场秩序；

（十二）泄露在业务活动中知悉的投保人、被保险人的商业秘密；

（十三）违反法律、行政法规和国务院保险监督管理机构规定的其他行为。

第五章　保险代理人和保险经纪人

第一百一十七条　【保险代理人】保险代理人是根据保险人的委托，向保险人收取佣金，并在保险人授权的范围内代为办理保险业务的机构或者个人。

保险代理机构包括专门从事保险代理业务的保险专业代理机构和兼营保险代理业务的保险兼业代理机构。

第一百一十八条　【保险经纪人】保险经纪人是基于投保人的利益，为投保人与保险人订立保险合同提供中介服务，并依法收取佣金的机构。

第一百一十九条　【保险代理机构、保险经纪人的资格条件及以业务许可管理】保险代理机构、保险经纪人应当具备国务院保险监督管理机构规定的条件，取得保险监督管理机构颁发的经营保险代理业务许可证、保险经纪业务许可证。

第一百二十条　【以公司形式设立的保险专业代理机构、保险经纪人的注册资本】以公司形式设立保险专业代理机构、保险经纪人，其注册资本最低限额适用《中华人民共和国公司法》的规定。

国务院保险监督管理机构根据保险专业代理机构、保险经纪人的业务范围和经营规模，可以调整其注册资本的最低限额，但不得低于《中华人民共和国公司法》规定的限额。

保险专业代理机构、保险经纪人的注册资本或者出资额必须为实缴货币资本。

第一百二十一条　【保险专业代理机构、保险经纪人的高级管理人员的经营管理能力与任职资格】保险专业代理机构、保险经纪人的高级管理人员，应当品行良好，熟悉保险法律、行政法规，具有履行职责所需的经营管理能力，并在任职前取得保险监督管理机构核准的任职资格。

第一百二十二条　【个人保险代理人、保险代理机构的代理从业人员、保险经纪人的经纪从业人员的任职资格】个人保险代理人、保险代理机构的代理从业人员、保险经纪人的经纪从业人员，应当品行良好，具有从事保险代理业务或者保险经纪业务所需的专业能力。

第一百二十三条　【经营场所与账簿记载】保险代理机构、保险经纪人应当有自己的经营场所，设立专门账簿记载保险代理业务、经纪业务的收支情况。

第一百二十四条　【保险代理机构、保险经纪人缴存保证金或者投保职业责任保险】保险代理机构、保险经纪人应当按照国务院保险监督管理机构的规定缴存保证金或者投保职业责任保险。

第一百二十五条 【个人保险代理人代为办理人寿保险业务接受委托的限制】个人保险代理人在代为办理人寿保险业务时,不得同时接受两个以上保险人的委托。

第一百二十六条 【保险业务委托代理协议】保险人委托保险代理人代为办理保险业务,应当与保险代理人签订委托代理协议,依法约定双方的权利和义务。

第一百二十七条 【保险代理责任承担】保险代理人根据保险人的授权代为办理保险业务的行为,由保险人承担责任。

保险代理人没有代理权、超越代理权或者代理权终止后以保险人名义订立合同,使投保人有理由相信其有代理权的,该代理行为有效。保险人可以依法追究越权的保险代理人的责任。

第一百二十八条 【保险经纪人的赔偿责任】保险经纪人因过错给投保人、被保险人造成损失的,依法承担赔偿责任。

第一百二十九条 【保险事故的评估和鉴定】保险活动当事人可以委托保险公估机构等依法设立的独立评估机构或者具有相关专业知识的人员,对保险事故进行评估和鉴定。

接受委托对保险事故进行评估和鉴定的机构和人员,应当依法、独立、客观、公正地进行评估和鉴定,任何单位和个人不得干涉。

前款规定的机构和人员,因故意或者过失给保险人或者被保险人造成损失的,依法承担赔偿责任。

第一百三十条 【保险佣金的支付】保险佣金只限于向保险代理人、保险经纪人支付,不得向其他人支付。

第一百三十一条 【保险代理人、保险经纪人及其从业人员的禁止行为】保险代理人、保险经纪人及其从业人员在办理保险业务活动中不得有下列行为:

(一)欺骗保险人、投保人、被保险人或者受益人;

(二)隐瞒与保险合同有关的重要情况;

(三)阻碍投保人履行本法规定的如实告知义务,或者诱导其不履行本法规定的如实告知义务;

(四)给予或者承诺给予投保人、被保险人或者受益人保险合同约定以外的利益;

(五)利用行政权力、职务或者职业便利以及其他不正当手段强迫、引诱或者限制投保人订立保险合同;

(六)伪造、擅自变更保险合同,或者为保险合同当事人提供虚假证明材料;

(七)挪用、截留、侵占保险费或者保险金;

(八)利用业务便利为其他机构或者个人牟取不正当利益;

(九)串通投保人、被保险人或者受益人,骗取保险金;

(十)泄露在业务活动中知悉的保险人、投保人、被保险人的商业秘密。

第一百三十二条 【准用条款】本法第八十六条第一款、第一百一十三条的规定,适用于保险代理机构和保险经纪人。

第六章 保险业监督管理

第一百三十三条 【保险监督管理机构职责】保险监督管理机构依照本法和国务院规定的职责,遵循依法、公开、公正的原则,对保险业实施监督管理,维护保险市场秩序,保护投保人、被保险人和受益人的合法权益。

第一百三十四条 【国务院保险监督管理机构立法权限】国务院保险监督管理机构依照法律、行政法规制定并发布有关保险业监督管理的规章。

第一百三十五条 【保险条款与保险费率的审批与备案】关系社会公众利益的保险险种、依法实行强制保险的险种和新开发的人寿保险险种等的保险条款和保险费率,应当报国务院保险监督管理机构批准。国务院保险监督管理机构审批时,应当遵循保护社会公众利益和防止不正当竞争的原则。其他保险险种的保险条款和保险费率,应当报保险监督管理机构备案。

保险条款和保险费率审批、备案的具体办法,由国务院保险监督管理机构依照前款规定制定。

第一百三十六条 【对违法、违规保险条款和费率采取的措施】保险公司使用的保险条款和保险费率违反法律、行政法规或者国务院保险监督管理机构的有关规定的,由保险监督管理机构责令停止使用,限期修改;情节严重的,可以在一定期限内禁止申报新的保险条款和保险费率。

第一百三十七条 【对保险公司偿付能力的监控】国务院保险监督管理机构应当建立健全保险公司偿付能力监管体系,对保险公司的偿付能力实施监控。

第一百三十八条 【对偿付能力不足的保险公司采取的措施】对偿付能力不足的保险公司,国务院保险监督管理机构应当将其列为重点监管对象,并可以根据具体情况采取下列措施:

(一)责令增加资本金、办理再保险;

(二)限制业务范围;

(三)限制向股东分红;

(四)限制固定资产购置或者经营费用规模;

（五）限制资金运用的形式、比例；
（六）限制增设分支机构；
（七）责令拍卖不良资产、转让保险业务；
（八）限制董事、监事、高级管理人员的薪酬水平；
（九）限制商业性广告；
（十）责令停止接受新业务。

第一百三十九条 【责令保险公司改正违法行为】保险公司未依照本法规定提取或者结转各项责任准备金，或者未依照本法规定办理再保险，或者严重违反本法关于资金运用的规定的，由保险监督管理机构责令限期改正，并可以责令调整负责人及有关管理人员。

第一百四十条 【保险公司整顿】保险监督管理机构依照本法第一百三十九条的规定作出限期改正的决定后，保险公司逾期未改正的，国务院保险监督管理机构可以决定选派保险专业人员和指定该保险公司的有关人员组成整顿组，对公司进行整顿。

整顿决定应当载明被整顿公司的名称、整顿理由、整顿组成员和整顿期限，并予以公告。

第一百四十一条 【整顿组职权】整顿组有权监督被整顿保险公司的日常业务。被整顿公司的负责人及有关管理人员应当在整顿组的监督下行使职权。

第一百四十二条 【被整顿保险公司的业务运作】整顿过程中，被整顿保险公司的原有业务继续进行。但是，国务院保险监督管理机构可以责令被整顿公司停止部分原有业务、停止接受新业务，调整资金运用。

第一百四十三条 【保险公司结束整顿】被整顿保险公司经整顿已纠正其违反本法规定的行为，恢复正常经营状况的，由整顿组提出报告，经国务院保险监督管理机构批准，结束整顿，并由国务院保险监督管理机构予以公告。

第一百四十四条 【保险公司接管】保险公司有下列情形之一的，国务院保险监督管理机构可以对其实行接管：
（一）公司的偿付能力严重不足的；
（二）违反本法规定，损害社会公共利益，可能严重危及或者已经严重危及公司的偿付能力的。

被接管的保险公司的债权债务关系不因接管而变化。

第一百四十五条 【国务院保险监管机构决定接管实施办法】接管组的组成和接管的实施办法，由国务院保险监督管理机构决定，并予以公告。

第一百四十六条 【接管保险公司期限】接管期限届满，国务院保险监督管理机构可以决定延长接管期限，但接管期限最长不得超过二年。

第一百四十七条 【终止接管】接管期限届满，被接管的保险公司已恢复正常经营能力的，由国务院保险监督管理机构决定终止接管，并予以公告。

第一百四十八条 【被整顿、被接管的保险公司的重整及破产清算】被整顿、被接管的保险公司有《中华人民共和国企业破产法》第二条规定情形的，国务院保险监督管理机构可以依法向人民法院申请对该保险公司进行重整或者破产清算。

第一百四十九条 【保险公司的撤销及清算】保险公司因违法经营被依法吊销经营保险业务许可证的，或者偿付能力低于国务院保险监督管理机构规定标准，不予撤销将严重危害保险市场秩序、损害公共利益的，由国务院保险监督管理机构予以撤销并公告，依法及时组织清算组进行清算。

第一百五十条 【提供信息资料】国务院保险监督管理机构有权要求保险公司股东、实际控制人在指定的期限内提供有关信息和资料。

第一百五十一条 【股东利用关联交易严重损害公司利益，危及公司偿付能力的处理措施】保险公司的股东利用关联交易严重损害公司利益，危及公司偿付能力的，由国务院保险监督管理机构责令改正。在按照要求改正前，国务院保险监督管理机构可以限制其股东权利；拒不改正的，可以责令其转让所持的保险公司股权。

第一百五十二条 【保险公司业务活动和风险管理重大事项说明】保险监督管理机构根据履行监督管理职责的需要，可以与保险公司董事、监事和高级管理人员进行监督管理谈话，要求其就公司的业务活动和风险管理的重大事项作出说明。

第一百五十三条 【保险公司被整顿、接管、撤销清算期间及出现重大风险时对直接责任人员采取的措施】保险公司在整顿、接管、撤销清算期间，或者出现重大风险时，国务院保险监督管理机构可以对该公司直接负责的董事、监事、高级管理人员和其他直接责任人员采取以下措施：
（一）通知出境管理机关依法阻止其出境；
（二）申请司法机关禁止其转移、转让或者以其他方式处分财产，或者在财产上设定其他权利。

第一百五十四条 【保险监督管理机构的履职措施及程序】保险监督管理机构依法履行职责，可以采取下列措施：

（一）对保险公司、保险代理人、保险经纪人、保险资产管理公司、外国保险机构的代表机构进行现场检查；

（二）进入涉嫌违法行为发生场所调查取证；

（三）询问当事人及与被调查事件有关的单位和个人，要求其对与被调查事件有关的事项作出说明；

（四）查阅、复制与被调查事件有关的财产权登记等资料；

（五）查阅、复制保险公司、保险代理人、保险经纪人、保险资产管理公司、外国保险机构的代表机构以及与被调查事件有关的单位和个人的财务会计资料及其他相关文件和资料；对可能被转移、隐匿或者毁损的文件和资料予以封存；

（六）查询涉嫌违法经营的保险公司、保险代理人、保险经纪人、保险资产管理公司、外国保险机构的代表机构以及与涉嫌违法事项有关的单位和个人的银行账户；

（七）对有证据证明已经或者可能转移、隐匿违法资金等涉案财产或者隐匿、伪造、毁损重要证据的，经保险监督管理机构主要负责人批准，申请人民法院予以冻结或者查封。

保险监督管理机构采取前款第（一）项、第（二）项、第（五）项措施的，应当经保险监督管理机构负责人批准；采取第（六）项措施的，应当经国务院保险监督管理机构负责人批准。

保险监督管理机构依法进行监督检查或者调查，其监督检查、调查的人员不得少于二人，并应当出示合法证件和监督检查、调查通知书；监督检查、调查的人员少于二人或者未出示合法证件和监督检查、调查通知书的，被检查、调查的单位和个人有权拒绝。

第一百五十五条 【配合检查、调查】保险监督管理机构依法履行职责，被检查、调查的单位和个人应当配合。

第一百五十六条 【保险监督管理机构工作人员行为准则】保险监督管理机构工作人员应当忠于职守，依法办事，公正廉洁，不得利用职务便利牟取不正当利益，不得泄露所知悉的有关单位和个人的商业秘密。

第一百五十七条 【金融监督管理机构监督管理信息共享机制】国务院保险监督管理机构应当与中国人民银行、国务院其他金融监督管理机构建立监督管理信息共享机制。

保险监督管理机构依法履行职责，进行监督检查、调查时，有关部门应当予以配合。

第七章 法律责任

第一百五十八条 【擅自设立保险公司、保险资产管理公司或非法经营商业保险业务的法律责任】违反本法规定，擅自设立保险公司、保险资产管理公司或者非法经营商业保险业务的，由保险监督管理机构予以取缔，没收违法所得，并处违法所得一倍以上五倍以下的罚款；没有违法所得或者违法所得不足二十万元的，处二十万元以上一百万元以下的罚款。

第一百五十九条 【擅自设立保险代理机构、保险经纪人或者未取得许可从事保险业务的法律责任】违反本法规定，擅自设立保险专业代理机构、保险经纪人，或者未取得经营保险代理业务许可证、保险经纪业务许可证从事保险代理业务、保险经纪业务的，由保险监督管理机构予以取缔，没收违法所得，并处违法所得一倍以上五倍以下的罚款；没有违法所得或者违法所得不足五万元的，处五万元以上三十万元以下的罚款。

第一百六十条 【保险公司超出业务范围经营的法律责任】保险公司违反本法规定，超出批准的业务范围经营的，由保险监督管理机构责令限期改正，没收违法所得，并处违法所得一倍以上五倍以下的罚款；没有违法所得或者违法所得不足十万元的，处十万元以上五十万元以下的罚款。逾期不改正或者造成严重后果的，责令停业整顿或者吊销业务许可证。

第一百六十一条 【保险公司在保险业务活动中从事禁止性行为的法律责任】保险公司有本法第一百一十六条规定行为之一的，由保险监督管理机构责令改正，处五万元以上三十万元以下的罚款；情节严重的，限制其业务范围、责令停止接受新业务或者吊销业务许可证。

第一百六十二条 【保险公司未经批准变更公司登记事项的法律责任】保险公司违反本法第八十四条规定的，由保险监督管理机构责令改正，处一万元以上十万元以下的罚款。

第一百六十三条 【超额承保及为无民事行为能力人承保以死亡为给付保险金条件的保险的法律责任】保险公司违反本法规定，有下列行为之一的，由保险监督管理机构责令改正，处五万元以上三十万元以下的罚款：

（一）超额承保，情节严重的；

（二）为无民事行为能力人承保以死亡为给付保险金条件的保险的。

第一百六十四条 【违反保险业务规则和保险组织机构管理规定的法律责任】违反本法规定，有下列行为之一的，由保险监督管理机构责令改正，处五万元以上三十万元以下的罚款；情节严重的，可以限制其业务范围、责令停止接受新业务或者吊销业务许可证：

（一）未按照规定提存保证金或者违反规定动用保证金的；

（二）未按照规定提取或者结转各项责任准备金的；

（三）未按照规定缴纳保险保障基金或者提取公积金的；

（四）未按照规定办理再保险的；

（五）未按照规定运用保险公司资金的；

（六）未经批准设立分支机构的；

（七）未按照规定申请批准保险条款、保险费率的。

第一百六十五条 【保险代理机构、保险经纪人违反诚信原则办理保险业务的法律责任】保险代理机构、保险经纪人有本法第一百三十一条规定行为之一的，由保险监督管理机构责令改正，处五万元以上三十万元以下的罚款；情节严重的，吊销业务许可证。

第一百六十六条 【不按规定缴存保证金或者投保职业责任保险、设立收支财簿的法律责任】保险代理机构、保险经纪人违反本法规定，有下列行为之一的，由保险监督管理机构责令改正，处二万元以上十万元以下的罚款；情节严重的，责令停业整顿或者吊销业务许可证：

（一）未按照规定缴存保证金或者投保职业责任保险的；

（二）未按照规定设立专门账簿记载业务收支情况的。

第一百六十七条 【违法聘任不具有任职资格的人员的法律责任】违反本法规定，聘任不具有任职资格的人员的，由保险监督管理机构责令改正，处二万元以上十万元以下的罚款。

第一百六十八条 【违法转让、出租、出借业务许可证的法律责任】违反本法规定，转让、出租、出借业务许可证的，由保险监督管理机构处一万元以上十万元以下的罚款；情节严重的，责令停业整顿或者吊销业务许可证。

第一百六十九条 【不按规定披露保险业务相关信息的法律责任】违反本法规定，有下列行为之一的，由保险监督管理机构责令限期改正；逾期不改正的，处一万元以上十万元以下的罚款：

（一）未按照规定报送或者保管报告、报表、文件、资料的，或者未按照规定提供有关信息、资料的；

（二）未按照规定报送保险条款、保险费率备案的；

（三）未按照规定披露信息的。

第一百七十条 【提供保险业务相关信息不实、拒绝或者妨碍监督检查、不按规定使用保险条款、保险费率的法律责任】违反本法规定，有下列行为之一的，由保险监督管理机构责令改正，处十万元以上五十万元以下的罚款；情节严重的，可以限制其业务范围、责令停止接受新业务或者吊销业务许可证：

（一）编制或者提供虚假的报告、报表、文件、资料的；

（二）拒绝或者妨碍依法监督检查的；

（三）未按照规定使用经批准或者备案的保险条款、保险费率的。

第一百七十一条 【董事、监事、高级管理人员的法律责任】保险公司、保险资产管理公司、保险专业代理机构、保险经纪人违反本法规定的，保险监督管理机构除分别依照本法第一百六十条至第一百七十条的规定对该单位给予处罚外，对其直接负责的主管人员和其他直接责任人员给予警告，并处一万元以上十万元以下的罚款；情节严重的，撤销任职资格。

第一百七十二条 【个人保险代理人的法律责任】个人保险代理人违反本法规定的，由保险监督管理机构给予警告，可以并处二万元以下的罚款；情节严重的，处二万元以上十万元以下的罚款。

第一百七十三条 【外国保险机构违法从事保险活动的法律责任】外国保险机构未经国务院保险监督管理机构批准，擅自在中华人民共和国境内设立代表机构的，由国务院保险监督管理机构予以取缔，处五万元以上三十万元以下的罚款。

外国保险机构在中华人民共和国境内设立的代表机构从事保险经营活动的，由保险监督管理机构责令改正，没收违法所得，并处违法所得一倍以上五倍以下的罚款；没有违法所得或者违法所得不足二十万元的，处二十万元以上一百万元以下的罚款；对其首席代表可以责令撤换；情节严重的，撤销其代表机构。

第一百七十四条 【投保人、被保险人或受益人进行保险诈骗活动的法律责任】投保人、被保险人或者受益人有下列行为之一，进行保险诈骗活动，尚不构成犯罪的，依法给予行政处罚：

（一）投保人故意虚构保险标的，骗取保险金的；

（二）编造未曾发生的保险事故，或者编造虚假的事故原因或者夸大损失程度，骗取保险金的；

（三）故意造成保险事故，骗取保险金的。

保险事故的鉴定人、评估人、证明人故意提供虚假的证明文件，为投保人、被保险人或者受益人进行保险诈骗提供条件的，依照前款规定给予处罚。

第一百七十五条 【侵权民事责任的规定】违反本法规定，给他人造成损害的，依法承担民事责任。

第一百七十六条 【拒绝、阻碍监督检查、调查职权的行政责任】拒绝、阻碍保险监督管理机构及其工作人员依法行使监督检查、调查职权，未使用暴力、威胁方法的，依法给予治安管理处罚。

第一百七十七条 【禁止从业的规定】违反法律、行政法规的规定，情节严重的，国务院保险监督管理机构可以禁止有关责任人员一定期限直至终身进入保险业。

第一百七十八条 【保险监督人员的法律责任】保险监督管理机构从事监督管理工作的人员有下列情形之一的，依法给予处分：

（一）违反规定批准机构的设立的；
（二）违反规定进行保险条款、保险费率审批的；
（三）违反规定进行现场检查的；
（四）违反规定查询账户或者冻结资金的；
（五）泄露其知悉的有关单位和个人的商业秘密的；
（六）违反规定实施行政处罚的；
（七）滥用职权、玩忽职守的其他行为。

第一百七十九条 【刑事责任的规定】违反本法规定，构成犯罪的，依法追究刑事责任。

第八章 附 则

第一百八十条 【保险行业协会的规定】保险公司应当加入保险行业协会。保险代理人、保险经纪人、保险公估机构可以加入保险行业协会。

保险行业协会是保险业的自律性组织，是社会团体法人。

第一百八十一条 【其他保险组织的商业保险业务适用本法】保险公司以外的其他依法设立的保险组织经营的商业保险业务，适用本法。

第一百八十二条 【海上保险的法律适用】海上保险适用《中华人民共和国海商法》的有关规定；《中华人民共和国海商法》未规定的，适用本法的有关规定。

第一百八十三条 【合资保险公司、外资公司法律适用规定】中外合资保险公司、外资独资保险公司、外国保险公司分公司适用本法规定；法律、行政法规另有规定的，适用其规定。

第一百八十四条 【农业保险的规定】国家支持发展为农业生产服务的保险事业。农业保险由法律、行政法规另行规定。

强制保险，法律、行政法规另有规定的，适用其规定。

第一百八十五条 【施行日期】本法自2009年10月1日起施行。

机动车交通事故责任强制保险条例

· 2006年3月21日中华人民共和国国务院令第462号公布
· 根据2012年3月30日《国务院关于修改〈机动车交通事故责任强制保险条例〉的决定》第一次修订
· 根据2012年12月17日《国务院关于修改〈机动车交通事故责任强制保险条例〉的决定》第二次修订
· 根据2016年2月6日《国务院关于修改部分行政法规的决定》第三次修订
· 根据2019年3月2日《国务院关于修改部分行政法规的决定》第四次修订

第一章 总 则

第一条 为了保障机动车道路交通事故受害人依法得到赔偿，促进道路交通安全，根据《中华人民共和国道路交通安全法》、《中华人民共和国保险法》，制定本条例。

第二条 在中华人民共和国境内道路上行驶的机动车的所有人或者管理人，应当依照《中华人民共和国道路交通安全法》的规定投保机动车交通事故责任强制保险。

机动车交通事故责任强制保险的投保、赔偿和监督管理，适用本条例。

第三条 本条例所称机动车交通事故责任强制保险，是指由保险公司对被保险机动车发生道路交通事故造成本车人员、被保险人以外的受害人的人身伤亡、财产损失，在责任限额内予以赔偿的强制性责任保险。

第四条 国务院保险监督管理机构依法对保险公司的机动车交通事故责任强制保险业务实施监督管理。

公安机关交通管理部门、农业（农业机械）主管部门（以下统称机动车管理部门）应当依法对机动车参加机动车交通事故责任强制保险的情况实施监督检查。对未参加机动车交通事故责任强制保险的机动车，机动车管理部门不得予以登记，机动车安全技术检验机构不得予以检验。

公安机关交通管理部门及其交通警察在调查处理道路交通安全违法行为和道路交通事故时，应当依法检查机动车交通事故责任强制保险的保险标志。

第二章 投 保

第五条 保险公司可以从事机动车交通事故责任强制保险业务。

为了保证机动车交通事故责任强制保险制度的实行，国务院保险监督管理机构有权要求保险公司从事机动车交通事故责任强制保险业务。

除保险公司外，任何单位或者个人不得从事机动车交通事故责任强制保险业务。

第六条　机动车交通事故责任强制保险实行统一的保险条款和基础保险费率。国务院保险监督管理机构按照机动车交通事故责任强制保险业务总体上不盈利不亏损的原则审批保险费率。

国务院保险监督管理机构在审批保险费率时，可以聘请有关专业机构进行评估，可以举行听证会听取公众意见。

第七条　保险公司的机动车交通事故责任强制保险业务，应当与其他保险业务分开管理，单独核算。

国务院保险监督管理机构应当每年对保险公司的机动车交通事故责任强制保险业务情况进行核查，并向社会公布；根据保险公司机动车交通事故责任强制保险业务的总体盈利或者亏损情况，可以要求或者允许保险公司相应调整保险费率。

调整保险费率的幅度较大的，国务院保险监督管理机构应当进行听证。

第八条　被保险机动车没有发生道路交通安全违法行为和道路交通事故的，保险公司应当在下一年度降低其保险费率。在此后的年度内，被保险机动车仍然没有发生道路交通安全违法行为和道路交通事故的，保险公司应当继续降低其保险费率，直至最低标准。被保险机动车发生道路交通安全违法行为或者道路交通事故的，保险公司应当在下一年度提高其保险费率。多次发生道路交通安全违法行为、道路交通事故，或者发生重大道路交通事故的，保险公司应当加大提高其保险费率的幅度。在道路交通事故中被保险人没有过错的，不提高其保险费率。降低或者提高保险费率的标准，由国务院保险监督管理机构会同国务院公安部门制定。

第九条　国务院保险监督管理机构、国务院公安部门、国务院农业主管部门以及其他有关部门应当逐步建立有关机动车交通事故责任强制保险、道路交通安全违法行为和道路交通事故的信息共享机制。

第十条　投保人在投保时应当选择从事机动车交通事故责任强制保险业务的保险公司，被选择的保险公司不得拒绝或者拖延承保。

国务院保险监督管理机构应当将从事机动车交通事故责任强制保险业务的保险公司向社会公示。

第十一条　投保人投保时，应当向保险公司如实告知重要事项。

重要事项包括机动车的种类、厂牌型号、识别代码、牌照号码、使用性质和机动车所有人或者管理人的姓名（名称）、性别、年龄、住所、身份证或者驾驶证号码（组织机构代码）、续保前该机动车发生事故的情况以及国务院保险监督管理机构规定的其他事项。

第十二条　签订机动车交通事故责任强制保险合同时，投保人应当一次支付全部保险费；保险公司应当向投保人签发保险单、保险标志。保险单、保险标志应当注明保险单号码、车牌号码、保险期限、保险公司的名称、地址和理赔电话号码。

被保险人应当在被保险机动车上放置保险标志。

保险标志式样全国统一。保险单、保险标志由国务院保险监督管理机构监制。任何单位或者个人不得伪造、变造或者使用伪造、变造的保险单、保险标志。

第十三条　签订机动车交通事故责任强制保险合同时，投保人不得在保险条款和保险费率之外，向保险公司提出附加其他条件的要求。

签订机动车交通事故责任强制保险合同时，保险公司不得强制投保人订立商业保险合同以及提出附加其他条件的要求。

第十四条　保险公司不得解除机动车交通事故责任强制保险合同；但是，投保人对重要事项未履行如实告知义务的除外。

投保人对重要事项未履行如实告知义务，保险公司解除合同前，应当书面通知投保人，投保人应当自收到通知之日起5日内履行如实告知义务；投保人在上述期限内履行如实告知义务的，保险公司不得解除合同。

第十五条　保险公司解除机动车交通事故责任强制保险合同的，应当收回保险单和保险标志，并书面通知机动车管理部门。

第十六条　投保人不得解除机动车交通事故责任强制保险合同，但有下列情形之一的除外：

（一）被保险机动车被依法注销登记的；

（二）被保险机动车办理停驶的；

（三）被保险机动车经公安机关证实丢失的。

第十七条　机动车交通事故责任强制保险合同解除前，保险公司应当按照合同承担保险责任。

合同解除时，保险公司可以收取自保险责任开始之日起至合同解除之日止的保险费，剩余部分的保险费退还投保人。

第十八条　被保险机动车所有权转移的，应当办理机动车交通事故责任强制保险合同变更手续。

第十九条　机动车交通事故责任强制保险合同期

满，投保人应当及时续保，并提供上一年度的保险单。

第二十条　机动车交通事故责任强制保险的保险期间为1年，但有下列情形之一的，投保人可以投保短期机动车交通事故责任强制保险：

（一）境外机动车临时入境的；

（二）机动车临时上道路行驶的；

（三）机动车距规定的报废期限不足1年的；

（四）国务院保险监督管理机构规定的其他情形。

第三章　赔　偿

第二十一条　被保险机动车发生道路交通事故造成本车人员、被保险人以外的受害人人身伤亡、财产损失的，由保险公司依法在机动车交通事故责任强制保险责任限额范围内予以赔偿。

道路交通事故的损失是由受害人故意造成的，保险公司不予赔偿。

第二十二条　有下列情形之一的，保险公司在机动车交通事故责任强制保险责任限额范围内垫付抢救费用，并有权向致害人追偿：

（一）驾驶人未取得驾驶资格或者醉酒的；

（二）被保险机动车被盗抢期间肇事的；

（三）被保险人故意制造道路交通事故的。

有前款所列情形之一，发生道路交通事故的，造成受害人的财产损失，保险公司不承担赔偿责任。

第二十三条　机动车交通事故责任强制保险在全国范围内实行统一的责任限额。责任限额分为死亡伤残赔偿限额、医疗费用赔偿限额、财产损失赔偿限额以及被保险人在道路交通事故中无责任的赔偿限额。

机动车交通事故责任强制保险责任限额由国务院保险监督管理机构会同国务院公安部门、国务院卫生主管部门、国务院农业主管部门规定。

第二十四条　国家设立道路交通事故社会救助基金（以下简称救助基金）。有下列情形之一时，道路交通事故中受害人人身伤亡的丧葬费用、部分或者全部抢救费用，由救助基金先行垫付，救助基金管理机构有权向道路交通事故责任人追偿：

（一）抢救费用超过机动车交通事故责任强制保险责任限额的；

（二）肇事机动车未参加机动车交通事故责任强制保险的；

（三）机动车肇事后逃逸的。

第二十五条　救助基金的来源包括：

（一）按照机动车交通事故责任强制保险的保险费的一定比例提取的资金；

（二）对未按照规定投保机动车交通事故责任强制保险的机动车的所有人、管理人的罚款；

（三）救助基金管理机构依法向道路交通事故责任人追偿的资金；

（四）救助基金孳息；

（五）其他资金。

第二十六条　救助基金的具体管理办法，由国务院财政部门会同国务院保险监督管理机构、国务院公安部门、国务院卫生主管部门、国务院农业主管部门制定试行。

第二十七条　被保险机动车发生道路交通事故，被保险人或者受害人通知保险公司的，保险公司应当立即给予答复，告知被保险人或者受害人具体的赔偿程序等有关事项。

第二十八条　被保险机动车发生道路交通事故的，由被保险人向保险公司申请赔偿保险金。保险公司应当自收到赔偿申请之日起1日内，书面告知被保险人需要向保险公司提供的与赔偿有关的证明和资料。

第二十九条　保险公司应当自收到被保险人提供的证明和资料之日起5日内，对是否属于保险责任作出核定，并将结果通知被保险人；对不属于保险责任的，应当书面说明理由；对属于保险责任的，在与被保险人达成赔偿保险金的协议后10日内，赔偿保险金。

第三十条　被保险人与保险公司对赔偿有争议的，可以依法申请仲裁或者向人民法院提起诉讼。

第三十一条　保险公司可以向被保险人赔偿保险金，也可以直接向受害人赔偿保险金。但是，因抢救受伤人员需要保险公司支付或者垫付抢救费用的，保险公司在接到公安机关交通管理部门通知后，经核对应当及时向医疗机构支付或者垫付抢救费用。

因抢救受伤人员需要救助基金管理机构垫付抢救费用的，救助基金管理机构在接到公安机关交通管理部门通知后，经核对应当及时向医疗机构垫付抢救费用。

第三十二条　医疗机构应当参照国务院卫生主管部门组织制定的有关临床诊疗指南，抢救、治疗道路交通事故中的受伤人员。

第三十三条　保险公司赔偿保险金或者垫付抢救费用，救助基金管理机构垫付抢救费用，需要向有关部门、医疗机构核实有关情况的，有关部门、医疗机构应当予以配合。

第三十四条　保险公司、救助基金管理机构的工作人员对当事人的个人隐私应当保密。

第三十五条 道路交通事故损害赔偿项目和标准依照有关法律的规定执行。

第四章 罚 则

第三十六条 保险公司以外的单位或者个人，非法从事机动车交通事故责任强制保险业务的，由国务院保险监督管理机构予以取缔；构成犯罪的，依法追究刑事责任；尚不构成犯罪的，由国务院保险监督管理机构没收违法所得，违法所得20万元以上的，并处违法所得1倍以上5倍以下罚款；没有违法所得或者违法所得不足20万元的，处20万元以上100万元以下罚款。

第三十七条 保险公司违反本条例规定，有下列行为之一的，由国务院保险监督管理机构责令改正，处5万元以上30万元以下罚款；情节严重的，可以限制业务范围、责令停止接受新业务或者吊销经营保险业务许可证：

（一）拒绝或者拖延承保机动车交通事故责任强制保险的；

（二）未按照统一的保险条款和基础保险费率从事机动车交通事故责任强制保险业务的；

（三）未将机动车交通事故责任强制保险业务和其他保险业务分开管理，单独核算的；

（四）强制投保人订立商业保险合同的；

（五）违反规定解除机动车交通事故责任强制保险合同的；

（六）拒不履行约定的赔偿保险金义务的；

（七）未按照规定及时支付或者垫付抢救费用的。

第三十八条 机动车所有人、管理人未按照规定投保机动车交通事故责任强制保险的，由公安机关交通管理部门扣留机动车，通知机动车所有人、管理人依照规定投保，处依照规定投保最低责任限额应缴纳的保险费的2倍罚款。

机动车所有人、管理人依照规定补办机动车交通事故责任强制保险的，应当及时退还机动车。

第三十九条 上道路行驶的机动车未放置保险标志的，公安机关交通管理部门应当扣留机动车，通知当事人提供保险标志或者补办相应手续，可以处警告或者20元以上200元以下罚款。

当事人提供保险标志或者补办相应手续的，应当及时退还机动车。

第四十条 伪造、变造或者使用伪造、变造的保险标志，或者使用其他机动车的保险标志的，由公安机关交通管理部门予以收缴，扣留该机动车，处200元以上2000元以下罚款；构成犯罪的，依法追究刑事责任。

当事人提供相应的合法证明或者补办相应手续的，应当及时退还机动车。

第五章 附 则

第四十一条 本条例下列用语的含义：

（一）投保人，是指与保险公司订立机动车交通事故责任强制保险合同，并按照合同负有支付保险费义务的机动车的所有人、管理人。

（二）被保险人，是指投保人及其允许的合法驾驶人。

（三）抢救费用，是指机动车发生道路交通事故导致人员受伤时，医疗机构参照国务院卫生主管部门组织制定的有关临床诊疗指南，对生命体征不平稳和虽然生命体征平稳但如果不采取处理措施会产生生命危险，或者导致残疾、器官功能障碍，或者导致病程明显延长的受伤人员，采取必要的处理措施所发生的医疗费用。

第四十二条 挂车不投保机动车交通事故责任强制保险。发生道路交通事故造成人身伤亡、财产损失的，由牵引车投保的保险公司在机动车交通事故责任强制保险责任限额范围内予以赔偿；不足的部分，由牵引车方和挂车方依照法律规定承担赔偿责任。

第四十三条 机动车在道路以外的地方通行时发生事故，造成人身伤亡、财产损失的赔偿，比照适用本条例。

第四十四条 中国人民解放军和中国人民武装警察部队在编机动车参加机动车交通事故责任强制保险的办法，由中国人民解放军和中国人民武装警察部队另行规定。

第四十五条 机动车所有人、管理人自本条例施行之日起3个月内投保机动车交通事故责任强制保险；本条例施行前已经投保商业性机动车第三者责任保险的，保险期满，应当投保机动车交通事故责任强制保险。

第四十六条 本条例自2006年7月1日起施行。

机动车辆保险理赔管理指引

· 2012年2月21日
· 保监发〔2012〕15号

第一章 总 则

第一条 为维护被保险人合法权益，规范财产保险公司（以下简称"公司"）机动车辆保险（以下简称"车险"）经营行为，控制经营风险，提升行业理赔管理服务水平，促进行业诚信建设，根据《中华人民共和国保法》及相关法律法规制订《机动车辆保险理赔管理指引》（以下简称《指引》）。

第二条 本《指引》所称公司，是指在中华人民共和国境内依法经营车险的财产保险公司，包括中资保险公司、中外合资保险公司、外商独资保险公司以及外资保险公司在华设立的分公司。

第三条 本《指引》中的车险理赔是指公司收到被保险人出险通知后，依据法律法规和保险合同，对有关事故损失事实调查核实，核定保险责任并赔偿保险金的行为，是保险人履行保险合同义务的体现。

第四条 车险理赔一般应包括报案受理、调度、查勘、立案、定损（估损）、人身伤亡跟踪（调查）、报核价、核损、医疗审核、资料收集、理算、核赔、结销案、赔款支付、追偿及损余物资处理、客户回访、投诉处理以及特殊案件处理等环节。

第五条 公司应制定完整统一的车险理赔组织管理、赔案管理、数据管理、运行保障管理等制度，搭建与业务规模、风险控制、客户服务相适应的理赔管理、流程控制、运行管理及服务体系。

第六条 公司车险理赔管理及服务应遵循以下原则：

（一）强化总公司集中统一的管理、控制和监督；

（二）逐步实现全过程流程化、信息化、规范化、标准化、一致性的理赔管理服务模式；

（三）建立健全符合合规管理及风险防范控制措施的理赔管理、风险控制、客户服务信息管理系统；

（四）确保各级理赔机构人员合理分工、职责明确、责任清晰、监督到位、考核落实；

（五）理赔资源配置要兼顾成本控制、风险防范、服务质量和效率。

第七条 本《指引》明确了公司在车险理赔管理中应达到的管理与服务的基本要求。公司与客户之间的权利义务关系应以《保险法》及相关法律法规和保险合同条款为准。

第八条 中国保险监督管理委员会及其派出机构依法对公司车险理赔实施监督检查，并可向社会公开《指引》的有关执行情况。

第二章 理赔管理

第一节 组织管理和资源配置

第九条 公司应建立健全车险理赔组织管理制度。明确理赔管理架构、管理机制、工作流程及各环节操作规范，明确各类理赔机构和人员的工作职责及权限、考核指标、标准及办法。明确理赔关键环节管理机制、关键岗位人员管理方式。明确理赔岗位各相关人员资格条件，建立理赔人员培训考试及考核评级制度，制订与业务规模、理赔管理和客户服务需要相适应的理赔资源配置办法等。

第十条 公司应按照车险理赔集中统一管理原则，建立完整合理的车险理赔组织架构，有效满足业务发展、理赔管理及客户服务需要。

（一）集中统一管理原则是指总公司统一制定理赔管理制度、规范理赔服务流程及标准，完善监督考核机制，应实现全国或区域接报案集中，以及对核损、核价、医疗审核、核赔等理赔流程关键环节和关键数据修改的总公司集中管控。

（二）完整合理的理赔组织架构，应将理赔管理职能、理赔操作职能以及客户服务职能分开设置，形成相互协作、相互监督的有效管理机制。

鼓励总公司对理赔线实行人、财、物全部垂直化管理。

第十一条 公司应制定严格管控措施和IT系统管控手段，强化关键岗位和关键环节的集中统一管理、监督和控制。

对核损、核价、医疗审核、核赔等关键岗位人员，应逐步实行总公司自上而下垂直管理，统一负责聘用、下派、任命、考核、薪酬发放、职务变动以及理赔审核管理权限授予等。

第十二条 对分支机构实行分类授权理赔管理，应充分考虑公司业务规模、经营效益、管理水平、区域条件等，可以选择"从人授权"和"从机构授权"方式。从机构授权只限于总公司对省级分公司的授权。

"从人授权"应根据理赔人员专业技能、考试评级结果授予不同金额、不同类型案件的审核权限；"从机构授权"应根据分支机构的经营管理水平、风险控制能力、经营效益以及服务需求授予不同理赔环节和内容的管理权限。

鼓励公司采取"从人授权"方式，加强专业化管理。

第十三条 公司应针对不同理赔岗位风险特性，制订严格岗位互掣制度。

核保岗位不得与核损、核价、核赔岗位兼任。同一赔案中，查勘、定损与核赔岗位，核损与核赔岗位之间不得兼任。在一定授权金额内，查勘、定损与核损岗位，理算与核赔岗位可兼任，但应制定严格有效的事中、事后抽查监督机制。

第十四条 公司应根据理赔管理、客户服务和业务发展需要，充分考虑业务规模、发展速度及地域特点，拟定理赔资源配置方案，明确理赔资源和业务资源配比。保证理赔服务场所、理赔服务工具、理赔信息系统、理赔人员等资源配备充足。

（一）在设有营销服务部以上经营机构地区

1. 应设立固定理赔服务场所或在营业场所内设立相对独立理赔服务区域，接受客户上门查勘定损、提交索赔材料。理赔服务场所数量应根据业务规模、案件数量以及服务半径合理设置、科学布局。理赔服务场所应保证交通便利、标识醒目。公司应对外公布理赔服务场所地址、电话。

2. 各地保险行业协会应根据本地区地域、自然环境、道路交通情况等因素确定各理赔环节的基本服务效率标准，各公司应保证各岗位理赔人员、理赔服务工具的配备满足上述标准要求。

（二）在未设分支机构地区

公司应制定切实可行的理赔服务方案，保证报案电话畅通，采取委托第三方等便捷方式为客户提供及时查勘、定损和救援等服务。在承保时，应向客户明确说明上述情况，并告知理赔服务流程。

不能满足上述要求的，公司应暂缓业务发展速度，控制业务规模。

第十五条 公司应建立各理赔岗位职责、上岗条件、培训、考核、评级、监督等管理制度和机制，建立理赔人员技术培训档案及服务投诉档案，如实记录理赔人员技能等级、培训考核情况和服务标准执行情况。

鼓励保险行业协会逐步探索实施行业统一的理赔人员从业资格、培训考试、考核评级等制度，建立理赔人员信息库。

第十六条 公司应对理赔人员进行岗前、岗中、晋级培训并考试。制定详实可行的培训计划和考核方案，保证基本培训时间、质量和效果。

（一）岗前培训：各岗位人员上岗前应参加岗前培训和考核，培训时间不应少于60小时，考试合格后可上岗工作；

（二）岗中培训：公司应通过集中面对面授课、视频授课等形式，对各岗位人员进行培训。核损、核价、医疗审核、核赔人员每年参加培训时间不应少于100小时，其他岗位人员每年参加培训时间不应少于50小时；

（三）晋级培训：各岗位人员晋级或非核损、核价、医疗审核、核赔岗位人员拟从事核损、核价、医疗审核、核赔岗位的，应经过统一培训和考试，合格后可晋级。

第二节 赔案管理

第十七条 公司应制定覆盖车险理赔全过程的管理制度和操作规范。按照精简高效原则，对接报案、调度、查勘、立案、定损（估损）、人身伤亡跟踪（调查）、报核价、核损、医疗审核、资料收集、理算、核赔、结销案、赔款支付、追偿及损余物资处理、客户回访、投诉处理以及特殊案件处理等各环节的工作流程和操作办法进行统一规范，逐步实现标准化、一致性的理赔管理和客户服务。

为防范风险，提高工作质量和效率，理赔处理各环节衔接点要严格规范，前后各环节间应形成必要的相互监督控制机制。

第十八条 公司应建立严格的未决赔案管理制度。规范未决赔案管理流程，准确掌握未决赔案数量及处理进度；监督促进提升理赔处理时效。根据未决赔案估损及估损调整管理规则确定估损金额，确保未决赔款准备金准确计提，真实反映负债和经营结果。

第十九条 公司应制订报核价管理制度。建立或采用科学合理的汽车零配件价格标准，做好零配件价格信息维护和本地化工作。

行业协会应积极推动保险行业与汽车产业链相关行业共同研究建立科学、合理的维修配件和工时系数标准化体系。

第二十条 公司应建立特殊案件管理制度。对案件注销、注销恢复、重开赔案、通融赔案、拒赔案件、预付赔款、规定范围内的诉讼案件、追偿赔案及其他特殊案件的审核和流程进行规范，并将审批权限上收到总公司。

第二十一条 公司应建立反欺诈管理制度。总公司及分支机构应建立自上而下、内外部合作、信息共享的反欺诈专职团队。对重点领域和环节通过在理赔信息系统中设立欺诈案件和可疑赔案筛查功能加大反欺诈预防查处力度。建立投诉、举报、信访处理机制和反欺诈奖励制度，向社会公布理赔投诉电话。

有条件的地区应建立本地区保险行业内联合反欺诈处理（或信息共享）机制或保险行业与当地公安机关联合反欺诈处理（或信息共享）机制。

第二十二条 公司应建立异地理赔管理制度和考核奖惩办法。按照"异地出险，就地理赔"原则，建立信息管理系统和网络，搭建省间代查勘、代定损、代赔付操作平台，规范实务流程和操作规则，做好跨省间客户投诉管理工作，确保全国理赔服务标准规范统一。

第三节 数据管理

第二十三条 公司应建立支撑车险理赔管理、风险控制及客户服务全流程化业务处理及信息管理系统。系统间实现无缝连接，无人工干预，实时数据传送处理，避免数据漏失、人工调整及时滞差异。

第二十四条 公司应制定数据质量管理制度。加强理赔与承保、财务间数据规范性、准确性和及时性的管理监督，使业务、财务数据归集、统计口径保持一致。公司应对数据质量定期监控与考评，对疑问数据及时通报。

第二十五条 公司应规范理赔各环节间数据管理。明确数据间勾稽关系，做到历史数据可追溯，对日常数据日清月结。应确定数据维护流程、使用性质和查询范围。应制定数据标准化推行制度。对异常（风险）数据设立基础考察观测项目，根据管理控制的重点适时调整考察观测项目。

疑问数据修改应依法合规，严格修改规范。疑问数据应及时整改，整改时应充分考虑整改方案是否合理以及是否会引发其他数据质量问题，严禁随意修改。

第二十六条 公司应建立内部各部门、各地区间必要的信息交流沟通机制。根据理赔数据管理情况，实现理赔部门与产品、承保、财务、精算、法律和客户服务等相关部门间沟通及信息反馈。

建立信息平台地区，公司应及时向信息平台上传理赔信息，确保上传信息与核心业务系统信息完整一致。

第四节 运行保障

第二十七条 公司应建立理赔费用管理制度，严格按照会计制度规定，规范直接理赔费用和间接理赔费用管理。理赔费用分摊应科学、合理并符合相关规定。

直接理赔费用要严格按照列支项目和原始凭证、材料，如实列支，审批权应集中到省级或以上机构，并按照直接理赔费用占赔款的一定比例监控；间接理赔费用要制定严格的间接理赔费用预算管理、计提标准、列支项目、列支审核以及执行监督制度，间接理赔费用的列支项目和单笔大额支出应规定严格的审批流程等。

公司应将理赔费用纳入考核政策，对各级机构形成约束。

第二十八条 公司应制定未决赔款准备金管理制度。根据未决赔款数据准确估算未决赔款准备金，建立理赔与精算的联合估算规则，要真实、准确、及时反映车险经营状况，有效预警经营风险，保证经营稳定。

第二十九条 公司应加强对合作单位管理，包括合作修理厂、合作医疗机构、医疗评残机构、公估机构以及其他保险中介机构的管理。

（一）公司在选择合作单位时，应保证公正、公平、公开原则，维护被保险人、受害人以及保险人的合法权益，依法选择，严格管理，建立准入、考核、监督及退出机制。

（二）公司应保证客户自由选择维修单位的权利，不得强制指定或变相强制指定车辆维修单位。

公司选择合作修理厂，应与经过规定程序产生的车辆维修单位签订维修合作协议。承修方要保证维修质量、维修时间达到客户满意，保险公司应协助客户跟踪维修质量与进度。

保险行业协会应积极协调组织公司就保险理赔服务有关工作与汽车修理厂、医疗机构、医疗评残机构、公估机构等相关单位沟通协调，加强行业间协作。

（三）严格理赔权限管理

1. 公司严禁将核损、核价、医疗审核、核赔等关键岗位理赔权限授予合作单位等非本公司系统内的各类机构或人员。

2. 原则上不允许合作单位代客户报案，代保险公司查勘、定损（专业公估机构除外），代客户领取赔款。

第三十条 公司应制定防灾防损制度，包括控制保险标的风险，抗御灾害及应对突发事件办法，降低保险事故发生频率和减少事故损失程度技能，增强为客户服务能力。

第三十一条 公司应建立客户投诉管理制度。对客户投诉渠道、投诉信息、投诉受理人、建议解决措施、投诉结果反馈、投诉结果归档、投诉处理的监督考核等规范管理。

第三十二条 公司应建立客户回访制度，对出险客户回访量、回访类型、回访内容、问题处置流程、解决问题比率、回访统计分析与反馈、回访结果归档、回访质量监督考核办法等进行规范管理。

第三十三条 公司应建立绩效考核机制。科学设计理赔质量指标体系，制定绩效考核管理办法。

理赔质量指标体系应包括客户服务满意度、投诉率、投诉处理满意度等客户服务类指标，案均结案时长、结案率等理赔效率类指标，估损偏差率、限时立案率、未决发展偏差率、服务质量、数据质量等理赔管理类指标以及赔付率、案均赔款、理赔费用等理赔成本类指标。公司应加强对理赔质量整体考核监管，不得单纯考核赔付率，不合理压低赔偿金额，损害消费者权益，影响理赔服务质量。

第三十四条 公司应定期或不定期开展理赔质量现

场或非现场专项检查，包括对理赔服务、理赔关键举措、赔案质量、特殊案件处理、理赔费用列支等问题专项检查或评估。在日常赔案管理中，总公司应加强对分支机构理赔质量的常规检查和远程非现场检查监督，必要时可进行理赔效能专项检查。

第三十五条　公司应严格遵守各项法律法规，忠实履行保险合同义务。诚实守信、合法经营，禁止下列行为：

（一）理赔人员"吃、拿、卡、要"、故意刁难客户，或利用权力谋取个人私利；

（二）利用赔案强制被保险人提前续保；

（三）冒用被保险人名义缮制虚假赔案；

（四）无正当理由注销赔案；

（五）错赔、惜赔、拖赔、滥赔；

（六）理赔人员与客户内外勾结采取人为扩大损失等非法手段骗取赔款，损害公司利益的行为；

（七）其他侵犯客户合法权益的失信或违法违规行为。

第三章　流程控制
第一节　理赔信息系统

第三十六条　公司应以支持公司理赔全过程、流程化、规范化、标准化运行管控为目标，统一规划、开发、管理和维护理赔信息系统。

第三十七条　理赔流程中关键风险点的合规管控要求，应内嵌入理赔信息系统，并通过信息系统控制得以实现。

理赔信息系统操作应与理赔实务相一致，并严格规范指导实际操作。

第三十八条　公司应保证所有理赔案件处理通过理赔信息系统，实现全流程运行管控。严禁系统外处理赔案。

第三十九条　理赔信息系统数据库应建立在总公司。总公司不得授权省级分公司程序修改权和数据修改权。所有程序、数据的修改应保存审批及操作记录。

严禁将理赔信息系统数据库建立在省级及省级以下分支机构。

第四十条　公司理赔信息系统的功能设置应满足内控制度各项要求，至少应包括以下内容：

（一）理赔信息系统应与接报案系统、承保系统、再保险系统、财务系统数据实现集成管理，无缝对接。通过公司行政审批系统审批的案件信息应该自动对接到理赔系统，如果不能自动对接，应将行政审批意见扫描并上传至理赔系统中。

（二）理赔信息系统应实现理赔全流程管控，至少包括接报案、调度、查勘、立案、定损（估损）、人身伤亡跟踪（调查）、报核价、核损、医疗审核、资料收集、理算、核赔、结销案、赔款支付、追偿及损余物资处理、客户回访、投诉处理以及特殊案件处理等必要环节及完整的业务处理信息。理赔信息系统应实时准确反映各理赔环节、岗位的工作时效。

（三）理赔信息系统应能对核损、报核价、医疗审核、核赔等重要环节实现分级授权设置，系统按照授权规则自动提交上级审核；未经最终核损人审核同意，理赔系统不能打印损失确认书。未经最终核赔人审核同意，理赔系统不得核赔通过，财务系统不得支付赔款。

（四）理赔信息系统应按法律法规及条款约定设定理算标准及公式。

（五）理赔信息系统中不得单方面强制设置保险条款以外的责任免除、赔款扣除等内容。

（六）理赔信息系统数据应保证完整、真实并不能篡改。

（七）理赔信息系统应设置反欺诈识别提醒功能，对出险时间与起保或终止时间接近、保险年度内索赔次数异常等情况进行提示。

（八）理赔信息系统可在各环节对采集到的客户信息进行补充修正，确保客户信息真实、准确、详实。

（九）理赔信息系统应具备影像存储传输功能，逐步实现全程电子化单证，推行无纸化操作；鼓励公司使用远程视频传输系统功能。

（十）理赔信息系统可对符合快速处理条件的赔案适当简化流程。

（十一）理赔信息系统应加强对一人多岗的监控，严禁使用他人工号。

第四十一条　公司应制订应急处理机制，保证系统故障时接报案等理赔服务工作及时有序进行。

第二节　接报案

第四十二条　公司应实行接报案全国或区域统一管理模式，不得将接报案统一集中到省级或以下机构管理。所有车险理赔案件必须通过系统接报案环节录入并生成编号后方可继续下一流程。

第四十三条　公司应建立有效报案甄别机制，通过接报案人员采用标准话术详细询问、接报案受理后及时回访等方法，逐步减少无效报案。

第四十四条 报案时间超过出险时间48小时的,公司应在理赔信息系统中设定警示标志,并应录入具体原因。公司应对报案时间超过出险时间15天的案件建立监督审核机制。

第四十五条 接报案时,理赔信息系统应自动查询并提示同一保单项下或同一车辆的以往报案记录,包括标的车辆作为第三者车辆的案件记录。对30天内多次报案的应设警示标志,防止重复报案并降低道德风险。

第四十六条 公司应积极引导被保险人或肇事司机直接向保险公司报案。对由修理单位等机构或个人代被保险人报案的,公司应要求其提供被保险人真实联系方式,并向被保险人核实。同时,公司应在后续理赔环节中通过查验被保险人有效身份证件或与被保险人见面方式对案件进行核实。

第四十七条 公司接报案受理人员应仔细询问并记录报案信息,报案记录应尽可能详尽,至少应包括以下内容:保单信息、出险车辆信息、被保险人信息、报案人信息、驾驶员信息、出险情况、损失情况、事故处理及施救等情况。

完成报案记录后,接报案人员或查勘人员要及时向报案人或被保险人详细说明理赔处理流程和所需证明材料等有关事项。

为方便客户了解赔偿程序和索赔要领,公司应向客户提供多渠道、多方式解释说明。

第三节 调度

第四十八条 公司应建立完善、科学的调度体系,利用信息化手段准确调度,提高效率。

第四十九条 公司应通过调度系统实时掌握理赔人员、理赔车辆、理赔任务的工作状态。

第四节 查勘

第五十条 公司应通过移动终端、远程控制或双人查勘等方式确保现场查勘信息真实。对重大、可疑赔案,应双人、多人查勘。

公司应加大对疑难重大案件复勘力度,并对第一现场、复勘现场、无现场查勘方式进行统计。

公司应建立查勘应急处理机制,防范并妥善处理突发大案或案件高峰期可能出现的查勘资源配置不到位。

第五十一条 理赔案件查勘报告应真实客观反映查勘情况,查勘报告重要项目应填写完整规范。重要项目至少应包括:出险车辆信息、驾驶员信息、事故成因、经过和性质、查勘时间、地点、内容、人员伤亡情况、事故车辆损失部位、程度等情况、查勘人员签名等。

现场照片应清楚反映事故全貌和损失情况。公司应采取技术手段防止或识别数码相片的修改。

查勘信息应及时录入理赔系统,超过规定时限的,应提交上级管理人员,对查勘人员进行考核处罚。

第五十二条 查勘人员应详细记录客户信息,了解事故情况,进行调查取证。

查勘人员应向客户递交书面"索赔须知",并进行必要讲解,提示客户及时提出索赔申请。"索赔须知"至少应包括:索赔程序指引、索赔需提供的资料、理赔时效承诺、理赔投诉电话、理赔人员信息、理赔信息客户自主查询方式方法以及其他注意事项等。

第五十三条 公司查勘人员应在查勘环节收集真实完整的客户信息,并在后续环节中不断完善补充。

第五十四条 公司应对委托外部机构查勘严格管理。公司应制定外部合作机构资质标准,并与委托查勘机构签订合作协议。分支机构委托外部机构查勘的,应经总公司审批授权。

第五十五条 鼓励公司印制防伪易碎贴或防伪易碎封签(标签),加贴于特定部位,防止损坏配件被恶意替换,并加强配件残值管理处置。主要用于以下方面:

(一)第一现场估损符合自动核价条件的,对需要回收残值的配件加贴。

(二)第一现场不能估损的案件,对外表损坏配件加贴,对易产生替换和可能损坏的配件加贴;对需监督拆解车辆,在拆解关键点加贴。

(三)水损事故中对损失与否不能确认的配件,如电脑板等加贴。

第五十六条 公司应严格按照《保险法》及相关法律法规和保险合同的约定,在法律规定时限内,核定事故是否属于保险责任。情形复杂的,应在30日内作出核定,但合同另有约定的除外。不属于保险责任的,应自作出核定之日起3日内向被保险人发出拒绝赔偿通知书并说明理由,将索赔单证扫描存入系统后,退还相关索赔单证,并办理签收手续。

第五节 立案

第五十七条 公司应加强立案过程管理,确保立案时估损金额尽量准确。公司原则上应实行报案即立案。接到报案后应及时在理赔信息系统中进行立案处理。系统应设置超过3日尚未立案则强制自动立案功能。

第五十八条 公司应及时充足准确录入估损金额,对自动立案并通过理赔系统对案件进行自动估损赋值的,应本着充分原则,赋值金额参考历史同类案件的案均赔款或其他合理统计量确定。公司应根据险别、有无人伤等不同情况明确赋值规则。

第六节 定损(估损)

第五十九条 公司定损人员应准确记录损失部位和项目,提出修理、更换建议,及时录入理赔信息系统。并请客户签字确认损失部位和项目。

第六十条 定损人员应及时向客户说明损失情况,并就定损项目、修复方式、配件类型、维修金额等向客户耐心细致解释。核损通过后的损失确认书,应由客户签字确认。对客户自行承担的损失,应明确告知客户并做好解释说明。

定损项目和金额需要调整的,定损人员应征得客户同意并签字确认。

第六十一条 公司应对委托外部机构定损严格管控。

第七节 报核价

第六十二条 公司应建立专业报核价队伍,在理赔信息系统中设置报核价模块,逐步实现常用配件自动报价。

第六十三条 公司应维护更新零部件价格信息,推行价格信息本地化,保证价格信息与区域市场匹配。

公司应采用经国家有关部门批准和认证的正规配件企业生产、符合原厂技术规范和配件性能标准、有合法商标、质量检验合格的配件。

第八节 核 损

第六十四条 公司应高度重视核损环节管理,加强核损队伍建设,提高核损人员专业技能。

第六十五条 核损人员应认真核对查勘、定损人员提交的事故现场查勘情况,与客户填报的事故经过是否一致,确定事故真伪及是否属于保险责任。

鼓励公司核损人员对拟提供给客户的"索赔须知"内容进行审核,确保对需提供的索赔材料说明准确。

第六十六条 核损人员应对定损人员提交的标的损失项目、修复方式、估损金额,根据报核价环节提供的配件价格信息进行远程在线审核或现场审核,并提出审核意见。

第六十七条 理赔信息系统应自动按照核损通过数值调整未决赔款金额。对于未决赔款金额波动较大的,应在系统中设置提醒标志。

第九节 人伤跟踪和医疗审核

第六十八条 总公司应建立人身伤亡案件(以下简称为"人伤")审核专业管理团队,省级及以下理赔部门设置专职人伤跟踪(调查)和医疗审核团队或岗位,参与人伤损失的事故查勘、损伤调查、处理跟踪、协助和解、参与诉讼、资料收集、单证审核和费用核定等工作。公司应制订人伤跟踪、审核实务,应实现提前介入、过程跟踪、全程协助、加强管控的目标。

公司原则上应设置专线电话,安排人伤专业人员,为被保险人或受害人提供人伤处理全程咨询服务。

公司应加大人伤调查力度,制订人伤调查要求、具体内容和调查时效。

人伤审核人员应主动参与被保险人与事故受害人之间的损害赔偿和解工作,促成双方达成满意的和解结果。

在被保险人与受害人之间发生诉讼纠纷时,公司应积极主动协助被保险人做好诉讼案件处理工作。

第六十九条 公司在人伤跟踪过程中,应及时就诊疗方案、用药标准、后续治疗费用、残疾器具使用等问题向医疗单位、被保险人或受害人进行了解,并及时修正未决赔案估损金额。

第七十条 公司应根据相关法律法规和保险合同,按照以人为本和有利及时救治原则,进行人伤费用审核和支付。

第七十一条 公司对需进行伤残鉴定的人伤案件,应优先推荐和引导伤者到当地公信力较高的伤残鉴定机构进行评定,确保评残公正、客观。公司应跟踪评残过程及鉴定结果,发现疑义的应及时向鉴定机构反馈或要求复评。

公司应将"低残高评"、"疑义伤残"等记录在案,向有关主管部门反馈。

第十节 资料收集

第七十二条 公司接收、记录客户送达的索赔资料时,应按照"索赔须知"当场查验索赔资料是否齐全,及时出具接收回执。回执上应注明公司接收人、接收时间和公司咨询电话。

第七十三条 公司认为有关证明和资料不完整的,应当及时一次性书面通知投保人、被保险人或者受益人补充提供。

第十一节 理 算

第七十四条 公司对索赔资料齐全、无异议的案件,应及时完成理算工作。

第十二节 核 赔

第七十五条 公司理赔时效标准不得低于法律法规以及行业关于理赔时效的规定。

公司自收到索赔请求和有关证明、资料之日起 60 日内，对其赔偿数额不能确定的，应根据已有证明和资料可以确定的数额先予支付。最终确定赔偿数额后，支付相应差额。

第七十六条 公司应对疑难案件会商，在充分尊重事实，准确适用法律，综合评定各方利益，并与客户有效沟通后，做出最终结论，并将结果及时反馈。

第十三节 结销案

第七十七条 公司应当在全部损失标的核赔通过后自动或人工结案。结案后的重开赔案权限应通过理赔信息系统上收至总公司。

第七十八条 公司应明确规定赔案注销、零结案和拒赔条件，严格注销案件、零结案和拒赔管理。

注销恢复案件处理权限应通过理赔信息系统上收至总公司。

第十四节 赔款支付

第七十九条 公司应在与客户达成赔偿协议后 10 日内赔付。公司应及时通知客户领取保险赔款，定期清理已决未支付赔案。不得通过预付赔款方式支付已达成协议的赔款。

鼓励公司建立快速理赔机制。

第八十条 公司应在理赔信息系统中设定赔款收款人姓名、账号和开户银行名称，赔款支付时应遵守反洗钱的相关规定。

在赔款成功支付后，公司应通过电话、短信或书面等方式告知客户。

鼓励公司在客户投保时，积极引导客户约定赔款支付方式、明确赔款支付对象、开户行、账号等信息。

第八十一条 被保险人为个人的，公司应积极引导被保险人通过银行转账方式领取保险赔款。保险赔款金额超过一定金额的，要通过非现金方式支付，且支付到与被保险人、道路交通事故受害人等符合法律法规规定的人员名称相一致的银行账户。

各地区、各公司可根据实际情况，制订现金支付的最高限额。

第八十二条 被保险人为单位的，公司应严格按照有关支付结算规定，对 1000 元以上的保险赔款要通过非现金方式支付，且支付到与被保险人、道路交通事故受害人等符合法律法规规定的人员名称相一致的银行账户。

各地区、各公司可根据实际情况，进一步限定采取汇款、网上银行等无背书功能的转账支付方式。

鼓励公司采取无现金支付方式支付赔款。

第八十三条 公司应严格管控代领保险赔款风险。

（一）严格"直赔"修理厂管理

公司对签订"直赔"协议的修理单位（以下简称"直赔厂"），必须严格管理监督。

1. 不得将代报案、代查勘权限授予直赔厂。

2. 直赔厂在代客户索赔时，应提供维修发票、维修清单以及被保险人出具的授权书原件、身份证明等材料。

3. 公司应通过银行采用无背书功能的转账支付方式将保险赔款划入以承修事故车辆的修理单位为户名的银行账户，并通过电话回访或书面方式告知被保险人。

4. 对于不能提供被保险人真实联系方式、授权书的修理单位，公司不应与其签订或续签"直赔"协议。

（二）严格管控其他单位或个人代领保险赔款

对于直赔厂之外的其他单位或个人代被保险人或道路交通事故受害人领取保险赔款的，必须提供被保险人或道路交通事故受害人有效身份证明原件、授权书原件以及代领赔款人身份证明原件。

赔款支付方式按照第八十一条和第八十二条的规定执行。

第八十四条 被保险人给第三者造成损害，被保险人对第三者应负的赔偿责任确定的，根据被保险人的请求，公司应直接向该第三者赔偿保险金。被保险人怠于请求的，第三者有权就其应获赔偿部分直接向公司请求赔偿，公司应受理。

第十五节 追偿及损余物资处理

第八十五条 公司应加强代位追偿案件管理，制订制度规范以及追偿案件的业务、财务处理方式及流程。

第八十六条 公司应制订损余物资管理办法。损余物资折归被保险人的，应与被保险人协商同意，确保公平合理。

公司回收损余物资的，应在理赔信息系统中准确录入损余物资管理信息和处置情况，统计损余物资处置金额。处理款项应及时冲减赔款。

对于盗抢险追回车辆、推定全损车辆的损余处理，应上收到省级或以上机构统一处理。

第四章 理赔服务

第一节 服务标准

第八十七条 理赔服务应贯彻于理赔全过程，包括风险管理、客户回访、投诉处理等内容。

第八十八条 公司应制订理赔服务规范,确保流程控制中各环节理赔手续简便、服务时效明确、服务标准一致。

第八十九条 公司应建立"首问负责制",保证流程顺畅,不互相推诿。

最先受理客户咨询、投诉的人员作为首问责任人,负责处理或督促相关部门解决客户提出的各类问题,并跟踪至问题解决。

第九十条 公司应设立全国统一的服务电话号码,并向社会公示,24小时×365天接受报案和咨询。公司应保证报案电话畅通,接通率不低于85%。

公司应提供24小时×365天查勘定损服务。

各地保险行业协会应根据本地实际情况,规定理赔人员到达事故现场时限,并向社会公布。

第九十一条 公司应建立理赔服务指标体系。理赔服务指标至少应包括:报案电话接通率、到达现场时长、平均结案周期、小额赔案结案周期、赔付时效、客户有效投诉率等。

各地保险行业协会应根据本地实际情况,制定理赔服务指标参考标准,并向社会公布。

第九十二条 公司应统一查勘定损员服装样式,统一制作并悬挂胸牌,按照公司视觉识别标识统一进行查勘车辆的外观喷涂和编号,便于各级理赔服务工作管理监督,提升理赔服务形象。

第九十三条 公司应制订理赔标准用语规范,涵盖理赔全流程。理赔人员在服务过程中应体现出良好的保险职业道德和精神风貌,主动迅速准确为客户提供优质服务。

第九十四条 异地理赔服务、委托外部机构理赔服务不得低于规定的理赔服务时效、理赔标准。

第二节 服务内容

第九十五条 公司应高度重视车险理赔服务工作,进一步强化理赔服务意识、增强理赔服务能力、提高理赔服务质量。

公司应积极协助被保险人向责任对方(责任对方是指在事故中对被保险人负有赔偿责任的当事人)进行索赔;当被保险人选择直接向投保保险公司索赔,并将向责任对方求偿的权利转让给保险公司时,保险公司应该认真履行赔付义务。

各公司之间应进一步加强沟通协调。对于涉及多家保险公司的赔案,各公司均应积极参与处理,不得推诿。

为提高运行效率,各省级行业协会应逐步依托行业车险信息平台尽快实现数据及时传递和共享,应组织保险公司逐步建立行业间定损标准、赔付标准和追偿实务标准,积极解决保险理赔服务问题,提高客户满意度。

第九十六条 公司应根据赔案类型、客户分类和赔付数据建立差异化理赔服务机制。

公司应建立小额赔案理赔快速处理机制,不断提高小额案件理赔时效和服务质量。小额赔案的标准和赔付时限由各省级行业协会根据情况确定。

第九十七条 公司可在合理成本范围内为客户提供车辆救援、风险管理等增值服务。

第九十八条 公司应提供多渠道的理赔信息反馈服务。公司应按照相关规定,提供理赔信息自助查询服务。公司应在与理赔相关的营业场所或服务场所,张贴统一印制的索赔指引或索赔流程图,在保险凭证和保险宣传资料上明示服务电话,制订并对外公布理赔服务承诺。

公司应逐步实施电话、短信通知提醒、网络平台上传资料等服务内容。

第三节 服务保证

第九十九条 公司应建立客户回访制度,应设专职人员在赔款支付15个工作日内进行客户回访,各公司应根据案件量确保一定回访比例。

建立客户回访台账或留存回访电话录音,内容至少应包括:案件情况真实性、理赔服务质量、赔款领取情况等。回访记录应妥善保存,自保险合同终止之日起计算,保管期限不得少于5年。

第一百条 公司应建立投诉信访处理机制,设立客户服务部门或者咨询投诉岗位,向社会公布理赔投诉电话,接受社会监督。

(一)公司应设专职人员负责受理客户理赔投诉工作。建立客户投诉登记台帐,台帐内容至少应包括:投诉编号、投诉日期、投诉人及联系方式、被投诉人、涉及保单或赔案号、投诉原因、投诉具体内容、处理结果、答复客户日期等。

(二)对保险监管部门按照规定转办的涉及理赔服务方面的信访事项,不得推诿、敷衍、拖延、弄虚作假,由公司分管领导负责并按照监管部门要求报告受理情况和办理结果。

(三)上门投诉的客户,有专人负责接待,尽最大努力即时解决。无法即时解决的,明确答复时限。其他形式(如电话、传真、信访和电子邮件等)的一般性投诉,承办部门应在3个工作日内答复;重大、疑难类投诉,应在5

个工作日内答复。

对信访投诉情况定期分析，并采取改进措施。

第一百零一条 公司应建立并不断完善重大突发性事件、群体性投诉和媒体曝光事件的应急机制。

第一百零二条 公司应建立对理赔服务的内部稽核检查机制。

公司应通过客户服务暗访、客户满意度调查制度等多种方式对理赔服务质量监督检查，确保理赔服务水平。

第一百零三条 公司在加强理赔管理的同时，应不断提升理赔服务水平，落实理赔服务承诺，不得以打击车险骗赔等各种理由为名，降低车险理赔服务质量。

第五章 附 则

第一百零四条 车险电销专用产品业务的理赔及后续管理等原则上在保险标的所在地进行，并实行属地管理。

第一百零五条 交强险案件的理赔，应严格遵照监管部门及行业协会的有关规定执行。

第一百零六条 公司在与保险公估机构建立业务合作关系时，双方签订的合作协议中应明确规定保险公估机构提供的相关服务不低于本《指引》要求的管理与服务质量水平。

第一百零七条 本《指引》自下发之日起实施。

道路交通事故社会救助基金管理办法

- 2021 年 12 月 1 日财政部、中国银行保险监督管理委员会、公安部、国家卫生健康委员会、农业农村部令第 107 号公布
- 自 2022 年 1 月 1 日起施行

第一章 总 则

第一条 为加强道路交通事故社会救助基金管理，对道路交通事故中受害人依法进行救助，根据《中华人民共和国道路交通安全法》《机动车交通事故责任强制保险条例》，制定本办法。

第二条 道路交通事故社会救助基金的筹集、使用和管理适用本办法。

本办法所称道路交通事故社会救助基金（以下简称救助基金），是指依法筹集用于垫付机动车道路交通事故中受害人人身伤亡的丧葬费用、部分或者全部抢救费用的社会专项基金。

第三条 救助基金实行统一政策、地方筹集、分级管理、分工负责。

救助基金管理应当坚持扶危救急、公开透明、便捷高效的原则，保障救助基金安全高效和可持续运行。

第四条 省、自治区、直辖市、计划单列市人民政府（以下统称省级人民政府）应当设立救助基金。

省级救助基金主管部门会同有关部门报省级人民政府确定省级以下救助基金的设立以及管理级次，并推进省级以下救助基金整合，逐步实现省级统筹。

第五条 财政部门是救助基金的主管部门。

财政部负责会同有关部门制定救助基金的有关政策，并对省级救助基金的筹集、使用和管理进行指导。

县级以上地方财政部门根据救助基金设立情况，依法监督检查救助基金的筹集、使用和管理，按照规定确定救助基金管理机构，并对其管理情况进行考核。

第六条 国务院保险监督管理机构的派出机构负责对保险公司缴纳救助基金情况实施监督检查。

县级以上地方公安机关交通管理部门负责通知救助基金管理机构垫付道路交通事故中受害人的抢救费用，并协助救助基金管理机构做好相关救助基金垫付费用的追偿工作。

县级以上地方农业机械化主管部门负责协助救助基金管理机构做好相关救助基金垫付费用的追偿工作。

县级以上地方卫生健康主管部门负责监督医疗机构按照道路交通事故受伤人员临床诊疗相关指南和规范及时抢救道路交通事故中的受害人以及依法申请救助基金垫付抢救费用。

第七条 县级以上财政部门、公安机关交通管理部门、卫生健康主管部门、农业机械化主管部门以及国务院保险监督管理机构及其派出机构，应当通过多种渠道加强救助基金有关政策的宣传和提示，为道路交通事故受害人及其亲属申请使用救助基金提供便利。

第八条 救助基金主管部门可以通过政府采购等方式依法确定救助基金管理机构。

保险公司或者其他能够独立承担民事责任的专业机构可以作为救助基金管理机构，具体负责救助基金运行管理。

第二章 救助基金筹集

第九条 救助基金的来源包括：

（一）按照机动车交通事故责任强制保险（以下简称交强险）的保险费的一定比例提取的资金；

（二）对未按照规定投保交强险的机动车的所有人、管理人的罚款；

（三）依法向机动车道路交通事故责任人追偿的资金；

（四）救助基金孳息；

（五）地方政府按照规定安排的财政临时补助；

（六）社会捐款；

（七）其他资金。

第十条 每年5月1日前，财政部会同国务院保险监督管理机构根据上一年度救助基金的收支情况，按照收支平衡的原则，合理确定当年从交强险保险费中提取救助基金的比例幅度。省级人民政府在幅度范围内确定本地区具体提取比例。

以省级为单位，救助基金累计结余达到上一年度支出金额3倍以上的，本年度暂停从交强险保险费中提取。

第十一条 办理交强险业务的保险公司应当按照确定的比例，从交强险保险费中提取资金，并在每季度结束后10个工作日内，通过银行转账方式足额转入省级救助基金账户。

第十二条 县级以上地方财政部门应当根据当年预算在每季度结束后10个工作日内，将未按照规定投保交强险的罚款全额划拨至省级救助基金账户。

第十三条 县级以上地方财政部门向救助基金安排临时补助的，应当依照《中华人民共和国预算法》等预算管理法律法规的规定及时拨付。

第三章 救助基金使用

第十四条 有下列情形之一时，救助基金垫付道路交通事故中受害人人身伤亡的丧葬费用、部分或者全部抢救费用：

（一）抢救费用超过交强险责任限额的；

（二）肇事机动车未参加交强险的；

（三）机动车肇事后逃逸的。

救助基金一般垫付受害人自接受抢救之时起7日内的抢救费用，特殊情况下超过7日的抢救费用，由医疗机构书面说明理由。具体费用应当按照规定的收费标准核算。

第十五条 依法应当由救助基金垫付受害人丧葬费用、部分或者全部抢救费用的，由道路交通事故发生地的救助基金管理机构及时垫付。

第十六条 发生本办法第十四条所列情形之一需要救助基金垫付部分或者全部抢救费用的，公安机关交通管理部门应当在处理道路交通事故之日起3个工作日内书面通知救助基金管理机构。

第十七条 医疗机构在抢救受害人结束后，对尚未结算的抢救费用，可以向救助基金管理机构提出垫付申请，并提供需要垫付抢救费用的相关材料。

受害人或者其亲属对尚未支付的抢救费用，可以向救助基金管理机构提出垫付申请，医疗机构应当予以协助并提供需要垫付抢救费用的相关材料。

第十八条 救助基金管理机构收到公安机关交通管理部门的抢救费用垫付通知或者申请人的抢救费用垫付申请以及相关材料后，应当在3个工作日内按照本办法有关规定、道路交通事故受伤人员临床诊疗相关指南和规范，以及规定的收费标准，对下列内容进行审核，并将审核结果书面告知处理该道路交通事故的公安机关交通管理部门或者申请人：

（一）是否属于本办法第十四条规定的救助基金垫付情形；

（二）抢救费用是否真实、合理；

（三）救助基金管理机构认为需要审核的其他内容。

对符合垫付要求的，救助基金管理机构应当在2个工作日内将相关费用结算划入医疗机构账户。对不符合垫付要求的，不予垫付，并向处理该交通事故的公安机关交通管理部门或者申请人书面说明理由。

第十九条 发生本办法第十四条所列情形之一需要救助基金垫付丧葬费用的，由受害人亲属凭处理该道路交通事故的公安机关交通管理部门出具的《尸体处理通知书》向救助基金管理机构提出书面垫付申请。

对无主或者无法确认身份的遗体，由县级以上公安机关交通管理部门会同有关部门按照规定处理。

第二十条 救助基金管理机构收到丧葬费用垫付申请和相关材料后，对符合垫付要求的，应当在3个工作日内按照有关标准垫付丧葬费用；对不符合垫付要求的，不予垫付，并向申请人书面说明理由。救助基金管理机构应当同时将审核结果书面告知处理该道路交通事故的公安机关交通管理部门。

第二十一条 救助基金管理机构对抢救费用和丧葬费用的垫付申请进行审核时，可以向公安机关交通管理部门、医疗机构和保险公司等有关单位核实情况，有关单位应当予以配合。

第二十二条 救助基金管理机构与医疗机构或者其他单位就垫付抢救费用、丧葬费用问题发生争议时，由救助基金主管部门会同卫生健康主管部门或者其他有关部门协调解决。

第四章 救助基金管理

第二十三条 救助基金管理机构应当保持相对稳定，一经确定，除本办法另有规定外，3年内不得变更。

第二十四条 救助基金管理机构履行下列管理职责：

（一）接收救助基金资金；
（二）制作、发放宣传材料，积极宣传救助基金申请使用和管理有关政策；
（三）受理、审核垫付申请，并及时垫付；
（四）追偿垫付款，向人民法院、公安机关等单位通报拒不履行偿还义务的机动车道路交通事故责任人信息；
（五）如实报告救助基金业务事项；
（六）管理救助基金的其他职责。

第二十五条　救助基金管理机构应当建立符合救助基金筹集、使用和管理要求的信息系统，建立数据信息交互机制，规范救助基金网上申请和审核流程，提高救助基金使用和管理效率。

救助基金管理机构应当设立热线电话，建立24小时值班制度，确保能够及时受理、审核垫付申请。

第二十六条　救助基金管理机构应当公开以下信息：
（一）救助基金有关政策文件；
（二）救助基金管理机构的电话、地址和救助网点；
（三）救助基金申请流程以及所需提供的材料清单；
（四）救助基金筹集、使用、追偿和结余信息，但涉及国家秘密、商业秘密的除外；
（五）救助基金主管部门对救助基金管理机构的考核结果；
（六）救助基金主管部门规定的其他信息。

救助基金管理机构、有关部门及其工作人员对被救助人的个人隐私和个人信息，应当依法予以保密。

第二十七条　救助基金账户应当按照国家有关银行账户管理规定开立。

救助基金实行单独核算、专户管理，并按照本办法第十四条的规定使用，不得用于担保、出借、投资或者其他用途。

第二十八条　救助基金管理机构根据本办法垫付抢救费用和丧葬费用后，应当依法向机动车道路交通事故责任人进行追偿。

发生本办法第十四条第三项情形救助基金垫付丧葬费用、部分或者全部抢救费用的，道路交通事故案件侦破后，处理该道路交通事故的公安机关交通管理部门应当及时通知救助基金管理机构。

有关单位、受害人或者其继承人应当协助救助基金管理机构进行追偿。

第二十九条　道路交通事故受害人或者其继承人已经从机动车道路交通事故责任人或者通过其他方式获得赔偿的，应当退还救助基金垫付的相应费用。

对道路交通事故死亡人员身份无法确认或者其受益人不明的，救助基金管理机构可以在扣除垫付的抢救费用和丧葬费用后，代为保管死亡人员所得赔偿款，死亡人员身份或者其受益人身份确定后，应当依法处理。

第三十条　救助基金管理机构已经履行追偿程序和职责，但有下列情形之一导致追偿未果的，可以提请救助基金主管部门批准核销：
（一）肇事逃逸案件超过3年未侦破的；
（二）机动车道路交通事故责任人死亡（被宣告死亡）、被宣告失踪或者终止，依法认定无财产可供追偿的；
（三）机动车道路交通事故责任人、应当退还救助基金垫付费用的受害人或者其继承人家庭经济特别困难，依法认定无财产可供追偿或者退还的。

省级救助基金主管部门会同有关部门根据本省实际情况，遵循账销案存权存的原则，制定核销实施细则。

第三十一条　救助基金管理机构应当于每季度结束后15个工作日内，将上一季度的财务会计报告报送至救助基金主管部门；于每年2月1日前，将上一年度工作报告和财务会计报告报送至救助基金主管部门，并接受救助基金主管部门依法实施的年度考核、监督检查。

第三十二条　救助基金管理机构变更或者终止时，应当委托会计师事务所依法进行审计，并对救助基金进行清算。

第三十三条　救助基金主管部门应当每年向社会公告救助基金的筹集、使用、管理和追偿情况。

第三十四条　救助基金主管部门应当委托会计师事务所对救助基金年度财务会计报告依法进行审计，并将审计结果向社会公告。

第三十五条　救助基金主管部门应当根据救助基金管理机构年度服务数量和质量结算管理费用。

救助基金的管理费用列入本级预算，不得在救助基金中列支。

第三十六条　救助基金主管部门在确定救助基金管理机构时，应当书面约定有下列情形之一的，救助基金主管部门可以变更救助基金管理机构，并依法追究有关单位和人员的责任：
（一）未按照本办法规定受理、审核救助基金垫付申请并进行垫付的；
（二）提供虚假工作报告、财务会计报告的；
（三）违反本办法规定使用救助基金的；

（四）违规核销的；
（五）拒绝或者妨碍有关部门依法实施监督检查的；
（六）可能严重影响救助基金管理的其他情形。

第三十七条 省级救助基金主管部门应当于每年3月1日前，将本地区上一年度救助基金的筹集、使用、管理、追偿以及救助基金管理机构相关情况报送至财政部和国务院保险监督管理机构。

第五章 法律责任

第三十八条 办理交强险业务的保险公司未依法从交强险保险费中提取资金并及时足额转入救助基金账户的，由国务院保险监督管理机构的派出机构进行催缴，超过3个工作日仍未足额上缴的，给予警告，并予以公告。

第三十九条 医疗机构提供虚假抢救费用材料或者拒绝、推诿、拖延抢救道路交通事故受害人的，由卫生健康主管部门按照有关规定予以处理。

第四十条 救助基金主管部门和有关部门工作人员，在工作中滥用职权、玩忽职守、徇私舞弊的，依法给予处分；涉嫌犯罪的，依法追究刑事责任。

第六章 附则

第四十一条 本办法所称受害人，是指机动车发生道路交通事故造成人身伤亡的人员。

第四十二条 本办法所称抢救费用，是指机动车发生道路交通事故导致人员受伤时，医疗机构按照道路交通事故受伤人员临床诊疗相关指南和规范，对生命体征不平稳和虽然生命体征平稳但如果不采取必要的救治措施会产生生命危险，或者导致残疾、器官功能障碍，或者导致病程明显延长的受伤人员，采取必要的救治措施所发生的医疗费用。

第四十三条 本办法所称丧葬费用，是指丧葬所必需的遗体接运、存放、火化、骨灰寄存和安葬等服务费用。具体垫付费用标准由救助基金主管部门会同有关部门结合当地实际，参考有关规定确定。

第四十四条 机动车在道路以外的地方通行时发生事故，造成人身伤亡的，参照适用本办法。

第四十五条 省级救助基金主管部门应当依据本办法有关规定，会同本地区有关部门制定实施细则，明确有关主体的职责，细化垫付等具体工作流程和规则，并将实施细则报财政部和有关部门备案。

第四十六条 本办法自2022年1月1日起施行。《道路交通事故社会救助基金管理试行办法》（财政部 保监会 公安部 卫生部 农业部令第56号）同时废止。

机动车交通事故责任强制保险费率浮动暂行办法

·2007年6月27日保监发〔2007〕52号发布
根据2020年9月9日《中国银保监会关于调整交强险责任限额和费率浮动系数的公告》修改

一、根据国务院《机动车交通事故责任强制保险条例》第八条的有关规定，制定本办法。

二、从2007年7月1日起签发的机动车交通事故责任强制保险（以下简称交强险）保单，按照本办法，实行交强险费率与道路交通事故相联系浮动。

三、交强险费率浮动因素及比率如下：

1. 内蒙古、海南、青海、西藏4个地区实行以下费率调整方案A：

	浮动因素	浮动比率
与道路交通事故相联系的浮动方案A	A1. 上一个年度未发生有责任道路交通事故	−30%
	A2. 上两个年度未发生有责任道路交通事故	−40%
	A3. 上三个及以上年度未发生有责任道路交通事故	−50%
	A4. 上一个年度发生一次有责任不涉及死亡的道路交通事故	0%
	A5. 上一个年度发生两次及两次以上有责任道路交通事故	10%
	A6. 上一个年度发生有责任道路交通死亡事故	30%

2. 陕西、云南、广西3个地区实行以下费率调整方案B：

	浮动因素	浮动比率
与道路交通事故相联系的浮动方案 A	B1. 上一个年度未发生有责任道路交通事故	−25%
	B2. 上两个年度未发生有责任道路交通事故	−35%
	B3. 上三个及以上年度未发生有责任道路交通事故	−45%
	B4. 上一个年度发生一次有责任不涉及死亡的道路交通事故	0%
	B5. 上一个年度发生两次及两次以上有责任道路交通事故	10%
	B6. 上一个年度发生有责任道路交通死亡事故	30%

3. 甘肃、吉林、山西、黑龙江、新疆 5 个地区实行以下费率调整方案 C：

	浮动因素	浮动比率
与道路交通事故相联系的浮动方案 C	C1. 上一个年度未发生有责任道路交通事故	−20%
	C2. 上两个年度未发生有责任道路交通事故	−30%
	C3. 上三个及以上年度未发生有责任道路交通事故	−40%
	C4. 上一个年度发生一次有责任不涉及死亡的道路交通事故	0%
	C5. 上一个年度发生两次及两次以上有责任道路交通事故	10%
	C6. 上一个年度发生有责任道路交通死亡事故	30%

4. 北京、天津、河北、宁夏 4 个地区实行以下费率调整方案 D：

	浮动因素	浮动比率
与道路交通事故相联系的浮动方案 D	D1. 上一个年度未发生有责任道路交通事故	−15%
	D2. 上两个年度未发生有责任道路交通事故	−25%
	D3. 上三个及以上年度未发生有责任道路交通事故	−35%
	D4. 上一个年度发生一次有责任不涉及死亡的道路交通事故	0%
	D5. 上一个年度发生两次及两次以上有责任道路交通事故	10%
	D6. 上一个年度发生有责任道路交通死亡事故	30%

5. 江苏、浙江、安徽、上海、湖南、湖北、江西、辽宁、河南、福建、重庆、山东、广东、深圳、厦门、四川、贵州、大连、青岛、宁波20个地区实行以下费率调整方案E：

	浮动因素	浮动比率
与道路交通事故相联系的浮动方案E	E1. 上一个年度未发生有责任道路交通事故	-10%
	E2. 上两个年度未发生有责任道路交通事故	-20%
	E3. 上三个及以上年度未发生有责任道路交通事故	-30%
	E4. 上一个年度发生一次有责任不涉及死亡的道路交通事故	0%
	E5. 上一个年度发生两次及两次以上有责任道路交通事故	10%
	E6. 上一个年度发生有责任道路交通死亡事故	30%

四、交强险最终保险费计算方法是：交强险最终保险费＝交强险基础保险费×(1+与道路交通事故相联系的浮动比率X，X取ABCDE方案其中之一对应的值)。

五、交强险基础保险费根据中国保监会批复中国保险行业协会《关于中国保险行业协会制定机动交通事故责任强制保险行业协会条款费率的批复》(保监产险〔2006〕638号)执行。

六、交强险费率浮动标准根据被保险机动车所发生的道路交通事故计算。摩托车和拖拉机暂不浮动。

七、与道路交通事故相联系的浮动比率X为X1至X6其中之一，不累加。同时满足多个浮动因素的，按照向上浮动或者向下浮动比率的高者计算。

八、仅发生无责任道路交通事故的，交强险费率仍可享受向下浮动。

九、浮动因素计算区间为上期保单出单日至本期保单出单日之间。

十、与道路交通事故相联系浮动时，应根据上年度交强险已赔付的赔案浮动。上年度发生赔案但还未赔付的，本期交强险费率不浮动，直至赔付后的下一年度交强险费率向上浮动。

十一、几种特殊情况的交强险费率浮动方法

(一)首次投保交强险的机动车费率不浮动。

(二)在保险期限内，被保险机动车所有权转移，应当办理交强险合同变更手续，且交强险费率不浮动。

(三)机动车临时上道路行驶或境外机动车临时入境投保短期交强险的，交强险费率不浮动。其他投保短期交强险的情况下，根据交强险短期基准保险费并按照上述标准浮动。

(四)被保险机动车经公安机关证实丢失后追回的，根据投保人提供的公安机关证明，在丢失期间发生道路交通事故的，交强险费率不向上浮动。

(五)机动车上一期交强险保单满期后未及时续保的，浮动因素计算区间仍为上期保单出单日至本期保单出单日之间。

(六)在全国车险信息平台联网或全国信息交换前，机动车跨省变更投保地时，如投保人能提供相关证明文件的，可享受交强险费率向下浮动。不能提供的，交强险费率不浮动。

十二、交强险保单出单日距离保单起期最长不能超过三个月。

十三、除投保人明确表示不需要的，保险公司应当在完成保险费计算后、出具保险单以前，向投保人出具《机动车交通事故责任强制保险费率浮动告知书》(附件)，经投保人签章确认后，再出具交强险保单、保险标志。投保人有异议的，应告知其有关道路交通事故的查询方式。

十四、已经建立车险联合信息平台的地区，通过车险联合信息平台实现交强险费率浮动。除当地保险监管部门认可的特殊情形以外，《机动车交通事故责任强制保险费率浮动告知书》和交强险保单必须通过车险信息平台出具。

未建立车险信息平台的地区，通过保险公司之间相互报盘、简易理赔共享查询系统或者手工方式等，实现交强险费率浮动。

十五、本办法适用于从2007年7月1日起签发的交强险保单。2007年7月1日前已签发的交强险保单不适用本办法。

附件：

机动车交通事故责任强制保险费率浮动告知单

尊敬的投保人：

  您的机动车投保基本信息如下：
  车牌号码：_____ 号牌种类：_____
  发动机号：_____ 识别代码(车架号)：_____
  浮动因素计算区间：__年__月__日零时至__年__月__日二十四时
  根据中国保险监督管理委员会批准的机动车交通事故责任强制保险(以下简称交强险)费率，您的机动车交强险基础保险费是：人民币_____元。
  您的机动车从上年度投保以来至今，发生的有责任道路交通事故记录如下：

序号	赔付时间	是否造成受害人死亡

  或者：您的机动车在上__个年度内未发生道路交通事故。
  根据中国保险监督管理委员会公布的《机动车交通事故责任强制保险费率浮动暂行办法》，与道路交通事故相联系的费率浮动比率为：___%。
  交强险最终保险费＝交强险基础保险费×(1＋与道路交通事故相联系的浮动比率)
  本次投保的应交保险费：人民币___元(大写：___)。
  以上告知，如无异议，请您签字(签章)确认。
  投保人签字(盖章)：_____
  日期：___年___月___日

最高人民法院关于适用《中华人民共和国保险法》若干问题的解释(二)

- 2013年5月6日最高人民法院审判委员会第1577次会议通过
- 根据2020年12月23日最高人民法院审判委员会第1823次会议通过的《最高人民法院关于修改〈最高人民法院关于破产企业国有划拨土地使用权应否列入破产财产等问题的批复〉等二十九件商事类司法解释的决定》修正
- 2020年12月29日最高人民法院公告公布
- 自2021年1月1日起施行
- 法释〔2020〕18号

  为正确审理保险合同纠纷案件，切实维护当事人的合法权益，根据《中华人民共和国民法典》《中华人民共和国保险法》《中华人民共和国民事诉讼法》等法律规定，结合审判实践，就保险法中关于保险合同一般规定部分有关法律适用问题解释如下：

  第一条 财产保险中，不同投保人就同一保险标的分别投保，保险事故发生后，被保险人在其保险利益范围内依据保险合同主张保险赔偿的，人民法院应予支持。

  第二条 人身保险中，因投保人对被保险人不具有保险利益导致保险合同无效，投保人主张保险人退还扣减相应手续费后的保险费的，人民法院应予支持。

  第三条 投保人或者投保人的代理人订立保险合同时没有亲自签字或者盖章，而由保险人或者保险人的代理人代为签字或者盖章的，对投保人不生效。但投保人已经交纳保险费的，视为其对代签字或者盖章行为的追认。

  保险人或者保险人的代理人代为填写保险单证后经投保人签字或者盖章确认的，代为填写的内容视为投保人的真实意思表示。但有证据证明保险人或者保险人的代理人存在保险法第一百一十六条、第一百三十一条相关规定情形的除外。

  第四条 保险人接受了投保人提交的投保单并收取了保险费，尚未作出是否承保的意思表示，发生保险事故，被保险人或者受益人请求保险人按照保险合同承担赔偿或者给付保险金责任，符合承保条件的，人民法院应予支持；不符合承保条件的，保险人不承担保险责任，但应当退还已经收取的保险费。

  保险人主张不符合承保条件的，应承担举证责任。

  第五条 保险合同订立时，投保人明知的与保险标的或者被保险人有关的情况，属于保险法第十六条第一款规定的投保人"应当如实告知"的内容。

第六条 投保人的告知义务限于保险人询问的范围和内容。当事人对询问范围及内容有争议的，保险人负举证责任。

保险人以投保人违反了对投保单询问表中所列概括性条款的如实告知义务为由请求解除合同的，人民法院不予支持。但该概括性条款有具体内容的除外。

第七条 保险人在保险合同成立后知道或者应当知道投保人未履行如实告知义务，仍然收取保险费，又依照保险法第十六条第二款的规定主张解除合同的，人民法院不予支持。

第八条 保险人未行使合同解除权，直接以存在保险法第十六条第四款、第五款规定的情形为由拒绝赔偿的，人民法院不予支持。但当事人就拒绝赔偿事宜及保险合同存续另行达成一致的情况除外。

第九条 保险人提供的格式合同文本中的责任免除条款、免赔额、免赔率、比例赔付或者给付等免除或者减轻保险人责任的条款，可以认定为保险法第十七条第二款规定的"免除保险人责任的条款"。

保险人因投保人、被保险人违反法定或者约定义务，享有解除合同权利的条款，不属于保险法第十七条第二款规定的"免除保险人责任的条款"。

第十条 保险人将法律、行政法规中的禁止性规定情形作为保险合同免责条款的免责事由，保险人对该条款作出提示后，投保人、被保险人或者受益人以保险人未履行明确说明义务为由主张该条款不成为合同内容的，人民法院不予支持。

第十一条 保险合同订立时，保险人在投保单或者保险单等其他保险凭证上，对保险合同中免除保险人责任的条款，以足以引起投保人注意的文字、字体、符号或者其他明显标志作出提示的，人民法院应当认定其履行了保险法第十七条第二款规定的提示义务。

保险人对保险合同中有关免除保险人责任条款的概念、内容及其法律后果以书面或者口头形式向投保人作出常人能够理解的解释说明的，人民法院应当认定保险人履行了保险法第十七条第二款规定的明确说明义务。

第十二条 通过网络、电话等方式订立的保险合同，保险人以网页、音频、视频等形式对免除保险人责任条款予以提示和明确说明的，人民法院可以认定其履行了提示和明确说明义务。

第十三条 保险人对其履行了明确说明义务负举证责任。

投保人对保险人履行了符合本解释第十一条第二款要求的明确说明义务在相关文书上签字、盖章或者以其他形式予以确认的，应当认定保险人履行了该项义务。但另有证据证明保险人未履行明确说明义务的除外。

第十四条 保险合同中记载的内容不一致的，按照下列规则认定：

（一）投保单与保险单或者其他保险凭证不一致的，以投保单为准。但不一致的情形系经保险人说明并经投保人同意的，以投保人签收的保险单或者其他保险凭证载明的内容为准；

（二）非格式条款与格式条款不一致的，以非格式条款为准；

（三）保险凭证记载的时间不同的，以形成时间在后的为准；

（四）保险凭证存在手写和打印两种方式的，以双方签字、盖章的手写部分的内容为准。

第十五条 保险法第二十三条规定的三十日核定期间，应自保险人初次收到索赔请求及投保人、被保险人或者受益人提供的有关证明和资料之日起算。

保险人主张扣除投保人、被保险人或者受益人补充提供有关证明和资料期间的，人民法院应予支持。扣除期间自保险人根据保险法第二十二条规定作出的通知到达投保人、被保险人或者受益人之日起，至投保人、被保险人或者受益人按照通知要求补充提供的有关证明和资料到达保险人之日止。

第十六条 保险人应以自己的名义行使保险代位求偿权。

根据保险法第六十条第一款的规定，保险人代位求偿权的诉讼时效期间应自其取得代位求偿权之日起算。

第十七条 保险人在其提供的保险合同格式条款中对非保险术语所作的解释符合专业意义，或者虽不符合专业意义，但有利于投保人、被保险人或者受益人的，人民法院应予认可。

第十八条 行政管理部门依据法律规定制作的交通事故认定书、火灾事故认定书等，人民法院应当依法审查并确认其相应的证明力，但有相反证据能够推翻的除外。

第十九条 保险事故发生后，被保险人或者受益人起诉保险人，保险人以被保险人或者受益人未要求第三者承担责任为由抗辩不承担保险责任的，人民法院不予支持。

财产保险事故发生后，被保险人就其所受损失从第三者取得赔偿后的不足部分提起诉讼，请求保险人赔偿的，人民法院应予依法受理。

第二十条 保险公司依法设立并取得营业执照的分支机构属于《中华人民共和国民事诉讼法》第四十八条规定的其他组织，可以作为保险合同纠纷案件的当事人参加诉讼。

第二十一条 本解释施行后尚未终审的保险合同纠纷案件，适用本解释；本解释施行前已经终审，当事人申请再审或者按照审判监督程序决定再审的案件，不适用本解释。

· 典型案例

1. 葛宇斐诉沈丘县汽车运输有限公司、中国人民财产保险股份有限公司周口市分公司、中国人民财产保险股份有限公司沈丘支公司道路交通事故损害赔偿纠纷案①

【裁判要旨】

交通事故认定书是公安机关处理交通事故，作出行政决定所依据的主要证据，虽然可以在民事诉讼中作为证据使用，但由于交通事故认定结论的依据是相应行政法规，运用的归责原则具有特殊性，与民事诉讼中关于侵权行为认定的法律依据、归责原则有所区别。交通事故责任不完全等同于民事法律赔偿责任，因此，交通事故认定书不能作为民事侵权损害赔偿案件责任分配的唯一依据。行为人在侵权行为中的过错程度，应当结合案件实际情况，根据民事诉讼的归责原则进行综合认定。

【案情】

原告：葛宇斐。
被告：沈丘县汽车运输有限公司。
法定代表人：侯自功，该公司总经理。
被告：中国人民财产保险股份有限公司周口市分公司。
代表人：王向阳，该公司总经理。
被告：中国人民财产保险股份有限公司沈丘支公司。
代表人：左德丙，该公司经理。

原告葛宇斐因与被告沈丘县汽车运输有限公司（以下简称沈丘汽运公司）、被告中国人民财产保险股份有限公司周口市分公司（以下简称人保周口市分公司）、被告中国人民财产保险股份有限公司沈丘支公司（以下简称人保沈丘支公司）发生道路交通事故损害赔偿纠纷，向江苏省南京市江宁区人民法院提起诉讼。

原告葛宇斐诉称：2009年6月17日17时30分左右，被告沈丘汽运公司的司机鲍士许驾驶豫 P28950/P6255 挂号重型半挂车，沿沪宁高速公路由东向西行驶，至汤山出口匝道附近时，因左前轮爆胎致车辆失控向左撞断中心隔离岛两侧护栏冲入逆向车道。葛信国（葛宇斐之父）驾驶的苏 DR5853 号轿车由西向东正常行驶，被鲍士许驾驶的豫 P28950/P6255 挂号重型半挂车撞击，发生严重交通事故。事故导致史永娟（葛宇斐之母）当场死亡，葛信国、葛宇斐受伤。经公安机关交通管理部门认定，该事故属于交通意外事故。涉案豫 P28950 号牵引车、豫 P6255 号半挂车分别在被告人保周口市分公司、人保沈丘支公司投保交强险。故请求法院判令三被告赔偿医疗费 65885.85 元、住院伙食补助费 990 元（每天 18 元，计算 55 天）、营养费 1080 元（每天 12 元，计算 90 天）、护理费 4500 元（每天 50 元，计算 90 天）、残疾赔偿金 41096 元（每年 18680 元，计算 2.2 年）、精神损害抚慰金 7500 元、交通费 500 元、鉴定费 780 元，合计 122331.85 元。

被告沈丘汽运公司辩称：对原告葛宇斐陈述的事故经过无异议，涉案的豫 P28950 号牵引车、豫 P6255 号半挂车在被告人保周口市分公司、人保沈丘支公司处投保，请求法院依法处理。

被告人保周口市分公司、人保沈丘支公司辩称：对事故发生不持异议。由于该事故属于交通意外，双方均无责任，应当在交强险无责赔付限额内赔偿。原告葛宇斐主张的医疗费、住院伙食补助费、护理费、残疾赔偿金、交通费、鉴定费合理，而主张的营养费、精神损失费过高，不应当全部支持。

江苏省南京市江宁区法院一审审理查明：

2009年6月17日17时30分左右，被告沈丘汽运公司雇佣的驾驶员鲍士许驾驶豫 P28950/P6255 挂号重型半挂货车，沿沪宁高速公路由东向西行驶至汤山出口匝道附近，因左前轮爆胎致其车失控向左撞断中心隔离岛两侧护栏冲入逆向车道，与由西向东正常行驶至此的由原告葛宇斐之父葛信国驾驶的苏 DR5853 号轿车相撞后，货车又撞

---

① 案例来源：《中华人民共和国最高人民法院公报》2010 年第 11 期。

断逆向车道边缘(南侧)防护栏方停住车。该事故导致葛宇斐之母史永娟当场死亡,葛信国、葛宇斐、鲍士许三人受伤,车辆、路产受损。公安机关交通管理部门认定该起事故属于交通意外事故。

原告葛宇斐伤后经南京军区南京总医院、常州市中医院诊断为:1. 脑震荡;2. 头皮挫裂伤;3. 右锁骨粉碎骨折;4. 右侧肋骨多发骨折;5. 血胸;6. 肺挫伤;7. 右上臂烧伤;8. 失血性贫血;9. 低蛋白血症,住院治疗55天。2009年9月14日,南京金陵司法鉴定所出具司法鉴定书,鉴定意见为:1. 葛宇斐四根肋骨骨折构成十级伤残;2. 葛宇斐右上肢功能部分丧失构成十级伤残。

另查明,事发当日鲍士许驾车驶入沪宁高速公路前,对所驾车右边第二桥外面的轮胎进行了补胎修理。事故发生时,涉案车辆码表已损坏,装载情况为空载。豫P28950号牵引车、豫P6255号半挂车分别在被告人保周口市分公司、人保沈丘支公司投保了交强险。

案件审理中,涉案事故受害人就交强险赔偿达成一致意见:交强险赔偿限额优先赔偿伤者葛宇斐,交强险限额剩余部分赔偿死者史永娟。

上述事实,有双方当事人的陈述、涉案机动车保险单、询问笔录、道路交通事故现场勘查笔录、道路交通事故车辆技术鉴定书、道路交通事故认定书、门诊病历、出院记录、医疗费票据、司法鉴定书等证据证实,足以认定。

本案一审的**争议焦点是**:公安机关交通管理部门认定涉案事故属于交通意外事故,能否据此认定驾驶员无过错。保险公司主张在交强险无责任赔偿限额内进行赔偿能否予以支持。

南京市江宁区人民法院一审认为:

公民的生命健康权及财产权受法律保护。《中华人民共和国道路交通安全法》(以下简称道路交通安全法)第七十六条规定:"机动车发生交通事故造成人身伤亡、财产损失的,由保险公司在机动车第三者责任强制保险责任限额范围内予以赔偿;不足的部分,按照下列规定承担赔偿责任:(一)机动车之间发生交通事故的,由有过错的一方承担赔偿责任;双方都有过错的,按照各自过错的比例分担责任。……"本案中,虽然公安机关交通管理部门认定涉案事故属于交通意外事故,但是交通意外事故并不等同于民法上的意外事件,交通事故责任并不等同于民事法律赔偿责任。民事侵权赔偿责任的分配不应当单纯以交通事故责任认定书认定的交通事责任划分来确定,而应当从损害行为、损害后果、行为与后果之间的因果关系及主观方面的过错程度等方面综合考虑。道路交通安全法第二十一条规定:"驾驶人驾驶机动车上道路行驶前,应当对机动车的安全技术性能进行认真检查;不得驾驶安全设施不全或者机件不符合技术标准等具有安全隐患的机动车。"本案中,鲍士许在驾驶车辆码表已损坏的情况下,仍将具有安全隐患的车辆驶入高速公路,主观上具有过失。涉案车辆发生爆胎后,鲍士许在车辆制动、路面情况均正常且车辆系空载的情况下,未能采取有效的合理措施,导致车辆撞断隔离带护栏后冲入逆向车道,与正常行驶的葛信国驾驶的车辆发生碰撞,ються使葛宇斐受伤。鲍士许的不当行为与损害事实的发生存在因果关系,其主观上亦存在一定过失,葛信国驾车系正常行驶,主观上不存在任何过错。鲍士许系沈丘汽运公司雇用的司机,案发时正在履行职务,因此涉案事故的法律后果应当由沈丘汽运公司负担,沈丘汽运公司应对葛宇斐受伤后的合理经济损失承担全部赔偿责任。被告人保周口市分公司、人保沈丘支公司认为事故系交通意外事故,鲍士许在事故发生时无过错,主张应当在交强险无责任赔偿限额内赔偿,是对民法上"过错"含义的片面理解,沈丘汽运公司应对损害后果承担全部赔偿责任,人保周口市分公司、人保沈丘支公司应在交强险责任赔偿限额内赔偿葛宇斐的经济损失。

对于被告人沈丘汽运公司、人保周口市分公司、人保沈丘支公司认可的原告葛宇斐主张的医疗费、住院伙食补助费、护理费、残疾赔偿金、交通费、鉴定费,依法予以确认。对于原告主张的营养费,考虑到其受伤情况,结合其出院医嘱,原告主张的1080元(每天12元,计算90天)并无不当。对于原告主张的精神损害抚慰金,考虑原告在本次事故中遭受的痛苦程度以及伤残等级,酌定为7000元,在交强险限额内优先予以赔付。综上,原告因涉案事故的经济损失为:医疗费65885.85元、住院伙食补助费990元(每天18元,计算55天)、营养费1080元(每天12元,计算90天)、护理费4500元(每天50元,计算90天)、残疾赔偿金41096元(每年18680元,计算2.2年)、精神损害抚慰金7000元、交通费500元、鉴定费780元,合计121831.85元。涉案事故被害人就交强险限额分配比例达成一致意见,不违反法律强制性规定,依法予以准许。人保周口市分公司应在交强险限额内赔偿原告36938元(含精神损害抚慰金7000元),人保沈丘支公司分公司应在交强险限额内赔偿原告36938元。葛宇斐超出交强险限额的经济损失47955.85元,由沈丘汽运公司予以赔偿。

据此,南京市江宁区人民法院于2009年12月17日判决:

一、原告葛宇斐因交通事故造成的损失121831.85元,由被告人保周口市分公司在交强险限额内赔偿36938元(含精神损害抚慰金7000元),被告人保沈丘支公司在交强险限额内赔偿36938元。

二、原告葛宇斐因交通事故造成的损失超出交强险限额部分的47955.85元，由被告沈丘汽运公司予以赔偿。

三、驳回原告葛宇斐的其他诉讼请求。

人保周口市分公司不服一审判决，向江苏省南京市中级人民法院提起上诉，请求撤销原判，依法改判。主要理由是：1.公安机关交通管理部门已经认定涉案事故属于交通意外，事故双方均无责任，故保险公司应当在交强险责任范围内按无责赔付，在第三者责任险范围内不承担责任；2.精神损害抚慰金认定数额过高；3.涉案鉴定费用不应当由保险公司承担。

被上诉人葛宇斐口头答辩称：一审认定事实清楚，适用法律正确，请求驳回上诉，维持原判。

被上诉人葛宇斐二审没有提交新的证据。

原审被告人保沈丘支公司、沈丘汽运公司述称：同意上诉人人保周口市分公司的上诉意见。

原审被告人保沈丘支公司、沈丘汽运公司二审没有提交新的证据。

江苏省南京市中级人民法院经审理，确认了一审查明的事实。

本案二审的**争议焦点**是：交通事故认定书能否直接作为民事侵权损害赔偿责任分配的唯一依据。

江苏省南京市中级人民法院二审认为：

道路交通安全法第七十三条规定："公安机关交通管理部门应当根据交通事故现场勘验、检查、调查情况和有关的检验、鉴定结论，及时制作交通事故认定书，作为处理交通事故的证据。交通事故认定书应当载明交通事故的基本事实、成因和当事人的责任，并送达当事人。"根据该规定，交通事故认定书本身并非行政决定，而是公安机关处理交通事故，做出行政决定所依据的主要证据。交通事故认定书中交通事故责任的认定，主要是依据道路交通安全法、《中华人民共和国道路交通安全法实施条例》（以下简称道路交通安全法实施条例）等法律、行政法规，在分析判断交通事故责任认定时，与民事审判中分析判断侵权案件适用全部民事法规进行分析有所区别，而且，认定交通事故责任的归责原则与民事诉讼中侵权案件的归责原则不完全相同。道路交通安全法实施条例第九十一条规定："公安机关交通管理部门应当根据交通事故当事人的行为对发生交通事故所起的作用以及过错的严重程度，确定当事人的责任。"从交通事故认定书划分责任的依据看，公安机关交通管理部门认定交通事故的责任有两个因素，即行为人对交通事故所起的作用和过错的严重程度。前述条款中的"作用"与"过错"并列，与民法中的"过错"不是同一概念，在交通事故中，行为人有同等的过错不一定承担同等的责任，过错大的不一定是交通事故的主要责任人。道路交通安全法实施条例第九十二条规定："发生交通事故后当事人逃逸的，逃逸的当事人承担全部责任。但是，有证据证明对方当事人也有过错的，可以减轻责任。当事人故意破坏、伪造现场、毁灭证据的，承担全部责任。"该规定中，此类交通事故归责的依据不是发生侵权行为时的过错大小，而是侵权行为发生后其他违法行为。因此，公安机关交通管理部门进行交通事故责任认定时归责方法与民法上的归责原则存在区别。此外，在举证责任负担、责任人的范围等方面，交通事故责任认定也与民事诉讼存在不同之处。综上，交通事故认定书是公安机关处理交通事故，做出行政决定所依据的主要证据，虽然可以在民事诉讼中作为证据使用，但由于交通事故认定与民事诉讼中关于侵权行为认定的法律依据、归责原则有所区别，同时，交通事故责任也不等同于民事法律赔偿责任，因此，交通事故认定书不能作为民事侵权损害赔偿责任分配的唯一依据，行为人在侵权行为中的过错程度，应当结合案情，全面分析全部证据，根据民事诉讼的归责原则进行综合认定。

本案中，鲍士许在驾驶车辆码表已损坏的情况下，违反道路交通安全法第二十一条的规定，将具有安全隐患的车辆驶入高速公路。肇事车辆发生爆胎后，鲍士许在车辆制动、路面情况均正常且车辆系空载的情况下，未能采取有效的合理措施，导致车辆撞断隔离带护栏后冲入逆向车道，与正常行驶葛信国驾驶的车辆发生碰撞，致使车内被上诉人葛宇斐受伤。该起事故的发生并非不能预见，事故后果并非不可避免。因此，应当认定鲍士许有过错，其不当行为与损害事实的发生存在因果关系，葛信国驾驶的车辆正常行驶，车内的葛宇斐无过错。一审对此认定准确，应予维持。

关于精神损害抚慰金的数额问题。最高人民法院《关于确定民事侵权精神损害赔偿责任若干问题的解释》第十条第一款规定："精神损害的赔偿数额根据以下因素确定：（一）侵权人的过错程度，法律另有规定的除外；（二）侵害的手段、场合、行为方式等具体情节；（三）侵权行为所造成的后果；（四）侵权人的获利情况；（五）侵权人承担责任的经济能力；（六）受诉法院所在地平均生活水平。"根据前述条款第（一）项、第（二）项、第（三）项、第（五）项、第（六）项的规定，一审法院酌定7000元精神损害抚慰金的数额并无不当，应予维持。

关于鉴定费用的承担问题。鉴定费用是被上诉人葛宇斐因涉案事故而进行的合理支出，一审判决由败诉方承担并无不当，应予维持。

综上，一审判决认定事实清楚，适用法律正确，程序合法。据此，江苏省南京市中级人民法院于2010年4月21

日判决:
驳回上诉,维持原判。
本判决为终审判决。

2. 曹连成、胡桂兰、曹新建、曹显忠诉民生人寿保险股份有限公司江苏分公司保险合同纠纷案①

【裁判摘要】

在保险人责任免除条款及保险条款释义中,没有对机动车的认定标准作出规定的情况下,基于轻便摩托车生产厂家产品说明书、产品检验合格证(均显示该车为助力车)的误导,以及被保险人客观上无法取得机动车号牌的事实,作出案涉车辆不属于保险人免责条款中所规定的机动车之解释,符合一个普通车辆购买人及使用人的认知标准,应作出有利于被保险人的解释,案涉车辆应认定为不属于保险人免责条款中所规定的机动车。此时,被保险人在不领取驾驶证的情况下驾驶上述车辆,亦不属于免责条款规定的无证驾驶情形。

【案情】

原告:曹连成。
原告:胡桂兰。
原告:曹新建。
原告:曹显忠。
被告:民生人寿保险股份有限公司江苏分公司。
负责人:单勇,该公司总经理。

原告曹连成、胡桂兰、曹新建、曹显忠因与被告民生人寿保险股份有限公司江苏分公司(以下简称民生保险)发生保险合同纠纷,向南京市鼓楼区人民法院提起诉讼。

原告曹连成、胡桂兰、曹新建、曹显忠诉称:2008年2月9日,曹正银向被告民生保险投保民生金玉满堂两全保险D款(分红型),趸交保险费10000元。2011年9月5日,曹正银因交通事故意外死亡,按合同约定,被告应当赔偿意外身故保险金33000元。原告据此向被告索赔未果,遂诉至法院,请求法院判令被告赔偿保险金33000元,并承担本案的诉讼费用。

被告民生保险辩称:对双方的保险合同关系、原告已经缴纳保险费、被保险人因交通事故的发生而死亡构成保险事故,以及四原告系被保险人第一顺序继承人的身份等事实不持异议。但抗辩称,保险条款中的保险人责任免除条款规定,被保险人无合法有效驾驶证驾驶或驾驶无有效行驶证的机动车导致身故的,保险人不承担赔偿责任。被保险人曹正银无驾驶证驾驶无有效行驶证的轻便摩托车,故保险人不承担赔偿责任。请求法院判决驳回原告的诉讼请求。

南京市鼓楼区人民法院一审查明:

2008年2月9日,曹正银以本人为被保险人向被告民生保险投保民生金玉满堂两全保险D款(分红型),受益人栏为空白,保险期间5年,保险金额11000元,意外身故保险金按三倍基本保险金额给付,保险费10000元。保险人责任免除条款规定,被保险人无合法有效驾驶证驾驶或驾驶无有效行驶证的机动车导致身故的,保险人不承担赔偿责任;保险人责任免除条款,以及保险条款的释义中,没有对机动车的认定标准作出规定。投保人于当日全额缴纳了保险费,保险合同于次日生效。曹正银在投保单中投保人签名处签字。

另查明,如东县公安局交巡警大队于2011年9月28日出具的交通事故认定书载明:2011年9月5日5时40分左右,案外人李朋驾驶苏FL1512号轿车由南向北行驶至苏225复线如东县河口镇荷园村村部西侧十字路口,遇曹正银驾驶未经登记的轻便二轮摩托车由西向东行驶,相撞发生交通事故,致曹正银受伤,经抢救无效于次日死亡,两车局部受损。李朋负事故主要责任,曹正银负次要责任。

又查明,曹正银所购案涉事故车辆的产品说明书及产品检验合格证均显示,该车为济南轻骑摩托车股份有限公司出产的XF48cc"先锋"牌助力车。事故发生当日的道路交通事故现场图显示,曹正银驾驶的为48cc助力车。同年9月22日,如东县公安局物证鉴定室出具的物证检验意见书载明,案涉曹正银所驾驶车辆为无号牌的先锋48cc轻便摩托车。交通事故车辆技术检验报告显示,该车为无号牌轻便摩托车,检验结果为制动合格,没有车辆经改装的记录。国家标准《汽油机助力自行车》(GB17284-1998)规定,汽油机助力自行车系装有汽油机、具有两个车轮,能实现脚踏、机动两种功能的特种自行车,汽缸工作容积应不大于30毫升,最高车速应不大于20公里/小时。《机动车运行安全技术条件》(GB7258-2004)第3.6条将轻便摩托车定义为:无论采用何种驱动方式,其最高设计车速不大于50公里/小时,且若使用内燃机,其排量不大于50毫升的两轮或三轮车辆,包括两轮轻便摩托车和三轮轻便摩托车。

再查明,曹正银的第一顺序继承人为其父曹连成,其妻胡桂兰,其长子曹新建、次子曹显忠。

审理中,原、被告双方对保险人免责条款中所称的机

---

① 案例来源:《中华人民共和国最高人民法院公报》2014年第10期。

动车如何定义存在不同解释。原告认为，案涉事故车辆的产品说明书及产品检验合格证均显示，该车为助力车。主观上被保险人没有违反保险条款规定的恶意，客观上案涉XF48cc"先锋"牌车辆无法在当地交管部门登记，亦无法取得机动车号牌；且事故发生当日的道路交通事故现场图显示，亦载明被保险人曹正银驾驶的为48cc助力车。而助力车不属于机动车，不应根据责任免除条款理解为机动车而适用保险人责任免除条款。而被告则认为，根据交警部门出具的交通事故认定书、物证检验意见书，以及交通事故车辆技术检验报告，案涉车辆为轻便摩托车，应解释为机动车辆，符合保险人责任免除条款中规定的免责情形。经原告方申请，法院向如东县车管所调查得知，案涉XF48cc"先锋"牌车辆，因在全国机动车辆产品公告查询服务系统中没有相关信息，故无法在当地交管部门登记，亦无法取得机动车号牌及证照。

本案的争议焦点为：案涉被保险人驾驶的车辆是否能解释为保险人免责条款中所规定的机动车。

南京市鼓楼区人民法院一审认为：

投保人曹正银与被告民生保险之间所签订的保险合同合法有效，被保险人曹正银在保险责任期间内意外死亡，已构成保险事故。

关于案涉被保险人驾驶的车辆是否能解释为保险人免责条款中所规定的机动车的问题。法院认为，根据《中华人民共和国保险法》的有关规定，采用保险人提供的格式条款订立的保险合同，保险人与投保人、被保险人或者受益人对合同条款有争议的，应当按照通常理解予以解释。对合同条款有两种以上解释的，人民法院或者仲裁机构应当作出有利于被保险人和受益人的解释。本案中，保险人免责条款，以及保险条款的释义中，均未对机动车的认定标准作出规定。事故发生当日交管部门出具的道路交通事故现场图显示，曹正银驾驶的为48cc助力车。而之后交管部门出具的物证检验意见书、车辆技术检验报告及交通事故认定书，又将该车定性为轻便摩托车。可见，即使是交管部门在处理本案交通事故过程中，对案涉车辆属性的认知也存在差异。审理中，原、被告双方对被保险人发生交通事故时所驾驶的案涉车辆是否属于免责条款中所指的机动车存在不同解释。虽然，被告根据上述交通事故认定书、物证检验意见书，以及交通事故车辆技术检验报告，认为案涉车辆属于机动车的解释，符合相关国家标准对机动车的规定。但是，原告对案涉车辆不符合免责条款中规定机动车的解释，符合一个没有专业知识的普通人的认知标准，理由如下：首先，一个普通的投保人、被保险人或受益人对机动车的概念，只能是根据其日常生活经验法则来作出解释。消费者对其所购买产品的认识，通常是基于产品的说明书及合格证书形成的。由于案涉事故车辆的产品说明书及产品检验合格证均显示，该车为"先锋"牌助力车，生产厂商这种对产品性质的误导行为，使得被保险人曹正银作为一个普通的购买者无法知晓其所购买的车辆就是机动车，不可能产生该车系保险人责任免除条款中所指的机动车的认识，亦无从根据机动车的管理需要去办理相关的驾驶证和机动车辆行驶证。案涉车辆虽然未领取相关的机动车证照，但该车并未经改装，事故发生后的检验结果表明其制动合格。因此，被保险人主观上没有违反保险人免责条款中相关规定的故意与过失。其次，被保险人客观上无法对案涉车辆进行登记并取得机动车号牌。《中华人民共和国道路交通安全法》第八条规定：国家对机动车实行登记制度。机动车经公安机关交通管理部门登记后，方可上道路行驶。但是，因为该型号车辆的数据未进入车管部门颁发证照所依据的全国机动车辆产品公告查询服务系统，根据对机动车辆管理的规定，该车无法进行登记并取得机动车号牌及证照。因此，原告在保险人免责条款，以及保险条款的释义中，没有对机动车的认定标准作出规定的情况下，基于存在生产厂家误导的产品说明书、产品检验合格证，以及被保险人客观上无法取得机动车号牌的事实，作出案涉车辆不属于保险人免责条款中所规定的机动车之解释，符合一个普通车辆购买人及使用人的认知标准，应作出有利于被保险人的解释，案涉车辆应认定为不属于本案保险人免责条款中所规定的机动车。此时，被保险人在不领取驾驶证的情况下驾驶案涉车辆，亦不属于免责条款规定的无证驾驶情形。综上所述，对被告主张被保险人曹正银无驾驶证驾驶无有效行驶证的轻便摩托车导致身故的，属于保险人免责事由而不承担赔偿责任的抗辩意见，法院不予以采纳。

根据《中华人民共和国保险法》的有关规定，没有指定受益人的，被保险人死亡后，保险金作为被保险人的遗产，由保险人向被保险人的继承人履行给付保险金的义务。四原告系被保险人曹正银的法定第一顺序继承人，有权向被告主张赔偿保险金。保险合同约定，意外身故保险金按三倍基本保险金额给付，保险金额为11000元。故四原告要求被告赔偿保险金33000元的诉讼请求，法院予以支持。据此，南京市鼓楼区人民法院于2012年7月24日判决：

被告民生人寿保险股份有限公司江苏分公司于本判决生效后十日内一次性支付原告曹连成、胡桂兰、曹新建、曹显忠保险金33000元。

一审宣判后，双方当事人均未提出上诉，一审判决已经发生法律效力。

六、交通行政管理

1. 行政许可

中华人民共和国行政许可法

- 2003年8月27日第十届全国人民代表大会常务委员会第四次会议通过
- 根据2019年4月23日第十三届全国人民代表大会常务委员会第十次会议《关于修改〈中华人民共和国建筑法〉等八部法律的决定》修正

第一章 总 则

第一条 为了规范行政许可的设定和实施,保护公民、法人和其他组织的合法权益,维护公共利益和社会秩序,保障和监督行政机关有效实施行政管理,根据宪法,制定本法。

第二条 本法所称行政许可,是指行政机关根据公民、法人或者其他组织的申请,经依法审查,准予其从事特定活动的行为。

第三条 行政许可的设定和实施,适用本法。

有关行政机关对其他机关或者对其直接管理的事业单位的人事、财务、外事等事项的审批,不适用本法。

第四条 设定和实施行政许可,应当依照法定的权限、范围、条件和程序。

第五条 设定和实施行政许可,应当遵循公开、公平、公正、非歧视的原则。

有关行政许可的规定应当公布;未经公布的,不得作为实施行政许可的依据。行政许可的实施和结果,除涉及国家秘密、商业秘密或者个人隐私的外,应当公开。未经申请人同意,行政机关及其工作人员、参与专家评审等的人员不得披露申请人提交的商业秘密、未披露信息或者保密商务信息,法律另有规定或者涉及国家安全、重大社会公共利益的除外;行政机关依法公开申请人前述信息的,允许申请人在合理期限内提出异议。

符合法定条件、标准的,申请人有依法取得行政许可的平等权利,行政机关不得歧视任何人。

第六条 实施行政许可,应当遵循便民的原则,提高办事效率,提供优质服务。

第七条 公民、法人或者其他组织对行政机关实施行政许可,享有陈述权、申辩权;有权依法申请行政复议或者提起行政诉讼;其合法权益因行政机关违法实施行政许可受到损害的,有权依法要求赔偿。

第八条 公民、法人或者其他组织依法取得的行政许可受法律保护,行政机关不得擅自改变已经生效的行政许可。

行政许可所依据的法律、法规、规章修改或者废止,或者准予行政许可所依据的客观情况发生重大变化的,为了公共利益的需要,行政机关可以依法变更或者撤回已经生效的行政许可。由此给公民、法人或者其他组织造成财产损失的,行政机关应当依法给予补偿。

第九条 依法取得的行政许可,除法律、法规规定依照法定条件和程序可以转让的外,不得转让。

第十条 县级以上人民政府应当建立健全对行政机关实施行政许可的监督制度,加强对行政机关实施行政许可的监督检查。

行政机关应当对公民、法人或者其他组织从事行政许可事项的活动实施有效监督。

第二章 行政许可的设定

第十一条 设定行政许可,应当遵循经济和社会发展规律,有利于发挥公民、法人或者其他组织的积极性、主动性,维护公共利益和社会秩序,促进经济、社会和生态环境协调发展。

第十二条 下列事项可以设定行政许可:

(一)直接涉及国家安全、公共安全、经济宏观调控、生态环境保护以及直接关系人身健康、生命财产安全等特定活动,需要按照法定条件予以批准的事项;

(二)有限自然资源开发利用、公共资源配置以及直接关系公共利益的特定行业的市场准入等,需要赋予特定权利的事项;

(三)提供公众服务并且直接关系公共利益的职业、行业,需要确定具备特殊信誉、特殊条件或者特殊技能等资格、资质的事项;

(四)直接关系公共安全、人身健康、生命财产安全的重要设备、设施、产品、物品，需要按照技术标准、技术规范，通过检验、检测、检疫等方式进行审定的事项；

（五）企业或者其他组织的设立等，需要确定主体资格的事项；

（六）法律、行政法规规定可以设定行政许可的其他事项。

第十三条 本法第十二条所列事项，通过下列方式能够予以规范的，可以不设行政许可：

（一）公民、法人或者其他组织能够自主决定的；

（二）市场竞争机制能够有效调节的；

（三）行业组织或者中介机构能够自律管理的；

（四）行政机关采用事后监督等其他行政管理方式能够解决的。

第十四条 本法第十二条所列事项，法律可以设定行政许可。尚未制定法律的，行政法规可以设定行政许可。

必要时，国务院可以采用发布决定的方式设定行政许可。实施后，除临时性行政许可事项外，国务院应当及时提请全国人民代表大会及其常务委员会制定法律，或者自行制定行政法规。

第十五条 本法第十二条所列事项，尚未制定法律、行政法规的，地方性法规可以设定行政许可；尚未制定法律、行政法规和地方性法规的，因行政管理的需要，确需立即实施行政许可的，省、自治区、直辖市人民政府规章可以设定临时性的行政许可。临时性的行政许可实施满一年需要继续实施的，应当提请本级人民代表大会及其常务委员会制定地方性法规。

地方性法规和省、自治区、直辖市人民政府规章，不得设定应当由国家统一确定的公民、法人或者其他组织的资格、资质的行政许可；不得设定企业或者其他组织的设立登记及其前置性行政许可。其设定的行政许可，不得限制其他地区的个人或者企业到本地区从事生产经营和提供服务，不得限制其他地区的商品进入本地区市场。

第十六条 行政法规可以在法律设定的行政许可事项范围内，对实施该行政许可作出具体规定。

地方性法规可以在法律、行政法规设定的行政许可事项范围内，对实施该行政许可作出具体规定。

规章可以在上位法设定的行政许可事项范围内，对实施该行政许可作出具体规定。

法规、规章对实施上位法设定的行政许可作出的具体规定，不得增设行政许可；对行政许可条件作出的具体规定，不得增设违反上位法的其他条件。

第十七条 除本法第十四条、第十五条规定的外，其他规范性文件一律不得设定行政许可。

第十八条 设定行政许可，应当规定行政许可的实施机关、条件、程序、期限。

第十九条 起草法律草案、法规草案和省、自治区、直辖市人民政府规章草案，拟设定行政许可的，起草单位应当采取听证会、论证会等形式听取意见，并向制定机关说明设定该行政许可的必要性、对经济和社会可能产生的影响以及听取和采纳意见的情况。

第二十条 行政许可的设定机关应当定期对其设定的行政许可进行评价；对已设定的行政许可，认为通过本法第十三条所列方式能够解决的，应当对设定该行政许可的规定及时予以修改或者废止。

行政许可的实施机关可以对已设定的行政许可的实施情况及存在的必要性适时进行评价，并将意见报告该行政许可的设定机关。

公民、法人或者其他组织可以向行政许可的设定机关和实施机关就行政许可的设定和实施提出意见和建议。

第二十一条 省、自治区、直辖市人民政府对行政法规设定的有关经济事务的行政许可，根据本行政区域经济和社会发展情况，认为通过本法第十三条所列方式能够解决的，报国务院批准后，可以在本行政区域内停止实施该行政许可。

第三章 行政许可的实施机关

第二十二条 行政许可由具有行政许可权的行政机关在其法定职权范围内实施。

第二十三条 法律、法规授权的具有管理公共事务职能的组织，在法定授权范围内，以自己的名义实施行政许可。被授权的组织适用本法有关行政机关的规定。

第二十四条 行政机关在其法定职权范围内，依照法律、法规、规章的规定，可以委托其他行政机关实施行政许可。委托机关应当将受委托行政机关和受委托实施行政许可的内容予以公告。

委托行政机关对受委托行政机关实施行政许可的行为应当负责监督，并对该行为的后果承担法律责任。

受委托行政机关在委托范围内，以委托行政机关名义实施行政许可；不得再委托其他组织或者个人实施行政许可。

第二十五条 经国务院批准，省、自治区、直辖市人民政府根据精简、统一、效能的原则，可以决定一个行政机关行使有关行政机关的行政许可权。

第二十六条 行政许可需要行政机关内设的多个机构办理的,该行政机关应当确定一个机构统一受理行政许可申请,统一送达行政许可决定。

行政许可依法由地方人民政府两个以上部门分别实施的,本级人民政府可以确定一个部门受理行政许可申请并转告有关部门分别提出意见后统一办理,或者组织有关部门联合办理、集中办理。

第二十七条 行政机关实施行政许可,不得向申请人提出购买指定商品、接受有偿服务等不正当要求。

行政机关工作人员办理行政许可,不得索取或者收受申请人的财物,不得谋取其他利益。

第二十八条 对直接关系公共安全、人身健康、生命财产安全的设备、设施、产品、物品的检验、检测、检疫,除法律、行政法规规定由行政机关实施的外,应当逐步由符合法定条件的专业技术组织实施。专业技术组织及其有关人员对所实施的检验、检测、检疫结论承担法律责任。

第四章 行政许可的实施程序
第一节 申请与受理

第二十九条 公民、法人或者其他组织从事特定活动,依法需要取得行政许可的,应当向行政机关提出申请。申请书需要采用格式文本的,行政机关应当向申请人提供行政许可申请书格式文本。申请书格式文本中不得包含与申请行政许可事项没有直接关系的内容。

申请人可以委托代理人提出行政许可申请。但是,依法应当由申请人到行政机关办公场所提出行政许可申请的除外。

行政许可申请可以通过信函、电报、电传、传真、电子数据交换和电子邮件等方式提出。

第三十条 行政机关应当将法律、法规、规章规定的有关行政许可的事项、依据、条件、数量、程序、期限以及需要提交的全部材料的目录和申请书示范文本等在办公场所公示。

申请人要求行政机关对公示内容予以说明、解释的,行政机关应当说明、解释,提供准确、可靠的信息。

第三十一条 申请人申请行政许可,应当如实向行政机关提交有关材料和反映真实情况,并对其申请材料实质内容的真实性负责。行政机关不得要求申请人提交与其申请的行政许可事项无关的技术资料和其他材料。

行政机关及其工作人员不得以转让技术作为取得行政许可的条件;不得在实施行政许可的过程中,直接或者间接地要求转让技术。

第三十二条 行政机关对申请人提出的行政许可申请,应当根据下列情况分别作出处理:

(一)申请事项依法不需要取得行政许可的,应当即时告知申请人不受理;

(二)申请事项依法不属于本行政机关职权范围的,应当即时作出不予受理的决定,并告知申请人向有关行政机关申请;

(三)申请材料存在可以当场更正的错误的,应当允许申请人当场更正;

(四)申请材料不齐全或者不符合法定形式的,应当当场或者在五日内一次告知申请人需要补正的全部内容,逾期不告知的,自收到申请材料之日起即为受理;

(五)申请事项属于本行政机关职权范围,申请材料齐全、符合法定形式,或者申请人按照本行政机关的要求提交全部补正申请材料的,应当受理行政许可申请。

行政机关受理或者不予受理行政许可申请,应当出具加盖本行政机关专用印章和注明日期的书面凭证。

第三十三条 行政机关应当建立和完善有关制度,推行电子政务,在行政机关的网站上公布行政许可事项,方便申请人采取数据电文等方式提出行政许可申请;应当与其他行政机关共享有关行政许可信息,提高办事效率。

第二节 审查与决定

第三十四条 行政机关应当对申请人提交的申请材料进行审查。

申请人提交的申请材料齐全、符合法定形式,行政机关能够当场作出决定的,应当当场作出书面的行政许可决定。

根据法定条件和程序,需要对申请材料的实质内容进行核实的,行政机关应当指派两名以上工作人员进行核查。

第三十五条 依法应当先经下级行政机关审查后报上级行政机关决定的行政许可,下级行政机关应当在法定期限内将初步审查意见和全部申请材料直接报送上级行政机关。上级行政机关不得要求申请人重复提供申请材料。

第三十六条 行政机关对行政许可申请进行审查时,发现行政许可事项直接关系他人重大利益的,应当告知该利害关系人。申请人、利害关系人有权进行陈述和申辩。行政机关应当听取申请人、利害关系人的意见。

第三十七条 行政机关对行政许可申请进行审查后,除当场作出行政许可决定的外,应当在法定期限内按照规定程序作出行政许可决定。

第三十八条 申请人的申请符合法定条件、标准的,行政机关应当依法作出准予行政许可的书面决定。

行政机关依法作出不予行政许可的书面决定的,应当说明理由,并告知申请人享有依法申请行政复议或者提起行政诉讼的权利。

第三十九条 行政机关作出准予行政许可的决定,需要颁发行政许可证件的,应当向申请人颁发加盖本行政机关印章的下列行政许可证件:

(一)许可证、执照或者其他许可证书;
(二)资格证、资质证或者其他合格证书;
(三)行政机关的批准文件或者证明文件;
(四)法律、法规规定的其他行政许可证件。

行政机关实施检验、检测、检疫的,可以在检验、检测、检疫合格的设备、设施、产品、物品上加贴标签或者加盖检验、检测、检疫印章。

第四十条 行政机关作出的准予行政许可决定,应当予以公开,公众有权查阅。

第四十一条 法律、行政法规设定的行政许可,其适用范围没有地域限制的,申请人取得的行政许可在全国范围内有效。

第三节 期 限

第四十二条 除可以当场作出行政许可决定的外,行政机关应当自受理行政许可申请之日起二十日内作出行政许可决定。二十日内不能作出决定的,经本行政机关负责人批准,可以延长十日,并应当将延长期限的理由告知申请人。但是,法律、法规另有规定的,依照其规定。

依照本法第二十六条的规定,行政许可采取统一办理或者联合办理、集中办理的,办理的时间不得超过四十五日;四十五日内不能办结的,经本级人民政府负责人批准,可以延长十五日,并应当将延长期限的理由告知申请人。

第四十三条 依法应当先经下级行政机关审查后报上级行政机关决定的行政许可,下级行政机关应当自其受理行政许可申请之日起二十日内审查完毕。但是,法律、法规另有规定的,依照其规定。

第四十四条 行政机关作出准予行政许可的决定,应当自作出决定之日起十日内向申请人颁发、送达行政许可证件,或者加贴标签、加盖检验、检测、检疫印章。

第四十五条 行政机关作出行政许可决定,依法需要听证、招标、拍卖、检验、检测、检疫、鉴定和专家评审的,所需时间不计算在本节规定的期限内。行政机关应当将所需时间书面告知申请人。

第四节 听 证

第四十六条 法律、法规、规章规定实施行政许可应当听证的事项,或者行政机关认为需要听证的其他涉及公共利益的重大行政许可事项,行政机关应当向社会公告,并举行听证。

第四十七条 行政许可直接涉及申请人与他人之间重大利益关系的,行政机关在作出行政许可决定前,应当告知申请人、利害关系人享有要求听证的权利;申请人、利害关系人在被告知听证权利之日起五日内提出听证申请的,行政机关应当在二十日内组织听证。

申请人、利害关系人不承担行政机关组织听证的费用。

第四十八条 听证按照下列程序进行:

(一)行政机关应当于举行听证的七日前将举行听证的时间、地点通知申请人、利害关系人,必要时予以公告;
(二)听证应当公开举行;
(三)行政机关应当指定审查该行政许可申请的工作人员以外的人员为听证主持人,申请人、利害关系人认为主持人与该行政许可事项有直接利害关系的,有权申请回避;
(四)举行听证时,审查该行政许可申请的工作人员应当提供审查意见的证据、理由,申请人、利害关系人可以提出证据,并进行申辩和质证;
(五)听证应当制作笔录,听证笔录应当交听证参加人确认无误后签字或者盖章。

行政机关应当根据听证笔录,作出行政许可决定。

第五节 变更与延续

第四十九条 被许可人要求变更行政许可事项的,应当向作出行政许可决定的行政机关提出申请;符合法定条件、标准的,行政机关应当依法办理变更手续。

第五十条 被许可人需要延续依法取得的行政许可的有效期的,应当在该行政许可有效期届满三十日前向作出行政许可决定的行政机关提出申请。但是,法律、法规、规章另有规定的,依照其规定。

行政机关应当根据被许可人的申请,在该行政许可有效期届满前作出是否准予延续的决定;逾期未作决定的,视为准予延续。

第六节 特别规定

第五十一条 实施行政许可的程序,本节有规定的,适用本节规定;本节没有规定的,适用本章其他有关规定。

第五十二条 国务院实施行政许可的程序,适用有关法律、行政法规的规定。

第五十三条 实施本法第十二条第二项所列事项的行政许可的,行政机关应当通过招标、拍卖等公平竞争的方式作出决定。但是,法律、行政法规另有规定的,依照其规定。

行政机关通过招标、拍卖等方式作出行政许可决定的具体程序,依照有关法律、行政法规的规定。

行政机关按照招标、拍卖程序确定中标人、买受人后,应当作出准予行政许可的决定,并依法向中标人、买受人颁发行政许可证件。

行政机关违反本条规定,不采用招标、拍卖方式,或者违反招标、拍卖程序,损害申请人合法权益的,申请人可以依法申请行政复议或者提起行政诉讼。

第五十四条 实施本法第十二条第三项所列事项的行政许可,赋予公民特定资格,依法应当举行国家考试的,行政机关根据考试成绩和其他法定条件作出行政许可决定;赋予法人或者其他组织特定的资格、资质的,行政机关根据申请人的专业人员构成、技术条件、经营业绩和管理水平等的考核结果作出行政许可决定。但是,法律、行政法规另有规定的,依照其规定。

公民特定资格的考试依法由行政机关或者行业组织实施,公开举行。行政机关或者行业组织应当事先公布资格考试的报名条件、报考办法、考试科目以及考试大纲。但是,不得组织强制性的资格考试的考前培训,不得指定教材或者其他助考材料。

第五十五条 实施本法第十二条第四项所列事项的行政许可的,应当按照技术标准、技术规范依法进行检验、检测、检疫,行政机关根据检验、检测、检疫的结果作出行政许可决定。

行政机关实施检验、检测、检疫,应当自受理申请之日起五日内指派两名以上工作人员按照技术标准、技术规范进行检验、检测、检疫。不需要对检验、检测、检疫结果作进一步技术分析即可认定设备、设施、产品、物品是否符合技术标准、技术规范的,行政机关应当当场作出行政许可决定。

行政机关根据检验、检测、检疫结果,作出不予行政许可决定的,应当书面说明不予行政许可所依据的技术标准、技术规范。

第五十六条 实施本法第十二条第五项所列事项的行政许可,申请人提交的申请材料齐全、符合法定形式的,行政机关应当当场予以登记。需要对申请材料的实质内容进行核实的,行政机关依照本法第三十四条第三款的规定办理。

第五十七条 有数量限制的行政许可,两个或者两个以上申请人的申请均符合法定条件、标准的,行政机关应当根据受理行政许可申请的先后顺序作出准予行政许可的决定。但是,法律、行政法规另有规定的,依照其规定。

第五章 行政许可的费用

第五十八条 行政机关实施行政许可和对行政许可事项进行监督检查,不得收取任何费用。但是,法律、行政法规另有规定的,依照其规定。

行政机关提供行政许可申请书格式文本,不得收费。

行政机关实施行政许可所需经费应当列入本行政机关的预算,由本级财政予以保障,按照批准的预算予以核拨。

第五十九条 行政机关实施行政许可,依照法律、行政法规收取费用的,应当按照公布的法定项目和标准收费;所收取的费用必须全部上缴国库,任何机关或者个人不得以任何形式截留、挪用、私分或者变相私分。财政部门不得以任何形式向行政机关返还或者变相返还实施行政许可所收取的费用。

第六章 监督检查

第六十条 上级行政机关应当加强对下级行政机关实施行政许可的监督检查,及时纠正行政许可实施中的违法行为。

第六十一条 行政机关应当建立健全监督制度,通过核查反映被许可人从事行政许可事项活动情况的有关材料,履行监督责任。

行政机关依法对被许可人从事行政许可事项的活动进行监督检查时,应当将监督检查的情况和处理结果予以记录,由监督检查人员签字后归档。公众有权查阅行政机关监督检查记录。

行政机关应当创造条件,实现与被许可人、其他有关行政机关的计算机档案系统互联,核查被许可人从事行政许可事项活动情况。

第六十二条 行政机关可以对被许可人生产经营的产品依法进行抽样检查、检验、检测,对其生产经营场所依法进行实地检查。检查时,行政机关可以依法查阅或者要求被许可人报送有关材料;被许可人应当如实提供有关情况和材料。

行政机关根据法律、行政法规的规定,对直接关系公共安全、人身健康、生命财产安全的重要设备、设施进行定期检验。对检验合格的,行政机关应当发给相应的证明文件。

第六十三条 行政机关实施监督检查,不得妨碍被许可人正常的生产经营活动,不得索取或者收受被许可人的财物,不得谋取其他利益。

第六十四条 被许可人在作出行政许可决定的行政机关管辖区域外违法从事行政许可事项活动的,违法行为发生地的行政机关应当依法将被许可人的违法事实、处理结果抄告作出行政许可决定的行政机关。

第六十五条 个人和组织发现违法从事行政许可事项的活动,有权向行政机关举报,行政机关应当及时核实、处理。

第六十六条 被许可人未依法履行开发利用自然资源义务或者未依法履行利用公共资源义务的,行政机关应当责令限期改正;被许可人在规定期限内不改正的,行政机关应当依照有关法律、行政法规的规定予以处理。

第六十七条 取得直接关系公共利益的特定行业的市场准入行政许可的被许可人,应当按照国家规定的服务标准、资费标准和行政机关依法规定的条件,向用户提供安全、方便、稳定和价格合理的服务,并履行普遍服务的义务;未经作出行政许可决定的行政机关批准,不得擅自停业、歇业。

被许可人不履行前款规定的义务的,行政机关应当责令限期改正,或者依法采取有效措施督促其履行义务。

第六十八条 对直接关系公共安全、人身健康、生命财产安全的重要设备、设施,行政机关应当督促设计、建造、安装和使用单位建立相应的自检制度。

行政机关在监督检查时,发现直接关系公共安全、人身健康、生命财产安全的重要设备、设施存在安全隐患的,应当责令停止建造、安装和使用,并责令设计、建造、安装和使用单位立即改正。

第六十九条 有下列情形之一的,作出行政许可决定的行政机关或者其上级行政机关,根据利害关系人的请求或者依据职权,可以撤销行政许可:

(一)行政机关工作人员滥用职权、玩忽职守作出准予行政许可决定的;

(二)超越法定职权作出准予行政许可决定的;

(三)违反法定程序作出准予行政许可决定的;

(四)对不具备申请资格或者不符合法定条件的申请人准予行政许可的;

(五)依法可以撤销行政许可的其他情形。

被许可人以欺骗、贿赂等不正当手段取得行政许可的,应当予以撤销。

依照前两款的规定撤销行政许可,可能对公共利益造成重大损害的,不予撤销。

依照本条第一款的规定撤销行政许可,被许可人的合法权益受到损害的,行政机关应当依法给予赔偿。依照本条第二款的规定撤销行政许可的,被许可人基于行政许可取得的利益不受保护。

第七十条 有下列情形之一的,行政机关应当依法办理有关行政许可的注销手续:

(一)行政许可有效期届满未延续的;

(二)赋予公民特定资格的行政许可,该公民死亡或者丧失行为能力的;

(三)法人或者其他组织依法终止的;

(四)行政许可依法被撤销、撤回,或者行政许可证件依法被吊销的;

(五)因不可抗力导致行政许可事项无法实施的;

(六)法律、法规规定的应当注销行政许可的其他情形。

第七章 法律责任

第七十一条 违反本法第十七条规定设定的行政许可,有关机关应当责令设定该行政许可的机关改正,或者依法予以撤销。

第七十二条 行政机关及其工作人员违反本法的规定,有下列情形之一的,由其上级行政机关或者监察机关责令改正;情节严重的,对直接负责的主管人员和其他直接责任人员依法给予行政处分:

(一)对符合法定条件的行政许可申请不予受理的;

(二)不在办公场所公示依法应当公示的材料的;

(三)在受理、审查、决定行政许可过程中,未向申请人、利害关系人履行法定告知义务的;

(四)申请人提交的申请材料不齐全、不符合法定形式,不一次告知申请人必须补正的全部内容的;

(五)违法披露申请人提交的商业秘密、未披露信息或者保密商务信息的;

(六)以转让技术作为取得行政许可的条件,或者在实施行政许可的过程中直接或者间接地要求转让技术的;

(七)未依法说明不受理行政许可申请或者不予行政许可的理由的;

(八)依法应当举行听证而不举行听证的。

第七十三条 行政机关工作人员办理行政许可、实施监督检查,索取或者收受他人财物或者谋取其他利益,构成犯罪的,依法追究刑事责任;尚不构成犯罪的,依法给予行政处分。

第七十四条 行政机关实施行政许可,有下列情形之一的,由其上级行政机关或者监察机关责令改正,对直接负责的主管人员和其他直接责任人员依法给予行政处分;构成犯罪的,依法追究刑事责任:

(一)对不符合法定条件的申请人准予行政许可或者超越法定职权作出准予行政许可决定的;

(二)对符合法定条件的申请人不予行政许可或者不在法定期限内作出准予行政许可决定的;

(三)依法应当根据招标、拍卖结果或者考试成绩择优作出准予行政许可决定,未经招标、拍卖或者考试,或者不根据招标、拍卖结果或者考试成绩择优作出准予行政许可决定的。

第七十五条 行政机关实施行政许可,擅自收费或者不按照法定项目和标准收费的,由其上级行政机关或者监察机关责令退还非法收取的费用;对直接负责的主管人员和其他直接责任人员依法给予行政处分。

截留、挪用、私分或者变相私分实施行政许可依法收取的费用的,予以追缴;对直接负责的主管人员和其他直接责任人员依法给予行政处分;构成犯罪的,依法追究刑事责任。

第七十六条 行政机关违法实施行政许可,给当事人的合法权益造成损害的,应当依照国家赔偿法的规定给予赔偿。

第七十七条 行政机关不依法履行监督职责或者监督不力,造成严重后果的,由其上级行政机关或者监察机关责令改正,对直接负责的主管人员和其他直接责任人员依法给予行政处分;构成犯罪的,依法追究刑事责任。

第七十八条 行政许可申请人隐瞒有关情况或者提供虚假材料申请行政许可的,行政机关不予受理或者不予行政许可,并给予警告;行政许可申请属于直接关系公共安全、人身健康、生命财产安全事项的,申请人在一年内不得再次申请该行政许可。

第七十九条 被许可人以欺骗、贿赂等不正当手段取得行政许可的,行政机关应当依法给予行政处罚;取得的行政许可属于直接关系公共安全、人身健康、生命财产安全事项的,申请人在三年内不得再次申请该行政许可;构成犯罪的,依法追究刑事责任。

第八十条 被许可人有下列行为之一的,行政机关应当依法给予行政处罚;构成犯罪的,依法追究刑事责任:

(一)涂改、倒卖、出租、出借行政许可证件,或者以其他形式非法转让行政许可的;

(二)超越行政许可范围进行活动的;

(三)向负责监督检查的行政机关隐瞒有关情况、提供虚假材料或者拒绝提供反映其活动情况的真实材料的;

(四)法律、法规、规章规定的其他违法行为。

第八十一条 公民、法人或者其他组织未经行政许可,擅自从事依法应当取得行政许可的活动的,行政机关应当依法采取措施予以制止,并依法给予行政处罚;构成犯罪的,依法追究刑事责任。

第八章 附 则

第八十二条 本法规定的行政机关实施行政许可的期限以工作日计算,不含法定节假日。

第八十三条 本法自2004年7月1日起施行。本法施行前有关行政许可的规定,制定机关应当依照本法规定予以清理;不符合本法规定的,自本法施行之日起停止执行。

交通行政许可实施程序规定

· 2004年11月22日交通部令第10号公布
· 自2005年1月1日起施行

第一条 为保证交通行政许可依法实施,维护交通行政许可各方当事人的合法权益,保障和规范交通行政机关依法实施行政管理,根据《中华人民共和国行政许可法》(以下简称《行政许可法》),制定本规定。

第二条 实施交通行政许可,应当遵守《行政许可法》和有关法律、法规及本规定规定的程序。

本规定所称交通行政许可,是指依据法律、法规、国务院决定、省级地方人民政府规章的设定,由本规定第三条规定的实施机关实施的行政许可。

第三条 交通行政许可由下列机关实施:

(一)交通部、地方人民政府交通主管部门、地方人民政府港口行政管理部门依据法定职权实施交通行政许可;

(二)海事管理机构、航标管理机关、县级以上道路运输管理机构在法律、法规授权范围内实施交通行政许可;

(三)交通部、地方人民政府交通主管部门、地方人民政府港口行政管理部门在其法定职权范围内,可以依据本规定,委托其他行政机关实施行政许可。

第四条 实施交通行政许可,应当遵循公开、公平、公正、便民、高效的原则。

第五条 实施交通行政许可,实施机关应当按照《行政许可法》的有关规定,将下列内容予以公示:

（一）交通行政许可的事项；

（二）交通行政许可的依据；

（三）交通行政许可的实施主体；

（四）受委托行政机关和受委托实施行政许可的内容；

（五）交通行政许可统一受理的机构；

（六）交通行政许可的条件；

（七）交通行政许可的数量；

（八）交通行政许可的程序和实施期限；

（九）依法需要举行听证的交通行政许可事项；

（十）需要申请人提交材料的目录；

（十一）申请书文本式样；

（十二）作出的准予交通行政许可的决定；

（十三）实施交通行政许可依法应当收费的法定项目和收费标准；

（十四）交通行政许可的监督部门和投诉渠道；

（十五）依法需要公示的其他事项。

已实行电子政务的实施机关应当公布网站地址。

第六条 交通行政许可的公示,可以采取下列方式:

（一）在实施机关的办公场所设置公示栏、电子显示屏或者将公示信息资料集中在实施机关的专门场所供公众查阅；

（二）在联合办理、集中办理行政许可的场所公示；

（三）在实施机关的网站上公示；

（四）法律、法规和规章规定的其他方式。

第七条 公民、法人或者其他组织,依法申请交通行政许可的,应当依法向交通行政许可实施机关提出。

申请人申请交通行政许可,应当如实向实施机关提交有关材料和反映真实情况,并对其申请材料实质内容的真实性负责。

第八条 申请人以书面方式提出交通行政许可申请的,应当填写本规定所规定的《交通行政许可申请书》（见附件1）。但是,法律、法规、规章对申请书格式文本已有规定的,从其规定。

依法使用申请书格式文本的,交通行政机关应当免费提供。

申请人可以通过信函、电报、电传、传真、电子数据交换和电子邮件等方式提交交通行政许可申请。

申请人以书面方式提出交通行政许可申请确有困难的,可以口头方式提出申请,交通行政机关应当记录申请人申请事项,并经申请人确认。

第九条 申请人可以委托代理人代为提出交通行政许可申请,但依法应当由申请人到实施机关办公场所提出行政许可申请的除外。

代理人代为提出申请的,应当出具载明委托事项和代理人权限的授权委托书,并出示能证明其身份的证件。

第十条 实施机关收到交通行政许可申请材料后,应当根据下列情况分别作出处理:

（一）申请事项依法不需要取得交通行政许可的,应当即时告知申请人不受理；

（二）申请事项依法不属于本实施机关职权范围的,应当即时作出不予受理的决定,并向申请人出具《交通行政许可申请不予受理决定书》（见附件2）,同时告知申请人应当向有关行政机关提出申请；

（三）申请材料可以当场补全或者更正错误的,应当允许申请人当场补全或者更正错误；

（四）申请材料不齐全或者不符合法定形式,申请人当场不能补全或者更正的,应当当场或者在5日内向申请人出具《交通行政许可申请补正通知书》（见附件3）,一次性告知申请人需要补正的全部内容;逾期不告知的,自收到申请材料之日起即为受理；

（五）申请事项属于本实施机关职权范围,申请材料齐全,符合法定形式,或者申请人已提交全部补正申请材料的,应当在收到完备的申请材料后受理交通行政许可申请,除当场作出交通行政许可决定的外,应当出具《交通行政许可申请受理通知书》（见附件4）。

《交通行政许可申请不予受理决定书》、《交通行政许可申请补正通知书》、《交通行政许可申请受理通知书》,应当加盖实施机关行政许可专用印章,注明日期。

第十一条 交通行政许可需要实施机关内设的多个机构办理的,该实施机关应当确定一个机构统一受理行政许可申请,并统一送达交通行政许可决定。

实施机关未确定统一受理内设机构的,由最先受理的内设机构作为统一受理内设机构。

第十二条 实施交通行政许可,应当实行责任制度。实施机关应当明确每一项交通行政许可申请的直接负责的主管人员和其他直接责任人员。

第十三条 实施机关受理交通行政许可申请后,应当对申请人提交的申请材料进行审查。

申请人提交的申请材料齐全、符合法定形式，实施机关能够当场作出决定的，应当当场作出交通行政许可决定，并向申请人出具《交通行政许可（当场）决定书》（见附件5）。

依照法律、法规和规章的规定，需要对申请材料的实质内容进行核实的，应当审查申请材料反映的情况是否与法定的行政许可条件相一致。

实施实质审查，应当指派两名以上工作人员进行。可以采用以下方式：

（一）当面询问申请人及申请材料内容有关的相关人员；

（二）根据申请人提交的材料之间的内容相互进行印证；

（三）根据行政机关掌握的有关信息与申请材料进行印证；

（四）请求其他行政机关协助审查申请材料的真实性；

（五）调取查阅有关材料，核实申请材料的真实性；

（六）对有关设备、设施、工具、场地进行实地核查；

（七）依法进行检验、勘验、监测；

（八）听取利害关系人意见；

（九）举行听证；

（十）召开专家评审会议审查申请材料的真实性。

依照法律、行政法规规定，实施交通行政许可应当通过招标、拍卖等公平竞争的方式作出决定的，从其规定。

第十四条　实施机关对交通行政许可申请进行审查时，发现行政许可事项直接关系他人重大利益的，应当告知利害关系人，向该利害关系人送达《交通行政许可征求意见通知书》（见附件6）及相关材料（不包括涉及申请人商业秘密的材料）。

利害关系人有权在接到上述通知之日起5日内提出意见，逾期未提出意见的视为放弃上述权利。

实施机关应当将利害关系人的意见及时反馈给申请人，申请人有权进行陈述和申辩。

实施机关作出行政许可决定应当听取申请人、利害关系人的意见。

第十五条　除当场作出交通行政许可决定外，实施机关应当自受理申请之日起20日内作出交通行政许可决定。20日内不能作出决定的，经实施机关负责人批准，可以延长10日，并应当向申请人送达《延长交通行政许可期限通知书》（见附件7），将延长期限的理由告知申请人。但是，法律、法规另有规定的，从其规定。

实施机关作出行政许可决定，依照法律、法规和规章的规定需要听证、招标、拍卖、检验、检测、检疫、鉴定和专家评审的，所需时间不计算在本条规定的期限内。实施机关应当向申请人送达《交通行政许可期限法定除外时间通知书》（见附件8），将所需时间书面告知申请人。

第十六条　申请人的申请符合法定条件、标准的，实施机关应当依法作出准予行政许可的决定，并出具《交通行政许可决定书》（见附件9）。

依照法律、法规规定实施交通行政许可，应当根据考试成绩、考核结果、检验、检测、检疫结果作出行政许可决定的，从其规定。

第十七条　实施机关依法作出不予行政许可的决定的，应当出具《不予交通行政许可决定书》（见附件10），说明理由，并告知申请人享有依法申请行政复议或者提起行政诉讼的权利。

第十八条　实施机关在作出准予或者不予许可决定后，应当在10日内向申请人送达《交通行政许可决定书》或者《不予交通行政许可决定书》。

《交通行政许可（当场）决定书》、《交通行政许可决定书》、《不予交通行政许可决定书》，应当加盖实施机关印章，注明日期。

第十九条　实施机关作出准予交通行政许可决定的，应当在作出决定之日起10日内，向申请人颁发加盖实施机关印章的下列行政许可证件：

（一）交通行政许可批准文件或者证明文件；

（二）许可证、执照或者其他许可证书；

（三）资格证、资质证或者其他合格证书；

（四）法律、法规、规章规定的其他行政许可证件。

第二十条　法律、法规、规章规定实施交通行政许可应当听证的事项，或者交通行政许可实施机关认为需要听证的其他涉及公共利益的行政许可事项，实施机关应当在作出交通行政许可决定之前，向社会发布《交通行政许可证公告》（见附件11），公告期限不少于10日。

第二十一条　交通行政许可直接涉及申请人与他人之间重大利益冲突的，实施机关在作出交通行政许可决定前，应当告知申请人、利害关系人享有要求听证的权利，并出具《交通行政许可告知听证权利书》（见附件12）。

申请人、利害关系人在被告知听证权利之日起5日内提出听证申请的，实施机关应当在20日内组织听证。

第二十二条　听证按照《行政许可法》第四十八条规定的程序进行。

听证应当制作听证笔录。听证笔录应当包括下列事项：

（一）事由；

（二）举行听证的时间、地点和方式；

（三）听证主持人、记录人等；

（四）申请人姓名或者名称、法定代理人及其委托代理人；

（五）利害关系人姓名或者名称、法定代理人及其委托代理人；

（六）审查该行政许可申请的工作人员；

（七）审查该行政许可申请的工作人员的审查意见及证据、依据、理由；

（八）申请人、利害关系人的陈述、申辩、质证的内容及提出的证据；

（九）其他需要载明的事项。

听证笔录应当由听证参加人确认无误后签字或者盖章。

第二十三条 交通行政许可实施机关及其工作人员违反本规定的，按照《行政许可法》和《交通行政许可监督检查及责任追究规定》查处。

第二十四条 实施机关应当建立健全交通行政许可档案制度，及时归档、妥善保管交通行政许可档案材料。

第二十五条 实施交通行政许可对交通行政许可文书格式有特殊要求的，其文书格式由交通部另行规定。

第二十六条 本规定自2005年1月1日起施行。

附件1：

交通行政许可申请书

申请人（及法定代表人）名称		申请人住址及邮政编码	
申请人联系方式			
委托代理人的姓名及联系方式			
申请的交通行政许可事项及内容			
申请材料目　录			
申请日期	年　月　日	申请人签字或盖章	

注：1. 本申请书由交通行政许可的实施机关负责免费提供；

2. 申请人应当如实向实施机关提交有关材料和反映情况，并对申请材料实质内容的真实性负责。

附件 2：

交通行政许可申请不予受理决定书

编号：

_____：
  你于_____年___月___日提出_____的申请。
  经审查，该申请事项不属于本行政机关职权范围，建议向_____提出申请。
  根据《行政许可法》第 32 条规定，决定对你提出的申请不予受理。
  申请人如对本决定不服，可以在收到本决定书之日起 60 日内向_____申请复议，也可以在收到本决定之日起 3 个月内直接向人民法院提起行政诉讼。
  特此通知

（印章）

年　　月　　日

附件 3：

交通行政许可申请补正通知书

编号：

_____：
  你于_____年___月___日提出_____申请。
  根据《行政许可法》第 32 条第 1 款第 4 项的规定，请你对申请材料作如下补正：
_____
_____
_____
_____。

  特此通知

（印章）

年　　月　　日

附件 4：

交通行政许可申请受理通知书

编号：

_____：
  你于_____年___月___日提出_____申请。
  经审查，该申请事项属于本机构职责范围，申请材料符合法定的要求和形式，根据《行政许可法》第 32 条的规定，决定予以受理。

（印章）

年　　月　　日

附件 5：

交通行政许可(当场)决定书

编号：

_____：
　　你于____年__月__日提出_____申请。
　　经审查，你提交的申请材料齐全，符合_____规定的形式，根据《行政许可法》第 34 条第 2 款的规定，决定准予交通行政许可，准予你依法从事下列活动：
_____
_____
_____
　　本机关将在作出本决定之日起 10 日内向你颁发、送达_____证件。

（印章）

年　　月　　日

附件 6：

交通行政许可征求意见通知书

编号：

_____：
　　申请人_____于____年__月__日提出_____的申请。经审查，该申请事项可能与你(单位)有直接重大利益关系。根据《中华人民共和国行政许可法》第 36 条的规定，现将该申请事项告知你(单位)。请于接到该通知书之日起 3 日内提出意见。逾期未提出意见的，视为无意见。
　　本机关地址：_____。
　　联系人及联系方式：_____。

　　特此告知
　　附：申请书及必要的相关申请材料(复印件)

（印章）

年　　月　　日

附件7：

延长交通行政许可期限通知书

编号：

_____：

你于_____年___月___日提出_____申请,已于____年___月___日受理。由于_____原因,20日内不能作出行政许可的决定。根据《中华人民共和国行政许可法》第42条的规定,经本行政机关负责人批准,审查期限延长10日,将于_____年___月___日前作出决定。

特此通知

（印章）

年　　月　　日

附件8：

交通行政许可期限法定除外时间通知书

编号：

_____：

你于_____年___月___日提出_____申请,已于_____年___月___日受理。根据_____的规定,需要：
- (　)1. 听证,所需时间为_____。
- (　)2. 招标,所需时间为_____。
- (　)3. 拍卖,所需时间为_____。
- (　)4. 检验,所需时间为_____。
- (　)5. 检测,所需时间为_____。
- (　)6. 检疫,所需时间为_____。
- (　)7. 鉴定,所需时间为_____。
- (　)8. 专家评审,所需时间为_____。

根据《中华人民共和国行政许可法》第45条的规定,上述所需时间不计算在规定的期限内。

特此通知

（印章）

年　　月　　日

注：根据上述8种不同情况,在符合的情形前的括号内划"√"

附件9：

交通行政许可决定书

编号：

_____：
　　你于_____年___月___日提出_____申请。
　　经审查，你提交的申请材料齐全，符合_____
_____规定的条件、标准，根据《行政许可法》第34条第1款、第38条第1款的规定，决定准予交通行政许可，准予你依法从事下列活动：
_____
_____
_____
_____。
　　本机关将在作出本决定之日起10日内向你颁发、送达_____证件。

（印章）

年　　月　　日

附件10：

不予交通行政许可决定书

编号：

_____：
　　你于_____年___月___日提出_____申请。
　　经审查，你的申请存在_____
_____问题，不符合_____
_____的规定，根据《行政许可法》第38条第2款的规定，决定不予交通行政许可。
　　申请人如对本决定不服，可以在收到本决定书之日起60日内向_____
_____申请复议，也可以在收到本决定书之日起3个月内直接向人民法院提起行政诉讼。

（印章）

年　　月　　日

附件11：

交通行政许可听证公告

编号：

_____于_____年___月___日提出_____
_____的申请。

经审查,该申请事项属于:
( )1. 根据法律、法规、规章规定应当听证的事项;
( )2. 本机关认为该申请事项涉及公共利益,需要听证。
根据《中华人民共和国行政许可法》第 46 条的规定,拟举行听证,请要求听证的单位或者个人于_____年___月___日前向本机关登记,并提供联系电话、通讯地址、邮政编码。逾期无人提出听证申请的,本机关将依法作出交通行政许可决定。
本机关地址:_____。
联系人及联系方式:_____。

特此公告

(印章)

年　　月　　日

注:根据上述两种不同情况,在符合的情形前的括号内划"√"

附件 12:

交通行政许可告知听证权利书

编号:

_____:
　　申请人_____于_____年___月___日提出_____的申请。经审查,该申请事项可能与你(单位)有重大利益关系。根据《中华人民共和国行政许可法》第 47 条的规定,现将该申请事项告知你(单位),你(单位)可以要求对此申请举行听证。接到该通知书之日起 5 日内如未提出听证申请的,视为放弃此权利。
本机关地址:_____。
联系人:_____。
联系方式:_____。

特此告知

(印章)

年　　月　　日

附:申请书及必要的相关申请材料(复印件)

交通行政许可监督检查及责任追究规定

· 2004年11月22日交通部令2004年第11号公布
· 自2005年1月1日起施行

第一条 为加强交通行政许可实施工作的监督检查,及时纠正和查处交通行政许可实施过程中的违法、违纪行为,保证交通行政机关正确履行行政许可的法定职责,根据《中华人民共和国行政许可法》(以下简称《行政许可法》),制定本规定。

第二条 交通行政许可监督检查及其责任追究,应当遵守《行政许可法》和有关法律、法规及本规定。

第三条 实施交通行政许可监督检查及责任追究,应当遵守合法、公正、公平、及时的原则,坚持有错必纠、违法必究,保障有关法律、法规和规章的正确实施。

第四条 县级以上交通主管部门应当建立健全行政许可监督检查制度和责任追究制度,加强对交通行政许可的监督。

上级交通主管部门应当加强对下级交通主管部门实施行政许可的监督检查,及时纠正交通行政许可实施中的违法违纪行为。

第五条 交通主管部门应当加强对法律、法规授权的交通行政许可实施组织实施交通行政许可的监督检查,督促其及时纠正交通行政许可实施中的违法违纪行为。

第六条 交通主管部门委托其他行政机关实施交通行政许可的,委托机关应当加强对受委托的行政机关实施交通行政许可的行为的监督检查,并对受委托的行政机关实施交通行政许可的后果承担法律责任。

第七条 交通行政许可实施机关应当建立健全内部监督制度,加强对本机关实施行政许可工作人员的内部监督。

第八条 交通主管部门、交通行政许可实施机关的法制工作机构、监察机关按照职责分工具体负责行政许可监督检查责任追究工作。

第九条 交通行政许可实施机关实施行政许可,应当自觉接受社会和公民的监督。

任何单位和个人都有权对交通行政许可实施机关及其工作人员不严格执行有关行政许可的法律、法规、规章以及在实施交通行政许可中的违法违纪行为进行检举、控告。

第十条 交通行政许可实施机关应当建立交通行政许可举报制度,公开举报电话号码、通信地址或者电子邮件信箱。

交通行政许可实施机关收到举报后,应当依据职责及时查处。

第十一条 实施交通行政许可监督检查的主要内容包括:

(一)交通行政许可申请的受理情况;

(二)交通行政许可申请的审查和决定的情况;

(三)交通行政许可实施机关依法履行对被许可人的监督检查职责的情况;

(四)实施交通行政许可过程中的其他相关行为。

第十二条 有下列情形之一的,作出交通行政许可决定的交通行政许可实施机关或者其上级交通主管部门,根据利害关系人的请求或者依据职权,可以撤销交通行政许可:

(一)交通行政机关工作人员滥用职权、玩忽职守作出准予交通行政许可决定的;

(二)超越法定职权作出准予交通行政许可决定的;

(三)违反法定程序作出准予交通行政许可决定的;

(四)对不具备申请资格或者不符合法定条件的申请人准予交通行政许可的;

(五)依法可以撤销交通行政许可的其他情形。

第十三条 交通行政许可实施机关及其工作人员违反《行政许可法》的规定,有下列情形之一的,由交通行政许可实施机关或者其上级交通主管部门或者监察部门责令改正;情节严重的,对直接负责的主管人员和其他直接责任人员依法给予行政处分:

(一)对符合法定条件的交通行政许可申请不予受理的;

(二)不依法公示应当公示的材料的;

(三)在受理、审查、决定交通行政许可过程中,未向申请人、利害关系人履行法定告知义务的;

(四)申请人提交的申请材料不齐全、不符合法定形式,不一次告知申请人必须补正的全部内容的;

(五)未依法说明不受理交通行政许可申请或者不予交通行政许可的理由的;

(六)依法应当举行听证而不举行听证的。

第十四条 交通行政许可实施机关实施交通行政许可,有下列情形之一的,由其上级交通主管部门或者监察部门责令改正,对直接负责的主管人员和其他直接责任人员依法给予行政处分;构成犯罪的,依法追究刑事责任:

(一)对不符合法定条件的申请人准予行政许可或

者超越法定职权作出准予交通行政许可决定的；

（二）对符合法定条件的申请人不予交通行政许可或者不在法定期限内作出准予交通行政许可决定的；

（三）依法应当根据招标、拍卖结果或者考试成绩择优作出准予交通行政许可决定，未经招标、拍卖或者考试，或者不根据招标、拍卖结果或者考试成绩择优作出准予交通行政许可决定的。

第十五条 交通行政许可实施机关在实施行政许可的过程中，擅自收费或者超出法定收费项目和收费标准收费的，由其上级交通主管部门或者监察部门责令退还非法收取的费用，对直接负责的主管人员和其他直接责任人员给予行政处分。

第十六条 交通行政许可实施机关及其工作人员，在实施行政许可的过程中，截留、挪用、私分或者变相私分依法收取的费用的，由其上级交通主管部门或者监察部门予以追缴，并对直接负责的主管人员和其他直接责任人员给予行政处分；构成犯罪的应当移交司法机关，依法追究刑事责任。

第十七条 交通行政许可实施机关工作人员办理行政许可、实施监督检查，索取或者收受他人钱物、谋取不正当利益的，应当直接负责的主管人员和其他直接责任人员给予行政处分；构成犯罪的应当移交司法机关，依法追究刑事责任。

第十八条 交通主管部门不依法履行对被许可人的监督职责或者监督不力，造成严重后果的，由其上级交通主管部门或者监察部门责令改正，对直接负责的主管人员和其他直接责任人员依法给予行政处分；构成犯罪的，依法追究刑事责任。

第十九条 交通行政许可的实施机关及其工作人员违法实施行政许可，给当事人的合法权益造成损害的，应当按照《国家赔偿法》的有关规定给予赔偿，并责令有故意或者重大过失的直接负责的主管人员和其他直接责任人员承担相应的赔偿费用。

第二十条 交通主管部门、交通行政许可实施机关的法制工作机构具体负责对本机关负责实施行政许可的内设机构，下级交通主管部门，法律、法规授权的交通行政许可实施组织，受委托实施交通行政许可的行政机关实施行政许可进行执法监督。

法制工作机构发现交通行政许可实施机关实施交通行政许可违法，应当向法制工作机构所在的机关提出意见，经机关负责人同意后，按下列规定作出决定：

（一）依法应当撤销行政许可的，决定撤销；

（二）依法应当责令改正的，决定责令改正。

收到责令改正决定的机关应当在10日内以书面形式向作出责令改正决定的机关报告纠正情况。

第二十一条 监察机关依照有关法律、行政法规规定对交通行政许可实施机关及其工作人员实施监察，作出处理决定。

第二十二条 交通行政许可实施机关及其工作人员拒不接受交通行政许可监督检查，或者拒不执行交通行政许可监督检查决定，由其上级交通主管部门或者监察部门对直接负责的主管人员和其他直接责任人员依法给予行政处分。

第二十三条 本规定自2005年1月1日起施行。

2. 行政处罚

中华人民共和国行政处罚法

· 1996年3月17日第八届全国人民代表大会第四次会议通过
· 根据2009年8月27日第十一届全国人民代表大会常务委员会第十次会议《关于修改部分法律的决定》第一次修正
· 根据2017年9月1日第十二届全国人民代表大会常务委员会第二十九次会议《关于修改〈中华人民共和国法官法〉等八部法律的决定》第二次修正
· 2021年1月22日第十三届全国人民代表大会常务委员会第二十五次会议修订
· 2021年1月22日中华人民共和国主席令第70号公布
· 自2021年7月15日起施行

第一章 总 则

第一条 【立法目的】为了规范行政处罚的设定和实施，保障和监督行政机关有效实施行政管理，维护公共利益和社会秩序，保护公民、法人或者其他组织的合法权益，根据宪法，制定本法。

第二条 【行政处罚的定义】行政处罚是指行政机关依法对违反行政管理秩序的公民、法人或者其他组织，以减损权益或者增加义务的方式予以惩戒的行为。

第三条 【适用范围】行政处罚的设定和实施，适用本法。

第四条 【适用对象】公民、法人或者其他组织违反行政管理秩序的行为，应当给予行政处罚的，依照本法由法律、法规、规章规定，并由行政机关依照本法规定的程序实施。

第五条 【适用原则】行政处罚遵循公正、公开的原则。

设定和实施行政处罚必须以事实为依据,与违法行为的事实、性质、情节以及社会危害程度相当。

对违法行为给予行政处罚的规定必须公布;未经公布的,不得作为行政处罚的依据。

第六条【适用目的】实施行政处罚,纠正违法行为,应当坚持处罚与教育相结合,教育公民、法人或者其他组织自觉守法。

第七条【被处罚者权利】公民、法人或者其他组织对行政机关所给予的行政处罚,享有陈述权、申辩权;对行政处罚不服的,有权依法申请行政复议或者提起行政诉讼。

公民、法人或者其他组织因行政机关违法给予行政处罚受到损害的,有权依法提出赔偿要求。

第八条【被处罚者承担的其他法律责任】公民、法人或者其他组织因违法行为受到行政处罚,其违法行为对他人造成损害的,应当依法承担民事责任。

违法行为构成犯罪,应当依法追究刑事责任的,不得以行政处罚代替刑事处罚。

第二章 行政处罚的种类和设定

第九条【处罚的种类】行政处罚的种类:

(一)警告、通报批评;

(二)罚款、没收违法所得、没收非法财物;

(三)暂扣许可证件、降低资质等级、吊销许可证件;

(四)限制开展生产经营活动、责令停产停业、责令关闭、限制从业;

(五)行政拘留;

(六)法律、行政法规规定的其他行政处罚。

第十条【法律对处罚的设定】法律可以设定各种行政处罚。

限制人身自由的行政处罚,只能由法律设定。

第十一条【行政法规对处罚的设定】行政法规可以设定除限制人身自由以外的行政处罚。

法律对违法行为已经作出行政处罚规定,行政法规需要作出具体规定的,必须在法律规定的给予行政处罚的行为、种类和幅度的范围内规定。

法律对违法行为未作出行政处罚规定,行政法规为实施法律,可以补充设定行政处罚。拟补充设定行政处罚的,应当通过听证会、论证会等形式广泛听取意见,并向制定机关作出书面说明。行政法规报送备案时,应当说明补充设定行政处罚的情况。

第十二条【地方性法规对处罚的设定】地方性法规可以设定除限制人身自由、吊销营业执照以外的行政处罚。

法律、行政法规对违法行为已经作出行政处罚规定,地方性法规需要作出具体规定的,必须在法律、行政法规规定的给予行政处罚的行为、种类和幅度的范围内规定。

法律、行政法规对违法行为未作出行政处罚规定,地方性法规为实施法律、行政法规,可以补充设定行政处罚。拟补充设定行政处罚的,应当通过听证会、论证会等形式广泛听取意见,并向制定机关作出书面说明。地方性法规报送备案时,应当说明补充设定行政处罚的情况。

第十三条【国务院部门规章对处罚的设定】国务院部门规章可以在法律、行政法规规定的给予行政处罚的行为、种类和幅度的范围内作出具体规定。

尚未制定法律、行政法规的,国务院部门规章对违反行政管理秩序的行为,可以设定警告、通报批评或者一定数额罚款的行政处罚。罚款的限额由国务院规定。

第十四条【地方政府规章对处罚的设定】地方政府规章可以在法律、法规规定的给予行政处罚的行为、种类和幅度的范围内作出具体规定。

尚未制定法律、法规的,地方政府规章对违反行政管理秩序的行为,可以设定警告、通报批评或者一定数额罚款的行政处罚。罚款的限额由省、自治区、直辖市人民代表大会常务委员会规定。

第十五条【对行政处罚定期评估】国务院部门和省、自治区、直辖市人民政府及其有关部门应当定期组织评估行政处罚的实施情况和必要性,对不适当的行政处罚事项及种类、罚款数额等,应当提出修改或者废止的建议。

第十六条【其他规范性文件不得设定处罚】除法律、法规、规章外,其他规范性文件不得设定行政处罚。

第三章 行政处罚的实施机关

第十七条【处罚的实施】行政处罚由具有行政处罚权的行政机关在法定职权范围内实施。

第十八条【处罚的权限】国家在城市管理、市场监管、生态环境、文化市场、交通运输、应急管理、农业等领域推行建立综合行政执法制度,相对集中行政处罚权。

国务院或者省、自治区、直辖市人民政府可以决定一个行政机关行使有关行政机关的行政处罚权。

限制人身自由的行政处罚权只能由公安机关和法律规定的其他机关行使。

第十九条【授权实施处罚】法律、法规授权的具有管理公共事务职能的组织可以在法定授权范围内实施行政处罚。

第二十条 【委托实施处罚】行政机关依照法律、法规、规章的规定,可以在其法定权限内书面委托符合本法第二十一条规定条件的组织实施行政处罚。行政机关不得委托其他组织或者个人实施行政处罚。

委托书应当载明委托的具体事项、权限、期限等内容。委托行政机关和受委托组织应当将委托书向社会公布。

委托行政机关对受委托组织实施行政处罚的行为应当负责监督,并对该行为的后果承担法律责任。

受委托组织在委托范围内,以委托行政机关名义实施行政处罚;不得再委托其他组织或者个人实施行政处罚。

第二十一条 【受托组织的条件】受委托组织必须符合以下条件:

(一)依法成立并具有管理公共事务职能;

(二)有熟悉有关法律、法规、规章和业务并取得行政执法资格的工作人员;

(三)需要进行技术检查或者技术鉴定的,应当有条件组织进行相应的技术检查或者技术鉴定。

第四章 行政处罚的管辖和适用

第二十二条 【地域管辖】行政处罚由违法行为发生地的行政机关管辖。法律、行政法规、部门规章另有规定的,从其规定。

第二十三条 【级别管辖】行政处罚由县级以上地方人民政府具有行政处罚权的行政机关管辖。法律、行政法规另有规定的,从其规定。

第二十四条 【行政处罚权的承接】省、自治区、直辖市根据当地实际情况,可以决定将基层管理迫切需要的县级人民政府部门的行政处罚权交由能够有效承接的乡镇人民政府、街道办事处行使,并定期组织评估。决定应当公布。

承接行政处罚权的乡镇人民政府、街道办事处应当加强执法能力建设,按照规定范围、依照法定程序实施行政处罚。

有关地方人民政府及其部门应当加强组织协调、业务指导、执法监督,建立健全行政处罚协调配合机制,完善评议、考核制度。

第二十五条 【共同管辖及指定管辖】两个以上行政机关都有管辖权的,由最先立案的行政机关管辖。

对管辖发生争议的,应当协商解决,协商不成的,报请共同的上一级行政机关指定管辖;也可以直接由共同的上一级行政机关指定管辖。

第二十六条 【行政协助】行政机关因实施行政处罚的需要,可以向有关机关提出协助请求。协助事项属于被请求机关职权范围内的,应当依法予以协助。

第二十七条 【刑事责任优先】违法行为涉嫌犯罪的,行政机关应当及时将案件移送司法机关,依法追究刑事责任。对依法不需要追究刑事责任或者免予刑事处罚,但应当给予行政处罚的,司法机关应当及时将案件移送有关行政机关。

行政处罚实施机关与司法机关之间应当加强协调配合,建立健全案件移送制度,加强证据材料移交、接收衔接,完善案件处理信息通报机制。

第二十八条 【责令改正与责令退赔】行政机关实施行政处罚时,应当责令当事人改正或者限期改正违法行为。

当事人有违法所得,除依法应当退赔的外,应当予以没收。违法所得是指实施违法行为所取得的款项。法律、行政法规、部门规章对违法所得的计算另有规定的,从其规定。

第二十九条 【一事不二罚】对当事人的同一个违法行为,不得给予两次以上罚款的行政处罚。同一个违法行为违反多个法律规范应当给予罚款处罚的,按照罚款数额高的规定处罚。

第三十条 【未成年人处罚的限制】不满十四周岁的未成年人有违法行为的,不予行政处罚,责令监护人加以管教;已满十四周岁不满十八周岁的未成年人有违法行为的,应当从轻或者减轻行政处罚。

第三十一条 【精神病人及限制性精神病人处罚的限制】精神病人、智力残疾人在不能辨认或者不能控制自己行为时有违法行为的,不予行政处罚,但应当责令其监护人严加看管和治疗。间歇性精神病人在精神正常时有违法行为的,应当给予行政处罚。尚未完全丧失辨认或者控制自己行为能力的精神病人、智力残疾人有违法行为的,可以从轻或者减轻行政处罚。

第三十二条 【从轻、减轻处罚的情形】当事人有下列情形之一,应当从轻或者减轻行政处罚:

(一)主动消除或者减轻违法行为危害后果的;

(二)受他人胁迫或者诱骗实施违法行为的;

(三)主动供述行政机关尚未掌握的违法行为的;

(四)配合行政机关查处违法行为有立功表现的;

(五)法律、法规、规章规定其他应当从轻或者减轻行政处罚的。

第三十三条 【不予行政处罚的条件】违法行为轻

微并及时改正，没有造成危害后果的，不予行政处罚。初次违法且危害后果轻微并及时改正的，可以不予行政处罚。

当事人有证据足以证明没有主观过错的，不予行政处罚。法律、行政法规另有规定的，从其规定。

对当事人的违法行为依法不予行政处罚的，行政机关应当对当事人进行教育。

第三十四条 【行政处罚裁量基准】行政机关可以依法制定行政处罚裁量基准，规范行使行政处罚裁量权。行政处罚裁量基准应当向社会公布。

第三十五条 【刑罚的折抵】违法行为构成犯罪，人民法院判处拘役或者有期徒刑时，行政机关已经给予当事人行政拘留的，应当依法折抵相应刑期。

违法行为构成犯罪，人民法院判处罚金时，行政机关已经给予当事人罚款的，应当折抵相应罚金；行政机关尚未给予当事人罚款的，不再给予罚款。

第三十六条 【处罚的时效】违法行为在二年内未被发现的，不再给予行政处罚；涉及公民生命健康安全、金融安全且有危害后果的，上述期限延长至五年。法律另有规定的除外。

前款规定的期限，从违法行为发生之日起计算；违法行为有连续或者继续状态的，从行为终了之日起计算。

第三十七条 【法不溯及既往】实施行政处罚，适用违法行为发生时的法律、法规、规章的规定。但是，作出行政处罚决定时，法律、法规、规章已被修改或者废止，且新的规定处罚较轻或者不认为是违法的，适用新的规定。

第三十八条 【行政处罚无效】行政处罚没有依据或者实施主体不具有行政主体资格的，行政处罚无效。

违反法定程序构成重大且明显违法的，行政处罚无效。

第五章　行政处罚的决定
第一节　一般规定

第三十九条 【信息公示】行政处罚的实施机关、立案依据、实施程序和救济渠道等信息应当公示。

第四十条 【处罚的前提】公民、法人或者其他组织违反行政管理秩序的行为，依法应当给予行政处罚的，行政机关必须查明事实；违法事实不清、证据不足的，不得给予行政处罚。

第四十一条 【信息化手段的运用】行政机关依照法律、行政法规规定利用电子技术监控设备收集、固定违法事实的，应当经过法制和技术审核，确保电子技术监控设备符合标准、设置合理、标志明显，设置地点应当向社会公布。

电子技术监控设备记录违法事实应当真实、清晰、完整、准确。行政机关应当审核记录内容是否符合要求；未经审核或者经审核不符合要求的，不得作为行政处罚的证据。

行政机关应当及时告知当事人违法事实，并采取信息化手段或者其他措施，为当事人查询、陈述和申辩提供便利。不得限制或者变相限制当事人享有的陈述权、申辩权。

第四十二条 【执法人员要求】行政处罚应当由具有行政执法资格的执法人员实施。执法人员不得少于两人，法律另有规定的除外。

执法人员应当文明执法，尊重和保护当事人合法权益。

第四十三条 【回避】执法人员与案件有直接利害关系或者有其他关系可能影响公正执法的，应当回避。

当事人认为执法人员与案件有直接利害关系或者有其他关系可能影响公正执法的，有权申请回避。

当事人提出回避申请的，行政机关应当依法审查，由行政机关负责人决定。决定作出之前，不停止调查。

第四十四条 【告知义务】行政机关在作出行政处罚决定之前，应当告知当事人拟作出的行政处罚内容及事实、理由、依据，并告知当事人依法享有的陈述、申辩、要求听证等权利。

第四十五条 【当事人的陈述权和申辩权】当事人有权进行陈述和申辩。行政机关必须充分听取当事人的意见，对当事人提出的事实、理由和证据，应当进行复核；当事人提出的事实、理由或者证据成立的，行政机关应当采纳。

行政机关不得因当事人陈述、申辩而给予更重的处罚。

第四十六条 【证据】证据包括：

（一）书证；

（二）物证；

（三）视听资料；

（四）电子数据；

（五）证人证言；

（六）当事人的陈述；

（七）鉴定意见；

（八）勘验笔录、现场笔录。

证据必须经查证属实，方可作为认定案件事实的根据。

以非法手段取得的证据,不得作为认定案件事实的根据。

第四十七条 【执法全过程记录制度】行政机关应当依法以文字、音像等形式,对行政处罚的启动、调查取证、审核、决定、送达、执行等进行全过程记录,归档保存。

第四十八条 【行政处罚决定公示制度】具有一定社会影响的行政处罚决定应当依法公开。

公开的行政处罚决定被依法变更、撤销、确认违法或者确认无效的,行政机关应当在三日内撤回行政处罚决定信息并公开说明理由。

第四十九条 【应急处罚】发生重大传染病疫情等突发事件,为了控制、减轻和消除突发事件引起的社会危害,行政机关对违反突发事件应对措施的行为,依法快速、从重处罚。

第五十条 【保密义务】行政机关及其工作人员对实施行政处罚过程中知悉的国家秘密、商业秘密或者个人隐私,应当依法予以保密。

第二节 简易程序

第五十一条 【当场处罚的情形】违法事实确凿并有法定依据,对公民处以二百元以下、对法人或者其他组织处以三千元以下罚款或者警告的行政处罚的,可以当场作出行政处罚决定。法律另有规定的,从其规定。

第五十二条 【当场处罚的程序】执法人员当场作出行政处罚决定的,应当向当事人出示执法证件,填写预定格式、编有号码的行政处罚决定书,并当场交付当事人。当事人拒绝签收的,应当在行政处罚决定书上注明。

前款规定的行政处罚决定书应当载明当事人的违法行为,行政处罚的种类和依据、罚款数额、时间、地点,申请行政复议、提起行政诉讼的途径和期限以及行政机关名称,并由执法人员签名或者盖章。

执法人员当场作出的行政处罚决定,应当报所属行政机关备案。

第五十三条 【当场处罚的履行】对当场作出的行政处罚决定,当事人应当依照本法第六十七条至第六十九条的规定履行。

第三节 普通程序

第五十四条 【调查取证与立案】除本法第五十一条规定的可以当场作出的行政处罚外,行政机关发现公民、法人或者其他组织有依法应当给予行政处罚的行为的,必须全面、客观、公正地调查,收集有关证据;必要时,依照法律、法规的规定,可以进行检查。

符合立案标准的,行政机关应当及时立案。

第五十五条 【出示证件与协助调查】执法人员在调查或者进行检查时,应当主动向当事人或者有关人员出示执法证件。当事人或者有关人员有权要求执法人员出示执法证件。执法人员不出示执法证件的,当事人或者有关人员有权拒绝接受调查或者检查。

当事人或者有关人员应当如实回答询问,并协助调查或者检查,不得拒绝或者阻挠。询问或者检查应当制作笔录。

第五十六条 【证据的收集原则】行政机关在收集证据时,可以采取抽样取证的方法;在证据可能灭失或者以后难以取得的情况下,经行政机关负责人批准,可以先行登记保存,并应当在七日内及时作出处理决定,在此期间,当事人或者有关人员不得销毁或者转移证据。

第五十七条 【处罚决定】调查终结,行政机关负责人应当对调查结果进行审查,根据不同情况,分别作出如下决定:

(一)确有应受行政处罚的违法行为的,根据情节轻重及具体情况,作出行政处罚决定;

(二)违法行为轻微,依法可以不予行政处罚的,不予行政处罚;

(三)违法事实不能成立的,不予行政处罚;

(四)违法行为涉嫌犯罪的,移送司法机关。

对情节复杂或者重大违法行为给予行政处罚,行政机关负责人应当集体讨论决定。

第五十八条 【法制审核】有下列情形之一,在行政机关负责人作出行政处罚的决定之前,应当由从事行政处罚决定法制审核的人员进行法制审核;未经法制审核或者审核未通过的,不得作出决定:

(一)涉及重大公共利益的;

(二)直接关系当事人或者第三人重大权益,经过听证程序的;

(三)案件情况疑难复杂、涉及多个法律关系的;

(四)法律、法规规定应当进行法制审核的其他情形。

行政机关中初次从事行政处罚决定法制审核的人员,应当通过国家统一法律职业资格考试取得法律职业资格。

第五十九条 【行政处罚决定书的内容】行政机关依照本法第五十七条的规定给予行政处罚,应当制作行政处罚决定书。行政处罚决定书应当载明下列事项:

(一)当事人的姓名或者名称、地址;

(二)违反法律、法规、规章的事实和证据;
(三)行政处罚的种类和依据;
(四)行政处罚的履行方式和期限;
(五)申请行政复议、提起行政诉讼的途径和期限;
(六)作出行政处罚决定的行政机关名称和作出决定的日期。

行政处罚决定书必须盖有作出行政处罚决定的行政机关的印章。

第六十条 【决定期限】行政机关应当自行政处罚案件立案之日起九十日内作出行政处罚决定。法律、法规、规章另有规定的,从其规定。

第六十一条 【送达】行政处罚决定书应当在宣告后当场交付当事人;当事人不在场的,行政机关应当在七日内依照《中华人民共和国民事诉讼法》的有关规定,将行政处罚决定书送达当事人。

当事人同意并签订确认书的,行政机关可以采用传真、电子邮件等方式,将行政处罚决定书等送达当事人。

第六十二条 【处罚的成立条件】行政机关及其执法人员在作出行政处罚决定之前,未依照本法第四十四条、第四十五条的规定向当事人告知拟作出的行政处罚内容及事实、理由、依据,或者拒绝听取当事人的陈述、申辩,不得作出行政处罚决定;当事人明确放弃陈述或者申辩权利的除外。

第四节 听证程序

第六十三条 【听证权】行政机关拟作出下列行政处罚决定,应当告知当事人有要求听证的权利,当事人要求听证的,行政机关应当组织听证:
(一)较大数额罚款;
(二)没收较大数额违法所得、没收较大价值非法财物;
(三)降低资质等级、吊销许可证件;
(四)责令停产停业、责令关闭、限制从业;
(五)其他较重的行政处罚;
(六)法律、法规、规章规定的其他情形。

当事人不承担行政机关组织听证的费用。

第六十四条 【听证程序】听证应当依照以下程序组织:
(一)当事人要求听证的,应当在行政机关告知后五日内提出;
(二)行政机关应当在举行听证的七日前,通知当事人及有关人员听证的时间、地点;
(三)除涉及国家秘密、商业秘密或者个人隐私依法予以保密外,听证公开举行;
(四)听证由行政机关指定的非本案调查人员主持;当事人认为主持人与本案有直接利害关系的,有权申请回避;
(五)当事人可以亲自参加听证,也可以委托一至二人代理;
(六)当事人及其代理人无正当理由拒不出席听证或者未经许可中途退出听证的,视为放弃听证权利,行政机关终止听证;
(七)举行听证时,调查人员提出当事人违法的事实、证据和行政处罚建议,当事人进行申辩和质证;
(八)听证应当制作笔录。笔录应当交当事人或者其代理人核对无误后签字或者盖章。当事人或者其代理人拒绝签字或者盖章的,由听证主持人在笔录中注明。

第六十五条 【听证笔录】听证结束后,行政机关应当根据听证笔录,依照本法第五十七条的规定,作出决定。

第六章 行政处罚的执行

第六十六条 【履行义务及分期履行】行政处罚决定依法作出后,当事人应当在行政处罚决定书载明的期限内,予以履行。

当事人确有经济困难,需要延期或者分期缴纳罚款的,经当事人申请和行政机关批准,可以暂缓或者分期缴纳。

第六十七条 【罚缴分离原则】作出罚款决定的行政机关应当与收缴罚款的机构分离。

除依照本法第六十八条、第六十九条的规定当场收缴的罚款外,作出行政处罚决定的行政机关及其执法人员不得自行收缴罚款。

当事人应当自收到行政处罚决定书之日起十五日内,到指定的银行或者通过电子支付系统缴纳罚款。银行应当收受罚款,并将罚款直接上缴国库。

第六十八条 【当场收缴罚款范围】依照本法第五十一条的规定当场作出行政处罚决定,有下列情形之一,执法人员可以当场收缴罚款:
(一)依法给予一百元以下罚款的;
(二)不当场收缴事后难以执行的。

第六十九条 【边远地区当场收缴罚款】在边远、水上、交通不便地区,行政机关及其执法人员依照本法第五十一条、第五十七条的规定作出罚款决定后,当事人到指定的银行或者通过电子支付系统缴纳罚款确有困难,经当事人提出,行政机关及其执法人员可以当场收缴罚款。

第七十条 【罚款票据】行政机关及其执法人员当场收缴罚款的,必须向当事人出具国务院财政部门或者省、自治区、直辖市人民政府财政部门统一制发的专用票据;不出具财政部门统一制发的专用票据的,当事人有权拒绝缴纳罚款。

第七十一条 【罚款交纳期】执法人员当场收缴的罚款,应当自收缴罚款之日起二日内,交至行政机关;在水上当场收缴的罚款,应当自抵岸之日起二日内交至行政机关;行政机关应当在二日内将罚款缴付指定的银行。

第七十二条 【执行措施】当事人逾期不履行行政处罚决定,作出行政处罚决定的行政机关可以采取下列措施:

(一)到期不缴纳罚款的,每日按罚款数额的百分之三加处罚款,加处罚款的数额不得超出罚款的数额;

(二)根据法律规定,将查封、扣押的财物拍卖、依法处理或者将冻结的存款、汇款划拨抵缴罚款;

(三)根据法律规定,采取其他行政强制执行方式;

(四)依照《中华人民共和国行政强制法》的规定申请人民法院强制执行。

行政机关批准延期、分期缴纳罚款的,申请人民法院强制执行的期限,自暂缓或者分期缴纳罚款期限结束之日起计算。

第七十三条 【不停止执行及暂缓执行】当事人对行政处罚决定不服,申请行政复议或者提起行政诉讼的,行政处罚不停止执行,法律另有规定的除外。

当事人对限制人身自由的行政处罚决定不服,申请行政复议或者提起行政诉讼的,可以向作出决定的机关提出暂缓执行申请。符合法律规定情形的,应当暂缓执行。

当事人申请行政复议或者提起行政诉讼的,加处罚款的数额在行政复议或者行政诉讼期间不予计算。

第七十四条 【没收的非法财物的处理】除依法应当予以销毁的物品外,依法没收的非法财物必须按照国家规定公开拍卖或者按照国家有关规定处理。

罚款、没收的违法所得或者没收非法财物拍卖的款项,必须全部上缴国库,任何行政机关或者个人不得以任何形式截留、私分或者变相私分。

罚款、没收的违法所得或者没收非法财物拍卖的款项,不得同作出行政处罚决定的行政机关及其工作人员的考核、考评直接或者变相挂钩。除依法应当退还、退赔的外,财政部门不得以任何形式向作出行政处罚决定的行政机关返还罚款、没收的违法所得或者没收非法财物拍卖的款项。

第七十五条 【监督检查】行政机关应当建立健全对行政处罚的监督制度。县级以上人民政府应当定期组织开展行政执法评议、考核,加强对行政处罚的监督检查,规范和保障行政处罚的实施。

行政机关实施行政处罚应当接受社会监督。公民、法人或者其他组织对行政机关实施行政处罚的行为,有权申诉或者检举;行政机关应当认真审查,发现有错误的,应当主动改正。

第七章 法律责任

第七十六条 【上级行政机关的监督】行政机关实施行政处罚,有下列情形之一,由上级行政机关或者有关机关责令改正,对直接负责的主管人员和其他直接责任人员依法给予处分:

(一)没有法定的行政处罚依据的;

(二)擅自改变行政处罚种类、幅度的;

(三)违反法定的行政处罚程序的;

(四)违反本法第二十条关于委托处罚的规定的;

(五)执法人员未取得执法证件的。

行政机关对符合立案标准的案件不及时立案的,依照前款规定予以处理。

第七十七条 【当事人的拒绝处罚权及检举权】行政机关对当事人进行处罚不使用罚款、没收财物单据或者使用非法定部门制发的罚款、没收财物单据的,当事人有权拒绝,并有权予以检举,由上级行政机关或者有关机关对使用的非法单据予以收缴销毁,对直接负责的主管人员和其他直接责任人员依法给予处分。

第七十八条 【自行收缴罚款的处理】行政机关违反本法第六十七条的规定自行收缴罚款的,财政部门违反本法第七十四条的规定向行政机关返还罚款、没收的违法所得或者拍卖款项的,由上级行政机关或者有关机关责令改正,对直接负责的主管人员和其他直接责任人员依法给予处分。

第七十九条 【私分罚没财物的处理】行政机关截留、私分或者变相私分罚款、没收的违法所得或者财物的,由财政部门或者有关机关予以追缴,对直接负责的主管人员和其他直接责任人员依法给予处分;情节严重构成犯罪的,依法追究刑事责任。

执法人员利用职务上的便利,索取或者收受他人财物,将收缴罚款据为己有,构成犯罪的,依法追究刑事责任;情节轻微不构成犯罪的,依法给予处分。

第八十条 【行政机关的赔偿责任及对有关人员的

处理】行政机关使用或者损毁查封、扣押的财物,对当事人造成损失的,应当依法予以赔偿,对直接负责的主管人员和其他直接责任人员依法给予处分。

第八十一条 【违法实行检查或执行措施的赔偿责任】行政机关违法实施检查措施或者执行措施,给公民人身或者财产造成损害、给法人或者其他组织造成损失的,应当依法予以赔偿,对直接负责的主管人员和其他直接责任人员依法给予处分;情节严重构成犯罪的,依法追究刑事责任。

第八十二条 【以行代刑的责任】行政机关对应当依法移交司法机关追究刑事责任的案件不移交,以行政处罚代替刑事处罚,由上级行政机关或者有关机关责令改正,对直接负责的主管人员和其他直接责任人员依法给予处分;情节严重构成犯罪的,依法追究刑事责任。

第八十三条 【失职责任】行政机关对应当予以制止和处罚的违法行为不予制止、处罚,致使公民、法人或者其他组织的合法权益、公共利益和社会秩序遭受损害的,对直接负责的主管人员和其他直接责任人员依法给予处分;情节严重构成犯罪的,依法追究刑事责任。

第八章 附 则

第八十四条 【属地原则】外国人、无国籍人、外国组织在中华人民共和国领域内有违法行为,应当给予行政处罚的,适用本法,法律另有规定的除外。

第八十五条 【工作日】本法中"二日""三日""五日""七日"的规定是指工作日,不含法定节假日。

第八十六条 【施行日期】本法自2021年7月15日起施行。

中华人民共和国治安管理处罚法(节录)

- 2005年8月28日第十届全国人民代表大会常务委员会第十七次会议通过
- 根据2012年10月26日第十一届全国人民代表大会常务委员会第二十九次会议《关于修改〈中华人民共和国治安管理处罚法〉的决定》修正

第一章 总 则

第一条 【立法目的】为维护社会治安秩序,保障公共安全,保护公民、法人和其他组织的合法权益,规范和保障公安机关及其人民警察依法履行治安管理职责,制定本法。

第二条 【违反治安管理行为的性质和特征】扰乱公共秩序,妨害公共安全,侵犯人身权利、财产权利,妨害社会管理,具有社会危害性,依照《中华人民共和国刑法》的规定构成犯罪的,依法追究刑事责任;尚不够刑事处罚的,由公安机关依照本法给予治安管理处罚。

第三条 【处罚程序应适用的法律规范】治安管理处罚的程序,适用本法的规定;本法没有规定的,适用《中华人民共和国行政处罚法》的有关规定。

第四条 【适用范围】在中华人民共和国领域内发生的违反治安管理行为,除法律有特别规定的外,适用本法。

在中华人民共和国船舶和航空器内发生的违反治安管理行为,除法律有特别规定的外,适用本法。

第五条 【基本原则】治安管理处罚必须以事实为依据,与违反治安管理行为的性质、情节以及社会危害程度相当。

实施治安管理处罚,应当公开、公正,尊重和保障人权,保护公民的人格尊严。

办理治安案件应当坚持教育与处罚相结合的原则。

第六条 【社会治安综合治理】各级人民政府应当加强社会治安综合治理,采取有效措施,化解社会矛盾,增进社会和谐,维护社会稳定。

第七条 【主管和管辖】国务院公安部门负责全国的治安管理工作。县级以上地方各级人民政府公安机关负责本行政区域内的治安管理工作。

治安案件的管辖由国务院公安部门规定。

第八条 【民事责任】违反治安管理的行为对他人造成损害的,行为人或者其监护人应当依法承担民事责任。

第九条 【调解】对于因民间纠纷引起的打架斗殴或者损毁他人财物等违反治安管理行为,情节较轻的,公安机关可以调解处理。经公安机关调解,当事人达成协议的,不予处罚。经调解未达成协议或者达成协议后不履行的,公安机关应当依照本法的规定对违反治安管理行为人给予处罚,并告知当事人可以就民事争议依法向人民法院提起民事诉讼。

第二章 处罚的种类和适用

第十条 【处罚种类】治安管理处罚的种类分为:

(一)警告;

(二)罚款;

(三)行政拘留;

(四)吊销公安机关发放的许可证。

对违反治安管理的外国人,可以附加适用限期出境或者驱逐出境。

第十一条 【查获违禁品、工具和违法所得财物的处理】办理治安案件所查获的毒品、淫秽物品等违禁品、赌具、赌资，吸食、注射毒品的用具以及直接用于实施违反治安管理行为的本人所有的工具，应当收缴，按照规定处理。

违反治安管理所得的财物，追缴退还被侵害人；没有被侵害人的，登记造册，公开拍卖或者按照国家有关规定处理，所得款项上缴国库。

第十二条 【未成年人违法的处罚】已满十四周岁不满十八周岁的人违反治安管理的，从轻或者减轻处罚；不满十四周岁的人违反治安管理的，不予处罚，但是应当责令其监护人严加管教。

第十三条 【精神病人违法的处罚】精神病人在不能辨认或者不能控制自己行为的时候违反治安管理的，不予处罚，但是应当责令其监护人严加看管和治疗。间歇性的精神病人在精神正常的时候违反治安管理的，应当给予处罚。

第十四条 【盲人或聋哑人违法的处罚】盲人或者又聋又哑的人违反治安管理的，可以从轻、减轻或者不予处罚。

第十五条 【醉酒的人违法的处罚】醉酒的人违反治安管理的，应当给予处罚。

醉酒的人在醉酒状态中，对本人有危险或者对他人的人身、财产或者公共安全有威胁的，应当对其采取保护性措施约束至酒醒。

第十六条 【有两种以上违法行为的处罚】有两种以上违反治安管理行为的，分别决定，合并执行。行政拘留处罚合并执行的，最长不超过二十日。

第十七条 【共同违法行为的处罚】共同违反治安管理的，根据违反治安管理行为人在违反治安管理行为中所起的作用，分别处罚。

教唆、胁迫、诱骗他人违反治安管理的，按照其教唆、胁迫、诱骗的行为处罚。

第十八条 【单位违法行为的处罚】单位违反治安管理的，对其直接负责的主管人员和其他直接责任人员依照本法的规定处罚。其他法律、行政法规对同一行为规定给予单位处罚的，依照其规定处罚。

第十九条 【减轻处罚或不予处罚的情形】违反治安管理有下列情形之一的，减轻处罚或者不予处罚：

（一）情节特别轻微的；

（二）主动消除或者减轻违法后果，并取得被侵害人谅解的；

（三）出于他人胁迫或者诱骗的；

（四）主动投案，向公安机关如实陈述自己的违法行为的；

（五）有立功表现的。

第二十条 【从重处罚的情形】违反治安管理有下列情形之一的，从重处罚：

（一）有较严重后果的；

（二）教唆、胁迫、诱骗他人违反治安管理的；

（三）对报案人、控告人、举报人、证人打击报复的；

（四）六个月内曾受过治安管理处罚的。

第二十一条 【应给予行政拘留处罚而不予执行的情形】违反治安管理行为人有下列情形之一，依照本法应当给予行政拘留处罚的，不执行行政拘留处罚：

（一）已满十四周岁不满十六周岁的；

（二）已满十六周岁不满十八周岁，初次违反治安管理的；

（三）七十周岁以上的；

（四）怀孕或者哺乳自己不满一周岁婴儿的。

第二十二条 【追究时效】违反治安管理行为在六个月内没有被公安机关发现的，不再处罚。

前款规定的期限，从违反治安管理行为发生之日起计算；违反治安管理行为有连续或者继续状态的，从行为终了之日起计算。

第三章 违反治安管理的行为和处罚

第一节 扰乱公共秩序的行为和处罚

第二十三条 【对扰乱单位、公共场所、公共交通和选举秩序行为的处罚】有下列行为之一的，处警告或者二百元以下罚款；情节较重的，处五日以上十日以下拘留，可以并处五百元以下罚款：

（一）扰乱机关、团体、企业、事业单位秩序，致使工作、生产、营业、医疗、教学、科研不能正常进行，尚未造成严重损失的；

（二）扰乱车站、港口、码头、机场、商场、公园、展览馆或者其他公共场所秩序的；

（三）扰乱公共汽车、电车、火车、船舶、航空器或者其他公共交通工具上的秩序的；

（四）非法拦截或者强登、扒乘机动车、船舶、航空器以及其他交通工具，影响交通工具正常行驶的；

（五）破坏依法进行的选举秩序的。

聚众实施前款行为的，对首要分子处十日以上十五日以下拘留，可以并处一千元以下罚款。

……

第三十七条 【对妨害公共道路安全行为的处罚】有下列行为之一的,处五日以下拘留或者五百元以下罚款;情节严重的,处五日以上十日以下拘留,可以并处五百元以下罚款:

(一)未经批准,安装、使用电网的,或者安装、使用电网不符合安全规定的;

(二)在车辆、行人通行的地方施工,对沟井坎穴不设覆盖物、防围和警示标志的,或者故意损毁、移动覆盖物、防围和警示标志的;

(三)盗窃、损毁路面井盖、照明等公共设施的。

……

第五十条 【对拒不执行紧急状态决定、命令和阻碍执行公务的处罚】有下列行为之一的,处警告或者二百元以下罚款;情节严重的,处五日以上十日以下拘留,可以并处五百元以下罚款:

(一)拒不执行人民政府在紧急状态情况下依法发布的决定、命令的;

(二)阻碍国家机关工作人员依法执行职务的;

(三)阻碍执行紧急任务的消防车、救护车、工程抢险车、警车等车辆通行的;

(四)强行冲闯公安机关设置的警戒带、警戒区的。

阻碍人民警察依法执行职务的,从重处罚。

第五十一条 【对招摇撞骗行为的处罚】冒充国家机关工作人员或者以其他虚假身份招摇撞骗的,处五日以上十日以下拘留,可以并处五百元以下罚款;情节较轻的,处五日以下拘留或者五百元以下罚款。

冒充军警人员招摇撞骗的,从重处罚。

第五十二条 【对伪造、变造、买卖公文、证件、票证行为的处罚】有下列行为之一的,处十日以上十五日以下拘留,可以并处一千元以下罚款;情节较轻的,处五日以上十日以下拘留,可以并处五百元以下罚款:

(一)伪造、变造或者买卖国家机关、人民团体、企业、事业单位或者其他组织的公文、证件、证明文件、印章的;

(二)买卖或者使用伪造、变造的国家机关、人民团体、企业、事业单位或者其他组织的公文、证件、证明文件的;

(三)伪造、变造、倒卖车票、船票、航空客票、文艺演出票、体育比赛入场券或者其他有价票证、凭证的;

(四)伪造、变造船舶户牌,买卖或者使用伪造、变造的船舶户牌,或者涂改船舶发动机号码的。

第五十三条 【对船舶擅自进入禁、限入水域或岛屿行为的处罚】船舶擅自进入、停靠国家禁止、限制进入的水域或者岛屿的,对船舶负责人及有关责任人员处五百元以上一千元以下罚款;情节严重的,处五日以下拘留,并处五百元以上一千元以下罚款。

……

第六十四条 【对非法驾驶交通工具行为的处罚】有下列行为之一的,处五百元以上一千元以下罚款;情节严重的,处十日以上十五日以下拘留,并处五百元以上一千元以下罚款:

(一)偷开他人机动车的;

(二)未取得驾驶证驾驶或者偷开他人航空器、机动船舶的。

……

第四章 处罚程序
第一节 调 查

第七十七条 【受理治安案件须登记】公安机关对报案、控告、举报或者违反治安管理行为人主动投案,以及其他行政主管部门、司法机关移送的违反治安管理案件,应当及时受理,并进行登记。

第七十八条 【受理治安案件后的处理】公安机关受理报案、控告、举报、投案后,认为属于违反治安管理行为的,应当立即进行调查;认为不属于违反治安管理行为的,应当告知报案人、控告人、举报人、投案人,并说明理由。

第七十九条 【严禁非法取证】公安机关及其人民警察对治安案件的调查,应当依法进行。严禁刑讯逼供或者采用威胁、引诱、欺骗等非法手段收集证据。

以非法手段收集的证据不得作为处罚的根据。

第八十条 【公安机关的保密义务】公安机关及其人民警察在办理治安案件时,对涉及的国家秘密、商业秘密或者个人隐私,应当予以保密。

第八十一条 【关于回避的规定】人民警察在办理治安案件过程中,遇有下列情形之一的,应当回避;违反治安管理行为人、被侵害人或者其法定代理人也有权要求他们回避:

(一)是本案当事人或者当事人的近亲属的;

(二)本人或者其近亲属与本案有利害关系的;

(三)与本案当事人有其他关系,可能影响案件公正处理的。

人民警察的回避,由其所属的公安机关决定;公安机关负责人的回避，由上一级公安机关决定。

第八十二条 【关于传唤的规定】需要传唤违反治安管理行为人接受调查的，经公安机关办案部门负责人批准，使用传唤证传唤。对现场发现的违反治安管理行为人，人民警察经出示工作证件，可以口头传唤，但应当在询问笔录中注明。

公安机关应当将传唤的原因和依据告知被传唤人。对无正当理由不接受传唤或者逃避传唤的人，可以强制传唤。

第八十三条 【传唤后的询问期限与通知义务】对违反治安管理行为人，公安机关传唤后应当及时询问查证，询问查证的时间不得超过八小时；情况复杂，依照本法规定可能适用行政拘留处罚的，询问查证的时间不得超过二十四小时。

公安机关应当及时将传唤的原因和处所通知被传唤人家属。

第八十四条 【询问笔录、书面材料与询问不满十六周岁人的规定】询问笔录应当交被询问人核对；对没有阅读能力的，应当向其宣读。记载有遗漏或者差错的，被询问人可以提出补充或者更正。被询问人确认笔录无误后，应当签名或者盖章，询问的人民警察也应当在笔录上签名。

被询问人要求就被询问事项自行提供书面材料的，应当准许；必要时，人民警察也可以要求被询问人自行书写。

询问不满十六周岁的违反治安管理行为人，应当通知其父母或者其他监护人到场。

第八十五条 【询问被侵害人和其他证人的规定】人民警察询问被侵害人或者其他证人，可以到其所在单位或者住处进行；必要时，也可以通知其到公安机关提供证言。

人民警察在公安机关以外询问被侵害人或者其他证人，应当出示工作证件。

询问被侵害人或者其他证人，同时适用本法第八十四条的规定。

第八十六条 【询问中的语言帮助】询问聋哑的违反治安管理行为人、被侵害人或者其他证人，应当有通晓手语的人提供帮助，并在笔录上注明。

询问不通晓当地通用的语言文字的违反治安管理行为人、被侵害人或者其他证人，应当配备翻译人员，并在笔录上注明。

第八十七条 【检查时应遵守的程序】公安机关对与违反治安管理行为有关的场所、物品、人身可以进行检查。检查时，人民警察不得少于二人，并应当出示工作证件和县级以上人民政府公安机关开具的检查证明文件。对确有必要立即进行检查的，人民警察经出示工作证件，可以当场检查，但检查公民住所应当出示县级以上人民政府公安机关开具的检查证明文件。

检查妇女的身体，应当由女性工作人员进行。

第八十八条 【检查笔录的制作】检查的情况应当制作检查笔录，由检查人、被检查人和见证人签名或者盖章；被检查人拒绝签名的，人民警察应当在笔录上注明。

第八十九条 【关于扣押物品的规定】公安机关办理治安案件，对与案件有关的需要作为证据的物品，可以扣押；对被侵害人或者善意第三人合法占有的财产，不得扣押，应当予以登记。对与案件无关的物品，不得扣押。

对扣押的物品，应当会同在场见证人和被扣押物品持有人查点清楚，当场开列清单一式二份，由调查人员、见证人和持有人签名或者盖章，一份交给持有人，另一份附卷备查。

对扣押的物品，应当妥善保管，不得挪作他用；对不宜长期保存的物品，按照有关规定处理。经查明与案件无关的，应当及时退还；经核实属于他人合法财产的，应当登记后立即退还；满六个月无人对该财产主张权利或者无法查清权利人的，应当公开拍卖或者按照国家有关规定处理，所得款项上缴国库。

第九十条 【关于鉴定的规定】为了查明案情，需要解决案件中有争议的专门性问题的，应当指派或者聘请具有专门知识的人员进行鉴定；鉴定人鉴定后，应当写出鉴定意见，并且签名。

第二节 决 定

第九十一条 【处罚的决定机关】治安管理处罚由县级以上人民政府公安机关决定；其中警告、五百元以下的罚款可以由公安派出所决定。

第九十二条 【行政拘留的折抵】对决定给予行政拘留处罚的人，在处罚前已经采取强制措施限制人身自由的时间，应当折抵。限制人身自由一日，折抵行政拘留一日。

第九十三条 【违反治安管理行为人的陈述与其他证据的关系】公安机关查处治安案件，对没有本人陈述，但其他证据能够证明案件事实的，可以作出治安管理处罚决定。但是，只有本人陈述，没有其他证据证明的，不能作出治安管理处罚决定。

第九十四条 【陈述与申辩权】公安机关作出治安

管理处罚决定前,应当告知违反治安管理行为人作出治安管理处罚的事实、理由及依据,并告知违反治安管理行为人依法享有的权利。

违反治安管理行为人有权陈述和申辩。公安机关必须充分听取违反治安管理行为人的意见,对违反治安管理行为人提出的事实、理由和证据,应当进行复核;违反治安管理行为人提出的事实、理由或者证据成立的,公安机关应当采纳。

公安机关不得因违反治安管理行为人的陈述、申辩而加重处罚。

第九十五条 【治安案件的处理】治安案件调查结束后,公安机关应当根据不同情况,分别作出以下处理:

(一)确有依法应当给予治安管理处罚的违法行为的,根据情节轻重及具体情况,作出处罚决定;

(二)依法不予处罚的,或者违法事实不能成立的,作出不予处罚决定;

(三)违法行为已涉嫌犯罪的,移送主管机关依法追究刑事责任;

(四)发现违反治安管理行为人有其他违法行为的,在对违反治安管理行为作出处罚决定的同时,通知有关行政主管部门处理。

第九十六条 【治安管理处罚决定书的内容】公安机关作出治安管理处罚决定的,应当制作治安管理处罚决定书。决定书应当载明下列内容:

(一)被处罚人的姓名、性别、年龄、身份证件的名称和号码、住址;

(二)违法事实和证据;

(三)处罚的种类和依据;

(四)处罚的执行方式和期限;

(五)对处罚决定不服,申请行政复议、提起行政诉讼的途径和期限;

(六)作出处罚决定的公安机关的名称和作出决定的日期。

决定书应当由作出处罚决定的公安机关加盖印章。

第九十七条 【宣告、送达、抄送】公安机关应当向被处罚人宣告治安管理处罚决定书,并当场交付被处罚人;无法当场向被处罚人宣告的,应当在二日内送达被处罚人。决定给予行政拘留处罚的,应当及时通知被处罚人的家属。

有被侵害人的,公安机关应当将决定书副本抄送被侵害人。

第九十八条 【听证】公安机关作出吊销许可证以及处二千元以上罚款的治安管理处罚决定前,应当告知违反治安管理行为人有权要求举行听证;违反治安管理行为人要求听证的,公安机关应当及时依法举行听证。

第九十九条 【期限】公安机关办理治安案件的期限,自受理之日起不得超过三十日;案情重大、复杂的,经上一级公安机关批准,可以延长三十日。

为了查明案情进行鉴定的期间,不计入办理治安案件的期限。

第一百条 【当场处罚】违反治安管理行为事实清楚,证据确凿,处警告或者二百元以下罚款的,可以当场作出治安管理处罚决定。

第一百零一条 【当场处罚决定程序】当场作出治安管理处罚决定的,人民警察应当向违反治安管理行为人出示工作证件,并填写处罚决定书。处罚决定书应当当场交付被处罚人;有被侵害人的,并将决定书副本抄送被侵害人。

前款规定的处罚决定书,应当载明被处罚人的姓名、违法行为、处罚依据、罚款数额、时间、地点以及公安机关名称,并由经办的人民警察签名或者盖章。

当场作出治安管理处罚决定的,经办的人民警察应当在二十四小时内报所属公安机关备案。

第一百零二条 【不服处罚提起的复议或诉讼】被处罚人对治安管理处罚决定不服的,可以依法申请行政复议或者提起行政诉讼。

第三节 执 行

第一百零三条 【行政拘留处罚的执行】对被决定给予行政拘留处罚的人,由作出决定的公安机关送达拘留所执行。

第一百零四条 【当场收缴罚款范围】受到罚款处罚的人应当自收到处罚决定书之日起十五日内,到指定的银行缴纳罚款。但是,有下列情形之一的,人民警察可以当场收缴罚款:

(一)被处五十元以下罚款,被处罚人对罚款无异议的;

(二)在边远、水上、交通不便地区,公安机关及其人民警察依照本法的规定作出罚款决定后,被处罚人向指定的银行缴纳罚款确有困难,经被处罚人提出的;

(三)被处罚人在当地没有固定住所,不当场收缴事后难以执行的。

第一百零五条 【罚款交纳期限】人民警察当场收缴的罚款,应当自收缴罚款之日起二日内,交至所属公安机关;在水上、旅客列车上当场收缴的罚款,应当自抵岸或者到站之日起二日内,交至所属的公安机关;公安机关应当自收到罚款之日起二日内将罚款缴付指定的银行。

第一百零六条 【罚款收据】人民警察当场收缴罚款的,应当向被处罚人出具省、自治区、直辖市人民政府财政部门统一制发的罚款收据;不出具统一制发的罚款收据的,被处罚人有权拒绝缴纳罚款。

第一百零七条 【暂缓执行行政拘留】被处罚人不服行政拘留处罚决定,申请行政复议、提起行政诉讼的,可以向公安机关提出暂缓执行行政拘留的申请。公安机关认为暂缓执行行政拘留不致发生社会危险的,由被处罚人或者其近亲属提出符合本法第一百零八条规定条件的担保人,或者按每日行政拘留二百元的标准交纳保证金,行政拘留的处罚决定暂缓执行。

第一百零八条 【担保人的条件】担保人应当符合下列条件:
（一）与本案无牵连;
（二）享有政治权利,人身自由未受到限制;
（三）在当地有常住户口和固定住所;
（四）有能力履行担保义务。

第一百零九条 【担保人的义务】担保人应当保证被担保人不逃避行政拘留处罚的执行。
担保人不履行担保义务,致使被担保人逃避行政拘留处罚的执行的,由公安机关对其处三千元以下罚款。

第一百一十条 【没收保证金】被决定给予行政拘留处罚的人交纳保证金,暂缓行政拘留后,逃避行政拘留处罚的执行的,保证金予以没收并上缴国库,已经作出的行政拘留决定仍应执行。

第一百一十一条 【退还保证金】行政拘留的处罚决定被撤销,或者行政拘留处罚开始执行的,公安机关收取的保证金应当及时退还交纳人。

第五章 执法监督

第一百一十二条 【执法原则】公安机关及其人民警察应当依法、公正、严格、高效办理治安案件,文明执法,不得徇私舞弊。

第一百一十三条 【禁止行为】公安机关及其人民警察办理治安案件,禁止对违反治安管理行为人打骂、虐待或者侮辱。

第一百一十四条 【社会监督】公安机关及其人民警察办理治安案件,应当自觉接受社会和公民的监督。
公安机关及其人民警察办理治安案件,不严格执法或者有违法违纪行为的,任何单位和个人都有权向公安机关或者人民检察院、行政监察机关检举、控告;收到检举、控告的机关,应当依据职责及时处理。

第一百一十五条 【罚缴分离原则】公安机关依法实施罚款处罚,应当依照有关法律、行政法规的规定,实行罚款决定与罚款收缴分离;收缴的罚款应当全部上缴国库。

第一百一十六条 【公安机关及其警的行政责任和刑事责任】人民警察办理治安案件,有下列行为之一的,依法给予行政处分;构成犯罪的,依法追究刑事责任:
（一）刑讯逼供、体罚、虐待、侮辱他人的;
（二）超过询问查证的时间限制人身自由的;
（三）不执行罚款决定与罚款收缴分离制度或者不按规定将罚没的财物上缴国库或者依法处理的;
（四）私分、侵占、挪用、故意损毁收缴、扣押的财物的;
（五）违反规定使用或者不及时返还被侵害人财物的;
（六）违反规定不及时退还保证金的;
（七）利用职务上的便利收受他人财物或者谋取其他利益的;
（八）当场收缴罚款不出具罚款收据或者不如实填写罚款数额的;
（九）接到要求制止违反治安管理行为的报警后,不及时出警的;
（十）在查处违反治安管理活动时,为违法犯罪行为人通风报信的;
（十一）有徇私舞弊、滥用职权,不依法履行法定职责的其他情形的。
办理治安案件的公安机关有前款所列行为的,对直接负责的主管人员和其他直接责任人员给予相应的行政处分。

第一百一十七条 【赔偿责任】公安机关及其人民警察违法行使职权,侵犯公民、法人和其他组织合法权益的,应当赔礼道歉;造成损害的,应当依法承担赔偿责任。

第六章 附 则

第一百一十八条 【"以上、以下、以内"的含义】本法所称以上、以下、以内,包括本数。

第一百一十九条 【生效日期】本法自2006年3月1日起施行。1986年9月5日公布、1994年5月12日修订公布的《中华人民共和国治安管理处罚条例》同时废止。

3. 行政强制

中华人民共和国行政强制法

- 2011年6月30日第十一届全国人民代表大会常务委员会第二十一次会议通过
- 2011年6月30日中华人民共和国主席令第49号公布
- 自2012年1月1日起施行

第一章 总 则

第一条 【立法目的】为了规范行政强制的设定和实施,保障和监督行政机关依法履行职责,维护公共利益和社会秩序,保护公民、法人和其他组织的合法权益,根据宪法,制定本法。

第二条 【行政强制的定义】本法所称行政强制,包括行政强制措施和行政强制执行。

行政强制措施,是指行政机关在行政管理过程中,为制止违法行为、防止证据损毁、避免危害发生、控制危险扩大等情形,依法对公民的人身自由实施暂时性限制,或者对公民、法人或者其他组织的财物实施暂时性控制的行为。

行政强制执行,是指行政机关或者行政机关申请人民法院,对不履行行政决定的公民、法人或者其他组织,依法强制履行义务的行为。

第三条 【适用范围】行政强制的设定和实施,适用本法。

发生或者即将发生自然灾害、事故灾难、公共卫生事件或者社会安全事件等突发事件,行政机关采取应急措施或者临时措施,依照有关法律、行政法规的规定执行。

行政机关采取金融业审慎监管措施、进出境货物强制性技术监控措施,依照有关法律、行政法规的规定执行。

第四条 【合法性原则】行政强制的设定和实施,应当依照法定的权限、范围、条件和程序。

第五条 【适当原则】行政强制的设定和实施,应当适当。采用非强制手段可以达到行政管理目的的,不得设定和实施行政强制。

第六条 【教育与强制相结合原则】实施行政强制,应当坚持教育与强制相结合。

第七条 【不得利用行政强制谋利】行政机关及其工作人员不得利用行政强制权为单位或者个人谋取利益。

第八条 【相对人的权利与救济】公民、法人或者其他组织对行政机关实施行政强制,享有陈述权、申辩权;有权依法申请行政复议或者提起行政诉讼;因行政机关违法实施行政强制受到损害的,有权依法要求赔偿。

公民、法人或者其他组织因人民法院在强制执行中有违法行为或者扩大强制执行范围受到损害的,有权依法要求赔偿。

第二章 行政强制的种类和设定

第九条 【行政强制措施种类】行政强制措施的种类:

(一)限制公民人身自由;
(二)查封场所、设施或者财物;
(三)扣押财物;
(四)冻结存款、汇款;
(五)其他行政强制措施。

第十条 【行政强制措施设定权】行政强制措施由法律设定。

尚未制定法律,且属于国务院行政管理职权事项的,行政法规可以设定除本法第九条第一项、第四项和应当由法律规定的行政强制措施以外的其他行政强制措施。

尚未制定法律、行政法规,且属于地方性事务的,地方性法规可以设定本法第九条第二项、第三项的行政强制措施。

法律、法规以外的其他规范性文件不得设定行政强制措施。

第十一条 【行政强制措施设定的统一性】法律对行政强制措施的对象、条件、种类作了规定的,行政法规、地方性法规不得作出扩大规定。

法律中未设定行政强制措施的,行政法规、地方性法规不得设定行政强制措施。但是,法律规定特定事项由行政法规规定具体管理措施的,行政法规可以设定除本法第九条第一项、第四项和应当由法律规定的行政强制措施以外的其他行政强制措施。

第十二条 【行政强制执行方式】行政强制执行的方式:

(一)加处罚款或者滞纳金;
(二)划拨存款、汇款;
(三)拍卖或者依法处理查封、扣押的场所、设施或者财物;
(四)排除妨碍、恢复原状;
(五)代履行;
(六)其他强制执行方式。

第十三条 【行政强制执行设定权】行政强制执行由法律设定。

法律没有规定行政机关强制执行的,作出行政决定的行政机关应当申请人民法院强制执行。

第十四条 【听取社会意见、说明必要性及影响】起草法律草案、法规草案,拟设定行政强制的,起草单位应当采取听证会、论证会等形式听取意见,并向制定机关说明设定该行政强制的必要性、可能产生的影响以及听取和采纳意见的情况。

第十五条 【已设定的行政强制的评价制度】行政强制的设定机关应当定期对其设定的行政强制进行评价,并对不适当的行政强制及时予以修改或者废止。

行政强制的实施机关可以对已设定的行政强制的实施情况及存在的必要性适时进行评价,并将意见报告该行政强制的设定机关。

公民、法人或者其他组织可以向行政强制的设定机关和实施机关就行政强制的设定和实施提出意见和建议。有关机关应当认真研究论证,并以适当方式予以反馈。

第三章 行政强制措施实施程序
第一节 一般规定

第十六条 【实施行政强制措施的条件】行政机关履行行政管理职责,依照法律、法规的规定,实施行政强制措施。

违法行为情节显著轻微或者没有明显社会危害的,可以不采取行政强制措施。

第十七条 【行政强制措施的实施主体】行政强制措施由法律、法规规定的行政机关在法定职权范围内实施。行政强制措施权不得委托。

依据《中华人民共和国行政处罚法》的规定行使相对集中行政处罚权的行政机关,可以实施法律、法规规定的与行政处罚权有关的行政强制措施。

行政强制措施应当由行政机关具备资格的行政执法人员实施,其他人员不得实施。

第十八条 【一般程序】行政机关实施行政强制措施应当遵守下列规定:

(一)实施前须向行政机关负责人报告并经批准;

(二)由两名以上行政执法人员实施;

(三)出示执法身份证件;

(四)通知当事人到场;

(五)当场告知当事人采取行政强制措施的理由、依据以及当事人依法享有的权利、救济途径;

(六)听取当事人的陈述和申辩;

(七)制作现场笔录;

(八)现场笔录由当事人和行政执法人员签名或者盖章,当事人拒绝的,在笔录中予以注明;

(九)当事人不到场的,邀请见证人到场,由见证人和行政执法人员在现场笔录上签名或者盖章;

(十)法律、法规规定的其他程序。

第十九条 【情况紧急时的程序】情况紧急,需要当场实施行政强制措施的,行政执法人员应当在二十四小时内向行政机关负责人报告,并补办批准手续。行政机关负责人认为不应当采取行政强制措施的,应当立即解除。

第二十条 【限制人身自由行政强制措施的程序】依照法律规定实施限制公民人身自由的行政强制措施,除应当履行本法第十八条规定的程序外,还应当遵守下列规定:

(一)当场告知或者实施行政强制措施后立即通知当事人家属实施行政强制措施的行政机关、地点和期限;

(二)在紧急情况下当场实施行政强制措施的,在返回行政机关后,立即向行政机关负责人报告并补办批准手续;

(三)法律规定的其他程序。

实施限制人身自由的行政强制措施不得超过法定期限。实施行政强制措施的目的已经达到或者条件已经消失,应当立即解除。

第二十一条 【涉嫌犯罪案件的移送】违法行为涉嫌犯罪应当移送司法机关的,行政机关应当将查封、扣押、冻结的财物一并移送,并书面告知当事人。

第二节 查封、扣押

第二十二条 【查封、扣押实施主体】查封、扣押应当由法律、法规规定的行政机关实施,其他任何行政机关或者组织不得实施。

第二十三条 【查封、扣押对象】查封、扣押限于涉案的场所、设施或者财物,不得查封、扣押与违法行为无关的场所、设施或者财物;不得查封、扣押公民个人及其所扶养家属的生活必需品。

当事人的场所、设施或者财物已被其他国家机关依法查封的,不得重复查封。

第二十四条 【查封、扣押实施程序】行政机关决定实施查封、扣押的,应当履行本法第十八条规定的程序,制作并当场交付查封、扣押决定书和清单。

查封、扣押决定书应当载明下列事项:

(一)当事人的姓名或者名称、地址;

（二）查封、扣押的理由、依据和期限；

（三）查封、扣押场所、设施或者财物的名称、数量等；

（四）申请行政复议或者提起行政诉讼的途径和期限；

（五）行政机关的名称、印章和日期。

查封、扣押清单一式二份，由当事人和行政机关分别保存。

第二十五条 【查封、扣押期限】查封、扣押的期限不得超过三十日；情况复杂的，经行政机关负责人批准，可以延长，但是延长期限不得超过三十日。法律、行政法规另有规定的除外。

延长查封、扣押的决定应当及时书面告知当事人，并说明理由。

对物品需要进行检测、检验、检疫或者技术鉴定的，查封、扣押的期间不包括检测、检验、检疫或者技术鉴定的期间。检测、检验、检疫或者技术鉴定的期间应当明确，并书面告知当事人。检测、检验、检疫或者技术鉴定的费用由行政机关承担。

第二十六条 【对查封、扣押财产的保管】对查封、扣押的场所、设施或者财物，行政机关应当妥善保管，不得使用或者损毁；造成损失的，应当承担赔偿责任。

对查封的场所、设施或者财物，行政机关可以委托第三人保管，第三人不得损毁或者擅自转移、处置。因第三人的原因造成的损失，行政机关先行赔付后，有权向第三人追偿。

因查封、扣押发生的保管费用由行政机关承担。

第二十七条 【查封、扣押后的处理】行政机关采取查封、扣押措施后，应当及时查清事实，在本法第二十五条规定的期限内作出处理决定。对违法事实清楚，依法应当没收的非法财物予以没收；法律、行政法规规定应当销毁的，依法销毁；应当解除查封、扣押的，作出解除查封、扣押的决定。

第二十八条 【解除查封、扣押的情形】有下列情形之一的，行政机关应当及时作出解除查封、扣押决定：

（一）当事人没有违法行为；

（二）查封、扣押的场所、设施或者财物与违法行为无关；

（三）行政机关对违法行为已经作出处理决定，不再需要查封、扣押；

（四）查封、扣押期限已经届满；

（五）其他不再需要采取查封、扣押措施的情形。

解除查封、扣押应当立即退还财物；已将鲜活物品或者其他不易保管的财物拍卖或者变卖的，退还拍卖或者变卖所得款项。变卖价格明显低于市场价格，给当事人造成损失的，应当给予补偿。

第三节 冻　结

第二十九条 【冻结的实施主体、数额限制、不得重复冻结】冻结存款、汇款应当由法律规定的行政机关实施，不得委托给其他行政机关或者组织；其他任何行政机关或者组织不得冻结存款、汇款。

冻结存款、汇款的数额应当与违法行为涉及的金额相当；已被其他国家机关依法冻结的，不得重复冻结。

第三十条 【冻结的程序、金融机构的配合义务】行政机关依照法律规定决定实施冻结存款、汇款的，应当履行本法第十八条第一项、第二项、第三项、第七项规定的程序，并向金融机构交付冻结通知书。

金融机构接到行政机关依法作出的冻结通知书后，应当立即予以冻结，不得拖延，不得在冻结前向当事人泄露信息。

法律规定以外的行政机关或者组织要求冻结当事人存款、汇款的，金融机构应当拒绝。

第三十一条 【冻结决定书交付期限及内容】依照法律规定冻结存款、汇款的，作出决定的行政机关应当在三日内向当事人交付冻结决定书。冻结决定书应当载明下列事项：

（一）当事人的姓名或者名称、地址；

（二）冻结的理由、依据和期限；

（三）冻结的账号和数额；

（四）申请行政复议或者提起行政诉讼的途径和期限；

（五）行政机关的名称、印章和日期。

第三十二条 【冻结期限及其延长】自冻结存款、汇款之日起三十日内，行政机关应当作出处理决定或者作出解除冻结决定；情况复杂的，经行政机关负责人批准，可以延长，但是延长期限不得超过三十日。法律另有规定的除外。

延长冻结的决定应当及时书面告知当事人，并说明理由。

第三十三条 【解除冻结的情形】有下列情形之一的，行政机关应当及时作出解除冻结决定：

（一）当事人没有违法行为；

（二）冻结的存款、汇款与违法行为无关；

（三）行政机关对违法行为已经作出处理决定，不再需要冻结的；

（四）冻结期限已经届满；

（五）其他不再需要采取冻结措施的情形。

行政机关作出解除冻结决定的，应当及时通知金融机构和当事人。金融机构接到通知后，应当立即解除冻结。

行政机关逾期未作出处理决定或者解除冻结决定的，金融机构应当自冻结期满之日起解除冻结。

第四章　行政机关强制执行程序

第一节　一般规定

第三十四条　【行政机关强制执行】行政机关依法作出行政决定后，当事人在行政机关决定的期限内不履行义务的，具有行政强制执行权的行政机关依照本章规定强制执行。

第三十五条　【催告】行政机关作出强制执行决定前，应当事先催告当事人履行义务。催告应当以书面形式作出，并载明下列事项：

（一）履行义务的期限；

（二）履行义务的方式；

（三）涉及金钱给付的，应当有明确的金额和给付方式；

（四）当事人依法享有的陈述权和申辩权。

第三十六条　【陈述、申辩权】当事人收到催告书后有权进行陈述和申辩。行政机关应当充分听取当事人的意见，对当事人提出的事实、理由和证据，应当进行记录、复核。当事人提出的事实、理由或者证据成立的，行政机关应当采纳。

第三十七条　【强制执行决定】经催告，当事人逾期仍不履行行政决定，且无正当理由的，行政机关可以作出强制执行决定。

强制执行决定应当以书面形式作出，并载明下列事项：

（一）当事人的姓名或者名称、地址；

（二）强制执行的理由和依据；

（三）强制执行的方式和时间；

（四）申请行政复议或者提起行政诉讼的途径和期限；

（五）行政机关的名称、印章和日期。

在催告期间，对有证据证明有转移或者隐匿财物迹象的，行政机关可以作出立即强制执行决定。

第三十八条　【催告书、行政强制决定书送达】催告书、行政强制执行决定书应当直接送达当事人。当事人拒绝接收或者无法直接送达当事人的，应当依照《中华人民共和国民事诉讼法》的有关规定送达。

第三十九条　【中止执行】有下列情形之一的，中止执行：

（一）当事人履行行政决定确有困难或者暂无履行能力的；

（二）第三人对执行标的主张权利，确有理由的；

（三）执行可能造成难以弥补的损失，且中止执行不损害公共利益的；

（四）行政机关认为需要中止执行的其他情形。

中止执行的情形消失后，行政机关应当恢复执行。对没有明显社会危害，当事人确无能力履行，中止执行满三年未恢复执行的，行政机关不再执行。

第四十条　【终结执行】有下列情形之一的，终结执行：

（一）公民死亡，无遗产可供执行，又无义务承受人的；

（二）法人或者其他组织终止，无财产可供执行，又无义务承受人的；

（三）执行标的灭失的；

（四）据以执行的行政决定被撤销的；

（五）行政机关认为需要终结执行的其他情形。

第四十一条　【执行回转】在执行中或者执行完毕后，据以执行的行政决定被撤销、变更，或者执行错误的，应当恢复原状或者退还财物；不能恢复原状或者退还财物的，依法给予赔偿。

第四十二条　【执行和解】实施行政强制执行，行政机关可以在不损害公共利益和他人合法权益的情况下，与当事人达成执行协议。执行协议可以约定分阶段履行；当事人采取补救措施的，可以减免加处的罚款或者滞纳金。

执行协议应当履行。当事人不履行执行协议的，行政机关应当恢复强制执行。

第四十三条　【文明执法】行政机关不得在夜间或者法定节假日实施行政强制执行。但是，情况紧急的除外。

行政机关不得对居民生活采取停止供水、供电、供热、供燃气等方式迫使当事人履行相关行政决定。

第四十四条　【强制拆除】对违法的建筑物、构筑物、设施等需要强制拆除的，应当由行政机关予以公告，限期当事人自行拆除。当事人在法定期限内不申请行政复议或者提起行政诉讼，又不拆除的，行政机关可以依法强制拆除。

第二节 金钱给付义务的执行

第四十五条 【加处罚款或滞纳金】行政机关依法作出金钱给付义务的行政决定，当事人逾期不履行的，行政机关可以依法加处罚款或者滞纳金。加处罚款或者滞纳金的标准应当告知当事人。

加处罚款或者滞纳金的数额不得超出金钱给付义务的数额。

第四十六条 【金钱给付义务的直接强制执行】行政机关依照本法第四十五条规定实施加处罚款或者滞纳金超过三十日，经催告当事人仍不履行的，具有行政强制执行权的行政机关可以强制执行。

行政机关实施强制执行前，需要采取查封、扣押、冻结措施的，依照本法第三章规定办理。

没有行政强制执行权的行政机关应当申请人民法院强制执行。但是，当事人在法定期限内不申请行政复议或者提起行政诉讼，经催告仍不履行的，在实施行政管理过程中已经采取查封、扣押措施的行政机关，可以将查封、扣押的财物依法拍卖抵缴罚款。

第四十七条 【划拨存款、汇款】划拨存款、汇款应当由法律规定的行政机关决定，并书面通知金融机构。金融机构接到行政机关依法作出划拨存款、汇款的决定后，应当立即划拨。

法律规定以外的行政机关或者组织要求划拨当事人存款、汇款的，金融机构应当拒绝。

第四十八条 【委托拍卖】依法拍卖财物，由行政机关委托拍卖机构依照《中华人民共和国拍卖法》的规定办理。

第四十九条 【划拨的存款、汇款的管理】划拨的存款、汇款以及拍卖和依法处理所得的款项应当上缴国库或者划入财政专户。任何行政机关或者个人不得以任何形式截留、私分或者变相私分。

第三节 代履行

第五十条 【代履行】行政机关依法作出要求当事人履行排除妨碍、恢复原状等义务的行政决定，当事人逾期不履行，经催告仍不履行，其后果已经或者将危害交通安全、造成环境污染或者破坏自然资源的，行政机关可以代履行，或者委托没有利害关系的第三人代履行。

第五十一条 【实施程序、费用、手段】代履行应当遵守下列规定：

（一）代履行前送达决定书，代履行决定书应当载明当事人的姓名或者名称、地址、代履行的理由和依据、方式和时间、标的、费用预算以及代履行人；

（二）代履行三日前，催告当事人履行，当事人履行的，停止代履行；

（三）代履行时，作出决定的行政机关应当派员到场监督；

（四）代履行完毕，行政机关到场监督的工作人员、代履行人和当事人或者见证人应当在执行文书上签名或者盖章。

代履行的费用按照成本合理确定，由当事人承担。但是，法律另有规定的除外。

代履行不得采用暴力、胁迫以及其他非法方式。

第五十二条 【立即实施代履行】需要立即清除道路、河道、航道或者公共场所的遗洒物、障碍物或者污染物，当事人不能清除的，行政机关可以决定立即实施代履行；当事人不在场的，行政机关应当在事后立即通知当事人，并依法作出处理。

第五章 申请人民法院强制执行

第五十三条 【非诉行政执行】当事人在法定期限内不申请行政复议或者提起行政诉讼，又不履行行政决定的，没有行政强制执行权的行政机关可以自期限届满之日起三个月内，依照本章规定申请人民法院强制执行。

第五十四条 【催告与执行管辖】行政机关申请人民法院强制执行前，应当催告当事人履行义务。催告书送达十日后当事人仍未履行义务的，行政机关可以向所在地有管辖权的人民法院申请强制执行；执行对象是不动产的，向不动产所在地有管辖权的人民法院申请强制执行。

第五十五条 【申请执行的材料】行政机关向人民法院申请强制执行，应当提供下列材料：

（一）强制执行申请书；

（二）行政决定书及作出决定的事实、理由和依据；

（三）当事人的意见及行政机关催告情况；

（四）申请强制执行标的情况；

（五）法律、行政法规规定的其他材料。

强制执行申请书应当由行政机关负责人签名，加盖行政机关的印章，并注明日期。

第五十六条 【申请受理与救济】人民法院接到行政机关强制执行的申请，应当在五日内受理。

行政机关对人民法院不予受理的裁定有异议的，可以在十五日内向上一级人民法院申请复议，上一级人民法院应当自收到复议申请之日起十五日内作出是否受理的裁定。

第五十七条 【书面审查】人民法院对行政机关强制执行的申请进行书面审查,对符合本法第五十五条规定,且行政决定具备法定执行效力的,除本法第五十八条规定的情形外,人民法院应当自受理之日起七日内作出执行裁定。

第五十八条 【实质审查】人民法院发现有下列情形之一的,在作出裁定前可以听取被执行人和行政机关的意见:

(一)明显缺乏事实根据的;

(二)明显缺乏法律、法规依据的;

(三)其他明显违法并损害被执行人合法权益的。

人民法院应当自受理之日起三十日内作出是否执行的裁定。裁定不予执行的,应当说明理由,并在五日内将不予执行的裁定送达行政机关。

行政机关对人民法院不予执行的裁定有异议的,可以自收到裁定之日起十五日内向上一级人民法院申请复议,上一级人民法院应当自收到复议申请之日起三十日内作出是否执行的裁定。

第五十九条 【申请立即执行】因情况紧急,为保障公共安全,行政机关可以申请人民法院立即执行。经人民法院院长批准,人民法院应当自作出执行裁定之日起五日内执行。

第六十条 【执行费用】行政机关申请人民法院强制执行,不缴纳申请费。强制执行的费用由被执行人承担。

人民法院以划拨、拍卖方式强制执行的,可以在划拨、拍卖后将强制执行的费用扣除。

依法拍卖财物,由人民法院委托拍卖机构依照《中华人民共和国拍卖法》的规定办理。

划拨的存款、汇款以及拍卖和依法处理所得的款项应当上缴国库或者划入财政专户,不得以任何形式截留、私分或变相私分。

第六章 法律责任

第六十一条 【实施行政强制违法责任】行政机关实施行政强制,有下列情形之一的,由上级行政机关或者有关部门责令改正,对直接负责的主管人员和其他直接责任人员依法给予处分:

(一)没有法律、法规依据的;

(二)改变行政强制对象、条件、方式的;

(三)违反法定程序实施行政强制的;

(四)违反本法规定,在夜间或者法定节假日实施行政强制执行的;

(五)对居民生活采取停止供水、供电、供热、供燃气等方式迫使当事人履行相关行政决定的;

(六)有其他违法实施行政强制情形的。

第六十二条 【违法查封、扣押、冻结的责任】违反本法规定,行政机关有下列情形之一的,由上级行政机关或者有关部门责令改正,对直接负责的主管人员和其他直接责任人员依法给予处分:

(一)扩大查封、扣押、冻结范围的;

(二)使用或者损毁查封、扣押场所、设施或者财物的;

(三)在查封、扣押法定期间不作出处理决定或者未依法及时解除查封、扣押的;

(四)在冻结存款、汇款法定期间不作出处理决定或者未依法及时解除冻结的。

第六十三条 【截留、私分或变相私分查封、扣押的财物、划拨的存款、汇款和拍卖、依法处理所得款项的法律责任】行政机关将查封、扣押的财物或者划拨的存款、汇款以及拍卖和依法处理所得的款项,截留、私分或者变相私分的,由财政部门或者有关部门予以追缴;对直接负责的主管人员和其他直接责任人员依法给予记大过、降级、撤职或者开除的处分。

行政机关工作人员利用职务上的便利,将查封、扣押的场所、设施或者财物据为己有的,由上级行政机关或者有关部门责令改正,依法给予记大过、降级、撤职或者开除的处分。

第六十四条 【利用行政强制权谋利的法律责任】行政机关及其工作人员利用行政强制权为单位或者个人谋取利益的,由上级行政机关或者有关部门责令改正,对直接负责的主管人员和其他直接责任人员依法给予处分。

第六十五条 【金融机构违反冻结、划拨规定的法律责任】违反本法规定,金融机构有下列行为之一的,由金融业监督管理机构责令改正,对直接负责的主管人员和其他直接责任人员依法给予处分:

(一)在冻结前向当事人泄露信息的;

(二)对应当立即冻结、划拨的存款、汇款不冻结或者不划拨,致使存款、汇款转移的;

(三)将不应当冻结、划拨的存款、汇款予以冻结或者划拨的;

(四)未及时解除冻结存款、汇款的。

第六十六条 【执行款项未划入规定账户的法律责任】违反本法规定,金融机构将款项划入国库或者财政专户以外的其他账户的,由金融业监督管理机构责令改正,并处以违法划拨款项二倍的罚款;对直接负责的主管人员和其他直接责任人员依法给予处分。

违反本法规定,行政机关、人民法院指令金融机构将款项划入国库或者财政专户以外的其他账户的,对直接负责的主管人员和其他直接责任人员依法给予处分。

第六十七条 【人民法院及其工作人员强制执行违法的责任】人民法院及其工作人员在强制执行中有违法行为或者扩大强制执行范围的,对直接负责的主管人员和其他直接责任人员依法给予处分。

第六十八条 【赔偿和刑事责任】违反本法规定,给公民、法人或者其他组织造成损失的,依法给予赔偿。

违反本法规定,构成犯罪的,依法追究刑事责任。

第七章 附 则

第六十九条 【期限的界定】本法中十日以内期限的规定是指工作日,不含法定节假日。

第七十条 【法律、行政法规授权的组织实施行政强制受本法调整】法律、行政法规授权的具有管理公共事务职能的组织在法定授权范围内,以自己的名义实施行政强制,适用本法有关行政机关的规定。

第七十一条 【施行时间】本法自 2012 年 1 月 1 日起施行。

4. 交通违法处罚

交通运输行政执法程序规定

·2019 年 4 月 12 日交通运输部令 2019 年第 9 号发布
·根据 2021 年 6 月 30 日《交通运输部关于修改〈交通运输行政执法程序规定〉的决定》修订

第一章 总 则

第一条 为规范交通运输行政执法行为,促进严格规范公正文明执法,保护公民、法人和其他组织的合法权益,根据《中华人民共和国行政处罚法》《中华人民共和国行政强制法》等法律、行政法规,制定本规定。

第二条 交通运输行政执法部门(以下简称执法部门)及其执法人员实施交通运输行政执法行为,适用本规定。

前款所称交通运输行政执法,包括公路、水路执法部门及其执法人员依法实施的行政检查、行政强制、行政处罚等执法行为。

第三条 执法部门应当全面推行行政执法公示制度、执法全过程记录制度、重大执法决定法制审核制度,加强执法信息化建设,推进执法信息共享,提高执法效率和规范化水平。

第四条 实施交通运输行政执法应当遵循以下原则:

(一)事实认定清楚,证据确凿;
(二)适用法律、法规、规章正确;
(三)严格执行法定程序;
(四)正确行使自由裁量权;
(五)依法公平公正履行职责;
(六)依法维护当事人合法权益;
(七)处罚与教育相结合。

第五条 执法部门应当建立健全执法监督制度。上级交通运输执法部门应当定期组织开展行政执法评议、考核,加强对行政执法的监督检查,规范行政执法。

执法部门应当主动接受社会监督。公民、法人或者其他组织对执法部门实施行政执法的行为,有权申诉或者检举;执法部门应当认真审查,发现有错误的,应当主动改正。

第二章 一般规定

第一节 管 辖

第六条 行政处罚由违法行为发生地的执法部门管辖。行政检查由执法部门在法定职权范围内实施。法律、行政法规、部门规章另有规定的,从其规定。

第七条 对当事人的同一违法行为,两个以上执法部门都有管辖权的,由最先立案的执法部门管辖。

第八条 两个以上执法部门因管辖权发生争议的,应当协商解决,协商不成的,报请共同的上一级部门指定管辖;也可以直接由共同的上一级部门指定管辖。

第九条 执法部门发现所查处的案件不属于本部门管辖的,应当移送有管辖权的其他部门。执法部门发现违法行为涉嫌犯罪的,应当及时依照《行政执法机关移送涉嫌犯罪案件的规定》将案件移送司法机关。

第十条 下级执法部门认为其管辖的案件属重大、疑难案件,或者由于特殊原因难以办理的,可以报请上一级部门指定管辖。

第十一条 跨行政区域的案件,相关执法部门应当相互配合。相关行政区域执法部门共同的上一级部门应当做好协调工作。

第二节 回 避

第十二条 执法人员有下列情形之一的,应当自行申请回避，当事人及其代理人有权用口头或者书面方式申请其回避：

（一）是本案当事人或者当事人、代理人近亲属的；

（二）本人或者其近亲属与本案有利害关系的；

（三）与本案当事人或者代理人有其他利害关系，可能影响案件公正处理的。

第十三条 申请回避，应当说明理由。执法部门应当对回避申请及时作出决定并通知申请人。

执法人员的回避，由其所属的执法部门负责人决定。

第十四条 执法部门作出回避决定前，执法人员不得停止对案件的调查；作出回避决定后，应当回避的执法人员不得再参与该案件的调查、决定、实施等工作。

第十五条 检测、检验及技术鉴定人员、翻译人员需要回避的，适用本节规定。

检测、检验及技术鉴定人员、翻译人员的回避，由指派或者聘请上述人员的执法部门负责人决定。

第十六条 被决定回避的执法人员、鉴定人员和翻译人员，在回避决定作出前进行的与执法有关的活动是否有效，由作出回避决定的执法部门根据其活动是否对执法公正性造成影响的实际情况决定。

第三节　期间与送达

第十七条 期间以时、日、月、年计算，期间开始当日或当时不计算在内。期间届满的最后一日为节假日的，以节假日后的第一日为期间届满的日期。

第十八条 执法部门应当按照下列规定送达执法文书：

（一）直接送交受送达人，由受送达人记明收到日期，签名或者盖章，受送达人的签收日期为送达日期。受送达人是公民的，本人不在交其同住的成年家属签收；受送达人是法人或者其他组织的，应当由法人的法定代表人、该组织的主要负责人或者办公室、收发室、值班室等负责收件的人签收或者盖章；当事人指定代收人的，交代收人签收。受送达人的同住成年家属，法人或者其他组织的负责收件的人或者代收人在《送达回证》上签收的日期为送达日期；

（二）受送达人或者他的同住成年家属拒绝接收的，可以邀请受送达人住所地的居民委员会、村民委员会的工作人员或者受送达人所在单位的工作人员作见证人，说明情况，在《送达回证》上记明拒收事由和日期，由执法人员、见证人签名或者盖章，将执法文书留在受送达人的住所；也可以把执法文书留在受送达人的住所，并采取拍照、录像等方式记录送达过程，即视为送达；

（三）经受送达人同意，可以采用传真、电子邮件、移动通信等能够确认其即时收悉的特定系统作为送达媒介电子送达执法文书。受送达人同意采用电子方式送达的，应当在送达地址确认书中予以确认。采取电子送达方式送达的，以执法部门对应系统显示发送成功的日期为送达日期，但受送达人证明到达其确认的特定系统的日期与执法部门对应系统显示发送成功的日期不一致的，以受送达人证明到达其特定系统的日期为准；

（四）直接送达有困难的，可以邮寄送达或者委托其他执法部门代为送达。委托送达的，受委托的执法部门按照直接送达或者留置送达方式送达执法文书，并及时将《送达回证》交回委托的执法部门。邮寄送达的，以回执上注明的收件日期为送达日期。执法文书在期满前交邮的，不算过期；

（五）受送达人下落不明或者用上述方式无法送达的，采取公告方式送达，说明公告送达的原因，并在案卷中记明原因和经过。公告送达可以在执法部门的公告栏和受送达人住所地张贴公告，也可以在报纸、信息网络等媒体上刊登公告，发出公告日期以最后张贴或者刊登的日期为准，经过六十日，即视为送达。在受送达人住所地张贴公告的，应当采取拍照、录像等方式记录张贴过程。

第三章　行政检查

第十九条 执法部门在路面、水面、生产经营等场所实施现场检查，对行政相对人实施书面调查，通过技术系统、设备实施电子监控，应当符合法定职权，依照法律、法规、规章规定实施。

第二十条 执法部门应当建立随机抽取被检查对象、随机选派检查人员的抽查机制，健全随机抽查对象和执法检查人员名录库，合理确定抽查比例和抽查频次。随机抽查情况及查处结果除涉及国家秘密、商业秘密、个人隐私的，应当及时向社会公布。

海事执法部门根据履行国际公约要求的有关规定开展行政检查的，从其规定。

第二十一条 执法部门应当按照有关装备标准配备交通工具、通讯工具、交通管理器材、个人防护装备、办公设备等装备，加大科技装备的资金投入。

第二十二条 实施行政检查时，执法人员应当依据相关规定着制式服装，根据需要穿着多功能反光腰带、反光背心、救生衣，携带执法记录仪、对讲机、摄像机、照相机，配备发光指挥棒、反光锥筒、停车示意牌、警戒带等执法装备。

第二十三条 实施行政检查，执法人员不得少于两人,应当出示交通运输行政执法证件,表明执法身份,并说明检查事由。

第二十四条 实施行政检查,不得超越检查范围和权限,不得检查与执法活动无关的物品,避免对被检查的场所、设施和物品造成损坏。

第二十五条 实施路(水)面巡查时,应当保持执法车(船)清洁完好、标志清晰醒目、车(船)技术状况良好,遵守相关法律法规,安全驾驶。

第二十六条 实施路面巡查,应当遵守下列规定:
(一)根据道路条件和交通状况,选择不妨碍通行的地点进行,在来车方向设置分流或者避让标志,避免引发交通堵塞;
(二)依照有关规定,在距离检查现场安全距离范围摆放发光或者反光的示警灯、减速提示标牌、反光锥筒等警示标志;
(三)驾驶执法车辆巡查时,发现涉嫌违法车辆,待其行驶至视线良好、路面开阔地段时,发出停车检查信号,实施检查;
(四)对拒绝接受检查、恶意闯关冲卡逃逸、暴力抗法的涉嫌违法车辆,及时固定、保存、记录现场证据或线索,或者记下车号依法交由相关部门予以处理。

第二十七条 实施水面巡航,应当遵守下列规定:
(一)一般在船舶停泊或者作业期间实施行政检查;
(二)除在航船舶涉嫌有明显违法行为且如果不对其立即制止可能造成严重后果的情况外,不得随意截停在航船舶登临检查;
(三)不得危及船舶、人员和货物的安全,避免对环境造成污染。除法律法规规定情形外,不得操纵或者调试船上仪器设备。

第二十八条 检查生产经营场所,应当遵守下列规定:
(一)有被检查人或者见证人在场;
(二)对涉及被检查人的商业秘密、个人隐私,应当为其保密;
(三)不得影响被检查人的正常生产经营活动;
(四)遵守被检查人有关安全生产的制度规定。

第二十九条 实施行政检查,应当制作检查记录,如实记录检查情况。对于行政检查过程中涉及到的证据材料,应当依法及时采集和保存。

第四章 调查取证

第一节 一般规定

第三十条 执法部门办理执法案件的证据包括:
(一)书证;
(二)物证;
(三)视听资料;
(四)电子数据;
(五)证人证言;
(六)当事人的陈述;
(七)鉴定意见;
(八)勘验笔录、现场笔录。

第三十一条 证据应当具有合法性、真实性、关联性。

第三十二条 证据必须查证属实,方可作为认定案件事实的根据。

第二节 证据收集

第三十三条 执法人员应当合法、及时、客观、全面地收集证据材料,依法履行保密义务,不得收集与案件无关的材料,不得将证据用于法定职责以外的其他用途。

第三十四条 执法部门可以通过下列方式收集证据:
(一)询问当事人、利害关系人、其他有关单位或者个人,听取当事人或者有关人员的陈述、申辩;
(二)向有关单位和个人调取证据;
(三)通过技术系统、设备收集、固定证据;
(四)委托有资质的机构对与违法行为有关的问题进行鉴定;
(五)对案件相关的现场或者涉及的物品进行勘验、检查;
(六)依法收集证据的其他方式。

第三十五条 收集、调取书证应当遵守下列规定:
(一)收集书证原件。收集原件确有困难的,可以收集与原件核对无误的复制件、影印件或者节录本;
(二)收集书证复制件、影印件或者节录本的,标明"经核对与原件一致",注明出具日期、证据来源,并由被调查对象或者证据提供人签名或者盖章;
(三)收集图纸、专业技术资料等书证的,应当附说明材料,明确证明对象;
(四)收集评估报告的,应当附有评估机构和评估人员的有效证件或者资质证明的复印件;
(五)取得书证原件的节录本的,应当保持文件内容的完整性,注明出处和节录地点、日期,并有节录人的签名;
(六)公安、税务、市场监督管理等有关部门出具的证明材料作为证据的,证明材料上应当加盖出具部门的印章并注明日期；

（七）被调查对象或者证据提供者拒绝在证据复制件、各式笔录及其他需要其确认的证据材料上签名或者盖章的，可以邀请有关基层组织、被调查对象所在单位、公证机构、法律服务机构或者公安机关代表到场见证，说明情况，在相关证据材料上记明拒绝确认事由和日期，由执法人员、见证人签名或者盖章。

第三十六条　收集、调取物证应当遵守下列规定：

（一）收集原物。收集原物确有困难的，可以收集与原物核对无误的复制件或者证明该物证的照片、录像等其他证据；

（二）原物为数量较多的种类物的，收集其中的一部分，也可以采用拍照、取样、摘要汇编等方式收集。拍照取证的，应当对物证的现场方位、全貌以及重点部位特征等进行拍照或者录像；抽样取证的，应当通知当事人到场，当事人拒不到场或者暂时难以确定当事人的，可以由在场的无利害关系人见证；

（三）收集物证，应当载明获取该物证的时间、原物存放地点、发现地点、发现过程以及该物证的主要特征，并对现场尽可能以照片、视频等方式予以同步记录；

（四）物证不能入卷的，应当采取妥善保管措施，并拍摄该物证的照片或者录像存入案卷。

第三十七条　收集视听资料应当遵守下列规定：

（一）收集有关资料的原始载体，并由证据提供人在原始载体或者说明文件上签名或者盖章确认；

（二）收集原始载体确有困难的，可以收集复制件。收集复制件的，应当由证据提供人出具由其签名或者盖章的说明文件，注明复制件与原始载体内容一致；

（三）原件、复制件均应当注明制作方法、制作时间、制作地点、制作人和证明对象等；

（四）复制视听资料的形式包括采用存储磁盘、存储光盘进行复制保存、对屏幕显示内容进行打印固定、对所载内容进行书面摘录与描述等。条件允许时，应当优先以书面形式对视听资料内容进行固定，由证据提供人注明"经核对与原件一致"，并签名或者盖章确认；

（五）视听资料的存储介质无法入卷的，可以转录入存储光盘存入案卷，并标明光盘序号、证据原始制作方法、制作时间、制作地点、制作人，及转录的制作人、制作时间、制作地点等。证据存储介质需要退还证据提供人的，应当要求证据提供人对转录的复制件进行确认。

第三十八条　收集电子数据应当遵守下列规定：

（一）收集电子数据的原始存储介质。收集电子数据原始存储介质确有困难的，可以收集电子数据复制件，但应当附有不能或者难以提取原始存储介质的原因、复制过程以及原始存储介质存放地点或者电子数据网络地址的说明，并由复制件制作人和原始存储介质持有人签名或者盖章，或者以公证等其他有效形式证明电子数据与原始存储介质的一致性和完整性；

（二）收集电子数据应当记载取证的参与人员、技术方法、步骤和过程，记录收集对象的事项名称、内容、规格、类别以及时间、地点等，或者将收集电子数据的过程拍照或者录像；

（三）收集的电子数据应当使用光盘或者其他数字存储介质备份；

（四）收集通过技术手段恢复或者破解的与案件有关的光盘或者其他数字存储介质，电子设备中被删除、隐藏或者加密的电子数据，应当附有恢复或者破解对象、过程、方法和结果的专业说明；

（五）依照法律、行政法规规定利用电子技术监控设备收集、固定违法事实的，应当经过法制和技术审核，确保电子技术监控设备符合标准、设置合理、标志明显，设置地点应当向社会公布。电子技术监控设备记录违法事实应当真实、清晰、完整、准确。执法部门应当审核记录内容是否符合要求；未经审核或者经审核不符合要求的，不得作为行政处罚的证据。执法部门应当及时告知当事人违法事实，并采取信息化手段或者其他措施，为当事人查询、陈述和申辩提供便利。不得限制或者变相限制当事人享有的陈述权、申辩权。

第三十九条　收集当事人陈述、证人证言应当遵守下列规定：

（一）询问当事人、证人，制作《询问笔录》或者由当事人、证人自行书写材料证明案件事实；

（二）询问应当个别进行，询问时可以全程录音、录像，并保持录音、录像资料的完整性；

（三）《询问笔录》应当客观、如实地记录询问过程和询问内容，对询问人提出的问题被询问人不回答或者拒绝回答的，应当注明；

（四）《询问笔录》应当交被询问人核对，对阅读有困难的，应当向其宣读。记录有误或者遗漏的，应当允许被询问人更正或者补充，并要求其在修改处签名或者盖章；

（五）被询问人确认执法人员制作的笔录无误的，应当在《询问笔录》上逐页签名或者盖章。被询问人确认自行书写的笔录无误的，应当在结尾处签名或者盖章。拒绝签名或者盖章的，执法人员应当在《询问笔录》中注明。

第四十条 对与案件事实有关的物品或者场所实施勘验的,应当遵守下列规定:

(一)制作《勘验笔录》;

(二)实施勘验,应当有当事人或者第三人在场。如当事人不在场且没有第三人的,执法人员应当在《勘验笔录》中注明;

(三)勘验应当限于与案件事实相关的物品和场所;

(四)根据实际情况进行音像记录。

第四十一条 执法人员抽样取证时,应当制作《抽样取证凭证》,对样品加贴封条,开具物品清单,由执法人员和当事人在封条和相关记录上签名或者盖章。

法律、法规、规章或者国家有关规定对抽样机构或者方式有规定的,执法部门应当委托相关机构或者按规定方式抽取样品。

第四十二条 为查明案情,需要对案件中专门事项进行鉴定的,执法部门应当委托具有法定鉴定资格的鉴定机构进行鉴定。没有法定鉴定机构的,可以委托其他具备鉴定条件的机构进行鉴定。

第三节 证据先行登记保存

第四十三条 在证据可能灭失或者以后难以取得的情况下,经执法部门负责人批准,可以对与涉嫌违法行为有关的证据采取先行登记保存措施。

第四十四条 先行登记保存有关证据,应当当场清点,制作《证据登记保存清单》,由当事人和执法人员签名或者盖章,当场交当事人一份。

先行登记保存期间,当事人或者有关人员不得销毁或者转移证据。

第四十五条 对先行登记保存的证据,执法部门应当于先行登记保存之日起七日内采取以下措施:

(一)及时采取记录、复制、拍照、录像等证据保全措施,不再需要采取登记保存措施的,及时解除登记保存措施,并作出《解除证据登记保存决定书》;

(二)需要鉴定的,及时送交有关部门鉴定;

(三)违法事实成立,应当依法予以没收的,作出行政处罚决定,没收违法物品;

执法部门逾期未作出处理决定的,先行登记保存措施自动解除。

第四节 证据审查与认定

第四十六条 执法部门应当对收集到的证据逐一审查,进行全面、客观和公正地分析判断,审查证据的合法性、真实性、关联性,判断证据有无证明力以及证明力的大小。

第四十七条 审查证据的合法性,应当审查下列事项:

(一)调查取证的执法人员是否具有相应的执法资格;

(二)证据的取得方式是否符合法律、法规和规章的规定;

(三)证据是否符合法定形式;

(四)是否有影响证据效力的其他违法情形。

第四十八条 审查证据的真实性,应当审查下列事项:

(一)证据形成的原因;

(二)发现证据时的客观环境;

(三)证据是否为原件、原物,复制件、复制品与原件、原物是否相符;

(四)提供证据的人或者证人与当事人是否具有利害关系;

(五)影响证据真实性的其他因素。

单个证据的部分内容不真实的,不真实部分不得采信。

第四十九条 审查证据的关联性,应当审查下列事项:

(一)证据的证明对象是否与案件事实有内在联系,以及关联程度;

(二)证据证明的事实对案件主要情节和案件性质的影响程度;

(三)证据之间是否互相印证,形成证据链。

第五十条 当事人对违法事实无异议,视听资料、电子数据足以认定案件事实的,视听资料、电子数据可以替代询问笔录、现场笔录,必要时,对视听资料、电子数据的关键内容和相应时间段等作文字说明。

第五十一条 下列证据材料不能作为定案依据:

(一)以非法手段取得的证据;

(二)被进行技术处理而无法辨明真伪的证据材料;

(三)不能正确表达意志的证人提供的证言;

(四)不具备合法性和真实性的其他证据材料。

第五章 行政强制措施

第五十二条 为制止违法行为、防止证据损毁、避免危害发生、控制危险扩大等情形,执法部门履行行政执法职能,可以依照法律、法规的规定,实施行政强制措施。

违法行为情节显著轻微或者没有明显社会危害的,可以不采取行政强制措施。

第五十三条 行政强制措施由执法部门在法定职权范围内实施。行政强制措施权不得委托。

第五十四条 执法部门实施行政强制措施应当遵守下列规定：

（一）实施前向执法部门负责人报告并经批准；

（二）由不少于两名执法人员实施，并出示行政执法证件；

（三）通知当事人到场；

（四）当场告知当事人采取行政强制措施的理由、依据以及当事人依法享有的权利、救济途径；

（五）听取当事人的陈述和申辩；

（六）制作《现场笔录》，由当事人和执法人员签名或者盖章，当事人拒绝的，在笔录中予以注明；当事人不到场的，邀请见证人到场，由见证人和执法人员在现场笔录上签名或者盖章；

（七）制作并当场交付《行政强制措施决定书》；

（八）法律、法规规定的其他程序。

对查封、扣押的现场执法活动和执法办案场所，应当进行全程音像记录。

第五十五条 发生紧急情况，需要当场实施行政强制措施的，执法人员应当在二十四小时内向执法部门负责人报告，补办批准手续。执法部门负责人认为不应当采取行政强制措施的，应当立即解除。

第五十六条 实施查封、扣押的期限不得超过三十日；情况复杂需延长查封、扣押期限的，应当经执法部门负责人批准，可以延长，但是延长期限不得超过三十日。法律、行政法规另有规定的除外。

需要延长查封、扣押期限的，执法人员应当制作《延长行政强制措施期限通知书》，将延长查封、扣押的决定及时书面通知当事人，并说明理由。

对物品需要进行检测、检验或者技术鉴定的，应当明确检测、检验或者技术鉴定的期间，并书面告知当事人。查封、扣押的期间不包括检测、检验或者技术鉴定的期间。检测、检验或者技术鉴定的费用由执法部门承担。

第五十七条 执法部门采取查封、扣押措施后，应当及时查清事实，在本规定第五十六条规定的期限内作出处理决定。对违法事实清楚，依法应当没收的非法财物予以没收；法律、行政法规规定应当销毁的，依法销毁；应当解除查封、扣押的，作出解除的决定。

第五十八条 对查封、扣押的财物，执法部门应当妥善保管，不得使用或者损毁；造成损失的，应当承担赔偿责任。

第五十九条 有下列情形之一的，应当及时作出解除查封、扣押决定，制作《解除行政强制措施决定书》，并及时送达当事人，退还扣押财物：

（一）当事人没有违法行为；

（二）查封、扣押的场所、设施、财物与违法行为无关；

（三）对违法行为已经作出处理决定，不再需要查封、扣押；

（四）查封、扣押期限已经届满；

（五）其他不再需要采取查封、扣押措施的情形。

第六章 行政处罚

第一节 简易程序

第六十条 违法事实确凿并有法定依据，对公民处二百元以下、对法人或者其他组织处三千元以下罚款或者警告的行政处罚的，可以适用简易程序，当场作出行政处罚决定。法律另有规定的，从其规定。

第六十一条 执法人员适用简易程序当场作出行政处罚的，应当按照下列步骤实施：

（一）向当事人出示交通运输行政执法证件并查明对方身份；

（二）调查并收集必要的证据；

（三）口头告知当事人违法事实、处罚理由和依据；

（四）口头告知当事人享有的权利与义务；

（五）听取当事人的陈述和申辩并进行复核；当事人提出的事实、理由或者证据成立的，应当采纳；

（六）填写预定格式、编有号码的《当场行政处罚决定书》并当场交付当事人，《当场行政处罚决定书》应当载明当事人的违法行为，行政处罚的种类和依据、罚款数额、时间、地点，申请行政复议、提起行政诉讼的途径和期限以及执法部门名称，并由执法人员签名或者盖章；

（七）当事人在《当场行政处罚决定书》上签名或盖章，当事人拒绝签收的，应当在行政处罚决定书上注明；

（八）作出当场处罚决定之日起五日内，将《当场行政处罚决定书》副本提交所属执法部门备案。

第二节 普通程序

第六十二条 除依法可以当场作出的行政处罚外，执法部门实施行政检查或者通过举报、其他机关移送、上级机关交办等途径，发现公民、法人或者其他组织有依法应当给予行政处罚的交通运输违法行为的，应当及时决定是否立案。

第六十三条 立案应当填写《立案登记表》，同时附上与案件相关的材料,由执法部门负责人批准。

第六十四条　执法部门应当按照本规定第四章的规定全面、客观、公正地调查,收集相关证据。

第六十五条　委托其他单位协助调查、取证的,应当制作并出具协助调查函。

第六十六条　执法部门作出行政处罚决定的,应当责令当事人改正或者限期改正违法行为;构成违法行为、但依法不予行政处罚的,执法部门应当制作《责令改正违法行为通知书》,责令当事人改正或者限期改正违法行为。

第六十七条　执法人员在初步调查结束后,认为案件事实清楚,主要证据齐全的,应当制作案件调查报告,提出处理意见,报办案机构审核。

第六十八条　案件调查报告经办案机构负责人审查后,执法人员应当将案件调查报告、案卷报执法部门负责人审查批准。

第六十九条　执法部门负责人批准案件调查报告后,拟对当事人予以行政处罚的,执法人员应当制作《违法行为通知书》,告知当事人拟作出行政处罚的事实、理由、依据、处罚内容,并告知当事人依法享有陈述权、申辩权或者要求举行听证的权利。

第七十条　当事人要求陈述、申辩的,应当如实记录当事人的陈述、申辩意见。符合听证条件,当事人要求组织听证的,应当按照本章第三节的规定组织听证。

执法部门应当充分听取当事人的意见,对当事人提出的事实、理由、证据认真进行复核;当事人提出的事实、理由或者证据成立的,应当予以采纳。不得因当事人陈述、申辩而加重处罚。

第七十一条　有下列情形之一,在执法部门负责人作出行政处罚的决定之前,应当由从事行政处罚决定法制审核的人员进行法制审核:

（一）涉及重大公共利益的;

（二）直接关系当事人或者第三人重大权益,经过听证程序的;

（三）案件情况疑难复杂、涉及多个法律关系的;

（四）法律、法规规定应当进行法制审核的其他情形。

初次从事行政处罚决定法制审核的人员,应当通过国家统一法律职业资格考试取得法律职业资格。

第七十二条　从事行政处罚决定法制审核的人员主要从下列方面进行合法性审核,并提出书面审核意见:

（一）行政执法主体是否合法,行政执法人员是否具备执法资格;

（二）行政执法程序是否合法;

（三）案件事实是否清楚,证据是否合法充分;

（四）适用法律、法规、规章是否准确,裁量基准运用是否适当;

（五）执法是否超越执法部门的法定权限;

（六）行政执法文书是否完备、规范;

（七）违法行为是否涉嫌犯罪、需要移送司法机关。

第七十三条　执法部门负责人经审查,根据不同情况分别作出如下决定:

（一）确有应受行政处罚的违法行为的,根据情节轻重及具体情况,作出行政处罚决定;

（二）违法行为轻微,依法可以不予行政处罚的,不予行政处罚;

（三）违法事实不能成立的,不予行政处罚;

（四）违法行为涉嫌犯罪的,移送司法机关。

第七十四条　有下列情形之一的,依法不予行政处罚:

（一）违法行为轻微并及时改正,没有造成危害后果的,不予行政处罚;

（二）除法律、行政法规另有规定的情形外,当事人有证据足以证明没有主观过错的,不予行政处罚;

（三）精神病人、智力残疾人在不能辨认或者不能控制自己行为时有违法行为的,不予行政处罚,但应当责令其监护人严加看管和治疗;

（四）不满十四周岁的未成年人有违法行为的,不予行政处罚,但应责令监护人加以管教;

（五）其他依法不予行政处罚的情形。

初次违法且危害后果轻微并及时改正的,可以不予行政处罚。

违法行为在二年内未被处罚的,不再给予行政处罚;涉及公民生命健康安全、金融安全且有危害后果的,上述期限延长至五年。法律另有规定的除外。

对当事人的违法行为依法不予行政处罚的,执法部门应当对当事人进行教育。

第七十五条　作出行政处罚决定应当适用违法行为发生时的法律、法规、规章的规定。但是,作出行政处罚决定时,法律、法规、规章已被修改或者废止,且新的规定处罚较轻或者不认为是违法的,适用新的规定。

第七十六条　行政处罚案件有下列情形之一的,应当提交执法部门重大案件集体讨论会议决定:

（一）拟作出降低资质等级、吊销许可证件、责令停产停业、责令关闭、限制从业、较大数额罚款、没收较大数额违法所得、没收较大价值非法财物的；

（二）认定事实和证据争议较大的，适用的法律、法规和规章有较大异议的，违法行为较恶劣或者危害较大的，或者复杂、疑难案件的执法管辖区域不明确或有争议的；

（三）对情节复杂或者重大违法行为给予较重的行政处罚的其他情形。

第七十七条　执法部门作出行政处罚决定，应当制作《行政处罚决定书》。行政处罚决定书的内容包括：

（一）当事人的姓名或者名称、地址等基本情况；

（二）违反法律、法规或者规章的事实和证据；

（三）行政处罚的种类和依据；

（四）行政处罚的履行方式和期限；

（五）不服行政处罚决定，申请行政复议或者提起行政诉讼的途径和期限；

（六）作出行政处罚决定的执法部门名称和作出决定的日期。

行政处罚决定书应当盖有作出行政处罚决定的执法部门的印章。

第七十八条　执法部门应当自行政处罚案件立案之日起九十日内作出行政处罚决定。案情复杂、期限届满不能终结的案件，可以经执法部门负责人批准延长三十日。

第七十九条　执法部门应当依法公开行政处罚决定信息，但法律、行政法规另有规定的除外。

公开的行政处罚决定被依法变更、撤销、确认违法或者确认无效的，执法部门应当在三日内撤回行政处罚决定信息并公开说明理由。

第三节　听证程序

第八十条　执法部门在作出下列行政处罚决定前，应当在送达《违法行为通知书》时告知当事人有要求举行听证的权利：

（一）责令停产停业、责令关闭、限制从业；

（二）降低资质等级、吊销许可证件；

（三）较大数额罚款；

（四）没收较大数额违法所得、没收较大价值非法财物；

（五）其他较重的行政处罚；

（六）法律、法规、规章规定的其他情形。

前款第（三）、（四）项规定的较大数额，地方执法部门按照省级人大常委会或者人民政府规定或者其授权部门规定的标准执行。海事执法部门按照对自然人处1万元以上、对法人或者其他组织10万元以上的标准执行。

第八十一条　执法部门不得因当事人要求听证而加重处罚。

第八十二条　当事人要求听证的，应当自收到《违法行为通知书》之日起五日内以书面或者口头形式提出。当事人以口头形式提出的，执法部门应当将情况记入笔录，并由当事人在笔录上签名或者盖章。

第八十三条　执法部门应当在举行听证的七日前向当事人及有关人员送达《听证通知书》，将听证的时间、地点通知当事人和其他听证参加人。

第八十四条　听证设听证主持人一名，负责组织听证；记录员一名，具体承担听证准备和制作听证笔录工作。

听证主持人由执法部门负责人指定；记录员由听证主持人指定。

本案调查人员不得担任听证主持人或者记录员。

第八十五条　听证主持人在听证活动中履行下列职责：

（一）决定举行听证的时间、地点；

（二）决定听证是否公开举行；

（三）要求听证参加人到场参加听证、提供或者补充证据；

（四）就案件的事实、理由、证据、程序、处罚依据和行政处罚建议等相关内容组织质证和辩论；

（五）决定听证的延期、中止或者终止，宣布结束听证；

（六）维持听证秩序。对违反听证会场纪律的，应当警告制止；对不听制止，干扰听证正常进行的旁听人员，责令其退场；

（七）其他有关职责。

第八十六条　听证参加人包括：

（一）当事人及其代理人；

（二）本案执法人员；

（三）证人、检测、检验及技术鉴定人；

（四）翻译人员；

（五）其他有关人员。

第八十七条　要求举行听证的公民、法人或者其他组织是听证当事人。当事人在听证活动中享有下列权利：

（一）申请回避；

（二）参加听证，或者委托一至二人代理参加听证；

（三）进行陈述、申辩和质证；
（四）核对、补正听证笔录；
（五）依法享有的其他权利。

第八十八条 与听证案件处理结果有利害关系的其他公民、法人或者其他组织，作为第三人申请参加听证的，应当允许。为查明案情，必要时，听证主持人也可以通知其参加听证。

第八十九条 委托他人代为参加听证的，应当向执法部门提交由委托人签名或者盖章的授权委托书以及委托代理人的身份证明文件。

授权委托书应当载明委托事项及权限。委托代理人代为放弃行使陈述权、申辩权和质证权的，必须有委托人的明确授权。

第九十条 听证主持人有权决定与听证案件有关的证人、检测、检验及技术鉴定人等听证参加人到场参加听证。

第九十一条 听证应当公开举行，涉及国家秘密、商业秘密或者个人隐私依法予以保密的除外。

公开举行听证的，应当公告当事人姓名或者名称、案由以及举行听证的时间、地点等。

第九十二条 听证按下列程序进行：
（一）宣布案由和听证纪律；
（二）核对当事人或其代理人、执法人员、证人及其他有关人员是否到场，并核实听证参加人的身份；
（三）宣布听证员、记录员和翻译人员名单，告知当事人有申请主持人回避、申辩和质证的权利；对不公开听证的，宣布不公开听证的理由；
（四）宣布听证开始；
（五）执法人员陈述当事人违法的事实、证据，拟作出行政处罚的建议和法律依据；执法人员提出证据时，应当向听证会出示。证人证言、检测、检验及技术鉴定意见和其他作为证据的文书，应当当场宣读；
（六）当事人或其代理人对案件的事实、证据、适用法律、行政处罚意见等进行陈述、申辩和质证，并可以提供新的证据；第三人可以陈述事实，提供证据；
（七）听证主持人可以就案件的有关问题向当事人或其代理人、执法人员、证人询问；
（八）经听证主持人允许，当事人、执法人员就案件的有关问题可以向到场的证人发问。当事人有权申请通知新的证人到会作证，调取新的证据。当事人提出申请的，听证主持人应当当场作出是否同意的决定；申请重新检测、检验及技术鉴定的，按照有关规定办理；
（九）当事人、第三人和执法人员可以围绕案件所涉及的事实、证据、程序、适用法律、处罚种类和幅度等问题进行辩论；
（十）辩论结束后，听证主持人应当听取当事人或其代理人、第三人和执法人员的最后陈述意见；
（十一）中止听证的，听证主持人应当宣布再次听证的有关事宜；
（十二）听证主持人宣布听证结束，听证笔录交当事人或其代理人核对。当事人或其代理人认为听证笔录有错误的，有权要求补充或改正。当事人或其代理人核对无误后签名或者盖章；当事人或其代理人拒绝的，在听证笔录上写明情况。

第九十三条 有下列情形之一的，听证主持人可以决定延期举行听证：
（一）当事人因不可抗拒的事由无法到场的；
（二）当事人临时申请回避的；
（三）其他应当延期的情形。

延期听证，应当在听证笔录中写明情况，由听证主持人签名。

第九十四条 听证过程中，有下列情形之一的，应当中止听证：
（一）需要通知新的证人到会、调取新的证据或者证据需要重新检测、检验及技术鉴定的；
（二）当事人提出新的事实、理由和证据，需要由本案调查人员调查核实的；
（三）当事人死亡或者终止，尚未确定权利、义务承受人的；
（四）当事人因不可抗拒的事由，不能继续参加听证的；
（五）因回避致使听证不能继续进行的；
（六）其他应当中止听证的情形。

中止听证，应当在听证笔录中写明情况，由听证主持人签名。

第九十五条 延期、中止听证的情形消失后，听证主持人应当及时恢复听证，并将听证的时间、地点通知听证参加人。

第九十六条 听证过程中，有下列情形之一的，应当终止听证：
（一）当事人撤回听证申请的；
（二）当事人或其代理人无正当理由不参加听证或者未经听证主持人允许，中途退出听证的；
（三）当事人死亡或者终止，没有权利、义务承受人的；

（四）听证过程中，当事人或其代理人扰乱听证秩序，不听劝阻，致使听证无法正常进行的；

（五）其他应当终止听证的情形。

听证终止，应当在听证笔录中写明情况，由听证主持人签名。

第九十七条　记录员应当将举行听证的全部活动记入《听证笔录》，经听证参加人审核无误或者补正后，由听证参加人当场签名或者盖章。当事人或其代理人、证人拒绝签名或盖章的，由听证主持人在《听证笔录》中注明情况。

《听证笔录》经听证主持人审阅后，由听证主持人和记录员签名。

第九十八条　听证结束后，执法部门应当根据听证笔录，依照本规定第七十三条的规定，作出决定。

第七章　执　行

第一节　罚款的执行

第九十九条　执法部门对当事人作出罚款处罚的，当事人应当自收到处罚决定书之日起十五日内，到指定的银行缴纳罚款；具备条件的，也可以通过电子支付系统缴纳罚款。具有下列情形之一的，执法人员可以当场收缴罚款：

（一）依法当场作出行政处罚决定，处一百元以下的罚款或者不当场收缴事后难以执行的；

（二）在边远、水上、交通不便地区，当事人到指定的银行或者通过电子支付系统缴纳罚款确有困难，经当事人提出的。

当场收缴罚款的，应当向当事人出具国务院财政部门或者省、自治区、直辖市人民政府财政部门统一制发的专用票据。

第一百条　执法人员当场收缴的罚款，应当自收缴罚款之日起二日内，交至其所属执法部门。在水上当场收缴的罚款，应当自抵岸之日起二日内交至其所属执法部门。执法部门应当在二日内将罚款缴付指定的银行。

第一百零一条　当事人确有经济困难，经当事人申请和作出处罚决定的执法部门批准，可以暂缓或者分期缴纳罚款。执法人员应当制作并向当事人送达《分期（延期）缴纳罚款通知书》。

第一百零二条　罚款必须全部上缴国库，不得以任何形式截留、私分或者变相私分。

第一百零三条　当事人未在规定期限内缴纳罚款的，作出行政处罚决定的执法部门可以依法加处罚款。加处罚款的标准应当告知当事人。

加处罚款的数额不得超出原罚款的数额。

第一百零四条　执法部门实施加处罚款超过三十日，经催告当事人仍不履行的，作出行政处罚决定的执法部门应当依法向所在地有管辖权的人民法院申请强制执行。但是，当事人在法定期限内不申请行政复议或者提起行政诉讼，经催告不履行行政处罚决定、加处罚款决定的，在实施行政执法过程中已经采取扣押措施的执法部门，可以将扣押的财物依法拍卖抵缴罚款。

第一百零五条　依法拍卖财物，由执法部门委托拍卖机构依照《中华人民共和国拍卖法》的规定办理。

拍卖所得的款项应当上缴国库或者划入财政专户。任何单位或者个人不得以任何形式截留、私分或者变相私分。

第二节　行政强制执行

第一百零六条　执法部门依法作出行政决定后，当事人在执法部门决定的期限内不履行义务的，执法部门可以依法强制执行。

第一百零七条　法律规定具有行政强制执行权的执法部门依法作出强制执行决定前，应当制作《催告书》，事先以书面形式催告当事人履行义务。

第一百零八条　当事人收到催告书后有权进行陈述和申辩。执法部门应当充分听取并记录、复核。当事人提出的事实、理由或者证据成立的，执法部门应当采纳。

第一百零九条　经催告，当事人逾期仍不履行行政决定，且无正当理由的，执法部门可以依法作出强制执行决定，制作《行政强制执行决定书》，并送达当事人。

第一百一十条　有下列情形之一的，执法部门应当中止执行，制作《中止行政强制执行通知书》：

（一）当事人履行行政决定确有困难或者暂无履行能力的；

（二）第三人对执行标的主张权利，确有理由的；

（三）执行可能造成难以弥补的损失，且中止执行不损害公共利益的；

（四）执法部门认为需要中止执行的其他情形。

中止执行的情形消失后，执法部门应当恢复执行，制作《恢复行政强制执行通知书》。对没有明显社会危害，当事人确无能力履行，中止执行满三年未恢复执行的，执法部门不再执行。

第一百一十一条　有下列情形之一的，执法部门应当终结执行，制作《终结行政强制执行通知书》，并送达当事人：

（一）公民死亡，无遗产可供执行，又无义务承受人的；

（二）法人或者其他组织终止，无财产可供执行，又无义务承受人的；

（三）执行标的灭失的；

（四）据以执行的行政决定被撤销的；

（五）执法部门认为需要终结执行的其他情形。

第一百一十二条 在执行中或者执行完毕后，据以执行的行政决定被撤销、变更，或者执行错误的，应当恢复原状或者退还财物；不能恢复原状或者退还财物的，依法给予赔偿。

第一百一十三条 实施行政强制执行过程中，执法部门可以在不损害公共利益和他人合法权益的情况下，与当事人达成执行协议。执行协议可以约定分阶段履行；当事人采取补救措施的，可以减免加处的罚款或者滞纳金。

执行协议应当履行。当事人不履行执行协议的，执法部门应当恢复强制执行。

第一百一十四条 对违法的建筑物、构筑物、设施等需要强制拆除的，应当由执法部门发布《执行公告》，限期当事人自行拆除。当事人在法定期限内不申请行政复议或者提起行政诉讼，又不拆除的，执法部门可以依法强制拆除。

第一百一十五条 执法部门依法作出要求当事人履行排除妨碍、恢复原状等义务的行政决定，当事人逾期不履行，经催告仍不履行，其后果已经或者即将危害交通安全、造成环境污染或者破坏自然资源的，执法部门可以代履行，或者委托没有利害关系的第三人代履行。

第一百一十六条 代履行应当遵守下列规定：

（一）代履行前送达《代履行决定书》；

（二）代履行三日前催告当事人履行；当事人履行的，停止代履行；

（三）委托无利害关系的第三人代履行时，作出决定的执法部门应当派员到场监督；

（四）代履行完毕，执法部门到场监督的工作人员、代履行人、当事人或者见证人应当在执行文书上签名或者盖章。

代履行的费用按照成本合理确定，由当事人承担。但是，法律另有规定的除外。

第一百一十七条 需要立即清理道路、航道等的遗洒物、障碍物、污染物，当事人不能清除的，执法部门可以决定立即实施代履行；当事人不在场的，执法部门在事后立即通知当事人，并依法作出处理。

第三节 申请人民法院强制执行

第一百一十八条 当事人在法定期限内不申请行政复议或者提起行政诉讼，又不履行行政决定的，没有行政强制执行权的执法部门可以自期限届满之日起三个月内，依法向有管辖权的人民法院申请强制执行。

执法部门批准延期、分期缴纳罚款的，申请人民法院强制执行的期限，自暂缓或者分期缴纳罚款期限结束之日起计算。

强制执行的费用由被执行人承担。

第一百一十九条 申请人民法院强制执行前，执法部门应当制作《催告书》，催告当事人履行义务。催告书送达十日后当事人仍未履行义务的，执法部门可以向人民法院申请强制执行。

第一百二十条 执法部门向人民法院申请强制执行，应当提供下列材料：

（一）强制执行申请书；

（二）行政决定书及作出决定的事实、理由和依据；

（三）当事人的意见及执法部门催告情况；

（四）申请强制执行标的情况；

（五）法律、行政法规规定的其他材料。

强制执行申请书应当由作出处理决定的执法部门负责人签名，加盖执法部门印章，并注明日期。

第一百二十一条 执法部门对人民法院不予受理强制执行申请、不予强制执行的裁定有异议的，可以在十五日内向上一级人民法院申请复议。

第八章 案件终结

第一百二十二条 有下列情形之一的，执法人员应当制作《结案报告》，经执法部门负责人批准，予以结案：

（一）决定撤销立案的；

（二）作出不予行政处罚决定的；

（三）作出行政处罚等行政处理决定，且已执行完毕的；

（四）案件移送有管辖权的行政机关或者司法机关的；

（五）作出行政处理决定后，因执行标的灭失、被执行人死亡等客观原因导致无法执行或者无需执行的；

（六）其他应予结案的情形。

申请人民法院强制执行，人民法院受理的，按照结案处理。人民法院强制执行完毕后，执法部门应当及时将相关案卷材料归档。

第一百二十三条 经过调查，有下列情形之一的，经执法部门负责人批准，终止调查：

（一）没有违法事实的；

（二）违法行为已过追究时效的；

（三）其他需要终止调查的情形。

终止调查时，当事人的财物已被采取行政强制措施的，应当立即解除。

第九章 涉案财物的管理

第一百二十四条 对于依法查封、扣押、抽样取证的财物以及由执法部门负责保管的先行证据登记保存的财物，执法部门应当妥善保管，不得使用、挪用、调换或者损毁。造成损失的，应当承担赔偿责任。

涉案财物的保管费用由作出决定的执法部门承担。

第一百二十五条 执法部门可以建立专门的涉案财物保管场所、账户，并指定内设机构或专门人员负责对办案机构的涉案财物集中统一管理。

第一百二十六条 执法部门应当建立台账，对涉案财物逐一编号登记，载明案由、来源、保管状态、场所和去向。

第一百二十七条 执法人员应当在依法提取涉案财物后的二十四小时内将财物移交涉案财物管理人员，并办理移交手续。对查封、扣押、先行证据登记保存的涉案财物，应当在采取措施后的二十四小时内，将执法文书复印件及涉案财物的情况送交涉案财物管理人员予以登记。

在异地或者偏远、交通不便地区提取涉案财物的，执法人员应当在返回单位后的二十四小时内移交。

对情况紧急，需要在提取涉案财物后的二十四小时内进行鉴定的，经办案机构负责人批准，可以在完成鉴定后的二十四小时内移交。

第一百二十八条 容易腐烂变质及其他不易保管的物品，经执法部门负责人批准，在拍照或者录像后依法变卖或者拍卖，变卖或者拍卖的价款暂予保存，待结案后按有关规定处理。

易燃、易爆、毒害性、放射性等危险物品应当存放在符合危险物品存放条件的专门场所。

第一百二十九条 当事人下落不明或者无法确定涉案物品所有人的，执法部门按照本规定第十八条第五项规定的公告送达方式告知领取。公告期满仍无人领取的，经执法部门负责人批准，将涉案物品上缴国库或者依法拍卖后将所得款项上缴国库。

第十章 附 则

第一百三十条 本规定所称以上、以下、以内，包括本数或者本级。

第一百三十一条 执法部门应当使用交通运输部统一制定的执法文书式样。交通运输部没有制定式样，执法工作中需要的其他执法文书，或者对已有执法文书式样需要调整细化的，省级交通运输主管部门可以制定式样。

直属海事执法部门的执法文书式样，由交通运输部海事局统一制定。

第一百三十二条 本规定自2019年6月1日起施行。交通部于1996年9月25日发布的《交通行政处罚程序规定》（交通部令1996年第7号）和交通运输部于2008年12月30日发布的《关于印发交通行政执法风纪等5个规范的通知》（交体法发〔2008〕562号）中的《交通行政执法风纪》《交通行政执法用语规范》《交通行政执法检查行为规范》《交通行政处罚行为规范》《交通行政执法文书制作规范》同时废止。

附件

交通运输行政执法文书式样目录

（1）立案登记表

（2）询问笔录

（3）勘验笔录

（4）现场笔录

（5）抽样取证凭证

（6）证据登记保存清单

（7）解除证据登记保存决定书

（8）行政强制措施决定书

（9）延长行政强制措施期限通知书

（10）解除行政强制措施决定书

（11）违法行为通知书

（12）听证通知书

（13）听证笔录

（14）当场行政处罚决定书

（15）行政处罚决定书

（16）责令改正违法行为通知书

（17）分期（延期）缴纳罚款通知书

（18）执行公告

（19）催告书

（20）行政强制执行决定书

(21) 代履行决定书　　　　　　　　　(23) 送达回证
(22) 中止(终结、恢复)行政强制执行通知书　(24) 结案报告

交通运输行政执法文书式样之一

立案登记表

案号：

<table>
<tr><td rowspan="6">案件来源</td><td colspan="3">□1. 在行政检查中发现的；</td></tr>
<tr><td colspan="3">□2. 个人、法人及其他组织举报经核实的；</td></tr>
<tr><td>□3. 上级机关_____</td><td></td><td>交办的；</td></tr>
<tr><td>□4. 下级机关_____</td><td></td><td>报请查处的；</td></tr>
<tr><td>□5. 有关部门_____</td><td></td><td>移送的；</td></tr>
<tr><td colspan="3">□6. 其他途径发现的：_____</td></tr>
<tr><td>案由</td><td colspan="3"></td></tr>
<tr><td>受案时间</td><td colspan="3"></td></tr>
<tr><td rowspan="5">当事人基本情况</td><td rowspan="2">个人</td><td>姓 名</td><td></td><td>性 别</td><td></td><td>年 龄</td><td></td></tr>
<tr><td>住 址</td><td></td><td>身份证件号</td><td></td><td>联系电话</td><td></td></tr>
<tr><td rowspan="3">单位</td><td>名 称</td><td></td><td colspan="2">法定代表人</td><td></td></tr>
<tr><td>地 址</td><td></td><td colspan="2">联系电话</td><td></td></tr>
<tr><td>统一社会信用代码</td><td colspan="4"></td></tr>
<tr><td>案件基本情况</td><td colspan="6"></td></tr>
<tr><td>立案依据</td><td colspan="3"></td><td colspan="3">经办机构
负责人意见

签名：
　　年　月　日</td></tr>
<tr><td>负责人审批意见</td><td colspan="6">

签名：
　　年　月　日</td></tr>
<tr><td>备注</td><td colspan="6"></td></tr>
</table>

交通运输行政执法文书式样之二

询问笔录

案号：

时间：_____年_____月_____日_____时_____分至_____时_____分　第_____次询问

地点：_____

询问人：_____　　记录人：_____

被询问人：_____　　与案件关系：_____

性别：_____　　年龄：_____

身份证件号：_____　　联系电话：_____

工作单位及职务：_____

联系地址：_____

我们是_____的执法人员_____、_____，这是我们的执法证件，执法证号分别是_____、_____，请你确认。现依法向你询问，请如实回答所问问题。执法人员与你有直接利害关系的，你可以申请回避。

问：你是否申请回避？

答：_____

问：_____
_____

答：_____
_____

被询问人签名：
_____

询问人签名：
_____

交通运输行政执法文书式样之三

勘验笔录

案号：

案由：_____

勘验时间：_____年_____月_____日_____时_____分至_____日_____时_____分

勘验场所：_____　天气情况：_____

勘验人：_____单位及职务：_____执法证号：_____

勘验人：_____单位及职务：_____执法证号：_____

当事人（当事人代理人）姓名：_____性别：_____年龄：_____

身份证件号：_____　单位及职务：_____

住址：_____　联系电话：_____

被邀请人：_____　单位及职务：_____

记录人：_____　单位及职务：_____

勘验情况及结果：_____

当事人或其代理人签名：_____　勘验人签名：_____

被邀请人签名：_____

记录人签名：_____

交通运输行政执法文书式样之四

现场笔录

案号：

执法地点			执法时间	年　月　日 时　分至　时　分	
执法人员		执法证号		记录人	

现场人员基本情况	姓　名		性　别	
	身份证件号		与案件关系	
	单位及职务		联系电话	
	联系地址			
	车(船)号		车(船)型	

主要内容	现场情况：(如实施行政强制措施的，包括当场告知当事人采取行政强制措施的理由、依据以及当事人依法享有的权利、救济途径，听取当事人陈述、申辩情况。) □上述笔录我已看过　□或已向我宣读过，情况属实无误。 　　　　　　　　　　　　　　　　　　　现场人员签名： 　　　　　　　　　　　　　　　　　　　时间：

备注：	
执法人员签名：	时间：

交通运输行政执法文书式样之五

抽样取证凭证

案号：

当事人	个人	姓　　名		身份证件号	
		住　　址		联系电话	
	单位	名　　称			
		地　　址			
		联系电话		法定代表人	
		统一社会信用代码			

抽样取证时间：_____年_____月_____日_____时_____分至_____月_____日_____时_____分

抽样地点：_____

抽样取证机关：_____联系电话：_____

依据《中华人民共和国行政处罚法》第五十六条①规定，对你(单位)的下列物品进行抽样取证。

序号	被抽样物品名称	规格及批号	数量	被抽样物品地点

当事人或其代理人签名：　　　　　　　　执法人员签名：

_____　　　　　　　　_____

　　　　　　　　　　　　　　　　　　交通运输执法部门(印章)
　　　　　　　　　　　　　　　　　　　　年　　月　　日

备注：
(本文书一式两份：一份存根，一份交被抽样取证人或其代理人。)

---

① 中华人民共和国行政处罚法 2021 年修订，现为第七十八条。

交通运输行政执法文书式样之六

证据登记保存清单

案号：

当事人	个人	姓　名		身份证件号	
		住　址		联系电话	
	单位	名　称			
		地　址			
		联系电话		法定代表人	
		统一社会信用代码			

　　因调查_____一案，根据《中华人民共和国行政处罚法》第五十六条的规定，对你(单位)下列物品予以先行登记保存_____日(自_____年_____月_____日至_____年_____月_____日)。在此期间，当事人或有关人员不得销毁或转移证据。

序号	证据名称	规格	数量	登记保存地点

当事人或其代理人签名：　　　　　　　　　　执法人员签名：

_____　　　　　　　　　_____

　　　　　　　　　　　　　　　　　　　　　交通运输执法部门(印章)
　　　　　　　　　　　　　　　　　　　　　　　年　　月　　日

(本文书一式两份：一份存根，一份交当事人或其代理人。)

交通运输行政执法文书式样之七

解除证据登记保存决定书

案号：

当事人(个人姓名或单位名称)_____：
　　本机关依法于_____年_____月_____日对你(单位)采取了证据登记保存，《证据登记保存清单》案号为：_____。依照《中华人民共和国行政处罚法》第五十六条的规定，本机关决定自_____年_____月_____日起解除该证据登记保存。

　　　　　　　　　　　　　　　　　　　　　交通运输执法部门(印章)
　　　　　　　　　　　　　　　　　　　　　　　年　　月　　日

(本文书一式两份：一份存根，一份交当事人或其代理人。)

交通运输行政执法文书式样之八

行政强制措施决定书

案号：

当事人	个人	姓　　名		身份证件号	
		住　　址		联系电话	
	单位	名　　称			
		地　　址			
		联系电话		法定代表人	
		统一社会信用代码			

　　_____年_____月_____日，你(单位)_____。依据_____的规定，本机关决定对你(单位)的_____(财物、设施或场所的名称及数量)实施_____的行政强制措施，期限为_____年_____月_____日至_____年_____月_____日。

　　如果不服本决定，可以依法在六十日内向_____申请行政复议，或者在六个月内依法向_____人民法院提起行政诉讼，但本决定不停止执行，法律另有规定的除外。

交通运输执法部门(印章)
年　　月　　日

　　查封、扣押场所、设施、财物清单如下：

序号	查封、扣押场所、设施、财物名称	规　格	数　量	备　注

　　其他说明：_____

　　(本文书一式两份：一份存根，一份交当事人或其代理人。)

交通运输行政执法文书式样之九

延长行政强制措施期限通知书

案号：

当事人(个人姓名或单位名称)＿＿＿＿＿＿＿＿＿＿＿＿：
　　因你(单位)＿＿＿＿＿＿＿＿＿＿＿＿＿＿＿＿＿＿＿＿＿＿＿＿＿＿＿＿＿＿＿＿，本机关依法于＿＿＿＿年＿＿月＿＿日对你(单位)采取了＿＿＿＿＿＿＿＿＿＿＿＿＿＿＿＿＿＿＿＿的行政强制措施，行政强制措施决定书案号：＿＿＿＿＿＿＿＿＿＿＿＿＿＿＿＿＿＿＿＿＿＿＿。
　　现因＿＿＿＿＿＿＿＿＿＿＿＿＿＿＿＿＿＿＿＿＿＿＿＿＿＿＿＿＿＿＿＿＿＿＿＿＿，依据《中华人民共和国行政强制法》第二十五条的规定，决定延长行政强制措施期限至＿＿＿＿年＿＿＿＿月＿＿＿＿日。

　　　　　　　　　　　　　　　　　　　　　　交通运输执法部门(印章)
　　　　　　　　　　　　　　　　　　　　　　　　年　　月　　日

(本文书一式两份：一份存根，一份交当事人或其代理人。)

交通运输行政执法文书式样之十

解除行政强制措施决定书

案号：

当事人(个人姓名或单位名称)＿＿＿＿＿＿＿＿＿＿＿＿：
　　因你(单位)＿＿＿＿＿＿＿＿＿＿＿＿＿＿＿＿＿＿＿＿＿＿＿＿，本机关依法于＿＿＿＿年＿＿＿＿月＿＿＿＿日对你(单位)采取了＿＿＿＿＿＿＿＿＿＿＿＿＿＿＿＿＿＿＿的行政强制措施，行政强制措施决定书案号：＿＿＿＿＿＿＿＿＿＿＿＿＿＿＿＿＿＿＿＿＿＿＿＿＿＿＿＿＿＿＿＿＿＿＿＿。
　　依照《中华人民共和国行政强制法》第二十八条第一款第＿＿＿＿项的规定，本机关决定自＿＿＿＿年＿＿月＿＿＿＿日起解除该行政强制措施。

　　　　　　　　　　　　　　　　　　　　　　交通运输执法部门(印章)
　　　　　　　　　　　　　　　　　　　　　　　　年　　月　　日

退还财物清单如下：

序号	退还财物名称	规　格	数　量	备　注

　　经当事人(代理人)查验，退还的财物与查封、扣押时一致，查封、扣押期间没有使用、丢失和损坏现象。

(本文书一式两份：一份存根，一份交当事人或其代理人。)

交通运输行政执法文书式样之十一

违法行为通知书

案号：

当事人(个人姓名或单位名称)_____：
　　经调查,本机关认为你(单位)_____行为,违反了_____的规定,依据_____的规定,本机关拟作出_____处罚决定。
　　□根据《中华人民共和国行政处罚法》第四十四条、第四十五条的规定,你(单位)如对该处罚意见有异议,可向本机关提出陈述申辩,本机关将依法予以核实。
　　□根据《中华人民共和国行政处罚法》第六十三条、第六十四条的规定,你(单位)有权在收到本通知书之日起五日内向本机关要求举行听证;逾期不要求举行听证的,视为你(单位)放弃听证的权利。
　　(注:在序号前□内打"√"的为当事人享有该权利。)

联系地址:_____邮编:_____
联系人:_____联系电话:_____

　　　　　　　　　　　　　　　　　　　　　　交通运输执法部门(印章)
　　　　　　　　　　　　　　　　　　　　　　　年　　　月　　　日

(本文书一式两份:一份存根,一份交当事人或其代理人。)

交通运输行政执法文书式样之十二

听证通知书

案号：

当事人(个人姓名或单位名称)_____：
　　根据你(单位)申请,关于_____一案,现定于_____年_____月_____日_____时在_____(公开、不公开)举行听证会议,请准时出席。
听证主持人姓名:_____职务:_____
听证员姓名:_____职务:_____
记录员姓名:_____职务:_____
　　根据《中华人民共和国行政处罚法》第六十四条规定,你(单位)可以申请听证主持人、听证员、记录员回避。
　　注意事项如下:
　　1.请事先准备相关证据,通知证人和委托代理人准时参加。
　　2.委托代理人参加听证的,应当在听证会前向本机关提交授权委托书等有关证明。
　　3.申请延期举行的,应当在举行听证会前向本行政机关提出,由本机关决定是否延期。
　　4.当事人及其代理人无正当理由拒不出席听证或者未经许可中途退出听证的,视为放弃听证权利。
　　特此通知。

联系地址:_____邮编:_____
联系人:_____联系电话:_____

　　　　　　　　　　　　　　　　　　　　　　交通运输执法部门(印章)
　　　　　　　　　　　　　　　　　　　　　　　年　　　月　　　日

(本文书一式两份:一份存根,一份交当事人或其代理人。)

交通运输行政执法文书式样之十三

听证笔录

案号：_____

案件名称：_____
主持听证机关：_____
听证地点：_____
听证时间：_____年_____月_____日_____时_____分至_____年_____月_____日_____时_____分
主持人：_____ 听证员：_____
记录员：_____
执法人员：_____ 执法证号：_____
　　　　　_____ 执法证号：_____
当事人：_____ 法定代表人：_____ 联系电话：_____
委托代理人：_____ 性别：_____ 年龄：_____ 工作单位及职务：_____
第三人：_____ 性别：_____ 年龄：_____ 工作单位及职务：_____
其他参与人员：_____ 性别：_____ 年龄：_____ 工作单位及职务：_____
听证记录：_____
_____
_____
_____
_____
_____
_____
_____

当事人或其代理人签名：　　　　　　　　　　主持人及听证员签名：_____

_____　　　　　　　　　记录员签名：_____

其他听证参加人签名：

_____

交通运输行政执法文书式样之十四

当场行政处罚决定书

案号：

当事人	个人	姓　　名		身份证件号	
		住　　址		联系电话	
	单位	名　　称			
		地　　址			
		联系电话		法定代表人	
		统一社会信用代码			

违法事实及证据：_____

_____

你(单位)的行为违反了_____的规定,依据_____

_____的规定,决定给予_____的行政处罚。

罚款的履行方式和期限(见打√处)：

□当场缴纳。

□自收到本决定书之日起十五日内缴至_____,账号_____,到期不缴纳罚款的,本机关可以每日按罚款数额的百分之三加处罚款,加处罚款的数额不超过罚款本数。

如果不服本处罚决定,可以在六十日内依法向_____申请行政复议,或者在六个月内依法向_____人民法院提起行政诉讼,但本决定不停止执行,法律另有规定的除外。逾期不申请行政复议、不提起行政诉讼又不履行的,本机关将依法申请人民法院强制执行。

处罚前已口头告知当事人拟作出处罚的事实、理由和依据,并告知当事人依法享有的陈述权和申辩权。

当场行政处罚地点：_____

当事人或其代理人签名：　　　　　　　执法人员签名：

_____　　　　　　　_____、_____

　　　　　　　　　　　　　　　　　　　　交通运输执法部门(印章)
　　　　　　　　　　　　　　　　　　　　　年　　　月　　　日

(本文书一式两份：一份存根,一份交当事人或其代理人。)

交通运输行政执法文书式样之十五

行政处罚决定书

案号：

当事人	个人	姓　名		身份证件号	
		住　址		联系电话	
	单位	名　称			
		地　址			
		联系电话		法定代表人	
		统一社会信用代码			

违法事实及证据：_____
_____
_____
_____
_____

　　你（单位）的行为违反了_____的规定，依据_____的规定，决定给予_____的行政处罚。

　　处以罚款的，自收到本决定书之日起十五日内缴至_____，账号_____，到期不缴纳罚款的，本机关可以每日按罚款数额的百分之三加处罚款，加处罚款的数额不超过罚款本数。

　　其他执行方式和期限：_____
_____。

　　如果不服本处罚决定，可以在六十日内依法向_____申请行政复议，或者在六个月内依法向_____人民法院提起行政诉讼，但本决定不停止执行，法律另有规定的除外。逾期不申请行政复议、不提起行政诉讼又不履行的，本机关将依法申请人民法院强制执行。

交通运输执法部门（印章）
年　　月　　日

（本文书一式两份：一份存根，一份交当事人或其代理人。）

交通运输行政执法文书式样之十六

责令改正违法行为通知书

案号：

当事人(个人姓名或单位名称)_____：
　　经调查，你(单位)存在下列违法事实：
_____
_____。
　　根据_____的规定，现责令你(单位)
　　□立即予以改正。
　　□在_____年_____月_____日前改正或者整改完毕。
　　如果不服本决定，可以在六十日内依法向_____申请行政复议，或者在六个月内依法向_____人民法院提起行政诉讼。

当事人或其代理人签名：　　　　　　　　　执法人员签名：
_____　　　　　　　　　　　　_____

　　　　　　　　　　　　　　　　　　　　交通运输执法部门(印章)
　　　　　　　　　　　　　　　　　　　　　年　　　月　　　日

(本文书一式两份：一份存根，一份交当事人或其代理人。)

交通运输行政执法文书式样之十七

分期(延期)缴纳罚款通知书

案号：

当事人(个人姓名或单位名称)_____：
　　_____年_____月_____日，本机关对你(单位)送达了_____(案号)《行政处罚决定书》，作出了对你(单位)罚款_____(大写)的行政处罚决定，根据你(单位)的申请，本机关依据《中华人民共和国行政处罚法》第六十六条的规定，现决定：
　　□同意你(单位)延期缴纳罚款。延长至_____年_____月_____日。
　　□同意你(单位)分期缴纳罚款。第_____期至_____年_____月_____日前，缴纳罚款_____元(大写)(每期均应当单独开具本文书)。此外，尚有未缴纳的罚款_____元(大写)。
　　□由于_____，因此，本机关认为你的申请不符合《中华人民共和国行政处罚法》第六十六条的规定，不同意你(单位)分期(延期)缴纳罚款。
　　代收机构以本通知书为据，办理收款手续。

　　　　　　　　　　　　　　　　　　　　交通运输执法部门(印章)
　　　　　　　　　　　　　　　　　　　　　年　　　月　　　日

(本文书一式两份：一份存根，一份交当事人或其代理人。)

交通运输行政执法文书式样之十八

执行公告

案号：_____

_____一案，本机关于_____年_____月_____日依法作出了_____的决定，决定书案号为_____。依据《中华人民共和国行政强制法》第四十四条的规定，现责令当事人_____立即停止违法行为并于_____年_____月_____日_____时前自行拆除违法的建筑物、构筑物、设施等。当事人在法定期限内不申请行政复议或者提起行政诉讼，又不拆除的，本机关将依法强制拆除。

特此公告。

交通运输执法部门(印章)
年　　月　　日

交通运输行政执法文书式样之十九

催告书

案号：_____

当事人(个人姓名或单位名称)_____：
　　因你(单位)_____，本机关于_____年_____月_____日作出了_____的决定，决定书案号为_____。你(单位)逾期未履行义务，根据《中华人民共和国行政强制法》第三十五条和第五十四条的规定，现就有关事项催告如下，请你(单位)按要求履行：
　　1. 履行标的：_____
　　2. 履行期限：_____
　　3. 履行方式：_____
　　4. 履行要求：_____
　　5. 其他事项：_____
你(单位)逾期仍不履行的，本机关将依法采取以下措施：
□1. 到期不缴纳罚款的，每日按罚款数额的百分之三加处罚款。
□2. 根据法律规定，将查封、扣押的财物拍卖抵缴罚款。
□3. 申请人民法院强制执行。
□4. 依法代履行或者委托第三人：_____代履行。
□5. 其他强制执行方式：_____。
你(单位)可向本机关进行陈述或申辩，本机关将依法核实。

交通运输执法部门(印章)
年　　月　　日

(本文书一式两份：一份存根，一份交当事人或其代理人。)

交通运输行政执法文书式样之二十

行政强制执行决定书

案号：_____

当事人	个人	姓　名		身份证件号	
		住　址		联系电话	
	单位	名　称			
		地　址			
		联系电话		法定代表人	
		统一社会信用代码			

　　因你(单位)逾期未履行本机关于_____年_____月_____日作出的_____决定,决定书案号为_____。经本机关催告后,你(单位)在规定期限内仍未履行行政决定。依据_____的规定,本机关将立即于_____年_____月_____日强制执行：_____(强制执行方式)。

　　如不服本决定,可以在收到本决定书之日起六十日内向_____申请行政复议或者在六个月内依法向_____人民法院提起行政诉讼。

交通运输执法部门(印章)
年　　　月　　　日

(文书一式两份:一份存根,一份交当事人或其代理人。)

交通运输行政执法文书式样之二十一

代履行决定书

案号：_____

当事人	个人	姓　名		身份证件号	
		住　址		联系电话	
	单位	名　称			
		地　址			
		联系电话		法定代表人	
		统一社会信用代码			

　　因你(单位)_____,

　　□1.本机关于_____年_____月_____日作出了_____决定,决定书案号为_____。经本机关催告后仍不履行,因其后果已经或者将危害交通安全、造成环境污染或者破坏自然资源。依据《中华人民共和国行政强制法》第五十条以及＿＿＿＿＿＿＿＿＿＿＿＿＿的规定。

　　□2.需要立即清除道路、河道、航道或者公共场所的遗洒物、障碍物或者污染物，因你(单位)不能清除，依据《中华人民共和国行政强制法》第五十二条以及＿＿＿＿＿＿＿＿＿＿＿＿＿＿＿＿＿＿＿＿＿＿＿的规定。

　　本机关依法作出代履行决定如下：
　　1. 代履行人：□本机关　　□第三人：＿＿＿＿＿＿＿＿＿＿＿＿＿＿＿＿＿
　　2. 代履行标的：＿＿＿＿＿＿＿＿＿＿＿＿＿＿＿＿＿＿＿＿＿＿＿＿＿＿
　　3. 代履行时间和方式：＿＿＿＿＿＿＿＿＿＿＿＿＿＿＿＿＿＿＿＿＿＿
　　4. 代履行费用(预算)：＿＿＿＿＿＿＿＿＿＿＿＿＿＿＿＿＿＿＿＿＿

请你(单位)在收到本决定书后＿＿＿＿＿＿日内预付代履行预算费用(开户行：＿＿＿＿＿＿账号：＿＿＿＿＿＿)。代履行费用据实决算后，多退少补。

　　如不服本决定，可以在收到本决定书之日起六十日内向＿＿＿＿＿＿＿＿＿＿申请行政复议或者在六个月内依法向＿＿＿＿＿＿＿＿＿＿人民法院提起行政诉讼。

交通运输执法部门(印章)
年　　月　　日

(本文书一式两份：一份存根，一份交当事人或其代理人。)

交通运输行政执法文书式样之二十二

中止(终结、恢复)行政强制执行通知书

案号：

当事人(个人姓名或单位名称)＿＿＿＿＿＿＿＿＿＿＿＿＿＿：
＿＿＿＿＿＿＿＿＿＿＿＿＿一案，本机关于＿＿＿＿＿＿＿年＿＿＿＿＿＿月＿＿＿＿＿＿日依法作出了行政强制执行决定，并向你(单位)送达了《行政强制执行决定书》(案号：＿＿＿＿＿＿＿＿＿＿＿＿＿)。

　　□1. 现因＿＿＿＿＿＿＿＿＿＿＿＿＿＿＿＿＿＿＿＿＿＿＿＿，根据《中华人民共和国行政强制法》第三十九条第一款的规定，本机关决定自＿＿＿＿＿＿年＿＿＿＿＿＿月＿＿＿＿＿＿日起中止该行政强制执行。中止执行的情形消失后，本机关将恢复执行。

　　□2. 现因＿＿＿＿＿＿＿＿＿＿＿＿＿＿＿＿＿＿＿＿＿＿＿＿，根据《中华人民共和国行政强制法》第四十条的规定，本机关决定终结执行。

　　□3. 你(单位)＿＿＿＿＿＿＿＿＿＿＿＿＿＿＿＿＿＿＿＿＿＿＿＿一案，本机关于＿＿＿＿＿＿年＿＿＿＿＿＿月＿＿＿＿＿＿日决定中止执行，现中止执行的情形已消失，根据《中华人民共和国行政强制法》第三十九第二款的规定，决定从即日恢复强制执行。

　　□4. 本机关于＿＿＿＿＿＿年＿＿＿＿＿＿月＿＿＿＿＿＿日与你(单位)达成执行协议，因你(单位)不履行执行协议，根据《中华人民共和国行政强制法》第四十二条第二款的规定，决定从即日恢复强制执行。

　　特此通知。

交通运输执法部门(印章)
年　　月　　日

(本文书一式两份：一份存根，一份交当事人或其代理人。)

交通运输行政执法文书式样之二十三

送达回证

案号：

案由：

送达单位	
受送达人	
代收人	

送达文书名称、文号	收件人签名(盖章)	送达地点	送达日期	送达方式	送达人

交通运输执法部门(印章)
　年　　月　　日

备注：

交通运输行政执法文书式样之二十四

结案报告

案号：_____

案由：_____

当事人基本情况	个人		年龄		性别	
	所在单位		联系地址			
	联系电话		邮编			
	单位		地址			
	法定代表人		职务			

处理结果	

执行情况	

经办机构负责人意见	签名： 　　　年　月　日

负责人审批意见	签名： 　　　年　月　日

道路交通安全违法行为处理程序规定

· 2008年12月20日公安部令第105号公布
· 根据2020年4月7日《公安部关于修改〈道路交通安全违法行为处理程序规定〉的决定》修正

第一章 总　则

第一条　为了规范道路交通安全违法行为处理程序，保障公安机关交通管理部门正确履行职责，保护公民、法人和其他组织的合法权益，根据《中华人民共和国道路交通安全法》及其实施条例等法律、行政法规制定本规定。

第二条　公安机关交通管理部门及其交通警察对道路交通安全违法行为(以下简称违法行为)的处理程序，在法定职权范围内依照本规定实施。

第三条　对违法行为的处理应当遵循合法、公正、文明、公开、及时的原则，尊重和保障人权，保护公民的人格尊严。

对违法行为的处理应当坚持教育与处罚相结合的原则，教育公民、法人和其他组织自觉遵守道路交通安全法律法规。

对违法行为的处理，应当以事实为依据，与违法行为的事实、性质、情节以及社会危害程度相当。

第二章 管　辖

第四条　交通警察执勤执法中发现的违法行为由违法行为发生地的公安机关交通管理部门管辖。

对管辖权发生争议的，报请共同的上一级公安机关交通管理部门指定管辖。上一级公安机关交通管理部门应当及时确定管辖主体，并通知争议各方。

第五条　违法行为人可以在违法行为发生地、机动车登记地或者其他任意地公安机关交通管理部门处理交通技术监控设备记录的违法行为。

违法行为人在违法行为发生地以外的地方(以下简称处理地)处理交通技术监控设备记录的违法行为的，处理地公安机关交通管理部门可以协助违法行为发生地公安机关交通管理部门调查违法事实、代为送达法律文书、代为履行处罚告知程序，由违法行为发生地公安机关交通管理部门按照发生地标准作出处罚决定。

违法行为人或者机动车所有人、管理人对交通技术监控设备记录的违法行为事实有异议的，可以通过公安机关交通管理部门互联网网站、移动互联网应用程序或者违法行为处理窗口向公安机关交通管理部门提出。处理地公安机关交通管理部门应当在收到当事人申请后当日，通过道路交通违法信息管理系统通知违法行为发生地公安机关交通管理部门。违法行为发生地公安机关交通管理部门应当在五日内予以审查，异议成立的，予以消除；异议不成立的，告知当事人。

第六条　对违法行为人处以警告、罚款或者暂扣机动车驾驶证处罚的，由县级以上公安机关交通管理部门作出处罚决定。

对违法行为人处以吊销机动车驾驶证处罚的，由设区的市公安机关交通管理部门作出处罚决定。

对违法行为人处以行政拘留处罚的，由县、市公安局、公安分局或者相当于县一级的公安机关作出处罚决定。

第三章 调查取证

第一节 一般规定

第七条　交通警察调查违法行为时，应当表明执法身份。

交通警察执勤执法应当严格执行安全防护规定，注意自身安全，在公路上执勤执法不得少于两人。

第八条　交通警察应当全面、及时、合法收集能够证实违法行为是否存在、违法情节轻重的证据。

第九条　交通警察调查违法行为时，应当查验机动车驾驶证、行驶证、机动车号牌、检验合格标志、保险标志等牌证以及机动车和驾驶人违法信息。对运载爆炸物品、易燃易爆化学物品以及剧毒、放射性等危险物品车辆驾驶人违法行为调查的，还应当查验其他相关证件及信息。

第十条　交通警察查验机动车驾驶证时，应当询问驾驶人姓名、住址、出生年月并与驾驶证上记录的内容进行核对；对持证人的相貌与驾驶证上的照片进行核对。必要时，可以要求驾驶人出示居民身份证进行核对。

第十一条　调查中需要采取行政强制措施的，依照法律、法规、本规定及国家其他有关规定实施。

第十二条　交通警察对机动车驾驶人不在现场的违法停放机动车行为，应当在机动车侧门玻璃或者摩托车座位上粘贴违法停车告知单，并采取拍照或者录像方式固定相关证据。

第十三条　调查中发现违法行为人有其他违法行为的，在依法对其道路交通安全违法行为作出处理决定的同时，按照有关规定移送有管辖权的单位处理。涉嫌构成犯罪的，转为刑事案件办理或者移送有权处理的主管机关、部门办理。

第十四条　公安机关交通管理部门对于控告、举报的违法行为以及其他行政主管部门移送的案件应当接受，并按规定处理。

第二节　交通技术监控

第十五条　公安机关交通管理部门可以利用交通技术监控设备、执法记录设备收集、固定违法行为证据。

交通技术监控设备、执法记录设备应当符合国家标准或者行业标准，需要认定、检定的交通技术监控设备应当经认定、检定合格后，方可用于收集、固定违法行为证据。

交通技术监控设备应当定期维护、保养、检测，保持功能完好。

第十六条　交通技术监控设备的设置应当遵循科学、规范、合理的原则，设置的地点应当有明确规范相应交通行为的交通信号。

固定式交通技术监控设备设置地点应当向社会公布。

第十七条　使用固定式交通技术监控设备测速的路段，应当设置测速警告标志。

使用移动测速设备测速的，应当由交通警察操作。使用车载移动测速设备的，还应当使用制式警车。

第十八条　作为处理依据的交通技术监控设备收集的违法行为记录资料，应当清晰、准确地反映机动车类型、号牌、外观等特征以及违法时间、地点、事实。

第十九条　交通技术监控设备收集违法行为记录资料后五日内，违法行为发生地公安机关交通管理部门应当对记录内容进行审核，经审核无误后录入道路交通违法信息管理系统，作为处罚违法行为的证据。

第二十条　交通技术监控设备记录的违法行为信息录入道路交通违法信息管理系统后当日，违法行为发生地和机动车登记地公安机关交通管理部门应当向社会提供查询。违法行为发生地公安机关交通管理部门应当在违法行为信息录入道路交通违法信息管理系统后五日内，按照机动车备案信息中的联系方式，通过移动互联网应用程序、手机短信或者邮寄等方式将违法时间、地点、事实通知违法行为人或者机动车所有人、管理人，并告知其在三十日内接受处理。

公安机关交通管理部门应当在违法行为人或者机动车所有人、管理人处理违法行为和交通事故、办理机动车或者驾驶证业务时，书面确认违法行为人或者机动车所有人、管理人的联系方式和法律文书送达方式，并告知其可以通过公安机关交通管理部门互联网网站、移动互联网应用程序等方式备案或者变更联系方式、法律文书送达方式。

第二十一条　对交通技术监控设备记录的违法行为信息，经核查能够确定实际驾驶人的，公安机关交通管理部门可以在道路交通违法信息管理系统中将其记录为实际驾驶人的违法行为信息。

第二十二条　交通技术监控设备记录或者录入道路交通违法信息管理系统的违法行为信息，有下列情形之一并经核实的，违法行为发生地或者机动车登记地公安机关交通管理部门应当自核实之日起三日内予以消除：

（一）警车、消防救援车辆、救护车、工程救险车执行紧急任务期间交通技术监控设备记录的违法行为；

（二）机动车所有人或者管理人提供报案记录证明机动车被盗抢期间、机动车号牌被他人冒用期间交通技术监控设备记录的违法行为；

（三）违法行为人或者机动车所有人、管理人提供证据证明机动车因救助危难或者紧急避险造成的违法行为；

（四）已经在现场被交通警察处理的交通技术监控设备记录的违法行为；

（五）因交通信号指示不一致造成的违法行为；

（六）作为处理依据的交通技术监控设备收集的违法行为记录资料，不能清晰、准确地反映机动车类型、号牌、外观等特征以及违法时间、地点、事实的；

（七）经比对交通技术监控设备记录的违法行为照片、道路交通违法信息管理系统登记的机动车信息，确认记录的机动车号牌信息错误的；

（八）其他应当消除的情形。

第二十三条　经查证属实，单位或者个人提供的违法行为照片或者视频等资料可以作为处罚的证据。

对群众举报的违法行为照片或者视频资料的审核录入要求，参照本规定执行。

第四章　行政强制措施适用

第二十四条　公安机关交通管理部门及其交通警察在执法过程中，依法可以采取下列行政强制措施：

（一）扣留车辆；

（二）扣留机动车驾驶证；

（三）拖移机动车；

（四）检验体内酒精、国家管制的精神药品、麻醉药品含量；

（五）收缴物品；

（六）法律、法规规定的其他行政强制措施。

第二十五条 采取本规定第二十四条第（一）、（二）、（四）、（五）项行政强制措施，应当按照下列程序实施：

（一）口头告知违法行为人或者机动车所有人、管理人违法行为的基本事实、拟作出行政强制措施的种类、依据及其依法享有的权利；

（二）听取当事人的陈述和申辩，当事人提出的事实、理由或者证据成立的，应当采纳；

（三）制作行政强制措施凭证，并告知当事人在十五日内到指定地点接受处理；

（四）行政强制措施凭证应当由当事人签名、交通警察签名或者盖章，并加盖公安机关交通管理部门印章；当事人拒绝签名的，交通警察应当在行政强制措施凭证上注明；

（五）行政强制措施凭证应当当场交付当事人；当事人拒收的，由交通警察在行政强制措施凭证上注明，即为送达。

现场采取行政强制措施的，交通警察应当在二十四小时内向所属公安机关交通管理部门负责人报告，并补办批准手续。公安机关交通管理部门负责人认为不应当采取行政强制措施的，应当立即解除。

第二十六条 行政强制措施凭证应当载明当事人的基本情况、车辆牌号、车辆类型、违法事实、采取行政强制措施种类和依据、接受处理的具体地点和期限、决定机关名称及当事人依法享有的行政复议、行政诉讼权利等内容。

第二十七条 有下列情形之一的，依法扣留车辆：

（一）上道路行驶的机动车未悬挂机动车号牌，未放置检验合格标志、保险标志，或者未随车携带机动车行驶证、驾驶证的；

（二）有伪造、变造或者使用伪造、变造的机动车登记证书、号牌、行驶证、检验合格标志、保险标志、驾驶证或者使用其他车辆的机动车登记证书、号牌、行驶证、检验合格标志、保险标志嫌疑的；

（三）未按照国家规定投保机动车交通事故责任强制保险的；

（四）公路客运车辆或者货运机动车超载的；

（五）机动车有被盗抢嫌疑的；

（六）机动车有拼装或者达到报废标准嫌疑的；

（七）未申领《剧毒化学品公路运输通行证》通过公路运输剧毒化学品的；

（八）非机动车驾驶人拒绝接受罚款处罚的。

对发生道路交通事故，因收集证据需要的，可以依法扣留事故车辆。

第二十八条 交通警察应当在扣留车辆后二十四小时内，将被扣留车辆交所属公安机关交通管理部门。

公安机关交通管理部门扣留车辆的，不得扣留车辆所载货物。对车辆所载货物应当通知当事人自行处理，当事人无法自行处理或者不自行处理的，应当登记并妥善保管，对容易腐烂、损毁、灭失或者其他不具备保管条件的物品，经县级以上公安机关交通管理部门负责人批准，可以在拍照或者录像后变卖或者拍卖，变卖、拍卖所得按照有关规定处理。

第二十九条 对公路客运车辆载客超过核定乘员、货运机动车超过核定载质量的，公安机关交通管理部门应当按照下列规定消除违法状态：

（一）违法行为人可以自行消除违法状态的，应当在公安机关交通管理部门的监督下，自行将超载的乘车人转运、将超载的货物卸载；

（二）违法行为人无法自行消除违法状态的，对超载的乘车人，公安机关交通管理部门应当及时通知有关部门联系转运；对超载的货物，应当在指定的场地卸载，并由违法行为人与指定场地的保管方签订卸载货物的保管合同。

消除违法状态的费用由违法行为人承担。违法状态消除后，应当立即退还被扣留的机动车。

第三十条 对扣留的车辆，当事人接受处理或者提供、补办的相关证明或者手续经核实后，公安机关交通管理部门应当依法及时退还。

公安机关交通管理部门核实的时间不得超过十日；需要延长的，经县级以上公安机关交通管理部门负责人批准，可以延长至十五日。核实时间自车辆驾驶人或者所有人、管理人提供被扣留车辆合法来历证明，补办相应手续，或者接受处理之日起计算。

发生道路交通事故因收集证据需要扣留车辆的，扣留车辆时间依照《道路交通事故处理程序规定》有关规定执行。

第三十一条 有下列情形之一的，依法扣留机动车驾驶证：

（一）饮酒后驾驶机动车的；

（二）将机动车交由未取得机动车驾驶证或者机动车驾驶证被吊销、暂扣的人驾驶的；

（三）机动车行驶超过规定时速百分之五十的；

（四）驾驶有拼装或者达到报废标准嫌疑的机动车

上道路行驶的；

（五）在一个记分周期内累积记分达到十二分的。

第三十二条　交通警察应当在扣留机动车驾驶证后二十四小时内，将被扣留机动车驾驶证交所属公安机关交通管理部门。

具有本规定第三十一条第（一）、（二）、（三）、（四）项所列情形之一的，扣留机动车驾驶证至作出处罚决定之日；处罚决定生效前先予扣留机动车驾驶证的，扣留一日折抵暂扣期限一日。只对违法行为人作出罚款处罚的，缴纳罚款完毕后，应当立即发还机动车驾驶证。具有本规定第三十一条第（五）项情形的，扣留机动车驾驶证至考试合格之日。

第三十三条　违反机动车停放、临时停车规定，驾驶人不在现场或者虽在现场但拒绝立即驶离，妨碍其他车辆、行人通行的，公安机关交通管理部门及其交通警察可以将机动车拖移至不妨碍交通的地点或者公安机关交通管理部门指定的地点。

拖移机动车的，现场交通警察应当通过拍照、录像等方式固定违法事实和证据。

第三十四条　公安机关交通管理部门应当公开拖移机动车查询电话，并通过设置拖移机动车专用标志牌明示或者以其他方式告知当事人。当事人可以通过电话查询接受处理的地点、期限和被拖移机动车的停放地点。

第三十五条　车辆驾驶人有下列情形之一的，应当对其检验体内酒精含量：

（一）对酒精呼气测试等方法测试的酒精含量结果有异议并当场提出的；

（二）涉嫌饮酒驾驶车辆发生交通事故的；

（三）涉嫌醉酒驾驶的；

（四）拒绝配合酒精呼气测试等方法测试的。

车辆驾驶人对酒精呼气测试结果无异议的，应当签字确认。事后提出异议的，不予采纳。

车辆驾驶人涉嫌吸食、注射毒品或者服用国家管制的精神药品、麻醉药品后驾驶车辆的，应当按照《吸毒检测程序规定》对车辆驾驶人进行吸毒检测，并通知其家属，但无法通知的除外。

对酒后、吸毒后行为失控或者拒绝配合检验、检测的，可以使用约束带或者警绳等约束性警械。

第三十六条　对车辆驾驶人进行体内酒精含量检验的，应当按照下列程序实施：

（一）由两名交通警察或者由一名交通警察带领警务辅助人员将车辆驾驶人带到医疗机构提取血样，或者现场由法医等具有相应资质的人员提取血样；

（二）公安机关交通管理部门应当在提取血样后五日内将血样送交有检验资格的单位或者机构进行检验，并在收到检验结果后五日内书面告知车辆驾驶人。

检验车辆驾驶人体内酒精含量的，应当通知其家属，但无法通知的除外。

车辆驾驶人对检验结果有异议的，可以在收到检验结果之日起三日内申请重新检验。

具有下列情形之一的，应当进行重新检验：

（一）检验程序违法或者违反相关专业技术要求，可能影响检验结果正确性的；

（二）检验单位或者机构、检验人不具备相应资质和条件的；

（三）检验结果明显依据不足的；

（四）检验人故意作虚假检验的；

（五）检验人应当回避而没有回避的；

（六）检材虚假或者被污染的；

（七）其他应当重新检验的情形。

不符合前款规定情形的，经县级以上公安机关交通管理部门负责人批准，作出不准予重新检验的决定，并在作出决定之日起的三日内书面通知申请人。

重新检验，公安机关应当另行派出或者聘请检验人。

第三十七条　对非法安装警报器、标志灯具或者自行车、三轮车加装动力装置的，公安机关交通管理部门应当强制拆除，予以收缴，并依法予以处罚。

交通警察现场收缴非法装置的，应当在二十四小时内，将收缴的物品交所属公安机关交通管理部门。

对收缴的物品，除作为证据保存外，经县级以上公安机关交通管理部门批准后，依法予以销毁。

第三十八条　公安机关交通管理部门对扣留的拼装或者已达到报废标准的机动车，经县级以上公安机关交通管理部门批准后，予以收缴，强制报废。

第三十九条　对伪造、变造或者使用伪造、变造的机动车登记证书、号牌、行驶证、检验合格标志、保险标志、驾驶证的，应当予以收缴，依法处罚后予以销毁。

对使用其他车辆的机动车登记证书、号牌、行驶证、检验合格标志、保险标志的，应当予以收缴，依法处罚后转至机动车登记地车辆管理所。

第四十条　对在道路两侧及隔离带上种植树木、其他植物或者设置广告牌、管线等，遮挡路灯、交通信号灯、交通标志，妨碍安全视距的，公安机关交通管理部门应当向违法行为人送达排除妨碍通知书，告知履行期限和不履行的后果。违法行为人在规定期限内拒不履行的,依法予以处罚并强制排除妨碍。

第四十一条 强制排除妨碍,公安机关交通管理部门及其交通警察可以当场实施。无法当场实施的,应当按照下列程序实施:

(一)经县级以上公安机关交通管理部门负责人批准,可以委托或者组织没有利害关系的单位予以强制排除妨碍;

(二)执行强制排除妨碍时,公安机关交通管理部门应当派员到场监督。

第五章　行政处罚
第一节　行政处罚的决定

第四十二条 交通警察对于当场发现的违法行为,认为情节轻微、未影响道路通行和安全的,口头告知其违法行为的基本事实、依据,向违法行为人提出口头警告,纠正违法行为后放行。

各省、自治区、直辖市公安机关交通管理部门可以根据实际确定适用口头警告的具体范围和实施办法。

第四十三条 对违法行为人处以警告或者二百元以下罚款的,可以适用简易程序。

对违法行为人处以二百元(不含)以上罚款、暂扣或者吊销机动车驾驶证的,应当适用一般程序。不需要采取行政强制措施的,现场交通警察应当收集、固定相关证据,并制作违法行为处理通知书。其中,对违法行为人单处二百元(不含)以上罚款的,可以通过简化取证方式和审核审批手续等措施快速办理。

对违法行为人处以行政拘留处罚的,按照《公安机关办理行政案件程序规定》实施。

第四十四条 适用简易程序处罚的,可以由一名交通警察作出,并应当按照下列程序实施:

(一)口头告知违法行为人违法行为的基本事实、拟作出的行政处罚、依据及其依法享有的权利;

(二)听取违法行为人的陈述和申辩,违法行为人提出的事实、理由或者证据成立的,应当采纳;

(三)制作简易程序处罚决定书;

(四)处罚决定书应当由被处罚人签名、交通警察签名或者盖章,并加盖公安机关交通管理部门印章;被处罚人拒绝签名的,交通警察应当在处罚决定书上注明;

(五)处罚决定书应当当场交付被处罚人;被处罚人拒收的,由交通警察在处罚决定书上注明,即为送达。

交通警察应当在二日内将简易程序处罚决定书报所属公安机关交通管理部门备案。

第四十五条 简易程序处罚决定书应当载明被处罚人的基本情况、车辆牌号、车辆类型、违法事实、处罚的依据、处罚的内容、履行方式、期限、处罚机关名称及被处罚人依法享有的行政复议、行政诉讼权利等内容。

第四十六条 制发违法行为处理通知书应当按照下列程序实施:

(一)口头告知违法行为人违法行为的基本事实;

(二)听取违法行为人的陈述和申辩,违法行为人提出的事实、理由或者证据成立的,应当采纳;

(三)制作违法行为处理通知书,并通知当事人在十五日内接受处理;

(四)违法行为处理通知书应当由违法行为人签名、交通警察签名或者盖章,并加盖公安机关交通管理部门印章;当事人拒绝签名的,交通警察应当在违法行为处理通知书上注明;

(五)违法行为处理通知书应当当场交付当事人;当事人拒收的,由交通警察在违法行为处理通知书上注明,即为送达。

交通警察应当在二十四小时内将违法行为处理通知书报所属公安机关交通管理部门备案。

第四十七条 违法行为处理通知书应当载明当事人的基本情况、车辆牌号、车辆类型、违法事实、接受处理的具体地点和时限、通知机关名称等内容。

第四十八条 适用一般程序作出处罚决定,应当由两名以上交通警察按照下列程序实施:

(一)对违法事实进行调查,询问当事人违法行为的基本情况,并制作笔录;当事人拒绝接受询问、签名或者盖章的,交通警察应当在询问笔录上注明;

(二)采用书面形式或者笔录形式告知当事人拟作出的行政处罚的事实、理由及依据,并告知其依法享有的权利;

(三)对当事人陈述、申辩进行复核,复核结果应当在笔录中注明;

(四)制作行政处罚决定书;

(五)行政处罚决定书应当由被处罚人签名,并加盖公安机关交通管理部门印章;被处罚人拒绝签名的,交通警察应当在处罚决定书上注明;

(六)行政处罚决定书应当当场交付被处罚人;被处罚人拒收的,由交通警察在处罚决定书上注明,即为送达;被处罚人不在场的,应当依照《公安机关办理行政案件程序规定》的有关规定送达。

第四十九条 行政处罚决定书应当载明被处罚人的基本情况、车辆牌号、车辆类型、违法事实和证据、处罚的依据、处罚的内容、履行方式、期限、处罚机关名称及被处罚人依法享有的行政复议、行政诉讼权利等内容。

第五十条 一人有两种以上违法行为，分别裁决，合并执行，可以制作一份行政处罚决定书。

一人只有一种违法行为，依法应当并处两个以上处罚种类且涉及两个处罚主体的，应当分别制作行政处罚决定书。

第五十一条 对违法行为事实清楚，需要按照一般程序处以罚款的，应当自违法行为人接受处理之时起二十四小时内作出处罚决定；处以暂扣机动车驾驶证的，应当自违法行为人接受处理之日起三日内作出处罚决定；处以吊销机动车驾驶证的，应当自违法行为人接受处理或者听证程序结束之日起七日内作出处罚决定，交通肇事构成犯罪的，应当在人民法院判决后及时作出处罚决定。

第五十二条 对交通技术监控设备记录的违法行为，当事人应当及时到公安机关交通管理部门接受处理，处以警告或者二百元以下罚款的，可以适用简易程序；处以二百元(不含)以上罚款、吊销机动车驾驶证的，应当适用一般程序。

第五十三条 违法行为人或者机动车所有人、管理人收到道路交通安全违法行为通知后，应当及时到公安机关交通管理部门接受处理。机动车所有人、管理人将机动车交由他人驾驶的，应当通知机动车驾驶人按照本规定第二十条规定期限接受处理。

违法行为人或者机动车所有人、管理人无法在三十日内接受处理的，可以申请延期处理。延长的期限最长不得超过三个月。

第五十四条 机动车有五起以上未处理的违法行为记录，违法行为人或者机动车所有人、管理人未在三十日内接受处理且未申请延期处理的，违法行为发生地公安机关交通管理部门应当按照备案信息中的联系方式，通过移动互联网应用程序、手机短信或者邮寄等方式将拟作出的行政处罚决定的事实、理由、依据以及依法享有的权利，告知违法行为人或者机动车所有人、管理人。违法行为人或者机动车所有人、管理人未在告知后三十日内接受处理的，可以采取公告方式告知拟作出的行政处罚决定的事实、理由、依据、依法享有的权利以及公告期届满后将依法作出行政处罚决定。公告期为七日。

违法行为人或者机动车所有人、管理人提出申辩或者接受处理的，应当按照本规定第四十四条或者第四十八条办理；违法行为人或者机动车所有人、管理人未提出申辩的，公安机关交通管理部门可以依法作出行政处罚决定，并制作行政处罚决定书。

第五十五条 行政处罚决定书可以邮寄或者电子送达。邮寄或者电子送达不成功的，公安机关交通管理部门可以公告送达，公告期为六十日。

第五十六条 电子送达可以采用移动互联网应用程序、电子邮件、移动通信等能够确认受送达人收悉的特定系统作为送达媒介。送达日期为公安机关交通管理部门对应系统显示发送成功的日期。受送达人证明到达其特定系统的日期与公安机关交通管理部门对应系统显示发送成功的日期不一致的，以受送达人证明到达其特定系统的日期为准。

公告应当通过互联网交通安全综合服务管理平台、移动互联网应用程序等方式进行。公告期满，即为送达。

公告内容应当避免泄漏个人隐私。

第五十七条 交通警察在道路执勤执法时，发现违法行为人或者机动车所有人、管理人有交通技术监控设备记录的违法行为逾期未处理的，应当以口头或者书面方式告知违法行为人或者机动车所有人、管理人。

第五十八条 违法行为人可以通过公安机关交通管理部门自助处理平台自助处理违法行为。

第二节 行政处罚的执行

第五十九条 对行人、乘车人、非机动车驾驶人处以罚款，交通警察当场收缴的，交通警察应当在简易程序处罚决定书上注明，由被处罚人签名确认。被处罚人拒绝签名的，交通警察应当在处罚决定书上注明。

交通警察依法当场收缴罚款的，应当开具省、自治区、直辖市财政部门统一制发的罚款收据；不开具省、自治区、直辖市财政部门统一制发的罚款收据的，当事人有权拒绝缴纳罚款。

第六十条 当事人逾期不履行行政处罚决定的，作出行政处罚决定的公安机关交通管理部门可以采取下列措施：

（一）到期不缴纳罚款的，每日按罚款数额的百分之三加处罚款，加处罚款总额不得超出罚款数额；

（二）申请人民法院强制执行。

第六十一条 公安机关交通管理部门对非本辖区机动车驾驶人给予暂扣、吊销机动车驾驶证处罚的，应当在作出处罚决定之日起十五日内，将机动车驾驶证转至核发地公安机关交通管理部门。

违法行为人申请不将暂扣的机动车驾驶证转至核发地公安机关交通管理部门的，应当准许，并在行政处罚决定书上注明。

第六十二条 对违法行为人决定行政拘留并处罚款的，公安机关交通管理部门应当告知违法行为人可以委托他人代缴罚款。

第六章 执法监督

第六十三条 交通警察执勤执法时，应当按照规定着装，佩戴人民警察标志，随身携带人民警察证件，保持警容严整，举止端庄，指挥规范。

交通警察查处违法行为时应当使用规范、文明的执法用语。

第六十四条 公安机关交通管理部门所属的交警队、车管所及重点业务岗位应当建立值日警官和法制员制度，防止和纠正执法中的错误和不当行为。

第六十五条 各级公安机关交通管理部门应当加强执法监督，建立本单位及其所属民警的执法档案，实施执法质量考评、执法责任制和执法过错追究。

执法档案可以是电子档案或者纸质档案。

第六十六条 公安机关交通管理部门应当依法建立交通民警执勤执法考核评价标准，不得下达或者变相下达罚款指标，不得以处罚数量作为考核民警执法效果的依据。

第七章 其他规定

第六十七条 当事人对公安机关交通管理部门采取的行政强制措施或者作出的行政处罚决定不服的，可以依法申请行政复议或者提起行政诉讼。

第六十八条 公安机关交通管理部门应当使用道路交通违法信息管理系统对违法行为信息进行管理。对记录和处理的交通违法行为信息应当及时录入道路交通违法信息管理系统。

第六十九条 公安机关交通管理部门对非本辖区机动车有违法行为记录的，应当在违法行为信息录入道路交通违法信息管理系统后，在规定时限内将违法行为信息转至机动车登记地公安机关交通管理部门。

第七十条 公安机关交通管理部门对非本辖区机动车驾驶人的违法行为给予记分或者暂扣、吊销机动车驾驶证以及扣留机动车驾驶证的，应当在违法行为信息录入道路交通违法信息管理系统后，在规定时限内将违法行为信息转至驾驶证核发地公安机关交通管理部门。

第七十一条 公安机关交通管理部门可以与保险监管机构建立违法行为与机动车交通事故责任强制保险费率联系浮动制度。

第七十二条 机动车所有人为单位的，公安机关交通管理部门可以将严重影响道路交通安全的违法行为通报机动车所有人。

第七十三条 对非本辖区机动车驾驶人申请在违法行为发生地、处理地参加满分学习、考试的，公安机关交通管理部门应当准许，考试合格后发还扣留的机动车驾驶证，并将考试合格的信息转至驾驶证核发地公安机关交通管理部门。

驾驶证核发地公安机关交通管理部门应当根据转递信息清除机动车驾驶人的累积记分。

第七十四条 以欺骗、贿赂等不正当手段取得机动车登记的，应当收缴机动车登记证书、号牌、行驶证，由机动车登记地公安机关交通管理部门撤销机动车登记。

以欺骗、贿赂等不正当手段取得驾驶许可的，应当收缴机动车驾驶证，由驾驶证核发地公安机关交通管理部门撤销机动车驾驶许可。

非本辖区机动车登记或者机动车驾驶许可需要撤销的，公安机关交通管理部门应当将收缴的机动车登记证书、号牌、行驶证或者机动车驾驶证以及相关证据材料，及时转至机动车登记地或者驾驶证核发地公安机关交通管理部门。

第七十五条 撤销机动车登记或者机动车驾驶许可的，应当按照下列程序实施：

（一）经设区的市公安机关交通管理部门负责人批准，制作撤销决定书送达当事人；

（二）将收缴的机动车登记证书、号牌、行驶证或者机动车驾驶证以及撤销决定书转至机动车登记地或者驾驶证核发地车辆管理所予以注销；

（三）无法收缴的，公告作废。

第七十六条 简易程序案卷应当包括简易程序处罚决定书。一般程序案卷应当包括行政强制措施凭证或者违法行为处理通知书、证据材料、公安交通管理行政处罚决定书。

在处理违法行为过程中形成的其他文书应当一并存入案卷。

第八章 附则

第七十七条 本规定中下列用语的含义：

（一）"违法行为人"，是指违反道路交通安全法律、行政法规规定的公民、法人及其他组织。

（二）"县级以上公安机关交通管理部门"，是指县级以上人民政府公安机关交通管理部门或者相当于同级的公安机关交通管理部门。"设区的市公安机关交通管理部门",是指设区的市人民政府公安机关交通管理部门或者相当于同级的公安机关交通管理部门。

第七十八条 交通技术监控设备记录的非机动车、行人违法行为参照本规定关于机动车违法行为处理程序处理。

第七十九条 公安机关交通管理部门可以以电子案卷形式保存违法处理案卷。

第八十条 本规定未规定的违法行为处理程序,依照《公安机关办理行政案件程序规定》执行。

第八十一条 本规定所称"以上""以下",除特别注明的外,包括本数在内。

本规定所称的"二日""三日""五日""七日""十日""十五日",是指工作日,不包括节假日。

第八十二条 执行本规定所需要的法律文书式样,由公安部制定。公安部没有制定式样,执法工作中需要的其他法律文书,各省、自治区、直辖市公安机关交通管理部门可以制定式样。

第八十三条 本规定自 2009 年 4 月 1 日起施行。2004 年 4 月 30 日发布的《道路交通安全违法行为处理程序规定》(公安部第 69 号令)同时废止。本规定生效后,以前有关规定与本规定不一致的,以本规定为准。

道路交通安全违法行为记分管理办法

· 2021 年 12 月 17 日中华人民共和国公安部令第 163 号公布
· 自 2022 年 4 月 1 日起施行

第一章 总　则

第一条 为充分发挥记分制度的管理、教育、引导功能,提升机动车驾驶人交通安全意识,减少道路交通安全违法行为(以下简称交通违法行为),预防和减少道路交通事故,根据《中华人民共和国道路交通安全法》及其实施条例,制定本办法。

第二条 公安机关交通管理部门对机动车驾驶人的交通违法行为,除依法给予行政处罚外,实行累积记分制度。

第三条 记分周期为十二个月,满分为 12 分。记分周期自机动车驾驶人初次领取机动车驾驶证之日起连续计算,或者自初次取得临时机动车驾驶许可之日起累积计算。

第四条 记分达到满分的,机动车驾驶人应当按照本办法规定参加满分学习、考试。

第五条 在记分达到满分前,符合条件的机动车驾驶人可以按照本办法规定减免部分记分。

第六条 公安机关交通管理部门应当通过互联网、公安机关交通管理部门业务窗口提供交通违法行为记录及记分查询。

第二章 记分分值

第七条 根据交通违法行为的严重程度,一次记分的分值为 12 分、9 分、6 分、3 分、1 分。

第八条 机动车驾驶人有下列交通违法行为之一,一次记 12 分:

(一)饮酒后驾驶机动车的;

(二)造成致人轻伤以上或者死亡的交通事故后逃逸,尚不构成犯罪的;

(三)使用伪造、变造的机动车号牌、行驶证、驾驶证、校车标牌或者使用其他机动车号牌、行驶证的;

(四)驾驶校车、公路客运汽车、旅游客运汽车载人超过核定人数百分之二十以上,或者驾驶其他载客汽车载人超过核定人数百分之百以上的;

(五)驾驶校车、中型以上载客载货汽车、危险物品运输车辆在高速公路、城市快速路上行驶超过规定时速百分之二十以上,或者驾驶其他机动车在高速公路、城市快速路上行驶超过规定时速百分之五十以上的;

(六)驾驶机动车在高速公路、城市快速路上倒车、逆行、穿越中央分隔带掉头的;

(七)代替实际机动车驾驶人接受交通违法行为处罚和记分牟取经济利益的。

第九条 机动车驾驶人有下列交通违法行为之一,一次记 9 分:

(一)驾驶 7 座以上载客汽车载人超过核定人数百分之五十以上未达到百分之百的;

(二)驾驶校车、中型以上载客载货汽车、危险物品运输车辆在高速公路、城市快速路以外的道路上行驶超过规定时速百分之五十以上的;

(三)驾驶机动车在高速公路或者城市快速路上违法停车的;

(四)驾驶未悬挂机动车号牌或者故意遮挡、污损机动车号牌的机动车上道路行驶的;

(五)驾驶与准驾车型不符的机动车的;

(六)未取得校车驾驶资格驾驶校车的;

(七)连续驾驶中型以上载客汽车、危险物品运输车辆超过 4 小时未停车休息或者停车休息时间少于 20 分钟的。

第十条　机动车驾驶人有下列交通违法行为之一，一次记6分：

（一）驾驶校车、公路客运汽车、旅游客运汽车载人超过核定人数未达到百分之二十，或者驾驶7座以上载客汽车载人超过核定人数百分之二十以上未达到百分之五十，或者驾驶其他载客汽车载人超过核定人数百分之五十以上未达到百分之百的；

（二）驾驶校车、中型以上载客载货汽车、危险物品运输车辆在高速公路、城市快速路上行驶超过规定时速未达到百分之二十，或者在高速公路、城市快速路以外的道路上行驶超过规定时速百分之二十以上未达到百分之五十的；

（三）驾驶校车、中型以上载客载货汽车、危险物品运输车辆以外的机动车在高速公路、城市快速路上行驶超过规定时速百分之二十以上未达到百分之五十，或者在高速公路、城市快速路以外的道路上行驶超过规定时速百分之五十以上的；

（四）驾驶载货汽车载物超过最大允许总质量百分之五十以上的；

（五）驾驶机动车载运爆炸物品、易燃易爆化学物品以及剧毒、放射性等危险物品，未按指定的时间、路线、速度行驶或者未悬挂警示标志并采取必要的安全措施的；

（六）驾驶机动车运载超限的不可解体的物品，未按指定的时间、路线、速度行驶或者未悬挂警示标志的；

（七）驾驶机动车运输危险化学品，未经批准进入危险化学品运输车辆限制通行的区域的；

（八）驾驶机动车不按交通信号灯指示通行的；

（九）机动车驾驶证被暂扣或者扣留期间驾驶机动车的；

（十）造成致人轻微伤或者财产损失的交通事故后逃逸，尚不构成犯罪的；

（十一）驾驶机动车在高速公路或者城市快速路上违法占用应急车道行驶的。

第十一条　机动车驾驶人有下列交通违法行为之一，一次记3分：

（一）驾驶校车、公路客运汽车、旅游客运汽车、7座以上载客汽车以外的其他载客汽车载人超过核定人数百分之二十以上未达到百分之五十的；

（二）驾驶校车、中型以上载客载货汽车、危险物品运输车辆以外的机动车在高速公路、城市快速路以外的道路上行驶超过规定时速百分之二十以上未达到百分之

五十的；

（三）驾驶机动车在高速公路或者城市快速路上不按规定车道行驶的；

（四）驾驶机动车不按规定超车、让行，或者在高速公路、城市快速路以外的道路上逆行的；

（五）驾驶机动车遇前方机动车停车排队或者缓慢行驶时，借道超车或者占用对面车道、穿插等候车辆的；

（六）驾驶机动车有拨打、接听手持电话等妨碍安全驾驶的行为的；

（七）驾驶机动车行经人行横道不按规定减速、停车、避让行人的；

（八）驾驶机动车不按规定避让校车的；

（九）驾驶载货汽车载物超过最大允许总质量百分之三十以上未达到百分之五十的，或者违反规定载客的；

（十）驾驶不按规定安装机动车号牌的机动车上道路行驶的；

（十一）在道路上车辆发生故障、事故停车后，不按规定使用灯光或者设置警告标志的；

（十二）驾驶未按规定定期进行安全技术检验的公路客运汽车、旅游客运汽车、危险物品运输车辆上道路行驶的；

（十三）驾驶校车上道路行驶前，未对校车车况是否符合安全技术要求进行检查，或者驾驶存在安全隐患的校车上道路行驶的；

（十四）连续驾驶载货汽车超过4小时未停车休息或者停车休息时间少于20分钟的；

（十五）驾驶机动车在高速公路上行驶低于规定最低时速的。

第十二条　机动车驾驶人有下列交通违法行为之一，一次记1分：

（一）驾驶校车、中型以上载客载货汽车、危险物品运输车辆在高速公路、城市快速路以外的道路上行驶超过规定时速百分之十以上未达到百分之二十的；

（二）驾驶机动车不按规定会车，或者在高速公路、城市快速路以外的道路上不按规定倒车、掉头的；

（三）驾驶机动车不按规定使用灯光的；

（四）驾驶机动车违反禁令标志、禁止标线指示的；

（五）驾驶机动车载货长度、宽度、高度超过规定的；

（六）驾驶载货汽车载物超过最大允许总质量未达到百分之三十的；

（七）驾驶未按规定定期进行安全技术检验的公路客运汽车、旅游客运汽车、危险物品运输车辆以外的机动

车上道路行驶的；

（八）驾驶擅自改变已登记的结构、构造或者特征的载货汽车上道路行驶的；

（九）驾驶机动车在道路上行驶时，机动车驾驶人未按规定系安全带的；

（十）驾驶摩托车，不戴安全头盔的。

第三章 记分执行

第十三条 公安机关交通管理部门对机动车驾驶人的交通违法行为，在作出行政处罚决定的同时予以记分。

对机动车驾驶人作出处罚前，应当在告知拟作出的行政处罚决定的同时，告知该交通违法行为的记分分值，并在处罚决定书上载明。

第十四条 机动车驾驶人有二起以上交通违法行为应当予以记分的，记分分值累积计算。

机动车驾驶人可以一次性处理完毕同一辆机动车的多起交通违法行为记录，记分分值累积计算。累积记分未满12分的，可以处理其驾驶的其他机动车的交通违法行为记录；累积记分满12分的，不得再处理其他机动车的交通违法行为记录。

第十五条 机动车驾驶人在一个记分周期期限届满，累积记分未满12分的，该记分周期内的记分予以清除；累积记分虽未满12分，但有罚款逾期未缴纳的，该记分周期内尚未缴纳罚款的交通违法行为记分分值转入下一记分周期。

第十六条 行政处罚决定被依法变更或者撤销的，相应记分应当变更或者撤销。

第四章 满分处理

第十七条 机动车驾驶人在一个记分周期内累积记分满12分的，公安机关交通管理部门应当扣留其机动车驾驶证，开具强制措施凭证，并送达满分教育通知书，通知机动车驾驶人参加满分学习、考试。

临时入境的机动车驾驶人在一个记分周期内累积记分满12分的，公安机关交通管理部门应当注销其临时机动车驾驶许可，并送达满分教育通知书。

第十八条 机动车驾驶人在一个记分周期内累积记分满12分的，应当参加为期七天的道路交通安全法律、法规和相关知识学习。其中，大型客车、重型牵引挂车、城市公交车、中型客车、大型货车驾驶人应当参加为期三十天的道路交通安全法律、法规和相关知识学习。

机动车驾驶人在一个记分周期内参加满分教育的次数每增加一次或者累积记分每增加12分，道路交通安全法律、法规和相关知识的学习时间增加七天，每次满分学习的天数最多六十天。其中，大型客车、重型牵引挂车、城市公交车、中型客车、大型货车驾驶人在一个记分周期内参加满分教育的次数每增加一次或者累积记分每增加12分，道路交通安全法律、法规和相关知识的学习时间增加三十天，每次满分学习的天数最多一百二十天。

第十九条 道路交通安全法律、法规和相关知识学习包括现场学习、网络学习和自主学习。网络学习应当通过公安机关交通管理部门互联网学习教育平台进行。

机动车驾驶人参加现场学习、网络学习的天数累计不得少于五天，其中，现场学习的天数不得少于二天。大型客车、重型牵引挂车、城市公交车、中型客车、大型货车驾驶人参加现场学习、网络学习的天数累计不得少于十天，其中，现场学习的天数不得少于五天。满分学习的剩余天数通过自主学习完成。

机动车驾驶人单日连续参加现场学习超过三小时或者参加网络学习时间累计超过三小时的，按照一天计入累计学习天数。同日既参加现场学习又参加网络学习的，学习天数不累积计算。

第二十条 机动车驾驶人可以在机动车驾驶证核发地或者交通违法行为发生地、处理地参加公安机关交通管理部门组织的道路交通安全法律、法规和相关知识学习，并在学习地参加考试。

第二十一条 机动车驾驶人在一个记分周期内累积记分满12分，符合本办法第十八条、第十九条第一款、第二款规定的，可以预约参加道路交通安全法律、法规和相关知识考试。考试不合格的，十日后预约重新考试。

第二十二条 机动车驾驶人在一个记分周期内二次累积记分满12分或者累积记分满24分未满36分的，应当在道路交通安全法律、法规和相关知识考试合格后，按照《机动车驾驶证申领和使用规定》第四十四条的规定预约参加道路驾驶技能考试。考试不合格的，十日后预约重新考试。

机动车驾驶人在一个记分周期内三次以上累积记分满12分或者累积记分满36分的，应当在道路交通安全法律、法规和相关知识考试合格后，按照《机动车驾驶证申领和使用规定》第四十三条和第四十四条的规定预约参加场地驾驶技能和道路驾驶技能考试。考试不合格的，十日后预约重新考试。

第二十三条 机动车驾驶人经满分学习、考试合格且罚款已缴纳的，记分予以清除，发还机动车驾驶证。机动车驾驶人同时被处以暂扣机动车驾驶证的，在暂扣期限届满后发还机动车驾驶证。

第二十四条 满分学习、考试内容应当按照机动车驾驶证载明的准驾车型确定。

第五章 记分减免

第二十五条 机动车驾驶人处理完交通违法行为记录后累积记分未满12分，参加公安机关交通管理部门组织的交通安全教育并达到规定要求的，可以申请在机动车驾驶人现有累积记分分值中扣减记分。在一个记分周期内累计最高扣减6分。

第二十六条 机动车驾驶人申请接受交通安全教育扣减交通违法行为记分的，公安机关交通管理部门应当受理。但有以下情形之一的，不予受理：

（一）在本记分周期内或者上一个记分周期内，机动车驾驶人有二次以上参加满分教育记录的；

（二）在最近三个记分周期内，机动车驾驶人因造成交通事故后逃逸，或者饮酒后驾驶机动车，或者使用伪造、变造的机动车号牌、行驶证、驾驶证、校车标牌，或者使用其他机动车号牌、行驶证，或者买分卖分受到过处罚的；

（三）机动车驾驶证在实习期内，或者机动车驾驶证逾期未审验，或者机动车驾驶证被扣留、暂扣期间的；

（四）机动车驾驶人名下有安全技术检验超过有效期或者未按规定办理注销登记的机动车的；

（五）在最近三个记分周期内，机动车驾驶人参加接受交通安全教育扣减交通违法行为记分或者机动车驾驶人满分教育、审验教育时，有弄虚作假、冒名顶替记录的。

第二十七条 参加公安机关交通管理部门组织的道路交通安全法律、法规和相关知识网上学习三日内累计满三十分钟且考试合格的，一次扣减1分。

参加公安机关交通管理部门组织的道路交通安全法律、法规和相关知识现场学习满一小时且考试合格的，一次扣减2分。

参加公安机关交通管理部门组织的交通安全公益活动的，满一小时为一次，一次扣减1分。

第二十八条 交通违法行为情节轻微，给予警告处罚的，免予记分。

第六章 法律责任

第二十九条 机动车驾驶人在一个记分周期内累积记分满12分，机动车驾驶证未被依法扣留或者收到满分教育通知书后三十日内拒不参加公安机关交通管理部门通知的满分学习、考试的，由公安机关交通管理部门公告其机动车驾驶证停止使用。

第三十条 机动车驾驶人请他人代为接受交通违法行为处罚和记分并支付经济利益的，由公安机关交通管理部门处所支付经济利益三倍以下罚款，但最高不超过五万元；同时，依法对原交通违法行为作出处罚。

代替实际机动车驾驶人接受交通违法行为处罚和记分牟取经济利益的，由公安机关交通管理部门处违法所得三倍以下罚款，但最高不超过五万元；同时，依法撤销原行政处罚决定。

组织他人实施前两款行为之一牟取经济利益的，由公安机关交通管理部门处违法所得五倍以下罚款，但最高不超过十万元；有扰乱单位秩序等行为，构成违反治安管理行为的，依法予以治安管理处罚。

第三十一条 机动车驾驶人参加满分教育时在签注学习记录、满分学习考试中弄虚作假的，相应学习记录、考试成绩无效，由公安机关交通管理部门处一千元以下罚款。

机动车驾驶人在参加接受交通安全教育扣减交通违法行为记分中弄虚作假的，由公安机关交通管理部门撤销相应记分扣减记录，恢复相应记分，处一千元以下罚款。

代替实际机动车驾驶人参加满分教育签注学习记录、满分学习考试或者接受交通安全教育扣减交通违法行为记分的，由公安机关交通管理部门处二千元以下罚款。

组织他人实施前三款行为之一，有违法所得的，由公安机关交通管理部门处违法所得三倍以下罚款，但最高不超过二万元；没有违法所得的，由公安机关交通管理部门处二万元以下罚款。

第三十二条 公安机关交通管理部门及其交通警察开展交通违法行为记分管理工作，应当接受监察机关、公安机关督察审计部门等依法实施的监督。

公安机关交通管理部门及其交通警察开展交通违法行为记分管理工作，应当自觉接受社会和公民的监督。

第三十三条 交通警察有下列情形之一的，按照有关规定给予处分；警务辅助人员有下列情形之一的，予以解聘；构成犯罪的，依法追究刑事责任：

（一）当事人对实施处罚和记分提出异议拒不核实，或者经核实属实但不纠正、整改的；

（二）为未经满分学习考试、考试不合格人员签注学习记录、合格考试成绩的；

（三）在满分考试时，减少考试项目、降低评判标准或者参与、协助、纵容考试舞弊的；

（四）为不符合记分扣减条件的机动车驾驶人扣减记分的；

（五）串通他人代替实际机动车驾驶人接受交通违法行为处罚和记分的；

（六）弄虚作假，将记分分值高的交通违法行为变更为记分分值低或者不记分的交通违法行为的；

（七）故意泄露、篡改系统记分数据的；

（八）根据交通技术监控设备记录资料处理交通违法行为时，未严格审核当事人提供的证据材料，导致他人代替实际机动车驾驶人接受交通违法行为处罚和记分，情节严重的。

第七章 附 则

第三十四条 公安机关交通管理部门对拖拉机驾驶人予以记分的，应当定期将记分情况通报农业农村主管部门。

第三十五条 省、自治区、直辖市公安厅、局可以根据本地区的实际情况，在本办法规定的处罚幅度范围内，制定具体的执行标准。

对本办法规定的交通违法行为的处理程序按照《道路交通安全违法行为处理程序规定》执行。

第三十六条 本办法所称"三日""十日""三十日"，是指自然日。期间的最后一日为节假日的，以节假日期满后的第一个工作日为期间届满的日期。

第三十七条 本办法自2022年4月1日起施行。

• 请示答复

最高人民法院关于公安交警部门能否以交通违章行为未处理为由不予核发机动车检验合格标志问题的答复

· 2008年11月17日
·〔2007〕行他字第20号

湖北省高级人民法院：

你院鄂高法〔2007〕鄂行他字第3号《关于公安交警部门能否以交通违章行为未处理为由不予核发机动车检验合格标志问题的请示》收悉。经研究答复如下：

《道路交通安全法》第十三条对机动车进行安全技术检验所需提交的单证及机动车安全技术检验合格标志的发放条件作了明确规定："对提供机动车行驶证和机动车第三者责任强制保险单的，机动车安全技术检验机构应当予以检验，任何单位不得附加其他条件。对符合机动车国家安全技术标准的，公安机关交通管理部门应当发给检验合格标志。"法律的规定是清楚的，应当依照法律的规定执行。

此复。

• 文书范本

道路交通安全违法行为处理法律文书（式样）

道路交通安全违法行为处理法律文书（式样）

中华人民共和国公安部
2020年

道路交通安全违法行为处理法律文书制作及使用说明

一、本通知中所称文书，是指与《道路交通安全违法行为处理程序规定》相配套的道路交通安全违法行为处理法律文书。全国公安机关交通管理部门使用统一式样的文书。

二、文书由各省级公安机关交通管理部门组织印制，并统一监制和管理。除民警现场执法时制作的文书外，其他处理交通违法行为需要制作的文书，应当使用计算机打印。

有条件的地方，民警可以现场打印执法使用的文书。民警现场打印执法使用的文书与本通知规定的文书式样不一致的,当事人可以到公安机关交通管理部门领取符合本通知规定式样的文书。

三、印制文书、表格使用的文字应当符合国家标准。

四、公安交通管理简易程序处罚决定书、公安交通管理行政强制措施凭证、道路交通安全违法行为处理通知书、违法停车告知单和军车交通违法/交通事故抄告通知书采用80×150毫米的版心尺寸制作。

五、其他文书用纸幅面尺寸采用标准A4型纸,文书页边与版心尺寸:
文书用纸天头(上白边)为37mm±1mm;文书用纸订口(左白边)为28mm±1mm;版心尺寸为156mm×225mm(不含页码)。

六、文书应当使用能够长期保存字迹的钢笔等硬笔填写或者使用打印机打印,做到字迹工整、清晰,各项内容填写完整、准确。

七、印制文书时,文书中注明的"(此处印制公安机关交通管理部门名称)"处,印制使用该文书具有独立执法主体资格的公安机关交通管理部门的名称,名称前应当写明所在省、自治区、直辖市及地市名称(如:江苏省无锡市锡湖区交警大队)。"(公安机关交通管理部门盖章)"处,印制时不印制文字,由使用该文书的具有独立执法主体资格的公安机关交通管理部门加盖印章。首位"X"处填写制作文书的公安机关交通管理部门代字。"〔XXXX〕"处填写年度,"第XX号"处填写文书的顺序编号。"编号:"处统一印制文书编号。文书编号要使用统一编号规则:文书编号长度为16位,第1至6位为执法机关代码,第7位为文书类别,第8至15位为流水号,第16位为校验码。

八、文书的编号,印在该文书名称下一行右侧。

九、文书所留空白不够记录时,可以附纸记录,但附页也应当按照文书所列项目要求制作,涉及当事人陈述、意见等内容的,应当由相关人员签名或者捺指印。

十、文书中"□",使用边框为虚线方框印制。有多个"□"时,表示有多个内容可供选择,在选中内容前的"□"内打√(填写机动车驾驶证号等号码处除外)。

十一、"当事人"或者"被处罚人"栏,属于机动车驾驶人违反道路交通安全法律法规的,填写违法行为人机动车驾驶证登记的姓名。属于非机动车驾驶人或者行人违反道路交通安全法律法规的,填写其有效身份证件上的姓名、身份证明名称及号码。属外国籍或者少数民族的人员,应当写明其汉语音译名,必要时,可以在汉语音译名后注明其使用的本国或者本民族文字姓名。未携带机动车驾驶证或者无机动车驾驶证的,填写其有效身份证件上的姓名、身份证明名称及号码。无有效身份证件的,填写当事人(被处罚人)提供的姓名,并在备注栏注明"未提供有效身份证件"。

十二、"联系方式"栏填写当事人有效的联系方式。

十三、当事人和机动车基本信息按照机动车驾驶证、机动车行驶证载明的内容填写。未携带机动车驾驶证或者无机动车驾驶证的,填写居民身份证(或者其他有效身份证件)上记载的信息。

十四、违法行为时间应当填写违法行为发生时间,具体到时、分,证据材料上有明确的违法时间的,文书记载的时间应当与证据材料载明的时间一致;违法行为地点应当填写违法行为的具体地点(按照文书记录能够准确定位违法行为发生的地点)。

十五、文书中有"/"作为选择的,将未选择的内容用横线划去。

十六、复议和诉讼机关应当写明当事人申请行政复议或者提起行政诉讼的具体复议机关和人民法院。罚款缴纳银行、复议和诉讼机关可以在印制时统一印制,或者由领用单位统一填写。

十七、当事人拒绝签名或者捺指印的,交通警察应当在"备注"栏注明。

十八、文书送达后,应当请受送达人在附卷联签名,注明送达日期。代理人代领的,应当提供当事人签名的书面委托证明,并由代理人签名,注明代领日期。

十九、适用简易程序处理的交通违法案件,按编号50份合并装订为一档;适用一般程序处理的交通违法案件为一案一档,但一人同时有多个违法行为同时被处罚的,可以合并为一档。

二十、适用简易程序处理的交通违法行为的案件档案和适用一般程序处理的交通违法行为罚款,或者暂扣机动车驾驶证的案件档案保管期为二年;适用一般程序处理的吊销机动车驾驶证或者行政拘留的案件档案保管期为五年。但案件相关法律文书未送达、重大信访案件、行政处罚未履行或者当事人提起行政诉讼的案件的档案保管期限,不受上述期限的限制。

二十一、文书直接送达的,送达人应当要求被送达人在文书签名处签名并注明收到的日期,被送达人拒绝签名的,送达人应当在文书上注明;文书邮寄送达的,应当将邮寄凭证附卷;文书电子送达的,应当打印显示电子送达成功页面;文书公告送达的,应当打印公告栏照片。

二十二、印刷或者制作文书时,文书的"制作与使用说明"不印刷或者打印。

式样一

（此处印制公安机关交通管理部门名称）
公安交通管理行政处罚决定书

X 公(交)行罚决字〔XXXX〕XXX 号

被处罚人：_____ 联系方式：_____
职业：_____ 政治面貌：_____
交通方式：□驾驶机动车 □驾驶非机动车 □乘机动车 □乘非机动车
　　　　　□步行　　　□其他
机动车驾驶证号：_____
机动车驾驶证档案编号：_____ 准驾车型：_____
发证机关：_____
身份证明名称：_____ 号码：_____
机动车号牌号码：_____ 机动车类型：_____

　　现查明被处罚人于____年__月__日__时__分,在_____,违反《_____》,实施_____违法行为(代码_____)。
　　以上事实有_____等证据证明。
　　依据_____,决定处以：
　　□罚款_____元 持本决定书在15日内到_____银行缴纳罚款。逾期不缴纳的,每日按规定罚款额的3%加处罚款,加处罚款的数额不超过罚款本数。
　　□暂扣机动车驾驶证____月 机动车驾驶证是否转递：□是 □否
　　　　____年__月__日后到_____领取。
　　□吊销机动车驾驶证(□二年内 □五年内 □十年内 □终生不得重新取得机动车驾驶证)
　　如不服本决定,可以在收到本决定书之日起60日内向_____申请行政复议;或者在6个月内向_____人民法院提起行政诉讼。

（公安机关交通管理部门盖章）
　　　____年__月__日

（二维码打印区）

被处罚人签名或者捺指印：_____
　　　____年__月__日
备注：_____

一式三份,一份由被处罚人交银行,一份送达被处罚人,一份留存
处理地：XX省(自治区、直辖市)
依据《_____》,记____分

制作与使用说明

一、公安机关交通管理部门按照一般程序对违法行为人作出行政处罚决定使用的文书。一人有二种以上违法行为，分别裁决，合并执行，可以制作一份行政处罚决定书，根据违法行为数量增加相应"违法行为"。

二、被处罚人持有相应准驾车型机动车驾驶证的，填写机动车驾驶证号。被处罚人没有相应准驾车型机动车驾驶证的，填写身份证明名称及号码。

三、"证据"栏填写作出行政处罚决定所依据的证据名称。

四、"依据"后填写作出行政处罚决定所依据的法律、法规的具体条、款、项。

五、处罚信息处填写处罚种类、具体内容。作出暂扣机动车驾驶证处罚的，应当注明机动车驾驶证是否转递，并填写到期领取机动车驾驶证的时间、地点。未作罚款处罚的，银行联不交被处罚人。

六、"被处罚人签名或者捺指印"栏由被处罚人签名或者捺指印，并注明时间。

七、被处罚人的交通违法被记分的，应当注明分值。

八、文书背面可以印制本省罚款代收银行、可以办理跨省异地缴纳交通违法罚款业务的银行，支持二维码缴款的地方，可以打印缴纳罚款的二维码。

九、交通违法行为人在违法行为发生地处理的，"处理地"一栏填写发生地公安机关交通管理部门所在省、自治区、直辖市名称。交通违法行为人在违法行为发生地以外的地方公安机关交通管理部门处理的，"处理地"一栏填写处理地公安机关交通管理部门所在省、自治区、直辖市名称。

十、通过电子档案保存的，可以不制作存档联。

式样二

（此处印制公安机关交通管理部门名称）
公安交通管理简易程序处罚决定书

编号：XXXXXXXXXXXXXX

被处罚人：＿＿＿＿＿＿＿＿＿＿＿＿＿＿＿ 联系方式：＿＿＿＿＿＿＿＿＿＿＿＿＿＿＿
交通方式：□驾驶机动车 □驾驶非机动车 □乘机动车 □乘非机动车 □步行
机动车驾驶证号：□□□□□□□□□□□□□□□□□□
机动车驾驶证档案编号：□□□□□□□□□□□□ 准驾车型：＿＿＿＿＿
身份证明名称：＿＿＿＿＿＿＿＿ 号码：□□□□□□□□□□□□□□□□□□
机动车号牌号码：＿＿＿＿＿＿＿＿＿＿ 车辆类型：＿＿＿＿＿＿＿＿＿
发证机关：＿＿＿＿＿＿＿＿＿＿

被处罚人于＿＿＿年＿＿月＿＿日＿＿时＿＿分，在＿＿＿＿＿＿＿＿＿＿实施＿＿＿＿＿＿＿＿＿＿违法行为(代码＿＿＿＿＿＿)违反了：

□《道路交通安全法》第＿＿条第＿＿款第＿＿项的规定；
□《道路交通安全法实施条例》第＿＿条第＿＿款第＿＿项的规定；
□《＿＿＿＿＿＿＿＿＿》第＿＿条第＿＿款第＿＿项的规定。

依据《道路交通安全法》第＿＿条第＿＿款第＿＿项和《＿＿＿＿＿》第＿＿条第＿＿款第＿＿项，决定处以：□警告 □＿＿＿＿元罚款。

□当场缴纳罚款 □持本决定书在15日内到＿＿＿＿＿＿银行缴纳罚款。逾期不缴纳的，每日按罚款数额的3%加处罚款，加处罚款的数额不超过罚款本数。

如不服本决定,可以在收到本决定书之日起 60 日内向_____申请行政复议;或者在 6 个月内向_____人民法院提起行政诉讼。

处罚前已口头告知违法行为人拟作出处罚的事实、理由和依据,并告知违法行为人依法享有陈述权和申辩权。

(二维码打印区)   (公安机关交通管理部门盖章)
                        _____年___月___日
                       被处罚人签名或者捺指印:_____
                       _____年___月___日
                       备注:_____

一式三份,一份由被处罚人交银行,一份送达被处罚人,一份留存
处理地:XX 省(自治区、直辖市)
依据《_____》,记___分

制作与使用说明

一、公安机关交通管理部门按照简易程序对违法行为人作出行政处罚决定使用的文书。

二、被处罚人持有相应准驾车型机动车驾驶证的,填写机动车驾驶证号。被处罚人没有相应准驾车型机动车驾驶证的,填写身份证明名称及号码。

三、法律依据处填写作出行政处罚决定所依据的法律、法规的具体条、款、项。

四、当场缴纳罚款,仅适用于在非机动车驾驶人、行人和乘车人等有依法可以当场缴纳的情形时收缴当事人的罚款。行人、非机动车驾驶人现场缴纳罚款的,银行联可不交被处罚人。

五、"被处罚人签名或者捺指印"栏由被处罚人签名或者捺指印,并注明时间。

六、交通违法被记分的,应当注明分值。

七、未作罚款处罚或者当场收缴罚款的,银行联不交被处罚人。

八、文书背面可以印制本省罚款代收银行、可以办理跨省异地缴纳交通违法罚款业务的银行,支持二维码缴款的地方,可以在交通违法处理窗口制作处罚决定书时打印缴纳罚款的二维码。印制文书时不印制二维码。

九、通过电子档案保存的,可不制作存档联。

式样三

（此处印制公安机关交通管理部门名称）
公安交通管理撤销机动车登记/驾驶许可决定书

X公交撤字〔XXXX〕第XXXX号

机动车驾驶人：_____　　联系方式：_____
机动车驾驶证号：_____
机动车驾驶证档案编号：_____　准驾车型：_____
发证机关：_____
机动车所有人：_____　　机动车号牌号码：_____
机动车类型：_____　　发证机关：_____
　　因当事人有_____，依据《道路交通安全法实施条例》第一百零三条,《行政许可法》第六十九条规定,决定撤销:
　　□机动车登记　　　　　□机动车驾驶许可
依据《道路交通安全法实施条例》第一百零三条规定,三年内不得申请：
　　□机动车登记□机动车驾驶许可。
如不服本决定,可以在收到本决定书之日起60日内向_____申请行政复议；或者在6个月内向_____人民法院提起行政诉讼。

　　　　　　　　　　　　　　　　　　　（公安机关交通管理部门盖章）
　　　　　　　　　　　　　　　　　　　____年____月____日

当事人签名：_____　　　____年____月____日
备注：_____

一式二份,一份送达当事人,一份留存

制作与使用说明

一、公安机关交通管理部门依据《道路交通安全法实施条例》第一百零三条的情形,依据《行政许可法》第六十九条第一款规定,撤销机动车登记或者驾驶许可时使用的文书。

二、制作文书时,可以依据撤销行政许可的内容,选择记载机动车信息、机动车驾驶证信息。

三、"当事人签名栏"由当事人签名。

四、通过电子档案保存的,可不制作存档联。

式样四

（此处印制公安机关交通管理部门名称）
公安交通管理行政强制措施凭证

编号：XXXXXXXXXXXXXXX

当事人：_____ 联系方式：_____
机动车驾驶证号：□□□□□□□□□□□□□□□□□□
机动车驾驶证档案编号：□□□□□□□□□□□□ 准驾车型：_____
身份证明名称：_____ 号码：□□□□□□□□□□□□□□□□□□
机动车所有人：_____ 机动车号牌号码：_____
车辆类型：_____ 发证机关：_____

当事人于____年__月__日__时__分在_____实施_____违法行为,(代码_____),依据：
　　□《道路交通安全法》第___条第___款第___项；
　　□《道路交通安全法实施条例》第___条第___款第___项；
　　□《_____》第___条第___款第___项。
　　采取行政强制措施：□扣留机动车　　　　□扣留非机动车
　　　　　　　　　　　□扣留机动车驾驶证　□扣留机动车行驶证
　　　　　　　　　　　□检验血液/尿样　　　□拖移机动车
　　　　　　　　　　　□收缴物品_____

请持本凭证于15日内到_____接受处理。逾期不处理的,依法承担法律责任。如不服本决定,可以在收到本凭证之日起60日内向_____申请行政复议；或者在6个月内向_____人民法院提起行政诉讼。
交通警察（签名或者盖章）：_____，_____

　　　　　　　　　　　　　　　　　　　　　　　（公安机关交通管理部门盖章）
　　　　　　　　　　　　　　　　　　　　　　　____年___月___日

当事人对本凭证记载内容□无异议/□有异议：_____
当事人签名或者捺指印：_____ 备注：_____　　____年___月___日
本决定书同时作为现场笔录。

一式二份,一份送达当事人,一份留存

制作与使用说明

一、公安机关交通管理部门采取行政强制措施时使用的文书。
二、法律依据处填写作出行政强制措施决定所依据的法律、法规的具体条、款、项。
三、"当事人对本凭证记载内容有无异议"栏,当事人应当勾选有无异议。当事人有异议的,请当事人在有异议栏或者文书背面写明异议的具体内容。
四、"当事人签名或者捺指印"栏由当事人签名或者捺指印。
五、"交通警察"栏由制作行政强制措施凭证的交通警察签名或者盖章。
六、本凭证同时作为现场笔录。
七、通过电子档案保存的,可不制作存档联。

式样五

```
        (此处印制公安机关交通管理部门名称)
                   返还物品凭证
                                编号：XXXXXXXXXXXXXXX

_____：
   现返还在____年___月___日，因_____行为，被扣留/移至_____的以
下车辆或者物品：
   □车辆，号牌号码：_____
   □机动车驾驶证，驾驶证号：_____
   □机动车行驶证，号牌号码：_____
   □其他物品_____


当事人/物品所有人签名或者捺指印：_____，_____年____月____日
身份证明名称：_____号码：_____
代领人签名或者捺指印：_____，_____年____月____日
身份证明名称：_____号码：_____
交通警察（签名或者盖章）：_____
备注：_____

                                    （公安机关交通管理部门盖章）
                                         _____年____月____日
```

一式二份，一份送达当事人，一份留存

制作与使用说明

一、公安机关交通管理部门依法采取行政强制措施期限届满后，返还被扣车辆、证件的文书。

二、由代领人代领的，应当提供当事人书面委托证明，由代领人签名或者捺指印，填写身份证明名称及号码，注明代领日期。

三、"车辆，号牌号码"栏填写被扣留的机动车及号牌号码，或者非机动车，非机动车有号牌的，也应填写号牌号码。

四、通过电子档案保存的，可不制作存档联。

式样六

（此处印制公安机关交通管理部门名称）
道路交通安全违法行为处理通知书

编号：XXXXXXXXXXXXXX

当事人：_____ 联系方式：_____
机动车驾驶证号：□□□□□□□□□□□□□□□□□□
机动车驾驶证档案编号：□□□□□□□□□□□□ 准驾车型：_____
发证机关：_____
身份证明名称：_____ 号码：□□□□□□□□□□□□□□□□□□

当事人驾驶牌号为_____车辆类型为_____的机动车，于____年____月____日____时____分，在_____，实施_____违法行为(代码_____)。
法律依据：
□《道路交通安全法》第____条第____款第____项；
□《道路交通安全法实施条例》第____条第____款第____项；
□《_____》第____条第____款第____项。

请于15日内携带机动车行驶证、机动车驾驶证，到_____接受处理。逾期不处理的，依法承担法律责任。

（公安机关交通管理部门盖章）
____年____月____日

交通警察(签名或者盖章)：_____
当事人签名或者捺指印：_____ ____年____月____日
备注：_____

一式二份，一份送达当事人，一份留存

制作与使用说明

一、适用于需要按照一般程序作出行政处罚决定，但现场不需要采取行政强制措施的违法行为；或者依据交通技术监控记录资料，对违法机动车所有人、管理人或者机动车驾驶人告知违法事实，并通知其到指定地点接受处理所适用的文书。

二、"当事人对本通知书记载内容有无异议"栏，当事人应当勾选有无异议。当事人有异议的，请当事人在有异议栏或者文书背面写明异议的具体内容。

三、"交通警察"栏由制作通知书的交通警察签名或者盖章。

四、本通知书同时作为现场笔录。

五、通过电子档案保存的，可不制作存档联。

式样七

(此处印制公安机关交通管理部门名称)
公安交通管理转递通知书

X公交转字〔XXXX〕第XXX号

_____交通警察支队/XXXXX(农机部门):
　　当事人于_____年___月___日___时___分,在_____
_____实施_____违法行为(代码_____),被:
　　□暂扣机动车驾驶证　　□记_____分　　□累积12分后考试合格
　　□注销机动车驾驶证
　　□吊销机动车驾驶证
　　且□二年内□五年内□十年内□终生不得重新取得机动车驾驶证
　　现将当事人驾证转去。
当事人基本信息:
　　姓名:_____　联系方式:_____
　　机动车驾驶证号:_____
　　机动车驾驶证档案编号:_____
　　发证机关:_____
　　特此通知。

(公安机关交通管理部门盖章)
_____年___月___日

一式二份,一份转递,一份留存

制作与使用说明

一、对非本辖区机动车驾驶人或者农机驾驶人作出暂扣机动车驾驶证、吊销机动车驾驶证等行政处罚决定,被处罚人未申请不转递的,将机动车驾驶证转至机动车驾驶证核发地或者农机部门使用的文书。

二、通过电子档案保存的,可不制作存档联。

式样八

（此处印制公安机关交通管理部门名称）
违法停车告知单

编号：XXXXXXXXXXXXX

机动车号牌号码：_____ 车身颜色：_____
机动车类型：□大型客车 □小型客车 □大型货车 □小型货车 □摩托车
　　　　　　□其他_____
号牌颜色：□黄色　□蓝色　□黑色　□其他_____
违法停车时间：____年____月____日____时____分
违法停车地点：_____
　　　该机动车在上述时间、地点停放，违反了《道路交通安全法》第五十六条、《道路交通安全法实施条例》第六十三条的规定，请于5日后持本告知单，到_____接受处理（地址：_____
_____电话：_____）。
　　告知人：_____

（公安机关交通管理部门盖章）
　　　　____年____月____日

备注：机动车所有人登记的住所地址或者联系方式发生变化的，请及时到机动车登记地公安机关交通管理部门变更，或者通过"交管12123"手机APP或者机动车登记地公安机关交通管理部门公布的方式自行变更。

一式二份，一份贴于机动车上，一份留存

制作与使用说明

一、公安机关交通管理部门对机动车违法停车，且机动车驾驶人不在现场时使用的文书。
二、车辆基本信息依据实际填写。
三、违法停车时间填写所拍摄的违法停车照片载明的时间。
四、违法停车地点填写违法停车的具体地点。

式样九

（此处印制公安机关交通管理部门名称）
军车/消防救援车辆
交通违法/交通事故抄告通知书

编号：XXXXXXXXXXXXXX

机动车驾驶人：_____ 机动车驾驶证号：_____
机动车所属部门：_____
发证机关：_____ 机动车号牌号码：_____
时间：___年___月___日___时___分
地点：_____
因发生_____，特予抄告。

机动车驾驶人签名：_____ 备注：_____

（公安机关交通管理部门盖章）
_____年___月___日

一式二份，一份送车辆所属单位，一份留存

制作与使用说明

一、公安机关交通管理部门及其交通民警现场纠正军车或者消防救援车辆交通违法、处理军车或者消防救援车辆交通事故后，依据相关抄告制度，向车属单位抄告军车或者消防救援车辆交通违法/交通事故使用的文书。
二、通过电子档案保存的，可不制作存档联。
三、交通技术监控资料记录的交通违法另行函告车属单位。

式样十

（此处印制公安机关交通管理部门名称）
解除行政强制措施通知书

编号：XXXXXXXXXXXXXXX

当事人：_____ 联系方式：_____
机动车驾驶证号：_____
机动车驾驶证档案编号：_____
发证机关：_____ 准驾车型：_____
身份证明名称：_____ 号码：_____
车辆牌号：_____ 车辆类型：_____
　　因_____，依据《道路交通安全违法行为处理程序规定》第二十五条第二款之规定，决定解除_____年___月___日___时___分采取的行政强制措施：
　　□扣留车辆　　　　　　□扣留机动车驾驶证
　　□扣留机动车行驶证　　□收缴物品_____

（公安机关交通管理部门盖章）
_____年___月___日

当事人签名或者捺指印：_____　　_____年___月___日
备注：_____

一式二份，一份送达当事人，一份留存

制作与使用说明

　　一、交通警察现场采取行政强制措施后，公安机关交通管理部门负责人认为不应当采取行政强制措施的，应当制作《解除行政强制措施通知书》。

　　二、通过电子档案保存的，可不制作存档联。

式样十一

（此处印制公安机关交通管理部门名称）
机动车未处理道路交通安全违法行为告知书

编号：XXXXXXXXXXXXXXX

_____：
　　你所有的号牌号码为_____的机动车，已有_____起未处理道路交通安全违法行为（见附页），请自收到本告知书之日起30日内登录"交管12123"手机APP或者到公安机关交通管理部门违法处理窗口接受处理。违法行为人或者机动车所有人、管理人无法在三十日内接受处理的，可以申请延期处理。延长的期限最长不得超过三个月。未在三十日内接受处理，也未申请延期处理的，公安机关交通管理部门将依法作出行政处罚决定。
　　你对本告知书载明的道路交通安全违法行为事实有异议的，可以通过下列方式提出：
　　一、登录"交管12123"手机APP在线提出。
　　二、到公安机关交通管理部门违法处理窗口现场提出。
　　公安机关交通管理部门地址：_____
　　联系电话：_____

（公安机关交通管理部门盖章）
　　　年　　月　　日

一式二份，一份交机动车所有人，一份留存。

续式样十一

机动车未处理道路交通安全违法行为告知书
附页

　　一、____年__月__日__时__分，在_____有_____违法行为（代码_____），违反了……的规定，依据……，应当处以……。记____分。
　　二、____年__月__日__时__分，在_____有_____违法行为（代码_____），违反了……的规定，依据……，应当处以……。记____分。
　　三、____年__月__日__时__分，在_____有_____违法行为（代码_____），违反了……的规定，依据……，应当处以……。记____分。

（依据违法记录情况，从公安交通管理综合应用平台调取相应数据并填写相应信息）

制作与使用说明

　　一、机动车有五起以上未处理违法行为记录，机动车所有人、管理人或者驾驶人未在规定期限内接受处理且未申请延期处理的，在公安机关交通管理部门作出公告及直接作出处罚决定前，应该制作《机动车未处理道路交通安全违法行为告知书》。
　　二、对给予吊销机动车驾驶证或者2000元以上罚款处罚的，应当告知当事人有申请听证的权利。
　　三、通过电子档案保存的，可不制作存档联。

式样十二

（此处印制公安机关交通管理部门名称）
异地处理道路交通安全违法行为告知书

编号：XXXXXXXXXXXXXX

机动车驾驶人：_____ 联系方式：_____
机动车驾驶证号：_____
机动车驾驶证档案编号：_____
发证机关：_____ 准驾车型：_____

　　你于____年___月___日向我支队(大队)申请异地处理号牌号码为_____机动车类型为_____的机动车道路交通安全违法行为(见附页)。现就有关事项告知如下：
　　我支队(大队)将依据《道路交通安全违法行为处理程序规定》第五条之规定，**协助违法行为发生地公安机关交通管理部门调查违法事实、代为送达法律文书、代为履行处罚告知程序**，行政处罚决定由发生地公安机关交通管理部门作出，行政处罚执行发生地的标准；机动车驾驶人申请行政复议、提起行政诉讼的，依法向发生地有管辖权的复议机关、人民法院提出。
　　特此告知。

（处理地公安机关交通管理部门盖章）
　　　　年　　月　　日

以上内容已阅读，□无异议 □有异议：_____
当事人签名：_____　　　　年___月___日

一式二份，一份交机动车所有人，一份留存。

续式样十二

异地处理道路交通安全违法行为告知书
附页

　　一、____年___月___日___时___分，在_____有_____违法行为(代码_____)，违反了……的规定，依据……，应当处以……。记___分。
　　二、____年___月___日___时___分，在_____有_____违法行为(代码_____)，违反了……的规定，依据……，应当处以……。记___分。
　　三、____年___月___日___时___分，在_____有_____违法行为(代码_____)，违反了……的规定，依据……，应当处以……。记___分。
　　(依据违法记录情况，从公安交通管理综合应用平台调取相应数据并填写相应信息)

制作与使用说明

一、处理地公安机关交通管理部门告知当事人异地违法处理由处理地协助发生地调查违法事实、代为送达法律文书、代为履行处罚告知程序、处罚标准以及复议诉讼管辖机关等内容时，应当制作《异地处理道路交通安全违法行为告知书》。

二、据实填写申请异地处理交通违法行为时间及处理公安机关交通管理部门名称。

三、认真阅读文书告知内容，作出有无异议的选择，并签字确认。

四、通过电子档案保存的，可不制作存档联。

式样十三

（此处印制公安机关交通管理部门名称）

办理注销最高/实习准驾车型业务通知书

编号：XXXXXXXXXXXXXXX

_____：

你持有的证号为_____的机动车驾驶证，因曾经

☐发生交通事故造成人员死亡，承担同等以上责任，未构成犯罪；

☐在一个记分周期/实习期内有记满12分记录；

☐连续三个记分周期不参加审验；

☐在延长的实习期内再次记6分以上。

根据《机动车驾驶证申领和使用规定》第xx条、第xx条有关规定，该机动车驾驶证☐最高/☐实习准驾车型驾驶资格将被依法注销。请在30日内到违法行为发生地或者驾驶证核发地车辆管理所办理换证业务。逾期未办理的，机动车驾驶证☐最高/☐实习准驾车型将依法公告作废。自即日起，你不能继续驾驶准驾车型为_____的机动车。

如有异议，可以在收到本通知书之日起15日内向_____书面申请审核。

（公安机关交通管理部门盖章）

_____年____月____日

_____年____月____日

驾驶人签名：_____

备注：_____

一式二份，一份送达当事人，一份留存

制作与使用说明

一、对大中型客货车和实习期驾驶人一个记分周期内或者实习期内达到12分、延长实习期内达到6分、连续三个记分周期未参加审验的，要当场制作《办理注销最高/实习准驾车型业务通知书》，交由驾驶人签字，并告知、督促及时办理满分学习、降级注销业务。

二、通过电子档案保存的，可不制作存档联。

式样十四

(此处印制公安机关交通管理部门名称)
道路交通安全违法行为异议确认书

当事人：_____ 联系方式：_____
身份证明名称：_____ 号码：_____
当事人依据《道路交通安全违法行为处理程序规定》第二十二条规定申请消除号牌号码为_____、机动车类型为_____的机动车违法行为记录(见附页)。

当事人已提交以下证据：
1. _____
2. _____
……

当事人签名：_____
____年___月___日

续式样十四

道路交通安全违法行为异议确认书
附页

机动车驾驶人申请消除以下道路交通安全违法行为：
一、____年___月___日___时___分,发生在_____的违法行为(代码_____),……(此处依据应当消除的具体理由或者机动车驾驶人提出的异议,据实填写申请消除的理由)。
二、____年___月___日___时___分,发生在_____的违法行为(代码_____),……(此处依据应当消除的具体理由或者机动车驾驶人提出的异议,据实填写申请消除的理由)。
(依据当事人申请消除或者提出异议的道路交通安全违法行为数量及具体理由续写)

制作与使用说明

一、处理地依据机动车驾驶人申请异地处理道路交通安全违法行为时发现,或者机动车驾驶人提出证据证明,道路交通安全违法行为有《道路交通安全违法行为处理程序规定》规定的应当消除情形或者机动车驾驶人对违法事实有异议的,由公安机关交通管理部门制作《道路交通安全违法行为异议确认书》,并根据当事人陈述填写相应内容,交当事人签字确认后,由处理地公安机关交通管理部门通过公安交通管理综合应用平台转递发生地公安机关交通管理部门调查处理。

二、机动车驾驶人申请消除或者提出异议的道路交通安全违法行为信息,由处理地公安机关交通管理部门通过公安交通管理综合应用平台调取后,制作《道路交通安全违法行为异议确认书附页》(续式样十四)。

式样十五

（此处印制公安机关交通管理部门名称）
**机动车所有人/管理人/驾驶人联系方式、
送达方式确认书**

当事人：_____
机动车驾驶证号：_____
身份证明名称：_____ 号码：_____
本人同意按照以下送达方式接受道路交通安全违法行为通知、送达相关法律文书：
□邮寄地址：_____
□移动互联网应用程序名称及用户名：_____
□移动通信方式及号码：_____
□电子邮箱：_____

重要提示

一、当事人应当如实提供联系方式及送达方式。
二、因当事人提供的联系方式或者送达方式不准确，导致无法送达或未及时送达的，由当事人承担法律后果。

本人声明

我已阅读本确认书的告知事项，按照表格要求如实提供了本确认书相关信息，并确认上述送达地址等内容准确、有效。

当事人签名：_____
_____年___月___日

制作与使用说明

一、机动车所有人、管理人或者驾驶人处理违法行为和交通事故、办理机动车或者驾驶证业务时，由公安机关交通管理部门制作《机动车所有人/管理人/驾驶人联系方式、送达方式确认书》，并根据当事人陈述填写相应内容，交当事人签字确认后，上传公安交通管理综合应用平台。
二、当事人可以选择邮寄地址、移动互联网应用程序、移动通信、电子邮箱中的一种作为送达方式。
三、当事人应当认真阅读**重要提示**和**本人声明**的内容。

七、纠纷解决

1. 调解

中华人民共和国人民调解法

- 2010年8月28日第十一届全国人民代表大会常务委员会第十六次会议通过
- 2010年8月28日中华人民共和国主席令第34号公布
- 自2011年1月1日起施行

第一章 总 则

第一条 【立法目的和立法根据】为了完善人民调解制度,规范人民调解活动,及时解决民间纠纷,维护社会和谐稳定,根据宪法,制定本法。

第二条 【人民调解定义】本法所称人民调解,是指人民调解委员会通过说服、疏导等方法,促使当事人在平等协商基础上自愿达成调解协议,解决民间纠纷的活动。

第三条 【人民调解工作基本原则】人民调解委员会调解民间纠纷,应当遵循下列原则:

(一)在当事人自愿、平等的基础上进行调解;

(二)不违背法律、法规和国家政策;

(三)尊重当事人的权利,不得因调解而阻止当事人依法通过仲裁、行政、司法等途径维护自己的权利。

第四条 【人民调解不收费】人民调解委员会调解民间纠纷,不收取任何费用。

第五条 【对人民调解工作的指导】国务院司法行政部门负责指导全国的人民调解工作,县级以上地方人民政府司法行政部门负责指导本行政区域的人民调解工作。

基层人民法院对人民调解委员会调解民间纠纷进行业务指导。

第六条 【鼓励和支持人民调解工作】国家鼓励和支持人民调解工作。县级以上地方人民政府对人民调解工作所需经费应当给予必要的支持和保障,对有突出贡献的人民调解委员会和人民调解员按照国家规定给予表彰奖励。

第二章 人民调解委员会

第七条 【人民调解委员会的性质】人民调解委员会是依法设立的调解民间纠纷的群众性组织。

第八条 【人民调解委员会的组织形式与人员构成】村民委员会、居民委员会设立人民调解委员会。企业事业单位根据需要设立人民调解委员会。

人民调解委员会由委员三至九人组成,设主任一人,必要时,可以设副主任若干人。

人民调解委员会应当有妇女成员,多民族居住的地区应当有人数较少民族的成员。

第九条 【人民调解委员会委员产生方式及任期】村民委员会、居民委员会的人民调解委员会委员由村民会议或者村民代表会议、居民会议推选产生;企业事业单位设立的人民调解委员会委员由职工大会、职工代表大会或者工会组织推选产生。

人民调解委员会委员每届任期三年,可以连选连任。

第十条 【人民调解委员会有关情况的统计与通报】县级人民政府司法行政部门应当对本行政区域内人民调解委员会的设立情况进行统计,并且将人民调解委员会以及人员组成和调整情况及时通报所在地基层人民法院。

第十一条 【健全工作制度与密切群众关系】人民调解委员会应当建立健全各项调解工作制度,听取群众意见,接受群众监督。

第十二条 【为人民调解委员会开展工作提供保障】村民委员会、居民委员会和企业事业单位应当为人民调解委员会开展工作提供办公条件和必要的工作经费。

第三章 人民调解员

第十三条 【人民调解员的构成】人民调解员由人民调解委员会委员和人民调解委员会聘任的人员担任。

第十四条 【人民调解员的任职条件与业务培训】人民调解员应当由公道正派、热心人民调解工作,并具有一定文化水平、政策水平和法律知识的成年公民担任。

县级人民政府司法行政部门应当定期对人民调解员进行业务培训。

第十五条 【罢免或者解聘人民调解员的情形】人民调解员在调解工作中有下列行为之一的,由其所在的人民调解委员会给予批评教育、责令改正，情节严重的，由推选或者聘任单位予以罢免或者解聘：

（一）偏袒一方当事人的；

（二）侮辱当事人的；

（三）索取、收受财物或者牟取其他不正当利益的；

（四）泄露当事人的个人隐私、商业秘密的。

第十六条　【人民调解员待遇】人民调解员从事调解工作，应当给予适当的误工补贴；因从事调解工作致伤致残，生活发生困难的，当地人民政府应当提供必要的医疗、生活救助；在人民调解工作岗位上牺牲的人民调解员，其配偶、子女按照国家规定享受抚恤和优待。

第四章　调解程序

第十七条　【人民调解的启动方式】当事人可以向人民调解委员会申请调解；人民调解委员会也可以主动调解。当事人一方明确拒绝调解的，不得调解。

第十八条　【告知当事人申请人民调解】基层人民法院、公安机关对适宜通过人民调解方式解决的纠纷，可以在受理前告知当事人向人民调解委员会申请调解。

第十九条　【人民调解员的确定】人民调解委员会根据调解纠纷的需要，可以指定一名或者数名人民调解员进行调解，也可以由当事人选择一名或者数名人民调解员进行调解。

第二十条　【邀请、支持有关人员参与调解】人民调解员根据调解纠纷的需要，在征得当事人的同意后，可以邀请当事人的亲属、邻里、同事等参与调解，也可以邀请具有专门知识、特定经验的人员或者有关社会组织的人员参与调解。

人民调解委员会支持当地公道正派、热心调解、群众认可的社会人士参与调解。

第二十一条　【人民调解员调解工作要求】人民调解员调解民间纠纷，应当坚持原则，明法析理，主持公道。

调解民间纠纷，应当及时、就地进行，防止矛盾激化。

第二十二条　【调解程序与调解方式】人民调解员根据纠纷的不同情况，可以采取多种方式调解民间纠纷，充分听取当事人的陈述，讲解有关法律、法规和国家政策，耐心疏导，在当事人平等协商、互谅互让的基础上提出纠纷解决方案，帮助当事人自愿达成调解协议。

第二十三条　【人民调解活动中的当事人权利】当事人在人民调解活动中享有下列权利：

（一）选择或者接受人民调解员；

（二）接受调解、拒绝调解或者要求终止调解；

（三）要求调解公开进行或者不公开进行；

（四）自主表达意愿、自愿达成调解协议。

第二十四条　【人民调解活动中的当事人义务】当事人在人民调解活动中履行下列义务：

（一）如实陈述纠纷事实；

（二）遵守调解现场秩序，尊重人民调解员；

（三）尊重对方当事人行使权利。

第二十五条　【调解过程中预防纠纷激化工作的措施】人民调解员在调解纠纷过程中，发现纠纷有可能激化的，应当采取有针对性的预防措施；对有可能引起治安案件、刑事案件的纠纷，应当及时向当地公安机关或者其他有关部门报告。

第二十六条　【调解终止】人民调解员调解纠纷，调解不成的，应当终止调解，并依据有关法律、法规的规定，告知当事人可以依法通过仲裁、行政、司法等途径维护自己的权利。

第二十七条　【人民调解材料立卷归档】人民调解员应当记录调解情况。人民调解委员会应当建立调解工作档案，将调解登记、调解工作记录、调解协议书等材料立卷归档。

第五章　调解协议

第二十八条　【达成调解协议的方式】经人民调解委员会调解达成调解协议的，可以制作调解协议书。当事人认为无需制作调解协议书的，可以采取口头协议方式，人民调解员应当记录协议内容。

第二十九条　【调解协议书的制作、生效及留存】调解协议书可以载明下列事项：

（一）当事人的基本情况；

（二）纠纷的主要事实、争议事项以及各方当事人的责任；

（三）当事人达成调解协议的内容，履行的方式、期限。

调解协议书自各方当事人签名、盖章或者按指印，人民调解员签名并加盖人民调解委员会印章之日起生效。调解协议书由当事人各执一份，人民调解委员会留存一份。

第三十条　【口头调解协议的生效】口头调解协议自各方当事人达成协议之日起生效。

第三十一条　【调解协议效力】经人民调解委员会调解达成的调解协议，具有法律约束力，当事人应当按照约定履行。

人民调解委员会应当对调解协议的履行情况进行监督，督促当事人履行约定的义务。

第三十二条 【当事人对调解协议的内容或履行发生争议的救济】经人民调解委员会调解达成调解协议后，当事人之间就调解协议的履行或者调解协议的内容发生争议的，一方当事人可以向人民法院提起诉讼。

第三十三条 【对调解协议的司法确认】经人民调解委员会调解达成调解协议后，双方当事人认为有必要的，可以自调解协议生效之日起三十日内共同向人民法院申请司法确认，人民法院应当及时对调解协议进行审查，依法确认调解协议的效力。

人民法院依法确认调解协议有效，一方当事人拒绝履行或者未全部履行的，对方当事人可以向人民法院申请强制执行。

人民法院依法确认调解协议无效的，当事人可以通过人民调解方式变更原调解协议或者达成新的调解协议，也可以向人民法院提起诉讼。

第六章 附 则

第三十四条 【参照设立人民调解委员会】乡镇、街道以及社会团体或者其他组织根据需要可以参照本法有关规定设立人民调解委员会，调解民间纠纷。

第三十五条 【施行日期】本法自2011年1月1日起施行。

2. 行政复议

中华人民共和国行政复议法

- 1999年4月29日第九届全国人民代表大会常务委员会第九次会议通过
- 根据2009年8月27日第十一届全国人民代表大会常务委员会第十次会议《关于修改部分法律的决定》第一次修正
- 根据2017年9月1日第十二届全国人民代表大会常务委员会第二十九次会议《关于修改〈中华人民共和国法官法〉等八部法律的决定》第二次修正
- 2023年9月1日第十四届全国人民代表大会常务委员会第五次会议修订
- 2023年9月1日中华人民共和国主席令第9号公布
- 自2024年1月1日起施行

第一章 总 则

第一条 为了防止和纠正违法的或者不当的行政行为，保护公民、法人和其他组织的合法权益，监督和保障行政机关依法行使职权，发挥行政复议化解行政争议的主渠道作用，推进法治政府建设，根据宪法，制定本法。

第二条 公民、法人或者其他组织认为行政机关的行政行为侵犯其合法权益，向行政复议机关提出行政复议申请，行政复议机关办理行政复议案件，适用本法。

前款所称行政行为，包括法律、法规、规章授权的组织的行政行为。

第三条 行政复议工作坚持中国共产党的领导。

行政复议机关履行行政复议职责，应当遵循合法、公正、公开、高效、便民、为民的原则，坚持有错必纠，保障法律、法规的正确实施。

第四条 县级以上各级人民政府以及其他依照本法履行行政复议职责的行政机关是行政复议机关。

行政复议机关办理行政复议事项的机构是行政复议机构。行政复议机构同时组织办理行政复议机关的行政应诉事项。

行政复议机关应当加强行政复议工作，支持和保障行政复议机构依法履行职责。上级行政复议机构对下级行政复议机构的行政复议工作进行指导、监督。

国务院行政复议机构可以发布行政复议指导性案例。

第五条 行政复议机关办理行政复议案件，可以进行调解。

调解应当遵循合法、自愿的原则，不得损害国家利益、社会公共利益和他人合法权益，不得违反法律、法规的强制性规定。

第六条 国家建立专业化、职业化行政复议人员队伍。

行政复议机构中初次从事行政复议工作的人员，应当通过国家统一法律职业资格考试取得法律职业资格，并参加统一职前培训。

国务院行政复议机构应当会同有关部门制定行政复议人员工作规范，加强对行政复议人员的业务考核和管理。

第七条 行政复议机关应当确保行政复议机构的人员配备与所承担的工作任务相适应，提高行政复议人员专业素质，根据工作需要保障办案场所、装备等设施。县级以上各级人民政府应当将行政复议工作经费列入本级预算。

第八条 行政复议机关应当加强信息化建设，运用现代信息技术，方便公民、法人或者其他组织申请、参加行政复议，提高工作质量和效率。

第九条 对在行政复议工作中做出显著成绩的单位和个人，按照国家有关规定给予表彰和奖励。

第十条 公民、法人或者其他组织对行政复议决定不服的,可以依照《中华人民共和国行政诉讼法》的规定向人民法院提起行政诉讼,但是法律规定行政复议决定为最终裁决的除外。

第二章 行政复议申请

第一节 行政复议范围

第十一条 有下列情形之一的,公民、法人或者其他组织可以依照本法申请行政复议:

(一)对行政机关作出的行政处罚决定不服;

(二)对行政机关作出的行政强制措施、行政强制执行决定不服;

(三)申请行政许可,行政机关拒绝或者在法定期限内不予答复,或者对行政机关作出的有关行政许可的其他决定不服;

(四)对行政机关作出的确认自然资源的所有权或者使用权的决定不服;

(五)对行政机关作出的征收征用决定及其补偿决定不服;

(六)对行政机关作出的赔偿决定或者不予赔偿决定不服;

(七)对行政机关作出的不予受理工伤认定申请的决定或者工伤认定结论不服;

(八)认为行政机关侵犯其经营自主权或者农村土地承包经营权、农村土地经营权;

(九)认为行政机关滥用行政权力排除或者限制竞争;

(十)认为行政机关违法集资、摊派费用或者违法要求履行其他义务;

(十一)申请行政机关履行保护人身权利、财产权利、受教育权利等合法权益的法定职责,行政机关拒绝履行、未依法履行或者不予答复;

(十二)申请行政机关依法给付抚恤金、社会保险待遇或者最低生活保障等社会保障,行政机关没有依法给付;

(十三)认为行政机关不依法订立、不依法履行、未按照约定履行或者违法变更、解除政府特许经营协议、土地房屋征收补偿协议等行政协议;

(十四)认为行政机关在政府信息公开工作中侵犯其合法权益;

(十五)认为行政机关的其他行政行为侵犯其合法权益。

第十二条 下列事项不属于行政复议范围:

(一)国防、外交等国家行为;

(二)行政法规、规章或者行政机关制定、发布的具有普遍约束力的决定、命令等规范性文件;

(三)行政机关对行政机关工作人员的奖惩、任免等决定;

(四)行政机关对民事纠纷作出的调解。

第十三条 公民、法人或者其他组织认为行政机关的行政行为所依据的下列规范性文件不合法,在对行政行为申请行政复议时,可以一并向行政复议机关提出对该规范性文件的附带审查申请:

(一)国务院部门的规范性文件;

(二)县级以上地方各级人民政府及其工作部门的规范性文件;

(三)乡、镇人民政府的规范性文件;

(四)法律、法规、规章授权的组织的规范性文件。

前款所列规范性文件不含规章。规章的审查依照法律、行政法规办理。

第二节 行政复议参加人

第十四条 依照本法申请行政复议的公民、法人或者其他组织是申请人。

有权申请行政复议的公民死亡的,其近亲属可以申请行政复议。有权申请行政复议的法人或者其他组织终止的,其权利义务承受人可以申请行政复议。

有权申请行政复议的公民为无民事行为能力人或者限制民事行为能力人的,其法定代理人可以代为申请行政复议。

第十五条 同一行政复议案件申请人人数众多的,可以由申请人推选代表人参加行政复议。

代表人参加行政复议的行为对其所代表的申请人发生效力,但是代表人变更行政复议请求、撤回行政复议申请、承认第三人请求的,应当经被代表的申请人同意。

第十六条 申请人以外的同被申请行政复议的行政行为或者行政复议案件处理结果有利害关系的公民、法人或者其他组织,可以作为第三人申请参加行政复议,或者由行政复议机构通知其作为第三人参加行政复议。

第三人不参加行政复议,不影响行政复议案件的审理。

第十七条 申请人、第三人可以委托一至二名律师、基层法律服务工作者或者其他代理人代为参加行政复议。

申请人、第三人委托代理人的,应当向行政复议机构提交授权委托书,委托人及被委托人的身份证明文件。

授权委托书应当载明委托事项、权限和期限。申请人、第三人变更或者解除代理人权限的，应当书面告知行政复议机构。

第十八条 符合法律援助条件的行政复议申请人申请法律援助的，法律援助机构应当依法为其提供法律援助。

第十九条 公民、法人或者其他组织对行政行为不服申请行政复议的，作出行政行为的行政机关或者法律、法规、规章授权的组织是被申请人。

两个以上行政机关以共同的名义作出同一行政行为的，共同作出行政行为的行政机关是被申请人。

行政机关委托的组织作出行政行为的，委托的行政机关是被申请人。

作出行政行为的行政机关被撤销或者职权变更的，继续行使其职权的行政机关是被申请人。

第三节 申请的提出

第二十条 公民、法人或者其他组织认为行政行为侵犯其合法权益的，可以自知道或者应当知道该行政行为之日起六十日内提出行政复议申请；但是法律规定的申请期限超过六十日的除外。

因不可抗力或者其他正当理由耽误法定申请期限的，申请期限自障碍消除之日起继续计算。

行政机关作出行政行为时，未告知公民、法人或者其他组织申请行政复议的权利、行政复议机关和申请期限的，申请期限自公民、法人或者其他组织知道或者应当知道申请行政复议的权利、行政复议机关和申请期限之日起计算，但是自知道或者应当知道行政行为内容之日起最长不得超过一年。

第二十一条 因不动产提出的行政复议申请自行政行为作出之日起超过二十年，其他行政复议申请自行政行为作出之日起超过五年的，行政复议机关不予受理。

第二十二条 申请人申请行政复议，可以书面申请；书面申请有困难的，也可以口头申请。

书面申请的，可以通过邮寄或者行政复议机关指定的互联网渠道等方式提交行政复议申请书，也可以当面提交行政复议申请书。行政机关通过互联网渠道送达行政行为决定书的，应当同时提供提交行政复议申请书的互联网渠道。

口头申请的，行政复议机关应当当场记录申请人的基本情况、行政复议请求、申请行政复议的主要事实、理由和时间。

申请人对两个以上行政行为不服的，应当分别申请行政复议。

第二十三条 有下列情形之一的，申请人应当先向行政复议机关申请行政复议，对行政复议决定不服的，可以再依法向人民法院提起行政诉讼：

（一）对当场作出的行政处罚决定不服；

（二）对行政机关作出的侵犯其已经依法取得的自然资源的所有权或者使用权的决定不服；

（三）认为行政机关存在本法第十一条规定的未履行法定职责情形；

（四）申请政府信息公开，行政机关不予公开；

（五）法律、行政法规规定应当先向行政复议机关申请行政复议的其他情形。

对前款规定的情形，行政机关在作出行政行为时应当告知公民、法人或者其他组织先向行政复议机关申请行政复议。

第四节 行政复议管辖

第二十四条 县级以上地方各级人民政府管辖下列行政复议案件：

（一）对本级人民政府工作部门作出的行政行为不服的；

（二）对下一级人民政府作出的行政行为不服的；

（三）对本级人民政府依法设立的派出机关作出的行政行为不服的；

（四）对本级人民政府或者其工作部门管理的法律、法规、规章授权的组织作出的行政行为不服的。

除前款规定外，省、自治区、直辖市人民政府同时管辖对本机关作出的行政行为不服的行政复议案件。

省、自治区人民政府依法设立的派出机关参照设区的市级人民政府的职责权限，管辖相关行政复议案件。

对县级以上地方各级人民政府工作部门依法设立的派出机构依照法律、法规、规章规定，以派出机构的名义作出的行政行为不服的行政复议案件，由本级人民政府管辖；其中，对直辖市、设区的市人民政府工作部门按照行政区划设立的派出机构作出的行政行为不服的，也可以由其所在地的人民政府管辖。

第二十五条 国务院部门管辖下列行政复议案件：

（一）对本部门作出的行政行为不服的；

（二）对本部门依法设立的派出机构依照法律、行政法规、部门规章规定，以派出机构的名义作出的行政行为不服的；

（三）对本部门管理的法律、行政法规、部门规章授权的组织作出的行政行为不服的。

第二十六条　对省、自治区、直辖市人民政府依照本法第二十四条第二款的规定、国务院部门依照本法第二十五条第一项的规定作出的行政复议决定不服的，可以向人民法院提起行政诉讼；也可以向国务院申请裁决，国务院依照本法的规定作出最终裁决。

第二十七条　对海关、金融、外汇管理等实行垂直领导的行政机关、税务和国家安全机关的行政行为不服的，向上一级主管部门申请行政复议。

第二十八条　对履行行政复议机构职责的地方人民政府司法行政部门的行政行为不服的，可以向本级人民政府申请行政复议，也可以向上一级司法行政部门申请行政复议。

第二十九条　公民、法人或者其他组织申请行政复议，行政复议机关已经依法受理的，在行政复议期间不得向人民法院提起行政诉讼。

公民、法人或者其他组织向人民法院提起行政诉讼，人民法院已经依法受理的，不得申请行政复议。

第三章　行政复议受理

第三十条　行政复议机关收到行政复议申请后，应当在五日内进行审查。对符合下列规定的，行政复议机关应当予以受理：

（一）有明确的申请人和符合本法规定的被申请人；

（二）申请人与被申请行政复议的行政行为有利害关系；

（三）有具体的行政复议请求和理由；

（四）在法定申请期限内提出；

（五）属于本法规定的行政复议范围；

（六）属于本机关的管辖范围；

（七）行政复议机关未受理过该申请人就同一行政行为提出的行政复议申请，并且人民法院未受理过该申请人就同一行政行为提起的行政诉讼。

对不符合前款规定的行政复议申请，行政复议机关应当在审查期限内决定不予受理并说明理由；不属于本机关管辖的，还应当在不予受理决定中告知申请人有管辖权的行政复议机关。

行政复议申请的审查期限届满，行政复议机关未作出不予受理决定的，审查期限届满之日视为受理。

第三十一条　行政复议申请材料不齐全或者表述不清楚，无法判断行政复议申请是否符合本法第三十条第一款规定的，行政复议机关应当自收到申请之日起五日内书面通知申请人补正。补正通知应当一次性载明需要补正的事项。

申请人应当自收到补正通知之日起十日内提交补正材料。有正当理由不能按期补正的，行政复议机关可以延长合理的补正期限。无正当理由逾期不补正的，视为申请人放弃行政复议申请，并记录在案。

行政复议机关收到补正材料后，依照本法第三十条的规定处理。

第三十二条　对当场作出或者依据电子技术监控设备记录的违法事实作出的行政处罚决定不服申请行政复议的，可以通过作出行政处罚决定的行政机关提交行政复议申请。

行政机关收到行政复议申请后，应当及时处理；认为需要维持行政处罚决定的，应当自收到行政复议申请之日起五日内转送行政复议机关。

第三十三条　行政复议机关受理行政复议申请后，发现该行政复议申请不符合本法第三十条第一款规定的，应当决定驳回申请并说明理由。

第三十四条　法律、行政法规规定应当先向行政复议机关申请行政复议，对行政复议决定不服再向人民法院提起行政诉讼的，行政复议机关决定不予受理、驳回申请或者受理后超过行政复议期限不作答复的，公民、法人或者其他组织可以自收到决定书之日起或者行政复议期限届满之日起十五日内，依法向人民法院提起行政诉讼。

第三十五条　公民、法人或者其他组织依法提出行政复议申请，行政复议机关无正当理由不予受理、驳回申请或者受理后超过行政复议期限不作答复的，申请人有权向上级行政机关反映，上级行政机关应当责令其纠正；必要时，上级行政复议机关可以直接受理。

第四章　行政复议审理

第一节　一般规定

第三十六条　行政复议机关受理行政复议申请后，依照本法适用普通程序或者简易程序进行审理。行政复议机构应当指定行政复议人员负责办理行政复议案件。

行政复议人员对办理行政复议案件过程中知悉的国家秘密、商业秘密和个人隐私，应当予以保密。

第三十七条　行政复议机关依照法律、法规、规章审理行政复议案件。

行政复议机关审理民族自治地方的行政复议案件，同时依照该民族自治地方的自治条例和单行条例。

第三十八条　上级行政复议机关根据需要，可以审理下级行政复议机关管辖的行政复议案件。

下级行政复议机关对其管辖的行政复议案件，认为需要由上级行政复议机关审理的,可以报请上级行政复议机关决定。

第三十九条 行政复议期间有下列情形之一的,行政复议中止:

(一)作为申请人的公民死亡,其近亲属尚未确定是否参加行政复议的;

(二)作为申请人的公民丧失参加行政复议的行为能力,尚未确定法定代理人参加行政复议的;

(三)作为申请人的公民下落不明的;

(四)作为申请人的法人或者其他组织终止,尚未确定权利义务承受人的;

(五)申请人、被申请人因不可抗力或者其他正当理由,不能参加行政复议的;

(六)依照本法规定进行调解、和解,申请人和被申请人同意中止的;

(七)行政复议案件涉及的法律适用问题需要有权机关作出解释或者确认的;

(八)行政复议案件审理需要以其他案件的审理结果为依据,而其他案件尚未审结的;

(九)有本法第五十六条或者第五十七条规定的情形的;

(十)需要中止行政复议的其他情形。

行政复议中止的原因消除后,应当及时恢复行政复议案件的审理。

行政复议机关中止、恢复行政复议案件的审理,应当书面告知当事人。

第四十条 行政复议期间,行政复议机关无正当理由中止行政复议的,上级行政机关应当责令其恢复审理。

第四十一条 行政复议期间有下列情形之一的,行政复议机关决定终止行政复议:

(一)申请人撤回行政复议申请,行政复议机构准予撤回的;

(二)作为申请人的公民死亡,没有近亲属或者其近亲属放弃行政复议权利的;

(三)作为申请人的法人或者其他组织终止,没有权利义务承受人或者其权利义务承受人放弃行政复议权利的;

(四)申请人对行政拘留或者限制人身自由的行政强制措施不服申请行政复议后,因同一违法行为涉嫌犯罪,被采取刑事强制措施的;

(五)依照本法第三十九条第一款第一项、第二项、第四项的规定中止行政复议满六十日,行政复议中止的原因仍未消除的。

第四十二条 行政复议期间行政行为不停止执行;但是有下列情形之一的,应当停止执行:

(一)被申请人认为需要停止执行的;

(二)行政复议机关认为需要停止执行的;

(三)申请人、第三人申请停止执行,行政复议机关认为其要求合理,决定停止执行的;

(四)法律、法规、规章规定停止执行的其他情形。

第二节 行政复议证据

第四十三条 行政复议证据包括:

(一)书证;

(二)物证;

(三)视听资料;

(四)电子数据;

(五)证人证言;

(六)当事人的陈述;

(七)鉴定意见;

(八)勘验笔录、现场笔录。

以上证据经行政复议机构审查属实,才能作为认定行政复议案件事实的根据。

第四十四条 被申请人对其作出的行政行为的合法性、适当性负有举证责任。

有下列情形之一的,申请人应当提供证据:

(一)认为被申请人不履行法定职责的,提供曾经要求被申请人履行法定职责的证据,但是被申请人应当依职权主动履行法定职责或者申请人因正当理由不能提供的除外;

(二)提出行政赔偿请求的,提供受行政行为侵害而造成损害的证据,但是因被申请人原因导致申请人无法举证的,由被申请人承担举证责任;

(三)法律、法规规定需要申请人提供证据的其他情形。

第四十五条 行政复议机关有权向有关单位和个人调查取证,查阅、复制、调取有关文件和资料,向有关人员进行询问。

调查取证时,行政复议人员不得少于两人,并应当出示行政复议工作证件。

被调查取证的单位和个人应当积极配合行政复议人员的工作,不得拒绝或者阻挠。

第四十六条 行政复议期间,被申请人不得自行向申请人和其他有关单位或者个人收集证据;自行收集的证据不作为认定行政行为合法性、适当性的依据。

行政复议期间，申请人或者第三人提出被申请行政复议的行政行为作出时没有提出的理由或者证据的，经行政复议机构同意，被申请人可以补充证据。

第四十七条 行政复议期间，申请人、第三人及其委托代理人可以按照规定查阅、复制被申请人提出的书面答复、作出行政行为的证据、依据和其他有关材料，除涉及国家秘密、商业秘密、个人隐私或者可能危及国家安全、公共安全、社会稳定的情形外，行政复议机构应当同意。

第三节 普通程序

第四十八条 行政复议机构应当自行政复议申请受理之日起七日内，将行政复议申请书副本或者行政复议申请笔录复印件发送被申请人。被申请人应当自收到行政复议申请书副本或者行政复议申请笔录复印件之日起十日内，提出书面答复，并提交作出行政行为的证据、依据和其他有关材料。

第四十九条 适用普通程序审理的行政复议案件，行政复议机构应当当面或者通过互联网、电话等方式听取当事人的意见，并将听取的意见记录在案。因当事人原因不能听取意见的，可以书面审理。

第五十条 审理重大、疑难、复杂的行政复议案件，行政复议机构应当组织听证。

行政复议机构认为有必要听证，或者申请人请求听证的，行政复议机构可以组织听证。

听证由一名行政复议人员任主持人，两名以上行政复议人员任听证员，一名记录员制作听证笔录。

第五十一条 行政复议机构组织听证的，应当于举行听证的五日前将听证的时间、地点和拟听证事项书面通知当事人。

申请人无正当理由拒不参加听证的，视为放弃听证权利。

被申请人的负责人应当参加听证。不能参加的，应当说明理由并委托相应的工作人员参加听证。

第五十二条 县级以上各级人民政府应当建立相关政府部门、专家、学者等参与的行政复议委员会，为办理行政复议案件提供咨询意见，并就行政复议工作中的重大事项和共性问题研究提出意见。行政复议委员会的组成和开展工作的具体办法，由国务院行政复议机构制定。

审理行政复议案件涉及下列情形之一的，行政复议机构应当提请行政复议委员会提出咨询意见：

（一）案情重大、疑难、复杂；

（二）专业性、技术性较强；

（三）本法第二十四条第二款规定的行政复议案件；

（四）行政复议机构认为有必要。

行政复议机构应当记录行政复议委员会的咨询意见。

第四节 简易程序

第五十三条 行政复议机关审理下列行政复议案件，认为事实清楚、权利义务关系明确、争议不大的，可以适用简易程序：

（一）被申请行政复议的行政行为是当场作出；

（二）被申请行政复议的行政行为是警告或者通报批评；

（三）案件涉及款额三千元以下；

（四）属于政府信息公开案件。

除前款规定以外的行政复议案件，当事人各方同意适用简易程序的，可以适用简易程序。

第五十四条 适用简易程序审理的行政复议案件，行政复议机构应当自受理行政复议申请之日起三日内，将行政复议申请书副本或者行政复议申请笔录复印件发送被申请人。被申请人应当自收到行政复议申请书副本或者行政复议申请笔录复印件之日起五日内，提出书面答复，并提交作出行政行为的证据、依据和其他有关材料。

适用简易程序审理的行政复议案件，可以书面审理。

第五十五条 适用简易程序审理的行政复议案件，行政复议机构认为不宜适用简易程序的，经行政复议机构的负责人批准，可以转为普通程序审理。

第五节 行政复议附带审查

第五十六条 申请人依照本法第十三条的规定提出对有关规范性文件的附带审查申请，行政复议机关有权处理的，应当在三十日内依法处理；无权处理的，应当在七日内转送有权处理的行政机关依法处理。

第五十七条 行政复议机关在对被申请人作出的行政行为进行审查时，认为其依据不合法，本机关有权处理的，应当在三十日内依法处理；无权处理的，应当在七日内转送有权处理的国家机关依法处理。

第五十八条 行政复议机关依照本法第五十六条、第五十七条的规定有权处理有关规范性文件或者依据的，行政复议机构应当自行政复议中止之日起三日内，书面通知规范性文件或者依据的制定机关就相关条款的合法性提出书面答复。制定机关应当自收到书面通知之日起十日内提交书面答复及相关材料。

行政复议机构认为必要时，可以要求规范性文件或者依据的制定机关当面说明理由，制定机关应当配合。

第五十九条　行政复议机关依照本法第五十六条、第五十七条的规定有权处理有关规范性文件或者依据，认为相关条款合法的，在行政复议决定书中一并告知；认为相关条款超越权限或者违反上位法的，决定停止该条款的执行，并责令制定机关予以纠正。

第六十条　依照本法第五十六条、第五十七条的规定接受转送的行政机关、国家机关应当自收到转送之日起六十日内，将处理意见回复转送的行政复议机关。

第五章　行政复议决定

第六十一条　行政复议机关依照本法审理行政复议案件，由行政复议机构对行政行为进行审查，提出意见，经行政复议机关的负责人同意或者集体讨论通过后，以行政复议机关的名义作出行政复议决定。

经过听证的行政复议案件，行政复议机关应当根据听证笔录、审查认定的事实和证据，依照本法作出行政复议决定。

提请行政复议委员会提出咨询意见的行政复议案件，行政复议机关应当将咨询意见作为作出行政复议决定的重要参考依据。

第六十二条　适用普通程序审理的行政复议案件，行政复议机关应当自受理申请之日起六十日内作出行政复议决定；但是法律规定的行政复议期限少于六十日的除外。情况复杂，不能在规定期限内作出行政复议决定的，经行政复议机构的负责人批准，可以适当延长，并书面告知当事人；但是延长期限最多不得超过三十日。

适用简易程序审理的行政复议案件，行政复议机关应当自受理申请之日起三十日内作出行政复议决定。

第六十三条　行政行为有下列情形之一的，行政复议机关决定变更该行政行为：

（一）事实清楚，证据确凿，适用依据正确，程序合法，但是内容不适当；

（二）事实清楚，证据确凿，程序合法，但是未正确适用依据；

（三）事实不清、证据不足，经行政复议机关查清事实和证据。

行政复议机关不得作出对申请人更为不利的变更决定，但是第三人提出相反请求的除外。

第六十四条　行政行为有下列情形之一的，行政复议机关决定撤销或者部分撤销该行政行为，并可以责令被申请人在一定期限内重新作出行政行为：

（一）主要事实不清、证据不足；
（二）违反法定程序；
（三）适用的依据不合法；
（四）超越职权或者滥用职权。

行政复议机关责令被申请人重新作出行政行为的，被申请人不得以同一事实和理由作出与被申请行政复议的行政行为相同或者基本相同的行政行为，但是行政复议机关以违反法定程序为由决定撤销或者部分撤销的除外。

第六十五条　行政行为有下列情形之一的，行政复议机关不撤销该行政行为，但是确认该行政行为违法：

（一）依法应予撤销，但是撤销会给国家利益、社会公共利益造成重大损害；

（二）程序轻微违法，但是对申请人权利不产生实际影响。

行政行为有下列情形之一，不需要撤销或者责令履行的，行政复议机关确认该行政行为违法：

（一）行政行为违法，但是不具有可撤销内容；

（二）被申请人改变原违法行政行为，申请人仍要求撤销或者确认该行政行为违法；

（三）被申请人不履行或者拖延履行法定职责，责令履行没有意义。

第六十六条　被申请人不履行法定职责的，行政复议机关决定被申请人在一定期限内履行。

第六十七条　行政行为有实施主体不具有行政主体资格或者没有依据等重大且明显违法情形，申请人申请确认行政行为无效的，行政复议机关确认该行政行为无效。

第六十八条　行政行为认定事实清楚，证据确凿，适用依据正确，程序合法，内容适当的，行政复议机关决定维持该行政行为。

第六十九条　行政复议机关受理申请人认为被申请人不履行法定职责的行政复议申请后，发现被申请人没有相应法定职责或者在受理前已经履行法定职责的，决定驳回申请人的行政复议请求。

第七十条　被申请人不按照本法第四十八条、第五十四条的规定提出书面答复、提交作出行政行为的证据、依据和其他有关材料的，视为该行政行为没有证据、依据，行政复议机关决定撤销、部分撤销该行政行为，确认该行政行为违法、无效或者决定被申请人在一定期限内履行，但是行政行为涉及第三人合法权益，第三人提供证据的除外。

第七十一条　被申请人不依法订立、不依法履行、未按照约定履行或者违法变更、解除行政协议的，行政复议机关决定被申请人承担依法订立、继续履行、采取补救措施或者赔偿损失等责任。

被申请人变更、解除行政协议合法，但是未依法给予补偿或者补偿不合理的，行政复议机关决定被申请人依法给予合理补偿。

第七十二条 申请人在申请行政复议时一并提出行政赔偿请求，行政复议机关对依照《中华人民共和国国家赔偿法》的有关规定应当不予赔偿的，在作出行政复议决定时，应当同时决定驳回行政赔偿请求；对符合《中华人民共和国国家赔偿法》的有关规定应当给予赔偿的，在决定撤销或者部分撤销、变更行政行为或者确认行政行为违法、无效时，应当同时决定被申请人依法给予赔偿；确认行政行为违法的，还可以同时责令被申请人采取补救措施。

申请人在申请行政复议时没有提出行政赔偿请求的，行政复议机关在依法决定撤销或者部分撤销、变更罚款，撤销或者部分撤销违法集资、没收财物、征收征用、摊派费用以及对财产的查封、扣押、冻结等行为时，应当同时责令被申请人返还财产，解除对财产的查封、扣押、冻结措施，或者赔偿相应的价款。

第七十三条 当事人经调解达成协议的，行政复议机关应当制作行政复议调解书，经各方当事人签字或者签章，并加盖行政复议机关印章，即具有法律效力。

调解未达成协议或者调解书生效前一方反悔的，行政复议机关应当依法审查或者及时作出行政复议决定。

第七十四条 当事人在行政复议决定作出前可以自愿达成和解，和解内容不得损害国家利益、社会公共利益和他人合法权益，不得违反法律、法规的强制性规定。

当事人达成和解后，由申请人向行政复议机构撤回行政复议申请。行政复议机构准予撤回行政复议申请、行政复议机关决定终止行政复议的，申请人不得再以同一事实和理由提出行政复议申请。但是，申请人能够证明撤回行政复议申请违背其真实意愿的除外。

第七十五条 行政复议机关作出行政复议决定，应当制作行政复议决定书，并加盖行政复议机关印章。

行政复议决定书一经送达，即发生法律效力。

第七十六条 行政复议机关在办理行政复议案件过程中，发现被申请人或者其他下级行政机关的有关行政行为违法或者不当的，可以向其制发行政复议意见书。有关机关应当自收到行政复议意见书之日起六十日内，将纠正相关违法或者不当行政行为的情况报送行政复议机关。

第七十七条 被申请人应当履行行政复议决定书、调解书、意见书。

被申请人不履行或者无正当理由拖延履行行政复议决定书、调解书、意见书的，行政复议机关或者有关上级行政机关应当责令其限期履行，并可以约谈被申请人的有关负责人或者予以通报批评。

第七十八条 申请人、第三人逾期不起诉又不履行行政复议决定书、调解书的，或者不履行最终裁决的行政复议决定的，按照下列规定分别处理：

（一）维持行政行为的行政复议决定书，由作出行政行为的行政机关依法强制执行，或者申请人民法院强制执行；

（二）变更行政行为的行政复议决定书，由行政复议机关依法强制执行，或者申请人民法院强制执行；

（三）行政复议调解书，由行政复议机关依法强制执行，或者申请人民法院强制执行。

第七十九条 行政复议机关根据被申请行政复议的行政行为的公开情况，按照国家有关规定将行政复议决定书向社会公开。

县级以上地方各级人民政府办理以本级人民政府工作部门为被申请人的行政复议案件，应当将发生法律效力的行政复议决定书、意见书同时抄告被申请人的上一级主管部门。

第六章 法律责任

第八十条 行政复议机关不依照本法规定履行行政复议职责，对负有责任的领导人员和直接责任人员依法给予警告、记过、记大过的处分；经有权监督的机关督促仍不改正或者造成严重后果的，依法给予降级、撤职、开除的处分。

第八十一条 行政复议机关工作人员在行政复议活动中，徇私舞弊或者有其他渎职、失职行为的，依法给予警告、记过、记大过的处分；情节严重的，依法给予降级、撤职、开除的处分；构成犯罪的，依法追究刑事责任。

第八十二条 被申请人违反本法规定，不提出书面答复或者不提交作出行政行为的证据、依据和其他有关材料，或者阻挠、变相阻挠公民、法人或者其他组织依法申请行政复议的，对负有责任的领导人员和直接责任人员依法给予警告、记过、记大过的处分；进行报复陷害的，依法给予降级、撤职、开除的处分；构成犯罪的，依法追究刑事责任。

第八十三条 被申请人不履行或者无正当理由拖延

履行行政复议决定书、调解书、意见书的,对负有责任的领导人员和直接责任人员依法给予警告、记过、记大过的处分;经责令履行仍拒不履行的,依法给予降级、撤职、开除的处分。

第八十四条 拒绝、阻挠行政复议人员调查取证,故意扰乱行政复议工作秩序的,依法给予处分、治安管理处罚;构成犯罪的,依法追究刑事责任。

第八十五条 行政机关及其工作人员违反本法规定的,行政复议机关可以向监察机关或者公职人员任免机关、单位移送有关人员违法的事实材料,接受移送的监察机关或者公职人员任免机关、单位应当依法处理。

第八十六条 行政复议机关在办理行政复议案件过程中,发现公职人员涉嫌贪污贿赂、失职渎职等职务违法或者职务犯罪的问题线索,应当依照有关规定移送监察机关,由监察机关依法调查处置。

第七章 附 则

第八十七条 行政复议机关受理行政复议申请,不得向申请人收取任何费用。

第八十八条 行政复议期间的计算和行政复议文书的送达,本法没有规定的,依照《中华人民共和国民事诉讼法》关于期间、送达的规定执行。

本法关于行政复议期间有关"三日"、"五日"、"七日"、"十日"的规定是指工作日,不含法定休假日。

第八十九条 外国人、无国籍人、外国组织在中华人民共和国境内申请行政复议,适用本法。

第九十条 本法自2024年1月1日起施行。

3. 仲裁

中华人民共和国仲裁法

- 1994年8月31日第八届全国人民代表大会常务委员会第九次会议通过
- 根据2009年8月27日第十一届全国人民代表大会常务委员会第十次会议《关于修改部分法律的决定》第一次修正
- 根据2017年9月1日第十二届全国人民代表大会常务委员会第二十九次会议《关于修改〈中华人民共和国法官法〉等八部法律的决定》第二次修正

第一章 总 则

第一条 【立法宗旨】为保证公正、及时地仲裁经济纠纷,保护当事人的合法权益,保障社会主义市场经济健康发展,制定本法。

第二条 【适用范围】平等主体的公民、法人和其他组织之间发生的合同纠纷和其他财产权益纠纷,可以仲裁。

第三条 【适用范围的例外】下列纠纷不能仲裁:
(一)婚姻、收养、监护、扶养、继承纠纷;
(二)依法应当由行政机关处理的行政争议。

第四条 【自愿仲裁原则】当事人采用仲裁方式解决纠纷,应当双方自愿,达成仲裁协议。没有仲裁协议,一方申请仲裁的,仲裁委员会不予受理。

第五条 【或裁或审原则】当事人达成仲裁协议,一方向人民法院起诉的,人民法院不予受理,但仲裁协议无效的除外。

第六条 【仲裁机构的选定】仲裁委员会应当由当事人协议选定。

仲裁不实行级别管辖和地域管辖。

第七条 【以事实为根据、符合法律规定、公平合理解决纠纷的原则】仲裁应当根据事实,符合法律规定,公平合理地解决纠纷。

第八条 【仲裁独立原则】仲裁依法独立进行,不受行政机关、社会团体和个人的干涉。

第九条 【一裁终局制度】仲裁实行一裁终局的制度。裁决作出后,当事人就同一纠纷再申请仲裁或者向人民法院起诉的,仲裁委员会或者人民法院不予受理。

裁决被人民法院依法裁定撤销或者不予执行的,当事人就该纠纷可以根据双方重新达成的仲裁协议申请仲裁,也可以向人民法院起诉。

第二章 仲裁委员会和仲裁协会

第十条 【仲裁委员会的设立】仲裁委员会可以在直辖市和省、自治区人民政府所在地的市设立,也可以根据需要在其他设区的市设立,不按行政区划层层设立。

仲裁委员会由前款规定的市的人民政府组织有关部门和商会统一组建。

设立仲裁委员会,应当经省、自治区、直辖市的司法行政部门登记。

第十一条 【仲裁委员会的设立条件】仲裁委员会应当具备下列条件:
(一)有自己的名称、住所和章程;
(二)有必要的财产;
(三)有该委员会的组成人员;
(四)有聘任的仲裁员。

仲裁委员会的章程应当依照本法制定。

第十二条 【仲裁委员会的组成人员】仲裁委员会由主任1人、副主任2至4人和委员7至11人组成。

仲裁委员会的主任、副主任和委员由法律、经济贸易专家和有实际工作经验的人员担任。仲裁委员会的组成人员中，法律、经济贸易专家不得少于2/3。

第十三条 【仲裁员的条件】仲裁委员会应当从公道正派的人员中聘任仲裁员。

仲裁员应当符合下列条件之一：

（一）通过国家统一法律职业资格考试取得法律职业资格，从事仲裁工作满八年的；

（二）从事律师工作满八年的；

（三）曾任法官满八年的；

（四）从事法律研究、教学工作并具有高级职称的；

（五）具有法律知识，从事经济贸易等专业工作并具有高级职称或者具有同等专业水平的。

仲裁委员会按照不同专业设仲裁员名册。

第十四条 【仲裁委员会与行政机关以及仲裁委员会之间的关系】仲裁委员会独立于行政机关，与行政机关没有隶属关系。仲裁委员会之间也没有隶属关系。

第十五条 【中国仲裁协会】中国仲裁协会是社会团体法人。仲裁委员会是中国仲裁协会的会员。中国仲裁协会的章程由全国会员大会制定。

中国仲裁协会是仲裁委员会的自律性组织，根据章程对仲裁委员会及其组成人员、仲裁员的违纪行为进行监督。

中国仲裁协会依照本法和民事诉讼法的有关规定制定仲裁规则。

第三章 仲裁协议

第十六条 【仲裁协议的形式和内容】仲裁协议包括合同中订立的仲裁条款和以其他书面方式在纠纷发生前或者纠纷发生后达成的请求仲裁的协议。

仲裁协议应当具有下列内容：

（一）请求仲裁的意思表示；

（二）仲裁事项；

（三）选定的仲裁委员会。

第十七条 【仲裁协议无效的情形】有下列情形之一的，仲裁协议无效：

（一）约定的仲裁事项超出法律规定的仲裁范围的；

（二）无民事行为能力人或者限制民事行为能力人订立的仲裁协议；

（三）一方采取胁迫手段，迫使对方订立仲裁协议的。

第十八条 【对内容不明确的仲裁协议的处理】仲裁协议对仲裁事项或者仲裁委员会没有约定或者约定不明确的，当事人可以补充协议；达不成补充协议的，仲裁协议无效。

第十九条 【合同的变更、解除、终止或者无效对仲裁协议效力的影响】仲裁协议独立存在，合同的变更、解除、终止或者无效，不影响仲裁协议的效力。

仲裁庭有权确认合同的效力。

第二十条 【对仲裁协议的异议】当事人对仲裁协议的效力有异议的，可以请求仲裁委员会作出决定或者请求人民法院作出裁定。一方请求仲裁委员会作出决定，另一方请求人民法院作出裁定的，由人民法院裁定。

当事人对仲裁协议的效力有异议，应当在仲裁庭首次开庭前提出。

第四章 仲裁程序

第一节 申请和受理

第二十一条 【申请仲裁的条件】当事人申请仲裁应当符合下列条件：

（一）有仲裁协议；

（二）有具体的仲裁请求和事实、理由；

（三）属于仲裁委员会的受理范围。

第二十二条 【申请仲裁时应递交的文件】当事人申请仲裁，应当向仲裁委员会递交仲裁协议、仲裁申请书及副本。

第二十三条 【仲裁申请书的内容】仲裁申请书应当载明下列事项：

（一）当事人的姓名、性别、年龄、职业、工作单位和住所，法人或者其他组织的名称、住所和法定代表人或者主要负责人的姓名、职务；

（二）仲裁请求和所根据的事实、理由；

（三）证据和证据来源、证人姓名和住所。

第二十四条 【仲裁申请的受理与不受理】仲裁委员会收到仲裁申请书之日起5日内，认为符合受理条件的，应当受理，并通知当事人；认为不符合受理条件的，应当书面通知当事人不予受理，并说明理由。

第二十五条 【受理后的准备工作】仲裁委员会受理仲裁申请后，应当在仲裁规则规定的期限内将仲裁规则和仲裁员名册送达申请人，并将仲裁申请书副本和仲裁规则、仲裁员名册送达被申请人。

被申请人收到仲裁申请书副本后，应当在仲裁规则规定的期限内向仲裁委员会提交答辩书。仲裁委员会收到答辩书后，应当在仲裁规则规定的期限内将答辩书副本送达申请人。被申请人未提交答辩书的，不影响仲裁程序的进行。

第二十六条 【仲裁协议的当事人一方向人民法院起诉的处理】当事人达成仲裁协议，一方向人民法院起诉未声明有仲裁协议，人民法院受理后，另一方在首次开庭前提交仲裁协议的，人民法院应当驳回起诉，但仲裁协议无效的除外；另一方在首次开庭前未对人民法院受理该案提出异议的，视为放弃仲裁协议，人民法院应当继续审理。

第二十七条 【仲裁请求的放弃、变更、承认、反驳以及反请求】申请人可以放弃或者变更仲裁请求。被申请人可以承认或者反驳仲裁请求，有权提出反请求。

第二十八条 【财产保全】一方当事人因另一方当事人的行为或者其他原因，可能使裁决不能执行或者难以执行的，可以申请财产保全。

当事人申请财产保全的，仲裁委员会应当将当事人的申请依照民事诉讼法的有关规定提交人民法院。

申请有错误的，申请人应当赔偿被申请人因财产保全所遭受的损失。

第二十九条 【仲裁代理】当事人、法定代理人可以委托律师和其他代理人进行仲裁活动。委托律师和其他代理人进行仲裁活动的，应当向仲裁委员会提交授权委托书。

第二节　仲裁庭的组成

第三十条 【仲裁庭的组成】仲裁庭可以由3名仲裁员或者1名仲裁员组成。由3名仲裁员组成的，设首席仲裁员。

第三十一条 【仲裁员的选任】当事人约定由3名仲裁员组成仲裁庭的，应当各自选定或者各自委托仲裁委员会主任指定1名仲裁员，第三名仲裁员由当事人共同选定或者共同委托仲裁委员会主任指定。第三名仲裁员是首席仲裁员。

当事人约定由1名仲裁员成立仲裁庭的，应当由当事人共同选定或者共同委托仲裁委员会主任指定仲裁员。

第三十二条 【仲裁员的指定】当事人没有在仲裁规则规定的期限内约定仲裁庭的组成方式或者选定仲裁员的，由仲裁委员会主任指定。

第三十三条 【仲裁庭组成情况的书面通知】仲裁庭组成后，仲裁委员会应当将仲裁庭的组成情况书面通知当事人。

第三十四条 【仲裁员回避的方式与理由】仲裁员有下列情形之一的，必须回避，当事人也有权提出回避申请：

（一）是本案当事人或者当事人、代理人的近亲属；

（二）与本案有利害关系；

（三）与本案当事人、代理人有其他关系，可能影响公正仲裁的；

（四）私自会见当事人、代理人，或者接受当事人、代理人的请客送礼的。

第三十五条 【回避申请的提出】当事人提出回避申请，应当说明理由，在首次开庭前提出。回避事由在首次开庭后知道的，可以在最后一次开庭终结前提出。

第三十六条 【回避的决定】仲裁员是否回避，由仲裁委员会主任决定；仲裁委员会主任担任仲裁员时，由仲裁委员会集体决定。

第三十七条 【仲裁员的重新确定】仲裁员因回避或者其他原因不能履行职责的，应当依照本法规定重新选定或者指定仲裁员。

因回避而重新选定或者指定仲裁员后，当事人可以请求已进行的仲裁程序重新进行，是否准许，由仲裁庭决定；仲裁庭也可以自行决定已进行的仲裁程序是否重新进行。

第三十八条 【仲裁员的除名】仲裁员有本法第三十四条第四项规定的情形，情节严重的，或者有本法第五十八条第六项规定的情形的，应当依法承担法律责任，仲裁委员会应当将其除名。

第三节　开庭和裁决

第三十九条 【仲裁审理的方式】仲裁应当开庭进行。当事人协议不开庭的，仲裁庭可以根据仲裁申请书、答辩书以及其他材料作出裁决。

第四十条 【开庭审理的方式】仲裁不公开进行。当事人协议公开的，可以公开进行，但涉及国家秘密的除外。

第四十一条 【开庭日期的通知与延期开庭】仲裁委员会应当在仲裁规则规定的期限内将开庭日期通知双方当事人。当事人有正当理由的，可以在仲裁规则规定的期限内请求延期开庭。是否延期，由仲裁庭决定。

第四十二条 【当事人缺席的处理】申请人经书面通知，无正当理由不到庭或者未经仲裁庭许可中途退庭的，可以视为撤回仲裁申请。

被申请人经书面通知，无正当理由不到庭或者未经仲裁庭许可中途退庭的，可以缺席裁决。

第四十三条 【证据提供与收集】当事人应当对自己的主张提供证据。

仲裁庭认为有必要收集的证据，可以自行收集。

第四十四条 【专门性问题的鉴定】仲裁庭对专门性问题认为需要鉴定的,可以交由当事人约定的鉴定部门鉴定,也可以由仲裁庭指定的鉴定部门鉴定。

根据当事人的请求或者仲裁庭的要求,鉴定部门应当派鉴定人参加开庭。当事人经仲裁庭许可,可以向鉴定人提问。

第四十五条 【证据的出示与质证】证据应当在开庭时出示,当事人可以质证。

第四十六条 【证据保全】在证据可能灭失或者以后难以取得的情况下,当事人可以申请证据保全。当事人申请证据保全的,仲裁委员会应当将当事人的申请提交证据所在地的基层人民法院。

第四十七条 【当事人的辩论】当事人在仲裁过程中有权进行辩论。辩论终结时,首席仲裁员或者独任仲裁员应当征询当事人的最后意见。

第四十八条 【仲裁笔录】仲裁庭应当将开庭情况记入笔录。当事人和其他仲裁参与人认为对自己陈述的记录有遗漏或者差错的,有权申请补正。如果不予补正,应当记录该申请。

笔录由仲裁员、记录人员、当事人和其他仲裁参与人签名或者盖章。

第四十九条 【仲裁和解】当事人申请仲裁后,可以自行和解。达成和解协议的,可以请求仲裁庭根据和解协议作出裁决书,也可以撤回仲裁申请。

第五十条 【达成和解协议、撤回仲裁申请后反悔的处理】当事人达成和解协议,撤回仲裁申请后反悔的,可以根据仲裁协议申请仲裁。

第五十一条 【仲裁调解】仲裁庭在作出裁决前,可以先行调解。当事人自愿调解的,仲裁庭应当调解。调解不成的,应当及时作出裁决。

调解达成协议的,仲裁庭应当制作调解书或者根据协议的结果制作裁决书。调解书与裁决书具有同等法律效力。

第五十二条 【仲裁调解书】调解书应当写明仲裁请求和当事人协议的结果。调解书由仲裁员签名,加盖仲裁委员会印章,送达双方当事人。

调解书经双方当事人签收后,即发生法律效力。

在调解书签收前当事人反悔的,仲裁庭应当及时作出裁决。

第五十三条 【仲裁裁决的作出】裁决应当按照多数仲裁员的意见作出,少数仲裁员的不同意见可以记入笔录。仲裁庭不能形成多数意见时,裁决应当按照首席仲裁员的意见作出。

第五十四条 【裁决书的内容】裁决书应当写明仲裁请求、争议事实、裁决理由、裁决结果、仲裁费用的负担和裁决日期。当事人协议不愿写明争议事实和裁决理由的,可以不写。裁决书由仲裁员签名,加盖仲裁委员会印章。对裁决持不同意见的仲裁员,可以签名,也可以不签名。

第五十五条 【先行裁决】仲裁庭仲裁纠纷时,其中一部分事实已经清楚,可以就该部分先行裁决。

第五十六条 【裁决书的补正】对裁决书中的文字、计算错误或者仲裁庭已经裁决但在裁决书中遗漏的事项,仲裁庭应当补正;当事人自收到裁决书之日起30日内,可以请求仲裁庭补正。

第五十七条 【裁决书生效】裁决书自作出之日起发生法律效力。

第五章 申请撤销裁决

第五十八条 【申请撤销仲裁裁决的法定情形】当事人提出证据证明裁决有下列情形之一的,可以向仲裁委员会所在地的中级人民法院申请撤销裁决:

(一)没有仲裁协议的;

(二)裁决的事项不属于仲裁协议的范围或者仲裁委员会无权仲裁的;

(三)仲裁庭的组成或者仲裁的程序违反法定程序的;

(四)裁决所根据的证据是伪造的;

(五)对方当事人隐瞒了足以影响公正裁决的证据的;

(六)仲裁员在仲裁该案时有索贿受贿,徇私舞弊,枉法裁决行为的。

人民法院经组成合议庭审查核实裁决有前款规定情形之一的,应当裁定撤销。

人民法院认定该裁决违背社会公共利益的,应当裁定撤销。

第五十九条 【申请撤销仲裁裁决的期限】当事人申请撤销裁决的,应当自收到裁决书之日起6个月内提出。

第六十条 【人民法院对撤销申请的审查与处理】人民法院应当在受理撤销裁决申请之日起两个月内作出撤销裁决或者驳回申请的裁定。

第六十一条 【申请撤销仲裁裁决的后果】人民法院受理撤销裁决的申请后,认为可以由仲裁庭重新仲裁的,通知仲裁庭在一定期限内重新仲裁,并裁定中止撤销程序。仲裁庭拒绝重新仲裁的,人民法院应当裁定恢复撤销程序。

第六章 执 行

第六十二条 【仲裁裁决的执行】当事人应当履行裁决。一方当事人不履行的,另一方当事人可以依照民事诉讼法的有关规定向人民法院申请执行。受申请的人民法院应当执行。

第六十三条 【仲裁裁决的不予执行】被申请人提出证据证明裁决有民事诉讼法第二百一十三条第二款规定的情形之一的,经人民法院组成合议庭审查核实,裁定不予执行。

第六十四条 【仲裁裁决的执行中止、终结与恢复】一方当事人申请执行裁决,另一方当事人申请撤销裁决的,人民法院应当裁定中止执行。

人民法院裁定撤销裁决的,应当裁定终结执行。撤销裁决的申请被裁定驳回的,人民法院应当裁定恢复执行。

第七章 涉外仲裁的特别规定

第六十五条 【涉外仲裁的法律适用】涉外经济贸易、运输和海事中发生的纠纷的仲裁,适用本章规定。本章没有规定的,适用本法其他有关规定。

第六十六条 【涉外仲裁委员会的设立】涉外仲裁委员会可以由中国国际商会组织设立。

涉外仲裁委员会由主任1人、副主任若干人和委员若干人组成。

涉外仲裁委员会的主任、副主任和委员可以由中国国际商会聘任。

第六十七条 【涉外仲裁委员会仲裁员的聘任】涉外仲裁委员会可以从具有法律、经济贸易、科学技术等专门知识的外籍人士中聘任仲裁员。

第六十八条 【涉外仲裁的证据保全】涉外仲裁的当事人申请证据保全的,涉外仲裁委员会应当将当事人的申请提交证据所在地的中级人民法院。

第六十九条 【涉外仲裁的开庭笔录与笔录要点】涉外仲裁的仲裁庭可以将开庭情况记入笔录,或者作出笔录要点,笔录要点可以由当事人和其他仲裁参与人签字或者盖章。

第七十条 【涉外仲裁裁决的撤销】当事人提出证据证明涉外仲裁裁决有民事诉讼法第二百五十八条第一款规定的情形之一的,经人民法院组成合议庭审查核实,裁定撤销。

第七十一条 【涉外仲裁裁决的不予执行】被申请人提出证据证明涉外仲裁裁决有民事诉讼法第二百五十八条第一款规定的情形之一的,经人民法院组成合议庭审查核实,裁定不予执行。

第七十二条 【涉外仲裁裁决的执行】涉外仲裁委员会作出的发生法律效力的仲裁裁决,当事人请求执行的,如果被执行人或者其财产不在中华人民共和国领域内,应当由当事人直接向有管辖权的外国法院申请承认和执行。

第七十三条 【涉外仲裁规则】涉外仲裁规则可以由中国国际商会依照本法和民事诉讼法的有关规定制定。

第八章 附 则

第七十四条 【仲裁时效】法律对仲裁时效有规定的,适用该规定。法律对仲裁时效没有规定的,适用诉讼时效的规定。

第七十五条 【仲裁暂行规则的判定】中国仲裁协会制定仲裁规则前,仲裁委员会依照本法和民事诉讼法的有关规定可以制定仲裁暂行规则。

第七十六条 【仲裁费用】当事人应当按照规定交纳仲裁费用。

收取仲裁费用的办法,应当报物价管理部门核准。

第七十七条 【本法适用的例外】劳动争议和农业集体经济组织内部的农业承包合同纠纷的仲裁,另行规定。

第七十八条 【本法施行前制定的有关仲裁的规定的效力】本法施行前制定的有关仲裁的规定与本法的规定相抵触的,以本法为准。

第七十九条 【本法施行前后仲裁机构的衔接与过渡】本法施行前在直辖市、省、自治区人民政府所在地的市和其他设区的市设立的仲裁机构,应当依照本法的有关规定重新组建;未重新组建的,自本法施行之日起届满1年时终止。

本法施行前设立的不符合本法规定的其他仲裁机构,自本法施行之日起终止。

第八十条 【施行日期】本法自1995年9月1日起施行。

4. 行政诉讼

中华人民共和国行政诉讼法

- 1989年4月4日第七届全国人民代表大会第二次会议通过
- 根据2014年11月1日第十二届全国人民代表大会常务委员会第十一次会议《关于修改〈中华人民共和国行政诉讼法〉的决定》第一次修正
- 根据2017年6月27日第十二届全国人民代表大会常务委员会第二十八次会议《关于修改〈中华人民共和国民事诉讼法〉和〈中华人民共和国行政诉讼法〉的决定》第二次修正

第一章 总 则

第一条 【立法目的】为保证人民法院公正、及时审理行政案件，解决行政争议，保护公民、法人和其他组织的合法权益，监督行政机关依法行使职权，根据宪法，制定本法。

第二条 【诉权】公民、法人或者其他组织认为行政机关和行政机关工作人员的行政行为侵犯其合法权益，有权依照本法向人民法院提起诉讼。

前款所称行政行为，包括法律、法规、规章授权的组织作出的行政行为。

第三条 【行政机关负责人出庭应诉】人民法院应当保障公民、法人和其他组织的起诉权利，对应当受理的行政案件依法受理。

行政机关及其工作人员不得干预、阻碍人民法院受理行政案件。

被诉行政机关负责人应当出庭应诉。不能出庭的，应当委托行政机关相应的工作人员出庭。

第四条 【独立行使审判权】人民法院依法对行政案件独立行使审判权，不受行政机关、社会团体和个人的干涉。

人民法院设行政审判庭，审理行政案件。

第五条 【以事实为根据，以法律为准绳原则】人民法院审理行政案件，以事实为根据，以法律为准绳。

第六条 【合法性审查原则】人民法院审理行政案件，对行政行为是否合法进行审查。

第七条 【合议、回避、公开审判和两审终审原则】人民法院审理行政案件，依法实行合议、回避、公开审判和两审终审制度。

第八条 【法律地位平等原则】当事人在行政诉讼中的法律地位平等。

第九条 【本民族语言文字原则】各民族公民都有用本民族语言、文字进行行政诉讼的权利。

在少数民族聚居或者多民族共同居住的地区，人民法院应当用当地民族通用的语言、文字进行审理和发布法律文书。

人民法院应当对不通晓当地民族通用的语言、文字的诉讼参与人提供翻译。

第十条 【辩论原则】当事人在行政诉讼中有权进行辩论。

第十一条 【法律监督原则】人民检察院有权对行政诉讼实行法律监督。

第二章 受案范围

第十二条 【行政诉讼受案范围】人民法院受理公民、法人或者其他组织提起的下列诉讼：

（一）对行政拘留、暂扣或者吊销许可证和执照、责令停产停业、没收违法所得、没收非法财物、罚款、警告等行政处罚不服的；

（二）对限制人身自由或者对财产的查封、扣押、冻结等行政强制措施和行政强制执行不服的；

（三）申请行政许可，行政机关拒绝或者在法定期限内不予答复，或者对行政机关作出的有关行政许可的其他决定不服的；

（四）对行政机关作出的关于确认土地、矿藏、水流、森林、山岭、草原、荒地、滩涂、海域等自然资源的所有权或者使用权的决定不服的；

（五）对征收、征用决定及其补偿决定不服的；

（六）申请行政机关履行保护人身权、财产权等合法权益的法定职责，行政机关拒绝履行或者不予答复的；

（七）认为行政机关侵犯其经营自主权或者农村土地承包经营权、农村土地经营权的；

（八）认为行政机关滥用行政权力排除或者限制竞争的；

（九）认为行政机关违法集资、摊派费用或者违法要求履行其他义务的；

（十）认为行政机关没有依法支付抚恤金、最低生活保障待遇或者社会保险待遇的；

（十一）认为行政机关不依法履行、未按照约定履行或者违法变更、解除政府特许经营协议、土地房屋征收补偿协议等协议的；

（十二）认为行政机关侵犯其他人身权、财产权等合法权益的。

除前款规定外，人民法院受理法律、法规规定可以提起诉讼的其他行政案件。

第十三条 【受案范围的排除】人民法院不受理公

民、法人或者其他组织对下列事项提起的诉讼：

（一）国防、外交等国家行为；

（二）行政法规、规章或者行政机关制定、发布的具有普遍约束力的决定、命令；

（三）行政机关对行政机关工作人员的奖惩、任免等决定；

（四）法律规定由行政机关最终裁决的行政行为。

第三章 管 辖

第十四条 【基层人民法院管辖第一审行政案件】基层人民法院管辖第一审行政案件。

第十五条 【中级人民法院管辖的第一审行政案件】中级人民法院管辖下列第一审行政案件：

（一）对国务院部门或者县级以上地方人民政府所作的行政行为提起诉讼的案件；

（二）海关处理的案件；

（三）本辖区内重大、复杂的案件；

（四）其他法律规定由中级人民法院管辖的案件。

第十六条 【高级人民法院管辖的第一审行政案件】高级人民法院管辖本辖区内重大、复杂的第一审行政案件。

第十七条 【最高人民法院管辖的第一审行政案件】最高人民法院管辖全国范围内重大、复杂的第一审行政案件。

第十八条 【一般地域管辖和法院跨行政区域管辖】行政案件由最初作出行政行为的行政机关所在地人民法院管辖。经复议的案件，也可以由复议机关所在地人民法院管辖。

经最高人民法院批准，高级人民法院可以根据审判工作的实际情况，确定若干人民法院跨行政区域管辖行政案件。

第十九条 【限制人身自由行政案件的管辖】对限制人身自由的行政强制措施不服提起的诉讼，由被告所在地或者原告所在地人民法院管辖。

第二十条 【不动产行政案件的管辖】因不动产提起的行政诉讼，由不动产所在地人民法院管辖。

第二十一条 【选择管辖】两个以上人民法院都有管辖权的案件，原告可以选择其中一个人民法院提起诉讼。原告向两个以上有管辖权的人民法院提起诉讼的，由最先立案的人民法院管辖。

第二十二条 【移送管辖】人民法院发现受理的案件不属于本院管辖的，应当移送有管辖权的人民法院，受移送的人民法院应当受理。受移送的人民法院认为受移送的案件按照规定不属于本院管辖的，应当报请上级人民法院指定管辖，不得再自行移送。

第二十三条 【指定管辖】有管辖权的人民法院由于特殊原因不能行使管辖权的，由上级人民法院指定管辖。

人民法院对管辖权发生争议，由争议双方协商解决。协商不成的，报它们的共同上级人民法院指定管辖。

第二十四条 【管辖权转移】上级人民法院有权审理下级人民法院管辖的第一审行政案件。

下级人民法院对其管辖的第一审行政案件，认为需要由上级人民法院审理或者指定管辖的，可以报请上级人民法院决定。

第四章 诉讼参加人

第二十五条 【原告资格】行政行为的相对人以及其他与行政行为有利害关系的公民、法人或者其他组织，有权提起诉讼。

有权提起诉讼的公民死亡，其近亲属可以提起诉讼。

有权提起诉讼的法人或者其他组织终止，承受其权利的法人或者其他组织可以提起诉讼。

人民检察院在履行职责中发现生态环境和资源保护、食品药品安全、国有财产保护、国有土地使用权出让等领域负有监督管理职责的行政机关违法行使职权或者不作为，致使国家利益或者社会公共利益受到侵害的，应当向行政机关提出检察建议，督促其依法履行职责。行政机关不依法履行职责的，人民检察院依法向人民法院提起诉讼。

第二十六条 【被告资格】公民、法人或者其他组织直接向人民法院提起诉讼的，作出行政行为的行政机关是被告。

经复议的案件，复议机关决定维持原行政行为的，作出原行政行为的行政机关和复议机关是共同被告；复议机关改变原行政行为的，复议机关是被告。

复议机关在法定期限内未作出复议决定，公民、法人或者其他组织起诉原行政行为的，作出原行政行为的行政机关是被告；起诉复议机关不作为的，复议机关是被告。

两个以上行政机关作出同一行政行为的，共同作出行政行为的行政机关是共同被告。

行政机关委托的组织所作的行政行为，委托的行政机关是被告。

行政机关被撤销或者职权变更的，继续行使其职权的行政机关是被告。

第二十七条 【共同诉讼】当事人一方或者双方为二人以上,因同一行政行为发生的行政案件,或者因同类行政行为发生的行政案件,人民法院认为可以合并审理并经当事人同意的,为共同诉讼。

第二十八条 【代表人诉讼】当事人一方人数众多的共同诉讼,可以由当事人推选代表人进行诉讼。代表人的诉讼行为对其所代表的当事人发生效力,但代表人变更、放弃诉讼请求或者承认对方当事人的诉讼请求,应当经被代表的当事人同意。

第二十九条 【诉讼第三人】公民、法人或者其他组织同被诉行政行为有利害关系但没有提起诉讼,或者同案件处理结果有利害关系的,可以作为第三人申请参加诉讼,或者由人民法院通知参加诉讼。

人民法院判决第三人承担义务或者减损第三人权益的,第三人有权依法提起上诉。

第三十条 【法定代理人】没有诉讼行为能力的公民,由其法定代理人代为诉讼。法定代理人互相推诿代理责任的,由人民法院指定其中一人代为诉讼。

第三十一条 【委托代理人】当事人、法定代理人,可以委托一至二人作为诉讼代理人。

下列人员可以被委托为诉讼代理人:
(一)律师、基层法律服务工作者;
(二)当事人的近亲属或者工作人员;
(三)当事人所在社区、单位以及有关社会团体推荐的公民。

第三十二条 【当事人及诉讼代理人权利】代理诉讼的律师,有权按照规定查阅、复制本案有关材料,有权向有关组织和公民调查,收集与本案有关的证据。对涉及国家秘密、商业秘密和个人隐私的材料,应当依照法律规定保密。

当事人和其他诉讼代理人有权按照规定查阅、复制本案庭审材料,但涉及国家秘密、商业秘密和个人隐私的内容除外。

第五章 证 据

第三十三条 【证据种类】证据包括:
(一)书证;
(二)物证;
(三)视听资料;
(四)电子数据;
(五)证人证言;
(六)当事人的陈述;
(七)鉴定意见;
(八)勘验笔录、现场笔录。

以上证据经法庭审查属实,才能作为认定案件事实的根据。

第三十四条 【被告举证责任】被告对作出的行政行为负有举证责任,应当提供作出该行政行为的证据和所依据的规范性文件。

被告不提供或者无正当理由逾期提供证据,视为没有相应证据。但是,被诉行政行为涉及第三人合法权益,第三人提供证据的除外。

第三十五条 【行政机关收集证据的限制】在诉讼过程中,被告及其诉讼代理人不得自行向原告、第三人和证人收集证据。

第三十六条 【被告延期提供证据和补充证据】被告在作出行政行为时已经收集了证据,但因不可抗力等正当事由不能提供的,经人民法院准许,可以延期提供。

原告或者第三人提出了其在行政处理程序中没有提出的理由或者证据的,经人民法院准许,被告可以补充证据。

第三十七条 【原告可以提供证据】原告可以提供证明行政行为违法的证据。原告提供的证据不成立的,不免除被告的举证责任。

第三十八条 【原告举证责任】在起诉被告不履行法定职责的案件中,原告应当提供其向被告提出申请的证据。但有下列情形之一的除外:
(一)被告应当依职权主动履行法定职责的;
(二)原告因正当理由不能提供证据的。

在行政赔偿、补偿的案件中,原告应当对行政行为造成的损害提供证据。因被告的原因导致原告无法举证的,由被告承担举证责任。

第三十九条 【法院要求当事人提供或者补充证据】人民法院有权要求当事人提供或者补充证据。

第四十条 【法院调取证据】人民法院有权向有关行政机关以及其他组织、公民调取证据。但是,不得为证明行政行为的合法性调取被告作出行政行为时未收集的证据。

第四十一条 【申请法院调取证据】与本案有关的下列证据,原告或者第三人不能自行收集的,可以申请人民法院调取:
(一)由国家机关保存而须由人民法院调取的证据;
(二)涉及国家秘密、商业秘密和个人隐私的证据;
(三)确因客观原因不能自行收集的其他证据。

第四十二条 【证据保全】在证据可能灭失或者以

后难以取得的情况下,诉讼参加人可以向人民法院申请保全证据,人民法院也可以主动采取保全措施。

第四十三条 【证据适用规则】证据应当在法庭上出示,并由当事人互相质证。对涉及国家秘密、商业秘密和个人隐私的证据,不得在公开开庭时出示。

人民法院应当按照法定程序,全面、客观地审查核实证据。对未采纳的证据应当在裁判文书中说明理由。

以非法手段取得的证据,不得作为认定案件事实的根据。

第六章 起诉和受理

第四十四条 【行政复议与行政诉讼的关系】对属于人民法院受案范围的行政案件,公民、法人或者其他组织可以先向行政机关申请复议,对复议决定不服的,再向人民法院提起诉讼;也可以直接向人民法院提起诉讼。

法律、法规规定应当先向行政机关申请复议,对复议决定不服再向人民法院提起诉讼的,依照法律、法规的规定。

第四十五条 【经行政复议的起诉期限】公民、法人或者其他组织不服复议决定的,可以在收到复议决定书之日起十五日内向人民法院提起诉讼。复议机关逾期不作决定的,申请人可以在复议期满之日起十五日内向人民法院提起诉讼。法律另有规定的除外。

第四十六条 【起诉期限】公民、法人或者其他组织直接向人民法院提起诉讼的,应当自知道或者应当知道作出行政行为之日起六个月内提出。法律另有规定的除外。

因不动产提起诉讼的案件自行政行为作出之日起超过二十年,其他案件自行政行为作出之日起超过五年提起诉讼的,人民法院不予受理。

第四十七条 【行政机关不履行法定职责的起诉期限】公民、法人或者其他组织申请行政机关履行保护其人身权、财产权等合法权益的法定职责,行政机关在接到申请之日起两个月内不履行的,公民、法人或者其他组织可以向人民法院提起诉讼。法律、法规对行政机关履行职责的期限另有规定的,从其规定。

公民、法人或者其他组织在紧急情况下请求行政机关履行保护其人身权、财产权等合法权益的法定职责,行政机关不履行的,提起诉讼不受前款规定期限的限制。

第四十八条 【起诉期限的扣除和延长】公民、法人或者其他组织因不可抗力或者其他不属于其自身的原因耽误起诉期限的,被耽误的时间不计算在起诉期限内。

公民、法人或者其他组织因前款规定以外的其他特殊情况耽误起诉期限的,在障碍消除后十日内,可以申请延长期限,是否准许由人民法院决定。

第四十九条 【起诉条件】提起诉讼应当符合下列条件:

(一)原告是符合本法第二十五条规定的公民、法人或者其他组织;

(二)有明确的被告;

(三)有具体的诉讼请求和事实根据;

(四)属于人民法院受案范围和受诉人民法院管辖。

第五十条 【起诉方式】起诉应当向人民法院递交起诉状,并按照被告人数提出副本。

书写起诉状确有困难的,可以口头起诉,由人民法院记入笔录,出具注明日期的书面凭证,并告知对方当事人。

第五十一条 【登记立案】人民法院在接到起诉状时对符合本法规定的起诉条件的,应当登记立案。

对当场不能判定是否符合本法规定的起诉条件的,应当接收起诉状,出具注明收到日期的书面凭证,并在七日内决定是否立案。不符合起诉条件的,作出不予立案的裁定。裁定书应当载明不予立案的理由。原告对裁定不服的,可以提起上诉。

起诉状内容欠缺或者有其他错误的,应当给予指导和释明,并一次性告知当事人需要补正的内容。不得未经指导和释明以起诉不符合条件为由不接收起诉状。

对于不接收起诉状、接收起诉状后不出具书面凭证,以及不一次性告知当事人需要补正的起诉状内容的,当事人可以向上级人民法院投诉,上级人民法院应当责令改正,并对直接负责的主管人员和其他直接责任人员依法给予处分。

第五十二条 【法院不立案的救济】人民法院既不立案,又不作出不予立案裁定的,当事人可以向上一级人民法院起诉。上一级人民法院认为符合起诉条件的,应当立案、审理,也可以指定其他下级人民法院立案、审理。

第五十三条 【规范性文件的附带审查】公民、法人或者其他组织认为行政行为所依据的国务院部门和地方人民政府及其部门制定的规范性文件不合法,在对行政行为提起诉讼时,可以一并请求对该规范性文件进行审查。

前款规定的规范性文件不含规章。

第七章 审理和判决

第一节 一般规定

第五十四条 【公开审理原则】人民法院公开审理

行政案件，但涉及国家秘密、个人隐私和法律另有规定的除外。

涉及商业秘密的案件，当事人申请不公开审理的，可以不公开审理。

第五十五条 【回避】当事人认为审判人员与本案有利害关系或者有其他关系可能影响公正审判，有权申请审判人员回避。

审判人员认为自己与本案有利害关系或者有其他关系，应当申请回避。

前两款规定，适用于书记员、翻译人员、鉴定人、勘验人。

院长担任审判长时的回避，由审判委员会决定；审判人员的回避，由院长决定；其他人员的回避，由审判长决定。当事人对决定不服的，可以申请复议一次。

第五十六条 【诉讼不停止执行】诉讼期间，不停止行政行为的执行。但有下列情形之一的，裁定停止执行：

（一）被告认为需要停止执行的；

（二）原告或者利害关系人申请停止执行，人民法院认为该行政行为的执行会造成难以弥补的损失，并且停止执行不损害国家利益、社会公共利益的；

（三）人民法院认为该行政行为的执行会给国家利益、社会公共利益造成重大损害的；

（四）法律、法规规定停止执行的。

当事人对停止执行或者不停止执行的裁定不服的，可以申请复议一次。

第五十七条 【先予执行】人民法院对起诉行政机关没有依法支付抚恤金、最低生活保障金和工伤、医疗社会保险金的案件，权利义务关系明确、不先予执行将严重影响原告生活的，可以根据原告的申请，裁定先予执行。

当事人对先予执行裁定不服的，可以申请复议一次。复议期间不停止裁定的执行。

第五十八条 【拒不到庭或中途退庭的法律后果】经人民法院传票传唤，原告无正当理由拒不到庭，或者未经法庭许可中途退庭的，可以按照撤诉处理；被告无正当理由拒不到庭，或者未经法庭许可中途退庭的，可以缺席判决。

第五十九条 【妨害行政诉讼强制措施】诉讼参与人或者其他人有下列行为之一的，人民法院可以根据情节轻重，予以训诫、责令具结悔过或者处一万元以下的罚款、十五日以下的拘留；构成犯罪的，依法追究刑事责任：

（一）有义务协助调查、执行的人，对人民法院的协助调查决定、协助执行通知书，无故推拖、拒绝或者妨碍调查、执行的；

（二）伪造、隐藏、毁灭证据或者提供虚假证明材料，妨碍人民法院审理案件的；

（三）指使、贿买、胁迫他人作伪证或者威胁、阻止证人作证的；

（四）隐藏、转移、变卖、毁损已被查封、扣押、冻结的财产的；

（五）以欺骗、胁迫等非法手段使原告撤诉的；

（六）以暴力、威胁或者其他方法阻碍人民法院工作人员执行职务，或者以哄闹、冲击法庭等方法扰乱人民法院工作秩序的；

（七）对人民法院审判人员或者其他工作人员、诉讼参与人、协助调查和执行的人员恐吓、侮辱、诽谤、诬陷、殴打、围攻或者打击报复的。

人民法院对有前款规定的行为之一的单位，可以对其主要负责人或者直接责任人员依照前款规定予以罚款、拘留；构成犯罪的，依法追究刑事责任。

罚款、拘留须经人民法院院长批准。当事人不服的，可以向上一级人民法院申请复议一次。复议期间不停止执行。

第六十条 【调解】人民法院审理行政案件，不适用调解。但是，行政赔偿、补偿以及行政机关行使法律、法规规定的自由裁量权的案件可以调解。

调解应当遵循自愿、合法原则，不得损害国家利益、社会公共利益和他人合法权益。

第六十一条 【民事争议和行政争议交叉】在涉及行政许可、登记、征收、征用和行政机关对民事争议所作的裁决的行政诉讼中，当事人申请一并解决相关民事争议的，人民法院可以一并审理。

在行政诉讼中，人民法院认为行政案件的审理需以民事诉讼的裁判为依据的，可以裁定中止行政诉讼。

第六十二条 【撤诉】人民法院对行政案件宣告判决或者裁定前，原告申请撤诉的，或者被告改变其所作的行政行为，原告同意并申请撤诉的，是否准许，由人民法院裁定。

第六十三条 【撤诉】人民法院审理行政案件，以法律和行政法规、地方性法规为依据。地方性法规适用于本行政区域内发生的行政案件。

人民法院审理民族自治地方的行政案件，并以该民族自治地方的自治条例和单行条例为依据。

人民法院审理行政案件，参照规章。

第六十四条 【规范性文件审查和处理】人民法院

在审理行政案件中，经审查认为本法第五十三条规定的规范性文件不合法的，不作为认定行政行为合法的依据，并向制定机关提出处理建议。

第六十五条 【裁判文书公开】人民法院应当公开发生法律效力的判决书、裁定书，供公众查阅，但涉及国家秘密、商业秘密和个人隐私的内容除外。

第六十六条 【有关行政机关工作人员和被告的处理】人民法院在审理行政案件中，认为行政机关的主管人员、直接责任人员违法违纪的，应当将有关材料移送监察机关、该行政机关或者其上一级行政机关；认为有犯罪行为的，应当将有关材料移送公安、检察机关。

人民法院对被告经传票传唤无正当理由拒不到庭，或者未经法庭许可中途退庭的，可以将被告拒不到庭或者中途退庭的情况予以公告，并可以向监察机关或者被告的上一级行政机关提出依法给予其主要负责人或者直接责任人员处分的司法建议。

第二节 第一审普通程序

第六十七条 【发送起诉状和提出答辩状】人民法院应当在立案之日起五日内，将起诉状副本发送被告。被告应当在收到起诉状副本之日起十五日内向人民法院提交作出行政行为的证据和所依据的规范性文件，并提出答辩状。人民法院应当在收到答辩状之日起五日内，将答辩状副本发送原告。

被告不提出答辩状的，不影响人民法院审理。

第六十八条 【审判组织形式】人民法院审理行政案件，由审判员组成合议庭，或者由审判员、陪审员组成合议庭。合议庭的成员，应当是三人以上的单数。

第六十九条 【驳回原告诉讼请求判决】行政行为证据确凿，适用法律、法规正确，符合法定程序的，或者原告申请被告履行法定职责或者给付义务理由不成立的，人民法院判决驳回原告的诉讼请求。

第七十条 【撤销判决和重作判决】行政行为有下列情形之一的，人民法院判决撤销或者部分撤销，并可以判决被告重新作出行政行为：

（一）主要证据不足的；

（二）适用法律、法规错误的；

（三）违反法定程序的；

（四）超越职权的；

（五）滥用职权的；

（六）明显不当的。

第七十一条 【重作判决对被告的限制】人民法院判决被告重新作出行政行为的，被告不得以同一的事实

和理由作出与原行政行为基本相同的行政行为。

第七十二条 【履行判决】人民法院经过审理，查明被告不履行法定职责的，判决被告在一定期限内履行。

第七十三条 【给付判决】人民法院经过审理，查明被告依法负有给付义务的，判决被告履行给付义务。

第七十四条 【确认违法判决】行政行为有下列情形之一的，人民法院判决确认违法，但不撤销行政行为：

（一）行政行为依法应当撤销，但撤销会给国家利益、社会公共利益造成重大损害的；

（二）行政行为程序轻微违法，但对原告权利不产生实际影响的。

行政行为有下列情形之一，不需要撤销或者判决履行的，人民法院判决确认违法：

（一）行政行为违法，但不具有可撤销内容的；

（二）被告改变原违法行政行为，原告仍要求确认原行政行为违法的；

（三）被告不履行或者拖延履行法定职责，判决履行没有意义的。

第七十五条 【确认无效判决】行政行为有实施主体不具有行政主体资格或者没有依据等重大且明显违法情形，原告申请确认行政行为无效的，人民法院判决确认无效。

第七十六条 【确认违法和无效判决的补充规定】人民法院判决确认违法或者无效的，可以同时判决责令被告采取补救措施；给原告造成损失的，依法判决被告承担赔偿责任。

第七十七条 【变更判决】行政处罚明显不当，或者其他行政行为涉及对款额的确定、认定确有错误的，人民法院可以判决变更。

人民法院判决变更，不得加重原告的义务或者减损原告的权益。但利害关系人同为原告，且诉讼请求相反的除外。

第七十八条 【行政协议履行及补偿判决】被告不依法履行、未按照约定履行或者违法变更、解除本法第十二条第一款第十一项规定的协议的，人民法院判决被告承担继续履行、采取补救措施或者赔偿损失等责任。

被告变更、解除本法第十二条第一款第十一项规定的协议合法，但未依法给予补偿的，人民法院判决给予补偿。

第七十九条 【复议决定和原行政行为一并裁判】复议机关与作出原行政行为的行政机关为共同被告的案件，人民法院应当对复议决定和原行政行为一并作出裁判。

第八十条 【公开宣判】人民法院对公开审理和不公开审理的案件,一律公开宣告判决。

当庭宣判的,应当在十日内发送判决书;定期宣判的,宣判后立即发给判决书。

宣告判决时,必须告知当事人上诉权利、上诉期限和上诉的人民法院。

第八十一条 【第一审审限】人民法院应当在立案之日起六个月内作出第一审判决。有特殊情况需要延长的,由高级人民法院批准,高级人民法院审理第一审案件需要延长的,由最高人民法院批准。

第三节 简易程序

第八十二条 【简易程序适用情形】人民法院审理下列第一审行政案件,认为事实清楚、权利义务关系明确、争议不大的,可以适用简易程序:

(一)被诉行政行为是依法当场作出的;
(二)案件涉及款额二千元以下的;
(三)属于政府信息公开案件的。

除前款规定以外的第一审行政案件,当事人各方同意适用简易程序的,可以适用简易程序。

发回重审、按照审判监督程序再审的案件不适用简易程序。

第八十三条 【简易程序的审判组织形式和审限】适用简易程序审理的行政案件,由审判员一人独任审理,并应当在立案之日起四十五日内审结。

第八十四条 【简易程序与普通程序的转换】人民法院在审理过程中,发现案件不宜适用简易程序的,裁定转为普通程序。

第四节 第二审程序

第八十五条 【上诉】当事人不服人民法院第一审判决的,有权在判决书送达之日起十五日内向上一级人民法院提起上诉。当事人不服人民法院第一审裁定的,有权在裁定书送达之日起十日内向上一级人民法院提起上诉。逾期不提起上诉的,人民法院的第一审判决或者裁定发生法律效力。

第八十六条 【二审审理方式】人民法院对上诉案件,应当组成合议庭,开庭审理。经过阅卷、调查和询问当事人,对没有提出新的事实、证据或者理由,合议庭认为不需要开庭审理的,也可以不开庭审理。

第八十七条 【二审审查范围】人民法院审理上诉案件,应当对原审人民法院的判决、裁定和被诉行政行为进行全面审查。

第八十八条 【二审审限】人民法院审理上诉案件,应当在收到上诉状之日起三个月内作出终审判决。有特殊情况需要延长的,由高级人民法院批准,高级人民法院审理上诉案件需要延长的,由最高人民法院批准。

第八十九条 【二审裁判】人民法院审理上诉案件,按照下列情形,分别处理:

(一)原判决、裁定认定事实清楚,适用法律、法规正确的,判决或者裁定驳回上诉,维持原判决、裁定;
(二)原判决、裁定认定事实错误或者适用法律、法规错误的,依法改判、撤销或者变更;
(三)原判决认定基本事实不清、证据不足的,发回原审人民法院重审,或者查清事实后改判;
(四)原判决遗漏当事人或者违法缺席判决等严重违反法定程序的,裁定撤销原判决,发回原审人民法院重审。

原审人民法院对发回重审的案件作出判决后,当事人提起上诉的,第二审人民法院不得再次发回重审。

人民法院审理上诉案件,需要改变原审判决的,应当同时对被诉行政行为作出判决。

第五节 审判监督程序

第九十条 【当事人申请再审】当事人对已经发生法律效力的判决、裁定,认为确有错误的,可以向上一级人民法院申请再审,但判决、裁定不停止执行。

第九十一条 【再审事由】当事人的申请符合下列情形之一的,人民法院应当再审:

(一)不予立案或者驳回起诉确有错误的;
(二)有新的证据,足以推翻原判决、裁定的;
(三)原判决、裁定认定事实的主要证据不足、未经质证或者系伪造的;
(四)原判决、裁定适用法律、法规确有错误的;
(五)违反法律规定的诉讼程序,可能影响公正审判的;
(六)原判决、裁定遗漏诉讼请求的;
(七)据以作出原判决、裁定的法律文书被撤销或者变更的;
(八)审判人员在审理该案件时有贪污受贿、徇私舞弊、枉法裁判行为的。

第九十二条 【人民法院依职权再审】各级人民法院院长对本院已经发生法律效力的判决、裁定,发现有本法第九十一条规定情形之一,或者发现调解违反自愿原则或者调解书内容违法,认为需要再审的,应当提交审判委员会讨论决定。

最高人民法院对地方各级人民法院已经发生法律效力的判决、裁定，上级人民法院对下级人民法院已经发生法律效力的判决、裁定，发现有本法第九十一条规定情形之一，或者发现调解违反自愿原则或者调解书内容违法的，有权提审或者指令下级人民法院再审。

第九十三条 【抗诉和检察建议】最高人民检察院对各级人民法院已经发生法律效力的判决、裁定，上级人民检察院对下级人民法院已经发生法律效力的判决、裁定，发现有本法第九十一条规定情形之一，或者发现调解书损害国家利益、社会公共利益的，应当提出抗诉。

地方各级人民检察院对同级人民法院已经发生法律效力的判决、裁定，发现有本法第九十一条规定情形之一，或者发现调解书损害国家利益、社会公共利益的，可以向同级人民法院提出检察建议，并报上级人民检察院备案；也可以提请上级人民检察院向同级人民法院提出抗诉。

各级人民检察院对审判监督程序以外的其他审判程序中审判人员的违法行为，有权向同级人民法院提出检察建议。

第八章 执 行

第九十四条 【生效裁判和调解书的执行】当事人必须履行人民法院发生法律效力的判决、裁定、调解书。

第九十五条 【申请强制执行和执行管辖】公民、法人或者其他组织拒绝履行判决、裁定、调解书的，行政机关或者第三人可以向第一审人民法院申请强制执行，或者由行政机关依法强制执行。

第九十六条 【对行政机关拒绝履行的执行措施】行政机关拒绝履行判决、裁定、调解书的，第一审人民法院可以采取下列措施：

（一）对应当归还的罚款或者应当给付的款额，通知银行从该行政机关的账户内划拨；

（二）在规定期限内不履行的，从期满之日起，对该行政机关负责人按日处五十元至一百元的罚款；

（三）将行政机关拒绝履行的情况予以公告；

（四）向监察机关或者该行政机关的上一级行政机关提出司法建议。接受司法建议的机关，根据有关规定进行处理，并将处理情况告知人民法院；

（五）拒不履行判决、裁定、调解书，社会影响恶劣的，可以对该行政机关直接负责的主管人员和其他直接责任人员予以拘留；情节严重，构成犯罪的，依法追究刑事责任。

第九十七条 【非诉执行】公民、法人或者其他组织对行政行为在法定期限内不提起诉讼又不履行的，行政机关可以申请人民法院强制执行，或者依法强制执行。

第九章 涉外行政诉讼

第九十八条 【涉外行政诉讼的法律适用原则】外国人、无国籍人、外国组织在中华人民共和国进行行政诉讼，适用本法。法律另有规定的除外。

第九十九条 【同等与对等原则】外国人、无国籍人、外国组织在中华人民共和国进行行政诉讼，同中华人民共和国公民、组织有同等的诉讼权利和义务。

外国法院对中华人民共和国公民、组织的行政诉讼权利加以限制的，人民法院对该国公民、组织的行政诉讼权利，实行对等原则。

第一百条 【中国律师代理】外国人、无国籍人、外国组织在中华人民共和国进行行政诉讼，委托律师代理诉讼的，应当委托中华人民共和国律师机构的律师。

第十章 附 则

第一百零一条 【适用民事诉讼法规定】人民法院审理行政案件，关于期间、送达、财产保全、开庭审理、调解、中止诉讼、终结诉讼、简易程序、执行等，以及人民检察院对行政案件受理、审理、裁判、执行的监督，本法没有规定的，适用《中华人民共和国民事诉讼法》的相关规定。

第一百零二条 【诉讼费用】人民法院审理行政案件，应当收取诉讼费用。诉讼费用由败诉方承担，双方都有责任的由双方分担。收取诉讼费用的具体办法另行规定。

第一百零三条 【施行日期】本法自1990年10月1日起施行。

最高人民法院关于适用
《中华人民共和国行政诉讼法》的解释

·2018年2月6日
·法释〔2018〕1号

为正确适用《中华人民共和国行政诉讼法》（以下简称行政诉讼法），结合人民法院行政审判工作实际，制定本解释。

一、受案范围

第一条 公民、法人或者其他组织对行政机关及其工作人员的行政行为不服，依法提起诉讼的，属于人民法院行政诉讼的受案范围。

下列行为不属于人民法院行政诉讼的受案范围：

（一）公安、国家安全等机关依照刑事诉讼法的明确授权实施的行为；

（二）调解行为以及法律规定的仲裁行为；

（三）行政指导行为；

（四）驳回当事人对行政行为提起申诉的重复处理行为；

（五）行政机关作出的不产生外部法律效力的行为；

（六）行政机关为作出行政行为而实施的准备、论证、研究、层报、咨询等过程性行为；

（七）行政机关根据人民法院的生效裁判、协助执行通知书作出的执行行为，但行政机关扩大执行范围或者采取违法方式实施的除外；

（八）上级行政机关基于内部层级监督关系对下级行政机关作出的听取报告、执法检查、督促履责等行为；

（九）行政机关针对信访事项作出的登记、受理、交办、转送、复查、复核意见等行为；

（十）对公民、法人或者其他组织权利义务不产生实际影响的行为。

第二条　行政诉讼法第十三条第一项规定的"国家行为"，是指国务院、中央军事委员会、国防部、外交部等根据宪法和法律的授权，以国家的名义实施的有关国防和外交事务的行为，以及经宪法和法律授权的国家机关宣布紧急状态等行为。

行政诉讼法第十三条第二项规定的"具有普遍约束力的决定、命令"，是指行政机关针对不特定对象发布的能反复适用的规范性文件。

行政诉讼法第十三条第三项规定的"对行政机关工作人员的奖惩、任免等决定"，是指行政机关作出的涉及行政机关工作人员公务员权利义务的决定。

行政诉讼法第十三条第四项规定的"法律规定由行政机关最终裁决的行政行为"中的"法律"，是指全国人民代表大会及其常务委员会制定、通过的规范性文件。

二、管　辖

第三条　各级人民法院行政审判庭审理行政案件和审查行政机关申请执行其行政行为的案件。

专门人民法院、人民法庭不审理行政案件，也不审查和执行行政机关申请执行其行政行为的案件。铁路运输法院等专门人民法院审理行政案件，应当执行行政诉讼法第十八条第二款的规定。

第四条　立案后，受诉人民法院的管辖权不受当事人住所地改变、追加被告等事实和法律状态变更的影响。

第五条　有下列情形之一的，属于行政诉讼法第十五条第三项规定的"本辖区内重大、复杂的案件"：

（一）社会影响重大的共同诉讼案件；

（二）涉外或者涉及香港特别行政区、澳门特别行政区、台湾地区的案件；

（三）其他重大、复杂案件。

第六条　当事人以案件重大复杂为由，认为有管辖权的基层人民法院不宜行使管辖权或者根据行政诉讼法第五十二条的规定，向中级人民法院起诉，中级人民法院应当根据不同情况在七日内分别作出以下处理：

（一）决定自行审理；

（二）指定本辖区其他基层人民法院管辖；

（三）书面告知当事人向有管辖权的基层人民法院起诉。

第七条　基层人民法院对其管辖的第一审行政案件，认为需要由中级人民法院审理或者指定管辖的，可以报请中级人民法院决定。中级人民法院应当根据不同情况在七日内分别作出以下处理：

（一）决定自行审理；

（二）指定本辖区其他基层人民法院管辖；

（三）决定由报请的人民法院审理。

第八条　行政诉讼法第十九条规定的"原告所在地"，包括原告的户籍所在地、经常居住地和被限制人身自由地。

对行政机关基于同一事实，既采取限制公民人身自由的行政强制措施，又采取其他行政强制措施或者行政处罚不服的，由被告所在地或者原告所在地的人民法院管辖。

第九条　行政诉讼法第二十条规定的"因不动产提起的行政诉讼"是指因行政行为导致不动产物权变动而提起的诉讼。

不动产已登记的，以不动产登记簿记载的所在地为不动产所在地；不动产未登记的，以不动产实际所在地为不动产所在地。

第十条　人民法院受理案件后，被告提出管辖异议的，应当在收到起诉状副本之日起十五日内提出。

对当事人提出的管辖异议，人民法院应当进行审查。异议成立的，裁定将案件移送有管辖权的人民法院；异议不成立的，裁定驳回。

人民法院对管辖异议审查后确定有管辖权的，不因当事人增加或者变更诉讼请求等改变管辖，但违反级别管辖、专属管辖规定的除外。

第十一条 有下列情形之一的,人民法院不予审查:
(一)人民法院发回重审或者按第一审程序再审的案件,当事人提出管辖异议的;
(二)当事人在第一审程序中未按照法律规定的期限和形式提出管辖异议,在第二审程序中提出的。

三、诉讼参加人

第十二条 有下列情形之一的,属于行政诉讼法第二十五条第一款规定的"与行政行为有利害关系":
(一)被诉的行政行为涉及其相邻权或者公平竞争权的;
(二)在行政复议等行政程序中被追加为第三人的;
(三)要求行政机关依法追究加害人法律责任的;
(四)撤销或者变更行政行为涉及其合法权益的;
(五)为维护自身合法权益向行政机关投诉,具有处理投诉职责的行政机关作出或者未作出处理的;
(六)其他与行政行为有利害关系的情形。

第十三条 债权人以行政机关对债务人所作的行政行为损害债权实现为由提起行政诉讼的,人民法院应当告知其就民事争议提起民事诉讼,但行政机关作出行政行为时依法应予保护或者应予考虑的除外。

第十四条 行政诉讼法第二十五条第二款规定的"近亲属",包括配偶、父母、子女、兄弟姐妹、祖父母、外祖父母、孙子女、外孙子女和其他具有扶养、赡养关系的亲属。

公民因被限制人身自由而不能提起诉讼的,其近亲属可以依其口头或者书面委托以该公民的名义提起诉讼。近亲属起诉时无法与被限制人身自由的公民取得联系,近亲属可以先行起诉,并在诉讼中补充提交委托证明。

第十五条 合伙企业向人民法院提起诉讼的,应当以核准登记的字号为原告。未依法登记领取营业执照的个人合伙的全体合伙人为共同原告;全体合伙人可以推选代表人,被推选的代表人,应当由全体合伙人出具推选书。

个体工商户向人民法院提起诉讼的,以营业执照上登记的经营者为原告。有字号的,以营业执照上登记的字号为原告,并应当注明该字号经营者的基本信息。

第十六条 股份制企业的股东大会、股东会、董事会等认为行政机关作出的行政行为侵犯企业经营自主权的,可以企业名义提起诉讼。

联营企业、中外合资或者合作企业的联营、合资、合作各方,认为联营、合资、合作企业权益或者自己一方合法权益受行政行为侵害的,可以自己的名义提起诉讼。

非国有企业被行政机关注销、撤销、合并、强令兼并、出售、分立或者改变企业隶属关系的,该企业或者其法定代表人可以提起诉讼。

第十七条 事业单位、社会团体、基金会、社会服务机构等非营利法人的出资人、设立人认为行政行为损害法人合法权益的,可以自己的名义提起诉讼。

第十八条 业主委员会对于行政机关作出的涉及业主共有利益的行政行为,可以自己的名义提起诉讼。

业主委员会不起诉的,专有部分占建筑物总面积过半数或者占总户数过半数的业主可以提起诉讼。

第十九条 当事人不服经上级行政机关批准的行政行为,向人民法院提起诉讼的,以在对外发生法律效力的文书上署名的机关为被告。

第二十条 行政机关组建并赋予行政管理职能但不具有独立承担法律责任能力的机构,以自己的名义作出行政行为,当事人不服提起诉讼的,应当以组建该机构的行政机关为被告。

法律、法规或者规章授权行使行政职权的行政机关内设机构、派出机构或者其他组织,超出法定授权范围实施行政行为,当事人不服提起诉讼的,应当以实施该行为的机构或者组织为被告。

没有法律、法规或者规章规定,行政机关授权其内设机构、派出机构或者其他组织行使行政职权的,属于行政诉讼法第二十六条规定的委托。当事人不服提起诉讼的,应当以该行政机关为被告。

第二十一条 当事人对由国务院、省级人民政府批准设立的开发区管理机构作出的行政行为不服提起诉讼的,以该开发区管理机构为被告;对由国务院、省级人民政府批准设立的开发区管理机构所属职能部门作出的行政行为不服提起诉讼的,以其职能部门为被告;对其他开发区管理机构所属职能部门作出的行政行为不服提起诉讼的,以开发区管理机构为被告;开发区管理机构没有行政主体资格的,以设立该机构的地方人民政府为被告。

第二十二条 行政诉讼法第二十六条第二款规定的"复议机关改变原行政行为",是指复议机关改变原行政行为的处理结果。复议机关改变原行政行为所认定的主要事实和证据,改变原行政行为所适用的规范依据,但未改变原行政行为处理结果的,视为复议机关维持原行政行为。

复议机关确认原行政行为无效,属于改变原行政行为。

复议机关确认原行政行为违法，属于改变原行政行为，但复议机关以违反法定程序为由确认原行政行为违法的除外。

第二十三条 行政机关被撤销或者职权变更，没有继续行使其职权的行政机关的，以其所属的人民政府为被告；实行垂直领导的，以垂直领导的上一级行政机关为被告。

第二十四条 当事人对村民委员会或者居民委员会依据法律、法规、规章的授权履行行政管理职责的行为不服提起诉讼的，以村民委员会或者居民委员会为被告。

当事人对村民委员会、居民委员会受行政机关委托作出的行为不服提起诉讼的，以委托的行政机关为被告。

当事人对高等学校等事业单位以及律师协会、注册会计师协会等行业协会依据法律、法规、规章的授权实施的行政行为不服提起诉讼的，以该事业单位、行业协会为被告。

当事人对高等学校等事业单位以及律师协会、注册会计师协会等行业协会受行政机关委托作出的行为不服提起诉讼的，以委托的行政机关为被告。

第二十五条 市、县级人民政府确定的房屋征收部门组织实施房屋征收与补偿工作过程中作出行政行为，被征收人不服提起诉讼的，以房屋征收部门为被告。

征收实施单位受房屋征收部门委托，在委托范围内从事的行为，被征收人不服提起诉讼的，应当以房屋征收部门为被告。

第二十六条 原告所起诉的被告不适格，人民法院应当告知原告变更被告；原告不同意变更的，裁定驳回起诉。

应当追加被告而原告不同意追加的，人民法院应当通知其以第三人的身份参加诉讼，但行政复议机关作共同被告的除外。

第二十七条 必须共同进行诉讼的当事人没有参加诉讼的，人民法院应当依法通知其参加；当事人也可以向人民法院申请参加。

人民法院应当对当事人提出的申请进行审查，申请理由不成立的，裁定驳回；申请理由成立的，书面通知其参加诉讼。

前款所称的必须共同进行诉讼，是指按照行政诉讼法第二十七条的规定，当事人一方或者双方为两人以上，因同一行政行为发生行政争议，人民法院必须合并审理的诉讼。

第二十八条 人民法院追加共同诉讼的当事人时，应当通知其他当事人。应当追加的原告，已明确表示放弃实体权利的，可不予追加；既不愿意参加诉讼，又不放弃实体权利的，应追加为第三人，其不参加诉讼，不能阻碍人民法院对案件的审理和裁判。

第二十九条 行政诉讼法第二十八条规定的"人数众多"，一般指十人以上。

根据行政诉讼法第二十八条的规定，当事人一方人数众多的，由当事人推选代表人。当事人推选不出的，可以由人民法院在起诉的当事人中指定代表人。

行政诉讼法第二十八条规定的代表人为二至五人。代表人可以委托一至二人作为诉讼代理人。

第三十条 行政机关的同一行政行为涉及两个以上利害关系人，其中一部分利害关系人对行政行为不服提起诉讼，人民法院应当通知没有起诉的其他利害关系人作为第三人参加诉讼。

与行政案件处理结果有利害关系的第三人，可以申请参加诉讼，或者由人民法院通知其参加诉讼。人民法院判决其承担义务或者减损其权益的第三人，有权提出上诉或者申请再审。

行政诉讼法第二十九条规定的第三人，因不能归责于本人的事由未参加诉讼，但有证据证明发生法律效力的判决、裁定、调解书损害其合法权益的，可以依照行政诉讼法第九十条的规定，自知道或者应当知道其合法权益受到损害之日起六个月内，向上一级人民法院申请再审。

第三十一条 当事人委托诉讼代理人，应当向人民法院提交由委托人签名或者盖章的授权委托书。委托书应当载明委托事项和具体权限。公民在特殊情况下无法书面委托的，也可以由他人代书，并由自己捺印等方式确认，人民法院应当核实并记录在卷；被诉行政机关或者其他有义务协助的机关拒绝人民法院向被限制人身自由的公民核实的，视为委托成立。当事人解除或者变更委托的，应当书面报告人民法院。

第三十二条 依照行政诉讼法第三十一条第二款第二项规定，与当事人有合法劳动人事关系的职工，可以当事人工作人员的名义作为诉讼代理人。以当事人的工作人员身份参加诉讼活动，应当提交以下证据之一加以证明：

（一）缴纳社会保险记录凭证；

（二）领取工资凭证；

（三）其他能够证明其为当事人工作人员身份的证据。

第三十三条 根据行政诉讼法第三十一条第二款第三项规定,有关社会团体推荐公民担任诉讼代理人的,应当符合下列条件:

(一)社会团体属于依法登记设立或者依法免予登记设立的非营利性法人组织;

(二)被代理人属于该社会团体的成员,或者当事人一方住所地位于该社会团体的活动地域;

(三)代理事务属于该社会团体章程载明的业务范围;

(四)被推荐的公民是该社会团体的负责人或者与该社会团体有合法劳动人事关系的工作人员。

专利代理人经中华全国专利代理人协会推荐,可以在专利行政案件中担任诉讼代理人。

四、证 据

第三十四条 根据行政诉讼法第三十六条第一款的规定,被告申请延期提供证据的,应当在收到起诉状副本之日起十五日内以书面方式向人民法院提出。人民法院准许延期提供的,被告应当在正当事由消除后十五日内提供证据。逾期提供的,视为被诉行政行为没有相应的证据。

第三十五条 原告或者第三人应当在开庭审理前或者人民法院指定的交换证据清单之日提供证据。因正当事由申请延期提供证据的,经人民法院准许,可以在法庭调查中提供。逾期提供证据的,人民法院应当责令其说明理由;拒不说明理由或者理由不成立的,视为放弃举证权利。

原告或者第三人在第一审程序中无正当事由未提供而在第二审程序中提供的证据,人民法院不予接纳。

第三十六条 当事人申请延长举证期限,应当在举证期限届满前向人民法院提出书面申请。

申请理由成立的,人民法院应当准许,适当延长举证期限,并通知其他当事人。申请理由不成立的,人民法院不予准许,并通知申请人。

第三十七条 根据行政诉讼法第三十九条的规定,对当事人无争议,但涉及国家利益、公共利益或者他人合法权益的事实,人民法院可以责令当事人提供或者补充有关证据。

第三十八条 对于案情比较复杂或者证据数量较多的案件,人民法院可以组织当事人在开庭前向对方出示或者交换证据,并将交换证据清单的情况记录在卷。

当事人在庭前证据交换过程中没有争议并记录在卷的证据,经审判人员在庭审中说明后,可以作为认定案件事实的依据。

第三十九条 当事人申请调查收集证据,但该证据与待证事实无关联、对证明待证事实无意义或者其他无调查收集必要的,人民法院不予准许。

第四十条 人民法院在证人出庭作证前应当告知其如实作证的义务以及作伪证的法律后果。

证人因履行出庭作证义务而支出的交通、住宿、就餐等必要费用以及误工损失,由败诉一方当事人承担。

第四十一条 有下列情形之一,原告或者第三人要求相关行政执法人员出庭说明的,人民法院可以准许:

(一)对现场笔录的合法性或者真实性有异议的;

(二)对扣押财产的品种或者数量有异议的;

(三)对检验的物品取样或者保管有异议的;

(四)对行政执法人员身份的合法性有异议的;

(五)需要出庭说明的其他情形。

第四十二条 能够反映案件真实情况、与待证事实相关联、来源和形式符合法律规定的证据,应当作为认定案件事实的根据。

第四十三条 有下列情形之一的,属于行政诉讼法第四十三条第三款规定的"以非法手段取得的证据":

(一)严重违反法定程序收集的证据材料;

(二)以违反法律强制性规定的手段获取且侵害他人合法权益的证据材料;

(三)以利诱、欺诈、胁迫、暴力等手段获取的证据材料。

第四十四条 人民法院认为有必要的,可以要求当事人本人或者行政机关执法人员到庭,就案件有关事实接受询问。在询问之前,可以要求其签署保证书。

保证书应当载明据实陈述、如有虚假陈述愿意接受处罚等内容。当事人或者行政机关执法人员应当在保证书上签名或者捺印。

负有举证责任的当事人拒绝到庭、拒绝接受询问或者拒绝签署保证书,待证事实又欠缺其他证据加以佐证的,人民法院对其主张的事实不予认定。

第四十五条 被告有证据证明其在行政程序中依照法定程序要求原告或者第三人提供证据,原告或者第三人依法应当提供而没有提供,在诉讼程序中提供的证据,人民法院一般不予采纳。

第四十六条 原告或者第三人确有证据证明被告持有的证据对原告或者第三人有利的,可以在开庭审理前书面申请人民法院责令行政机关提交。

申请理由成立的,人民法院应当责令行政机关提交,因提交证据所产生的费用,由申请人预付。行政机关无正当理由拒不提交的,人民法院可以推定原告或者第三人基于该证据主张的事实成立。

持有证据的当事人以妨碍对方当事人使用为目的,毁灭有关证据或者实施其他致使证据不能使用行为的,人民法院可以推定对方当事人基于该证据主张的事实成立,并可依照行政诉讼法第五十九条规定处理。

第四十七条 根据行政诉讼法第三十八条第二款的规定,在行政赔偿、补偿案件中,因被告的原因导致原告无法就损害情况举证的,应当由被告就该损害情况承担举证责任。

对于各方主张损失的价值无法认定的,应当由负有举证责任的一方当事人申请鉴定,但法律、法规、规章规定行政机关在作出行政行为时依法应当评估或者鉴定的除外;负有举证责任的当事人拒绝申请鉴定的,由其承担不利的法律后果。

当事人的损失因客观原因无法鉴定的,人民法院应当结合当事人的主张和在案证据,遵循法官职业道德,运用逻辑推理和生活经验、生活常识等,酌情确定赔偿数额。

五、期间、送达

第四十八条 期间包括法定期间和人民法院指定的期间。

期间以时、日、月、年计算。期间开始的时和日,不计算在期间内。

期间届满的最后一日是节假日的,以节假日后的第一日为期间届满的日期。

期间不包括在途时间,诉讼文书在期满前交邮的,视为在期限内发送。

第四十九条 行政诉讼法第五十一条第二款规定的立案期限,因起诉状内容欠缺或者有其他错误通知原告限期补正的,从补正后递交人民法院的次日起算。由上级人民法院转交下级人民法院立案的案件,从受诉人民法院收到起诉状的次日起算。

第五十条 行政诉讼法第八十一条、第八十三条、第八十八条规定的审理期限,是指从立案之日起至裁判宣告、调解书送达之日止的期间,但公告期间、鉴定期间、调解期间、中止诉讼期间、审理当事人提出的管辖异议以及处理人民法院之间的管辖争议期间不应计算在内。

再审案件按照第一审程序或者第二审程序审理的,适用行政诉讼法第八十一条、第八十八条规定的审理期限。审理期限自再审立案的次日起算。

基层人民法院申请延长审理期限,应当直接报请高级人民法院批准,同时报中级人民法院备案。

第五十一条 人民法院可以要求当事人签署送达地址确认书,当事人确认的送达地址为人民法院法律文书的送达地址。

当事人同意电子送达的,应当提供并确认传真号、电子信箱等电子送达地址。

当事人送达地址发生变更的,应当及时书面告知受理案件的人民法院;未及时告知的,人民法院按原地址送达,视为依法送达。

人民法院可以通过国家邮政机构以法院专递方式进行送达。

第五十二条 人民法院可以在当事人住所地以外向当事人直接送达诉讼文书。当事人拒绝签署送达回证的,采用拍照、录像等方式记录送达过程即视为送达。审判人员、书记员应当在送达回证上注明送达情况并签名。

六、起诉与受理

第五十三条 人民法院对符合起诉条件的案件应当立案,依法保障当事人行使诉讼权利。

对当事人依法提起的诉讼,人民法院应当根据行政诉讼法第五十一条的规定接收起诉状。能够判断符合起诉条件的,应当当场登记立案;当场不能判断是否符合起诉条件的,应当在接收起诉状后七日内决定是否立案;七日内仍不能作出判断的,应当先予立案。

第五十四条 依照行政诉讼法第四十九条的规定,公民、法人或者其他组织提起诉讼时应当提交以下起诉材料:

(一)原告的身份证明材料以及有效联系方式;

(二)被诉行政行为或者不作为存在的材料;

(三)原告与被诉行政行为具有利害关系的材料;

(四)人民法院认为需要提交的其他材料。

由法定代理人或者委托代理人代为起诉的,还应当在起诉状中写明或者在口头起诉时向人民法院说明法定代理人或者委托代理人的基本情况,并提交法定代理人或者委托代理人的身份证明和代理权限证明等材料。

第五十五条 依照行政诉讼法第五十一条的规定,人民法院应当就起诉状内容和材料是否完备以及是否符合行政诉讼法规定的起诉条件进行审查。

起诉状内容或者材料欠缺的,人民法院应当给予指导和释明,并一次性全面告知当事人需要补正的内容、补充的材料及期限。在指定期限内补正并符合起诉条件的,应当登记立案。当事人拒绝补正或者经补正仍不符合起诉条件的,退回诉状并记录在册;坚持起诉的,裁定不予立案,并载明不予立案的理由。

第五十六条 法律、法规规定应当先申请复议,公民、法人或者其他组织未申请复议直接提起诉讼的,人民法院裁定不予立案。

依照行政诉讼法第四十五条的规定,复议机关不受理复议申请或者在法定期限内不作出复议决定,公民、法人或者其他组织不服,依法向人民法院提起诉讼的,人民法院应当依法立案。

第五十七条 法律、法规未规定行政复议为提起行政诉讼必经程序,公民、法人或者其他组织既提起诉讼又申请行政复议的,由先立案的机关管辖;同时立案的,由公民、法人或者其他组织选择。公民、法人或者其他组织已经申请行政复议,在法定复议期间内又向人民法院提起诉讼的,人民法院裁定不予立案。

第五十八条 法律、法规未规定行政复议为提起行政诉讼必经程序,公民、法人或者其他组织向复议机关申请行政复议后,又经复议机关同意撤回复议申请,在法定起诉期限内对原行政行为提起诉讼的,人民法院应当依法立案。

第五十九条 公民、法人或者其他组织向复议机关申请行政复议后,复议机关作出维持决定的,应当以复议机关和原行为机关为共同被告,并以复议决定送达时间确定起诉期限。

第六十条 人民法院裁定准许原告撤诉后,原告以同一事实和理由重新起诉的,人民法院不予立案。

准予撤诉的裁定确有错误,原告申请再审的,人民法院应当通过审判监督程序撤销原准予撤诉的裁定,重新对案件进行审理。

第六十一条 原告或者上诉人未按规定的期限预交案件受理费,又不提出缓交、减交、免交申请,或者提出申请未获批准的,按自动撤诉处理。在按撤诉处理后,原告或者上诉人在法定期限内再次起诉或者上诉,并依法解决诉讼费预交问题的,人民法院应予立案。

第六十二条 人民法院判决撤销行政机关的行政行为后,公民、法人或者其他组织对行政机关重新作出的行政行为不服向人民法院起诉的,人民法院应当依法立案。

第六十三条 行政机关作出行政行为时,没有制作或者没有送达法律文书,公民、法人或者其他组织只要能证明行政行为存在,并在法定期限内起诉的,人民法院应当依法立案。

第六十四条 行政机关作出行政行为时,未告知公民、法人或者其他组织起诉期限的,起诉期限从公民、法人或者其他组织知道或者应当知道起诉期限之日起计算,但从知道或者应当知道行政行为内容之日起最长不得超过一年。

复议决定未告知公民、法人或者其他组织起诉期限的,适用前款规定。

第六十五条 公民、法人或者其他组织不知道行政机关作出的行政行为内容的,其起诉期限从知道或者应当知道该行政行为内容之日起计算,但最长不得超过行政诉讼法第四十六条第二款规定的起诉期限。

第六十六条 公民、法人或者其他组织依照行政诉讼法第四十七条第一款的规定,对行政机关不履行法定职责提起诉讼的,应当在行政机关履行法定职责期限届满之日起六个月内提出。

第六十七条 原告提供被告的名称等信息足以使被告与其他行政机关相区别的,可以认定为行政诉讼法第四十九条第二项规定的"有明确的被告"。

起诉状列写被告信息不足以认定明确的被告的,人民法院可以告知原告补正;原告补正后仍不能确定明确的被告的,人民法院裁定不予立案。

第六十八条 行政诉讼法第四十九条第三项规定的"有具体的诉讼请求"是指:

(一)请求判决撤销或者变更行政行为;

(二)请求判决行政机关履行特定法定职责或者给付义务;

(三)请求判决确认行政行为违法;

(四)请求判决确认行政行为无效;

(五)请求判决行政机关予以赔偿或者补偿;

(六)请求解决行政协议争议;

(七)请求一并审查规章以下规范性文件;

(八)请求一并解决相关民事争议;

(九)其他诉讼请求。

当事人单独或者一并提起行政赔偿、补偿诉讼的,应当有具体的赔偿、补偿事项以及数额;请求一并审查规章以下规范性文件的,应当提供明确的文件名称或者审查对象;请求一并解决相关民事争议的,应当有具体的民事诉讼请求。

当事人未能正确表达诉讼请求的,人民法院应当要求其明确诉讼请求。

第六十九条 有下列情形之一,已经立案的,应当裁定驳回起诉:

(一)不符合行政诉讼法第四十九条规定的;

（二）超过法定起诉期限且无行政诉讼法第四十八条规定情形的；

（三）错列被告且拒绝变更的；

（四）未按照法律规定由法定代理人、指定代理人、代表人为诉讼行为的；

（五）未按照法律、法规规定先向行政机关申请复议的；

（六）重复起诉的；

（七）撤回起诉后无正当理由再行起诉的；

（八）行政行为对其合法权益明显不产生实际影响的；

（九）诉讼标的已为生效裁判或者调解书所羁束的；

（十）其他不符合法定起诉条件的情形。

前款所列情形可以补正或者更正的，人民法院应当指定期间责令补正或者更正；在指定期间已经补正或者更正的，应当依法审理。

人民法院经过阅卷、调查或者询问当事人，认为不需要开庭审理的，可以迳行裁定驳回起诉。

第七十条 起诉状副本送达被告后，原告提出新的诉讼请求的，人民法院不予准许，但有正当理由的除外。

七、审理与判决

第七十一条 人民法院适用普通程序审理案件，应当在开庭三日前用传票传唤当事人。对证人、鉴定人、勘验人、翻译人员，应当用通知书通知其到庭。当事人或其他诉讼参与人在外地的，应当留有必要的在途时间。

第七十二条 有下列情形之一的，可以延期开庭审理：

（一）应当到庭的当事人和其他诉讼参与人有正当理由没有到庭的；

（二）当事人临时提出回避申请且无法及时作出决定的；

（三）需要通知新的证人到庭，调取新的证据，重新鉴定、勘验，或者需要补充调查的；

（四）其他应当延期的情形。

第七十三条 根据行政诉讼法第二十七条的规定，有下列情形之一的，人民法院可以决定合并审理：

（一）两个以上行政机关分别对同一事实作出行政行为，公民、法人或者其他组织不服向同一人民法院起诉的；

（二）行政机关就同一事实对若干公民、法人或者其他组织分别作出行政行为，公民、法人或者其他组织不服分别向同一人民法院起诉的；

（三）在诉讼过程中，被告对原告作出新的行政行为，原告不服向同一人民法院起诉的；

（四）人民法院认为可以合并审理的其他情形。

第七十四条 当事人申请回避，应当说明理由，在案件开始审理时提出；回避事由在案件开始审理后知道的，应当在法庭辩论终结前提出。

被申请回避的人员，在人民法院作出是否回避的决定前，应当暂停参与本案的工作，但案件需要采取紧急措施的除外。

对当事人提出的回避申请，人民法院应当在三日内以口头或者书面形式作出决定。对当事人提出的明显不属于法定回避事由的申请，法庭可以依法当庭驳回。

申请人对驳回回避申请决定不服的，可以向作出决定的人民法院申请复议一次。复议期间，被申请回避的人员不停止参与本案的工作。对申请人的复议申请，人民法院应当在三日内作出复议决定，并通知复议申请人。

第七十五条 在一个审判程序中参与过本案审判工作的审判人员，不得再参与该案其他程序的审判。

发回重审的案件，在一审法院作出裁判后又进入第二审程序的，原第二审程序中合议庭组成人员不受前款规定的限制。

第七十六条 人民法院对于因一方当事人的行为或者其他原因，可能使行政行为或者人民法院生效裁判不能或者难以执行的案件，根据对方当事人的申请，可以裁定对其财产进行保全、责令其作出一定行为或者禁止其作出一定行为；当事人没有提出申请的，人民法院在必要时也可以裁定采取上述保全措施。

人民法院采取保全措施，可以责令申请人提供担保；申请人不提供担保的，裁定驳回申请。

人民法院接受申请后，对情况紧急的，必须在四十八小时内作出裁定；裁定采取保全措施的，应当立即开始执行。

当事人对保全的裁定不服的，可以申请复议；复议期间不停止裁定的执行。

第七十七条 利害关系人因情况紧急，不立即申请保全将会使其合法权益受到难以弥补的损害，可以在提起诉讼前向被保全财产所在地、被申请人住所地或者对案件有管辖权的人民法院申请采取保全措施。申请人应当提供担保，不提供担保的，裁定驳回申请。

人民法院接受申请后，必须在四十八小时内作出裁定；裁定采取保全措施的，应当立即开始执行。

申请人在人民法院采取保全措施后三十日内不依法

提起诉讼的,人民法院应当解除保全。

当事人对保全的裁定不服的,可以申请复议;复议期间不停止裁定的执行。

第七十八条 保全限于请求的范围,或者与本案有关的财物。

财产保全采取查封、扣押、冻结或者法律规定的其他方法。人民法院保全财产后,应当立即通知被保全人。

财产已被查封、冻结的,不得重复查封、冻结。

涉及财产的案件,被申请人提供担保的,人民法院应当裁定解除保全。

申请有错误的,申请人应当赔偿被申请人因保全所遭受的损失。

第七十九条 原告或者上诉人申请撤诉,人民法院裁定不予准许的,原告或者上诉人经传票传唤无正当理由拒不到庭,或者未经法庭许可中途退庭的,人民法院可以缺席判决。

第三人经传票传唤无正当理由拒不到庭,或者未经法庭许可中途退庭的,不发生阻止案件审理的效果。

根据行政诉讼法第五十八条的规定,被告经传票传唤无正当理由拒不到庭,或者未经法庭许可中途退庭的,人民法院可以按期开庭或者继续开庭审理,对到庭的当事人诉讼请求、双方的诉辩理由以及已经提交的证据及其他诉讼材料进行审理后,依法缺席判决。

第八十条 原告或者上诉人在庭审中明确拒绝陈述或者以其他方式拒绝陈述,导致庭审无法进行,经法院释明法律后果后仍不陈述意见的,视为放弃陈述权利,由其承担不利的法律后果。

当事人申请撤诉或者依法可以按撤诉处理的案件,当事人有违反法律的行为需要依法处理的,人民法院可以不准许撤诉或者不按撤诉处理。

法庭辩论终结后原告申请撤诉,人民法院可以准许,但涉及到国家利益和社会公共利益的除外。

第八十一条 被告在一审期间改变被诉行政行为的,应当书面告知人民法院。

原告或者第三人对改变后的行政行为不服提起诉讼的,人民法院应当就改变后的行政行为进行审理。

被告改变原违法行政行为,原告仍要求确认原行政行为违法的,人民法院应当依法作出确认判决。

原告起诉被告不作为,在诉讼中被告作出行政行为,原告不撤诉的,人民法院应当就不作为依法作出确认判决。

第八十二条 当事人之间恶意串通,企图通过诉讼等方式侵害国家利益、社会公共利益或者他人合法权益的,人民法院应当裁定驳回起诉或者判决驳回其请求,并根据情节轻重予以罚款、拘留;构成犯罪的,依法追究刑事责任。

第八十三条 行政诉讼法第五十九条规定的罚款、拘留可以单独适用,也可以合并适用。

对同一妨害行政诉讼行为的罚款、拘留不得连续适用。发生新的妨害行政诉讼行为的,人民法院可以重新予以罚款、拘留。

第八十四条 人民法院审理行政诉讼法第六十条第一款规定的行政案件,认为法律关系明确、事实清楚,在征得当事人双方同意后,可以迳行调解。

第八十五条 调解达成协议,人民法院应当制作调解书。调解书应当写明诉讼请求、案件的事实和调解结果。

调解书由审判人员、书记员署名,加盖人民法院印章,送达双方当事人。

调解书经双方当事人签收后,即具有法律效力。调解书生效日期根据最后收到调解书的当事人签收的日期确定。

第八十六条 人民法院审理行政案件,调解过程不公开,但当事人同意公开的除外。

经人民法院准许,第三人可以参加调解。人民法院认为有必要的,可以通知第三人参加调解。

调解协议内容不公开,但保护国家利益、社会公共利益、他人合法权益,人民法院认为确有必要公开的除外。

当事人一方或者双方不愿调解、调解未达成协议的,人民法院应当及时判决。

当事人自行和解或者调解达成协议后,请求人民法院按照和解协议或者调解协议的内容制作判决书的,人民法院不予准许。

第八十七条 在诉讼过程中,有下列情形之一的,中止诉讼:

(一)原告死亡,须等待其近亲属表明是否参加诉讼的;

(二)原告丧失诉讼行为能力,尚未确定法定代理人的;

(三)作为一方当事人的行政机关、法人或者其他组织终止,尚未确定权利义务承受人的;

(四)一方当事人因不可抗力的事由不能参加诉讼的;

（五）案件涉及法律适用问题，需要送请有权机关作出解释或者确认的；

（六）案件的审判须以相关民事、刑事或者其他行政案件的审理结果为依据，而相关案件尚未审结的；

（七）其他应当中止诉讼的情形。

中止诉讼的原因消除后，恢复诉讼。

第八十八条 在诉讼过程中，有下列情形之一的，终结诉讼：

（一）原告死亡，没有近亲属或者近亲属放弃诉讼权利的；

（二）作为原告的法人或者其他组织终止后，其权利义务的承受人放弃诉讼权利的。

因本解释第八十七条第一款第一、二、三项原因中止诉讼满九十日仍无人继续诉讼的，裁定终结诉讼，但有特殊情况的除外。

第八十九条 复议决定改变原行政行为错误，人民法院判决撤销复议决定时，可以一并责令复议机关重新作出复议决定或者判决恢复原行政行为的法律效力。

第九十条 人民法院判决被告重新作出行政行为，被告重新作出的行政行为与原行政行为的结果相同，但主要事实或者主要理由有改变的，不属于行政诉讼法第七十一条规定的情形。

人民法院以违反法定程序为由，判决撤销被诉行政行为的，行政机关重新作出行政行为不受行政诉讼法第七十一条规定的限制。

行政机关以同一事实和理由重新作出与原行政行为基本相同的行政行为，人民法院应当根据行政诉讼法第七十条、第七十一条的规定判决撤销或者部分撤销，并根据行政诉讼法第九十六条的规定处理。

第九十一条 原告请求被告履行法定职责的理由成立，被告违法拒绝履行或者无正当理由逾期不予答复的，人民法院可以根据行政诉讼法第七十二条的规定，判决被告在一定期限内依法履行原告请求的法定职责；尚需被告调查或者裁量的，应当判决被告针对原告的请求重新作出处理。

第九十二条 原告申请被告依法履行支付抚恤金、最低生活保障待遇或者社会保险待遇等给付义务的理由成立，被告依法负有给付义务而拒绝或者拖延履行义务的，人民法院可以根据行政诉讼法第七十三条的规定，判决被告在一定期限内履行相应的给付义务。

第九十三条 原告请求被告履行法定职责或者依法履行支付抚恤金、最低生活保障待遇或者社会保险待遇等给付义务，原告未先向行政机关提出申请的，人民法院裁定驳回起诉。

人民法院经审理认为原告所请求履行的法定职责或者给付义务明显不属于行政机关权限范围的，可以裁定驳回起诉。

第九十四条 公民、法人或者其他组织起诉请求撤销行政行为，人民法院经审查认为行政行为无效的，应当作出确认无效的判决。

公民、法人或者其他组织起诉请求确认行政行为无效，人民法院审查认为行政行为不属于无效情形，经释明，原告请求撤销行政行为的，应当继续审理并依法作出相应判决；原告请求撤销行政行为但超过法定起诉期限的，裁定驳回起诉；原告拒绝变更诉讼请求的，判决驳回其诉讼请求。

第九十五条 人民法院经审理认为被诉行政行为违法或者无效，可能给原告造成损失，经释明，原告请求一并解决行政赔偿争议的，人民法院可以就赔偿事项进行调解；调解不成的，应当一并判决。人民法院也可以告知其就赔偿事项另行提起诉讼。

第九十六条 有下列情形之一，且对原告依法享有的听证、陈述、申辩等重要程序性权利不产生实质损害的，属于行政诉讼法第七十四条第一款第二项规定的"程序轻微违法"：

（一）处理期限轻微违法；

（二）通知、送达等程序轻微违法；

（三）其他程序轻微违法的情形。

第九十七条 原告或者第三人的损失系由其自身过错和行政机关的违法行政行为共同造成的，人民法院应当依据各方行为与损害结果之间有无因果关系以及在损害发生和结果中作用力的大小，确定行政机关相应的赔偿责任。

第九十八条 因行政机关不履行、拖延履行法定职责，致使公民、法人或者其他组织的合法权益遭受损害的，人民法院应当判决行政机关承担行政赔偿责任。在确定赔偿数额时，应当考虑该不履行、拖延履行法定职责的行为在损害发生过程和结果中所起的作用等因素。

第九十九条 有下列情形之一的，属于行政诉讼法第七十五条规定的"重大且明显违法"：

（一）行政行为实施主体不具有行政主体资格；

（二）减损权利或者增加义务的行政行为没有法律规范依据；

（三）行政行为的内容客观上不可能实施；

(四)其他重大且明显违法的情形。

第一百条 人民法院审理行政案件,适用最高人民法院司法解释的,应当在裁判文书中援引。

人民法院审理行政案件,可以在裁判文书中引用合法有效的规章及其他规范性文件。

第一百零一条 裁定适用于下列范围:
(一)不予立案;
(二)驳回起诉;
(三)管辖异议;
(四)终结诉讼;
(五)中止诉讼;
(六)移送或者指定管辖;
(七)诉讼期间停止行政行为的执行或者驳回停止执行的申请;
(八)财产保全;
(九)先予执行;
(十)准许或者不准许撤诉;
(十一)补正裁判文书中的笔误;
(十二)中止或者终结执行;
(十三)提审、指令再审或者发回重审;
(十四)准许或者不准许执行行政机关的行政行为;
(十五)其他需要裁定的事项。

对第一、二、三项裁定,当事人可以上诉。

裁定书应当写明裁定结果和作出该裁定的理由。裁定书由审判人员、书记员署名,加盖人民法院印章。口头裁定的,记入笔录。

第一百零二条 行政诉讼法第八十二条规定的行政案件中的"事实清楚",是指当事人对争议的事实陈述基本一致,并能提供相应的证据,无须人民法院调查收集证据即可查明事实;"权利义务关系明确",是指行政法律关系中权利和义务能够明确区分;"争议不大",是指当事人对行政行为的合法性、责任承担等没有实质分歧。

第一百零三条 适用简易程序审理的行政案件,人民法院可以用口头通知、电话、短信、传真、电子邮件等简便方式传唤当事人、通知证人、送达裁判文书以外的诉讼文书。

以简便方式送达的开庭通知,未经当事人确认或者没有其他证据证明当事人已经收到的,人民法院不得缺席判决。

第一百零四条 适用简易程序案件的举证期限由人民法院确定,也可以由当事人协商一致并经人民法院准许,但不得超过十五日。被告要求书面答辩的,人民法院可以确定合理的答辩期间。

人民法院应当将举证期限和开庭日期告知双方当事人,并向当事人说明逾期举证以及拒不到庭的法律后果,由双方当事人在笔录和开庭传票的送达回证上签名或者捺印。

当事人双方均表示同意立即开庭或者缩短举证期限、答辩期间的,人民法院可以立即开庭审理或者确定近期开庭。

第一百零五条 人民法院发现案情复杂,需要转为普通程序审理的,应当在审理期限届满前作出裁定并将合议庭组成人员及相关事项书面通知双方当事人。

案件转为普通程序审理的,审理期限自人民法院立案之日起计算。

第一百零六条 当事人就已经提起诉讼的事项在诉讼过程中或者裁判生效后再次起诉,同时具有下列情形的,构成重复起诉:
(一)后诉与前诉的当事人相同;
(二)后诉与前诉的诉讼标的相同;
(三)后诉与前诉的诉讼请求相同,或者后诉的诉讼请求被前诉裁判所包含。

第一百零七条 第一审人民法院作出判决和裁定后,当事人均提起上诉的,上诉各方均为上诉人。

诉讼当事人中的一部分人提出上诉,没有提出上诉的对方当事人为被上诉人,其他当事人依原审诉讼地位列明。

第一百零八条 当事人提出上诉,应当按照其他当事人或者诉讼代表人的人数提出上诉状副本。

原审人民法院收到上诉状,应当在五日内将上诉状副本发送其他当事人,对方当事人应当在收到上诉状副本之日起十五日内提出答辩状。

原审人民法院应当在收到答辩状之日起五日内将副本发送上诉人。对方当事人不提出答辩状的,不影响人民法院审理。

原审人民法院收到上诉状、答辩状,应当在五日内连同全部案卷和证据,报送第二审人民法院;已经预收的诉讼费用,一并报送。

第一百零九条 第二审人民法院经审理认为原审人民法院不予立案或者驳回起诉的裁定确有错误且当事人的起诉符合起诉条件的,应当裁定撤销原审人民法院的裁定,指令原审人民法院依法立案或者继续审理。

第二审人民法院裁定发回原审人民法院重新审理的行政案件,原审人民法院应当另行组成合议庭进行审理。

原审判决遗漏了必须参加诉讼的当事人或者诉讼请求的,第二审人民法院应当裁定撤销原审判决,发回重审。

原审判决遗漏行政赔偿请求,第二审人民法院经审查认为依法不应当予以赔偿的,应当判决驳回行政赔偿请求。

原审判决遗漏行政赔偿请求,第二审人民法院经审理认为依法应当予以赔偿的,在确认被诉行政行为违法的同时,可以就行政赔偿问题进行调解;调解不成的,应当就行政赔偿部分发回重审。

当事人在第二审期间提出行政赔偿请求的,第二审人民法院可以进行调解;调解不成的,应当告知当事人另行起诉。

第一百一十条 当事人向上一级人民法院申请再审,应当在判决、裁定或者调解书发生法律效力后六个月内提出。有下列情形之一的,自知道或者应当知道之日起六个月内提出:

(一)有新的证据,足以推翻原判决、裁定的;

(二)原判决、裁定认定事实的主要证据是伪造的;

(三)据以作出原判决、裁定的法律文书被撤销或者变更的;

(四)审判人员审理该案件时有贪污受贿、徇私舞弊、枉法裁判行为的。

第一百一十一条 当事人申请再审的,应当提交再审申请书等材料。人民法院认为有必要的,可以自收到再审申请书之日起五日内将再审申请书副本发送对方当事人。对方当事人应当自收到再审申请书副本之日起十五日内提交书面意见。人民法院可以要求申请人和对方当事人补充有关材料,询问有关事项。

第一百一十二条 人民法院应当自再审申请案件立案之日起六个月内审查,有特殊情况需要延长的,由本院院长批准。

第一百一十三条 人民法院根据审查再审申请案件的需要决定是否询问当事人;新的证据可能推翻原判决、裁定的,人民法院应当询问当事人。

第一百一十四条 审查再审申请期间,被申请人及原审其他当事人依法提出再审申请的,人民法院应当将其列为再审申请人,对其再审事由一并审查,审查期限重新计算。经审查,其中一方再审申请人主张的再审事由成立的,应当裁定再审。各方再审申请人主张的再审事由均不成立的,一并裁定驳回再审申请。

第一百一十五条 审查再审申请期间,再审申请人申请人民法院委托鉴定、勘验的,人民法院不予准许。

审查再审申请期间,再审申请人撤回再审申请的,是否准许,由人民法院裁定。

再审申请人经传票传唤,无正当理由拒不接受询问的,按撤回再审申请处理。

人民法院准许撤回再审申请或者按撤回再审申请处理后,再审申请人再次申请再审的,不予立案,但有行政诉讼法第九十一条第二项、第三项、第七项、第八项规定情形,自知道或者应当知道之日起六个月内提出的除外。

第一百一十六条 当事人主张的再审事由成立,且符合行政诉讼法和本解释规定的申请再审条件的,人民法院应当裁定再审。

当事人主张的再审事由不成立,或者当事人申请再审超过法定申请再审期限、超出法定再审事由范围等不符合行政诉讼法和本解释规定的申请再审条件的,人民法院应当裁定驳回再审申请。

第一百一十七条 有下列情形之一的,当事人可以向人民检察院申请抗诉或者检察建议:

(一)人民法院驳回再审申请的;

(二)人民法院逾期未对再审申请作出裁定的;

(三)再审判决、裁定有明显错误的。

人民法院基于抗诉或者检察建议作出再审判决、裁定后,当事人申请再审的,人民法院不予立案。

第一百一十八条 按照审判监督程序决定再审的案件,裁定中止原判决、裁定、调解书的执行,但支付抚恤金、最低生活保障费或者社会保险待遇的案件,可以不中止执行。

上级人民法院决定提审或者指令下级人民法院再审的,应当作出裁定,裁定应当写明中止原判决的执行;情况紧急的,可以将中止执行的裁定口头通知负责执行的人民法院或者作出生效判决、裁定的人民法院,但应当在口头通知后十日内发出裁定书。

第一百一十九条 人民法院按照审判监督程序再审的案件,发生法律效力的判决、裁定是由第一审法院作出的,按照第一审程序审理,所作的判决、裁定,当事人可以上诉;发生法律效力的判决、裁定是由第二审法院作出的,按照第二审程序审理,所作的判决、裁定,是发生法律效力的判决、裁定;上级人民法院按照审判监督程序提审的,按照第二审程序审理,所作的判决、裁定是发生法律效力的判决、裁定。

人民法院审理再审案件,应当另行组成合议庭。

第一百二十条 人民法院审理再审案件应当围绕再

审请求和被诉行政行为合法性进行。当事人的再审请求超出原审诉讼请求，符合另案诉讼条件的，告知当事人可以另行起诉。

被申请人及原审其他当事人在庭审辩论结束前提出的再审请求，符合本解释规定的申请期限的，人民法院应当一并审理。

人民法院经再审，发现已经发生法律效力的判决、裁定损害国家利益、社会公共利益、他人合法权益的，应当一并审理。

第一百二十一条 再审审理期间，有下列情形之一的，裁定终结再审程序：

（一）再审申请人在再审期间撤回再审请求，人民法院准许的；

（二）再审申请人经传票传唤，无正当理由拒不到庭的，或者未经法庭许可中途退庭，按撤回再审请求处理的；

（三）人民检察院撤回抗诉的；

（四）其他应当终结再审程序的情形。

因人民检察院提出抗诉裁定再审的案件，申请抗诉的当事人有前款规定的情形，且不损害国家利益、社会公共利益或者他人合法权益的，人民法院裁定终结再审程序。

再审程序终结后，人民法院裁定中止执行的原生效判决自动恢复执行。

第一百二十二条 人民法院审理再审案件，认为原生效判决、裁定确有错误，在撤销原生效判决或者裁定的同时，可以对生效判决、裁定的内容作出相应裁判，也可以裁定撤销生效判决或者裁定，发回作出生效判决、裁定的人民法院重新审理。

第一百二十三条 人民法院审理二审案件和再审案件，对原审法院立案、不予立案或者驳回起诉错误的，应当分别情况作如下处理：

（一）第一审人民法院作出实体判决后，第二审人民法院认为不应当立案的，在撤销第一审人民法院判决的同时，可以迳行驳回起诉；

（二）第二审人民法院维持第一审人民法院不予立案裁定错误的，再审法院应当撤销第一审、第二审人民法院裁定，指令第一审人民法院受理；

（三）第二审人民法院维持第一审人民法院驳回起诉裁定错误的，再审法院应当撤销第一审、第二审人民法院裁定，指令第一审人民法院审理。

第一百二十四条 人民检察院提出抗诉的案件，接受抗诉的人民法院应当自收到抗诉书之日起三十日内作出再审的裁定；有行政诉讼法第九十一条第二、三项规定情形之一的，可以指令下一级人民法院再审，但经该下一级人民法院再审过的除外。

人民法院在审查抗诉材料期间，当事人之间已经达成和解协议的，人民法院可以建议人民检察院撤回抗诉。

第一百二十五条 人民检察院提出抗诉的案件，人民法院再审开庭时，应当在开庭三日前通知人民检察院派员出庭。

第一百二十六条 人民法院收到再审检察建议后，应当组成合议庭，在三个月内进行审查，发现原判决、裁定、调解书确有错误，需要再审的，依照行政诉讼法第九十二条规定裁定再审，并通知当事人；经审查，决定不予再审的，应当书面回复人民检察院。

第一百二十七条 人民法院审理因人民检察院抗诉或者检察建议裁定再审的案件，不受此前已经作出的驳回当事人再审申请裁定的限制。

八、行政机关负责人出庭应诉

第一百二十八条 行政诉讼法第三条第三款规定的行政机关负责人，包括行政机关的正职、副职负责人以及其他参与分管的负责人。

行政机关负责人出庭应诉的，可以另行委托一至二名诉讼代理人。行政机关负责人不能出庭的，应当委托行政机关相应的工作人员出庭，不得仅委托律师出庭。

第一百二十九条 涉及重大公共利益、社会高度关注或者可能引发群体性事件等案件以及人民法院书面建议行政机关负责人出庭的案件，被诉行政机关负责人应当出庭。

被诉行政机关负责人出庭应诉的，应当在当事人及其诉讼代理人基本情况、案件由来部分予以列明。

行政机关负责人有正当理由不能出庭应诉的，应当向人民法院提交情况说明，并加盖行政机关印章或者由该机关主要负责人签字认可。

行政机关拒绝说明理由的，不发生阻止案件审理的效果，人民法院可以向监察机关、上一级行政机关提出司法建议。

第一百三十条 行政诉讼法第三条第三款规定的"行政机关相应的工作人员"，包括该行政机关具有国家行政编制身份的工作人员以及其他依法履行公职的人员。

被诉行政行为是地方人民政府作出的，地方人民政府法制工作机构的工作人员，以及被诉行政行为具体承办机关工作人员,可以视为被诉人民政府相应的工作人员。

第一百三十一条 行政机关负责人出庭应诉的,应当向人民法院提交能够证明该行政机关负责人职务的材料。

行政机关委托相应的工作人员出庭应诉的,应当向人民法院提交加盖行政机关印章的授权委托书,并载明工作人员的姓名、职务和代理权限。

第一百三十二条 行政机关负责人和行政机关相应的工作人员均不出庭,仅委托律师出庭的或者人民法院书面建议行政机关负责人出庭应诉,行政机关负责人不出庭应诉的,人民法院应当记录在案和在裁判文书中载明,并可以建议有关机关依法作出处理。

九、复议机关作共同被告

第一百三十三条 行政诉讼法第二十六条第二款规定的"复议机关决定维持原行政行为",包括复议机关驳回复议申请或者复议请求的情形,但以复议申请不符合受理条件为由驳回的除外。

第一百三十四条 复议机关决定维持原行政行为的,作出原行政行为的行政机关和复议机关是共同被告。原告只起诉作出原行政行为的行政机关或者复议机关的,人民法院应当告知原告追加被告。原告不同意追加的,人民法院应当将另一机关列为共同被告。

行政复议决定既有维持原行政行为内容,又有改变原行政行为内容或者不予受理申请内容的,作出原行政行为的行政机关和复议机关为共同被告。

复议机关作共同被告的案件,以作出原行政行为的行政机关确定案件的级别管辖。

第一百三十五条 复议机关决定维持原行政行为的,人民法院应当在审查原行政行为合法性的同时,一并审查复议决定的合法性。

作出原行政行为的行政机关和复议机关对原行政行为合法性共同承担举证责任,可以由其中一个机关实施举证行为。复议机关对复议决定的合法性承担举证责任。

复议机关作共同被告的案件,复议机关在复议程序中依法收集和补充的证据,可以作为人民法院认定复议决定和原行政行为合法的依据。

第一百三十六条 人民法院对原行政行为作出判决的同时,应当对复议决定一并作出相应判决。

人民法院依职权追加作出原行政行为的行政机关或者复议机关为共同被告,对原行政行为或者复议决定可以作出相应判决。

人民法院判决撤销原行政行为和复议决定的,可以判决作出原行政行为的行政机关重新作出行政行为。

人民法院判决作出原行政行为的行政机关履行法定职责或者给付义务的,应当同时判决撤销复议决定。

原行政行为合法、复议决定违法的,人民法院可以判决撤销复议决定或者确认复议决定违法,同时判决驳回原告针对原行政行为的诉讼请求。

原行政行为被撤销、确认违法或者无效,给原告造成损失的,应当由作出原行政行为的行政机关承担赔偿责任;因复议决定加重损害的,由复议机关对加重部分承担赔偿责任。

原行政行为不符合复议或者诉讼受案范围等受理条件,复议机关作出维持决定的,人民法院应当裁定一并驳回对原行政行为和复议决定的起诉。

十、相关民事争议的一并审理

第一百三十七条 公民、法人或者其他组织请求一并审理行政诉讼法第六十一条规定的相关民事争议,应当在第一审开庭审理前提出;有正当理由的,也可以在法庭调查中提出。

第一百三十八条 人民法院决定在行政诉讼中一并审理相关民事争议,或者案件当事人一致同意相关民事争议在行政诉讼中一并解决,人民法院准许的,由受理行政案件的人民法院管辖。

公民、法人或者其他组织请求一并审理相关民事争议,人民法院经审查发现行政案件已经超过起诉期限,民事案件尚未立案的,告知当事人另行提起民事诉讼;民事案件已经立案的,由原审判组织继续审理。

人民法院在审理行政案件中发现民事争议为解决行政争议的基础,当事人没有请求人民法院一并审理相关民事争议的,人民法院应当告知当事人依法申请一并解决民事争议。当事人就民事争议另行提起民事诉讼并已立案的,人民法院应当中止行政诉讼的审理。民事争议处理期间不计算在行政诉讼审理期限内。

第一百三十九条 有下列情形之一的,人民法院应当作出不予准许一并审理民事争议的决定,并告知当事人可以依法通过其他渠道主张权利:

(一)法律规定应当由行政机关先行处理的;

(二)违反民事诉讼法专属管辖规定或者协议管辖约定的;

(三)约定仲裁或者已经提起民事诉讼的;

(四)其他不宜一并审理民事争议的情形。

对不予准许的决定可以申请复议一次。

第一百四十条 人民法院在行政诉讼中一并审理相关民事争议的，民事争议应当单独立案，由同一审判组织审理。

人民法院审理行政机关对民事争议所作裁决的案件，一并审理民事争议的，不另行立案。

第一百四十一条 人民法院一并审理相关民事争议，适用民事法律规范的相关规定，法律另有规定的除外。

当事人在调解中对民事权益的处分，不能作为审查被诉行政行为合法性的根据。

第一百四十二条 对行政争议和民事争议应当分别裁判。

当事人仅对行政裁判或者民事裁判提出上诉的，未上诉的裁判在上诉期满后即发生法律效力。第一审人民法院应当将全部案卷一并移送第二审人民法院，由行政审判庭审理。第二审人民法院发现未上诉的生效裁判确有错误的，应当按照审判监督程序再审。

第一百四十三条 行政诉讼原告在宣判前申请撤诉的，是否准许由人民法院裁定。人民法院裁定准许行政诉讼原告撤诉，但其对已经提起的一并审理相关民事争议不撤诉的，人民法院应当继续审理。

第一百四十四条 人民法院一并审理相关民事争议，应当按行政案件、民事案件的标准分别收取诉讼费用。

十一、规范性文件的一并审查

第一百四十五条 公民、法人或者其他组织在对行政行为提起诉讼时一并请求对所依据的规范性文件审查的，由行政行为案件管辖法院一并审查。

第一百四十六条 公民、法人或者其他组织请求人民法院一并审查行政诉讼法第五十三条规定的规范性文件，应当在第一审开庭审理前提出；有正当理由的，也可以在法庭调查中提出。

第一百四十七条 人民法院在对规范性文件审查过程中，发现规范性文件可能不合法的，应当听取规范性文件制定机关的意见。

制定机关申请出庭陈述意见的，人民法院应当准许。

行政机关未陈述意见或者未提供相关证明材料的，不能阻止人民法院对规范性文件进行审查。

第一百四十八条 人民法院对规范性文件进行一并审查时，可以从规范性文件制定机关是否超越权限或者违反法定程序、作出行政行为所依据的条款以及相关条款等方面进行。

有下列情形之一的，属于行政诉讼法第六十四条规定的"规范性文件不合法"：

（一）超越制定机关的法定职权或者超越法律、法规、规章的授权范围的；

（二）与法律、法规、规章等上位法的规定相抵触的；

（三）没有法律、法规、规章依据，违法增加公民、法人和其他组织义务或者减损公民、法人和其他组织合法权益的；

（四）未履行法定批准程序、公开发布程序，严重违反制定程序的；

（五）其他违反法律、法规以及规章规定的情形。

第一百四十九条 人民法院经审查认为行政行为所依据的规范性文件合法的，应当作为认定行政行为合法的依据；经审查认为规范性文件不合法的，不作为人民法院认定行政行为合法的依据，并在裁判理由中予以阐明。作出生效裁判的人民法院应当向规范性文件的制定机关提出处理建议，并可以抄送制定机关的同级人民政府、上一级行政机关、监察机关以及规范性文件的备案机关。

规范性文件不合法的，人民法院可以在裁判生效之日起三个月内，向规范性文件制定机关提出修改或者废止该规范性文件的司法建议。

规范性文件由多个部门联合制定的，人民法院可以向该规范性文件的主办机关或者共同上一级行政机关发送司法建议。

接收司法建议的行政机关应当在收到司法建议之日起六十日内予以书面答复。情况紧急的，人民法院可以建议制定机关或者其上一级行政机关立即停止执行该规范性文件。

第一百五十条 人民法院认为规范性文件不合法的，应当在裁判生效后报送上一级人民法院进行备案。涉及国务院部门、省级行政机关制定的规范性文件，司法建议还应当分别层报最高人民法院、高级人民法院备案。

第一百五十一条 各级人民法院院长对本院已经发生法律效力的判决、裁定，发现规范性文件合法性认定错误，认为需要再审的，应当提交审判委员会讨论。

最高人民法院对地方各级人民法院已经发生法律效力的判决、裁定，上级人民法院对下级人民法院已经发生法律效力的判决、裁定，发现规范性文件合法性认定错误的，有权提审或者指令下级人民法院再审。

十二、执　行

第一百五十二条 对发生法律效力的行政判决书、

行政裁定书、行政赔偿判决书和行政调解书,负有义务的一方当事人拒绝履行的,对方当事人可以依法申请人民法院强制执行。

人民法院判决行政机关履行行政赔偿、行政补偿或者其他行政给付义务,行政机关拒不履行的,对方当事人可以依法向法院申请强制执行。

第一百五十三条 申请执行的期限为二年。申请执行时效的中止、中断,适用法律有关规定。

申请执行的期限从法律文书规定的履行期间最后一日起计算;法律文书规定分期履行的,从规定的每次履行期间的最后一日起计算;法律文书中没有规定履行期限的,从该法律文书送达当事人之日起计算。

逾期申请的,除有正当理由外,人民法院不予受理。

第一百五十四条 发生法律效力的行政判决书、行政裁定书、行政赔偿判决书和行政调解书,由第一审人民法院执行。

第一审人民法院认为情况特殊,需要由第二审人民法院执行的,可以报请第二审人民法院执行;第二审人民法院可以决定由其执行,也可以决定由第一审人民法院执行。

第一百五十五条 行政机关根据行政诉讼法第九十七条的规定申请执行其行政行为,应当具备以下条件:

(一)行政行为依法可以由人民法院执行;

(二)行政行为已经生效并具有可执行内容;

(三)申请人是作出该行政行为的行政机关或者法律、法规、规章授权的组织;

(四)被申请人是该行政行为所确定的义务人;

(五)被申请人在行政行为确定的期限内或者行政机关催告期限内未履行义务;

(六)申请人在法定期限内提出申请;

(七)被申请执行的行政案件属于受理执行申请的人民法院管辖。

行政机关申请人民法院执行,应当提交行政强制法第五十五条规定的相关材料。

人民法院对符合条件的申请,应当在五日内立案受理,并通知申请人;对不符合条件的申请,应当裁定不予受理。行政机关对不予受理裁定有异议,在十五日内向上一级人民法院申请复议的,上一级人民法院应当在收到复议申请之日起十五日内作出裁定。

第一百五十六条 没有强制执行权的行政机关申请人民法院强制执行其行政行为,应当自被执行人的法定起诉期限届满之日起三个月内提出。逾期申请的,除有正当理由外,人民法院不予受理。

第一百五十七条 行政机关申请人民法院强制执行其行政行为的,由申请人所在地的基层人民法院受理;执行对象为不动产的,由不动产所在地的基层人民法院受理。

基层人民法院认为执行确有困难的,可以报请上级人民法院执行;上级人民法院可以决定由其执行,也可以决定由下级人民法院执行。

第一百五十八条 行政机关根据法律的授权对平等主体之间民事争议作出裁决后,当事人在法定期限内不起诉又不履行,作出裁决的行政机关在申请执行的期限内未申请人民法院强制执行的,生效行政裁决确定的权利人或者其继承人、权利承受人在六个月内可以申请人民法院强制执行。

享有权利的公民、法人或者其他组织申请人民法院强制执行生效行政裁决,参照行政机关申请人民法院强制执行行政行为的规定。

第一百五十九条 行政机关或者行政行为确定的权利人申请人民法院强制执行前,有充分理由认为被执行人可能逃避执行的,可以申请人民法院采取财产保全措施。后者申请强制执行的,应当提供相应的财产担保。

第一百六十条 人民法院受理行政机关申请执行其行政行为的案件后,应当在七日内由行政审判庭对行政行为的合法性进行审查,并作出是否准予执行的裁定。

人民法院在作出裁定前发现行政行为明显违法并损害被执行人合法权益的,应当听取被执行人和行政机关的意见,并自受理之日起三十日内作出是否准予执行的裁定。

需要采取强制执行措施的,由本院负责强制执行非诉行政行为的机构执行。

第一百六十一条 被申请执行的行政行为有下列情形之一的,人民法院应当裁定不准予执行:

(一)实施主体不具有行政主体资格的;

(二)明显缺乏事实根据的;

(三)明显缺乏法律、法规依据的;

(四)其他明显违法并损害被执行人合法权益的情形。

行政机关对不准予执行的裁定有异议,在十五日内向上一级人民法院申请复议的,上一级人民法院应当在收到复议申请之日起三十日内作出裁定。

十三、附　则

第一百六十二条 公民、法人或者其他组织对年 5 月 1 日之前作出的行政行为提起诉讼,请求确认行政行为无效的,人民法院不予立案。

第一百六十三条 本解释自 2018 年 2 月 8 日起施行。

本解释施行后,《最高人民法院关于执行〈中华人民共和国行政诉讼法〉若干问题的解释》(法释〔2000〕8 号)、《最高人民法院关于适用〈中华人民共和国行政诉讼法〉若干问题的解释》(法释〔2015〕9 号)同时废止。最高人民法院以前发布的司法解释与本解释不一致的,不再适用。

5. 民事诉讼

中华人民共和国民事诉讼法

- 1991 年 4 月 9 日第七届全国人民代表大会第四次会议通过
- 根据 2007 年 10 月 28 日第十届全国人民代表大会常务委员会第三十次会议《关于修改〈中华人民共和国民事诉讼法〉的决定》第一次修正
- 根据 2012 年 8 月 31 日第十一届全国人民代表大会常务委员会第二十八次会议《关于修改〈中华人民共和国民事诉讼法〉的决定》第二次修正
- 根据 2017 年 6 月 27 日第十二届全国人民代表大会常务委员会第二十八次会议《关于修改〈中华人民共和国民事诉讼法〉和〈中华人民共和国行政诉讼法〉的决定》第三次修正
- 根据 2021 年 12 月 24 日第十三届全国人民代表大会常务委员会第三十二次会议《关于修改〈中华人民共和国民事诉讼法〉的决定》第四次修正
- 根据 2023 年 9 月 1 日第十四届全国人民代表大会常务委员会第五次会议《关于修改〈中华人民共和国民事诉讼法〉的决定》第五次修正

第一编 总 则

第一章 任务、适用范围和基本原则

第一条 中华人民共和国民事诉讼法以宪法为根据,结合我国民事审判工作的经验和实际情况制定。

第二条 中华人民共和国民事诉讼法的任务,是保护当事人行使诉讼权利,保证人民法院查明事实,分清是非,正确适用法律,及时审理民事案件,确认民事权利义务关系,制裁民事违法行为,保护当事人的合法权益,教育公民自觉遵守法律,维护社会秩序、经济秩序,保障社会主义建设事业顺利进行。

第三条 人民法院受理公民之间、法人之间、其他组织之间以及他们相互之间因财产关系和人身关系提起的民事诉讼,适用本法的规定。

第四条 凡在中华人民共和国领域内进行民事诉讼,必须遵守本法。

第五条 外国人、无国籍人、外国企业和组织在人民法院起诉、应诉,同中华人民共和国公民、法人和其他组织有同等的诉讼权利义务。

外国法院对中华人民共和国公民、法人和其他组织的民事诉讼权利加以限制的,中华人民共和国人民法院对该国公民、企业和组织的民事诉讼权利,实行对等原则。

第六条 民事案件的审判权由人民法院行使。

人民法院依照法律规定对民事案件独立进行审判,不受行政机关、社会团体和个人的干涉。

第七条 人民法院审理民事案件,必须以事实为根据,以法律为准绳。

第八条 民事诉讼当事人有平等的诉讼权利。人民法院审理民事案件,应当保障和便利当事人行使诉讼权利,对当事人在适用法律上一律平等。

第九条 人民法院审理民事案件,应当根据自愿和合法的原则进行调解;调解不成的,应当及时判决。

第十条 人民法院审理民事案件,依照法律规定实行合议、回避、公开审判和两审终审制度。

第十一条 各民族公民都有用本民族语言、文字进行民事诉讼的权利。

在少数民族聚居或者多民族共同居住的地区,人民法院应当用当地民族通用的语言、文字进行审理和发布法律文书。

人民法院应当对不通晓当地民族通用的语言、文字的诉讼参与人提供翻译。

第十二条 人民法院审理民事案件时,当事人有权进行辩论。

第十三条 民事诉讼应当遵循诚信原则。

当事人有权在法律规定的范围内处分自己的民事权利和诉讼权利。

第十四条 人民检察院有权对民事诉讼实行法律监督。

第十五条 机关、社会团体、企业事业单位对损害国家、集体或者个人民事权益的行为,可以支持受损害的单位或者个人向人民法院起诉。

第十六条 经当事人同意,民事诉讼活动可以通过信息网络平台在线进行。

民事诉讼活动通过信息网络平台在线进行的,与线

下诉讼活动具有同等法律效力。

第十七条 民族自治地方的人民代表大会根据宪法和本法的原则，结合当地民族的具体情况，可以制定变通或者补充的规定。自治区的规定，报全国人民代表大会常务委员会批准。自治州、自治县的规定，报省或者自治区的人民代表大会常务委员会批准，并报全国人民代表大会常务委员会备案。

第二章 管辖

第一节 级别管辖

第十八条 基层人民法院管辖第一审民事案件，但本法另有规定的除外。

第十九条 中级人民法院管辖下列第一审民事案件：

（一）重大涉外案件；

（二）在本辖区有重大影响的案件；

（三）最高人民法院确定由中级人民法院管辖的案件。

第二十条 高级人民法院管辖在本辖区有重大影响的第一审民事案件。

第二十一条 最高人民法院管辖下列第一审民事案件：

（一）在全国有重大影响的案件；

（二）认为应当由本院审理的案件。

第二节 地域管辖

第二十二条 对公民提起的民事诉讼，由被告住所地人民法院管辖；被告住所地与经常居住地不一致的，由经常居住地人民法院管辖。

对法人或者其他组织提起的民事诉讼，由被告住所地人民法院管辖。

同一诉讼的几个被告住所地、经常居住地在两个以上人民法院辖区的，各该人民法院都有管辖权。

第二十三条 下列民事诉讼，由原告住所地人民法院管辖；原告住所地与经常居住地不一致的，由原告经常居住地人民法院管辖：

（一）对不在中华人民共和国领域内居住的人提起的有关身份关系的诉讼；

（二）对下落不明或者宣告失踪的人提起的有关身份关系的诉讼；

（三）对被采取强制性教育措施的人提起的诉讼；

（四）对被监禁的人提起的诉讼。

第二十四条 因合同纠纷提起的诉讼，由被告住所地或者合同履行地人民法院管辖。

第二十五条 因保险合同纠纷提起的诉讼，由被告住所地或者保险标的物所在地人民法院管辖。

第二十六条 因票据纠纷提起的诉讼，由票据支付地或者被告住所地人民法院管辖。

第二十七条 因公司设立、确认股东资格、分配利润、解散等纠纷提起的诉讼，由公司住所地人民法院管辖。

第二十八条 因铁路、公路、水上、航空运输和联合运输合同纠纷提起的诉讼，由运输始发地、目的地或者被告住所地人民法院管辖。

第二十九条 因侵权行为提起的诉讼，由侵权行为地或者被告住所地人民法院管辖。

第三十条 因铁路、公路、水上和航空事故请求损害赔偿提起的诉讼，由事故发生地或者车辆、船舶最先到达地、航空器最先降落地或者被告住所地人民法院管辖。

第三十一条 因船舶碰撞或者其他海事损害事故请求损害赔偿提起的诉讼，由碰撞发生地、碰撞船舶最先到达地、加害船舶被扣留地或者被告住所地人民法院管辖。

第三十二条 因海难救助费用提起的诉讼，由救助地或者被救助船舶最先到达地人民法院管辖。

第三十三条 因共同海损提起的诉讼，由船舶最先到达地、共同海损理算地或者航程终止地的人民法院管辖。

第三十四条 下列案件，由本条规定的人民法院专属管辖：

（一）因不动产纠纷提起的诉讼，由不动产所在地人民法院管辖；

（二）因港口作业中发生纠纷提起的诉讼，由港口所在地人民法院管辖；

（三）因继承遗产纠纷提起的诉讼，由被继承人死亡时住所地或者主要遗产所在地人民法院管辖。

第三十五条 合同或者其他财产权益纠纷的当事人可以书面协议选择被告住所地、合同履行地、合同签订地、原告住所地、标的物所在地等与争议有实际联系的地点的人民法院管辖，但不得违反本法对级别管辖和专属管辖的规定。

第三十六条 两个以上人民法院都有管辖权的诉讼，原告可以向其中一个人民法院起诉；原告向两个以上有管辖权的人民法院起诉的，由最先立案的人民法院管辖。

第三节 移送管辖和指定管辖

第三十七条 人民法院发现受理的案件不属于本院

管辖的,应当移送有管辖权的人民法院,受移送的人民法院应当受理。受移送的人民法院认为受移送的案件依照规定不属于本院管辖的,应当报请上级人民法院指定管辖,不得再自行移送。

第三十八条 有管辖权的人民法院由于特殊原因,不能行使管辖权的,由上级人民法院指定管辖。

人民法院之间因管辖权发生争议,由争议双方协商解决;协商解决不了的,报请它们的共同上级人民法院指定管辖。

第三十九条 上级人民法院有权审理下级人民法院管辖的第一审民事案件;确有必要将本院管辖的第一审民事案件交下级人民法院审理的,应当报请其上级人民法院批准。

下级人民法院对它所管辖的第一审民事案件,认为需要由上级人民法院审理的,可以报请上级人民法院审理。

第三章 审判组织

第四十条 人民法院审理第一审民事案件,由审判员、人民陪审员共同组成合议庭或者由审判员组成合议庭。合议庭的成员人数,必须是单数。

适用简易程序审理的民事案件,由审判员一人独任审理。基层人民法院审理的基本事实清楚、权利义务关系明确的第一审民事案件,可以由审判员一人适用普通程序独任审理。

人民陪审员在参加审判活动时,除法律另有规定外,与审判员有同等的权利义务。

第四十一条 人民法院审理第二审民事案件,由审判员组成合议庭。合议庭的成员人数,必须是单数。

中级人民法院对第一审适用简易程序审结或者不服裁定提起上诉的第二审民事案件,事实清楚、权利义务关系明确的,经双方当事人同意,可以由审判员一人独任审理。

发回重审的案件,原审人民法院应当按照第一审程序另行组成合议庭。

审理再审案件,原来是第一审的,按照第一审程序另行组成合议庭;原来是第二审的或者是上级人民法院提审的,按照第二审程序另行组成合议庭。

第四十二条 人民法院审理下列民事案件,不得由审判员一人独任审理:

(一)涉及国家利益、社会公共利益的案件;
(二)涉及群体性纠纷,可能影响社会稳定的案件;
(三)人民群众广泛关注或者其他社会影响较大的案件;
(四)属于新类型或者疑难复杂的案件;
(五)法律规定应当组成合议庭审理的案件;
(六)其他不宜由审判员一人独任审理的案件。

第四十三条 人民法院在审理过程中,发现案件不宜由审判员一人独任审理的,应当裁定转由合议庭审理。

当事人认为案件由审判员一人独任审理违反法律规定的,可以向人民法院提出异议。人民法院对当事人提出的异议应当审查,异议成立的,裁定转由合议庭审理;异议不成立的,裁定驳回。

第四十四条 合议庭的审判长由院长或者庭长指定审判员一人担任;院长或者庭长参加审判的,由院长或者庭长担任。

第四十五条 合议庭评议案件,实行少数服从多数的原则。评议应当制作笔录,由合议庭成员签名。评议中的不同意见,必须如实记入笔录。

第四十六条 审判人员应当依法秉公办案。

审判人员不得接受当事人及其诉讼代理人请客送礼。

审判人员有贪污受贿,徇私舞弊,枉法裁判行为的,应当追究法律责任;构成犯罪的,依法追究刑事责任。

第四章 回 避

第四十七条 审判人员有下列情形之一的,应当自行回避,当事人有权用口头或者书面方式申请他们回避:

(一)是本案当事人或者当事人、诉讼代理人近亲属的;
(二)与本案有利害关系的;
(三)与本案当事人、诉讼代理人有其他关系,可能影响对案件公正审理的。

审判人员接受当事人、诉讼代理人请客送礼,或者违反规定会见当事人、诉讼代理人的,当事人有权要求他们回避。

审判人员有前款规定的行为的,应当依法追究法律责任。

前三款规定,适用于法官助理、书记员、司法技术人员、翻译人员、鉴定人、勘验人。

第四十八条 当事人提出回避申请,应当说明理由,在案件开始审理时提出;回避事由在案件开始审理后知道的,也可以在法庭辩论终结前提出。

被申请回避的人员在人民法院作出是否回避的决定前,应当暂停参与本案的工作,但案件需要采取紧急措施的除外。

第四十九条 院长担任审判长或者独任审判员时的回避,由审判委员会决定;审判人员的回避,由院长决定;其他人员的回避,由审判长或者独任审判员决定。

第五十条 人民法院对当事人提出的回避申请,应当在申请提出的三日内,以口头或者书面形式作出决定。申请人对决定不服的,可以在接到决定时申请复议一次。复议期间,被申请回避的人员,不停止参与本案的工作。人民法院对复议申请,应当在三日内作出复议决定,并通知复议申请人。

第五章 诉讼参加人
第一节 当事人

第五十一条 公民、法人和其他组织可以作为民事诉讼的当事人。

法人由其法定代表人进行诉讼。其他组织由其主要负责人进行诉讼。

第五十二条 当事人有权委托代理人,提出回避申请,收集、提供证据,进行辩论,请求调解,提起上诉,申请执行。

当事人可以查阅本案有关材料,并可以复制本案有关材料和法律文书。查阅、复制本案有关材料的范围和办法由最高人民法院规定。

当事人必须依法行使诉讼权利,遵守诉讼秩序,履行发生法律效力的判决书、裁定书和调解书。

第五十三条 双方当事人可以自行和解。

第五十四条 原告可以放弃或者变更诉讼请求。被告可以承认或者反驳诉讼请求,有权提起反诉。

第五十五条 当事人一方或者双方为二人以上,其诉讼标的是共同的,或者诉讼标的是同一种类、人民法院认为可以合并审理并经当事人同意的,为共同诉讼。

共同诉讼的一方当事人对诉讼标的有共同权利义务的,其中一人的诉讼行为经其他共同诉讼人承认,对其他共同诉讼人发生效力;对诉讼标的没有共同权利义务的,其中一人的诉讼行为对其他共同诉讼人不发生效力。

第五十六条 当事人一方人数众多的共同诉讼,可以由当事人推选代表人进行诉讼。代表人的诉讼行为对其所代表的当事人发生效力,但代表人变更、放弃诉讼请求或者承认对方当事人的诉讼请求,进行和解,必须经被代表的当事人同意。

第五十七条 诉讼标的是同一种类、当事人一方人数众多在起诉时人数尚未确定的,人民法院可以发出公告,说明案件情况和诉讼请求,通知权利人在一定期间向人民法院登记。

向人民法院登记的权利人可以推选代表人进行诉讼;推选不出代表人的,人民法院可以与参加登记的权利人商定代表人。

代表人的诉讼行为对其所代表的当事人发生效力,但代表人变更、放弃诉讼请求或者承认对方当事人的诉讼请求,进行和解,必须经被代表的当事人同意。

人民法院作出的判决、裁定,对参加登记的全体权利人发生效力。未参加登记的权利人在诉讼时效期间提起诉讼的,适用该判决、裁定。

第五十八条 对污染环境、侵害众多消费者合法权益等损害社会公共利益的行为,法律规定的机关和有关组织可以向人民法院提起诉讼。

人民检察院在履行职责中发现破坏生态环境和资源保护、食品药品安全领域侵害众多消费者合法权益等损害社会公共利益的行为,在没有前款规定的机关和组织或者前款规定的机关和组织不提起诉讼的情况下,可以向人民法院提起诉讼。前款规定的机关或者组织提起诉讼的,人民检察院可以支持起诉。

第五十九条 对当事人双方的诉讼标的,第三人认为有独立请求权的,有权提起诉讼。

对当事人双方的诉讼标的,第三人虽然没有独立请求权,但案件处理结果同他有法律上的利害关系的,可以申请参加诉讼,或者由人民法院通知他参加诉讼。人民法院判决承担民事责任的第三人,有当事人的诉讼权利义务。

前两款规定的第三人,因不能归责于本人的事由未参加诉讼,但有证据证明发生法律效力的判决、裁定、调解书的部分或者全部内容错误,损害其民事权益的,可以自知道或者应当知道其民事权益受到损害之日起六个月内,向作出该判决、裁定、调解书的人民法院提起诉讼。人民法院经审理,诉讼请求成立的,应当改变或者撤销原判决、裁定、调解书;诉讼请求不成立的,驳回诉讼请求。

第二节 诉讼代理人

第六十条 无诉讼行为能力人由他的监护人作为法定代理人代为诉讼。法定代理人之间互相推诿代理责任的,由人民法院指定其中一人代为诉讼。

第六十一条 当事人、法定代理人可以委托一至二人作为诉讼代理人。

下列人员可以被委托为诉讼代理人:

(一)律师、基层法律服务工作者;

(二)当事人的近亲属或者工作人员;

（三）当事人所在社区、单位以及有关社会团体推荐的公民。

第六十二条　委托他人代为诉讼，必须向人民法院提交由委托人签名或者盖章的授权委托书。

授权委托书必须记明委托事项和权限。诉讼代理人代为承认、放弃、变更诉讼请求，进行和解，提起反诉或者上诉，必须有委托人的特别授权。

侨居在国外的中华人民共和国公民从国外寄交或者托交的授权委托书，必须经中华人民共和国驻该国的使领馆证明；没有使领馆的，由与中华人民共和国有外交关系的第三国驻该国的使领馆证明，再转由中华人民共和国驻第三国使领馆证明，或者由当地的爱国华侨团体证明。

第六十三条　诉讼代理人的权限如果变更或者解除，当事人应当书面告知人民法院，并由人民法院通知对方当事人。

第六十四条　代理诉讼的律师和其他诉讼代理人有权调查收集证据，可以查阅本案有关材料。查阅本案有关材料的范围和办法由最高人民法院规定。

第六十五条　离婚案件有诉讼代理人的，本人除不能表达意思的以外，仍应出庭；因特殊情况无法出庭的，必须向人民法院提交书面意见。

第六章　证　据

第六十六条　证据包括：

（一）当事人的陈述；

（二）书证；

（三）物证；

（四）视听资料；

（五）电子数据；

（六）证人证言；

（七）鉴定意见；

（八）勘验笔录。

证据必须查证属实，才能作为认定事实的根据。

第六十七条　当事人对自己提出的主张，有责任提供证据。

当事人及其诉讼代理人因客观原因不能自行收集的证据，或者人民法院认为审理案件需要的证据，人民法院应当调查收集。

人民法院应当按照法定程序，全面地、客观地审查核实证据。

第六十八条　当事人对自己提出的主张应当及时提供证据。

人民法院根据当事人的主张和案件审理情况，确定当事人应当提供的证据及其期限。当事人在该期限内提供证据确有困难的，可以向人民法院申请延长期限，人民法院根据当事人的申请适当延长。当事人逾期提供证据的，人民法院应当责令其说明理由；拒不说明理由或者理由不成立的，人民法院根据不同情形可以不予采纳该证据，或者采纳该证据但予以训诫、罚款。

第六十九条　人民法院收到当事人提交的证据材料，应当出具收据，写明证据名称、页数、份数、原件或者复印件以及收到时间等，并由经办人员签名或者盖章。

第七十条　人民法院有权向有关单位和个人调查取证，有关单位和个人不得拒绝。

人民法院对有关单位和个人提出的证明文书，应当辨别真伪，审查确定其效力。

第七十一条　证据应当在法庭上出示，并由当事人互相质证。对涉及国家秘密、商业秘密和个人隐私的证据应当保密，需要在法庭出示的，不得在公开开庭时出示。

第七十二条　经过法定程序公证证明的法律事实和文书，人民法院应当作为认定事实的根据，但有相反证据足以推翻公证证明的除外。

第七十三条　书证应当提交原件。物证应当提交原物。提交原件或者原物确有困难的，可以提交复制品、照片、副本、节录本。

提交外文书证，必须附有中文译本。

第七十四条　人民法院对视听资料，应当辨别真伪，并结合本案的其他证据，审查确定能否作为认定事实的根据。

第七十五条　凡是知道案件情况的单位和个人，都有义务出庭作证。有关单位的负责人应当支持证人作证。

不能正确表达意思的人，不能作证。

第七十六条　经人民法院通知，证人应当出庭作证。有下列情形之一的，经人民法院许可，可以通过书面证言、视听传输技术或者视听资料等方式作证：

（一）因健康原因不能出庭的；

（二）因路途遥远，交通不便不能出庭的；

（三）因自然灾害等不可抗力不能出庭的；

（四）其他有正当理由不能出庭的。

第七十七条　证人因履行出庭作证义务而支出的交通、住宿、就餐等必要费用以及误工损失，由败诉一方当事人负担。当事人申请证人作证的，由该当事人先行垫付；当事人没有申请，人民法院通知证人作证的，由人民法院先行垫付。

第七十八条 人民法院对当事人的陈述，应当结合本案的其他证据，审查确定能否作为认定事实的根据。

当事人拒绝陈述的，不影响人民法院根据证据认定案件事实。

第七十九条 当事人可以就查明事实的专门性问题向人民法院申请鉴定。当事人申请鉴定的，由双方当事人协商确定具备资格的鉴定人；协商不成的，由人民法院指定。

当事人未申请鉴定，人民法院对专门性问题认为需要鉴定的，应当委托具备资格的鉴定人进行鉴定。

第八十条 鉴定人有权了解进行鉴定所需要的案件材料，必要时可以询问当事人、证人。

鉴定人应当提出书面鉴定意见，在鉴定书上签名或者盖章。

第八十一条 当事人对鉴定意见有异议或者人民法院认为鉴定人有必要出庭的，鉴定人应当出庭作证。经人民法院通知，鉴定人拒不出庭作证的，鉴定意见不得作为认定事实的根据；支付鉴定费用的当事人可以要求返还鉴定费用。

第八十二条 当事人可以申请人民法院通知有专门知识的人出庭，就鉴定人作出的鉴定意见或者专业问题提出意见。

第八十三条 勘验物证或者现场，勘验人必须出示人民法院的证件，并邀请当地基层组织或者当事人所在单位派人参加。当事人或者当事人的成年家属应当到场，拒不到场的，不影响勘验的进行。

有关单位和个人根据人民法院的通知，有义务保护现场，协助勘验工作。

勘验人应当将勘验情况和结果制作笔录，由勘验人、当事人和被邀参加人签名或者盖章。

第八十四条 在证据可能灭失或者以后难以取得的情况下，当事人可以在诉讼过程中向人民法院申请保全证据，人民法院也可以主动采取保全措施。

因情况紧急，在证据可能灭失或者以后难以取得的情况下，利害关系人可以在提起诉讼或者申请仲裁前向证据所在地、被申请人住所地或者对案件有管辖权的人民法院申请保全证据。

证据保全的其他程序，参照适用本法第九章保全的有关规定。

第七章 期间、送达

第一节 期间

第八十五条 期间包括法定期间和人民法院指定的期间。

期间以时、日、月、年计算。期间开始的时和日，不计算在期间内。

期间届满的最后一日是法定休假日的，以法定休假日后的第一日为期间届满的日期。

期间不包括在途时间，诉讼文书在期满前交邮的，不算过期。

第八十六条 当事人因不可抗拒的事由或者其他正当理由耽误期限的，在障碍消除后的十日内，可以申请顺延期限，是否准许，由人民法院决定。

第二节 送达

第八十七条 送达诉讼文书必须有送达回证，由受送达人在送达回证上记明收到日期，签名或者盖章。

受送达人在送达回证上的签收日期为送达日期。

第八十八条 送达诉讼文书，应当直接送交受送达人。受送达人是公民的，本人不在交他的同住成年家属签收；受送达人是法人或者其他组织的，应当由法人的法定代表人、其他组织的主要负责人或者该法人、组织负责收件的人签收；受送达人有诉讼代理人的，可以送交其代理人签收；受送达人已向人民法院指定代收人的，送交代收人签收。

受送达人的同住成年家属，法人或者其他组织的负责收件的人，诉讼代理人或者代收人在送达回证上签收的日期为送达日期。

第八十九条 受送达人或者他的同住成年家属拒绝接收诉讼文书的，送达人可以邀请有关基层组织或者所在单位的代表到场，说明情况，在送达回证上记明拒收事由和日期，由送达人、见证人签名或者盖章，把诉讼文书留在受送达人的住所；也可以把诉讼文书留在受送达人的住所，并采用拍照、录像等方式记录送达过程，即视为送达。

第九十条 经受送达人同意，人民法院可以采用能够确认其收悉的电子方式送达诉讼文书。通过电子方式送达的判决书、裁定书、调解书，受送达人提出需要纸质文书的，人民法院应当提供。

采用前款方式送达的，以送达信息到达受送达人特定系统的日期为送达日期。

第九十一条 直接送达诉讼文书有困难的，可以委托其他人民法院代为送达，或者邮寄送达。邮寄送达的，以回执上注明的收件日期为送达日期。

第九十二条 受送达人是军人的，通过其所在部队团以上单位的政治机关转交。

第九十三条 受送达人被监禁的，通过其所在监所转交。

受送达人被采取强制性教育措施的，通过其所在强制性教育机构转交。

第九十四条 代为转交的机关、单位收到诉讼文书后，必须立即交受送达人签收，以在送达回证上的签收日期，为送达日期。

第九十五条 受送达人下落不明，或者用本节规定的其他方式无法送达的，公告送达。自发出公告之日起，经过三十日，即视为送达。

公告送达，应当在案卷中记明原因和经过。

第八章　调解

第九十六条 人民法院审理民事案件，根据当事人自愿的原则，在事实清楚的基础上，分清是非，进行调解。

第九十七条 人民法院进行调解，可以由审判员一人主持，也可以由合议庭主持，并尽可能就地进行。

人民法院进行调解，可以用简便方式通知当事人、证人到庭。

第九十八条 人民法院进行调解，可以邀请有关单位和个人协助。被邀请的单位和个人，应当协助人民法院进行调解。

第九十九条 调解达成协议，必须双方自愿，不得强迫。调解协议的内容不得违反法律规定。

第一百条 调解达成协议，人民法院应当制作调解书。调解书应当写明诉讼请求、案件的事实和调解结果。

调解书由审判人员、书记员署名，加盖人民法院印章，送达双方当事人。

调解书经双方当事人签收后，即具有法律效力。

第一百零一条 下列案件调解达成协议，人民法院可以不制作调解书：

（一）调解和好的离婚案件；

（二）调解维持收养关系的案件；

（三）能够即时履行的案件；

（四）其他不需要制作调解书的案件。

对不需要制作调解书的协议，应当记入笔录，由双方当事人、审判人员、书记员签名或者盖章后，即具有法律效力。

第一百零二条 调解未达成协议或者调解书送达前一方反悔的，人民法院应当及时判决。

第九章　保全和先予执行

第一百零三条 人民法院对于可能因当事人一方的行为或者其他原因，使判决难以执行或者造成当事人其他损害的案件，根据对方当事人的申请，可以裁定对其财产进行保全、责令其作出一定行为或者禁止其作出一定行为；当事人没有提出申请的，人民法院在必要时也可以裁定采取保全措施。

人民法院采取保全措施，可以责令申请人提供担保，申请人不提供担保的，裁定驳回申请。

人民法院接受申请后，对情况紧急的，必须在四十八小时内作出裁定；裁定采取保全措施的，应当立即开始执行。

第一百零四条 利害关系人因情况紧急，不立即申请保全将会使其合法权益受到难以弥补的损害的，可以在提起诉讼或者申请仲裁前向被保全财产所在地、被申请人住所地或者对案件有管辖权的人民法院申请采取保全措施。申请人应当提供担保，不提供担保的，裁定驳回申请。

人民法院接受申请后，必须在四十八小时内作出裁定；裁定采取保全措施的，应当立即开始执行。

申请人在人民法院采取保全措施后三十日内不依法提起诉讼或者申请仲裁的，人民法院应当解除保全。

第一百零五条 保全限于请求的范围，或者与本案有关的财物。

第一百零六条 财产保全采取查封、扣押、冻结或者法律规定的其他方法。人民法院保全财产后，应当立即通知被保全财产的人。

财产已被查封、冻结的，不得重复查封、冻结。

第一百零七条 财产纠纷案件，被申请人提供担保的，人民法院应当裁定解除保全。

第一百零八条 申请有错误的，申请人应当赔偿被申请人因保全所遭受的损失。

第一百零九条 人民法院对下列案件，根据当事人的申请，可以裁定先予执行：

（一）追索赡养费、扶养费、抚养费、抚恤金、医疗费用的；

（二）追索劳动报酬的；

（三）因情况紧急需要先予执行的。

第一百一十条 人民法院裁定先予执行的，应当符合下列条件：

（一）当事人之间权利义务关系明确，不先予执行将严重影响申请人的生活或者生产经营的；

(二)被申请人有履行能力。

人民法院可以责令申请人提供担保,申请人不提供担保的,驳回申请。申请人败诉的,应当赔偿被申请人因先予执行遭受的财产损失。

第一百一十一条 当事人对保全或者先予执行的裁定不服的,可以申请复议一次。复议期间不停止裁定的执行。

第十章 对妨害民事诉讼的强制措施

第一百一十二条 人民法院对必须到庭的被告,经两次传票传唤,无正当理由拒不到庭的,可以拘传。

第一百一十三条 诉讼参与人和其他人应当遵守法庭规则。

人民法院对违反法庭规则的人,可以予以训诫,责令退出法庭或者予以罚款、拘留。

人民法院对哄闹、冲击法庭,侮辱、诽谤、威胁、殴打审判人员,严重扰乱法庭秩序的人,依法追究刑事责任;情节较轻的,予以罚款、拘留。

第一百一十四条 诉讼参与人或者其他人有下列行为之一的,人民法院可以根据情节轻重予以罚款、拘留;构成犯罪的,依法追究刑事责任:

(一)伪造、毁灭重要证据,妨碍人民法院审理案件的;

(二)以暴力、威胁、贿买方法阻止证人作证或者指使、贿买、胁迫他人作伪证的;

(三)隐藏、转移、变卖、毁损已被查封、扣押的财产,或者已被清点并责令其保管的财产,转移已被冻结的财产的;

(四)对司法工作人员、诉讼参加人、证人、翻译人员、鉴定人、勘验人、协助执行的人,进行侮辱、诽谤、诬陷、殴打或者打击报复的;

(五)以暴力、威胁或者其他方法阻碍司法工作人员执行职务的;

(六)拒不履行人民法院已经发生法律效力的判决、裁定的。

人民法院对有前款规定的行为之一的单位,可以对其主要负责人或者直接责任人员予以罚款、拘留;构成犯罪的,依法追究刑事责任。

第一百一十五条 当事人之间恶意串通,企图通过诉讼、调解等方式侵害国家利益、社会公共利益或者他人合法权益的,人民法院应当驳回其请求,并根据情节轻重予以罚款、拘留;构成犯罪的,依法追究刑事责任。

当事人单方捏造民事案件基本事实,向人民法院提起诉讼,企图侵害国家利益、社会公共利益或者他人合法权益的,适用前款规定。

第一百一十六条 被执行人与他人恶意串通,通过诉讼、仲裁、调解等方式逃避履行法律文书确定的义务的,人民法院应当根据情节轻重予以罚款、拘留;构成犯罪的,依法追究刑事责任。

第一百一十七条 有义务协助调查、执行的单位有下列行为之一的,人民法院除责令其履行协助义务外,并可以予以罚款:

(一)有关单位拒绝或者妨碍人民法院调查取证的;

(二)有关单位接到人民法院协助执行通知书后,拒不协助查询、扣押、冻结、划拨、变价财产的;

(三)有关单位接到人民法院协助执行通知书后,拒不协助扣留被执行人的收入、办理有关财产权证照转移手续、转交有关票证、证照或者其他财产的;

(四)其他拒绝协助执行的。

人民法院对有前款规定的行为之一的单位,可以对其主要负责人或者直接责任人员予以罚款;对仍不履行协助义务的,可以予以拘留;并可以向监察机关或者有关机关提出予以纪律处分的司法建议。

第一百一十八条 对个人的罚款金额,为人民币十万元以下。对单位的罚款金额,为人民币五万元以上一百万元以下。

拘留的期限,为十五日以下。

被拘留的人,由人民法院交公安机关看管。在拘留期间,被拘留人承认并改正错误的,人民法院可以决定提前解除拘留。

第一百一十九条 拘传、罚款、拘留必须经院长批准。

拘传应当发拘传票。

罚款、拘留应当用决定书。对决定不服的,可以向上一级人民法院申请复议一次。复议期间不停止执行。

第一百二十条 采取对妨害民事诉讼的强制措施必须由人民法院决定。任何单位和个人采取非法拘禁他人或者非法私自扣押他人财产追索债务的,应当依法追究刑事责任,或者予以拘留、罚款。

第十一章 诉讼费用

第一百二十一条 当事人进行民事诉讼,应当按照规定交纳案件受理费。财产案件除交纳案件受理费外,并按照规定交纳其他诉讼费用。

当事人交纳诉讼费用确有困难的,可以按照规定向人民法院申请缓交、减交或者免交。

收取诉讼费用的办法另行制定。

第二编 审判程序
第十二章 第一审普通程序
第一节 起诉和受理

第一百二十二条 起诉必须符合下列条件：

（一）原告是与本案有直接利害关系的公民、法人和其他组织；

（二）有明确的被告；

（三）有具体的诉讼请求和事实、理由；

（四）属于人民法院受理民事诉讼的范围和受诉人民法院管辖。

第一百二十三条 起诉应当向人民法院递交起诉状，并按照被告人数提出副本。

书写起诉状确有困难的，可以口头起诉，由人民法院记入笔录，并告知对方当事人。

第一百二十四条 起诉状应当记明下列事项：

（一）原告的姓名、性别、年龄、民族、职业、工作单位、住所、联系方式，法人或者其他组织的名称、住所和法定代表人或者主要负责人的姓名、职务、联系方式；

（二）被告的姓名、性别、工作单位、住所等信息，法人或者其他组织的名称、住所等信息；

（三）诉讼请求和所根据的事实与理由；

（四）证据和证据来源，证人姓名和住所。

第一百二十五条 当事人起诉到人民法院的民事纠纷，适宜调解的，先行调解，但当事人拒绝调解的除外。

第一百二十六条 人民法院应当保障当事人依照法律规定享有的起诉权利。对符合本法第一百二十二条的起诉，必须受理。符合起诉条件的，应当在七日内立案，并通知当事人；不符合起诉条件的，应当在七日内作出裁定书，不予受理；原告对裁定不服的，可以提起上诉。

第一百二十七条 人民法院对下列起诉，分别情形，予以处理：

（一）依照行政诉讼法的规定，属于行政诉讼受案范围的，告知原告提起行政诉讼；

（二）依照法律规定，双方当事人达成书面仲裁协议申请仲裁、不得向人民法院起诉的，告知原告向仲裁机构申请仲裁；

（三）依照法律规定，应当由其他机关处理的争议，告知原告向有关机关申请解决；

（四）对不属于本院管辖的案件，告知原告向有管辖权的人民法院起诉；

（五）对判决、裁定、调解书已经发生法律效力的案件，当事人又起诉的，告知原告申请再审，但人民法院准许撤诉的裁定除外；

（六）依照法律规定，在一定期限内不得起诉的案件，在不得起诉的期限内起诉的，不予受理；

（七）判决不准离婚和调解和好的离婚案件，判决、调解维持收养关系的案件，没有新情况、新理由，原告在六个月内又起诉的，不予受理。

第二节 审理前的准备

第一百二十八条 人民法院应当在立案之日起五日内将起诉状副本发送被告，被告应当在收到之日起十五日内提出答辩状。答辩状应当记明被告的姓名、性别、年龄、民族、职业、工作单位、住所、联系方式；法人或者其他组织的名称、住所和法定代表人或者主要负责人的姓名、职务、联系方式。人民法院应当在收到答辩状之日起五日内将答辩状副本发送原告。

被告不提出答辩状的，不影响人民法院审理。

第一百二十九条 人民法院对决定受理的案件，应当在受理案件通知书和应诉通知书中向当事人告知有关的诉讼权利义务，或者口头告知。

第一百三十条 人民法院受理案件后，当事人对管辖权有异议的，应当在提交答辩状期间提出。人民法院对当事人提出的异议，应当审查。异议成立的，裁定将案件移送有管辖权的人民法院；异议不成立的，裁定驳回。

当事人未提出管辖异议，并应诉答辩或者提出反诉的，视为受诉人民法院有管辖权，但违反级别管辖和专属管辖规定的除外。

第一百三十一条 审判人员确定后，应当在三日内告知当事人。

第一百三十二条 审判人员必须认真审核诉讼材料，调查收集必要的证据。

第一百三十三条 人民法院派出人员进行调查时，应当向被调查人出示证件。

调查笔录经被调查人校阅后，由被调查人、调查人签名或者盖章。

第一百三十四条 人民法院在必要时可以委托外地人民法院调查。

委托调查，必须提出明确的项目和要求。受委托人民法院可以主动补充调查。

受委托人民法院收到委托书后，应当在三十日内完成调查。因故不能完成的，应当在上述期限内函告委托人民法院。

第一百三十五条 必须共同进行诉讼的当事人没有

参加诉讼的,人民法院应当通知其参加诉讼。

第一百三十六条 人民法院对受理的案件,分别情形,予以处理:

(一)当事人没有争议,符合督促程序规定条件的,可以转入督促程序;

(二)开庭前可以调解的,采取调解方式及时解决纠纷;

(三)根据案件情况,确定适用简易程序或者普通程序;

(四)需要开庭审理的,通过要求当事人交换证据等方式,明确争议焦点。

第三节 开庭审理

第一百三十七条 人民法院审理民事案件,除涉及国家秘密、个人隐私或者法律另有规定的以外,应当公开进行。

离婚案件,涉及商业秘密的案件,当事人申请不公开审理的,可以不公开审理。

第一百三十八条 人民法院审理民事案件,根据需要进行巡回审理,就地办案。

第一百三十九条 人民法院审理民事案件,应当在开庭三日前通知当事人和其他诉讼参与人。公开审理的,应当公告当事人姓名、案由和开庭的时间、地点。

第一百四十条 开庭审理前,书记员应当查明当事人和其他诉讼参与人是否到庭,宣布法庭纪律。

开庭审理时,由审判长或者独任审判员核对当事人,宣布案由,宣布审判人员、法官助理、书记员等的名单,告知当事人有关的诉讼权利义务,询问当事人是否提出回避申请。

第一百四十一条 法庭调查按照下列顺序进行:

(一)当事人陈述;

(二)告知证人的权利义务,证人作证,宣读未到庭的证人证言;

(三)出示书证、物证、视听资料和电子数据;

(四)宣读鉴定意见;

(五)宣读勘验笔录。

第一百四十二条 当事人在法庭上可以提出新的证据。

当事人经法庭许可,可以向证人、鉴定人、勘验人发问。

当事人要求重新进行调查、鉴定或者勘验的,是否准许,由人民法院决定。

第一百四十三条 原告增加诉讼请求,被告提出反诉,第三人提出与本案有关的诉讼请求,可以合并审理。

第一百四十四条 法庭辩论按照下列顺序进行:

(一)原告及其诉讼代理人发言;

(二)被告及其诉讼代理人答辩;

(三)第三人及其诉讼代理人发言或者答辩;

(四)互相辩论。

法庭辩论终结,由审判长或者独任审判员按照原告、被告、第三人的先后顺序征询各方最后意见。

第一百四十五条 法庭辩论终结,应当依法作出判决。判决前能够调解的,还可以进行调解,调解不成的,应当及时判决。

第一百四十六条 原告经传票传唤,无正当理由拒不到庭的,或者未经法庭许可中途退庭的,可以按撤诉处理;被告反诉的,可以缺席判决。

第一百四十七条 被告经传票传唤,无正当理由拒不到庭的,或者未经法庭许可中途退庭的,可以缺席判决。

第一百四十八条 宣判前,原告申请撤诉的,是否准许,由人民法院裁定。

人民法院裁定不准许撤诉的,原告经传票传唤,无正当理由拒不到庭的,可以缺席判决。

第一百四十九条 有下列情形之一的,可以延期开庭审理:

(一)必须到庭的当事人和其他诉讼参与人有正当理由没有到庭的;

(二)当事人临时提出回避申请的;

(三)需要通知新的证人到庭,调取新的证据,重新鉴定、勘验,或者需要补充调查的;

(四)其他应当延期的情形。

第一百五十条 书记员应当将法庭审理的全部活动记入笔录,由审判人员和书记员签名。

法庭笔录应当当庭宣读,也可以告知当事人和其他诉讼参与人当庭或者在五日内阅读。当事人和其他诉讼参与人认为对自己的陈述记录有遗漏或者差错的,有权申请补正。如果不予补正,应当将申请记录在案。

法庭笔录由当事人和其他诉讼参与人签名或者盖章。拒绝签名盖章的,记明情况附卷。

第一百五十一条 人民法院对公开审理或者不公开审理的案件,一律公开宣告判决。

当庭宣判的,应当在十日内发送判决书;定期宣判的,宣判后立即发给判决书。

宣告判决时,必须告知当事人上诉权利、上诉期限和上诉的法院。

宣告离婚判决,必须告知当事人在判决发生法律效力前不得另行结婚。

第一百五十二条 人民法院适用普通程序审理的案件,应当在立案之日起六个月内审结。有特殊情况需要延长的,经本院院长批准,可以延长六个月;还需要延长的,报请上级人民法院批准。

第四节 诉讼中止和终结

第一百五十三条 有下列情形之一的,中止诉讼:

(一)一方当事人死亡,需要等待继承人表明是否参加诉讼的;

(二)一方当事人丧失诉讼行为能力,尚未确定法定代理人的;

(三)作为一方当事人的法人或者其他组织终止,尚未确定权利义务承受人的;

(四)一方当事人因不可抗拒的事由,不能参加诉讼的;

(五)本案必须以另一案的审理结果为依据,而另一案尚未审结的;

(六)其他应当中止诉讼的情形。

中止诉讼的原因消除后,恢复诉讼。

第一百五十四条 有下列情形之一的,终结诉讼:

(一)原告死亡,没有继承人,或者继承人放弃诉讼权利的;

(二)被告死亡,没有遗产,也没有应当承担义务的人的;

(三)离婚案件一方当事人死亡的;

(四)追索赡养费、扶养费、抚养费以及解除收养关系案件的一方当事人死亡的。

第五节 判决和裁定

第一百五十五条 判决书应当写明判决结果和作出该判决的理由。判决书内容包括:

(一)案由、诉讼请求、争议的事实和理由;

(二)判决认定的事实和理由、适用的法律和理由;

(三)判决结果和诉讼费用的负担;

(四)上诉期间和上诉的法院。

判决书由审判人员、书记员署名,加盖人民法院印章。

第一百五十六条 人民法院审理案件,其中一部分事实已经清楚,可以就该部分先行判决。

第一百五十七条 裁定适用于下列范围:

(一)不予受理;

(二)对管辖权有异议的;

(三)驳回起诉;

(四)保全和先予执行;

(五)准许或者不准许撤诉;

(六)中止或者终结诉讼;

(七)补正判决书中的笔误;

(八)中止或者终结执行;

(九)撤销或者不予执行仲裁裁决;

(十)不予执行公证机关赋予强制执行效力的债权文书;

(十一)其他需要裁定解决的事项。

对前款第一项至第三项裁定,可以上诉。

裁定书应当写明裁定结果和作出该裁定的理由。裁定书由审判人员、书记员署名,加盖人民法院印章。口头裁定的,记入笔录。

第一百五十八条 最高人民法院的判决、裁定,以及依法不准上诉或者超过上诉期没有上诉的判决、裁定,是发生法律效力的判决、裁定。

第一百五十九条 公众可以查阅发生法律效力的判决书、裁定书,但涉及国家秘密、商业秘密和个人隐私的内容除外。

第十三章 简易程序

第一百六十条 基层人民法院和它派出的法庭审理事实清楚、权利义务关系明确、争议不大的简单的民事案件,适用本章规定。

基层人民法院和它派出的法庭审理前款规定以外的民事案件,当事人双方也可以约定适用简易程序。

第一百六十一条 对简单的民事案件,原告可以口头起诉。

当事人双方可以同时到基层人民法院或者它派出的法庭,请求解决纠纷。基层人民法院或者它派出的法庭可以当即审理,也可以另定日期审理。

第一百六十二条 基层人民法院和它派出的法庭审理简单的民事案件,可以用简便方式传唤当事人和证人、送达诉讼文书、审理案件,但应当保障当事人陈述意见的权利。

第一百六十三条 简单的民事案件由审判员一人独任审理,并不受本法第一百三十九条、第一百四十一条、第一百四十四条规定的限制。

第一百六十四条 人民法院适用简易程序审理案件,应当在立案之日起三个月内审结。有特殊情况需要延长的,经本院院长批准,可以延长一个月。

第一百六十五条 基层人民法院和它派出的法庭审理事实清楚、权利义务关系明确、争议不大的简单金钱给付民事案件,标的额为各省、自治区、直辖市上年度就业人员年平均工资百分之五十以下的,适用小额诉讼的程序审理,实行一审终审。

基层人民法院和它派出的法庭审理前款规定的民事案件,标的额超过各省、自治区、直辖市上年度就业人员年平均工资百分之五十但在二倍以下的,当事人双方也可以约定适用小额诉讼的程序。

第一百六十六条 人民法院审理下列民事案件,不适用小额诉讼的程序:

(一)人身关系、财产确权案件;

(二)涉外案件;

(三)需要评估、鉴定或者对诉前评估、鉴定结果有异议的案件;

(四)一方当事人下落不明的案件;

(五)当事人提出反诉的案件;

(六)其他不宜适用小额诉讼的程序审理的案件。

第一百六十七条 人民法院适用小额诉讼的程序审理案件,可以一次开庭审结并且当庭宣判。

第一百六十八条 人民法院适用小额诉讼的程序审理案件,应当在立案之日起两个月内审结。有特殊情况需要延长的,经本院院长批准,可以延长一个月。

第一百六十九条 人民法院在审理过程中,发现案件不宜适用小额诉讼的程序的,应当适用简易程序的其他规定审理或者裁定转为普通程序。

当事人认为案件适用小额诉讼的程序审理违反法律规定的,可以向人民法院提出异议。人民法院对当事人提出的异议应当审查,异议成立的,应当适用简易程序的其他规定审理或者裁定转为普通程序;异议不成立的,裁定驳回。

第一百七十条 人民法院在审理过程中,发现案件不宜适用简易程序的,裁定转为普通程序。

第十四章 第二审程序

第一百七十一条 当事人不服地方人民法院第一审判决的,有权在判决书送达之日起十五日内向上一级人民法院提起上诉。

当事人不服地方人民法院第一审裁定的,有权在裁定书送达之日起十日内向上一级人民法院提起上诉。

第一百七十二条 上诉应当递交上诉状。上诉状的内容,应当包括当事人的姓名,法人的名称及其法定代表人的姓名或者其他组织的名称及其主要负责人的姓名;原审人民法院名称、案件的编号和案由;上诉的请求和理由。

第一百七十三条 上诉状应当通过原审人民法院提出,并按照对方当事人或者代表人的人数提出副本。

当事人直接向第二审人民法院上诉的,第二审人民法院应当在五日内将上诉状移交原审人民法院。

第一百七十四条 原审人民法院收到上诉状,应当在五日内将上诉状副本送达对方当事人,对方当事人在收到之日起十五日内提出答辩状。人民法院应当在收到答辩状之日起五日内将副本送达上诉人。对方当事人不提出答辩状的,不影响人民法院审理。

原审人民法院收到上诉状、答辩状,应当在五日内连同全部案卷和证据,报送第二审人民法院。

第一百七十五条 第二审人民法院应当对上诉请求的有关事实和适用法律进行审查。

第一百七十六条 第二审人民法院对上诉案件应当开庭审理。经过阅卷、调查和询问当事人,对没有提出新的事实、证据或者理由,人民法院认为不需要开庭审理的,可以不开庭审理。

第二审人民法院审理上诉案件,可以在本院进行,也可以到案件发生地或者原审人民法院所在地进行。

第一百七十七条 第二审人民法院对上诉案件,经过审理,按照下列情形,分别处理:

(一)原判决、裁定认定事实清楚,适用法律正确的,以判决、裁定方式驳回上诉,维持原判决、裁定;

(二)原判决、裁定认定事实错误或者适用法律错误的,以判决、裁定方式依法改判、撤销或者变更;

(三)原判决认定基本事实不清的,裁定撤销原判决,发回原审人民法院重审,或者查清事实后改判;

(四)原判决遗漏当事人或者违法缺席判决等严重违反法定程序的,裁定撤销原判决,发回原审人民法院重审。

原审人民法院对发回重审的案件作出判决后,当事人提起上诉的,第二审人民法院不得再次发回重审。

第一百七十八条 第二审人民法院对不服第一审人民法院裁定的上诉案件的处理,一律使用裁定。

第一百七十九条 第二审人民法院审理上诉案件,可以进行调解。调解达成协议,应当制作调解书,由审判人员、书记员署名,加盖人民法院印章。调解书送达后,原审人民法院的判决即视为撤销。

第一百八十条 第二审人民法院判决宣告前,上诉人申请撤回上诉的,是否准许,由第二审人民法院裁定。

第一百八十一条 第二审人民法院审理上诉案件,除依照本章规定外,适用第一审普通程序。

第一百八十二条 第二审人民法院的判决、裁定,是终审的判决、裁定。

第一百八十三条 人民法院审理对判决的上诉案件,应当在第二审立案之日起三个月内审结。有特殊情况需要延长的,由本院院长批准。

人民法院审理对裁定的上诉案件,应当在第二审立案之日起三十日内作出终审裁定。

第十五章 特别程序

第一节 一般规定

第一百八十四条 人民法院审理选民资格案件、宣告失踪或者宣告死亡案件、指定遗产管理人案件、认定公民无民事行为能力或者限制民事行为能力案件、认定财产无主案件、确认调解协议案件和实现担保物权案件,适用本章规定。本章没有规定的,适用本法和其他法律的有关规定。

第一百八十五条 依照本章程序审理的案件,实行一审终审。选民资格案件或者重大、疑难的案件,由审判员组成合议庭审理;其他案件由审判员一人独任审理。

第一百八十六条 人民法院在依照本章程序审理案件的过程中,发现本案属于民事权益争议的,应当裁定终结特别程序,并告知利害关系人可以另行起诉。

第一百八十七条 人民法院适用特别程序审理的案件,应当在立案之日起三十日内或者公告期满后三十日内审结。有特殊情况需要延长的,由本院院长批准。但审理选民资格的案件除外。

第二节 选民资格案件

第一百八十八条 公民不服选举委员会对选民资格的申诉所作的处理决定,可以在选举日的五日以前向选区所在地基层人民法院起诉。

第一百八十九条 人民法院受理选民资格案件后,必须在选举日前审结。

审理时,起诉人、选举委员会的代表和有关公民必须参加。

人民法院的判决书,应当在选举日前送达选举委员会和起诉人,并通知有关公民。

第三节 宣告失踪、宣告死亡案件

第一百九十条 公民下落不明满二年,利害关系人申请宣告其失踪的,向下落不明人住所地基层人民法院提出。

申请书应当写明失踪的事实、时间和请求,并附有公安机关或者其他有关机关关于该公民下落不明的书面证明。

第一百九十一条 公民下落不明满四年,或者因意外事件下落不明满二年,或者因意外事件下落不明,经有关机关证明该公民不可能生存,利害关系人申请宣告其死亡的,向下落不明人住所地基层人民法院提出。

申请书应当写明下落不明的事实、时间和请求,并附有公安机关或者其他有关机关关于该公民下落不明的书面证明。

第一百九十二条 人民法院受理宣告失踪、宣告死亡案件后,应当发出寻找下落不明人的公告。宣告失踪的公告期间为三个月,宣告死亡的公告期间为一年。因意外事件下落不明,经有关机关证明该公民不可能生存的,宣告死亡的公告期间为三个月。

公告期间届满,人民法院应当根据被宣告失踪、宣告死亡的事实是否得到确认,作出宣告失踪、宣告死亡的判决或者驳回申请的判决。

第一百九十三条 被宣告失踪、宣告死亡的公民重新出现,经本人或者利害关系人申请,人民法院应当作出新判决,撤销原判决。

第四节 指定遗产管理人案件

第一百九十四条 对遗产管理人的确定有争议,利害关系人申请指定遗产管理人的,向被继承人死亡时住所地或者主要遗产所在地基层人民法院提出。

申请书应当写明被继承人死亡的时间、申请事由和具体请求,并附有被继承人死亡的相关证据。

第一百九十五条 人民法院受理申请后,应当审查核实,并按照有利于遗产管理的原则,判决指定遗产管理人。

第一百九十六条 被指定的遗产管理人死亡、终止、丧失民事行为能力或者存在其他无法继续履行遗产管理职责情形的,人民法院可以根据利害关系人或者本人的申请另行指定遗产管理人。

第一百九十七条 遗产管理人违反遗产管理职责,严重侵害继承人、受遗赠人或者债权人合法权益的,人民法院可以根据利害关系人的申请,撤销其遗产管理人资格,并依法指定新的遗产管理人。

第五节 认定公民无民事行为能力、限制民事行为能力案件

第一百九十八条 申请认定公民无民事行为能力或

者限制民事行为能力，由利害关系人或者有关组织向该公民住所地基层人民法院提出。

申请书应当写明该公民无民事行为能力或者限制民事行为能力的事实和根据。

第一百九十九条 人民法院受理申请后，必要时应当对被请求认定为无民事行为能力或者限制民事行为能力的公民进行鉴定。申请人已提供鉴定意见的，应当对鉴定意见进行审查。

第二百条 人民法院审理认定公民无民事行为能力或者限制民事行为能力的案件，应当由该公民的近亲属为代理人，但申请人除外。近亲属互相推诿的，由人民法院指定其中一人为代理人。该公民健康情况许可的，还应当询问本人的意见。

人民法院经审理认定申请有事实根据的，判决该公民为无民事行为能力或者限制民事行为能力人；认定申请没有事实根据的，应当判决予以驳回。

第二百零一条 人民法院根据被认定为无民事行为能力人、限制民事行为能力人本人、利害关系人或者有关组织的申请，证实该公民无民事行为能力或者限制民事行为能力的原因已经消除的，应当作出新判决，撤销原判决。

第六节 认定财产无主案件

第二百零二条 申请认定财产无主，由公民、法人或者其他组织向财产所在地基层人民法院提出。

申请书应当写明财产的种类、数量以及要求认定财产无主的根据。

第二百零三条 人民法院受理申请后，经审查核实，应当发出财产认领公告。公告满一年无人认领的，判决认定财产无主，收归国家或者集体所有。

第二百零四条 判决认定财产无主后，原财产所有人或者继承人出现，在民法典规定的诉讼时效期间可以对财产提出请求，人民法院审查属实后，应当作出新判决，撤销原判决。

第七节 确认调解协议案件

第二百零五条 经依法设立的调解组织调解达成调解协议，申请司法确认的，由双方当事人自调解协议生效之日起三十日内，共同向下列人民法院提出：

（一）人民法院邀请调解组织开展先行调解的，向作出邀请的人民法院提出；

（二）调解组织自行开展调解的，向当事人住所地、标的物所在地、调解组织所在地的基层人民法院提出；调解协议所涉纠纷应当由中级人民法院管辖的，向相应的中级人民法院提出。

第二百零六条 人民法院受理申请后，经审查，符合法律规定的，裁定调解协议有效，一方当事人拒绝履行或者未全部履行的，对方当事人可以向人民法院申请执行；不符合法律规定的，裁定驳回申请，当事人可以通过调解方式变更原调解协议或者达成新的调解协议，也可以向人民法院提起诉讼。

第八节 实现担保物权案件

第二百零七条 申请实现担保物权，由担保物权人以及其他有权请求实现担保物权的人依照民法典等法律，向担保财产所在地或者担保物权登记地基层人民法院提出。

第二百零八条 人民法院受理申请后，经审查，符合法律规定的，裁定拍卖、变卖担保财产，当事人依据该裁定可以向人民法院申请执行；不符合法律规定的，裁定驳回申请，当事人可以向人民法院提起诉讼。

第十六章 审判监督程序

第二百零九条 各级人民法院院长对本院已经发生法律效力的判决、裁定、调解书，发现确有错误，认为需要再审的，应当提交审判委员会讨论决定。

最高人民法院对地方各级人民法院已经发生法律效力的判决、裁定、调解书，上级人民法院对下级人民法院已经发生法律效力的判决、裁定、调解书，发现确有错误的，有权提审或者指令下级人民法院再审。

第二百一十条 当事人对已经发生法律效力的判决、裁定，认为有错误的，可以向上一级人民法院申请再审；当事人一方人数众多或者当事人双方为公民的案件，也可以向原审人民法院申请再审。当事人申请再审的，不停止判决、裁定的执行。

第二百一十一条 当事人的申请符合下列情形之一的，人民法院应当再审：

（一）有新的证据，足以推翻原判决、裁定的；

（二）原判决、裁定认定的基本事实缺乏证据证明的；

（三）原判决、裁定认定事实的主要证据是伪造的；

（四）原判决、裁定认定事实的主要证据未经质证的；

（五）对审理案件需要的主要证据，当事人因客观原因不能自行收集，书面申请人民法院调查收集，人民法院未调查收集的；

（六）原判决、裁定适用法律确有错误的；
（七）审判组织的组成不合法或者依法应当回避的审判人员没有回避的；
（八）无诉讼行为能力人未经法定代理人代为诉讼或者应当参加诉讼的当事人，因不能归责于本人或者其诉讼代理人的事由，未参加诉讼的；
（九）违反法律规定，剥夺当事人辩论权利的；
（十）未经传票传唤，缺席判决的；
（十一）原判决、裁定遗漏或者超出诉讼请求的；
（十二）据以作出原判决、裁定的法律文书被撤销或者变更的；
（十三）审判人员审理该案件时有贪污受贿，徇私舞弊，枉法裁判行为的。

第二百一十二条 当事人对已经发生法律效力的调解书，提出证据证明调解违反自愿原则或者调解协议的内容违反法律的，可以申请再审。经人民法院审查属实的，应当再审。

第二百一十三条 当事人对已经发生法律效力的解除婚姻关系的判决、调解书，不得申请再审。

第二百一十四条 当事人申请再审的，应当提交再审申请书等材料。人民法院应当自收到再审申请书之日起五日内将再审申请书副本发送对方当事人。对方当事人应当自收到再审申请书副本之日起十五日内提交书面意见；不提交书面意见的，不影响人民法院审查。人民法院可以要求申请人和对方当事人补充有关材料，询问有关事项。

第二百一十五条 人民法院应当自收到再审申请书之日起三个月内审查，符合本法规定的，裁定再审；不符合本法规定的，裁定驳回申请。有特殊情况需要延长的，由本院院长批准。

因当事人申请裁定再审的案件由中级人民法院以上的人民法院审理，但当事人依照本法第二百一十条的规定选择向基层人民法院申请再审的除外。最高人民法院、高级人民法院裁定再审的案件，由本院再审或者交其他人民法院再审，也可以交原审人民法院再审。

第二百一十六条 当事人申请再审，应当在判决、裁定发生法律效力后六个月内提出；有本法第二百一十一条第一项、第三项、第十二项、第十三项规定情形的，自知道或者应当知道之日起六个月内提出。

第二百一十七条 按照审判监督程序决定再审的案件，裁定中止原判决、裁定、调解书的执行，但追索赡养费、扶养费、抚养费、抚恤金、医疗费用、劳动报酬等案件，可以不中止执行。

第二百一十八条 人民法院按照审判监督程序再审的案件，发生法律效力的判决、裁定是由第一审法院作出的，按照第一审程序审理，所作的判决、裁定，当事人可以上诉；发生法律效力的判决、裁定是由第二审法院作出的，按照第二审程序审理，所作的判决、裁定，是发生法律效力的判决、裁定；上级人民法院按照审判监督程序提审的，按照第二审程序审理，所作的判决、裁定是发生法律效力的判决、裁定。

人民法院审理再审案件，应当另行组成合议庭。

第二百一十九条 最高人民检察院对各级人民法院已经发生法律效力的判决、裁定，上级人民检察院对下级人民法院已经发生法律效力的判决、裁定，发现有本法第二百一十一条规定情形之一的，或者发现调解书损害国家利益、社会公共利益的，应当提出抗诉。

地方各级人民检察院对同级人民法院已经发生法律效力的判决、裁定，发现有本法第二百一十一条规定情形之一的，或者发现调解书损害国家利益、社会公共利益的，可以向同级人民法院提出检察建议，并报上级人民检察院备案；也可以提请上级人民检察院向同级人民法院提出抗诉。

各级人民检察院对审判监督程序以外的其他审判程序中审判人员的违法行为，有权向同级人民法院提出检察建议。

第二百二十条 有下列情形之一的，当事人可以向人民检察院申请检察建议或者抗诉：
（一）人民法院驳回再审申请的；
（二）人民法院逾期未对再审申请作出裁定的；
（三）再审判决、裁定有明显错误的。

人民检察院对当事人的申请应当在三个月内进行审查，作出提出或者不予提出检察建议或者抗诉的决定。当事人不得再次向人民检察院申请检察建议或者抗诉。

第二百二十一条 人民检察院因履行法律监督职责提出检察建议或者抗诉的需要，可以向当事人或者案外人调查核实有关情况。

第二百二十二条 人民检察院提出抗诉的案件，接受抗诉的人民法院应当自收到抗诉书之日起三十日内作出再审的裁定；有本法第二百一十一条第一项至第五项规定情形之一的，可以交下一级人民法院再审，但经该下一级人民法院再审的除外。

第二百二十三条 人民检察院决定对人民法院的判决、裁定、调解书提出抗诉的，应当制作抗诉书。

第二百二十四条 人民检察院提出抗诉的案件,人民法院再审时,应当通知人民检察院派员出席法庭。

第十七章 督促程序

第二百二十五条 债权人请求债务人给付金钱、有价证券,符合下列条件的,可以向有管辖权的基层人民法院申请支付令:

(一)债权人与债务人没有其他债务纠纷的;

(二)支付令能够送达债务人的。

申请书应当写明请求给付金钱或者有价证券的数量和所根据的事实、证据。

第二百二十六条 债权人提出申请后,人民法院应当在五日内通知债权人是否受理。

第二百二十七条 人民法院受理申请后,经审查债权人提供的事实、证据,对债权债务关系明确、合法的,应当在受理之日起十五日内向债务人发出支付令;申请不成立的,裁定予以驳回。

债务人应当自收到支付令之日起十五日内清偿债务,或者向人民法院提出书面异议。

债务人在前款规定的期间不提出异议又不履行支付令的,债权人可以向人民法院申请执行。

第二百二十八条 人民法院收到债务人提出的书面异议后,经审查,异议成立的,应当裁定终结督促程序,支付令自行失效。

支付令失效的,转入诉讼程序,但申请支付令的一方当事人不同意提起诉讼的除外。

第十八章 公示催告程序

第二百二十九条 按照规定可以背书转让的票据持有人,因票据被盗、遗失或者灭失,可以向票据支付地的基层人民法院申请公示催告。依照法律规定可以申请公示催告的其他事项,适用本章规定。

申请人应当向人民法院递交申请书,写明票面金额、发票人、持票人、背书人等票据主要内容和申请的理由、事实。

第二百三十条 人民法院决定受理申请,应当同时通知支付人停止支付,并在三日内发出公告,催促利害关系人申报权利。公示催告的期间,由人民法院根据情况决定,但不得少于六十日。

第二百三十一条 支付人收到人民法院停止支付的通知,应当停止支付,至公示催告程序终结。

公示催告期间,转让票据权利的行为无效。

第二百三十二条 利害关系人应当在公示催告期间向人民法院申报。

人民法院收到利害关系人的申报后,应当裁定终结公示催告程序,并通知申请人和支付人。

申请人或者申报人可以向人民法院起诉。

第二百三十三条 没有人申报的,人民法院应当根据申请人的申请,作出判决,宣告票据无效。判决应当公告,并通知支付人。自判决公告之日起,申请人有权向支付人请求支付。

第二百三十四条 利害关系人因正当理由不能在判决前向人民法院申报的,自知道或者应当知道判决公告之日起一年内,可以向作出判决的人民法院起诉。

第三编 执行程序

第十九章 一般规定

第二百三十五条 发生法律效力的民事判决、裁定,以及刑事判决、裁定中的财产部分,由第一审人民法院或者与第一审人民法院同级的被执行的财产所在地人民法院执行。

法律规定由人民法院执行的其他法律文书,由被执行人住所地或者被执行的财产所在地人民法院执行。

第二百三十六条 当事人、利害关系人认为执行行为违反法律规定的,可以向负责执行的人民法院提出书面异议。当事人、利害关系人提出书面异议的,人民法院应当自收到书面异议之日起十五日内审查,理由成立的,裁定撤销或者改正;理由不成立的,裁定驳回。当事人、利害关系人对裁定不服的,可以自裁定送达之日起十日内向上一级人民法院申请复议。

第二百三十七条 人民法院自收到申请执行书之日起超过六个月未执行的,申请执行人可以向上一级人民法院申请执行。上一级人民法院经审查,可以责令原人民法院在一定期限内执行,也可以决定由本院执行或者指令其他人民法院执行。

第二百三十八条 执行过程中,案外人对执行标的提出书面异议的,人民法院应当自收到书面异议之日起十五日内审查,理由成立的,裁定中止对该标的的执行;理由不成立的,裁定驳回。案外人、当事人对裁定不服,认为原判决、裁定错误的,依照审判监督程序办理;与原判决、裁定无关的,可以自裁定送达之日起十五日内向人民法院提起诉讼。

第二百三十九条 执行工作由执行员进行。

采取强制执行措施时,执行员应当出示证件。执行完毕后,应当将执行情况制作笔录,由在场的有关人员签名或者盖章。

人民法院根据需要可以设立执行机构。

第二百四十条 被执行人或者被执行的财产在外地的，可以委托当地人民法院代为执行。受委托人民法院收到委托函件后，必须在十五日内开始执行，不得拒绝。执行完毕后，应当将执行结果及时函复委托人民法院；在三十日内如果还未执行完毕，也应当将执行情况函告委托人民法院。

受委托人民法院自收到委托函件之日起十五日内不执行的，委托人民法院可以请求受委托人民法院的上级人民法院指令受委托人民法院执行。

第二百四十一条 在执行中，双方当事人自行和解达成协议的，执行员应当将协议内容记入笔录，由双方当事人签名或者盖章。

申请执行人因受欺诈、胁迫与被执行人达成和解协议，或者当事人不履行和解协议的，人民法院可以根据当事人的申请，恢复对原生效法律文书的执行。

第二百四十二条 在执行中，被执行人向人民法院提供担保，并经申请执行人同意的，人民法院可以决定暂缓执行及暂缓执行的期限。被执行人逾期仍不履行的，人民法院有权执行被执行人的担保财产或者担保人的财产。

第二百四十三条 作为被执行人的公民死亡的，以其遗产偿还债务。作为被执行人的法人或者其他组织终止的，由其权利义务承受人履行义务。

第二百四十四条 执行完毕后，据以执行的判决、裁定和其他法律文书确有错误，被人民法院撤销的，对已被执行的财产，人民法院应当作出裁定，责令取得财产的人返还；拒不返还的，强制执行。

第二百四十五条 人民法院制作的调解书的执行，适用本编的规定。

第二百四十六条 人民检察院有权对民事执行活动实行法律监督。

第二十章 执行的申请和移送

第二百四十七条 发生法律效力的民事判决、裁定，当事人必须履行。一方拒绝履行的，对方当事人可以向人民法院申请执行，也可以由审判员移送执行员执行。

调解书和其他应当由人民法院执行的法律文书，当事人必须履行。一方拒绝履行的，对方当事人可以向人民法院申请执行。

第二百四十八条 对依法设立的仲裁机构的裁决，一方当事人不履行的，对方当事人可以向有管辖权的人民法院申请执行。受申请的人民法院应当执行。

被申请人提出证据证明仲裁裁决有下列情形之一的，经人民法院组成合议庭审查核实，裁定不予执行：

（一）当事人在合同中没有订有仲裁条款或者事后没有达成书面仲裁协议的；

（二）裁决的事项不属于仲裁协议的范围或者仲裁机构无权仲裁的；

（三）仲裁庭的组成或者仲裁的程序违反法定程序的；

（四）裁决所根据的证据是伪造的；

（五）对方当事人向仲裁机构隐瞒了足以影响公正裁决的证据的；

（六）仲裁员在仲裁该案时有贪污受贿，徇私舞弊，枉法裁决行为的。

人民法院认定执行该裁决违背社会公共利益的，裁定不予执行。

裁定书应当送达双方当事人和仲裁机构。

仲裁裁决被人民法院裁定不予执行的，当事人可以根据双方达成的书面仲裁协议重新申请仲裁，也可以向人民法院起诉。

第二百四十九条 对公证机关依法赋予强制执行效力的债权文书，一方当事人不履行的，对方当事人可以向有管辖权的人民法院申请执行，受申请的人民法院应当执行。

公证债权文书确有错误的，人民法院裁定不予执行，并将裁定书送达双方当事人和公证机关。

第二百五十条 申请执行的期间为二年。申请执行时效的中止、中断，适用法律有关诉讼时效中止、中断的规定。

前款规定的期间，从法律文书规定履行期间的最后一日起计算；法律文书规定分期履行的，从最后一期履行期限届满之日起计算；法律文书未规定履行期间的，从法律文书生效之日起计算。

第二百五十一条 执行员接到申请执行书或者移交执行书，应当向被执行人发出执行通知，并可以立即采取强制执行措施。

第二十一章 执行措施

第二百五十二条 被执行人未按执行通知履行法律文书确定的义务，应当报告当前以及收到执行通知之日前一年的财产情况。被执行人拒绝报告或者虚假报告的，人民法院可以根据情节轻重对被执行人或者其法定代理人、有关单位的主要负责人或者直接责任人员予以罚款、拘留。

第二百五十三条 被执行人未按执行通知履行法律文书确定的义务，人民法院有权向有关单位查询被执行人的存款、债券、股票、基金份额等财产情况。人民法院有权根据不同情形扣押、冻结、划拨、变价被执行人的财产。人民法院查询、扣押、冻结、划拨、变价的财产不得超出被执行人应当履行义务的范围。

人民法院决定扣押、冻结、划拨、变价财产，应当作出裁定，并发出协助执行通知书，有关单位必须办理。

第二百五十四条 被执行人未按执行通知履行法律文书确定的义务，人民法院有权扣留、提取被执行人应当履行义务部分的收入。但应当保留被执行人及其所扶养家属的生活必需费用。

人民法院扣留、提取收入时，应当作出裁定，并发出协助执行通知书，被执行人所在单位、银行、信用合作社和其他有储蓄业务的单位必须办理。

第二百五十五条 被执行人未按执行通知履行法律文书确定的义务，人民法院有权查封、扣押、冻结、拍卖、变卖被执行人应当履行义务部分的财产。但应当保留被执行人及其所扶养家属的生活必需品。

采取前款措施，人民法院应当作出裁定。

第二百五十六条 人民法院查封、扣押财产时，被执行人是公民的，应当通知被执行人或者他的成年家属到场；被执行人是法人或者其他组织的，应当通知其法定代表人或者主要负责人到场。拒不到场的，不影响执行。被执行人是公民的，其工作单位或者财产所在地的基层组织应当派人参加。

对被查封、扣押的财产，执行员必须造具清单，由在场人签名或者盖章后，交被执行人一份。被执行人是公民的，也可以交他的成年家属一份。

第二百五十七条 被查封的财产，执行员可以指定被执行人负责保管。因被执行人的过错造成的损失，由被执行人承担。

第二百五十八条 财产被查封、扣押后，执行员应当责令被执行人在指定期间履行法律文书确定的义务。被执行人逾期不履行的，人民法院应当拍卖被查封、扣押的财产；不适于拍卖或者当事人双方同意不进行拍卖的，人民法院可以委托有关单位变卖或者自行变卖。国家禁止自由买卖的物品，交有关单位按照国家规定的价格收购。

第二百五十九条 被执行人不履行法律文书确定的义务，并隐匿财产的，人民法院有权发出搜查令，对被执行人及其住所或者财产隐匿地进行搜查。

采取前款措施，由院长签发搜查令。

第二百六十条 法律文书指定交付的财物或者票证，由执行员传唤双方当事人当面交付，或者由执行员转交，并由被交付人签收。

有关单位持有该项财物或者票证的，应当根据人民法院的协助执行通知书转交，并由被交付人签收。

有关公民持有该项财物或者票证的，人民法院通知其交出。拒不交出的，强制执行。

第二百六十一条 强制迁出房屋或者强制退出土地，由院长签发公告，责令被执行人在指定期间履行。被执行人逾期不履行的，由执行员强制执行。

强制执行时，被执行人是公民的，应当通知被执行人或者他的成年家属到场；被执行人是法人或者其他组织的，应当通知其法定代表人或者主要负责人到场。拒不到场的，不影响执行。被执行人是公民的，其工作单位或者房屋、土地所在地的基层组织应当派人参加。执行员应当将强制执行情况记入笔录，由在场人签名或者盖章。

强制迁出房屋被搬出的财物，由人民法院派人运至指定处所，交给被执行人。被执行人是公民的，也可以交给他的成年家属。因拒绝接收而造成的损失，由被执行人承担。

第二百六十二条 在执行中，需要办理有关财产权证照转移手续的，人民法院可以向有关单位发出协助执行通知书，有关单位必须办理。

第二百六十三条 对判决、裁定和其他法律文书指定的行为，被执行人未按执行通知履行的，人民法院可以强制执行或者委托有关单位或者其他人完成，费用由被执行人承担。

第二百六十四条 被执行人未按判决、裁定和其他法律文书指定的期间履行给付金钱义务的，应当加倍支付迟延履行期间的债务利息。被执行人未按判决、裁定和其他法律文书指定的期间履行其他义务的，应当支付迟延履行金。

第二百六十五条 人民法院采取本法第二百五十三条、第二百五十四条、第二百五十五条规定的执行措施后，被执行人仍不能偿还债务的，应当继续履行义务。债权人发现被执行人有其他财产的，可以随时请求人民法院执行。

第二百六十六条 被执行人不履行法律文书确定的义务的，人民法院可以对其采取或者通知有关单位协助采取限制出境，在征信系统记录、通过媒体公布不履行义务信息以及法律规定的其他措施。

第二十二章　执行中止和终结

第二百六十七条　有下列情形之一的,人民法院应当裁定中止执行:

（一）申请人表示可以延期执行的;

（二）案外人对执行标的提出确有理由的异议的;

（三）作为一方当事人的公民死亡,需要等待继承人继承权利或者承担义务的;

（四）作为一方当事人的法人或者其他组织终止,尚未确定权利义务承受人的;

（五）人民法院认为应当中止执行的其他情形。

中止的情形消失后,恢复执行。

第二百六十八条　有下列情形之一的,人民法院裁定终结执行:

（一）申请人撤销申请的;

（二）据以执行的法律文书被撤销的;

（三）作为被执行人的公民死亡,无遗产可供执行,又无义务承担人的;

（四）追索赡养费、扶养费、抚养费案件的权利人死亡的;

（五）作为被执行人的公民因生活困难无力偿还借款,无收入来源,又丧失劳动能力的;

（六）人民法院认为应当终结执行的其他情形。

第二百六十九条　中止和终结执行的裁定,送达当事人后立即生效。

第四编　涉外民事诉讼程序的特别规定
第二十三章　一般原则

第二百七十条　在中华人民共和国领域内进行涉外民事诉讼,适用本编规定。本编没有规定的,适用本法其他有关规定。

第二百七十一条　中华人民共和国缔结或者参加的国际条约同本法有不同规定的,适用该国际条约的规定,但中华人民共和国声明保留的条款除外。

第二百七十二条　对享有外交特权与豁免的外国人、外国组织或者国际组织提起的民事诉讼,应当依照中华人民共和国有关法律和中华人民共和国缔结或者参加的国际条约的规定办理。

第二百七十三条　人民法院审理涉外民事案件,应当使用中华人民共和国通用的语言、文字。当事人要求提供翻译的,可以提供,费用由当事人承担。

第二百七十四条　外国人、无国籍人、外国企业和组织在人民法院起诉、应诉,需要委托律师代理诉讼的,必须委托中华人民共和国的律师。

第二百七十五条　在中华人民共和国领域内没有住所的外国人、无国籍人、外国企业和组织委托中华人民共和国律师或者其他人代理诉讼,从中华人民共和国领域外寄交或者托交的授权委托书,应当经所在国公证机关证明,并经中华人民共和国驻该国使领馆认证,或者履行中华人民共和国与该所在国订立的有关条约中规定的证明手续后,才具有效力。

第二十四章　管　辖

第二百七十六条　因涉外民事纠纷,对在中华人民共和国领域内没有住所的被告提起除身份关系以外的诉讼,如果合同签订地、合同履行地、诉讼标的物所在地、可供扣押财产所在地、侵权行为地、代表机构住所地位于中华人民共和国领域内的,可以由合同签订地、合同履行地、诉讼标的物所在地、可供扣押财产所在地、侵权行为地、代表机构住所地人民法院管辖。

除前款规定外,涉外民事纠纷与中华人民共和国存在其他适当联系的,可以由人民法院管辖。

第二百七十七条　涉外民事纠纷的当事人书面协议选择人民法院管辖的,可以由人民法院管辖。

第二百七十八条　当事人未提出管辖异议,并应诉答辩或者提出反诉的,视为人民法院有管辖权。

第二百七十九条　下列民事案件,由人民法院专属管辖:

（一）因在中华人民共和国领域内设立的法人或者其他组织的设立、解散、清算,以及该法人或者其他组织作出的决议的效力等纠纷提起的诉讼;

（二）因与在中华人民共和国领域内审查授予的知识产权的有效性有关的纠纷提起的诉讼;

（三）因在中华人民共和国领域内履行中外合资经营企业合同、中外合作经营企业合同、中外合作勘探开发自然资源合同发生纠纷提起的诉讼。

第二百八十条　当事人之间的同一纠纷,一方当事人向外国法院起诉,另一方当事人向人民法院起诉,或者一方当事人既向外国法院起诉,又向人民法院起诉,人民法院依照本法有管辖权的,可以受理。当事人订立排他性管辖协议选择外国法院管辖且不违反本法对专属管辖的规定,不涉及中华人民共和国主权、安全或者社会公共利益的,人民法院可以裁定不予受理;已经受理的,裁定驳回起诉。

第二百八十一条　人民法院依据前条规定受理案件后,当事人以外国法院已经先于人民法院受理为由,书面

申请人民法院中止诉讼的,人民法院可以裁定中止诉讼,但是存在下列情形之一的除外:

(一)当事人协议选择人民法院管辖,或者纠纷属于人民法院专属管辖;

(二)由人民法院审理明显更为方便。

外国法院未采取必要措施审理案件,或者未在合理期限内审结的,依当事人的书面申请,人民法院应当恢复诉讼。

外国法院作出的发生法律效力的判决、裁定,已经被人民法院全部或者部分承认,当事人对已经获得承认的部分又向人民法院起诉的,裁定不予受理;已经受理的,裁定驳回起诉。

第二百八十二条 人民法院受理的涉外民事案件,被告提出管辖异议,且同时有下列情形的,可以裁定驳回起诉,告知原告向更为方便的外国法院提起诉讼:

(一)案件争议的基本事实不是发生在中华人民共和国领域内,人民法院审理案件和当事人参加诉讼均明显不方便;

(二)当事人之间不存在选择人民法院管辖的协议;

(三)案件不属于人民法院专属管辖;

(四)案件不涉及中华人民共和国主权、安全或者社会公共利益;

(五)外国法院审理案件更为方便。

裁定驳回起诉后,外国法院对纠纷拒绝行使管辖权,或者未采取必要措施审理案件,或者未在合理期限内审结,当事人又向人民法院起诉的,人民法院应当受理。

第二十五章 送达、调查取证、期间

第二百八十三条 人民法院对在中华人民共和国领域内没有住所的当事人送达诉讼文书,可以采用下列方式:

(一)依照受送达人所在国与中华人民共和国缔结或者共同参加的国际条约中规定的方式送达;

(二)通过外交途径送达;

(三)对具有中华人民共和国国籍的受送达人,可以委托中华人民共和国驻受送达人所在国的使领馆代为送达;

(四)向受送达人在本案中委托的诉讼代理人送达;

(五)向受送达人在中华人民共和国领域内设立的独资企业、代表机构、分支机构或者有权接受送达的业务代办人送达;

(六)受送达人为外国人、无国籍人,其在中华人民共和国领域内设立的法人或者其他组织担任法定代表人或者主要负责人,且与该法人或者其他组织为共同被告的,向该法人或者其他组织送达;

(七)受送达人为外国法人或者其他组织,其法定代表人或者主要负责人在中华人民共和国领域内的,向其法定代表人或者主要负责人送达;

(八)受送达人所在国的法律允许邮寄送达的,可以邮寄送达,自邮寄之日起满三个月,送达回证没有退回,但根据各种情况足以认定已经送达的,期间届满之日视为送达;

(九)采用能够确认受送达人收悉的电子方式送达,但是受送达人所在国法律禁止的除外;

(十)以受送达人同意的其他方式送达,但是受送达人所在国法律禁止的除外。

不能用上述方式送达的,公告送达,自发出公告之日起,经过六十日,即视为送达。

第二百八十四条 当事人申请人民法院调查收集的证据位于中华人民共和国领域外,人民法院可以依照证据所在国与中华人民共和国缔结或者共同参加的国际条约中规定的方式,或者通过外交途径调查收集。

在所在国法律不禁止的情况下,人民法院可以采用下列方式调查收集:

(一)对具有中华人民共和国国籍的当事人、证人,可以委托中华人民共和国驻当事人、证人所在国的使领馆代为取证;

(二)经双方当事人同意,通过即时通讯工具取证;

(三)以双方当事人同意的其他方式取证。

第二百八十五条 被告在中华人民共和国领域内没有住所的,人民法院应当将起诉状副本送达被告,并通知被告在收到起诉状副本后三十日内提出答辩状。被告申请延期的,是否准许,由人民法院决定。

第二百八十六条 在中华人民共和国领域内没有住所的当事人,不服第一审人民法院判决、裁定的,有权在判决书、裁定书送达之日起三十日内提起上诉。被上诉人在收到上诉状副本后,应当在三十日内提出答辩状。当事人不能在法定期间提起上诉或者提出答辩状,申请延期的,是否准许,由人民法院决定。

第二百八十七条 人民法院审理涉外民事案件的期间,不受本法第一百五十二条、第一百八十三条规定的限制。

第二十六章 仲 裁

第二百八十八条 涉外经济贸易、运输和海事中发生的纠纷,当事人在合同中订有仲裁条款或者事后达成书面仲裁协议,提交中华人民共和国涉外仲裁机构或者其他仲裁机构仲裁的,当事人不得向人民法院起诉。

当事人在合同中没有订有仲裁条款或者事后没有达成书面仲裁协议的,可以向人民法院起诉。

第二百八十九条 当事人申请采取保全的,中华人民共和国的涉外仲裁机构应当将当事人的申请,提交被申请人住所地或者财产所在地的中级人民法院裁定。

第二百九十条 经中华人民共和国涉外仲裁机构裁决的,当事人不得向人民法院起诉。一方当事人不履行仲裁裁决的,对方当事人可以向被申请人住所地或者财产所在地的中级人民法院申请执行。

第二百九十一条 对中华人民共和国涉外仲裁机构作出的裁决,被申请人提出证据证明仲裁裁决有下列情形之一的,经人民法院组成合议庭审查核实,裁定不予执行:

(一)当事人在合同中没有订有仲裁条款或者事后没有达成书面仲裁协议的;

(二)被申请人没有得到指定仲裁员或者进行仲裁程序的通知,或者由于其他不属于被申请人负责的原因未能陈述意见的;

(三)仲裁庭的组成或者仲裁的程序与仲裁规则不符的;

(四)裁决的事项不属于仲裁协议的范围或者仲裁机构无权仲裁的。

人民法院认定执行该裁决违背社会公共利益的,裁定不予执行。

第二百九十二条 仲裁裁决被人民法院裁定不予执行的,当事人可以根据双方达成的书面仲裁协议重新申请仲裁,也可以向人民法院起诉。

第二十七章 司法协助

第二百九十三条 根据中华人民共和国缔结或者参加的国际条约,或者按照互惠原则,人民法院和外国法院可以相互请求,代为送达文书、调查取证以及进行其他诉讼行为。

外国法院请求协助的事项有损于中华人民共和国的主权、安全或者社会公共利益的,人民法院不予执行。

第二百九十四条 请求和提供司法协助,应当依照中华人民共和国缔结或者参加的国际条约所规定的途径进行;没有条约关系的,通过外交途径进行。

外国驻中华人民共和国的使领馆可以向该国公民送达文书和调查取证,但不得违反中华人民共和国的法律,并不得采取强制措施。

除前款规定的情况外,未经中华人民共和国主管机关准许,任何外国机关或者个人不得在中华人民共和国领域内送达文书、调查取证。

第二百九十五条 外国法院请求人民法院提供司法协助的请求书及其所附文件,应当附有中文译本或者国际条约规定的其他文字文本。

人民法院请求外国法院提供司法协助的请求书及其所附文件,应当附有该国文字译本或者国际条约规定的其他文字文本。

第二百九十六条 人民法院提供司法协助,依照中华人民共和国法律规定的程序进行。外国法院请求采用特殊方式的,也可以按照其请求的特殊方式进行,但请求采用的特殊方式不得违反中华人民共和国法律。

第二百九十七条 人民法院作出的发生法律效力的判决、裁定,如果被执行人或者其财产不在中华人民共和国领域内,当事人请求执行的,可以由当事人直接向有管辖权的外国法院申请承认和执行,也可以由人民法院依照中华人民共和国缔结或者参加的国际条约的规定,或者按照互惠原则,请求外国法院承认和执行。

在中华人民共和国领域内依法作出的发生法律效力的仲裁裁决,当事人请求执行的,如果被执行人或者其财产不在中华人民共和国领域内,当事人可以直接向有管辖权的外国法院申请承认和执行。

第二百九十八条 外国法院作出的发生法律效力的判决、裁定,需要人民法院承认和执行的,可以由当事人直接向有管辖权的中级人民法院申请承认和执行,也可以由外国法院依照该国与中华人民共和国缔结或者参加的国际条约的规定,或者按照互惠原则,请求人民法院承认和执行。

第二百九十九条 人民法院对申请或者请求承认和执行的外国法院作出的发生法律效力的判决、裁定,依照中华人民共和国缔结或者参加的国际条约,或者按照互惠原则进行审查后,认为不违反中华人民共和国法律的基本原则且不损害国家主权、安全、社会公共利益的,裁定承认其效力;需要执行的,发出执行令,依照本法的有关规定执行。

第三百条 对申请或者请求承认和执行的外国法院作出的发生法律效力的判决、裁定,人民法院经审查,有下列情形之一的,裁定不予承认和执行:

(一)依据本法第三百零一条的规定,外国法院对案件无管辖权;

(二)被申请人未得到合法传唤或者虽经合法传唤

但未获得合理的陈述、辩论机会,或者无诉讼行为能力的当事人未得到适当代理;

(三)判决、裁定是通过欺诈方式取得;

(四)人民法院已对同一纠纷作出判决、裁定,或者已经承认第三国法院对同一纠纷作出的判决、裁定;

(五)违反中华人民共和国法律的基本原则或者损害国家主权、安全、社会公共利益。

第三百零一条 有下列情形之一的,人民法院应当认定该外国法院对案件无管辖权:

(一)外国法院依照其法律对案件没有管辖权,或者虽然依照其法律有管辖权但与案件所涉纠纷无适当联系;

(二)违反本法对专属管辖的规定;

(三)违反当事人排他性选择法院管辖的协议。

第三百零二条 当事人向人民法院申请承认和执行外国法院作出的发生法律效力的判决、裁定,该判决、裁定涉及的纠纷与人民法院正在审理的纠纷属于同一纠纷的,人民法院可以裁定中止诉讼。

外国法院作出的发生法律效力的判决、裁定不符合本法规定的承认条件的,人民法院裁定不予承认和执行,并恢复已经中止的诉讼;符合本法规定的承认条件的,人民法院裁定承认其效力;需要执行的,发出执行令,依照本法的有关规定执行;对已经中止的诉讼,裁定驳回起诉。

第三百零三条 当事人对承认和执行或者不予承认和执行的裁定不服,可以自裁定送达之日起十日内向上一级人民法院申请复议。

第三百零四条 在中华人民共和国领域外作出的发生法律效力的仲裁裁决,需要人民法院承认和执行的,当事人可以直接向被执行人住所地或者其财产所在地的中级人民法院申请。被执行人住所地或者其财产不在中华人民共和国领域内的,当事人可以向申请人住所地或者与裁决的纠纷有适当联系的地点的中级人民法院申请。人民法院应当依照中华人民共和国缔结或者参加的国际条约,或者按照互惠原则办理。

第三百零五条 涉及外国国家的民事诉讼,适用中华人民共和国有关外国国家豁免的法律规定;有关法律没有规定的,适用本法。

第三百零六条 本法自公布之日起施行,《中华人民共和国民事诉讼法(试行)》同时废止。

最高人民法院关于适用 《中华人民共和国民事诉讼法》的解释

- 2014年12月18日最高人民法院审判委员会第1636次会议通过
- 根据2020年12月23日最高人民法院审判委员会第1823次会议通过的《最高人民法院关于修改〈最高人民法院关于人民法院民事调解工作若干问题的规定〉等十九件民事诉讼类司法解释的决定》第一次修正
- 根据2022年3月22日最高人民法院审判委员会第1866次会议通过的《最高人民法院关于修改〈最高人民法院关于适用《中华人民共和国民事诉讼法》的解释〉的决定》第二次修正
- 2022年4月1日最高人民法院公告公布
- 自2022年4月10日起施行
- 法释〔2022〕11号

2012年8月31日,第十一届全国人民代表大会常务委员会第二十八次会议审议通过了《关于修改〈中华人民共和国民事诉讼法〉的决定》。根据修改后的民事诉讼法,结合人民法院民事审判和执行工作实际,制定本解释。

一、管 辖

第一条 民事诉讼法第十九条第一项规定的重大涉外案件,包括争议标的额大的案件、案情复杂的案件,或者一方当事人人数众多等具有重大影响的案件。

第二条 专利纠纷案件由知识产权法院、最高人民法院确定的中级人民法院和基层人民法院管辖。

海事、海商案件由海事法院管辖。

第三条 公民的住所地是指公民的户籍所在地,法人或者其他组织的住所地是指法人或者其他组织的主要办事机构所在地。

法人或者其他组织的主要办事机构所在地不能确定的,法人或者其他组织的注册地或者登记地为住所地。

第四条 公民的经常居住地是指公民离开住所地至起诉时已连续居住一年以上的地方,但公民住院就医的地方除外。

第五条 对没有办事机构的个人合伙、合伙型联营体提起的诉讼,由被告注册登记地人民法院管辖。没有注册登记,几个被告又不在同一辖区的,被告住所地的人民法院都有管辖权。

第六条 被告被注销户籍的,依照民事诉讼法第二十三条规定确定管辖;原告、被告均被注销户籍的,由被告居住地人民法院管辖。

第七条 当事人的户籍迁出后尚未落户，有经常居住地的，由该地人民法院管辖；没有经常居住地的，由其原户籍所在地人民法院管辖。

第八条 双方当事人都被监禁或者被采取强制性教育措施的，由被告原住所地人民法院管辖。被告被监禁或者被采取强制性教育措施一年以上的，由被告被监禁地或者被采取强制性教育措施地人民法院管辖。

第九条 追索赡养费、扶养费、抚养费案件的几个被告住所地不在同一辖区的，可以由原告住所地人民法院管辖。

第十条 不服指定监护或者变更监护关系的案件，可以由被监护人住所地人民法院管辖。

第十一条 双方当事人均为军人或者军队单位的民事案件由军事法院管辖。

第十二条 夫妻一方离开住所地超过一年，另一方起诉离婚的案件，可以由原告住所地人民法院管辖。

夫妻双方离开住所地超过一年，一方起诉离婚的案件，由被告经常居住地人民法院管辖；没有经常居住地的，由原告起诉时被告居住地人民法院管辖。

第十三条 在国内结婚并定居国外的华侨，如定居国法院以离婚诉讼须由婚姻缔结地法院管辖为由不予受理，当事人向人民法院提出离婚诉讼的，由婚姻缔结地或者一方在国内的最后居住地人民法院管辖。

第十四条 在国外结婚并定居国外的华侨，如定居国法院以离婚诉讼须由国籍所属国法院管辖为由不予受理，当事人向人民法院提出离婚诉讼的，由一方原住所地或者在国内的最后居住地人民法院管辖。

第十五条 中国公民一方居住在国外，一方居住在国内，不论哪一方向人民法院提起离婚诉讼，国内一方住所地人民法院都有权管辖。国外一方在居住国法院起诉，国内一方向人民法院起诉的，受诉人民法院有权管辖。

第十六条 中国公民双方在国外但未定居，一方向人民法院起诉离婚的，应由原告或者被告原住所地人民法院管辖。

第十七条 已经离婚的中国公民，双方均定居国外，仅就国内财产分割提起诉讼的，由主要财产所在地人民法院管辖。

第十八条 合同约定履行地点的，以约定的履行地点为合同履行地。

合同对履行地点没有约定或者约定不明确，争议标的为给付货币的，接收货币一方所在地为合同履行地；交付不动产的，不动产所在地为合同履行地；其他标的，履行义务一方所在地为合同履行地。即时结清的合同，交易行为地为合同履行地。

合同没有实际履行，当事人双方住所地都不在合同约定的履行地的，由被告住所地人民法院管辖。

第十九条 财产租赁合同、融资租赁合同以租赁物使用地为合同履行地。合同对履行地有约定的，从其约定。

第二十条 以信息网络方式订立的买卖合同，通过信息网络交付标的的，以买受人住所地为合同履行地；通过其他方式交付标的的，收货地为合同履行地。合同对履行地有约定的，从其约定。

第二十一条 因财产保险合同纠纷提起的诉讼，如果保险标的物是运输工具或者运输中的货物，可以由运输工具登记注册地、运输目的地、保险事故发生地人民法院管辖。

因人身保险合同纠纷提起的诉讼，可以由被保险人住所地人民法院管辖。

第二十二条 因股东名册记载、请求变更公司登记、股东知情权、公司决议、公司合并、公司分立、公司减资、公司增资等纠纷提起的诉讼，依照民事诉讼法第二十七条规定确定管辖。

第二十三条 债权人申请支付令，适用民事诉讼法第二十二条规定，由债务人住所地基层人民法院管辖。

第二十四条 民事诉讼法第二十九条规定的侵权行为地，包括侵权行为实施地、侵权结果发生地。

第二十五条 信息网络侵权行为实施地包括实施被诉侵权行为的计算机等信息设备所在地，侵权结果发生地包括被侵权人住所地。

第二十六条 因产品、服务质量不合格造成他人财产、人身损害提起的诉讼，产品制造地、产品销售地、服务提供地、侵权行为地和被告住所地人民法院都有管辖权。

第二十七条 当事人申请诉前保全后没有在法定期间起诉或者申请仲裁，给被申请人、利害关系人造成损失引起的诉讼，由采取保全措施的人民法院管辖。

当事人申请诉前保全后在法定期间内起诉或者申请仲裁，被申请人、利害关系人因保全受到损失提起的诉讼，由受理起诉的人民法院或者采取保全措施的人民法院管辖。

第二十八条 民事诉讼法第三十四条第一项规定的不动产纠纷是指因不动产的权利确认、分割、相邻关系等引起的物权纠纷。

农村土地承包经营合同纠纷、房屋租赁合同纠纷、建设工程施工合同纠纷、政策性房屋买卖合同纠纷，按照不动产纠纷确定管辖。

不动产已登记的，以不动产登记簿记载的所在地为不动产所在地；不动产未登记的，以不动产实际所在地为不动产所在地。

第二十九条　民事诉讼法第三十五条规定的书面协议，包括书面合同中的协议管辖条款或者诉讼前以书面形式达成的选择管辖的协议。

第三十条　根据管辖协议，起诉时能够确定管辖法院的，从其约定；不能确定的，依照民事诉讼法的相关规定确定管辖。

管辖协议约定两个以上与争议有实际联系的地点的人民法院管辖，原告可以向其中一个人民法院起诉。

第三十一条　经营者使用格式条款与消费者订立管辖协议，未采取合理方式提请消费者注意，消费者主张管辖协议无效的，人民法院应予支持。

第三十二条　管辖协议约定由一方当事人住所地人民法院管辖，协议签订后当事人住所地变更的，由签订管辖协议时的住所地人民法院管辖，但当事人另有约定的除外。

第三十三条　合同转让的，合同的管辖协议对合同受让人有效，但转让时受让人不知道有管辖协议，或者转让协议另有约定且原合同相对人同意的除外。

第三十四条　当事人因同居或者在解除婚姻、收养关系后发生财产争议，约定管辖的，可以适用民事诉讼法第三十五条规定确定管辖。

第三十五条　当事人在答辩期间届满后未应诉答辩，人民法院在一审开庭前，发现案件不属于本院管辖的，应当裁定移送有管辖权的人民法院。

第三十六条　两个以上人民法院都有管辖权的诉讼，先立案的人民法院不得将案件移送给另一个有管辖权的人民法院。人民法院在立案前发现其他有管辖权的人民法院已先立案的，不得重复立案；立案后发现其他有管辖权的人民法院已先立案的，裁定将案件移送给先立案的人民法院。

第三十七条　案件受理后，受诉人民法院的管辖权不受当事人住所地、经常居住地变更的影响。

第三十八条　有管辖权的人民法院受理案件后，不得以行政区域变更为由，将案件移送给变更后有管辖权的人民法院。判决后的上诉案件和依审判监督程序提审的案件，由原审人民法院的上级人民法院进行审判；上级人民法院指令再审、发回重审的案件，由原审人民法院再审或者重审。

第三十九条　人民法院对管辖异议审查后确定有管辖权的，不因当事人提起反诉、增加或者变更诉讼请求等改变管辖，但违反级别管辖、专属管辖规定的除外。

人民法院发回重审或者按第一审程序再审的案件，当事人提出管辖异议的，人民法院不予审查。

第四十条　依照民事诉讼法第三十八条第二款规定，发生管辖权争议的两个人民法院因协商不成报请它们的共同上级人民法院指定管辖时，双方为同属一个地、市辖区的基层人民法院的，由该地、市的中级人民法院及时指定管辖；同属一个省、自治区、直辖市的两个人民法院的，由该省、自治区、直辖市的高级人民法院及时指定管辖；双方为跨省、自治区、直辖市的人民法院，高级人民法院协商不成的，由最高人民法院及时指定管辖。

依照前款规定报请上级人民法院指定管辖时，应当逐级进行。

第四十一条　人民法院依照民事诉讼法第三十八条第二款规定指定管辖的，应当作出裁定。

对报请上级人民法院指定管辖的案件，下级人民法院应当中止审理。指定管辖裁定作出前，下级人民法院对案件作出判决、裁定的，上级人民法院应当在裁定指定管辖的同时，一并撤销下级人民法院的判决、裁定。

第四十二条　下列第一审民事案件，人民法院依照民事诉讼法第三十九条第一款规定，可以在开庭前交下级人民法院审理：

（一）破产程序中有关债务人的诉讼案件；

（二）当事人人数众多且不方便诉讼的案件；

（三）最高人民法院确定的其他类型案件。

人民法院交下级人民法院审理前，应当报请其上级人民法院批准。上级人民法院批准后，人民法院应当裁定将案件交下级人民法院审理。

二、回　避

第四十三条　审判人员有下列情形之一的，应当自行回避，当事人有权申请其回避：

（一）是本案当事人或者当事人近亲属的；

（二）本人或者其近亲属与本案有利害关系的；

（三）担任过本案的证人、鉴定人、辩护人、诉讼代理人、翻译人员的；

（四）是本案诉讼代理人近亲属的；

（五）本人或者其近亲属持有本案非上市公司当事

人的股份或者股权的；

（六）与本案当事人或者诉讼代理人有其他利害关系，可能影响公正审理的。

第四十四条　审判人员有下列情形之一的，当事人有权申请其回避：

（一）接受本案当事人及其受托人宴请，或者参加由其支付费用的活动的；

（二）索取、接受本案当事人及其受托人财物或者其他利益的；

（三）违反规定会见本案当事人、诉讼代理人的；

（四）为本案当事人推荐、介绍诉讼代理人，或者为律师、其他人员介绍代理本案的；

（五）向本案当事人及其受托人借用款物的；

（六）有其他不正当行为，可能影响公正审理的。

第四十五条　在一个审判程序中参与过本案审判工作的审判人员，不得再参与该案其他程序的审判。

发回重审的案件，在一审法院作出裁判后又进入第二审程序的，原第二审程序中审判人员不受前款规定的限制。

第四十六条　审判人员有应当回避的情形，没有自行回避，当事人也没有申请回避的，由院长或者审判委员会决定其回避。

第四十七条　人民法院应当依法告知当事人对合议庭组成人员、独任审判员和书记员等人员有申请回避的权利。

第四十八条　民事诉讼法第四十七条所称的审判人员，包括参与本案审理的人民法院院长、副院长、审判委员会委员、庭长、副庭长、审判员和人民陪审员。

第四十九条　书记员和执行员适用审判人员回避的有关规定。

三、诉讼参加人

第五十条　法人的法定代表人以依法登记的为准，但法律另有规定的除外。依法不需要办理登记的法人，以其正职负责人为法定代表人；没有正职负责人的，以其主持工作的副职负责人为法定代表人。

法定代表人已经变更，但未完成登记，变更后的法定代表人要求代表法人参加诉讼的，人民法院可以准许。

其他组织，以其主要负责人为代表人。

第五十一条　在诉讼中，法人的法定代表人变更的，由新的法定代表人继续进行诉讼，并应向人民法院提交新的法定代表人身份证明书。原法定代表人进行的诉讼行为有效。

前款规定，适用于其他组织参加的诉讼。

第五十二条　民事诉讼法第五十一条规定的其他组织是指合法成立、有一定的组织机构和财产，但又不具备法人资格的组织，包括：

（一）依法登记领取营业执照的个人独资企业；

（二）依法登记领取营业执照的合伙企业；

（三）依法登记领取我国营业执照的中外合作经营企业、外资企业；

（四）依法成立的社会团体的分支机构、代表机构；

（五）依法设立并领取营业执照的法人的分支机构；

（六）依法设立并领取营业执照的商业银行、政策性银行和非银行金融机构的分支机构；

（七）经依法登记领取营业执照的乡镇企业、街道企业；

（八）其他符合本条规定条件的组织。

第五十三条　法人非依法设立的分支机构，或者虽依法设立，但没有领取营业执照的分支机构，以设立该分支机构的法人为当事人。

第五十四条　以挂靠形式从事民事活动，当事人请求由挂靠人和被挂靠人依法承担民事责任的，该挂靠人和被挂靠人为共同诉讼人。

第五十五条　在诉讼中，一方当事人死亡，需要等待继承人表明是否参加诉讼的，裁定中止诉讼。人民法院应当及时通知继承人作为当事人承担诉讼，被继承人已经进行的诉讼行为对承担诉讼的继承人有效。

第五十六条　法人或者其他组织的工作人员执行工作任务造成他人损害的，该法人或者其他组织为当事人。

第五十七条　提供劳务一方因劳务造成他人损害，受害人提起诉讼的，以接受劳务一方为被告。

第五十八条　在劳务派遣期间，被派遣的工作人员因执行工作任务造成他人损害的，以接受劳务派遣的用工单位为当事人。当事人主张劳务派遣单位承担责任的，该劳务派遣单位为共同被告。

第五十九条　在诉讼中，个体工商户以营业执照上登记的经营者为当事人。有字号的，以营业执照上登记的字号为当事人，但应同时注明该字号经营者的基本信息。

营业执照上登记的经营者与实际经营者不一致的，以登记的经营者和实际经营者为共同诉讼人。

第六十条　在诉讼中，未依法登记领取营业执照的个人合伙的全体合伙人为共同诉讼人。个人合伙有依法核准登记的字号的，应在法律文书中注明登记的字号。

全体合伙人可以推选代表人；被推选的代表人，应由全体合伙人出具推选书。

第六十一条 当事人之间的纠纷经人民调解委员会或者其他依法设立的调解组织调解达成协议后，一方当事人不履行调解协议，另一方当事人向人民法院提起诉讼的，应以对方当事人为被告。

第六十二条 下列情形，以行为人为当事人：

（一）法人或者其他组织应登记而未登记，行为人即以该法人或者其他组织名义进行民事活动的；

（二）行为人没有代理权、超越代理权或者代理权终止后以被代理人名义进行民事活动的，但相对人有理由相信行为人有代理权的除外；

（三）法人或者其他组织依法终止后，行为人仍以其名义进行民事活动的。

第六十三条 企业法人合并的，因合并前的民事活动发生的纠纷，以合并后的企业为当事人；企业法人分立的，因分立前的民事活动发生的纠纷，以分立后的企业为共同诉讼人。

第六十四条 企业法人解散的，依法清算并注销前，以该企业法人为当事人；未依法清算即被注销的，以该企业法人的股东、发起人或者出资人为当事人。

第六十五条 借用业务介绍信、合同专用章、盖章的空白合同书或者银行账户的，出借单位和借用人为共同诉讼人。

第六十六条 因保证合同纠纷提起的诉讼，债权人向保证人和被保证人一并主张权利的，人民法院应当将保证人和被保证人列为共同被告。保证合同约定为一般保证，债权人仅起诉保证人的，人民法院应当通知被保证人作为共同被告参加诉讼；债权人仅起诉被保证人的，可以只列被保证人为被告。

第六十七条 无民事行为能力人、限制民事行为能力人造成他人损害的，无民事行为能力人、限制民事行为能力人和其监护人为共同被告。

第六十八条 居民委员会、村民委员会或者村民小组与他人发生民事纠纷的，居民委员会、村民委员会或者有独立财产的村民小组为当事人。

第六十九条 对侵害死者遗体、遗骨以及姓名、肖像、名誉、荣誉、隐私等行为提起诉讼的，死者的近亲属为当事人。

第七十条 在继承遗产的诉讼中，部分继承人起诉的，人民法院应通知其他继承人作为共同原告参加诉讼；被通知的继承人不愿意参加诉讼又未明确表示放弃实体权利的，人民法院仍应将其列为共同原告。

第七十一条 原告起诉被代理人和代理人，要求承担连带责任的，被代理人和代理人为共同被告。

原告起诉代理人和相对人，要求承担连带责任的，代理人和相对人为共同被告。

第七十二条 共有财产权受到他人侵害，部分共有权人起诉的，其他共有权人为共同诉讼人。

第七十三条 必须共同进行诉讼的当事人没有参加诉讼的，人民法院应当依照民事诉讼法第一百三十五条的规定，通知其参加；当事人也可以向人民法院申请追加。人民法院对当事人提出的申请，应当进行审查，申请理由不成立的，裁定驳回；申请理由成立的，书面通知被追加的当事人参加诉讼。

第七十四条 人民法院追加共同诉讼的当事人时，应当通知其他当事人。应当追加的原告，已明确表示放弃实体权利的，可不予追加；既不愿意参加诉讼，又不放弃实体权利的，仍应追加为共同原告，其不参加诉讼，不影响人民法院对案件的审理和依法作出判决。

第七十五条 民事诉讼法第五十六条、第五十七条和第二百零六条规定的人数众多，一般指十人以上。

第七十六条 依照民事诉讼法第五十六条规定，当事人一方人数众多在起诉时确定的，可以由全体当事人推选共同的代表人，也可以由部分当事人推选自己的代表人；推选不出代表人的当事人，在必要的共同诉讼中可以自己参加诉讼，在普通的共同诉讼中可以另行起诉。

第七十七条 根据民事诉讼法第五十七条规定，当事人一方人数众多在起诉时不确定的，由当事人推选代表人。当事人推选不出的，可以由人民法院提出人选与当事人协商；协商不成的，也可以由人民法院在起诉的当事人中指定代表人。

第七十八条 民事诉讼法第五十六条和第五十七条规定的代表人为二至五人，每位代表人可以委托一至二人作为诉讼代理人。

第七十九条 依照民事诉讼法第五十七条规定受理的案件，人民法院可以发出公告，通知权利人向人民法院登记。公告期间根据案件的具体情况确定，但不得少于三十日。

第八十条 根据民事诉讼法第五十七条规定向人民法院登记的权利人，应当证明其与对方当事人的法律关系和所受到的损害。证明不了的，不予登记，权利人可以另行起诉。人民法院的裁判在登记的范围内执行。未参加登记的权利人提起诉讼，人民法院认定其请求成立的，裁定适用人民法院已作出的判决、裁定。

第八十一条 根据民事诉讼法第五十九条的规定,有独立请求权的第三人有权向人民法院提出诉讼请求和事实、理由,成为当事人;无独立请求权的第三人,可以申请或者由人民法院通知参加诉讼。

第一审程序中未参加诉讼的第三人,申请参加第二审程序的,人民法院可以准许。

第八十二条 在一审诉讼中,无独立请求权的第三人无权提出管辖异议,无权放弃、变更诉讼请求或者申请撤诉,被判决承担民事责任的,有权提起上诉。

第八十三条 在诉讼中,无民事行为能力人、限制民事行为能力人的监护人是他的法定代理人。事先没有确定监护人的,可以由有监护资格的人协商确定;协商不成的,由人民法院在他们之中指定诉讼中的法定代理人。当事人没有民法典第二十七条、第二十八条规定的监护人的,可以指定民法典第三十二条规定的有关组织担任诉讼中的法定代理人。

第八十四条 无民事行为能力人、限制民事行为能力人以及其他依法不能作为诉讼代理人的,当事人不得委托其作为诉讼代理人。

第八十五条 根据民事诉讼法第六十一条第二款第二项规定,与当事人有夫妻、直系血亲、三代以内旁系血亲、近姻亲关系以及其他有抚养、赡养关系的亲属,可以当事人近亲属的名义作为诉讼代理人。

第八十六条 根据民事诉讼法第六十一条第二款第二项规定,与当事人有合法劳动人事关系的职工,可以当事人工作人员的名义作为诉讼代理人。

第八十七条 根据民事诉讼法第六十一条第二款第三项规定,有关社会团体推荐公民担任诉讼代理人的,应当符合下列条件:

(一)社会团体属于依法登记设立或者依法免予登记设立的非营利性法人组织;

(二)被代理人属于该社会团体的成员,或者当事人一方住所地位于该社会团体的活动地域;

(三)代理事务属于该社会团体章程载明的业务范围;

(四)被推荐的公民是该社会团体的负责人或者与该社会团体有合法劳动人事关系的工作人员。

专利代理人经中华全国专利代理人协会推荐,可以在专利纠纷案件中担任诉讼代理人。

第八十八条 诉讼代理人除根据民事诉讼法第六十二条规定提交授权委托书外,还应当按照下列规定向人民法院提交相关材料:

(一)律师应当提交律师执业证、律师事务所证明材料;

(二)基层法律服务工作者应当提交法律服务工作者执业证、基层法律服务所出具的介绍信以及当事人一方位于本辖区内的证明材料;

(三)当事人的近亲属应当提交身份证件和与委托人有近亲属关系的证明材料;

(四)当事人的工作人员应当提交身份证件和与当事人有合法劳动人事关系的证明材料;

(五)当事人所在社区、单位推荐的公民应当提交身份证件、推荐材料和当事人属于该社区、单位的证明材料;

(六)有关社会团体推荐的公民应当提交身份证件和符合本解释第八十七条规定条件的证明材料。

第八十九条 当事人向人民法院提交的授权委托书,应当在开庭审理前送交人民法院。授权委托书仅写"全权代理"而无具体授权的,诉讼代理人无权代为承认、放弃、变更诉讼请求,进行和解,提出反诉或者提起上诉。

适用简易程序审理的案件,双方当事人同时到庭并径行开庭审理的,可以当场口头委托诉讼代理人,由人民法院记入笔录。

四、证　据

第九十条 当事人对自己提出的诉讼请求所依据的事实或者反驳对方诉讼请求所依据的事实,应当提供证据加以证明,但法律另有规定的除外。

在作出判决前,当事人未能提供证据或者证据不足以证明其事实主张的,由负有举证证明责任的当事人承担不利的后果。

第九十一条 人民法院应当依照下列原则确定举证证明责任的承担,但法律另有规定的除外:

(一)主张法律关系存在的当事人,应当对产生该法律关系的基本事实承担举证证明责任;

(二)主张法律关系变更、消灭或者权利受到妨害的当事人,应当对该法律关系变更、消灭或者权利受到妨害的基本事实承担举证证明责任。

第九十二条 一方当事人在法庭审理中,或者在起诉状、答辩状、代理词等书面材料中,对于己不利的事实明确表示承认的,另一方当事人无需举证证明。

对于涉及身份关系、国家利益、社会公共利益等应当由人民法院依职权调查的事实,不适用前款自认的规定。

自认的事实与查明的事实不符的,人民法院不予确认。

第九十三条 下列事实,当事人无须举证证明:

(一)自然规律以及定理、定律;

(二)众所周知的事实;

(三)根据法律规定推定的事实;

(四)根据已知的事实和日常生活经验法则推定出的另一事实;

(五)已为人民法院发生法律效力的裁判所确认的事实;

(六)已为仲裁机构生效裁决所确认的事实;

(七)已为有效公证文书所证明的事实。

前款第二项至第四项规定的事实,当事人有相反证据足以反驳的除外;第五项至第七项规定的事实,当事人有相反证据足以推翻的除外。

第九十四条 民事诉讼法第六十七条第二款规定的当事人及其诉讼代理人因客观原因不能自行收集的证据包括:

(一)证据由国家有关部门保存,当事人及其诉讼代理人无权查阅调取的;

(二)涉及国家秘密、商业秘密或者个人隐私的;

(三)当事人及其诉讼代理人因客观原因不能自行收集的其他证据。

当事人及其诉讼代理人因客观原因不能自行收集的证据,可以在举证期限届满前书面申请人民法院调查收集。

第九十五条 当事人申请调查收集的证据,与待证事实无关联、对证明待证事实无意义或者其他无调查收集必要的,人民法院不予准许。

第九十六条 民事诉讼法第六十七条第二款规定的人民法院认为审理案件需要的证据包括:

(一)涉及可能损害国家利益、社会公共利益的;

(二)涉及身份关系的;

(三)涉及民事诉讼法第五十八条规定诉讼的;

(四)当事人有恶意串通损害他人合法权益可能的;

(五)涉及依职权追加当事人、中止诉讼、终结诉讼、回避等程序性事项的。

除前款规定外,人民法院调查收集证据,应当依照当事人的申请进行。

第九十七条 人民法院调查收集证据,应当由两人以上共同进行。调查材料要由调查人、被调查人、记录人签名、捺印或者盖章。

第九十八条 当事人根据民事诉讼法第八十四条第一款规定申请证据保全的,可以在举证期限届满前书面提出。

证据保全可能对他人造成损失的,人民法院应当责令申请人提供相应的担保。

第九十九条 人民法院应当在审理前的准备阶段确定当事人的举证期限。举证期限可以由当事人协商,并经人民法院准许。

人民法院确定举证期限,第一审普通程序案件不得少于十五日,当事人提供新的证据的第二审案件不得少于十日。

举证期限届满后,当事人对已经提供的证据,申请提供反驳证据或者对证据来源、形式等方面的瑕疵进行补正的,人民法院可以酌情再次确定举证期限,该期限不受前款规定的限制。

第一百条 当事人申请延长举证期限的,应当在举证期限届满前向人民法院提出书面申请。

申请理由成立的,人民法院应当准许,适当延长举证期限,并通知其他当事人。延长的举证期限适用于其他当事人。

申请理由不成立的,人民法院不予准许,并通知申请人。

第一百零一条 当事人逾期提供证据的,人民法院应当责令其说明理由,必要时可以要求其提供相应的证据。

当事人因客观原因逾期提供证据,或者对方当事人对逾期提供证据未提出异议的,视为未逾期。

第一百零二条 当事人因故意或者重大过失逾期提供的证据,人民法院不予采纳。但该证据与案件基本事实有关的,人民法院应当采纳,并依照民事诉讼法第六十八条、第一百一十八条第一款的规定予以训诫、罚款。

当事人非因故意或者重大过失逾期提供的证据,人民法院应当采纳,并对当事人予以训诫。

当事人一方要求另一方赔偿因逾期提供证据致使其增加的交通、住宿、就餐、误工、证人出庭作证等必要费用的,人民法院可予支持。

第一百零三条 证据应当在法庭上出示,由当事人互相质证。未经当事人质证的证据,不得作为认定案件事实的根据。

当事人在审理前的准备阶段认可的证据,经审判人员在庭审中说明后,视为质证过的证据。

涉及国家秘密、商业秘密、个人隐私或者法律规定应当保密的证据,不得公开质证。

第一百零四条 人民法院应当组织当事人围绕证据的真实性、合法性以及与待证事实的关联性进行质证,并针对证据有无证明力和证明力大小进行说明和辩论。

能够反映案件真实情况、与待证事实相关联、来源和形式符合法律规定的证据,应当作为认定案件事实的根据。

第一百零五条 人民法院应当按照法定程序,全面、客观地审核证据,依照法律规定,运用逻辑推理和日常生活经验法则,对证据有无证明力和证明力大小进行判断,并公开判断的理由和结果。

第一百零六条 对以严重侵害他人合法权益、违反法律禁止性规定或者严重违背公序良俗的方法形成或者获取的证据,不得作为认定案件事实的根据。

第一百零七条 在诉讼中,当事人为达成调解协议或者和解协议作出妥协而认可的事实,不得在后续的诉讼中作为对其不利的根据,但法律另有规定或者当事人均同意的除外。

第一百零八条 对负有举证证明责任的当事人提供的证据,人民法院经审查并结合相关事实,确信待证事实的存在具有高度可能性的,应当认定该事实存在。

对一方当事人为反驳负有举证证明责任的当事人所主张事实而提供的证据,人民法院经审查并结合相关事实,认为待证事实真伪不明的,应当认定该事实不存在。

法律对于待证事实所应达到的证明标准另有规定的,从其规定。

第一百零九条 当事人对欺诈、胁迫、恶意串通事实的证明,以及对口头遗嘱或者赠与事实的证明,人民法院确信该待证事实存在的可能性能够排除合理怀疑的,应当认定该事实存在。

第一百一十条 人民法院认为有必要的,可以要求当事人本人到庭,就案件有关事实接受询问。在询问当事人之前,可以要求其签署保证书。

保证书应当载明据实陈述、如有虚假陈述愿意接受处罚等内容。当事人应当在保证书上签名或者捺印。

负有举证证明责任的当事人拒绝到庭、拒绝接受询问或者拒绝签署保证书,待证事实又欠缺其他证据证明的,人民法院对其主张的事实不予认定。

第一百一十一条 民事诉讼法第七十三条规定的提交书证原件确有困难,包括下列情形:

(一)书证原件遗失、灭失或者毁损的;

(二)原件在对方当事人控制之下,经合法通知提交而拒不提交的;

(三)原件在他人控制之下,而其有权不提交的;

(四)原件因篇幅或者体积过大而不便提交的;

(五)承担举证证明责任的当事人通过申请人民法院调查收集或者其他方式无法获得书证原件的。

前款规定情形,人民法院应当结合其他证据和案件具体情况,审查判断书证复制品等能否作为认定案件事实的根据。

第一百一十二条 书证在对方当事人控制之下的,承担举证证明责任的当事人可以在举证期限届满前书面申请人民法院责令对方当事人提交。

申请理由成立的,人民法院应当责令对方当事人提交,因提交书证所产生的费用,由申请人负担。对方当事人无正当理由拒不提交的,人民法院可以认定申请人所主张的书证内容为真实。

第一百一十三条 持有书证的当事人以妨碍对方当事人使用为目的,毁灭有关书证或者实施其他致使书证不能使用行为的,人民法院可以依照民事诉讼法第一百一十四条规定,对其处以罚款、拘留。

第一百一十四条 国家机关或者其他依法具有社会管理职能的组织,在其职权范围内制作的文书所记载的事项推定为真实,但有相反证据足以推翻的除外。必要时,人民法院可以要求制作文书的机关或者组织对文书的真实性予以说明。

第一百一十五条 单位向人民法院提出的证明材料,应当由单位负责人及制作证明材料的人员签名或者盖章,并加盖单位印章。人民法院就单位出具的证明材料,可以向单位及制作证明材料的人员进行调查核实。必要时,可以要求制作证明材料的人员出庭作证。

单位及制作证明材料的人员拒绝人民法院调查核实,或者制作证明材料的人员无正当理由拒绝出庭作证的,该证明材料不得作为认定案件事实的根据。

第一百一十六条 视听资料包括录音资料和影像资料。

电子数据是指通过电子邮件、电子数据交换、网上聊天记录、博客、微博客、手机短信、电子签名、域名等形成或者存储在电子介质中的信息。

存储在电子介质中的录音资料和影像资料,适用电子数据的规定。

第一百一十七条 当事人申请证人出庭作证的,应当在举证期限届满前提出。

符合本解释第九十六条第一款规定情形的,人民法院可以依职权通知证人出庭作证。

未经人民法院通知,证人不得出庭作证,但双方当事人同意并经人民法院准许的除外。

第一百一十八条 民事诉讼法第七十七条规定的证人因履行出庭作证义务而支出的交通、住宿、就餐等必要费用,按照机关事业单位工作人员差旅费用和补贴标准计算;误工损失按照国家上年度职工日平均工资标准计算。

人民法院准许证人出庭作证申请的,应当通知申请人预缴证人出庭作证费用。

第一百一十九条 人民法院在证人出庭作证前应当告知其如实作证的义务以及作伪证的法律后果,并责令其签署保证书,但无民事行为能力人和限制民事行为能力人除外。

证人签署保证书适用本解释关于当事人签署保证书的规定。

第一百二十条 证人拒绝签署保证书的,不得作证,并自行承担相关费用。

第一百二十一条 当事人申请鉴定,可以在举证期限届满前提出。申请鉴定的事项与待证事实无关联,或者对证明待证事实无意义的,人民法院不予准许。

人民法院准许当事人鉴定申请的,应当组织双方当事人协商确定具备相应资格的鉴定人。当事人协商不成的,由人民法院指定。

符合依职权调查收集证据条件的,人民法院应当依职权委托鉴定,在询问当事人的意见后,指定具备相应资格的鉴定人。

第一百二十二条 当事人可以依照民事诉讼法第八十二条的规定,在举证期限届满前申请一至二名具有专门知识的人出庭,代表当事人对鉴定意见进行质证,或者对案件事实所涉及的专业问题提出意见。

具有专门知识的人在法庭上就专业问题提出的意见,视为当事人的陈述。

人民法院准许当事人申请的,相关费用由提出申请的当事人负担。

第一百二十三条 人民法院可以对出庭的具有专门知识的人进行询问。经法庭准许,当事人可以对出庭的具有专门知识的人进行询问,当事人各自申请的具有专门知识的人可以就案件中的有关问题进行对质。

具有专门知识的人不得参与专业问题之外的法庭审理活动。

第一百二十四条 人民法院认为有必要的,可以根据当事人的申请或者依职权对物证或者现场进行勘验。勘验时应当保护他人的隐私和尊严。

人民法院可以要求鉴定人参与勘验。必要时,可以要求鉴定人在勘验中进行鉴定。

五、期间和送达

第一百二十五条 依照民事诉讼法第八十五条第二款规定,民事诉讼中以时起算的期间从次时起算;以日、月、年计算的期间从次日起算。

第一百二十六条 民事诉讼法第一百二十六条规定的立案期限,因起诉状内容欠缺通知原告补正的,从补正后交人民法院的次日起算。由上级人民法院转交下级人民法院立案的案件,从受诉人民法院收到起诉状的次日起算。

第一百二十七条 民事诉讼法第五十九条第三款、第二百一十二条以及本解释第三百七十二条、第三百八十二条、第三百九十九条、第四百二十条、第四百二十一条规定的六个月,民事诉讼法第二百三十条规定的一年,为不变期间,不适用诉讼时效中止、中断、延长的规定。

第一百二十八条 再审案件按照第一审程序或者第二审程序审理的,适用民事诉讼法第一百五十二条、第一百八十三条规定的审限。审限自再审立案的次日起算。

第一百二十九条 对申请再审案件,人民法院应当自受理之日起三个月内审查完毕,但公告期间、当事人和解期间等不计入审查期限。有特殊情况需要延长的,由本院院长批准。

第一百三十条 向法人或者其他组织送达诉讼文书,应当由法人的法定代表人、该组织的主要负责人或者办公室、收发室、值班室等负责收件的人签收或者盖章,拒绝签收或者盖章的,适用留置送达。

民事诉讼法第八十九条规定的有关基层组织和所在单位的代表,可以是受送达人住所地的居民委员会、村民委员会的工作人员以及受送达人所在单位的工作人员。

第一百三十一条 人民法院直接送达诉讼文书的,可以通知当事人到人民法院领取。当事人到达人民法院,拒绝签署送达回证的,视为送达。审判人员、书记员应当在送达回证上注明送达情况并签名。

人民法院可以在当事人住所地以外向当事人直接送达诉讼文书。当事人拒绝签署送达回证的,采用拍照、录像等方式记录送达过程即视为送达。审判人员、书记员应当在送达回证上注明送达情况并签名。

第一百三十二条 受送达人有诉讼代理人的,人民法院既可以向受送达人送达,也可以向其诉讼代理人送达。受送达人指定诉讼代理人为代收人的,向诉讼代理人送达时,适用留置送达。

第一百三十三条　调解书应当直接送达当事人本人,不适用留置送达。当事人本人因故不能签收的,可由其指定的代收人签收。

第一百三十四条　依照民事诉讼法第九十一条规定,委托其他人民法院代为送达的,委托法院应当出具委托函,并附需要送达的诉讼文书和送达回证,以受送达人在送达回证上签收的日期为送达日期。

委托送达的,受委托人民法院应当自收到委托函及相关诉讼文书之日起十日内代为送达。

第一百三十五条　电子送达可以采用传真、电子邮件、移动通信等即时收悉的特定系统作为送达媒介。

民事诉讼法第九十条第二款规定的到达受送达人特定系统的日期,为人民法院对应系统显示发送成功的日期,但受送达人证明到达其特定系统的日期与人民法院对应系统显示发送成功的日期不一致的,以受送达人证明到达其特定系统的日期为准。

第一百三十六条　受送达人同意采用电子方式送达的,应当在送达地址确认书中予以确认。

第一百三十七条　当事人在提起上诉、申请再审、申请执行时未书面变更送达地址的,其在第一审程序中确认的送达地址可以作为第二审程序、审判监督程序、执行程序的送达地址。

第一百三十八条　公告送达可以在法院的公告栏和受送达人住所地张贴公告,也可以在报纸、信息网络等媒体上刊登公告,发出公告日期以最后张贴或者刊登的日期为准。对公告送达方式有特殊要求的,应当按要求的方式进行。公告期满,即视为送达。

人民法院在受送达人住所地张贴公告的,应当采取拍照、录像等方式记录张贴过程。

第一百三十九条　公告送达应说明公告送达的原因;公告送达起诉状或者上诉状副本的,应当说明起诉或者上诉要点,受送达人答辩期限及逾期不答辩的法律后果;公告送达传票,应当说明出庭的时间和地点及逾期不出庭的法律后果;公告送达判决书、裁定书,应当说明裁判主要内容,当事人有权上诉的,还应当说明上诉权利、上诉期限和上诉的人民法院。

第一百四十条　适用简易程序的案件,不适用公告送达。

第一百四十一条　人民法院在定期宣判时,当事人拒不签收判决书、裁定书的,应视为送达,并在宣判笔录中记明。

六、调　解

第一百四十二条　人民法院受理案件后,经审查,认为法律关系明确、事实清楚,在征得当事人双方同意后,可以径行调解。

第一百四十三条　适用特别程序、督促程序、公示催告程序的案件,婚姻等身份关系确认案件以及其他根据案件性质不能进行调解的案件,不得调解。

第一百四十四条　人民法院审理民事案件,发现当事人之间恶意串通,企图通过和解、调解方式侵害他人合法权益的,应当依照民事诉讼法第一百一十五条的规定处理。

第一百四十五条　人民法院审理民事案件,应当根据自愿、合法的原则进行调解。当事人一方或者双方坚持不愿调解的,应当及时裁判。

人民法院审理离婚案件,应当进行调解,但不应久调不决。

第一百四十六条　人民法院审理民事案件,调解过程不公开,但当事人同意公开的除外。

调解协议内容不公开,但为保护国家利益、社会公共利益、他人合法权益,人民法院认为确有必要公开的除外。

主持调解以及参与调解的人员,对调解过程以及调解过程中获悉的国家秘密、商业秘密、个人隐私和其他不宜公开的信息,应当保守秘密,但为保护国家利益、社会公共利益、他人合法权益的除外。

第一百四十七条　人民法院调解案件时,当事人不能出庭的,经其特别授权,可由其委托代理人参加调解,达成的调解协议,可由委托代理人签名。

离婚案件当事人确因特殊情况无法出庭参加调解的,除本人不能表达意志的以外,应当出具书面意见。

第一百四十八条　当事人自行和解或者调解达成协议后,请求人民法院按照和解协议或者调解协议的内容制作判决书的,人民法院不予准许。

无民事行为能力人的离婚案件,由其法定代理人进行诉讼。法定代理人与对方达成协议要求发给判决书的,可根据协议内容制作判决书。

第一百四十九条　调解书需经当事人签收后才发生法律效力的,应当以最后收到调解书的当事人签收的日期为调解书生效日期。

第一百五十条　人民法院调解民事案件,需由无独立请求权的第三人承担责任的,应当经其同意。该第三人在调解书送达前反悔的,人民法院应当及时裁判。

第一百五十一条 根据民事诉讼法第一百零一条第一款第四项规定,当事人各方同意在调解协议上签名或者盖章后即发生法律效力的,经人民法院审查确认后,应当记入笔录或者将调解协议附卷,并由当事人、审判人员、书记员签名或者盖章后即具有法律效力。

前款规定情形,当事人请求制作调解书的,人民法院审查确认后可以制作调解书送交当事人。当事人拒收调解书的,不影响调解协议的效力。

七、保全和先予执行

第一百五十二条 人民法院依照民事诉讼法第一百零三条、第一百零四条规定,在采取诉前保全、诉讼保全措施时,责令利害关系人或者当事人提供担保的,应当书面通知。

利害关系人申请诉前保全的,应当提供担保。申请诉前财产保全的,应当提供相当于请求保全数额的担保;情况特殊的,人民法院可以酌情处理。申请诉前行为保全的,担保的数额由人民法院根据案件的具体情况决定。

在诉讼中,人民法院依申请或者依职权采取保全措施的,应当根据案件的具体情况,决定当事人是否应当提供担保以及担保的数额。

第一百五十三条 人民法院对季节性商品、鲜活、易腐烂变质以及其他不宜长期保存的物品采取保全措施时,可以责令当事人及时处理,由人民法院保存价款;必要时,人民法院可予以变卖,保存价款。

第一百五十四条 人民法院在财产保全中采取查封、扣押、冻结财产措施时,应当妥善保管被查封、扣押、冻结的财产。不宜由人民法院保管的,人民法院可以指定被保全人负责保管;不宜由被保全人保管的,可以委托他人或者申请保全人保管。

查封、扣押、冻结担保物权人占有的担保财产,一般由担保物权人保管;由人民法院保管的,质权、留置权不因采取保全措施而消灭。

第一百五十五条 由人民法院指定被保全人保管的财产,如果继续使用对该财产的价值无重大影响,可以允许被保全人继续使用;由人民法院保管或者委托他人、申请保全人保管的财产,人民法院和其他保管人不得使用。

第一百五十六条 人民法院采取财产保全的方法和措施,依照执行程序相关规定办理。

第一百五十七条 人民法院对抵押物、质押物、留置物可以采取财产保全措施,但不影响抵押权人、质权人、留置权人的优先受偿权。

第一百五十八条 人民法院对债务人到期应得的收益,可以采取财产保全措施,限制其支取,通知有关单位协助执行。

第一百五十九条 债务人的财产不能满足保全请求,但对他人有到期债权的,人民法院可以依债权人的申请裁定该他人不得对本案债务人清偿。该他人要求偿付的,由人民法院提存财物或者价款。

第一百六十条 当事人向采取诉前保全措施以外的其他有管辖权的人民法院起诉的,采取诉前保全措施的人民法院应当将保全手续移送受理案件的人民法院。诉前保全的裁定视为受移送人民法院作出的裁定。

第一百六十一条 对当事人不服一审判决提起上诉的案件,在第二审人民法院接到报送的案件之前,当事人有转移、隐匿、出卖或者毁损财产等行为,必须采取保全措施的,由第一审人民法院依当事人申请或者依职权采取。第一审人民法院的保全裁定,应当及时报送第二审人民法院。

第一百六十二条 第二审人民法院裁定对第一审人民法院采取的保全措施予以续保或者采取新的保全措施的,可以自行实施,也可以委托第一审人民法院实施。

再审人民法院裁定对原保全措施予以续保或者采取新的保全措施的,可以自行实施,也可以委托原审人民法院或者执行法院实施。

第一百六十三条 法律文书生效后,进入执行程序前,债权人因对方当事人转移财产等紧急情况,不申请保全将可能导致生效法律文书不能执行或者难以执行的,可以向执行法院申请采取保全措施。债权人在法律文书指定的履行期间届满后五日内不申请执行的,人民法院应当解除保全。

第一百六十四条 对申请保全人或者他人提供的担保财产,人民法院应当依法办理查封、扣押、冻结等手续。

第一百六十五条 人民法院裁定采取保全措施后,除作出保全裁定的人民法院自行解除或者其上级人民法院决定解除外,在保全期限内,任何单位不得解除保全措施。

第一百六十六条 裁定采取保全措施后,有下列情形之一的,人民法院应当作出解除保全裁定:

(一)保全错误的;

(二)申请人撤回保全申请的;

(三)申请人的起诉或者诉讼请求被生效裁判驳回的;

(四)人民法院认为应当解除保全的其他情形。

解除以登记方式实施的保全措施的,应当向登记机关发出协助执行通知书。

第一百六十七条 财产保全的被保全人提供其他等值担保财产且有利于执行的，人民法院可以裁定变更保全标的物为被保全人提供的担保财产。

第一百六十八条 保全裁定未经人民法院依法撤销或者解除，进入执行程序后，自动转为执行中的查封、扣押、冻结措施，期限连续计算，执行法院无需重新制作裁定书，但查封、扣押、冻结期限届满的除外。

第一百六十九条 民事诉讼法规定的先予执行，人民法院应当在受理案件后终审判决作出前采取。先予执行应当限于当事人诉讼请求的范围，并以当事人的生活、生产经营的急需为限。

第一百七十条 民事诉讼法第一百零九条第三项规定的情况紧急，包括：

（一）需要立即停止侵害、排除妨碍的；
（二）需要立即制止某项行为的；
（三）追索恢复生产、经营急需的保险理赔费的；
（四）需要立即返还社会保险金、社会救助资金的；
（五）不立即返还款项，将严重影响权利人生活和生产经营的。

第一百七十一条 当事人对保全或者先予执行裁定不服的，可以自收到裁定书之日起五日内向作出裁定的人民法院申请复议。人民法院应当在收到复议申请后十日内审查。裁定正确的，驳回当事人的申请；裁定不当的，变更或者撤销原裁定。

第一百七十二条 利害关系人对保全或者先予执行的裁定不服申请复议的，由作出裁定的人民法院依照民事诉讼法第一百一十一条规定处理。

第一百七十三条 人民法院先予执行后，根据发生法律效力的判决，申请人应当返还因先予执行所取得的利益的，适用民事诉讼法第二百四十条的规定。

八、对妨害民事诉讼的强制措施

第一百七十四条 民事诉讼法第一百一十二条规定的必须到庭的被告，是指负有赡养、抚育、扶养义务和不到庭就无法查清案情的被告。

人民法院对必须到庭才能查清案件基本事实的原告，经两次传票传唤，无正当理由拒不到庭的，可以拘传。

第一百七十五条 拘传必须用拘传票，并直接送达被拘传人；在拘传前，应当向被拘传人说明拒不到庭的后果，经批评教育仍拒不到庭的，可以拘传其到庭。

第一百七十六条 诉讼参与人或者其他人有下列行为之一的，人民法院可以适用民事诉讼法第一百一十三条规定处理：

（一）未经准许进行录音、录像、摄影的；
（二）未经准许以移动通信等方式现场传播审判活动的；
（三）其他扰乱法庭秩序，妨害审判活动进行的。

有前款规定情形的，人民法院可以暂扣诉讼参与人或者其他人进行录音、录像、摄影、传播审判活动的器材，并责令其删除有关内容；拒不删除的，人民法院可以采取必要手段强制删除。

第一百七十七条 训诫、责令退出法庭由合议庭或者独任审判员决定。训诫的内容、被责令退出法庭者的违法事实应当记入庭审笔录。

第一百七十八条 人民法院依照民事诉讼法第一百一十三条至第一百一十七条的规定采取拘留措施的，应经院长批准，作出拘留决定书，由司法警察将被拘留人送交当地公安机关看管。

第一百七十九条 被拘留人不在本辖区的，作出拘留决定的人民法院应当派员到被拘留人所在地的人民法院，请该院协助执行，受委托的人民法院应当及时派员协助执行。被拘留人申请复议或者在拘留期间承认并改正错误，需要提前解除拘留的，受委托人民法院应当向委托人民法院转达或者提出建议，由委托人民法院审查决定。

第一百八十条 人民法院对被拘留人采取拘留措施后，应当在二十四小时内通知其家属；确实无法按时通知或者通知不到的，应当记录在案。

第一百八十一条 因哄闹、冲击法庭，用暴力、威胁等方法抗拒执行公务等紧急情况，必须立即采取拘留措施的，可在拘留后，立即报告院长补办批准手续。院长认为拘留不当的，应当解除拘留。

第一百八十二条 被拘留人在拘留期间认错悔改的，可以责令其具结悔过，提前解除拘留。提前解除拘留，应报经院长批准，并作出提前解除拘留决定书，交负责看管的公安机关执行。

第一百八十三条 民事诉讼法第一百一十三条至第一百一十六条规定的罚款、拘留可以单独适用，也可以合并适用。

第一百八十四条 对同一妨害民事诉讼行为的罚款、拘留不得连续适用。发生新的妨害民事诉讼行为的，人民法院可以重新予以罚款、拘留。

第一百八十五条 被罚款、拘留的人不服罚款、拘留决定申请复议的，应当自收到决定书之日起三日内提出。上级人民法院应当在收到复议申请后五日内作出决定，并将复议结果通知下级人民法院和当事人。

第一百八十六条 上级人民法院复议时认为强制措施不当的,应当制作决定书,撤销或者变更下级人民法院作出的拘留、罚款决定。情况紧急的,可以在口头通知后三日内发出决定书。

第一百八十七条 民事诉讼法第一百一十四条第一款第五项规定的以暴力、威胁或者其他方法阻碍司法工作人员执行职务的行为,包括:

(一)在人民法院哄闹、滞留,不听从司法工作人员劝阻的;

(二)故意毁损、抢夺人民法院法律文书、查封标志的;

(三)哄闹、冲击执行公务现场,围困、扣押执行或者协助执行公务人员的;

(四)毁损、抢夺、扣留案件材料、执行公务车辆、其他执行公务器械、执行公务人员服装和执行公务证件的;

(五)以暴力、威胁或者其他方法阻碍司法工作人员查询、查封、扣押、冻结、划拨、拍卖、变卖财产的;

(六)以暴力、威胁或者其他方法阻碍司法工作人员执行职务的其他行为。

第一百八十八条 民事诉讼法第一百一十四条第一款第六项规定的拒不履行人民法院已经发生法律效力的判决、裁定的行为,包括:

(一)在法律文书发生法律效力后隐藏、转移、变卖、毁损财产或者无偿转让财产、以明显不合理的价格交易财产、放弃到期债权、无偿为他人提供担保等,致使人民法院无法执行的;

(二)隐藏、转移、毁损或者未经人民法院允许处分已向人民法院提供担保的财产的;

(三)违反人民法院限制高消费令进行消费的;

(四)有履行能力而拒不按照人民法院执行通知履行生效法律文书确定的义务的;

(五)有义务协助执行的个人接到人民法院协助执行通知书后,拒不协助执行的。

第一百八十九条 诉讼参与人或者其他人有下列行为之一的,人民法院可以适用民事诉讼法第一百一十四条的规定处理:

(一)冒充他人提起诉讼或者参加诉讼的;

(二)证人签署保证书后作虚假证言,妨碍人民法院审理案件的;

(三)伪造、隐藏、毁灭或者拒绝交出有关被执行人履行能力的重要证据,妨碍人民法院查明被执行人财产状况的;

(四)擅自解冻已被人民法院冻结的财产的;

(五)接到人民法院协助执行通知书后,给当事人通风报信,协助其转移、隐匿财产的。

第一百九十条 民事诉讼法第一百一十五条规定的他人合法权益,包括案外人的合法权益、国家利益、社会公共利益。

第三人根据民事诉讼法第五十九条第三款规定提起撤销之诉,经审查,原案当事人之间恶意串通进行虚假诉讼的,适用民事诉讼法第一百一十五条规定处理。

第一百九十一条 单位有民事诉讼法第一百一十五条或者第一百一十六条规定行为的,人民法院应当对该单位进行罚款,并可以对其主要负责人或者直接责任人员予以罚款、拘留;构成犯罪的,依法追究刑事责任。

第一百九十二条 有关单位接到人民法院协助执行通知书后,有下列行为之一的,人民法院可以适用民事诉讼法第一百一十七条规定处理:

(一)允许被执行人高消费的;

(二)允许被执行人出境的;

(三)拒不停止办理有关财产权证照转移手续、权属变更登记、规划审批等手续的;

(四)以需要内部请示、内部审批,有内部规定等为由拖延办理的。

第一百九十三条 人民法院对个人或者单位采取罚款措施时,应当根据其实施妨害民事诉讼行为的性质、情节、后果,当地的经济发展水平,以及诉讼标的额等因素,在民事诉讼法第一百一十八条第一款规定的限额内确定相应的罚款金额。

九、诉讼费用

第一百九十四条 依照民事诉讼法第五十七条审理的案件不预交案件受理费,结案后按照诉讼标的额由败诉方交纳。

第一百九十五条 支付令失效后转入诉讼程序的,债权人应当按照《诉讼费用交纳办法》补交案件受理费。

支付令被撤销后,债权人另行起诉的,按照《诉讼费用交纳办法》交纳诉讼费用。

第一百九十六条 人民法院改变原判决、裁定、调解结果的,应当在裁判文书中对原审诉讼费用的负担一并作出处理。

第一百九十七条 诉讼标的物是证券的,按照证券交易规则并根据当事人起诉之日前最后一个交易日的收盘价、当日的市场价或者其载明的金额计算诉讼标的金额。

第一百九十八条 诉讼标的物是房屋、土地、林木、车辆、船舶、文物等特定物或者知识产权，起诉时价值难以确定的，人民法院应当向原告释明主张过高或者过低的诉讼风险，以原告主张的价值确定诉讼标的金额。

第一百九十九条 适用简易程序审理的案件转为普通程序的，原告自接到人民法院交纳诉讼费用通知之日起七日内补交案件受理费。

原告无正当理由未按期足额补交的，按撤诉处理，已经收取的诉讼费用退还一半。

第二百条 破产程序中有关债务人的民事诉讼案件，按照财产案件标准交纳诉讼费，但劳动争议案件除外。

第二百零一条 既有财产性诉讼请求，又有非财产性诉讼请求的，按照财产性诉讼请求的标准交纳诉讼费。

有多个财产性诉讼请求的，合并计算交纳诉讼费；诉讼请求中有多个非财产性诉讼请求的，按一件交纳诉讼费。

第二百零二条 原告、被告、第三人分别上诉的，按照上诉请求分别预交二审案件受理费。

同一方多人共同上诉的，只预交一份二审案件受理费；分别上诉的，按照上诉请求分别预交二审案件受理费。

第二百零三条 承担连带责任的当事人败诉的，应当共同负担诉讼费用。

第二百零四条 实现担保物权案件，人民法院裁定拍卖、变卖担保财产的，申请费由债务人、担保人负担；人民法院裁定驳回申请的，申请费由申请人负担。

申请人另行起诉的，其已经交纳的申请费可以从案件受理费中扣除。

第二百零五条 拍卖、变卖担保财产的裁定作出后，人民法院强制执行的，按照执行金额收取执行申请费。

第二百零六条 人民法院决定减半收取案件受理费的，只能减半一次。

第二百零七条 判决生效后，胜诉方预交但不应负担的诉讼费用，人民法院应当退还，由败诉方向人民法院交纳，但胜诉方自愿承担或者同意败诉方直接向其支付的除外。

当事人拒不交纳诉讼费用的，人民法院可以强制执行。

十、第一审普通程序

第二百零八条 人民法院接到当事人提交的民事起诉状时，对符合民事诉讼法第一百二十二条的规定，且不属于第一百二十七条规定情形的，应当登记立案；对当场不能判定是否符合起诉条件的，应当接收起诉材料，并出具注明收到日期的书面凭证。

需要补充必要相关材料的，人民法院应当及时告知当事人。在补齐相关材料后，应当在七日内决定是否立案。

立案后发现不符合起诉条件或者属于民事诉讼法第一百二十七条规定情形的，裁定驳回起诉。

第二百零九条 原告提供被告的姓名或者名称、住所等信息具体明确，足以使被告与他人相区别的，可以认定为有明确的被告。

起诉状列写被告信息不足以认定明确的被告的，人民法院可以告知原告补正。原告补正后仍不能确定明确的被告的，人民法院裁定不予受理。

第二百一十条 原告在起诉状中有谩骂和人身攻击之辞的，人民法院应当告知其修改后提起诉讼。

第二百一十一条 对本院没有管辖权的案件，告知原告向有管辖权的人民法院起诉；原告坚持起诉的，裁定不予受理；立案后发现本院没有管辖权的，应当将案件移送有管辖权的人民法院。

第二百一十二条 裁定不予受理、驳回起诉的案件，原告再次起诉，符合起诉条件且不属于民事诉讼法第一百二十七条规定情形的，人民法院应予受理。

第二百一十三条 原告应当预交而未预交案件受理费，人民法院应当通知其预交，通知后仍不预交或者申请减、缓、免未获批准而仍不预交的，裁定按撤诉处理。

第二百一十四条 原告撤诉或者人民法院按撤诉处理后，原告以同一诉讼请求再次起诉的，人民法院应予受理。

原告撤诉或者按撤诉处理的离婚案件，没有新情况、新理由，六个月内又起诉的，比照民事诉讼法第一百二十七条第七项的规定不予受理。

第二百一十五条 依照民事诉讼法第一百二十七条第二项的规定，当事人在书面合同中订有仲裁条款，或者在发生纠纷后达成书面仲裁协议，一方向人民法院起诉的，人民法院应当告知原告向仲裁机构申请仲裁，其坚持起诉的，裁定不予受理，但仲裁条款或者仲裁协议不成立、无效、失效、内容不明确无法执行的除外。

第二百一十六条 在人民法院首次开庭前，被告以有书面仲裁协议为由对受理民事案件提出异议的，人民法院应当进行审查。

经审查符合下列情形之一的，人民法院应当裁定驳回起诉：

（一）仲裁机构或者人民法院已经确认仲裁协议有效的；

（二）当事人没有在仲裁庭首次开庭前对仲裁协议的效力提出异议的；

（三）仲裁协议符合仲裁法第十六条规定且不具有仲裁法第十七条规定情形的。

第二百一十七条 夫妻一方下落不明，另一方诉至人民法院，只要求离婚，不申请宣告下落不明人失踪或者死亡的案件，人民法院应当受理，对下落不明人公告送达诉讼文书。

第二百一十八条 赡养费、扶养费、抚养费案件，裁判发生法律效力后，因新情况、新理由，一方当事人再行起诉要求增加或者减少费用的，人民法院应作为新案受理。

第二百一十九条 当事人超过诉讼时效期间起诉的，人民法院应予受理。受理后对方当事人提出诉讼时效抗辩，人民法院经审理认为抗辩事由成立的，判决驳回原告的诉讼请求。

第二百二十条 民事诉讼法第七十一条、第一百三十七条、第一百五十九条规定的商业秘密，是指生产工艺、配方、贸易联系、购销渠道等当事人不愿公开的技术秘密、商业情报及信息。

第二百二十一条 基于同一事实发生的纠纷，当事人分别向同一人民法院起诉的，人民法院可以合并审理。

第二百二十二条 原告在起诉状中直接列写第三人的，视为其申请人民法院追加该第三人参加诉讼。是否通知第三人参加诉讼，由人民法院审查决定。

第二百二十三条 当事人在提交答辩状期间提出管辖异议，又针对起诉状的内容进行答辩的，人民法院应当依照民事诉讼法第一百三十条第一款的规定，对管辖异议进行审查。

当事人未提出管辖异议，就案件实体内容进行答辩、陈述或者反诉的，可以认定为民事诉讼法第一百三十条第二款规定的应诉答辩。

第二百二十四条 依照民事诉讼法第一百三十六条第四项规定，人民法院可以在答辩期间届满后，通过组织证据交换、召集庭前会议等方式，作好审理前的准备。

第二百二十五条 根据案件具体情况，庭前会议可以包括下列内容：

（一）明确原告的诉讼请求和被告的答辩意见；

（二）审查处理当事人增加、变更诉讼请求的申请和提出的反诉，以及第三人提出的与本案有关的诉讼请求；

（三）根据当事人的申请决定调查收集证据，委托鉴定，要求当事人提供证据，进行勘验，进行证据保全；

（四）组织交换证据；

（五）归纳争议焦点；

（六）进行调解。

第二百二十六条 人民法院应当根据当事人的诉讼请求、答辩意见以及证据交换的情况，归纳争议焦点，并就归纳的争议焦点征求当事人的意见。

第二百二十七条 人民法院适用普通程序审理案件，应当在开庭三日前用传票传唤当事人。对诉讼代理人、证人、鉴定人、勘验人、翻译人员应当用通知书通知其到庭。当事人或者其他诉讼参与人在外地的，应当留有必要的在途时间。

第二百二十八条 法庭审理应当围绕当事人争议的事实、证据和法律适用等焦点问题进行。

第二百二十九条 当事人在庭审中对其在审理前的准备阶段认可的事实和证据提出不同意见的，人民法院应当责令其说明理由。必要时，可以责令其提供相应证据。人民法院应当结合当事人的诉讼能力、证据和案件的具体情况进行审查。理由成立的，可以列入争议焦点进行审理。

第二百三十条 人民法院根据案件具体情况并征得当事人同意，可以将法庭调查和法庭辩论合并进行。

第二百三十一条 当事人在法庭上提出新的证据的，人民法院应当依照民事诉讼法第六十八条第二款规定和本解释相关规定处理。

第二百三十二条 在案件受理后，法庭辩论结束前，原告增加诉讼请求，被告提出反诉，第三人提出与本案有关的诉讼请求，可以合并审理的，人民法院应当合并审理。

第二百三十三条 反诉的当事人应当限于本诉的当事人的范围。

反诉与本诉的诉讼请求基于相同法律关系、诉讼请求之间具有因果关系，或者反诉与本诉的诉讼请求基于相同事实的，人民法院应当合并审理。

反诉应由其他人民法院专属管辖，或者与本诉的诉讼标的及诉讼请求所依据的事实、理由无关联的，裁定不予受理，告知另行起诉。

第二百三十四条 无民事行为能力人的离婚诉讼，当事人的法定代理人应当到庭；法定代理人不能到庭的，人民法院应当在查清事实的基础上，依法作出判决。

第二百三十五条 无民事行为能力的当事人的法定代理人,经传票传唤无正当理由拒不到庭,属于原告方的,比照民事诉讼法第一百四十六条的规定,按撤诉处理;属于被告方的,比照民事诉讼法第一百四十七条的规定,缺席判决。必要时,人民法院可以拘传其到庭。

第二百三十六条 有独立请求权的第三人经人民法院传票传唤,无正当理由拒不到庭的,或者未经法庭许可中途退庭的,比照民事诉讼法第一百四十六条的规定,按撤诉处理。

第二百三十七条 有独立请求权的第三人参加诉讼后,原告申请撤诉,人民法院在准许原告撤诉后,有独立请求权的第三人作为另案原告,原案原告、被告作为另案被告,诉讼继续进行。

第二百三十八条 当事人申请撤诉或者依法可以按撤诉处理的案件,如果当事人有违反法律的行为需要依法处理的,人民法院可以不准许撤诉或者不按撤诉处理。

法庭辩论终结后原告申请撤诉,被告不同意的,人民法院可以不予准许。

第二百三十九条 人民法院准许本诉原告撤诉的,应当对反诉继续审理;被告申请撤回反诉的,人民法院应予准许。

第二百四十条 无独立请求权的第三人经人民法院传票传唤,无正当理由拒不到庭的,或者未经法庭许可中途退庭的,不影响案件的审理。

第二百四十一条 被告经传票传唤无正当理由拒不到庭,或者未经法庭许可中途退庭的,人民法院应当按期开庭或者继续开庭审理,对到庭的当事人诉讼请求、双方的诉辩理由以及已经提交的证据及其他诉讼材料进行审理后,可以依法缺席判决。

第二百四十二条 一审宣判后,原审人民法院发现判决有错误,当事人在上诉期内提出上诉的,原审人民法院可以提出原判决有错误的意见,报送第二审人民法院,由第二审人民法院按照第二审程序进行审理;当事人不上诉的,按照审判监督程序处理。

第二百四十三条 民事诉讼法第一百五十二条规定的审限,是指从立案之日起至裁判宣告、调解书送达之日止的期间,但公告期间、鉴定期间、双方当事人和解期间、审理当事人提出的管辖异议以及处理人民法院之间的管辖争议期间不应计算在内。

第二百四十四条 可以上诉的判决书、裁定书不能同时送达双方当事人的,上诉期从各自收到判决书、裁定书之日计算。

第二百四十五条 民事诉讼法第一百五十七条第一款第七项规定的笔误是指法律文书误写、误算,诉讼费用漏写、误算和其他笔误。

第二百四十六条 裁定中止诉讼的原因消除,恢复诉讼程序时,不必撤销原裁定,从人民法院通知或者准许当事人双方继续进行诉讼时起,中止诉讼的裁定即失去效力。

第二百四十七条 当事人就已经提起诉讼的事项在诉讼过程中或者裁判生效后再次起诉,同时符合下列条件的,构成重复起诉:

(一)后诉与前诉的当事人相同;

(二)后诉与前诉的诉讼标的相同;

(三)后诉与前诉的诉讼请求相同,或者后诉的诉讼请求实质上否定前诉裁判结果。

当事人重复起诉的,裁定不予受理;已经受理的,裁定驳回起诉,但法律、司法解释另有规定的除外。

第二百四十八条 裁判发生法律效力后,发生新的事实,当事人再次提起诉讼的,人民法院应当依法受理。

第二百四十九条 在诉讼中,争议的民事权利义务转移的,不影响当事人的诉讼主体资格和诉讼地位。人民法院作出的发生法律效力的判决、裁定对受让人具有拘束力。

受让人申请以无独立请求权的第三人身份参加诉讼的,人民法院可予准许。受让人申请替代当事人承担诉讼的,人民法院可以根据案件的具体情况决定是否准许;不予准许的,可以追加其为无独立请求权的第三人。

第二百五十条 依照本解释第二百四十九条规定,人民法院准许受让人替代当事人承担诉讼的,裁定变更当事人。

变更当事人后,诉讼程序以受让人为当事人继续进行,原当事人应当退出诉讼。原当事人已经完成的诉讼行为对受让人具有拘束力。

第二百五十一条 二审裁定撤销一审判决发回重审的案件,当事人申请变更、增加诉讼请求或者提出反诉,第三人提出与本案有关的诉讼请求的,依照民事诉讼法第一百四十三条规定处理。

第二百五十二条 再审裁定撤销原判决、裁定发回重审的案件,当事人申请变更、增加诉讼请求或者提出反诉,符合下列情形之一的,人民法院应当准许:

(一)原审未合法传唤缺席判决,影响当事人行使诉讼权利的;

(二)追加新的诉讼当事人的;

（三）诉讼标的物灭失或者发生变化致使原诉讼请求无法实现的；

（四）当事人申请变更、增加的诉讼请求或者提出的反诉，无法通过另诉解决的。

第二百五十三条　当庭宣判的案件，除当事人当庭要求邮寄发送裁判文书的外，人民法院应当告知当事人或者诉讼代理人领取裁判文书的时间和地点以及逾期不领取的法律后果。上述情况，应当记入笔录。

第二百五十四条　公民、法人或者其他组织申请查阅发生法律效力的判决书、裁定书的，应当向作出该生效裁判的人民法院提出。申请应当以书面形式提出，并提供具体的案号或者当事人姓名、名称。

第二百五十五条　对于查阅判决书、裁定书的申请，人民法院根据下列情形分别处理：

（一）判决书、裁定书已经通过信息网络向社会公开的，应当引导申请人自行查阅；

（二）判决书、裁定书未通过信息网络向社会公开，且申请符合要求的，应当及时提供便捷的查阅服务；

（三）判决书、裁定书尚未发生法律效力，或者已失去法律效力的，不提供查阅并告知申请人；

（四）发生法律效力的判决书、裁定书不是本院作出的，应当告知申请人向作出生效裁判的人民法院申请查阅；

（五）申请查阅的内容涉及国家秘密、商业秘密、个人隐私的，不予准许并告知申请人。

十一、简易程序

第二百五十六条　民事诉讼法第一百六十条规定的简单民事案件中的事实清楚，是指当事人对争议的事实陈述基本一致，并能提供相应的证据，无须人民法院调查收集证据即可查明事实；权利义务关系明确是指能明确区分谁是责任的承担者，谁是权利的享有者；争议不大是指当事人对案件的是非、责任承担以及诉讼标的争执无原则分歧。

第二百五十七条　下列案件，不适用简易程序：

（一）起诉时被告下落不明的；

（二）发回重审的；

（三）当事人一方人数众多的；

（四）适用审判监督程序的；

（五）涉及国家利益、社会公共利益的；

（六）第三人起诉请求改变或者撤销生效判决、裁定、调解书的；

（七）其他不宜适用简易程序的案件。

第二百五十八条　适用简易程序审理的案件，审理期限到期后，有特殊情况需要延长的，经本院院长批准，可以延长审理期限。延长后的审理期限累计不得超过四个月。

人民法院发现案件不宜适用简易程序，需要转为普通程序审理的，应当在审理期限届满前作出裁定并将审判人员及相关事项书面通知双方当事人。

案件转为普通程序审理的，审理期限自人民法院立案之日计算。

第二百五十九条　当事人双方可就开庭方式向人民法院提出申请，由人民法院决定是否准许。经当事人双方同意，可以采用视听传输技术等方式开庭。

第二百六十条　已经按照普通程序审理的案件，在开庭后不得转为简易程序审理。

第二百六十一条　适用简易程序审理案件，人民法院可以依照民事诉讼法第九十条、第一百六十二条的规定采取捎口信、电话、短信、传真、电子邮件等简便方式传唤双方当事人、通知证人和送达诉讼文书。

以简便方式送达的开庭通知，未经当事人确认或者没有其他证据证明当事人已经收到的，人民法院不得缺席判决。

适用简易程序审理案件，由审判员独任审判，书记员担任记录。

第二百六十二条　人民法庭制作的判决书、裁定书、调解书，必须加盖基层人民法院印章，不得用人民法庭的印章代替基层人民法院的印章。

第二百六十三条　适用简易程序审理案件，卷宗中应当具备以下材料：

（一）起诉状或者口头起诉笔录；

（二）答辩状或者口头答辩笔录；

（三）当事人身份证明材料；

（四）委托他人代理诉讼的授权委托书或者口头委托笔录；

（五）证据；

（六）询问当事人笔录；

（七）审理（包括调解）笔录；

（八）判决书、裁定书、调解书或者调解协议；

（九）送达和宣判笔录；

（十）执行情况；

（十一）诉讼费收据；

（十二）适用民事诉讼法第一百六十五条规定审理的，有关程序适用的书面告知。

第二百六十四条 当事人双方根据民事诉讼法第一百六十条第二款规定约定适用简易程序的,应当在开庭前提出。口头提出的,记入笔录,由双方当事人签名或者捺印确认。

本解释第二百五十七条规定的案件,当事人约定适用简易程序的,人民法院不予准许。

第二百六十五条 原告口头起诉的,人民法院应当将当事人的姓名、性别、工作单位、住所、联系方式等基本信息,诉讼请求,事实及理由等准确记入笔录,由原告核对无误后签名或者捺印。对当事人提交的证据材料,应当出具收据。

第二百六十六条 适用简易程序案件的举证期限由人民法院确定,也可以由当事人协商一致并经人民法院准许,但不得超过十五日。被告要求书面答辩的,人民法院可在征得其同意的基础上,合理确定答辩期间。

人民法院应当将举证期限和开庭日期告知双方当事人,并向当事人说明逾期举证以及拒不到庭的法律后果,由双方当事人在笔录和开庭传票的送达回证上签名或者捺印。

当事人双方均表示不需要举证期限、答辩期间的,人民法院可以立即开庭审理或者确定开庭日期。

第二百六十七条 适用简易程序审理案件,可以简便方式进行审理前的准备。

第二百六十八条 对没有委托律师、基层法律服务工作者代理诉讼的当事人,人民法院在庭审过程中可以对回避、自认、举证证明责任等相关内容向其作必要的解释或者说明,并在庭审过程中适当提示当事人正确行使诉讼权利、履行诉讼义务。

第二百六十九条 当事人就案件适用简易程序提出异议,人民法院经审查,异议成立的,裁定转为普通程序;异议不成立的,裁定驳回。裁定以口头方式作出的,应当记入笔录。

转为普通程序的,人民法院应当将审判人员及相关事项以书面形式通知双方当事人。

转为普通程序前,双方当事人已确认的事实,可以不再进行举证、质证。

第二百七十条 适用简易程序审理的案件,有下列情形之一的,人民法院在制作判决书、裁定书、调解书时,对认定事实或者裁判理由部分可以适当简化:

(一)当事人达成调解协议并需要制作民事调解书的;

(二)一方当事人明确表示承认对方全部或者部分诉讼请求的;

(三)涉及商业秘密、个人隐私的案件,当事人一方要求简化裁判文书中的相关内容,人民法院认为理由正当的;

(四)当事人双方同意简化的。

十二、简易程序中的小额诉讼

第二百七十一条 人民法院审理小额诉讼案件,适用民事诉讼法第一百六十五条的规定,实行一审终审。

第二百七十二条 民事诉讼法第一百六十五条规定的各省、自治区、直辖市上年度就业人员年平均工资,是指已经公布的各省、自治区、直辖市上一年度就业人员年平均工资。在上一年度就业人员年平均工资公布前,以已经公布的最近年度就业人员年平均工资为准。

第二百七十三条 海事法院可以适用小额诉讼的程序审理海事、海商案件。案件标的额应当以实际受理案件的海事法院或者其派出法庭所在的省、自治区、直辖市上年度就业人员年平均工资为基数计算。

第二百七十四条 人民法院受理小额诉讼案件,应当向当事人告知该类案件的审判组织、一审终审、审理期限、诉讼费用交纳标准等相关事项。

第二百七十五条 小额诉讼案件的举证期限由人民法院确定,也可以由当事人协商一致并经人民法院准许,但一般不超过七日。

被告要求书面答辩的,人民法院可以在征得其同意的基础上合理确定答辩期间,但最长不得超过十五日。

当事人到庭后表示不需要举证期限和答辩期间的,人民法院可立即开庭审理。

第二百七十六条 当事人对小额诉讼案件提出管辖异议的,人民法院应当作出裁定。裁定一经作出即生效。

第二百七十七条 人民法院受理小额诉讼案件后,发现起诉不符合民事诉讼法第一百二十二条规定的起诉条件的,裁定驳回起诉。裁定一经作出即生效。

第二百七十八条 因当事人申请增加或者变更诉讼请求、提出反诉、追加当事人等,致使案件不符合小额诉讼案件条件的,应当适用简易程序的其他规定审理。

前款规定案件,应当适用普通程序审理的,裁定转为普通程序。

适用简易程序的其他规定或者普通程序审理前,双方当事人已确认的事实,可以不再进行举证、质证。

第二百七十九条 当事人对按照小额诉讼案件审理有异议的,应当在开庭前提出。人民法院经审查,异议成立的,适用简易程序的其他规定审理或者裁定转为普通程序;异议不成立的,裁定驳回。裁定以口头方式作出的,应当记入笔录。

第二百八十条　小额诉讼案件的裁判文书可以简化,主要记载当事人基本信息、诉讼请求、裁判主文等内容。

第二百八十一条　人民法院审理小额诉讼案件,本解释没有规定的,适用简易程序的其他规定。

十三、公益诉讼

第二百八十二条　环境保护法、消费者权益保护法等法律规定的机关和有关组织对污染环境、侵害众多消费者合法权益等损害社会公共利益的行为,根据民事诉讼法第五十八条规定提起公益诉讼,符合下列条件的,人民法院应当受理:

(一)有明确的被告;
(二)有具体的诉讼请求;
(三)有社会公共利益受到损害的初步证据;
(四)属于人民法院受理民事诉讼的范围和受诉人民法院管辖。

第二百八十三条　公益诉讼案件由侵权行为地或者被告住所地中级人民法院管辖,但法律、司法解释另有规定的除外。

因污染海洋环境提起的公益诉讼,由污染发生地、损害结果地或者采取预防污染措施地海事法院管辖。

对同一侵权行为分别向两个以上人民法院提起公益诉讼的,由最先立案的人民法院管辖,必要时由它们的共同上级人民法院指定管辖。

第二百八十四条　人民法院受理公益诉讼案件后,应当在十日内书面告知相关行政主管部门。

第二百八十五条　人民法院受理公益诉讼案件后,依法可以提起诉讼的其他机关和有关组织,可以在开庭前向人民法院申请参加诉讼。人民法院准许参加诉讼的,列为共同原告。

第二百八十六条　人民法院受理公益诉讼案件,不影响同一侵权行为的受害人根据民事诉讼法第一百二十二条规定提起诉讼。

第二百八十七条　对公益诉讼案件,当事人可以和解,人民法院可以调解。

当事人达成和解或者调解协议后,人民法院应当将和解或者调解协议进行公告。公告期间不得少于三十日。

公告期满后,人民法院经审查,和解或者调解协议不违反社会公共利益的,应当出具调解书;和解或者调解协议违反社会公共利益的,不予出具调解书,继续对案件进行审理并依法作出裁判。

第二百八十八条　公益诉讼案件的原告在法庭辩论终结后申请撤诉的,人民法院不予准许。

第二百八十九条　公益诉讼案件的裁判发生法律效力后,其他依法具有原告资格的机关和有关组织就同一侵权行为另行提起公益诉讼的,人民法院裁定不予受理,但法律、司法解释另有规定的除外。

十四、第三人撤销之诉

第二百九十条　第三人对已经发生法律效力的判决、裁定、调解书提起撤销之诉的,应当自知道或者应当知道其民事权益受到损害之日起六个月内,向作出生效判决、裁定、调解书的人民法院提出,并应当提供存在下列情形的证据材料:

(一)因不能归责于本人的事由未参加诉讼;
(二)发生法律效力的判决、裁定、调解书的全部或者部分内容错误;
(三)发生法律效力的判决、裁定、调解书内容错误损害其民事权益。

第二百九十一条　人民法院应当在收到起诉状和证据材料之日起五日内送交对方当事人,对方当事人可以自收到起诉状之日起十日内提出书面意见。

人民法院应当对第三人提交的起诉状、证据材料以及对方当事人的书面意见进行审查。必要时,可以询问双方当事人。

经审查,符合起诉条件的,人民法院应当在收到起诉状之日起三十日内立案。不符合起诉条件的,应当在收到起诉状之日起三十日内裁定不予受理。

第二百九十二条　人民法院对第三人撤销之诉案件,应当组成合议庭开庭审理。

第二百九十三条　民事诉讼法第五十九条第三款规定的因不能归责于本人的事由未参加诉讼,是指没有被列为生效判决、裁定、调解书当事人,且无过错或者无明显过错的情形。包括:

(一)不知道诉讼而未参加的;
(二)申请参加未获准许的;
(三)知道诉讼,但因客观原因无法参加的;
(四)因其他不能归责于本人的事由未参加诉讼的。

第二百九十四条　民事诉讼法第五十九条第三款规定的判决、裁定、调解书的部分或者全部内容,是指判决、裁定的主文,调解书中处理当事人民事权利义务的结果。

第二百九十五条　对下列情形提起第三人撤销之诉

的,人民法院不予受理:
(一)适用特别程序、督促程序、公示催告程序、破产程序等非讼程序处理的案件;
(二)婚姻无效、撤销或者解除婚姻关系等判决、裁定、调解书中涉及身份关系的内容;
(三)民事诉讼法第五十七条规定的未参加登记的权利人对代表人诉讼案件的生效裁判;
(四)民事诉讼法第五十八条规定的损害社会公共利益行为的受害人对公益诉讼案件的生效裁判。

第二百九十六条 第三人提起撤销之诉,人民法院应当将该第三人列为原告,生效判决、裁定、调解书的当事人列为被告,但生效判决、裁定、调解书中没有承担责任的无独立请求权的第三人列为第三人。

第二百九十七条 受理第三人撤销之诉案件后,原告提供相应担保,请求中止执行的,人民法院可以准许。

第二百九十八条 对第三人撤销或者部分撤销发生法律效力的判决、裁定、调解书内容的请求,人民法院经审理,按下列情形分别处理:
(一)请求成立且确认其民事权利的主张全部或部分成立的,改变原判决、裁定、调解书内容的错误部分;
(二)请求成立,但确认其全部或部分民事权利的主张不成立,或者未提出确认其民事权利请求的,撤销原判决、裁定、调解书内容的错误部分;
(三)请求不成立的,驳回诉讼请求。
对前款规定裁判不服的,当事人可以上诉。
原判决、裁定、调解书的内容未改变或者未撤销的部分继续有效。

第二百九十九条 第三人撤销之诉案件审理期间,人民法院对生效判决、裁定、调解书裁定再审的,受理第三人撤销之诉的人民法院应当裁定将第三人的诉讼请求并入再审程序。但有证据证明原审当事人之间恶意串通损害第三人合法权益的,人民法院应当先行审理第三人撤销之诉案件,裁定中止再审诉讼。

第三百条 第三人诉讼请求并入再审程序审理的,按照下列情形分别处理:
(一)按照第一审程序审理的,人民法院应当对第三人的诉讼请求一并审理,所作的判决可以上诉;
(二)按照第二审程序审理的,人民法院可以调解,调解达不成协议的,应当裁定撤销原判决、裁定、调解书,发回一审法院重审,重审时应当列明第三人。

第三百零一条 第三人提起撤销之诉后,未中止生效判决、裁定、调解书执行的,执行法院对第三人依照民事诉讼法第二百三十四条规定提出的执行异议,应予审查。第三人不服驳回执行异议裁定,申请对原判决、裁定、调解书再审的,人民法院不予受理。

案外人对人民法院驳回其执行异议裁定不服,认为原判决、裁定、调解书内容错误损害其合法权益的,应当根据民事诉讼法第二百三十四条规定申请再审,提起第三人撤销之诉的,人民法院不予受理。

十五、执行异议之诉

第三百零二条 根据民事诉讼法第二百三十四条规定,案外人、当事人对执行异议裁定不服,自裁定送达之日起十五日内向人民法院提起执行异议之诉的,由执行法院管辖。

第三百零三条 案外人提起执行异议之诉,除符合民事诉讼法第一百二十二条规定外,还应当具备下列条件:
(一)案外人的执行异议申请已经被人民法院裁定驳回;
(二)有明确的排除对执行标的执行的诉讼请求,且诉讼请求与原判决、裁定无关;
(三)自执行异议裁定送达之日起十五日内提起。
人民法院应当在收到起诉状之日起十五日内决定是否立案。

第三百零四条 申请执行人提起执行异议之诉,除符合民事诉讼法第一百二十二条规定外,还应当具备下列条件:
(一)依案外人执行异议申请,人民法院裁定中止执行;
(二)有明确的对执行标的继续执行的诉讼请求,且诉讼请求与原判决、裁定无关;
(三)自执行异议裁定送达之日起十五日内提起。
人民法院应当在收到起诉状之日起十五日内决定是否立案。

第三百零五条 案外人提起执行异议之诉的,以申请执行人为被告。被执行人反对案外人异议的,被执行人为共同被告;被执行人不反对案外人异议的,可以列被执行人为第三人。

第三百零六条 申请执行人提起执行异议之诉的,以案外人为被告。被执行人反对申请执行人主张的,以案外人和被执行人为共同被告;被执行人不反对申请执行人主张的,可以列被执行人为第三人。

第三百零七条 申请执行人对中止执行裁定未提起执行异议之诉,被执行人提起执行异议之诉的,人民法院告知其另行起诉。

第三百零八条 人民法院审理执行异议之诉案件,适用普通程序。

第三百零九条 案外人或者申请执行人提起执行异议之诉的,案外人应当就其对执行标的享有足以排除强制执行的民事权益承担举证证明责任。

第三百一十条 对案外人提起的执行异议之诉,人民法院经审理,按照下列情形分别处理:

(一)案外人就执行标的享有足以排除强制执行的民事权益的,判决不得执行该执行标的;

(二)案外人就执行标的不享有足以排除强制执行的民事权益的,判决驳回诉讼请求。

案外人同时提出确认其权利的诉讼请求的,人民法院可以在判决中一并作出裁判。

第三百一十一条 对申请执行人提起的执行异议之诉,人民法院经审理,按照下列情形分别处理:

(一)案外人就执行标的不享有足以排除强制执行的民事权益的,判决准许执行该执行标的;

(二)案外人就执行标的享有足以排除强制执行的民事权益的,判决驳回诉讼请求。

第三百一十二条 对案外人执行异议之诉,人民法院判决不得对执行标的的执行的,执行异议裁定失效。

对申请执行人执行异议之诉,人民法院判决准许对该执行标的的执行的,执行异议裁定失效,执行法院可以根据申请执行人的申请或者依职权恢复执行。

第三百一十三条 案外人执行异议之诉审理期间,人民法院不得对执行标的的进行处分。申请执行人请求人民法院继续执行并提供相应担保的,人民法院可以准许。

被执行人与案外人恶意串通,通过执行异议、执行异议之诉妨害执行的,人民法院应当依照民事诉讼法第一百一十六条规定处理。申请执行人因此受到损害的,可以提起诉讼要求被执行人、案外人赔偿。

第三百一十四条 人民法院对执行标的的裁定中止执行后,申请执行人在法律规定的期间内未提起执行异议之诉的,人民法院应当自起诉期限届满之日起七日内解除对该执行标的的采取的执行措施。

十六、第二审程序

第三百一十五条 双方当事人和第三人都提起上诉的,均列为上诉人。人民法院可以依职权确定第二审程序中当事人的诉讼地位。

第三百一十六条 民事诉讼法第一百七十三条、第一百七十四条规定的对方当事人包括被上诉人和原审其他当事人。

第三百一十七条 必要共同诉讼人的一人或者部分人提起上诉的,按下列情形分别处理:

(一)上诉仅对与对方当事人之间权利义务分担有意见,不涉及其他共同诉讼人利益的,对方当事人为被上诉人,未上诉的同一方当事人依原审诉讼地位列明;

(二)上诉仅对共同诉讼人之间权利义务分担有意见,不涉及对方当事人利益的,未上诉的同一方当事人为被上诉人,对方当事人依原审诉讼地位列明;

(三)上诉对双方当事人之间以及共同诉讼人之间权利义务承担有意见的,未提起上诉的其他当事人均为被上诉人。

第三百一十八条 一审宣判时或者判决书、裁定书送达时,当事人口头表示上诉的,人民法院应告知其必须在法定上诉期间内递交上诉状。未在法定上诉期间内递交上诉状的,视为未提起上诉。虽递交上诉状,但未在指定的期限内交纳上诉费的,按自动撤回上诉处理。

第三百一十九条 无民事行为能力人、限制民事行为能力人的法定代理人,可以代理当事人提起上诉。

第三百二十条 上诉案件的当事人死亡或者终止的,人民法院依法通知其权利义务承继者参加诉讼。

需要终结诉讼的,适用民事诉讼法第一百五十四条规定。

第三百二十一条 第二审人民法院应当围绕当事人的上诉请求进行审理。

当事人没有提出请求的,不予审理,但一审判决违反法律禁止性规定,或者损害国家利益、社会公共利益、他人合法权益的除外。

第三百二十二条 开庭审理的上诉案件,第二审人民法院可以依照民事诉讼法第一百三十六条第四项规定进行审理前的准备。

第三百二十三条 下列情形,可以认定为民事诉讼法第一百七十七条第一款第四项规定的严重违反法定程序:

(一)审判组织的组成不合法的;

(二)应当回避的审判人员未回避的;

(三)无诉讼行为能力人未经法定代理人代为诉讼的;

(四)违法剥夺当事人辩论权利的。

第三百二十四条 对当事人在第一审程序中已经提出的诉讼请求,原审人民法院未作审理、判决的,第二审人民法院可以根据当事人自愿的原则进行调解;调解不成的,发回重审。

第三百二十五条 必须参加诉讼的当事人或者有独立请求权的第三人,在第一审程序中未参加诉讼,第二人民法院可以根据当事人自愿的原则予以调解;调解不成的,发回重审。

第三百二十六条 在第二审程序中,原审原告增加独立的诉讼请求或者原审被告提出反诉的,第二审人民法院可以根据当事人自愿的原则就新增加的诉讼请求或者反诉进行调解;调解不成的,告知当事人另行起诉。

双方当事人同意由第二审人民法院一并审理的,第二审人民法院可以一并裁判。

第三百二十七条 一审判决不准离婚的案件,上诉后,第二审人民法院认为应当判决离婚的,可以根据当事人自愿的原则,与子女抚养、财产问题一并调解;调解不成的,发回重审。

双方当事人同意由第二审人民法院一并审理的,第二审人民法院可以一并裁判。

第三百二十八条 人民法院依照第二审程序审理案件,认为依法不应由人民法院受理的,可以由第二审人民法院直接裁定撤销原裁判,驳回起诉。

第三百二十九条 人民法院依照第二审程序审理案件,认为第一审人民法院受理案件违反专属管辖规定的,应当裁定撤销原裁判并移送有管辖权的人民法院。

第三百三十条 第二审人民法院查明第一审人民法院作出的不予受理裁定有错误的,应当在撤销原裁定的同时,指令第一审人民法院立案受理;查明第一审人民法院作出的驳回起诉裁定有错误的,应当在撤销原裁定的同时,指令第一审人民法院审理。

第三百三十一条 第二审人民法院对下列上诉案件,依照民事诉讼法第一百七十六条规定可以不开庭审理:

(一)不服不予受理、管辖权异议和驳回起诉裁定的;

(二)当事人提出的上诉请求明显不能成立的;

(三)原判决、裁定认定事实清楚,但适用法律错误的;

(四)原判决严重违反法定程序,需要发回重审的。

第三百三十二条 原判决、裁定认定事实或者适用法律虽有瑕疵,但裁判结果正确的,第二审人民法院可以在判决、裁定中纠正瑕疵后,依照民事诉讼法第一百七十七条第一款第一项规定予以维持。

第三百三十三条 民事诉讼法第一百七十七条第一款第三项规定的基本事实,是指用以确定当事人主体资格、案件性质、民事权利义务等对原判决、裁定的结果有实质性影响的事实。

第三百三十四条 在第二审程序中,作为当事人的法人或者其他组织分立的,人民法院可以直接将分立后的法人或者其他组织列为共同诉讼人;合并的,将合并后的法人或者其他组织列为当事人。

第三百三十五条 在第二审程序中,当事人申请撤回上诉,人民法院经审查认为一审判决确有错误,或者当事人之间恶意串通损害国家利益、社会公共利益、他人合法权益的,不应准许。

第三百三十六条 在第二审程序中,原审原告申请撤回起诉,经其他当事人同意,且不损害国家利益、社会公共利益、他人合法权益的,人民法院可以准许。准许撤诉的,应当一并裁定撤销一审裁判。

原审原告在第二审程序中撤回起诉后重复起诉的,人民法院不予受理。

第三百三十七条 当事人在第二审程序中达成和解协议的,人民法院可以根据当事人的请求,对双方达成的和解协议进行审查并制作调解书送达当事人;因和解而申请撤诉,经审查符合撤诉条件的,人民法院应予准许。

第三百三十八条 第二审人民法院宣告判决可以自行宣判,也可以委托原审人民法院或者当事人所在地人民法院代行宣判。

第三百三十九条 人民法院审理对裁定的上诉案件,应当在第二审立案之日起三十日内作出终审裁定。有特殊情况需要延长审限的,由本院院长批准。

第三百四十条 当事人在第一审程序中实施的诉讼行为,在第二审程序中对该当事人仍具有拘束力。

当事人推翻其在第一审程序中实施的诉讼行为时,人民法院应当责令其说明理由。理由不成立的,不予支持。

十七、特别程序

第三百四十一条 宣告失踪或者宣告死亡案件,人民法院可以根据申请人的请求,清理下落不明人的财产,并指定案件审理期间的财产管理人。公告期满后,人民法院判决宣告失踪的,应当同时依照民法典第四十二条的规定指定失踪人的财产代管人。

第三百四十二条 失踪人的财产代管人经人民法院指定后,代管人申请变更代管的,比照民事诉讼法特别程序的有关规定进行审理。申请理由成立的,裁定撤销申请人的代管人身份,同时另行指定财产代管人;申请理由不成立的，裁定驳回申请。

失踪人的其他利害关系人申请变更代管的，人民法院应当告知其以原指定的代管人为被告起诉，并按普通程序进行审理。

第三百四十三条 人民法院判决宣告公民失踪后，利害关系人向人民法院申请宣告失踪人死亡，自失踪之日起满四年的，人民法院应当受理，宣告失踪的判决即是该公民失踪的证明，审理中仍应依照民事诉讼法第一百九十二条规定进行公告。

第三百四十四条 符合法律规定的多个利害关系人提出宣告失踪、宣告死亡申请的，列为共同申请人。

第三百四十五条 寻找下落不明人的公告应当记载下列内容：

（一）被申请人应当在规定期间内向受理法院申报其具体地址及其联系方式。否则，被申请人将被宣告失踪、宣告死亡；

（二）凡知悉被申请人生存现状的人，应当在公告期间内将其所知道情况向受理法院报告。

第三百四十六条 人民法院受理宣告失踪、宣告死亡案件后，作出判决前，申请人撤回申请的，人民法院应当裁定终结案件，但其他符合法律规定的利害关系人加入程序要求继续审理的除外。

第三百四十七条 在诉讼中，当事人的利害关系人或者有关组织提出该当事人不能辨认或者不能完全辨认自己的行为，要求宣告该当事人无民事行为能力或者限制民事行为能力的，应由利害关系人或者有关组织向人民法院提出申请，由受诉人民法院按照特别程序立案审理，原诉讼中止。

第三百四十八条 认定财产无主案件，公告期间有人对财产提出请求的，人民法院应当裁定终结特别程序，告知申请人另行起诉，适用普通程序审理。

第三百四十九条 被指定的监护人不服居民委员会、村民委员会或者民政部门指定，应当自接到通知之日起三十日内向人民法院提出异议。经审理，认为指定并无不当的，裁定驳回异议；指定不当的，判决撤销指定，同时另行指定监护人。判决书应当送达异议人、原指定单位及判决指定的监护人。

有关当事人依照民法典第三十一条第一款规定直接向人民法院申请指定监护人的，适用特别程序审理，判决指定监护人。判决书应当送达申请人、判决指定的监护人。

第三百五十条 申请认定公民无民事行为能力或者限制民事行为能力的案件，被申请人没有近亲属的，人民法院可以指定经被申请人住所地的居民委员会、村民委员会或者民政部门同意，且愿意担任代理人的个人或者组织为代理人。

没有前款规定的代理人的，由被申请人住所地的居民委员会、村民委员会或者民政部门担任代理人。

代理人可以是一人，也可以是同一顺序中的两人。

第三百五十一条 申请司法确认调解协议的，双方当事人应当本人或者由符合民事诉讼法第六十一条规定的代理人依照民事诉讼法第二百零一条的规定提出申请。

第三百五十二条 调解组织自行开展的调解，有两个以上调解组织参与的，符合民事诉讼法第二百零一条规定的各调解组织所在地人民法院均有管辖权。

双方当事人可以共同向符合民事诉讼法第二百零一条规定的其中一个有管辖权的人民法院提出申请；双方当事人共同向两个以上有管辖权的人民法院提出申请的，由最先立案的人民法院管辖。

第三百五十三条 当事人申请司法确认调解协议，可以采用书面形式或者口头形式。当事人口头申请的，人民法院应当记入笔录，并由当事人签名、捺印或者盖章。

第三百五十四条 当事人申请司法确认调解协议，应当向人民法院提交调解协议、调解组织主持调解的证明，以及与调解协议相关的财产权利证明等材料，并提供双方当事人的身份、住所、联系方式等基本信息。

当事人未提交上述材料的，人民法院应当要求当事人限期补交。

第三百五十五条 当事人申请司法确认调解协议，有下列情形之一的，人民法院裁定不予受理：

（一）不属于人民法院受理范围的；

（二）不属于收到申请的人民法院管辖的；

（三）申请确认婚姻关系、亲子关系、收养关系等身份关系无效、有效或者解除的；

（四）涉及适用其他特别程序、公示催告程序、破产程序审理的；

（五）调解协议内容涉及物权、知识产权确权的。

人民法院受理申请后，发现有上述不予受理情形的，应当裁定驳回当事人的申请。

第三百五十六条 人民法院审查相关情况时，应当通知双方当事人共同到场对案件进行核实。

人民法院经审查，认为当事人的陈述或者提供的证明材料不充分、不完备或者有疑义的,可以要求当事人限期补充陈述或者补充证明材料。必要时,人民法院可以向调解组织核实有关情况。

第三百五十七条 确认调解协议的裁定作出前,当事人撤回申请的,人民法院可以裁定准许。

当事人无正当理由未在限期内补充陈述、补充证明材料或者拒不接受询问的,人民法院可以按撤回申请处理。

第三百五十八条 经审查,调解协议有下列情形之一的,人民法院应当裁定驳回申请:

(一)违反法律强制性规定的;

(二)损害国家利益、社会公共利益、他人合法权益的;

(三)违背公序良俗的;

(四)违反自愿原则的;

(五)内容不明确的;

(六)其他不能进行司法确认的情形。

第三百五十九条 民事诉讼法第二百零三条规定的担保物权人,包括抵押权人、质权人、留置权人;其他有权请求实现担保物权的人,包括抵押人、出质人、财产被留置的债务人或者所有权人等。

第三百六十条 实现票据、仓单、提单等有权利凭证的权利质权案件,可以由权利凭证持有人住所地人民法院管辖;无权利凭证的权利质权,由出质登记地人民法院管辖。

第三百六十一条 实现担保物权案件属于海事法院等专门人民法院管辖的,由专门人民法院管辖。

第三百六十二条 同一债权的担保物有多个且所在地不同,申请人分别向有管辖权的人民法院申请实现担保物权的,人民法院应当依法受理。

第三百六十三条 依照民法典第三百九十二条的规定,被担保的债权既有物的担保又有人的担保,当事人对实现担保物权的顺序有约定,实现担保物权的申请违反该约定的,人民法院裁定不予受理;没有约定或者约定不明的,人民法院应当受理。

第三百六十四条 同一财产上设立多个担保物权,登记在先的担保物权尚未实现的,不影响后顺位的担保物权人向人民法院申请实现担保物权。

第三百六十五条 申请实现担保物权,应当提交下列材料:

(一)申请书。申请书应当记明申请人、被申请人的姓名或者名称、联系方式等基本信息,具体的请求和事实、理由;

(二)证明担保物权存在的材料,包括主合同、担保合同、抵押登记证明或者他项权利证书,权利质权的权利凭证或者质权出质登记证明等;

(三)证明实现担保物权条件成就的材料;

(四)担保财产现状的说明;

(五)人民法院认为需要提交的其他材料。

第三百六十六条 人民法院受理申请后,应当在五日内向被申请人送达申请书副本、异议权利告知书等文书。

被申请人有异议的,应当在收到人民法院通知后的五日内向人民法院提出,同时说明理由并提供相应的证据材料。

第三百六十七条 实现担保物权案件可以由审判员一人独任审查。担保财产标的额超过基层人民法院管辖范围的,应当组成合议庭进行审查。

第三百六十八条 人民法院审查实现担保物权案件,可以询问申请人、被申请人、利害关系人,必要时可以依职权调查相关事实。

第三百六十九条 人民法院应当就主合同的效力、期限、履行情况,担保物权是否有效设立、担保财产的范围、被担保的债权范围、被担保的债权是否已届清偿期等担保物权实现的条件,以及是否损害他人合法权益等内容进行审查。

被申请人或者利害关系人提出异议的,人民法院应当一并审查。

第三百七十条 人民法院审查后,按下列情形分别处理:

(一)当事人对实现担保物权无实质性争议且实现担保物权条件成就的,裁定准许拍卖、变卖担保财产;

(二)当事人对实现担保物权有部分实质性争议的,可以就无争议部分裁定准许拍卖、变卖担保财产;

(三)当事人对实现担保物权有实质性争议的,裁定驳回申请,并告知申请人向人民法院提起诉讼。

第三百七十一条 人民法院受理申请后,申请人对担保财产提出保全申请的,可以按照民事诉讼法关于诉讼保全的规定办理。

第三百七十二条 适用特别程序作出的判决、裁定,当事人、利害关系人认为有错误的,可以向作出该判决、裁定的人民法院提出异议。人民法院经审查,异议成立或者部分成立的,作出新的判决、裁定撤销或者改变原判决、裁定;异议不成立的,裁定驳回。

对人民法院作出的确认调解协议、准许实现担保物权的裁定，当事人有异议的，应当自收到裁定之日起十五日内提出；利害关系人有异议的，自知道或者应当知道其民事权益受到侵害之日起六个月内提出。

十八、审判监督程序

第三百七十三条 当事人死亡或者终止的，其权利义务承继者可以根据民事诉讼法第二百零六条、第二百零八条的规定申请再审。

判决、调解书生效后，当事人将判决、调解书确认的债权转让，债权受让人对该判决、调解书不服申请再审的，人民法院不予受理。

第三百七十四条 民事诉讼法第二百零六条规定的人数众多的一方当事人，包括公民、法人和其他组织。

民事诉讼法第二百零六条规定的当事人双方为公民的案件，是指原告和被告均为公民的案件。

第三百七十五条 当事人申请再审，应当提交下列材料：

（一）再审申请书，并按照被申请人和原审其他当事人的人数提交副本；

（二）再审申请人是自然人的，应当提交身份证明；再审申请人是法人或者其他组织的，应当提交营业执照、组织机构代码证书、法定代表人或者主要负责人身份证明书。委托他人代为申请的，应当提交授权委托书和代理人身份证明；

（三）原审判决书、裁定书、调解书；

（四）反映案件基本事实的主要证据及其他材料。

前款第二项、第三项、第四项规定的材料可以是与原件核对无异的复印件。

第三百七十六条 再审申请书应当记明下列事项：

（一）再审申请人与被申请人及原审其他当事人的基本信息；

（二）原审人民法院的名称，原审裁判文书案号；

（三）具体的再审请求；

（四）申请再审的法定情形及具体事实、理由。

再审申请书应当明确申请再审的人民法院，并由再审申请人签名、捺印或者盖章。

第三百七十七条 当事人一方人数众多或者当事人双方为公民的案件，当事人分别向原审人民法院和上一级人民法院申请再审且不能协商一致的，由原审人民法院受理。

第三百七十八条 适用特别程序、督促程序、公示催告程序、破产程序等非讼程序审理的案件，当事人不得申请再审。

第三百七十九条 当事人认为发生法律效力的不予受理、驳回起诉的裁定错误的，可以申请再审。

第三百八十条 当事人就离婚案件中的财产分割问题申请再审，如涉及判决中已分割的财产，人民法院应当依照民事诉讼法第二百零七条的规定进行审查，符合再审条件的，应当裁定再审；如涉及判决中未作处理的夫妻共同财产，应当告知当事人另行起诉。

第三百八十一条 当事人申请再审，有下列情形之一的，人民法院不予受理：

（一）再审申请被驳回后再次提出申请的；

（二）对再审判决、裁定提出申请的；

（三）在人民检察院对当事人的申请作出不予提出再审检察建议或者抗诉决定后又提出申请的。

前款第一项、第二项规定情形，人民法院应当告知当事人可以向人民检察院申请再审检察建议或者抗诉，但因人民检察院提出再审检察建议或者抗诉而再审作出的判决、裁定除外。

第三百八十二条 当事人对已经发生法律效力的调解书申请再审，应当在调解书发生法律效力后六个月内提出。

第三百八十三条 人民法院应当自收到符合条件的再审申请书等材料之日起五日内向再审申请人发送受理通知书，并向被申请人及原审其他当事人发送应诉通知书、再审申请书副本等材料。

第三百八十四条 人民法院受理申请再审案件后，应当依照民事诉讼法第二百零七条、第二百零八条、第二百一十一条等规定，对当事人主张的再审事由进行审查。

第三百八十五条 再审申请人提供的新的证据，能够证明原判决、裁定认定基本事实或者裁判结果错误的，应当认定为民事诉讼法第二百零七条第一项规定的情形。

对于符合前款规定的证据，人民法院应当责令再审申请人说明其逾期提供该证据的理由；拒不说明理由或者理由不成立的，依照民事诉讼法第六十八条第二款和本解释第一百零二条的规定处理。

第三百八十六条 再审申请人证明其提交的新的证据符合下列情形之一的，可以认定逾期提供证据的理由成立：

（一）在原审庭审结束前已经存在，因客观原因于庭审结束后才发现的；

（二）在原审庭审结束前已经发现，但因客观原因无法取得或者在规定的期限内不能提供的；

（三）在原审庭审结束后形成，无法据此另行提起诉讼的。

再审申请人提交的证据在原审中已经提供，原审人民法院未组织质证且未作为裁判根据的，视为逾期提供证据的理由成立，但原审人民法院依照民事诉讼法第六十八条规定不予采纳的除外。

第三百八十七条 当事人对原判决、裁定认定事实的主要证据在原审中拒绝发表质证意见或者质证中未对证据发表质证意见的，不属于民事诉讼法第二百零七条第四项规定的未经质证的情形。

第三百八十八条 有下列情形之一，导致判决、裁定结果错误的，应当认定为民事诉讼法第二百零七条第六项规定的原判决、裁定适用法律确有错误：

（一）适用的法律与案件性质明显不符的；

（二）确定民事责任明显违背当事人约定或者法律规定的；

（三）适用已经失效或者尚未施行的法律的；

（四）违反法律溯及力规定的；

（五）违反法律适用规则的；

（六）明显违背立法原意的。

第三百八十九条 原审开庭过程中有下列情形之一的，应当认定为民事诉讼法第二百零七条第九项规定的剥夺当事人辩论权利：

（一）不允许当事人发表辩论意见的；

（二）应当开庭审理而未开庭审理的；

（三）违反法律规定送达起诉状副本或者上诉状副本，致使当事人无法行使辩论权利的；

（四）违法剥夺当事人辩论权利的其他情形。

第三百九十条 民事诉讼法第二百零七条第十一项规定的诉讼请求，包括一审诉讼请求、二审上诉请求，但当事人未对一审判决、裁定遗漏或者超出诉讼请求提起上诉的除外。

第三百九十一条 民事诉讼法第二百零七条第十二项规定的法律文书包括：

（一）发生法律效力的判决书、裁定书、调解书；

（二）发生法律效力的仲裁裁决书；

（三）具有强制执行效力的公证债权文书。

第三百九十二条 民事诉讼法第二百零七条第十三项规定的审判人员审理该案件时有贪污受贿、徇私舞弊、枉法裁判行为，是指已经由生效刑事法律文书或者纪律处分决定所确认的行为。

第三百九十三条 当事人主张的再审事由成立，且符合民事诉讼法和本解释规定的申请再审条件的，人民法院应当裁定再审。

当事人主张的再审事由不成立，或者当事人申请再审超过法定申请再审期限、超出法定再审事由范围等不符合民事诉讼法和本解释规定的申请再审条件的，人民法院应当裁定驳回再审申请。

第三百九十四条 人民法院对已经发生法律效力的判决、裁定、调解书依法决定再审，依照民事诉讼法第二百一十三条规定，需要中止执行的，应当在再审裁定中同时写明中止原判决、裁定、调解书的执行；情况紧急的，可以将中止执行裁定口头通知负责执行的人民法院，并在通知后十日内发出裁定书。

第三百九十五条 人民法院根据审查案件的需要决定是否询问当事人。新的证据可能推翻原判决、裁定的，人民法院应当询问当事人。

第三百九十六条 审查再审申请期间，被申请人及原审其他当事人依法提出再审申请的，人民法院应当将其列为再审申请人，对其再审事由一并审查，审查期限重新计算。经审查，其中一方再审申请人主张的再审事由成立的，应当裁定再审。各方再审申请人主张的再审事由均不成立的，一并裁定驳回再审申请。

第三百九十七条 审查再审申请期间，再审申请人申请人民法院委托鉴定、勘验的，人民法院不予准许。

第三百九十八条 审查再审申请期间，再审申请人撤回再审申请的，是否准许，由人民法院裁定。

再审申请人经传票传唤，无正当理由拒不接受询问的，可以按撤回再审申请处理。

第三百九十九条 人民法院准许撤回再审申请或者按撤回再审申请处理后，再审申请人再次申请再审的，不予受理，但有民事诉讼法第二百零七条第一项、第三项、第十二项、第十三项规定情形，自知道或者应当知道之日起六个月内提出的除外。

第四百条 再审申请审查期间，有下列情形之一的，裁定终结审查：

（一）再审申请人死亡或者终止，无权利义务承继人或者权利义务承继者声明放弃再审申请的；

（二）在给付之诉中，负有给付义务的被申请人死亡或者终止，无可供执行的财产，也没有应当承担义务的人的；

（三）当事人达成和解协议且已履行完毕的，但当事人在和解协议中声明不放弃申请再审权利的除外；

(四)他人未经授权以当事人名义申请再审的;
(五)原审或者上一级人民法院已经裁定再审的;
(六)有本解释第三百八十一条第一款规定情形的。

第四百零一条 人民法院审理再审案件应当组成合议庭开庭审理,但按照第二审程序审理,有特殊情况或者双方当事人已经通过其他方式充分表达意见,且书面同意不开庭审理的除外。

符合缺席判决条件的,可以缺席判决。

第四百零二条 人民法院开庭审理再审案件,应当按照下列情形分别进行:

(一)因当事人申请再审的,先由再审申请人陈述再审请求及理由,后由被申请人答辩,其他原审当事人发表意见;

(二)因抗诉再审的,先由抗诉机关宣读抗诉书,再由申请抗诉的当事人陈述,后由被申请人答辩,其他原审当事人发表意见;

(三)人民法院依职权再审,有申诉人的,先由申诉人陈述再审请求及理由,后由被申诉人答辩,其他原审当事人发表意见;

(四)人民法院依职权再审,没有申诉人的,先由原审原告或者原审上诉人陈述,后由原审其他当事人发表意见。

对前款第一项至第三项规定的情形,人民法院应当要求当事人明确其再审请求。

第四百零三条 人民法院审理再审案件应当围绕再审请求进行。当事人的再审请求超出原审诉讼请求的,不予审理;符合另案诉讼条件的,告知当事人可以另行起诉。

被申请人及原审其他当事人在庭审辩论结束前提出的再审请求,符合民事诉讼法第二百一十二条规定的,人民法院应当一并审理。

人民法院经再审,发现已经发生法律效力的判决、裁定损害国家利益、社会公共利益、他人合法权益的,应当一并审理。

第四百零四条 再审审理期间,有下列情形之一的,可以裁定终结再审程序:

(一)再审申请人在再审期间撤回再审请求,人民法院准许的;

(二)再审申请人经传票传唤,无正当理由拒不到庭的,或者未经法庭许可中途退庭,按撤回再审请求处理的;

(三)人民检察院撤回抗诉的;

(四)有本解释第四百条第一项至第四项规定情形的。

因人民检察院提出抗诉裁定再审的案件,申请抗诉的当事人有前款规定的情形,且不损害国家利益、社会公共利益或者他人合法权益的,人民法院应当裁定终结再审程序。

再审程序终结后,人民法院裁定中止执行的原生效判决自动恢复执行。

第四百零五条 人民法院经再审审理认为,原判决、裁定认定事实清楚、适用法律正确的,应予维持;原判决、裁定认定事实、适用法律虽有瑕疵,但裁判结果正确的,应当在再审判决、裁定中纠正瑕疵后予以维持。

原判决、裁定认定事实、适用法律错误,导致裁判结果错误的,应当依法改判、撤销或者变更。

第四百零六条 按照第二审程序再审的案件,人民法院经审理认为不符合民事诉讼法规定的起诉条件或者符合民事诉讼法第一百二十七条规定不予受理情形的,应当裁定撤销一、二审判决,驳回起诉。

第四百零七条 人民法院对调解书裁定再审后,按照下列情形分别处理:

(一)当事人提出的调解违反自愿原则的事由不成立,且调解书的内容不违反法律强制性规定的,裁定驳回再审申请;

(二)人民检察院抗诉或者再审检察建议所主张的损害国家利益、社会公共利益的理由不成立的,裁定终结再审程序。

前款规定情形,人民法院裁定中止执行的调解书需要继续执行的,自动恢复执行。

第四百零八条 一审原告在再审审理程序中申请撤回起诉,经其他当事人同意,且不损害国家利益、社会公共利益、他人合法权益的,人民法院可以准许。裁定准许撤诉的,应当一并撤销原判决。

一审原告在再审审理程序中撤回起诉后重复起诉的,人民法院不予受理。

第四百零九条 当事人提交新的证据致使再审改判,因再审申请人或者申请检察监督当事人的过错未能在原审程序中及时举证,被申请人等当事人请求补偿其增加的交通、住宿、就餐、误工等必要费用的,人民法院应予支持。

第四百一十条 部分当事人到庭并达成调解协议,其他当事人未作出书面表示的,人民法院应当在判决中对该事实作出表述;调解协议内容不违反法律规定,且不损害其他当事人合法权益的，可以在判决主文中予以确认。

第四百一十一条 人民检察院依法对损害国家利益、社会公共利益的发生法律效力的判决、裁定、调解书提出抗诉，或者经人民检察院检察委员会讨论决定提出再审检察建议的，人民法院应予受理。

第四百一十二条 人民检察院对已经发生法律效力的判决以及不予受理、驳回起诉的裁定依法提出抗诉的，人民法院应予受理，但适用特别程序、督促程序、公示催告程序、破产程序以及解除婚姻关系的判决、裁定等不适用审判监督程序的判决、裁定除外。

第四百一十三条 人民检察院依照民事诉讼法第二百一十六条第一款第三项规定对有明显错误的再审判决、裁定提出抗诉或者再审检察建议的，人民法院应予受理。

第四百一十四条 地方各级人民检察院依当事人的申请对生效判决、裁定向同级人民法院提出再审检察建议，符合下列条件的，应予受理：

（一）再审检察建议书和原审当事人申请书及相关证据材料已经提交；

（二）建议再审的对象为依照民事诉讼法和本解释规定可以进行再审的判决、裁定；

（三）再审检察建议书列明该判决、裁定有民事诉讼法第二百一十五条第二款规定情形；

（四）符合民事诉讼法第二百一十六条第一款第一项、第二项规定情形；

（五）再审检察建议经该人民检察院检察委员会讨论决定。

不符合前款规定的，人民法院可以建议人民检察院予以补正或者撤回；不予补正或者撤回的，应当函告人民检察院不予受理。

第四百一十五条 人民检察院依当事人的申请对生效判决、裁定提出抗诉，符合下列条件的，人民法院应当在三十日内裁定再审：

（一）抗诉书和原审当事人申请书及相关证据材料已经提交；

（二）抗诉对象为依照民事诉讼法和本解释规定可以进行再审的判决、裁定；

（三）抗诉书列明该判决、裁定有民事诉讼法第二百一十五条第一款规定情形；

（四）符合民事诉讼法第二百一十六条第一款第一项、第二项规定情形。

不符合前款规定的，人民法院可以建议人民检察院予以补正或者撤回；不予补正或者撤回的，人民法院可以裁定不予受理。

第四百一十六条 当事人的再审申请被上级人民法院裁定驳回后，人民检察院对原判决、裁定、调解书提出抗诉，抗诉事由符合民事诉讼法第二百零七条第一项至第五项规定情形之一的，受理抗诉的人民法院可以交由下一级人民法院再审。

第四百一十七条 人民法院收到再审检察建议后，应当组成合议庭，在三个月内进行审查，发现原判决、裁定、调解书确有错误，需要再审的，依照民事诉讼法第二百零五条规定裁定再审，并通知当事人；经审查，决定不予再审的，应当书面回复人民检察院。

第四百一十八条 人民法院审理因人民检察院抗诉或者检察建议裁定再审的案件，不受此前已经作出的驳回当事人再审申请裁定的影响。

第四百一十九条 人民法院开庭审理抗诉案件，应当在开庭三日前通知人民检察院、当事人和其他诉讼参与人。同级人民检察院或者提出抗诉的人民检察院应当派员出庭。

人民检察院因履行法律监督职责向当事人或者案外人调查核实的情况，应当向法庭提交并予以说明，由双方当事人进行质证。

第四百二十条 必须共同进行诉讼的当事人因不能归责于本人或者其诉讼代理人的事由未参加诉讼的，可以根据民事诉讼法第二百零七条第八项规定，自知道或者应当知道之日起六个月内申请再审，但符合本解释第四百二十一条规定情形的除外。

人民法院因前款规定的当事人申请而裁定再审，按照第一审程序再审的，应当追加其为当事人，作出新的判决、裁定；按照第二审程序再审，经调解不能达成协议的，应当撤销原判决、裁定，发回重审，重审时应追加其为当事人。

第四百二十一条 根据民事诉讼法第二百三十四条规定，案外人对驳回其执行异议的裁定不服，认为原判决、裁定、调解书内容错误损害其民事权益的，可以自执行异议裁定送达之日起六个月内，向作出原判决、裁定、调解书的人民法院申请再审。

第四百二十二条 根据民事诉讼法第二百三十四条规定，人民法院裁定再审后，案外人属于必要的共同诉讼当事人的，依照本解释第四百二十条第二款规定处理。

案外人不是必要的共同诉讼当事人的，人民法院仅审理原判决、裁定、调解书对其民事权益造成损害的内容。经审理,再审请求成立的,撤销或者改变原判决、裁定、调解书;再审请求不成立的,维持原判决、裁定、调解书。

第四百二十三条 本解释第三百三十八条规定适用于审判监督程序。

第四百二十四条 对小额诉讼案件的判决、裁定,当事人以民事诉讼法第二百零七条规定的事由向原审人民法院申请再审的,人民法院应当受理。申请再审事由成立的,应当裁定再审,组成合议庭进行审理。作出的再审判决、裁定,当事人不得上诉。

当事人以不应按小额诉讼案件审理为由向原审人民法院申请再审的,人民法院应当受理。理由成立的,应当裁定再审,组成合议庭审理。作出的再审判决、裁定,当事人可以上诉。

十九、督促程序

第四百二十五条 两个以上人民法院都有管辖权的,债权人可以向其中一个基层人民法院申请支付令。

债权人向两个以上有管辖权的基层人民法院申请支付令的,由最先立案的人民法院管辖。

第四百二十六条 人民法院收到债权人的支付令申请书后,认为申请书不符合要求的,可以通知债权人限期补正。人民法院应当自收到补正材料之日起五日内通知债权人是否受理。

第四百二十七条 债权人申请支付令,符合下列条件的,基层人民法院应当受理,并在收到支付令申请书后五日内通知债权人:

(一)请求给付金钱或者汇票、本票、支票、股票、债券、国库券、可转让的存款单等有价证券;

(二)请求给付的金钱或者有价证券已到期且数额确定,并写明了请求所根据的事实、证据;

(三)债权人没有对待给付义务;

(四)债务人在我国境内且下落不明;

(五)支付令能够送达债务人;

(六)收到申请书的人民法院有管辖权;

(七)债权人未向人民法院申请诉前保全。

不符合前款规定的,人民法院应当在收到支付令申请书后五日内通知债权人不予受理。

基层人民法院受理申请支付令案件,不受债权金额的限制。

第四百二十八条 人民法院受理申请后,由审判员一人进行审查。经审查,有下列情形之一的,裁定驳回申请:

(一)申请人不具备当事人资格的;

(二)给付金钱或者有价证券的证明文件没有约定逾期给付利息或者违约金、赔偿金,债权人坚持要求给付利息或者违约金、赔偿金的;

(三)要求给付的金钱或者有价证券属于违法所得的;

(四)要求给付的金钱或者有价证券尚未到期或者数额不确定的。

人民法院受理支付令申请后,发现不符合本解释规定的受理条件的,应当在受理之日起十五日内裁定驳回申请。

第四百二十九条 向债务人本人送达支付令,债务人拒绝接收的,人民法院可以留置送达。

第四百三十条 有下列情形之一的,人民法院应当裁定终结督促程序,已发出支付令的,支付令自行失效:

(一)人民法院受理支付令申请后,债权人就同一债权债务关系又提起诉讼的;

(二)人民法院发出支付令之日起三十日内无法送达债务人的;

(三)债务人收到支付令前,债权人撤回申请的。

第四百三十一条 债务人在收到支付令后,未在法定期间提出书面异议,而向其他人民法院起诉的,不影响支付令的效力。

债务人超过法定期间提出异议的,视为未提出异议。

第四百三十二条 债权人基于同一债权债务关系,在同一支付令申请中向债务人提出多项支付请求,债务人仅就其中一项或者几项请求提出异议的,不影响其他各项请求的效力。

第四百三十三条 债权人基于同一债权债务关系,就可分之债向多个债务人提出支付请求,多个债务人中的一人或者几人提出异议的,不影响其他请求的效力。

第四百三十四条 对设有担保的债务的主债务人发出的支付令,对担保人没有拘束力。

债权人就担保关系单独提起诉讼的,支付令自人民法院受理案件之日起失效。

第四百三十五条 经形式审查,债务人提出的书面异议有下列情形之一的,应当认定异议成立,裁定终结督促程序,支付令自行失效:

(一)本解释规定的不予受理申请情形的;

(二)本解释规定的裁定驳回申请情形的;

(三)本解释规定的应当裁定终结督促程序情形的;

(四)人民法院对是否符合发出支付令条件产生合

理怀疑的。

第四百三十六条 债务人对债务本身没有异议,只是提出缺乏清偿能力、延缓债务清偿期限、变更债务清偿方式等异议的,不影响支付令的效力。

人民法院经审查认为异议不成立的,裁定驳回。

债务人的口头异议无效。

第四百三十七条 人民法院作出终结督促程序或者驳回异议裁定前,债务人请求撤回异议的,应当裁定准许。

债务人对撤回异议反悔的,人民法院不予支持。

第四百三十八条 支付令失效后,申请支付令的一方当事人不同意提起诉讼的,应当自收到终结督促程序裁定之日起七日内向受理申请的人民法院提出。

申请支付令的一方当事人不同意提起诉讼的,不影响其向其他有管辖权的人民法院提起诉讼。

第四百三十九条 支付令失效后,申请支付令的一方当事人自收到终结督促程序裁定之日起七日内未向受理申请的人民法院表明不同意提起诉讼的,视为向受理申请的人民法院起诉。

债权人提出支付令申请的时间,即为向人民法院起诉的时间。

第四百四十条 债权人向人民法院申请执行支付令的期间,适用民事诉讼法第二百四十六条的规定。

第四百四十一条 人民法院院长发现本院已经发生法律效力的支付令确有错误,认为需要撤销的,应当提交本院审判委员会讨论决定后,裁定撤销支付令,驳回债权人的申请。

二十、公示催告程序

第四百四十二条 民事诉讼法第二百二十五条规定的票据持有人,是指票据被盗、遗失或者灭失前的最后持有人。

第四百四十三条 人民法院收到公示催告的申请后,应当立即审查,并决定是否受理。经审查认为符合受理条件的,通知予以受理,并同时通知支付人停止支付;认为不符合受理条件的,七日内裁定驳回申请。

第四百四十四条 因票据丧失,申请公示催告的,人民法院应结合票据存根、丧失票据的复印件、出票人关于签发票据的证明、申请人合法取得票据的证明、银行挂失止付通知书、报案证明等证据,决定是否受理。

第四百四十五条 人民法院依照民事诉讼法第二百二十六条规定发出的受理申请的公告,应当写明下列内容:

(一)公示催告申请人的姓名或者名称;

(二)票据的种类、号码、票面金额、出票人、背书人、持票人、付款期限等事项以及其他可以申请公示催告的权利凭证的种类、号码、权利范围、权利人、义务人、行权日期等事项;

(三)申报权利的期间;

(四)在公示催告期间转让票据等权利凭证,利害关系人不申报的法律后果。

第四百四十六条 公告应当在有关报纸或者其他媒体上刊登,并于同日公布于人民法院公告栏内。人民法院所在地有证券交易所的,还应当同日在该交易所公布。

第四百四十七条 公告期间不得少于六十日,且公示催告期间届满日不得早于票据付款日后十五日。

第四百四十八条 在申报期届满后、判决作出之前,利害关系人申报权利的,应当适用民事诉讼法第二百二十八条第二款、第三款规定处理。

第四百四十九条 利害关系人申报权利,人民法院应当通知其向法院出示票据,并通知公示催告申请人在指定的期间查看该票据。公示催告申请人申请公示催告的票据与利害关系人出示的票据不一致的,应当裁定驳回利害关系人的申报。

第四百五十条 在申报权利的期间无人申报权利,或者申报被驳回的,申请人应当自公示催告期间届满之日起一个月内申请作出判决。逾期不申请判决的,终结公示催告程序。

裁定终结公示催告程序的,应当通知申请人和支付人。

第四百五十一条 判决公告之日起,公示催告申请人有权依据判决向付款人请求付款。

付款人拒绝付款,申请人向人民法院起诉,符合民事诉讼法第一百二十二条规定的起诉条件的,人民法院应予受理。

第四百五十二条 适用公示催告程序审理案件,可由审判员一人独任审理;判决宣告票据无效的,应当组成合议庭审理。

第四百五十三条 公示催告申请人撤回申请,应在公示催告前提出;公示催告期间申请撤回的,人民法院可以径行裁定终结公示催告程序。

第四百五十四条 人民法院依照民事诉讼法第二百二十七条规定通知支付人停止支付,应当符合有关财产保全的规定。支付人收到停止支付通知后拒不止付的,除可依照民事诉讼法第一百一十四条、第一百一十七条规定采取强制措施外,在判决后,支付人仍应承担付款义务。

第四百五十五条 人民法院依照民事诉讼法第二百二十八条规定终结公示催告程序后,公示催告申请人或者申报人向人民法院提起诉讼,因票据权利纠纷提起的,由票据支付地或者被告住所地人民法院管辖;因非票据权利纠纷提起的,由被告住所地人民法院管辖。

第四百五十六条 依照民事诉讼法第二百二十八条规定制作的终结公示催告程序的裁定书,由审判员、书记员署名,加盖人民法院印章。

第四百五十七条 依照民事诉讼法第二百三十条的规定,利害关系人向人民法院起诉的,人民法院可按票据纠纷适用普通程序审理。

第四百五十八条 民事诉讼法第二百三十条规定的正当理由,包括:

(一)因发生意外事件或者不可抗力致使利害关系人无法知道公告事实的;

(二)利害关系人因被限制人身自由而无法知道公告事实,或者虽然知道公告事实,但无法自己或者委托他人代为申报权利的;

(三)不属于法定申请公示催告情形的;

(四)未予公告或者未按法定方式公告的;

(五)其他导致利害关系人在判决作出前未能向人民法院申报权利的客观事由。

第四百五十九条 根据民事诉讼法第二百三十条的规定,利害关系人请求人民法院撤销除权判决的,应当将申请人列为被告。

利害关系人仅诉请确认其为合法持票人的,人民法院应当在裁判文书中写明,确认利害关系人为票据权利人的判决作出后,除权判决即被撤销。

二十一、执行程序

第四百六十条 发生法律效力的实现担保物权裁定、确认调解协议裁定、支付令,由作出裁定、支付令的人民法院或者与其同级的被执行财产所在地的人民法院执行。

认定财产无主的判决,由作出判决的人民法院将无主财产收归国家或者集体所有。

第四百六十一条 当事人申请人民法院执行的生效法律文书应当具备下列条件:

(一)权利义务主体明确;

(二)给付内容明确。

法律文书确定继续履行合同的,应当明确继续履行的具体内容。

第四百六十二条 根据民事诉讼法第二百三十四条规定,案外人对执行标的提出异议的,应当在该执行标的执行程序终结前提出。

第四百六十三条 案外人对执行标的提出的异议,经审查,按照下列情形分别处理:

(一)案外人对执行标的不享有足以排除强制执行的权益的,裁定驳回其异议;

(二)案外人对执行标的享有足以排除强制执行的权益的,裁定中止执行。

驳回案外人执行异议裁定送达案外人之日起十五日内,人民法院不得对执行标的进行处分。

第四百六十四条 申请执行人与被执行人达成和解协议后请求中止执行或者撤回执行申请的,人民法院可以裁定中止执行或者终结执行。

第四百六十五条 一方当事人不履行或者不完全履行在执行中双方自愿达成的和解协议,对方当事人申请执行原生效法律文书的,人民法院应当恢复执行,但和解协议已履行的部分应当扣除。和解协议已经履行完毕的,人民法院不予恢复执行。

第四百六十六条 申请恢复执行原生效法律文书,适用民事诉讼法第二百四十六条申请执行期间的规定。申请执行期间因达成执行中的和解协议而中断,其期间自和解协议约定履行期限的最后一日起重新计算。

第四百六十七条 人民法院依照民事诉讼法第二百三十八条规定决定暂缓执行的,如果担保是有期限的,暂缓执行的期限应当与担保期限一致,但最长不得超过一年。被执行人或者担保人对担保的财产在暂缓执行期间有转移、隐藏、变卖、毁损等行为的,人民法院可以恢复强制执行。

第四百六十八条 根据民事诉讼法第二百三十八条规定向人民法院提供执行担保的,可以由被执行人或者他人提供财产担保,也可以由他人提供保证。担保人应当具有代为履行或者代为承担赔偿责任的能力。

他人提供执行保证的,应当向执行法院出具保证书,并将保证书副本送交申请执行人。被执行人或者他人提供财产担保的,应当参照民法典的有关规定办理相应手续。

第四百六十九条 被执行人在人民法院决定暂缓执行的期限届满后仍不履行义务的,人民法院可以直接执行担保财产,或者裁定执行担保人的财产,但执行担保人的财产以担保人应当履行义务部分的财产为限。

第四百七十条　依照民事诉讼法第二百三十九条规定,执行中作为被执行人的法人或者其他组织分立、合并的,人民法院可以裁定变更后的法人或者其他组织为被执行人;被注销的,如果依照有关实体法的规定有权利义务承受人的,可以裁定该权利义务承受人为被执行人。

第四百七十一条　其他组织在执行中不能履行法律文书确定的义务的,人民法院可以裁定执行对该其他组织依法承担义务的法人或者公民个人的财产。

第四百七十二条　在执行中,作为被执行人的法人或者其他组织名称变更的,人民法院可以裁定变更后的法人或者其他组织为被执行人。

第四百七十三条　作为被执行人的公民死亡,其遗产继承人没有放弃继承的,人民法院可以裁定变更被执行人,由该继承人在遗产的范围内偿还债务。继承人放弃继承的,人民法院可以直接执行被执行人的遗产。

第四百七十四条　法律规定由人民法院执行的其他法律文书执行完毕后,该法律文书被有关机关或者组织依法撤销的,经当事人申请,适用民事诉讼法第二百四十条规定。

第四百七十五条　仲裁机构裁决的事项,部分有民事诉讼法第二百四十四条第二款、第三款规定情形的,人民法院应当裁定对该部分不予执行。

应当不予执行部分与其他部分不可分的,人民法院应当裁定不予执行仲裁裁决。

第四百七十六条　依照民事诉讼法第二百四十四条第二款、第三款规定,人民法院裁定不予执行仲裁裁决后,当事人对该裁定提出执行异议或者复议的,人民法院不予受理。当事人可以就该民事纠纷重新达成书面仲裁协议申请仲裁,也可以向人民法院起诉。

第四百七十七条　在执行中,被执行人通过仲裁程序将人民法院查封、扣押、冻结的财产确权或者分割给案外人的,不影响人民法院执行程序的进行。

案外人不服的,可以根据民事诉讼法第二百三十四条规定提出异议。

第四百七十八条　有下列情形之一的,可以认定为民事诉讼法第二百四十五条第二款规定的公证债权文书确有错误:

(一)公证债权文书属于不得赋予强制执行效力的债权文书的;

(二)被执行人一方未亲自或者未委托代理人到场公证等严重违反法律规定的公证程序的;

(三)公证债权文书的内容与事实不符或者违反法律强制性规定的;

(四)公证债权文书未载明被执行人不履行义务或者不完全履行义务时同意接受强制执行的。

人民法院认定执行该公证债权文书违背社会公共利益的,裁定不予执行。

公证债权文书被裁定不予执行后,当事人、公证事项的利害关系人可以就债权争议提起诉讼。

第四百七十九条　当事人请求不予执行仲裁裁决或者公证债权文书的,应当在执行终结前向执行法院提出。

第四百八十条　人民法院应当在收到申请执行书或者移交执行书后十日内发出执行通知。

执行通知中除应责令被执行人履行法律文书确定的义务外,还应通知其承担民事诉讼法第二百六十条规定的迟延履行利息或者迟延履行金。

第四百八十一条　申请执行人超过申请执行时效期间向人民法院申请强制执行的,人民法院应予受理。被执行人对申请执行时效期间提出异议,人民法院经审查异议成立的,裁定不予执行。

被执行人履行全部或者部分义务后,又以不知道申请执行时效期间届满为由请求执行回转的,人民法院不予支持。

第四百八十二条　对必须接受调查询问的被执行人、被执行人的法定代表人、负责人或者实际控制人,经依法传唤无正当理由拒不到场的,人民法院可以拘传其到场。

人民法院应当及时对被拘传人进行调查询问,调查询问的时间不得超过八小时;情况复杂,依法可能采取拘留措施的,调查询问的时间不得超过二十四小时。

人民法院在本辖区以外采取拘传措施时,可以将被拘传人拘传到当地人民法院,当地人民法院应予协助。

第四百八十三条　人民法院有权查询被执行人的身份信息与财产信息,掌握相关信息的单位和个人必须按照协助执行通知书办理。

第四百八十四条　对被执行的财产,人民法院非经查封、扣押、冻结不得处分。对银行存款等各类可以直接扣划的财产,人民法院的扣划裁定同时具有冻结的法律效力。

第四百八十五条　人民法院冻结被执行人的银行存款的期限不得超过一年,查封、扣押动产的期限不得超过两年,查封不动产、冻结其他财产权的期限不得超过三年。

申请执行人申请延长期限的,人民法院应当在查封、扣押、冻结期限届满前办理续行查封、扣押、冻结手续,续行期限不得超过前款规定的期限。

人民法院也可以依职权办理续行查封、扣押、冻结手续。

第四百八十六条 依照民事诉讼法第二百五十四条规定,人民法院在执行中需要拍卖被执行人财产的,可以由人民法院自行组织拍卖,也可以交由具备相应资质的拍卖机构拍卖。

交拍卖机构拍卖的,人民法院应当对拍卖活动进行监督。

第四百八十七条 拍卖评估需要对现场进行检查、勘验的,人民法院应当责令被执行人、协助义务人予以配合。被执行人、协助义务人不予配合的,人民法院可以强制进行。

第四百八十八条 人民法院在执行中需要变卖被执行人财产的,可以交有关单位变卖,也可以由人民法院直接变卖。

对变卖的财产,人民法院或者其工作人员不得买受。

第四百八十九条 经申请执行人和被执行人同意,且不损害其他债权人合法权益和社会公共利益的,人民法院可以不经拍卖、变卖,直接将被执行人的财产作价交申请执行人抵偿债务。对剩余债务,被执行人应当继续清偿。

第四百九十条 被执行人的财产无法拍卖或者变卖的,经申请执行人同意,且不损害其他债权人合法权益和社会公共利益的,人民法院可以将该项财产作价后交付申请执行人抵偿债务,或者交付申请执行人管理;申请执行人拒绝接收或者管理的,退回被执行人。

第四百九十一条 拍卖成交或者依法定程序裁定以物抵债的,标的物所有权自拍卖成交裁定或者抵债裁定送达买受人或者接受抵债物的债权人时转移。

第四百九十二条 执行标的物为特定物的,应当执行原物。原物确已毁损或者灭失的,经双方当事人同意,可以折价赔偿。

双方当事人对折价赔偿不能协商一致的,人民法院应当终结执行程序。申请执行人可以另行起诉。

第四百九十三条 他人持有法律文书指定交付的财物或者票证,人民法院依照民事诉讼法第二百五十六条第二款、第三款规定发出协助执行通知后,拒不转交的,可以强制执行,并可依民事诉讼法第一百一十七条、第一百一十八条规定处理。

他人持有期间财物或者票证毁损、灭失的,参照本解释第四百九十二条规定处理。

他人主张合法持有财物或者票证的,可以根据民事诉讼法第二百三十四条规定提出执行异议。

第四百九十四条 在执行中,被执行人隐匿财产、会计账簿等资料的,人民法院除可依照民事诉讼法第一百一十四条第一款第六项规定对其处理外,还应责令被执行人交出隐匿的财产、会计账簿等资料。被执行人拒不交出的,人民法院可以采取搜查措施。

第四百九十五条 搜查人员应当按规定着装并出示搜查令和工作证件。

第四百九十六条 人民法院搜查时禁止无关人员进入搜查现场;搜查对象是公民的,应当通知被执行人或者他的成年家属以及基层组织派员到场;搜查对象是法人或者其他组织的,应当通知法定代表人或者主要负责人到场。拒不到场的,不影响搜查。

搜查妇女身体,应当由女执行人员进行。

第四百九十七条 搜查中发现应当依法采取查封、扣押措施的财产,依照民事诉讼法第二百五十二条第二款和第二百五十四条规定办理。

第四百九十八条 搜查应当制作搜查笔录,由搜查人员、被搜查人及其他在场人签名、捺印或者盖章。拒绝签名、捺印或者盖章的,应当记入搜查笔录。

第四百九十九条 人民法院执行被执行人对他人的到期债权,可以作出冻结债权的裁定,并通知该他人向申请执行人履行。

该他人对到期债权有异议,申请执行人请求对异议部分强制执行的,人民法院不予支持。利害关系人对到期债权有异议的,人民法院应当按照民事诉讼法第二百三十四条规定处理。

对生效法律文书确定的到期债权,该他人予以否认的,人民法院不予支持。

第五百条 人民法院在执行中需要办理房产证、土地证、林权证、专利证书、商标证书、车船执照等有关财产权证照转移手续的,可以依照民事诉讼法第二百五十八条规定办理。

第五百零一条 被执行人不履行生效法律文书确定的行为义务,该义务可由他人完成的,人民法院可以选定代履行人;法律、行政法规对履行该行为义务有资格限制的,应当从有资格的人中选定。必要时,可以通过招标的方式确定代履行人。

申请执行人可以在符合条件的人中推荐代履行人,也可以申请自己代为履行,是否准许,由人民法院决定。

第五百零二条　代履行费用的数额由人民法院根据案件具体情况确定,并由被执行人在指定期限内预先支付。被执行人未预付的,人民法院可以对该费用强制执行。

代履行结束后,被执行人可以查阅、复制费用清单以及主要凭证。

第五百零三条　被执行人不履行法律文书指定的行为,且该项行为只能由被执行人完成的,人民法院可以依照民事诉讼法第一百一十四条第一款第六项规定处理。

被执行人在人民法院确定的履行期间内仍不履行的,人民法院可以依照民事诉讼法第一百一十四条第一款第六项规定再次处理。

第五百零四条　被执行人迟延履行的,迟延履行期间的利息或者迟延履行金自判决、裁定和其他法律文书指定的履行期间届满之日起计算。

第五百零五条　被执行人未按判决、裁定和其他法律文书指定的期间履行非金钱给付义务的,无论是否给申请执行人造成损失,都应当支付迟延履行金。已经造成损失的,双倍补偿申请执行人已经受到的损失;没有造成损失的,迟延履行金可以由人民法院根据具体案件情况决定。

第五百零六条　被执行人为公民或者其他组织,在执行程序开始后,被执行人的其他已经取得执行依据的债权人发现被执行人的财产不能清偿所有债权的,可以向人民法院申请参与分配。

对人民法院查封、扣押、冻结的财产有优先权、担保物权的债权人,可以直接申请参与分配,主张优先受偿权。

第五百零七条　申请参与分配,申请人应当提交申请书。申请书应当写明参与分配和被执行人不能清偿所有债权的事实、理由,并附有执行依据。

参与分配申请应当在执行程序开始后,被执行人的财产执行终结前提出。

第五百零八条　参与分配执行中,执行所得价款扣除执行费用,并清偿应当优先受偿的债权后,对于普通债权,原则上按照其占全部申请参与分配债权数额的比例受偿。清偿后的剩余债务,被执行人应当继续清偿。债权人发现被执行人有其他财产的,可以随时请求人民法院执行。

第五百零九条　多个债权人对执行财产申请参与分配的,执行法院应当制作财产分配方案,并送达各债权人和被执行人。债权人或者被执行人对分配方案有异议的,应当自收到分配方案之日起十五日内向执行法院提出书面异议。

第五百一十条　债权人或者被执行人对分配方案提出书面异议的,执行法院应当通知未提出异议的债权人、被执行人。

未提出异议的债权人、被执行人自收到通知之日起十五日内未提出反对意见的,执行法院依异议人的意见对分配方案审查修正后进行分配;提出反对意见的,应当通知异议人。异议人可以自收到通知之日起十五日内,以提出反对意见的债权人、被执行人为被告,向执行法院提起诉讼;异议人逾期未提起诉讼的,执行法院按照原分配方案进行分配。

诉讼期间进行分配的,执行法院应当提存与争议债权数额相应的款项。

第五百一十一条　在执行中,作为被执行人的企业法人符合企业破产法第二条第一款规定情形的,执行法院经申请执行人之一或者被执行人同意,应当裁定中止对该被执行人的执行,将执行案件相关材料移送被执行人住所地人民法院。

第五百一十二条　被执行人住所地人民法院应当自收到执行案件相关材料之日起三十日内,将是否受理破产案件的裁定告知执行法院。不予受理的,应当将相关案件材料退回执行法院。

第五百一十三条　被执行人住所地人民法院裁定受理破产案件的,执行法院应当解除对被执行人财产的保全措施。被执行人住所地人民法院裁定宣告被执行人破产的,执行法院应当裁定终结对该被执行人的执行。

被执行人住所地人民法院不受理破产案件的,执行法院应当恢复执行。

第五百一十四条　当事人不同意移送破产或者被执行人住所地人民法院不受理破产案件的,执行法院就执行变价所得财产,在扣除执行费用及清偿优先受偿的债权后,对于普通债权,按照财产保全和执行中查封、扣押、冻结财产的先后顺序清偿。

第五百一十五条　债权人根据民事诉讼法第二百六十一条规定请求人民法院继续执行的,不受民事诉讼法第二百四十六条规定申请执行时效期间的限制。

第五百一十六条　被执行人不履行法律文书确定的义务的,人民法院除对被执行人予以处罚外,还可以根据情节将其纳入失信被执行人名单,将被执行人不履行或者不完全履行义务的信息向其所在单位、征信机构以及其他相关机构通报。

第五百一十七条 经过财产调查未发现可供执行的财产,在申请执行人签字确认或者执行法院组成合议庭审查核实并经院长批准后,可以裁定终结本次执行程序。

依照前款规定终结执行后,申请执行人发现被执行人有可供执行财产的,可以再次申请执行。再次申请不受申请执行时效期间的限制。

第五百一十八条 因撤销申请而终结执行后,当事人在民事诉讼法第二百四十六条规定的申请执行时效期间内再次申请执行的,人民法院应当受理。

第五百一十九条 在执行终结六个月内,被执行人或者其他人对已执行的标的有妨害行为的,人民法院可以依申请排除妨害,并可以依照民事诉讼法第一百一十四条规定进行处罚。因妨害行为给执行债权人或者其他人造成损失的,受害人可以另行起诉。

二十二、涉外民事诉讼程序的特别规定

第五百二十条 有下列情形之一,人民法院可以认定为涉外民事案件:

(一)当事人一方或者双方是外国人、无国籍人、外国企业或者组织的;

(二)当事人一方或者双方的经常居所地在中华人民共和国领域外的;

(三)标的物在中华人民共和国领域外的;

(四)产生、变更或者消灭民事关系的法律事实发生在中华人民共和国领域外的;

(五)可以认定为涉外民事案件的其他情形。

第五百二十一条 外国人参加诉讼,应当向人民法院提交护照等用以证明自己身份的证件。

外国企业或者组织参加诉讼,向人民法院提交的身份证明文件,应当经所在国公证机关公证,并经中华人民共和国驻该国使领馆认证,或者履行中华人民共和国与该所在国订立的有关条约中规定的证明手续。

代表外国企业或者组织参加诉讼的人,应当向人民法院提交其有权作为代表人参加诉讼的证明,该证明应当经所在国公证机关公证,并经中华人民共和国驻该国使领馆认证,或者履行中华人民共和国与该所在国订立的有关条约中规定的证明手续。

本条所称的"所在国",是指外国企业或者组织的设立登记地国,也可以是办理了营业登记手续的第三国。

第五百二十二条 依照民事诉讼法第二百七十一条以及本解释第五百二十一条规定,需要办理公证、认证手续,而外国当事人所在国与中华人民共和国没有建立外交关系的,可以经该国公证机关公证,经与中华人民共和国有外交关系的第三国驻该国使领馆认证,再转由中华人民共和国驻该第三国使领馆认证。

第五百二十三条 外国人、外国企业或者组织的代表人在人民法院法官的见证下签署授权委托书,委托代理人进行民事诉讼的,人民法院应予认可。

第五百二十四条 外国人、外国企业或者组织的代表人在中华人民共和国境内签署授权委托书,委托代理人进行民事诉讼,经中华人民共和国公证机构公证的,人民法院应予认可。

第五百二十五条 当事人向人民法院提交的书面材料是外文的,应当同时向人民法院提交中文翻译件。

当事人对中文翻译件有异议的,应当共同委托翻译机构提供翻译文本;当事人对翻译机构的选择不能达成一致的,由人民法院确定。

第五百二十六条 涉外民事诉讼中的外籍当事人,可以委托本国人为诉讼代理人,也可以委托本国律师以非律师身份担任诉讼代理人;外国驻华使领馆官员,受本国公民的委托,可以以个人名义担任诉讼代理人,但在诉讼中不享有外交或者领事特权和豁免。

第五百二十七条 涉外民事诉讼中,外国驻华使领馆授权其本馆官员,在作为当事人的本国国民不在中华人民共和国领域内的情况下,可以以外交代表身份为其本国国民在中华人民共和国聘请中华人民共和国律师或者中华人民共和国公民代理民事诉讼。

第五百二十八条 涉外民事诉讼中,经调解双方达成协议,应当制发调解书。当事人要求发给判决书的,可以依协议的内容制作判决书送达当事人。

第五百二十九条 涉外合同或者其他财产权益纠纷的当事人,可以书面协议选择被告住所地、合同履行地、合同签订地、原告住所地、标的物所在地、侵权行为地等与争议有实际联系地点的外国法院管辖。

根据民事诉讼法第三十四条和第二百七十三条规定,属于中华人民共和国法院专属管辖的案件,当事人不得协议选择外国法院管辖,但协议选择仲裁的除外。

第五百三十条 涉外民事案件同时符合下列情形的,人民法院可以裁定驳回原告的起诉,告知其向更方便的外国法院提起诉讼:

(一)被告提出案件应由更方便外国法院管辖的请求,或者提出管辖异议;

(二)当事人之间不存在选择中华人民共和国法院管辖的协议;

(三)案件不属于中华人民共和国法院专属管辖;

（四）案件不涉及中华人民共和国国家、公民、法人或者其他组织的利益；

（五）案件争议的主要事实不是发生在中华人民共和国境内，且案件不适用中华人民共和国法律，人民法院审理案件在认定事实和适用法律方面存在重大困难；

（六）外国法院对案件享有管辖权，且审理该案件更加方便。

第五百三十一条 中华人民共和国法院和外国法院都有管辖权的案件，一方当事人向外国法院起诉，而另一方当事人向中华人民共和国法院起诉的，人民法院可予受理。判决后，外国法院申请或者当事人请求人民法院承认和执行外国法院对本案作出的判决、裁定的，不予准许；但双方共同缔结或者参加的国际条约另有规定的除外。

外国法院判决、裁定已经被人民法院承认，当事人就同一争议向人民法院起诉的，人民法院不予受理。

第五百三十二条 对在中华人民共和国领域内没有住所的当事人，经用公告方式送达诉讼文书，公告期满不应诉，人民法院缺席判决后，仍应当将裁判文书依照民事诉讼法第二百七十四条第八项规定公告送达。自公告送达裁判文书满三个月之日起，经过三十日的上诉期当事人没有上诉的，一审判决即发生法律效力。

第五百三十三条 外国人或者外国企业、组织的代表人、主要负责人在中华人民共和国领域内的，人民法院可以向该自然人或者外国企业、组织的代表人、主要负责人送达。

外国企业、组织的主要负责人包括该企业、组织的董事、监事、高级管理人员等。

第五百三十四条 受送达人所在国允许邮寄送达的，人民法院可以邮寄送达。

邮寄送达时应当附有送达回证。受送达人未在送达回证上签收但在邮件回执上签收的，视为送达，签收日期为送达日期。

自邮寄之日起满三个月，如果未收到送达的证明文件，且根据各种情况不足以认定已经送达的，视为不能用邮寄方式送达。

第五百三十五条 人民法院一审时采取公告方式向当事人送达诉讼文书的，二审时可径行采取公告方式向其送达诉讼文书，但人民法院能够采取公告方式之外的其他方式送达的除外。

第五百三十六条 不服第一审人民法院判决、裁定的上诉期，对在中华人民共和国领域内有住所的当事人，适用民事诉讼法第一百七十一条规定的期限；对在中华人民共和国领域内没有住所的当事人，适用民事诉讼法第二百七十六条规定的期限。当事人的上诉期均已届满没有上诉的，第一审人民法院的判决、裁定即发生法律效力。

第五百三十七条 人民法院对涉外民事案件的当事人申请再审进行审查的期间，不受民事诉讼法第二百一十一条规定的限制。

第五百三十八条 申请人向人民法院申请执行中华人民共和国涉外仲裁机构的裁决，应当提出书面申请，并附裁决书正本。如申请人为外国当事人，其申请书应当用中文文本提出。

第五百三十九条 人民法院强制执行涉外仲裁机构的仲裁裁决时，被执行人以有民事诉讼法第二百八十一条第一款规定的情形为由提出抗辩的，人民法院应当对被执行人的抗辩进行审查，并根据审查结果裁定执行或者不予执行。

第五百四十条 依照民事诉讼法第二百七十九条规定，中华人民共和国涉外仲裁机构将当事人的保全申请提交人民法院裁定的，人民法院可以进行审查，裁定是否进行保全。裁定保全的，应当责令申请人提供担保，申请人不提供担保的，裁定驳回申请。

当事人申请证据保全，人民法院经审查认为无需提供担保的，申请人可以不提供担保。

第五百四十一条 申请人向人民法院申请承认和执行外国法院作出的发生法律效力的判决、裁定，应当提交申请书，并附外国法院作出的发生法律效力的判决、裁定正本或者经证明无误的副本以及中文译本。外国法院判决、裁定为缺席判决、裁定的，申请人应当同时提交该外国法院已经合法传唤的证明文件，但判决、裁定已经对此予以明确说明的除外。

中华人民共和国缔结或者参加的国际条约对提交文件有规定的，按照规定办理。

第五百四十二条 当事人向中华人民共和国有管辖权的中级人民法院申请承认和执行外国法院作出的发生法律效力的判决、裁定的，如果该法院所在国与中华人民共和国没有缔结或者共同参加国际条约，也没有互惠关系的，裁定驳回申请，但当事人向人民法院申请承认外国法院作出的发生法律效力的离婚判决的除外。

承认和执行申请被裁定驳回的，当事人可以向人民法院起诉。

第五百四十三条 对临时仲裁庭在中华人民共和国

领域外作出的仲裁裁决,一方当事人向人民法院申请承认和执行的,人民法院应当依照民事诉讼法第二百九十条规定处理。

第五百四十四条 对外国法院作出的发生法律效力的判决、裁定或者外国仲裁裁决,需要中华人民共和国法院执行的,当事人应当先向人民法院申请承认。人民法院经审查,裁定承认后,再根据民事诉讼法第三编的规定予以执行。

当事人仅申请承认而未同时申请执行的,人民法院仅对应否承认进行审查并作出裁定。

第五百四十五条 当事人申请承认和执行外国法院作出的发生法律效力的判决、裁定或者外国仲裁裁决的期间,适用民事诉讼法第二百四十六条的规定。

当事人仅申请承认而未同时申请执行的,申请执行的期间自人民法院对承认申请作出的裁定生效之日起重新计算。

第五百四十六条 承认和执行外国法院作出的发生法律效力的判决、裁定或者外国仲裁裁决的案件,人民法院应当组成合议庭进行审查。

人民法院应当将申请书送达被申请人。被申请人可以陈述意见。

人民法院经审查作出的裁定,一经送达即发生法律效力。

第五百四十七条 与中华人民共和国没有司法协助条约又无互惠关系的国家的法院,未通过外交途径,直接请求人民法院提供司法协助的,人民法院应予退回,并说明理由。

第五百四十八条 当事人在中华人民共和国领域外使用中华人民共和国法院的判决书、裁定书,要求中华人民共和国法院证明其法律效力的,或者外国法院要求中华人民共和国法院证明判决书、裁定书的法律效力的,作出判决、裁定的中华人民共和国法院,可以本法院的名义出具证明。

第五百四十九条 人民法院审理涉及香港、澳门特别行政区和台湾地区的民事诉讼案件,可以参照适用涉外民事诉讼程序的特别规定。

二十三、附　则

第五百五十条 本解释公布施行后,最高人民法院于 1992 年 7 月 14 日发布的《关于适用〈中华人民共和国民事诉讼法〉若干问题的意见》同时废止;最高人民法院以前发布的司法解释与本解释不一致的,不再适用。

· 实用附录

1. 民事诉讼流程图（一审）

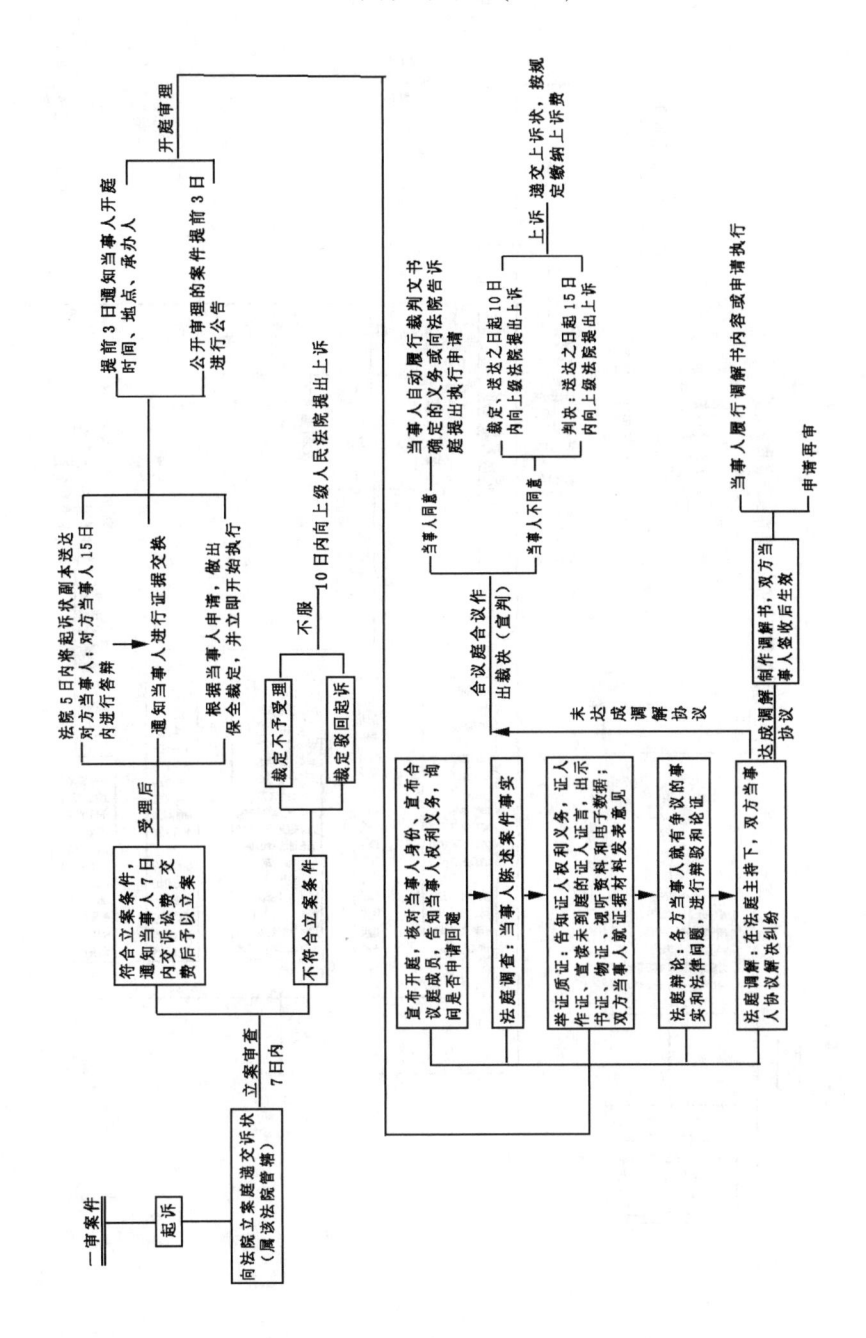

2. 民事诉讼流程图(二审)

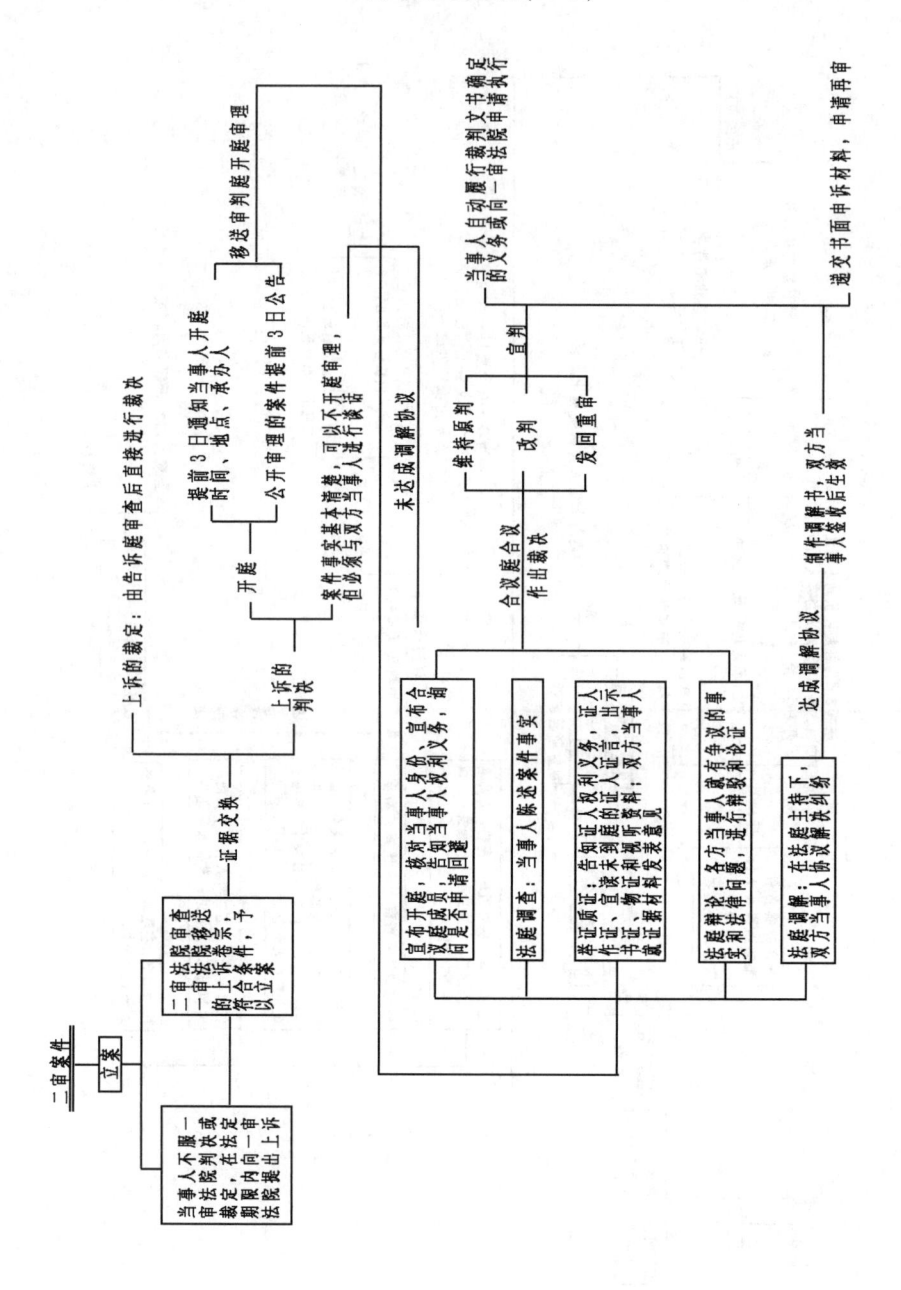

八、交通税费

中华人民共和国税收征收管理法

- 1992年9月4日第七届全国人民代表大会常务委员会第二十七次会议通过
- 根据1995年2月28日第八届全国人民代表大会常务委员会第十二次会议《关于修改〈中华人民共和国税收征收管理法〉的决定》第一次修正
- 2001年4月28日第九届全国人民代表大会常务委员会第二十一次会议修订
- 根据2013年6月29日第十二届全国人民代表大会常务委员会第三次会议《关于修改〈中华人民共和国文物保护法〉等十二部法律的决定》第二次修正
- 根据2015年4月24日第十二届全国人民代表大会常务委员会第十四次会议《关于修改〈中华人民共和国港口法〉等七部法律的决定》第三次修正

第一章 总 则

第一条 为了加强税收征收管理,规范税收征收和缴纳行为,保障国家税收收入,保护纳税人的合法权益,促进经济和社会发展,制定本法。

第二条 凡依法由税务机关征收的各种税收的征收管理,均适用本法。

第三条 税收的开征、停征以及减税、免税、退税、补税,依照法律的规定执行;法律授权国务院规定的,依照国务院制定的行政法规的规定执行。

任何机关、单位和个人不得违反法律、行政法规的规定,擅自作出税收开征、停征以及减税、免税、退税、补税和其他同税收法律、行政法规相抵触的决定。

第四条 法律、行政法规规定负有纳税义务的单位和个人为纳税人。

法律、行政法规规定负有代扣代缴、代收代缴税款义务的单位和个人为扣缴义务人。

纳税人、扣缴义务人必须依照法律、行政法规的规定缴纳税款、代扣代缴、代收代缴税款。

第五条 国务院税务主管部门主管全国税收征收管理工作。各地国家税务局和地方税务局应当按照国务院规定的税收征收管理范围分别进行征收管理。

地方各级人民政府应当依法加强对本行政区域内税收征收管理工作的领导或者协调,支持税务机关依法执行职务,依照法定税率计算税额,依法征收税款。

各有关部门和单位应当支持、协助税务机关依法执行职务。

税务机关依法执行职务,任何单位和个人不得阻挠。

第六条 国家有计划地用现代信息技术装备各级税务机关,加强税收征收管理信息系统的现代化建设,建立、健全税务机关与政府其他管理机关的信息共享制度。

纳税人、扣缴义务人和其他有关单位应当按照国家有关规定如实向税务机关提供与纳税和代扣代缴、代收代缴税款有关的信息。

第七条 税务机关应当广泛宣传税收法律、行政法规,普及纳税知识,无偿地为纳税人提供纳税咨询服务。

第八条 纳税人、扣缴义务人有权向税务机关了解国家税收法律、行政法规的规定以及与纳税程序有关的情况。

纳税人、扣缴义务人有权要求税务机关为纳税人、扣缴义务人的情况保密。税务机关应当依法为纳税人、扣缴义务人的情况保密。

纳税人依法享有申请减税、免税、退税的权利。

纳税人、扣缴义务人对税务机关所作出的决定,享有陈述权、申辩权;依法享有申请行政复议、提起行政诉讼、请求国家赔偿等权利。

纳税人、扣缴义务人有权控告和检举税务机关、税务人员的违法违纪行为。

第九条 税务机关应当加强队伍建设,提高税务人员的政治业务素质。

税务机关、税务人员必须秉公执法,忠于职守,清正廉洁,礼貌待人,文明服务,尊重和保护纳税人、扣缴义务人的权利,依法接受监督。

税务人员不得索贿受贿、徇私舞弊、玩忽职守、不征或者少征应征税款;不得滥用职权多征税款或者故意刁难纳税人和扣缴义务人。

第十条 各级税务机关应当建立、健全内部制约和监督管理制度。

上级税务机关应当对下级税务机关的执法活动依法

进行监督。

各级税务机关应当对其工作人员执行法律、行政法规和廉洁自律准则的情况进行监督检查。

第十一条 税务机关负责征收、管理、稽查、行政复议的人员的职责应当明确，并相互分离、相互制约。

第十二条 税务人员征收税款和查处税收违法案件，与纳税人、扣缴义务人或者税收违法案件有利害关系的，应当回避。

第十三条 任何单位和个人都有权检举违反税收法律、行政法规的行为。收到检举的机关和负责查处的机关应当为检举人保密。税务机关应当按照规定对检举人给予奖励。

第十四条 本法所称税务机关是指各级税务局、税务分局、税务所和按照国务院规定设立的并向社会公告的税务机构。

第二章 税务管理

第一节 税务登记

第十五条 企业，企业在外地设立的分支机构和从事生产、经营的场所，个体工商户和从事生产、经营的事业单位（以下统称从事生产、经营的纳税人）自领取营业执照之日起三十日内，持有关证件，向税务机关申报办理税务登记。税务机关应当于收到申报的当日办理登记并发给税务登记证件。

工商行政管理机关应当将办理登记注册、核发营业执照的情况，定期向税务机关通报。

本条第一款规定以外的纳税人办理税务登记和扣缴义务人办理扣缴税款登记的范围和办法，由国务院规定。

第十六条 从事生产、经营的纳税人，税务登记内容发生变化的，自工商行政管理机关办理变更登记之日起三十日内或者在向工商行政管理机关申请办理注销登记之前，持有关证件向税务机关申报办理变更或者注销税务登记。

第十七条 从事生产、经营的纳税人应当按照国家有关规定，持税务登记证件，在银行或者其他金融机构开立基本存款账户和其他存款账户，并将其全部账号向税务机关报告。

银行和其他金融机构应当在从事生产、经营的纳税人的账户中登录税务登记证件号码，并在税务登记证件中登录从事生产、经营的纳税人的账户账号。

税务机关依法查询从事生产、经营的纳税人开立账户的情况时，有关银行和其他金融机构应当予以协助。

第十八条 纳税人按照国务院税务主管部门的规定使用税务登记证件。税务登记证件不得转借、涂改、损毁、买卖或者伪造。

第二节 账簿、凭证管理

第十九条 纳税人、扣缴义务人按照有关法律、行政法规和国务院财政、税务主管部门的规定设置账簿，根据合法、有效凭证记账，进行核算。

第二十条 从事生产、经营的纳税人的财务、会计制度或者财务、会计处理办法和会计核算软件，应当报送税务机关备案。

纳税人、扣缴义务人的财务、会计制度或者财务、会计处理办法与国务院或者国务院财政、税务主管部门有关税收的规定抵触的，依照国务院或者国务院财政、税务主管部门有关税收的规定计算应纳税款、代扣代缴和代收代缴税款。

第二十一条 税务机关是发票的主管机关，负责发票印制、领购、开具、取得、保管、缴销的管理和监督。

单位、个人在购销商品、提供或者接受经营服务以及从事其他经营活动中，应当按照规定开具、使用、取得发票。

发票的管理办法由国务院规定。

第二十二条 增值税专用发票由国务院税务主管部门指定的企业印制；其他发票，按照国务院税务主管部门的规定，分别由省、自治区、直辖市国家税务局、地方税务局指定企业印制。

未经前款规定的税务机关指定，不得印制发票。

第二十三条 国家根据税收征收管理的需要，积极推广使用税控装置。纳税人应当按照规定安装、使用税控装置，不得损毁或者擅自改动税控装置。

第二十四条 从事生产、经营的纳税人、扣缴义务人必须按照国务院财政、税务主管部门规定的保管期限保管账簿、记账凭证、完税凭证及其他有关资料。

账簿、记账凭证、完税凭证及其他有关资料不得伪造、变造或者擅自损毁。

第三节 纳税申报

第二十五条 纳税人必须依照法律、行政法规规定或者税务机关依照法律、行政法规的规定确定的申报期限、申报内容如实办理纳税申报，报送纳税申报表、财务会计报表以及税务机关根据实际需要要求纳税人报送的其他纳税资料。

扣缴义务人必须依照法律、行政法规规定或者税务机关依照法律、行政法规的规定确定的申报期限、申报内容如实报送代扣代缴、代收代缴税款报告表以及税务机关根据实际需要要求扣缴义务人报送的其他有关资料。

第二十六条 纳税人、扣缴义务人可以直接到税务机关办理纳税申报或者报送代扣代缴、代收代缴税款报告表，也可以按照规定采取邮寄、数据电文或者其他方式办理上述申报、报送事项。

第二十七条 纳税人、扣缴义务人不能按期办理纳税申报或者报送代扣代缴、代收代缴税款报告表的，经税务机关核准，可以延期申报。

经核准延期办理前款规定的申报、报送事项的，应当在纳税期内按照上期实际缴纳的税额或者税务机关核定的税额预缴税款，并在核准的延期内办理税款结算。

第三章 税款征收

第二十八条 税务机关依照法律、行政法规的规定征收税款，不得违反法律、行政法规的规定开征、停征、多征、少征、提前征收、延缓征收或者摊派税款。

农业税应纳税额按法律、行政法规的规定核定。

第二十九条 除税务机关、税务人员以及经税务机关依照法律、行政法规委托的单位和人员外，任何单位和个人不得进行税款征收活动。

第三十条 扣缴义务人依照法律、行政法规的规定履行代扣、代收税款的义务。对法律、行政法规没有规定负有代扣、代收税款义务的单位和个人，税务机关不得要求其履行代扣、代收税款义务。

扣缴义务人依法履行代扣、代收税款义务时，纳税人不得拒绝。纳税人拒绝的，扣缴义务人应当及时报告税务机关处理。

税务机关按照规定付给扣缴义务人代扣、代收手续费。

第三十一条 纳税人、扣缴义务人按照法律、行政法规规定或者税务机关依照法律、行政法规的规定确定的期限，缴纳或者解缴税款。

纳税人因有特殊困难，不能按期缴纳税款的，经省、自治区、直辖市国家税务局、地方税务局批准，可以延期缴纳税款，但是最长不得超过三个月。

第三十二条 纳税人未按照规定期限缴纳税款的，扣缴义务人未按照规定期限解缴税款的，税务机关除责令限期缴纳外，从滞纳税款之日起，按日加收滞纳税款万分之五的滞纳金。

第三十三条 纳税人依照法律、行政法规的规定办理减税、免税。

地方各级人民政府、各级人民政府主管部门、单位和个人违反法律、行政法规规定，擅自作出的减税、免税决定无效，税务机关不得执行，并向上级税务机关报告。

第三十四条 税务机关征收税款时，必须给纳税人开具完税凭证。扣缴义务人代扣、代收税款时，纳税人要求扣缴义务人开具代扣、代收税款凭证的，扣缴义务人应当开具。

第三十五条 纳税人有下列情形之一的，税务机关有权核定其应纳税额：

（一）依照法律、行政法规的规定可以不设置账簿的；

（二）依照法律、行政法规的规定应当设置账簿但未设置的；

（三）擅自销毁账簿或者拒不提供纳税资料的；

（四）虽设置账簿，但账目混乱或者成本资料、收入凭证、费用凭证残缺不全，难以查账的；

（五）发生纳税义务，未按照规定的期限办理纳税申报，经税务机关责令限期申报，逾期仍不申报的；

（六）纳税人申报的计税依据明显偏低，又无正当理由的。

税务机关核定应纳税额的具体程序和方法由国务院税务主管部门规定。

第三十六条 企业或者外国企业在中国境内设立的从事生产、经营的机构、场所与其关联企业之间的业务往来，应当按照独立企业之间的业务往来收取或者支付价款、费用；不按照独立企业之间的业务往来收取或者支付价款、费用，而减少其应纳税的收入或者所得额的，税务机关有权进行合理调整。

第三十七条 对未按照规定办理税务登记的从事生产、经营的纳税人以及临时从事经营的纳税人，由税务机关核定其应纳税额，责令缴纳；不缴纳的，税务机关可以扣押其价值相当于应纳税款的商品、货物。扣押后缴纳应纳税款的，税务机关必须立即解除扣押，并归还所扣押的商品、货物；扣押后仍不缴纳应纳税款的，经县以上税务局（分局）局长批准，依法拍卖或者变卖所扣押的商品、货物，以拍卖或者变卖所得抵缴税款。

第三十八条 税务机关有根据认为从事生产、经营的纳税人有逃避纳税义务行为的，可以在规定的纳税期之前，责令限期缴纳应纳税款；在限期内发现纳税人有明显的转移、隐匿其应纳税的商品、货物以及其他财产或者应纳税的收入的迹象的，税务机关可以责成纳税人提供纳税担保。如果纳税人不能提供纳税担保，经县以上税

务局(分局)局长批准,税务机关可以采取下列税收保全措施:

(一)书面通知纳税人开户银行或者其他金融机构冻结纳税人的金额相当于应纳税款的存款;

(二)扣押、查封纳税人的价值相当于应纳税款的商品、货物或者其他财产。

纳税人在前款规定的限期内缴纳税款的,税务机关必须立即解除税收保全措施;限期届满仍未缴纳税款的,经县以上税务局(分局)局长批准,税务机关可以书面通知纳税人开户银行或者其他金融机构从其冻结的存款中扣缴税款,或者依法拍卖或者变卖所扣押、查封的商品、货物或者其他财产,以拍卖或者变卖所得抵缴税款。

个人及其所扶养家属维持生活必需的住房和用品,不在税收保全措施的范围之内。

第三十九条　纳税人在限期内已缴纳税款,税务机关未立即解除税收保全措施,使纳税人的合法利益遭受损失的,税务机关应当承担赔偿责任。

第四十条　从事生产、经营的纳税人、扣缴义务人未按照规定的期限缴纳或者解缴税款,纳税担保人未按照规定的期限缴纳所担保的税款,由税务机关责令限期缴纳,逾期仍未缴纳的,经县以上税务局(分局)局长批准,税务机关可以采取下列强制执行措施:

(一)书面通知其开户银行或者其他金融机构从其存款中扣缴税款;

(二)扣押、查封、依法拍卖或者变卖其价值相当于应纳税款的商品、货物或者其他财产,以拍卖或者变卖所得抵缴税款。

税务机关采取强制执行措施时,对前款所列纳税人、扣缴义务人、纳税担保人未缴纳的滞纳金同时强制执行。

个人及其所扶养家属维持生活必需的住房和用品,不在强制执行措施的范围之内。

第四十一条　本法第三十七条、第三十八条、第四十条规定的采取税收保全措施、强制执行措施的权力,不得由法定的税务机关以外的单位和个人行使。

第四十二条　税务机关采取税收保全措施和强制执行措施必须依照法定权限和法定程序,不得查封、扣押纳税人个人及其所扶养家属维持生活必需的住房和用品。

第四十三条　税务机关滥用职权违法采取税收保全措施、强制执行措施,或者采取税收保全措施、强制执行措施不当,使纳税人、扣缴义务人或者纳税担保人的合法权益遭受损失的,应当依法承担赔偿责任。

第四十四条　欠缴税款的纳税人或者他的法定代表人需要出境的,应当在出境前向税务机关结清应纳税款、滞纳金或者提供担保。未结清税款、滞纳金,又不提供担保的,税务机关可以通知出境管理机关阻止其出境。

第四十五条　税务机关征收税款,税收优先于无担保债权,法律另有规定的除外;纳税人欠缴的税款发生在纳税人以其财产设定抵押、质押或者纳税人的财产被留置之前的,税收应当先于抵押权、质权、留置权执行。

纳税人欠缴税款,同时又被行政机关决定处以罚款、没收违法所得的,税收优先于罚款、没收违法所得。

税务机关应当对纳税人欠缴税款的情况定期予以公告。

第四十六条　纳税人有欠税情形而以其财产设定抵押、质押的,应当向抵押权人、质权人说明其欠税情况。抵押权人、质权人可以请求税务机关提供有关的欠税情况。

第四十七条　税务机关扣押商品、货物或者其他财产时,必须开付收据;查封商品、货物或者其他财产时,必须开付清单。

第四十八条　纳税人有合并、分立情形的,应当向税务机关报告,并依法缴清税款。纳税人合并时未缴清税款的,应当由合并后的纳税人继续履行未履行的纳税义务;纳税人分立时未缴清税款的,分立后的纳税人对未履行的纳税义务应当承担连带责任。

第四十九条　欠缴税款数额较大的纳税人在处分其不动产或者大额资产之前,应当向税务机关报告。

第五十条　欠缴税款的纳税人因怠于行使到期债权,或者放弃到期债权,或者无偿转让财产,或者以明显不合理的低价转让财产而受让人知道该情形,对国家税收造成损害的,税务机关可以依照合同法第七十三条、第七十四条的规定行使代位权、撤销权。

税务机关依照前款规定行使代位权、撤销权的,不免除欠缴税款的纳税人尚未履行的纳税义务和应承担的法律责任。

第五十一条　纳税人超过应纳税额缴纳的税款,税务机关发现后应当立即退还;纳税人自结算缴纳税款之日起三年内发现的,可以向税务机关要求退还多缴的税款并加算银行同期存款利息,税务机关及时查实后应当立即退还;涉及从国库中退库的,依照法律、行政法规有关国库管理的规定退还。

第五十二条　因税务机关的责任,致使纳税人、扣缴义务人未缴或者少缴税款的,税务机关在三年内可以要求纳税人、扣缴义务人补缴税款,但是不得加收滞纳金。

因纳税人、扣缴义务人计算错误等失误,未缴或者少缴税款的,税务机关在三年内可以追征税款、滞纳金;有特殊情况的,追征期可以延长到五年。

对偷税、抗税、骗税的,税务机关追征其未缴或者少缴的税款、滞纳金或者所骗取的税款,不受前款规定期限的限制。

第五十三条　国家税务局和地方税务局应当按照国家规定的税收征收管理范围和税款入库预算级次,将征收的税款缴入国库。

对审计机关、财政机关依法查出的税收违法行为,税务机关应当根据有关机关的决定、意见书,依法将应收的税款、滞纳金按照税款入库预算级次缴入国库,并将结果及时回复有关机关。

第四章　税务检查

第五十四条　税务机关有权进行下列税务检查:

(一)检查纳税人的账簿、记账凭证、报表和有关资料,检查扣缴义务人代扣代缴、代收代缴税款账簿、记账凭证和有关资料;

(二)到纳税人的生产、经营场所和货物存放地检查纳税人应纳税的商品、货物或者其他财产,检查扣缴义务人与代扣代缴、代收代缴税款有关的经营情况;

(三)责成纳税人、扣缴义务人提供与纳税或者代扣代缴、代收代缴税款有关的文件、证明材料和有关资料;

(四)询问纳税人、扣缴义务人与纳税或者代扣代缴、代收代缴税款有关的问题和情况;

(五)到车站、码头、机场、邮政企业及其分支机构检查纳税人托运、邮寄应纳税商品、货物或者其他财产的有关单据、凭证和有关资料;

(六)经县以上税务局(分局)局长批准,凭全国统一格式的检查存款账户许可证明,查询从事生产、经营的纳税人、扣缴义务人在银行或者其他金融机构的存款账户。税务机关在调查税收违法案件时,经设区的市、自治州以上税务局(分局)局长批准,可以查询案件涉嫌人员的储蓄存款。税务机关查询所获得的资料,不得用于税收以外的用途。

第五十五条　税务机关对从事生产、经营的纳税人以前纳税期的纳税情况依法进行税务检查时,发现纳税人有逃避纳税义务行为,并有明显的转移、隐匿其应纳税的商品、货物以及其他财产或者应纳税的收入的迹象的,可以按照本法规定的批准权限采取税收保全措施或者强制执行措施。

第五十六条　纳税人、扣缴义务人必须接受税务机关依法进行的税务检查,如实反映情况,提供有关资料,不得拒绝、隐瞒。

第五十七条　税务机关依法进行税务检查时,有权向有关单位和个人调查纳税人、扣缴义务人和其他当事人与纳税或者代扣代缴、代收代缴税款有关的情况,有关单位和个人有义务向税务机关如实提供有关资料及证明材料。

第五十八条　税务机关调查税务违法案件时,对与案件有关的情况和资料,可以记录、录音、录像、照相和复制。

第五十九条　税务机关派出的人员进行税务检查时,应当出示税务检查证和税务检查通知书,并有责任为被检查人保守秘密;未出示税务检查证和税务检查通知书的,被检查人有权拒绝检查。

第五章　法律责任

第六十条　纳税人有下列行为之一的,由税务机关责令限期改正,可以处二千以下的罚款;情节严重的,处二千元以上一万元以下的罚款:

(一)未按照规定的期限申报办理税务登记、变更或者注销登记的;

(二)未按照规定设置、保管账簿或者保管记账凭证和有关资料的;

(三)未按照规定将财务、会计制度或者财务、会计处理办法和会计核算软件报送税务机关备查的;

(四)未按照规定将其全部银行账号向税务机关报告的;

(五)未按照规定安装、使用税控装置,或者损毁或者擅自改动税控装置的。

纳税人不办理税务登记的,由税务机关责令限期改正;逾期不改正的,经税务机关提请,由工商行政管理机关吊销其营业执照。

纳税人未按照规定使用税务登记证件,或者转借、涂改、损毁、买卖、伪造税务登记证件的,处二千元以上一万元以下的罚款;情节严重的,处一万元以上五万元以下的罚款。

第六十一条　扣缴义务人未按照规定设置、保管代扣代缴、代收代缴税款账簿或者保管代扣代缴、代收代缴税款记账凭证及有关资料的,由税务机关责令限期改正,可以处二千元以下的罚款;情节严重的,处二千元以上五千元以下的罚款。

第六十二条　纳税人未按照规定的期限办理纳税申报和报送纳税资料的,或者扣缴义务人未按照规定的期限向税务机关报送代扣代缴、代收代缴税款报告表和有关资料的,由税务机关责令限期改正,可以处二千元以下的罚款;情节严重的,可以处二千元以上一万元以下的罚款。

第六十三条 纳税人伪造、变造、隐匿、擅自销毁账簿、记账凭证,或者在账簿上多列支出或者不列、少列收入,或者经税务机关通知申报而拒不申报或者进行虚假的纳税申报,不缴或者少缴应纳税款的,是偷税。对纳税人偷税的,由税务机关追缴其不缴或者少缴的税款、滞纳金,并处不缴或者少缴的税款百分之五十以上五倍以下的罚款;构成犯罪的,依法追究刑事责任。

扣缴义务人采取前款所列手段,不缴或者少缴已扣、已收税款,由税务机关追缴其不缴或者少缴的税款、滞纳金,并处不缴或者少缴的税款百分之五十以上五倍以下的罚款;构成犯罪的,依法追究刑事责任。

第六十四条 纳税人、扣缴义务人编造虚假计税依据的,由税务机关责令限期改正,并处五万元以下的罚款。

纳税人不进行纳税申报,不缴或者少缴应纳税款的,由税务机关追缴其不缴或者少缴的税款、滞纳金,并处不缴或者少缴的税款百分之五十以上五倍以下的罚款。

第六十五条 纳税人欠缴应纳税款,采取转移或者隐匿财产的手段,妨碍税务机关追缴欠缴的税款的,由税务机关追缴欠缴的税款、滞纳金,并处欠缴税款百分之五十以上五倍以下的罚款;构成犯罪的,依法追究刑事责任。

第六十六条 以假报出口或者其他欺骗手段,骗取国家出口退税款的,由税务机关追缴其骗取的退税款,并处骗取税款一倍以上五倍以下的罚款;构成犯罪的,依法追究刑事责任。

对骗取国家出口退税款的,税务机关可以在规定期间内停止为其办理出口退税。

第六十七条 以暴力、威胁方法拒不缴纳税款的,是抗税,除由税务机关追缴其拒缴的税款、滞纳金外,依法追究刑事责任。情节轻微,未构成犯罪的,由税务机关追缴其拒缴的税款、滞纳金,并处拒缴税款一倍以上五倍以下的罚款。

第六十八条 纳税人、扣缴义务人在规定期限内不缴或者少缴应纳或者应解缴的税款,经税务机关责令限期缴纳,逾期仍未缴纳的,税务机关除依照本法第四十条的规定采取强制执行措施追缴其不缴或者少缴的税款外,可以处不缴或者少缴的税款百分之五十以上五倍以下的罚款。

第六十九条 扣缴义务人应扣未扣、应收而不收税款的,由税务机关向纳税人追缴税款,对扣缴义务人处应扣未扣、应收未收税款百分之五十以上三倍以下的罚款。

第七十条 纳税人、扣缴义务人逃避、拒绝或者以其他方式阻挠税务机关检查的,由税务机关责令改正,可以处一万元以下的罚款;情节严重的,处一万元以上五万元以下的罚款。

第七十一条 违反本法第二十二条规定,非法印制发票的,由税务机关销毁非法印制的发票,没收违法所得和作案工具,并处一万元以上五万元以下的罚款;构成犯罪的,依法追究刑事责任。

第七十二条 从事生产、经营的纳税人、扣缴义务人有本法规定的税收违法行为,拒不接受税务机关处理的,税务机关可以收缴其发票或者停止向其发售发票。

第七十三条 纳税人、扣缴义务人的开户银行或者其他金融机构拒绝接受税务机关依法检查纳税人、扣缴义务人存款账户,或者拒绝执行税务机关作出的冻结存款或者扣缴税款的决定,或者在接到税务机关的书面通知后帮助纳税人、扣缴义务人转移存款,造成税款流失的,由税务机关处十万元以上五十万元以下的罚款,对直接负责的主管人员和其他直接责任人员处一千元以上一万元以下的罚款。

第七十四条 本法规定的行政处罚,罚款额在二千元以下的,可以由税务所决定。

第七十五条 税务机关和司法机关的涉税罚没收入,应当按照税款入库预算级次上缴国库。

第七十六条 税务机关违反规定擅自改变税收征收管理范围和税款入库预算级次的,责令限期改正,对直接负责的主管人员和其他直接责任人员依法给予降级或者撤职的行政处分。

第七十七条 纳税人、扣缴义务人有本法第六十三条、第六十五条、第六十六条、第六十七条、第七十一条规定的行为涉嫌犯罪的,税务机关应当依法移交司法机关追究刑事责任。

税务人员徇私舞弊,对依法应当移交司法机关追究刑事责任的不移交,情节严重的,依法追究刑事责任。

第七十八条 未经税务机关依法委托征收税款的,责令退还收取的财物,依法给予行政处分或者行政处罚;致使他人合法权益受到损失的,依法承担赔偿责任;构成犯罪的,依法追究刑事责任。

第七十九条 税务机关、税务人员查封、扣押纳税人个人及其所扶养家属维持生活必需的住房和用品的,责令退还,依法给予行政处分;构成犯罪的,依法追究刑事责任。

第八十条 税务人员与纳税人、扣缴义务人勾结，唆使或者协助纳税人、扣缴义务人有本法第六十三条、第六十五条、第六十六条规定的行为，构成犯罪的，依法追究刑事责任；尚不构成犯罪的，依法给予行政处分。

第八十一条 税务人员利用职务上的便利，收受或者索取纳税人、扣缴义务人财物或者谋取其他不正当利益，构成犯罪的，依法追究刑事责任；尚不构成犯罪的，依法给予行政处分。

第八十二条 税务人员徇私舞弊或者玩忽职守，不征或者少征应征税款，致使国家税收遭受重大损失，构成犯罪的，依法追究刑事责任；尚不构成犯罪的，依法给予行政处分。

税务人员滥用职权，故意刁难纳税人、扣缴义务人的，调离税收工作岗位，并依法给予行政处分。

税务人员对控告、检举税收违法违纪行为的纳税人、扣缴义务人以及其他检举人进行打击报复的，依法给予行政处分；构成犯罪的，依法追究刑事责任。

税务人员违反法律、行政法规的规定，故意高估或者低估农业税计税产量，致使多征或者少征税款，侵犯农民合法权益或者损害国家利益，构成犯罪的，依法追究刑事责任；尚不构成犯罪的，依法给予行政处分。

第八十三条 违反法律、行政法规的规定提前征收、延缓征收或者摊派税款的，由其上级机关或者行政监察机关责令改正，对直接负责的主管人员和其他直接责任人员依法给予行政处分。

第八十四条 违反法律、行政法规的规定，擅自作出税收的开征、停征或者减税、免税、退税、补税以及其他同税收法律、行政法规相抵触的决定的，除依照本法规定撤销其擅自作出的决定外，补征应征未征税款，退还不应征收而征收的税款，并由上级机关追究直接负责的主管人员和其他直接责任人员的行政责任；构成犯罪的，依法追究刑事责任。

第八十五条 税务人员在征收税款或者查处税收违法案件时，未按照本法规定进行回避的，对直接负责的主管人员和其他直接责任人员，依法给予行政处分。

第八十六条 违反税收法律、行政法规应当给予行政处罚的行为，在五年内未被发现的，不再给予行政处罚。

第八十七条 未按照本法规定为纳税人、扣缴义务人、检举人保密的，对直接负责的主管人员和其他直接责任人员，由所在单位或者有关单位依法给予行政处分。

第八十八条 纳税人、扣缴义务人、纳税担保人同税务机关在纳税上发生争议时，必须先依照税务机关的纳税决定缴纳或者解缴税款及滞纳金或者提供相应的担保，然后可以依法申请行政复议；对行政复议决定不服的，可以依法向人民法院起诉。

当事人对税务机关的处罚决定、强制执行措施或者税收保全措施不服的，可以依法申请行政复议，也可以依法向人民法院起诉。

当事人对税务机关的处罚决定逾期不申请行政复议也不向人民法院起诉，又不履行的，作出处罚决定的税务机关可以采取本法第四十条规定的强制执行措施，或者申请人民法院强制执行。

第六章 附　则

第八十九条 纳税人、扣缴义务人可以委托税务代理人代为办理税务事宜。

第九十条 耕地占用税、契税、农业税、牧业税征收管理的具体办法，由国务院另行制定。

关税及海关代征税收的征收管理，依照法律、行政法规的有关规定执行。

第九十一条 中华人民共和国同外国缔结的有关税收的条约、协定同本法有不同规定的，依照条约、协定的规定办理。

第九十二条 本法施行前颁布的税收法律与本法有不同规定的，适用本法规定。

第九十三条 国务院根据本法制定实施细则。

第九十四条 本法自2001年5月1日起施行。

中华人民共和国车船税法

- 2011年2月25日第十一届全国人民代表大会常务委员会第十九次会议通过
- 根据2019年4月23日第十三届全国人民代表大会常务委员会第十次会议《关于修改〈中华人民共和国建筑法〉等八部法律的决定》修正

第一条 在中华人民共和国境内属于本法所附《车船税税目税额表》规定的车辆、船舶（以下简称车船）的所有人或者管理人，为车船税的纳税人，应当依照本法缴纳车船税。

第二条 车船的适用税额依照本法所附《车船税税目税额表》执行。

车辆的具体适用税额由省、自治区、直辖市人民政府依照本法所附《车船税税目税额表》规定的税额幅度和国务院的规定确定。

船舶的具体适用税额由国务院在本法所附《车船税税目税额表》规定的税额幅度内确定。

第三条　下列车船免征车船税：

（一）捕捞、养殖渔船；

（二）军队、武装警察部队专用的车船；

（三）警用车船；

（四）悬挂应急救援专用号牌的国家综合性消防救援车辆和国家综合性消防救援专用船舶；

（五）依照法律规定应当予以免税的外国驻华使领馆、国际组织驻华代表机构及其有关人员的车船。

第四条　对节约能源、使用新能源的车船可以减征或者免征车船税；对受严重自然灾害影响纳税困难以及有其他特殊原因确需减税、免税的，可以减征或者免征车船税。具体办法由国务院规定，并报全国人民代表大会常务委员会备案。

第五条　省、自治区、直辖市人民政府根据当地实际情况，可以对公共交通车船，农村居民拥有并主要在农村地区使用的摩托车、三轮汽车和低速载货汽车定期减征或者免征车船税。

第六条　从事机动车第三者责任强制保险业务的保险机构为机动车车船税的扣缴义务人，应当在收取保险费时依法代收车船税，并出具代收税款凭证。

第七条　车船税的纳税地点为车船的登记地或者车船税扣缴义务人所在地。依法不需要办理登记的车船，车船税的纳税地点为车船的所有人或者管理人所在地。

第八条　车船税纳税义务发生时间为取得车船所有权或者管理权的当月。

第九条　车船税按年申报缴纳。具体申报纳税期限由省、自治区、直辖市人民政府规定。

第十条　公安、交通运输、农业、渔业等车船登记管理部门、船舶检验机构和车船税扣缴义务人的行业主管部门应当在提供车船有关信息等方面，协助税务机关加强车船税的征收管理。

车辆所有人或者管理人在申请办理车辆相关登记、定期检验手续时，应当向公安机关交通管理部门提交依法纳税或者免税证明。公安机关交通管理部门核查后办理相关手续。

第十一条　车船税的征收管理，依照本法和《中华人民共和国税收征收管理法》的规定执行。

第十二条　国务院根据本法制定实施条例。

第十三条　本法自2012年1月1日起施行。2006年12月29日国务院公布的《中华人民共和国车船税暂行条例》同时废止。

附：

车船税税目税额表

税　目		计税单位	年基准税额	备　注
乘用车〔按发动机汽缸容量（排气量）分档〕	1.0升(含)以下的	每　辆	60元至360元	核定载客人数9人(含)以下
	1.0升以上至1.6升(含)的		300元至540元	
	1.6升以上至2.0升(含)的		360元至660元	
	2.0升以上至2.5升(含)的		660元至1200元	
	2.5升以上至3.0升(含)的		1200元至2400元	
	3.0升以上至4.0升(含)的		2400元至3600元	
	4.0升以上的		3600元至5400元	
商用车	客　车	每　辆	480元至1440元	核定载客人数9人以上，包括电车
	货　车	整备质量每　吨	16元至120元	包括半挂牵引车、三轮汽车和低速载货汽车等

续表

税 目		计税单位	年基准税额	备 注
挂车		整备质量每吨	按照货车税额的50%计算	
其他车辆	专用作业车	整备质量每吨	16元至120元	不包括拖拉机
	轮式专用机械车	整备质量每吨	16元至120元	
摩托车		每辆	36元至180元	
船舶	机动船舶	净吨位每吨	3元至6元	拖船、非机动驳船分别按照机动船舶税额的50%计算
	游艇	艇身长度每米	600元至2000元	

中华人民共和国车船税法实施条例

- 2011年12月5日中华人民共和国国务院令第611号公布
- 根据2019年3月2日《国务院关于修改部分行政法规的决定》修正

第一条 根据《中华人民共和国车船税法》(以下简称车船税法)的规定,制定本条例。

第二条 车船税法第一条所称车辆、船舶,是指:

(一)依法应当在车船登记管理部门登记的机动车辆和船舶;

(二)依法不需要在车船登记管理部门登记的在单位内部场所行驶或者作业的机动车辆和船舶。

第三条 省、自治区、直辖市人民政府根据车船税法所附《车船税税目税额表》确定车辆具体适用税额,应当遵循以下原则:

(一)乘用车依排气量从小到大递增税额;

(二)客车按照核定载客人数20人以下和20人(含)以上两档划分,递增税额。

省、自治区、直辖市人民政府确定的车辆具体适用税额,应当报国务院备案。

第四条 机动船舶具体适用税额为:

(一)净吨位不超过200吨的,每吨3元;

(二)净吨位超过200吨但不超过2000吨的,每吨4元;

(三)净吨位超过2000吨但不超过10000吨的,每吨5元;

(四)净吨位超过10000吨的,每吨6元。

拖船按照发动机功率每1千瓦折合净吨位0.67吨计算征收车船税。

第五条 游艇具体适用税额为:

(一)艇身长度不超过10米的,每米600元;

(二)艇身长度超过10米但不超过18米的,每米900元;

(三)艇身长度超过18米但不超过30米的,每米1300元;

(四)艇身长度超过30米的,每米2000元;

(五)辅助动力帆船,每米600元。

第六条 车船税法和本条例所涉及的排气量、整备质量、核定载客人数、净吨位、千瓦、艇身长度,以车船登记管理部门核发的车船登记证书或者行驶证所载数据为准。

依法不需要办理登记的车船和依法应当登记而未办理登记或者不能提供车船登记证书、行驶证的车船,以车船出厂合格证明或者进口凭证标注的技术参数、数据为准;不能提供车船出厂合格证明或者进口凭证的,由主管税务机关参照国家相关标准核定,没有国家相关标准的参照同类车船核定。

第七条 车船税法第三条第一项所称的捕捞、养殖渔船,是指在渔业船舶登记管理部门登记为捕捞船或者养殖船的船舶。

第八条 车船税法第三条第二项所称的军队、武装警察部队专用的车船,是指按照规定在军队、武装警察部队车船登记管理部门登记,并领取军队、武警牌照的车船。

第九条 车船税法第三条第三项所称的警用车船，是指公安机关、国家安全机关、监狱、劳动教养管理机关和人民法院、人民检察院领取警用牌照的车辆和执行警务的专用船舶。

第十条 节约能源、使用新能源的车船可以免征或者减半征收车船税。免征或者减半征收车船税的车船的范围，由国务院财政、税务主管部门商国务院有关部门制订，报国务院批准。

对受地震、洪涝等严重自然灾害影响纳税困难以及其他特殊原因确需减免税的车船，可以在一定期限内减征或者免征车船税。具体减免期限和数额由省、自治区、直辖市人民政府确定，报国务院备案。

第十一条 车船税由税务机关负责征收。

第十二条 机动车车船税扣缴义务人在代收车船税时，应当在机动车交通事故责任强制保险的保险单以及保费发票上注明已收税款的信息，作为代收税款凭证。

第十三条 已完税或者依法减免税的车辆，纳税人应当向扣缴义务人提供登记地的主管税务机关出具的完税凭证或者减免税证明。

第十四条 纳税人没有按照规定期限缴纳车船税的，扣缴义务人在代收代缴税款时，可以一并代收代缴欠缴税款的滞纳金。

第十五条 扣缴义务人已代收代缴车船税的，纳税人不再向车辆登记地的主管税务机关申报缴纳车船税。

没有扣缴义务人的，纳税人应当向主管税务机关自行申报缴纳车船税。

第十六条 纳税人缴纳车船税时，应当提供反映排气量、整备质量、核定载客人数、净吨位、千瓦、艇身长度等与纳税相关信息的相应凭证以及税务机关根据实际需要要求提供的其他资料。

纳税人以前年度已经提供前款所列资料信息的，可以不再提供。

第十七条 车辆车船税的纳税人按照纳税地点所在的省、自治区、直辖市人民政府确定的适用税额缴纳车船税。

第十八条 扣缴义务人应当及时解缴代收代缴的税款和滞纳金，并向主管税务机关申报。扣缴义务人向税务机关解缴税款和滞纳金时，应当同时报送明细的税款和滞纳金扣缴报告。扣缴义务人解缴税款和滞纳金的具体期限，由省、自治区、直辖市税务机关依照法律、行政法规的规定确定。

第十九条 购置的新车船，购置当年的应纳税额自纳税义务发生的当月起按月计算。应纳税额为年应纳税额除以12再乘以应纳税月份数。

在一个纳税年度内，已完税的车船被盗抢、报废、灭失的，纳税人可以凭有关管理机关出具的证明和完税凭证，向纳税所在地的主管税务机关申请退还自被盗抢、报废、灭失月份起至该纳税年度终了期间的税款。

已办理退税的被盗抢车船失而复得的，纳税人应当从公安机关出具相关证明的当月起计算缴纳车船税。

第二十条 已缴纳车船税的车船在同一纳税年度内办理转让过户的，不另纳税，也不退税。

第二十一条 车船税法第八条所称取得车船所有权或者管理权的当月，应当以购买车船的发票或者其他证明文件所载日期的当月为准。

第二十二条 税务机关可以在车船登记管理部门、车船检验机构的办公场所集中办理车船税征收事宜。

公安机关交通管理部门在办理车辆相关登记和定期检验手续时，经核查，对没有提供依法纳税或者免税证明的，不予办理相关手续。

第二十三条 车船税按年申报，分月计算，一次性缴纳。纳税年度为公历1月1日至12月31日。

第二十四条 临时入境的外国车船和香港特别行政区、澳门特别行政区、台湾地区的车船，不征收车船税。

第二十五条 按照规定缴纳船舶吨税的机动船舶，自车船税法实施之日起5年内免征车船税。

依法不需要在车船登记管理部门登记的机场、港口、铁路站场内部行驶或者作业的车船，自车船税法实施之日起5年内免征车船税。

第二十六条 车船税法所附《车船税税目税额表》中车辆、船舶的含义如下：

乘用车，是指在设计和技术特性上主要用于载运乘客及随身行李，核定载客人数包括驾驶员在内不超过9人的汽车。

商用车，是指除乘用车外，在设计和技术特性上用于载运乘客、货物的汽车，划分为客车和货车。

半挂牵引车，是指装备有特殊装置用于牵引半挂车的商用车。

三轮汽车，是指最高设计车速不超过每小时50公里，具有三个车轮的货车。

低速载货汽车，是指以柴油机为动力，最高设计车速不超过每小时70公里，具有四个车轮的货车。

挂车，是指就其设计和技术特性需由汽车或者拖拉机牵引，才能正常使用的一种无动力的道路车辆。

专用作业车，是指在其设计和技术特性上用于特殊工作的车辆。

轮式专用机械车，是指有特殊结构和专门功能，装有橡胶车轮可以自行行驶，最高设计车速大于每小时20公里的轮式工程机械车。

摩托车，是指无论采用何种驱动方式，最高设计车速大于每小时50公里，或者使用内燃机，其排量大于50毫升的两轮或者三轮车辆。

船舶，是指各类机动、非机动船舶以及其他水上移动装置，但是船舶上装备的救生艇筏和长度小于5米的艇筏除外。其中，机动船舶是指用机器推进的船舶；拖船是指专门用于拖（推）动运输船舶的专业作业船舶；非机动驳船，是指在船舶登记管理部门登记为驳船的非机动船舶；游艇是指具备内置机械推进动力装置，长度在90米以下，主要用于游览观光、休闲娱乐、水上体育运动等活动，并应当具有船舶检验证书和适航证书的船舶。

第二十七条 本条例自2012年1月1日起施行。

中华人民共和国车辆购置税法

- 2018年12月29日第十三届全国人民代表大会常务委员会第七次会议通过
- 2018年12月29日中华人民共和国主席令第19号公布
- 自2019年7月1日起施行

第一条 在中华人民共和国境内购置汽车、有轨电车、汽车挂车、排气量超过一百五十毫升的摩托车（以下统称应税车辆）的单位和个人，为车辆购置税的纳税人，应当依照本法规定缴纳车辆购置税。

第二条 本法所称购置，是指以购买、进口、自产、受赠、获奖或者其他方式取得并自用应税车辆的行为。

第三条 车辆购置税实行一次性征收。购置已征车辆购置税的车辆，不再征收车辆购置税。

第四条 车辆购置税的税率为百分之十。

第五条 车辆购置税的应纳税额按照应税车辆的计税价格乘以税率计算。

第六条 应税车辆的计税价格，按照下列规定确定：

（一）纳税人购买自用应税车辆的计税价格，为纳税人实际支付给销售者的全部价款，不包括增值税税款；

（二）纳税人进口自用应税车辆的计税价格，为关税完税价格加上关税和消费税；

（三）纳税人自产自用应税车辆的计税价格，按照纳税人生产的同类应税车辆的销售价格确定，不包括增值税税款；

（四）纳税人以受赠、获奖或者其他方式取得自用应税车辆的计税价格，按照购置应税车辆时相关凭证载明的价格确定，不包括增值税税款。

第七条 纳税人申报的应税车辆计税价格明显偏低，又无正当理由的，由税务机关依照《中华人民共和国税收征收管理法》的规定核定其应纳税额。

第八条 纳税人以外汇结算应税车辆价款的，按照申报纳税之日的人民币汇率中间价折合成人民币计算缴纳税款。

第九条 下列车辆免征车辆购置税：

（一）依照法律规定应当予以免税的外国驻华使馆、领事馆和国际组织驻华机构及其有关人员自用的车辆；

（二）中国人民解放军和中国人民武装警察部队列入装备订货计划的车辆；

（三）悬挂应急救援专用号牌的国家综合性消防救援车辆；

（四）设有固定装置的非运输专用作业车辆；

（五）城市公交企业购置的公共汽电车辆。

根据国民经济和社会发展的需要，国务院可以规定减征或者其他免征车辆购置税的情形，报全国人民代表大会常务委员会备案。

第十条 车辆购置税由税务机关负责征收。

第十一条 纳税人购置应税车辆，应当向车辆登记地的主管税务机关申报缴纳车辆购置税；购置不需要办理车辆登记的应税车辆的，应当向纳税人所在地的主管税务机关申报缴纳车辆购置税。

第十二条 车辆购置税的纳税义务发生时间为纳税人购置应税车辆的当日。纳税人应当自纳税义务发生之日起六十日内申报缴纳车辆购置税。

第十三条 纳税人应当在向公安机关交通管理部门办理车辆注册登记前，缴纳车辆购置税。

公安机关交通管理部门办理车辆注册登记，应当根据税务机关提供的应税车辆完税或者免税电子信息对纳税人申请登记的车辆信息进行核对，核对无误后依法办理车辆注册登记。

第十四条 免税、减税车辆因转让、改变用途等原因不再属于免税、减税范围的，纳税人应当在办理车辆转移登记或者变更登记前缴纳车辆购置税。计税价格以免税、减税车辆初次办理纳税申报时确定的计税价格为基准，每满一年扣减百分之十。

第十五条 纳税人将已征车辆购置税的车辆退回车

辆生产企业或者销售企业的,可以向主管税务机关申请退还车辆购置税。退税额以已缴税款为基准,自缴纳税款之日至申请退税之日,每满一年扣减百分之十。

第十六条 税务机关和公安、商务、海关、工业和信息化等部门应当建立应税车辆信息共享和工作配合机制,及时交换应税车辆和纳税信息资料。

第十七条 车辆购置税的征收管理,依照本法和《中华人民共和国税收征收管理法》的规定执行。

第十八条 纳税人、税务机关及其工作人员违反本法规定的,依照《中华人民共和国税收征收管理法》和有关法律法规的规定追究法律责任。

第十九条 本法自2019年7月1日起施行。2000年10月22日国务院公布的《中华人民共和国车辆购置税暂行条例》同时废止。

九、道路运输与管理

1. 一般规定

中华人民共和国道路运输条例

- 2004年4月30日中华人民共和国国务院令第406号公布
- 根据2012年11月9日《国务院关于修改和废止部分行政法规的决定》第一次修订
- 根据2016年2月6日《国务院关于修改部分行政法规的决定》第二次修订
- 根据2019年3月2日《国务院关于修改部分行政法规的决定》第三次修订
- 根据2022年3月29日《国务院关于修改和废止部分行政法规的决定》第四次修订
- 根据2023年7月20日《国务院关于修改和废止部分行政法规的决定》第五次修订

第一章 总 则

第一条 为了维护道路运输市场秩序，保障道路运输安全，保护道路运输有关各方当事人的合法权益，促进道路运输业的健康发展，制定本条例。

第二条 从事道路运输经营以及道路运输相关业务的，应当遵守本条例。

前款所称道路运输经营包括道路旅客运输经营（以下简称客运经营）和道路货物运输经营（以下简称货运经营）；道路运输相关业务包括站（场）经营、机动车维修经营、机动车驾驶员培训。

第三条 从事道路运输经营以及道路运输相关业务，应当依法经营，诚实信用，公平竞争。

第四条 道路运输管理，应当公平、公正、公开和便民。

第五条 国家鼓励发展乡村道路运输，并采取必要的措施提高乡镇和行政村的通班车率，满足广大农民的生活和生产需要。

第六条 国家鼓励道路运输企业实行规模化、集约化经营。任何单位和个人不得封锁或者垄断道路运输市场。

第七条 国务院交通运输主管部门主管全国道路运输管理工作。

县级以上地方人民政府交通运输主管部门负责本行政区域的道路运输管理工作。

第二章 道路运输经营
第一节 客 运

第八条 申请从事客运经营的，应当具备下列条件：

（一）有与其经营业务相适应并经检测合格的车辆；

（二）有符合本条例第九条规定条件的驾驶人员；

（三）有健全的安全生产管理制度。

申请从事班线客运经营的，还应当有明确的线路和站点方案。

第九条 从事客运经营的驾驶人员，应当符合下列条件：

（一）取得相应的机动车驾驶证；

（二）年龄不超过60周岁；

（三）3年内无重大以上交通责任事故记录；

（四）经设区的市级人民政府交通运输主管部门对有关客运法律法规、机动车维修和旅客急救基本知识考试合格。

第十条 申请从事客运经营的，应当依法向市场监督管理部门办理有关登记手续后，按照下列规定提出申请并提交符合本条例第八条规定条件的相关材料：

（一）从事县级行政区域内和毗邻县行政区域间客运经营的，向所在地县级人民政府交通运输主管部门提出申请；

（二）从事省际、市际、县际（除毗邻县行政区域间外）客运经营的，向所在地设区的市级人民政府交通运输主管部门提出申请；

（三）在直辖市申请从事客运经营的，向所在地直辖市人民政府确定的交通运输主管部门提出申请。

依照前款规定收到申请的交通运输主管部门，应当自受理申请之日起20日内审查完毕，作出许可或者不予许可的决定。予以许可的，向申请人颁发道路运输经营许可证，并向申请人投入运输的车辆配发车辆营运证；不予许可的，应当书面通知申请人并说明理由。

对从事省际和市际客运经营的申请，收到申请的交通运输主管部门依照本条第二款规定颁发道路运输经营许可证前，应当与运输线路目的地的相应交通运输主管部门协商，协商不成的，应当按程序报省、自治区、直辖市人民政府交通运输主管部门协商决定。对从事设区的市内毗邻县客运经营的申请，有关交通运输主管部门应当进行协商，协商不成的，报所在地市级人民政府交通运输主管部门决定。

第十一条　取得道路运输经营许可证的客运经营者，需要增加客运班线的，应当依照本条例第十条的规定办理有关手续。

第十二条　县级以上地方人民政府交通运输主管部门在审查客运申请时，应当考虑客运市场的供求状况、普遍服务和方便群众等因素。

同一线路有3个以上申请人时，可以通过招标的形式作出许可决定。

第十三条　县级以上地方人民政府交通运输主管部门应当定期公布客运市场供求状况。

第十四条　客运班线的经营期限为4年到8年。经营期限届满需要延续客运班线经营许可的，应当重新提出申请。

第十五条　客运经营者需要终止客运经营的，应当在终止前30日内告知原许可机关。

第十六条　客运经营者应当为旅客提供良好的乘车环境，保持车辆清洁、卫生，并采取必要的措施防止在运输过程中发生侵害旅客人身、财产安全的违法行为。

第十七条　旅客应当持有效客票乘车，遵守乘车秩序，讲究文明卫生，不得携带国家规定的危险物品及其他禁止携带的物品乘车。

第十八条　班线客运经营者取得道路运输经营许可证后，应当向公众连续提供运输服务，不得擅自暂停、终止或者转让班线运输。

第十九条　从事包车客运的，应当按照约定的起始地、目的地和线路运输。

从事旅游客运的，应当在旅游区域按照旅游线路运输。

第二十条　客运经营者不得强迫旅客乘车，不得甩客、敲诈旅客；不得擅自更换运输车辆。

第二节　货　运

第二十一条　申请从事货运经营的，应当具备下列条件：

（一）有与其经营业务相适应并经检测合格的车辆；

（二）有符合本条例第二十二条规定条件的驾驶人员；

（三）有健全的安全生产管理制度。

第二十二条　从事货运经营的驾驶人员，应当符合下列条件：

（一）取得相应的机动车驾驶证；

（二）年龄不超过60周岁；

（三）经设区的市级人民政府交通运输主管部门对有关货运法律法规、机动车维修和货物装载保管基本知识考试合格（使用总质量4500千克及以下普通货运车辆的驾驶人员除外）。

第二十三条　申请从事危险货物运输经营的，还应当具备下列条件：

（一）有5辆以上经检测合格的危险货物运输专用车辆、设备；

（二）有经所在地设区的市级人民政府交通运输主管部门考试合格，取得上岗资格证的驾驶人员、装卸管理人员、押运人员；

（三）危险货物运输专用车辆配有必要的通讯工具；

（四）有健全的安全生产管理制度。

第二十四条　申请从事货运经营的，应当依法向市场监督管理部门办理有关登记手续后，按照下列规定提出申请并分别提交符合本条例第二十一条、第二十三条规定条件的相关材料：

（一）从事危险货物运输经营以外的货运经营的，向县级人民政府交通运输主管部门提出申请；

（二）从事危险货物运输经营的，向设区的市级人民政府交通运输主管部门提出申请。

依照前款规定收到申请的交通运输主管部门，应当自受理申请之日起20日内审查完毕，作出许可或者不予许可的决定。予以许可的，向申请人颁发道路运输经营许可证，并向申请人投入运输的车辆配发车辆营运证；不予许可的，应当书面通知申请人并说明理由。

使用总质量4500千克及以下普通货运车辆从事普通货运经营的，无需按照本条规定申请取得道路运输经营许可证及车辆营运证。

第二十五条　货运经营者不得运输法律、行政法规禁止运输的货物。

法律、行政法规规定必须办理有关手续后方可运输的货物，货运经营者应当查验有关手续。

第二十六条　国家鼓励货运经营者实行封闭式运输，保证环境卫生和货物运输安全。

货运经营者应当采取必要措施，防止货物脱落、扬撒等。

运输危险货物应当采取必要措施,防止危险货物燃烧、爆炸、辐射、泄漏等。

第二十七条 运输危险货物应当配备必要的押运人员,保证危险货物处于押运人员的监管之下,并悬挂明显的危险货物运输标志。

托运危险货物的,应当向货运经营者说明危险货物的品名、性质、应急处置方法等情况,并严格按照国家有关规定包装,设置明显标志。

第三节 客运和货运的共同规定

第二十八条 客运经营者、货运经营者应当加强对从业人员的安全教育、职业道德教育,确保道路运输安全。

道路运输从业人员应当遵守道路运输操作规程,不得违章作业。驾驶人员连续驾驶时间不得超过4个小时。

第二十九条 生产(改装)客运车辆、货运车辆的企业应当按照国家规定标定车辆的核定人数或者载重量,严禁多标或者少标车辆的核定人数或者载重量。

客运经营者、货运经营者应当使用符合国家规定标准的车辆从事道路运输经营。

第三十条 客运经营者、货运经营者应当加强对车辆的维护和检测,确保车辆符合国家规定的技术标准;不得使用报废的、擅自改装的和其他不符合国家规定的车辆从事道路运输经营。

第三十一条 客运经营者、货运经营者应当制定有关交通事故、自然灾害以及其他突发事件的道路运输应急预案。应急预案应当包括报告程序、应急指挥、应急车辆和设备的储备以及处置措施等内容。

第三十二条 发生交通事故、自然灾害以及其他突发事件,客运经营者和货运经营者应当服从县级以上人民政府或者有关部门的统一调度、指挥。

第三十三条 道路运输车辆应当随车携带车辆营运证,不得转让、出租。

第三十四条 道路运输车辆运输旅客的,不得超过核定的人数,不得违反规定载货;运输货物的,不得运输旅客,运输的货物应当符合核定的载重量,严禁超载;载物的长、宽、高不得违反装载要求。

违反前款规定的,由公安机关交通管理部门依照《中华人民共和国道路交通安全法》的有关规定进行处罚。

第三十五条 客运经营者、危险物品运输经营者应当分别为旅客或者危险货物投保承运人责任险。

第三章 道路运输相关业务

第三十六条 从事道路运输站(场)经营的,应当具备下列条件:

(一)有经验收合格的运输站(场);

(二)有相应的专业人员和管理人员;

(三)有相应的设备、设施;

(四)有健全的业务操作规程和安全管理制度。

第三十七条 从事机动车维修经营的,应当具备下列条件:

(一)有相应的机动车维修场地;

(二)有必要的设备、设施和技术人员;

(三)有健全的机动车维修管理制度;

(四)有必要的环境保护措施。

国务院交通运输主管部门根据前款规定的条件,制定机动车维修经营业务标准。

第三十八条 从事机动车驾驶员培训的,应当具备下列条件:

(一)取得企业法人资格;

(二)有健全的培训机构和管理制度;

(三)有与培训业务相适应的教学人员、管理人员;

(四)有必要的教学车辆和其他教学设施、设备、场地。

第三十九条 申请从事道路旅客运输站(场)经营业务的,应当在依法向市场监督管理部门办理有关登记手续后,向所在地县级人民政府交通运输主管部门提出申请,并附送符合本条例第三十六条规定条件的相关材料。县级人民政府交通运输主管部门应当自受理申请之日起15日内审查完毕,作出许可或者不予许可的决定,并书面通知申请人。

从事道路货物运输站(场)经营、机动车维修经营和机动车驾驶员培训业务的,应当在依法向市场监督管理部门办理有关登记手续后,向所在地县级人民政府交通运输主管部门进行备案,并分别附送符合本条例第三十六条、第三十七条、第三十八条规定条件的相关材料。

第四十条 道路运输站(场)经营者应当对出站的车辆进行安全检查,禁止无证经营的车辆进站从事经营活动,防止超载车辆或者未经安全检查的车辆出站。

道路运输站(场)经营者应当公平对待使用站(场)的客运经营者和货运经营者,无正当理由不得拒绝道路运输车辆进站从事经营活动。

道路运输站(场)经营者应当向旅客和货主提供安全、便捷、优质的服务;保持站(场)卫生、清洁;不得随意改变站(场)用途和服务功能。

第四十一条 道路旅客运输站(场)经营者应当为客运经营者合理安排班次,公布其运输线路、起止经停站点、运输班次、始发时间、票价,调度车辆进站、发车,疏导旅客,维持上下车秩序。

道路旅客运输站(场)经营者应当设置旅客购票、候车、行李寄存和托运等服务设施,按照车辆核定载客限额售票,并采取措施防止携带危险品的人员进站乘车。

第四十二条 道路货物运输站(场)经营者应当按照国务院交通运输主管部门规定的业务操作规程装卸、储存、保管货物。

第四十三条 机动车维修经营者应当按照国家有关技术规范对机动车进行维修,保证维修质量,不得使用假冒伪劣配件维修机动车。

机动车维修经营者应当公布机动车维修工时定额和收费标准,合理收取费用,维修服务完成后应当提供维修费用明细单。

第四十四条 机动车维修经营者对机动车进行二级维护、总成修理或者整车修理的,应当进行维修质量检验。检验合格的,维修质量检验人员应当签发机动车维修合格证。

机动车维修实行质量保证期制度。质量保证期内因维修质量原因造成机动车无法正常使用的,机动车维修经营者应当无偿返修。

机动车维修质量保证期制度的具体办法,由国务院交通运输主管部门制定。

第四十五条 机动车维修经营者不得承修已报废的机动车,不得擅自改装机动车。

第四十六条 机动车驾驶员培训机构应当按照国务院交通运输主管部门规定的教学大纲进行培训,确保培训质量。培训结业的,应当向参加培训的人员颁发培训结业证书。

第四章 国际道路运输

第四十七条 国务院交通运输主管部门应当及时向社会公布中国政府与有关国家政府签署的双边或者多边道路运输协定确定的国际道路运输线路。

第四十八条 从事国际道路运输经营的,应当具备下列条件:

(一)依照本条例第十条、第二十四条规定取得道路运输经营许可证的企业法人;

(二)在国内从事道路运输经营满3年,且未发生重大以上道路交通责任事故。

第四十九条 申请从事国际道路旅客运输经营的,应当向省、自治区、直辖市人民政府交通运输主管部门提出申请并提交符合本条例第四十八条规定条件的相关材料。省、自治区、直辖市人民政府交通运输主管部门应当自受理申请之日起20日内审查完毕,作出批准或者不予批准的决定。予以批准的,应当向国务院交通运输主管部门备案;不予批准的,应当向当事人说明理由。

从事国际道路货物运输经营的,应当向省、自治区、直辖市人民政府交通运输主管部门进行备案,并附送符合本条例第四十八条规定条件的相关材料。

国际道路运输经营者应当持有关文件依法向有关部门办理相关手续。

第五十条 中国国际道路运输经营者应当在其投入运输车辆的显著位置,标明中国国籍识别标志。

外国国际道路运输经营者的车辆在中国境内运输,应当标明本国国籍识别标志,并按照规定的运输线路行驶;不得擅自改变运输线路,不得从事起止地都在中国境内的道路运输经营。

第五十一条 在口岸设立的国际道路运输管理机构应当加强对出入口岸的国际道路运输的监督管理。

第五十二条 外国国际道路运输经营者依法在中国境内设立的常驻代表机构不得从事经营活动。

第五章 执法监督

第五十三条 县级以上地方人民政府交通运输、公安、市场监督管理等部门应当建立信息共享和协同监管机制,按照职责分工加强对道路运输及相关业务的监督管理。

第五十四条 县级以上人民政府交通运输主管部门应当加强执法队伍建设,提高其工作人员的法制、业务素质。

县级以上人民政府交通运输主管部门的工作人员应当接受法制和道路运输管理业务培训、考核,考核不合格的,不得上岗执行职务。

第五十五条 上级交通运输主管部门应当对下级交通运输主管部门的执法活动进行监督。

县级以上人民政府交通运输主管部门应当建立健全内部监督制度,对其工作人员执法情况进行监督检查。

第五十六条 县级以上人民政府交通运输主管部门及其工作人员执行职务时,应当自觉接受社会和公民的监督。

第五十七条 县级以上人民政府交通运输主管部门应当建立道路运输举报制度,公开举报电话号码、通信地址或者电子邮件信箱。

任何单位和个人都有权对县级以上人民政府交通运输主管部门的工作人员滥用职权、徇私舞弊的行为进行举报。县级以上人民政府交通运输主管部门及其他有关部门收到举报后，应当依法及时查处。

第五十八条 县级以上人民政府交通运输主管部门的工作人员应当严格按照职责权限和程序进行监督检查，不得乱设卡、乱收费、乱罚款。

县级以上人民政府交通运输主管部门的工作人员应当重点在道路运输及相关业务经营场所、客货集散地进行监督检查。

县级以上人民政府交通运输主管部门的工作人员在公路路口进行监督检查时，不得随意拦截正常行驶的道路运输车辆。

第五十九条 县级以上人民政府交通运输主管部门的工作人员实施监督检查时，应当有2名以上人员参加，并向当事人出示执法证件。

第六十条 县级以上人民政府交通运输主管部门的工作人员实施监督检查时，可以向有关单位和个人了解情况，查阅、复制有关资料。但是，应当保守被调查单位和个人的商业秘密。

被监督检查的单位和个人应当接受依法实施的监督检查，如实提供有关资料或者情况。

第六十一条 县级以上人民政府交通运输主管部门的工作人员在实施道路运输监督检查过程中，发现车辆超载行为的，应当立即予以制止，并采取相应措施安排旅客改乘或者强制卸货。

第六十二条 县级以上人民政府交通运输主管部门的工作人员在实施道路运输监督检查过程中，对没有车辆营运证又无法当场提供其他有效证明的车辆予以暂扣的，应当妥善保管，不得使用，不得收取或者变相收取保管费用。

第六章 法律责任

第六十三条 违反本条例的规定，有下列情形之一的，由县级以上地方人民政府交通运输主管部门责令停止经营，并处罚款；构成犯罪的，依法追究刑事责任：

（一）未取得道路运输经营许可，擅自从事道路普通货物运输经营，违法所得超过1万元的，没收违法所得，处违法所得1倍以上5倍以下的罚款；没有违法所得或者违法所得不足1万元的，处3000元以上1万元以下的罚款，情节严重的，处1万元以上5万元以下的罚款；

（二）未取得道路运输经营许可，擅自从事道路客运经营，违法所得超过2万元的，没收违法所得，处违法所得2倍以上10倍以下的罚款；没有违法所得或者违法所得不足2万元的，处1万元以上10万元以下的罚款；

（三）未取得道路运输经营许可，擅自从事道路危险货物运输经营，违法所得超过2万元的，没收违法所得，处违法所得2倍以上10倍以下的罚款；没有违法所得或者违法所得不足2万元的，处3万元以上10万元以下的罚款。

第六十四条 不符合本条例第九条、第二十二条规定条件的人员驾驶道路运输经营车辆的，由县级以上地方人民政府交通运输主管部门责令改正，处200元以上2000元以下的罚款；构成犯罪的，依法追究刑事责任。

第六十五条 违反本条例的规定，未经许可擅自从事道路旅客运输站（场）经营的，由县级以上地方人民政府交通运输主管部门责令停止经营；有违法所得的，没收违法所得，处违法所得2倍以上10倍以下的罚款；没有违法所得或者违法所得不足1万元的，处2万元以上5万元以下的罚款；构成犯罪的，依法追究刑事责任。

从事机动车维修经营业务不符合国务院交通运输主管部门制定的机动车维修经营业务标准的，由县级以上地方人民政府交通运输主管部门责令改正；情节严重的，由县级以上地方人民政府交通运输主管部门责令停业整顿。

从事道路货物运输站（场）经营、机动车驾驶员培训业务，未按规定进行备案的，由县级以上地方人民政府交通运输主管部门责令改正；拒不改正的，处5000元以上2万元以下的罚款。

从事机动车维修经营业务，未按规定进行备案的，由县级以上地方人民政府交通运输主管部门责令改正；拒不改正的，处3000元以上1万元以下的罚款。

备案时提供虚假材料情节严重的，其直接负责的主管人员和其他直接责任人员5年内不得从事原备案的业务。

第六十六条 违反本条例的规定，客运经营者、货运经营者、道路运输相关业务经营者非法转让、出租道路运输许可证件的，由县级以上地方人民政府交通运输主管部门责令停止违法行为，收缴有关证件，处2000元以上1万元以下的罚款；有违法所得的，没收违法所得。

第六十七条 违反本条例的规定，客运经营者、危险货物运输经营者未按规定投保承运人责任险的，由县级以上地方人民政府交通运输主管部门责令限期投保；拒不投保的，由原许可机关吊销道路运输经营许可证。

第六十八条　违反本条例的规定,客运经营者有下列情形之一的,由县级以上地方人民政府交通运输主管部门责令改正,处 1000 元以上 2000 元以下的罚款;情节严重的,由原许可机关吊销道路运输经营许可证:

(一)不按批准的客运站点停靠或者不按规定的线路、公布的班次行驶的;

(二)在旅客运输途中擅自变更运输车辆或者将旅客移交他人运输的;

(三)未报告原许可机关,擅自终止客运经营的。

客运经营者强行招揽旅客,货运经营者强行招揽货物或者没有采取必要措施防止货物脱落、扬撒等的,由县级以上地方人民政府交通运输主管部门责令改正,处 1000 元以上 3000 元以下的罚款;情节严重的,由原许可机关吊销道路运输经营许可证。

第六十九条　违反本条例的规定,客运经营者、货运经营者不按规定维护和检测运输车辆的,由县级以上地方人民政府交通运输主管部门责令改正,处 1000 元以上 5000 元以下的罚款。

违反本条例的规定,客运经营者、货运经营者擅自改装已取得车辆营运证的车辆的,由县级以上地方人民政府交通运输主管部门责令改正,处 5000 元以上 2 万元以下的罚款。

第七十条　违反本条例的规定,道路旅客运输站(场)经营者允许无证经营的车辆进站从事经营活动以及超载车辆、未经安全检查的车辆出站或者无正当理由拒绝道路运输车辆进站从事经营活动的,由县级以上地方人民政府交通运输主管部门责令改正,处 1 万元以上 3 万元以下的罚款。

道路货物运输站(场)经营者有前款违法情形的,由县级以上地方人民政府交通运输主管部门责令改正,处 3000 元以上 3 万元以下的罚款。

违反本条例的规定,道路运输站(场)经营者擅自改变道路运输站(场)的用途和服务功能,或者不公布运输线路、起止经停站点、运输班次、始发时间、票价的,由县级以上地方人民政府交通运输主管部门责令改正;拒不改正的,处 3000 元的罚款;有违法所得的,没收违法所得。

第七十一条　违反本条例的规定,机动车维修经营者使用假冒伪劣配件维修机动车,承修已报废的机动车或者擅自改装机动车的,由县级以上地方人民政府交通运输主管部门责令改正;有违法所得的,没收违法所得,处违法所得 2 倍以上 10 倍以下的罚款;没有违法所得或者违法所得不足 1 万元的,处 2 万元以上 5 万元以下的罚款,没收假冒伪劣配件及报废车辆;情节严重的,由县级以上地方人民政府交通运输主管部门责令停业整顿;构成犯罪的,依法追究刑事责任。

第七十二条　违反本条例的规定,机动车维修经营者签发虚假的机动车维修合格证,由县级以上地方人民政府交通运输主管部门责令改正;有违法所得的,没收违法所得,处违法所得 2 倍以上 10 倍以下的罚款;没有违法所得或者违法所得不足 3000 元的,处 5000 元以上 2 万元以下的罚款;情节严重的,由县级以上地方人民政府交通运输主管部门责令停业整顿;构成犯罪的,依法追究刑事责任。

第七十三条　违反本条例的规定,机动车驾驶员培训机构不严格按照规定进行培训或者在培训结业证书发放时弄虚作假的,由县级以上地方人民政府交通运输主管部门责令改正;拒不改正的,责令停业整顿。

第七十四条　违反本条例的规定,外国国际道路运输经营者未按照规定的线路运输,擅自从事中国境内道路运输的,由省、自治区、直辖市人民政府交通运输主管部门责令停止运输;有违法所得的,没收违法所得,处违法所得 2 倍以上 10 倍以下的罚款;没有违法所得或者违法所得不足 1 万元的,处 3 万元以上 6 万元以下的罚款。

外国国际道路运输经营者未按照规定标明国籍识别标志的,由省、自治区、直辖市人民政府交通运输主管部门责令停止运输,处 200 元以上 2000 元以下的罚款。

从事国际道路货物运输经营,未按规定进行备案的,由省、自治区、直辖市人民政府交通运输主管部门责令改正;拒不改正的,处 5000 元以上 2 万元以下的罚款。

第七十五条　县级以上人民政府交通运输主管部门应当将道路运输及其相关业务经营者和从业人员的违法行为记入信用记录,并依照有关法律、行政法规的规定予以公示。

第七十六条　违反本条例的规定,县级以上人民政府交通运输主管部门的工作人员有下列情形之一的,依法给予行政处分;构成犯罪的,依法追究刑事责任:

(一)不依照本条例规定的条件、程序和期限实施行政许可的;

(二)参与或者变相参与道路运输经营以及道路运输相关业务的;

(三)发现违法行为不及时查处的;

(四)违反规定拦截、检查正常行驶的道路运输车辆的;

（五）违法扣留运输车辆、车辆营运证的；
（六）索取、收受他人财物，或者谋取其他利益的；
（七）其他违法行为。

第七章 附 则

第七十七条 内地与香港特别行政区、澳门特别行政区之间的道路运输，参照本条例的有关规定执行。

第七十八条 外商可以依照有关法律、行政法规和国家有关规定，在中华人民共和国境内采用中外合资、中外合作、独资形式投资有关的道路运输经营以及道路运输相关业务。

第七十九条 从事非经营性危险货物运输的，应当遵守本条例有关规定。

第八十条 县级以上地方人民政府交通运输主管部门依照本条例发放经营许可证件和车辆营运证，可以收取工本费。工本费的具体收费标准由省、自治区、直辖市人民政府财政部门、价格主管部门会同同级交通运输主管部门核定。

第八十一条 出租车客运和城市公共汽车客运的管理办法由国务院另行规定。

第八十二条 本条例自 2004 年 7 月 1 日起施行。

道路运输车辆技术管理规定

· 2023 年 4 月 24 日交通运输部令 2023 年第 3 号公布
· 自 2023 年 6 月 1 日起施行

第一章 总 则

第一条 为加强道路运输车辆技术管理，保持车辆技术状况良好，保障运输安全，发挥车辆效能，促进节能减排，根据《中华人民共和国安全生产法》《中华人民共和国节约能源法》《中华人民共和国道路运输条例》等法律、行政法规，制定本规定。

第二条 道路运输车辆技术管理适用本规定。

本规定所称道路运输车辆包括道路旅客运输车辆（以下简称客车）、道路普通货物运输车辆（以下简称货车）、道路危险货物运输车辆（以下简称危货车）。

本规定所称道路运输车辆技术管理，是指对道路运输车辆达标核查、维护修理、检验检测、年度审验、注销退出等环节进行的全过程技术性管理。

第三条 道路运输车辆技术管理应当坚持分类管理、预防为主、安全高效、节能环保的原则。

第四条 道路运输经营者是道路运输车辆技术管理的责任主体，负责对道路运输车辆实行择优选配、正确使用、周期维护、视情修理、定期检验检测和适时更新，保证投入道路运输经营的车辆符合技术要求。

第五条 鼓励道路运输经营者使用安全、节能、环保型车辆，促进智能化、轻量化、标准化车型推广运用，加强科技应用，不断提高车辆的管理水平和技术水平。

第六条 交通运输部主管全国道路运输车辆技术管理的监督工作。

县级以上地方人民政府交通运输主管部门（以下简称交通运输主管部门）负责本行政区域内道路运输车辆技术管理的监督工作。

第二章 车辆技术条件

第七条 从事道路运输经营的车辆应当符合下列技术要求：

（一）车辆的外廓尺寸、轴荷和最大允许总质量应当符合《汽车、挂车及汽车列车外廓尺寸、轴荷及质量限值》（GB 1589）的要求。

（二）车辆的技术性能应当符合《机动车安全技术检验项目和方法》（GB 38900）以及依法制定的保障营运车辆安全生产的国家标准或者行业标准的要求。

（三）车型的燃料消耗量限值应当符合依法制定的关于营运车辆燃料消耗限值标准的要求。

（四）车辆（挂车除外）的技术等级应当符合国家有关道路运输车辆技术等级评定的要求，达到二级以上。危货车、国际道路运输车辆以及从事一类和二类客运班线、包车客运的客车，技术等级应当达到一级。

（五）客车的类型等级应当符合国家有关营运客车类型等级评定的要求，达到普通级以上。从事一类和二类客运班线、包车客运、国际道路旅客运输的客车的类型等级应当达到中级以上。

第八条 交通运输主管部门应当加强从事道路运输经营车辆的达标管理，按照国家有关规定，组织对申请从事道路运输经营的车辆开展实车核查，如实记录核查情况，填写道路运输达标车辆核查记录表，对不符合本规定的车辆不得配发道路运输证。

在对挂车配发道路运输证和年度审验时，应当查验挂车是否具有有效行驶证件。

第九条 禁止使用报废、擅自改装、拼装、检验检测不合格以及其他不符合国家规定的车辆从事道路运输经营活动。

第十条 道路运输经营者应当按照国家有关机动车强制报废标准规定，对达到报废标准的道路运输车辆及时办理道路运输证注销手续。

第三章 车辆使用的技术管理

第一节 基本要求

第十一条 道路运输经营者应当遵守有关法律法规、标准和规范，认真履行车辆技术管理的主体责任，建立健全管理制度，加强车辆技术管理。

第十二条 鼓励道路运输经营者设置相应的部门负责车辆技术管理工作，并根据车辆数量和经营类别配备车辆技术管理人员，对车辆实施有效的技术管理。

第十三条 道路运输经营者应当加强车辆维护、使用、安全和节能等方面的业务培训，提升从业人员的业务素质和技能，确保车辆处于良好的技术状况。

第十四条 道路运输经营者应当根据有关道路运输企业车辆技术管理标准，结合车辆技术状况和运行条件，正确使用车辆。

鼓励道路运输经营者依据相关标准要求，制定车辆使用技术管理规范，科学设置车辆经济、技术定额指标并定期考核，提升车辆技术管理水平。

第十五条 道路运输经营者应当建立车辆技术档案，实行一车一档。档案内容主要包括：车辆基本信息、机动车检验检测报告（含车辆技术等级）、道路运输达标车辆核查记录表、客车类型等级审验、车辆维护和修理（含机动车维修竣工出厂合格证）、车辆主要零部件更换、车辆变更、行驶里程、对车辆造成损伤的交通事故等记录。档案内容应当准确、详实。

车辆转移所有权或者车籍地时，车辆技术档案应当随车移交。

道路运输经营者应当运用信息化技术做好道路运输车辆技术档案管理工作。

第二节 维护与修理

第十六条 道路运输经营者应当建立车辆维护制度。

车辆维护分为日常维护、一级维护和二级维护。日常维护由驾驶员实施，一级维护和二级维护由道路运输经营者组织实施，并做好记录。

第十七条 道路运输经营者应当依据国家有关标准和车辆维修手册、使用说明书等，结合车辆类别、车辆运行状况、行驶里程、道路条件、使用年限等因素，自行确定车辆维护周期，确保车辆正常维护。

车辆维护作业项目应当按照国家关于汽车维护的技术规范要求和汽车生产企业公开的车辆维护技术信息确定。

道路运输经营者具备二级维护作业能力的，可以对自有车辆进行二级维护作业，保证投入运营的车辆符合技术管理要求，无需进行二级维护竣工质量检测。

道路运输经营者不具备二级维护作业能力的，应当委托二类以上机动车维修经营者进行二级维护作业。机动车维修经营者完成二级维护作业后，应当向委托方出具机动车维修竣工出厂合格证。

第十八条 道路运输经营者应当遵循视情修理、保障安全的原则，根据实际情况对车辆进行及时修理。

第十九条 道路运输经营者用于运输剧毒化学品、爆炸品的专用车辆及罐式专用车辆（含罐式挂车），应当到具备危货车维修条件的企业进行维修。

前款规定专用车辆的牵引车和其他运输危险货物的车辆由道路运输经营者消除危险货物的危害后，可以到具备一般车辆维修条件的企业进行维修。

第三节 检验检测

第二十条 道路运输经营者应当定期到取得市场监督管理部门资质认定证书、具备相应检验检测能力的机动车检验检测机构，对道路运输车辆进行检验检测和技术等级评定。

第二十一条 道路运输经营者应当自道路运输车辆首次取得道路运输证当月起，按照下列周期和频次进行检验检测和技术等级评定：

（一）客车自首次经国家机动车登记主管部门注册登记不满 60 个月的，每 12 个月进行 1 次检验检测和技术等级评定；超过 60 个月的，每 6 个月进行 1 次检测和技术等级评定。

（二）其他道路运输车辆自首次经国家机动车登记主管部门注册登记不满 120 个月的，每 12 个月进行 1 次检验检测和技术等级评定；超过 120 个月的，每 6 个月进行 1 次检验检测和技术等级评定。

第二十二条 客车、危货车的检验检测和技术等级评定应当委托车籍所在地的机动车检验检测机构进行。

货车的检验检测和技术等级评定可以在全国范围内自主选择机动车检验检测机构进行。

第二十三条 从事道路运输车辆检验检测业务的机动车检验检测机构应当按照《机动车安全技术检验项目和方法》（GB 38900）实施检验检测，出具机动车检验检测报告，并在报告中备注车辆技术等级。

车籍所在地交通运输主管部门应当将车辆技术等级在道路运输证上标明。道路运输车辆取得网上年度审验凭证的，本年度可免于在道路运输证上标明车辆技术等级。

从事道路运输车辆检验检测业务的机动车检验检测机构应当确保检验检测和技术等级评定结果客观、公正、准确，并对检验检测和技术等级评定结果承担法律责任。

第二十四条　从事道路运输车辆检验检测业务的机动车检验检测机构应当及时、准确、完整上传检验检测数据和检验检测报告。

第二十五条　从事道路运输车辆检验检测业务的机动车检验检测机构应当建立车辆检验检测档案，档案内容主要包括：车辆基本信息、机动车检验检测报告（含车辆技术等级）。

第四章　监督检查

第二十六条　交通运输主管部门应当按照职责权限和法定程序对道路运输车辆技术管理进行监督检查。

相关单位和个人应当积极配合交通运输主管部门的监督检查，如实反映情况，提供有关资料。

第二十七条　交通运输主管部门应当将车辆技术等级情况、客车类型等级情况纳入道路运输车辆年度审验内容。

第二十八条　从事道路运输车辆检验检测业务的机动车检验检测机构有下列行为之一的，交通运输主管部门不予采信其出具的检验检测报告，并抄报同级市场监督管理部门处理：

（一）不按技术标准、规范对道路运输车辆进行检验检测的；

（二）未经检验检测出具道路运输车辆检验检测结果的；

（三）不如实出具道路运输车辆检验检测结果的。

从事道路运输车辆检验检测业务的机动车检验检测机构未及时、准确、完整上传检验检测数据和检验检测报告，交通运输主管部门可以将相关情况定期向社会公布。

第二十九条　交通运输主管部门应当依托道路运政管理信息系统建立车辆管理档案，及时更新档案内容，实现全国道路运输车辆管理档案信息共享。

档案内容主要包括：车辆基本信息，道路运输达标车辆核查记录表，机动车检验检测报告（含车辆技术等级），客车类型等级审验、车辆变更等记录。

第三十条　道路运输经营者使用报废、擅自改装、拼装、检验检测不合格和其他不符合国家规定的车辆从事道路运输经营活动的，或者道路运输车辆的技术状况未达到第七条规定的有关标准要求的，交通运输主管部门应当责令改正。

交通运输主管部门应当将对道路运输车辆技术管理的监督检查和执法情况纳入道路运输企业质量信誉考核和信用管理。

第五章　法律责任

第三十一条　违反本规定，道路运输经营者未按照规定的周期和频次进行车辆检验检测或者未按规定维护道路运输车辆的，交通运输主管部门应当责令改正，处1000元以上5000元以下罚款。

第三十二条　交通运输主管部门工作人员在监督管理工作中滥用职权、玩忽职守、徇私舞弊的，依法给予行政处分；构成犯罪的，由司法机关依法处理。

第六章　附　则

第三十三条　从事普通货运经营的总质量4500千克以下普通货运车辆，不适用本规定。

第三十四条　本规定自2023年6月1日起施行。2016年1月22日以交通运输部令2016年第1号公布的《道路运输车辆技术管理规定》、2019年6月21日以交通运输部令2019年第19号公布的《关于修改〈道路运输车辆技术管理规定〉的决定》、2022年9月26日以交通运输部令2022年第29号公布的《关于修改〈道路运输车辆技术管理规定〉的决定》同时废止。

道路运输车辆动态监督管理办法

- 2014年1月28日交通运输部、公安部、国家安全生产监督管理总局发布
- 根据2016年4月20日《交通运输部、公安部、国家安全生产监督管理总局关于修改〈道路运输车辆动态监督管理办法〉的决定》第一次修正
- 根据2022年2月14日《交通运输部、公安部、应急管理部关于修改〈道路运输车辆动态监督管理办法〉的决定》第二次修正

第一章　总　则

第一条　为加强道路运输车辆动态监督管理，预防和减少道路交通事故，依据《中华人民共和国安全生产法》《中华人民共和国道路交通安全法实施条例》《中华人民共和国道路运输条例》等有关法律法规，制定本办法。

第二条　道路运输车辆安装、使用具有行驶记录功能的卫星定位装置（以下简称卫星定位装置）以及相关安全监督管理活动，适用本办法。

第三条　本办法所称道路运输车辆，包括用于公路

营运的载客汽车、危险货物运输车辆、半挂牵引车以及重型载货汽车(总质量为12吨及以上的普通货运车辆)。

第四条 道路运输车辆动态监督管理应当遵循企业监控、政府监管、联网联控的原则。

第五条 道路运输管理机构、公安机关交通管理部门、应急管理部门依据法定职责,对道路运输车辆动态监控工作实施联合监督管理。

第二章 系统建设

第六条 道路运输车辆卫星定位系统平台应当符合以下标准要求:

(一)《道路运输车辆卫星定位系统平台技术要求》(GB/T 35658);

(二)《道路运输车辆卫星定位系统终端通信协议及数据格式》(JT/T 808);

(三)《道路运输车辆卫星定位系统平台数据交换》(JT/T 809)。

第七条 在道路运输车辆上安装的卫星定位装置应符合以下标准要求:

(一)《道路运输车辆卫星定位系统车载终端技术要求》(JT/T 794);

(二)《道路运输车辆卫星定位系统终端通信协议及数据格式》(JT/T 808);

(三)《机动车运行安全技术条件》(GB 7258);

(四)《汽车行驶记录仪》(GB/T 19056)。

第八条 道路旅客运输企业、道路危险货物运输企业和拥有50辆及以上重型载货汽车或者牵引车的道路货物运输企业应当按照标准建设道路运输车辆动态监控平台,或者使用符合条件的社会化卫星定位系统监控平台(以下统称监控平台),对所属道路运输车辆和驾驶员运行过程进行实时监控和管理。

第九条 道路运输企业新建或者变更监控平台,在投入使用前应当向原发放《道路运输经营许可证》的道路运输管理机构备案。

第十条 提供道路运输车辆动态监控社会化服务的,应当向省级道路运输管理机构备案,并提供以下材料:

(一)营业执照;

(二)服务格式条款、服务承诺;

(三)履行服务能力的相关证明材料。

第十一条 旅游客车、包车客车、三类以上班线客车和危险货物运输车辆在出厂前应当安装符合标准的卫星定位装置。重型载货汽车和半挂牵引车在出厂前应当安装符合标准的卫星定位装置,并接入全国道路货运车辆公共监管与服务平台(以下简称道路货运车辆公共平台)。

车辆制造企业为道路运输车辆安装符合标准的卫星定位装置后,应当随车附带相关安装证明材料。

第十二条 道路运输经营者应当选购安装符合标准的卫星定位装置的车辆,并接入符合要求的监控平台。

第十三条 道路运输企业应当在监控平台中完整、准确地录入所属道路运输车辆和驾驶人员的基础资料等信息,并及时更新。

第十四条 道路旅客运输企业和道路危险货物运输企业监控平台应当接入全国重点营运车辆联网联控系统(以下简称联网联控系统),并按照要求将车辆行驶的动态信息和企业、驾驶人员、车辆的相关信息逐级上传至全国道路运输车辆动态信息公共交换平台。

道路货运企业监控平台应当与道路货运车辆公共平台对接,按照要求将企业、驾驶人员、车辆的相关信息上传至道路货运车辆公共平台,并接收道路货运车辆公共平台转发的货运车辆行驶的动态信息。

第十五条 道路运输管理机构在办理营运手续时,应当对道路运输车辆安装卫星定位装置及接入系统平台的情况进行审核。

第十六条 对新出厂车辆已安装的卫星定位装置,任何单位和个人不得随意拆卸。除危险货物运输车辆接入联网联控系统监控平台时按照有关标准要求进行相应设置以外,不得改变货运车辆车载终端监控中心的域名设置。

第十七条 道路运输管理机构负责建设和维护道路运输车辆动态信息公共服务平台,落实维护经费,向地方人民政府争取纳入年度预算。道路运输管理机构应当建立逐级考核和通报制度,保证联网联控系统长期稳定运行。

第十八条 道路运输管理机构、公安机关交通管理部门、应急管理部门间应当建立信息共享机制。

公安机关交通管理部门、应急管理部门根据需要可以通过道路运输车辆动态信息公共服务平台,随时或者定期调取系统中的全国道路运输车辆动态监控数据。

第十九条 任何单位、个人不得擅自泄露、删除、篡改卫星定位系统平台的历史和实时动态数据。

第三章 车辆监控

第二十条 道路运输企业是道路运输车辆动态监控的责任主体。

第二十一条 道路旅客运输企业、道路危险货物运输企业和拥有50辆及以上重型载货汽车或牵引车的道路货物运输企业应当配备专职监控人员。专职监控人员配置原则上按照监控平台每接入100辆车设1人的标准配备，最低不少于2人。

监控人员应当掌握国家相关法规和政策，经运输企业培训、考试合格后上岗。

第二十二条 道路货运车辆公共平台负责对个体货运车辆和小型道路货物运输企业（拥有50辆以下重型载货汽车或牵引车）的货运车辆进行动态监控。道路货运车辆公共平台设置监控超速行驶和疲劳驾驶的限值，自动提醒驾驶员纠正超速行驶、疲劳驾驶等违法行为。

第二十三条 道路运输企业应当建立健全并严格落实动态监控管理相关制度，规范动态监控工作：

（一）系统平台的建设、维护及管理制度；
（二）车载终端安装、使用及维护制度；
（三）监控人员岗位职责及管理制度；
（四）交通违法动态信息处理和统计分析制度；
（五）其他需要建立的制度。

第二十四条 道路运输企业应当根据法律法规的相关规定以及车辆行驶道路的实际情况，按照规定设置监控超速行驶和疲劳驾驶的限值，以及核定经营线路、区域及夜间行驶时间等，在所属车辆运行期间对车辆和驾驶员进行实时监控和管理。

设置超速行驶和疲劳驾驶的限值，应当符合客运驾驶员24小时累计驾驶时间原则上不超过8小时，日间连续驾驶不超过4小时，夜间连续驾驶不超过2小时，每次停车休息时间不少于20分钟，客运车辆夜间行驶速度不得超过日间限速80%的要求。

第二十五条 监控人员应当实时分析、处理车辆行驶动态信息，及时提醒驾驶员纠正超速行驶、疲劳驾驶等违法行为，并记录存档为动态监控台账；对经提醒仍然继续违法驾驶的驾驶员，应当及时向企业安全管理机构报告，安全管理机构应当立即采取措施制止；对拒不执行制止措施仍然继续违法驾驶的，道路运输企业应当及时报告公安机关交通管理部门，并在事后解聘驾驶员。

动态监控数据应当至少保存6个月，违法驾驶信息及处理情况应当至少保存3年。对存在交通违法信息的驾驶员，道路运输企业在事后应当及时给予处理。

第二十六条 道路运输经营者应当确保卫星定位装置正常使用，保持车辆运行实时在线。

卫星定位装置出现故障不能保持在线的道路运输车辆，道路运输经营者不得安排其从事道路运输经营活动。

第二十七条 任何单位和个人不得破坏卫星定位装置以及恶意人为干扰、屏蔽卫星定位装置信号，不得篡改卫星定位装置数据。

第二十八条 卫星定位系统平台应当提供持续、可靠的技术服务，保证车辆动态监控数据真实、准确，确保提供监控服务的系统平台安全、稳定运行。

第四章 监督检查

第二十九条 道路运输管理机构应当充分发挥监控平台的作用，定期对道路运输企业动态监控工作的情况进行监督考核，并将其纳入企业质量信誉考核的内容，作为运输企业班线招标和年度审验的重要依据。

第三十条 公安机关交通管理部门可以将道路运输车辆动态监控系统记录的交通违法信息作为执法依据，依法查处。

第三十一条 应急管理部门应当按照有关规定认真开展事故调查工作，严肃查处违反本办法规定的责任单位和人员。

第三十二条 道路运输管理机构、公安机关交通管理部门、应急管理部门监督检查人员可以向被检查单位和个人了解情况，查阅和复制有关材料。被监督检查的单位和个人应当积极配合监督检查，如实提供有关资料和说明情况。

道路运输车辆发生交通事故的，道路运输企业或者道路货运车辆公共平台负责单位应当在接到事故信息后立即封存车辆动态监控数据，配合事故调查，如实提供肇事车辆动态监控数据；肇事车辆安装车载视频装置的，还应当提供视频资料。

第三十三条 鼓励各地利用卫星定位装置，对营运驾驶员安全行驶里程进行统计分析，开展安全行车驾驶员竞赛活动。

第五章 法律责任

第三十四条 道路运输管理机构对未按照要求安装卫星定位装置，或者已安装卫星定位装置但未能在联网联控系统（重型载货汽车和半挂牵引车未能在道路货运车辆公共平台）正常显示的车辆，不予发放或者审验《道路运输证》。

第三十五条 违反本办法的规定，道路运输企业有下列情形之一的，由县级以上道路运输管理机构责令改正。拒不改正的，处1000元以上3000元以下罚款：

（一）道路运输企业未使用符合标准的监控平台、监控平台未接入联网联控系统、未按规定上传道路运输车辆动态信息的；

(二)未建立或者未有效执行交通违法动态信息处理制度、对驾驶员交通违法处理率低于90%的;

(三)未按规定配备专职监控人员,或者监控人员未有效履行监控职责的。

第三十六条 违反本办法的规定,道路运输经营者使用卫星定位装置不能保持在线的运输车辆从事经营活动的,由县级以上道路运输管理机构对其进行教育并责令改正,拒不改正或者改正后再次发生同类违反规定情形的,处200元以上800元以下罚款。

第三十七条 违反本办法的规定,道路运输企业或者提供道路运输车辆动态监控社会化服务的单位伪造、篡改、删除车辆动态监控数据的,由县级以上道路运输管理机构责令改正,处500元以上2000元以下罚款。

第三十八条 违反本办法的规定,发生道路交通事故的,具有第三十五条、第三十六条、第三十七条情形之一的,依法追究相关人员的责任;构成犯罪的,依法追究刑事责任。

第三十九条 道路运输管理机构、公安机关交通管理部门、应急管理部门工作人员执行本办法过程中玩忽职守、滥用职权、徇私舞弊的,给予行政处分;构成犯罪的,依法追究刑事责任。

第六章 附 则

第四十条 在本办法实施前已经进入运输市场的重型载货汽车和半挂牵引车,应当于2015年12月31日前全部安装、使用卫星定位装置,并接入道路货运车辆公共平台。

农村客运车辆动态监督管理可参照本办法执行。

第四十一条 本办法自2014年7月1日起施行。

道路运输服务质量投诉管理规定

- 1999年10月11日交通部发布
- 根据2016年9月2日《交通运输部关于修改〈道路运输服务质量投诉管理规定〉的决定》修正

第一章 总 则

第一条 为了保护道路运输服务对象的合法权益,及时、公正处理服务质量投诉,加强对道路运输服务质量的监督和管理,维护道路运输市场的正常秩序,依据《中华人民共和国消费者权益保护法》及其他有关法律、法规制定本规定。

第二条 县级以上(含县级,下同)人民政府交通行政主管部门负责本辖区道路运输服务质量投诉管理工作,其所属的道路运政管理机构(以下简称运政机构)是道路运输服务质量投诉(以下简称服务质量投诉)的受理机构,负责本规定的具体实施。

第三条 各级运政机构受理服务质量投诉应遵循合法、公正、高效、便民的原则。

第二章 投诉受理机构

第四条 县级以上运政机构应当向社会公布投诉地址及投诉电话,及时受理本辖区的服务质量投诉案件。

第五条 运政机构受理服务质量投诉的主要职责是:

(一)贯彻执行国家有关服务质量投诉处理的法律、法规和规章制度;

(二)及时调查处理(或批转下一级运政机构调查处理)被投诉对象注册地为本辖区的服务质量投诉案件;报请上一级运政机构将本单位收到的被投诉对象注册地为非本辖区的投诉案件批转其辖区运政机构办理;

(三)协助上一级运政机构调查处理涉及本辖区的服务质量投诉案件;

(四)受理上一级运政机构转来的投诉案件,并报告投诉的调查处理情况和结果;

(五)建立健全本辖区服务质量投诉受理工作通报表彰、统计分析和投诉档案管理以及信息反馈等制度;

(六)督促、检查本辖区道路运输经营者制定和实施服务质量纠纷处理制度。

第三章 投诉受理条件和范围

第六条 投诉受理条件:

(一)投诉人必须是权益受到损害的道路运输服务对象或他们的代理人;

(二)有明确的投诉对象、具体事实及有关证明材料或证明人。

第七条 投诉受理范围:

(一)道路运输经营者未履行合同或协议而又拒不承担违约责任的;

(二)道路运输经营者未执行国家有关价格政策或未提供与其价格相符的服务的;

(三)道路运输经营者故意或过失造成投诉人人身伤害,货物灭失、短少、变质、污染、损坏、误期等而又拒绝赔偿损失的;

(四)道路运输经营者有欺诈行为的;

(五)道路运输经营者在经营活动中违反有关法律、法规或规章导致道路运输服务对象权益受到损害的;

(六)道路运输经营者未按规定提供与其经营内容

相适应的服务设施、服务项目或服务质量标准的；

（七）道路运输经营者其他侵犯投诉人权益、损害投诉人利益的行为。

第八条 下列投诉不属于本受理范围：

（一）法院、仲裁机构或者有关行政机关已经受理的案件；

（二）由于不可抗力造成道路运输服务对象权益受到损害的投诉；

（三）治安和刑事案件投诉；

（四）交通事故投诉；

（五）国家法律、法规已经明确规定由其他机构受理的投诉。

第四章 投诉人与被投诉人

第九条 投诉可采用书面投诉、电话投诉或当面投诉三种形式。投诉人应在书面投诉材料上阐明或在电话投诉、当面投诉时说明下列事项：

（一）投诉人的名称或姓名及联系方式；

（二）被投诉人的名称或车辆牌照号码；

（三）投诉案件发生的时间、地点、经过及有关证明材料或证明人；

（四）投诉请求（包括停止侵害、惩治违法、违章经营，赔礼道歉，赔偿损失等）。

第十条 投诉人有权了解投诉的处理情况；有权与被投诉人自行和解；有权放弃或变更投诉请求。

第十一条 被投诉人有就被投诉案件进行陈述和申辩的权利。

第十二条 被投诉人不得妨碍运政机构对投诉案件进行的调查、核实工作，不得销毁、灭失有关证据。

第五章 投诉受理程序

第十三条 运政机构接到投诉时，应当根据第七条、第八条的规定，确定是否受理，不予受理的，要说明理由。电话投诉和当面投诉的要做好投诉记录（《道路运输服务质量投诉记录》式样见附件1），也可通知其递交书面投诉材料。

第十四条 运政机构受理投诉后，应当在5日内通知被投诉人。被投诉人应当在接到投诉通知之日起10日内作出书面答复意见。书面答复应当载明以下事项：

（一）对投诉内容及投诉请求表明态度；

（二）陈述事实，申辩举证；

（三）提出解决意见。

第十五条 运政机构应依法对投诉案件进行核实，经调查核实后，依据有关法律、法规或规章，分清责任，在投诉受理之日起30日内，做出相应的投诉处理决定，并通知双方当事人。

第六章 投诉处理

第十六条 根据投诉事实的性质，对投诉案件的处理决定可采取调解或行政处罚两种处理方式。

第十七条 投诉案件的责任认定主要依据是投诉事实和有关法律、法规及规章：

（一）《中华人民共和国合同法》及其他有关道路运输或合同的法律、法规；

（二）《道路旅客运输及客运站管理规定》《道路货物运输及站场管理规定》《道路运输车辆技术管理规定》等道路运输管理规章。

第十八条 根据责任认定结果，可做出以下调解意见，并应说明理由：

（一）被投诉人过错的，由被投诉人向投诉人赔礼道歉或赔偿损失；

（二）投诉人与被投诉人共同过错的，由双方分别承担相应责任；

（三）投诉人自身过错的，责任自负。

第十九条 运政机构对投诉案件进行调解，应制《道路运输服务质量投诉调解书》（式样见附件2），一式3份。由投诉人、被投诉人双方（或其代表）签字，并经运政管理机构盖章确认后，分别交投诉人和被投诉人各1份，运政机构存档1份。

第二十条 有关汽车维修质量纠纷的调解依照《汽车维修质量纠纷调解办法》（交公路发〔1998〕349号）办理。

第二十一条 由于道路运输经营者经营活动违反有关法律、法规及规章导致道路运输服务对象权益受到侵害的投诉案件，运政机构应责令其停止侵害，并依照有关道路运输的法律、法规及规章给予行政处罚。

第二十二条 运政机构工作人员在处理投诉案件过程中玩忽职守、推诿拖拉、徇私枉法的，应给予行政处分，构成犯罪的追究法律责任。

第七章 附则

第二十三条 道路运输经营者被投诉的责任频率、对投诉案件调解工作是否配合等情况，是考核企业服务质量、评定企业资质等级等方面的主要依据之一，应作为年度审验的重要内容，并在涉及审批事项等方面作为先决条件。

第二十四条 本规定自2000年1月1日起实施。

附件 1

道路运输服务质量投诉记录

（式样）

日期：　　　　　　　　编号：#运诉记[＊＊＊＊]第%%号

投诉人		记录人	
被投诉人名称或车辆牌照号码			
案件发生时间		发生地点	
投诉案件梗概 （填写不下,可另附纸）			
证明材料或证明人			
投诉请求			
联系人		联系电话	

注：#—代表受理机构所在行政区划简称；＊＊＊＊—代表年份；%%—代表当年受理投诉案件的序号。

附件 2

道路运输服务质量投诉调解书

（式样）

日期：　　　　　　　　编号：#运诉调[＊＊＊＊]第%%号

投诉人名称 或姓名(甲方)	
被投诉人名称 或姓名(乙方)	
投诉受理机构名称	

续 表

投诉案件梗概 (填写不下,可另附纸)		
证明材料或证明人		
调解意见		
投诉受理机构:(盖章)　经办人:(签字)		
甲方意见	甲方或其代表签字	
乙方意见	乙方或其代表签字	

注:#—代表受理机构所在行政区划简称;＊＊＊＊—代表年份;%%—代表当年调解投诉案件的序号。

道路运输电子证照运行服务规范(试行)

- 2022年11月4日
- 交办运函〔2022〕1606号

第一章　总　则

第一条　为规范道路运输电子证照的应用服务和系统运行,支撑道路运输电子证照跨地区互信互认和共享共用,根据《国务院关于在线政务服务的若干规定》《交通运输部办公厅关于加快推广应用道路运输电子证照的通知》等规定,制定本规范。

第二条　本规范适用于省级交通运输主管部门实施道路运输电子证照管理、应用服务、系统运行与安全、监督评价等相关活动。

第三条　省级交通运输主管部门应结合实际,制定道路运输电子证照管理制度,包括证照应用服务、系统运行管理等,并指定专人负责道路运输电子证照管理工作。

第四条　省级交通运输主管部门严格按照交通运输行业标准《道路运输电子证照从业资格证》(JT/T1290—2019)、《道路运输电子证照经营许可证》(JT/T1291—2019)、《道路运输电子证照运输证》(JT/T1292—2019)及《道路运输电子证照工程应用技术规范(试行)》,建设省级道路运输电子证照系统,生成并归集道路运输电子证照。

第五条　道路运输电子证照制发不改变原行政许可层级、条件、程序和内容等事项。

第六条　道路运输电子证照与纸质证照具有同等法律效力。除法律、行政法规另有规定外,道路运输电子证照可作为办理政务服务事项的依据。

第二章　应用服务要求

第七条　省级交通运输主管部门应结合道路运输证照的签发、变更、注销等,以及车辆年度审验、驾驶员诚信考核等业务办理工作,同步更新电子证照信息,将制发的电子证照文件实时归集部省级道路运输电子证照系统,确保证照部省同步、数据准确。

第八条　省级交通运输主管部门应加快推进本省份道路运输电子证照工作,提高道路运输电子证照制证率、激活率和数据合规率等。

第九条　省级交通运输主管部门应积极推进道路运输电子证照的跨地区互信互认,在跨地区执法检查、业务办理时,对行政相对人通过部微信公众号、微信小程序等出示的道路运输电子证照予以认可,并在线对电子证照的真实性进行核验。

第十条 省级交通运输主管部门应积极鼓励和支持道路运输电子证照的共享应用，丰富便民服务、政务服务、创新监管等应用场景。

第十一条 省级交通运输主管部门应建立道路运输电子证照数据核查机制，定期检查电子证照数据，确保证照数据的真实性、完整性、有效性和及时性。

第十二条 电子证照的共享使用应由持证主体或交通运输主管部门授权，未经授权不能共享使用。经授权的道路运输电子证照加附件，可作为道路运输相关业务办理的电子存档。任何组织或个人不得随意向社会公开通过电子证照系统共享获得的电子证照信息。

第十三条 省级交通运输主管部门应加强道路运输电子证照的宣传培训，提高相关业务办理及执法人员的业务服务能力，引导广大道路运输经营者和从业人员积极使用电子证照。

第三章 系统运行与安全要求

第十四条 省级交通运输主管部门应严格落实《中华人民共和国网络安全法》《中华人民共和国数据安全法》《中华人民共和国个人信息保护法》和《中华人民共和国密码法》要求，确保道路运输电子证照系统安全稳定运行。

第十五条 省级交通运输主管部门应做好省级道路运输电子证照系统的运行维护，采用安全可靠的管理和技术措施，确保系统不间断运行。

第十六条 省级交通运输主管部门应按照"谁主管谁负责，谁建设谁负责，谁运行谁负责"的原则，建立网络安全责任体系，确保网络安全责任落实到人。

第十七条 省级交通运输主管部门应落实网络安全等级保护第三级要求，建立系统网络安全管理制度体系和技术防护体系，建立定期系统网络安全巡检制度，每年开展第三方网络安全评估工作，加强网络安全管理。

第十八条 省级交通运输主管部门应加强电子证照的数据安全保护，严防非法授权访问、非法数据出库等行为，防止数据泄露，保障数据安全。加强国产密码应用和安全性评估。

第十九条 省级交通运输主管部门应做好系统运行应急处置，确保系统运行发生异常时能及时响应，采取有效措施，快速恢复系统运行。

第二十条 省级交通运输主管部门如需对部级系统中的本省份电子证照数据进行维护，需报送申请单，具体见附表1。

第四章 监督与评价

第二十一条 交通运输部负责指导道路运输电子证照推广应用工作，并对省级交通运输主管部门道路运输电子证照应用服务、系统运行工作进行监督与评价。

第二十二条 省级交通运输主管部门负责本省内道路运输电子证照推广应用工作，做好电子证照应用服务、系统运行和自查自评工作。

第二十三条 评价程序与要求

（一）年度报告。省级交通运输主管部门应每年总结道路运输电子证照推广应用情况，并结合自查自评工作，形成年度报告，于当年11月底前报送交通运输部运输服务司。

（二）评价方式。评价工作采取实地考察、系统分析、抽样调查、年度报告核查等方式进行。对弄虚作假、谎报瞒报，经核查属实的，予以通报批评。

（三）计分标准。评价按照年度进行，实行计分制。评价内容和指标详见附表2。

（四）定期通报。交通运输部运输服务司每年综合形成评价结果并予以通报。省级交通运输主管部门应及时整改通报的问题。

第五章 附 则

第二十四条 本规范由交通运输部运输服务司负责解释。

第二十五条 省级交通运输主管部门可参照本规范，制定本省份道路运输电子证照系统运行服务实施细则。

第二十六条 本服务规范自发布之日起施行。

2. 道路旅客运输

道路旅客运输及客运站管理规定

- 2020年7月6日交通运输部公布
- 根据2022年9月26日《交通运输部关于修改〈道路旅客运输及客运站管理规定〉的决定》第一次修正
- 根据2023年11月10日《交通运输部关于修改〈道路旅客运输及客运站管理规定〉的决定》第二次修正

第一章 总 则

第一条 为规范道路旅客运输及道路旅客运输站经营活动，维护道路旅客运输市场秩序，保障道路旅客运输安全，保护旅客和经营者的合法权益，依据《中华人民共和国道路运输条例》及有关法律、行政法规的规定，制定本规定。

第二条 从事道路旅客运输（以下简称道路客运）经营以及道路旅客运输站（以下简称客运站）经营的，应当遵守本规定。

第三条 本规定所称道路客运经营，是指使用客车运送旅客、为社会公众提供服务、具有商业性质的道路客运活动，包括班车（加班车）客运、包车客运、旅游客运。

（一）班车客运是指客车在城乡道路上按照固定的线路、时间、站点、班次运行的一种客运方式。加班车客运是班车客运的一种补充形式，是在客运班车不能满足需要或者无法正常运营时，临时增加或者调配客车按客运班车的线路、站点运行的方式。

（二）包车客运是指以运送团体旅客为目的，将客车包租给用户安排使用，提供驾驶劳务，按照约定的起始地、目的地和路线行驶，由包车用户统一支付费用的一种客运方式。

（三）旅游客运是指以运送旅游观光的旅客为目的，在旅游景区内运营或者其线路至少有一端在旅游景区（点）的一种客运方式。

本规定所称客运站经营，是指以站场设施为依托，为道路客运经营者和旅客提供有关运输服务的经营活动。

第四条 道路客运和客运站管理应当坚持以人为本、安全第一的宗旨，遵循公平、公正、公开、便民的原则，打破地区封锁和垄断，促进道路运输市场的统一、开放、竞争、有序，满足广大人民群众的美好出行需求。

道路客运及客运站经营者应当依法经营，诚实信用，公平竞争，优质服务。

鼓励道路客运和客运站相关行业协会加强行业自律。

第五条 国家实行道路客运企业质量信誉考核制度，鼓励道路客运经营者实行规模化、集约化、公司化经营，禁止挂靠经营。

第六条 交通运输部主管全国道路客运及客运站管理工作。

县级以上地方人民政府交通运输主管部门（以下简称交通运输主管部门）负责本行政区域的道路客运及客运站管理工作。

第七条 道路客运应当与铁路、水路、民航等其他运输方式协调发展、有效衔接，与信息技术、旅游、邮政等关联产业融合发展。

农村道路客运具有公益属性。国家推进城乡道路客运服务一体化，提升公共服务均等化水平。

第二章 经营许可

第八条 班车客运的线路按照经营区域分为以下四种类型：

一类客运班线：跨省级行政区域（毗邻县之间除外）的客运班线。

二类客运班线：在省级行政区域内，跨设区的市级行政区域（毗邻县之间除外）的客运班线。

三类客运班线：在设区的市级行政区域内，跨县级行政区域（毗邻县之间除外）的客运班线。

四类客运班线：县级行政区域内的客运班线或者毗邻县之间的客运班线。

本规定所称毗邻县，包括相互毗邻的县、旗、县级市、下辖乡镇的区。

第九条 包车客运按照经营区域分为省际包车客运和省内包车客运。

省级人民政府交通运输主管部门可以根据实际需要，将省内包车客运分为市际包车客运、县际包车客运和县内包车客运并实行分类管理。

包车客运经营者可以向下兼容包车客运业务。

第十条 旅游客运按照营运方式分为定线旅游客运和非定线旅游客运。

定线旅游客运按照班车客运管理，非定线旅游客运按照包车客运管理。

第十一条 申请从事道路客运经营的，应当具备下列条件：

（一）有与其经营业务相适应并经检测合格的客车：

1. 客车技术要求应当符合《道路运输车辆技术管理规定》有关规定。

2. 客车类型等级要求：

从事一类、二类客运班线和包车客运的客车，其类型等级应当达到中级以上。

3. 客车数量要求：

（1）经营一类客运班线的班车客运经营者应当自有营运客车100辆以上，其中高级客车30辆以上；或者自有高级营运客车40辆以上；

（2）经营二类客运班线的班车客运经营者应当自有营运客车50辆以上，其中中高级客车15辆以上；或者自有高级营运客车20辆以上；

（3）经营三类客运班线的班车客运经营者应当自有营运客车10辆以上；

（4）经营四类客运班线的班车客运经营者应当自有营运客车1辆以上；

（5）经营省际包车客运的经营者，应当自有中高级营运客车20辆以上；

（6）经营省内包车客运的经营者，应当自有营运客车10辆以上。

（二）从事客运经营的驾驶员，应当符合《道路运输从业人员管理规定》有关规定。

（三）有健全的安全生产管理制度，包括安全生产操作规范、安全生产责任制、安全生产监督检查、驾驶员和车辆安全生产管理的制度。

申请从事道路客运班线经营，还应当有明确的线路和站点方案。

第十二条 申请从事道路客运经营的，应当依法向市场监督管理部门办理有关登记手续后，按照下列规定提出申请：

（一）从事一类、二类、三类客运班线经营或者包车客运经营的，向所在地设区的市级交通运输主管部门提出申请；

（二）从事四类客运班线经营的，向所在地县级交通运输主管部门提出申请。

在直辖市申请从事道路客运经营的，应当向直辖市人民政府确定的交通运输主管部门提出申请。

省级人民政府交通运输主管部门对省内包车客运实行分类管理，对从事市际包车客运、县际包车客运经营的，向所在地设区的市级交通运输主管部门提出申请；对从事县内包车客运经营的，向所在地县级交通运输主管部门提出申请。

第十三条 申请从事道路客运经营的，应当提供下列材料：

（一）《道路旅客运输经营申请表》（见附件1）；

（二）企业法定代表人或者个体经营者身份证件，经办人的身份证件和委托书；

（三）安全生产管理制度文本；

（四）拟投入车辆和聘用驾驶员承诺，包括客车数量、类型等级、技术等级、聘用的驾驶员具备从业资格。

申请道路客运班线经营的，还应当提供下列材料：

（一）《道路旅客运输班线经营申请表》（见附件2）；

（二）承诺在投入运营前，与起讫地客运站和中途停靠地客运站签订进站协议（农村道路客运班线在乡村一端无客运站的，不作此端的进站承诺）；

（三）运输服务质量承诺书。

第十四条 已获得相应道路客运班线经营许可的经营者，申请新增客运班线时，应当按照本规定第十二条规定进行申请，并提供第十三条第一款第（四）项、第二款规定的材料以及经办人的身份证件和委托书。

第十五条 申请从事客运站经营的，应当具备下列条件：

（一）客运站经验收合格；

（二）有与业务量相适应的专业人员和管理人员；

（三）有相应的设备、设施；

（四）有健全的业务操作规程和安全管理制度，包括服务规范、安全生产操作规程、车辆发车前例检、安全生产责任制，以及国家规定的危险物品及其他禁止携带的物品（以下统称违禁物品）查堵、人员和车辆进出站安全管理等安全生产监督检查的制度。

第十六条 申请从事客运站经营的，应当依法向市场监督管理部门办理有关登记手续后，向所在地县级交通运输主管部门提出申请。

第十七条 申请从事客运站经营的，应当提供下列材料：

（一）《道路旅客运输站经营申请表》（见附件3）；

（二）企业法定代表人或者个体经营者身份证件，经办人的身份证件和委托书；

（三）承诺已具备本规定第十五条规定的条件。

第十八条 交通运输主管部门应当定期向社会公布本行政区域内的客运运力投放、客运线路布局、主要客流流向和流量等情况。

交通运输主管部门在审查客运申请时，应当考虑客运市场的供求状况、普遍服务和方便群众等因素；在审查营运线路长度在800公里以上的客运班线申请时，还应当进行安全风险评估。

第十九条 交通运输主管部门应当按照《中华人民共和国道路运输条例》和《交通行政许可实施程序规定》以及本规定规范的程序实施道路客运经营、道路客运班线经营和客运站经营的行政许可。

第二十条 交通运输主管部门对道路客运经营申请、道路客运班线经营申请予以受理的，应当通过部门间信息共享、内部核查等方式获取营业执照、申请人已取得的其他道路客运经营许可、现有车辆等信息，并自受理之日起20日内作出许可或者不予许可的决定。

交通运输主管部门对符合法定条件的道路客运经营申请作出准予行政许可决定的，应当出具《道路客运经营行政许可决定书》（见附件4），明确经营主体、经营范围、车辆数量及要求等许可事项，在作出准予行政许可决定之日起10日内向被许可人发放《道路运输经营许可证》，并告知被许可人所在地交通运输主管部门。

交通运输主管部门对符合法定条件的道路客运班线经营申请作出准予行政许可决定的，还应当出具《道路客运班线经营行政许可决定书》（见附件5），明确起讫地、中途停靠地客运站点、日发班次下限、车辆数量及要求、经营期限等许可事项，并告知班线起讫地同级交通运输主管部门；对成立线路公司的道路客运班线或者农村道路客运班线，中途停靠地客运站点可以由其经营者自行决定，并告知原许可机关。

属于一类、二类客运班线的，许可机关应当将《道路客运班线经营行政许可决定书》抄告中途停靠地同级交通运输主管部门。

第二十一条　客运站经营许可实行告知承诺制。申请人承诺具备经营许可条件并提交本规定第十七条规定的相关材料的，交通运输主管部门应当经形式审查后当场作出许可或者不予许可的决定。作出准予行政许可决定的，应当出具《道路旅客运输站经营行政许可决定书》（见附件6），明确经营主体、客运站名称、站场地址、站场级别和经营范围等许可事项，并在10日内向被许可人发放《道路运输经营许可证》。

第二十二条　交通运输主管部门对不符合法定条件的申请作出不予行政许可决定的，应当向申请人出具《不予交通行政许可决定书》，并说明理由。

第二十三条　受理一类、二类客运班线和四类中的毗邻县间客运班线经营申请的，交通运输主管部门应当在受理申请后7日内征求中途停靠地和目的地同级交通运输主管部门意见；同级交通运输主管部门应当在收到之日起10日内反馈，不予同意的，应当依法注明理由，逾期不予答复的，视为同意。

相关交通运输主管部门对设区的市内毗邻县间客运班线经营申请持不同意见且协商不成的，由受理申请的交通运输主管部门报设区的市级交通运输主管部门决定，并书面通知申请人。相关交通运输主管部门对省际、市际毗邻县间客运班线经营申请持不同意见且协商不成的，由受理申请的交通运输主管部门报设区的市级交通运输主管部门协商，仍协商不成的，报省级交通运输主管部门（协商）决定，并书面通知申请人。相关交通运输主管部门对一类、二类客运班线经营申请持不同意见且协商不成的，由受理申请的交通运输主管部门报省级交通运输主管部门（协商）决定，并书面通知申请人。

上级交通运输主管部门作出的决定应当书面通知受理申请的交通运输主管部门，由受理申请的交通运输主管部门为申请人办理有关手续。

因客运班线经营期限届满，班车客运经营者重新提出申请的，受理申请的交通运输主管部门不需向中途停靠地和目的地交通运输主管部门再次征求意见。

第二十四条　班车客运经营者应当持进站协议向原许可机关备案起讫地客运站点、途经路线。营运线路长度在800公里以上的客运班线还应当备案车辆号牌。交通运输主管部门应当按照该客运班线车辆数量同时配发班车客运标志牌（见附件7）和《道路客运班线经营信息表》（见附件8）。

第二十五条　客运经营者应当按照确定的时间落实拟投入车辆和聘用驾驶员等承诺。交通运输主管部门核实后，应当为投入运输的客车配发《道路运输证》，注明经营范围。营运线路长度在800公里以上的客运班线还应当注明客运班线和班车客运标志牌编号等信息。

第二十六条　因拟从事不同类型客运经营需向不同层级交通运输主管部门申请的，应当由相应层级的交通运输主管部门许可，由最高一级交通运输主管部门核发《道路运输经营许可证》，并注明各级交通运输主管部门许可的经营范围，下级交通运输主管部门不再核发。下级交通运输主管部门已向被许可人发放《道路运输经营许可证》的，上级交通运输主管部门应当予以换发。

第二十七条　道路客运经营者设立子公司的，应当按照规定向设立地交通运输主管部门申请经营许可；设立分公司的，应当向设立地交通运输主管部门备案。

第二十八条　客运班线经营许可可以通过服务质量招投标的方式实施，并签订经营服务协议。申请人数量达不到招投标要求的，交通运输主管部门应当按照许可条件择优确定客运经营者。

相关交通运输主管部门协商确定通过服务质量招投标方式，实施跨省客运班线经营许可的，可以采取联合招标、各自分别招标等方式进行。一方不实行招投标的，不影响另外一方进行招投标。

道路客运班线经营服务质量招投标管理办法另行制定。

第二十九条　在道路客运班线经营许可过程中，任何单位和个人不得以对等投放运力等不正当理由拒绝、阻挠实施客运班线经营许可。

第三十条　客运经营者、客运站经营者需要变更许可事项，应当向原许可机关提出申请，按本章有关规定办理。班车客运经营者变更起讫地客运站点、途经路线的，应当重新备案。

客运班线的经营主体、起讫地和日发班次下限变更和客运站经营主体、站址变更应当按照重新许可办理。

客运班线许可事项或者备案事项发生变更的，交通运输主管部门应当换发《道路客运班线经营信息表》。

客运经营者和客运站经营者在取得全部经营许可证件后无正当理由超过180日不投入运营，或者运营后连续180日以上停运的，视为自动终止经营。

第三十一条　客运班线的经营期限由其许可机关按照《中华人民共和国道路运输条例》的有关规定确定。

第三十二条　客运班线经营者在经营期限内暂停、终止班线经营的，应当提前30日告知原许可机关。经营期限届满，客运班线经营者应当按照本规定第十二条重新提出申请。许可机关应当依据本章有关规定作出许可或者不予许可的决定。予以许可的，重新办理有关手续。

客运经营者终止经营，应当在终止经营后10日内，将相关的《道路运输经营许可证》和《道路运输证》、客运标志牌交回原发放机关。

第三十三条　客运站经营者终止经营的，应当提前30日告知原许可机关和进站经营者。原许可机关发现关闭客运站可能对社会公众利益造成重大影响的，应当采取措施对进站车辆进行分流，并在终止经营前15日向社会公告。客运站经营者应当在终止经营后10日内将《道路运输经营许可证》交回原发放机关。

第三章　客运经营管理

第三十四条　客运经营者应当按照交通运输主管部门决定的许可事项从事客运经营活动，不得转让、出租道路运输经营许可证件。

第三十五条　道路客运班线属于国家所有的公共资源。班车客运经营者取得经营许可后，应当向公众提供连续运输服务，不得擅自暂停、终止或者转让班线运输。

第三十六条　在重大活动、节假日、春运期间、旅游旺季等特殊时段或者发生突发事件，客运经营者不能满足运力需求的，交通运输主管部门可以临时调用车辆技术等级不低于二级的营运客车和社会非营运客车开行包车或者加班车。非营运客车凭交通运输主管部门开具的证明运行。

第三十七条　客运班车应当按照许可的起讫地、日发班次下限和备案的途经路线运行，在起讫地客运站点和中途停靠地客运站点（以下统称配客站点）上下旅客。

客运班车不得在规定的配客站点外上客或者沿途揽客，无正当理由不得改变途经路线。客运班车在遵守道路交通安全、城市管理相关法规的前提下，可以在起讫地、中途停靠地所在的城市市区、县城城区沿途下客。

重大活动期间，客运班车应当按照相关交通运输主管部门指定的配客站点上下旅客。

第三十八条　一类、二类客运班线的经营者或者其委托的售票单位、配客站点，应当实行实名售票和实名查验（以下统称实名制管理），免票儿童除外。其他客运班线及客运站实行实名制管理的范围，由省级人民政府交通运输主管部门确定。

实行实名制管理的，购票人购票时应当提供有效身份证件原件（有效身份证件类别见附件9），并由售票人在客票上记载旅客的身份信息。通过网络、电话等方式实名购票的，购票人应当提供有效的身份证件信息，并在取票时提供有效身份证件原件。

旅客遗失客票的，经核实其身份信息后，售票人应当免费为其补办客票。

第三十九条　客运经营者不得强迫旅客乘车，不得将旅客交给他人运输，不得甩客，不得敲诈旅客，不得使用低于规定的类型等级营运客车承运，不得阻碍其他经营者的正常经营活动。

第四十条　严禁营运客车超载运行，在载客人数已满的情况下，允许再搭乘不超过核定载客人数10%的免票儿童。

第四十一条　客车不得违反规定载货。客运站经营者受理客运班车行李舱载货运输业务的，应当对托运人有效身份信息进行登记，并对托运物品进行安全检查或者开封验视，不得受理有关法律法规禁止运送、可能危及运输安全和托运人拒绝安全检查的托运物品。

客运班车行李舱装载托运物品时，应当不超过行李舱内径尺寸，不大于客车允许最大总质量与整备质量和核定载客质量之差，并合理均衡配重；对于容易在舱内滚动、滑动的物品应当采取有效的固定措施。

第四十二条　客运经营者应当遵守有关运价规定，使用规定的票证，不得乱涨价、恶意压价、乱收费。

第四十三条　客运经营者应当在客运车辆外部的适当位置喷印企业名称或者标识，在车厢内醒目位置公示驾驶员姓名和从业资格证号、交通运输服务监督电话、票价和里程表。

第四十四条　客运经营者应当为旅客提供良好的乘车环境，确保车辆设备、设施齐全有效，保持车辆清洁、卫生，并采取必要的措施防止在运输过程中发生侵害旅客人身、财产安全的违法行为。

客运经营者应当按照有关规定在发车前进行旅客系

固安全带等安全事项告知，运输过程中发生侵害旅客人身、财产安全的治安违法行为时，应当及时向公安机关报告并配合公安机关处理治安违法行为。

客运经营者不得在客运车辆上从事播放淫秽录像等不健康的活动，不得传播、使用破坏社会安定、危害国家安全、煽动民族分裂等非法出版物。

第四十五条　鼓励客运经营者使用配置下置行李舱的客车从事道路客运。没有下置行李舱或者行李舱容积不能满足需要的客车，可以在车厢内设立专门的行李堆放区，但行李堆放区和座位区必须隔离，并采取相应的安全措施。严禁行李堆放区载客。

第四十六条　客运经营者应当为旅客投保承运人责任险。

第四十七条　客运经营者应当加强车辆技术管理，建立客运车辆技术状况检查制度，加强对从业人员的安全、职业道德教育和业务知识、操作规程培训，并采取有效措施，防止驾驶员连续驾驶时间超过4个小时。

客运车辆驾驶员应当遵守道路运输法规和道路运输驾驶员操作规程，安全驾驶，文明服务。

第四十八条　客运经营者应当制定突发事件应急预案。应急预案应当包括报告程序、应急指挥、应急车辆和设备的储备以及处置措施等内容。

发生突发事件时，客运经营者应当服从县级以上人民政府或者有关部门的统一调度、指挥。

第四十九条　客运经营者应当建立和完善各类台账和档案，并按照要求及时报送有关资料和信息。

第五十条　旅客应当持有效客票乘车，配合行李物品安全检查，按照规定使用安全带，遵守乘车秩序，文明礼貌；不得携带违禁物品乘车，不得干扰驾驶员安全驾驶。

实行实名制管理的客运班线及客运站，旅客还应当持有本人有效身份证件原件，配合工作人员查验。旅客乘车前，客运站经营者应当对客票记载的身份信息与旅客及其有效身份证件原件（以下简称票、人、证）进行一致性核对并记录有关信息。

对旅客拒不配合行李物品安全检查或者坚持携带违禁物品、乘坐实名制管理的客运班线拒不提供本人有效身份证件原件或者票、人、证不一致的，班车客运经营者和客运站经营者不得允许其乘车。

第五十一条　实行实名制管理的班车客运经营者及客运站经营者应当配备必要的设施设备，并加强实名制管理相关人员的培训和相关系统及设施设备的管理，确

保符合国家相关法律法规规定。

第五十二条　班车客运经营者及客运站经营者对实行实名制管理所登记采集的旅客身份信息及乘车信息，除应当依公安机关的要求向其如实提供外，应当予以保密。对旅客身份信息及乘车信息自采集之日起保存期限不得少于1年，涉及视频图像信息的，自采集之日起保存期限不得少于90日。

第五十三条　班车客运经营者或者其委托的售票单位、配客站点应当针对客流高峰、恶劣天气及设备系统故障、重大活动等特殊情况下实名制管理的特点，制定有效的应急预案。

第五十四条　客运车辆驾驶员应当随车携带《道路运输证》、从业资格证等有关证件，在规定位置放置客运标志牌。

第五十五条　有下列情形之一的，客运车辆可以凭临时班车客运标志牌运行：

（一）在特殊时段或者发生突发事件，客运经营者不能满足运力需求，使用其他客运经营者的客车开行加班车的；

（二）因车辆故障、维护等原因，需要调用其他客运经营者的客车接驳或者顶班的；

（三）班车客运标志牌正在制作或者不慎灭失，等待领取的。

第五十六条　凭临时班车客运标志牌运营的客车应当按正班车的线路和站点运行。属于加班或者顶班的，还应当持有始发站签章并注明事由的当班行车路单；班车客运标志牌正在制作或者灭失的，还应当持有该条班线的《道路客运班线经营信息表》或者《道路客运班线经营行政许可决定书》的复印件。

第五十七条　客运包车应当凭车籍所在地交通运输主管部门配发的包车客运标志牌，按照约定的时间、起始地、目的地和线路运行，并持有包车合同，不得招揽包车合同外的旅客乘车。

客运包车除执行交通运输主管部门下达的紧急包车任务外，其线路一端应当在车籍所在的设区的市，单个运次不超过15日。

第五十八条　省际临时班车客运标志牌（见附件10）、省际包车客运标志牌（见附件11）由设区的市级交通运输主管部门按照交通运输部的统一式样印制，交由当地交通运输主管部门向客运经营者配发。省际临时班车客运标志牌和省际包车客运标志牌在一个运次所需的时间内有效。因班车客运标志牌正在制作或者灭失而使

用的省际临时班车客运标志牌,有效期不得超过30日。

从事省际包车客运的企业应当按照交通运输部的统一要求,通过运政管理信息系统向车籍地交通运输主管部门备案。

省内临时班车客运标志牌、省内包车客运标志牌式样及管理要求由各省级人民政府交通运输主管部门自行规定。

第四章 班车客运定制服务

第五十九条 国家鼓励开展班车客运定制服务(以下简称定制客运)。

前款所称定制客运,是指已经取得道路客运班线经营许可的经营者依托电子商务平台发布道路客运班线起讫地等信息、开展线上售票,按照旅客需求灵活确定发车时间、上下旅客地点并提供运输服务的班车客运运营方式。

第六十条 开展定制客运的营运客车(以下简称定制客运车辆)核定载客人数应当在7人及以上。

第六十一条 提供定制客运网络信息服务的电子商务平台(以下简称网络平台),应当依照国家有关法规办理市场主体登记、互联网信息服务许可或者备案等有关手续。

第六十二条 网络平台应当建立班车客运经营者、驾驶员、车辆档案,并确保班车客运经营者已取得相应的道路客运班线经营许可,驾驶员具备相应的机动车驾驶证和从业资格并受班车客运经营者合法聘用,车辆具备有效的《道路运输证》,按规定投保承运人责任险。

第六十三条 班车客运经营者开展定制客运的,应当向原许可机关备案,并提供以下材料:

(一)《班车客运定制服务信息表》(见附件12);

(二)与网络平台签订的合作协议或者相关证明。

网络平台由班车客运经营者自营的,免于提交前款第(二)项材料。

《班车客运定制服务信息表》记载信息发生变更的,班车客运经营者应当重新备案。

第六十四条 班车客运经营者应当在定制客运车辆随车携带的班车客运标志牌显著位置粘贴"定制客运"标识(见附件7)。

第六十五条 班车客运经营者可以自行决定定制客运日发班次。

定制客运车辆在遵守道路交通安全、城市管理相关法规的前提下,可以在道路客运班线起讫地、中途停靠地的城市市区、县城城区按乘客需求停靠。

网络平台不得超出班车客运经营者的许可范围开展定制客运服务。

第六十六条 班车客运经营者应当为定制客运车辆随车配备便携式安检设备,并由驾驶员或者其他工作人员对旅客行李物品进行安全检查。

第六十七条 网络平台应当提前向旅客提供班车客运经营者、联系方式、车辆品牌、号牌等车辆信息以及乘车地点、时间,并确保发布的提供服务的经营者、车辆和驾驶员与实际提供服务的经营者、车辆和驾驶员一致。

实行实名制管理的客运班线开展定制客运的,班车客运经营者和网络平台应当落实实名制管理相关要求。网络平台应当采取安全保护措施,妥善保存采集的个人信息和生成的业务数据,保存期限应当不少于3年,并不得用于定制客运以外的业务。

网络平台应当按照交通运输主管部门的要求,如实提供其接入的经营者、车辆、驾驶员信息和相关业务数据。

第六十八条 网络平台发现车辆存在超速、驾驶员疲劳驾驶、未按照规定的线路行驶等违法违规行为的,应当及时通报班车客运经营者。班车客运经营者应当及时纠正。

网络平台使用不符合规定的经营者、车辆或者驾驶员开展定制客运,造成旅客合法权益受到侵害的,应当依法承担相应的责任。

第五章 客运站经营

第六十九条 客运站经营者应当按照交通运输主管部门决定的许可事项从事客运站经营活动,不得转让、出租客运站经营许可证件,不得改变客运站基本用途和服务功能。

客运站经营者应当维护好各种设施、设备,保持其正常使用。

第七十条 客运站经营者和进站发车的客运经营者应当依法自愿签订服务合同,双方按照合同的规定履行各自的权利和义务。

第七十一条 客运站经营者应当依法加强安全管理,完善安全生产条件,健全和落实安全生产责任制。

客运站经营者应当对出站客车进行安全检查,采取措施防止违禁物品进站上车,按照车辆核定载客限额售票,严禁超载车辆或者未经安全检查的车辆出站,保证安全生产。

第七十二条 客运站经营者应当将客运线路、班次等基础信息接入省域道路客运联网售票系统。

鼓励客运站经营者为旅客提供网络售票、自助终端售票等多元化售票服务。鼓励电子客票在道路客运行业的推广应用。

第七十三条 鼓励客运站经营者在客运站所在城市市区、县城城区的客运班线主要途经地点设立停靠点，提供售检票、行李物品安全检查和营运客车停靠服务。

客运站经营者设立停靠点的，应当向原许可机关备案，并在停靠点显著位置公示客运站《道路运输经营许可证》等信息。

第七十四条 客运站经营者应当禁止无证经营的车辆进站从事经营活动，无正当理由不得拒绝合法客运车辆进站经营。

客运站经营者应当坚持公平、公正原则，合理安排发车时间，公平售票。

客运经营者在发车时间安排上发生纠纷，客运站经营者协调无效时，由当地交通运输主管部门裁定。

第七十五条 客运站经营者应当公布进站客车的类型等级、运输线路、配客站点、班次、发车时间、票价等信息，调度车辆进站发车，疏导旅客，维持秩序。

第七十六条 进站客运经营者应当在发车30分钟前备齐相关证件进站并按时发车；进站客运经营者因故不能发班的，应当提前1日告知客运站经营者，双方要协商调度车辆顶班。

对无故停班达7日以上的进站班车，客运站经营者应当报告当地交通运输主管部门。

第七十七条 客运站经营者应当设置旅客购票、候车、乘车指示、行李寄存和托运、公共卫生等服务设施，按照有关规定为军人、消防救援人员等提供优先购票乘车服务，并建立老幼病残孕等特殊旅客服务保障制度，向旅客提供安全、便捷、优质的服务，加强宣传，保持站场卫生、清洁。

客运站经营者在不改变客运站基本服务功能的前提下，可以根据客流变化和市场需要，拓展旅游集散、邮政、物流等服务功能。

客运站经营者从事前款经营活动的，应当遵守相应的法律、行政法规的规定。

第七十八条 客运站经营者应当严格执行价格管理规定，在经营场所公示收费项目和标准，严禁乱收费。

第七十九条 客运站经营者应当按照规定的业务操作规程装卸、储存、保管行包。

第八十条 客运站经营者应当制定突发事件应急预案。应急预案应当包括报告程序、应急指挥、应急设备储备以及处置措施等内容。

第八十一条 客运站经营者应当建立和完善各类台账和档案，并按照要求报送有关信息。

第六章 监督检查

第八十二条 交通运输主管部门应当加强对道路客运和客运站经营活动的监督检查。

交通运输主管部门工作人员应当严格按照法定职责权限和程序，原则上采取随机抽取检查对象、随机选派执法检查人员的方式进行监督检查，监督检查结果应当及时向社会公布。

第八十三条 交通运输主管部门应当每年对客运车辆进行一次审验。审验内容包括：

（一）车辆违法违章记录；

（二）车辆技术等级评定情况；

（三）车辆类型等级评定情况；

（四）按照规定安装、使用符合标准的具有行驶记录功能的卫星定位装置情况；

（五）客运经营者为客运车辆投保承运人责任险情况。

审验符合要求的，交通运输主管部门在《道路运输证》中注明；不符合要求的，应当责令限期改正或者办理变更手续。

第八十四条 交通运输主管部门及其工作人员应当重点在客运站、旅客集散地对道路客运、客运站经营活动实施监督检查。此外，根据管理需要，可以在公路路口实施监督检查，但不得随意拦截正常行驶的道路运输车辆，不得双向拦截车辆进行检查。

第八十五条 交通运输主管部门的工作人员实施监督检查时，应当有2名以上人员参加，并向当事人出示合法有效的交通运输行政执法证件。

第八十六条 交通运输主管部门的工作人员可以向被检查单位和个人了解情况，查阅和复制有关材料，但应当保守被调查单位和个人的商业秘密。

被监督检查的单位和个人应当接受交通运输主管部门及其工作人员依法实施的监督检查，如实提供有关资料或者说明情况。

第八十七条 交通运输主管部门的工作人员在实施道路运输监督检查过程中，发现客运车辆有超载行为的，应当立即予以制止，移交相关部门处理，并采取相应措施安排旅客改乘。

第八十八条 交通运输主管部门应当对客运经营者拟投入车辆和聘用驾驶员承诺、进站承诺履行情况开展检查。

客运经营者未按照许可要求落实拟投入车辆承诺或者聘用驾驶员承诺的,原许可机关可以依法撤销相应的行政许可决定;班车客运经营者未按照许可要求提供进站协议的,原许可机关应当责令限期整改,拒不整改的,可以依法撤销相应的行政许可决定。

原许可机关应当在客运站经营者获得经营许可60日内,对其告知承诺情况进行核查。客运站经营者应当按照要求提供相关证明材料。客运站经营者承诺内容与实际情况不符的,原许可机关应当责令限期整改;拒不整改或者整改后仍达不到要求的,原许可机关可以依法撤销相应的行政许可决定。

第八十九条 客运经营者在许可的交通运输主管部门管辖区域外违法从事经营活动的,违法行为发生地的交通运输主管部门应当依法将当事人的违法事实、处罚结果记录到《道路运输证》上,并抄告作出道路客运经营许可的交通运输主管部门。

第九十条 交通运输主管部门作出行政处罚决定后,客运经营者拒不履行的,作出行政处罚决定的交通运输主管部门可以将其拒不履行行政处罚决定的事实抄告违法车辆车籍所在地交通运输主管部门,作为能否通过车辆年度审验和决定质量信誉考核结果的重要依据。

第九十一条 交通运输主管部门的工作人员在实施道路运输监督检查过程中,对没有合法有效《道路运输证》又无法当场提供其他有效证明的客运车辆可以予以暂扣,并出具《道路运输车辆暂扣凭证》(见附件14),对暂扣车辆应当妥善保管,不得使用,不得收取或者变相收取保管费用。

违法当事人应当在暂扣凭证规定的时间内到指定地点接受处理。逾期不接受处理的,交通运输主管部门可以依法作出处罚决定,并将处罚决定书送达当事人。当事人无正当理由逾期不履行处罚决定的,交通运输主管部门可以申请人民法院强制执行。

第九十二条 交通运输主管部门应当在道路运政管理信息系统中如实记录道路客运经营者、客运站经营者、网络平台、从业人员的违法行为信息,并按照有关规定将违法行为纳入有关信用信息共享平台。

第七章 法律责任

第九十三条 违反本规定,有下列行为之一的,由交通运输主管部门责令停止经营;违法所得超过2万元的,没收违法所得,处违法所得2倍以上10倍以下的罚款;没有违法所得或者违法所得不足2万元的,处1万元以上10万元以下的罚款;构成犯罪的,依法追究刑事责任:

(一)未取得道路客运经营许可,擅自从事道路客运经营的;

(二)未取得道路客运班线经营许可,擅自从事班车客运经营的;

(三)使用失效、伪造、变造、被注销等无效的道路客运许可证件从事道路客运经营的;

(四)超越许可事项,从事道路客运经营的。

第九十四条 违反本规定,有下列行为之一的,由交通运输主管部门责令停止经营;有违法所得的,没收违法所得,处违法所得2倍以上10倍以下的罚款;没有违法所得或者违法所得不足1万元的,处2万元以上5万元以下的罚款;构成犯罪的,依法追究刑事责任:

(一)未取得客运站经营许可,擅自从事客运站经营的;

(二)使用失效、伪造、变造、被注销等无效的客运站许可证件从事客运站经营的;

(三)超越许可事项,从事客运站经营的。

第九十五条 违反本规定,客运经营者、客运站经营者非法转让、出租道路运输经营许可证件的,由交通运输主管部门责令停止违法行为,收缴有关证件,处2000元以上1万元以下的罚款;有违法所得的,没收违法所得。

第九十六条 违反本规定,客运经营者有下列行为之一的,由交通运输主管部门责令限期投保;拒不投保的,由原许可机关吊销相应许可:

(一)未为旅客投保承运人责任险的;

(二)未按照最低投保限额投保的;

(三)投保的承运人责任险已过期,未继续投保的。

第九十七条 违反本规定,客运经营者使用未持合法有效《道路运输证》的车辆参加客运经营的,或者聘用不具备从业资格的驾驶员参加客运经营的,由交通运输主管部门责令改正,处3000元以上1万元以下的罚款。

第九十八条 一类、二类客运班线的经营者或者其委托的售票单位、客运站经营者未按照规定对旅客身份进行查验,或者对身份不明、拒绝提供身份信息的旅客提供服务的,由交通运输主管部门处10万元以上50万元以下的罚款,并对其直接负责的主管人员和其他直接责任人员处10万元以下的罚款;情节严重的,由交通运输主管部门责令其停止从事相关道路旅客运输或者客运站经营业务;造成严重后果的,由原许可机关吊销有关道路旅客运输或者客运站经营许可证件。

第九十九条 违反本规定,客运经营者有下列情形之一的，由交通运输主管部门责令改正，处1000元以上2000元以下的罚款：

（一）客运班车不按照批准的配客站点停靠或者不按照规定的线路、日发班次下限行驶的；

（二）加班车、顶班车、接驳车无正当理由不按照规定的线路、站点运行的；

（三）擅自将旅客移交他人运输的；

（四）在旅客运输途中擅自变更运输车辆的；

（五）未报告原许可机关，擅自终止道路客运经营的；

（六）客运包车未持有效的包车客运标志牌进行经营的，不按照包车客运标志牌载明的事项运行的，线路两端均不在车籍所在地的，招揽包车合同以外的旅客乘车的；

（七）开展定制客运未按照规定备案的；

（八）未按照规定在发车前对旅客进行安全事项告知的。

违反前款第（一）至（五）项规定，情节严重的，由原许可机关吊销相应许可。

客运经营者强行招揽旅客的，由交通运输主管部门责令改正，处1000元以上3000元以下的罚款；情节严重的，由原许可机关吊销相应许可。

第一百条 违反本规定，客运经营者、客运站经营者存在重大运输安全隐患等情形，导致不具备安全生产条件，经停产停业整顿仍不具备安全生产条件的，由交通运输主管部门依法吊销相应许可。

第一百零一条 违反本规定，客运站经营者有下列情形之一的，由交通运输主管部门责令改正，处1万元以上3万元以下的罚款：

（一）允许无经营证件的车辆进站从事经营活动的；

（二）允许超载车辆出站的；

（三）允许未经安全检查或者安全检查不合格的车辆发车的；

（四）无正当理由拒绝客运车辆进站从事经营活动的；

（五）设立的停靠点未按照规定备案的。

第一百零二条 违反本规定，客运站经营者有下列情形之一的，由交通运输主管部门责令改正；拒不改正的，处3000元的罚款；有违法所得的，没收违法所得：

（一）擅自改变客运站的用途和服务功能的；

（二）不公布运输线路、配客站点、班次、发车时间、票价的。

第一百零三条 违反本规定，网络平台有下列情形之一的，由交通运输主管部门责令改正，处3000元以上1万元以下的罚款：

（一）发布的提供服务班车客运经营者与实际提供服务班车客运经营者不一致的；

（二）发布的提供服务车辆与实际提供服务车辆不一致的；

（三）发布的提供服务驾驶员与实际提供服务驾驶员不一致的；

（四）超出班车客运经营者许可范围开展定制客运的。

网络平台接入或者使用不符合规定的班车客运经营者、车辆或者驾驶员开展定制客运的，由交通运输主管部门责令改正，处1万元以上3万元以下的罚款。

第八章 附 则

第一百零四条 本规定所称农村道路客运，是指县级行政区域内或者毗邻县间，起讫地至少有一端在乡村且主要服务于农村居民的旅客运输。

第一百零五条 出租汽车客运、城市公共汽车客运管理根据国家有关规定执行。

第一百零六条 客运经营者从事国际道路旅客运输经营活动，除遵守本规定外，有关从业条件等特殊要求还应当适用交通运输部制定的《国际道路运输管理规定》。

第一百零七条 交通运输主管部门依照本规定发放的道路运输经营许可证件和《道路运输证》，可以收取工本费。工本费的具体收费标准由省、自治区、直辖市人民政府财政、价格主管部门会同同级交通运输主管部门核定。

第一百零八条 本规定自2020年9月1日起施行。2005年7月12日以交通部令2005年第10号公布的《道路旅客运输及客运站管理规定》、2008年7月23日以交通运输部令2008年第10号公布的《关于修改〈道路旅客运输及客运站管理规定〉的决定》、2009年4月20日以交通运输部令2009年第4号公布的《关于修改〈道路旅客运输及客运站管理规定〉的决定》、2012年3月14日以交通运输部令2012年第2号公布的《关于修改〈道路旅客运输及客运站管理规定〉的决定》、2012年12月11日以交通运输部令2012年第8号公布的《关于修改〈道路旅客运输及客运站管理规定〉的决定》、2016年4月11日以交通运输部令2016年第34号公布的《关于修改〈道路旅客运输及客运站管理规定〉的决定》、2016年12月6日以交通运输部令2016年第82号公布的《关于修改〈道路旅客运输及客运站管理规定〉的决定》同时废止。

道路旅客运输企业安全管理规范

· 2023 年 11 月 11 日
· 交运规〔2023〕4 号

第一章 总 则

第一条 为加强和规范道路旅客运输企业安全生产工作,提高企业安全管理水平,全面落实客运企业安全主体责任,有效预防和减少道路交通事故,保障人民群众生命和财产安全,根据《中华人民共和国安全生产法》《中华人民共和国道路交通安全法》《中华人民共和国道路交通安全法实施条例》《中华人民共和国道路运输条例》等有关法律、法规,制定本规范。

第二条 本规范适用于从事道路旅客运输经营的企业(以下简称客运企业)。

第三条 客运企业是道路旅客运输安全生产的责任主体,应当坚持以人民为中心,把保护人民生命安全摆在首位,树牢安全发展理念,坚持安全第一、预防为主、综合治理的方针,严格遵守安全生产、道路交通安全和运输管理等有关法律、法规、规章和标准,建立健全全员安全生产责任制和安全生产管理制度,完善安全生产条件,严格执行安全生产操作规程,加强客运车辆技术管理和客运驾驶员等从业人员管理,构建安全风险分级管控和隐患排查治理双重预防机制,健全风险防范化解机制,提高安全生产水平,保障道路旅客运输安全。

第四条 客运企业应当接受交通运输、公安和应急管理等部门对其安全生产工作依法实施的监督管理。

第五条 客运企业应当依法积极开展安全生产标准化建设,鼓励采用新技术、新工艺、新设备,不断改善安全生产条件。

第二章 安全生产基础保障

第六条 客运企业及分支机构应当依法设置安全生产管理机构或者配备专职安全生产管理人员。设置安全生产管理机构的,安全生产管理机构应当包括企业主要负责人(包括法定代表人和实际控制人、实际负责人)、运输经营、安全管理、车辆技术管理、从业人员管理、动态监控等业务负责人及分支机构的主要负责人。

第七条 拥有 20 辆(含)以上客运车辆的客运企业应当设置安全生产管理机构,配备专职安全生产管理人员,并提供必要的工作条件。拥有 20 辆以下客运车辆的客运企业应当配备专职安全生产管理人员,并提供必要的工作条件。

专职安全生产管理人员配备数量原则上按照以下标准确定:对于 300 辆(含)以下客运车辆的,按照每 50 辆车 1 人的标准配备,最低不少于 1 人;对于 300 辆以上客运车辆的,按照每增加 100 辆增加 1 人的标准配备。

客运企业作出涉及安全生产的经营决策,应当听取安全生产管理机构以及安全生产管理人员的意见,不得因安全生产管理人员依法履行职责而降低其工资、福利等待遇或者解除劳动合同。

第八条 客运企业主要负责人和安全生产管理人员应当具备与本企业所从事的道路旅客运输生产经营活动相适应的安全生产知识和管理能力,并按规定经交通运输主管部门对其安全生产知识和管理能力考核合格;或者取得注册安全工程师(道路运输安全)执业资格,在道路运输领域有效注册后向属地市级交通运输主管部门报备,并做好相关信息上传工作。客运企业主要负责人和安全生产管理人员应当在从事道路旅客运输安全生产相关工作 6 个月内完成安全考核工作。

第九条 客运企业应当对从业人员进行安全生产教育培训,未经安全生产教育培训合格的从业人员,不得上岗作业。

客运企业使用实习学生的,应当将实习学生纳入本企业从业人员统一进行安全生产教育培训。企业采用新工艺、新技术、新材料或者使用新设备,应当对从业人员进行专门的安全生产教育培训。

从业人员的安全生产教育培训应当以客运企业自主培训为主,也可委托、聘请具备对外开展安全生产教育培训业务的机构或其他客运企业进行安全生产教育培训。

客运企业主要负责人和安全生产管理人员初次安全生产教育培训时间不得少于 24 学时,每年再培训时间不少于 12 学时,每个学时不得少于 45 分钟。

第十条 客运企业应当定期召开安全生产工作会议和安全例会。

安全生产工作会议至少每季度召开 1 次,研究解决安全生产中的重大问题,安排部署阶段性安全生产工作。安全例会至少每月召开 1 次,通报和布置落实各项安全生产工作。拥有 20 辆以下客运车辆的客运企业,安全生产工作会议可与安全例会一并召开。

客运企业发生造成人员死亡、3 人(含)以上重伤、恶劣社会影响的生产安全事故后,应当及时召开安全生产工作会议或安全例会进行分析和通报。

安全生产工作会议和安全例会应当有会议记录,会议记录应建档保存,保存期不少于 36 个月。

第十一条 客运企业应当保障安全生产投入,依据有关规定,按照上一年度营业收入1.5%的比例确定企业本年度安全生产费用应计提金额,并逐月平均提取,专项核算。安全生产费用主要用于:

(一)完善、改造、维护安全运营设施设备支出(不含"三同时"要求初期投入的安全设施),包括运输设施设备安全状况检测及维护、运输设施设备附属安全设备等支出;

(二)道路运输车辆动态监控平台、视频监控系统的建设、运行、维护和升级改造,以及具有行驶记录功能的卫星定位装置、视频监控装置的购置、安装和使用等支出;

(三)配备、维护、保养应急救援器材、设备支出和应急救援队伍建设、应急预案制修订与应急演练支出;

(四)开展安全风险分级管控和事故隐患排查整改支出,安全生产信息化、智能化建设、运维和网络安全支出;

(五)安全生产检查、评估评价(不含新建、改建、扩建项目安全评价)、咨询和安全生产标准化建设支出;

(六)配备和更新现场作业人员安全防护用品支出;

(七)安全生产宣传、教育、培训和从业人员发现并报告事故隐患的奖励支出;

(八)安全生产适用的新技术、新标准、新工艺、新装备的推广应用支出;

(九)安全设施及特种设备检验检测、检定校准支出;

(十)承运人责任险及安全生产责任保险支出;

(十一)与安全生产直接相关的其他支出。

第十二条 客运企业应当按照有关法律法规要求,投保承运人责任险、工伤保险等安全生产责任保险和机动车交通事故责任强制保险。

第十三条 鼓励客运企业采用交通安全统筹等形式,加强行业互助,提高企业抗风险能力。

第三章 安全生产职责

第十四条 客运企业应当依法建立健全全员安全生产责任制,将本企业的安全生产责任分解到各部门、各岗位,明确责任人员、责任内容、目标和考核标准。

安全生产责任制内容应当包括:

(一)主要负责人的安全生产责任、目标及考核标准;

(二)分管安全生产和运输经营的负责人的安全生产责任、目标及考核标准;

(三)管理科室、分支机构及其负责人的安全生产责任、目标及考核标准;

(四)车队和车队队长的安全生产责任、目标及考核标准;

(五)岗位从业人员的安全生产责任、目标及考核标准。

第十五条 客运企业应当与各分支机构层层签订安全生产目标责任书,制定明确的考核指标,定期考核并公布考核结果及奖惩情况。

第十六条 客运企业应当实行安全生产一岗双责。客运企业的法定代表人和实际控制人为安全生产的第一责任人,负有安全生产的全面责任;分管安全生产的负责人协助主要负责人履行安全生产职责,对安全生产工作负组织实施和综合管理及监督的责任;其他负责人对各自职责范围内的安全生产工作负直接管理责任。企业党组织、工会、各职能部门、各岗位人员在职责范围内承担相应的安全生产职责。

第十七条 客运企业的主要负责人对本单位安全生产工作负有下列职责:

(一)严格执行安全生产法律、法规、规章、规范和标准,组织落实相关管理部门的工作部署和要求;

(二)建立健全并落实本单位全员安全生产责任制,加强安全生产标准化建设;

(三)组织制定并实施本单位安全生产规章制度、客运驾驶员和车辆安全生产管理办法以及安全生产操作规程;

(四)组织制定并实施本单位的安全生产教育和培训计划;

(五)保证本单位安全生产投入的有效实施;

(六)组织建立并落实安全风险分级管控和隐患排查治理双重预防工作机制,督促、检查本单位安全生产工作,及时消除生产安全事故隐患;

(七)组织制定并实施本单位生产安全事故应急救援预案,开展应急救援演练;

(八)定期组织分析本单位的安全生产形势,研究解决重大安全生产问题;

(九)按相关规定及时、如实报告道路客运生产安全事故,落实生产安全事故处理的有关工作;

(十)实行安全生产绩效管理,定期公布本单位安全生产情况,认真听取和积极采纳工会、职工关于安全生产的合理化建议和要求。

第十八条 客运企业的安全生产管理机构及安全生产管理人员对本单位安全生产工作负有下列职责:

（一）严格执行安全生产法律、法规、规章、规范和标准，参与企业安全生产决策，提出改进和加强安全生产管理的建议；

（二）组织或者参与制定本单位安全生产规章制度、客运驾驶员和车辆安全生产管理制度、动态监控管理制度、操作规程和生产安全事故应急救援预案，明确各部门、各岗位的安全生产职责，督促贯彻执行；

（三）组织或参与本单位安全生产宣传、教育和培训，加强事故案例警示教育，总结和推广安全生产工作的先进经验，如实记录安全生产教育和培训情况；

（四）组织开展危险源辨识和评估，督促落实本单位重大危险源的安全管理措施；督促落实本单位安全风险管控和隐患排查管理措施，组织或者参与本单位应急救援演练，督促落实本单位安全生产整改措施；

（五）组织或参与制定本单位安全生产年度管理绩效目标和安全生产管理工作计划，组织实施考核工作；

（六）组织或参与制定本单位安全生产经费投入计划和安全技术措施计划，组织实施或监督相关部门实施；

（七）组织开展本单位的安全生产检查，对检查出的安全隐患及其他安全问题应当及时督促处理；情况严重的，应当依法停止生产活动。对相关管理部门抄告、通报的车辆和客运驾驶员交通违法行为，应当进行及时处理。制止和纠正违章指挥、冒险作业、违反操作规程的行为；

（八）发生生产安全事故时，按照有关规定，及时报告相关管理部门；组织或者参与本单位生产安全事故的调查处理，承担生产安全事故统计和分析工作；

（九）其他安全生产管理工作。

第十九条 客运企业应当履行法律、法规、规章规定的其他安全生产职责。

第四章　安全生产制度

第一节　客运驾驶员管理

第二十条 客运企业应当依法建立客运驾驶员聘用制度，可依法探索驾驶员第三方劳务派遣管理制度。统一录用程序和客运驾驶员录用条件，严格审核客运驾驶员从业资格条件、安全行车经历及职业健康检查结果，对实际驾驶技能进行测试。

驾驶员存在下列情况之一的，客运企业不得聘用其驾驶客运车辆：

（一）无有效的、适用的机动车驾驶证和从业资格证件，以及被列入黑名单的；

（二）36个月内发生道路交通事故致人死亡且负同等以上责任的；

（三）最近3个完整记分周期内有1个记分周期交通违法记满12分的；

（四）36个月内有酒后驾驶、超员20%以上、超速50%（高速公路超速20%）以上或12个月内有3次以上公安机关交通管理部门记录超速违法行为的；

（五）有吸食、注射毒品行为记录，或者长期服用依赖性精神药品成瘾尚未戒除的，以及发现其他职业禁忌的；

（六）已经取得驾驶证，但身体条件变化，有器质性心脏病、癫痫病、美尼尔氏症、眩晕症、癔病、震颤麻痹、精神病、痴呆以及影响肢体活动的神经系统疾病等妨碍安全驾驶疾病的。

第二十一条 客运企业应当建立客运驾驶员岗前培训制度，培训合格方可上岗。

岗前培训的主要内容包括：道路交通安全和安全生产相关法律法规、安全行车知识和应急驾驶操作技能、交通事故案例警示教育、职业道德、安全告知知识、交通事故法律责任规定、防御性驾驶技术、伤员急救常识等安全与应急处置知识、企业有关安全运营管理的规定等。

客运驾驶员岗前培训不少于24学时，并应在此基础上实际跟车实习，提前熟悉客运车辆性能和客运线路情况。客运驾驶员更换新的客运车辆、客运线路的，也应当进行跟车实习，熟悉客运车辆性能和客运线路情况后方可独立驾驶。

第二十二条 客运企业应当建立客运驾驶员安全教育培训及考核制度。

客运企业对客运驾驶员进行定期全覆盖培训，每人安全教育培训应当每月不少于2学时，安全教育培训内容应当包括：法律法规、典型交通事故案例、技能训练、安全驾驶经验交流、突发事件应急处置训练等。

客运企业应当组织和督促本企业诚信考核等级为不合格的客运驾驶员参加继续教育，保证客运驾驶员参加继续教育培训的时间，提供必要的学习条件。客运企业可依托互联网技术积极创新、改进安全培训教育手段，丰富培训方式，及时全面开展驾驶员安全培训教育。

客运企业应在客运驾驶员接受安全教育培训后，对客运驾驶员教育培训的效果进行统一考核。客运驾驶员安全教育培训考核的有关资料应纳入客运驾驶员教育培训档案。客运驾驶员教育培训档案的内容应包括：培训内容、培训时间、培训地点、授课人、参加培训人员签名、考核人员和安全生产管理人员签名、培训考核情况等。

档案保存期限不少于36个月。

客运企业应当每月分析客运驾驶员的道路交通违法信息和事故信息，及时进行针对性的教育和处理。

第二十三条 客运企业应当建立客运驾驶员从业行为定期考核制度。

考核内容主要包括：客运驾驶员违法违规情况、交通事故情况、道路运输车辆动态监控平台和视频监控系统发现的违规驾驶情况、服务质量、安全运营情况、安全操作规程执行情况以及参加教育培训情况等。考核周期应不大于3个月。

客运驾驶员从业行为定期考核结果应与企业安全生产奖惩制度挂钩。

第二十四条 客运企业应当建立客运驾驶员信息档案管理制度。客运驾驶员信息档案实行一人一档，及时更新。客运驾驶员信息档案应当包括：客运驾驶员基本信息、体检表、安全驾驶信息、交通事故信息、交通违法信息、内部奖惩、诚信考核信息等。

第二十五条 客运企业应当建立客运驾驶员调离和辞退制度。客运企业发现客运驾驶员具有本规范第二十条规定情形的，应当及时调离驾驶岗位，并对存在（一）至（五）规定情形之一的严肃处理，情节严重的应当依法予以辞退。

第二十六条 客运企业应当建立客运驾驶员安全告诫制度。客运企业应指定专人、委托客运站或者采用信息化、智能化手段对客运驾驶员出车前进行问询、告知，预防客运驾驶员酒后、带病、疲劳、带不良情绪上岗、不具备驾驶资格驾驶车辆或者上岗前服用影响安全驾驶的药物，督促客运驾驶员做好车辆的日常维护和检查。

第二十七条 客运企业应当关心客运驾驶员的身心健康，每年组织客运驾驶员进行体检，加强对客运驾驶员的心理疏导、精神慰藉，对发现客运驾驶员身体条件不适宜继续从事驾驶工作的，应及时调离驾驶岗位。

客运企业应当督促客运驾驶员及时处理交通违法、交通事故，按规定办理机动车驾驶证、从业资格证审验、换证。

客运企业应当建立防止客运驾驶员疲劳驾驶制度，为客运驾驶员创造良好的工作环境，合理安排运输任务，保障客运驾驶员落地休息，防止客运驾驶员疲劳驾驶。

第二节 客运车辆管理

第二十八条 客运企业应当建立客运车辆选用管理制度。

客运企业应当按照相关法律法规和标准要求，购置符合道路旅客运输技术要求的车辆从事运营。鼓励客运企业选用安全、节能、环保型客车。

客运企业不得使用报废、擅自改装、拼装、检验检测不合格以及其他不符合国家规定的车辆从事道路旅客运输经营。

第二十九条 拥有20辆（含）以上客运车辆的客运企业，应当设置车辆技术管理机构，配备专业车辆技术管理人员，提供必要的工作条件。拥有20辆以下客运车辆的客运企业应当配备专业车辆技术管理人员，提供必要的工作条件。

专业车辆技术管理人员原则上按照每50辆车1人的标准配备，最低不少于1人。

第三十条 客运企业应当建立客运车辆技术档案管理制度。按照规定建立客运车辆技术档案，实行一车一档，实现车辆从购置到退出运输市场的全过程管理。客运车辆转移所有权或者车籍地时，技术档案应当随车移交。

客运车辆技术档案内容应当准确、详实，包括：车辆基本信息，机动车检验检测报告（含车辆技术等级）、道路运输达标车辆核查记录表、客车类型等级审验、车辆维护和修理（含《机动车维修竣工出厂合格证》）、车辆主要零部件更换、车辆变更、行驶里程、对车辆造成损伤的交通事故等记录。

客运企业应当逐步建立客运车辆技术信息化管理系统，完善客运车辆的技术管理。

第三十一条 客运企业应当建立客运车辆维护制度。

客运企业应当依据国家有关标准和车辆维修手册、使用说明书等，结合车辆类别、车辆运行状况、行驶里程、道路条件、使用年限等因素，科学合理制定客运车辆维护周期，确保车辆维护正常。

客运车辆日常维护由客运驾驶员实施，一级维护和二级维护由客运企业按照相关规定组织实施，并做好记录。

第三十二条 客运企业应当建立客运车辆技术状况检查制度。

客运企业应当配合客运站做好车辆安全例检，未按规定进行安全例检或安全例检不合格的车辆不得安排运输任务。

对于不在客运站进行安全例检的客运车辆，客运企业应当安排专业技术人员在每日出车前或收车后按照安全例检规定对客运车辆的技术状况进行检查，也可委托客运站经营者或者具备条件的维修企业等开展车辆安全例检,明确委托双方的责任和义务。开展安全例检的专业技术人员应当熟悉车辆结构、例检方法和相关要求。对于1个趟次超过1日的运输任务,途中的车辆技术状况检查由客运驾驶员具体实施。

客运企业应主动排查并及时消除车辆安全隐患,每月检查车内安全带、应急锤、灭火器、三角警告牌,发动机增压器隔热罩、排气管隔热棉、发动机舱自动灭火装置,以及应急门、应急窗、安全顶窗的开启装置等是否齐全、有效,安全出口通道是否畅通,确保客运车辆应急装置和安全设施处于良好的技术状况。

客运企业配备新能源车辆的,应该根据新能源车辆种类、特点等,建立专门的检查制度,确保车辆技术状况良好。

客运企业不得要求客运驾驶员驾驶技术状况不良的客运车辆从事运输作业。发现客运驾驶员驾驶技术状况不良的客运车辆时,应及时采取措施纠正。

第三十三条 客运企业应当按照有关规定建立车辆检验检测和年度审验制度。严格执行道路运输车辆检验检测和技术等级评定制度,确保车辆符合安全技术条件。逾期未年审、年检或年审、年检不合格的车辆禁止从事道路旅客运输经营。

第三十四条 客运企业应当建立客运车辆报废管理制度。

客运车辆报废应当严格执行国家有关规定。对达到国家报废标准或者检测不符合国家强制性要求的客运车辆,不得继续从事客运经营。客运企业应当按规定将报废车辆交售给机动车回收企业,并及时办理车辆注销登记,交回道路运输证。

第三十五条 客运企业应当加强对停放客运车辆的安全管理,明确安全管理责任人。客运企业原则上自备或租用相应停车场所,对停放客运车辆进行统一管理。

第三节 运输组织

第三十六条 客运企业在申请班车客运线路经营时应当进行实际线路考察,按照许可的要求投放客运车辆。

客运企业应当组织对每条班车客运线路的交通状况、限速情况、气候条件、沿线安全隐患路段情况等建立信息台账,定期更新并及时提供给客运驾驶员。

第三十七条 客运企业在制定运输计划时应当严格遵守通行道路的限速要求,以及客运车辆(9座以上)夜间(22时至次日6时,下同)行驶速度不得超过日间限速80%的要求,不得制定可能导致客运驾驶员为按计划完成运输任务而违反通行道路限速要求的运输计划。

客运企业不得要求客运驾驶员超速驾驶客运车辆。企业应主动查处客运驾驶员超速驾驶行为,发现超速驾驶时,应及时采取措施纠正。

第三十八条 客运企业在制定运输计划时应当严格遵守客运驾驶员驾驶时间和休息时间等规定:

(一)日间连续驾驶时间不得超过4小时,夜间连续驾驶时间不得超过2小时,每次停车休息时间应不少于20分钟;

(二)在24小时内累计驾驶时间不得超过8小时;

(三)任意连续7日内累计驾驶时间不得超过44小时,期间有效落地休息;

(四)禁止在夜间驾驶客运车辆通行达不到安全通行条件的三级及以下山区公路;

(五)长途客运车辆凌晨2时至5时停止运行或实行接驳运输;从事线路固定的机场高铁快线、通勤包车、定制客运以及短途驳载且单程运营里程在200公里以内的客运车辆,在确保安全的前提下,不受凌晨2时至5时通行限制。

客运企业不得要求客运驾驶员违反驾驶时间和休息时间等规定驾驶客运车辆。企业应主动查处客运驾驶员违反驾驶时间和休息时间等规定的行为,发现客运驾驶员违反驾驶时间和休息时间等规定驾驶客运车辆时,应及时采取措施纠正。

第三十九条 客运企业应当严格遵守长途客运驾驶员配备要求:

(一)单程运行里程超过400公里(高速公路直达客运超过600公里)的客运车辆应当配备2名及以上客运驾驶员;

(二)实行接驳运输的,且接驳距离小于400公里(高速公路直达客运小于600公里)的,客运车辆运行过程中可只配备1名驾驶员,接驳点待换驾驶员视同出站随车驾驶员。

第四十条 客运企业应当规范运输经营行为。

客运班车应当严格按照许可的起讫地、日发班次下限和备案的途经线路运行,在起讫地客运站点和中途停靠地客运站点(统称配客站点)上下旅客,不得在规定的配客站点外上客或者沿途揽客,无正当理由不得改变途经路线。客运班车在遵守道路交通安全、城市管理相关法律法规的前提下,可以在起讫地、中途停靠地所在的城市市区、县城城区沿途下客。重大活动期间,客运班车应当按照交通运输主管部门指定的配客站点上下旅客。对于成立线路公司的道路客运班线,可自主确定中途停靠地客运站点并告知原许可机关,提前向社会公布,方便乘客上下车。

客运车辆不得超过核定的载客人数,但按照规定免票的儿童除外,在载客人数已满的情况下,按照规定免票的儿童不得超过核定载客人数的10%。

客运车辆不得违反规定载货,行李堆放区和乘客区要隔离,不得在行李堆放区内载客,客运班车行李舱载货应当执行《客运班车行李舱载货运输规范》(JT/T 1135)。

客运包车应当凭包车客运标志牌,按照约定的时间、起始地、目的地和线路,持包车合同运行,不得承运包车合同约定之外的旅客,不得使用设置乘客站立区的客车;除执行交通运输主管部门下达的紧急包车任务外,其线路一端应当在车籍所在地设区的市,单个运次不超过15日。客运驾驶员应当提前了解和熟悉客运包车路线和路况,谨慎驾驶。

第四十一条 实行接驳运输的客运企业应当按照规定制定接驳运输安全生产管理制度和接驳运输线路运行组织方案,并向交通运输主管部门报送,按规定为接驳运输车辆安装视频监控装置后,方可实行接驳运输。

客运企业制定接驳运输线路运行组织方案应当避免驾驶员疲劳驾驶,并对接驳点进行实地查验,保证接驳点满足停车、驾驶员住宿、视频监控及信息传输等安全管理功能需求。

客运企业直接管理接驳点的或者进驻接驳运输联盟和其他接驳运输企业运营的接驳点,应当在指定接驳点和接驳时段进行接驳,履行接驳手续,建立健全接驳运输台账。接驳运输台账、行车单、车辆动态监控信息、接驳过程相关图像信息等保存期限不少于6个月。

凌晨2时至5时运行的接驳运输车辆,应当在前续22时至凌晨2时之间完成接驳。在此时间段内未完成接驳的车辆,凌晨2时至5时应当在具备安全停车条件的地点停车休息。

客运企业应当通过动态监控、视频监控、接驳信息记录检查、现场抽查等方式,加强接驳运输管理和安全隐患排查治理,严格执行接驳运输流程和旅客引导等服务;发现违规操作的,应当立即纠正。

第四十二条 从事包车客运的客运企业应当建立包车客运标志牌统一管理制度。客运企业应当按规定将从事省际包车业务的客运车辆、客运驾驶员、起讫地、主要途经地等信息和包车合同通过道路客运管理信息系统(包车客运信息管理功能模块)向车籍地交通运输主管部门报送。车籍地交通运输主管部门应当对起讫地、主要途经地等是否与包车合同衔接一致进行审核。审核通过后,客运企业方可打印包车客运标志牌并加盖公章,开展相关包车客运业务。客运企业应当指定专人签发包车客运标志牌,领用人应当签字登记,结束运输任务后及时交回客运标志牌。客运企业不得发放空白包车客运标志牌。从事省内包车客运的应当落实省级人民政府交通运输主管部门关于省内包车客运管理的有关规定。

定线通勤包车可根据合同进行定期审核,使用定期(月、季、年)包车客运标志牌,最长不得超过12个月。

第四十三条 从事省际、市际班线客运和包车客运的客运企业应当建立客运驾驶员行车日志制度,督促客运驾驶员如实填写行车日志,行车日志式样见附件。行车日志信息应当包含:驾驶员姓名、车辆牌照号、起讫地点及中途站点、车辆技术状况检查情况(车辆故障等)、客运驾驶员停车休息情况,以及行车安全事故等。行车日志保存期限不少于6个月。鼓励客运企业采取信息化手段,有效落实客运驾驶员行车日志制度。

客运企业安全生产管理人员应当对客运驾驶员每趟次填写的行车日志进行审核、检查,发现问题及时纠正。

第四十四条 客运企业开通农村客运班线,应当符合《道路旅客运输及客运站管理规定》等规定的条件,并通过相关部门联合开展的农村客运班线通行条件审核,确保农村客运班线途经公路的技术条件、安全设施,车辆技术要求、运行限速等相匹配。农村客运班线经营期限到期后重新提出申请的,如通行条件无变化,不再重复开展通行条件审核。农村客运班线使用设置乘客站立区客车的,应当报地市级人民政府同意;直辖市辖区范围内的,应当报直辖市人民政府同意。

农村客运班车中途停靠地客运站点可以由其经营者自行决定,并告知原许可机关。鼓励客运企业在保障乘客乘车需求和出行安全的前提下,优先选购农村客货邮融合发展适配车型。

第四十五条 对于城市(区)间公交化运营客运线路,客运车辆应当严格按照核定载客人数运营。

第四十六条 班车客运经营者开展定制客运的,应当向原许可机关备案,客运驾驶员应当取得相应从业资格,车辆应当使用核定载客人数7座及以上的营运客车。

定制客运企业应当随车配备或者在中途停靠地配备便携式安检设备,由驾驶员或者中途停靠地工作人员对乘客携带的行李物品进行安检,一类、二类道路客运班线还应当按规定实行实名制售票并对乘客开展人、票、证一致性查验。

定制客运车辆在遵守道路交通安全、城市管理相关法律法规的前提下，可以在道路客运班线起讫地、中途停靠地的城市市区、县城城区按乘客需求停靠。

第四十七条 客运企业应当建立并有效实施安全告知制度，由驾乘人员在发车前按照相关要求向旅客告知，或者在发车前向旅客播放安全告知、安全带宣传等音像资料。驾乘人员应当在发车前提醒乘客全程系好安全带。鼓励客运企业依托车载视频监控装置，对旅客使用安全带情况进行抽查、提醒。

第四十八条 所属车辆从汽车客运站发车的客运企业应当与汽车客运站经营者签订进站协议，明确双方的安全责任，严格遵守汽车客运站的安全生产规定。

第四节 动态监控

第四十九条 客运企业应当建立具有行驶记录功能的卫星定位装置（以下简称卫星定位装置）安装、使用及维护制度。

客运企业应当按照相关规定为其客运车辆安装符合标准的卫星定位装置，并有效接入符合标准的道路运输车辆动态监控平台及全国重点营运车辆联网联控系统。

客运企业应当确保卫星定位装置正常使用，定期检查并及时排除卫星定位装置存在的故障，保持车辆运行实时在线。卫星定位装置出现故障、不能保持在线的车辆，客运企业不得安排其承担道路旅客运输经营任务。

客运企业应当依法对恶意人为干扰、屏蔽卫星定位装置信号、破坏卫星定位装置、篡改卫星定位装置数据的人员给予处理，情节严重的应当调离相应岗位。

第五十条 客运企业应当建立道路运输车辆动态监控平台建设、维护及管理制度。

客运企业应当按照标准建设道路运输车辆动态监控平台，或者使用符合条件的社会化道路运输车辆动态监控平台，在监控平台中完整、准确地录入所属客运车辆和驾驶员的基础资料等信息，并及时更新。

客运企业应当确保道路运输车辆动态监控平台正常使用，定期检查并及时排除监控平台存在的故障，保持车辆运行时在线。客运企业应当按照相关法律法规规定以及车辆行驶道路限速、行驶时间等实际情况，在道路运输车辆动态监控平台中设置监控超速行驶、疲劳驾驶的预警值和报警限值，以及核定运营线路、区域及夜间行驶时间。

第五十一条 客运企业应当配备专职道路运输车辆动态监控人员，建立并严格落实动态监控人员管理制度。

专职动态监控人员配置原则上按照监控平台每接入100辆车1人的标准配备，最低不少于2人。监控人员应当掌握国家相关法律法规和政策，熟悉动态监控系统的使用和动态监控数据的统计分析，经企业或者委托具备培训能力的机构培训、考试合格后上岗。

客运企业应当依法对不按照动态监控制度要求严格监控车辆行驶状况的动态监控人员给予处理，情节严重的应当调离相应工作岗位。

第五十二条 客运企业应当建立客运车辆动态信息处理制度。

客运企业应当在客运车辆运行期间对客运车辆和驾驶人进行实时监控和管理。动态监控人员应当实时分析、处理车辆行驶动态信息，及时提醒客运驾驶员纠正超速行驶、疲劳驾驶等违法行为，并记录存档至动态监控台账；对经提醒仍然继续违法驾驶的客运驾驶员，应当及时向企业安全生产管理机构或安全生产管理人员报告，企业安全生产管理机构或安全生产管理人员应当立即采取措施制止；对拒不执行制止措施仍然继续违法驾驶的，企业应当及时报告公安机关交通管理部门，并在事后解聘客运驾驶员。

第五十三条 客运车辆发生道路交通事故的，客运企业应当在接到事故信息后立即封存客运车辆动态监控数据，配合事故调查，如实提供车辆动态监控数据。车辆安装视频监控装置的，还应当提供视频资料。

第五十四条 客运企业应当建立客运车辆动态信息统计分析制度。

客运企业应当定期对道路运输车辆动态监控数据质量问题、驾驶员违法违规驾驶行为进行汇总分析，及时采取措施处理。

对存在交通违法、违规信息的客运驾驶员，客运企业应当在事后及时给予处理，对多次存在违法、违规行为的驾驶员应当作为重点监控和安全培训教育的重点对象。客运车辆动态监控数据应当至少保存6个月，违法驾驶信息及处理情况应当至少保存36个月。

鼓励客运企业利用道路运输车辆动态监控系统，对客运驾驶员安全行驶里程进行统计分析，开展安全行车竞赛活动。

第五十五条 客运企业应当运用动态监控手段做好客运车辆的组织调度，并及时发送涉及客运车辆的典型道路交通事故通报、安全提示、预警信息等。

第五十六条 鼓励客运企业在一类、二类班线客车和旅游包车上安装、使用智能视频监控装置对客运驾驶员违规操作、疲劳驾驶、违规使用手机等行为进行监控和管理。

第五十七条 客运企业可以委托第三方机构对企业所属客运车辆进行动态监控，但不因委托而改变企业的动态监控主体责任。客运企业与第三方机构通过合同约定的形式，明确由第三方机构实时、准确地提供客运车辆和客运驾驶员违法违规行为的动态监控信息。

客运企业应当及时对相关违法违规行为进行处理，并建立企业内部动态监控管理台账。

客运企业委托第三方机构对所属客运车辆进行动态监控的，第三方专职动态监控人员视同企业专职动态监控人员配置。

第五节 安全生产操作规程

第五十八条 客运企业应当根据岗位特点，分类制定安全生产操作规程，推行安全生产标准化作业。

第五十九条 客运企业应当制定客运驾驶员行车操作规程。操作规程的内容应当包括：出车前、行车中、收车后的车辆技术状况检查，开车前向旅客的安全告知，高速公路及特殊路段行车注意事项，恶劣天气下的行车注意事项，夜间行车注意事项，应急驾驶操作程序，进出客运站注意事项等。

第六十条 客运企业应当制定客运车辆日常检查和日常维护操作规程。操作规程的内容应当包括：轮胎、制动、转向、悬架、灯光与信号装置、卫星定位装置、视频监控装置、安全带、应急设施及装置等安全部件检查要求和检查程序，不合格车辆返修及复检程序等。

第六十一条 客运企业应当制定车辆动态监控操作规程。操作规程的内容应当包括：卫星定位装置、视频监控装置、动态监控平台设备的检修和维护要求，动态监控信息采集、分析、处理规范和流程，违法违规信息统计、报送及处理要求及程序，动态监控信息保存要求和程序等。

第六十二条 客运企业配备乘务员的应当建立乘务员安全操作规程。操作规程的内容应当包括：乘务员值乘工作规范，值乘途中安全检查要求，车辆行驶中相关信息报送等。

开展定制客运的企业还应当制定定制客运服务操作规程。操作规程内容应当包括：定制客运服务流程、安检等。

第六十三条 客运企业应当根据安全运营实际需求，制定其他相关安全运营操作规程。

第六节 其他安全生产制度

第六十四条 客运企业应当建立安全生产基础档案制度，明确安全生产管理资料的归档、查阅。

第六十五条 客运企业应当建立生产安全事故应急处置制度。发生生产安全事故后，客运企业应当立即采取有效措施，组织抢救，防止事故扩大，减少人员伤亡和财产损失。

对于在旅客运输过程中发生的生产安全事故，客运驾驶员和乘务员应当及时向事发地的公安部门及所属客运企业报告，并迅速按本企业应急处置程序规定进行现场处置。客运企业应当按规定的时间、程序、内容向事故发生地和企业所属地县级以上的应急管理、公安、交通运输等相关部门报告事故情况，并启动生产安全事故应急处置预案。

客运企业应当定期统计和分析生产安全事故，总结事故特点和原因，提出针对性的事故预防措施。

第六十六条 客运企业应当建立生产安全事故责任倒查制度。按照"事故原因不查清不放过、事故责任者得不到处理不放过、整改措施不落实不放过、教训不吸取不放过"的原则，对相关责任人进行严肃处理。

客运企业应当认真吸取事故教训，落实防范和整改措施，防止事故再次发生。

发生生产安全事故的客运企业及其从业人员应当积极配合相关管理部门依法开展的生产安全事故调查处理工作，并提供必要的便利条件。任何企业和个人不得阻挠和干涉事故报告和依法调查处理。

第六十七条 客运企业应当建立应急救援制度。健全应急救援组织体系，制定完善应急救援预案，落实应急救援人员、应急物资及装备，开展应急救援演练。

第六十八条 客运企业应当建立安全生产宣传和教育制度。普及安全知识，强化从业人员安全生产操作技能，提高从业人员安全生产能力。

客运企业应当配备和完善开展安全宣传、教育活动的设施和设备，定期更新宣传、教育的内容。安全宣传、教育与培训应当予以记录并建档保存，保存期限应当不少于36个月。

第六十九条 客运企业应当建立健全安全生产社会监督机制。

客运企业应当在车内明显位置清晰地标示客运车辆车牌号码、核定载客人数和投诉举报电话，从事班车客运的客车还应当在车内明显位置标示客运车辆行驶区间和线路、经批准或经备案的停靠站点，方便旅客监督。

客运企业应当公开举报电话号码、通信地址或者电子邮件信箱，完善举报制度，充分发挥乘客、新闻媒体及社会各界的监督作用。鼓励客运企业通过微信、微博、二维码、智能手机应用程序等多种方式畅通投诉举报途径。对接到的举报和投诉，客运企业应当及时予以调查和处理。

第七十条 客运企业应当建立本企业安全生产管理所需要的其他制度。

第五章 安全风险管控与隐患排查治理

第七十一条 客运企业应当按照相关法律法规的要求建立安全生产风险分级管控制度，每年开展1次全面辨识评估，并根据需要开展专项辨识评估，按安全风险等级采取相应的管控措施。

客运企业主要负责人应当组织制定重大风险管控措施，健全人防、物防、技防手段；应当配合交通运输主管部门按照规定做好800公里以上客运班线安全风险评估。

第七十二条 客运企业应当每日关注运营客运线路的天气状况和道路通行情况，遇雾、冰冻、雨雪、自然灾害等，应当及时提醒驾驶员谨慎驾驶，达不到车辆安全通行条件的，应当按相关规定暂停或者调整客运线路。

第七十三条 客运企业应当建立事故隐患排查治理制度，依据相关法律法规及本企业管理规定，对客运车辆、客运驾驶员、运输线路、运营过程等安全生产各要素和环节进行安全隐患排查，及时消除安全隐患。重大安全隐患排查治理情况应当及时向属地交通运输主管部门和负有安全生产监督管理职责的管理部门报告。

第七十四条 客运企业应当根据安全生产需要和特点，采用综合检查、专业检查、季节性检查、节假日检查、日常检查等方式，每月至少开展1次安全生产隐患排查工作，及时发现和消除安全隐患，加强安全隐患的闭环管理和动态管理。

第七十五条 客运企业应当对排查出的安全隐患进行登记和治理，落实整改措施、责任人和完成时限，及时消除安全隐患。

对于能够立即整改的安全隐患，客运企业立即组织整改；对于不能立即整改的安全隐患，客运企业应当组织制定安全隐患治理方案，依据方案及时进行整改，并在治理过程中采取有效的安全防范措施，无法保障安全的应当按规定及时采取车辆停运等措施；对于自身不能解决的安全隐患，客运企业应当立即向有关部门报告，依据有关规定进行整改。

第七十六条 客运企业应当建立安全隐患排查治理档案，档案应当包括：隐患排查治理日期、隐患排查的具体部位或场所、发现安全隐患的数量、类别及具体情况、安全隐患治理意见，参加隐患排查治理的人员及其签字、安全隐患治理情况、复查情况、复查时间、复查人员及其签字等。安全隐患排查治理档案保存期限应不少于36个月。

第七十七条 客运企业应当每月对本单位安全隐患排查治理情况进行统计，分析隐患形成的原因、特点及规律，对多发、普发的安全隐患要深入分析，建立安全隐患排查治理长效机制。

第七十八条 客运企业应当建立安全隐患报告制度，鼓励企业建立有奖举报机制，发动职工发现和排除安全隐患，鼓励社会公众举报。

第七十九条 客运企业应当积极配合有关部门监督检查人员依法进行的安全隐患监督检查，不得拒绝和阻挠。对相关部门通报抄送的事故及、违法及安全隐患等问题应当及时落实整改。

客运企业应当定期查询并签收公安部门发送的高风险企业交通安全风险报告，并采取针对性措施，及时整改报告列出的问题隐患。

第六章 安全生产绩效管理

第八十条 客运企业应当根据相关法律法规、管理部门要求和自身实际情况，制定年度安全生产绩效目标。安全生产绩效目标应当包括：道路交通责任事故起数、死亡人数、受伤人数、百万车公里事故起数、百万车公里伤亡人数、安全行车公里数等。

第八十一条 客运企业应当建立安全生产年度考核与奖惩制度。针对年度目标，对各部门、各岗位人员进行安全绩效考核，通报考核结果。

客运企业根据安全生产年终考核结果，对安全生产相关部门、岗位工作人员给予一定的奖惩。对全年无事故、无交通违法记录、无旅客投诉的安全文明驾驶人员予以表彰奖励。

第八十二条 客运企业应当建立安全生产内部评价机制，每年至少进行1次安全生产内部评价。评价内容应当包括：安全生产目标、安全生产责任制、安全投入、安全教育培训、从业人员管理、客运车辆管理、生产安全监督检查、应急响应与救援、事故处理与统计报告等安全生产制度的适宜性、充分性及有效性等。

客运企业可聘请第三方机构对本企业的安全生产情况进行评估，并根据评估结果，及时修订和完善安全生产制度，持续改进和提高安全管理水平。

第七章 附 则

第八十三条 本规范自印发之日起施行。《交通运

输部 公安部 应急管理部关于印发〈道路旅客运输企业安全管理规范〉的通知》(交运发〔2018〕55号)同时废止。

公路运营领域重大事故隐患判定标准

· 2023年10月8日
· 交办公路〔2023〕59号

  第一条 为指导各地科学准确判定公路运营领域重大事故隐患,根据《中华人民共和国安全生产法》《中华人民共和国公路法》《公路安全保护条例》等法律法规,制定本标准。
  第二条 本标准适用于公路运营领域重大事故隐患判定工作。
  第三条 本标准所称重大事故隐患是指极易导致重特大安全生产事故,且危害性大或者整改难度大,需要封闭全部或部分路段,并经过一定时间整改治理方能消除的隐患,或者因外部因素影响致使公路管理单位自身难以消除的隐患。
  第四条 公路运营领域重大事故隐患分为在役公路桥梁、在役公路隧道、在役公路重点路段、违法违规行为四个方面。
  第五条 在役公路桥梁存在以下情形的,应当判定为重大事故隐患:
  桥梁技术状况评定为5类,尚未实施危桥改造且未封闭交通的。
  第六条 在役公路隧道存在以下情形的,应当判定为重大事故隐患:
  隧道技术状况评定为5类,尚未实施危隧整治且未关闭隧道的。
  第七条 在役公路重点路段存在以下情形之一的,应当判定为重大事故隐患:
  (一)路侧计算净区宽度范围内有车辆可能驶入的高速铁路、高速公路、高压输电线塔、危险品储藏仓库等设施,未按建设期标准规范设置公路交通安全设施的;
  (二)跨越大型饮用水水源一级保护区和高速铁路的桥梁以及特大悬索桥、斜拉桥等缆索承重桥梁,未按建设期标准规范设置公路交通安全设施的。
  第八条 在《公路安全保护条例》相关规定的公路范围内,存在以下情形之一的,应当判定为重大事故隐患:
  (一)相关单位和个人违法从事采矿、采石、采砂、取土、爆破、抽取地下水、架设浮桥等作业,以及违法设立生产、储存、销售危险物品的场所、设施,危及重要公路基础设施安全的;
  (二)相关单位和个人违法从事挖掘、占用、穿越、跨越、架设、埋设等涉路施工活动,危及重要公路基础设施安全的;
  (三)相关单位和个人在公路用地范围内焚烧物品或排放有毒有害污染物严重影响公路通行的;
  (四)相关单位和个人利用公路桥梁进行牵拉、吊装等危及公路桥梁安全的。
  (五)载运易燃、易爆、剧毒、放射性等危险物品的车辆,未经审批许可或未按审批许可的行驶时间、路线通过实施交通管制的特大型公路桥梁或者特长公路隧道的。
  第九条 本判定标准自发布之日起实施。

农村公路建设质量管理办法

· 2018年11月13日
· 交安监发〔2018〕152号

第一章 总 则

  第一条 为加强农村公路建设质量管理,保证农村公路质量耐久、工程耐用和安全可靠,根据《中华人民共和国公路法》《建设工程质量管理条例》《农村公路建设管理办法》《公路水运工程质量监督管理规定》等法律法规规章,制定本办法。
  第二条 农村公路新建、改建、扩建工程的质量管理,适用本办法。
  本办法所称农村公路是指纳入农村公路规划,并按照公路工程技术标准修建的县道、乡道、村道及其所属设施。
  第三条 农村公路建设质量管理应当坚持政府主导、企业主责、社会参与、有效监督的工作原则。
  第四条 交通运输部负责全国农村公路建设质量的行业管理工作。
  省级交通运输主管部门负责本行政区域内农村公路建设质量的综合行业管理工作。
  地市级、县级交通运输主管部门依据工作职责和项目管理职权具体负责本行政区域内农村公路建设质量管理工作。
  第五条 县级人民政府是本行政区域内农村公路建设质量管理的责任主体,负责建立符合本地实际的农村公路质量管理机制,落实农村公路建设质量管理要求,加强和规范农村公路建设质量管理。

乡级人民政府在县级人民政府确定的职责范围内负责本行政区域内乡道、村道建设质量管理工作。

第六条 农村公路建设工程实行质量责任终身制。

项目业主、勘察、设计、施工、监理、试验检测等单位应当明确相应的项目负责人和质量负责人,进行工程质量责任登记,按照国家法律法规和有关规定在工程合理使用年限内承担相应的质量责任。

第七条 任何单位和个人有权对农村公路建设工程的质量问题、质量缺陷、质量事故等向交通运输主管部门投诉和举报。交通运输主管部门应当依法及时处理。

第八条 积极推行代建制、设计施工总承包等模式,加强农村公路建设项目专业化管理;鼓励实行"建养一体化"模式,加强农村公路全寿命周期质量管理。

第九条 坚持因地制宜、生态环保的原则,推广应用先进质量管理方法,鼓励推行集约化建设、标准化施工、工厂化生产、信息化管理,鼓励小型构件商品化,推进农村公路现代工程管理。

第二章 质量责任

第十条 农村公路建设项目实行项目业主责任制。

项目业主对农村公路工程质量管理负总责,应当制定工程项目管理制度,明确质量目标,落实专人负责质量管理,选择具有相应资质等级条件的勘察、设计、施工等单位,加强对关键人员、施工设备等履约管理,组织开展质量检查,督促有关单位及时整改质量问题。

第十一条 农村公路建设项目实行合同管理制。

项目业主应当与勘察、设计、施工、监理等从业单位签订合同,按照有关规定在合同中约定工程质量、安全生产条款,并签订质量、安全生产责任书。

第十二条 勘察、设计单位对农村公路勘察、设计质量负主体责任,应当按照有关规定、强制性标准进行勘察、设计,加强勘察、设计过程质量控制。

设计单位应当做好设计交底、设计变更和后续服务工作,并在交工验收前对工程建设内容是否符合设计要求提出评价意见。

第十三条 施工单位对农村公路施工质量负主体责任,应当按照合同约定设立项目质量管理机构,配备工程技术和质量管理人员,落实岗位责任,建立健全施工质量保证体系,严格按照国家强制性技术标准和工程设计图纸、施工规范(规程)和经批准的施工方案施工,加强过程质量控制、质量检验、技术交底和岗位培训,建立完整、可追溯的施工技术档案。

第十四条 监理单位对农村公路施工质量负监理责任,应当按照规定程序和标准进行工程质量检查、检测和验收,对发现的质量问题及时督促整改,按要求开展质量评定工作,在项目交工验收前向项目业主提交工程质量评定报告。

一般农村公路建设项目实行代建的,可由代建单位组织有经验的专业技术人员成立监理组,履行监理职责。

第十五条 施工单位应当开展施工质量检测工作,可通过设立工地试验室或者委托具有相应能力等级的检测机构实施。一般农村公路建设项目,可按县级交通运输主管部门认可的检测方式组织实施。

监理人员应当按照规范要求对施工自检结果进行抽检复核或者检测见证。

第十六条 农村公路建设项目交竣工检测工作应当由具有相应能力等级并通过计量认证的检测机构承担。

检测机构应当严格按照工程技术标准、检测规范规程开展检测工作,对检测数据及报告的真实、准确和完整性负责。

第十七条 农村公路建设项目业主应当加强项目档案管理工作,督促勘察、设计、施工、监理、检测等单位按规定收集、整理、保存工程档案资料,建立完整的工程档案。

第三章 质量监管

第十八条 县级以上交通运输主管部门应当建立健全上下协调、控制有效、覆盖全面的农村公路建设质量监管机制,按照分级负责的原则履行农村公路建设质量监管职责。

第十九条 省级交通运输主管部门应当根据部、省有关规定制定本行政区域农村公路建设质量管理制度和技术政策,组织开展农村公路建设质量督导、抽查和考核,协调农村公路建设质量管理中的重大事项,指导各地加强农村公路建设质量监管。

第二十条 地市级、县级交通运输主管部门应当按照工作职责和项目管理权限,全面履行农村公路建设质量监管主体责任,贯彻落实质量管理制度和技术政策,制定本行政区域农村公路建设质量监管工作要点,落实责任部门,开展质量监督检查,规范从业单位质量行为,加强质量管理人员业务培训,组织项目验收。

质量监督管理工作经费由交通运输主管部门按照国家规定协调有关部门纳入同级财政预算予以保障。

第二十一条 交通运输主管部门可以委托专业质量监督机构负责农村公路建设质量监管工作。

第二十二条 农村公路建设质量监督检查可采用巡视检查、突击检查、专项督查和双随机等方式,重点加强从业单位执行质量法律法规规章和工程强制性标准情况、从业单位关键人及关键设备到位情况、影响工程安全耐久的关键部位和关键指标、试验检测工作、工程档案管理等抽检抽查。

第二十三条 交通运输主管部门应当加强质量检测工作,通过组建或者委托具有相应能力等级的检测机构,开展农村公路建设质量监督抽检。

倡导能力等级高的检测机构对服务于农村公路建设质量监督抽检的检测机构开展技术帮扶,提升基层监督检测能力水平。

第二十四条 鼓励聘请技术专家、组织当地群众代表参与农村公路建设质量监督和项目验收。

交通运输主管部门应当加强对群众质量监督员的技术指导和业务培训,积极推动地方人民政府将群众质量监督员纳入公益性岗位。

第二十五条 交通运输主管部门应当建立完善农村公路建设质量约谈和挂牌督办制度,对质量问题频发、质量形势严峻的地区,或者存在严重质量问题的项目,开展质量约谈或者挂牌督办,督促落实质量责任。

第四章 质量管控要点

第二十六条 农村公路建设应当严格执行相关技术规范和质量检验评定标准,并针对农村公路特点和薄弱环节,加强质量关键环节的把控。

第二十七条 农村公路建设项目应当加强沿线地质调查勘测和老路结构技术评价,针对质量薄弱环节开展设计。

对于老路改造或者加宽项目、特殊地质和水文条件的路基和桥涵结构、地质地形限制路段的安全生命防护工程等,应当加强有针对性的设计,明确设计质量控制措施。

地市级、县级交通运输主管部门应当依据工作职责和项目管理职权,加强对设计文件的审核把关,确保设计源头质量。

第二十八条 农村公路建设项目应当加强原材料质量控制,严格按照规定对水泥、钢材、沥青、砂石等原材料进行进场检验检查。未经检验或者经检验不合格的材料,不得投入使用。

农村公路建设项目应当加强混凝土配合比设计和复核验证,确保配合比设计满足混凝土强度和耐久性要求。

第二十九条 重要农村公路建设项目主体工程实行首件工程制。

施工单位应当通过首件工程,完善施工工艺,确定施工技术参数和质量控制措施,严格执行技术交底制度。工程质量技术要点交底应当覆盖到一线作业人员。

第三十条 农村公路建设项目应当按照有关规定向社会公开质量信息,包括从业单位及质量监督负责人和联系方式,工程质量目标,主要原材料种类,路面混凝土及结构层混合料配合比,路面厚度、宽度、强度等关键质量指标,项目验收结果等信息,接受群众监督。

第三十一条 农村公路建设项目施工过程应当执行工程质量验收制度,有下列情形之一的,不得进入下道工序或者投入使用:

(一)路基未验收或验收不合格的,不得进入路面施工;

(二)路面基层未验收或验收不合格的,不得进入路面面层施工;

(三)桩基未验收或验收不合格的,不得进入上部工程施工;

(四)预制构件未验收或验收不合格的,不得进入安装施工;

(五)交通安全、防护、排水等附属设施验收不合格的,不得进行项目验收。

对于非封闭施工的农村公路建设项目,施工单位应当完善交通组织措施,加强对工程成品的保护。

第三十二条 重要农村公路建设项目应当按照《公路工程竣(交)工验收办法》《公路工程质量检验评定标准》开展验收,一般农村公路建设项目可按照省级交通运输主管部门规定的简化程序开展验收。

第三十三条 省级、地市级交通运输主管部门应当将工程建设质量管理纳入农村公路考核范畴,重点加强对质量监管机制运行及履职情况、工程实体质量状况、项目验收工作等考核。考核结果可与农村公路建设项目安排、资金补助、"四好农村路"示范县创建工作等相挂钩。

第三十四条 县级以上交通运输主管部门应当对农村公路建设项目有关单位进行信用记录,建立完善从业单位及其负责人质量诚信档案,开展信用评价工作,推动质量信用评价结果在市场准入、招投标和行业监管中的应用。有关信用信息记录应在全国交通运输信用信息平台共享。

第五章 附 则

第三十五条 省级交通运输主管部门可根据本办法制定实施办法。

第三十六条 本办法自 2019 年 1 月 1 日起施行,有效期 5 年。原交通部发布的《农村公路建设质量管理办法(试行)》(交质监发〔2004〕370 号)同时废止。

农村道路旅客运输班线通行条件审核规则

- 2014 年 12 月 24 日
- 交运发〔2014〕258 号

第一条 为进一步规范农村道路旅客运输(以下简称"农村客运")发展,保障农村客运安全,根据《中华人民共和国公路法》《中华人民共和国道路交通安全法》和《中华人民共和国道路运输条例》及相关标准规范,制定本规则。

第二条 本规则适用于新增农村客运班线通行条件审核工作。

第三条 开通农村客运班线,应当符合《道路旅客运输及站场管理规定》规定的条件,并开展农村客运班线通行条件审核工作,确保安全运行。

农村客运班线通行条件主要包括农村客运班线途经公路的技术条件、公路安全设施状况、中途停靠站点情况、车辆技术要求及相互匹配情况。

第四条 各县级交通运输部门应当报请同级人民政府同意,联合有关部门建立农村客运班线通行条件审核机制,共同制定农村客运班线通行条件审核细则,联合开展农村客运班线通行条件审核工作,科学设置中途停靠站点,公布农村客运班线信息,并明确配套支持政策,确保农村客运班线安全运行、持续服务。

对需途径等外公路的农村客运班线,还应当征求等外公路所在地乡镇人民政府的意见,对途经的客车车型、载客人数、通行时间、运行限速等提出限制性要求。

第五条 经竣(交)工验收合格,有合格的工程验收档案,路线技术指标符合行业标准规范要求的等级公路,可通行符合《营运车辆综合性能要求和检验方法》(GB18565)要求的对应车长的营运客车。

(一)二级及以上公路,可通行各系列营运客车。

(二)设计速度为 40 公里/小时的三级公路,可通行车长不超过 12 米的营运客车。

(三)设计速度为 30 公里/小时的三级公路和双车道四级公路,可通行车长不超过 7 米的营运客车。

(四)单车道四级公路,可通行车长不超过 6 米的营运客车。

第六条 对等外公路确需开通农村客运班线或农村客运班线需途经等外公路的,营运客车应当为符合《营运车辆综合性能要求和检验方法》(GB18565)和《乡村公路营运客车结构和性能通用要求》(JT/T 616)要求且车长小于 6 米的车辆,途经的农村公路应当满足《交通运输部关于印发农村公路建设指导意见的通知》(交公路发〔2004〕372 号)中《农村公路建设暂行技术要求》的规定。

第七条 农村客运线路途径的受限路段单车道隧道净高不应当小于 3.5 米,行车道宽度不应当小于 4.0 米;与单车道路基连接时,洞口两端应按规定设置错车道。

第八条 农村客运线路途径的桥梁技术状况不得低于《公路桥梁技术状况评定标准》(JTG/T H21)规定的三类桥梁。

第九条 农村客运线路途径的农村公路受限路段尤其是起始点,应当增设必要的警示、警告等公路安全设施。

第十条 本规则要求的农村公路的有关技术指标由县级交通运输主管部门依据公路工程竣(交)工资料或施工图认定。

第十一条 本规则由交通运输部运输司负责解释。

第十二条 本规则自 2015 年 1 月 1 日施行。

城市公共汽车和电车客运管理规定

- 2017 年 3 月 7 日交通运输部令第 5 号公布
- 自 2017 年 5 月 1 日起施行

第一章 总 则

第一条 为规范城市公共汽车和电车客运活动,保障运营安全,提高服务质量,促进城市公共汽车和电车客运事业健康有序发展,依据《国务院关于城市优先发展公共交通的指导意见》(国发〔2012〕64 号),制定本规定。

第二条 从事城市公共汽车和电车(以下简称城市公共汽电车)客运的服务提供、运营管理、设施设备维护、安全保障等活动,应当遵守本规定。

本规定所称城市公共汽电车客运,是指在城市人民政府确定的区域内,运用符合国家有关标准和规定的公共汽电车车辆和城市公共汽电车客运服务设施,按照核准的线路、站点、时间和票价运营,为社会公众提供基本出行服务的活动。

本规定所称城市公共汽电车客运服务设施,是指保障城市公共汽电车客运服务的停车场、保养场、站务用房、候车亭、站台、站牌以及加油(气)站、电车触线网、整流站和电动公交车充电设施等相关设施。

第三条 交通运输部负责指导全国城市公共汽电车客运管理工作。

省、自治区人民政府交通运输主管部门负责指导本行政区域内城市公共汽电车客运管理工作。

城市人民政府交通运输主管部门或者城市人民政府指定的城市公共交通运营主管部门（以下简称城市公共交通主管部门）具体承担本行政区域内城市公共汽电车客运管理工作。

第四条 城市公共汽电车客运是城市公共交通的重要组成部分，具有公益属性。

省、自治区人民政府交通运输主管部门和城市公共交通主管部门应当在本级人民政府的领导下，会同有关部门，根据国家优先发展公共交通战略，落实在城市规划、财政政策、用地供给、设施建设、路权分配等方面优先保障城市公共汽电车客运事业发展的政策措施。

第五条 城市公共汽电车客运的发展，应当遵循安全可靠、便捷高效、经济适用、节能环保的原则。

第六条 国家鼓励城市公共汽电车客运运营企业实行规模化、集约化经营。

第七条 国家鼓励推广新技术、新能源、新装备，加强城市公共交通智能化建设，推进物联网、大数据、移动互联网等现代信息技术在城市公共汽电车客运运营、服务和管理方面的应用。

第二章 规划与建设

第八条 城市公共交通主管部门应当统筹考虑城市发展和社会公众基本出行需求，会同有关部门组织编制、修改城市公共汽电车线网规划。

编制、修改城市公共汽电车线网规划，应当科学设计城市公共汽电车线网、场站布局、换乘枢纽和重要交通节点设置，注重城市公共汽电车与其他出行方式的衔接和协调，并广泛征求相关部门和社会各方的意见。

第九条 城市公共交通主管部门应当依据城市公共汽电车线网规划，结合城市发展和社会公众出行需求，科学论证，适时开辟或者调整城市公共汽电车线路和站点，并征求社会公众意见。

新建、改建、扩建城市公共汽电车客运服务设施，应当符合城市公共汽电车线网规划。

第十条 城市公共交通主管部门应当按照城市公共汽电车线网规划，对城市道路等市政设施以及规模居住区、交通枢纽、商业中心、工业园区等大型建设项目配套建设城市公共汽电车客运服务设施制定相关标准。

第十一条 城市公共交通主管部门应当会同有关部门，按照相关标准要求，科学设置公交专用道、公交优先通行信号系统、港湾式停靠站等，提高城市公共汽电车的通行效率。

第十二条 城市公共交通主管部门应当定期开展社会公众出行调查，充分利用移动互联网、大数据、云计算等现代信息技术收集、分析社会公众出行时间、方式、频率、空间分布等信息，作为优化城市公共交通线网的依据。

第十三条 城市公共交通主管部门应当按照有关标准对城市公共汽电车线路、站点进行统一命名，方便乘客出行及换乘。

第三章 运营管理

第十四条 城市公共汽电车客运按照国家相关规定实行特许经营，城市公共交通主管部门应当根据规模经营、适度竞争的原则，综合考虑运力配置、社会公众需求、社会公众安全等因素，通过服务质量招投标的方式选择运营企业，授予城市公共汽电车线路运营权；不符合招投标条件的，由城市公共交通主管部门择优选择取得线路运营权的运营企业。城市公共交通主管部门应当与取得线路运营权的运营企业签订线路特许经营协议。

城市公共汽电车线路运营权实行无偿授予，城市公共交通主管部门不得拍卖城市公共汽电车线路运营权。运营企业不得转让、出租或者变相转让、出租城市公共汽电车线路运营权。

第十五条 申请城市公共汽电车线路运营权应当符合下列条件：

（一）具有企业法人营业执照；

（二）具有符合运营线路要求的运营车辆或者提供保证符合国家有关标准和规定车辆的承诺书；

（三）具有合理可行、符合安全运营要求的线路运营方案；

（四）具有健全的经营服务管理制度、安全生产管理制度和服务质量保障制度；

（五）具有相应的管理人员和与运营业务相适应的从业人员；

（六）有关法律、法规规定的其他条件。

第十六条 城市公共汽电车线路运营权实行期限制，同一城市公共汽电车线路运营权实行统一的期限。

第十七条 城市公共汽电车线路特许经营协议应当明确以下内容：

（一）运营线路、站点设置、配置车辆数及车型、首末班次时间、运营间隔、线路运营权期限等；

(二)运营服务标准;

(三)安全保障制度、措施和责任;

(四)执行的票制、票价;

(五)线路运营权的变更、延续、暂停、终止的条件和方式;

(六)履约担保;

(七)运营期限内的风险分担;

(八)应急预案和临时接管预案;

(九)运营企业相关运营数据上报要求;

(十)违约责任;

(十一)争议调解方式;

(十二)双方的其他权利和义务;

(十三)双方认为应当约定的其他事项。

在线路特许经营协议有效期限内,确需变更协议内容的,协议双方应当在共同协商的基础上签订补充协议。

第十八条 城市公共汽电车线路运营权期限届满,由城市公共交通主管部门按照第十四条规定重新选择取得该线路运营权的运营企业。

第十九条 获得城市公共汽电车线路运营权的运营企业,应当按照线路特许经营协议要求提供连续服务,不得擅自停止运营。

运营企业需要暂停城市公共汽电车线路运营的,应当提前3个月向城市公共交通主管部门提出报告。运营企业应当按照城市公共交通主管部门的要求,自拟暂停之日7日前向社会公告;城市公共交通主管部门应当根据需要,采取临时指定运营企业、调配车辆等应对措施,保障社会公众出行需求。

第二十条 在线路运营权期限内,运营企业因破产、解散、被撤销线路运营权以及不可抗力等原因不能运营时,应当及时书面告知城市公共交通主管部门。城市公共交通主管部门应当按照国家相关规定重新选择线路运营企业。

在线路运营权期限内,运营企业合并、分立的,应当向城市公共交通主管部门申请终止其原有线路运营权。合并、分立后的运营企业符合本规定第十五条规定条件的,城市公共交通主管部门可以与其就运营企业原有的线路运营权重新签订线路特许经营协议;不符合相关要求的,城市公共交通主管部门应当按照国家相关规定重新选择线路运营企业。

第二十一条 城市公共交通主管部门应当配合有关部门依法做好票制票价的制定和调整,依据成本票价,并按照鼓励社会公众优先选择城市公共交通出行的原则,统筹考虑社会公众承受能力、政府财政状况和出行距离等因素,确定票制票价。

运营企业应当执行城市人民政府确定的城市公共汽电车票制票价。

第二十二条 运营企业应当按照企业会计准则等有关规定,加强财务管理,规范会计核算,并按规定向城市公共交通主管部门报送运营信息、统计报表和年度会计报告等信息。年度会计报告内容应当包括运营企业实际执行票价低于运营成本的部分,执行政府乘车优惠政策减少的收入,以及执行抢险救灾等政府指令性任务发生的支出等。

第二十三条 城市公共交通主管部门应当配合有关部门建立运营企业的运营成本核算制度和补偿、补贴制度。

对于运营企业执行票价低于成本票价等所减少的运营收入,执行政府乘车优惠政策减少的收入,以及因承担政府指令性任务所造成的政策性亏损,城市公共交通主管部门应当建议有关部门按规定予以补偿、补贴。

第四章 运营服务

第二十四条 运营企业应当按照线路特许经营协议确定的数量、车型配备符合有关标准规定的城市公共汽电车车辆,并报城市公共交通主管部门备案。

第二十五条 运营企业应当按照有关标准及城市公共交通主管部门的要求,在投入运营的车辆上配置符合以下要求的相关服务设施和运营标识:

(一)在规定位置公布运营线路图、价格表;

(二)在规定位置张贴统一制作的乘车规则和投诉电话;

(三)在规定位置设置特需乘客专用座位;

(四)在无人售票车辆上配置符合规定的投币箱、电子读卡器等服务设施;

(五)规定的其他车辆服务设施和标识。

第二十六条 运营企业应当按照有关标准及城市公共交通主管部门的要求,在城市公共汽电车客运首末站和中途站配置符合以下要求的相关服务设施和运营标识:

(一)在规定位置公布线路票价、站点名称和服务时间;

(二)在规定位置张贴投诉电话;

(三)规定的其他站点服务设施和标识配置要求。

第二十七条 运营企业聘用的从事城市公共汽电车客运的驾驶员、乘务员,应当具备以下条件:

（一）具有履行岗位职责的能力；

（二）身心健康，无可能危及运营安全的疾病或者病史；

（三）无吸毒或者暴力犯罪记录。

从事城市公共汽电车客运的驾驶员还应当符合以下条件：

（一）取得与准驾车型相符的机动车驾驶证且实习期满；

（二）最近连续3个记分周期内没有记满12分违规记录；

（三）无交通肇事犯罪、危险驾驶犯罪记录，无饮酒后驾驶记录。

第二十八条 运营企业应当按照有关规范和标准对城市公共汽电车客运驾驶员、乘务员进行有关法律法规、岗位职责、操作规程、服务规范、安全防范和应急处置等基本知识与技能的培训和考核，安排培训、考核合格人员上岗。运营企业应当将相关培训、考核情况建档备查，并报城市公共交通主管部门备案。

第二十九条 从事城市公共汽电车客运的驾驶员、乘务员，应当遵守以下规定：

（一）履行相关服务标准；

（二）按照规定的时段、线路和站点运营，不得追抢客源、滞站揽客；

（三）按照价格主管部门核准的票价收费，并执行有关优惠乘车的规定；

（四）维护城市公共汽电车场站和车厢内的正常运营秩序，播报线路名称、走向和停靠站，提示安全注意事项；

（五）为老、幼、病、残、孕乘客提供必要的帮助；

（六）发生突发事件时应当及时处置，保护乘客安全，不得先于乘客弃车逃离；

（七）遵守城市公共交通主管部门制定的其他服务规范。

第三十条 运营企业应当按照线路特许经营协议规定的线路、站点、运营间隔、首末班次时间、车辆数、车型等组织运营。未经城市公共交通主管部门同意，运营企业不得擅自改变线路特许经营协议内容。按照第十七条规定变更协议内容签订补充协议的，应当向社会公示。

第三十一条 运营企业应当依据城市公共汽电车线路特许经营协议制定行车作业计划，并报城市公共交通主管部门备案。运营企业应当履行约定的服务承诺，保证服务质量，按照行车作业计划调度车辆，并如实记录、保存线路运营情况和数据。

第三十二条 运营企业应当及时向城市公共交通主管部门上报相关信息和数据，主要包括运营企业人员、资产等信息，场站、车辆等设施设备相关数据，运营线路、客运量及乘客出行特征、运营成本等相关数据，公共汽电车调查数据，企业政策与制度信息等。

第三十三条 由于交通管制、城市建设、重大公共活动、公共突发事件等影响城市公共汽电车线路正常运营的，城市公共交通主管部门和运营企业应当及时向社会公告相关线路运营的变更、暂停情况，并采取相应措施，保障社会公众出行需求。

第三十四条 城市公共交通主管部门应当根据社会公众出行便利、城市公共汽电车线网优化等需要，组织运营企业提供社区公交、定制公交、夜间公交等多样化服务。

第三十五条 发生下列情形之一的，运营企业应当按照城市公共交通主管部门的要求，按照应急预案采取应急运输措施：

（一）抢险救灾；

（二）主要客流集散点运力严重不足；

（三）举行重大公共活动；

（四）其他需要及时组织运力对人员进行疏运的突发事件。

第三十六条 城市公共汽电车客运场站等服务设施的日常管理单位应当按照有关标准和规定，对场站等服务设施进行日常管理，定期进行维修、保养，保持其技术状况、安全性能符合国家标准，维护场站的正常运营秩序。

第三十七条 运营企业应当按照国家有关标准，定期对城市公共电车触线网、馈线网、整流站等供配电设施进行维护，保证其正常使用，并按照国家有关规定设立保护标识。

第三十八条 乘客应当遵守乘车规则，文明乘车，不得在城市公共汽电车客运车辆或者场站内饮酒、吸烟、乞讨或者乱扔废弃物。

乘客有违反前款行为时，运营企业从业人员应当对乘客进行劝止，劝阻无效的，运营企业从业人员有权拒绝为其提供服务。

第三十九条 乘客应当按照规定票价支付车费，未按规定票价支付的，运营企业从业人员有权要求乘客补交车费，并按照有关规定加收票款。

符合当地优惠乘车条件的乘客，应当按规定出示有效乘车凭证,不能出示的,运营企业从业人员有权要求其按照普通乘客支付车费。

第四十条 有下列情形之一的,乘客可以拒绝支付车费:

(一)运营车辆未按规定公布运营收费标准的;

(二)无法提供车票凭证或者车票凭证不符合规定的;

(三)不按核准的收费标准收费的。

第四十一条 城市公共汽电车客运车辆在运营途中发生故障不能继续运营时,驾驶员、乘务员应当向乘客说明原因,安排改乘同线路后序车辆或者采取其他有效措施疏导乘客,并及时报告运营企业。

第四十二条 进入城市公共汽电车客运场站等服务设施的单位和个人,应当遵守城市公共汽电车场站等服务设施运营管理制度。

第四十三条 运营企业利用城市公共汽电车客运服务设施和车辆设置广告的,应当遵守有关广告管理的法律、法规及标准。广告设置不得有覆盖站牌标识和车辆运营标识、妨碍车辆行驶安全视线等影响运营安全的情形。

第五章 运营安全

第四十四条 运营企业是城市公共汽电车客运安全生产的责任主体。运营企业应当建立健全企业安全生产管理制度,设置安全生产管理机构或者配备专职安全生产管理人员,保障安全生产经费投入,增强突发事件防范和应急处置能力,定期开展安全检查和隐患排查,加强安全乘车和应急知识宣传。

第四十五条 运营企业应当制定城市公共汽电车客运运营安全操作规程,加强对驾驶员、乘务员等从业人员的安全管理和教育培训。驾驶员、乘务员等从业人员在运营过程中应当执行安全操作规程。

第四十六条 运营企业应当对城市公共汽电车客运服务设施设备建立安全生产管理制度,落实责任制,加强对有关设施设备的管理和维护。

第四十七条 运营企业应当建立城市公共汽电车车辆安全管理制度,定期对运营车辆及附属设备进行检测、维护、更新,保证其处于良好状态。不得将存在安全隐患的车辆投入运营。

第四十八条 运营企业应当在城市公共汽电车车辆和场站醒目位置设置安全警示标志、安全疏散示意图等,并为车辆配备灭火器、安全锤等安全应急设备,保证安全应急设备处于良好状态。

第四十九条 禁止携带违禁物品乘车。运营企业应当在城市公共汽电车主要站点的醒目位置公布禁止携带的违禁物品目录。有条件的,应当在城市公共汽电车车辆上张贴禁止携带违禁物品乘车的提示。

第五十条 运营企业应当依照规定配备安保人员和相应设备设施,加强安全检查和保卫工作。乘客应当自觉接受、配合安全检查。对于拒绝接受安全检查或者携带违禁物品的乘客,运营企业从业人员应当制止其乘车;制止无效的,及时报告公安部门处理。

第五十一条 城市公共交通主管部门应当会同有关部门,定期进行安全检查,督促运营企业及时采取措施消除各种安全隐患。

第五十二条 城市公共交通主管部门应当会同有关部门制定城市公共汽电车客运突发事件应急预案,报城市人民政府批准。

运营企业应当根据城市公共汽电车客运突发事件应急预案,制定本企业的应急预案,并定期演练。

发生安全事故或者影响城市公共汽电车客运运营安全的突发事件时,城市公共交通主管部门、运营企业等应当按照应急预案及时采取应急处置措施。

第五十三条 禁止从事下列危害城市公共汽电车运营安全、扰乱乘车秩序的行为:

(一)非法拦截或者强行上下城市公共汽电车车辆;

(二)在城市公共汽电车场站及其出入口通道擅自停放非城市公共汽电车车辆、堆放杂物或者摆摊设点等;

(三)妨碍驾驶员的正常驾驶;

(四)违反规定进入公交专用道;

(五)擅自操作有警示标志的城市公共汽电车按钮、开关装置,非紧急状态下动用紧急或安全装置;

(六)妨碍乘客正常上下车;

(七)其他危害城市公共汽电车运营安全、扰乱乘车秩序的行为。

运营企业从业人员接到报告或者发现上述行为应当及时制止;制止无效的,及时报告公安部门处理。

第五十四条 任何单位和个人都有保护城市公共汽电车客运服务设施的义务,不得有下列行为:

(一)破坏、盗窃城市公共汽电车车辆、设施设备;

(二)擅自关闭、侵占、拆除城市公共汽电车客运服务设施或者挪作他用;

(三)损坏、覆盖电车供电设施及其保护标识,在电车架线杆、馈线安全保护范围内修建建筑物、构筑物或者堆放、悬挂物品,搭设管线、电(光)缆等;

（四）擅自覆盖、涂改、污损、毁坏或者迁移、拆除站牌；

（五）其他影响城市公共汽电车客运服务设施功能和安全的行为。

第六章 监督检查

第五十五条 城市公共交通主管部门应当建立"双随机"抽查制度，并定期对城市公共汽电车客运进行监督检查，维护正常的运营秩序，保障运营服务质量。

第五十六条 城市公共交通主管部门有权行使以下监督检查职责：

（一）向运营企业了解情况，要求其提供有关凭证、票据、账簿、文件及其他相关材料；

（二）进入运营企业进行检查、调阅、复制相关材料；

（三）向有关单位和人员了解情况。

城市公共交通主管部门对检查中发现的违法行为，应当当场予以纠正或者要求限期改正；对依法应当给予行政处罚、采取强制措施的行为，应当依法予以处理。

有关单位和个人应当接受城市公共交通主管部门及其工作人员依法实施的监督检查，如实提供有关材料或者说明情况。

第五十七条 城市公共交通主管部门应当建立运营企业服务质量评价制度，定期对运营企业的服务质量进行评价并向社会公布，评价结果作为衡量运营企业运营绩效、发放政府补贴和线路运营权管理等的依据。

对服务质量评价不合格的线路，城市公共交通主管部门应当责令相关运营企业整改。整改不合格，严重危害公共利益，或者造成重大安全事故的，城市公共交通主管部门可以终止其部分或者全部线路运营权的协议内容。

第五十八条 城市公共交通主管部门和运营企业应当分别建立城市公共交通服务投诉受理制度并向社会公布，及时核查和处理投诉事项，并将处理结果及时告知投诉人。

第五十九条 城市公共交通主管部门应当对完成政府指令性运输任务成绩突出，文明服务成绩显著，有救死扶伤、见义勇为等先进事迹的运营企业和相关从业人员予以表彰。

第七章 法律责任

第六十条 未取得线路运营权、未与城市公共交通主管部门签订城市公共汽电车线路特许经营协议，擅自从事城市公共汽电车客运线路运营的，由城市公共交通主管部门责令停止运营，并处 2 万元以上 3 万元以下的罚款。

第六十一条 运营企业违反本规定第二十五条、第二十六条规定，未配置符合要求的服务设施和运营标识的，由城市公共交通主管部门责令限期改正；逾期不改正的，处 5000 元以下的罚款。

第六十二条 运营企业有下列行为之一的，由城市公共交通主管部门责令限期改正；逾期未改正的，处 5000 元以上 1 万元以下的罚款：

（一）未定期对城市公共汽电车车辆及其安全设施设备进行检测、维护、更新的；

（二）未在城市公共汽电车车辆和场站醒目位置设置安全警示标志、安全疏散示意图和安全应急设备的；

（三）使用不具备本规定第二十七条规定条件的人员担任驾驶员、乘务员的；

（四）未对拟担任驾驶员、乘务员的人员进行培训、考核的。

第六十三条 运营企业未制定应急预案并组织演练的，由城市公共交通主管部门责令限期改正，并处 1 万元以下的罚款。

发生影响运营安全的突发事件时，运营企业未按照应急预案的规定采取应急处置措施，造成严重后果的，由城市公共交通主管部门处 2 万元以上 3 万元以下的罚款。

第六十四条 城市公共汽电车客运场站和服务设施的日常管理单位未按照规定对有关场站设施进行管理和维护的，由城市公共交通主管部门责令限期改正；逾期未改正的，处 1 万元以下的罚款。

第六十五条 违法携带违禁物品进站乘车的，或者有本规定第五十三条危害运营安全行为的，运营企业应当报当地公安部门依法处理。

第六十六条 违反本规定第五十四条，有危害城市公共汽电车客运服务设施行为的，由城市公共交通主管部门责令改正，对损坏的设施依法赔偿，并对个人处 1000 元以下的罚款，对单位处 5000 元以下的罚款。构成犯罪的，依法追究刑事责任。

第六十七条 城市公共交通主管部门不履行本规定职责、造成严重后果的，或者有其他滥用职权、玩忽职守、徇私舞弊行为的，对负有责任的领导人员和直接责任人员依法给予处分；构成犯罪的，依法追究刑事责任。

第六十八条 地方性法规、政府规章对城市公共汽电车客运违法行为需要承担的法律责任与本规定有不同规定的，从其规定。

第八章 附 则

第六十九条 县(自治县、旗、自治旗、团场)开通公共汽电车客运的,参照适用本规定。

第七十条 经相关城市人民政府协商开通的毗邻城市间公共汽电车客运,参照适用本规定。

第七十一条 本规定自2017年5月1日起施行。

交通运输部办公厅关于进一步加强城市公共汽车和电车运行安全保障工作的通知

·2018年11月9日

各省、自治区、直辖市、新疆生产建设兵团交通运输厅(局、委):

近年来,全国各地发生多起乘客侵扰驾驶员驾驶行为造成的不安全事件,引起社会高度关注,产生了恶劣的社会影响,尤其是近期发生的重庆万州"10·28"城市公交车坠江事件,造成了重大的人员伤亡和财产损失,党中央、国务院领导对此高度重视,要求各有关部门切实采取有效措施,坚决杜绝类似事件重复发生。为贯彻落实好中央领导同志重要指示批示要求,切实保障人民群众出行安全,经交通运输部同意,现就进一步加强城市公共汽车和电车(以下简称城市公共汽电车)运行安全保障工作,提出如下要求:

一、切实加强城市公共汽电车驾驶员安全意识和应急处置能力的培训教育

各地交通运输主管部门要抓好《城市公共汽车和电车客运管理规定》(交通运输部令2017年第5号)的贯彻落实,督促城市公共汽电车企业重点做好以下工作:一是按照有关规范和标准,加强对城市公共汽电车驾驶员、乘务员开展法律法规、岗位职责、操作规程、服务规范、安全防范和应急处置等基本知识与技能的培训考核,培养驾驶员牢固树立"安全第一"的意识,任何情况下都要把保障乘客安全作为驾驶员的第一责任;二是按照《城市公共汽电车应急处置基本操作规程》(JT/T 999—2015)要求,完善应急处置规范,特别是明确紧急情况时立即靠边停车、及时报警等操作规程,提升应急处置的能力;三是按照《城市公共汽电车客运服务规范》(GB/T 22484—2016)要求,进一步完善运营服务操作规程,提升文明服务水平,改进群众出行服务体验;四是加强驾驶员心理疏导、情绪管理,确保驾驶员心理健康。中国道路运输协会城市客运分会、全国城市客运标准化技术委员会等单位要增强服务意识,对城市公共汽电车企业开展培训、宣传等工作给予帮助指导。

二、完善城市公共汽电车驾驶区域安全防护隔离设施

各地交通运输主管部门要指导城市公共汽电车企业新购置具有驾驶区域安全防护隔离设施的城市公共汽电车,鼓励城市公共汽电车企业协调客车生产企业对在用的城市公共汽电车改造安装驾驶区域安全防护隔离设施。要在调查摸底在用城市公共汽电车驾驶区域安全防护隔离设施安装情况的基础上,制定城市公共汽电车驾驶区域安全防护隔离设施安装改造方案,明确安装时间节点、技术要求和保障措施。要积极争取地方财政、公安等部门在资金、车辆检测等方面予以政策支持,鼓励推广应用新技术、新产品提升驾驶员防侵扰能力。

三、加强宣传提升乘客安全乘车意识

各地交通运输主管部门要组织城市公共汽电车企业在驾驶区域张贴警示标语,防止侵扰驾驶员安全行车的行为,维护驾驶员安全运营环境。要利用车载媒体播放视频、语音等方式,切实提升公众认知,培养乘客安全乘车法治观念,提醒乘客遵守规则、文明乘车。要指导城市公共汽电车企业进一步完善奖励机制,鼓励乘客参与城市公共汽电车运行安全保障,勇于制止侵扰城市公共汽电车驾驶员安全驾驶的违法行为。对于见义勇为的个人,要予以褒奖,并及时进行宣传报道,形成全社会群防群治的良好氛围。

四、严格防范和正确处置侵扰城市公共汽电车运行安全的违法违规行为

城市公共汽电车企业要教育驾驶员正确处置运行过程中的突发事件,对发现影响运行安全的违法违规行为要及时报警;要加强车辆动态运行管控,确保公交车内监控摄像设备、驾驶区域安全防护隔离设施等正常使用,保障驾驶员安全驾驶环境;要充分发挥车载视频监控的作用,定点定时上传监控视频或抓拍图像。各地交通运输主管部门要积极协调当地公安部门,对侵扰城市公共汽电车驾驶员正常驾驶等涉嫌违法犯罪行为的,按照《中华人民共和国刑法》《中华人民共和国治安管理处罚法》等法律法规予以惩处,形成震慑,确保城市公共汽电车行车安全和乘客人身安全。

巡游出租汽车经营服务管理规定

- 2014年9月30日交通运输部令2014年第16号发布
- 根据2016年8月26日《交通运输部关于修改〈出租汽车经营服务管理规定〉的决定》第一次修正
- 根据2021年8月11日《交通运输部关于修改〈巡游出租汽车经营服务管理规定〉的决定》第二次修正

第一章 总 则

第一条 为规范巡游出租汽车经营服务行为，保障乘客、驾驶员和巡游出租汽车经营者的合法权益，促进出租汽车行业健康发展，根据国家有关法律、行政法规，制定本规定。

第二条 从事巡游出租汽车经营服务，应当遵守本规定。

第三条 出租汽车是城市综合交通运输体系的组成部分，是城市公共交通的补充，为社会公众提供个性化运输服务。优先发展城市公共交通，适度发展出租汽车。

巡游出租汽车发展应当与城市经济社会发展相适应，与公共交通等客运服务方式协调发展。

第四条 巡游出租汽车应当依法经营，诚实守信，公平竞争，优质服务。

第五条 国家鼓励巡游出租汽车实行规模化、集约化、公司化经营。

第六条 交通运输部负责指导全国巡游出租汽车管理工作。

各省、自治区人民政府交通运输主管部门在本级人民政府领导下，负责指导本行政区域内巡游出租汽车管理工作。

直辖市、设区的市级或者县级交通运输主管部门或者人民政府指定的其他出租汽车行政主管部门（以下称出租汽车行政主管部门）在本级人民政府领导下，负责具体实施巡游出租汽车管理。

第七条 县级以上地方人民政府出租汽车行政主管部门应当根据经济社会发展和人民群众出行需要，按照巡游出租汽车功能定位，制定巡游出租汽车发展规划，并报经同级人民政府批准后实施。

第二章 经营许可

第八条 申请巡游出租汽车经营的，应当根据经营区域向相应的县级以上地方人民政府出租汽车行政主管部门提出申请，并符合下列条件：

（一）有符合机动车管理要求并满足以下条件的车辆或者提供保证满足以下条件的车辆承诺书：

1. 符合国家、地方规定的巡游出租汽车技术条件；
2. 有按照第十三条规定取得的巡游出租汽车车辆经营权。

（二）有取得符合要求的从业资格证件的驾驶人员；

（三）有健全的经营管理制度、安全生产管理制度和服务质量保障制度；

（四）有固定的经营场所和停车场地。

第九条 申请人申请巡游出租汽车经营时，应当提交以下材料：

（一）《巡游出租汽车经营申请表》（见附件1）；

（二）投资人、负责人身份、资信证明及其复印件，经办人的身份证明及其复印件和委托书；

（三）巡游出租汽车车辆经营权证明及拟投入车辆承诺书（见附件2），包括车辆数量、座位数、类型及等级、技术等级；

（四）聘用或者拟聘用驾驶员从业资格证及其复印件；

（五）巡游出租汽车经营管理制度、安全生产管理制度和服务质量保障制度文本；

（六）经营场所、停车场地有关使用证明等。

第十条 县级以上地方人民政府出租汽车行政主管部门对巡游出租汽车经营申请予以受理的，应当自受理之日起20日内作出许可或者不予许可的决定。

第十一条 县级以上地方人民政府出租汽车行政主管部门对巡游出租汽车经营申请作出行政许可决定的，应当出具《巡游出租汽车经营行政许可决定书》（见附件3），明确经营范围、经营区域、车辆数量及要求、巡游出租汽车车辆经营权期限等事项，并在10日内向被许可人发放《道路运输经营许可证》。

县级以上地方人民政府出租汽车行政主管部门对不符合规定条件的申请作出不予行政许可决定的，应当向申请人出具《不予行政许可决定书》。

第十二条 县级以上地方人民政府出租汽车行政主管部门应当按照当地巡游出租汽车发展规划，综合考虑市场实际供需状况、巡游出租汽车运营效率等因素，科学确定巡游出租汽车运力规模，合理配置巡游出租汽车的车辆经营权。

第十三条 国家鼓励通过服务质量招投标方式配置巡游出租汽车的车辆经营权。

县级以上地方人民政府出租汽车行政主管部门应当根据投标人提供的运营方案、服务质量状况或者服务质量承诺、车辆设备和安全保障措施等因素，择优配置巡游出租汽车的车辆经营权,向中标人发放车辆经营权证明,并与中标人签订经营协议。

第十四条 巡游出租汽车车辆经营权的经营协议应当包括以下内容:

(一)巡游出租汽车车辆经营权的数量、使用方式、期限等;

(二)巡游出租汽车经营服务标准;

(三)巡游出租汽车车辆经营权的变更、终止和延续等;

(四)履约担保;

(五)违约责任;

(六)争议解决方式;

(七)双方认为应当约定的其他事项。

在协议有效期限内,确需变更协议内容的,协议双方应当在共同协商的基础上签订补充协议。

第十五条 被许可人应当按照《巡游出租汽车经营行政许可决定书》和经营协议,投入符合规定数量、座位数、类型及等级、技术等级等要求的车辆。原许可机关核实符合要求后,为车辆核发《道路运输证》。

投入运营的巡游出租汽车车辆应当安装符合规定的计程计价设备,具有行驶记录功能的车辆卫星定位装置、应急报警装置,按照要求喷涂车身颜色和标识,设置有中英文"出租汽车"字样的顶灯和能显示空车、暂停运营、电召等运营状态的标志,按照规定在车辆醒目位置标明运价标准、乘客须知、经营者名称和服务监督电话。

第十六条 巡游出租汽车车辆经营权不得超过规定的期限,具体期限由县级以上地方人民政府出租汽车行政主管部门报本级人民政府根据投入车辆的车型和报废周期等因素确定。

第十七条 巡游出租汽车车辆经营权因故不能继续经营的,授予车辆经营权的出租汽车行政主管部门可优先收回。在车辆经营权有效期限内,需要变更车辆经营权经营主体的,应当到原许可机关办理变更许可手续。出租汽车行政主管部门在办理车辆经营权变更许可手续时,应当按照第八条的规定,审查新的车辆经营权经营主体的条件,提示车辆经营权期限等相关风险,并重新签订经营协议,经营期限为该车辆经营权的剩余期限。

第十八条 巡游出租汽车经营者在车辆经营权期限内,不得擅自暂停或者终止经营。需要变更许可事项或者暂停、终止经营的,应当提前 30 日向原许可机关提出申请,依法办理相关手续。巡游出租汽车经营者终止经营的,应当将相关的《道路运输经营许可证》和《道路运输证》等交回原许可机关。

巡游出租汽车经营者取得经营许可后无正当理由超过 180 天不投入符合要求的车辆运营或者运营后连续 180 天以上停运的,视为自动终止经营,由原许可机关收回相应的巡游出租汽车车辆经营权。

巡游出租汽车经营者合并、分立或者变更经营主体名称的,应当到原许可机关办理变更许可手续。

第十九条 巡游出租汽车车辆经营权到期后,巡游出租汽车经营者拟继续从事经营的,应当在车辆经营权有效期届满 60 日前,向原许可机关提出申请。原许可机关应当根据《出租汽车服务质量信誉考核办法》规定的出租汽车经营者服务质量信誉考核等级,审核巡游出租汽车经营者的服务质量信誉考核结果,并按照以下规定处理:

(一)考核等级在经营期限内均为 AA 级及以上的,应当批准其继续经营;

(二)考核等级在经营期限内有 A 级的,应当督促其加强内部管理,整改合格后准许其继续经营;

(三)考核等级在经营期限内有 B 级或者一半以上为 A 级的,可视情适当核减车辆经营权;

(四)考核等级在经营期限内有一半以上为 B 级的,应当收回车辆经营权,并按照第十三条的规定重新配置车辆经营权。

第三章 运营服务

第二十条 巡游出租汽车经营者应当为乘客提供安全、便捷、舒适的出租汽车服务。

鼓励巡游出租汽车经营者使用节能环保车辆和为残疾人提供服务的无障碍车辆。

第二十一条 巡游出租汽车经营者应当遵守下列规定:

(一)在许可的经营区域内从事经营活动,超出许可的经营区域的,起讫点一端应当在许可的经营区域内;

(二)保证营运车辆性能良好;

(三)按照国家相关标准运营服务;

(四)保障聘用人员合法权益,依法与其签订劳动合同或者经营合同;

(五)加强从业人员管理和培训教育;

(六)不得将巡游出租汽车交给未经从业资格注册的人员运营。

第二十二条 巡游出租汽车运营时,车容车貌、设施设备应当符合以下要求:

(一)车身外观整洁完好,车厢内整洁、卫生,无异味;

（二）车门功能正常，车窗玻璃密闭良好，无遮蔽物，升降功能有效；

（三）座椅牢固无塌陷，前排座椅可前后移动，靠背倾度可调，安全带和锁扣齐全、有效；

（四）座套、头枕套、脚垫齐全；

（五）计程计价设备、顶灯、运营标志、服务监督卡（牌）、车载信息化设备等完好有效。

第二十三条　巡游出租汽车驾驶员应当按照国家出租汽车服务标准提供服务，并遵守下列规定：

（一）做好运营前例行检查，保持车辆设施、设备完好，车容整洁，备齐发票、备足零钱；

（二）衣着整洁，语言文明，主动问候，提醒乘客系安全带；

（三）根据乘客意愿升降车窗玻璃及使用空调、音响、视频等服务设备；

（四）乘客携带行李时，主动帮助乘客取放行李；

（五）主动协助老、幼、病、残、孕乘客上下车；

（六）不得在车内吸烟，忌食有异味的食物；

（七）随车携带道路运输证、从业资格证，并按规定摆放、粘贴有关证件和标志；

（八）按照乘客指定的目的地选择合理路线行驶，不得拒载、议价、途中甩客、故意绕道行驶；

（九）在机场、火车站、汽车客运站、港口、公共交通枢纽等客流集散地载客时应当文明排队，服从调度，不得违反规定在非指定区域揽客；

（十）未经乘客同意不得搭载其他乘客；

（十一）按规定使用计程计价设备，执行收费标准并主动出具有效车费票据；

（十二）遵守道路交通安全法规，文明礼让行车。

第二十四条　巡游出租汽车驾驶员遇到下列特殊情形时，应当按照下列方式办理：

（一）乘客对服务不满意时，虚心听取批评意见；

（二）发现乘客遗失财物，设法及时归还失主。无法找到失主的，及时上交巡游出租汽车企业或者有关部门处理，不得私自留存；

（三）发现乘客遗留可疑危险物品的，立即报警。

第二十五条　巡游出租汽车乘客应当遵守下列规定：

（一）不得携带易燃、易爆、有毒等危害公共安全的物品乘车；

（二）不得携带宠物和影响车内卫生的物品乘车；

（三）不得向驾驶员提出违反道路交通安全法规的要求；

（四）不得向车外抛洒物品，不得破坏车内设施设备；

（五）醉酒者或者精神病患者乘车的，应当有陪同（监护）人员；

（六）遵守电召服务规定，按照约定的时间和地点乘车；

（七）按照规定支付车费。

第二十六条　乘客要求去偏远、冷僻地区或者夜间要求驶出城区的，驾驶员可以要求乘客随同到就近的有关部门办理验证登记手续；乘客不予配合的，驾驶员有权拒绝提供服务。

第二十七条　巡游出租汽车运营过程中有下列情形之一的，乘客有权拒绝支付费用：

（一）驾驶员不按照规定使用计程计价设备，或者计程计价设备发生故障时继续运营的；

（二）驾驶员不按照规定向乘客出具相应车费票据的；

（三）驾驶员因发生道路交通安全违法行为接受处理，不能将乘客及时送达目的地的；

（四）驾驶员拒绝按规定接受刷卡付费的。

第二十八条　巡游出租汽车电召服务应当符合下列要求：

（一）根据乘客通过电信、互联网等方式提出的服务需求，按照约定时间和地点提供巡游出租汽车运营服务；

（二）巡游出租汽车电召服务平台应当提供24小时不间断服务；

（三）电召服务人员接到乘客服务需求后，应当按照乘客需求及时调派巡游出租汽车；

（四）巡游出租汽车驾驶员接受电召任务后，应当按照约定时间到达约定地点。乘客未按约定候车时，驾驶员应当与乘客或者电召服务人员联系确认；

（五）乘客上车后，驾驶员应当向电召服务人员发送乘客上车确认信息。

第二十九条　巡游出租汽车经营者应当自觉接受社会监督，公布服务监督电话，指定部门或者人员受理投诉。

巡游出租汽车经营者应当建立24小时服务投诉值班制度，接到乘客投诉后，应当及时受理，10日内处理完毕，并将处理结果告知乘客。

第四章　运营保障

第三十条　县级以上地方人民政府出租汽车行政主

管部门应当在本级人民政府的领导下,会同有关部门合理规划、建设巡游出租汽车综合服务区、停车场、停靠点等,并设置明显标识。

巡游出租汽车综合服务区应当为进入服务区的巡游出租汽车驾驶员提供餐饮、休息等服务。

第三十一条 县级以上地方人民政府出租汽车行政主管部门应当配合有关部门,按照有关规定,并综合考虑巡游出租汽车行业定位、运营成本、经济发展水平等因素合理制定运价标准,并适时进行调整。

县级以上地方人民政府出租汽车行政主管部门应当配合有关部门合理确定巡游出租汽车电召服务收费标准,并纳入出租汽车专用收费项目。

第三十二条 巡游出租汽车经营者应当建立健全和落实安全生产管理制度,依法加强管理,履行管理责任,提升运营服务水平。

第三十三条 巡游出租汽车经营者应当按照有关法律法规的规定保障驾驶员的合法权益,规范与驾驶员签订的劳动合同或者经营合同。

巡游出租汽车经营者应当通过建立替班驾驶员队伍、减免驾驶员休息日经营承包费用等方式保障巡游出租汽车驾驶员休息权。

第三十四条 巡游出租汽车经营者应当合理确定承包、管理费用,不得向驾驶员转嫁投资和经营风险。

巡游出租汽车经营者应当根据经营成本、运价变化等因素及时调整承包费标准或者定额任务等。

第三十五条 巡游出租汽车经营者应当建立车辆技术管理制度,按照车辆维护标准定期维护车辆。

第三十六条 巡游出租汽车经营者应当按照《出租汽车驾驶员从业资格管理规定》,对驾驶员等从业人员进行培训教育和监督管理,按照规范提供服务。驾驶员有私自转包经营等违法行为的,应当予以纠正;情节严重的,可按照约定解除合同。

第三十七条 巡游出租汽车经营者应当制定包括报告程序、应急指挥、应急车辆以及处置措施等内容的突发公共事件应急预案。

第三十八条 巡游出租汽车经营者应当按照县级以上地方人民政府出租汽车行政主管部门要求,及时完成抢险救灾等指令性运输任务。

第三十九条 各地应当根据实际情况发展巡游出租汽车电召服务,采取多种方式建设巡游出租汽车电召服务平台,推广人工电话召车、手机软件召车等巡游出租汽车电召服务,建立完善电召服务管理制度。

巡游出租汽车经营者应当根据实际情况建设或者接入巡游出租汽车电召服务平台,提供巡游出租汽车电召服务。

第五章 监督管理

第四十条 县级以上地方人民政府出租汽车行政主管部门应当加强对巡游出租汽车经营行为的监督检查,会同有关部门纠正、制止非法从事巡游出租汽车经营及其他违法行为,维护出租汽车市场秩序。

第四十一条 县级以上地方人民政府出租汽车行政主管部门应当对巡游出租汽车经营者履行经营协议情况进行监督检查,并按照规定对巡游出租汽车经营者和驾驶员进行服务质量信誉考核。

第四十二条 巡游出租汽车不再用于经营的,县级以上地方人民政府出租汽车行政主管部门应当组织对巡游出租汽车配备的运营标志和专用设备进行回收处置。

第四十三条 县级以上地方人民政府出租汽车行政主管部门应当建立投诉举报制度,公开投诉电话、通信地址或者电子邮箱,接受乘客、驾驶员以及经营者的投诉和社会监督。

县级以上地方人民政府出租汽车行政主管部门受理的投诉,应当在10日内办结;情况复杂的,应当在30日内办结。

第四十四条 县级以上地方人民政府出租汽车行政主管部门应当对完成政府指令性运输任务成绩突出,经营管理、品牌建设、文明服务成绩显著,有拾金不昧、救死扶伤、见义勇为等先进事迹的出租汽车经营者和驾驶员,予以表彰和奖励。

第六章 法律责任

第四十五条 违反本规定,未取得巡游出租汽车经营许可,擅自从事巡游出租汽车经营活动的,由县级以上地方人民政府出租汽车行政主管部门责令改正,并处5000元以上2万元以下罚款。构成犯罪的,依法追究刑事责任。

第四十六条 违反本规定,有下列行为之一的,由县级以上地方人民政府出租汽车行政主管部门责令改正,并处以3000元以上1万元以下罚款。构成犯罪的,依法追究刑事责任:

(一)起讫点均不在许可的经营区域从事巡游出租汽车经营活动的;

(二)使用未取得道路运输证的车辆,擅自从事巡游出租汽车经营活动的;

（三）使用失效、伪造、变造、被注销等无效道路运输证的车辆从事巡游出租汽车经营活动的。

第四十七条 巡游出租汽车经营者违反本规定，有下列行为之一的，由县级以上地方人民政府出租汽车行政主管部门责令改正，并处以5000元以上1万元以下罚款。构成犯罪的，依法追究刑事责任：

（一）擅自暂停、终止全部或者部分巡游出租汽车经营的；

（二）出租或者擅自转让巡游出租汽车车辆经营权的；

（三）巡游出租汽车驾驶员转包经营未及时纠正的；

（四）不按照规定保证车辆技术状况良好的；

（五）不按照规定配置巡游出租汽车相关设备的；

（六）不按照规定建立并落实投诉举报制度的。

第四十八条 巡游出租汽车驾驶员违反本规定，有下列情形之一的，由县级以上地方人民政府出租汽车行政主管部门责令改正，并处200元以上500元以下罚款：

（一）拒载、议价、途中甩客或者故意绕道行驶的；

（二）未经乘客同意搭载其他乘客的；

（三）不按照规定使用计程计价设备、违规收费的；

（四）不按照规定出具相应车费票据的；

（五）不按照规定使用巡游出租汽车相关设备的；

（六）接受巡游出租汽车电召任务后未履行约定的；

（七）不按照规定使用文明用语，车容车貌不符合要求的；

（八）在机场、火车站、汽车客运站、港口、公共交通枢纽等客流集散地不服从调度私自揽客的；

（九）转让、倒卖、伪造巡游出租汽车相关票据的。

第四十九条 出租汽车行政主管部门的工作人员违反本规定，有下列情形之一的，依照有关规定给予行政处分；构成犯罪的，依法追究刑事责任：

（一）未按规定的条件、程序和期限实施行政许可的；

（二）参与或者变相参与巡游出租汽车经营的；

（三）发现违法行为不及时查处的；

（四）索取、收受他人财物，或者谋取其他利益的；

（五）其他违法行为。

第五十条 地方性法规、政府规章对巡游出租汽车经营违法行为需要承担的法律责任与本规定有不同规定的，从其规定。

第七章 附 则

第五十一条 网络预约出租汽车以外的其他预约出租汽车经营服务参照本规定执行。

第五十二条 本规定中下列用语的含义：

（一）"巡游出租汽车经营服务"，是指可在道路上巡游揽客、站点候客、喷涂、安装出租汽车标识，以七座及以下乘用车和驾驶劳务为乘客提供出行服务，并按照乘客意愿行驶，根据行驶里程和时间计费的经营活动；

（二）"预约出租汽车经营服务"，是指以符合条件的七座及以下乘用车通过预约方式承揽乘客，并按照乘客意愿行驶、提供驾驶劳务，根据行驶里程、时间或者约定计费的经营活动；

（三）"网络预约出租汽车经营服务"，是指以互联网技术为依托构建服务平台，整合供需信息，使用符合条件的车辆和驾驶员，提供非巡游的预约出租汽车服务的经营活动；

（四）"巡游出租汽车电召服务"，是指根据乘客通过电信、互联网等方式提出的服务需求，按照约定时间和地点提供巡游出租汽车运营服务；

（五）"拒载"，是指在道路上空车待租状态下，巡游出租汽车驾驶员在得知乘客去向后，拒绝提供服务的行为；或者巡游出租汽车驾驶员未按承诺提供电召服务的行为；

（六）"绕道行驶"，是指巡游出租汽车驾驶员未按合理路线行驶的行为；

（七）"议价"，是指巡游出租汽车驾驶员与乘客协商确定车费的行为；

（八）"甩客"，是指在运营途中，巡游出租汽车驾驶员无正当理由擅自中断载客服务的行为。

第五十三条 本规定自2015年1月1日起施行。

附件 1

第 1 页 共 4 页

巡游出租汽车经营申请表

受理申请机关专用

说明

  1. 本表根据《巡游出租汽车经营服务管理规定》制作,申请从事巡游出租汽车经营应当按照《巡游出租汽车经营服务管理规定》第二章的有关规定向相应出租汽车行政主管部门提出申请,填写本表,并同时提交其他相关材料(材料要求见第 4 页)。

  2. 本表可向各级出租汽车行政主管部门免费索取,也可自行从交通运输部网站(www.mot.gov.cn)下载打印。

  3. 本表需用钢笔填写或者计算机打印,请用正楷,要求字迹工整。

申请人基本信息

  申请人名称＿＿＿＿＿＿＿＿＿＿＿＿＿＿＿＿＿＿＿＿＿＿＿

                要求填写企业(公司)全称或者企业预先核准全称、个体经营者姓名

  负责人姓名＿＿＿＿＿＿＿＿＿＿ 经办人姓名 ＿＿＿＿＿＿＿＿

  通信地址＿＿＿＿＿＿＿＿＿＿＿＿＿＿＿＿＿＿＿＿＿＿＿＿
          ＿＿＿＿＿＿＿＿＿＿＿＿＿＿＿＿＿＿＿＿＿＿＿＿

  邮   编＿＿＿＿＿＿＿＿ 电　话 ＿＿＿＿＿＿＿＿＿＿

  手   机＿＿＿＿＿＿＿＿ 电子邮箱 ＿＿＿＿＿＿＿＿＿＿

第 2 页 共 4 页

营运车辆信息

拟购置营运车辆情况

序号	厂牌型号	数量	座位数(个)	车辆类型及等级	车辆技术等级	备注
1						
2						
3						
4						
5						
合计						

表格不够,可另附表填写

如申请扩大经营范围,请填写"现有营运车辆情况"表

现有营运车辆情况

序号	道路运输证号	厂牌型号	座位数(个)	车辆类型及等级	车辆技术等级	购置时间
1						
2						
3						
4						
5						
合计						

表格不够,可另附表填写

第 3 页　共 4 页

聘用或者拟聘用巡游出租汽车驾驶员情况

序号	姓名	性别	年龄	取得相应驾驶证时间	从业资格证类型	从业资格证号
1						
2						
3						
4						
5						
6						
7						
8						
9						
10						
11						
12						
13						
14						
15						
16						
17						
18						
19						
20						
21						
22						
23						
24						
25						
26						
27						
28						
29						
30						

表格不够,可另附表填写

第 4 页　共 4 页

申请材料核对表　　　　　　　　　请在□内划√

1.《巡游出租汽车经营申请表》(本表)　　　　　　　　　　　　　　　　　　　□

2. 投资人、负责人身份、资信证明及其复印件,经办人的身份证明及其复印件和委托书　□

3. 拟投入车辆承诺书,包括车辆数量、座位数、类型及等级、技术等级　　　　　　□

4. 聘用或者拟聘用驾驶员从业资格证及其复印件　　　　　　　　　　　　　　　□

5. 巡游出租汽车经营管理制度文本　　　　　　　　　　　　　　　　　　　　　□

6. 安全生产管理制度文本　　　　　　　　　　　　　　　　　　　　　　　　　□

7. 服务质量保障制度文本　　　　　　　　　　　　　　　　　　　　　　　　　□

8. 经营场所、停车场地有关使用证明　　　　　　　　　　　　　　　　　　　　□

　　　只有上述材料齐全有效后,你的申请才能受理

声明

　　我声明本表及其他相关材料中提供的信息均真实可靠

　　我知悉如此表中有故意填写的虚假信息,我取得的巡游出租汽车经营许可将被撤销

　　我承诺将遵守国家有关法律、行政法规及其他相关规章的规定

　　负责人签名＿＿＿＿＿＿＿　　　日期　＿＿＿＿＿＿＿

　　负责人职位＿＿＿＿＿＿＿

附件2

拟投入车辆承诺书

＿＿＿＿＿＿＿：

　　按照《巡游出租汽车经营服务管理规定》要求，＿＿＿＿＿＿计划从事巡游出租汽车经营，现承诺如该申请获得许可，将按附表填报的数量、座位数、类型及等级、技术等级等要求，在180天内购置车辆并投入运营。如违反承诺，将自愿放弃巡游出租汽车车辆经营权。

承诺人印章(签字)：
年　月　日

附表：拟投入车辆情况

序号	厂牌型号	数量	座位数(个)	车辆类型及等级	车辆技术等级	备注
1						
2						
3						
4						
5						
合计						

附件3

巡游出租汽车经营行政许可决定书

编号：＿＿＿＿＿＿

＿＿＿＿＿＿＿：

　　你于　年　月　日提出＿＿＿＿＿＿＿申请。

　　经审查，你的申请符合＿＿＿＿＿＿＿的规定，决定准予巡游出租汽车经营行政许可。请按下列要求从事巡游出租汽车经营活动：

　　经营范围：＿＿＿＿＿＿＿＿

　　经营区域：＿＿＿＿＿＿＿＿

　　车辆数量及要求：＿＿＿＿＿＿＿＿

　　巡游出租汽车车辆经营权期限：＿＿＿＿＿＿＿

　　请于　年　月　日去＿＿＿＿领取《道路运输经营许可证》，并于　年　月　日前按上述要求落实拟投入车辆承诺书，然后办理相关手续。在确定的时间内未按经营协议及本许可要求落实拟投入车辆承诺书的，将撤销本经营许可。

(印章)
年　月　日

网络预约出租汽车经营服务管理暂行办法

- 2016年7月27日交通运输部、工业和信息化部、公安部、商务部、工商总局、质检总局、国家网信办发布
- 根据2019年12月28日《交通运输部 工业和信息化部 公安部 商务部 市场监管总局 国家网信办关于修改〈网络预约出租汽车经营服务管理暂行办法〉的决定》第一次修正
- 根据2022年11月30日《交通运输部 工业和信息化部 公安部 商务部 市场监管总局 国家网信办关于修改〈网络预约出租汽车经营服务管理暂行办法〉的决定》第二次修正

第一章 总 则

第一条 为更好地满足社会公众多样化出行需求，促进出租汽车行业和互联网融合发展，规范网络预约出租汽车经营服务行为，保障运营安全和乘客合法权益，根据国家有关法律、行政法规，制定本办法。

第二条 从事网络预约出租汽车（以下简称网约车）经营服务，应当遵守本办法。

本办法所称网约车经营服务，是指以互联网技术为依托构建服务平台，整合供需信息，使用符合条件的车辆和驾驶员，提供非巡游的预约出租汽车服务的经营活动。

本办法所称网络预约出租汽车经营者（以下称网约车平台公司），是指构建网络服务平台，从事网约车经营服务的企业法人。

第三条 坚持优先发展城市公共交通、适度发展出租汽车，按照高品质服务、差异化经营的原则，有序发展网约车。

网约车运价实行市场调节价，城市人民政府认为有必要实行政府指导价的除外。

第四条 国务院交通运输主管部门负责指导全国网约车管理工作。

各省、自治区人民政府交通运输主管部门在本级人民政府领导下，负责指导本行政区域内网约车管理工作。

直辖市、设区的市级或者县级交通运输主管部门或人民政府指定的其他出租汽车行政主管部门（以下称出租汽车行政主管部门）在本级人民政府领导下，负责具体实施网约车管理。

其他有关部门依据法定职责，对网约车实施相关监督管理。

第二章 网约车平台公司

第五条 申请从事网约车经营的，应当具备线上线下服务能力，符合下列条件：

（一）具有企业法人资格；

（二）具备开展网约车经营的互联网平台和与拟开展业务相适应的信息数据交互及处理能力，具备供交通、通信、公安、税务、网信等相关监管部门依法调取查询相关网络数据信息的条件，网络服务平台数据库接入出租汽车行政主管部门监管平台，服务器设置在中国内地，有符合规定的网络安全管理制度和安全保护技术措施；

（三）使用电子支付的，应当与银行、非银行支付机构签订提供支付结算服务的协议；

（四）有健全的经营管理制度、安全生产管理制度和服务质量保障制度；

（五）在服务所在地有相应服务机构及服务能力；

（六）法律法规规定的其他条件。

外商投资网约车经营的，除符合上述条件外，还应当符合外商投资相关法律法规的规定。

第六条 申请从事网约车经营的，应当根据经营区域向相应的出租汽车行政主管部门提出申请，并提交以下材料：

（一）网络预约出租汽车经营申请表（见附件）；

（二）投资人、负责人身份、资信证明及其复印件，经办人的身份证明及其复印件和委托书；

（三）企业法人营业执照，属于分支机构的还应当提交营业执照；

（四）服务所在地办公场所、负责人员和管理人员等信息；

（五）具备互联网平台和信息数据交互及处理能力的证明材料，具备供交通、通信、公安、税务、网信等相关监管部门依法调取查询相关网络数据信息条件的证明材料，数据库接入情况说明，服务器设置在中国内地的情况说明，依法建立并落实网络安全管理制度和安全保护技术措施的证明材料；

（六）使用电子支付的，应当提供与银行、非银行支付机构签订的支付结算服务协议；

（七）经营管理制度、安全生产管理制度和服务质量保障制度文本；

（八）法律法规要求提供的其他材料。

首次从事网约车经营的，应当向企业注册地相应出租汽车行政主管部门提出申请，前款第（五）、第（六）项有关线上服务能力材料由网约车平台公司注册地省级交通运输主管部门商同级通信、公安、税务、网信、人民银行等部门审核认定，并提供相应认定结果，认定结果全国有效。网约车平台公司在注册地以外申请从事网约车经营的，应当提交前款第（五）、第（六）项有关线上服务能力

认定结果。

其他线下服务能力材料，由受理申请的出租汽车行政主管部门进行审核。

第七条 出租汽车行政主管部门应当自受理之日起20日内作出许可或者不予许可的决定。20日内不能作出决定的，经实施机关负责人批准，可以延长10日，并应当将延长期限的理由告知申请人。

第八条 出租汽车行政主管部门对于网约车经营申请作出行政许可决定的，应当明确经营范围、经营区域、经营期限等，并发放《网络预约出租汽车经营许可证》。

第九条 出租汽车行政主管部门对不符合规定条件的申请作出不予行政许可决定的，应当向申请人出具《不予行政许可决定书》。

第十条 网约车平台公司应当在取得相应《网络预约出租汽车经营许可证》并向企业注册地省级通信主管部门申请互联网信息服务备案后，方可开展相关业务。备案内容包括经营者真实身份信息、接入信息、出租汽车行政主管部门核发的《网络预约出租汽车经营许可证》等。涉及经营电信业务的，还应当符合电信管理的相关规定。

网约车平台公司应当自网络正式联通之日起30日内，到网约车平台公司管理运营机构所在地的省级人民政府公安机关指定的受理机关办理备案手续。

第十一条 网约车平台公司暂停或者终止运营的，应当提前30日向服务所在地出租汽车行政主管部门书面报告，说明有关情况，通告提供服务的车辆所有人和驾驶员，并向社会公告。终止经营的，应当将相应《网络预约出租汽车经营许可证》交回原许可机关。

第三章 网约车车辆和驾驶员

第十二条 拟从事网约车经营的车辆，应当符合以下条件：

（一）7座及以下乘用车；

（二）安装具有行驶记录功能的车辆卫星定位装置、应急报警装置；

（三）车辆技术性能符合运营安全相关标准要求。

车辆的具体标准和营运要求，由相应的出租汽车行政主管部门，按照高品质服务、差异化经营的发展原则，结合本地实际情况确定。

第十三条 服务所在地出租汽车行政主管部门依车辆所有人或者网约车平台公司申请，按第十二条规定的条件审核后，对符合条件并登记为预约出租客运的车辆，发放《网络预约出租汽车运输证》。

城市人民政府对网约车发放《网络预约出租汽车运输证》另有规定的，从其规定。

第十四条 从事网约车服务的驾驶员，应当符合以下条件：

（一）取得相应准驾车型机动车驾驶证并具有3年以上驾驶经历；

（二）无交通肇事犯罪、危险驾驶犯罪记录，无吸毒记录，无饮酒后驾驶记录，最近连续3个记分周期内没有记满12分记录；

（三）无暴力犯罪记录；

（四）城市人民政府规定的其他条件。

第十五条 服务所在地设区的市级出租汽车行政主管部门依驾驶员或者网约车平台公司申请，按第十四条规定的条件核查并按规定考核后，为符合条件且考核合格的驾驶员，发放《网络预约出租汽车驾驶员证》。

第四章 网约车经营行为

第十六条 网约车平台公司承担承运人责任，应当保证运营安全，保障乘客合法权益。

第十七条 网约车平台公司应当保证提供服务车辆具备合法营运资质，技术状况良好，安全性能可靠，具有营运车辆相关保险，保证线上提供服务的车辆与线下实际提供服务的车辆一致，并将车辆相关信息向服务所在地出租汽车行政主管部门报备。

第十八条 网约车平台公司应当保证提供服务的驾驶员具有合法从业资格，按照有关法律法规规定，根据工作时长、服务频次等特点，与驾驶员签订多种形式的劳动合同或者协议，明确双方的权利和义务。网约车平台公司应当维护和保障驾驶员合法权益，开展有关法律法规、职业道德、服务规范、安全运营等方面的岗前培训和日常教育，保证线上提供服务的驾驶员与线下实际提供服务的驾驶员一致，并将驾驶员相关信息向服务所在地出租汽车行政主管部门报备。

网约车平台公司应当记录驾驶员、约车人在其服务平台发布的信息内容、用户注册信息、身份认证信息、订单日志、上网日志、网上交易日志、行驶轨迹日志等数据并备份。

第十九条 网约车平台公司应当公布确定符合国家有关规定的计程计价方式，明确服务项目和质量承诺，建立服务评价体系和乘客投诉处理制度，如实采集与记录驾驶员服务信息。在提供网约车服务时，提供驾驶员姓名、照片、手机号码和服务评价结果，以及车辆牌照等信息。

第二十条 网约车平台公司应当合理确定网约车运价，实行明码标价，并向乘客提供相应的出租汽车发票。

第二十一条 网约车平台公司不得妨碍市场公平竞

争,不得侵害乘客合法权益和社会公共利益。

网约车平台公司不得有为排挤竞争对手或者独占市场,以低于成本的价格运营扰乱正常市场秩序,损害国家利益或者其他经营者合法权益等不正当价格行为,不得有价格违法行为。

第二十二条 网约车应当在许可的经营区域内从事经营活动,超出许可的经营区域的,起讫点一端应当在许可的经营区域内。

第二十三条 网约车平台公司应当依法纳税,为乘客购买承运人责任险等相关保险,充分保障乘客权益。

第二十四条 网约车平台公司应当加强安全管理,落实运营、网络等安全防范措施,严格数据安全保护和管理,提高安全防范和抗风险能力,支持配合有关部门开展相关工作。

第二十五条 网约车平台公司和驾驶员提供经营服务应当符合国家有关运营服务标准,不得途中甩客或者故意绕道行驶,不得违规收费,不得对举报、投诉其服务质量或者对其服务作出不满意评价的乘客实施报复行为。

第二十六条 网约车平台公司应当通过其服务平台以显著方式将驾驶员、约车人和乘客等个人信息的采集和使用的目的、方式和范围进行告知。未经信息主体明示同意,网约车平台公司不得使用前述个人信息用于开展其他业务。

网约车平台公司采集驾驶员、约车人和乘客的个人信息,不得超越提供网约车业务所必需的范围。

除配合国家机关依法行使监督检查权或者刑事侦查权外,网约车平台公司不得向任何第三方提供驾驶员、约车人和乘客的姓名、联系方式、家庭住址、银行账户或者支付账户、地理位置、出行线路等个人信息,不得泄露地理坐标、地理标志物等涉及国家安全的敏感信息。发生信息泄露后,网约车平台公司应当及时向相关主管部门报告,并采取及时有效的补救措施。

第二十七条 网约车平台公司应当遵守国家网络和信息安全有关规定,所采集的个人信息和生成的业务数据,应当在中国内地存储和使用,保存期限不少于2年,除法律法规另有规定外,上述信息和数据不得外流。

网约车平台公司不得利用其服务平台发布法律法规禁止传播的信息,不得为企业、个人及其他团体、组织发布有害信息提供便利,并采取有效措施过滤阻断有害信息传播。发现他人利用其网络服务平台传播有害信息的,应当立即停止传输,保存有关记录,并向国家有关机关报告。

网约车平台公司应当依照法律规定,为公安机关依法开展国家安全工作,防范、调查违法犯罪活动提供必要的技术支持与协助。

第二十八条 任何企业和个人不得向未取得合法资质的车辆、驾驶员提供信息对接开展网约车经营服务。不得以私人小客车合乘名义提供网约车经营服务。

网约车车辆和驾驶员不得通过未取得经营许可的网络服务平台提供运营服务。

第五章 监督检查

第二十九条 出租汽车行政主管部门应当建设和完善政府监管平台,实现与网约车平台信息共享。共享信息应当包括车辆和驾驶员基本信息、服务质量以及乘客评价信息等。

出租汽车行政主管部门应当加强对网约车市场监管,加强对网约车平台公司、车辆和驾驶员的资质审查与证件核发管理。

出租汽车行政主管部门应当定期组织开展网约车服务质量测评,并及时向社会公布本地区网约车平台公司基本信息、服务质量测评结果、乘客投诉处理情况等信息。

出租汽车行政主管、公安等部门有权根据管理需要依法调取查阅管辖范围内网约车平台公司的登记、运营和交易等相关数据信息。

第三十条 通信主管部门和公安、网信部门应当按照各自职责,对网约车平台公司非法收集、存储、处理和利用有关个人信息、违反互联网信息服务有关规定、危害网络和信息安全、应用网约车服务平台发布有害信息或者为企业、个人及其他团体组织发布有害信息提供便利的行为,依法进行查处,并配合出租汽车行政主管部门对认定存在违法违规行为的网约车平台公司进行依法处置。

公安机关、网信部门应当按照各自职责监督检查网络安全管理制度和安全保护技术措施的落实情况,防范、查处有关违法犯罪活动。

第三十一条 发展改革、价格、通信、公安、人力资源社会保障、商务、人民银行、税务、市场监管、网信等部门按照各自职责,对网约车经营行为实施相关监督检查,并对违法行为依法处理。

第三十二条 各有关部门应当按照职责建立网约车平台公司和驾驶员信用记录,并纳入全国信用信息共享平台。同时将网约车平台公司行政许可和行政处罚等信用信息在国家企业信用信息公示系统上予以公示。

第三十三条 出租汽车行业协会组织应当建立网约车平台公司和驾驶员不良记录名单制度,加强行业自律。

第六章 法律责任

第三十四条 违反本规定,擅自从事或者变相从事网约车经营活动,有下列行为之一的,由县级以上出租汽车行政主管部门责令改正,予以警告,并按照以下规定分别予以罚款;构成犯罪的,依法追究刑事责任:

(一)未取得《网络预约出租汽车经营许可证》的,对网约车平台公司处以 10000 元以上 30000 元以下罚款;

(二)未取得《网络预约出租汽车运输证》的,对当事人处以 3000 元以上 10000 元以下罚款;

(三)未取得《网络预约出租汽车驾驶员证》的,对当事人处以 200 元以上 2000 元以下罚款。

伪造、变造或者使用伪造、变造、失效的《网络预约出租汽车运输证》《网络预约出租汽车驾驶员证》从事网约车经营活动的,分别按照前款第(二)项、第(三)项的规定予以罚款。

第三十五条 网约车平台公司违反本规定,有下列行为之一的,由县级以上出租汽车行政主管部门和价格主管部门按照职责责令改正,对每次违法行为处以 5000 元以上 10000 元以下罚款;情节严重的,处以 10000 元以上 30000 元以下罚款:

(一)提供服务车辆未取得《网络预约出租汽车运输证》,或者线上提供服务车辆与线下实际提供服务车辆不一致的;

(二)提供服务驾驶员未取得《网络预约出租汽车驾驶员证》,或者线上提供服务驾驶员与线下实际提供服务驾驶员不一致的;

(三)未按照规定保证车辆技术状况良好的;

(四)起讫点均不在许可的经营区域从事网约车经营活动的;

(五)未按照规定将提供服务的车辆、驾驶员相关信息向服务所在地出租汽车行政主管部门报备的;

(六)未按照规定制定服务质量标准、建立并落实投诉举报制度的;

(七)未按照规定提供共享信息,或不配合出租汽车行政主管部门调查查阅相关数据信息的;

(八)未履行管理责任,出现甩客、故意绕道、违规收费等严重违反国家相关运营服务标准行为的。

网约车平台公司不再具备线上线下服务能力或者有严重违法行为的,由县级以上出租汽车行政主管部门依据相关法律法规的有关规定责令停业整顿、吊销相关许可证件。

第三十六条 网约车驾驶员违反本规定,有下列情形之一的,由县级以上出租汽车行政主管部门和价格主管部门按照职责责令改正,对每次违法行为处以 50 元以上 200 元以下罚款:

(一)途中甩客或者故意绕道行驶的;

(二)违规收费的;

(三)对举报、投诉其服务质量或者对其服务作出不满意评价的乘客实施报复行为的。

网约车驾驶员不再具备从业条件或者有严重违法行为的,由县级以上出租汽车行政主管部门依据相关法律法规的有关规定撤销或者吊销从业资格证件。

对网约车驾驶员的行政处罚信息计入驾驶员和网约车平台公司信用记录。

第三十七条 网约车平台公司违反本规定第十、十八、二十六、二十七条有关规定的,由网信部门、公安机关和通信主管部门按各自职责依照相关法律法规规定给予处罚;给信息主体造成损失的,依法承担民事责任;涉嫌犯罪的,依法追究刑事责任。

网约车平台公司及网约车驾驶员违法使用或者泄露约车人、乘客个人信息的,由公安、网信等部门依照各自职责处以 2000 元以上 10000 元以下罚款;给信息主体造成损失的,依法承担民事责任;涉嫌犯罪的,依法追究刑事责任。

网约车平台公司拒不履行或者拒不按要求为公安机关依法开展国家安全工作,防范、调查违法犯罪活动提供技术支持与协助的,由公安机关依法予以处罚;构成犯罪的,依法追究刑事责任。

第七章 附则

第三十八条 私人小客车合乘,也称为拼车、顺风车,按城市人民政府有关规定执行。

第三十九条 网约车行驶里程达到 60 万千米时强制报废。行驶里程未达到 60 万千米但使用年限达到 8 年时,退出网约车经营。

小、微型非营运载客汽车登记为预约出租客运的,按照网约车报废标准报废。其他小、微型营运载客汽车登记为预约出租客运的,按照该类型营运载客汽车报废标准和网约车报废标准中先行达到的标准报废。

省、自治区、直辖市人民政府有关部门要结合本地实际情况,制定网约车报废标准的具体规定,并报国务院商务、公安、交通运输等部门备案。

第四十条 本办法自 2016 年 11 月 1 日起实施。各地可根据本办法结合本地实际制定具体实施细则。

附件

网络预约出租汽车经营申请表	受理申请机关专用

说明

　　1. 申请从事网络预约出租汽车经营应当按照《网络预约出租汽车经营服务管理暂行办法》的有关规定向相应出租汽车行政主管部门提出申请，填写本表，并同时提交其他相关材料。
　　2. 本表可向各级出租汽车行政主管部门免费索取，也可自行从交通运输部网站（www.mot.gov.cn）下载打印。
　　3. 本表需用钢笔填写或者计算机打印，请用正楷，要求字迹工整。

申请人基本信息

　　申请人名称_____
　　　　要求填写企业（公司）全称
　　负责人姓名_____　经办人姓名_____
　　通信地址_____

　　邮　　编_____　电　　话_____
　　手　　机_____　电子邮箱_____

申请材料核对表　　请在□内划√

　1. 网络预约出租汽车经营申请表（本表）　　　　　　　　　　　　□
　2. 投资人、负责人身份、资信证明及其复印件　　　　　　　　　　□
　　经办人的身份证明及其复印件和委托书
　3. 企业法人营业执照　　　　　　　　　　　　　　　　　　　　　□
　　属于分支机构的应当提供营业执照
　4. 具备互联网平台和信息数据交互及处理能力的证明材料　　　　　□
　5. 具备供相关监管部门依法调取查询相关网络数据信息条件的证明材料　□
　6. 数据库接入情况　　　　　　　　　　　　　　　　　　　　　　□
　7. 服务器设置在中国内地的情况说明　　　　　　　　　　　　　　□
　8. 网络安全管理制度和安全保护技术措施文本　　　　　　　　　　□
　9. 提供支付结算服务的银行或者非银行支付机构签订的协议范本　　□
　10. 服务所在地办公场所、管理人员等信息　　　　　　　　　　　□
　11. 经营管理制度、安全生产管理制度和服务质量保障制度文本　　□
　12. 法律法规要求提供的其他材料　　　　　　　　　　　　　　　□

续表

> 只有上述材料齐全有效后，你的申请才能受理
>
> **声明**
>
> 我声明本表及其他相关材料中提供的信息均真实可靠。
>
> 我知悉如此表中有故意填写的虚假信息，我取得的经营许可将被撤销。
>
> 我承诺将遵守国家有关法律、行政法规及其他相关规章的规定。
>
> 负责人签名_____ 日期_____
>
> 负责人职位_____

网络预约出租汽车监管信息交互平台运行管理办法

· 2022 年 5 月 24 日
· 交运规〔2022〕1 号

第一章 总则

第一条 为加强网络预约出租汽车监管信息交互平台（简称网约车监管信息交互平台）的运行管理工作，规范数据传输，提高网约车行业监管效能，营造良好的营商环境，根据《网络预约出租汽车经营服务管理暂行办法》（交通运输部 工业和信息化部 公安部 商务部 市场监管总局 国家网信办令 2019 年第 46 号）等相关规定，制定本办法。

第二条 本办法所称网约车监管信息交互平台，包括全行业层面的网约车监管信息交互平台（简称行业平台）、省级层面的网约车监管信息交互平台（简称省级平台）、城市层面的网约车监管信息交互平台（简称城市平台）。

第三条 网约车监管信息交互平台数据传输、运行维护、数据质量测评等工作，适用本办法。

第四条 交通运输部指导各级网约车监管信息交互平台的运行管理等工作。

各省、自治区交通运输主管部门负责省级平台运行管理，并指导和监督本行政区域内的城市平台运行管理工作。

直辖市、设区的市级交通运输主管部门（简称城市交通运输主管部门）负责本城市平台的使用、运行和维护管理工作。

各网约车平台公司（包括依托互联网技术提供信息服务，与网约车平台公司共同提供网络预约出租汽车服务的平台）按照相关规定，负责规范本平台的运行管理和数据传输工作。

第二章 数据传输

第五条 各城市交通运输主管部门应通过运政信息系统实时传输网约车平台公司、车辆、驾驶员相关许可信息，供行业平台实时共享。未能实时共享的，应通过行业平台及时录入上传网约车平台公司、车辆、驾驶员相关许可信息，原则上每周至少更新一次。

第六条 网约车平台公司在取得相应《网络预约出租汽车经营许可证》后，应自次日零时起向行业平台传输网约车平台公司、车辆、驾驶员等基础静态数据以及订单信息、经营信息、定位信息、服务质量信息等动态数据。

第七条 网约车平台公司应加强对数据信息的规范化管理，所传输的网约车运营服务相关数据，应直接接入行业平台，不得通过第三方平台或系统传输。

第八条 网约车平台公司数据传输至行业平台后，由行业平台将数据实时转发至相关省级平台及城市平台，各地交通运输主管部门不得要求网约车平台公司向省级平台或城市平台重复传输相同数据。

第九条 行业平台所接收的运营信息数据，保存期限不少于 2 年。

第十条 网约车平台公司应建立健全数据传输工作机制，指定专人负责数据传输工作，明确与行业平台对接工作的责任人、业务人员和系统技术人员，并告知行业平台。上述人员信息发生变动的，应及时告知。

第十一条 网约车平台公司因系统改造、服务器迁移等可预见原因，需要暂停网约车平台运行的，应提前 72 小时告知行业平台。

第十二条 因自然灾害、安全生产事故等不可预见的突发事件造成系统故障，无法正常传输数据的，网约车平台公司应及时告知行业平台，并采取有效处置措施，尽快恢复系统正常运行。系统故障排除后，网约车平台公司应及时将漏传数据补传，并提交处理情况书面报告。

第十三条　网约车平台公司在技术接入和数据传输过程中，存在可能危害行业平台系统安全的，行业平台有权暂停技术接入和数据传输；造成损失的，依法追究相关责任。

第三章　传输质量要求

第十四条　网约车平台公司应保证传输数据的完整性、规范性、及时性、真实性等，确保数据传输质量。

第十五条　传输数据质量满足以下方面要求：

（一）数据完整性：网约车平台公司传输的数据应符合《网络预约出租汽车监管信息交互平台总体技术要求（暂行）》相关要求，确保其基础静态数据、动态数据字段内容齐全完整，确保全量数据传输，不遗漏信息及字段。

（二）数据规范性：网约车平台公司传输的数据字段内容在元素名称、字段名称、数据类型、字段长度、取值范围、数据精度、编码规则等方面应符合《网络预约出租汽车监管信息交互平台总体技术要求（暂行）》相关要求。

（三）数据及时性：网约车平台公司基础静态数据变更的，应于变更后24小时内将数据传输至行业平台；订单信息、经营信息、服务质量信息等应实时传输，延迟不得超过300秒；定位信息应实时传输，延迟不得超过60秒。

（四）数据真实性：网约车平台公司传输的数据内容应真实有效，基础静态数据、动态数据间应相互关联，相关数据之间的逻辑关系应正确、真实和完整。

第四章　传输质量测评

第十六条　行业平台对网约车平台公司数据传输质量情况定期开展测评，测评内容包括数据完整性、规范性、及时性、真实性等方面。网络预约出租汽车监管信息交互平台数据传输质量测评指标及计算方式见附件，具体测评指标和计算方式将根据行业发展情况予以更新。

第十七条　数据传输质量测评工作分为月度、年度测评，月度、年度测评周期为每自然月、自然年。

第十八条　网约车平台公司数据传输质量测评结果由行业平台定期公布，年度测评结果纳入出租汽车企业服务质量信誉考核内容。行业平台定期向社会公布全国网约车行业基本运行情况、未按规定向行业平台传输数据的网约车平台公司等情况。

鼓励各级交通运输主管部门充分利用各级网约车监管信息交互平台，加强网约车行业运行监测分析并公开发布分析结果，接受社会监督。鼓励各地交通运输主管部门依托各级网约车监管信息交互平台，提高执法效能、提升监管执法精准化、智能化水平。

第五章　运行维护

第十九条　各地交通运输主管部门应明确行业平台使用的责任人及联系人，并告知行业平台；要加强行业平台登录账号的申请开通管理，并督促使用人员妥善保管账号信息，定期更换密码。

第二十条　各级交通运输主管部门应按照国家相关法律法规要求，加强网约车监管信息交互平台网络安全、数据安全和个人信息保护管理，实施网络安全等级保护，加强数据传输追踪，定期开展安全排查，对于发现的安全风险和漏洞，要及时整改，建立健全全流程数据安全管理制度，采取必要措施防止数据遭到篡改、破坏、泄漏或者非法获取、非法利用，不得将数据用于商业性经营活动。

第二十一条　各级网约车监管信息交互平台应建立平台系统运行管理和故障应急处理机制，对本系统的运行情况进行7×24小时实时监测，发现系统故障及时处理。

第二十二条　各地交通运输主管部门可根据网约车行业联合监管的需要，与其他管理部门相关信息系统进行技术对接，实现信息共享。

第二十三条　网络链路维护按照分级管理的原则，由各级网约车监管信息交互平台共同开展。部、省（自治区、直辖市）间的网络链路由行业平台、省级平台或直辖市城市平台共同维护；省（自治区）内网络链路由省级平台、城市平台负责维护。

第六章　附则

第二十四条　开展私人小客车合乘业务的，按照各地有关规定传输数据信息。

第二十五条　负责行业平台运行维护的单位要做好运行维护、数据传输管理、数据安全等工作，确保平台系统安全稳定运行，不得擅自对外提供、加工使用有关数据信息。

第二十六条　本办法自2022年7月1日起施行。

工业和信息化部关于加强车联网网络安全和数据安全工作的通知

·2021年9月15日
·工信部网安〔2021〕134号

各省、自治区、直辖市及新疆生产建设兵团工业和信息化主管部门，各省、自治区、直辖市通信管理局，中国电信集团有限公司、中国移动通信集团有限公司、中国联合网络通信集团有限公司，有关智能网联汽车生产企业、车联网服务平台运营企业，有关标准化技术组织：

车联网是新一代网络通信技术与汽车、电子、道路交通运输等领域深度融合的新兴产业形态。智能网联汽车是搭载先进的车载传感器、控制器、执行器等装置，并融合现代通信与网络技术，实现车与车、路、人、云端等智能信息交换、共享，具备复杂环境感知、智能决策、协同控制等功能，可实现"安全、高效、舒适、节能"行驶的新一代汽车。在产业快速发展的同时，车联网安全风险日益凸显，车联网安全保障体系亟须健全完善。为推进实施《新能源汽车产业发展规划（2021－2035年）》，加强车联网网络安全和数据安全管理工作，现将有关事项通知如下：

一、网络安全和数据安全基本要求

（一）落实安全主体责任。各相关企业要建立网络安全和数据安全管理制度，明确负责人和管理机构，落实网络安全和数据安全保护责任。强化企业内部监督管理，加大资源保障力度，及时发现并解决安全隐患。加强网络安全和数据安全宣传、教育和培训。

（二）全面加强安全保护。各相关企业要采取管理和技术措施，按照车联网网络安全和数据安全相关标准要求，加强汽车、网络、平台、数据等安全保护，监测、防范、及时处置网络安全风险和威胁，确保数据处于有效保护和合法利用状态，保障车联网安全稳定运行。

二、加强智能网联汽车安全防护

（三）保障车辆网络安全。智能网联汽车生产企业要加强整车网络安全架构设计。加强车内系统通信安全保障，强化安全认证、分域隔离、访问控制等措施，防范伪装、重放、注入、拒绝服务等攻击。加强车载信息交互系统、汽车网关、电子控制单元等关键设备和部件安全防护和安全检测。加强诊断接口（OBD）、通用串行总线（USB）端口、充电端口等的访问和权限管理。

（四）落实安全漏洞管理责任。智能网联汽车生产企业要落实《网络产品安全漏洞管理规定》有关要求，明确本企业漏洞发现、验证、分析、修补、报告等工作程序。发现或获知汽车产品存在漏洞后，应立即采取补救措施，并向工业和信息化部网络安全威胁和漏洞信息共享平台报送漏洞信息。对需要用户采取软件、固件升级等措施修补漏洞的，应及时将漏洞风险及修补方式告知可能受影响的用户，并提供必要技术支持。

三、加强车联网网络安全防护

（五）加强车联网网络设施和网络系统安全防护能力。各相关企业要严格落实网络安全分级防护要求，加强网络设施和网络系统资产管理，合理划分网络安全域，加强访问控制管理，做好网络边界安全防护，采取防范木马病毒和网络攻击、网络侵入等危害车联网安全行为的技术措施。自行或者委托检测机构定期开展网络安全符合性评测和风险评估，及时消除风险隐患。

（六）保障车联网通信安全。各相关企业要建立车联网身份认证和安全信任机制，强化车载通信设备、路侧通信设备、服务平台等安全通信能力，采取身份认证、加密传输等必要的技术措施，防范通信信息伪造、数据篡改、重放攻击等安全风险，保障车与车、车与路、车与云、车与设备等场景通信安全。鼓励相关企业、机构接入工业和信息化部车联网安全信任根管理平台，协同推动跨车型、跨设施、跨企业互联互认互通。

（七）开展车联网安全监测预警。国家加强车联网网络安全监测平台建设，开展网络安全威胁、事件的监测预警通报和安全保障服务。各相关企业要建立网络安全监测预警机制和技术手段，对智能网联汽车、车联网服务平台及联网系统开展网络安全相关监测，及时发现网络安全事件或异常行为，并按照规定留存相关的网络日志不少于6个月。

（八）做好车联网安全应急处置。智能网联汽车生产企业、车联网服务平台运营企业要建立网络安全应急响应机制，制定网络安全事件应急预案，定期开展应急演练，及时处置安全威胁、网络攻击、网络侵入等网络安全风险。在发生危害网络安全的事件时，立即启动应急预案，采取相应的补救措施，并按照《公共互联网网络安全突发事件应急预案》等规定向有关主管部门报告。

（九）做好车联网网络安全防护定级备案。智能网联汽车生产企业、车联网服务平台运营企业要按照车联网网络安全防护相关标准，对所属网络设施和系统开展网络安全防护定级工作，并向所在省（区、市）通信管理局备案。对新建网络设施和系统，应当在规划设计阶段确定网络安全防护等级。各省（区、市）通信管理局会同工业和信息化主管部门做好定级备案审核工作。

四、加强车联网服务平台安全防护

（十）加强平台网络安全管理。车联网服务平台运营企业要采取必要的安全技术措施，加强智能网联汽车、路侧设备等平台接入安全，主机、数据存储系统等平台设施安全，以及资源管理、服务访问接口等平台应用安全防护能力，防范网络侵入、数据窃取、远程控制等安全风险。涉及在线数据处理与交易处理、信息服务业务等电信业务的，应依法取得电信业务经营许可。认定为关键信息基础设施的,要落实《关键信息基础设施安全保护条例》有关规定,并按照国家有关标准使用商用密码进行保护,自行或者委托商用密码检测机构开展商用密码应用安全性评估。

(十一)加强在线升级服务(OTA)安全和漏洞检测评估。智能网联汽车生产企业要建立在线升级服务软件包安全验证机制,采用安全可信的软件。开展在线升级软件包网络安全检测,及时发现产品安全漏洞。加强在线升级服务安全校验能力,采取身份认证、加密传输等技术措施,保障传输环境和执行环境的网络安全。加强在线升级服务全过程的网络安全监测和应急响应,定期评估网络安全状况,防范软件被伪造、篡改、损毁、泄露和病毒感染等网络安全风险。

(十二)强化应用程序安全管理。智能网联汽车生产企业、车联网服务平台运营企业要建立车联网应用程序开发、上线、使用、升级等安全管理制度,提升应用程序身份鉴别、通信安全、数据保护等安全能力。加强车联网应用程序安全检测,及时处置安全风险,防范恶意应用程序攻击和传播。

五、加强数据安全保护

(十三)加强数据分类分级管理。按照"谁主管、谁负责,谁运营、谁负责"的原则,智能网联汽车生产企业、车联网服务平台运营企业要建立数据管理台账,实施数据分类分级管理,加强个人信息与重要数据保护。定期开展数据安全风险评估,强化隐患排查整改,并向所在省(区、市)通信管理局、工业和信息化主管部门报备。所在省(区、市)通信管理局、工业和信息化主管部门要对企业履行数据安全保护义务进行监督检查。

(十四)提升数据安全技术保障能力。智能网联汽车生产企业、车联网服务平台运营企业要采取合法、正当方式收集数据,针对数据全生命周期采取有效技术保护措施,防范数据泄露、毁损、丢失、篡改、误用、滥用等风险。各相关企业要强化数据安全监测预警和应急处置能力建设,提升异常流动分析、违规跨境传输监测、安全事件追踪溯源等水平;及时处置数据安全事件,向所在省(区、市)通信管理局、工业和信息化主管部门报告较大及以上数据安全事件,并配合开展相关监督检查,提供必要技术支持。

(十五)规范数据开发利用和共享使用。智能网联汽车生产企业、车联网服务平台运营企业要合理开发利用数据资源,防范在使用自动化决策技术处理数据时,侵犯用户隐私权和知情权。明确数据共享和开发利用的安

全管理和责任要求,对数据合作方数据安全保护能力进行审核评估,对数据共享使用情况进行监督管理。

(十六)强化数据出境安全管理。智能网联汽车生产企业、车联网服务平台运营企业需向境外提供在中华人民共和国境内收集和产生的重要数据的,应当依法依规进行数据出境安全评估并向所在省(区、市)通信管理局、工业和信息化主管部门报备。各省(区、市)通信管理局会同工业和信息化主管部门做好数据出境备案、安全评估等工作。

六、健全安全标准体系

(十七)加快车联网安全标准建设。加快编制车联网网络安全和数据安全标准体系建设指南。全国通信标准化技术委员会、全国汽车标准化技术委员会等要加快组织制定车联网防护定级、服务平台防护、汽车漏洞分类分级、通信交互认证、数据分类分级、事件应急响应等标准规范及相关检测评估、认证标准。鼓励各相关企业、社会团体制定高于国家标准或行业标准相关技术要求的企业标准、团体标准。

特此通知。

交通运输部关于印发
《出租汽车服务质量信誉考核办法》的通知

· 2022年5月27日
· 交运规〔2022〕2号

各省、自治区、直辖市、新疆生产建设兵团交通运输厅(局、委):

现将《出租汽车服务质量信誉考核办法》印发给你们,请遵照执行。

出租汽车服务质量信誉考核办法

第一章 总 则

第一条 为规范出租汽车经营行为,建立完善出租汽车行业信用体系,提升出租汽车服务水平,根据《国务院办公厅关于深化改革推进出租汽车行业健康发展的指导意见》(国办发〔2016〕58号)等有关规定,制定本办法。

第二条 出租汽车服务质量信誉考核,应当遵守本办法。

出租汽车服务质量信誉考核,包括对出租汽车企业(含巡游出租汽车企业和网络预约出租汽车经营者)、驾驶员(含巡游出租汽车驾驶员和网络预约出租汽车驾驶

员)的服务质量信誉考核。

第三条 出租汽车服务质量信誉考核工作应当遵循公开、公平、公正的原则。

第四条 交通运输部负责指导全国出租汽车服务质量信誉考核工作。

各省、自治区人民政府交通运输主管部门负责组织领导本行政区域内出租汽车服务质量信誉考核工作。

直辖市、设区的市级或者县级出租汽车行政主管部门(以下称出租汽车行政主管部门)具体实施本行政区域内的出租汽车服务质量信誉考核工作。

第二章 出租汽车企业服务质量信誉考核等级划分

第五条 出租汽车企业服务质量信誉考核等级分为AAAAA级、AAAA级、AAA级、AA级、A级和B级。

第六条 巡游出租汽车企业(简称巡游车企业)服务质量信誉考核指标包括：

(一)企业管理指标:管理制度、驾驶员权益保障、信息化管理、服务质量信誉档案、驾驶员聘用、培训教育等情况；

(二)安全运营指标:安全责任落实、交通责任事故死亡率、交通违法行为等情况；

(三)运营服务指标:运营违规行为、车容车貌、驾驶员仪容和行为举止、服务评价、媒体曝光等情况；

(四)社会责任指标:维护行业稳定情况；

(五)加分项目:政府及部门表彰奖励、社会公益、新能源车辆使用等情况。

第七条 网络预约出租汽车经营者(以下称网约车平台公司)服务质量信誉考核指标包括：

(一)企业管理指标:线下服务能力、驾驶员权益保障、信息报备、车辆安装卫星定位装置等情况；

(二)信息数据指标:数据接入、数据查阅等情况,由部级网约车监管信息交互平台在每年1月底前完成测评。设区的市级以上出租汽车行政主管部门登录部级网约车监管信息交互平台查看本辖区内有关测评结果；

(三)安全运营指标:安全责任落实、交通责任事故死亡率、交通违法行为等情况；

(四)运营服务指标:运营违规行为、车辆及驾驶员资质、服务评价、信息公开、媒体曝光等情况；

(五)社会责任指标:维护行业稳定情况；

(六)加分项目:政府及部门表彰奖励、社会公益、新能源车辆使用等情况。

第八条 出租汽车企业服务质量信誉考核实行基准分值为1000分的计分制,另外加分分值为100分。考核周期为每年的1月1日至12月31日。已取得《网络预约出租汽车经营许可证》,但未开展网约车经营业务的,不参加服务质量信誉考核。

第九条 出租汽车企业服务质量信誉等级按照下列标准进行评定：

(一)考核周期内综合得分在850分及以上(其中加分项目得分为100分),且其出租汽车驾驶员服务质量信誉考核等级为AA级及以上的比例不少于85%的,为AAAAA级；

(二)考核周期内综合得分在850分及以上(其中加分项目得分80～99分),且其出租汽车驾驶员服务质量信誉考核等级为AA级及以上的比例不少于85%的,为AAAA级；

(三)考核周期内综合得分在850分及以上(其中加分项目得分在79分及以下),且其出租汽车驾驶员服务质量信誉考核等级为AA级及以上的比例不少于85%的,为AAA级；

(四)考核周期内综合得分在700～849分的,或者综合得分在850分以上,但其出租汽车驾驶员服务质量信誉考核等级为AA级及以上的比例低于85%的,为AA级；

(五)考核周期内综合得分在600～699分的,为A级；

(六)考核周期内有下列情形之一的,考核等级为B级：

1. 综合得分在600分以下的；

2. 出租汽车驾驶员有10%以上服务质量信誉考核等级为B级的；

3. 发生一次死亡3人以上交通事故且负同等、主要或全部责任的；

4. 发生一次重特大恶性服务质量事件的；

5. 违反法律法规,组织或引发影响社会公共秩序、损害社会公共利益等群体性事件的；

6. 严重损害出租汽车驾驶员合法权益,造成严重后果并引起重大信访事件发生的；

7. 不参加服务质量信誉考核工作的。

出租汽车企业在考核周期内经营时间少于6个月的,其服务质量信誉考核等级最高为AA级。

第三章 出租汽车驾驶员服务质量信誉考核等级划分

第十条 出租汽车驾驶员服务质量信誉考核等级分为AAA级、AA级、A级和B级。

第十一条 出租汽车驾驶员服务质量信誉考核内容

包括：

（一）遵守法规：遵守相关法律、法规、规章等情况；

（二）安全生产：参加教育培训和发生交通责任事故等情况；

（三）经营行为：发生交通违法行为、经营违法行为等情况；

（四）运营服务：文明优质服务、维护乘客权益、乘客投诉等情况。

第十二条 出租汽车驾驶员服务质量信誉考核实行基准分值为20分的计分制，另外加分分值为10分。考核周期为每年的1月1日至12月31日。取得从业资格证件但在考核周期内未注册在岗的，不参加服务质量信誉考核。

违反服务质量信誉考核指标的，一次扣分分值分别为：1分、3分、5分、10分、20分五种。扣至0分为止。

出租汽车驾驶员服务质量信誉考核加分累计不得超过10分。

第十三条 出租汽车驾驶员服务质量信誉考核等级按照下列标准进行评定：

（一）考核周期内综合得分为20分及以上的，考核等级为AAA级；

（二）考核周期内综合得分为11～19分的，考核等级为AA级；

（三）考核周期内综合得分为4～10分的，考核等级为A级；

（四）考核周期内综合得分为0～3分的，考核等级为B级。

出租汽车驾驶员在考核周期内注册在岗时间少于6个月的，其服务质量信誉考核等级最高为AA级。

第十四条 出租汽车驾驶员有见义勇为、救死扶伤、拾金不昧等先进事迹的，出租汽车行政主管部门应给予相应加分奖励。

第四章 出租汽车企业服务质量信誉考核

第十五条 出租汽车行政主管部门应每年组织开展本地区出租汽车企业的服务质量信誉考核工作，并在考核周期次年的4月底前完成。

第十六条 出租汽车企业应在每年的2月底前，向服务所在地出租汽车行政主管部门申请上一年度服务质量信誉考核，并如实报送出租汽车企业服务质量信誉档案等材料。

第十七条 巡游车企业服务质量信誉档案应当包括下列内容：

（一）企业基本情况，包括出租汽车经营许可证、营业执照以及从业人员、车辆台账等情况；

（二）企业管理情况，包括管理制度、劳动合同或经营合同、安装卫星定位系统、培训教育等情况；

（三）安全运营情况，包括安全责任制度、交通事故责任认定书、交通事故处理、对驾驶员交通违法行为的行政处罚等情况；

（四）运营服务情况，包括企业和驾驶员经营违规行为被行政处罚的情况、服务投诉、媒体曝光、核查处理和整改等情况；

（五）社会责任情况，包括影响社会稳定事件的时间、主要原因、事件经过、参加人数、社会影响和处理等情况；

（六）加分项目情况，包括获得政府和部门表彰、社会公益、新能源车辆使用等情况。

第十八条 网约车平台公司服务质量信誉档案应当包括下列内容：

（一）企业基本情况，包括企业经营许可证、营业执照以及从业人员、车辆台账等情况；

（二）企业管理情况，包括管理制度、劳动合同或协议、安装车辆卫星定位装置、培训教育等情况；

（三）信息管理情况，包括数据接入、数据查询等情况；

（四）安全运营情况，包括安全责任落实情况、交通责任事故死亡率等情况；

（五）运营服务情况，包括运营违规行为、服务评价、信息公开、媒体曝光等情况；

（六）社会责任情况，包括维护行业稳定情况；

（七）加分项目情况，包括政府及部门表彰奖励、社会公益、新能源车辆使用等情况。

第十九条 出租汽车行政主管部门应当对出租汽车企业报送的材料进行核实。发现不一致的，应当组织核查，要求出租汽车企业进行说明。

出租汽车企业报送虚假材料的，一经查实，该周期其服务质量信誉考核等级最高评定为A级，情节严重的，可直接评定为B级。

第二十条 出租汽车行政主管部门应当根据《巡游出租汽车企业服务质量信誉考核评分标准》(见附件1)、《网络预约出租汽车经营者服务质量信誉考核评分标准》(见附件2)组织对出租汽车企业服务质量信誉等级进行初评。

出租汽车行政主管部门应当在当地主要新闻媒体或

本机构网站上对初评结果进行为期10日的公示。对公示结果有异议的，可在公示期内向出租汽车行政主管部门反映。出租汽车行政主管部门应对反映情况及时处理。

第二十一条　出租汽车行政主管部门应当在公示结束后，对申诉和举报情况进行调查核实，根据各项指标的考核结果对出租汽车企业的服务质量信誉等级进行评定并逐级上报。

出租汽车企业服务质量信誉等级为A级及以下的，由出租汽车企业服务质量信誉考核实施主体核定；出租汽车企业服务质量信誉考核等级为AA级的，由设区的市级出租汽车行政主管部门核定；考核等级为AAAAA级、AAAA级、AAA级的，由省级交通运输主管部门核定、公布，并将AAAA级、AAAAA级的核定结果报送交通运输部。

第二十二条　出租汽车行政主管部门、出租汽车企业应当分别建立出租汽车企业服务质量信誉档案，并加强对服务质量信誉档案的管理，及时将相关内容和材料记入服务质量信誉档案。

第五章　驾驶员服务质量信誉考核

第二十三条　出租汽车驾驶员服务质量信誉考核工作每年进行一次。

出租汽车驾驶员应当在服务质量信誉考核周期届满后30日内，持本人的从业资格证件到当地出租汽车行政主管部门签注服务质量信誉考核等级。鼓励出租汽车行政主管部门对出租汽车驾驶员服务质量信誉考核等级实施网上签注。

第二十四条　出租汽车行政主管部门应当按照《巡游出租汽车驾驶员服务质量信誉考核评分标准》(见附件3)、《网络预约出租汽车驾驶员服务质量信誉考核评分标准》(见附件4)计分，分数发生变化的，应及时告知驾驶员；根据出租汽车驾驶员考核周期内综合得分情况评定服务质量信誉考核等级，并提供查询服务。

第二十五条　出租汽车驾驶员一个考核周期届满，经签注服务质量信誉考核等级后，该考核周期内的扣分与加分予以清除，不转入下一个考核周期。

第二十六条　出租汽车驾驶员在考核周期内综合得分计至3分及以下的，应当在计至3分及以下之日起15日内，按有关规定接受培训，并到出租汽车行政主管部门办理清除计分手续。

出租汽车行政主管部门应将有关信息录入出租汽车驾驶员数据库，清除培训前的扣分和加分。在本次服务质量信誉考核周期内，出租汽车驾驶员服务质量信誉考核等级为B级。

第二十七条　对出租汽车驾驶员服务质量信誉考核信息有异议的，可以向出租汽车行政主管部门进行申诉或者举报。经调查核实申诉和举报属实的，应对驾驶员服务质量信誉考核信息予以更正。

第二十八条　出租汽车行政主管部门、出租汽车企业应当按照相关规定，分别建立出租汽车驾驶员服务质量信誉档案。

出租汽车驾驶员服务质量信誉档案应当包括下列内容：

(一)基本情况，包括出租汽车驾驶员的姓名、性别、身份证号、住址、联系电话、服务单位、初领驾驶证日期、准驾车型、从业资格证号以及从业资格证件领取、注册和变更记录、培训教育等情况；

(二)遵守法规情况，包括查处出租汽车驾驶员违法行为等情况；

(三)安全生产情况，包括交通责任事故的时间、地点、死伤人数、经济损失、交通事故责任认定和处理等情况；

(四)经营服务情况，包括乘客投诉、媒体曝光的服务质量事件等情况。

第六章　奖惩措施

第二十九条　出租汽车行政主管部门应当建立完善出租汽车服务质量信誉公共信息平台，并通过本部门网站或其他方式及时公布出租汽车企业和驾驶员服务质量信誉考核结果以及下一次签注驾驶员服务质量信誉考核时间等信息，方便社会各界查询。

省级交通运输主管部门应当通过本部门网站、"信用交通"网站或其他方式公布上一年度出租汽车企业服务质量信誉考核结果，并建立查询系统。

第三十条　出租汽车行政主管部门应当加强出租汽车市场监管，充分利用12328、12345等热线电话等多种途径，建立出租汽车企业、驾驶员服务质量信誉信息收集制度。

出租汽车行政主管部门应当通过信息系统及时记录和更新企业、驾驶员服务质量信誉信息，并建立与其他部门的信息共享机制。

第三十一条　出租汽车行政主管部门应当将出租汽车企业服务质量信誉考核结果作为配置巡游出租汽车经营权指标或延续出租汽车企业经营许可的重要依据，并按以下规定执行：

（一）对近三年服务质量信誉考核等级连续被评为AAA级及以上的巡游车企业，在申请新增巡游车经营权指标时，可优先考虑，或在巡游车经营权服务质量招投标时予以加分；

（二）对近三年服务质量信誉考核等级连续被评为AA级及以上的出租汽车企业，在申请巡游车经营权延续经营，或申请延续网约车经营许可时，在符合法定条件下，可优先予以批准；

（三）对服务质量信誉考核等级连续两年被评为A级的出租汽车企业，应当督促其加强内部管理；

（四）对服务质量信誉考核等级被评为B级的出租汽车企业，出租汽车行政主管部门应当责令其限期整改，将企业法人及主要经营人信息向社会公布，并可作为巡游车企业在整改年度内参加巡游车经营权服务质量招投标的审慎性参考依据。

第三十二条　省级、设区的市级出租汽车行政主管部门可分别对服务质量信誉考核等级AA级及以上的出租汽车企业，颁发证书、标牌（式样见附件5）。AA级及以上出租汽车企业，可在巡游车顶灯、车门外侧等显著位置或移动互联网应用程序客户端上标示企业服务质量信誉考核等级。

第三十三条　出租汽车企业有下列情形之一的，设区的市级以上出租汽车行政主管部门应当按照职责分工，视不同情形，将其已评定考核等级降级，并报上级交通运输管理部门备案：

（一）发生一次死亡3人以上交通事故且负同等、主要或全部责任的；

（二）发生一次重特大恶性服务质量事件的；

（三）组织或引发影响社会公共秩序、损害社会公共利益的停运等群体性事件的。

第三十四条　出租汽车行政主管部门应当在巡游车服务监督卡上标注巡游车驾驶员服务质量信誉考核等级。鼓励通过车载智能终端或电子监督卡等形式标注巡游车驾驶员服务质量信誉考核等级。网约车驾驶员服务质量信誉考核等级由网约车平台公司在移动互联网应用程序客户端上标注。

鼓励出租汽车行政主管部门、出租汽车企业以及相关社团组织对服务质量信誉考核等级为AAA级的出租汽车驾驶员进行表彰奖励。

出租汽车行政主管部门应当引导出租汽车企业优先聘用服务质量信誉考核等级高的出租汽车驾驶员，鼓励将出租汽车驾驶员信誉等级与其薪资待遇、晋升、培训、辞退挂钩。

第三十五条　出租汽车企业应当加强对服务质量信誉考核等级为B级的出租汽车驾驶员的教育和管理。

第三十六条　出租汽车驾驶员有下列情形之一的，出租汽车行政主管部门应当将其列入不良记录驾驶员名单：

（一）在考核周期内服务质量信誉考核综合得分为0分，且未按照规定参加培训的；

（二）连续两个考核周期服务质量信誉考核等级均为B级的；

（三）在一个考核周期内累计综合得分有两次以上被计至3分及以下的；

（四）无正当理由超过规定时间，未签注服务质量信誉考核等级的；

（五）发生其他严重违法行为或服务质量事故的。

出租汽车行政主管部门应当建立不良记录驾驶员名单数据库，为出租汽车企业提供查询服务，并加强对不良记录驾驶员的培训教育和管理。

第七章　附　则

第三十七条　本办法中下列用语的含义是指：

（一）出租汽车驾驶员，是指取得出租汽车从业资格并在考核周期内从事出租汽车服务的驾驶人员。

（二）出租汽车企业服务质量信誉考核，是指在考核周期内，对出租汽车企业的管理制度、安全运营、运营服务和社会责任等方面的综合评价。

（三）出租汽车驾驶员服务质量信誉考核，是指在考核周期内，对驾驶员在出租汽车服务中遵纪守法、安全生产、经营行为和运营服务等方面的综合评价。

（四）重特大恶性服务质量事件，是指由于出租汽车企业或其出租汽车驾驶员的原因，造成严重人身伤害或重大财产损失，或造成恶劣社会影响的服务质量事件。

第三十八条　上级出租汽车行政主管部门应当对下级出租汽车行政主管部门组织开展的服务质量信誉考核工作进行监督检查。

第三十九条　各地对于驾驶员在巡游车和网约车之间身份转换的，应统筹考虑其服务质量信誉考核工作。

第四十条　鼓励出租汽车行政主管部门和出租汽车企业建立出租汽车企业和驾驶员服务质量信誉电子档案。鼓励行业协会等第三方机构参与出租汽车服务质量信誉考核工作。服务质量信誉纸质档案保存时间不得低于3年，电子档案保存时间不得低于10年。

第四十一条　设区的市级以上出租汽车行政主管部

门可根据实际,以驾驶员服务质量信誉考核情况为基本依据,制定本地区巡游车单车服务质量信誉考核办法,并组织实施。

第四十二条 个体巡游出租汽车经营的服务质量信誉考核,重点考核驾驶员的服务质量信誉。经营者的服务质量信誉考核及奖惩措施,由省级交通运输主管部门参照本办法制定。

第四十三条 省、市交通运输主管部门可依据本办法细化考核标准、考核方式及奖惩措施等。

第四十四条 本办法自2022年7月1日起施行。

附件: 1. 巡游出租汽车企业服务质量信誉考核评分标准(略)

2. 网络预约出租汽车经营者服务质量信誉考核评分标准(略)

3. 巡游出租汽车驾驶员服务质量信誉考核评分标准(略)

4. 网络预约出租汽车驾驶员服务质量信誉考核评分标准(略)

5. 出租汽车企业服务质量信誉考核等级证书式样(略)

3. 道路货物运输

(1)危险物品运输管理

危险货物道路运输安全管理办法

- 2019年11月10日中华人民共和国交通运输部令第29号公布
- 自2020年1月1日起施行

第一章 总 则

第一条 为了加强危险货物道路运输安全管理,预防危险货物道路运输事故,保障人民群众生命、财产安全,保护环境,依据《中华人民共和国安全生产法》《中华人民共和国道路运输条例》《危险化学品安全管理条例》《公路安全保护条例》等有关法律、行政法规,制定本办法。

第二条 对使用道路运输车辆从事危险货物运输及相关活动的安全管理,适用本办法。

第三条 危险货物道路运输应当坚持安全第一、预防为主、综合治理、便利运输的原则。

第四条 国务院交通运输主管部门主管全国危险货物道路运输管理工作。

县级以上地方人民政府交通运输主管部门负责组织领导本行政区域的危险货物道路运输管理工作。

工业和信息化、公安、生态环境、应急管理、市场监督管理等部门按照各自职责,负责对危险货物道路运输相关活动进行监督检查。

第五条 国家建立危险化学品监管信息共享平台,加强危险货物道路运输安全管理。

第六条 不得托运、承运法律、行政法规禁止运输的危险货物。

第七条 托运人、承运人、装货人应当制定危险货物道路运输作业查验、记录制度,以及人员安全教育培训、设备管理和岗位操作规程等安全生产管理制度。

托运人、承运人、装货人应当按照相关法律法规和《危险货物道路运输规则》(JT/T 617)要求,对本单位相关从业人员进行岗前安全教育培训和定期安全教育。未经岗前安全教育培训考核合格的人员,不得上岗作业。

托运人、承运人、装货人应当妥善保存安全教育培训及考核记录。岗前安全教育培训及考核记录保存至相关从业人员离职后12个月;定期安全教育记录保存期限不得少于12个月。

第八条 国家鼓励危险货物道路运输企业应用先进技术和装备,实行专业化、集约化经营。

禁止危险货物运输车辆挂靠经营。

第二章 危险货物托运

第九条 危险货物托运人应当委托具有相应危险货物道路运输资质的企业承运危险货物。托运民用爆炸物品、烟花爆竹的,应当委托具有第一类爆炸品或者第一类爆炸品中相应项别运输资质的企业承运。

第十条 托运人应当按照《危险货物道路运输规则》(JT/T 617)确定危险货物的类别、项别、品名、编号,遵守相关特殊规定要求。需要添加抑制剂或者稳定剂的,托运人应当按照规定添加,并将有关情况告知承运人。

第十一条 托运人不得在托运的普通货物中违规夹带危险货物,或者将危险货物匿报、谎报为普通货物托运。

第十二条 托运人应当按照《危险货物道路运输规则》(JT/T 617)妥善包装危险货物,并在外包装设置相应的危险货物标志。

第十三条 托运人在托运危险货物时,应当向承运人提交电子或者纸质形式的危险货物托运清单。

危险货物托运清单应当载明危险货物的托运人、承运人、收货人、装货人、始发地、目的地、危险货物的类别、项别、品名、编号、包装及规格、数量、应急联系电话等信息，以及危险货物危险特性、运输注意事项、急救措施、消防措施、泄漏应急处置、次生环境污染处置措施等信息。

托运人应当妥善保存危险货物托运清单，保存期限不得少于12个月。

第十四条 托运人应当在危险货物运输期间保持应急联系电话畅通。

第十五条 托运人托运剧毒化学品、民用爆炸物品、烟花爆竹或者放射性物品的，应当向承运人相应提供公安机关核发的剧毒化学品道路运输通行证、民用爆炸物品运输许可证、烟花爆竹道路运输许可证、放射性物品道路运输许可证明或者文件。

托运人托运第一类放射性物品的，应当向承运人提供国务院核安全监管部门批准的放射性物品运输核与辐射安全分析报告。

托运人托运危险废物（包括医疗废物，下同）的，应当向承运人提供生态环境主管部门发放的电子或者纸质形式的危险废物转移联单。

第三章 例外数量与有限数量危险货物运输的特别规定

第十六条 例外数量危险货物的包装、标记、包件测试，以及每个内容器和外容器可运输危险货物的最大数量，应当符合《危险货物道路运输规则》（JT/T 617）要求。

第十七条 有限数量危险货物的包装、标记，以及每个内容器或者物品所装的最大数量、总质量（含包装），应当符合《危险货物道路运输规则》（JT/T 617）要求。

第十八条 托运人托运例外数量危险货物的，应当向承运人书面声明危险货物符合《危险货物道路运输规则》（JT/T 617）包装要求。承运人应当要求驾驶人随车携带书面声明。

托运人应当在托运清单中注明例外数量危险货物以及包件的数量。

第十九条 托运人托运有限数量危险货物的，应当向承运人提供包装性能测试报告或者书面声明危险货物符合《危险货物道路运输规则》（JT/T 617）包装要求。承运人应当要求驾驶人随车携带测试报告或者书面声明。

托运人应当在托运清单中注明有限数量危险货物以及包件的数量、总质量（含包装）。

第二十条 例外数量、有限数量危险货物包件可以与其他危险货物、普通货物混合装载，但有限数量危险货物包件不得与爆炸品混合装载。

第二十一条 运输车辆载运例外数量危险货物包件数不超过1000个或者有限数量危险货物总质量（含包装）不超过8000千克的，可以按照普通货物运输。

第四章 危险货物承运

第二十二条 危险货物承运人应当按照交通运输主管部门许可的经营范围承运危险货物。

第二十三条 危险货物承运人应当使用安全技术条件符合国家标准要求且与承运危险货物性质、重量相匹配的车辆、设备进行运输。

危险货物承运人使用常压液体危险货物罐式车辆运输危险货物的，应当在罐式车辆罐体的适装介质列表范围内承运；使用移动式压力容器运输危险货物的，应当按照移动式压力容器使用登记证上限定的介质承运。

危险货物承运人应当按照运输车辆的核定载质量装载危险货物，不得超载。

第二十四条 危险货物承运人应当制作危险货物运单，并交由驾驶人随车携带。危险货物运单应当妥善保存，保存期限不得少于12个月。

危险货物运单格式由国务院交通运输主管部门统一制定。危险货物运单可以是电子或者纸质形式。

运输危险废物的企业还应当填写并随车携带电子或者纸质形式的危险废物转移联单。

第二十五条 危险货物承运人在运输前，应当对运输车辆、罐式车辆罐体、可移动罐柜、罐式集装箱（以下简称罐箱）及相关设备的技术状况，以及卫星定位装置进行检查并做好记录，对驾驶人、押运人员进行运输安全告知。

第二十六条 危险货物道路运输车辆驾驶人、押运人员在起运前，应当对承运危险货物的运输车辆、罐式车辆罐体、可移动罐柜、罐箱进行外观检查，确保没有影响运输安全的缺陷。

危险货物道路运输车辆驾驶人、押运人员在起运前，应当检查确认危险货物运输车辆按照《道路运输危险物车辆标志》（GB 13392）要求安装、悬挂标志。运输爆炸品和剧毒化学品的，还应当检查确认车辆安装、粘贴符合《道路运输爆炸品和剧毒化学品车辆安全技术条件》（GB 20300）要求的安全标示牌。

第二十七条 危险货物承运人除遵守本办法规定外，还应当遵守《道路危险货物运输管理规定》有关运输行为的要求。

第五章 危险货物装卸

第二十八条 装货人应当在充装或者装载货物前查验以下事项；不符合要求的，不得充装或者装载：

（一）车辆是否具有有效行驶证和营运证；

（二）驾驶人、押运人员是否具有有效资质证件；

（三）运输车辆、罐式车辆罐体、可移动罐柜、罐箱是否在检验合格有效期内；

（四）所充装或者装载的危险货物是否与危险货物运单载明的事项相一致；

（五）所充装的危险货物是否在罐式车辆罐体的适装介质列表范围内，或者满足可移动罐柜导则、罐箱适用代码的要求。

充装或者装载剧毒化学品、民用爆炸物品、烟花爆竹、放射性物品或者危险废物时，还应当查验本办法第十五条规定的单证报告。

第二十九条　装货人应当按照相关标准进行装载作业。装载货物不得超过运输车辆的核定载质量，不得超出罐式车辆罐体、可移动罐柜、罐箱的允许充装量。

第三十条　危险货物交付运输时，装货人应当确保危险货物运输车辆按照《道路运输危险货物车辆标志》（GB 13392）要求安装、悬挂标志，确保包装容器没有损坏或者泄漏，罐式车辆罐体、可移动罐柜、罐箱的关闭装置处于关闭状态。

爆炸品和剧毒化学品交付运输时，装货人还应当确保车辆安装、粘贴符合《道路运输爆炸品和剧毒化学品车辆安全技术条件》（GB 20300）要求的安全标示牌。

第三十一条　装货人应当建立危险货物装货记录制度，记录所充装或者装载的危险货物类别、品名、数量、运单编号和托运人、承运人、运输车辆及驾驶人等相关信息并妥善保存，保存期限不得少于12个月。

第三十二条　充装或者装载危险化学品的生产、储存、运输、使用和经营企业，应当按照本办法要求建立健全并严格执行充装或者装载查验、记录制度。

第三十三条　收货人应当及时收货，并按照安全操作规程进行卸货作业。

第三十四条　禁止危险货物运输车辆在卸货后直接实施排空作业等活动。

第六章　危险货物运输车辆与罐式车辆罐体、可移动罐柜、罐箱

第三十五条　工业和信息化主管部门应当通过《道路机动车辆生产企业及产品公告》公布产品型号，并按照《危险货物运输车辆结构要求》（GB 21668）公布危险货物运输车辆类型。

第三十六条　危险货物运输车辆生产企业应当按工业和信息化主管部门公布的产品型号进行生产。危险货物运输车辆应当获得国家强制性产品认证证书。

第三十七条　危险货物运输车辆生产企业应当按照《危险货物运输车辆结构要求》（GB 21668）标注危险货物运输车辆的类型。

第三十八条　液体危险化学品常压罐式车辆罐体生产企业应当取得工业产品生产许可证，生产的罐体应当符合《道路运输液体危险货物罐式车辆》（GB 18564）要求。

检验机构应当严格按照国家标准、行业标准及国家统一发布的检验业务规则，开展液体危险化学品常压罐式车辆罐体检验，对检验合格的罐体出具检验合格证书。检验合格证书包括罐体载质量、罐体容积、罐体编号、适装介质列表和下次检验日期等内容。

检验机构名录及检验业务规则由国务院市场监督管理部门、国务院交通运输主管部门共同公布。

第三十九条　常压罐式车辆罐体生产企业应当按照要求为罐体分配并标注唯一性编码。

第四十条　罐式车辆罐体应当在检验有效期内装载危险货物。

检验有效期届满后，罐式车辆罐体应当经具有专业资质的检验机构重新检验合格，方可投入使用。

第四十一条　装载危险货物的常压罐式车辆罐体的重大维修、改造，应当委托具备罐体生产资质的企业实施，并通过具有专业资质的检验机构维修、改造检验，取得检验合格证书，方可重新投入使用。

第四十二条　运输危险货物的可移动罐柜、罐箱应当经具有专业资质的检验机构检验合格，取得检验合格证书，并取得相应的安全合格标志，按照规定用途使用。

第四十三条　危险货物包装容器属于移动式压力容器或者气瓶的，还应当满足特种设备相关法律法规、安全技术规范以及国际条约的要求。

第七章　危险货物运输车辆运行管理

第四十四条　在危险货物道路运输过程中，除驾驶人外，还应当在专用车辆上配备必要的押运人员，确保危险货物处于押运人员监管之下。

运输车辆应当安装、悬挂符合《道路运输危险货物车辆标志》（GB 13392）要求的警示标志，随车携带防护用品、应急救援器材和危险货物道路运输安全卡，严格遵守道路交通安全法律法规规定，保障道路运输安全。

运输爆炸品和剧毒化学品车辆还应当安装、粘贴符合《道路运输爆炸品和剧毒化学品车辆安全技术条件》（GB 20300）要求的安全标示牌。

运输剧毒化学品、民用爆炸物品、烟花爆竹、放射性

物品或者危险废物时，还应当随车携带本办法第十五条规定的单证报告。

第四十五条　危险货物承运人应当按照《中华人民共和国反恐怖主义法》和《道路运输车辆动态监督管理办法》要求，在车辆运行期间通过定位系统对车辆和驾驶人进行监控管理。

第四十六条　危险货物运输车辆在高速公路上行驶速度不得超过每小时80公里，在其他道路上行驶速度不得超过每小时60公里。道路限速标志、标线标明的速度低于上述规定速度的，车辆行驶速度不得高于限速标志、标线标明的速度。

第四十七条　驾驶人应当确保罐式车辆罐体、可移动罐柜、罐箱的关闭装置在运输过程中处于关闭状态。

第四十八条　运输民用爆炸物品、烟花爆竹和剧毒、放射性等危险物品时，应当按照公安机关批准的路线、时间行驶。

第四十九条　有下列情形之一的，公安机关可以依法采取措施，限制危险货物运输车辆通行：

（一）城市（含县城）重点地区、重点单位、人流密集场所、居民生活区；

（二）饮用水水源保护区、重点景区、自然保护区；

（三）特大桥梁、特长隧道、隧道群、桥隧相连路段及水下公路隧道；

（四）坡长坡陡、临水临崖等通行条件差的山区公路；

（五）法律、行政法规规定的其他可以限制通行的情形。

除法律、行政法规另有规定外，公安机关综合考虑相关因素，确需对通过高速公路运输危险化学品依法采取限制通行措施的，限制通行时段应当在0时至6时之间确定。

公安机关采取限制危险货物运输车辆通行措施的，应当提前向社会公布，并会同交通运输主管部门确定合理的绕行路线，设置明显的绕行提示标志。

第五十条　遇恶劣天气、重大活动、重要节假日、交通事故、突发事件等，公安机关可以临时限制危险货物运输车辆通行，并做好告知提示。

第五十一条　危险货物运输车辆需在高速公路服务区停车的，驾驶人、押运人员应当按照有关规定采取相应的安全防范措施。

第八章　监督检查

第五十二条　对危险货物道路运输负有安全监督管理职责的部门，应当依照下列规定加强监督检查：

（一）交通运输主管部门负责核发危险货物道路运输经营许可证，定期对危险货物道路运输企业动态监控工作的情况进行考核，依法对危险货物道路运输企业进行监督检查，负责对运输环节充装查验、核准、记录等进行监管。

（二）工业和信息化主管部门应当依法对《道路机动车辆生产企业及产品公告》内的危险货物运输车辆生产企业进行监督检查，依法查处违法违规生产企业及产品。

（三）公安机关负责核发剧毒化学品道路运输通行证、民用爆炸物品运输许可证、烟花爆竹道路运输许可证和放射性物品运输许可证明或者文件，并负责危险货物运输车辆的通行秩序管理。

（四）生态环境主管部门应当依法对放射性物品运输容器的设计、制造和使用等进行监督检查，负责监督核设施营运单位、核技术利用单位建立健全并执行托运及充装管理制度规程。

（五）应急管理部门和其他负有安全生产监督管理职责的部门依法负责危险化学品生产、储存、使用和经营环节的监管，按照职责分工督促企业建立健全充装管理制度规程。

（六）市场监督管理部门负责依法查处危险化学品及常压罐式车辆罐体质量违法行为和常压罐式车辆罐体检验机构出具虚假检验合格证书的行为。

第五十三条　对危险货物道路运输负有安全监督管理职责的部门，应当建立联合执法协作机制。

第五十四条　对危险货物道路运输负有安全监督管理职责的部门发现危险货物托运、承运或者装载过程中存在重大隐患，有可能发生安全事故的，应当要求其停止作业并消除隐患。

第五十五条　对危险货物道路运输负有安全监督管理职责的部门监督检查时，发现需由其他负有安全监督管理职责的部门处理的违法行为，应当及时移交。

其他负有安全监督管理职责的部门应当接收，依法处理，并将处理结果反馈移交部门。

第九章　法律责任

第五十六条　交通运输主管部门对危险货物承运人违反本办法第七条，未对从业人员进行安全教育和培训的，应当责令限期改正，可以处5万元以下的罚款；逾期未改正的，责令停产停业整顿，并处5万元以上10万元以下的罚款，对其直接负责的主管人员和其他直接责任人员处1万元以上2万元以下的罚款。

第五十七条　交通运输主管部门对危险化学品托运

人有下列情形之一的，应当责令改正，处10万元以上20万元以下的罚款，有违法所得的，没收违法所得；拒不改正，责令停产停业整顿：

（一）违反本办法第九条，委托未依法取得危险货物道路运输资质的企业承运危险化学品的；

（二）违反本办法第十一条，在托运的普通货物中违规夹带危险化学品，或者将危险化学品匿报或者谎报为普通货物托运的。

有前款第（二）项情形，构成违反治安管理行为的，由公安机关依法给予治安管理处罚。

第五十八条 交通运输主管部门对危险货物托运人违反本办法第十条，危险货物的类别、项别、品名、编号不符合相关标准要求的，应当责令改正，属于非经营性的，处1000元以下的罚款；属于经营性的，处1万元以上3万元以下的罚款。

第五十九条 交通运输主管部门对危险化学品托运人有下列情形之一的，应当责令改正，处5万元以上10万元以下的罚款；拒不改正的，责令停产停业整顿：

（一）违反本办法第十条，运输危险化学品需要添加抑制剂或者稳定剂，托运人未添加或者未将有关情况告知承运人的；

（二）违反本办法第十二条，未按照要求对所托运的危险化学品妥善包装并在外包装设置相应标志的。

第六十条 交通运输主管部门对危险货物承运人有下列情形之一的，应当责令改正，处2000元以上5000元以下的罚款：

（一）违反本办法第二十三条，未在罐式车辆罐体的适装介质列表范围内或者移动式压力容器使用登记证上限定的介质承运危险货物的；

（二）违反本办法第二十四条，未按照规定制作危险货物运单或者保存期限不符合要求的；

（三）违反本办法第二十五条，未按照要求对运输车辆、罐式车辆罐体、可移动罐柜、罐箱及设备进行检查和记录的。

第六十一条 交通运输主管部门对危险货物道路运输车辆驾驶人具有下列情形之一的，应当责令改正，处1000元以上3000元以下的罚款：

（一）违反本办法第二十四条、第四十四条，未按照规定随车携带危险货物运单、安全卡的；

（二）违反本办法第四十七条，罐式车辆罐体、可移动罐柜、罐箱的关闭装置在运输过程中未处于关闭状态的。

第六十二条 交通运输主管部门对危险货物承运人违反本办法第四十条、第四十一条、第四十二条，使用未经检验合格或者超出检验有效期的罐式车辆罐体、可移动罐柜、罐箱从事危险货物运输的，应当责令限期改正，可以处5万元以下的罚款；逾期未改正的，处5万元以上20万元以下的罚款，对其直接负责的主管人员和其他直接责任人员处1万元以上2万元以下的罚款；情节严重的，责令停产停业整顿。

第六十三条 交通运输主管部门对危险货物承运人违反本办法第四十五条，未按照要求对运营中的危险化学品、民用爆炸物品、核与放射性物品的运输车辆通过定位系统实行监控的，应当给予警告，并责令改正；拒不改正的，处10万元以下的罚款，并对其直接负责的主管人员和其他直接责任人员处1万元以下的罚款。

第六十四条 工业和信息化主管部门对作为装货人的民用爆炸物品生产、销售企业违反本办法第七条、第二十八条、第三十一条，未建立健全并严格执行充装或者装载查验、记录制度的，应当责令改正，处1万元以上3万元以下的罚款。

生态环境主管部门对核设施营运单位、核技术利用单位违反本办法第七条、第二十八条、第三十一条，未建立健全并严格执行充装或者装载查验、记录制度的，应当责令改正，处1万元以上3万元以下的罚款。

第六十五条 交通运输主管部门、应急管理部门和其他负有安全监督管理职责的部门对危险化学品生产、储存、运输、使用和经营企业违反本办法第三十二条，未建立健全并严格执行充装或者装载查验、记录制度的，应当按照职责分工责令改正，处1万元以上3万元以下的罚款。

第六十六条 对装货人违反本办法第四十三条，未按照规定实施移动式压力容器、气瓶充装查验、记录制度，或者对不符合安全技术规范要求的移动式压力容器、气瓶进行充装的，依照特种设备相关法律法规进行处罚。

第六十七条 公安机关对有关企业、单位或者个人违反本办法第十五条，未经许可擅自通过道路运输危险货物的，应当责令停止非法运输活动，并予以处罚：

（一）擅自运输剧毒化学品的，处5万元以上10万元以下的罚款；

（二）擅自运输民用爆炸物品的，处5万元以上20万元以下的罚款，并没收非法运输的民用爆炸物品及违法所得；

（三）擅自运输烟花爆竹的，处1万元以上5万元以

下的罚款,并没收非法运输的物品及违法所得;

(四)擅自运输放射性物品的,处2万元以上10万元以下的罚款。

第六十八条 公安机关对危险货物承运人有下列行为之一的,应当责令改正,处5万元以上10万元以下的罚款;构成违反治安管理行为的,依法给予治安管理处罚:

(一)违反本办法第二十三条,使用安全技术条件不符合国家标准要求的车辆运输危险化学品的;

(二)违反本办法第二十三条,超过车辆核定载质量运输危险化学品的。

第六十九条 公安机关对危险货物承运人违反本办法第四十四条,通过道路运输危险化学品不配备押运人员,应当责令改正,处1万元以上5万元以下的罚款;构成违反治安管理行为的,依法给予治安管理处罚。

第七十条 公安机关对危险货物运输车辆违反本办法第四十四条,未按照要求安装、悬挂警示标志的,应当责令改正,并对承运人予以处罚:

(一)运输危险化学品的,处1万元以上5万元以下的罚款;

(二)运输民用爆炸物品的,处5万元以上20万元以下的罚款;

(三)运输烟花爆竹的,处200元以上2000元以下的罚款;

(四)运输放射性物品的,处2万元以上10万元以下的罚款。

第七十一条 公安机关对危险货物承运人违反本办法第四十四条,运输剧毒化学品、民用爆炸物品、烟花爆竹或者放射性物品未随车携带相应单证报告的,应当责令改正,并予以处罚:

(一)运输剧毒化学品未随车携带剧毒化学品道路运输通行证的,处500元以上1000元以下的罚款;

(二)运输民用爆炸物品未随车携带民用爆炸物品运输许可证的,处5万元以上20万元以下的罚款;

(三)运输烟花爆竹未随车携带烟花爆竹道路运输许可证的,处200元以上2000元以下的罚款;

(四)运输放射性物品未随车携带放射性物品道路运输许可证明或者文件的,有违法所得的,处违法所得3倍以下且不超过3万元的罚款;没有违法所得的,处1万元以下的罚款。

第七十二条 公安机关对危险货物运输车辆违反本办法第四十八条,未依照批准路线等行驶的,应当责令改正,并对承运人予以处罚:

(一)运输剧毒化学品的,处1000元以上1万元以下的罚款;

(二)运输民用爆炸物品的,处5万元以上20万元以下的罚款;

(三)运输烟花爆竹的,处200元以上2000元以下的罚款;

(四)运输放射性物品的,处2万元以上10万元以下的罚款。

第七十三条 危险化学品常压罐式车辆罐体检验机构违反本办法第三十八条,为不符合相关法规和标准要求的危险化学品常压罐式车辆罐体出具检验合格证书的,按照有关法律法规的规定进行处罚。

第七十四条 交通运输、工业和信息化、公安、生态环境、应急管理、市场监督管理等部门应当相互通报有关处罚情况,并将涉企行政处罚信息及时归集至国家企业信用信息公示系统,依法向社会公示。

第七十五条 对危险货物道路运输负有安全监督管理职责的部门工作人员在危险货物道路运输监管工作中滥用职权、玩忽职守、徇私舞弊的,依法进行处理;构成犯罪的,依法追究刑事责任。

第十章 附 则

第七十六条 军用车辆运输危险货物的安全管理,不适用本办法。

第七十七条 未列入《危险货物道路运输规则》(JT/T 617)的危险化学品、《国家危险废物名录》中明确的在转移和运输环节实行豁免管理的危险废物、诊断用放射性药品的道路运输安全管理,不适用本办法,由国务院交通运输、生态环境等主管部门分别依据各自职责另行规定。

第七十八条 本办法下列用语的含义是:

(一)危险货物,是指列入《危险货物道路运输规则》(JT/T 617),具有爆炸、易燃、毒害、感染、腐蚀、放射性等危险特性的物质或者物品。

(二)例外数量危险货物,是指列入《危险货物道路运输规则》(JT/T 617),通过包装、包件测试、单证等特别要求,消除或者降低其运输危险性并免除相关运输条件的危险货物。

(三)有限数量危险货物,是指列入《危险货物道路运输规则》(JT/T 617),通过数量限制、包装、标记等特别要求,消除或者降低其运输危险性并免除相关运输条件的危险货物。

(四)装货人,是指受托运人委托将危险货物装进危险货物车辆、罐式车辆罐体、可移动罐柜、集装箱、散装容器,或者将装有危险货物的包装容器装载到车辆上的企业或者单位。

第七十九条　本办法自2020年1月1日起施行。

放射性物品运输安全管理条例

- 2009年9月7日国务院第80次常务会议通过
- 2009年9月14日中华人民共和国国务院令第562号公布
- 自2010年1月1日起施行

第一章　总　则

第一条　为了加强对放射性物品运输的安全管理,保障人体健康,保护环境,促进核能、核技术的开发与和平利用,根据《中华人民共和国放射性污染防治法》,制定本条例。

第二条　放射性物品的运输和放射性物品运输容器的设计、制造等活动,适用本条例。

本条例所称放射性物品,是指含有放射性核素,并且其活度和比活度均高于国家规定的豁免值的物品。

第三条　根据放射性物品的特性及其对人体健康和环境的潜在危害程度,将放射性物品分为一类、二类和三类。

一类放射性物品,是指Ⅰ类放射源、高水平放射性废物、乏燃料等释放到环境后对人体健康和环境产生重大辐射影响的放射性物品。

二类放射性物品,是指Ⅱ类和Ⅲ类放射源、中等水平放射性废物等释放到环境后对人体健康和环境产生一般辐射影响的放射性物品。

三类放射性物品,是指Ⅳ类和Ⅴ类放射源、低水平放射性废物、放射性药品等释放到环境后对人体健康和环境产生较小辐射影响的放射性物品。

放射性物品的具体分类和名录,由国务院核安全监管部门会同国务院公安、卫生、海关、交通运输、铁路、民航、核工业行业主管部门制定。

第四条　国务院核安全监管部门对放射性物品运输的核与辐射安全实施监督管理。

国务院公安、交通运输、铁路、民航等有关主管部门依照本条例规定和各自的职责,负责放射性物品运输安全的有关监督管理工作。

县级以上地方人民政府环境保护主管部门和公安、交通运输等有关主管部门,依照本条例规定和各自的职责,负责本行政区域放射性物品运输安全的有关监督管理工作。

第五条　运输放射性物品,应当使用专用的放射性物品运输包装容器(以下简称运输容器)。

放射性物品的运输和放射性物品运输容器的设计、制造,应当符合国家放射性物品运输安全标准。

国家放射性物品运输安全标准,由国务院核安全监管部门制定,由国务院核安全监管部门和国务院标准化主管部门联合发布。国务院核安全监管部门制定国家放射性物品运输安全标准,应当征求国务院公安、卫生、交通运输、铁路、民航、核工业行业主管部门的意见。

第六条　放射性物品运输容器的设计、制造单位应当建立健全责任制度,加强质量管理,并对所从事的放射性物品运输容器的设计、制造活动负责。

放射性物品的托运人(以下简称托运人)应当制定核与辐射事故应急方案,在放射性物品运输中采取有效的辐射防护和安全保卫措施,并对放射性物品运输中的核与辐射安全负责。

第七条　任何单位和个人对违反本条例规定的行为,有权向国务院核安全监管部门或者其他依法履行放射性物品运输安全监督管理职责的部门举报。

接到举报的部门应当依法调查处理,并为举报人保密。

第二章　放射性物品运输容器的设计

第八条　放射性物品运输容器设计单位应当建立健全和有效实施质量保证体系,按照国家放射性物品运输安全标准进行设计,并通过试验验证或者分析论证等方式,对设计的放射性物品运输容器的安全性能进行评价。

第九条　放射性物品运输容器设计单位应当建立健全档案制度,按照质量保证体系的要求,如实记录放射性物品运输容器的设计和安全性能评价过程。

进行一类放射性物品运输容器设计,应当编制设计安全评价报告书;进行二类放射性物品运输容器设计,应当编制设计安全评价报告表。

第十条　一类放射性物品运输容器的设计,应当在首次用于制造前报国务院核安全监管部门审查批准。

申请批准一类放射性物品运输容器的设计,设计单位应当向国务院核安全监管部门提出书面申请,并提交下列材料:

(一)设计总图及其设计说明书;
(二)设计安全评价报告书;
(三)质量保证大纲。

第十一条　国务院核安全监管部门应当自受理申请之日起45个工作日内完成审查,对符合国家放射性物品运输安全标准的,颁发一类放射性物品运输容器设计批准书,并公告批准文号;对不符合国家放射性物品运输安全标准的,书面通知申请单位并说明理由。

第十二条　设计单位修改已批准的一类放射性物品运输容器设计中有关安全内容的,应当按照原申请程序向国务院核安全监管部门重新申请领取一类放射性物品运输容器设计批准书。

第十三条　二类放射性物品运输容器的设计,设计单位应当在首次用于制造前,将设计总图及其设计说明书、设计安全评价报告表报国务院核安全监管部门备案。

第十四条　三类放射性物品运输容器的设计,设计单位应当编制设计符合国家放射性物品运输安全标准的证明文件并存档备查。

第三章　放射性物品运输容器的制造与使用

第十五条　放射性物品运输容器制造单位,应当按照设计要求和国家放射性物品运输安全标准,对制造的放射性物品运输容器进行质量检验,编制质量检验报告。

未经质量检验或者经检验不合格的放射性物品运输容器,不得交付使用。

第十六条　从事一类放射性物品运输容器制造活动的单位,应当具备下列条件:

(一)有与所从事的制造活动相适应的专业技术人员;

(二)有与所从事的制造活动相适应的生产条件和检测手段;

(三)有健全的管理制度和完善的质量保证体系。

第十七条　从事一类放射性物品运输容器制造活动的单位,应当申请领取一类放射性物品运输容器制造许可证(以下简称制造许可证)。

申请领取制造许可证的单位,应当向国务院核安全监管部门提出书面申请,并提交其符合本条例第十六条规定条件的证明材料和申请制造的运输容器型号。

禁止无制造许可证或者超出制造许可证规定的范围从事一类放射性物品运输容器的制造活动。

第十八条　国务院核安全监管部门应当自受理申请之日起45个工作日内完成审查,对符合条件的,颁发制造许可证,并予以公告;对不符合条件的,书面通知申请单位并说明理由。

第十九条　制造许可证应当载明下列内容:

(一)制造单位名称、住所和法定代表人;

(二)许可制造的运输容器的型号;

(三)有效期限;

(四)发证机关、发证日期和证书编号。

第二十条　一类放射性物品运输容器制造单位变更单位名称、住所或者法定代表人的,应当自工商变更登记之日起20日内,向国务院核安全监管部门办理制造许可证变更手续。

一类放射性物品运输容器制造单位变更制造的运输容器型号的,应当按照原申请程序向国务院核安全监管部门重新申请领取制造许可证。

第二十一条　制造许可证有效期为5年。

制造许可证有效期届满,需要延续的,一类放射性物品运输容器制造单位应当于制造许可证有效期届满6个月前,向国务院核安全监管部门提出延续申请。

国务院核安全监管部门应当在制造许可证有效期届满前作出是否准予延续的决定。

第二十二条　从事二类放射性物品运输容器制造活动的单位,应当在首次制造活动开始30日前,将其具备与所从事的制造活动相适应的专业技术人员、生产条件、检测手段,以及具有健全的管理制度和完善的质量保证体系的证明材料,报国务院核安全监管部门备案。

第二十三条　一类、二类放射性物品运输容器制造单位,应当按照国务院核安全监管部门制定的编码规则,对其制造的一类、二类放射性物品运输容器统一编码,并于每年1月31日前将上一年度的运输容器编码清单报国务院核安全监管部门备案。

第二十四条　从事三类放射性物品运输容器制造活动的单位,应当于每年1月31日前将上一年度制造的运输容器的型号和数量报国务院核安全监管部门备案。

第二十五条　放射性物品运输容器使用单位应当对其使用的放射性物品运输容器定期进行保养和维护,并建立保养和维护档案;放射性物品运输容器达到设计使用年限,或者发现放射性物品运输容器存在安全隐患的,应当停止使用,进行处理。

一类放射性物品运输容器使用单位还应当对其使用的一类放射性物品运输容器每两年进行一次安全性能评价,并将评价结果报国务院核安全监管部门备案。

第二十六条　使用境外单位制造的一类放射性物品运输容器的,应当在首次使用前报国务院核安全监管部门审查批准。

申请使用境外单位制造的一类放射性物品运输容器的单位,应当向国务院核安全监管部门提出书面申请,并提交下列材料：

（一）设计单位所在国核安全监管部门颁发的设计批准文件的复印件；

（二）设计安全评价报告书；

（三）制造单位相关业绩的证明材料；

（四）质量合格证明；

（五）符合中华人民共和国法律、行政法规规定，以及国家放射性物品运输安全标准或者经国务院核安全监管部门认可的标准的说明材料。

国务院核安全监管部门应当自受理申请之日起45个工作日内完成审查，对符合国家放射性物品运输安全标准的，颁发使用批准书；对不符合国家放射性物品运输安全标准的，书面通知申请单位并说明理由。

第二十七条 使用境外单位制造的二类放射性物品运输容器的，应当在首次使用前将运输容器质量合格证明和符合中华人民共和国法律、行政法规规定，以及国家放射性物品运输安全标准或者经国务院核安全监管部门认可的标准的说明材料，报国务院核安全监管部门备案。

第二十八条 国务院核安全监管部门办理使用境外单位制造的一类、二类放射性物品运输容器审查批准和备案手续，应当同时为运输容器确定编码。

第四章　放射性物品的运输

第二十九条 托运放射性物品的，托运人应当持有生产、销售、使用或者处置放射性物品的有效证明，使用与所托运的放射性物品类别相适应的运输容器进行包装，配备必要的辐射监测设备、防护用品和防盗、防破坏设备，并编制运输说明书、核与辐射事故应急响应指南、装卸作业方法、安全防护指南。

运输说明书应当包括放射性物品的品名、数量、物理化学形态、危害风险等内容。

第三十条 托运一类放射性物品的，托运人应当委托有资质的辐射监测机构对其表面污染和辐射水平实施监测，辐射监测机构应当出具辐射监测报告。

托运二类、三类放射性物品的，托运人应当对其表面污染和辐射水平实施监测，并编制辐射监测报告。

监测结果不符合国家放射性物品运输安全标准的，不得托运。

第三十一条 承运放射性物品应当取得国家规定的运输资质。承运人的资质管理，依照有关法律、行政法规和国务院交通运输、铁路、民航、邮政主管部门的规定执行。

第三十二条 托运人和承运人应当对直接从事放射性物品运输的工作人员进行运输安全和应急响应知识的培训，并进行考核；考核不合格的，不得从事相关工作。

托运人和承运人应当按照国家放射性物品运输安全标准和国家有关规定，在放射性物品运输容器和运输工具上设置警示标志。

国家利用卫星定位系统对一类、二类放射性物品运输工具的运输过程实行在线监控。具体办法由国务院核安全监管部门会同国务院有关部门制定。

第三十三条 托运人和承运人应当按照国家职业病防治的有关规定，对直接从事放射性物品运输的工作人员进行个人剂量监测，建立个人剂量档案和职业健康监护档案。

第三十四条 托运人应当向承运人提交运输说明书、辐射监测报告、核与辐射事故应急响应指南、装卸作业方法、安全防护指南，承运人应当查验、收存。托运人提交文件不齐全的，承运人不得承运。

第三十五条 托运一类放射性物品的，托运人应当编制放射性物品运输的核与辐射安全分析报告书，报国务院核安全监管部门审查批准。

放射性物品运输的核与辐射安全分析报告书应当包括放射性物品的品名、数量、运输容器型号、运输方式、辐射防护措施、应急措施等内容。

国务院核安全监管部门应当自受理申请之日起45个工作日内完成审查，对符合国家放射性物品运输安全标准的，颁发核与辐射安全分析报告批准书；对不符合国家放射性物品运输安全标准的，书面通知申请单位并说明理由。

第三十六条 放射性物品运输的核与辐射安全分析报告批准书应当载明下列主要内容：

（一）托运人的名称、地址、法定代表人；

（二）运输放射性物品的品名、数量；

（三）运输放射性物品的运输容器型号和运输方式；

（四）批准日期和有效期限。

第三十七条 一类放射性物品启运前，托运人应当将放射性物品运输的核与辐射安全分析报告批准书、辐射监测报告，报启运地的省、自治区、直辖市人民政府环境保护主管部门备案。

收到备案材料的环境保护主管部门应当及时将有关情况通报放射性物品运输的途经地和抵达地的省、自治区、直辖市人民政府环境保护主管部门。

第三十八条 通过道路运输放射性物品的，应当经公安机关批准，按照指定的时间、路线、速度行驶，并悬挂警示标志,配备押运人员,使放射性物品处于押运人员的监管之下。

通过道路运输核反应堆乏燃料的,托运人应当报国务院公安部门批准。通过道路运输其他放射性物品的,托运人应当报启运地县级以上人民政府公安机关批准。具体办法由国务院公安部门商国务院核安全监管部门制定。

第三十九条 通过水路运输放射性物品的,按照水路危险货物运输的法律、行政法规和规章的有关规定执行。

通过铁路、航空运输放射性物品的,按照国务院铁路、民航主管部门的有关规定执行。

禁止邮寄一类、二类放射性物品。邮寄三类放射性物品的,按照国务院邮政管理部门的有关规定执行。

第四十条 生产、销售、使用或者处置放射性物品的单位,可以依照《中华人民共和国道路运输条例》的规定,向设区的市级人民政府道路运输管理机构申请非营业性道路危险货物运输资质,运输本单位的放射性物品,并承担本条例规定的托运人和承运人的义务。

申请放射性物品非营业性道路危险货物运输资质的单位,应当具备下列条件:

(一)持有生产、销售、使用或者处置放射性物品的有效证明;

(二)有符合本条例规定要求的放射性物品运输容器;

(三)有具备辐射防护与安全防护知识的专业技术人员和经考试合格的驾驶人员;

(四)有符合放射性物品运输安全防护要求,并经检测合格的运输工具、设施和设备;

(五)配备必要的防护用品和依法经定期检定合格的监测仪器;

(六)有运输安全和辐射防护管理规章制度以及核与辐射事故应急措施。

放射性物品非营业性道路危险货物运输资质的具体条件,由国务院交通运输主管部门会同国务院核安全监管部门制定。

第四十一条 一类放射性物品从境外运抵中华人民共和国境内,或者途经中华人民共和国境内运输的,托运人应当编制放射性物品运输的核与辐射安全分析报告书,报国务院核安全监管部门审查批准。审查批准程序依照本条例第三十五条第三款的规定执行。

二类、三类放射性物品从境外运抵中华人民共和国境内,或者途经中华人民共和国境内运输的,托运人应当编制放射性物品运输的辐射监测报告,报国务院核安全监管部门备案。

托运人、承运人或者其代理人向海关办理有关手续,应当提交国务院核安全监管部门颁发的放射性物品运输的核与辐射安全分析报告批准书或者放射性物品运输的辐射监测报告备案证明。

第四十二条 县级以上人民政府组织编制的突发环境事件应急预案,应当包括放射性物品运输中可能发生的核与辐射事故应急响应的内容。

第四十三条 放射性物品运输中发生核与辐射事故的,承运人、托运人应当按照核与辐射事故应急响应指南的要求,做好事故应急工作,并立即报告事故发生地的县级以上人民政府环境保护主管部门。接到报告的环境保护主管部门应当立即派人赶赴现场,进行现场调查,采取有效措施控制事故影响,并及时向本级人民政府报告,通报同级公安、卫生、交通运输等有关主管部门。

接到报告的县级以上人民政府及其有关主管部门应当按照应急预案做好应急工作,并按照国家突发事件分级报告的规定及时上报核与辐射事故信息。

核反应堆乏燃料运输的核事故应急准备与响应,还应当遵守国家核应急的有关规定。

第五章 监督检查

第四十四条 国务院核安全监管部门和其他依法履行放射性物品运输安全监督管理职责的部门,应当依据各自职责对放射性物品运输安全实施监督检查。

国务院核安全监管部门应当将其已批准或者备案的一类、二类、三类放射性物品运输容器的设计、制造情况和放射性物品运输情况通报设计、制造单位所在地和运输途经地的省、自治区、直辖市人民政府环境保护主管部门。省、自治区、直辖市人民政府环境保护主管部门应当加强对本行政区域放射性物品运输安全的监督检查和监督性监测。

被检查单位应当予以配合,如实反映情况,提供必要的资料,不得拒绝和阻碍。

第四十五条 国务院核安全监管部门和省、自治区、直辖市人民政府环境保护主管部门以及其他依法履行放射性物品运输安全监督管理职责的部门进行监督检查,监督检查人员不得少于2人,并应当出示有效的行政执法证件。

国务院核安全监管部门和省、自治区、直辖市人民政府环境保护主管部门以及其他依法履行放射性物品运输安全监督管理职责的部门的工作人员,对监督检查中知悉的商业秘密负有保密义务。

第四十六条 监督检查中发现经批准的一类放射性物品运输容器设计确有重大设计安全缺陷的,由国务院核安全监管部门责令停止该型号运输容器的制造或者使用,撤销一类放射性物品运输容器设计批准书。

第四十七条 监督检查中发现放射性物品运输活动有不符合国家放射性物品运输安全标准情形的,或者一类放射性物品运输容器制造单位有不符合制造许可证规定条件情形的,应当责令限期整改;发现放射性物品运输活动可能对人体健康和环境造成核与辐射危害的,应当责令停止运输。

第四十八条 国务院核安全监管部门和省、自治区、直辖市人民政府环境保护主管部门以及其他依法履行放射性物品运输安全监督管理职责的部门,对放射性物品运输活动实施监测,不得收取监测费用。

国务院核安全监管部门和省、自治区、直辖市人民政府环境保护主管部门以及其他依法履行放射性物品运输安全监督管理职责的部门,应当加强对监督管理人员辐射防护与安全防护知识的培训。

第六章 法律责任

第四十九条 国务院核安全监管部门和省、自治区、直辖市人民政府环境保护主管部门或者其他依法履行放射性物品运输安全监督管理职责的部门有下列行为之一的,对直接负责的主管人员和其他直接责任人员依法给予处分;直接负责的主管人员和其他直接责任人员构成犯罪的,依法追究刑事责任:

(一)未依照本条例规定作出行政许可或者办理批准文件的;

(二)发现违反本条例规定的行为不予查处,或者接到举报不依法处理的;

(三)未依法履行放射性物品运输核与辐射事故应急职责的;

(四)对放射性物品运输活动实施监测收取监测费用的;

(五)其他不依法履行监督管理职责的行为。

第五十条 放射性物品运输容器设计、制造单位有下列行为之一的,由国务院核安全监管部门责令停止违法行为,处50万元以上100万元以下的罚款;有违法所得的,没收违法所得:

(一)将未取得设计批准书的一类放射性物品运输容器设计用于制造的;

(二)修改已批准的一类放射性物品运输容器设计中有关安全内容,未重新取得设计批准书即用于制造的。

第五十一条 放射性物品运输容器设计、制造单位有下列行为之一的,由国务院核安全监管部门责令停止违法行为,处5万元以上10万元以下的罚款;有违法所得的,没收违法所得:

(一)将不符合国家放射性物品运输安全标准的二类、三类放射性物品运输容器设计用于制造的;

(二)将未备案的二类放射性物品运输容器设计用于制造的。

第五十二条 放射性物品运输容器设计单位有下列行为之一的,由国务院核安全监管部门责令限期改正;逾期不改正的,处1万元以上5万元以下的罚款:

(一)未对二类、三类放射性物品运输容器的设计进行安全性能评价的;

(二)未如实记录二类、三类放射性物品运输容器设计和安全性能评价过程的;

(三)未编制三类放射性物品运输容器设计符合国家放射性物品运输安全标准的证明文件并存档备查的。

第五十三条 放射性物品运输容器制造单位有下列行为之一的,由国务院核安全监管部门责令停止违法行为,处50万元以上100万元以下的罚款;有违法所得的,没收违法所得:

(一)未取得制造许可证从事一类放射性物品运输容器制造活动的;

(二)制造许可证有效期届满,未按照规定办理延续手续,继续从事一类放射性物品运输容器制造活动的;

(三)超出制造许可证规定的范围从事一类放射性物品运输容器制造活动的;

(四)变更制造的一类放射性物品运输容器型号,未按照规定重新领取制造许可证的;

(五)将未经质量检验或者经检验不合格的一类放射性物品运输容器交付使用的。

有前款第(三)项、第(四)项和第(五)项行为之一,情节严重的,吊销制造许可证。

第五十四条 一类放射性物品运输容器制造单位变更单位名称、住所或者法定代表人,未依法办理制造许可证变更手续的,由国务院核安全监管部门责令限期改正;逾期不改正的,处2万元的罚款。

第五十五条 放射性物品运输容器制造单位有下列行为之一的,由国务院核安全监管部门责令停止违法行为,处5万元以上10万元以下的罚款;有违法所得的,没收违法所得：

（一）在二类放射性物品运输容器首次制造活动开始前，未按照规定将有关证明材料报国务院核安全监管部门备案的；

（二）将未经质量检验或者经检验不合格的二类、三类放射性物品运输容器交付使用的。

第五十六条 放射性物品运输容器制造单位有下列行为之一的，由国务院核安全监管部门责令限期改正；逾期不改正的，处1万元以上5万元以下的罚款：

（一）未按照规定对制造的一类、二类放射性物品运输容器统一编码的；

（二）未按照规定将制造的一类、二类放射性物品运输容器编码清单报国务院核安全监管部门备案的；

（三）未按照规定将制造的三类放射性物品运输容器的型号和数量报国务院核安全监管部门备案的。

第五十七条 放射性物品运输容器使用单位未按照规定对使用的一类放射性物品运输容器进行安全性能评价，或者未将评价结果报国务院核安全监管部门备案的，由国务院核安全监管部门责令限期改正；逾期不改正的，处1万元以上5万元以下的罚款。

第五十八条 未按照规定取得使用批准书使用境外单位制造的一类放射性物品运输容器的，由国务院核安全监管部门责令停止违法行为，处50万元以上100万元以下的罚款。

未按照规定办理备案手续使用境外单位制造的二类放射性物品运输容器的，由国务院核安全监管部门责令停止违法行为，处5万元以上10万元以下的罚款。

第五十九条 托运人未按照规定编制放射性物品运输说明书、核与辐射事故应急响应指南、装卸作业方法、安全防护指南，由国务院核安全监管部门责令限期改正；逾期不改正的，处1万元以上5万元以下的罚款。

托运人未按照规定将放射性物品运输的核与辐射安全分析报告批准书、辐射监测报告备案的，由启运地的省、自治区、直辖市人民政府环境保护主管部门责令限期改正；逾期不改正的，处1万元以上5万元以下的罚款。

第六十条 托运人或者承运人在放射性物品运输活动中，有违反有关法律、行政法规关于危险货物运输管理规定行为的，由交通运输、铁路、民航等有关主管部门依法予以处罚。

违反有关法律、行政法规规定邮寄放射性物品的，由公安机关和邮政管理部门依法予以处罚。在邮寄进境物品中发现放射性物品的，由海关依照有关法律、行政法规的规定处理。

第六十一条 托运人未取得放射性物品运输的核与辐射安全分析报告批准书托运一类放射性物品的，由国务院核安全监管部门责令停止违法行为，处50万元以上100万元以下的罚款。

第六十二条 通过道路运输放射性物品，有下列行为之一的，由公安机关责令限期改正，处2万元以上10万元以下的罚款；构成犯罪的，依法追究刑事责任：

（一）未经公安机关批准通过道路运输放射性物品的；

（二）运输车辆未按照指定的时间、路线、速度行驶或者未悬挂警示标志的；

（三）未配备押运人员或者放射性物品脱离押运人员监管的。

第六十三条 托运人有下列行为之一的，由启运地的省、自治区、直辖市人民政府环境保护主管部门责令停止违法行为，处5万元以上20万元以下的罚款：

（一）未按照规定对托运的放射性物品表面污染和辐射水平实施监测的；

（二）将经监测不符合国家放射性物品运输安全标准的放射性物品交付托运的；

（三）出具虚假辐射监测报告的。

第六十四条 未取得放射性物品运输的核与辐射安全分析报告批准书或者放射性物品运输的辐射监测报告备案证明，将境外的放射性物品运抵中华人民共和国境内，或者途经中华人民共和国境内运输的，由海关责令托运人退运该放射性物品，并依照海关法律、行政法规给予处罚；构成犯罪的，依法追究刑事责任。托运人不明的，由承运人承担退运该放射性物品的责任，或者承担该放射性物品的处置费用。

第六十五条 违反本条例规定，在放射性物品运输中造成核与辐射事故的，由县级以上地方人民政府环境保护主管部门处以罚款，罚款数额按照核与辐射事故造成的直接损失的20%计算；构成犯罪的，依法追究刑事责任。

托运人、承运人未按照核与辐射事故应急响应指南的要求，做好事故应急工作并报告事故的，由县级以上地方人民政府环境保护主管部门处5万元以上20万元以下的罚款。

因核与辐射事故造成他人损害的，依法承担民事责任。

第六十六条 拒绝、阻碍国务院核安全监管部门或者其他依法履行放射性物品运输安全监督管理职责的部门进行监督检查，或者在接受监督检查时弄虚作假的，由监督检查部门责令改正，处1万元以上2万元以下的罚款；构成违反治安管理行为的，由公安机关依法给予治安管理处罚；构成犯罪的，依法追究刑事责任。

第七章 附 则

第六十七条 军用放射性物品运输安全的监督管理，依照《中华人民共和国放射性污染防治法》第六十条的规定执行。

第六十八条 本条例自2010年1月1日起施行。

道路危险货物运输管理规定

- 2013年1月23日交通运输部发布
- 根据2016年4月11日《交通运输部关于修改〈道路危险货物运输管理规定〉的决定》第一次修正
- 根据2019年11月28日《交通运输部关于修改〈道路危险货物运输管理规定〉的决定》第二次修正
- 根据2023年11月10日《交通运输部关于修改〈道路危险货物运输管理规定〉的决定》第三次修正

第一章 总 则

第一条 为规范道路危险货物运输市场秩序，保障人民生命财产安全，保护环境，维护道路危险货物运输各方当事人的合法权益，根据《中华人民共和国道路运输条例》和《危险化学品安全管理条例》等有关法律、行政法规，制定本规定。

第二条 从事道路危险货物运输活动，应当遵守本规定。军事危险货物运输除外。

法律、行政法规对民用爆炸物品、烟花爆竹、放射性物品等特定种类危险货物的道路运输另有规定的，从其规定。

第三条 本规定所称危险货物，是指具有爆炸、易燃、毒害、感染、腐蚀等危险特性，在生产、经营、运输、储存、使用和处置中，容易造成人身伤亡、财产毁损或者环境污染而需要特别防护的物质和物品。危险货物以列入《危险货物道路运输规则》（JT/T 617）的为准，未列入《危险货物道路运输规则》（JT/T 617）的，以有关法律、行政法规的规定或者国务院有关部门公布的结果为准。

本规定所称道路危险货物运输，是指使用载货汽车通过道路运输危险货物的作业全过程。

本规定所称道路危险货物运输车辆，是指满足特定技术条件和要求，从事道路危险货物运输的载货汽车（以下简称专用车辆）。

第四条 危险货物的分类、分项、品名和品名编号应当按照《危险货物道路运输规则》（JT/T 617）执行。危险货物的危险程度依据《危险货物道路运输规则》（JT/T 617），分为Ⅰ、Ⅱ、Ⅲ等级。

第五条 从事道路危险货物运输应当保障安全，依法运输，诚实信用。

第六条 国家鼓励技术力量雄厚、设备和运输条件好的大型专业危险化学品生产企业从事道路危险货物运输，鼓励道路危险货物运输企业实行集约化、专业化经营，鼓励使用厢式、罐式和集装箱等专用车辆运输危险货物。

第七条 交通运输部主管全国道路危险货物运输管理工作。

县级以上地方人民政府交通运输主管部门（以下简称交通运输主管部门）负责本行政区域的道路危险货物运输管理工作。

第二章 道路危险货物运输许可

第八条 申请从事道路危险货物运输经营，应当具备下列条件：

（一）有符合下列要求的专用车辆及设备：

1. 自有专用车辆（挂车除外）5辆以上；运输剧毒化学品、爆炸品的，自有专用车辆（挂车除外）10辆以上。

2. 专用车辆的技术要求应当符合《道路运输车辆技术管理规定》有关规定。

3. 配备有效的通讯工具。

4. 专用车辆应当安装具有行驶记录功能的卫星定位装置。

5. 运输剧毒化学品、爆炸品、易制爆危险化学品的，应当配备罐式、厢式专用车辆或者压力容器等专用容器。

6. 罐式专用车辆的罐体应当经检验合格，且罐体载货后总质量与专用车辆核定载质量相匹配。运输爆炸品、强腐蚀性危险货物的罐式专用车辆的罐体容积不得超过20立方米，运输剧毒化学品的罐式专用车辆的罐体容积不得超过10立方米，但符合国家有关标准的罐式集装箱除外。

7. 运输剧毒化学品、爆炸品、强腐蚀性危险货物的非罐式专用车辆，核定载质量不得超过10吨，但符合国家有关标准的集装箱运输专用车辆除外。

8. 配备与运输的危险货物性质相适应的安全防护、环境保护和消防设施设备。

（二）有符合下列要求的停车场地：

1.自有或者租借期限为3年以上,且与经营范围、规模相适应的停车场地,停车场地应当位于企业注册地市级行政区域内。

2.运输剧毒化学品、爆炸品专用车辆以及罐式专用车辆,数量为20辆(含)以下的,停车场地面积不低于车辆正投影面积的1.5倍,数量为20辆以上的,超过部分,每辆车的停车场地面积不低于车辆正投影面积;运输其他危险货物,专用车辆数量为10辆(含)以下的,停车场地面积不低于车辆正投影面积的1.5倍;数量为10辆以上的,超过部分,每辆车的停车场地面积不低于车辆正投影面积。

3.停车场地应当封闭并设立明显标志,不得妨碍居民生活和威胁公共安全。

(三)有符合下列要求的从业人员和安全管理人员:

1.专用车辆的驾驶人员取得相应机动车驾驶证,年龄不超过60周岁。

2.从事道路危险货物运输的驾驶人员、装卸管理人员、押运人员应当经所在地设区的市级人民政府交通运输主管部门考试合格,并取得相应的从业资格证;从事剧毒化学品、爆炸品道路运输的驾驶人员、装卸管理人员、押运人员,应当经考试合格,取得注明为"剧毒化学品运输"或者"爆炸品运输"类别的从业资格证。

3.企业应当配备专职安全管理人员。

(四)有健全的安全生产管理制度:

1.企业主要负责人、安全管理部门负责人、专职安全管理人员安全生产责任制度。

2.从业人员安全生产责任制度。

3.安全生产监督检查制度。

4.安全生产教育培训制度。

5.从业人员、专用车辆、设备及停车场地安全管理制度。

6.应急救援预案制度。

7.安全生产作业规程。

8.安全生产考核与奖惩制度。

9.安全事故报告、统计与处理制度。

第九条 符合下列条件的企事业单位,可以使用自备专用车辆从事为本单位服务的非经营性道路危险货物运输:

(一)属于下列企事业单位之一:

1.省级以上应急管理部门批准设立的生产、使用、储存危险化学品的企业。

2.有特殊需求的科研、军工等企事业单位。

(二)具备第八条规定的条件,但自有专用车辆(挂车除外)的数量可以少于5辆。

第十条 申请从事道路危险货物运输经营的企业,应当依法向市场监督管理部门办理有关登记手续后,向所在地设区的市级交通运输主管部门提出申请,并提交以下材料:

(一)《道路危险货物运输经营申请表》,包括申请人基本信息、申请运输的危险货物范围(类别、项别或品名,如果为剧毒化学品应当标注"剧毒")等内容。

(二)拟担任企业法定代表人的投资人或者负责人的身份证明及其复印件,经办人身份证明及其复印件和书面委托书。

(三)企业章程文本。

(四)证明专用车辆、设备情况的材料,包括:

1.未购置专用车辆、设备的,应当提交拟投入专用车辆、设备承诺书。承诺书内容应当包括车辆数量、类型、技术等级、总质量、核定载质量、车轴数以及车辆外廓尺寸;通讯工具和卫星定位装置配备情况;罐式专用车辆的罐体容积;罐式专用车辆罐体载货后的总质量与车辆核定载质量相匹配情况;运输剧毒化学品、爆炸品、易制爆危险化学品的专用车辆核定载质量等有关情况。承诺期限不得超过1年。

2.已购置专用车辆、设备的,应当提供车辆行驶证、车辆技术等级评定结论;通讯工具和卫星定位装置配备;罐式专用车辆的罐体检测合格证或者检测报告及复印件等有关材料。

(五)拟聘用专职安全管理人员、驾驶人员、装卸管理人员、押运人员的,应当提交拟聘用承诺书,承诺期限不得超过1年;已聘用的应当提交从业资格证及其复印件以及驾驶证及其复印件。

(六)停车场地的土地使用证、租借合同、场地平面图等材料。

(七)相关安全防护、环境保护、消防设施设备的配备情况清单。

(八)有关安全生产管理制度文本。

第十一条 申请从事非经营性道路危险货物运输的单位,向所在地设区的市级交通运输主管部门提出申请时,除提交第十条第(四)项至第(八)项规定的材料外,还应当提交以下材料:

(一)《道路危险货物运输申请表》,包括申请人基本信息、申请运输的物品范围(类别、项别或品名,如果为剧毒化学品应当标注"剧毒")等内容。

(二)下列形式之一的单位基本情况证明:

1. 省级以上应急管理部门颁发的危险化学品生产、使用等证明。

2. 能证明科研、军工等企事业单位性质或者业务范围的有关材料。

(三)特殊运输需求的说明材料。

(四)经办人的身份证明及其复印件以及书面委托书。

第十二条 设区的市级交通运输主管部门应当按照《中华人民共和国道路运输条例》和《交通行政许可实施程序规定》,以及本规定所明确的程序和时限实施道路危险货物运输行政许可,并进行实地核查。

决定准予许可的,应当向被许可人出具《道路危险货物运输行政许可决定书》,注明许可事项,具体内容应当包括运输危险货物的范围(类别、项别或品名,如果为剧毒化学品应当标注"剧毒"),专用车辆数量、要求以及运输性质,并在10日内向道路危险货物运输经营申请人发放《道路运输经营许可证》,向非经营性道路危险货物运输申请人发放《道路危险货物运输许可证》。

市级交通运输主管部门应当将准予许可的企业或单位的许可事项等,及时以书面形式告知县级交通运输主管部门。

决定不予许可的,应当向申请人出具《不予交通行政许可决定书》。

第十三条 被许可人已获得其他道路运输经营许可的,设区的市级交通运输主管部门应当为其换发《道路运输经营许可证》,并在经营范围中加注新许可的事项。如果原《道路运输经营许可证》是由省级交通运输主管部门发放的,由原许可机关按照上述要求予以换发。

第十四条 被许可人应当按照承诺期限落实拟投入的专用车辆、设备。

原许可机关应当对被许可人落实的专用车辆、设备予以核实,对符合许可条件的专用车辆配发《道路运输证》,并在《道路运输证》经营范围栏内注明允许运输的危险货物类别、项别或者品名,如果为剧毒化学品应标注"剧毒";对从事非经营性道路危险货物运输的车辆,还应当加盖"非经营性危险货物运输专用章"。

被许可人未在承诺期限内落实专用车辆、设备的,原许可机关应当撤销许可决定,并收回已核发的许可证明文件。

第十五条 被许可人应当按照承诺期限落实拟聘用的专职安全管理人员、驾驶人员、装卸管理人员和押运人员。

被许可人未在承诺期限内按照承诺聘用专职安全管理人员、驾驶人员、装卸管理人员和押运人员的,原许可机关应当撤销许可决定,并收回已核发的许可证明文件。

第十六条 交通运输主管部门不得许可一次性、临时性的道路危险货物运输。

第十七条 道路危险货物运输企业设立子公司从事道路危险货物运输的,应当向子公司注册地设区的市级交通运输主管部门申请运输许可。设立分公司的,应当向分公司注册地设区的市级交通运输主管部门备案。

第十八条 道路危险货物运输企业或者单位需要变更许可事项的,应当向原许可机关提出申请,按照本章有关许可的规定办理。

道路危险货物运输企业或者单位变更法定代表人、名称、地址等工商登记事项的,应当在30日内向原许可机关备案。

第十九条 道路危险货物运输企业或者单位终止危险货物运输业务的,应当在终止之日的30日前告知原许可机关,并在停业后10日内将《道路运输经营许可证》或者《道路危险货物运输许可证》以及《道路运输证》交回原许可机关。

第三章 专用车辆、设备管理

第二十条 道路危险货物运输企业或者单位应当按照《道路运输车辆技术管理规定》中有关车辆管理的规定,维护、检测、使用和管理专用车辆,确保专用车辆技术状况良好。

第二十一条 设区的市级交通运输主管部门应当定期对专用车辆进行审验,每年审验一次。审验按照《道路运输车辆技术管理规定》进行,并增加以下审验项目:

(一)专用车辆投保危险货物承运人责任险情况;

(二)必需的应急处理器材、安全防护设施设备和专用车辆标志的配备情况;

(三)具有行驶记录功能的卫星定位装置的配备情况。

第二十二条 禁止使用报废的、擅自改装的、检测不合格的、车辆技术等级达不到一级的和其他不符合国家规定的车辆从事道路危险货物运输。

除铰接列车、具有特殊装置的大型物件运输专用车辆外,严禁使用货车列车从事危险货物运输;倾卸式车辆只能运输散装硫磺、萘饼、粗蒽、煤焦沥青等危险货物。

禁止使用移动罐体(罐式集装箱除外)从事危险货物运输。

第二十三条 罐式专用车辆的常压罐体应当符合国

家标准《道路运输液体危险货物罐式车辆第1部分:金属常压罐体技术要求》(GB 18564.1)、《道路运输液体危险货物罐式车辆第2部分:非金属常压罐体技术要求》(GB 18564.2)等有关技术要求。

使用压力容器运输危险货物的,应当符合国家特种设备安全监督管理部门制订并公布的《移动式压力容器安全技术监察规程》(TSG R0005)等有关技术要求。

压力容器和罐式专用车辆应当在压力容器或者罐体检验合格的有效期内承运危险货物。

第二十四条　道路危险货物运输企业或者单位对重复使用的危险货物包装物、容器,在重复使用前应当进行检查;发现存在安全隐患的,应当维修或者更换。

道路危险货物运输企业或者单位应当对检查情况作出记录,记录的保存期限不得少于2年。

第二十五条　道路危险货物运输企业或者单位应当到具有污染物处理能力的机构对常压罐体进行清洗(置换)作业,将废气、污水等污染物集中收集,消除污染,不得随意排放,污染环境。

第四章　道路危险货物运输

第二十六条　道路危险货物运输企业或者单位应当严格按照交通运输主管部门决定的许可事项从事道路危险货物运输活动,不得转让、出租道路危险货物运输许可证件。

严禁非经营性道路危险货物运输单位从事道路危险货物运输经营活动。

第二十七条　危险货物托运人应当委托具有道路危险货物运输资质的企业承运。

危险货物托运人应当对托运的危险货物种类、数量和承运人等相关信息予以记录,记录的保存期限不得少于1年。

第二十八条　危险货物托运人应当严格按照国家有关规定妥善包装并在外包装设置标志,并向承运人说明危险货物的品名、数量、危害、应急措施等情况。需要添加抑制剂或者稳定剂的,托运人应当按照规定添加,并告知承运人相关注意事项。

危险货物托运人托运危险化学品的,还应当提交与托运的危险化学品完全一致的安全技术说明书和安全标签。

第二十九条　不得使用罐式专用车辆或者运输有毒、感染性、腐蚀性危险货物的专用车辆运输普通货物。

其他专用车辆可以从事食品、生活用品、药品、医疗器具以外的普通货物运输,但应当由运输企业对专用车

辆进行消除危害处理,确保不对普通货物造成污染、损害。

不得将危险货物与普通货物混装运输。

第三十条　专用车辆应当按照国家标准《道路运输危险货物车辆标志》(GB 13392)的要求悬挂标志。

第三十一条　运输剧毒化学品、爆炸品的企业或者单位,应当配备专用停车区域,并设立明显的警示标牌。

第三十二条　专用车辆应当配备符合有关国家标准以及与所载运的危险货物相适应的应急处理器材和安全防护设备。

第三十三条　道路危险货物运输企业或者单位不得运输法律、行政法规禁止运输的货物。

法律、行政法规规定的限运、凭证运输货物,道路危险货物运输企业或者单位应当按照有关规定办理相关运输手续。

法律、行政法规规定托运人必须办理有关手续后方可运输的危险货物,道路危险货物运输企业应当查验有关手续齐全有效后方可承运。

第三十四条　道路危险货物运输企业或者单位应当采取必要措施,防止危险货物脱落、扬散、丢失以及燃烧、爆炸、泄漏等。

第三十五条　驾驶人员应当随车携带《道路运输证》。驾驶人员或者押运人员应当按照《危险货物道路运输规则》(JT/T 617)的要求,随车携带《道路运输危险货物安全卡》。

第三十六条　在道路危险货物运输过程中,除驾驶人员外,还应当在专用车辆上配备押运人员,确保危险货物处于押运人员监管之下。

第三十七条　道路危险货物运输途中,驾驶人员不得随意停车。

因住宿或者发生影响正常运输的情况需要较长时间停车的,驾驶人员、押运人员应当设置警戒带,并采取相应的安全防范措施。

运输剧毒化学品或者易制爆危险化学品需要较长时间停车的,驾驶人员或者押运人员应当向当地公安机关报告。

第三十八条　危险货物的装卸作业应当遵守安全作业标准、规程和制度,并在装卸管理人员的现场指挥或者监控下进行。

危险货物运输托运人和承运人应当按照合同约定指派装卸管理人员;若合同未予约定,则由负责装卸作业的一方指派装卸管理人员。

第三十九条 驾驶人员、装卸管理人员和押运人员上岗时应当随身携带从业资格证。

第四十条 严禁专用车辆违反国家有关规定超载、超限运输。

道路危险货物运输企业或者单位使用罐式专用车辆运输货物时，罐体载货后的总质量应当和专用车辆核定载质量相匹配；使用牵引车运输货物时，挂车载货后的总质量应当与牵引车的准牵引总质量相匹配。

第四十一条 道路危险货物运输企业或者单位应当要求驾驶人员和押运人员在运输危险货物时，严格遵守有关部门关于危险货物运输线路、时间、速度方面的有关规定，并遵守有关部门关于剧毒、爆炸危险品道路运输车辆在重大节假日通行高速公路的相关规定。

第四十二条 道路危险货物运输企业或者单位应当通过卫星定位监控平台或者监控终端及时纠正和处理超速行驶、疲劳驾驶、不按规定线路行驶等违法违规驾驶行为。

监控数据应当至少保存6个月，违法驾驶信息及处理情况应当至少保存3年。

第四十三条 道路危险货物运输从业人员必须熟悉有关安全生产的法规、技术标准和安全生产规章制度、安全操作规程，了解所装运危险货物的性质、危害特性、包装物或者容器的使用要求和发生意外事故时的处置措施，并严格执行《危险货物道路运输规则》(JT/T 617)等标准，不得违章作业。

第四十四条 道路危险货物运输企业或者单位应当通过岗前培训、例会、定期学习等方式，对从业人员进行经常性安全生产、职业道德、业务知识和操作规程的教育培训。

第四十五条 道路危险货物运输企业或者单位应当加强安全生产管理，制定突发事件应急预案，配备应急救援人员和必要的应急救援器材、设备，并定期组织应急救援演练，严格落实各项安全制度。

第四十六条 道路危险货物运输企业或者单位应当委托具备资质条件的机构，对本企业或单位的安全管理情况每3年至少进行一次安全评估，出具安全评估报告。

第四十七条 在危险货物运输过程中发生燃烧、爆炸、污染、中毒或者被盗、丢失、流散、泄漏等事故，驾驶人员、押运人员应当立即根据应急预案和《道路运输危险货物安全卡》的要求采取应急处置措施，并向事故发生地公安部门、交通运输主管部门和本运输企业或者单位报告。运输企业或者单位接到事故报告后，应当按照本单位危险货物应急预案组织救援，并向事故发生地应急管理部门和生态环境、卫生健康主管部门报告。

交通运输主管部门应当公布事故报告电话。

第四十八条 在危险货物装卸过程中，应当根据危险货物的性质，轻装轻卸，堆码整齐，防止混杂、撒漏、破损，不得与普通货物混合堆放。

第四十九条 道路危险货物运输企业或者单位应当为其承运的危险货物投保承运人责任险。

第五十条 道路危险货物运输企业异地经营(运输线路起讫点均不在企业注册地市域内)累计3个月以上的，应当向经营地设区的市级交通运输主管部门备案并接受其监管。

第五章 监督检查

第五十一条 道路危险货物运输监督检查按照《道路货物运输及站场管理规定》执行。

交通运输主管部门工作人员应当定期或者不定期对道路危险货物运输企业或者单位进行现场检查。

第五十二条 交通运输主管部门工作人员对在异地取得从业资格的人员监督检查时，可以向原发证机关申请提供相应的从业资格档案资料，原发证机关应当予以配合。

第五十三条 交通运输主管部门在实施监督检查过程中，经本部门主要负责人批准，可以对没有随车携带《道路运输证》又无法当场提供其他有效证明文件的危险货物运输专用车辆予以扣押。

第五十四条 任何单位和个人对违反本规定的行为，有权向交通运输主管部门举报。

交通运输主管部门应当公布举报电话，并在接到举报后及时依法处理；对不属于本部门职责的，应当及时移送有关部门处理。

第六章 法律责任

第五十五条 违反本规定，有下列情形之一的，由交通运输主管部门责令停止运输经营，违法所得超过2万元的，没收违法所得，处违法所得2倍以上10倍以下的罚款；没有违法所得或者违法所得不足2万元的，处3万元以上10万元以下的罚款；构成犯罪的，依法追究刑事责任：

(一)未取得道路危险货物运输许可，擅自从事道路危险货物运输的；

(二)使用失效、伪造、变造、被注销等无效道路危险货物运输许可证件从事道路危险货物运输的；

（三）超越许可事项，从事道路危险货物运输的；

（四）非经营性道路危险货物运输单位从事道路危险货物运输经营的。

第五十六条 违反本规定，道路危险货物运输企业或者单位非法转让、出租道路危险货物运输许可证件的，由交通运输主管部门责令停止违法行为，收缴有关证件，处2000元以上1万元以下的罚款；有违法所得的，没收违法所得。

第五十七条 违反本规定，道路危险货物运输企业或者单位有下列行为之一的，由交通运输主管部门责令限期投保；拒不投保的，由原许可机关吊销《道路运输经营许可证》或者《道路危险货物运输许可证》，或者吊销相应的经营范围：

（一）未投保危险货物承运人责任险的；

（二）投保的危险货物承运人责任险已过期，未继续投保的。

第五十八条 违反本规定，道路危险货物运输企业或者单位以及托运人有下列情形之一的，由交通运输主管部门责令改正，并处5万元以上10万元以下的罚款，拒不改正的，责令停产停业整顿；构成犯罪的，依法追究刑事责任：

（一）驾驶人员、装卸管理人员、押运人员未取得从业资格上岗作业的；

（二）托运人不向承运人说明所托运的危险化学品的种类、数量、危险特性以及发生危险情况的应急处置措施，或者未按照国家有关规定对所托运的危险化学品妥善包装并在外包装上设置相应标志的；

（三）未根据危险化学品的危险特性采取相应的安全防护措施，或者未配备必要的防护用品和应急救援器材的；

（四）运输危险化学品需要添加抑制剂或者稳定剂，托运人未添加或者未将有关情况告知承运人的。

第五十九条 违反本规定，道路危险货物运输企业或者单位未配备专职安全管理人员的，由交通运输主管部门依照《中华人民共和国安全生产法》的规定进行处罚。

第六十条 违反本规定，道路危险化学品运输托运人有下列行为之一的，由交通运输主管部门责令改正，处10万元以上20万元以下的罚款，有违法所得的，没收违法所得；拒不改正的，责令停产停业整顿；构成犯罪的，依法追究刑事责任：

（一）委托未依法取得危险货物道路运输许可的企业承运危险化学品的；

（二）在托运的普通货物中夹带危险化学品，或者将危险化学品谎报或者匿报为普通货物托运的。

第六十一条 违反本规定，道路危险货物运输企业擅自改装已取得《道路运输证》的专用车辆及罐式专用车辆罐体的，由交通运输主管部门责令改正，并处5000元以上2万元以下的罚款。

第七章 附 则

第六十二条 本规定对道路危险货物运输经营未作规定的，按照《道路货物运输及站场管理规定》执行；对非经营性道路危险货物运输未作规定的，参照《道路货物运输及站场管理规定》执行。

第六十三条 道路危险货物运输许可证件和《道路运输证》工本费的具体收费标准由省、自治区、直辖市人民政府财政、价格主管部门会同同级交通运输主管部门核定。

第六十四条 交通运输部可以根据相关行业协会的申请，经组织专家论证后，统一公布可以按照普通货物实施道路运输管理的危险货物。

第六十五条 本规定自2013年7月1日起施行。交通部2005年发布的《道路危险货物运输管理规定》（交通部令2005年第9号）及交通运输部2010年发布的《关于修改〈道路危险货物运输管理规定〉的决定》（交通运输部令2010年第5号）同时废止。

铁路危险货物运输安全监督管理规定

·2022年9月26日交通运输部令2022年第24号公布
·自2022年12月1日起施行

第一章 总 则

第一条 为了加强铁路危险货物运输安全管理，保障公众生命财产安全，保护环境，根据《中华人民共和国安全生产法》《中华人民共和国铁路法》《中华人民共和国反恐怖主义法》《铁路安全管理条例》《危险化学品安全管理条例》《放射性物品运输安全管理条例》等法律、行政法规，制定本规定。

第二条 本规定所称危险货物，是指列入铁路危险货物品名表，具有爆炸、易燃、毒害、感染、腐蚀、放射性等危险特性，在铁路运输过程中，容易造成人身伤亡、财产损毁或者环境污染而需要特别防护的物质和物品。

未列入铁路危险货物品名表，依据有关法律、行政法规、规章或者《危险货物分类和品名编号》（GB6944）等标准确定为危险货物的,按照本规定办理运输。

第三条 禁止运输下列物品:

(一)法律、行政法规禁止生产和运输的危险物品;

(二)危险性质不明、可能存在安全隐患的物品;

(三)未采取安全措施的过度敏感物品;

(四)未采取安全措施的能自发反应而产生危险的物品。

高速铁路、城际铁路等客运专线及旅客列车禁止运输危险货物,法律、行政法规等另有规定的除外。

第四条 铁路危险货物运输安全管理坚持安全第一、预防为主、综合治理的方针。铁路危险货物运输相关单位(以下统称运输单位)为运输安全责任主体,应当依据有关法律、行政法规和标准等规定,落实运输条件,加强运输管理,确保运输安全。

本规定所称运输单位,包括铁路运输企业、托运人、专用铁路、铁路专用线产权单位、管理单位和使用单位等。

第五条 国家铁路局负责全国铁路危险货物运输安全监督管理工作。地区铁路监督管理局负责辖区内的铁路危险货物运输安全监督管理工作。

国家铁路局和地区铁路监督管理局统称铁路监管部门。

第六条 鼓励采用有利于提高安全保障水平的先进技术和管理方法,鼓励规模化、集约化、专业化和发展专用车辆、专用集装箱运输危险货物。支持开展铁路危险货物运输安全技术以及对安全、环保有重大影响的项目研究。

第二章 运输条件

第七条 运输危险货物应当在符合法律、行政法规和有关标准规定,具备相应品名办理条件的车站、专用铁路、铁路专用线间发到。

铁路运输企业应当将办理危险货物的车站名称、作业地点(包括货场、专用铁路、铁路专用线名称,下同)、办理品名及铁危编号、装运方式等信息及时向社会公布,并同时报送所在地的地区铁路监督管理局。前述信息发生变化的,应当重新公布并报送。

第八条 运输危险货物应当依照法律法规和国家其他有关规定使用专用的设施设备。

运输危险货物所使用的设施设备依法应当进行产品认证、检验检测的,经认证、检验检测合格方可使用。

第九条 危险货物装卸、储存场所和设施应当符合下列要求:

(一)装卸、储存专用场地和安全设施设备封闭管理并设立明显的安全警示标志。设施设备布局、作业区域划分、安全防护距离等符合有关技术要求。

(二)设置有与办理货物危险特性相适应,经相关部门验收合格的仓库、雨棚、场地等设施,配置相应的计量、检测、监控、通信、报警、通风、防火、灭火、防爆、防雷、防静电、防腐蚀、防泄漏、防中毒等安全设施设备,并进行经常性维护、保养和定期检测,保证设施设备的正常使用。维护、保养、检测应当作好记录,并由有关人员签字。

(三)装卸设备符合安全要求,易燃、易爆的危险货物装卸设备应当采取防爆措施,罐车装卸危险货物应当使用栈桥、鹤管等专用装卸设施,危险货物集装箱装卸作业应当使用集装箱专用装卸机械。

(四)法律、行政法规、有关标准和安全技术规范规定的其他要求。

第十条 运输单位应当按照《中华人民共和国安全生产法》《危险化学品安全管理条例》等国家有关法律、行政法规的规定,对本单位危险货物装卸、储存作业场所和设施等安全生产条件进行安全评价。新建、改建危险货物装卸、储存作业场所和设施;在既有作业场所增加办理危险货物品类,以及危险货物新品名、新包装和首次使用铁路罐车、集装箱、专用车辆装载危险货物,改变作业场所和设施安全生产条件的,应当及时进行安全评价。

法律、行政法规规定需要委托相关机构进行安全评价的,运输单位应当委托符合国家规定的机构进行。

第十一条 装载和运输危险货物的铁路车辆、集装箱和其他容器应当符合下列要求:

(一)制造、维修、检测、检验和使用、管理符合有关标准和规定;

(二)牢固、清晰地标明危险货物包装标志和警示标志;

(三)铁路罐车、罐式集装箱以及其他容器应当封口严密,安全附件设置准确、起闭灵活、状态完好,能够防止运输过程中因温度、湿度或者压力的变化发生渗漏、洒漏;

(四)压力容器应当符合国务院负责特种设备安全监督管理的部门关于移动式压力容器、气瓶等安全监管要求;

(五)法律、行政法规、有关标准和安全技术规范规定的其他要求。

第十二条 运输危险货物包装应当符合下列要求:

(一)包装物、容器、衬垫物的材质以及包装型式、规格、方法和单件质量(重量)，应当与所包装的危险货物的性质和用途相适应；

(二)包装能够抗御运输、储存和卸载过程中正常的冲击、振动、堆码和挤压，并便于装卸和搬运；

(三)所使用的包装物、容器，须按《中华人民共和国安全生产法》《中华人民共和国工业产品生产许可证管理条例》等国家有关规定，由专业生产单位生产，并经具有专业资质的检测、检验机构检测、检验合格；

(四)包装外表面应当牢固、清晰地标明危险货物包装标志和包装储运图示标志；

(五)法律、行政法规、有关标准和安全技术规范规定的其他要求。

第十三条 运输新品名、新包装或者改变包装，尚未明确安全运输条件的危险货物时，发送货物的铁路运输企业应当组织托运人、收货人和货物运输全程涉及的其他铁路运输企业共同商定安全运输条件，签订安全协议并组织试运，试运方案应当报所在地的地区铁路监督管理局。危险货物试运应当符合法律、行政法规、规章和有关标准的规定。

第三章 运输安全管理

第十四条 托运人应当按照铁路危险货物品名表确定危险货物的类别、项别、品名、铁危编号、包装等，遵守相关特殊规定要求。

需采取添加抑制剂或者稳定剂等特殊措施的危险货物，托运人应当采取相应措施，保证货物在运输过程中稳定，并将有关情况告知铁路运输企业。

第十五条 托运人应当在铁路运输企业公布办理相应品名的危险货物办理站办理危险货物托运手续。托运时，应当向铁路运输企业如实说明所托运危险货物的品名、数量(重量)、危险特性以及发生危险情况时的应急处置措施等。对国家规定实行许可管理、需凭证运输或者采取特殊措施的危险货物，托运人应当向铁路运输企业如实提交相关证明。不得将危险货物匿报或者谎报品名进行托运；不得在托运的普通货物中夹带危险货物，或者在危险货物中夹带禁止配装的货物。

托运人托运危险化学品的，还应当提交与托运的危险化学品相符的安全技术说明书，并在货物运输包装上粘贴或者涂打安全标签。

托运人托运危险废物的，应当主动向铁路运输企业告知托运的货物属于危险废物。运输时，还应当提交生态环境主管部门发放的电子或者纸质形式的危险废物转移联单。

第十六条 危险货物的运单应当载明危险货物的托运人、收货人，发送运输企业及发送站、装车场所，到达运输企业及到达站、卸车场所，货物名称、铁危编号、包装、装载数量(重量)、车种车号、箱型箱号、应急联系人及联系电话等信息。

运输单位应当妥善保存危险货物运单，保存期限不得少于 24 个月。

第十七条 托运人应当在危险货物运输期间保持应急联系电话畅通。

第十八条 铁路运输企业应当实行安全查验制度，对托运人身份进行查验，对承运的货物进行安全检查。不得在非危险货物办理站办理危险货物承运手续，不得承运未接受安全检查的货物，不得承运不符合安全规定、可能危害铁路运输安全的货物。

有下列情形之一的，铁路运输企业应当查验托运人提供的相关证明材料，并留存不少于 24 个月：

(一)国家对生产、经营、储存、使用等实行许可管理的危险货物；

(二)国家规定需要凭证运输的危险货物；

(三)需要添加抑制剂、稳定剂和采取其他特殊措施方可运输的危险货物；

(四)运输包装、容器列入国家生产许可证制度的工业产品目录的危险货物；

(五)法律、行政法规及国家规定的其他情形。

铁路运输企业应当告知托运人有关注意事项，并在网上受理页面、营业场所或者运输有关单据上明示违规托运的法律责任。

第十九条 运输单位应当建立托运人身份和运输货物登记制度，如实记录托运经办人身份信息和运输的危险货物品名及铁危编号、装载数量(重量)、发到站、作业地点、装运方式、车(箱)号、托运人、收货人、押运人等信息，并采取必要的安全防范措施，防止危险货物丢失或者被盗；发现爆炸品、易制爆危险化学品、剧毒化学品丢失或者被盗、被抢的，应当立即采取相应的警示措施和安全措施，按照《民用爆炸物品安全管理条例》《危险化学品安全管理条例》等国家有关规定及时报告。

第二十条 运输放射性物品时，托运人应当持有生产、销售、使用或者处置放射性物品的有效证明，配置必要的辐射监测设备、防护用品和防盗、防破坏设备。运输的放射性物品及其运输容器、运输车辆、辐射监测、安全保卫、应急响应、装卸作业、押运、职业卫生、人员培训、审查批准等应当符合《放射性物品运输安全管理条例》《放射性物品安全运输规程》等法律、行政法规和有关标准的要求。

托运时，托运人应当向铁路运输企业提交运输说明书、辐射监测报告、核与辐射事故应急响应指南、装卸作业方法、安全防护指南，铁路运输企业应当查验、收存。托运人提交文件不齐全的，铁路运输企业不得承运。托运人应当在运输中采取有效的辐射防护和安全保卫措施，对运输中的核与辐射安全负责。

第二十一条 铁路运输危险货物的储存方式、方法以及储存数量、隔离等应当符合规定。专用仓库、专用场地等应当由专人负责管理。运输单位应当按照《中华人民共和国安全生产法》《危险化学品安全管理条例》及国家其他有关规定建立重大危险源管理制度。剧毒化学品以及储存数量构成重大危险源的其他危险货物，应当单独存放，并实行双人收发、双人保管制度。

第二十二条 危险货物运输装载加固以及使用的铁路车辆、集装箱、其他容器、集装化用具、装载加固材料或者装置等应当符合有关标准和安全技术规范的要求。不得使用技术状态不良、未按规定检修（验）或者达到报废年限的设施设备，禁止超设计范围装运危险货物。

货物装车（箱）不得超载、偏载、偏重、集重。货物性质相抵触、消防方法不同、易造成污染的货物不得装载在同一铁路车辆、集装箱内。禁止将危险货物与普通货物在同一铁路车辆、集装箱内混装运输。

第二十三条 危险货物装卸作业应当遵守安全作业标准、规程和制度，并在装卸管理人员的现场指挥或者监控下进行。

第二十四条 运输危险货物时，托运人应当配备必要的押运人员和应急处理器材、设备和防护用品，并使危险货物始终处于押运人员监管之下。托运人应当负责对押运人员的培训教育。押运人员应当了解所押运货物的特性，熟悉应急处置措施，携带所需安全防护、消防、通讯、检测、维护等工具。

铁路运输企业应当告知托运人有关铁路运输安全规定，检查押运人员、备品、设施及押运工作情况，并为押运人员提供必要的工作、生活条件。

押运人员应当遵守铁路运输安全规定，检查押运的货物及其装载加固状态，按操作规程使用押运备品和设施。在途中发现异常情况时，及时采取可靠的应急处置措施，并向铁路运输企业报告。

第二十五条 铁路运输企业应当与办理危险货物运输的专用铁路、铁路专用线产权单位、管理单位和使用单位共同签订危险货物运输安全协议，明确各方的安全生产管理职责、作业内容及其安全保证措施等。

运输单位间应当按照约定的交接地点、方式、内容、条件和安全责任等办理危险货物交接。

第二十六条 危险货物车辆编组、调车等技术作业应当执行有关标准和管理办法。

运输危险货物的车辆途中停留时，应当远离客运列车及停留期间有乘降作业的客运站台等人员密集场所和设施，并采取安全防范措施。装运剧毒化学品、爆炸品、放射性物品和气体等危险货物的车辆途中停留时，铁路运输企业应当派人看守，押运人员应当加强看守。

第二十七条 装运过危险货物的车辆、集装箱，卸后应当清扫洗刷干净，确保不会对其他货物和作业人员造成污染、损害。洗刷废水、废物处理应当符合环保要求。

第二十八条 铁路运输企业应当按照《中华人民共和国反恐怖主义法》等的规定，通过定位系统对运营中的危险货物运输工具实行监控，对危险货物运输全程跟踪和实时查询，按照铁路监管部门的规定预留安全监管数据接口，并按时向铁路监管部门报送。

第二十九条 运输单位应当按照《中华人民共和国安全生产法》《中华人民共和国职业病防治法》《放射性物品运输安全管理条例》等关于劳动安全、职业卫生的规定，为从业人员配备符合国家标准或者行业标准的劳动防护用品等设施设备，建立从业人员职业健康监护档案，预防人身伤害。

第三十条 运输单位应当建立健全岗位安全责任、教育培训、安全检查、安全风险分级管控、隐患排查治理、安全投入保障、劳动保护、责任追究、应急管理等危险货物运输安全管理制度，完善危险货物包装、装卸、押运、运输等操作规程和标准化作业管理办法。

第三十一条 运输单位应当对本单位危险货物运输从业人员进行经常性安全、法制教育和岗位技术培训，经考核合格后方可上岗。开展危险货物运输岗位技术培训应当制定培训大纲，设置培训课程，明确培训具体内容、学时和考试要求并及时修订和更新。危险货物运输培训课程及教材、资料应当符合国家法律、行政法规、规章和有关标准的规定。

运输单位应当建立安全生产教育和培训档案，如实记录安全生产教育和培训的时间、内容、参加人员以及考核结果等情况，安全生产教育和培训记录应当保存36个月以上。

第三十二条 危险货物运输从业人员应当具备必要

的安全知识，熟悉有关的安全规章制度和安全操作规程，掌握本岗位的安全操作技能，知悉自身在安全方面的权利和义务，掌握所运输危险货物的危险特性及其运输工具、包装物、容器的使用要求和出现危险情况时的应急处置方法。

第三十三条 运输单位应当经常性开展危险货物运输安全隐患排查治理，隐患排查治理情况应当如实记录，重大事故隐患排查治理情况要向所在地的地区铁路监督管理局报告。

第三十四条 运输单位在法定假日和传统节日等运输高峰期或者恶劣气象条件下，以及国家重大活动期间，应当采取安全应急管理措施，加强铁路危险货物运输安全检查，确保运输安全。

在特定区域、特定时间，国务院有关主管部门或者省级人民政府决定对危险化学品、民用爆炸物品等危险货物铁路运输实施管制的，铁路运输企业应当予以配合。

第三十五条 运输单位应当针对本单位危险货物运输可能发生的事故特点和危害，制定铁路危险货物运输事故应急预案，并与相应层级、相关部门预案衔接。应急预案应当按照国家有关规定进行评审或者论证、公布，并至少每半年组织1次应急演练。铁路危险货物运输事故应急预案及应急演练情况应当报送所在地的地区铁路监督管理局。

运输单位应当按照《中华人民共和国安全生产法》《生产安全事故应急条例》等规定建立应急救援队伍或者配备应急救援人员；配备必要的应急救援器材、设备和物资，并进行经常性维护、保养，保证正常运转；建立应急值班制度，配备应急值班人员。

第三十六条 危险货物运输过程中发生燃烧、爆炸、环境污染、中毒或者被盗、丢失、泄漏等情况，押运人员和现场有关人员应当按照国家有关规定及时报告，并按照应急预案开展先期处置。运输单位负责人接到报告后，应当迅速采取有效措施，组织抢救，防止事故扩大，减少人员伤亡和财产损失，并报告所在地的地区铁路监督管理局及其有关部门，不得隐瞒不报、谎报或者迟报，不得故意破坏事故现场、毁灭有关证据。

第三十七条 铁路运输企业应当实时掌握本单位危险货物运输状况，并按要求向所在地的地区铁路监督管理局报告危险货物运量、办理站点、设施设备、安全等信息。

第四章 监督检查

第三十八条 铁路监管部门依法对运输单位执行有关危险货物运输安全的法律、行政法规、规章和标准的情况进行监督检查，重点监督检查下列内容：

（一）危险货物运输安全责任制、规章制度和操作规程的建立、完善情况；

（二）危险货物运输从业人员教育、培训及考核情况；

（三）保证本单位危险货物运输安全生产投入情况；

（四）危险货物运输安全风险分级管控和安全隐患排查治理情况；

（五）危险货物运输设施设备配置、使用、管理及检测、检验和安全评价情况；

（六）危险货物办理站信息公布情况；

（七）承运危险货物安全检查情况；

（八）危险货物运输作业环节安全管理情况；

（九）重大危险源安全管理措施落实情况；

（十）危险货物运输事故应急预案制定、应急救援设备和器材配置、应急救援演练等情况；

（十一）危险货物运输事故报告情况；

（十二）依法应当监督检查的其他情况。

第三十九条 铁路监管部门进行监督检查时，可以依法采取下列措施：

（一）进入铁路危险货物运输作业场所检查，调阅有关资料，向有关单位和人员了解情况；

（二）纠正或者要求限期改正危险货物运输安全违法违规行为；对依法应当给予行政处罚的行为，依照法律、行政法规、规章的规定作出行政处罚决定；

（三）责令立即排除危险货物运输事故隐患；重大事故隐患排除前或者排除过程中无法保证安全的，应当责令撤出危险区域内的作业人员，责令暂时停运或者停止使用相关设施、设备；

（四）责令立即停止使用不符合规定的设施、设备、装置、器材、运输工具等；

（五）依法查封或者扣押有根据认为不符合有关标准的设施、设备、器材，并作出处理决定；

（六）法律、行政法规规定的其他措施。

第四十条 铁路监管部门行政执法人员应当忠于职守、秉公执法，遵守执法规范；对监督检查过程中知悉的商业秘密负有保密义务。行政执法人员依法履行监督检查职责时，应当出示有效执法证件。

被监督检查单位和个人对铁路监管部门依法进行的监督检查应当予以配合，如实提供有关情况或者资料，不得拒绝、阻挠。

第四十一条 铁路监管部门应当建立健全危险货物

运输安全监督检查制度,加强行政执法人员危险货物运输安全知识培训,配备必要的安全检查装备,应用信息化手段和先进技术,不断提高监管水平。

铁路监管部门监督检查时,可以聘请熟悉铁路危险货物运输、化学化工、安全技术管理、应急救援等的专家和专业人员提供技术支撑。

第四十二条 任何单位和个人均有权向铁路监管部门举报危险货物运输违法违规行为。

铁路监管部门接到举报,应当及时依法处理;对不属于本部门职责的,应当及时移送有关部门处理。

第四十三条 铁路监管部门应当建立危险货物运输违法行为信息库,如实记录运输单位的违法行为信息,并将行政处罚信息依法纳入全国信用信息共享平台、国家企业信用信息公示系统。对无正当理由拒绝接受监督检查、故意隐瞒事实或者提供虚假材料以及受到行政处罚等违法情节严重的单位及其有关从业人员依法予以公开。

第五章 法律责任

第四十四条 违反本规定,《中华人民共和国安全生产法》《中华人民共和国反恐怖主义法》《铁路安全管理条例》《放射性物品运输安全管理条例》等法律、行政法规对其处罚有明确规定的,从其规定。

违反法律、行政法规规定运输危险货物,造成铁路交通事故或者其他事故的,依法追究相关单位及其主要负责人、工作人员的行政责任;涉嫌犯罪的,依法移送司法机关处理。

第四十五条 铁路运输企业违反本规定运输危险货物,有下列行为之一的,由所在地的地区铁路监督管理局责令限期改正,可以处 1 万元以下的罚款;逾期未改正的,处 1 万元以上 3 万元以下的罚款:

(一)违反规定在高速铁路、城际铁路等客运专线及旅客列车运输危险货物的;

(二)办理危险货物的车站名称、作业地点、办理品名及铁危编号、装运方式等信息未按规定公布,或者未向所在地的地区铁路监督管理局报送的;

(三)运输新品名、新包装或者改变包装、尚未明确安全运输条件的危险货物,未按照规定组织开展试运,或者试运方案未报所在地的地区铁路监督管理局的;

(四)未按照规定对危险货物车辆途中停留采取安全防范措施的;

(五)未告知托运人有关托运注意事项,或者未在网上受理页面、营业场所或者运输有关单据上明示违规托运的法律责任的;

(六)未按照规定向所在地的地区铁路监督管理局报告危险货物运量、办理站点、设施设备、安全等信息的。

第四十六条 托运人违反本规定运输危险货物,有下列行为之一的,由所在地的地区铁路监督管理局责令限期改正,可以处 1 万元以下的罚款;逾期未改正或者情节严重的,处 1 万元以上 3 万元以下的罚款:

(一)在不具备相应品名危险货物办理条件的车站、专用铁路、铁路专用线间发到危险货物的;

(二)托运危险货物未如实说明所托运的货物的危险特性、采取添加抑制剂或者稳定剂等特殊措施情况、发生危险情况时的应急处置措施,或者未按规定提交相关证明材料,或者提交虚假证明材料的;

(三)未准确确定危险货物的类别、项别、品名、铁危编号等的;

(四)押运人员未检查押运的货物及其装载加固状态,或者未按操作规程使用押运备品和设施,或者在途中发现异常情况时,未及时采取可靠的应急处置措施并向铁路运输企业报告的。

第四十七条 运输单位有下列行为之一的,由所在地的地区铁路监督管理局责令限期改正,可以处 1 万元以下的罚款;逾期未改正或者情节严重的,处 1 万元以上 3 万元以下的罚款:

(一)因未按规定进行安全评价导致未及时发现安全生产条件存在的问题,或者未及时对有关问题进行整改,仍进行危险货物运输的;

(二)危险货物的运单未按规定载明相关信息,或者未按规定期限保存的;

(三)未按规定签订危险货物运输安全协议,或者未按照约定的交接地点、方式、内容、条件和安全责任等办理危险货物交接的;

(四)使用技术状态不良、未按规定检修(验)或者达到报废年限的设施设备,或者超设计范围装运危险货物的;

(五)货物装车(箱)违反本规定要求的;

(六)装运过危险货物的车辆、集装箱,卸后未按规定清扫洗刷干净的。

第四十八条 铁路监管部门工作人员在铁路危险物运输监管工作中滥用职权、玩忽职守、徇私舞弊的,依法进行处理;构成犯罪的,依法追究刑事责任。

第六章 附 则

第四十九条 具有下列情形之一的物质或者物品,不属于本规定第二条规定的危险货物:

（一）根据铁路运输设备设施有关规定，作为铁路车辆或者集装箱的组成部分；

（二）根据铁路运输有关规定，对所运输货物进行监测或者应急处置的装置和器材。

第五十条 运输的危险货物有下列情形之一的，不受本规定的限制：

（一）运输时采取保证安全的措施，数量、包装、装载等符合相应技术条件，铁路危险货物品名表特殊规定不作为危险货物运输的；

（二）在紧急情况下，为保障国家安全和公共利益的需要，国家铁路局公布应急运输的危险货物。

第五十一条 军事运输危险货物依照国家有关规定办理。

第五十二条 本规定自2022年12月1日起施行。

(2) 货物运输管理

道路货物运输及站场管理规定

- 2005年6月16日交通部发布 根据2008年7月23日《交通运输部关于修改〈道路货物运输及站场管理规定〉的决定》第一次修正
- 根据2009年4月20日《交通运输部关于修改〈道路货物运输及站场管理规定〉的决定》第二次修正
- 根据2012年3月14日《交通运输部关于修改〈道路货物运输及站场管理规定〉的决定》第三次修正
- 根据2016年4月11日《交通运输部关于修改〈道路货物运输及站场管理规定〉的决定》第四次修正
- 根据2019年6月20日《交通运输部关于修改〈道路货物运输及站场管理规定〉的决定》第五次修正
- 根据2022年9月26日《交通运输部关于修改〈道路货物运输及站场管理规定〉的决定》第六次修正
- 根据2023年11月10日《交通运输部关于修改〈道路货物运输及站场管理规定〉的决定》第七次修正

第一章 总 则

第一条 为规范道路货物运输和道路货物运输站（场）经营活动，维护道路货物运输市场秩序，保障道路货物运输安全，保护道路货物运输和道路货物运输站（场）有关各方当事人的合法权益，根据《中华人民共和国道路运输条例》及有关法律、行政法规的规定，制定本规定。

第二条 从事道路货物运输经营和道路货物运输站（场）经营的，应当遵守本规定。

本规定所称道路货物运输经营，是指为社会提供公共服务、具有商业性质的道路货物运输活动。道路货物运输包括道路普通货运、道路货物专用运输、道路大型物件运输和道路危险货物运输。

本规定所称道路货物专用运输，是指使用集装箱、冷藏保鲜设备、罐式容器等专用车辆进行的货物运输。

本规定所称道路货物运输站（场）（以下简称货运站），是指以场地设施为依托，为社会提供有偿服务的具有仓储、保管、配载、信息服务、装卸、理货等功能的综合货运站（场）、零担货运站、集装箱中转站、物流中心等经营场所。

第三条 道路货物运输和货运站经营者应当依法经营，诚实信用，公平竞争。

道路货物运输管理应当公平、公正、公开和便民。

第四条 鼓励道路货物运输实行集约化、网络化经营。鼓励采用集装箱、封闭厢式车和多轴重型车运输。

第五条 交通运输部主管全国道路货物运输和货运站管理工作。

县级以上地方人民政府交通运输主管部门（以下简称交通运输主管部门）负责本行政区域的道路货物运输和货运站管理工作。

第二章 经营许可和备案

第六条 申请从事道路货物运输经营的，应当具备下列条件：

（一）有与其经营业务相适应并经检测合格的运输车辆：

1. 车辆技术要求应当符合《道路运输车辆技术管理规定》有关规定。

2. 车辆其他要求：

（1）从事大型物件运输经营的，应当具有与所运输大型物件相适应的超重型车组；

（2）从事冷藏保鲜、罐式容器等专用运输的，应当具有与运输货物相适应的专用容器、设备、设施，并固定在专用车辆上；

（3）从事集装箱运输的，车辆还应当有固定集装箱的转锁装置。

（二）有符合规定条件的驾驶人员：

1. 取得与驾驶车辆相应的机动车驾驶证；

2. 年龄不超过60周岁；

3. 经设区的市级交通运输主管部门对有关道路货物运输法规、机动车维修和货物及装载保管基本知识考试合格，并取得从业资格证（使用总质量4500千克及以下普通货运车辆的驾驶人员除外）。

（三）有健全的安全生产管理制度，包括安全生产责任制度、安全生产业务操作规程、安全生产监督检查制度、驾驶员和车辆安全生产管理制度等。

第七条 从事货运站经营的，应当具备下列条件：

（一）有与其经营规模相适应的货运站房、生产调度办公室、信息管理中心、仓库、仓储库棚、场地和道路等设施，并经有关部门组织的工程竣工验收合格；

（二）有与其经营规模相适应的安全、消防、装卸、通讯、计量等设备；

（三）有与其经营规模、经营类别相适应的管理人员和专业技术人员；

（四）有健全的业务操作规程和安全生产管理制度。

第八条 申请从事道路货物运输经营的，应当依法向市场监督管理部门办理有关登记手续后，向县级交通运输主管部门提出申请，并提供以下材料：

（一）《道路货物运输经营申请表》（见附件1）；

（二）负责人身份证明，经办人的身份证明和委托书；

（三）机动车辆行驶证、车辆技术等级评定结论复印件；拟投入运输车辆的承诺书，承诺书应当包括车辆数量、类型、技术性能、投入时间等内容；

（四）聘用或者拟聘用驾驶员的机动车驾驶证、从业资格证及其复印件；

（五）安全生产管理制度文本；

（六）法律、法规规定的其他材料。

第九条 从事货运站经营的，应当依法向市场监督管理部门办理有关登记手续后，最迟不晚于开始货运站经营活动的15日内，向所在地县级交通运输主管部门备案，并提供以下材料，保证材料真实、完整、有效：

（一）《道路货物运输站（场）经营备案表》（见附件2）；

（二）负责人身份证明，经办人的身份证明和委托书；

（三）经营货运站的土地、房屋的合法证明；

（四）货运站竣工验收证明；

（五）与业务相适应的专业人员和管理人员的身份证明、专业证书；

（六）业务操作规程和安全生产管理制度文本。

第十条 交通运输主管部门应当按照《中华人民共和国道路运输条例》《交通行政许可实施程序规定》和本规定规范的程序实施道路货物运输经营的行政许可。

第十一条 交通运输主管部门对道路货运经营申请予以受理的，应当自受理之日起20日内作出许可或者不予许可的决定。

第十二条 交通运输主管部门对符合法定条件的道路货物运输经营申请作出准予行政许可决定的，应当出具《道路货物运输经营行政许可决定书》（见附件3），明确许可事项。在10日内向被许可人颁发《道路运输经营许可证》，在《道路运输经营许可证》上注明经营范围。

对道路货物运输经营不予许可的，应当向申请人出具《不予交通行政许可决定书》。

第十三条 交通运输主管部门收到货运站经营备案材料后，对材料齐全且符合要求的，应当予以备案并编号归档；对材料不全或者不符合要求的，应当场或者自收到备案材料之日起5日内一次性书面通知备案人需要补充的全部内容。

交通运输主管部门应当向社会公布并及时更新已备案的货运站名单，便于社会查询和监督。

第十四条 被许可人应当按照承诺书的要求投入运输车辆。购置车辆或者已有车辆经交通运输主管部门核实并符合条件的，交通运输主管部门向投入运输的车辆配发《道路运输证》。

第十五条 使用总质量4500千克及以下普通货运车辆从事普通货运经营的，无需按照本规定申请取得《道路运输经营许可证》及《道路运输证》。

第十六条 道路货物运输经营者设立子公司的，应当向设立地的交通运输主管部门申请经营许可；设立分公司的，应当向设立地的交通运输主管部门报备。

第十七条 从事货运代理（代办）等货运相关服务的经营者，应当依法到市场监督管理部门办理有关登记手续，并持有关登记证件到设立地的交通运输主管部门备案。

第十八条 道路货物运输和货运站经营者需要终止经营的，应当在终止经营之日30日前告知原许可或者备案的交通运输主管部门，并按照规定办理有关注销手续。

第十九条 道路货物运输经营者变更许可事项、扩大经营范围的，按本章有关许可规定办理。

道路货物运输经营者变更名称、地址等，应当向作出原许可决定的交通运输主管部门备案。

货运站名称、经营场所等备案事项发生变化的，应当向原办理备案的交通运输主管部门办理备案变更。

第三章 货运经营管理

第二十条 道路货物运输经营者应当按照《道路运输经营许可证》核定的经营范围从事货物运输经营，不得转让、出租道路运输经营许可证件。

第二十一条 道路货物运输经营者应当对从业人员进行经常性的安全、职业道德教育和业务知识、操作规程培训。

第二十二条 道路货物运输经营者应当按照国家有关规定在其重型货运车辆、牵引车上安装、使用行驶记录仪,并采取有效措施,防止驾驶人员连续驾驶时间超过4个小时。

第二十三条 道路货物运输经营者应当要求其聘用的车辆驾驶员随车携带按照规定要求取得的《道路运输证》。

《道路运输证》不得转让、出租、涂改、伪造。

第二十四条 道路货物运输经营者应当聘用按照规定要求持有从业资格证的驾驶人员。

第二十五条 营运驾驶员应当按照规定驾驶与其从业资格类别相符的车辆。驾驶营运车辆时,应当随身携带按照规定要求取得的从业资格证。

第二十六条 运输的货物应当符合货运车辆核定的载质量,载物的长、宽、高不得违反装载要求。禁止货运车辆违反国家有关规定超限、超载运输。

禁止使用货运车辆运输旅客。

第二十七条 道路货物运输经营者运输大型物件,应当制定道路运输组织方案。涉及超限运输的应当按照交通运输部颁布的《超限运输车辆行驶公路管理规定》办理相应的审批手续。

第二十八条 从事大型物件运输的车辆,应当按照规定装置统一的标志和悬挂标志旗;夜间行驶和停车休息时应当设置标志灯。

第二十九条 道路货物运输经营者不得运输法律、行政法规禁止运输的货物。

道路货物运输经营者在受理法律、行政法规规定限运、凭证运输的货物时,应当查验并确认有关手续齐全有效后方可运输。

货物托运人应当按照有关法律、行政法规的规定办理限运、凭证运输手续。

第三十条 道路货物运输经营者不得采取不正当手段招揽货物、垄断货源。不得阻碍其他货运经营者开展正常的运输经营活动。

道路货物运输经营者应当采取有效措施,防止货物变质、腐烂、短少或者损失。

第三十一条 道路货物运输经营者和货物托运人应当按照《中华人民共和国民法典》的要求,订立道路货物运输合同。

鼓励道路货物运输经营者采用电子合同、电子运单等信息化技术,提升运输管理水平。

第三十二条 国家鼓励实行封闭式运输。道路货物运输经营者应当采取有效的措施,防止货物脱落、扬撒等情况发生。

第三十三条 道路货物运输经营者应当制定有关交通事故、自然灾害、公共卫生以及其他突发公共事件的道路运输应急预案。应急预案应当包括报告程序、应急指挥、应急车辆和设备的储备以及处置措施等内容。

第三十四条 发生交通事故、自然灾害、公共卫生以及其他突发公共事件,道路货物运输经营者应当服从县级以上人民政府或者有关部门的统一调度、指挥。

第三十五条 道路货物运输经营者应当严格遵守国家有关价格法律、法规和规章的规定,不得恶意压价竞争。

第四章 货运站经营管理

第三十六条 货运站经营者应当按照国家有关标准运营,不得随意改变货运站用途和服务功能。

第三十七条 货运站经营者应当依法加强安全管理,完善安全生产条件,健全和落实安全生产责任制。

货运站经营者应当对出站车辆进行安全检查,防止超载车辆或者未经安全检查的车辆出站,保证安全生产。

第三十八条 货运站经营者应当按照货物的性质、保管要求进行分类存放,保证货物完好无损,不得违规存放危险货物。

第三十九条 货物运输包装应当按国家规定的货物运输包装标准作业,包装物和包装技术、质量要符合运输要求。

第四十条 货运站经营者应当按照规定的业务操作规程进行货物的搬运装卸。搬运装卸作业应当轻装、轻卸,堆放整齐,防止混杂、撒漏、破损,严禁有毒、易污染物品与食品混装。

第四十一条 货运站经营者应当严格执行价格规定,在经营场所公布收费项目和收费标准。严禁乱收费。

第四十二条 进入货运站经营的经营业户及车辆,经营手续必须齐全。

货运站经营者应当公平对待使用货运站的道路货物运输经营者,禁止无证经营的车辆进站从事经营活动,无正当理由不得拒绝道路货物运输经营者进站从事经营活动。

第四十三条 货运站经营者不得垄断货源、抢装货物、扣押货物。

第四十四条 货运站要保持清洁卫生,各项服务标志醒目。

第四十五条 货运站经营者经营配载服务应当坚持自愿原则,提供的货源信息和运力信息应当真实、准确。

第四十六条 货运站经营者不得超限、超载配货,不得为无道路运输经营许可证或证照不全者提供服务;不得违反国家有关规定,为运输车辆装卸国家禁运、限运的物品。

第四十七条 货运站经营者应当制定有关突发公共事件的应急预案。应急预案应当包括报告程序、应急指挥、应急车辆和设备的储备以及处置措施等内容。

第四十八条 货运站经营者应当建立和完善各类台账和档案,并按要求报送有关信息。

第五章 监督检查

第四十九条 交通运输主管部门应当加强对道路货物运输经营和货运站经营活动的监督检查。

交通运输主管部门工作人员应当严格按照职责权限和法定程序进行监督检查。

第五十条 交通运输主管部门应当定期对配发《道路运输证》的货运车辆进行审验,每年审验一次。审验内容包括车辆技术等级评定情况、车辆结构及尺寸变动情况和违章记录等。

审验符合要求的,交通运输主管部门在《道路运输证》上做好审验记录;不符合要求的,应当责令限期改正或者办理变更手续。

第五十一条 交通运输主管部门及其工作人员应当重点在货运站、货物集散地对道路货物运输、货运站经营活动实施监督检查。此外,根据管理需要,可以在公路路口实施监督检查,但不得随意拦截正常行驶的道路运输车辆,不得双向拦截车辆进行检查。

第五十二条 交通运输主管部门的工作人员实施监督检查时,应当有2名以上人员参加,并向当事人出示行政执法证件。

第五十三条 交通运输主管部门的工作人员可以向被检查单位和个人了解情况,查阅和复制有关材料。但是,应当保守被调查单位和个人的商业秘密。

被监督检查的单位和个人应当接受交通运输主管部门及其工作人员依法实施的监督检查,如实提供有关情况或者资料。

第五十四条 交通运输主管部门的工作人员在货运站、货物集散地实施监督检查过程中,发现货运车辆有超载行为的,应当立即予以制止,装载符合标准后方可放行。

第五十五条 取得道路货物运输经营许可的道路货物运输经营者在许可的交通运输主管部门管辖区域外违法从事经营活动的,违法行为发生地的交通运输主管部门应当依法将当事人的违法事实、处罚结果记录到《道路运输证》上,并抄告作出道路运输经营许可的交通运输主管部门。

第五十六条 道路货物运输经营者违反本规定的,交通运输主管部门在作出行政处罚决定的过程中,可以按照《中华人民共和国行政处罚法》的规定将其违法证据先行登记保存。作出行政处罚决定后,道路货物运输经营者拒不履行的,作出行政处罚决定的交通运输主管部门可以将其拒不履行行政处罚决定的事实通知违法车辆车籍所在地交通运输主管部门,作为能否通过车辆年度审验和决定质量信誉考核结果的重要依据。

第五十七条 交通运输主管部门的工作人员在实施道路运输监督检查过程中,对没有《道路运输证》又无法当场提供其他有效证明的货运车辆可以予以暂扣,并出具《道路运输车辆暂扣凭证》(见附件4)。对暂扣车辆应当妥善保管,不得使用,不得收取或者变相收取保管费用。

违法当事人应当在暂扣凭证规定时间内到指定地点接受处理。逾期不接受处理的,交通运输主管部门可依法作出处罚决定,并将处罚决定书送达当事人。当事人无正当理由逾期不履行处罚决定的,交通运输主管部门可申请人民法院强制执行。

第五十八条 交通运输主管部门在实施道路运输监督检查过程中,发现取得道路货物运输经营许可的道路货物运输经营者不再具备开业要求的安全生产条件的,应当由原许可机关撤销原许可。

第五十九条 有下列行为之一的,由交通运输主管部门责令限期整改,整改不合格的,予以公示:

(一)没有按照国家有关规定在货运车辆上安装符合标准的具有行驶记录功能的卫星定位装置的;

(二)大型物件运输车辆不按规定悬挂、标明运输标志的;

(三)发生公共突发性事件,不接受当地政府统一调度安排的;

(四)因配载造成超限、超载的;

(五)运输没有限运证明物资的;

(六)未查验禁运、限运物资证明,配载禁运、限运物资的。

第六十条 交通运输主管部门应当将道路货物运输及货运站经营者和从业人员的违法行为记入信用记录,并依照有关法律、行政法规的规定予以公示。

第六章　法律责任

第六十一条　违反本规定,有下列行为之一的,由交通运输主管部门责令停止经营;违法所得超过1万元的,没收违法所得,处违法所得1倍以上5倍以下的罚款;没有违法所得或者违法所得不足1万元的,处3000元以上1万元以下的罚款,情节严重的,处1万元以上5万元以下的罚款;构成犯罪的,依法追究刑事责任:

(一)未按规定取得道路货物运输经营许可,擅自从事道路普通货物运输经营的;

(二)使用失效、伪造、变造、被注销等无效的道路运输经营许可证件从事道路普通货物运输经营的;

(三)超越许可的事项,从事道路普通货物运输经营的。

第六十二条　违反本规定,道路货物运输经营者非法转让、出租道路运输经营许可证件的,由交通运输主管部门责令停止违法行为,收缴有关证件,处2000元以上1万元以下的罚款;有违法所得的,没收违法所得。

第六十三条　违反本规定,取得道路货物运输经营许可的道路货物运输经营者使用无《道路运输证》的车辆参加普通货物运输的,由交通运输主管部门责令改正,处1000元以上3000元以下的罚款。

违反前款规定使用无《道路运输证》的车辆参加危险货物运输的,由交通运输主管部门责令改正,处3000元以上1万元以下的罚款。

第六十四条　违反本规定,道路货物运输经营者有下列情形之一的,由交通运输主管部门责令改正,处1000元以上3000元以下的罚款;情节严重的,由原许可机关吊销道路运输经营许可证或者吊销其相应的经营范围:

(一)强行招揽货物的;

(二)没有采取必要措施防止货物脱落、扬撒的。

第六十五条　从事货运站经营,未按规定进行备案的,由交通运输主管部门责令改正;拒不改正的,处5000元以上2万元以下的罚款。备案时提供虚假材料情节严重的,其直接负责的主管人员和其他直接责任人员5年内不得从事原备案的业务。

第六十六条　违反本规定,货运站经营者允许无证经营的车辆进站从事经营活动以及超载车辆、未经安全检查的车辆出站或者无正当理由拒绝道路运输车辆进站从事经营活动的,由交通运输主管部门责令改正,处3000元以上3万元以下的罚款。

第六十七条　违反本规定,货运站经营者擅自改变货运站的用途和服务功能,由交通运输主管部门责令改正;拒不改正的,处3000元的罚款;有违法所得的,没收违法所得。

第六十八条　交通运输主管部门的工作人员违反本规定,有下列情形之一的,依法给予相应的行政处分;构成犯罪的,依法追究刑事责任:

(一)不依照本规定规定的条件、程序和期限实施行政许可或者备案的;

(二)参与或者变相参与道路货物运输和货运站经营的;

(三)发现违法行为不及时查处的;

(四)违反规定拦截、检查正常行驶的道路运输车辆的;

(五)违法扣留运输车辆、《道路运输证》的;

(六)索取、收受他人财物,或者谋取其他利益的;

(七)其他违法行为。

第七章　附　则

第六十九条　道路货物运输经营者从事国际道路货物运输经营、危险货物运输活动,除一般行为规范适用本规定外,有关从业条件等特殊要求应当适用交通运输部制定的《国际道路运输管理规定》《道路危险货物运输管理规定》。

第七十条　交通运输主管部门依照规定发放道路货物运输经营许可证件和《道路运输证》,可以收取工本费。工本费的具体收费标准由省级人民政府财政、价格主管部门会同同级交通运输主管部门核定。

第七十一条　本规定自2005年8月1日起施行。交通部1993年5月19日发布的《道路货物运输业户开业技术经济条件(试行)》(交运发〔1993〕531号)、1996年12月2日发布的《道路零担货物运输管理办法》(交公路发〔1996〕1039号)、1997年5月22日发布的《道路货物运单使用和管理办法》(交通部令1997年第4号)、2001年4月5日发布的《道路货物运输企业经营资质管理规定(试行)》(交公路发〔2001〕154号)同时废止。

超限运输车辆行驶公路管理规定

· 2016年8月19日交通运输部发布
· 根据2021年8月11日交通运输部《关于修改〈超限运输车辆行驶公路管理规定〉的决定》修正

第一章　总　则

第一条　为加强超限运输车辆行驶公路管理,保障公路设施和人民生命财产安全,根据《公路法》《公路安全保护条例》等法律、行政法规,制定本规定。

第二条　超限运输车辆通过公路进行货物运输,应当遵守本规定。

第三条　本规定所称超限运输车辆,是指有下列情形之一的货物运输车辆:

（一）车货总高度从地面算起超过4米;

（二）车货总宽度超过2.55米;

（三）车货总长度超过18.1米;

（四）二轴货车,其车货总质量超过18000千克;

（五）三轴货车,其车货总质量超过25000千克;三轴汽车列车,其车货总质量超过27000千克;

（六）四轴货车,其车货总质量超过31000千克;四轴汽车列车,其车货总质量超过36000千克;

（七）五轴汽车列车,其车货总质量超过43000千克;

（八）六轴及六轴以上汽车列车,其车货总质量超过49000千克,其中牵引车驱动轴为单轴的,其车货总质量超过46000千克。

前款规定的限定标准的认定,还应当遵守下列要求:

（一）二轴组按照二个轴计算,三轴组按照三个轴计算;

（二）除驱动轴外,二轴组、三轴组以及半挂车和全挂车的车轴每侧轮胎按照双轮胎计算,若每轴每侧轮胎为单轮胎,限定标准减少3000千克,但安装符合国家有关标准的加宽轮胎的除外;

（三）车辆最大允许总质量不应超过各车轴最大允许轴荷之和;

（四）拖拉机、农用车、低速货车,以行驶证核定的总质量为限定标准;

（五）符合《汽车、挂车及汽车列车外廓尺寸、轴荷及质量限值》（GB1589）规定的冷藏车、汽车列车、安装空气悬架的车辆,以及专用作业车,不认定为超限运输车辆。

第四条　交通运输部负责全国超限运输车辆行驶公路的管理工作。

县级以上地方人民政府交通运输主管部门负责本行政区域内超限运输车辆行驶公路的管理工作。

公路管理机构具体承担超限运输车辆行驶公路的监督管理。

县级以上人民政府相关主管部门按照职责分工,依法负责或者参与、配合超限运输车辆行驶公路的监督管理。交通运输主管部门应当在本级人民政府统一领导下,与相关主管部门建立治理超限运输联动工作机制。

第五条　各级交通运输主管部门应当组织公路管理机构、道路运输管理机构建立相关管理信息系统,推行车辆超限管理信息系统、道路运政管理信息系统联网,实现数据交换与共享。

第二章　大件运输许可管理

第六条　载运不可解体物品的超限运输（以下称大件运输）车辆,应当依法办理有关许可手续,采取有效措施后,按照指定的时间、路线、速度行驶公路。未经许可,不得擅自行驶公路。

第七条　大件运输的托运人应当委托具有大型物件运输经营资质的道路运输经营者承运,并在运单上如实填写托运货物的名称、规格、重量等相关信息。

第八条　大件运输车辆行驶公路前,承运人应当按下列规定向公路管理机构申请公路超限运输许可:

（一）跨省、自治区、直辖市进行运输的,向起运地省级公路管理机构递交申请书,申请机关需要列明超限运输途经公路沿线各省级公路管理机构,由起运地省级公路管理机构统一受理并组织协调沿线各省级公路管理机构联合审批,必要时可由交通运输部统一组织协调处理;

（二）在省、自治区范围内跨设区的市进行运输,或者在直辖市范围内跨区、县进行运输的,向省级公路管理机构提出申请,由其受理并审批;

（三）在设区的市范围内跨区、县进行运输的,向该市级公路管理机构提出申请,由其受理并审批;

（四）在区、县范围内进行运输的,向该县级公路管理机构提出申请,由其受理并审批。

第九条　各级交通运输主管部门、公路管理机构应当利用信息化手段,建立公路超限运输许可管理平台,实行网上办理许可手续,并及时公开相关信息。

第十条　申请公路超限运输许可的,承运人应当提交下列材料:

（一）公路超限运输申请表,主要内容包括货物的名称、外廓尺寸和质量,车辆的厂牌型号、整备质量、轴数、轴距和轮胎数,载货时车货总体的外廓尺寸、总质量、各车轴轴荷,拟运输的起讫点、通行路线和行驶时间;

（二）承运人的道路运输经营许可证,经办人的身份证件和授权委托书;

（三）车辆行驶证或者临时行驶车号牌。

车货总高度从地面算起超过4.5米,或者总宽度超过3.75米,或者总长度超过28米,或者总质量超过100000千克,以及其他可能严重影响公路完好、安全、畅通情形的,还应当提交记录载货时车货总体外廓尺寸信息的轮廓图和护送方案。

护送方案应当包含护送车辆配置方案、护送人员配备方案、护送路线情况说明、护送操作细则、异常情况处理等相关内容。

第十一条 承运人提出的公路超限运输许可申请有下列情形之一的，公路管理机构不予受理：

（一）货物属于可分载物品的；

（二）承运人所持有的道路运输经营许可证记载的经营资质不包括大件运输的；

（三）承运人被依法限制申请公路超限运输许可未满限制期限的；

（四）法律、行政法规规定的其他情形。

载运单个不可解体物品的大件运输车辆，在不改变原超限情形的前提下，加装多个品种相同的不可解体物品的，视为载运不可解体物品。

第十二条 公路管理机构受理公路超限运输许可申请后，应当对承运人提交的申请材料进行审查。属于第十条第二款规定情形的，公路管理机构应当对车货总体外廓尺寸、总质量、轴荷等数据和护送方案进行核查，并征求同级公安机关交通管理部门意见。

属于统一受理、集中办理跨省、自治区、直辖市进行运输的，由起运地省级公路管理机构负责审查。

第十三条 公路管理机构审批公路超限运输申请，应当根据实际情况组织人员勘测通行路线。需要采取加固、改造措施的，承运人应当按照规定要求采取有效的加固、改造措施。公路管理机构应当对承运人提出的加固、改造措施方案进行审查，并组织验收。

承运人不具备加固、改造措施的条件和能力的，可以通过签订协议的方式，委托公路管理机构制定相应的加固、改造方案，由公路管理机构进行加固、改造，或者由公路管理机构通过市场化方式选择具有相应资质的单位进行加固、改造。

采取加固、改造措施所需的费用由承运人承担。相关收费标准应当公开、透明。

第十四条 采取加固、改造措施应当满足公路设施安全需要，并遵循下列原则：

（一）优先采取临时措施，便于实施、拆除和可回收利用；

（二）采取永久性或者半永久性措施，可以考虑与公路设施的技术改造同步实施；

（三）对公路设施采取加固、改造措施仍无法满足大件运输车辆通行的，可以考虑采取修建临时便桥或者便道的改造措施；

（四）有多条路线可供选择的，优先选取桥梁技术状况评定等级高和采取加固、改造措施所需费用低的路线通行；

（五）同一时期，不同的超限运输申请，涉及对同一公路设施采取加固、改造措施的，由各承运人按照公平、自愿的原则分担有关费用。

第十五条 公路管理机构应当在下列期限内作出行政许可决定：

（一）车货总高度从地面算起未超过4.2米、总宽度未超过3米、总长度未超过20米且车货总质量、轴荷未超过本规定第三条、第十七条规定标准的，自受理申请之日起2个工作日内作出，属于统一受理、集中办理跨省、自治区、直辖市大件运输的，办理的时间最长不得超过5个工作日；

（二）车货总高度从地面算起未超过4.5米、总宽度未超过3.75米、总长度未超过28米且总质量未超过100000千克的，属于本辖区内大件运输的，自受理申请之日起5个工作日内作出，属于统一受理、集中办理跨省、自治区、直辖市大件运输的，办理的时间最长不得超过10个工作日；

（三）车货总高度从地面算起超过4.5米，或者总宽度超过3.75米，或者总长度超过28米，或者总质量超过100000千克的，属于本辖区内大件运输的，自受理申请之日起15个工作日内作出，属于统一受理、集中办理跨省、自治区、直辖市大件运输的，办理的时间最长不得超过20个工作日。

采取加固、改造措施所需时间不计算在前款规定的期限内。

第十六条 受理跨省、自治区、直辖市公路超限运输申请后，起运地省级公路管理机构应当在2个工作日内向途经公路沿线各省级公路管理机构转送其受理的申请资料。

属于第十五条第一款第二项规定的情形的，途经公路沿线各省级公路管理机构应当在收到转送的申请材料起5个工作日内作出行政许可决定；属于第十五条第一款第三项规定的情形的，应当在收到转送的申请材料起15个工作日内作出行政许可决定，并向起运地省级公路管理机构反馈。需要采取加固、改造措施的，由相关省级公路管理机构按照本规定第十三条执行；上下游省、自治区、直辖市范围内路线或者行驶时间调整的，应当及时告知承运人和起运地省级公路管理机构，由起运地省级公路管理机构组织协调处理。

第十七条　有下列情形之一的,公路管理机构应当依法作出不予行政许可的决定：

（一）采用普通平板车运输,车辆单轴的平均轴荷超过10000千克或者最大轴荷超过13000千克的；

（二）采用多轴多轮液压平板车运输,车辆每轴线（一线两轴8轮胎）的平均轴荷超过18000千克或者最大轴荷超过20000千克的；

（三）承运人不履行加固、改造义务的；

（四）法律、行政法规规定的其他情形。

第十八条　公路管理机构批准公路超限运输申请的,根据大件运输的具体情况,指定行驶公路的时间、路线和速度,并颁发《超限运输车辆通行证》。其中,批准跨省、自治区、直辖市运输的,由起运地省级公路管理机构颁发。

《超限运输车辆通行证》的式样由交通运输部统一制定,各省级公路管理机构负责印制和管理。申请人可到许可窗口领取或者通过网上自助方式打印。

第十九条　同一大件运输车辆短期内多次通行固定路线,装载方式、装载物品相同,且不需要采取加固、改造措施的,承运人可以根据运输计划向公路管理机构申请办理行驶期限不超过6个月的《超限运输车辆通行证》。运输计划发生变化的,需按原许可机关的有关规定办理变更手续。

第二十条　经批准进行大件运输的车辆,行驶公路时应当遵守下列规定：

（一）采取有效措施固定货物,按照有关要求在车辆上悬挂明显标志,保证运输安全；

（二）按照指定的时间、路线和速度行驶；

（三）车货总质量超限的车辆通行公路桥梁,应当匀速居中行驶,避免在桥上制动、变速或者停驶；

（四）需要在公路上临时停车的,除遵守有关道路交通安全规定外,还应当在车辆周边设置警告标志,并采取相应的安全防范措施；需要较长时间停车或者遇有恶劣天气的,应当驶离公路,就近选择安全区域停靠；

（五）通行采取加固、改造措施的公路设施,承运人应当提前通知该公路设施的养护管理单位,由其加强现场管理和指导；

（六）因自然灾害或者其他不可预见因素而出现公路通行状况异常致使大件运输车辆无法继续行驶的,承运人应当服从现场管理并及时告知作出行政许可决定的公路管理机构,由其协调当地公路管理机构采取相关措施后继续行驶。

第二十一条　大件运输车辆应当随车携带有效的《超限运输车辆通行证》,主动接受公路管理机构的监督检查。

大件运输车辆及装载物品的有关情况应当与《超限运输车辆通行证》记载的内容一致。

任何单位和个人不得租借、转让《超限运输车辆通行证》,不得使用伪造、变造的《超限运输车辆通行证》。

第二十二条　对于本规定第十条第二款规定的大件运输车辆,承运人应当按照护送方案组织护送。

承运人无法采取护送措施的,可以委托作出行政许可决定的公路管理机构协调公路沿线的公路管理机构进行护送,并承担所需费用。护送收费标准由省级交通运输主管部门会同同级财政、价格主管部门按规定制定,并予以公示。

第二十三条　行驶过程中,护送车辆应当与大件运输车辆形成整体车队,并保持实时、畅通的通讯联系。

第二十四条　经批准的大件运输车辆途经实行计重收费的收费公路时,对其按照基本费率标准收取车辆通行费,但车辆及装载物品的有关情况与《超限运输车辆通行证》记载的内容不一致的除外。

第二十五条　公路管理机构应当加强与辖区内重大装备制造、运输企业的联系,了解其制造、运输计划,加强服务,为重大装备运输提供便利条件。

大件运输需求量大的地区,可以统筹考虑建设成本、运输需求等因素,适当提高通行路段的技术条件。

第二十六条　公路管理机构、公路经营企业应当按照有关规定,定期对公路、公路桥梁、公路隧道等设施进行检测和评定,并为社会公众查询其技术状况信息提供便利。

公路收费站应当按照有关要求设置超宽车道。

第三章　违法超限运输管理

第二十七条　载运可分载物品的超限运输（以下称违法超限运输）车辆,禁止行驶公路。

在公路上行驶的车辆,其车货总体的外廓尺寸或者总质量未超过本规定第三条规定的限定标准,但超过相关公路、公路桥梁、公路隧道限载、限高、限宽、限长标准的,不得在该公路、公路桥梁或者公路隧道行驶。

第二十八条　煤炭、钢材、水泥、砂石、商品车等货物集散地以及货运站等场所的经营人、管理人（以下统称货运源头单位）,应当在货物装运场（站）安装合格的检测设备,对出场（站）货运车辆进行检测,确保出场（站）货运车辆合法装载。

第二十九条　货运源头单位、道路运输企业应当加强对货运车辆驾驶人的教育和管理，督促其合法运输。

道路运输企业是防止违法超限运输的责任主体，应当按照有关规定加强对车辆装载及运行全过程监控，防止驾驶人违法超限运输。

任何单位和个人不得指使、强令货运车辆驾驶人违法超限运输。

第三十条　货运车辆驾驶人不得驾驶违法超限运输车辆。

第三十一条　道路运输管理机构应当加强对政府公布的重点货运源头单位的监督检查。通过巡查、技术监控等方式督促其落实监督车辆合法装载的责任，制止违法超限运输车辆出场(站)。

第三十二条　公路管理机构、道路运输管理机构应当建立执法联动工作机制，将违法超限运输行为纳入道路运输企业质量信誉考核和驾驶人诚信考核，实行违法超限运输"黑名单"管理制度，依法追究违法超限运输的货运车辆、车辆驾驶人、道路运输企业、货运源头单位的责任。

第三十三条　公路管理机构应当对货运车辆进行超限检测。超限检测可以采取固定站点检测、流动检测、技术监控等方式。

第三十四条　采取固定站点检测的，应当在经省级人民政府批准设置的公路超限检测站进行。

第三十五条　公路管理机构可以利用移动检测设备，开展流动检测。经流动检测认定的违法超限运输车辆，应当就近引导至公路超限检测站进行处理。

流动检测点远离公路超限检测站的，应当就近引导至县级以上地方交通运输主管部门指定并公布的执法站所、停车场、卸载场等具有停放车辆及卸载条件的地点或者场所进行处理。

第三十六条　经检测认定违法超限运输的，公路管理机构应当责令当事人自行采取卸载等措施，消除违法状态；当事人自行消除违法状态确有困难的，可以委托第三人或公路管理机构协助消除违法状态。

属于载运不可解体物品，在接受调查处理完毕后，需要继续行驶公路的，应当依法申请公路超限运输许可。

第三十七条　公路管理机构对车辆进行超限检测，不得收取检测费用。对依法扣留或者停放接受调查处理的超限运输车辆，不得收取停车保管费用。由公路管理机构协助卸载、分装或者保管卸载货物的，超过保管期限经通知当事人仍不领取的，可以按照有关规定处理。

第三十八条　公路管理机构应当使用经国家有关部门检定合格的检测设备对车辆进行超限检测；未定期检定或者检定不合格的，其检测数据不得作为执法依据。

第三十九条　收费高速公路入口应当按照规定设置检测设备，对货运车辆进行检测，不得放行违法超限运输车辆驶入高速公路。其他收费公路实行计重收费的，利用检测设备发现违法超限运输车辆时，有权拒绝其通行。收费公路经营管理者应当将违法超限运输车辆及时报告公路管理机构或者公安机关交通管理部门依法处理。

公路管理机构有权查阅和调取公路收费站车辆称重数据、照片、视频监控等有关资料。

第四十条　公路管理机构应当根据保护公路的需要，在货物运输主通道、重要桥梁入口处等普通公路以及开放式高速公路的重要路段和节点，设置车辆检测等技术监控设备，依法查处违法超限运输行为。

第四十一条　新建、改建公路时，应当按照规划，将超限检测站点、车辆检测等技术监控设备作为公路附属设施一并列入工程预算，与公路主体工程同步设计、同步建设、同步验收运行。

第四章　法律责任

第四十二条　违反本规定，依照《公路法》《公路安全保护条例》《道路运输条例》和本规定予以处理。

第四十三条　车辆违法超限运输的，由公路管理机构根据违法行为的性质、情节和危害程度，按下列规定给予处罚：

（一）车货总高度从地面算起未超过4.2米、总宽度未超过3米且总长度未超过20米的，可以处200元以下罚款；车货总高度从地面算起未超过4.5米、总宽度未超过3.75米且总长度未超过28米的，处200元以上1000元以下罚款；车货总高度从地面算起超过4.5米、总宽度超过3.75米或者总长度超过28米的，处1000元以上3000元以下的罚款；

（二）车货总质量超过本规定第三条第一款第四项至第八项规定的限定标准，但未超过1000千克的，予以警告；超过1000千克的，每超1000千克罚款500元，最高不得超过30000元。

有前款所列多项违法行为的，相应违法行为的罚款数额应当累计，但累计罚款数额最高不得超过30000元。

第四十四条　公路管理机构在违法超限运输案件处理完毕后7个工作日内，应当将与案件相关的下列信息通过车辆超限管理信息系统抄告车籍所在地道路运输管理机构：

（一）车辆的号牌号码、车型、车辆所属企业、道路运输证号信息；

（二）驾驶人的姓名、驾驶人从业资格证编号、驾驶人所属企业信息；

（三）货运源头单位、货物装载单信息；

（四）行政处罚决定书信息；

（五）与案件相关的其他资料信息。

第四十五条 公路管理机构在监督检查中发现违法超限运输车辆不符合《汽车、挂车及汽车列车外廓尺寸、轴荷及质量限值》（GB1589），或者与行驶证记载的登记内容不符的，应当予以记录，定期抄告车籍所在地的公安机关交通管理部门等单位。

第四十六条 对1年内违法超限运输超过3次的货运车辆和驾驶人，以及违法超限运输的货运车辆超过本单位货运车辆总数10%的道路运输企业，由道路运输管理机构依照《公路安全保护条例》第六十六条予以处理。

前款规定的违法超限运输记录累计计算周期，从初次领取《道路运输证》、道路运输从业人员从业资格证、道路运输经营许可证之日算起，可跨自然年度。

第四十七条 大件运输车辆有下列情形之一的，视为违法超限运输：

（一）未经许可擅自行驶公路的；

（二）车辆及装载物品的有关情况与《超限运输车辆通行证》记载的内容不一致的；

（三）未按许可的时间、路线、速度行驶公路的；

（四）未按许可的护送方案采取护送措施的。

第四十八条 承运人隐瞒有关情况或者提供虚假材料申请公路超限运输许可的，除依法给予处理外，并在1年内不准申请公路超限运输许可。

第四十九条 违反本规定，指使、强令车辆驾驶人超限运输货物的，由道路运输管理机构责令改正，处30000元以下罚款。

第五十条 违法行为地或者车籍所在地公路管理机构可以依照相关法律行政法规的规定利用技术监控设备记录资料，对违法超限运输车辆依法给予处罚，并提供适当方式，供社会公众查询违法超限运输记录。

第五十一条 公路管理机构、道路运输管理机构工作人员有玩忽职守、徇私舞弊、滥用职权的，依法给予行政处分；涉嫌犯罪的，移送司法机关依法查处。

第五十二条 对违法超限运输车辆行驶公路现象严重，造成公路桥梁垮塌等重大安全事故，或者公路受损严重、通行能力明显下降的，交通运输部、省级交通运输主管部门可以按照职责权限，在1年内停止审批该地区申报的地方性公路工程建设项目。

第五十三条 相关单位和个人拒绝、阻碍公路管理机构、道路运输管理机构工作人员依法执行职务，构成违反治安管理行为的，由公安机关依法给予治安管理处罚；构成犯罪的，依法追究刑事责任。

第五章 附 则

第五十四条 因军事和国防科研需要，载运保密物品的大件运输车辆确需行驶公路的，参照本规定执行；国家另有规定的，从其规定。

第五十五条 本规定自2016年9月21日起施行。原交通部发布的《超限运输车辆行驶公路管理规定》（交通部令2000年第2号）同时废止。

智能快件箱寄递服务管理办法

· 2019年6月20日交通运输部令2019年第16号公布
· 自2019年10月1日起施行

第一条 为了维护快递市场秩序，保护用户合法权益，加强寄递安全管理，规范和便利智能快件箱寄递服务，根据《中华人民共和国邮政法》《快递暂行条例》等法律、行政法规，制定本办法。

第二条 智能快件箱寄递服务的提供、使用等活动及对其实施监督管理，适用本办法。

本办法所称智能快件箱，是指提供快件收寄、投递服务的智能末端服务设施，不包括自助存取非寄递物品的设施、设备。

第三条 国务院邮政管理部门和省、自治区、直辖市邮政管理机构以及省级以下邮政管理机构（以下统称邮政管理部门）依法对智能快件箱寄递服务实施监督管理。

第四条 提供智能快件箱寄递服务，应当保护用户合法权益，切实保障寄递安全。

邮政管理部门实施监督管理，应当遵循公开、公平、公正以及鼓励竞争、促进发展的原则。

第五条 支持将智能快件箱纳入公共服务设施相关规划和便民服务、民生工程等项目，在住宅小区、高等院校、商业中心、交通枢纽等区域布局智能快件箱。

第六条 运营智能快件箱提供寄递服务的企业（以下简称智能快件箱运营企业）和使用智能快件箱提供寄递服务的企业（以下简称智能快件箱使用企业）应当具备与快件收寄、投递业务相适应的服务能力。

智能快件箱运营企业、智能快件箱使用企业符合快递业务经营许可条件的，可以按照有关规定申请快递业务经营许可。

第七条　智能快件箱运营企业应当自智能快件箱提供寄递服务之日起20日内，向智能快件箱所在地省级以下邮政管理机构为智能快件箱办理快递末端网点备案。

第八条　智能快件箱运营企业应当在箱体外表显著位置标明该智能快件箱的名称、地址等基本情况；智能快件箱有编号的，应当标明编号。

第九条　智能快件箱具备接收交寄物品功能的，智能快件箱运营企业应当为实名收寄提供技术条件和技术服务；智能快件箱具备投递快件功能的，智能快件箱运营企业应当为收件人验收、拒收快件提供技术条件。

智能快件箱运营企业应当保存交寄、收寄、投递、领取和拒收退件等操作记录；通过智能快件箱查验寄件人身份的，应当保存查验结果。

鼓励智能快件箱运营企业设置快件包装回收装置和设施，提供快件包装回收服务。

第十条　智能快件箱运营企业应当安装监控设备，监控交寄、收寄、投递、领取等操作的全过程和智能快件箱周围环境。

第十一条　智能快件箱运营企业收寄快件的，应当告知寄件人相关保价规则和保险服务项目，并通过智能快件箱提醒寄件人阅读快递服务合同条款、遵守禁止寄递和限制寄递物品的有关规定。

第十二条　智能快件箱运营企业应当保证智能快件箱正常使用，对其已投入运营的智能快件箱进行维护，及时处理异常情况。

智能快件箱运营企业应当采取有效技术措施保障数据安全，维护数据采集、存储、处理、传输等正常运行。发生或者可能发生服务异常、中断等情况的，智能快件箱运营企业应当立即采取补救措施，并告知智能快件箱使用企业。

第十三条　智能快件箱运营企业应当依法保护用户的信息安全，防止信息泄露、毁损、丢失。除法律另有规定外，未经用户同意，不得向任何组织或者个人提供用户使用智能快件箱寄递服务的信息。

第十四条　智能快件箱运营企业撤除已备案的智能快件箱的，按照快递末端网点撤销备案的规定办理。

第十五条　智能快件箱运营企业、智能快件箱使用企业为不同主体的，应当书面明确各方在服务人员管理、快件寄递、注意事项通知、数据管理、快件安全、信息安全、纠纷处理等方面的责任。

智能快件箱运营企业与智能快件箱使用企业中止合作的，应当协商并采取措施保护用户的合法权益。

第十六条　智能快件箱运营企业不得向智能快件箱使用企业以外的组织或者个人授予使用智能快件箱收寄或者投递快件的权限。

智能快件箱使用企业及其分支机构应当准确记录向快递从业人员分配智能快件箱使用权限的情况并及时更新。

第十七条　智能快件箱使用企业应当建立智能快件箱使用管理制度，明确收寄验视、实名收寄等操作规范，以及服务时限、服务质量、安全保障等事项。

第十八条　寄件人使用智能快件箱交寄快件的，应当依法如实提供寄递详情单信息，接受身份查验；通过查验后，将未封装的交寄物品放至智能快件箱的箱体内。

第十九条　有下列情形之一的，智能快件箱运营企业不得开放智能快件箱接收交寄物品的功能：

（一）监控设备未运行或者被遮挡的；

（二）交寄物品、交寄行为被遮挡的；

（三）国家规定涉及安全保障的其他情形。

第二十条　智能快件箱使用企业取出寄件人使用智能快件箱交寄的物品时，应当比对交寄记录，确认无误后，依法当场验视并封装。

智能快件箱使用企业委托智能快件箱运营企业查验寄件人身份、登记寄件人身份信息和交寄物品信息的，不免除智能快件箱使用企业实名收寄的义务。

智能快件箱使用企业应当对通过智能快件箱收寄的快件作出标识，并重点进行安全检查。

第二十一条　有下列情形之一的，智能快件箱使用企业不得收寄，当场将交寄物品退回至智能快件箱，并告知智能快件箱运营企业：

（一）交寄物品与交寄信息不一致的；

（二）寄件人身份未经查验或者未登记身份信息的；

（三）国家规定涉及安全保障的其他情形。

第二十二条　智能快件箱使用企业使用智能快件箱投递快件，应当征得收件人同意；收件人不同意使用智能快件箱投递快件的，智能快件箱使用企业应当按照快递服务合同约定的名址提供投递服务。寄件人交寄物品时指定智能快件箱作为投递地址的除外。

第二十三条　快件出现外包装明显破损、重量与寄递详情单记载明显不符等情况的，智能快件箱使用企业不得使用智能快件箱投递。

寄递详情单注明快件内件物品为生鲜产品、贵重物品的，智能快件箱使用企业不得使用智能快件箱投递，与寄件人另有约定的除外。

第二十四条 智能快件箱使用企业按照约定将快件放至智能快件箱的，应当及时通知收件人取出快件，告知收件人智能快件箱名称、地址、快件保管期限等信息。

智能快件箱使用企业委托智能快件箱运营企业通知收件人取出快件的，不免除前款规定的智能快件箱使用企业的义务。

第二十五条 智能快件箱运营企业应当合理设置快件保管期限，保管期限内不得向收件人收费。

第二十六条 快件延误、损毁、内件短少的，收件人可以当场拒绝签收，并按照智能快件箱运营企业的提示将快件退回智能快件箱。

第二十七条 智能快件箱使用企业使用智能快件箱提供寄递服务过程中，发现禁止寄递或者限制寄递物品的，应当依法处理。

第二十八条 邮政管理部门应当使用信息技术加强对智能快件箱运营企业经营活动的日常监督检查，可以依法要求智能快件箱运营企业报告以下经营情况：

（一）智能快件箱布放位置、数量；

（二）智能快件箱寄递快件数量、种类；

（三）智能快件箱寄递服务操作记录、监控信息；

（四）邮政管理部门要求报送的其他信息。

对邮政管理部门依法进行的监督检查，智能快件箱运营企业应当予以协助、配合，不得拒绝、阻挠。

第二十九条 智能快件箱运营企业未按照本办法第七条规定向邮政管理部门备案的，由邮政管理部门依照《快递暂行条例》第四十条第二款的规定予以处罚。

第三十条 智能快件箱运营企业未按照本办法第八条规定标明智能快件箱有关信息的，由邮政管理部门责令改正；逾期未改正的，处 5000 元以上 1 万元以下的罚款。

智能快件箱运营企业未按照本办法第九条第二款规定保存操作记录、查验结果的，由邮政管理部门责令改正，可以处 5000 元以上 1 万元以下的罚款。

第三十一条 智能快件箱运营企业违反本办法第十六条第一款规定向智能快件箱使用企业以外的组织或者个人授予使用权限的，邮政管理部门可以处 5000 元以上 1 万元以下的罚款；情节严重的，处 1 万元以上 3 万元以下的罚款。

第三十二条 智能快件箱运营企业违反本办法第十九条规定开放智能快件箱接收交寄物品功能的，邮政管理部门可以处 5000 元以上 3 万元以下的罚款。

第三十三条 交寄物品与交寄信息不一致，智能快件箱使用企业仍予收寄的，邮政管理部门可以处 5000 元以上 3 万元以下的罚款。

第三十四条 运营、使用智能末端服务设施提供邮政普遍服务的，参照本办法执行；法律、法规、规章及强制性标准对邮政普遍服务另有规定的，从其规定。

第三十五条 本办法自 2019 年 10 月 1 日起施行。

国务院办公厅转发交通运输部等部门关于加快道路货运行业转型升级促进高质量发展意见的通知

·2019 年 4 月 21 日
·国办发〔2019〕16 号

交通运输部、发展改革委、教育部、工业和信息化部、公安部、财政部、人力资源社会保障部、生态环境部、住房城乡建设部、应急部、税务总局、市场监管总局、全国总工会《关于加快道路货运行业转型升级促进高质量发展的意见》已经国务院同意，现转发给你们，请认真贯彻执行。

关于加快道路货运行业转型升级促进高质量发展的意见

为深入贯彻落实党中央、国务院决策部署，加快道路货运行业转型升级，切实改善市场环境，促进行业健康稳定发展，现提出以下意见：

一、总体要求

以习近平新时代中国特色社会主义思想为指导，全面贯彻党的十九大和十九届二中、三中全会精神，牢固树立和贯彻落实新发展理念，以供给侧结构性改革为主线，坚持远近结合、标本兼治、改革引领、创新驱动、综合治理，加快建设安全稳定、经济高效、绿色低碳的道路货运服务体系，促进道路货运行业高质量发展。

二、深化货运领域"放管服"改革

（一）持续推进货运领域简政放权。进一步推动普通货车跨省异地安全技术检验、尾气排放检验和综合性能检测有关要求严格落实。2019 年实现普通货运车辆年度审验网上办理。（交通运输部、公安部、市场监管总局、生态环境部负责）优化道路货运企业登记注册、经营许可办理手续及流程，推广互联网物流平台企业代开增值税专用发票政策，进一步规范港口涉及道路货运的经营服务性收费，不得违规加收任何价外费用。（交通运输部、市场监管总局、税务总局负责）

（二）改革危险货物道路运输管理制度。加快制定危险货物道路运输安全管理办法，研究改革完善危险货物道路运输押运员管理制度。加快修订常压液体危险货物运输罐车罐体相关国家标准，明确罐体介质兼容要求。（交通运输部、公安部、工业和信息化部、生态环境部、应急部、市场监管总局负责）

（三）便利货运车辆通行。进一步完善城市交通运输部门配送运力需求管理与公安交通管理部门车辆通行管控的联动机制，优化车辆通行管控，对符合标准的新能源城市配送车辆给予通行便利，除特殊区域外，对纯电动轻型货车原则上不得限行。（各省级人民政府、交通运输部、公安部负责）鼓励货运车辆电子道路运输证和ETC卡"两卡合一"，加快推广货车不停车收费。（交通运输部负责）

三、推动新旧动能接续转换

（四）加快运输组织模式创新。深入推进多式联运示范工程、城乡交通运输一体化示范工程、城市绿色货运配送示范工程，推广应用先进运输组织模式。指导行业协会、企业联盟研究推广挂车互换标准协议，创新普通货车租赁、挂车共享、长途接驳甩挂、集装单元化等新模式。（交通运输部、发展改革委负责）

（五）推进规模化、集约化发展。以冷链物流、零担货运、无车承运等为重点，加快培育道路货运龙头骨干示范企业，引导小微货运企业开展联盟合作，鼓励提供优质干线运力服务的大车队模式创新发展。已经取得道路运输经营许可的普通货运企业设立分支机构、增设经营网点无需再办理报备手续。（交通运输部负责）

（六）鼓励规范"互联网+"新业态发展。大力发展无车承运人等道路货运新业态，支持道路货运企业加强信息系统建设，提高线上线下一体化服务能力。（交通运输部、发展改革委、工业和信息化部负责）加快制定出台网络平台道路货物运输经营管理办法，建立货运信用信息共享交换联动机制，规范"互联网+"车货匹配平台经营活动，依法查处平台企业排除和限制竞争、损害货车司机合法权益等垄断行为。（市场监管总局、发展改革委、交通运输部、工业和信息化部、税务总局负责）

四、加快车辆装备升级改造

（七）积极稳妥淘汰老旧柴油货车。开展常压液体危险货物运输罐车专项治理。鼓励各地制定营运柴油货车和燃气车辆提前淘汰更新目标及实施计划，对提前淘汰中重型柴油货车、高耗低效非标准汽车列车及罐车等老旧柴油货车的，给予适当补助。研究对重点区域提前淘汰老旧柴油货车给予支持。（交通运输部、公安部、生态环境部、工业和信息化部、财政部、应急部、市场监管总局、各省级人民政府负责）

（八）推广应用先进货运车型。全面推广高速公路差异化收费，鼓励发展符合国家标准的中置轴汽车列车、厢式半挂车。积极推进货运车型标准化，加快推动城市建成区轻型物流配送车辆使用新能源或清洁能源汽车，鼓励物流园区、产业园、配送中心等地集中规划建设专用充电设施。（交通运输部、公安部、工业和信息化部、住房城乡建设部负责）

（九）加强货车超限超载治理。严格执行全国统一的超限超载认定标准和超限检测站联合执法工作流程，杜绝重复罚款、只罚款不卸载等行为，明确并公布各区域超限检测站点的联合执法模式，严格落实"一超四罚"。在普通公路超限检测站全面安装电子抓拍系统，建立健全依法打击冲关闯卡违法行为长效机制和应急管控措施，加快推进车辆信息、执法信息共享。将规范治超执法纳入地方政府年度考核目标，加强执法监督考核，拓宽投诉举报渠道。（交通运输部、公安部、工业和信息化部、各省级人民政府负责）

五、改善货运市场从业环境

（十）加强从业人员职业教育培训。推进落实普通货运驾驶员线上线下及异地从业考试，2019年实现普通货运驾驶员从业资格证诚信考核网上办理。实行差异化道路货运驾驶员继续教育制度，鼓励道路货运企业组织开展货车司机继续教育，支持地方为转岗货车司机提供再就业培训。按照相关规定支持道路货运企业推行新型学徒制。（交通运输部、人力资源社会保障部、教育部负责）

（十一）切实维护货车司机权益。道路货运企业要依法与其雇佣的货车司机签订劳动合同并缴纳社会保险费，完善职工代表大会制度和工会组织，保障货车司机劳动权益。（人力资源社会保障部、交通运输部、全国总工会负责）引导道路货运企业、货车司机建立互帮互助机制。鼓励各地加大政策支持力度，加快建设一批功能实用、经济实惠、服务便捷的"司机之家"。指导货主企业、道路货运企业合理制定运输方案，保障货车司机充分休息。（交通运输部、全国总工会负责）

六、提升货运市场治理能力

（十二）依法打击车匪路霸。部署全国公安机关严厉打击车匪路霸，重点加强高速公路服务区、国省道沿线停车场等区域治安管理，严厉打击黑恶势力收取"保护费"和偷盗车辆燃油及货物等违法行为。指导各地高速公路服务区经营管理单位完善停车广场照明设施、公共

场所监控设施等配置,为货车司机创造更加安全的工作环境。(中央政法委、公安部、交通运输部负责)

(十三)推进分类分级管理。建立货运企业分类分级监管体系,推进道路货运企业及其车辆、驾驶人的交通违法、安全事故等相关信息跨部门共享,加大对违法失信经营主体的惩戒和定向监管力度,实现"一处违法、处处受限",情节严重的淘汰退出道路货运市场。(交通运输部、公安部、发展改革委、市场监管总局负责)

(十四)加强运行动态监测。利用大数据等信息化手段提高道路货运市场运行监测分析能力。指导行业协会、科研机构等加强市场运行监测,定期向社会公告道路货运市场供需状况等信息,及时引导、合理调控市场运力,实现供求基本平衡。(交通运输部、发展改革委、市场监管总局负责)

交通运输部办公厅、公安部办公厅、市场监管总局办公厅关于进一步落实道路货运车辆检验检测改革政策有关工作的通知

- 2018年9月30日
- 交办运〔2018〕125号

各省、自治区、直辖市、新疆生产建设兵团交通运输厅(局、委)、公安厅(局)、质量技术监督局(市场监督管理部门):

按照国务院关于推进物流降本增效促进实体经济发展的部署要求,交通运输部、公安部、质监总局联合印发了《关于加快推进道路货运车辆检验检测改革工作的通知》(交运发〔2017〕207号),部署开展道路货运车辆年检(安全技术检验)和年审(综合性能检测)依法合并工作。目前,各地货运车辆年检和年审合并改革政策(以下简称"两检合一"政策)落地实施取得初步成效,但仍存在部分地区贯彻改革政策缓慢、落实不到位,部分货运车辆检验检测机构落实政策不积极、不彻底等问题。为确保"两检合一"政策不折不扣落实到位,经交通运输部、公安部、市场监管总局同意,现就有关事项通知如下:

一、限时推进"两检合一"式检验检测机构实现"一次上线、一次检测、一次收费"

加快推进道路货运车辆"两检合一"改革,2018年10月15日前,具备安检、综检"两检合一"资质条件的检验检测机构(即同一企业法人,同时具备安检、综检两项资质认定)必须全面实现"一次上线、一次检测、一次收费"。省级交通运输、公安、质监主管部门要进一步完善落实举措,明确责任部门、责任人员和工作标准,迅速开展联合行动,逐地逐站落实,确保"两检合一"目标如期实现。

二、公开货运车辆"两检合一"检验检测机构名单

2018年10月10日前,省级交通运输、公安、质监主管部门要通过政府部门网站、微信公众账号、新闻报刊等途径向社会公布本省份具备安检、综检"两检合一"资质的货运车辆检验检测机构名录、联系电话及经营地址,为广大车主就近检车提供便利。要加大社会宣传力度,阐明政策要求,积极引导广大货车车主选择到"两检合一"式的检验检测机构进行检验检测,便于实现"一次上线、一次检测、一次收费",减少检验检测排队等候时间,切实减轻经营负担。

三、逐站签署"两检合一"改革政策落地承诺书

2018年10月10日前,各直辖市及地市级交通运输、公安、质监部门联合与辖区内货运车辆检验检测机构逐站签订《贯彻落实道路货运车辆"两检合一"改革政策承诺书》(式样见附件)。对于具备安检、综检"两检合一"资质的检验检测机构,要承诺开展一站式检验检测服务,优化检验检测内部流程,实现车主检车"排一次队、上一次线、交一次费",不得重复收费。2018年10月15日前,各地市级交通运输、公安、质监部门要将本地区检验检测机构承诺书签订情况向省级三厅局报备,确保实现本省份检验检测机构全覆盖。

对于未如期落实改革承诺事项以及不落实改革政策的货车检验检测机构,各直辖市及地市级交通运输、公安、质监部门要联合约谈,督促整改;拒不整改的,质监部门暂停其检验检测资质,公安、交通运输部门暂停采信其检验检测报告。

四、全面实施货车车主"交钥匙工程"

各省级交通运输、公安、质监主管部门要迅速采取行动,2018年10月15日前,对同时具备安检、综检"两检合一"资质的检验检测机构全面实施车主"交钥匙工程",优化货车检验检测服务流程,全面实现"一次上线、一次检测、一次收费"。

检验检测机构"交钥匙工程"落实到位的具体要求是:车主到"两检合一"式检验检测机构后,只排一次队、只交一次费,全部货车安检、综检检验检测事宜由检验检测机构工作人员一次性办结(车辆可以在不同车间、检验检测设施设备间转换,由工作人员统一负责),同时取得安检、综检两份检验检测报告,对同一检测项目不得重复收费。

五、加大检验检测改革政策落实情况的监督考核

各地交通运输、公安、质监部门要督促检验检测机构

公开检验检测项目、收费标准，并签署承诺事项，在办事大厅、等候区域等场所悬挂标语、设置展板，宣传改革政策，公示合并的检验检测项目，主动接受监督。

省级交通运输、公安、质监主管部门要联合组织开展改革政策落实情况明察暗访，建立"两检合一"政策落实举报制度。收到政策不落实、歪曲政策、顶风作案等举报线索，要迅速调查、严肃处理、公开曝光，确保改革政策真落地、不反弹。交通运输部、公安部、质监总局将视情对各地政策落实情况进行监督检查，对于工作不力的省份，三部局将组织联合约谈，并通报所在地省级人民政府。

六、严格规范检验检测机构管理

对于已取得资质认定证书的安检、综检机构，凡符合有关技术标准的，有关地方公安、交通运输部门应及时与其联网；各级管理部门不得以任何理由限制检验检测机构与其联网。2018年12月31日前，确保实现15个以上省份实现省内综检联网和异地年审。2019年12月底前，全面实现货运车辆综检全国联网和通检。

禁止指定或变相指定货运车辆检验检测机构。各省级交通运输、公安、质监主管部门要公开监督电话，发现指定检验检测机构、破坏市场公平竞争秩序等问题的，一律严肃处理并公开通报；对于有关部门人员违反廉洁纪律、滥用职权、干扰市场的，依法依规追究相关人员责任。

各省级交通运输、公安、质监主管部门要切实提高政治站位，强化责任担当，形成部门合力，紧盯政策落实。要按照规定时限要求，明确责任部门，制定细化落实方案，认真部署落实，确保按期保质保量完成"两检合一"政策落地工作。2019年6月底前，各省级交通运输、公安、质监主管部门应于每月底前将改革进展情况分别报送交通运输部、公安部、市场监管总局。

附件：贯彻落实道路货运车辆"两检合一"改革政策承诺书（式样）（略）

道路普通货物运输车辆网上年度审验工作规范

· 2022年3月22日
· 交办运〔2022〕18号

第一条 为规范道路普通货物运输车辆（以下简称普通货运车辆）网上年度审验（以下简称网上年审）业务办理工作，根据《道路运输车辆技术管理规定》《道路货物运输及站场管理规定》《道路运输车辆动态监督管理办法》及相关规定，制定本规范。

第二条 本规范适用于普通货运车辆（不含总质量4.5吨及以下从事道路普通货运经营的普通货运车辆）网上年审工作。

第三条 网上年审应坚持依法依规、便民利民、程序公开、服务高效的原则。网上年审与原有车籍所在地窗口年审效力等同。鼓励道路货物运输经营者通过网上办理普通货运车辆年审。

第四条 网上年审不改变普通货运车辆审验机关、审验内容与责任主体。

开展道路运输车辆检验检测业务的机构对所出具的道路运输车辆检验检测报告、车辆技术等级评定结论负责，审验机关对审验结果负责。

第五条 车籍所在地交通运输主管部门为车辆网上年审的审验机关，审验内容如下：

（一）对于总质量4.5吨（不含）以上、12吨（不含）以下普通货运车辆，审验内容为车辆技术等级评定情况、车辆结构及尺寸变动情况、车辆违章记录情况。

（二）对于总质量12吨及以上普通货运车辆、半挂牵引车，审验内容为车辆技术等级评定情况、车辆结构及尺寸变动情况、按规定使用符合标准的具有行驶记录功能的卫星定位装置并接入全国道路货运车辆公共监管与服务平台情况、车辆违章记录情况。

（三）对于挂车，审验内容为行驶证是否在检验有效期内。

第六条 道路货物运输经营者可通过全国互联网道路运输便民政务服务系统办理普通货运车辆网上年审业务。

道路货物运输经营者在非车籍所在地窗口办理网上年审业务的，窗口办事人员应协助办理。

第七条 道路货物运输经营者按照本规范第五条要求提交相应车辆年审材料，相关材料由全国互联网道路运输便民政务服务系统共享给车籍所在地道路运政管理信息系统。

总质量12吨及以上普通货运车辆、半挂牵引车按规定使用符合标准的具有行驶记录功能的卫星定位装置并接入全国道路货运车辆公共监管与服务平台情况、车辆技术等级评定情况等能够自动归集的信息，无需重复提交。

道路货物运输经营者对所提交材料的真实性、有效性与合法性负责。

第八条 鼓励开展道路运输车辆检验检测业务的机构协助道路货物运输经营者办理网上年审。

第九条 审验机关收到网上年审材料起3个工作日内，通过本省道路运政管理信息系统对车辆年审材料完成审验。

车辆结构及尺寸变动情况、车辆技术等级评定情况以车籍所在地省级道路运输车辆检验检测信息系统共享给道路运政管理信息系统的车辆技术等级评定结论为依据。

总质量12吨及以上普通货运车辆、半挂牵引车使用符合标准的具有行驶记录功能的卫星定位装置并接入全国道路货运车辆公共监管与服务平台情况，以全国道路货运车辆公共监管与服务平台共享给全国互联网道路运输便民政务服务系统的数据信息为依据。

车辆违章记录情况以车籍所在地道路运政管理信息系统和交通综合执法系统的记录为依据。

第十条 对于道路运输经营者逾期办理网上年审业务的，审验机关本着便利道路货物运输经营者的原则遵照有关规定执行。

第十一条 审验机关通过全国互联网道路运输便民政务服务系统告知道路货物运输经营者年审结果，也可通过短信推送方式告知。

审验符合要求的，道路货物运输经营者可通过全国互联网道路运输便民政务服务系统下载《普通货运车辆网上年审凭证》（参考样式见附件1）并留存。电子印章（参考样式见附件1）标注在《普通货运车辆网上年审凭证》上，由审验机关加盖。

审验不符合要求的，审验机关应将不符合审验要求的具体事项告知道路货物运输经营者。道路货物运输经营者可通过全国互联网道路运输便民政务服务系统补充提交车辆年审材料。

第十二条 鼓励具备条件的省份优化审验程序，通过信息化手段实现车辆年审材料的自动判断和审验结果的自动告知。

第十三条 交通运输主管部门可通过扫描《普通货运车辆网上年审凭证》中的二维码对车辆年审情况进行核查，道路货物运输经营者或者驾驶员出示《普通货运车辆网上年审凭证》予以配合。

交通运输主管部门可通过全国互联网道路运输便民政务服务系统查验车辆年审结果。

第十四条 车籍所在地省份已开通网上年审服务系统的也可通过本省系统办理。

第十五条 本规范由交通运输部运输服务司负责解释。

第十六条 本规范自2022年5月1日起施行。

附件： 1. 普通货运车辆网上年审凭证
2. 普通货运车辆网上年审流程

附件1

普通货运车辆网上年审凭证

年审凭证编号：

车辆号牌：

车辆识别代号/VIN：

道路运输证号：

技术等级评定结论：

审验有效期至　　　年　　　月

二维码

XX省（市、县）普通货运车籍
（　）级
审验专用章

监督电话：12328

附件2

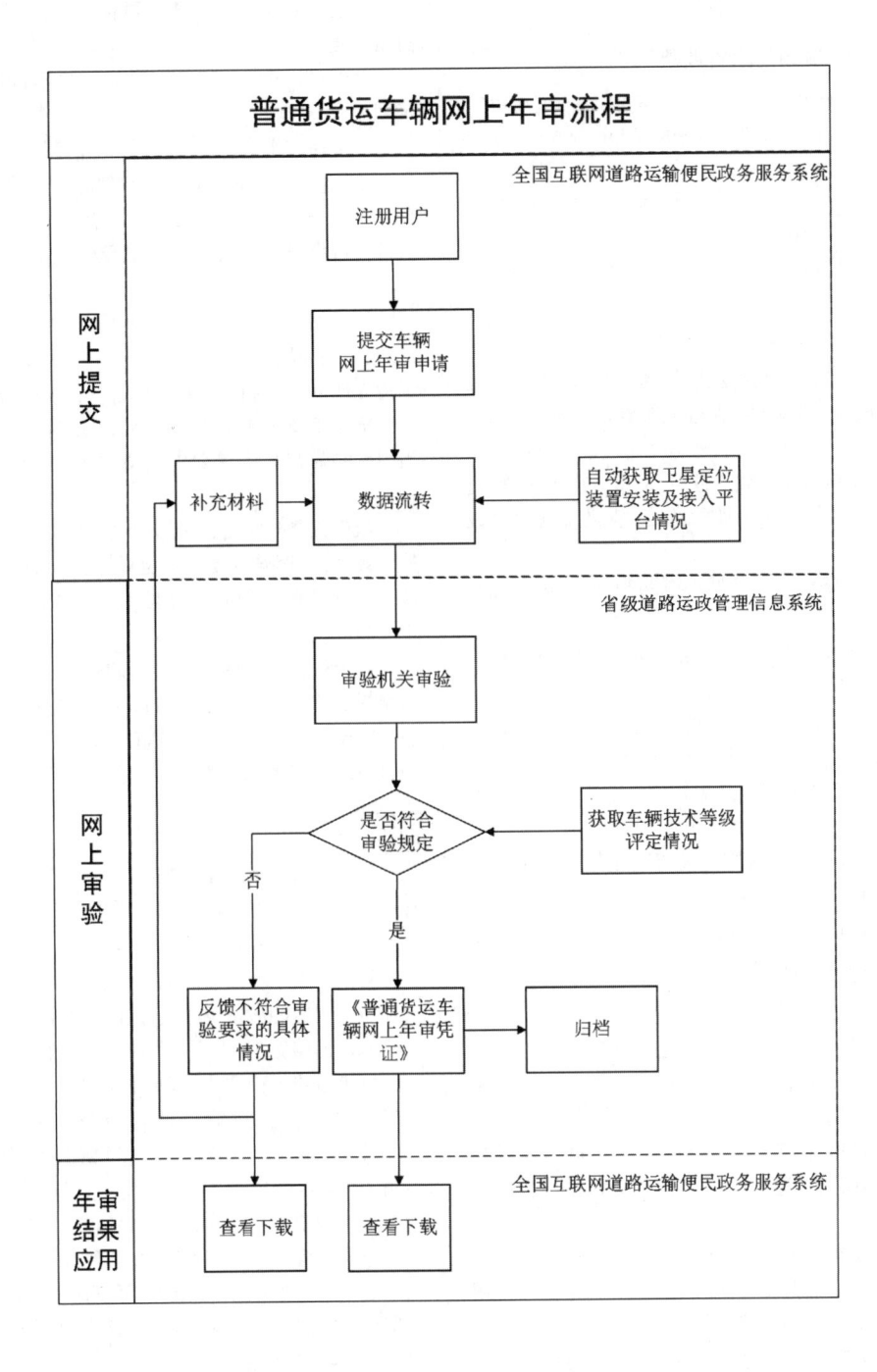

普通货运车辆网上年审流程

网上提交（全国互联网道路运输便民政务服务系统）

注册用户 → 提交车辆网上年审申请 → 数据流转（← 补充材料；← 自动获取卫星定位装置安装及接入平台情况）

网上审验（省级道路运政管理信息系统）

数据流转 → 审验机关审验 → 是否符合审验规定（← 获取车辆技术等级评定情况）

- 否 → 反馈不符合审验要求的具体情况 → 补充材料
- 是 → 《普通货运车辆网上年审凭证》 → 归档

年审结果应用（全国互联网道路运输便民政务服务系统）

查看下载　　查看下载

4. 道路管理

城市道路管理条例

- 1996年6月4日中华人民共和国国务院令第198号发布
- 根据2011年1月8日《国务院关于废止和修改部分行政法规的决定》第一次修订
- 根据2017年3月1日《国务院关于修改和废止部分行政法规的决定》第二次修订
- 根据2019年3月24日《国务院关于修改部分行政法规的决定》第三次修订

第一章 总 则

第一条 为了加强城市道路管理,保障城市道路完好,充分发挥城市道路功能,促进城市经济和社会发展,制定本条例。

第二条 本条例所称城市道路,是指城市供车辆、行人通行的,具备一定技术条件的道路、桥梁及其附属设施。

第三条 本条例适用于城市道路规划、建设、养护、维修和路政管理。

第四条 城市道路管理实行统一规划、配套建设、协调发展和建设、养护、管理并重的原则。

第五条 国家鼓励和支持城市道路科学技术研究,推广先进技术,提高城市道路管理的科学技术水平。

第六条 国务院建设行政主管部门主管全国城市道路管理工作。

省、自治区人民政府城市建设行政主管部门主管本行政区域内的城市道路管理工作。

县级以上城市人民政府市政工程行政主管部门主管本行政区域内的城市道路管理工作。

第二章 规划和建设

第七条 县级以上城市人民政府应当组织市政工程、城市规划、公安交通等部门,根据城市总体规划编制城市道路发展规划。

市政工程行政主管部门应当根据城市道路发展规划,制定城市道路年度建设计划,经城市人民政府批准后实施。

第八条 城市道路建设资金可以按照国家有关规定,采取政府投资、集资、国内外贷款、国有土地有偿使用收入、发行债券等多种渠道筹集。

第九条 城市道路的建设应当符合城市道路技术规范。

第十条 政府投资建设城市道路的,应当根据城市道路发展规划和年度建设计划,由市政工程行政主管部门组织建设。

单位投资建设城市道路的,应当符合城市道路发展规划。

城市住宅小区、开发区内的道路建设,应当分别纳入住宅小区、开发区的开发建设计划配套建设。

第十一条 国家鼓励国内外企业和其他组织以及个人按照城市道路发展规划,投资建设城市道路。

第十二条 城市供水、排水、燃气、热力、供电、通信、消防等依附于城市道路的各种管线、杆线等设施的建设计划,应当与城市道路发展规划和年度建设计划相协调,坚持先地下、后地上的施工原则,与城市道路同步建设。

第十三条 新建的城市道路与铁路干线相交的,应当根据需要在城市规划中预留立体交通设施的建设位置。

城市道路与铁路相交的道口建设应当符合国家有关技术规范,并根据需要逐步建设立体交通设施。建设立体交通设施所需投资,按照国家规定由有关部门协商确定。

第十四条 建设跨越江河的桥梁和隧道,应当符合国家规定的防洪、通航标准和其他有关技术规范。

第十五条 县级以上城市人民政府应当有计划地按照城市道路技术规范改建、拓宽城市道路和公路的结合部,公路行政主管部门可以按照国家有关规定在资金上给予补助。

第十六条 承担城市道路设计、施工的单位,应当具有相应的资质等级,并按照资质等级承担相应的城市道路的设计、施工任务。

第十七条 城市道路的设计、施工,应当严格执行国家和地方规定的城市道路设计、施工的技术规范。

城市道路施工,实行工程质量监督制度。

城市道路工程竣工,经验收合格后,方可交付使用;未经验收或者验收不合格的,不得交付使用。

第十八条 城市道路实行工程质量保修制度。城市道路的保修期为1年,自交付使用之日起计算。保修期内出现工程质量问题,由有关责任单位负责保修。

第十九条 市政工程行政主管部门对利用贷款或者集资建设的大型桥梁、隧道等,可以在一定期限内向过往车辆(军用车辆除外)收取通行费,用于偿还贷款或者集资款,不得挪作他用。

收取通行费的范围和期限,由省、自治区、直辖市人民政府规定。

第三章 养护和维修

第二十条 市政工程行政主管部门对其组织建设和管理的城市道路,按照城市道路的等级、数量及养护和维修的定额,逐年核定养护、维修经费,统一安排养护、维修资金。

第二十一条 承担城市道路养护、维修的单位,应当严格执行城市道路养护、维修的技术规范,定期对城市道路进行养护、维修,确保养护、维修工程的质量。

市政工程行政主管部门负责对养护、维修工程的质量进行监督检查,保障城市道路完好。

第二十二条 市政工程行政主管部门组织建设和管理的道路,由其委托的城市道路养护、维修单位负责养护、维修。单位投资建设和管理的道路,由投资建设的单位或者其委托的单位负责养护、维修。城市住宅小区、开发区内的道路,由建设单位或者其委托的单位负责养护、维修。

第二十三条 设在城市道路上的各类管线的检查井、箱盖或者城市道路附属设施,应当符合城市道路养护规范。因缺损影响交通和安全时,有关产权单位应当及时补缺或者修复。

第二十四条 城市道路的养护、维修工程应当按照规定的期限修复竣工,并在养护、维修工程施工现场设置明显标志和安全防围设施,保障行人和交通车辆安全。

第二十五条 城市道路养护、维修的专用车辆应当使用统一标志;执行任务时,在保证交通安全畅通的情况下,不受行驶路线和行驶方向的限制。

第四章 路政管理

第二十六条 市政工程行政主管部门执行路政管理的人员执行公务,应当按照有关规定佩戴标志,持证上岗。

第二十七条 城市道路范围内禁止下列行为:

(一)擅自占用或者挖掘城市道路;

(二)履带车、铁轮车或者超重、超高、超长车辆擅自在城市道路上行驶;

(三)机动车在桥梁或者非指定的城市道路上试刹车;

(四)擅自在城市道路上建设建筑物、构筑物;

(五)在桥梁上架设压力在4公斤/平方厘米(0.4兆帕)以上的煤气管道、10千伏以上的高压电力线和其他易燃易爆管线;

(六)擅自在桥梁或者路灯设施上设置广告牌或者其他挂浮物;

(七)其他损害、侵占城市道路的行为。

第二十八条 履带车、铁轮车或者超重、超高、超长车辆需要在城市道路上行驶的,事先须征得市政工程行政主管部门同意,并按照公安交通管理部门指定的时间、路线行驶。

军用车辆执行任务需要在城市道路上行驶的,可以不受前款限制,但是应当按照规定采取安全保护措施。

第二十九条 依附于城市道路建设各种管线、杆线等设施的,应当经市政工程行政主管部门批准,方可建设。

第三十条 未经市政工程行政主管部门和公安交通管理部门批准,任何单位或者个人不得占用或者挖掘城市道路。

第三十一条 因特殊情况需要临时占用城市道路的,须经市政工程行政主管部门和公安交通管理部门批准,方可按照规定占用。

经批准临时占用城市道路的,不得损坏城市道路;占用期满后,应当及时清理占用现场,恢复城市道路原状;损坏城市道路的,应当修复或者给予赔偿。

第三十二条 城市人民政府应当严格控制占用城市道路作为集贸市场。

第三十三条 因工程建设需要挖掘城市道路的,应当提交城市规划部门批准签发的文件和有关设计文件,经市政工程行政主管部门和公安交通管理部门批准,方可按照规定挖掘。

新建、扩建、改建的城市道路交付使用后5年内、大修的城市道路竣工后3年内不得挖掘;因特殊情况需要挖掘的,须经县级以上城市人民政府批准。

第三十四条 埋设在城市道路下的管线发生故障需要紧急抢修的,可以先行破路抢修,并同时通知市政工程行政主管部门和公安交通管理部门,在24小时内按照规定补办批准手续。

第三十五条 经批准挖掘城市道路的,应当在施工现场设置明显标志和安全防围设施;竣工后,应当及时清理现场,通知市政工程行政主管部门检查验收。

第三十六条 经批准占用或者挖掘城市道路的,应当按照批准的位置、面积、期限占用或者挖掘。需要移动位置、扩大面积、延长时间的,应当提前办理变更审批手续。

第三十七条 占用或者挖掘由市政工程行政主管部门管理的城市道路的,应当向市政工程行政主管部门交纳城市道路占用费或者城市道路挖掘修复费。

城市道路占用费的收费标准,由省、自治区人民政府的建设行政主管部门、直辖市人民政府的市政工程行政主管部门拟订,报同级财政、物价主管部门核定;城市道路挖掘修复费的收费标准,由省、自治区人民政府的建设行政主管部门、直辖市人民政府的市政工程行政主管部门制定,报同级财政、物价主管部门备案。

第三十八条 根据城市建设或者其他特殊需要,市政工程行政主管部门可以对临时占用城市道路的单位或者个人决定缩小占用面积、缩短占用时间或者停止占用,并根据具体情况退还部分城市道路占用费。

第五章 罚 则

第三十九条 违反本条例的规定,有下列行为之一的,由市政工程行政主管部门责令停止设计、施工,限期改正,可以并处 3 万元以下的罚款;已经取得设计、施工资格证书,情节严重的,提请原发证机关吊销设计、施工资格证书:

(一)未取得设计、施工资格或者未按照资质等级承担城市道路的设计、施工任务的;

(二)未按照城市道路设计、施工技术规范设计、施工的;

(三)未按照设计图纸施工或者擅自修改图纸的。

第四十条 违反本条例第十七条规定,擅自使用未经验收或者验收不合格的城市道路的,由市政工程行政主管部门责令限期改正,给予警告,可以并处工程造价 2%以下的罚款。

第四十一条 承担城市道路养护、维修的单位违反本条例的规定,未定期对城市道路进行养护、维修或者未按照规定的期限修复竣工,并拒绝接受市政工程行政主管部门监督、检查的,由市政工程行政主管部门责令限期改正,给予警告;对负有直接责任的主管人员和其他直接责任人员,依法给予行政处分。

第四十二条 违反本条例第二十七条规定,或者有下列行为之一的,由市政工程行政主管部门或者其他有关部门责令限期改正,可以处以 2 万元以下的罚款;造成损失的,应当依法承担赔偿责任:

(一)未对设在城市道路上的各种管线的检查井、箱盖或者城市道路附属设施的缺损及时补缺或者修复的;

(二)未在城市道路施工现场设置明显标志和安全防围设施的;

(三)占用城市道路期满或者挖掘城市道路后,不及时清理现场的;

(四)依附于城市道路建设各种管线、杆线等设施,不按照规定办理批准手续的;

(五)紧急抢修埋设在城市道路下的管线,不按照规定补办批准手续的;

(六)未按照批准的位置、面积、期限占用或者挖掘城市道路,或者需要移动位置、扩大面积、延长时间,未提前办理变更审批手续的。

第四十三条 违反本条例,构成犯罪的,由司法机关依法追究刑事责任;尚不构成犯罪,应当给予治安管理处罚的,依照治安管理处罚法的规定给予处罚。

第四十四条 市政工程行政主管部门人员玩忽职守、滥用职权、徇私舞弊,构成犯罪的,依法追究刑事责任;尚不构成犯罪的,依法给予行政处分。

第六章 附 则

第四十五条 本条例自 1996 年 10 月 1 日起施行。

收费公路管理条例

· 2004 年 8 月 18 日国务院第 61 次常务会议通过
· 2004 年 9 月 13 日中华人民共和国国务院令第 417 号公布
· 自 2004 年 11 月 1 日起施行

第一章 总 则

第一条 为了加强对收费公路的管理,规范公路收费行为,维护收费公路的经营管理者和使用者的合法权益,促进公路事业的发展,根据《中华人民共和国公路法》(以下简称公路法),制定本条例。

第二条 本条例所称收费公路,是指符合公路法和本条例规定,经批准依法收取车辆通行费的公路(含桥梁和隧道)。

第三条 各级人民政府应当采取积极措施,支持、促进公路事业的发展。公路发展应当坚持非收费公路为主,适当发展收费公路。

第四条 全部由政府投资或者社会组织、个人捐资建设的公路,不得收取车辆通行费。

第五条 任何单位或者个人不得违反公路法和本条例的规定,在公路上设站(卡)收取车辆通行费。

第六条 对在公路上非法设立收费站(卡)收取车辆通行费的,任何单位和个人都有权拒绝交纳。

任何单位或者个人对在公路上非法设立收费站(卡)、非法收取或者使用车辆通行费、非法转让收费公路权益或者非法延长收费期限等行为,都有权向交通、价格、财政等部门举报。收到举报的部门应当按照职责分工依法及时查处;无权查处的,应当及时移送有权查处的部门。受理的部门必须自收到举报或者移送材料之日起10日内进行查处。

第七条 收费公路的经营管理者,经依法批准有权向通行收费公路的车辆收取车辆通行费。

军队车辆、武警部队车辆,公安机关在辖区内收费公路上处理交通事故、执行正常巡逻任务和处置突发事件的统一标志的制式警车,以及经国务院交通主管部门或者省、自治区、直辖市人民政府批准执行抢险救灾任务的车辆,免交车辆通行费。

进行跨区作业的联合收割机、运输联合收割机(包括插秧机)的车辆,免交车辆通行费。联合收割机不得在高速公路上通行。

第八条 任何单位或者个人不得以任何形式非法干预收费公路的经营管理,挤占、挪用收费公路经营管理者依法收取的车辆通行费。

第二章 收费公路建设和收费站的设置

第九条 建设收费公路,应当符合国家和省、自治区、直辖市公路发展规划,符合本条例规定的收费公路的技术等级和规模。

第十条 县级以上地方人民政府交通主管部门利用贷款或者向企业、个人有偿集资建设的公路(以下简称政府还贷公路),国内外经济组织投资建设或者依照公路法的规定受让政府还贷公路收费权的公路(以下简称经营性公路),经依法批准后,方可收取车辆通行费。

第十一条 建设和管理政府还贷公路,应当按照政事分开的原则,依法设立专门的不以营利为目的的法人组织。

省、自治区、直辖市人民政府交通主管部门对本行政区域内的政府还贷公路,可以实行统一管理、统一贷款、统一还款。

经营性公路建设项目应当向社会公布,采用招标投标方式选择投资者。

经营性公路由依法成立的公路企业法人建设、经营和管理。

第十二条 收费公路收费站的设置,由省、自治区、直辖市人民政府按照下列规定审查批准:

(一)高速公路以及其他封闭式的收费公路,除两端出入口外,不得在主线上设置收费站。但是,省、自治区、直辖市之间确需设置收费站的除外。

(二)非封闭式的收费公路的同一主线上,相邻收费站的间距不得少于50公里。

第十三条 高速公路以及其他封闭式的收费公路,应当实行计算机联网收费,减少收费站点,提高通行效率。联网收费的具体办法由国务院交通主管部门会同国务院有关部门制定。

第十四条 收费公路的收费期限,由省、自治区、直辖市人民政府按照下列标准审查批准:

(一)政府还贷公路的收费期限,按照用收费偿还贷款、偿还有偿集资款的原则确定,最长不得超过15年。国家确定的中西部省、自治区、直辖市的政府还贷公路收费期限,最长不得超过20年。

(二)经营性公路的收费期限,按照收回投资并有合理回报的原则确定,最长不得超过25年。国家确定的中西部省、自治区、直辖市的经营性公路收费期限,最长不得超过30年。

第十五条 车辆通行费的收费标准,应当依照价格法律、行政法规的规定进行听证,并按照下列程序审查批准:

(一)政府还贷公路的收费标准,由省、自治区、直辖市人民政府交通主管部门会同同级价格主管部门、财政部门审核后,报本级人民政府审查批准。

(二)经营性公路的收费标准,由省、自治区、直辖市人民政府交通主管部门会同同级价格主管部门审核后,报本级人民政府审查批准。

第十六条 车辆通行费的收费标准,应当根据公路的技术等级、投资总额、当地物价指数、偿还贷款或者有偿集资款的期限和收回投资的期限以及交通量等因素计算确定。对在国家规定的绿色通道上运输鲜活农产品的车辆,可以适当降低车辆通行费的收费标准或者免交车辆通行费。

修建与收费公路经营管理无关的设施、超标准修建的收费公路经营管理设施和服务设施,其费用不得作为确定收费标准的因素。

车辆通行费的收费标准需要调整的,应当依照本条例第十五条规定的程序办理。

第十七条 依照本条例规定的程序审查批准的收费公路收费站、收费期限、车辆通行费收费标准或者收费标准的调整方案,审批机关应当自审查批准之日起10日内将有关文件向国务院交通主管部门和国务院价格主管部门备案;其中属于政府还贷公路的,还应当自审查批准之日起10日内向国务院财政部门备案。

第十八条 建设收费公路,应当符合下列技术等级和规模:

（一）高速公路连续里程30公里以上。但是，城市市区至本地机场的高速公路除外。

（二）一级公路连续里程50公里以上。

（三）二车道的独立桥梁、隧道，长度800米以上；四车道的独立桥梁、隧道，长度500米以上。

技术等级为二级以下（含二级）的公路不得收费。但是，在国家确定的中西部省、自治区、直辖市建设的二级公路，其连续里程60公里以上的，经依法批准，可以收取车辆通行费。

第三章 收费公路权益的转让

第十九条 依照本条例的规定转让收费公路权益的，应当向社会公布，采用招标投标的方式，公平、公正、公开地选择经营管理者，并依法订立转让协议。

第二十条 收费公路的权益，包括收费权、广告经营权、服务设施经营权。

转让收费公路权益的，应当依法保护投资者的合法利益。

第二十一条 转让政府还贷公路权益中的收费权，可以申请延长收费期限，但延长的期限不得超过5年。

转让经营性公路权益中的收费权，不得延长收费期限。

第二十二条 有下列情形之一的，收费公路权益中的收费权不得转让：

（一）长度小于1000米的二车道独立桥梁和隧道；

（二）二级公路；

（三）收费时间已超过批准收费期限2/3的。

第二十三条 转让政府还贷公路权益的收入，必须缴入国库，除用于偿还贷款和有偿集资款外，必须用于公路建设。

第二十四条 收费公路权益转让的具体办法，由国务院交通主管部门会同国务院发展改革部门和财政部门制定。

第四章 收费公路的经营管理

第二十五条 收费公路建成后，应当按照国家有关规定进行验收；验收合格的，方可收取车辆通行费。

收费公路不得边建设边收费。

第二十六条 收费公路经营管理者应当按照国家规定的标准和规范，对收费公路及沿线设施进行日常检查、维护，保证收费公路处于良好的技术状态，为通行车辆及人员提供优质服务。

收费公路的养护应当严格按照工期施工、竣工，不得拖延工期，不得影响车辆安全通行。

第二十七条 收费公路经营管理者应当在收费站的显著位置，设置载有收费站名称、审批机关、收费单位、收费标准、收费起止年限和监督电话等内容的公告牌，接受社会监督。

第二十八条 收费公路经营管理者应当按照国家规定的标准，结合公路交通状况、沿线设施等情况，设置交通标志、标线。

交通标志、标线必须清晰、准确、易于识别。重要的通行信息应当重复提示。

第二十九条 收费道口的设置，应当符合车辆行驶安全的要求；收费道口的数量，应当符合车辆快速通过的需要，不得造成车辆堵塞。

第三十条 收费站工作人员的配备，应当与收费道口的数量、车流量相适应，不得随意增加人员。

收费公路经营管理者应当加强对收费站工作人员的业务培训和职业道德教育，收费人员应当做到文明礼貌，规范服务。

第三十一条 遇有公路损坏、施工或者发生交通事故等影响车辆正常安全行驶的情形时，收费公路经营管理者应当在现场设置安全防护设施，并在收费公路出入口进行限速、警示提示，或者利用收费公路沿线可变信息板等设施予以公告；造成交通堵塞时，应当及时报告有关部门并协助疏导交通。

遇有公路严重损毁、恶劣气象条件或者重大交通事故等严重影响车辆安全通行的情形时，公安机关应当根据情况，依法采取限速通行、关闭公路等交通管制措施。收费公路经营管理者应当积极配合公安机关，及时将有关交通管制的信息向通行车辆进行提示。

第三十二条 收费公路经营管理者收取车辆通行费，必须向收费公路使用者开具收费票据。政府还贷公路的收费票据，由省、自治区、直辖市人民政府财政部门统一印（监）制。经营性公路的收费票据，由省、自治区、直辖市人民政府税务部门统一印（监）制。

第三十三条 收费公路经营管理者对依法应当交纳而拒交、逃交、少交车辆通行费的车辆，有权拒绝其通行，并要求其补交应交纳的车辆通行费。

任何人不得为拒交、逃交、少交车辆通行费而故意堵塞收费道口、强行冲卡、殴打收费公路管理人员、破坏收费设施或者从事其他扰乱收费公路经营管理秩序的活动。

发生前款规定的扰乱收费公路经营管理秩序行为

时，收费公路经营管理者应当及时报告公安机关，由公安机关依法予以处理。

第三十四条 在收费公路上行驶的车辆不得超载。

发现车辆超载时，收费公路经营管理者应当及时报告公安机关，由公安机关依法予以处理。

第三十五条 收费公路经营管理者不得有下列行为：

（一）擅自提高车辆通行费收费标准；

（二）在车辆通行费收费标准之外加收或者代收任何其他费用；

（三）强行收取或者以其他不正当手段按车辆收取某一期间的车辆通行费；

（四）不开具收费票据，开具未经省、自治区、直辖市人民政府财政、税务部门统一印（监）制的收费票据或者开具已经过期失效的收费票据。

有前款所列行为之一的，通行车辆有权拒绝交纳车辆通行费。

第三十六条 政府还贷公路的管理者收取的车辆通行费收入，应当全部存入财政专户，严格实行收支两条线管理。

政府还贷公路的车辆通行费，除必要的管理、养护费用从财政部门批准的车辆通行费预算中列支外，必须全部用于偿还贷款和有偿集资款，不得挪作他用。

第三十七条 收费公路的收费期限届满，必须终止收费。

政府还贷公路在批准的收费期限届满前已经还清贷款、还清有偿集资款的，必须终止收费。

依照本条前两款的规定，收费公路终止收费的，有关省、自治区、直辖市人民政府应当向社会公告，明确规定终止收费的日期，接受社会监督。

第三十八条 收费公路终止收费前6个月，省、自治区、直辖市人民政府交通主管部门应当对收费公路进行鉴定和验收。经鉴定和验收，公路符合取得收费公路权益时核定的技术等级和标准的，收费公路经营管理者方可按照国家有关规定向交通主管部门办理公路移交手续；不符合取得收费公路权益时核定的技术等级和标准的，收费公路经营管理者应当在交通主管部门确定的期限内进行养护，达到要求后，方可按规定办理公路移交手续。

第三十九条 收费公路终止收费后，收费公路经营管理者应当自终止收费之日起15日内拆除收费设施。

第四十条 任何单位或者个人不得通过封堵非收费公路或者在非收费公路上设卡收费等方式，强迫车辆通行收费公路。

第四十一条 收费公路经营管理者应当按照国务院交通主管部门和省、自治区、直辖市人民政府交通主管部门的要求，及时提供统计资料和有关情况。

第四十二条 收费公路的养护、绿化和公路用地范围内的水土保持及路政管理，依照公路法的有关规定执行。

第四十三条 国务院交通主管部门和省、自治区、直辖市人民政府交通主管部门应当对收费公路实施监督检查，督促收费公路经营管理者依法履行公路养护、绿化和公路用地范围内的水土保持义务。

第四十四条 审计机关应当依法加强收费公路的审计监督，对违法行为依法进行查处。

第四十五条 行政执法机关依法对收费公路实施监督检查时，不得向收费公路经营管理者收取任何费用。

第四十六条 省、自治区、直辖市人民政府应当将本行政区域内收费公路及收费站名称、收费单位、收费标准、收费期限等信息向社会公布，接受社会监督。

第五章 法律责任

第四十七条 违反本条例的规定，擅自批准收费公路建设、收费站、收费期限、车辆通行费收费标准或者收费公路权益转让的，由省、自治区、直辖市人民政府责令改正；对负有责任的主管人员和其他直接责任人员依法给予记大过直至开除的行政处分；构成犯罪的，依法追究刑事责任。

第四十八条 违反本条例的规定，地方人民政府或者有关部门及其工作人员非法干预收费公路经营管理，或者挤占、挪用收费公路经营管理者收取的车辆通行费的，由上级人民政府或者有关部门责令停止非法干预，退回挤占、挪用的车辆通行费；对负有责任的主管人员和其他直接责任人员依法给予记大过直至开除的行政处分；构成犯罪的，依法追究刑事责任。

第四十九条 违反本条例的规定，擅自在公路上设立收费站（卡）收取车辆通行费或者应当终止收费而不终止的，由国务院交通主管部门或者省、自治区、直辖市人民政府交通主管部门依据职权，责令改正，强制拆除收费设施；有违法所得的，没收违法所得，并处违法所得2倍以上5倍以下的罚款；没有违法所得的，处1万元以上5万元以下的罚款；负有责任的主管人员和其他直接责任人员属于国家工作人员的，依法给予记大过直至开除的行政处分。

第五十条 违反本条例的规定，有下列情形之一的，由国务院交通主管部门或者省、自治区、直辖市人民政府交通主管部门依据职权，责令改正，并根据情节轻重，处5万元以上20万元以下的罚款：

（一）收费站的设置不符合标准或者擅自变更收费站位置的；

（二）未按照国家规定的标准和规范对收费公路及沿线设施进行日常检查、维护的；

（三）未按照国家有关规定合理设置交通标志、标线的；

（四）道口设置不符合车辆行驶安全要求或者道口数量不符合车辆快速通过需要的；

（五）遇有公路损坏、施工或者发生交通事故等影响车辆正常安全行驶的情形，未按照规定设置安全防护设施或者未进行提示、公告，或者遇有交通堵塞不及时疏导交通的；

（六）应当公布有关限速通行或者关闭收费公路的信息而未及时公布的。

第五十一条 违反本条例的规定，收费公路经营管理者收费时不开具票据，开具未经省、自治区、直辖市人民政府财政、税务部门统一印（监）制的票据，或者开具已经过期失效的票据的，由财政部门或者税务部门责令改正，并根据情节轻重，处10万元以上50万元以下的罚款；负有责任的主管人员和其他直接责任人员属于国家工作人员的，依法给予记大过直至开除的行政处分；构成犯罪的，依法追究刑事责任。

第五十二条 违反本条例的规定，政府还贷公路的管理者未将车辆通行费足额存入财政专户或者未将转让政府还贷公路权益的收入全额缴入国库的，由财政部门予以追缴、补齐；对负有责任的主管人员和其他直接责任人员，依法给予记过直至开除的行政处分。

违反本条例的规定，财政部门未将政府还贷公路的车辆通行费或者转让政府还贷公路权益的收入用于偿还贷款、偿还有偿集资款，或者将车辆通行费、转让政府还贷公路权益的收入挪作他用的，由本级人民政府责令偿还贷款、偿还有偿集资款，或者责令退还挪用的车辆通行费和转让政府还贷公路权益的收入；对负有责任的主管人员和其他直接责任人员，依法给予记过直至开除的行政处分；构成犯罪的，依法追究刑事责任。

第五十三条 违反本条例的规定，收费公路终止收费后，收费公路经营管理者不及时拆除收费设施的，由省、自治区、直辖市人民政府交通主管部门责令限期拆除；逾期不拆除的，强制拆除，拆除费用由原收费公路经营管理者承担。

第五十四条 违反本条例的规定，收费公路经营管理者未按照国务院交通主管部门规定的技术规范和操作规程进行收费公路养护的，由省、自治区、直辖市人民政府交通主管部门责令改正；拒不改正的，责令停止收费。责令停止收费后30日内仍未履行公路养护义务的，由省、自治区、直辖市人民政府交通主管部门指定其他单位进行养护，养护费用由原收费公路经营管理者承担。拒不承担的，由省、自治区、直辖市人民政府交通主管部门申请人民法院强制执行。

第五十五条 违反本条例的规定，收费公路经营管理者未履行公路绿化和水土保持义务的，由省、自治区、直辖市人民政府交通主管部门责令改正，并可以对原收费公路经营管理者处履行绿化、水土保持义务所需费用1倍至2倍的罚款。

第五十六条 国务院价格主管部门或者县级以上地方人民政府价格主管部门对违反本条例的价格违法行为，应当依据价格管理的法律、法规和规章的规定予以处罚。

第五十七条 违反本条例的规定，为拒交、逃交、少交车辆通行费而故意堵塞收费道口、强行冲卡、殴打收费公路管理人员、破坏收费设施或者从事其他扰乱收费公路经营管理秩序活动，构成违反治安管理行为的，由公安机关依法予以处罚；构成犯罪的，依法追究刑事责任；给收费公路经营管理者造成损失或者造成人身损害的，依法承担民事赔偿责任。

第五十八条 违反本条例的规定，假冒军队车辆、武警部队车辆、公安机关统一标志的制式警车和抢险救灾车辆逃交车辆通行费的，由有关机关依法予以处理。

第六章 附则

第五十九条 本条例施行前在建的和已投入运行的收费公路，由国务院交通主管部门会同国务院发展改革部门和财政部门依照本条例规定的原则进行规范。具体办法由国务院交通主管部门制定。

第六十条 本条例自2004年11月1日起施行。

公路工程建设项目评标工作细则

· 2022年9月30日
· 交公路规〔2022〕8号

第一章 总则

第一条 为规范公路工程建设项目评标工作，维护招标投标活动当事人的合法权益，依据《中华人民共和国招标投标法》《中华人民共和国招标投标法实施条例》、交通运输部《公路工程建设项目招标投标管理办法》及国家有关法律法规，制定本细则。

第二条 依法必须进行招标的公路工程建设项目，其评标活动适用本细则；国有资金占控股或者主导地位的依法必须进行招标的公路工程建设项目，采用资格预审的，其资格审查活动适用本细则；其他项目的评标及资格审查活动可参照本细则执行。

第三条 公路工程建设项目评标工作是指招标人依法组建的评标委员会根据国家有关法律、法规和招标文件，对投标文件进行评审，推荐中标候选人或者由招标人授权直接确定中标人的工作过程。

采用资格预审的公路工程建设项目，招标人应当按照有关规定组建资格审查委员会审查资格预审申请文件。资格审查委员会的专家抽取以及资格审查工作要求，应当适用本细则关于评标委员会以及评标工作的规定。

第四条 评标工作应当遵循公平、公正、科学、择优的原则。任何单位和个人不得非法干预或者影响评标过程和结果。

第五条 招标人应当采取必要措施，保证评标工作在严格保密的情况下进行，所有参与评标活动的人员均不得泄露评标的有关信息。

第六条 公路工程建设项目的招标人或者其指定机构应当对评标过程录音录像并存档备查。

第二章 职责分工

第七条 招标人负责组织评标工作并履行下列职责：

（一）按照国家有关规定组建评标委员会；办理评标专家的抽取、通知等事宜；为参与评标工作的招标人代表提供授权函；

（二）向评标委员会提供评标所必需的工作环境、资料和信息以及必要的服务；

（三）向评标委员会成员发放合理的评标劳务报酬；

（四）在招标投标情况书面报告中载明评标委员会成员在评标活动中的履职情况；

（五）保障评标工作的安全性和保密性。

公路工程建设项目实行委托招标的，招标代理机构应在招标人委托的范围内组织评标工作，且遵守本细则关于招标人的规定。

第八条 评标委员会负责评标工作并履行下列职责：

（一）审查、评价投标文件是否符合招标文件的实质性要求；

（二）要求投标人对投标文件有关事项作出澄清或者说明（如需要）；

（三）对投标文件进行比较和评价；

（四）撰写评标报告，推荐中标候选人，或者根据招标人授权直接确定中标人；

（五）在评标报告中记录评标监督人员、招标人代表或者其他工作人员有无干预正常评标活动或者其他不正当言行；

（六）向交通运输主管部门报告评标过程中发现的其他违法违规行为。

第九条 交通运输主管部门负责监督评标工作并履行下列职责：

（一）按照规定的招标监督职责分工，对评标委员会成员的确定方式、评标专家的抽取和评标活动进行监督；

（二）对评标程序、评标委员会使用的评标标准和方法进行监督；

（三）对招标人代表、评标专家和其他参加评标活动工作人员的不当言论或者违法违规行为及时制止和纠正；

（四）对招标人、招标代理机构、投标人以及评标委员会成员等当事人在评标活动中的违法违规行为进行行政处理并依法公告，同时将上述违法违规行为记入相应当事人的信用档案。

第三章 评标工作的组织与准备

第十条 评标由招标人依法组建的评标委员会负责。

评标委员会由评标专家和招标人代表共同组成，人数为五人以上单数。其中，评标专家人数不得少于成员总数的三分之二。评标专家由招标人按照交通运输部有关规定从评标专家库相关专业中随机抽取。

对于技术复杂、专业性强或者国家有特殊要求，采取随机抽取方式确定的评标专家难以保证胜任评标工作的特殊招标项目，招标人可以直接确定相应专业领域的评标专家。

投标文件采用双信封形式密封的，招标人不得组建两个评标委员会分别负责第一信封（商务文件和技术文件）和第二信封（报价文件）的评标工作。

第十一条 在评标委员会开始评标工作之前，招标人应当准备评标所必需的信息，主要包括招标文件、招标文件的澄清或者修改、开标记录、投标文件、资格预审文件。

第十二条 招标人协助评标委员会评标的,应当选派熟悉招标工作、政治素质高的人员,具体数量由招标人视工作量确定。评标委员会成员和招标人选派的协助评标人员应当实行回避制度。

属于下列情况之一的人员,不得进入评标委员会或者协助评标:

(一)负责招标项目监督管理的交通运输主管部门的工作人员;

(二)与投标人法定代表人或者授权参与投标的代理人有近亲属关系的人员;

(三)投标人的工作人员或者退休人员;

(四)与投标人有其他利害关系,可能影响评标活动公正性的人员;

(五)在与招标投标有关的活动中有过违法违规行为、曾受过行政处罚或者刑事处罚的人员。

招标人及其子公司、招标人下属单位、招标人的上级主管部门或者控股公司、招标代理机构的工作人员或者退休人员不得以专家身份参与本单位招标或者招标代理项目的评标。

第十三条 招标人协助评标的,应当在评标委员会开始评标工作的同时或者之前进行评标的协助工作。协助评标工作应当以招标文件规定的评标标准和方法为依据,主要内容包括:

(一)编制评标使用的相应表格;

(二)对投标报价进行算术性校核;

(三)列出投标文件相对于招标文件的所有偏差,并进行归类汇总;

(四)查询公路建设市场信用信息管理系统,对投标人的资质、业绩、主要人员资历和目前在岗情况、信用等级进行核实;

(五)通过相关网站对各类注册资格证书、安全生产考核合格证等证件进行查询核实;

(六)在评标过程中,对评标委员会各成员的评分表进行复核,统计汇总;对评标过程资料进行整理。

第十四条 招标人协助评标工作应当客观、准确,如实反映投标文件对招标文件规定的响应情况;不得故意遗漏或者片面摘录,不得对投标文件作出任何评价,不得在评标委员会对所有偏差定性之前透露存有偏差的投标人名称;不得明示或者暗示其倾向或者排斥特定投标人。

第四章 评标工作的实施

第十五条 评标工作现场应当处于通讯屏蔽状态,或者将评标委员会成员及现场工作人员的手机、电脑、录音录像等电子设备统一集中保管。

第十六条 评标工作应当按照以下程序进行:

(一)招标人代表出示加盖招标人单位公章的授权函及身份证,向评标委员会其他成员表明身份;

(二)招标人代表核对评标委员会其他成员的身份证;

(三)招标人代表宣布评标纪律;

(四)招标人代表公布已开标的投标人名单,并询问评标委员会成员有否回避的情形;评标委员会成员存在应当回避情形的,应当主动提出回避;

(五)招标人代表与评标委员会其他成员共同推选主任委员;

(六)评标委员会主任委员主持会议,要求招标人介绍项目概况、招标文件中与评标相关的关键内容及协助评标工作(如有)相关情况;

(七)评标委员会评标,完成并签署评标报告,将评标报告提交给招标人代表;

(八)招标人代表对评标报告进行形式检查,有本细则第三十三条规定情形的,提请评标委员会进行修改完善;

(九)评标报告经形式检查无误后,评标委员会主任委员宣布评标工作结束。

第十七条 投标文件采用双信封形式密封的,招标人应当合理安排第二信封(报价文件)公开开标的时间和地点,保证与第一信封(商务文件和技术文件)的评审工作有序衔接,避免泄露评标工作信息。

第十八条 评标过程中,评标委员会成员有回避事由、擅离职守或者因健康等原因不能继续评标的,应当及时更换。被更换的评标委员会成员作出的评审结论无效,由更换后的评标委员会成员重新进行评审。更换评标委员会成员的情况应当在评标报告中予以记录。

被更换的评标委员会成员如为评标专家库专家,招标人应当从原评标专家库中按照原方式抽取更换后的评标委员会成员,或者在符合法律规定的前提下相应减少评标委员会中招标人代表数量。

无法及时更换评标委员会成员导致评标委员会构成不满足法定要求的,评标委员会应当停止评标活动,已作出的评审结论无效。招标人封存所有投标文件和开标、评标资料,依法重新组建评标委员会进行评标。招标人应当将重新组建评标委员会的情况在招标投标情况书面报告中予以说明。

第十九条 评标委员会应当民主推荐一名主任委

员,负责组织评标委员会成员开展评标工作。评标委员会主任委员与评标委员会的其他成员享有同等权利与义务。评标委员会应当保证各成员对所有投标文件的全面、客观、独立评审,确保评标工作质量。

第二十条 评标委员会应当首先听取招标人关于招标项目概况的介绍和协助评标工作内容(如有)的说明,并认真阅读招标文件,获取评标所需的重要信息和数据,主要包括以下内容:

(一)招标项目建设规模、技术标准和工程特点;
(二)招标文件规定的评标标准和方法;
(三)其它与评标有关的内容。

第二十一条 招标人协助评标的,评标委员会应当根据招标文件规定,对投标文件相对于招标文件的所有偏差依法逐类进行定性,对招标人提供的评标工作用表和评标内容进行认真核对,对与招标文件不一致、存在错误或者遗漏的内容要进行修正。

评标委员会应当对全部投标文件进行认真审查,招标人提供的协助评标工作内容及信息仅作为评标的参考。评标委员会不得以招标人在协助评标过程中未发现投标文件存有偏差或者招标人协助评标工作存在疏忽为由规避评标责任。

第二十二条 评标委员会应当按照招标文件规定的评标标准和方法,对投标文件进行评审和比较。招标文件没有规定的评标标准和方法不得作为评标的依据。

对于招标文件规定的评标标准和方法,评标委员会认为其违反法律、行政法规的强制性规定,违反公开、公平、公正和诚实信用原则,影响潜在投标人投标的,评标委员会应当停止评标工作并向招标人书面说明情况,招标人应当修改招标文件后重新招标。

评标委员会发现招标文件规定的评标标准和方法存在明显文字错误,且修改后不会影响评标结果的,评标委员会可以对其进行修改,并在评标报告说明修改的内容和修改原因。除此之外,评标委员会不得以任何理由修改评标标准和方法。

第二十三条 对于投标文件存在的偏差,评标委员会应当根据招标文件规定的评标标准和方法进行评审,依法判定其属于重大偏差还是细微偏差。凡属于招标文件评标标准和方法中规定的重大偏差,或者招标文件评标标准和方法中未做强制性规定,但出现了法律、行政法规规定的否决投标情形的,评标委员会应当否决投标人的投标文件。

由于评标标准和方法前后内容不一致或者部分条款存在易引起歧义、模糊的文字,导致难以界定投标文件偏差的性质,评标委员会应当按照有利于投标人的原则进行处理。

第二十四条 评标委员会应当根据《中华人民共和国招标投标法实施条例》第三十九条、第四十条、第四十一条的有关规定,对在评标过程中发现的投标人与投标人之间、投标人与招标人之间存在的串通投标的情形进行评审和认定;存在串通投标情形的,评标委员会应当否决其投标。

投标人以他人名义投标、以行贿手段谋取中标,或者投标弄虚作假的,评标委员会应当否决其投标。

第二十五条 评标过程中,投标文件中存在下列情形之一且评标委员会认为需要投标人作出必要澄清、说明的,应当书面通知该投标人进行澄清或者说明:

(一)投标文件中有含义不明确的内容或者明显文字错误;
(二)投标报价有算术性错误;
(三)投标报价可能低于成本价;
(四)招标文件规定的细微偏差。

评标委员会应当给予投标人合理的澄清、说明时间。

投标人的澄清、说明应当采用书面形式,按照招标文件规定的格式签署盖章,且不得超出投标文件的范围或者改变投标文件的实质性内容。投标人的澄清或者说明内容将视为投标文件的组成部分。投标标的、投标函文字报价、质量标准、履行期限均视为投标文件的实质性内容,评标委员会不得要求投标人进行澄清。

评标委员会不得暗示或者诱导投标人作出澄清、说明,不得接受投标人主动提出的澄清、说明。

第二十六条 投标报价有算术性错误的,评标委员会应当按照招标文件规定的原则对投标报价进行修正。对算术性修正结果,评标委员会应当按照本细则第二十五条规定的程序要求投标人进行书面澄清。投标人对修正结果进行书面确认的,修正结果对投标人具有约束力,其投标文件可继续参加评审。

投标人对算术性修正结果存有不同意见或者未做书面确认的,评标委员会应当重新复核修正结果。如果确认修正结果无误且投标人拒不按照要求对修正结果进行确认的,应当否决该投标人的投标;如果发现修正结果存在差错,应当及时作出调整并重新进行书面澄清。

第二十七条 评标委员会发现投标人的投标报价明显低于其他投标人报价或者在设有标底时明显低于标底的,应当按照本细则第二十五条规定的程序要求该投标人对相应投标报价作出书面说明,并提供相关证明材料。

如果投标人不能提供相关证明材料,或者提交的相关材料无法证明投标人可以按照其报价以及招标文件规定的质量标准和履行期限完成招标项目的,评标委员会应当认定该投标人以低于成本价竞标,并否决其投标。

第二十八条 除评标价和履约信誉评分项外,评标委员会成员对投标人商务和技术各项因素的评分一般不得低于招标文件规定该因素满分值的60%;评分低于满分值60%的,评标委员会成员应当在评标报告中作出说明。投标文件各项评分因素得分应以评标委员会各成员的打分平均值确定,评标委员会成员总数为七人以上时,该平均值以去掉一个最高分和一个最低分后计算。

第二十九条 在评标过程中,如有效投标不足3个,评标委员会应当对有效投标是否仍具有竞争性进行评审。评标委员会一致认为有效投标仍具有竞争性的,应当继续推荐中标候选人,并在评标报告中予以说明。评标委员会对有效投标是否仍具有竞争性无法达成一致意见的,应当否决全部投标。

第三十条 评标委员会成员对需要共同认定的事项存在争议的,应当按照少数服从多数的原则作出结论。持不同意见的评标委员会成员应当在评标报告上以书面形式说明其不同意见和理由并签字确认。评标委员会成员拒绝在评标报告上签字又不书面说明其不同意见和理由的,视为同意评标结果。

第三十一条 评审完成后,评标委员会主任委员当组织编写书面评标报告。评标报告中推荐的中标候选人应当不超过3个,并标明排序。

第三十二条 评标报告应当载明下列内容:
(一)招标项目基本情况;
(二)评标委员会成员名单;
(三)监督人员名单;
(四)开标记录;
(五)符合要求的投标人名单;
(六)否决的投标人名单以及否决理由;
(七)串通投标情形的评审情况说明;
(八)评分情况;
(九)经评审的投标人排序;
(十)中标候选人名单;
(十一)澄清、说明事项纪要;
(十二)需要说明的其他事项;
(十三)评标附表。

对评标监督人员、招标人代表或者其他工作人员干预正常评标活动,以及对招标投标活动的其他不正当言行,评标委员会应当在评标报告第(十二)项内容中如实记录。

除第一款规定的第(一)、(三)、(四)项内容外,评标委员会所有成员应当在评标报告上逐页签字。

第三十三条 招标人代表收到评标委员会完成的评标报告后,应当对评标报告内容进行形式检查,发现问题应当及时通知评标委员会进行必要的修改完善。形式检查仅限于以下内容:
(一)评标报告正文以及所附文件、表格是否完整、清晰;
(二)报告正文和附表等内容是否有涂改,涂改处是否有做出涂改的评标委员会成员签名;
(三)投标报价修正和评分计算是否有算术性错误;
(四)评标委员会成员对客观评审因素评分是否一致;
(五)投标文件各项评分因素得分是否符合本细则第二十八条相关要求;
(六)评标委员会成员签字是否齐全。

形式检查并不免除评标委员会对评标工作应负的责任。

第三十四条 评标报告经形式检查无误后,评标委员会主任委员宣布评标工作结束。

第三十五条 评标结束后,如招标人发现提供给评标委员会的信息、数据有误或者不完整,或者由于评标委员会的原因导致评标结果出现重大偏差,招标人应当及时邀请原评标委员会成员按照招标文件规定的评标标准和方法对评标报告内容进行审查确认,并形成书面审查确认报告。

投标人或者其他利害关系人对招标项目的评标结果提出异议或者投诉的,评标委员会成员有义务针对异议或者投诉的事项进行审查确认,并形成书面审查确认报告。

审查确认过程应当接受交通运输主管部门的监督。审查确认改变评标结果的,招标人应当公示评标委员会重新推荐的中标候选人,并将审查确认报告作为招标投标情况书面报告的组成部分,报具有招标监督职责的交通运输主管部门备案。

第五章 纪 律

第三十六条 评标委员会成员应当客观、公正、审慎地履行职责,遵守职业道德;应当依据评标办法规定的评审顺序和内容逐项完成评标工作,对本人提出的评审意见以及评分的公正性、客观性、准确性负责。

评标委员会成员不得对主观评审因素协商评分。

招标人不得向评标委员会作倾向性、误导性的解释或者说明。

第三十七条 评标委员会成员有依法获取劳务报酬的权利，但不得向招标人索取或者报销与评标工作无关的其他费用。

第三十八条 评标委员会向招标人提交书面评标报告后自动解散。评标工作中使用的文件、表格以及其他资料应当同时归还招标人。评标委员会成员不得记录、复制或者从评标现场带离任何评标资料。

第三十九条 评标委员会成员和其他参加评标活动的工作人员不得与任何投标人或者与投标人有利害关系的人进行私下接触，不得收受投标人和其他与投标有利害关系的人的财物或者其它好处。

在评标期间，评标委员会成员和其他参加评标活动的工作人员不得发表有倾向性或者诱导、影响其他评审成员的言论，不得对不同投标人采取不同的审查标准。

第四十条 评标委员会成员和其他参加评标活动的工作人员，不得向他人透露对投标文件的评审、中标候选人的推荐情况以及与评标有关的其它情况，且对在评标过程中获悉的国家秘密、商业秘密负有保密责任。

第四十一条 省级以上人民政府交通运输主管部门应当对评标专家实行动态监管，建立评标专家准入、诫勉、清退制度，健全对评标专家的评价机制，对评标专家的工作态度、业务水平、职业道德等进行全面考核。

第六章 附 则

第四十二条 本细则由交通运输部负责解释。

第四十三条 使用国际组织或者外国政府贷款、援助资金的项目，贷款方、资金提供方对评标工作和程序有不同规定的，可以适用其规定，但违背中华人民共和国的社会公共利益的除外。

第四十四条 在公共资源交易平台开展评标工作的，评标职责分工、评标工作的准备与实施等均应当遵守本细则规定。

采用电子评标的，应当按照本细则和国家有关电子评标的规定执行。

第四十五条 本细则自2022年10月1日起施行，有效期5年。《交通运输部关于发布〈公路工程建设项目评标工作细则〉的通知》（交公路发〔2017〕142号）同时废止。

国际道路运输管理规定

· 2022年9月26日交通运输部公布
· 根据2023年11月10日《交通运输部关于修改〈国际道路运输管理规定〉的决定》修正

第一章 总 则

第一条 为规范国际道路运输经营活动，维护国际道路运输市场秩序，保护国际道路运输各方当事人的合法权益，促进国际道路运输业发展，根据《中华人民共和国道路运输条例》和我国政府与有关国家政府签署的汽车运输协定，制定本规定。

第二条 从事中华人民共和国与相关国家间的国际道路运输经营活动的，应当遵守本规定。

本规定所称国际道路运输，包括国际道路旅客运输、国际道路货物运输。

第三条 国际道路运输应当坚持平等互利、公平竞争、共同发展的原则。

国际道路运输管理应当公平、公正、公开和便民。

第四条 交通运输部主管全国国际道路运输工作。

省级人民政府交通运输主管部门按照有关规定，负责组织领导本行政区域内的国际道路运输工作。

第二章 经营许可和备案

第五条 从事国际道路运输经营活动的，应当具备下列条件：

（一）已经取得国内道路运输经营许可证的企业法人；

（二）从事国内道路运输经营满3年，且近3年内未发生重大以上道路交通责任事故；

道路交通责任事故是指驾驶人员负同等或者以上责任的交通事故。

（三）驾驶人员和从事危险货物运输的装卸管理人员、押运员应当符合《道路运输从业人员管理规定》有关规定；

（四）拟投入国际道路运输经营的运输车辆技术要求应当符合《道路运输车辆技术管理规定》有关规定；

（五）有健全的安全生产管理制度。

第六条 申请从事国际道路旅客运输经营的，应当向所在地省级人民政府交通运输主管部门提出申请，并提交以下材料：

（一）国际道路旅客运输经营许可申请表（式样见附件1）；

（二）企业近3年内无重大以上道路交通责任事故证

明或者承诺书；

（三）拟投入国际道路旅客运输经营的车辆的道路运输证和拟购置车辆承诺书，承诺书包括车辆数量、类型、技术性能、购车时间等内容；

（四）拟聘用驾驶员的机动车驾驶证、从业资格证；

（五）国际道路运输的安全管理制度：包括安全生产责任制度、安全生产业务操作规程、安全生产监督检查制度、驾驶员和车辆安全生产管理制度、道路运输应急预案等。

从事定期国际道路旅客运输的，还应当提交定期国际道路旅客班线运输的线路、站点、班次方案。

第七条 已取得国际道路旅客运输经营许可，申请新增定期国际旅客运输班线的，应当向所在地省级人民政府交通运输主管部门提出申请，提交下列材料：

（一）拟新增定期国际道路旅客班线运输的线路、站点、班次方案；

（二）拟投入国际道路旅客运输营运的车辆的道路运输证和拟购置车辆承诺书；

（三）拟聘用驾驶员的机动车驾驶证、从业资格证。

第八条 省级人民政府交通运输主管部门收到申请后，应当按照《交通行政许可实施程序规定》要求的程序、期限，对申请材料进行审查，并通过部门间信息共享、内部核查等方式获取申请人营业执照、已取得的道路客运经营许可、现有车辆等信息，作出许可或者不予许可的决定。

省级人民政府交通运输主管部门对符合法定条件的国际道路旅客运输经营申请作出准予行政许可决定的，应当出具《国际道路旅客运输经营行政许可决定书》（式样见附件2），明确经营主体、经营范围、车辆数量及要求等许可事项，在作出准予行政许可决定之日起10日内向被许可人发放《道路运输经营许可证》。对符合法定条件的国际道路旅客运输班线经营申请作出准予行政许可决定的，还应当出具《国际道路旅客运输班线经营行政许可决定书》（式样见附件3）。

《道路运输经营许可证》应当注明经营范围；《国际道路旅客运输班线经营行政许可决定书》应当注明班线起讫地、线路、停靠站点、经营期限以及班次。

省级人民政府交通运输主管部门予以许可的，应当向交通运输部备案。

对国际道路旅客运输经营申请决定不予许可的，应当在受理之日20日内向申请人送达《不予交通行政许可决定书》，并说明理由，告知申请人享有依法申请行政复议或者提起行政诉讼的权利。

第九条 从事国际道路货物运输经营的，最迟不晚于开始国际道路货物运输经营活动的15日内向所在地省级人民政府交通运输主管部门备案，提交《国际道路货物运输经营备案表》（式样见附件4），并附送符合本规定第五条规定条件的材料，保证材料真实、完整、有效。

第十条 省级人民政府交通运输主管部门收到国际道路货物运输经营备案材料后，对材料齐全且符合要求的，应当予以备案并编号归档；对材料不全或者不符合要求的，应当场或者自收到备案材料之日起5日内一次性书面通知备案人需要补充的全部内容。

省级人民政府交通运输主管部门应当向社会公布并及时更新已备案的国际道路货物运输经营者名单，便于社会查询和监督。

第十一条 非边境省、自治区、直辖市的申请人拟从事国际道路旅客运输经营的，应当向所在地省级人民政府交通运输主管部门提出申请。受理该申请的省级人民政府交通运输主管部门在作出许可决定前，应当与运输线路拟通过边境口岸所在地的省级人民政府交通运输主管部门协商；协商不成的，报交通运输部决定。交通运输部按照第八条第一款规定的程序作出许可或者不予许可的决定，通知所在地省级人民政府交通运输主管部门，并由所在地省级人民政府交通运输主管部门按照第八条第二款、第五款的规定颁发许可证件或者《不予交通行政许可决定书》。

第十二条 从事国际道路旅客运输的经营者应当按照承诺书的要求购置运输车辆。购置的车辆和已有的车辆经省级人民政府交通运输主管部门核实符合条件的，省级人民政府交通运输主管部门向拟投入运输的车辆配发《道路运输证》。

第十三条 从事国际道路运输的经营者凭《道路运输经营许可证》等许可文件或者备案文件到外事、海关、边防检查等部门办理有关运输车辆、人员的出入境手续。

第十四条 国际道路旅客运输经营者变更许可事项、扩大经营范围的，应当按照本规定办理许可申请。

国际道路旅客运输经营者变更名称、地址等，应当向原许可机关备案。

国际道路货物运输经营者名称、经营地址、主要负责人和货物运输车辆等事项发生变化的，应当向原办理备案的交通运输主管部门办理备案变更。

第十五条 国际道路旅客运输经营者在取得经营许可后，应当在180日内履行被许可的事项。有正当理由在180日内未经营或者停业时间超过180日的，应当告知省级人民政府交通运输主管部门。

国际道路运输经营者需要终止经营的，应当在终止经营之日30日前告知省级人民政府交通运输主管部门，并按照规定办理有关注销手续。

第三章　运营管理

第十六条　国际道路运输线路由起讫地、途经地国家交通运输主管部门协商确定。

交通运输部及时向社会公布中国政府与有关国家政府确定的国际道路运输线路。

第十七条　从事国际道路运输的车辆应当按照规定的口岸通过，进入对方国家境内后，应当按照规定的线路运行。

从事定期国际道路旅客运输的车辆，应当按照规定的行车路线、班次及停靠站点运行。

第十八条　外国国际道路运输经营者的车辆在中国境内运输，应当具有本国的车辆登记牌照、登记证件。驾驶人员应当持有与其驾驶的车辆类别相符的本国或国际驾驶证件。

第十九条　从事国际道路运输的车辆应当标明本国的国际道路运输国籍识别标志。

省级人民政府交通运输主管部门按照交通运输部规定的《国际道路运输国籍识别标志》式样（见附件5），负责《国际道路运输国籍识别标志》的印制、发放、管理和监督使用。

第二十条　进入我国境内从事国际道路运输的外国运输车辆，应当符合我国有关运输车辆外廓尺寸、轴荷以及载质量的规定。

我国与外国签署有关运输车辆外廓尺寸、轴荷以及载质量具体协议的，按协议执行。

第二十一条　我国从事国际道路旅客运输的经营者，应当使用《国际道路旅客运输行车路单》（见附件6）。

我国从事国际道路货物运输的经营者，应当使用《国际道路货物运单》（见附件7）。

第二十二条　进入我国境内运载不可解体大型物件的外国国际道路运输经营者，车辆超限的，应当遵守我国超限运输车辆行驶公路的相关规定，办理相关手续后，方可运输。

第二十三条　进入我国境内运输危险货物的外国国际道路运输经营者，应当遵守我国危险货物运输有关法律、法规和规章的规定。

第二十四条　禁止外国国际道路运输经营者从事我国国内道路旅客和货物运输经营。

外国国际道路运输经营者在我国境内应当在批准的站点上下旅客或者按照运输合同商定的地点装卸货物。运输车辆要按照我国交通运输主管部门指定的停靠站（场）停放。

禁止外国国际道路运输经营者在我国境内自行承揽货物或者招揽旅客。

外国国际道路运输经营者依法在我国境内设立的常驻代表机构不得从事经营活动。

第二十五条　国际道路运输经营者应当使用符合国家规定标准的车辆从事国际道路运输经营，并按照国家有关规定进行运输车辆维护和定期检测。

国际道路运输经营者应当对所聘用的道路运输从业人员开展有关国际道路运输法规、外事规定、业务知识、操作规程的培训。

第二十六条　国际道路运输经营者应当制定境外突发事件的道路运输应急预案。应急预案应当包括报告程序、应急指挥、应急车辆和设备的储备以及处置措施等内容。

第二十七条　国际道路旅客运输的价格，按边境口岸所在地的省级人民政府交通运输主管部门与相关国家政府交通运输主管部门签订的协议执行。没有协议的，按边境口岸所在地省级物价部门核定的运价执行。

国际道路货物运输的价格，由国际道路货物运输的经营者自行确定。

第二十八条　对进出我国境内从事国际道路运输的外国运输车辆的费收，应当按照我国与相关国家政府签署的有关协定执行。

第四章　行车许可证管理

第二十九条　国际道路运输实行行车许可证制度。

行车许可证是国际道路运输经营者在相关国家境内从事国际道路运输经营时行驶的通行凭证。

我国从事国际道路运输的车辆进出相关国家，应当持有相关国家的国际汽车运输行车许可证。

外国从事国际道路运输的车辆进出我国，应当持有我国国际汽车运输行车许可证。

第三十条　我国国际汽车运输行车许可证分为《国际汽车运输行车许可证》和《国际汽车运输特别行车许可证》。

在我国境内从事国际道路旅客运输经营和普通货物运输经营的外国经营者，使用《国际汽车运输行车许可证》。

在我国境内从事国际道路危险货物运输经营的外国

经营者,应当向拟通过边境口岸所在地的省级人民政府交通运输主管部门提出申请,由省级人民政府交通运输主管部门商有关部门批准后,向外国经营者的运输车辆发放《国际汽车运输特别行车许可证》。

第三十一条 《国际汽车运输行车许可证》《国际汽车运输特别行车许可证》的式样,由交通运输部与相关国家政府交通运输主管部门商定。边境口岸所在地的省级人民政府交通运输主管部门按照商定的式样,负责行车许可证的统一印制,并负责与相关国家交换。

交换过来的相关国家《国际汽车运输行车许可证》,由边境口岸所在地的省级人民政府交通运输主管部门负责发放和管理。

我国从事国际道路运输的经营者,向拟通过边境口岸所在地的省级人民政府交通运输主管部门申领《国际汽车运输行车许可证》。

第三十二条 《国际汽车运输行车许可证》《国际汽车运输特别行车许可证》实行一车一证,应当在有效期内使用。运输车辆为半挂汽车列车、中置轴挂车列车、全挂汽车列车时,仅向牵引车辆发放行车许可证。

第三十三条 禁止伪造、变造、倒卖、转让、出租《国际汽车运输行车许可证》《国际汽车运输特别行车许可证》。

第五章 监督检查

第三十四条 县级以上地方人民政府交通运输主管部门在本行政区域内依法实施国际道路运输监督检查工作。

口岸国际道路运输管理机构负责口岸地包括口岸查验现场的国际道路运输管理及监督检查工作。

口岸国际道路运输管理机构应当悬挂"中华人民共和国XX口岸国际道路运输管理站"标识牌;在口岸查验现场悬挂"中国运输管理"的标识,并实行统一的国际道路运输查验签章(式样见附件8)。

县级以上地方人民政府交通运输主管部门和口岸国际道路运输管理机构工作人员在实施国际道路运输监督检查时,应当出示行政执法证件。

第三十五条 口岸国际道路运输管理机构在口岸具体负责如下工作:

(一)查验《国际汽车运输行车许可证》《国际汽车运输特别行车许可证》《国际道路运输国籍识别标志》和国际道路运输有关牌证等;

(二)记录、统计出入口岸的车辆、旅客、货物运输量以及《国际汽车运输行车许可证》《国际汽车运输特别行车许可证》,定期向省级人民政府交通运输主管部门报送有关统计资料;

(三)监督检查国际道路运输的经营活动;

(四)协调出入口岸运输车辆的通关事宜。

第三十六条 国际道路运输经营者应当接受当地县级以上地方人民政府交通运输主管部门和口岸国际道路运输管理机构的检查。

交通运输主管部门应当依据有关法规加强对失信企业和失信人员的监督管理,督促国际道路运输经营者落实安全生产主体责任。

第六章 法律责任

第三十七条 违反本规定,有下列行为之一的,由县级以上地方人民政府交通运输主管部门或者口岸国际道路运输管理机构责令停止经营;违法所得超过2万元的,没收违法所得,处违法所得2倍以上10倍以下的罚款;没有违法所得或者违法所得不足2万元的,处1万元以上10万元以下的罚款;构成犯罪的,依法追究刑事责任:

(一)未取得国际道路旅客运输经营许可,擅自从事国际道路旅客运输经营的;

(二)使用失效、伪造、变造、被注销等无效国际道路旅客运输经营许可证件从事国际道路旅客运输经营的;

(三)超越许可的事项,非法从事国际道路旅客运输经营的。

第三十八条 从事国际道路货物运输经营,未按规定进行备案的,由省级人民政府交通运输主管部门责令改正;拒不改正的,处5000元以上2万元以下的罚款。

第三十九条 违反本规定,非法转让、出租国际道路运输经营许可证件的,由县级以上地方人民政府交通运输主管部门或者口岸国际道路运输管理机构责令停止违法行为,收缴有关证件,处2000元以上1万元以下的罚款;有违法所得的,没收违法所得。

第四十条 违反本规定,非法转让、出租、伪造《国际汽车运输行车许可证》《国际汽车运输特别行车许可证》《国际道路运输国籍识别标志》的,由县级以上地方人民政府交通运输主管部门或者口岸国际道路运输管理机构责令停止违法行为,收缴有关证件,处500元以上1000元以下的罚款;有违法所得的,没收违法所得。

第四十一条 违反本规定,国际道路旅客运输经营者有下列情形之一的,由县级以上地方人民政府交通运输主管部门或者口岸国际道路运输管理机构责令改正,处1000元以上3000元以下的罚款;情节严重的,由原许可机关吊销道路运输经营许可证:

（一）不按批准的国际道路运输线路、站点、班次运输的；

（二）在旅客运输途中擅自变更运输车辆或者将旅客移交他人运输的；

（三）未报告原许可机关，擅自终止国际道路旅客运输经营的。

第四十二条 国际道路运输经营者违反道路旅客、货物运输有关规定的，按照相关规定予以处罚。

第四十三条 外国国际道路运输经营者有下列行为之一，由省级人民政府交通运输主管部门或者口岸国际道路运输管理机构责令改正；拒不改正，责令停止运输，有违法所得的，没收违法所得，处违法所得 2 倍以上 10 倍以下的罚款，没有违法所得或者违法所得不足 1 万元的，处 3 万元以上 6 万元以下的罚款：

（一）未取得我国有效的《国际汽车运输行车许可证》或者《国际汽车运输特别行车许可证》，擅自进入我国境内从事国际道路运输经营或者运输危险货物的；

（二）从事我国国内道路旅客或货物运输的；

（三）在我国境内自行承揽货源或招揽旅客的；

（四）未按规定的运输线路、站点、班次、停靠站（场）运行的。

外国国际道路运输经营者未按照规定标明国籍识别标志的，由省级人民政府交通运输主管部门或者口岸国际道路运输管理机构责令停止运输，处 200 元以上 2000 元以下的罚款。

第四十四条 县级以上地方人民政府交通运输主管部门以及口岸国际道路运输管理机构有下列行为之一的，对负有责任的主管人员和责任人员，视情节轻重，依法给予行政处分；造成严重后果、构成犯罪的，依法追究其刑事责任：

（一）不按照本规定规定的条件、程序和期限实施国际道路运输行政许可或者备案的；

（二）参与或者变相参与国际道路运输经营的；

（三）发现未经批准的单位和个人擅自从事国际道路运输经营活动，或者发现国际道路运输经营者有违法行为不及时查处的；

（四）违反规定拦截、检查正常行驶的道路运输车辆的；

（五）违法扣留运输车辆、车辆营运证的；

（六）索取、收受他人财物，或者谋取其他利益的；

（七）违法实施行政处罚的；

（八）其他违法行为。

第七章 附 则

第四十五条 本规定自公布之日起施行。2005 年 4 月 13 日以交通部令 2005 年第 3 号公布的《国际道路运输管理规定》同时废止。

农村公路养护管理办法

· 2015 年 11 月 11 日交通运输部令第 22 号公布
· 自 2016 年 1 月 1 日起施行

第一章 总 则

第一条 为规范农村公路养护管理，促进农村公路可持续健康发展，根据《公路法》《公路安全保护条例》和国务院相关规定，制定本办法。

第二条 农村公路的养护管理，适用本办法。

本办法所称农村公路是指纳入农村公路规划，并按照公路工程技术标准修建的县道、乡道、村道及其所属设施，包括经省级交通运输主管部门认定并纳入统计年报里程的农村公路。公路包括公路桥梁、隧道和渡口。

县道是指除国道、省道以外的县际间公路以及连接县级人民政府所在地与乡级人民政府所在地和主要商品生产、集散地的公路。

乡道是指除县道及县道以上等级公路以外的乡际间公路以及连接乡级人民政府所在地与建制村的公路。

村道是指除乡道及乡道以上等级公路以外的连接建制村与建制村、建制村与自然村、建制村与外部的公路，但不包括村内街巷和农田间的机耕道。

县道、乡道和村道由县级以上人民政府按照农村公路规划的审批权限在规划中予以确定，其命名和编号由省级交通运输主管部门根据国家有关规定确定。

第三条 农村公路养护管理应当遵循以县为主、分级负责、群众参与、保障畅通的原则，按照相关技术规范和操作规程进行，保持路基、边坡稳定，路面、构造物完好，保证农村公路处于良好的技术状态。

第四条 县级人民政府应当按照国务院的规定履行农村公路养护管理的主体责任，建立符合本地实际的农村公路管理体制，落实县、乡（镇）、建制村农村公路养护工作机构和人员，完善养护管理资金财政预算保障机制。

县级交通运输主管部门及其公路管理机构应当建立健全农村公路养护工作机制，执行和落实各项养护管理任务，指导乡道、村道的养护管理工作。

县级以上地方交通运输主管部门及其公路管理机构应当加强农村公路养护管理的监督管理和技术指导，完善对下级交通运输主管部门的目标考核机制。

第五条 鼓励农村公路养护管理应用新技术、新材料、新工艺、新设备,提高农村公路养护管理水平。

第二章 养护资金

第六条 农村公路养护管理资金的筹集和使用应当坚持"政府主导、多元筹资、统筹安排、专款专用、强化监管、绩效考核"的原则。

第七条 农村公路养护管理资金主要来源包括:

(一)各级地方人民政府安排的财政预算资金。包括:公共财政预算资金;省级安排的成品油消费税改革新增收入补助资金;地市、县安排的成品油消费税改革新增收入资金(替代摩托车、拖拉机养路费的基数和增量部分)。

(二)中央补助的专项资金。

(三)村民委员会通过"一事一议"等方式筹集的用于村道养护的资金。

(四)企业、个人等社会捐助,或者通过其他方式筹集的资金。

第八条 各级地方人民政府应当按照国家规定,根据农村公路养护和管理的实际需要,安排必要的公共财政预算,保证农村公路养护管理需要,并随农村公路里程和地方财力增长逐步增加。鼓励有条件的地方人民政府通过提高补助标准等方式筹集农村公路养护管理资金。

第九条 省级人民政府安排的成品油消费税改革新增收入补助资金应当按照国务院规定专项用于农村公路养护工程,不得用于日常保养和人员开支,且补助标准每年每公里不得低于国务院规定的县道7000元、乡道3500元、村道1000元。

经省级交通运输主管部门认定并纳入统计年报里程的农村公路均应当作为补助基数。

第十条 省级交通运输主管部门应当协调建立成品油消费税改革新增收入替代摩托车、拖拉机养路费转移支付资金增长机制,增幅不低于成品油税费改革新增收入的增量资金增长比例。

第十一条 省级交通运输主管部门应当协调建立省级补助资金"以奖代补"或其他形式的激励机制,充分调动地市、县人民政府加大养护管理资金投入的积极性。

第十二条 县级交通运输主管部门应当统筹使用好上级补助资金和其他各类资金,努力提高资金使用效益,不断完善资金监管和激励制度。

第十三条 企业和个人捐助的资金,应当在尊重捐助企业和个人意愿的前提下,由接受捐赠单位统筹安排用于农村公路养护。

村民委员会通过"一事一议"筹集养护资金,由村民委员会统筹安排专项用于村道养护。

第十四条 农村公路养护资金应当实行独立核算,专款专用,禁止截留、挤占或者挪用,使用情况接受审计、财政等部门的审计和监督检查。

第三章 养护管理

第十五条 县级交通运输主管部门和公路管理机构应当建立健全农村公路养护质量检查、考核和评定制度,建立健全质量安全保证体系和信用评价体系,加强检查监督,确保工程质量和安全。

第十六条 农村公路养护按其工程性质、技术复杂程度和规模大小,分为小修保养、中修、大修、改建。

养护计划应当结合通行安全和社会需求等因素,按照轻重缓急,统筹安排。

大中修和改建工程应按有关规范和标准进行设计,履行相关管理程序,并按照有关规定进行验收。

第十七条 农村公路养护应当逐步向规范化、专业化、机械化、市场化方向发展。

第十八条 县级交通运输主管部门和公路管理机构要优化现有农村公路养护道班和工区布局,扩大作业覆盖面,提升专业技能,充分发挥其在公共服务、应急抢险和日常养护与管理中的作用。

鼓励将日常保养交由公路沿线村民负责,采取个人、家庭分段承包等方式实施,并按照优胜劣汰的原则,逐步建立相对稳定的群众性养护队伍。

第十九条 农村公路养护应逐步推行市场化,实行合同管理,计量支付,并充分发挥信用评价的作用,择优选定养护作业单位。

鼓励从事公路养护的事业单位和社会力量组建养护企业,参与养护市场竞争。

第二十条 各级地方交通运输主管部门和公路管理机构要完善农村公路养护管理信息系统和公路技术状况统计更新制度,加快决策科学化和管理信息化进程。

第二十一条 县级交通运输主管部门和公路管理机构应当定期组织开展农村公路技术状况评定,县道和重要乡道评定频率每年不少于一次,其他公路在五年规划期内不少于两次。

路面技术状况评定宜采用自动化快速检测设备。有条件的地区在五年规划期内,县道评定频率应当不低于两次,乡道、村道应当不低于一次。

第二十二条 省级交通运输主管部门要以《公路技

术状况评定标准》为基础,制定符合本辖区实际的农村公路技术状况评定标准,省、地市级交通运输主管部门应当定期组织对评定结果进行抽查。

第二十三条 地方各级交通运输主管部门和公路管理机构应当将公路技术状况评定结果作为养护质量考核的重要指标,并建立相应的奖惩机制。

第二十四条 农村公路养护作业单位和人员应当按照《公路安全保护条例》规定和相关技术规范要求开展养护作业,采取有效措施,确保施工安全、交通安全和工程质量。

农村公路养护作业单位应当完善养护质量和安全制度,加强作业人员教育和培训。

第二十五条 负责农村公路日常养护的单位或者个人应当按合同规定定期进行路况巡查,发现突发损坏、交通中断或者路产路权案件等影响公路运行的情况时,及时按有关规定处理和上报。

农村公路发生严重损坏或中断时,县级交通运输主管部门和公路管理机构应当在当地政府的统一领导下,组织及时修复和抢通。难以及时恢复交通的,应当设立醒目的警示标志,并告知绕行路线。

第二十六条 大型建设项目在施工期间需要使用农村公路的,应当按照指定线路行驶,符合荷载标准。对公路造成损坏的应当进行修复或者依法赔偿。

第二十七条 县、乡级人民政府应当依据有关规定对农村公路养护需要的挖砂、采石、取土以及取水给予支持和协助。

第二十八条 县级人民政府应当按照《公路法》《公路安全保护条例》的有关规定组织划定农村公路用地和建筑控制区。

第二十九条 县级交通运输主管部门和公路管理机构应在当地人民政府统一领导下,大力整治农村公路路域环境,加强绿化美化,逐步实现田路分家、路宅分家,努力做到路面整洁无杂物,排水畅通无淤积,打造畅安舒美的农村公路通行环境。

第四章 法律责任

第三十条 违反本办法规定,在筹集或者使用农村公路养护资金过程中,强制向单位和个人集资或者截留、挤占、挪用资金等违规行为的,由有关交通运输主管部门或者由其向地方人民政府建议对责任单位进行通报批评,限期整改;情节严重的,对责任人依法给予行政处分。

第三十一条 违反本办法规定,不按规定对农村公路进行养护的,由有关交通运输主管部门或者由其向地方人民政府建议对责任单位进行通报批评,限期整改;情节严重的,停止补助资金拨付,依法对责任人给予行政处分。

第三十二条 违反本办法其他规定,由县级交通运输主管部门或者公路管理机构按照《公路法》《公路安全保护条例》相关规定进行处罚。

第五章 附 则

第三十三条 本办法自2016年1月1日起施行。交通运输部于2008年4月发布的《农村公路管理养护暂行办法》(交公路发〔2008〕43号)同时废止。

路政管理规定

· 2003年1月27日交通部发布
· 根据2016年12月10日交通运输部《关于修改〈路政管理规定〉的决定》修正

第一章 总 则

第一条 为加强公路管理,提高路政管理水平,保障公路的完好、安全和畅通,根据《中华人民共和国公路法》(以下简称《公路法》)及其他有关法律、行政法规,制定本规定。

第二条 本规定适用于中华人民共和国境内的国道、省道、县道、乡道的路政管理。

本规定所称路政管理,是指县级以上人民政府交通主管部门或者其设置的公路管理机构,为维护公路管理者、经营者、使用者的合法权益,根据《公路法》及其他有关法律、法规和规章的规定,实施保护公路、公路用地及公路附属设施(以下统称"路产")的行政管理。

第三条 路政管理工作应当遵循"统一管理、分级负责、依法行政"的原则。

第四条 交通部根据《公路法》及其他有关法律、行政法规的规定主管全国路政管理工作。

县级以上地方人民政府交通主管部门根据《公路法》及其他有关法律、法规、规章的规定主管本行政区域内路政管理工作。

县级以上地方人民政府交通主管部门设置的公路管理机构根据《公路法》的规定或者根据县级以上地方人民政府交通主管部门的委托负责路政管理的具体工作。

第五条 县级以上地方人民政府交通主管部门或者其设置的公路管理机构的路政管理职责如下:

(一)宣传、贯彻执行公路管理的法律、法规和规章;

(二)保护路产;

（三）实施路政巡查；
（四）管理公路两侧建筑控制区；
（五）维持公路养护作业现场秩序；
（六）参与公路工程交工、竣工验收；
（七）依法查处各种违反路政管理法律、法规、规章的案件；
（八）法律、法规规定的其他职责。

第六条 依照《公路法》的有关规定，受让公路收费权或者由国内外经济组织投资建成的收费公路的路政管理工作，由县级以上地方人民政府交通主管部门或者其设置的公路管理机构的派出机构、人员负责。

第七条 任何单位和个人不得破坏、损坏或者非法占用路产。

任何单位和个人都有爱护路产的义务，有检举破坏、损坏路产和影响公路安全行为的权利。

第二章 路政管理许可

第八条 除公路防护、养护外，占用、利用或者挖掘公路、公路用地、公路两侧建筑控制区，以及更新、砍伐公路用地上的树木，应当根据《公路法》和本规定，事先报经交通主管部门或者其设置的公路管理机构批准、同意。

第九条 因修建铁路、机场、电站、通信设施、水利工程和进行其他建设工程需要占用、挖掘公路或者使公路改线的，建设单位应当按照《公路法》第四十四条第二款的规定，事先向交通主管部门或者其设置的公路管理机构提交申请书和设计图。

本条前款规定的申请书包括以下主要内容：
（一）主要理由；
（二）地点（公路名称、桩号及与公路边坡外缘或者公路界桩的距离）；
（三）安全保障措施；
（四）施工期限；
（五）修复、改建公路的措施或者补偿数额。

第十条 跨越、穿越公路，修建桥梁、渡槽或者架设、埋设管线等设施，以及在公路用地范围内架设、埋设管（杆）线、电缆等设施，应当按照《公路法》第四十五条的规定，事先向交通主管部门或者其设置的公路管理机构提交申请书和设计图。

本条前款规定的申请书包括以下主要内容：
（一）主要理由；
（二）地点（公路名称、桩号及与公路边坡外缘或者公路界桩的距离）；
（三）安全保障措施；

（四）施工期限；
（五）修复、改建公路的措施或者补偿数额。

第十一条 因抢险、防汛需要在大中型公路桥梁和渡口周围二百米范围内修筑堤坝、压缩或者拓宽河床，应当按照《公路法》第四十七条第二款的规定，事先向交通主管部门提交申请书和设计图。

本条前款规定的申请书包括以下主要内容：
（一）主要理由；
（二）地点（公路名称、桩号及与公路边坡外缘或者公路界桩的距离）；
（三）安全保障措施；
（四）施工期限。

第十二条 铁轮车、履带车和其他可能损害公路路面的机具，不得在公路上行驶。

农业机械因当地田间作业需要在公路上短距离行驶或者军用车辆执行任务需要在公路上行驶的，可以不受前款限制，但是应当采取安全保护措施。对公路造成损坏的，应当按照损坏程度给予补偿。

第十三条 超过公路、公路桥梁、公路隧道或者汽车渡船的限载、限高、限宽、限长标准的车辆，确需在公路上行驶的，按照《公路法》第五十条和交通部制定的《超限运输车辆行驶公路管理规定》的规定办理。

第十四条 在公路用地范围内设置公路标志以外的其他标志，应当按照《公路法》第五十四条的规定，事先向交通主管部门或者其设置的公路管理机构提交申请书和设计图。

本条前款规定的申请书包括以下主要内容：
（一）主要理由；
（二）标志的内容；
（三）标志的颜色、外廓尺寸及结构；
（四）标志设置地点（公路名称、桩号）；
（五）标志设置时间及保持期限。

第十五条 在公路上增设平面交叉道口，应当按照《公路法》第五十五条的规定，事先向交通主管部门或者其设置的公路管理机构提交申请书和设计图或者平面布置图。

本条前款规定的申请书包括以下主要内容：
（一）主要理由；
（二）地点（公路名称、桩号）；
（三）施工期限；
（四）安全保障措施。

第十六条 在公路两侧的建筑控制区内埋设管

(杆)线、电缆等设施,应当按照《公路法》第五十六条第一款的规定,事先向交通主管部门或者其设置的公路管理机构提交申请书和设计图。

本条前款规定的申请书包括以下主要内容：

（一）主要理由；

（二）地点（公路名称、桩号及与公路边坡外缘或公路界桩的距离）；

（三）安全保障措施；

（四）施工期限。

第十七条 更新砍伐公路用地上的树木,应当依照《公路法》第四十二条第二款的规定,事先向交通主管部门或者其设置的公路管理机构提交申请书。

本条前款规定的申请书包括以下主要内容：

（一）主要理由；

（二）地点（公路名称、桩号）；

（三）树木的种类和数量；

（四）安全保障措施；

（五）时间；

（六）补种措施。

第十八条 除省级人民政府根据《公路法》第八条第二款就国道、省道管理、监督职责作出决定外,路政管理许可的权限如下：

（一）属于国道、省道的,由省级人民政府交通主管部门或者其设置的公路管理机构办理；

（二）属于县道的,由市（设区的市）级人民政府交通主管部门或者其设置的公路管理机构办理；

（三）属于乡道的,由县级人民政府交通主管部门或者其设置的公路管理机构办理。

路政管理许可事项涉及有关部门职责的,应当经交通主管部门或者其设置的公路管理机构批准或者同意后,依照有关法律、法规的规定,办理相关手续。其中,本规定第十一条规定的事项,由省级人民政府交通主管部门会同省级水行政主管部门办理。

第十九条 交通主管部门或者其设置的公路管理机构自接到申请书之日起15日内应当作出决定。作出批准或者同意的决定的,应当签发相应的许可证；作出不批准或者不同意的决定的,应当书面告知,并说明理由。

第三章 路政案件管辖

第二十条 路政案件由案件发生地的县级人民政府交通主管部门或者其设置的公路管理机构管辖。

第二十一条 对管辖发生争议的,报请共同的上一级人民政府交通主管部门或者其设置的公路管理机构指定管辖。

下级人民政府交通主管部门或者其设置的公路管理机构对属于其管辖的案件,认为需要由上级人民政府交通主管部门或者其设置的公路管理机构处理的,可以报请上一级人民政府交通主管部门或者其设置的公路管理机构决定。

上一级人民政府交通主管部门或者其设置的公路管理机构认为必要的,可以直接处理属于下级人民政府交通主管部门或者其设置的公路管理机构管辖的案件。

第二十二条 报请上级人民政府交通主管部门或者其设置的公路管理机构处理的案件以及上级人民政府交通主管部门或者其设置的公路管理机构决定直接处理的案件,案件发生地的县级人民政府交通主管部门或者其设置的公路管理机构应当首先制止违法行为,并做好保护现场等工作,上级人民政府交通主管部门或者其设置的公路管理机构应当及时确定管辖权。

第四章 行政处罚

第二十三条 有下列违法行为之一的,依照《公路法》第七十六条的规定,责令停止违法行为,可处三万元以下的罚款：

（一）违反《公路法》第四十四条第一款规定,擅自占用、挖掘公路的；

（二）违反《公路法》第四十五条规定,未经同意或者未按照公路工程技术标准的要求修建跨越、穿越公路的桥梁、渡槽或者架设、埋设管线、电缆等设施的；

（三）违反《公路法》第四十七条规定,未经批准从事危及公路安全作业的；

（四）违反《公路法》第四十八条规定,铁轮车、履带车和其他可能损害路面的机具擅自在公路上超限行驶的；

（五）违反《公路法》第五十条规定,车辆超限使用汽车渡船或者在公路上擅自超限行驶的；

（六）违反《公路法》第五十二条、第五十六条规定,损坏、移动、涂改公路附属设施或者损坏、挪动建筑控制区的标桩、界桩,可能危及公路安全的。

第二十四条 有下列违法行为之一的,依照《公路法》第七十七条的规定,责令停止违法行为,可处五千元以下罚款：

（一）违反《公路法》第四十六条规定,造成公路路面损坏、污染或者影响公路畅通的；

（二）违反《公路法》第五十一条规定,将公路作为检验机动车辆制动性能的试车场地的。

第二十五条 违反《公路法》第五十三条规定,造成公路损坏,未报告的,依照《公路法》第七十八条的规定,处以一千元以下罚款。

第二十六条 违反《公路法》第五十四条规定,在公路用地范围内设置公路标志以外的其他标志的,依照《公路法》第七十九条的规定,责令限期拆除,可处二万元以下罚款。

第二十七条 违反《公路法》第五十五条规定,未经批准在公路上设置平面交叉道口的,依照《公路法》第八十条的规定,责令恢复原状,处五万元以下罚款。

第二十八条 违反《公路法》第五十六条规定,在公路建筑控制区内修建建筑物、地面构筑物或者擅自埋设管线、电缆等设施的,依照《公路法》第八十一条的规定,责令限期拆除,并可处五万元以下罚款。

第二十九条 《公路法》第八章及本规定规定的行政处罚,由县级以上地方人民政府交通主管部门或者其设置的公路管理机构依照《公路法》有关规定实施。

第三十条 实施路政处罚的程序,按照《交通行政处罚程序规定》办理。

第五章 公路赔偿和补偿

第三十一条 公民、法人或者其他组织造成路产损坏的,应向公路管理机构缴纳路产损坏赔(补)偿费。

第三十二条 根据《公路法》第四十四条第二款,经批准占用、利用、挖掘公路或者使公路改线的,建设单位应当按照不低于该段公路原有技术标准予以修复、改建或者给予相应的补偿。

第三十三条 路产损坏事实清楚,证据确凿充分,赔偿数额较小,且当事人无争议的,可以当场处理。

当场处理公路赔(补)偿案件,应当制作、送达《公路赔(补)偿通知书》收取公路赔(补)偿费,出具收费凭证。

第三十四条 除本规定第三十三条规定可以当场处理的公路赔(补)偿案件外,处理公路赔(补)偿案件应当按照下列程序进行:

(一)立案;

(二)调查取证;

(三)听取当事人陈述和申辩或听证;

(四)制作并送达《公路赔(补)偿通知书》;

(五)收取公路赔(补)偿费;

(六)出具收费凭证;

(七)结案。

调查取证应当询问当事人及证人,制作调查笔录;需要进行现场勘验或者鉴定的,还应当制作现场勘验报告或者鉴定报告。

第三十五条 本规定对公路赔(补)偿案件处理程序的具体事项未作规定的,参照《交通行政处罚程序规定》办理。

办理公路赔(补)偿案件涉及路政处罚的,可以一并进行调查取证,分别进行处理。

第三十六条 当事人对《公路赔(补)偿通知书》认定的事实和赔(补)偿数额有疑义的,可以向公路管理机构申请复核。

公路管理机构应当自收到公路赔(补)偿复核申请之日起15日内完成复核,并将复核结果书面通知当事人。

本条规定不影响当事人依法向人民法院提起民事诉讼的法定权利。

第三十七条 公路赔(补)偿费应当用于受损公路的修复,不得挪作他用。

第六章 行政强制措施

第三十八条 对公路造成较大损害、当场不能处理完毕的车辆,公路管理机构应当依据《公路法》第八十五条第二款的规定,签发《责令车辆停驶通知书》,责令该车辆停驶并停放于指定场所。调查、处理完毕后,应当立即放行车辆,有关费用由车辆所有人或者使用人承担。

第三十九条 违反《公路法》第五十四条规定,在公路用地范围内设置公路标志以外的其他标志,依法责令限期拆除,而设置者逾期不拆除的,依照《公路法》第七十九条的规定强行拆除。

第四十条 违反《公路法》第五十六条规定,在公路建筑控制区内修建建筑物、地面构筑物或者擅自埋设管(杆)线、电缆等设施,依法责令限期拆除,而建筑者、构筑者逾期不拆除的,依照《公路法》第八十一条的规定强行拆除。

第四十一条 依法实施强行拆除所发生的有关费用,由设置者、建筑者、构筑者负担。

第四十二条 依法实施路政强行措施,应当遵守下列程序:

(一)制作并送达路政强制措施告诫书,告知当事人作出拆除非法标志或者设施决定的事实、理由及依据,拆除非法标志或者设施的期限,不拆除非法标志或者设施的法律后果,并告知当事人依法享有的权利;

(二)听取当事人陈述和申辩;

(三)复核当事人提出的事实、理由和依据;

(四)经督促告诫,当事人逾期不拆除非法标志或者

设施的,制作并送达路政强制措施决定书;
(五)实施路政强制措施;
(六)制作路政强制措施笔录。
实施强行拆除涉及路政处罚的,可以一并进行调查取证,分别进行处理。

第四十三条 有下列情形之一的,可依法申请人民法院强制执行:
(一)当事人拒不履行公路行政处罚决定;
(二)依法强行拆除受到阻挠。

第四十四条 《公路法》第八章及本规定规定的行政强制措施,由县级以上地方人民政府交通主管部门或者其设置的公路管理机构依照《公路法》有关规定实施。

第七章 监督检查

第四十五条 交通主管部门、公路管理机构应当依法对有关公路管理的法律、法规、规章执行情况进行监督检查。

第四十六条 交通主管部门、公路管理机构应当加强路政巡查,认真查处各种侵占、损坏路产及其他违反公路管理法律、法规和本规定的行为。

第四十七条 路政管理人员依法在公路、建筑控制区、车辆停放场所、车辆所属单位等进行监督检查时,任何单位和个人不得阻挠。

第四十八条 公路养护人员发现破坏、损坏或者非法占用路产和影响公路安全的行为应当予以制止,并及时向公路管理机构报告,协助路政管理人员实施日常路政管理。

第四十九条 公路经营者、使用者和其他有关单位、个人,应当接受路政管理人员依法实施的监督检查,并为其提供方便。

第五十条 对公路造成较大损害的车辆,必须立即停车,保护现场,并向公路管理机构报告。

第五十一条 交通主管部门、公路管理机构应当对路政管理人员的执法行为加强监督检查,对其违法行为应当及时纠正,依法处理。

第八章 人员与装备

第五十二条 公路管理机构应当配备相应的专职路政管理人员,具体负责路政管理工作。

第五十三条 路政管理人员的配备标准由省级人民政府交通主管部门会同有关部门按照"精干高效"的原则,根据本辖区公路的行政等级、技术等级和当地经济发展水平等实际情况综合确定。

第五十四条 路政管理人员录用应具备以下条件:
(一)年龄在20周岁以上,但一线路政执法人员的年龄不得超过45岁;
(二)身体健康;
(三)大专毕业以上文化程度;
(四)持有符合交通部规定的岗位培训考试合格证书。

第五十五条 路政管理人员实行公开录用、竞争上岗,由市(设区的市)级公路管理机构组织实施,省级公路管理机构批准。

第五十六条 路政管理人员执行公务时,必须按规定统一着装,佩戴标志,持证上岗。

第五十七条 路政管理人员必须爱岗敬业,恪尽职守,熟悉业务,清正廉洁,文明服务,秉公执法。

第五十八条 交通主管部门、公路管理机构应当加强路政管理队伍建设,提高路政管理执法水平。

第五十九条 路政管理人员玩忽职守、徇私舞弊、滥用职权,依法给予行政处分;构成犯罪的,依法追究刑事责任。

第六十条 公路管理机构应当配备专门用于路政管理的交通、通信及其他必要的装备。
用于路政管理的交通、通讯及其他装备不得用于非路政管理活动。

第六十一条 用于路政管理的专用车辆,应当按照《公路法》第七十三条和交通部制定的《公路监督检查专用车辆管理办法》的规定,设置统一的标志和示警灯。

第九章 内务管理

第六十二条 公路管理机构应当建立健全路政内务管理制度,加强各项内务管理工作。

第六十三条 路政内务管理制度如下:
(一)路政管理人员岗位职责;
(二)路政管理人员行为规范;
(三)路政管理人员执法考核、评议制度;
(四)路政执法与办案程序;
(五)路政巡查制度;
(六)路政管理统计制度;
(七)路政档案管理制度;
(八)其他路政内务管理制度。

第六十四条 公路管理机构应当公开办事制度,自觉接受社会监督。

第十章 附 则

第六十五条 公路赔(补)偿费标准,由省、自治区、直辖市人民政府交通主管部门会同同级财政、价格主管部门制定。

第六十六条 路政管理文书的格式,由交通部统一制定。

第六十七条 本规定由交通部负责解释。

第六十八条 本规定自2003年4月1日起施行。1990年9月24日交通部发布的《公路路政管理规定(试行)》同时废止。

国务院办公厅关于印发深化收费公路制度改革取消高速公路省界收费站实施方案的通知

· 2019年5月16日
· 国办发〔2019〕23号

《深化收费公路制度改革取消高速公路省界收费站实施方案》已经国务院同意,现印发给你们,请结合实际,认真组织实施。

深化收费公路制度改革
取消高速公路省界收费站实施方案

为贯彻落实党中央、国务院决策部署,进一步深化收费公路制度改革,加快取消全国高速公路省界收费站,实现不停车快捷收费,制定本方案。

一、总体要求

深化收费公路制度改革,提高综合交通运输网络效率,降低物流成本,两年内基本取消全国高速公路省界收费站,实现不停车快捷收费。按照"远近结合、统筹谋划、科学设计、有序推进、安全稳定、提效降费"的原则,明确技术路线,加快工程建设,力争2019年底前基本取消全国高速公路省界收费站,提升人民群众的获得感、幸福感、安全感。

二、工作任务

(一)加快建设和完善高速公路收费体系。按照实现电子不停车快捷收费、辅以车牌图像识别、多种支付手段融合应用的技术路线,制定印发总体技术方案、工程建设方案、运营和服务规则、网络安全防护制度。(交通运输部负责,2019年5月底前完成)推进中央与地方两级运营管理等系统升级,收费站、收费车道、电子不停车收费系统(ETC)门架系统硬件及软件标准化建设改造,加强系统网络安全保障。(交通运输部、财政部、省级人民政府负责,2019年10月底前完成)开展系统联调联试、基本具备系统切换条件。(交通运输部、省级人民政府负责,2019年12月底前完成)适时实现新旧系统切换,基本取消全国高速公路省界收费站。(交通运输部、省级人民政府负责)

(二)加快电子不停车收费系统推广应用。制定印发加快推进高速公路电子不停车快捷收费应用服务实施方案。(发展改革委、交通运输部负责,相关部门配合,2019年5月底前完成)拓展服务功能,鼓励ETC在停车场等涉车场所应用。(交通运输部牵头)加快现有车辆免费安装ETC车载装置。组织发行单位开展互联网发行、预约安装、上门安装等服务。依托商业银行网点以及汽车主机厂、4S店、高速公路服务区和收费站出入口广场等车辆集中场所,增加安装网点,方便公众就近便捷免费安装。组织基层政府及相关部门,深入居民小区和村镇,开展宣传和安装服务,2019年底前各省(区、市)高速公路入口车辆使用ETC比例达到90%以上,同时实现手机移动支付在人工收费车道全覆盖。完善结算系统,提供便捷高效服务。(人民银行、省级人民政府负责)推动汽车预置安装。2019年底前完成ETC车载装置技术标准制定工作,从2020年7月1日起,新申请批准的车型应在选装配置中增加ETC车载装置。(工业和信息化部负责,交通运输部配合)升级优化ETC车载装置,研究推动ETC与新技术融合发展。(交通运输部负责,公安部、工业和信息化部配合)实现机动车注册登记信息共享,便利车辆安装ETC车载装置。(公安部、交通运输部负责)

(三)加快修订完善法规政策。加快推进公路法、收费公路管理条例等相关法律法规修订工作。(司法部负责,交通运输部配合)清理规范地方性通行费减免政策,出台优化重大节假日小型客车免费通行、鲜活农产品运输"绿色通道"等通行费减免政策的具体实施意见。(交通运输部、发展改革委、财政部负责,2019年6月底前完成)修订《收费公路车辆通行费车型分类》标准。(交通运输部负责)调整货车通行费计费方式,从2020年1月1日起,统一按车(轴)型收费,并确保不增加货车通行费总体负担,同步实施封闭式高速公路收费站入口不停车称重检测。全面推广高速公路差异化收费,引导拥堵路段、时段车辆科学分流,进一步提升高速公路通行效率。(省级人民政府负责)研究统一危险化学品运输车辆、摩托车高速公路通行管理政策。(交通运输部、公安部负责)完善高速公路信用体系,对偷逃车辆通行费等失信行为实施联合惩戒。(交通运输部、发展改革委负责,人民银行等配合)

（四）推动政府收费公路存量债务置换。允许地方政府债券置换截至2014年底符合政策规定的政府收费公路存量债务，优化债务结构，减轻债务利息负担，防范化解债务风险，为取消高速公路省界收费站创造有利条件。（财政部、人民银行、银保监会、省级人民政府负责）

三、保障措施

（一）加强组织领导。成立交通运输部牵头，发展改革委、工业和信息化部、公安部、司法部、财政部、人力资源社会保障部、人民银行、国资委、银保监会等参加的深化收费公路制度改革取消高速公路省界收费站工作领导小组，统筹指导协调相关工作，定期汇总分析工作进展情况，重大问题及时报告国务院。（交通运输部牵头）各地成立由省级人民政府牵头、相关部门参加的工作领导小组，按照应急工程简化基建程序加快推进项目建设。（省级人民政府负责）

（二）细化工作方案。坚持以人民为中心，更多从用户角度出发，深入调查研究，摸清基本情况，完善政策措施。要明确时间表和路线图，层层压实责任，积极稳妥推进各项工作，确保地方债务管理平稳有序。（国务院有关部门、省级人民政府负责）

（三）强化资金支持。中央财政和地方财政要对取消高速公路省界收费站工作给予资金支持。部级系统建设资金纳入年度部门预算，从车辆购置税资金中列支。（交通运输部、财政部负责）各地ETC车载装置安装、系统和设施建设改造资金由省级人民政府统筹负责，采用通行费收入列支、财政补助等方式解决，鼓励各地通过市场机制筹集资金。（省级人民政府负责）中央财政通过结构调整安排车辆购置税资金，对各地相关设施和系统建设改造予以适当补助。（交通运输部、财政部负责）

（四）强化安全管理。加强相关设施和系统建设改造期间施工管理，加强后期运营管理，加强系统和网络安全保障。拆除高速公路省界正线收费设施，保障正线公路畅通；对正线外的设施，要统筹应急、养护、服务、监督检查和公安查控等工作需要综合利用。（省级人民政府负责）

（五）妥善分流安置收费人员。各地要坚持属地负责和转岗不下岗的原则，结合本地区实际，按照国家法律法规和政策，制定收费人员安置工作方案，以内部择优转岗为主，多渠道分流安置收费人员，依法妥善处理职工人事劳动关系，保障收费人员合法权益。财政部门要给予必要支持。（省级人民政府负责，交通运输部、财政部、国资委、人力资源社会保障部指导）

（六）加强宣传引导。加强对取消高速公路省界收费站、实现不停车快捷收费相关政策的宣传解读，正确引导社会预期，及时回应公众关切，营造良好舆论氛围。及时妥善处置突发事件，确保社会稳定。（交通运输部、省级人民政府负责）

交通运输部关于公布交通运输部行政处罚、行政检查事项清单和收费目录清单的公告

· 2017年8月31日
· 2017年第34号

为贯彻落实中央财经领导小组第十六次会议精神，按照《国家发展改革委、财政部、工业和信息化部、民政部关于清理规范涉企经营服务性收费的通知》（发改价格〔2017〕790号）和《交通运输部关于全面清理规范交通运输领域行政处罚、行政检查和涉企收费的通知》（交法函〔2017〕648号）安排，交通运输部组织对部级行政处罚、行政检查和涉企收费事项进行了清理，制定了交通运输部行政处罚事项清单、交通运输部行政检查事项清单、交通运输领域（公路水路行业）全国性及中央级行政事业性收费、政府性基金目录清单及交通运输领域（水路行业）中央定价经营服务性收费目录清单。现将清单向社会予以公告：

一、交通运输部行政处罚事项清单

本清单共包含部机关和部直属系统实施的行政处罚事项22项，由事项名称、处罚种类、实施主体、处罚对象和设定依据五项内容构成。详细内容见附件1。

二、交通运输部行政检查事项清单

本清单共包含部机关和部直属系统实施的行政检查事项共23项，由事项名称、检查内容、实施主体、检查对象和设定依据五项内容构成。详细内容见附件2。

三、交通运输部收费目录清单

（一）交通运输领域（公路水路行业）全国性及中央级行政事业性收费、政府性基金目录清单。本清单公布财政部批准并公布的2项政府性基金和3项行政事业性收费，包括项目名称、政策依据。详细内容见附件3。

（二）交通运输领域（水路行业）中央定价经营服务性收费目录清单。本清单公布国家发展改革委批准并公布的8项政府定价经营服务性收费，包括项目名称、收费依据。详细内容见附件4。

四、后续清理规范工作安排

一是各省级交通运输主管部门于2017年9月30日

前公布地方交通运输部门实施的行政处罚、行政检查和收费事项清单。同时，对照清单开展排查整治，严格行政处罚、行政检查和涉企收费行为，全面摸排和清理纠正各种超越法定权限、违反法定程序滥处罚、重复检查、违规收费行为。

二是各级交通运输部门要加强对清单的监督管理，建立清单动态管理机制，根据法律、法规、规章等的调整，及时对清单事项进行调整和完善。

三是结合在本次清理规范工作中发现的突出问题，各级交通运输部门要建立健全行政处罚基准裁量制度、联合执法常态工作机制，大力推进非现场执法，形成清理规范交通运输领域行政处罚、行政检查和行政事业性收费长效工作机制。

特此公告。

附件：1. 交通运输部行政处罚事项清单（略）
2. 交通运输部行政检查事项清单（略）
3. 交通运输领域（公路水路行业）全国性及中央级行政事业性收费、政府性基金目录清单（略）
4. 交通运输领域（水路行业）中央定价经营服务性收费目录清单（略）

交通运输部办公厅、公安部办公厅关于整治冲卡逃费维护收费公路运营秩序的通知

· 2017年5月17日
· 交办公路〔2017〕73号

各省、自治区、直辖市、新疆生产建设兵团交通运输厅（局、委）、公安厅（局）：

收费公路是依法建设并运营的重要基础设施，为社会公众提供了高效安全优质的通行服务。但在收费公路运营中，冲卡逃费现象时有发生，严重干扰正常收费秩序，侵害国家、集体和个人的合法权益，破坏社会公平正义，必须坚决依法整治。为了维护收费公路运营秩序，根据《公路法》《治安管理处罚法》《公路安全保护条例》《收费公路管理条例》等有关规定，经交通运输部、公安部同意，现就冲卡逃费整治工作通知如下：

一、建立工作机制。各级交通运输、公安部门要结合本地区实际，迅速成立由有关负责同志牵头，公路管理机构、收费公路经营管理单位、公安部门相关警种负责同志参加的整治收费公路冲卡逃费工作机构，建立联勤联动工作机制，明确工作职责，加强信息互通，及时会商研判，制定有效防范措施，为整治冲卡逃费等工作提供相应保障。

二、细化工作分工。收费公路经营管理单位要在不影响正常车辆安全行驶的前提下，在重点收费站口增设加重横杆等拦截设施，提高对恶意冲卡车辆的拦截能力；必要时组建专职保安队伍，增加站口防控力量；在重点收费站口增设高清监控装置，保证现场视频证据的质量；加强车辆入站信息的录入和保存，确保准确锁定冲卡车辆。公路管理机构要依法查处冲卡逃费等扰乱收费秩序的行为，对涉嫌犯罪的要移送公安部门处理。公安部门相关警种要加强与收费公路经营管理单位的协作配合，加强重点收费站口的治安巡逻，加大对涉嫌违反治安管理和道路交通管理行为的查处力度，有效防控冲卡逃费违法犯罪行为。

三、突出惩处重点。各级交通运输、公安部门在各自职责范围内，重点对以下偷逃收费公路车辆通行费的行为，严格实施处罚：

（一）组织、教唆他人多次偷逃车辆通行费的；
（二）造成收费设施、交通设施较大损失的；
（三）以暴力、威胁、侮辱等手段妨碍行政执法人员、收费人员履行职责的；
（四）造成收费公路堵塞或者管理工作不能正常进行的；
（五）伪造国家机关公文、印章或伪造事业单位、人民团体印章的；
（六）使用伪造、变造车辆通行卡通过收费站的；
（七）造成其他严重后果的。

四、提升管理服务水平。收费公路经营管理单位要严格执行《收费公路管理条例》有关规定，不能随意扩大通行费减免范围，杜绝特权车、人情车；规范收费管理工作，严格收费业务操作流程，健全车辆通行卡台账；处理违法违规行为时，做到事实准确、证据充分、程序合法、尺度统一；要积极研发应用新技术，治理偷逃通行费行为，提高查验偷逃通行费车辆的准确度和效率；研究建立收费公路诚信体系，对冲卡逃费等违法行为相关责任主体实施联合惩戒；加强收费人员教育，注意工作方式方法，既要依法依规收取车辆通行费，又要文明服务、态度友好，准确解释政策，避免激化矛盾。

五、加强政策宣传引导。各级交通运输、公安部门要加强宣传和舆论引导，借助广播、电视、互联网等多种媒体，加强收费公路政策宣传，要大力宣传对偷逃通行费车辆的处理规定，提高社会公众依法交费意识；大力报道典型案例，集中曝光一批冲卡逃费严重违法案件，广泛开展警示教育，营造良好的舆论氛围。

六、加强执法监督考核。各级交通运输、公安部门要严格规范执法行为，做到公正文明执法，避免因为执法不规范而造成不良影响。积极履行法定职责，主动接受社会监督，加强执法监督，建立健全工作责任倒查与追究制度，发现失职、渎职行为，依法依纪追究相关单位和人员的责任。

工业和信息化部、发展改革委、科技部等关于加强低速电动车管理的通知

- 2018年11月2日
- 工信部联装〔2018〕227号

各省、自治区、直辖市人民政府：

低速电动车主要指行驶速度低、续驶里程短、电池、电机等关键部件技术水平较低，用于载客或载货的三轮、四轮电动机动车（包括老年代步车等）。多数产品属于道路机动车辆，但生产使用未纳入机动车管理体系，产品制动、转向、碰撞等性能不符合机动车安全技术标准。近年来，部分地区出现低速电动车大规模生产使用情况，其无序增长加剧了城市拥堵，由其引发的道路交通事故呈快速上升态势，严重影响城市绿色交通、慢行交通发展和人民群众生命财产安全。为从源头上加强低速电动车管理，经国务院同意，现将有关事项通知如下：

一、开展低速电动车生产销售企业清理整顿

省级人民政府是加强低速电动车管理的责任主体，要落实属地管理责任，认真组织开展低速电动车生产销售企业清理整顿。清理整顿分三个阶段：

第一阶段（2018年11月）为调查摸底阶段，地方各级人民政府相关职能部门要摸清本区域内从事低速电动车生产企业的设立时间、生产规模及产品等基本情况，其中：许可部门负责调查汇总已经取得各类相关许可的生产企业情况；工业和信息化主管部门负责调查汇总《道路机动车辆生产企业及产品公告》（以下简称《公告》）企业及其他生产企业情况；市场监管部门负责调查汇总非公路用旅游观光车生产企业情况，并会同有关部门负责调查汇总清理整顿期间未取得许可和营业执照的生产企业情况。

第二阶段（2018年12月至2019年1月）为整改阶段。地方各级人民政府相关职能部门要切实履行监管责任，对在摸底调查中发现的借用道路机动车辆生产企业及产品准入许可，或借用非公路用旅游观光车生产许可名义超范围生产销售低速电动车产品的企业，责令企业制定整改计划，停止生产销售违规产品。拒不改正的，依法暂停其《公告》生产资质，或注销或依法吊销其相应生产许可项目。无营业执照的，依法予以取缔查封。

第三阶段为清理整顿阶段。各省级人民政府要在此基础上制定本区域低速电动车产能压减淘汰转型调整方案，设定工作目标，落实部门责任，严格督办落实，待《四轮低速电动车技术条件》国家标准及低速电动车规范管理相关政策发布后，按照明确的相关标准、政策、措施，制定实施本地区清理整顿专项计划，依法采取综合措施清理不达标生产企业，严禁生产销售未经许可及未取得强制性产品认证的低速电动车；引导有条件的低速电动车生产企业通过转型升级或与现有机动车生产企业整合重组，生产符合相关标准的道路机动车辆产品。

二、严禁新增低速电动车产能

地方各级人民政府要严格执行国家关于机动车辆生产销售相关法律法规，停止制定发布鼓励低速电动车发展相关政策，停止制定发布低速电动车准入条件，停止核准或备案低速电动车投资项目，停止新建低速电动车企业、扩建生产厂房等基建项目，停止新增低速电动车车型；已制定发布相关政策的地区，应立即停止执行，正在建设的项目要立即纠正，确保低速电动车产能不增长，待国家出台规范管理政策及规定后再按照相关要求进行管理。

三、建立长效监管机制

各省级人民政府要充分认识该项工作的必要性和复杂性，科学制定工作方案，切实抓好组织协调和落实工作，及时反馈工作进展情况，要及时商有关方面妥善处置相关风险及可能带来的社会矛盾，既要保证低速电动车治理工作有序进行，也要保护合法合规非公路用旅游观光车、残疾人机动轮椅车等生产、销售、使用的正当权益，要深入开展调查研究，根据本地区具体情况制订在用低速电动车处置办法，研究设置一定时间的过渡期，通过置换、回购、鼓励报废等方式加速淘汰违规低速电动车在用产品。要加强对区域内低速电动车生产企业的监督管理，督促企业按照许可资质和相关产品标准依法依规生产销售相应产品，严禁违法违规生产低速电动车产品。

工业和信息化部、科技部、公安部、交通运输部、市场监管总局等部门要组成联合督导组对各地落实情况开展督查，制定考核评估办法，对落实要求成效显著的地区和部门予以表彰，对工作不力的予以通报批评，对不作为的追责问责。要按照"升级一批、规范一批、淘汰一批"总体思路，加快制定发布《四轮低速电动车技术条件》等国

家标准,加快研究提出低速电动车生产、销售、税费、保险和使用管理、售后服务等环节具体管理措施,建立完善低速电动车管理体系。同时,要通过报纸、电视、广播和各类新媒体,广泛宣传驾乘不符合安全标准机动车的危害,曝光损害消费者权益、弄虚作假等行为,扶优汰劣,为切实加强低速电动车管理营造良好的舆论氛围。

· 典型案例

淮安市人民检察院诉康兆永、王刚危险物品肇事案①

【裁判要旨】

一、有危险货物运输从业资格的人员,明知使用具有安全隐患的机动车超载运输剧毒化学品,有可能引发危害公共安全的事故,却轻信能够避免,以致这种事故发生并造成严重后果的,构成《刑法》第一百三十六条规定的危险物品肇事罪。

二、从事剧毒化学品运输工作的专业人员,在发生交通事故致使剧毒化学品泄漏后,有义务利用随车配备的应急处理器材和防护用品抢救对方车辆上的受伤人员,有义务在现场附近设置警戒区域,有义务及时报警并在报警时主动说明危险物品的特征、可能发生的危害,以及需要采取何种救助工具与救助方式才能阻止、减轻以至消除危害,有义务在现场等待抢险人员的到来,利用自己对剧毒危险化学品的专业知识以及对运输车辆构造的了解,协助抢险人员处置突发事故。从事剧毒化学品运输工作的专业人员不履行这些义务,应当对由此造成的特别严重后果承担责任。

【案情】

公诉机关:江苏省淮安市人民检察院。

被告人:康兆永,男,30岁,山东省济宁市人,济宁市远达石化有限公司驾驶员,住济宁市任城区,2005年4月9日被逮捕。

被告人:王刚,男,38岁,山东省宁阳县人,济宁市远达石化有限公司驾驶员,住宁阳县泗店镇,2005年4月9日被逮捕。

江苏省淮安市人民检察院以被告人康兆永、王刚犯危险物品肇事罪,向江苏省淮安市中级人民法院提起公诉。

起诉书指控:被告人康兆永、王刚驾驶安装报废轮胎的拖挂罐体车,超限超载运输40.44吨液氯,途中因轮胎爆裂导致交通肇事,使液氯大量泄漏。事故发生后,二人既不救助对方车辆的遇险人员,也不在现场设置任何警示标志,而是跑到现场附近的麦田里,王刚打电话报警,报警时未说明危害情况。尔后二人在麦田里观望约3小时后逃离,次日下午向南京警方投案自首。此次事故,造成485人中毒,其中29人死亡,一万余名村民被迫疏散转移,近9000头(只)家畜、家禽死亡,2万余亩农作物绝收或受损,大量树木、鱼塘和村民的食用粮、家用电器受污染、腐蚀,各类经济损失约2000余万元。康兆永、王刚的行为,触犯《中华人民共和国刑法》(以下简称《刑法》)第一百三十六条规定,构成危险物品肇事罪,请依法追究其刑事责任。鉴于康兆永、王刚能投案自首,依法可从轻处罚。

公诉机关提交户籍证明等书证、证人证言、被害人陈述、被告人供述、报警电话录音视听资料、道路交通事故技术鉴定书、肇事车辆检验报告、被害人尸体检验鉴定结论、现场勘查笔录、现场图、照片及交通事故认定书、淮安市人民政府的"情况说明"等证据。

被告人康兆永对上述指控未作辩解,其辩护人认为:1.尸体检验鉴定结论上没有死亡时间,不能说明29名被害人是在此次事故中死亡;淮安市人民政府"情况说明"中的直接经济损失只是估算数字,不能作为认定本案经济损失的依据。因此,认定康兆永的行为造成特别严重后果,证据不足。2.本次事故发生后,公安机关的接警人员未能问清楚事故的具体原因,以致不能及时有效地展开救助,并且在事故处理过程中又引发液氯二次泄漏,由此造成的特别严重后果,不应由康兆永承担罪责。3.康兆永离现场后,次日即投案自首,不存在逃逸行为。综上所述,康兆永的行为虽然构成危险物品肇事罪,但后果不是特别严重,应当在三年以下量刑。

被告人王刚对上述指控未作辩解,其辩护人认为:1.王刚在事发后能及时报警,客观上减轻了犯罪的社会危害性。2.王刚在事发后投案自首,依法可以从轻处罚。3.王刚平时表现好,犯罪后认罪悔罪态度较好。请求法院对王刚减轻处罚。

淮安市中级人民法院经审理查明:

被告人康兆永、王刚均是山东省济宁市远达石化有限公司(以下简称远达公司)雇佣的驾驶员,均领取了危险货

---

① 案例来源:《中华人民共和国最高人民法院公报》2006年第8期。

物运输从业资格证和道路危险货物运输操作证,具有从事危险品运输的专业资格。远达公司经营化工产品和原料的批发、零售,由于不具备运输危险品资质,遂与济宁科迪化学危险货物运输中心(以下简称科迪中心)签订委托管理合同,将远达公司的危险品运输车辆和驾驶人员挂靠入户到科迪中心名下,从而取得运输危险品资质,但车辆和人员仍由远达公司经理马建国(另案处理,因危险物品肇事罪被判处有期徒刑六年)实际管理。

2005年3月28日上午,受马建国指令,远达公司驻南京车队队长张凤哲安排被告人康兆永、王刚驾驶鲁H00099号牵引车,牵引LJ-0065号拖挂罐体车,去山东省临沂市沂州化工有限公司(以下简称沂州化工公司)拖运远达公司销售给江苏钟山石化有限公司的液氯。3月29日上午,王刚到沂州化工公司申请装货。该公司负责销售工作的销售二部经理刘超和公司副总经理朱平书(另案处理,因危险物品肇事罪各被判处有期徒刑三年零六个月)违反LJ-0065号拖挂罐体车的核定载重量,批准为该车充装40.44吨液氯。装车后,康兆永驾车、王刚押车,二人沿京沪高速公路由北向南行驶。当日约18时40分,该车行至沂淮江段103KM+525M处时,左前轮轮胎突然爆裂,致使车辆方向失控,撞毁中间隔离护栏,冲入对面上行车道。LJ-0065号拖挂罐体车与鲁H00099号牵引车脱离,向左侧翻在道路上。事发时,恰有山东临沂籍驾驶员马建军驾驶鲁Q08477号半挂车在上行车道由南向北驶来。马建军紧急避让未成功,鲁Q08477号车车体左侧与侧翻的LJ-0065号拖挂罐体车顶部碰刮后冲下护坡,马建军被夹在驾驶座位中间,同车副驾驶马宇被摔出车外,后马宇帮助马建军转移到公路中间的隔离带。碰刮中,LJ-0065号拖挂罐体车顶部的液相阀和气相阀脱落,罐内液氯大量泄漏。

被告人康兆永、王刚看到液氯泄漏后,立即越过高速公路的西边护网,逃至附近麦田里。逃跑过程中,王刚用手机拨打"110"电话报警称:"有辆装危险品液氯的拖挂罐体车,在京沪高速公路淮阴北出口南15公里处翻车。"当晚,康兆永、王刚潜伏在附近的麦田观望现场抢险,约二三小时后逃离现场至淮安市区住宿,次日上午乘车逃至南京,下午向南京警方投案自首。

该起液氯泄漏事故,造成马建军、马宇及事故现场周边的淮阴区、涟水县大量群众中毒,其中马建军、张周氏等29人因氯气中毒死亡,王凯、严海浪等400余人住院治疗,陈兵等1800余人门诊留治,1万余名村民被迫疏散转移,并造成数千头(只)家畜、家禽死亡,大面积农作物绝收或受损,大量树木、鱼塘和村民的食用粮、家用电器受污染、腐蚀,财产损失巨大。

事后经公安部道路交通管理科学研究所对鲁H00099号拖挂罐体车轮胎爆裂原因进行鉴定,结论为:1.该车长期在超载情况下行驶,轮胎气压高于标准压力,使轮胎刚性增大,胎冠中间部位凸出,与地面接触面积减小,受力增大,引起胎冠中央过度磨损,胎冠及花纹底部开裂,形成众多裂纹。2.由于超载引起轮胎过度变形和轮胎气压升高,在行驶中随着轮胎内部温度的升高,轮胎帘线过度伸张,橡胶复合材料的物理特性连续遭到破坏;加上轮胎胎冠原有裂纹处应力集中,在交变载荷的重复作用下,应力超过材料的强度极限,开裂处产生逐渐扩大的破坏,形成帘线与橡胶间的粘着失效,胎肩与胎冠处产生部分脱空现象,行驶中脱空部位温度过高,帘线负荷能力下降,导致帘布层折断,胎冠和胎肩爆裂。3.左前轮紧贴爆裂胎冠及胎肩的帘布层断裂的端头较为整齐,属突然爆裂所致,而其余帘布层帘线的断裂端头均发粘、发毛且卷曲,呈明显碾压所致。4.该车使用的左右前轮、第二、第三轴左后轮的轮胎花纹深度以及磨损程度,均不符合GB7258-2004国家标准,且未达到同一轴轮胎规格和花纹相同的要求。该车使用存在严重交通安全隐患的报废轮胎,行驶中发生爆胎是必然现象。

淮安市公安局交通巡逻警察支队京沪高速公路大队对交通事故责任作如下认定:康兆永驾驶机件不符合安全技术标准的车辆运输剧毒化学品且严重超载,导致左前轮爆胎,罐车侧翻,液氯泄漏,是造成此次特大事故的直接原因。王刚作为驾驶员兼押运员,对运输剧毒化学品的车辆安全行驶负有重要监管职责,却纵容安全机件不符合技术标准且严重超载的剧毒化学危险品车辆上路行驶,是造成此次事故发生的又一直接原因。事故发生后,康兆永、王刚逃离现场,应共同负事故的全部责任。

上述事实,有以下证据证实:

1. 机动车驾驶证、危险货物运输从业资格证、道路危险货物运输操作证以及被告人康兆永、王刚的供述,证实康兆永、王刚有危险品运输的专业资格,被远达公司雇佣,从事危险品运输工作。

2. 马建国、张凤哲、荣宗太、郜忠伟、杜本元的证人证言笔录、化学危险货物运输车辆委托管理合同,证实远达公司的危险品运输人员和车辆挂靠在科迪中心,实际由马建国经营管理。

3. 远达公司、沂州化工公司及科迪中心的营业执照、远达公司与江苏化建的液氯买卖合同、道路运输经营许可证、剧毒化学品购买凭证和运输通行证等书证,被告人康兆永、王刚的供述以及马建国、张凤哲、刘超、朱平书、施建国、沈守超、丁胜等证人的证言笔录,证实远达公司从沂州化工公司购买液氯销售、运输到南京的情况。

4. 行驶证、拖挂罐体车使用证、液氯计划单、包装单、检斤单、代销货发票、提取代销货发票记录、照片以及刘超、朱平书、王艳红等证人的证言笔录、被告人康兆永、王刚的当庭供述,证实LJ-0065号拖挂罐体车充装介质为液氯,最大充装重量为30吨,2005年3月29日LJ-0065号拖挂罐体车实际装载40.44吨液氯。

5. "110"接警单、王刚报警电话录音、南京市公安局交通管理局第七大队情况说明以及被告人康兆永、王刚的当庭供述,证实2005年3月29日下午,康兆永驾驶并由王刚押运的拖挂罐体车行驶至京沪高速路淮安段时,因左前轮胎爆胎而发生交通事故,导致液氯大量泄漏;康兆永、王刚在现场附近的麦田观望,王刚仅用电话报警,没有留在现场救助对方车辆上的人员和协助警方进行事故处理,直至次日下午到南京警方投案。

6. 被害人马宇的陈述笔录,证实马建军驾驶的货车与对面车道上冲过来的车辆相撞,己方车辆冲下路边护坡,后马建军与自己均被对方拖挂罐体车泄漏的气体毒害,马建军中毒死亡,当时对方车辆无人前来救助,自己因被救护人员及时送往医院抢救才脱险。

7. 交通事故现场勘查笔录、现场图、现场照片以及证人宋剑峰的证言笔录,证实事故现场位于京沪高速公路沂淮江段103KM+525M处,鲁H00099号牵引车左前轮胎爆裂泄气,牵引车与拖挂罐体车脱离,拖挂罐体车左侧翻在上行车道,罐顶部液相阀、气相阀脱落,液氯泄漏;鲁008477号解放半挂车冲入公路护坡,车上装载的空液化气钢瓶散落在护坡及边沟。

8. 公安部交通管理科学研究所出具的道路交通事故技术鉴定书,认定鲁H00099号车左右前轮、第二、三轴左后轮使用的轮胎均为报废轮胎,发生爆胎是必然现象。

9. 淮安市公安局交巡警支队京沪高速公路大队出具的交通事故责任认定书,认定被告人康兆永、王刚违反《道路交通安全法》第二十一条、第二十二条第三款规定,共同负事故全部责任。

10. 淮安市锅炉压力容器检验研究所出具的检验鉴定报告,证实LJ-0065号拖挂罐体车顶部的气相与液相阀根部与罐体连接的螺栓断裂,阀门脱落,造成罐体敞口,氯气大量泄漏。

11. 法医检验鉴定结论及照片、公安机关和有关村委会出具的被害人身份证明、被害人唐广庭、宋宝国、赵龙广、刘琴、冯林、徐敏军、张中军、唐广国、周成虎等人的陈述笔录、医院病程记录等,证实马建军、张周氏、唐爱国等

29名被害人因氯气中毒死亡,唐广庭、宋宝国、赵龙广等人中毒后到医院救治。

12. 淮安市人民政府的"情况说明",证实此次液氯泄漏事故造成的直接经济损失和相关群众人身及财产损失的情况。

13. 淮安市价格认证中心出具的价格评估报告、交通事故车损价鉴定结论书,证实鲁008477号车损为64532元、石油液化气钢瓶损失为57541.5元。

以上证据经质证、认证,足以作为认定本案事实的根据。

《刑法》第一百三十六条规定:"违反爆炸性、易燃性、放射性、毒害性、腐蚀性物品的管理规定,在生产、储存、运输、使用中发生重大事故,造成严重后果的,处三年以下有期徒刑或者拘役;后果特别严重的,处三年以上七年以下有期徒刑。"在控辩双方一致确认被告人康兆永、王刚的行为已经触犯《刑法》第一百三十六条规定的情况下,**本案争议焦点是**:康兆永、王刚的行为造成的后果属于严重还是特别严重?

淮安市中级人民法院认为:

本案涉及的危害社会后果,是道路运输过程中的交通事故导致液氯大量泄漏造成的。液氯,是《危险化学品名录(2002版)》中列明的剧毒危险化学品。依照《刑法》第一百三十六条规定追究行为人的刑事责任,首先应当看行为人是否实施了违反管理规定的行为,其次看违反管理规定的行为与危害后果之间是否存在因果关系,再次看危害后果的严重程度。

本案发生于2005年3月29日,当时与道路运输液氯行为相关的法律和管理规定,有《中华人民共和国道路交通安全法》(以下简称《道路交通安全法》)、《中华人民共和国道路运输条例》(以下简称《道路运输条例》)和《危险化学品安全管理条例》。

《危险化学品安全管理条例》第三十五条第一款规定:"国家对危险化学品的运输实行资质认定制度;未经资质认定,不得运输危险化学品。"第三十七条第一款规定:"危险化学品运输企业,应当对其驾驶员、船员、装卸管理人员、押运人员进行有关安全知识培训;驾驶员、船员、装卸管理人员、押运人员必须掌握危险化学品运输的安全知识,并经所在地设区的市级人民政府交通部门考核合格(船员经海事管理机构考核合格),取得上岗资格证,方可上岗作业。"第二款规定:"运输危险化学晶的驾驶员、船员、装卸人员和押运人员必须了解所运载的危险化学品的性质、危害特性、包装容器的使用特性和发生意外时的应急措施。运输危险化学品,必须配备必要的应急处理器材

和防护用品。"被告人康兆永、王刚分别领取了危险货物运输从业资格证、道路危险货物运输操作证,证明二人了解道路运输液氯的安全知识,有从事道路运输液氯的专业资格,同时也证明在道路运输液氯的过程中,必要的应急处理器材和防护用品都随车配备。

《道路交通安全法》第二十一条规定:"驾驶人驾驶机动车上道路行驶前,应当对机动车的安全技术性能进行认真检查;不得驾驶安全设施不全或者机件不符合技术标准等具有安全隐患的机动车。"第二十二条第一款规定:"机动车驾驶人应当遵守道路交通安全法律、法规的规定,按照操作规范安全驾驶、文明驾驶。"第三款规定:"任何人不得强迫、指使、纵容驾驶人违反道路交通安全法律、法规和机动车安全驾驶要求驾驶机动车。"《危险化学品安全管理条例》第四十三条第一款规定:"通过公路运输危险化学品,必须配备押运人员,并随时处于押运人员的监管之下,不得超装、超载,不得进入危险化学品运输车辆禁止通行的区域;确需进入禁止通行区域的,应当事先向当地公安部门报告,由公安部门为其指定行车时间和路线,运输车辆必须遵守公安部门规定的行车时间和路线。"根据查明的事实,LJ-0065号拖挂罐体车核定的最大充装重量为30吨液氯,而本次事故发生前实际充装了40.44吨液氯,严重超载;牵引LJ-0065号拖挂罐体车的鲁H00099号车,使用了多个应当报废的轮胎,以至在行驶中左前轮爆胎,方向失控,酿成交通事故。被告人康兆永、王刚都持有机动车驾驶证,对机动车的安全技术要求,不仅了解且有一定实践经验;二人还持有危险货物运输从业资格证、道路危险货物运输操作证,对用存在安全隐患的机动车运输液氯可能发生的危险,二人事先有充分的认识。但是,康兆永仍驾驶着存在安全隐患且严重超载的机动车上路行驶,王刚作为危险品运输的专业押运人员,不尽监管职责,纵容康兆永实施违反道路交通安全法律的行为。二人明知他们的行为有可能引发危害公共安全的事故,却轻信能够避免,以致事故发生。对事故的发生,二人主观上存在重大过失,负有不可推卸的责任。

《道路交通安全法》第七十条规定:"在道路上发生交通事故,车辆驾驶人应当立即停车,保护现场;造成人身伤亡的,车辆驾驶人应当立即抢救受伤人员,并迅速报告执勤的交通警察或者公安机关交通管理部门。因抢救受伤人员变动现场的,应当标明位置。"《危险化学品安全管理条例》第四十四条规定:"剧毒化学品在公路运输途中发生被盗、丢失、流散、泄漏等情况时,承运人及押运人员必须立即向当地公安部门报告,并采取一切可能的警示措施。"作为专门从事剧毒危险化学品运输的驾驶员、押运员,被告人康兆永、王刚对液氯泄漏后的危险性是十分清楚的。交通事故导致液氯泄漏后,康兆永、王刚有义务利用随车配备的应急处理器材和防护用品,抢救对方车辆上的受伤人员,在现场附近设置警戒区域,有义务及时报警,并在报警时主动说明危险物品的特征、可能发生的危害,以及需要采取何种救助工具与救助方式才能防止、减轻以至消除危害,有义务在现场等待抢险人员的到来,利用自己对剧毒危险化学品的专业知识以及对运输车辆构造的了解,协助抢险人员处置突发事故,尽量减少事故损失,防止事故蔓延、扩大。但在事故发生后,康兆永、王刚不但未尽以上应尽的义务,反而迅速逃离现场。王刚虽然在逃离途中通过电话报警,但报警时未说明需要其说明的情况。抢险人员到来后,二人未协助抢险,而是在附近的麦田里观望,以致此次液氯泄漏在极短的时间内迅速衍化为重大公共灾难事件。康兆永、王刚的行为,与本案的特别严重后果之间存在直接因果关系,应当对本案的特别严重后果承担责任。康兆永的辩护人提出,警方接警时未能向报警人问清楚事故具体原因,抢险时处理措施不当造成液氯二次泄漏,扩大了危害后果,故本案的特别严重后果与康兆永的行为无关,不应由康兆永承担罪责。该辩护理由不能成立,不予采纳。

《危险化学品安全管理条例》第五十二条规定,发生危险化学品事故,有关地方人民政府应当做好指挥、领导工作,采取必要措施,减少事故损失,防止事故蔓延、扩大。在本案液氯泄漏事故发生后,淮安市人民政府依法履行指挥和领导职责,立即采取必要措施营救受害人员,迅速控制危害源,并对受害群众的人身及财产损失情况进行调查,组织相关方面专业人员进行评估,根据评估结果出具"情况说明"。淮安市人民政府的"情况说明",是其履行法定职责的结果。"情况说明"反映的众多人员中毒和财产损失巨大等事实,客观存在;但"情况说明"中的直接经济损失数额,是由评估产生的,尚需其他证据予以印证。起诉书在没有提交其他证据的情况下,根据"情况说明"提供的数字指控本次事故造成各类经济损失为2000余万元,对这一具体数额不予确认。根据法医鉴定,29名被害人均死于氯气中毒。法医鉴定中虽然没有29名被害人的具体死亡时间,但基于29名被害人均是在本案的液氯泄漏后死亡,死因又是氯气中毒的事实,足以认定29名被害人的死亡是被告人康兆永、王刚运输液氯肇事的行为所致。据此,对康兆永的辩护人所提不能以"情况说明"中的数字认定本案经济损失的辩护意见,予以采纳,对其所提不能认定29名被害人在此次事故中死亡的辩护意见,不予采纳。

综上所述，被告人康兆永驾驶不符合安全标准的机动车超载运输剧毒危险化学品液氯，被告人王刚不尽押运职责，纵容康兆永实施上述违法行为，二人共同违反毒害性物品的管理规定，以致在运输中发生液氯泄漏的重大事故，其行为已经触犯《刑法》第一百三十六条规定，构成危险物品肇事罪。事故发生后，二人不尽救助对方受伤人员、设置警戒区域和协助抢险人员处置事故的法定义务，而是逃离现场，致使损害后果特别严重，依照《刑法》第一百三十六条规定，应当在三年以上七年以下有期徒刑的幅度内量刑。公诉机关指控的罪名成立，予以支持。

《刑法》第六十七条规定："犯罪以后自动投案，如实供述自己的罪行的，是自首。对于自首的犯罪分子，可以从轻或者减轻处罚。其中，犯罪较轻的，可以免除处罚。"第六十二条规定："犯罪分子具有本法规定的从重处罚、从轻处罚情节的，应当在法定刑的限度以内判处刑罚。"事故发生的次日，被告人康兆永、王刚向公安机关投案，投案后亦能如实供述自己的罪行，有自首情节。对康兆永、王刚，依法可从轻处罚，王刚辩护人所提王刚有自首、报警和认罪态度好等情节的辩护意见，应予采纳。但是根据康兆永、王刚在本案中的犯罪事实、犯罪性质、犯罪情节以及对社会的危害程度，依照《刑法》第六十一条规定，只能从轻处罚，不能减轻处罚，故对王刚的辩护人关于应减轻处罚，以及康兆永的辩护人关于应在三年以下量刑的辩护意见，均不予采纳。

据此，淮安市中级人民法院于 2006 年 2 月 21 日判决：

被告人康兆永犯危险物品肇事罪，判处有期徒刑六年六个月。

被告人王刚犯危险物品肇事罪，判处有期徒刑六年六个月。

一审宣判后，公诉机关在法定期限内未提出抗诉，被告人康兆永、王刚也未上诉，一审判决发生法律效力。

十、其 他

1. 铁路运输

中华人民共和国铁路法

- 1990 年 9 月 7 日第七届全国人民代表大会常务委员会第十五次会议通过
- 根据 2009 年 8 月 27 日第十一届全国人民代表大会常务委员会第十次会议《关于修改部分法律的决定》第一次修正
- 根据 2015 年 4 月 24 日第十二届全国人民代表大会常务委员会第十四次会议《关于修改〈中华人民共和国义务教育法〉等五部法律的决定》第二次修正

第一章 总 则

第一条 为了保障铁路运输和铁路建设的顺利进行,适应社会主义现代化建设和人民生活的需要,制定本法。

第二条 本法所称铁路,包括国家铁路、地方铁路、专用铁路和铁路专用线。

国家铁路是指由国务院铁路主管部门管理的铁路。

地方铁路是指由地方人民政府管理的铁路。

专用铁路是指由企业或者其他单位管理,专为本企业或者本单位内部提供运输服务的铁路。

铁路专用线是指由企业或者其他单位管理的与国家铁路或者其他铁路线路接轨的岔线。

第三条 国务院铁路主管部门主管全国铁路工作,对国家铁路实行高度集中、统一指挥的运输管理体制,对地方铁路、专用铁路和铁路专用线进行指导、协调、监督和帮助。

国家铁路运输企业行使法律、行政法规授予的行政管理职能。

第四条 国家重点发展国家铁路,大力扶持地方铁路的发展。

第五条 铁路运输企业必须坚持社会主义经营方向和为人民服务的宗旨,改善经营管理,切实改进路风,提高运输服务质量。

第六条 公民有爱护铁路设施的义务。禁止任何人破坏铁路设施,扰乱铁路运输的正常秩序。

第七条 铁路沿线各级地方人民政府应当协助铁路运输企业保证铁路运输安全畅通,车站、列车秩序良好,铁路设施完好和铁路建设顺利进行。

第八条 国家铁路的技术管理规程,由国务院铁路主管部门制定,地方铁路、专用铁路的技术管理办法,参照国家铁路的技术管理规程制定。

第九条 国家鼓励铁路科学技术研究,提高铁路科学技术水平。对在铁路科学技术研究中有显著成绩的单位和个人给予奖励。

第二章 铁路运输营业

第十条 铁路运输企业应当保证旅客和货物运输的安全,做到列车正点到达。

第十一条 铁路运输合同是明确铁路运输企业与旅客、托运人之间权利义务关系的协议。

旅客车票、行李票、包裹票和货物运单是合同或者合同的组成部分。

第十二条 铁路运输企业应当保证旅客按车票载明的日期、车次乘车,并到达目的站。因铁路运输企业的责任造成旅客不能按车票载明的日期、车次乘车的,铁路运输企业应当按照旅客的要求,退还全部票款或者安排改乘到达相同目的站的其他列车。

第十三条 铁路运输企业应当采取有效措施做好旅客运输服务工作,做到文明礼貌、热情周到,保持车站和车厢内的清洁卫生,提供饮用开水,做好列车上的饮食供应工作。

铁路运输企业应当采取措施,防止对铁路沿线环境的污染。

第十四条 旅客乘车应当持有效车票。对无票乘车或者持失效车票乘车的,应当补收票款,并按照规定加收票款;拒不交付的,铁路运输企业可以责令下车。

第十五条 国家铁路和地方铁路根据发展生产、搞活流通的原则,安排货物运输计划。

对抢险救灾物资和国家规定需要优先运输的其他物资,应予优先运输。

地方铁路运输的物资需要经由国家铁路运输的,其运输计划应当纳入国家铁路的运输计划。

第十六条 铁路运输企业应当按照合同约定的期限或者国务院铁路主管部门规定的期限，将货物、包裹、行李运到目的站；逾期运到的，铁路运输企业应当支付违约金。

铁路运输企业逾期三十日仍未将货物、包裹、行李交付收货人或者旅客的，托运人、收货人或者旅客有权按货物、包裹、行李灭失向铁路运输企业要求赔偿。

第十七条 铁路运输企业应当对承运的货物、包裹、行李自接受承运时起到交付时止发生的灭失、短少、变质、污染或者损坏，承担赔偿责任：

（一）托运人或者旅客根据自愿申请办理保价运输的，按照实际损失赔偿，但最高不超过保价额。

（二）未按保价运输承运的，按照实际损失赔偿，但最高不超过国务院铁路主管部门规定的赔偿限额；如果损失是由于铁路运输企业的故意或者重大过失造成的，不适用赔偿限额的规定，按照实际损失赔偿。

托运人或者旅客根据自愿可以向保险公司办理货物运输保险，保险公司按照保险合同的约定承担赔偿责任。

托运人或者旅客根据自愿，可以办理保价运输，也可以办理货物运输保险；可以既不办理保价运输，也不办理货物运输保险。不得以任何方式强迫办理保价运输或者货物运输保险。

第十八条 由于下列原因造成的货物、包裹、行李损失的，铁路运输企业不承担赔偿责任：

（一）不可抗力。

（二）货物或者包裹、行李中的物品本身的自然属性，或者合理损耗。

（三）托运人、收货人或者旅客的过错。

第十九条 托运人应当如实填报托运单，铁路运输企业有权对填报的货物和包裹的品名、重量、数量进行检查。经检查，申报与实际不符的，检查费用由托运人承担；申报与实际相符的，检查费用由铁路运输企业承担，因检查对货物和包裹中的物品造成的损坏由铁路运输企业赔偿。

托运人因申报不实而少交的运费和其他费用应当补交，铁路运输企业按照国务院铁路主管部门的规定加收运费和其他费用。

第二十条 托运货物需要包装的，托运人应当按照国家包装标准或者行业包装标准包装；没有国家包装标准或者行业包装标准的，应当妥善包装，使货物在运输途中不因包装原因而受损坏。

铁路运输企业对承运的容易腐烂变质的货物和活动物，应当按照国务院铁路主管部门的规定和合同的约定，采取有效的保护措施。

第二十一条 货物、包裹、行李到站后，收货人或者旅客应当按照国务院铁路主管部门规定的期限及时领取，并支付托运人未付或者少付的运费和其他费用；逾期领取的，收货人或者旅客应当按照规定交付保管费。

第二十二条 自铁路运输企业发出领取货物通知之日起满三十日仍无人领取的货物，或者收货人书面通知铁路运输企业拒绝领取的货物，铁路运输企业应当通知托运人，托运人自接到通知之日起满三十日未作答复的，由铁路运输企业变卖；所得价款在扣除保管等费用后尚有余款的，应当退还托运人，无法退还、自变卖之日起一百八十日内托运人又未领回的，上缴国库。

自铁路运输企业发出领取通知之日起满九十日仍无人领取的包裹或者到站后满九十日仍无人领取的行李，铁路运输企业应当公告，公告满九十日仍无人领取的，可以变卖；所得价款在扣除保管等费用后尚有余款的，托运人、收货人或者旅客可以自变卖之日起一百八十日内领回，逾期不领回的，上缴国库。

对危险物品和规定限制运输的物品，应当移交公安机关或者有关部门处理，不得自行变卖。

对不宜长期保存的物品，可以按照国务院铁路主管部门的规定缩短处理期限。

第二十三条 因旅客、托运人或者收货人的责任给铁路运输企业造成财产损失的，由旅客、托运人或者收货人承担赔偿责任。

第二十四条 国家鼓励专用铁路兼办公共旅客、货物运输营业；提倡铁路专用线与有关单位按照协议共用。

专用铁路兼办公共旅客、货物运输营业的，应当报经省、自治区、直辖市人民政府批准。

专用铁路兼办公共旅客、货物运输营业的，适用本法关于铁路运输企业的规定。

第二十五条 铁路的旅客票价率和货物、行李的运价率实行政府指导价或者政府定价，竞争性领域实行市场调节价。政府指导价、政府定价的定价权限和具体适用范围以中央政府和地方政府的定价目录为依据。铁路旅客、货物运输杂费的收费项目和收费标准，以及铁路包裹运价率由铁路运输企业自主制定。

第二十六条 铁路的旅客票价，货物、包裹、行李的运价，旅客和货物运输杂费的收费项目和收费标准，必须公告；未公告的不得实施。

第二十七条 国家铁路、地方铁路和专用铁路印制使用的旅客、货物运输票证,禁止伪造和变造。

禁止倒卖旅客车票和其他铁路运输票证。

第二十八条 托运、承运货物、包裹、行李,必须遵守国家关于禁止或者限制运输物品的规定。

第二十九条 铁路运输企业与公路、航空或者水上运输企业相互间实行国内旅客、货物联运,依照国家有关规定办理;国家没有规定的,依照有关各方的协议办理。

第三十条 国家铁路、地方铁路参加国际联运,必须经国务院批准。

第三十一条 铁路军事运输依照国家有关规定办理。

第三十二条 发生铁路运输合同争议的,铁路运输企业和托运人、收货人或者旅客可以通过调解解决;不愿意调解解决或者调解不成的,可以依据合同中的仲裁条款或者事后达成的书面仲裁协议,向国家规定的仲裁机构申请仲裁。

当事人一方在规定的期限内不履行仲裁机构的仲裁决定的,另一方可以申请人民法院强制执行。

当事人没有在合同中订立仲裁条款,事后又没有达成书面仲裁协议的,可以向人民法院起诉。

第三章 铁路建设

第三十三条 铁路发展规划应当依据国民经济和社会发展以及国防建设的需要制定,并与其他方式的交通运输发展规划相协调。

第三十四条 地方铁路、专用铁路、铁路专用线的建设计划必须符合全国铁路发展规划,并征得国务院铁路主管部门或者国务院铁路主管部门授权的机构的同意。

第三十五条 在城市规划区范围内,铁路的线路、车站、枢纽以及其他有关设施的规划,应当纳入所在城市的总体规划。

铁路建设用地规划,应当纳入土地利用总体规划。为远期扩建、新建铁路需要的土地,由县级以上人民政府在土地利用总体规划中安排。

第三十六条 铁路建设用地,依照有关法律、行政法规的规定办理。

有关地方人民政府应当支持铁路建设,协助铁路运输企业做好铁路建设征收土地工作和拆迁安置工作。

第三十七条 已经取得使用权的铁路建设用地,应当依照批准的用途使用,不得擅自改作他用;其他单位或者个人不得侵占。

侵占铁路建设用地的,由县级以上地方人民政府土地管理部门责令停止侵占、赔偿损失。

第三十八条 铁路的标准轨距为1435毫米。新建国家铁路必须采用标准轨距。

窄轨铁路的轨距为762毫米或者1000毫米。

新建和改建铁路的其他技术要求应当符合国家标准或者行业标准。

第三十九条 铁路建成后,必须依照国家基本建设程序的规定,经验收合格,方能交付正式运行。

第四十条 铁路与道路交叉处,应当优先考虑设置立体交叉;未设立体交叉的,可以根据国家有关规定设置平交道口或者人行过道。在城市规划区内设置平交道口或者人行过道,由铁路运输企业或者建有专用铁路、铁路专用线的企业或者其他单位和城市规划主管部门共同决定。

拆除已经设置的平交道口或者人行过道,由铁路运输企业或者建有专用铁路、铁路专用线的企业或者其他单位和当地人民政府商定。

第四十一条 修建跨越河流的铁路桥梁,应当符合国家规定的防洪、通航和水流的要求。

第四章 铁路安全与保护

第四十二条 铁路运输企业必须加强对铁路的管理和保护,定期检查、维修铁路运输设施,保证铁路运输设施完好,保障旅客和货物运输安全。

第四十三条 铁路公安机关和地方公安机关分工负责共同维护铁路治安秩序。车站和列车内的治安秩序,由铁路公安机关负责维护;铁路沿线的治安秩序,由地方公安机关和铁路公安机关共同负责维护,以地方公安机关为主。

第四十四条 电力主管部门应当保证铁路牵引用电以及铁路运营用电中重要负荷的电力供应。铁路运营用电中重要负荷的供应范围由国务院铁路主管部门和国务院电力主管部门商定。

第四十五条 铁路线路两侧地界以外的山坡地由当地人民政府作为水土保持的重点进行整治。铁路隧道顶上的山坡地由铁路运输企业协助当地人民政府进行整治。铁路地界以内的山坡地由铁路运输企业进行整治。

第四十六条 在铁路线路和铁路桥梁、涵洞两侧一定距离内,修建山塘、水库、堤坝,开挖河道、干渠,采石挖砂,打井取水,影响铁路路基稳定或者危害铁路桥梁、涵洞安全的,由县级以上地方人民政府责令停止建设或者采挖、打井等活动,限期恢复原状或者责令采取必要的安全防护措施。

在铁路线路上架设电力、通讯线路,埋置电缆、管道设施,穿凿通过铁路路基的地下坑道,必须经铁路运输企业同意,并采取安全防护措施。

在铁路弯道内侧、平交道口和人行过道附近,不得修建妨碍行车瞭望的建筑物和种植妨碍行车瞭望的树木。修建妨碍行车瞭望的建筑物的,由县级以上地方人民政府责令限期拆除。种植妨碍行车瞭望的树木的,由县级以上地方人民政府责令有关单位或者个人限期迁移或者修剪、砍伐。

违反前三款的规定,给铁路运输企业造成损失的单位或者个人,应当赔偿损失。

第四十七条 禁止擅自在铁路线路上铺设平交道口和人行过道。

平交道口和人行过道必须按照规定设置必要的标志和防护设施。

行人和车辆通过铁路平交道口和人行过道时,必须遵守有关通行的规定。

第四十八条 运输危险品必须按照国务院铁路主管部门的规定办理,禁止以非危险品品名托运危险品。

禁止旅客携带危险品进站上车。铁路公安人员和国务院铁路主管部门规定的铁路职工,有权对旅客携带的物品进行运输安全检查。实施运输安全检查的铁路职工应当佩戴执勤标志。

危险品的品名由国务院铁路主管部门规定并公布。

第四十九条 对损毁、移动铁路信号装置及其他行车设施或者在铁路线路上放置障碍物的,铁路职工有权制止,可以扭送公安机关处理。

第五十条 禁止偷乘货车、攀附行进中的列车或者击打列车。对偷乘货车、攀附行进中的列车或者击打列车的,铁路职工有权制止。

第五十一条 禁止在铁路线路上行走、坐卧。对在铁路线路上行走、坐卧的,铁路职工有权制止。

第五十二条 禁止在铁路线路两侧二十米以内或者铁路防护林地内放牧。对在铁路线路两侧二十米以内或者铁路防护林地内放牧的,铁路职工有权制止。

第五十三条 对聚众拦截列车或者聚众冲击铁路行车调度机构的,铁路职工有权制止;不听制止的,公安人员现场负责人有权命令解散;拒不解散的,公安人员现场负责人有权依照国家有关规定决定采取必要手段强行驱散,并对拒不服从的人员强行带离现场或者予以拘留。

第五十四条 对哄抢铁路运输物资的,铁路职工有权制止,可以扭送公安机关处理;现场公安人员可以予以拘留。

第五十五条 在列车内,寻衅滋事,扰乱公共秩序,危害旅客人身、财产安全的,铁路职工有权制止,铁路公安人员可以予以拘留。

第五十六条 在车站和旅客列车内,发生法律规定需要检疫的传染病时,由铁路卫生检疫机构进行检疫;根据铁路卫生检疫机构的请求,地方卫生检疫机构应予协助。

货物运输的检疫,依照国家规定办理。

第五十七条 发生铁路交通事故,铁路运输企业应当依照国务院和国务院有关主管部门关于事故调查处理的规定办理,并及时恢复正常行车,任何单位和个人不得阻碍铁路线路开通和列车运行。

第五十八条 因铁路行车事故及其他铁路运营事故造成人身伤亡的,铁路运输企业应当承担赔偿责任;如果人身伤亡是因不可抗力或者由于受害人自身的原因造成的,铁路运输企业不承担赔偿责任。

违章通过平交道口或者人行过道,或者在铁路线路上行走、坐卧造成的人身伤亡,属于受害人自身的原因造成的人身伤亡。

第五十九条 国家铁路的重要桥梁和隧道,由中国人民武装警察部队负责守卫。

第五章 法律责任

第六十条 违反本法规定,携带危险品进站上车或者以非危险品品名托运危险品,导致发生重大事故的,依照刑法有关规定追究刑事责任。企业事业单位、国家机关、社会团体犯本款罪的,处以罚金,对其主管人员和直接责任人员依法追究刑事责任。

携带炸药、雷管或者非法携带枪支子弹、管制刀具进站上车的,依照刑法有关规定追究刑事责任。

第六十一条 故意损毁、移动铁路行车信号装置或者在铁路线路上放置足以使列车倾覆的障碍物的,依照刑法有关规定追究刑事责任。

第六十二条 盗窃铁路线路上行车设施的零件、部件或者铁路线路上的器材,危及行车安全的,依照刑法有关规定追究刑事责任。

第六十三条 聚众拦截列车、冲击铁路行车调度机构不听制止的,对首要分子和骨干分子依照刑法有关规定追究刑事责任。

第六十四条 聚众哄抢铁路运输物资的,对首要分子和骨干分子依照刑法有关规定追究刑事责任。

铁路职工与其他人员勾结犯前款罪的,从重处罚。

第六十五条 在列车内,抢劫旅客财物,伤害旅客的，依照刑法有关规定从重处罚。

在列车内，寻衅滋事，侮辱妇女，情节恶劣的，依照刑法有关规定追究刑事责任；敲诈勒索旅客财物的，依照刑法有关规定追究刑事责任。

第六十六条 倒卖旅客车票，构成犯罪的，依照刑法有关规定追究刑事责任。铁路职工倒卖旅客车票或者与其他人员勾结倒卖旅客车票的，依照刑法有关规定追究刑事责任。

第六十七条 违反本法规定，尚不够刑事处罚，应当给予治安管理处罚的，依照治安管理处罚法的规定处罚。

第六十八条 擅自在铁路线路上铺设平交道口、人行过道的，由铁路公安机关或者地方公安机关责令限期拆除，可以并处罚款。

第六十九条 铁路运输企业违反本法规定，多收运费、票款或者旅客、货物运输杂费的，必须将多收的费用退还付款人，无法退还的上缴国库。将多收的费用据为己有或者侵吞私分的，依照刑法有关规定追究刑事责任。

第七十条 铁路职工利用职务之便走私的，或者与其他人员勾结走私的，依照刑法有关规定追究刑事责任。

第七十一条 铁路职工玩忽职守、违反规章制度造成铁路运营事故的，滥用职权、利用办理运输业务之便谋取私利的，给予行政处分；情节严重、构成犯罪的，依照刑法有关规定追究刑事责任。

第六章 附 则

第七十二条 本法所称国家铁路运输企业是指铁路局和铁路分局。

第七十三条 国务院根据本法制定实施条例。

第七十四条 本法自1991年5月1日起施行。

铁路旅客车票实名制管理办法

· 2022年11月18日交通运输部令2022年第39号公布
· 自2023年1月1日起施行

第一章 总 则

第一条 为了保障铁路旅客生命财产安全，维护旅客运输秩序，根据《中华人民共和国反恐怖主义法》《铁路安全管理条例》等法律、行政法规，制定本办法。

第二条 在中华人民共和国境内实施铁路旅客车票（以下简称车票）实名购买、查验活动，适用本办法。

第三条 本办法所称车票实名购买，是指购票人凭乘车人的有效身份证件购买车票，铁路运输企业凭乘车人的有效身份证件销售车票，并记录旅客身份信息和购票信息的行为；车票实名查验，是指铁路运输企业对实行车票实名购买的车票记载的身份信息与乘车人及其有效身份证件进行一致性核对，并记录旅客乘车信息的行为。

车票实名购买和实名查验统称车票实名制管理。

第四条 国家铁路局负责全国铁路旅客车票实名制管理的监督管理工作。地区铁路监督管理局负责辖区内铁路旅客车票实名制管理的监督管理工作。

国家铁路局和地区铁路监督管理局统称铁路监管部门。

第二章 基本要求

第五条 铁路旅客列车和车站应当实行车票实名制管理。

不属于长途客运的公益性"慢火车"、市域（郊）列车、城际列车和相关车站根据实际情况暂不实行车票实名制管理的，铁路运输企业应当提前向社会公布并说明理由。

第六条 铁路运输企业应当依法开展车票实名制管理工作，在企业网站、车站服务场所内公告车票实名制管理规定，完善作业程序，落实作业标准。

第七条 铁路运输企业应当为车票实名制管理提供必要的场地、作业条件，以及车票查验、身份证件识读等设备；积极推进管理和技术创新，通过互联网、电话、自动售票机、人工售票窗口等方式提供实名售票服务，逐步配备自助检票、查验等设备，为旅客实名购票、乘车提供便利。

第八条 铁路运输企业应当加强车票实名制管理相关人员的培训，确保人员具备必要的专业知识，掌握车票实名制管理技能。

第九条 铁路运输企业应当加强对售票、检票、验票等车票实名制管理相关设施设备、系统的管理，完善系统功能，确保设施设备、系统安全稳定运行，满足车票实名制管理工作需求。

第十条 铁路运输企业应当结合车票实名制管理实际，针对客流高峰、设备系统故障等特殊情况制定有效的应急预案或者应急处置措施，定期实施应急演练。

第三章 车票实名购买

第十一条 购买车票以及办理补票、取票、改签、退票等业务时，应当提供乘车人真实有效的身份证件或者身份证件信息。铁路运输企业应当对外公告在人工售票窗口、互联网、电话等渠道办理各项业务所需的身份证件或者身份证件信息。

不能提供有效身份证件或者身份证件信息的，铁路运输企业应当拒绝办理上述业务。

第十二条 在人工售票窗口可以使用的有效身份证件包括：中华人民共和国居民身份证（含中华人民共和国临时居民身份证），居民户口簿，中华人民共和国护照，中华人民共和国出入境通行证，中华人民共和国旅行证，新生儿出生医学证明，军官证、警官证、文职干部证、义务兵证、士官证、文职人员证，海员证，以及公安机关出具的临时乘车身份证明；中华人民共和国港澳居民居住证，中华人民共和国台湾居民居住证，港澳居民来往内地通行证，往来港澳通行证，大陆居民往来台湾通行证，台湾居民来往大陆通行证；外国人永久居留身份证，外国人护照，外国人出入境证。

外国人因证件到期、遗失、损毁等原因正在办理证件补换发的，可以使用公安机关出具的外国人签证证件受理回执、护照报失证明，或者各国驻华使领馆签发的临时性国际旅行证件，该临时性国际旅行证件应当附具公安机关签发的有效签证或者停留证件。

第十三条 通过互联网、电话可以使用的有效身份证件包括：中华人民共和国居民身份证（含中华人民共和国临时居民身份证），中华人民共和国护照；中华人民共和国港澳居民居住证，中华人民共和国台湾居民居住证，港澳居民来往内地通行证，台湾居民来往大陆通行证；外国人永久居留身份证，外国人护照。

通过自动售票机可以使用的有效身份证件包括：中华人民共和国居民身份证，中华人民共和国港澳居民居住证，中华人民共和国台湾居民居住证，外国人永久居留身份证。

第十四条 铁路运输企业应当为购票旅客出具实名制车票，车票应当载明旅客身份识别信息。

旅客持有纸质车票的，应当妥善保管，保持票面整洁，便于接受实名查验。

第十五条 旅客遗失实名制车票的，铁路运输企业经核实旅客身份信息及购票信息后，应当免费为旅客挂失补办车票。

第十六条 铁路运输企业应当为无法出示有效身份证件的旅客提供咨询服务，为公安机关办理临时乘车身份证明提供场所及必要办公条件。

鼓励铁路运输企业配合有关部门通过互联网、自助办证设备等方式为旅客办理临时乘车身份证明提供便利。

第四章 车票实名查验

第十七条 旅客应当配合铁路运输企业实施车票实名查验，在检票、验票、乘车时出示车票和本人购票时使用的有效身份证件。

铁路运输企业应当对车票记载的身份信息、乘车人及其购票时使用的有效身份证件进行核对，对拒不提供本人购票时使用的有效身份证件或者经车票实名查验相关信息不一致的，应当拒绝其进站乘车。

第十八条 铁路运输企业应当根据旅客发送量确定车站实名查验通道的开放数量。车站应当设有人工实名查验通道，为老年人、证件无法自动识读、需要使用无障碍通道和其他需要帮助的旅客提供必要的服务。

第十九条 鼓励铁路运输企业采用先进设备和技术，积极开展有效身份证件线上核验，推广使用自助实名查验设备，为旅客提供无接触式查验服务，提高通行效率。

第二十条 铁路运输企业应当采取有效措施，确保经车票实名查验的旅客与未经车票实名查验的旅客分区隔离。旅客临时离开经车票实名查验的活动区域，返回时应当重新接受实名查验。

第二十一条 对已经在车站查验车票、身份信息的旅客，铁路运输企业可以在旅客列车上进行必要的实名查验。

旅客在乘降所登乘实施实名制管理的旅客列车时，铁路运输企业应当在旅客列车上进行车票实名制管理。

旅客应当接受铁路运输企业在旅客列车上进行的车票实名制管理。

第二十二条 铁路运输企业及其工作人员对实施车票实名制管理所获得的旅客身份、购票、乘车等个人信息应当严格保密，不得非法收集、使用、加工、传输、买卖、提供或者公开。

铁路运输企业应当依照法律、行政法规规定，建立健全信息安全保障制度，采取必要防护措施，防止旅客个人信息泄露、篡改、丢失。发生或者可能发生旅客个人信息泄露、篡改、丢失等情况时，铁路运输企业应当立即采取补救措施。

第五章 监督管理

第二十三条 铁路监管部门应当认真妥善处理有关车票实名制管理的投诉举报，对铁路运输企业落实车票实名制管理制度情况加强监督检查，并依法处理监督检查过程中发现的违法违规行为。

第二十四条 铁路运输企业应当积极配合铁路监管部门依法依规履行监督检查职责，不得拒绝、阻挠。

第六章　法律责任

第二十五条 在实行车票实名制管理过程中，发生殴打、辱骂车票实名制管理人员，冲闯、堵塞实名查验通道、相关场地，破坏、损毁、占用相关设施设备、系统等扰乱车票实名制管理工作秩序，妨碍车票实名制管理人员正常工作行为的，铁路运输企业应当予以制止；发生涉嫌违反治安管理行为或者犯罪行为的，及时报告公安机关。

第二十六条 铁路运输企业未建立健全信息安全保障制度，采取必要防护措施，造成旅客个人信息泄露、篡改、丢失以及铁路运输企业工作人员非法处理旅客个人信息的，由铁路监管部门责令改正，交由有关部门处理。

第二十七条 铁路运输企业未对旅客身份进行查验，或者对身份不明、拒绝身份查验的旅客提供进站乘车服务的，由铁路监管部门依照《中华人民共和国反恐怖主义法》第八十六条规定处理。

第二十八条 铁路监管部门对车票实名制管理依法开展监督管理等安全防范工作。铁路运输企业及其工作人员拒不配合的，由铁路监管部门依照《中华人民共和国反恐怖主义法》第九十一条规定处理。

第二十九条 铁路运输企业未提供车票实名制管理必要的场地、作业条件，以及车票查验和身份证件识读等设备的，由铁路监管部门责令改正；逾期未改正的，处1万元以下罚款。

第三十条 铁路运输企业及其工作人员违反本办法其他有关车票实名制管理规定的，铁路监管部门应当责令改正。

第三十一条 铁路监管部门的工作人员对实名制管理情况实施监督检查、处理投诉举报时，应当恪尽职守，廉洁自律，秉公执法。对失职、渎职、滥用职权、玩忽职守的，依法给予处分；构成犯罪的，依法追究刑事责任。

第七章　附　则

第三十二条 本办法自2023年1月1日起施行。交通运输部于2014年12月8日以交通运输部令2014年第20号公布的《铁路旅客车票实名制管理办法》同时废止。

铁路旅客运输规程

· 2022年11月3日交通运输部令2022年第37号公布
· 自2023年1月1日起施行

第一章　总　则

第一条 为了维护铁路旅客运输正常秩序，规范旅客和铁路运输企业的行为，保护旅客和铁路运输企业的合法权益，完善公平公正的旅客运输市场环境，根据《中华人民共和国民法典》《中华人民共和国消费者权益保护法》《中华人民共和国铁路法》《铁路安全管理条例》等法律、行政法规，制定本规程。

第二条 本规程适用于中华人民共和国境内的铁路旅客运输。

第三条 铁路运输企业应当根据法律、行政法规和本规程制定旅客运输相关办法，包括购票、退票、改签，旅客乘车、随身携带物品和托运行李相关规定等事项，并在实施前向社会公布。

第二章　一般规定

第四条 车票是铁路旅客运输合同的凭证，可以采用纸质形式或者电子数据形式，一般应当载明发站、到站、车次、车厢号、席别、席位号、票价、开车时间等主要信息。铁路运输企业与旅客另有约定的，按照其约定。

第五条 铁路运输企业应当提供方便快捷的票务服务，为旅客提供良好的旅行环境和服务设施，文明礼貌地为旅客服务，在约定期限或者合理期限内将旅客安全运输到车票载明的到站。

第六条 旅客应当遵守法律、行政法规、规章和有关铁路运输安全规定，配合铁路工作人员的引导，爱护铁路设备设施，不得扰乱铁路运输秩序。

第七条 旅客享有自主选择旅客运输服务和公平交易的权利。铁路运输企业不得限定、强制旅客使用某项服务或者搭售商品。

第八条 铁路运输企业应当公布车站运营时间、停止检票时间、服务项目及收费标准、旅客禁止或者限制携带物品目录等信息。

第三章　车票销售

第九条 铁路运输企业应当按照《中华人民共和国反恐怖主义法》《铁路安全管理条例》《铁路旅客车票实名制管理办法》等规定，实施车票实名制管理。

第十条 购票人应当向铁路运输企业提供乘车人真实有效的联系方式。

铁路运输企业对车票销售过程中知悉的旅客信息，应当予以保密，不得泄露、出售或者非法向他人提供。

第十一条 铁路运输企业应当公平销售车票，保留人工售票服务。鼓励铁路运输企业为旅客提供互联网、自动售票机等多种售票渠道，为旅客购票、取票、退票、改签等提供便利。

鼓励铁路运输企业开办定期票、计次票、联程票、乘车卡等业务，为旅客提供多元化的服务。

第十二条 除需要乘坐火车通勤上学的学生和铁路运输企业同意在旅途中监护的儿童外，实行车票实名制情况下未满14周岁或者未实行车票实名制情况下身高不足1.5米的儿童，应当随同成年人旅客旅行。

实行车票实名制的，年满6周岁且未满14周岁的儿童应当购买儿童优惠票；年满14周岁的儿童，应当购买全价票。每一名持票成年人旅客可以免费携带一名未满6周岁且不单独占用席位的儿童乘车；超过一名时，超过人数应当购买儿童优惠票。

未实行车票实名制的，身高1.2米且不足1.5米的儿童应当购买儿童优惠票；身高达到1.5米的儿童，应当购买全价票。每一名持票成年人旅客可以免费携带一名身高未达到1.2米且不单独占用席位的儿童乘车；超过一名时，超过人数应当购买儿童优惠票。

儿童优惠票的车次、席别应当与同行成年人所持车票相同，到站不得远于成年人车票的到站。按上述规定享受免费乘车的儿童单独占用席位时，应当购买儿童优惠票。

第十三条 旅客携带免费乘车儿童时，应当提前告知铁路运输企业，铁路运输企业应当为免费乘车儿童出具乘车凭证。实行车票实名制的，免费乘车儿童检票和乘车时需要提供有效身份证件。

第十四条 在全日制高等学校（含国务院教育行政部门、省级人民政府审批设置的实施高等学历教育的民办学校）、承担研究生教育任务的科学研究机构，军事院校，普通中、小学和中等职业学校（含有实施学历教育资格的公办、民办中等专业学校、职业高中、技工学校）就读的学生、研究生，凭学生证（中、小学生凭盖有学校公章的书面证明）每学年可以购买家庭居住地至院校（实习地点）所在地之间四次单程的学生优惠票。新生凭录取通知书、毕业生凭盖有院校公章的学校书面证明当年可以购买一次学生优惠票。学生优惠票限于使用普通旅客列车硬席或者动车组列车二等座。

学生证应当附有国务院教育行政部门认可的优惠乘车凭证，优惠乘车凭证需要载明学生照片、姓名、有效身份证件号码、优惠乘车区间、院校公章等信息。学生证优惠乘车区间的记录、变更需要加盖院校公章。

华侨学生、港澳台学生的优惠乘车区间为口岸车站至学校所在地车站。

第十五条 持中华人民共和国残疾军人证、中华人民共和国伤残人民警察证、国家综合性消防救援队伍残疾人员证的人员凭证可以购买优待票。

第十六条 旅客丢失实名制车票后，可以向铁路运输企业申请办理车票挂失补办手续，铁路运输企业不得重复收取票款和其他不合理费用。

旅客丢失非实名制车票应当另行购票乘车。

第四章 乘 车

第十七条 铁路运输企业应当按照《中华人民共和国反恐怖主义法》《铁路安全管理条例》《铁路旅客运输安全检查管理办法》等规定，对旅客及其随身携带物品进行安全检查。旅客随身携带物品应当遵守国家禁止或者限制运输的相关规定。

第十八条 铁路运输企业应当明确旅客随身携带物品的相关规定，至少包括下列内容：

（一）随身携带物品总重量限额；

（二）每件物品的重量及尺寸限定；

（三）免费携带物品的重量；

（四）超限携带物品计费标准；

（五）特殊携带物品的相关规定；

（六）因铁路运输企业责任导致携带物品损坏、丢失的赔偿标准或者所适用的国家有关规定。

第十九条 铁路运输企业应当在车站、旅客列车等公共场所设置安全标志、导向系统和信息服务系统等设备设施。

第二十条 铁路运输企业应当按照有效车票记载的时间、车次、车厢号、席别和席位号运输旅客；旅客应当按照有效车票载明的时间、车次、车厢号、席别和席位号乘车。

第二十一条 铁路运输企业应当按照《中华人民共和国军人地位和权益保障法》《军人抚恤优待条例》等规定，为现役军人、残疾军人、烈士、因公牺牲军人和病故军人的遗属，消防救援人员，以及与其随同出行的家属提供优先购票、优先乘车等服务。

第二十二条 铁路运输企业应当为老幼病残孕旅客提供优先购票、优先乘车等服务，为老年人和其他需要帮助的旅客提供必要的人工服务。

视力残疾旅客可以携带导盲犬进站乘车。

第二十三条 铁路运输企业应当提供齐全、干净、整洁的服务备品。车站、旅客列车等公共场所应当内外整洁、空气清新。

第二十四条 铁路运输企业应当提供符合食品安全标准的餐饮服务，不得销售不符合食品安全标准的食品和不合格产品。车站内和列车上提供的商品及服务应当做到明码标价、质价相符、信息描述规范。

第二十五条 旅客应当接受铁路运输企业对乘车相关凭证进行的必要核验。

购买优惠票、优待票的旅客需要凭相应证件乘车。

第二十六条 铁路运输企业发现下列情形之一的，应当补收票款：

（一）主动补票或者经车站、旅客列车同意上车补票的；

（二）应当购买儿童优惠票而未买票乘车的；

（三）应当购买全价票而使用儿童优惠票乘车的。

需要收取手续费的，按照有关铁路旅客运输杂费的规定办理。

第二十七条 未经铁路运输企业同意，有下列情形之一的，铁路运输企业应当补收票款，可以加收50%已乘区间应补票款：

（一）无票乘车未主动补票的；

（二）在车票到站不下车，且继续乘车的；

（三）持低等级席位的车票乘坐高等级席位的；

（四）持不符合减价条件的优惠、优待车票乘车的。

需要收取手续费的，按照有关铁路旅客运输杂费的规定办理。

第二十八条 铁路运输企业发现变造、伪造车票或者证件乘车，霸座或者其他扰乱秩序的行为，应当及时报告公安机关。

第二十九条 对下列旅客，铁路运输企业可以拒绝运输：

（一）有本规程第二十七条第一款规定的情形之一，拒不支付应补票款、加收票款的；

（二）不接受安全检查的；

（三）购买实名制车票但不接受身份信息核验，或者车票所记载身份信息与所持身份证件或者真实身份不符的；

（四）按照《中华人民共和国传染病防治法》等传染病防治的法律、行政法规和国家有关规定，应当实施隔离管理的；

（五）扰乱车站、列车秩序，严重精神障碍和醉酒等有可能危及列车安全或者其他旅客以及铁路运输企业工作人员人身安全的；

（六）国家规定的其他情况。

旅客不听从铁路运输企业工作人员劝阻，坚持携带或者夹带危险物品或者违禁物品的，铁路运输企业应当拒绝运输。对涉嫌违反治安管理的行为应当及时报告公安机关。

第五章 车票改签与退票

第三十条 因旅客自身原因不能按车票记载的时间、车次、车厢号、席别和席位号乘车，或者按照本规程规定被拒绝运输时，旅客要求办理退票或者改签的，应当按照铁路运输企业和旅客的约定办理。

第三十一条 因铁路运输企业原因或者自然灾害等其他不能正常运输情形导致旅客不能按车票记载的时间、车次、车厢号、席别和席位号乘车时，铁路运输企业应当按照旅客的要求办理退票或者改由其他车次或者席位运送旅客。重新安排的席位票价高于原票价时，超过部分不予补收；低于原票价时，应当退还票价差额。

对前款规定的情形，铁路运输企业不得收取退票费。

第三十二条 旅客办理退票、申请退款后，铁路运输企业应当在7个工作日内办理完成退款手续，上述时间不含金融机构处理时间和旅客自身原因导致的时间延误。

第六章 行李运输

第三十三条 行李票是铁路行李运输合同的凭证，应当载明车票票号、发站、到站、包装、件数、重量、费用、承运时间及旅客的姓名、地址、联系电话等主要信息。铁路运输企业与旅客另有约定的，按照其约定。

第三十四条 旅客凭有效车票、身份证件可以在行李办理站间托运行李，行李票和车票的发到城市应当保持一致。

第三十五条 铁路运输企业应当明确旅客托运行李的相关规定，至少包括下列内容：

（一）托运行李总重量限额；

（二）每件行李的重量及尺寸限定；

（三）超限行李计费方式；

（四）是否提供声明价值服务，或者为旅客办理行李声明价值的相关约定；

（五）特殊行李运输的相关规定；

（六）行李损坏、丢失、延误的赔偿标准或者所适用的国家有关规定。

第三十六条 铁路运输企业应当按照《中华人民共和国反恐怖主义法》《铁路安全管理条例》《铁路旅客运输安全检查管理办法》等规定，对旅客托运的行李进行安全检查。旅客托运行李应当遵守国家禁止运输或者限制运输的相关规定，不得夹带货币、珍贵文物、金银珠宝、档案材料、证书证件等贵重物品。

铁路运输企业在承运行李时或者运输过程中，发现行李中装有不得作为行李运输的任何物品,应当拒绝承运或者终止运输,并通知旅客处理。

第三十七条 行李的包装应当完整牢固、适合运输,包装材料和方式符合国家规定的包装标准和条件。

第三十八条 行李应当随旅客所乘列车或者就近列车运送,如遇特殊情况的,铁路运输企业应当向旅客作出说明。

第三十九条 铁路运输企业应当为旅客办理行李托运变更手续提供便利条件。

第四十条 铁路运输企业应当及时通知旅客领取到达的行李。

行李从运到日起,铁路运输企业应当至少免费保管3日;逾期到达的行李应当至少免费保管10日。因行李损失或者不可抗力等原因应当适当增加免费保管日数。

对前款规定的时限,铁路运输企业与旅客另有约定的,按照其约定。

第四十一条 在行李运输过程中,行李发生损坏、丢失或者延误,旅客要求出具行李运输损失凭证的,铁路运输企业应当及时提供。

第七章 应急处置

第四十二条 铁路运输企业应当针对自然灾害、恶劣天气、设备设施故障以及安全事故等对旅客出行产生重大影响的情形,依法制定相应的应急预案,配备必要的应急物品,并定期组织演练。

第四十三条 线路中断、列车不能继续运行时,铁路运输企业应当妥善安排受阻旅客,并及时公告铁路旅客运输相关业务停办、恢复等信息。

因线路中断影响旅行,旅客要求出具证明的,铁路运输企业应当及时提供。

第四十四条 线路中断后,铁路运输企业应当妥善保管承运的行李,并及时通知旅客,与旅客协商处理方案。

第四十五条 发生旅客急病、分娩、遇险时,铁路运输企业应当积极采取救助措施并做好记录。

公安机关开展调查、侦查时,铁路运输企业应当配合公安机关开展工作,协助收集相关证据、调查事件发生原因。

第四十六条 铁路运输企业对运输过程中旅客的人身伤亡和财产损失,依法承担民事责任。

第八章 旅客投诉与建议

第四十七条 旅客有权就铁路旅客运输服务质量问题向铁路运输企业投诉,也可以向铁路监管部门投诉。

铁路运输企业应当建立旅客运输投诉处理机制,设立电话、网络、信件等投诉渠道并对外公布,配备必要的投诉处理人员并保证投诉渠道畅通,运行良好。

第四十八条 铁路运输企业应当在收到旅客投诉后3个工作日内答复受理情况,10个工作日内告知实质性处理结果;不予受理的,应当说明理由。

铁路运输企业应当记录旅客的投诉情况及处理结果,投诉记录至少保存3年。

第四十九条 铁路运输企业应当认真研究旅客提出的服务改进意见建议,必要时主动沟通并作出答复。

第九章 附 则

第五十条 铁路营业站及营业线的启用、封闭和业务范围的变更,铁路运输企业应当公告。

第五十一条 铁路运输企业利用旅客列车办理包裹运输业务的,参照本规程行李运输有关规定执行。

第五十二条 本规程自2023年1月1日起施行。

铁路安全管理条例

- 2013年7月24日国务院第18次常务会议通过
- 2013年8月17日中华人民共和国国务院令第639号公布
- 自2014年1月1日起施行

第一章 总 则

第一条 为了加强铁路安全管理,保障铁路运输安全和畅通,保护人身安全和财产安全,制定本条例。

第二条 铁路安全管理坚持安全第一、预防为主、综合治理的方针。

第三条 国务院铁路行业监督管理部门负责全国铁路安全监督管理工作,国务院铁路行业监督管理部门设立的铁路监督管理机构负责辖区内的铁路安全监督管理工作。国务院铁路行业监督管理部门和铁路监督管理机构统称铁路监管部门。

国务院有关部门依照法律和国务院规定的职责,负责铁路安全管理的有关工作。

第四条 铁路沿线地方各级人民政府和县级以上地方人民政府有关部门应当按照各自职责,加强保障铁路安全的教育,落实护路联防责任制,防范和制止危害铁路安全的行为,协调和处理保障铁路安全的有关事项,做好保障铁路安全的有关工作。

第五条 从事铁路建设、运输、设备制造维修的单位应当加强安全管理,建立健全安全生产管理制度,落实企业安全生产主体责任,设置安全管理机构或者配备安全管理人员,执行保障生产安全和产品质量安全的国家标准、行业标准,加强对从业人员的安全教育培训,保证安全生产所必需的资金投入。

铁路建设、运输、设备制造维修单位的工作人员应当严格执行规章制度,实行标准化作业,保证铁路安全。

第六条 铁路监管部门、铁路运输企业等单位应当按照国家有关规定制定突发事件应急预案,并组织应急演练。

第七条 禁止扰乱铁路建设、运输秩序。禁止损坏或者非法占用铁路设施设备、铁路标志和铁路用地。

任何单位或者个人发现损坏或者非法占用铁路设施设备、铁路标志、铁路用地以及其他影响铁路安全的行为,有权报告铁路运输企业,或者向铁路监管部门、公安机关或者其他有关部门举报。接到报告的铁路运输企业、接到举报的部门应当根据各自职责及时处理。

对维护铁路安全作出突出贡献的单位或者个人,按照国家有关规定给予表彰奖励。

第二章 铁路建设质量安全

第八条 铁路建设工程的勘察、设计、施工、监理以及建设物资、设备的采购,应当依法进行招标。

第九条 从事铁路建设工程勘察、设计、施工、监理活动的单位应当依法取得相应资质,并在其资质等级许可的范围内从事铁路工程建设活动。

第十条 铁路建设单位应当选择具备相应资质等级的勘察、设计、施工、监理单位进行工程建设,并对建设工程的质量安全进行监督检查,制作检查记录留存备查。

第十一条 铁路建设工程的勘察、设计、施工、监理应当遵守法律、行政法规关于建设工程质量和安全管理的规定,执行国家标准、行业标准和技术规范。

铁路建设工程的勘察、设计、施工单位依法对勘察、设计、施工的质量负责,监理单位依法对施工质量承担监理责任。

高速铁路和地质构造复杂的铁路建设工程实行工程地质勘察监理制度。

第十二条 铁路建设工程的安全设施应当与主体工程同时设计、同时施工、同时投入使用。安全设施投资应当纳入建设项目概算。

第十三条 铁路建设工程使用的材料、构件、设备等产品,应当符合有关产品质量的强制性国家标准、行业标准。

第十四条 铁路建设工程的建设工期,应当根据工程地质条件、技术复杂程度等因素,按照国家标准、行业标准和技术规范合理确定、调整。

任何单位和个人不得违反前款规定要求铁路建设、设计、施工单位压缩建设工期。

第十五条 铁路建设工程竣工,应当按照国家有关规定组织验收,并由铁路运输企业进行运营安全评估。经验收、评估合格,符合运营安全要求的,方可投入运营。

第十六条 在铁路线路及其邻近区域进行铁路建设工程施工,应当执行铁路营业线施工安全管理规定。铁路建设单位应当会同相关铁路运输企业和工程设计、施工单位制定安全施工方案,按照方案进行施工。施工完毕应当及时清理现场,不得影响铁路运营安全。

第十七条 新建、改建设计开行时速120公里以上列车的铁路或者设计运输量达到国务院铁路行业监督管理部门规定的较大运输量标准的铁路,需要与道路交叉的,应当设置立体交叉设施。

新建、改建高速公路、一级公路或者城市道路中的快速路,需要与铁路交叉的,应当设置立体交叉设施,并优先选择下穿铁路的方案。

已建成的属于前两款规定情形的铁路、道路为平面交叉的,应当逐步改造为立体交叉。

新建、改建高速铁路需要与普通铁路、道路、渡槽、管线等设施交叉的,应当优先选择高速铁路上跨方案。

第十八条 设置铁路与道路立体交叉设施及其附属安全设施所需费用的承担,按照下列原则确定:

(一)新建、改建铁路与既有道路交叉的,由铁路方承担建设费用;道路方要求超过既有道路建设标准建设所增加的费用,由道路方承担;

(二)新建、改建道路与既有铁路交叉的,由道路方承担建设费用;铁路方要求超过既有铁路线路建设标准建设所增加的费用,由铁路方承担;

(三)同步建设的铁路和道路需要设置立体交叉设施以及既有铁路道口改造为立体交叉的,由铁路方和道路方按照公平合理的原则分担建设费用。

第十九条 铁路与道路立体交叉设施及其附属安全设施竣工验收合格后,应当按照国家有关规定移交有关单位管理、维护。

第二十条 专用铁路、铁路专用线需要与公用铁路网接轨的,应当符合国家有关铁路建设、运输的安全管理规定。

第三章 铁路专用设备质量安全

第二十一条 设计、制造、维修或者进口新型铁路机车车辆，应当符合国家标准、行业标准，并分别向国务院铁路行业监督管理部门申请领取型号合格证、制造许可证、维修许可证或者进口许可证，具体办法由国务院铁路行业监督管理部门制定。

铁路机车车辆的制造、维修、使用单位应当遵守有关产品质量的法律、行政法规以及国家其他有关规定，确保投入使用的机车车辆符合安全运营要求。

第二十二条 生产铁路道岔及其转辙设备、铁路信号控制软件和控制设备、铁路通信设备、铁路牵引供电设备的企业，应当符合下列条件并经国务院铁路行业监督管理部门依法审查批准：

（一）有按照国家标准、行业标准检测、检验合格的专业生产设备；

（二）有相应的专业技术人员；

（三）有完善的产品质量保证体系和安全管理制度；

（四）法律、行政法规规定的其他条件。

第二十三条 铁路机车车辆以外的直接影响铁路运输安全的铁路专用设备，依法应当进行产品认证的，经认证合格方可出厂、销售、进口、使用。

第二十四条 用于危险化学品和放射性物品运输的铁路罐车、专用车辆以及其他容器的生产和检测、检验，依照有关法律、行政法规的规定执行。

第二十五条 用于铁路运输的安全检测、监控、防护设施设备，集装箱和集装化用具等运输器具、专用装卸机械、索具、篷布、装载加固材料或者装置，以及运输包装、货物装载加固等，应当符合国家标准、行业标准和技术规范。

第二十六条 铁路机车车辆以及其他铁路专用设备存在缺陷，即由于设计、制造、标识等原因导致同一批次、型号或者类别的铁路专用设备普遍存在不符合保障人身、财产安全的国家标准、行业标准的情形或者其他危及人身、财产安全的不合理危险，应当立即停止生产、销售、进口、使用；设备制造者应当召回缺陷产品，采取措施消除缺陷。具体办法由国务院铁路行业监督管理部门制定。

第四章 铁路线路安全

第二十七条 铁路线路两侧应当设立铁路线路安全保护区。铁路线路安全保护区的范围，从铁路线路路堤坡脚、路堑坡顶或者铁路桥梁（含铁路、道路两用桥，下同）外侧起向外的距离分别为：

（一）城市市区高速铁路为10米，其他铁路为8米；

（二）城市郊区居民居住区高速铁路为12米，其他铁路为10米；

（三）村镇居民居住区高速铁路为15米，其他铁路为12米；

（四）其他地区高速铁路为20米，其他铁路为15米。

前款规定距离不能满足铁路运输安全保护需要的，由铁路建设单位或者铁路运输企业提出方案，铁路监督管理机构或者县级以上地方人民政府依照本条第三款规定程序划定。

在铁路用地范围内划定铁路线路安全保护区的，由铁路监督管理机构组织铁路建设单位或者铁路运输企业划定并公告。在铁路用地范围外划定铁路线路安全保护区的，由县级以上地方人民政府根据保障铁路运输安全和节约用地的原则，组织有关铁路监督管理机构、县级以上地方人民政府国土资源等部门划定并公告。

铁路线路安全保护区与公路建筑控制区、河道管理范围、水利工程管理和保护范围、航道保护范围或者石油、电力以及其他重要设施保护区重叠的，由县级以上地方人民政府组织有关部门依照法律、行政法规的规定协商划定并公告。

新建、改建铁路的铁路线路安全保护区范围，应当自铁路建设工程初步设计批准之日起30日内，由县级以上地方人民政府依照本条例的规定划定并公告。铁路建设单位或者铁路运输企业应当根据工程竣工资料进行勘界，绘制铁路线路安全保护区平面图，并根据平面图设立标桩。

第二十八条 设计开行时速120公里以上列车的铁路应当实行全封闭管理。铁路建设单位或者铁路运输企业应当按照国务院铁路行业监督管理部门的规定在铁路用地范围内设置封闭设施和警示标志。

第二十九条 禁止在铁路线路安全保护区内烧荒、放养牲畜、种植影响铁路线路安全和行车瞭望的树木等植物。

禁止向铁路线路安全保护区排污、倾倒垃圾以及其他危害铁路安全的物质。

第三十条 在铁路线路安全保护区内建造建筑物、构筑物等设施，取土、挖砂、挖沟、采空作业或者堆放、悬挂物品，应当征得铁路运输企业同意并签订安全协议，遵守保证铁路安全的国家标准、行业标准和施工安全规范，采取措施防止影响铁路运输安全。铁路运输企业应当派员对施工现场实行安全监督。

第三十一条 铁路线路安全保护区内既有的建筑物、构筑物危及铁路运输安全的，应当采取必要的安全防护措施；采取安全防护措施后仍不能保证安全的，依照有关法律的规定拆除。

拆除铁路线路安全保护区内的建筑物、构筑物，清理铁路线路安全保护区内的植物，或者对他人在铁路线路安全保护区内已依法取得的采矿权等合法权利予以限制，给他人造成损失的，应当依法给予补偿或者采取必要的补救措施。但是，拆除非法建设的建筑物、构筑物的除外。

第三十二条 在铁路线路安全保护区及其邻近区域建造或者设置的建筑物、构筑物、设备等，不得进入国家规定的铁路建筑限界。

第三十三条 在铁路线路两侧建造、设立生产、加工、储存或者销售易燃、易爆或者放射性物品等危险物品的场所、仓库，应当符合国家标准、行业标准规定的安全防护距离。

第三十四条 在铁路线路两侧从事采矿、采石或者爆破作业，应当遵守有关采矿和民用爆破的法律法规，符合国家标准、行业标准和铁路安全保护要求。

在铁路线路路堤坡脚、路堑坡顶、铁路桥梁外侧起向外各 1000 米范围内，以及在铁路隧道上方中心线两侧各 1000 米范围内，确需从事露天采矿、采石或者爆破作业的，应当与铁路运输企业协商一致，依照有关法律法规的规定报县级以上地方人民政府有关部门批准，采取安全防护措施后方可进行。

第三十五条 高速铁路线路路堤坡脚、路堑坡顶或者铁路桥梁外侧起向外各 200 米范围内禁止抽取地下水。

在前款规定范围外，高速铁路线路经过的区域属于地面沉降区域，抽取地下水危及高速铁路安全的，应当设置地下水禁止开采区或者限制开采区，具体范围由铁路监督管理机构会同县级以上地方人民政府水行政主管部门提出方案，报省、自治区、直辖市人民政府批准并公告。

第三十六条 在电气化铁路附近从事排放粉尘、烟尘及腐蚀性气体的生产活动，超过国家规定的排放标准，危及铁路运输安全的，由县级以上地方人民政府有关部门依法责令整改，消除安全隐患。

第三十七条 任何单位和个人不得擅自在铁路桥梁跨越处河道上下游各 1000 米范围内围垦造田、拦河筑坝、架设浮桥或者修建其他影响铁路桥梁安全的设施。

因特殊原因确需在前款规定的范围内进行围垦造田、拦河筑坝、架设浮桥等活动的，应当进行安全论证，负责审批的机关在批准前应当征求有关铁路运输企业的意见。

第三十八条 禁止在铁路桥梁跨越处河道上下游的下列范围内采砂、淘金：

（一）跨河桥长 500 米以上的铁路桥梁，河道上游 500 米，下游 3000 米；

（二）跨河桥长 100 米以上不足 500 米的铁路桥梁，河道上游 500 米，下游 2000 米；

（三）跨河桥长不足 100 米的铁路桥梁，河道上游 500 米，下游 1000 米。

有关部门依法在铁路桥梁跨越处河道上下游划定的禁采范围大于前款规定的禁采范围的，按照划定的禁采范围执行。

县级以上地方人民政府水行政主管部门、国土资源主管部门应当按照各自职责划定禁采区域、设置禁采标志，制止非法采砂、淘金行为。

第三十九条 在铁路桥梁跨越处河道上下游各 500 米范围内进行疏浚作业，应当进行安全技术评价，有关河道、航道管理部门应当征求铁路运输企业的意见，确认安全或者采取安全技术措施后，方可批准进行疏浚作业。但是，依法进行河道、航道日常养护、疏浚作业的除外。

第四十条 铁路、道路两用桥由所在地铁路运输企业和道路管理部门或者道路经营企业定期检查、共同维护，保证桥梁处于安全的技术状态。

铁路、道路两用桥的墩、梁等共用部分的检测、维修由铁路运输企业和道路管理部门或者道路经营企业共同负责，所需费用按照公平合理的原则分担。

第四十一条 铁路的重要桥梁和隧道按照国家有关规定由中国人民武装警察部队负责守卫。

第四十二条 船舶通过铁路桥梁应当符合桥梁的通航净空高度并遵守航行规则。

桥区航标中的桥梁航标、桥柱标、桥梁水尺标由铁路运输企业负责设置、维护，水面航标由铁路运输企业负责设置，航道管理部门负责维护。

第四十三条 下穿铁路桥梁、涵洞的道路应当按照国家标准设置车辆通过限高、限宽标志和限高防护架。城市道路的限高、限宽标志由当地人民政府指定的部门设置并维护，公路的限高、限宽标志由公路管理部门设置并维护。限高防护架在铁路桥梁、涵洞、道路建设时设置，由铁路运输企业负责维护。

机动车通过下穿铁路桥梁、涵洞的道路，应当遵守限高、限宽规定。

下穿铁路涵洞的管理单位负责涵洞的日常管理、维护，防止淤塞、积水。

第四十四条 铁路线路安全保护区内的道路和铁路线路路堑上的道路、跨越铁路线路的道路桥梁，应当按照国家有关规定设置防止车辆以及其他物体进入、坠入铁路线路的安全防护设施和警示标志，并由道路管理部门或者道路经营企业维护、管理。

第四十五条 架设、铺设铁路信号和通信线路、杆塔应当符合国家标准、行业标准和铁路安全防护要求。铁路运输企业、为铁路运输提供服务的电信企业应当加强对铁路信号和通信线路、杆塔的维护和管理。

第四十六条 设置或者拓宽铁路道口、铁路人行过道，应当征得铁路运输企业的同意。

第四十七条 铁路与道路交叉的无人看守道口应当按照国家标准设置警示标志；有人看守道口应当设置移动栏杆、列车接近报警装置、警示灯、警示标志、铁路道口路段标线等安全防护设施。

道口移动栏杆、列车接近报警装置、警示灯等安全防护设施由铁路运输企业设置、维护；警示标志、铁路道口路段标线由铁路道口所在地的道路管理部门设置、维护。

第四十八条 机动车或者非机动车在铁路道口内发生故障或者装载物掉落的，应当立即将故障车辆或者掉落的装载物移至铁路道口停止线以外或者铁路线路最外侧钢轨5米以外的安全地点。无法立即移至安全地点的，应当立即报告铁路道口看守人员；在无人看守道口，应当立即在道口两端采取措施拦停列车，并就近通知铁路车站或者公安机关。

第四十九条 履带车辆等可能损坏铁路设施设备的车辆、物体通过铁路道口，应当提前通知铁路道口管理单位，在其协助、指导下通过，并采取相应的安全防护措施。

第五十条 在下列地点，铁路运输企业应当按照国家标准、行业标准设置易于识别的警示、保护标志：

（一）铁路桥梁、隧道的两端；

（二）铁路信号、通信光（电）缆的埋设、铺设地点；

（三）电气化铁路接触网、自动闭塞供电线路和电力贯通线路等电力设施附近易发生危险的地点。

第五十一条 禁止损坏铁路线路、站台等设施设备和铁路路基、护坡、排水沟、防护林木、护坡草坪、铁路线路封闭网及其他铁路防护设施。

第五十二条 禁止实施下列危及铁路通信、信号设施安全的行为：

（一）在埋有地下光（电）缆设施的地面上方进行钻探、堆放重物、垃圾、焚烧物品、倾倒腐蚀性物质；

（二）在地下光（电）缆两侧各1米的范围内建造、搭建建筑物、构筑物等设施；

（三）在地下光（电）缆两侧各1米的范围内挖砂、取土；

（四）在过河光（电）缆两侧各100米的范围内挖砂、抛锚或者进行其他危及光（电）缆安全的作业。

第五十三条 禁止实施下列危害电气化铁路设施的行为：

（一）向电气化铁路接触网抛掷物品；

（二）在铁路电力线路导线两侧各500米的范围内升放风筝、气球等低空飘浮物体；

（三）攀登铁路电力线路杆塔或者在杆塔上架设、安装其他设施设备；

（四）在铁路电力线路杆塔、拉线周围20米范围内取土、打桩、钻探或者倾倒有害化学物品；

（五）触碰电气化铁路接触网。

第五十四条 县级以上各级人民政府及其有关部门、铁路运输企业应当依照地质灾害防治法律法规的规定，加强铁路沿线地质灾害的预防、治理和应急处理等工作。

第五十五条 铁路运输企业应当对铁路线路、铁路防护设施和警示标志进行经常性巡查和维护；对巡查中发现的安全问题应当立即处理，不能立即处理的应当及时报告铁路监督管理机构。巡查和处理情况应当记录留存。

第五章 铁路运营安全

第五十六条 铁路运输企业应当依照法律、行政法规和国务院铁路行业监督管理部门的规定，制定铁路运输安全管理制度，完善相关作业程序，保障铁路旅客和货物运输安全。

第五十七条 铁路机车车辆的驾驶人员应当参加国务院铁路行业监督管理部门组织的考试，考试合格方可上岗。具体办法由国务院铁路行业监督管理部门制定。

第五十八条 铁路运输企业应当加强铁路专业技术岗位和主要行车工种岗位从业人员的业务培训和安全培训，提高从业人员的业务技能和安全意识。

第五十九条 铁路运输企业应当加强运输过程中的安全防护，使用的运输工具、装载加固设备以及其他专用设施设备应当符合国家标准、行业标准和安全要求。

第六十条 铁路运输企业应当建立健全铁路设施设备的检查防护制度，加强对铁路设施设备的日常维护检修，确保铁路设施设备性能完好和安全运行。

铁路运输企业的从业人员应当按照操作规程使用、

管理铁路设施设备。

第六十一条 在法定假日和传统节日等铁路运输高峰期或者恶劣气象条件下，铁路运输企业应当采取必要的安全应急管理措施，加强铁路运输安全检查，确保运输安全。

第六十二条 铁路运输企业应当在列车、车站等场所公告旅客、列车工作人员以及其他进站人员遵守的安全管理规定。

第六十三条 公安机关应当按照职责分工，维护车站、列车等铁路场所和铁路沿线的治安秩序。

第六十四条 铁路运输企业应当按照国务院铁路行业监督管理部门的规定实施火车票实名购买、查验制度。

实施火车票实名购买、查验制度的，旅客应当凭有效身份证件购票乘车；对车票所记载身份信息与所持身份证件或者真实身份不符的持票人，铁路运输企业有权拒绝其进站乘车。

铁路运输企业应当采取有效措施为旅客实名购票、乘车提供便利，并加强对旅客身份信息的保护。铁路运输企业工作人员不得窃取、泄露旅客身份信息。

第六十五条 铁路运输企业应当依照法律、行政法规和国务院铁路行业监督管理部门的规定，对旅客及其随身携带、托运的行李物品进行安全检查。

从事安全检查的工作人员应当佩戴安全检查标志，依法履行安全检查职责，并有权拒绝不接受安全检查的旅客进站乘车和托运行李物品。

第六十六条 旅客应当接受并配合铁路运输企业在车站、列车实施的安全检查，不得违法携带、夹带管制器具，不得违法携带、托运烟花爆竹、枪支弹药等危险物品或者其他违禁物品。

禁止或者限制携带的物品种类及其数量由国务院铁路行业监督管理部门会同公安机关规定，并在车站、列车等场所公布。

第六十七条 铁路运输托运人托运货物、行李、包裹，不得有下列行为：

（一）匿报、谎报货物品名、性质、重量；

（二）在普通货物中夹带危险货物，或者在危险货物中夹带禁止配装的货物；

（三）装车、装箱超过规定重量。

第六十八条 铁路运输企业应当对承运的货物进行安全检查，并不得有下列行为：

（一）在非危险货物办理站办理危险货物承运手续；

（二）承运未接受安全检查的货物；

（三）承运不符合安全规定、可能危害铁路运输安全的货物。

第六十九条 运输危险货物应当依照法律法规和国家其他有关规定使用专用的设施设备，托运人应当配备必要的押运人员和应急处理器材、设备以及防护用品，并使危险货物始终处于押运人员的监管之下；危险货物发生被盗、丢失、泄漏等情况，应当按照国家有关规定及时报告。

第七十条 办理危险货物运输业务的工作人员和装卸人员、押运人员，应当掌握危险货物的性质、危害特性、包装容器的使用特性和发生意外的应急措施。

第七十一条 铁路运输企业和托运人应当按照操作规程包装、装卸、运输危险货物，防止危险货物泄漏、爆炸。

第七十二条 铁路运输企业和托运人应当依照法律法规和国家其他有关规定包装、装载、押运特殊药品，防止特殊药品在运输过程中被盗、被劫或者发生丢失。

第七十三条 铁路管理信息系统及其设施的建设和使用，应当符合法律法规和国家其他有关规定的安全技术要求。

铁路运输企业应当建立网络与信息安全应急保障体系，并配备相应的专业技术人员负责网络和信息系统的安全管理工作。

第七十四条 禁止使用无线电台（站）以及其他仪器、装置干扰铁路运营指挥调度无线电频率的正常使用。

铁路运营指挥调度无线电频率受到干扰的，铁路运输企业应当立即采取排查措施并报告无线电管理机构、铁路监管部门；无线电管理机构、铁路监管部门应当依法排除干扰。

第七十五条 电力企业应当依法保障铁路运输所需电力的持续供应，并保证供电质量。

铁路运输企业应当加强用电安全管理，合理配置供电电源和应急自备电源。

遇有特殊情况影响铁路电力供应的，电力企业和铁路运输企业应当按照各自职责及时组织抢修，尽快恢复正常供电。

第七十六条 铁路运输企业应当加强铁路运营食品安全管理，遵守有关食品安全管理的法律法规和国家其他有关规定，保证食品安全。

第七十七条 禁止实施下列危害铁路安全的行为：

（一）非法拦截列车、阻断铁路运输；

（二）扰乱铁路运输指挥调度机构以及车站、列车的正常秩序；

（三）在铁路线路上放置、遗弃障碍物；

（四）击打列车；

（五）擅自移动铁路线路上的机车车辆，或者擅自开启列车车门、违规操纵列车紧急制动设备；

（六）拆盗、损毁或者擅自移动铁路设施设备、机车车辆配件、标桩、防护设施和安全标志；

（七）在铁路线路上行走、坐卧或者在未设道口、人行过道的铁路线路上通过；

（八）擅自进入铁路线路封闭区域或者在未设置行人通道的铁路桥梁、隧道通行；

（九）擅自开启、关闭列车的货车阀、盖或者破坏施封状态；

（十）擅自开启列车中的集装箱箱门，破坏箱体、阀、盖或者施封状态；

（十一）擅自松动、拆解、移动列车中的货物装载加固材料、装置和设备；

（十二）钻车、扒车、跳车；

（十三）从列车上抛扔杂物；

（十四）在动车组列车上吸烟或者在其他列车的禁烟区域吸烟；

（十五）强行登乘或者以拒绝下车等方式强占列车；

（十六）冲击、堵塞、占用进出站通道或者候车区、站台。

第六章　监督检查

第七十八条　铁路监管部门应当对从事铁路建设、运输、设备制造维修的企业执行本条例的情况实施监督检查，依法查处违反本条例规定的行为，依法组织或者参与铁路安全事故的调查处理。

铁路监管部门应当建立企业违法行为记录和公告制度，对违反本条例被依法追究法律责任的从事铁路建设、运输、设备制造维修的企业予以公布。

第七十九条　铁路监管部门应当加强对铁路运输高峰期和恶劣气象条件下运输安全的监督管理，加强对铁路运输的关键环节、重要设施设备的安全状况以及铁路运输突发事件应急预案的建立和落实情况的监督检查。

第八十条　铁路监管部门和县级以上人民政府安全生产监督管理部门应当建立信息通报制度和运输安全生产协调机制。发现重大安全隐患，铁路运输企业难以自行排除的，应当及时向铁路监管部门和有关地方人民政府报告。地方人民政府获悉铁路沿线有危及铁路运输安全的重要情况，应当及时通报有关的铁路运输企业和铁路监管部门。

第八十一条　铁路监管部门发现安全隐患，应当责令有关单位立即排除。重大安全隐患排除前或者排除过程中无法保证安全的，应当责令从危险区域内撤出人员、设备，停止作业；重大安全隐患排除后方可恢复作业。

第八十二条　实施铁路安全监督检查的人员执行监督检查任务时，应当佩戴标志或者出示证件。任何单位和个人不得阻碍、干扰安全监督检查人员依法履行安全检查职责。

第七章　法律责任

第八十三条　铁路建设单位和铁路建设的勘察、设计、施工、监理单位违反本条例关于铁路建设质量安全管理的规定的，由铁路监管部门依照有关工程建设、招标投标管理的法律、行政法规的规定处罚。

第八十四条　铁路建设单位未对高速铁路和地质构造复杂的铁路建设工程实行工程地质勘察监理，或者在铁路线路及其邻近区域进行铁路建设工程施工不执行铁路营业线施工安全管理规定，影响铁路运营安全的，由铁路监管部门责令改正，处10万元以上50万元以下的罚款。

第八十五条　依法应当进行产品认证的铁路专用设备未经认证合格，擅自出厂、销售、进口、使用的，依照《中华人民共和国认证认可条例》的规定处罚。

第八十六条　铁路机车车辆以及其他专用设备制造者未按规定召回缺陷产品，采取措施消除缺陷的，由国务院铁路行业监督管理部门责令改正；拒不改正的，处缺陷产品货值金额1%以上10%以下的罚款；情节严重的，由国务院铁路行业监督管理部门吊销相应的许可证件。

第八十七条　有下列情形之一的，由铁路监督管理机构责令改正，处2万元以上10万元以下的罚款：

（一）用于铁路运输的安全检测、监控、防护设施设备，集装箱和集装化用具等运输器具、专用装卸机械、索具、篷布、装载加固材料或者装置、运输包装、货物装载加固等，不符合国家标准、行业标准和技术规范；

（二）不按照国家有关规定和标准设置、维护铁路封闭设施、安全防护设施；

（三）架设、铺设铁路信号和通信线路、杆塔不符合国家标准、行业标准和铁路安全防护要求，或者未对铁路信号和通信线路、杆塔进行维护和管理；

（四）运输危险货物不依照法律法规和国家其他有关规定使用专用的设施设备。

第八十八条　在铁路线路安全保护区内烧荒、放养牲畜、种植影响铁路线路安全和行车瞭望的树木等植物，或者向铁路线路安全保护区排污、倾倒垃圾以及其他危害铁路安全的物质的，由铁路监督管理机构责令改正，对单位可以处5万元以下的罚款，对个人可以处2000元以下的罚款。

第八十九条 未经铁路运输企业同意或者未签订安全协议，在铁路线路安全保护区内建造建筑物、构筑物等设施，取土、挖砂、挖沟、采空作业或者堆放、悬挂物品，或者违反保证铁路安全的国家标准、行业标准和施工安全规范，影响铁路运输安全的，由铁路监督管理机构责令改正，可以处10万元以下的罚款。

铁路运输企业未派员对铁路线路安全保护区内施工现场进行安全监督的，由铁路监督管理机构责令改正，可以处3万元以下的罚款。

第九十条 在铁路线路安全保护区及其邻近区域建造或者设置的建筑物、构筑物、设备等进入国家规定的铁路建筑限界，或者在铁路线路两侧建造、设立生产、加工、储存或者销售易燃、易爆或者放射性物品等危险物品的场所、仓库不符合国家标准、行业标准规定的安全防护距离的，由铁路监督管理机构责令改正，对单位处5万元以上20万元以下的罚款，对个人处1万元以上5万元以下的罚款。

第九十一条 有下列行为之一的，分别由铁路沿线所在地县级以上地方人民政府水行政主管部门、国土资源主管部门或者无线电管理机构等依照有关水资源管理、矿产资源管理、无线电管理等法律、行政法规的规定处罚：

（一）未经批准在铁路线路两侧各1000米范围内从事露天采矿、采石或者爆破作业的；

（二）在地下水禁止开采区或者限制开采区抽取地下水；

（三）在铁路桥梁跨越处河道上下游各1000米范围内围垦造田、拦河筑坝、架设浮桥或者修建其他影响铁路桥梁安全的设施；

（四）在铁路桥梁跨越处河道上下游禁止采砂、淘金的范围内采砂、淘金；

（五）干扰铁路运营指挥调度无线电频率正常使用。

第九十二条 铁路运输企业、道路管理部门或者道路经营企业未履行铁路、道路两用桥检查、维护职责的，由铁路监督管理机构或者上级道路管理部门责令改正；拒不改正的，由铁路监督管理机构或者上级道路管理部门指定其他单位进行养护和维修，养护和维修费用由拒不履行义务的铁路运输企业、道路管理部门或者道路经营企业承担。

第九十三条 机动车通过下穿铁路桥梁、涵洞的道路未遵守限高、限宽规定的，由公安机关依照道路交通安全管理法律、行政法规的规定处罚。

第九十四条 违反本条例第四十八条、第四十九条关于铁路道口安全管理的规定的，由铁路监督管理机构责令改正，处1000元以上5000元以下的罚款。

第九十五条 违反本条例第五十一条、第五十二条、第五十三条、第七十七条规定的，由公安机关责令改正，对单位处1万元以上5万元以下的罚款，对个人处500元以上2000元以下的罚款。

第九十六条 铁路运输托运人托运货物、行李、包裹时匿报、谎报货物品名、性质、重量，或者装车、装箱超过规定重量的，由铁路监督管理机构责令改正，可以处2000元以下的罚款；情节较重的，处2000元以上2万元以下的罚款；将危险化学品谎报或者匿报为普通货物托运的，处10万元以上20万元以下的罚款。

铁路运输托运人在普通货物中夹带危险货物，或者在危险货物中夹带禁止配装的货物的，由铁路监督管理机构责令改正，处3万元以上20万元以下的罚款。

第九十七条 铁路运输托运人运输危险货物未配备必要的应急处理器材、设备、防护用品，或者未按照操作规程包装、装卸、运输危险货物的，由铁路监督管理机构责令改正，处1万元以上5万元以下的罚款。

第九十八条 铁路运输托运人运输危险货物不按照规定配备必要的押运人员，或者发生危险货物被盗、丢失、泄漏等情况不按照规定及时报告的，由公安机关责令改正，处1万元以上5万元以下的罚款。

第九十九条 旅客违法携带、夹带管制器具或者违法携带、托运烟花爆竹、枪支弹药等危险物品或者其他违禁物品的，由公安机关依法给予治安管理处罚。

第一百条 铁路运输企业有下列情形之一的，由铁路监管部门责令改正，处2万元以上10万元以下的罚款：

（一）在非危险货物办理站办理危险货物承运手续的；

（二）承运未接受安全检查的货物；

（三）承运不符合安全规定、可能危害铁路运输安全的货物；

（四）未按照操作规程包装、装卸、运输危险货物。

第一百零一条 铁路监管部门及其工作人员应当严格按照本条例规定的处罚种类和幅度，根据违法行为的性质和具体情节行使行政处罚权，具体办法由国务院铁路行业监督管理部门制定。

第一百零二条 铁路运输企业工作人员窃取、泄露旅客身份信息的，由公安机关依法处罚。

第一百零三条 从事铁路建设、运输、设备制造维修的单位违反本条例规定，对直接负责的主管人员和其他直接责任人员依法给予处分。

第一百零四条 铁路监管部门及其工作人员不依照本条例规定履行职责的，对负有责任的领导人员和直接责任人员依法给予处分。

第一百零五条 违反本条例规定，给铁路运输企业或者其他单位、个人财产造成损失的，依法承担民事责任。

违反本条例规定，构成违反治安管理行为的，由公安机关依法给予治安管理处罚；构成犯罪的，依法追究刑事责任。

第八章 附 则

第一百零六条 专用铁路、铁路专用线的安全管理参照本条例的规定执行。

第一百零七条 本条例所称高速铁路，是指设计开行时速250公里以上（含预留），并且初期运营时速200公里以上的客运列车专线铁路。

第一百零八条 本条例自2014年1月1日起施行。2004年12月27日国务院公布的《铁路运输安全保护条例》同时废止。

铁路设备质量安全监督管理办法

· 2023年7月26日交通运输部令2023年第7号公布
· 自2023年9月1日起施行

第一章 总 则

第一条 为了加强铁路设备质量安全监督管理，保障铁路运营安全，根据《中华人民共和国安全生产法》《中华人民共和国产品质量法》《中华人民共和国铁路法》《铁路安全管理条例》等法律、行政法规，制定本办法。

第二条 中华人民共和国境内的铁路设备质量安全监督管理工作，适用本办法。

第三条 铁路设备质量安全监督管理应当坚持安全第一、预防为主、综合治理的方针，保证铁路设备全寿命周期质量安全。

第四条 铁路设备生产企业和铁路运输企业应当加强铁路设备质量安全管理，落实质量安全管理责任，建立健全质量安全管理制度，依法设置质量安全管理机构或者配备质量安全管理人员，执行保障质量安全的国家标准、行业标准、技术规范，保证质量管理所必需的资金投入，确保投入使用的铁路设备符合质量安全要求。

设计、制造、维修或者进口新型铁路机车车辆，生产铁路道岔及其转辙设备、铁路信号控制软件和控制设备、铁路牵引供电设备的企业，应当依法取得相应许可。

第五条 国家铁路局按照职责开展全国铁路设备质量安全监督管理工作，地区铁路监督管理局按照职责开展辖区内铁路设备质量安全监督管理工作。

国家铁路局和地区铁路监督管理局统称铁路监管部门。

第六条 鼓励铁路设备生产企业和铁路运输企业技术创新，推行科学的质量管理方法，采用先进的科学技术，提升铁路设备质量，保障铁路运输安全。

第二章 铁路设备的生产

第七条 铁路设备生产企业应当遵守有关产品质量安全的法律、行政法规、规章和国家标准、行业标准、技术规范，保证生产的铁路设备产品质量合格。

第八条 设计新型铁路机车车辆、铁路道岔及其转辙设备、铁路信号控制软件和控制设备、铁路牵引供电设备等铁路设备，应当经检验检测、型式试验、运用考核和技术评审等环节，满足安全、可靠和可维修要求。

第九条 铁路设备生产企业应当建立并执行铁路设备生产过程控制、质量检验、不合格品管理、人员管理、原材料及零部件采购管理和供应商评价、全寿命周期技术状态及可追溯管理等质量安全管理相关制度，真实、准确、完整记录铁路设备的质量安全管理和从业人员培训等情况并妥善保存。

铁路设备生产企业不得生产国家明令淘汰或者不符合保障人体健康和人身、财产安全的国家标准、行业标准和技术规范的铁路设备。

第十条 铁路设备生产企业应当向用户提供必要的基本技术资料和技术培训服务，交付时应当按照约定随附基本技术资料。

前款所称基本技术资料，包括但不限于铁路设备的安装或者维修技术图纸、安装及使用、维修说明等。使用、维修说明至少应当包含该铁路设备设计寿命、维修周期、维修范围和技术要求等相关内容。

第十一条 铁路设备生产企业应当建立产品售后服务管理制度，建立健全售后服务体系，在设计寿命周期内提供售后服务，研究解决铁路运输企业反映的产品质量问题，依法承担产品质量责任。产品存在缺陷的，应当按照缺陷产品召回相关规定执行。

第十二条 铁路设备生产企业应当每季度向所在辖

区铁路监管部门报告生产销售的、质量保证期内的许可产品质量安全相关事故情况，依法向国家铁路局统计机构报送统计资料。

第三章 铁路设备的使用和维修

第十三条 铁路运输企业应当加强铁路设备的使用和维修管理工作，制定相关管理制度，确保使用和维修的铁路设备质量安全满足技术要求。

第十四条 铁路运输企业应当建立并执行铁路设备使用和维修技术管理、质量管理、委外维修、动态监测、技术状态评价或者鉴定、寿命和报废管理、工装设备管理、铁路设备及零部件采购管理和供应商评价等质量安全管理相关制度，真实、准确、完整记录铁路设备的质量安全管理情况并妥善保存。

超过铁路运输企业规定的使用寿命，且未经铁路运输企业技术鉴定或者经技术鉴定确认已达到报废条件的铁路设备，或者应当淘汰的危及安全生产的铁路设备，不得继续使用。

铁路运输企业不得采购、使用不具备许可条件的生产企业生产的铁路设备。

第十五条 铁路运输企业应当依据有关产品质量安全的法律、行政法规、规章和国家标准、行业标准、技术规范，以及安装或者维修技术图纸，安装和使用、维修说明等技术资料，结合实际制定并执行铁路设备使用和维修技术规则。技术规则应当至少明确铁路设备的使用条件、维修周期及标准、维修方式、维修项目、作业标准、维修质量检验项目及标准等相关内容。

铁路运输企业编制铁路设备使用和维修技术规则等重要技术文件，应当经技术论证、评审等环节，并根据铁路发展实际及时修订完善，满足使用和维修工作需要。

第十六条 铁路运输企业应当加强运输高峰期、汛期、恶劣天气等特殊时期和特殊区段铁路设备的使用和维修管理，制定相关制度、应急预案和安全保障措施并组织实施。

第十七条 铁路运输企业应当建立健全铁路设备质量安全风险分级管控和隐患排查治理双重预防机制，制定质量安全隐患排查年度计划及排查清单并组织实施。

铁路设备质量安全隐患排查治理情况应当如实记录，建立档案并妥善保存。

第十八条 铁路运输企业应当建立并执行支持铁路设备技术创新及上线运行(运用)考核的相关管理制度，加强新型铁路机车车辆、铁路道岔及其转辙设备、铁路信号控制软件和控制设备、铁路牵引供电设备等铁路设备上线运行(运用)考核管理。

开展上线运行(运用)考核前，应当对其考核条件进行审查，通过后方可开展上线运行(运用)考核。

第十九条 铁路机车车辆重大技术变更或者加装改造，铁路运输企业应当组织对其安全性、可靠性和可维修性进行技术评估，确认符合国家标准、行业标准、技术规范后方可实施。

第二十条 铁路运输企业应当加强铁路专业技术岗位、铁路设备使用和维护从业人员的业务和安全知识培训，并如实记录培训情况。

生产组织及作业方式发生变化和使用新技术、新工艺、新设备，以及执行新的法律、行政法规、规章和国家标准、行业标准前，铁路运输企业应当及时调整培训内容，并开展相关岗位从业人员岗前适应性培训。

特种作业人员应当按照国家有关规定考试合格，取得国家职业资格后方可上岗作业。

第二十一条 铁路运输企业应当加强铁路设备质量安全信息管理，定期对质量安全事故和质量安全风险及隐患等信息进行统计分析，建立问题库，逐项销号，实施闭环管理。

铁路运输企业应当按季度向所在辖区铁路监管部门报告铁路设备质量安全事故统计分析和隐患排查治理情况，其中质量安全事故和重大事故隐患排查治理情况应当及时向所在辖区铁路监管部门报告。

第四章 监督管理

第二十二条 铁路监管部门应当加强对铁路设备质量安全管理工作的监督检查，督促铁路设备生产企业和铁路运输企业落实铁路设备质量安全主体责任，依法查处违法违规行为。

第二十三条 铁路监管部门应当按照随机抽取检查对象、随机选派执法检查人员、抽查情况及查处结果及时向社会公开的原则，制定铁路设备质量安全监督检查年度计划并组织实施。

铁路设备生产企业和铁路运输企业有下列情形之一的，铁路监管部门应当增加监督检查频次：

（一）因质量原因导致发生缺陷产品召回；

（二）质量出现异常波动；

（三）投诉举报较多；

（四）连续发生设备故障或者铁路交通责任事故。

除前款规定情形外，铁路监管部门还应当对运输高峰期、汛期、恶劣天气等特殊时期和特殊区段的铁路设备增加监督检查频次。

第二十四条　铁路监管部门监督检查的主要内容包括：

（一）依法取得行政许可情况；

（二）取得行政许可企业的许可条件保持情况；

（三）铁路设备国家标准、行业标准、技术规范执行情况；

（四）铁路设备产品质量抽查及检验检测情况；

（五）铁路设备质量安全情况；

（六）被投诉举报的铁路设备质量安全问题处置情况；

（七）铁路设备质量安全问题库建立及逐项销号、闭环管理情况，以及事故隐患排查治理情况；

（八）铁路设备质量安全事故、故障原因分析、管理责任追究及整改落实情况。

铁路监管部门应当定期组织铁路设备质量安全分析，阶段性开展铁路设备质量评价。

第二十五条　铁路监管部门组织实施监督检查时应当严格遵守法律法规规定的权限和程序。铁路设备生产企业和铁路运输企业应当配合铁路监管部门依法开展监督检查，不得拒绝、阻扰。

第二十六条　铁路监管部门应当对监督管理中发现的问题进行梳理分析，并督促被检查单位限期整改。

未按期整改或者整改不到位的，铁路监管部门可以采取预警、公告、约谈、挂牌督办等方式督促被检查单位落实责任、消除隐患。

第二十七条　铁路监管部门对铁路设备生产企业和铁路运输企业实行信用管理，执行严重违法行为信用记录和公告制度，并将相关信用记录依法纳入全国信用信息共享平台和国家企业信用信息公示系统。

对不同信用水平的企业应当采取差异化分类监管措施，合理确定、动态调整抽查比例、频次和被抽查概率，依法依规加强失信惩戒。

第二十八条　铁路监管部门工作人员在履行铁路设备质量安全监管职责时，应当出示有效执法证件，依法行使职权，不得影响被检查单位的正常生产经营活动。

铁路监管部门工作人员与监管对象有利害关系的，应当回避。

第五章　法律责任

第二十九条　铁路设备生产企业违反本办法第四条、第九条规定，未依法取得相应许可，或者生产国家明令淘汰或者不符合保障人体健康和人身、财产安全的国家标准、行业标准和技术规范的铁路设备的，由铁路监管部门责令改正，立即停止生产、销售相关铁路设备。

第三十条　铁路设备生产企业和铁路运输企业违反本办法第九条、第二十条规定，未对从业人员开展相关培训，或者未如实记录培训情况的，由铁路监管部门依照《中华人民共和国安全生产法》第九十七条规定处理。

铁路运输企业违反本办法第十七条规定，未建立健全质量安全风险分级管控和隐患排查治理双重预防机制的，由铁路监管部门依照《中华人民共和国安全生产法》第一百零一条规定处理。

第三十一条　铁路设备生产企业违反本办法第十条规定，未提供相关技术资料的，由铁路监管部门责令改正；拒不改正的，予以通报批评，并处 2 万元以上 5 万元以下的罚款，对其直接负责的主管人员和其他直接责任人员处 1000 元以下的罚款。

第三十二条　铁路设备许可生产企业和铁路运输企业违反本办法第十二条、第二十一条相关规定，未按要求上报有关信息的，由铁路监管部门依照《中华人民共和国安全生产法》《铁路交通事故应急救援和调查处理条例》等法律、行政法规的规定处理。

第三十三条　铁路运输企业有下列行为之一的，由铁路监管部门责令限期改正；逾期未改正或者拒不改正的，予以通报批评，并处 2 万元以上 5 万元以下的罚款，对其直接负责的主管人员和其他直接责任人员处 1000 元以上 5000 元以下的罚款：

（一）未建立并保存铁路设备质量安全管理记录的；

（二）制定的铁路设备使用和维修技术规则等重要技术文件未按规定经技术论证或者评审等环节，或者不满足使用和维修工作需要的；

（三）未执行铁路设备维修技术规则的；

（四）新型铁路机车车辆、铁路道岔及其转辙设备、铁路信号控制软件和控制设备、铁路牵引供电设备等铁路设备开展上线运行（运用）考核前，未对考核条件进行评审通过即开展上线运行（运用）考核的；

（五）未建立铁路设备质量安全问题库并逐项销号、实施闭环管理的。

铁路运输企业违反本办法第十九条规定，对铁路机车车辆重大技术变更或者加装改造未组织对其安全性、可靠性和可维修性进行技术评估即组织实施的，由铁路监管部门责令改正，立即停止使用相关铁路机车车辆，处 5 万元以上 10 万元以下的罚款，对其直接负责的主管人员和其他直接责任人员处 2 万元以上 5 万元以下的罚款。

第三十四条　铁路运输企业违反本办法第十四条规定，铁路设备超过规定使用寿命，且未经技术鉴定或者经技术鉴定确认已达到报废条件仍继续使用的,由铁路监管部门责令改正,立即停止使用相关铁路设备,处 2 万元以上 5 万元以下的罚款;逾期未改正的,处 5 万元以上 10 万元以下的罚款,对其直接负责的主管人员和其他直接责任人员处 1 万元以上 2 万元以下的罚款。铁路运输企业使用应当淘汰的危及安全生产的铁路设备的,由铁路监管部门依照《中华人民共和国安全生产法》第九十九条规定处理。

采购、使用不具备许可条件的生产企业生产的铁路设备的,由铁路监管部门责令改正,立即停止使用相关铁路设备,处 1 万元以上 5 万元以下的罚款;逾期未改正的,处 5 万元以上 10 万元以下的罚款,对其直接负责的主管人员和其他直接责任人员处 2 万元以上 5 万元以下的罚款。

第三十五条 铁路设备生产企业和铁路运输企业未采取措施消除铁路设备质量安全相关事故隐患的,由铁路监管部门依照《中华人民共和国安全生产法》第一百零二条规定处理。

铁路设备生产企业和铁路运输企业拒绝、阻碍铁路监管部门依法实施监督检查的,由铁路监管部门依照《中华人民共和国安全生产法》第一百零八条规定处理。

第六章 附 则

第三十六条 本办法所称铁路设备,是指用于铁路运输的铁路机车、动车组、客车、货车、轨道车、救援起重机、铺轨机和架桥机(组)车辆、接触网作业车、大型养路机械等铁路机车车辆,以及铁路道岔及其转辙设备、信号控制软件和控制设备、通信设备、牵引供电设备、电力设备、线路路基、轨道、桥隧等铁路基础设施设备。

本办法所称铁路设备的维修,是指检查、维护和修理。

第三十七条 本办法自 2023 年 9 月 1 日起施行。

铁路交通事故应急救援和调查处理条例

· 2007 年 7 月 11 日中华人民共和国国务院令第 501 号公布
· 根据 2012 年 11 月 9 日《国务院关于修改和废止部分行政法规的决定》修订

第一章 总 则

第一条 为了加强铁路交通事故的应急救援工作,规范铁路交通事故调查处理,减少人员伤亡和财产损失,保障铁路运输安全和畅通,根据《中华人民共和国铁路法》和其他有关法律的规定,制定本条例。

第二条 铁路机车车辆在运行过程中与行人、机动车、非机动车、牲畜及其他障碍物相撞,或者铁路机车车辆发生冲突、脱轨、火灾、爆炸等影响铁路正常行车的铁路交通事故(以下简称事故)的应急救援和调查处理,适用本条例。

第三条 国务院铁路主管部门应当加强铁路运输安全监督管理,建立健全事故应急救援和调查处理的各项制度,按照国家规定的权限和程序,负责组织、指挥、协调事故的应急救援和调查处理工作。

第四条 铁路管理机构应当加强日常的铁路运输安全监督检查,指导、督促铁路运输企业落实事故应急救援的各项规定,按照规定的权限和程序,组织、参与、协调本辖区内事故的应急救援和调查处理工作。

第五条 国务院其他有关部门和有关地方人民政府应当按照各自的职责和分工,组织、参与事故的应急救援和调查处理工作。

第六条 铁路运输企业和其他有关单位、个人应当遵守铁路运输安全管理的各项规定,防止和避免事故的发生。

事故发生后,铁路运输企业和其他有关单位应当及时、准确地报告事故情况,积极开展应急救援工作,减少人员伤亡和财产损失,尽快恢复铁路正常行车。

第七条 任何单位和个人不得干扰、阻碍事故应急救援、铁路线路开通、列车运行和事故调查处理。

第二章 事故等级

第八条 根据事故造成的人员伤亡、直接经济损失、列车脱轨辆数、中断铁路行车时间等情形,事故等级分为特别重大事故、重大事故、较大事故和一般事故。

第九条 有下列情形之一的,为特别重大事故:

(一)造成 30 人以上死亡,或者 100 人以上重伤(包括急性工业中毒,下同),或者 1 亿元以上直接经济损失的;

(二)繁忙干线客运列车脱轨 18 辆以上并中断铁路行车 48 小时以上的;

(三)繁忙干线货运列车脱轨 60 辆以上并中断铁路行车 48 小时以上的。

第十条 有下列情形之一的,为重大事故:

(一)造成 10 人以上 30 人以下死亡,或者 50 人以上 100 人以下重伤,或者 5000 万元以上 1 亿元以下直接经济损失的;

(二)客运列车脱轨 18 辆以上的;

(三)货运列车脱轨 60 辆以上的;

(四)客运列车脱轨 2 辆以上 18 辆以下,并中断繁忙干线铁路行车 24 小时以上或者中断其他线路铁路行车 48 小时以上的；

（五）货运列车脱轨 6 辆以上 60 辆以下，并中断繁忙干线铁路行车 24 小时以上或者中断其他线路铁路行车 48 小时以上的。

第十一条 有下列情形之一的，为较大事故：

（一）造成 3 人以上 10 人以下死亡，或者 10 人以上 50 人以下重伤，或者 1000 万元以上 5000 万元以下直接经济损失的；

（二）客运列车脱轨 2 辆以上 18 辆以下的；

（三）货运列车脱轨 6 辆以上 60 辆以下的；

（四）中断繁忙干线铁路行车 6 小时以上的；

（五）中断其他线路铁路行车 10 小时以上的。

第十二条 造成 3 人以下死亡，或者 10 人以下重伤，或者 1000 万元以下直接经济损失的，为一般事故。

除前款规定外，国务院铁路主管部门可以对一般事故的其他情形作出补充规定。

第十三条 本章所称的"以上"包括本数，所称的"以下"不包括本数。

第三章 事故报告

第十四条 事故发生后，事故现场的铁路运输企业工作人员或者其他人员应当立即报告邻近铁路车站、列车调度员或者公安机关。有关单位和人员接到报告后，应当立即将事故情况报告事故发生地铁路管理机构。

第十五条 铁路管理机构接到事故报告，应当尽快核实有关情况，并立即报告国务院铁路主管部门；对特别重大事故、重大事故，国务院铁路主管部门应当立即报告国务院并通报国家安全生产监督管理等有关部门。

发生特别重大事故、重大事故、较大事故或者有人员伤亡的一般事故，铁路管理机构还应当通报事故发生地县级以上地方人民政府及其安全生产监督管理部门。

第十六条 事故报告应当包括下列内容：

（一）事故发生的时间、地点、区间（线名、公里、米）、事故相关单位和人员；

（二）发生事故的列车种类、车次、部位、计长、机车型号、牵引辆数、吨数；

（三）承运旅客人数或者货物品名、装载情况；

（四）人员伤亡情况，机车车辆、线路设施、道路车辆的损坏情况，对铁路行车的影响情况；

（五）事故原因的初步判断；

（六）事故发生后采取的措施及事故控制情况；

（七）具体救援请求。

事故报告后出现新情况的，应当及时补报。

第十七条 国务院铁路主管部门、铁路管理机构和铁路运输企业应当向社会公布事故报告值班电话，受理事故报告和举报。

第四章 事故应急救援

第十八条 事故发生后，列车司机或者运转车长应当立即停车，采取紧急处置措施；对无法处置的，应当立即报告邻近铁路车站、列车调度员进行处置。

为保障铁路旅客安全或者因特殊运输需要不宜停车的，可以不停车；但是，列车司机或者运转车长应当立即将事故情况报告邻近铁路车站、列车调度员，接到报告的邻近铁路车站、列车调度员应当立即进行处置。

第十九条 事故造成中断铁路行车的，铁路运输企业应当立即组织抢修，尽快恢复铁路正常行车；必要时，铁路运输调度指挥部门应当调整运输径路，减少事故影响。

第二十条 事故发生后，国务院铁路主管部门、铁路管理机构、事故发生地县级以上地方人民政府或者铁路运输企业应当根据事故等级启动相应的应急预案；必要时，成立现场应急救援机构。

第二十一条 现场应急救援机构根据事故应急救援工作的实际需要，可以借用有关单位和个人的设施、设备和其他物资。借用单位使用完毕应当及时归还，并支付适当费用；造成损失的，应当赔偿。

有关单位和个人应当积极支持、配合救援工作。

第二十二条 事故造成重大人员伤亡或者需要紧急转移、安置铁路旅客和沿线居民的，事故发生地县级以上地方人民政府应当及时组织开展救治和转移、安置工作。

第二十三条 国务院铁路主管部门、铁路管理机构或者事故发生地县级以上地方人民政府根据事故救援的实际需要，可以请求当地驻军、武装警察部队参与事故救援。

第二十四条 有关单位和个人应当妥善保护事故现场以及相关证据，并在事故调查组成立后将相关证据移交事故调查组。因事故救援、尽快恢复铁路正常行车需要改变事故现场的，应当做出标记、绘制现场示意图、制作现场视听资料，并做出书面记录。

任何单位和个人不得破坏事故现场，不得伪造、隐匿或者毁灭相关证据。

第二十五条 事故中死亡人员的尸体经法定机构鉴定后，应当及时通知死者家属认领；无法查找死者家属的，按照国家有关规定处理。

第五章 事故调查处理

第二十六条 特别重大事故由国务院或者国务院授权的部门组织事故调查组进行调查。

重大事故由国务院铁路主管部门组织事故调查组进行调查。

较大事故和一般事故由事故发生地铁路管理机构组织事故调查组进行调查；国务院铁路主管部门认为必要时，可以组织事故调查组对较大事故和一般事故进行调查。

根据事故的具体情况，事故调查组由有关人民政府、公安机关、安全生产监督管理部门、监察机关等单位派人组成，并应当邀请人民检察院派人参加。事故调查组认为必要时，可以聘请有关专家参与事故调查。

第二十七条 事故调查组应当按照国家有关规定开展事故调查，并在下列调查期限内向组织事故调查组的机关或者铁路管理机构提交事故调查报告：

（一）特别重大事故的调查期限为60日；

（二）重大事故的调查期限为30日；

（三）较大事故的调查期限为20日；

（四）一般事故的调查期限为10日。

事故调查期限自事故发生之日起计算。

第二十八条 事故调查处理，需要委托有关机构进行技术鉴定或者对铁路设备、设施及其他财产损失状况以及中断铁路行车造成的直接经济损失进行评估的，事故调查组应当委托具有国家规定资质的机构进行技术鉴定或者评估。技术鉴定或者评估所需时间不计入事故调查期限。

第二十九条 事故调查报告形成后，报经组织事故调查组的机关或者铁路管理机构同意，事故调查组工作即告结束。组织事故调查组的机关或者铁路管理机构应当自事故调查组工作结束之日起15日内，根据事故调查报告，制作事故认定书。

事故认定书是事故赔偿、事故处理以及事故责任追究的依据。

第三十条 事故责任单位和有关人员应当认真吸取事故教训，落实防范和整改措施，防止事故再次发生。

国务院铁路主管部门、铁路管理机构以及其他有关行政机关应当对事故责任单位和有关人员落实防范和整改措施的情况进行监督检查。

第三十一条 事故的处理情况，除依法应当保密的外，应当由组织事故调查组的机关或者铁路管理机构向社会公布。

第六章 事故赔偿

第三十二条 事故造成人身伤亡的，铁路运输企业应当承担赔偿责任；但是人身伤亡是不可抗力或者受害人自身原因造成的，铁路运输企业不承担赔偿责任。

违章通过平交道口或者人行过道，或者在铁路线路上行走、坐卧造成的人身伤亡，属于受害人自身的原因造成的人身伤亡。

第三十三条 事故造成铁路旅客人身伤亡和自带行李损失的，铁路运输企业对每名铁路旅客人身伤亡的赔偿责任限额为人民币15万元，对每名铁路旅客自带行李损失的赔偿责任限额为人民币2000元。

铁路运输企业与铁路旅客可以书面约定高于前款规定的赔偿责任限额。（2012年11月9日删除）

第三十四条 事故造成铁路运输企业承运的货物、包裹、行李损失的，铁路运输企业应当依照《中华人民共和国铁路法》的规定承担赔偿责任。

第三十五条 除本条例第三十三条、第三十四条的规定外，事故造成其他人身伤亡或者财产损失的，依照国家有关法律、行政法规的规定赔偿。

第三十六条 事故当事人对事故损害赔偿有争议的，可以通过协商解决，或者请求组织事故调查组的机关或者铁路管理机构组织调解，也可以直接向人民法院提起民事诉讼。

第七章 法律责任

第三十七条 铁路运输企业及其职工违反法律、行政法规的规定，造成事故的，由国务院铁路主管部门或者铁路管理机构依法追究行政责任。

第三十八条 违反本条例的规定，铁路运输企业及其职工不立即组织救援，或者迟报、漏报、瞒报、谎报事故的，对单位，由国务院铁路主管部门或者铁路管理机构处10万元以上50万元以下的罚款；对个人，由国务院铁路主管部门或者铁路管理机构处4000元以上2万元以下的罚款；属于国家工作人员的，依法给予处分；构成犯罪的，依法追究刑事责任。

第三十九条 违反本条例的规定，国务院铁路主管部门、铁路管理机构以及其他行政机关未立即启动应急预案，或者迟报、漏报、瞒报、谎报事故的，对直接负责的主管人员和其他直接责任人员依法给予处分；构成犯罪的，依法追究刑事责任。

第四十条 违反本条例的规定，干扰、阻碍事故救援、铁路线路开通、列车运行和事故调查处理的，对单位，由国务院铁路主管部门或者铁路管理机构处 4 万元以上 20 万元以下的罚款；对个人，由国务院铁路主管部门或者铁路管理机构处 2000 元以上 1 万元以下的罚款；情节严重的，对单位，由国务院铁路主管部门或者铁路管理机构处 20 万元以上 100 万元以下的罚款；对个人，由国务院铁路主管部门或者铁路管理机构处 1 万元以上 5 万元以下的罚款；属于国家工作人员的，依法给予处分；构成违反治安管理行为的，由公安机关依法给予治安管理处罚；构成犯罪的，依法追究刑事责任。

第八章 附 则

第四十一条 本条例于 2007 年 9 月 1 日起施行。1979 年 7 月 16 日国务院批准发布的《火车与其他车辆碰撞和铁路路外人员伤亡事故处理暂行规定》和 1994 年 8 月 13 日国务院批准发布的《铁路旅客运输损害赔偿规定》同时废止。

最高人民法院关于审理铁路运输人身损害赔偿纠纷案件适用法律若干问题的解释

- 2010 年 1 月 4 日最高人民法院审判委员会第 1482 次会议通过
- 根据 2020 年 12 月 23 日最高人民法院审判委员会第 1823 次会议通过的《最高人民法院关于修改〈最高人民法院关于在民事审判工作中适用〈中华人民共和国工会法〉若干问题的解释〉等二十七件民事类司法解释的决定》第一次修正
- 根据 2021 年 11 月 24 日最高人民法院审判委员会第 1853 次会议通过的《最高人民法院关于修改〈最高人民法院关于审理铁路运输人身损害赔偿纠纷案件适用法律若干问题的解释〉的决定》第二次修正
- 2021 年 12 月 8 日最高人民法院公告公布
- 自 2022 年 1 月 1 日起施行
- 法释〔2021〕19 号

为正确审理铁路运输人身损害赔偿纠纷案件，依法维护各方当事人的合法权益，根据《中华人民共和国民法典》《中华人民共和国铁路法》《中华人民共和国民事诉讼法》等法律的规定，结合审判实践，就有关适用法律问题作如下解释：

第一条 人民法院审理铁路行车事故及其他铁路运营事故造成的铁路运输人身损害赔偿纠纷案件，适用本解释。

铁路运输企业在客运合同履行过程中造成旅客人身损害的赔偿纠纷案件，不适用本解释；与铁路运输企业建立劳动合同关系或者形成劳动关系的铁路职工在执行职务中发生的人身损害，依照有关调整劳动关系的法律规定及其他相关法律规定处理。

第二条 铁路运输人身损害的受害人以及死亡受害人的近亲属为赔偿权利人，有权请求赔偿。

第三条 赔偿权利人要求对方当事人承担侵权责任的，由事故发生地、列车最先到达地或者被告住所地铁路运输法院管辖。

前款规定的地区没有铁路运输法院的，由高级人民法院指定的其他人民法院管辖。

第四条 铁路运输造成人身损害的，铁路运输企业应当承担赔偿责任；法律另有规定的，依照其规定。

第五条 铁路行车事故及其他铁路运营事故造成人身损害，有下列情形之一的，铁路运输企业不承担赔偿责任：

（一）不可抗力造成的；

（二）受害人故意以卧轨、碰撞等方式造成的；

（三）法律规定铁路运输企业不承担赔偿责任的其他情形造成的。

第六条 因受害人的过错行为造成人身损害，依照法律规定应当由铁路运输企业承担赔偿责任的，根据受害人的过错程度可以适当减轻铁路运输企业的赔偿责任，并按照以下情形分别处理：

（一）铁路运输企业未充分履行安全防护、警示等义务，铁路运输企业承担事故主要责任的，应当在全部损害的百分之九十至百分之六十之间承担赔偿责任；铁路运输企业承担事故同等责任的，应当在全部损害的百分之六十至百分之五十之间承担赔偿责任；铁路运输企业承担事故次要责任的，应当在全部损害的百分之四十至百分之十之间承担赔偿责任；

（二）铁路运输企业已充分履行安全防护、警示等义务，受害人仍施以过错行为的，铁路运输企业应当在全部损害的百分之十以内承担赔偿责任。

铁路运输企业已充分履行安全防护、警示等义务，受害人不听从值守人员劝阻强行通过铁路平交道口、人行过道，或者明知危险后果仍然无视警示规定沿铁路线路纵向行走、坐卧故意造成人身损害的，铁路运输企业不承担赔偿责任，但是有证据证明并非受害人故意造成损害的除外。

第七条 铁路运输造成无民事行为能力人人身损害

的，铁路运输企业应当承担赔偿责任；监护人有过错的，按照过错程度减轻铁路运输企业的赔偿责任。

铁路运输造成限制民事行为能力人人身损害的，铁路运输企业应当承担赔偿责任；监护人或者受害人自身有过错的，按照过错程度减轻铁路运输企业的赔偿责任。

第八条　铁路机车车辆与机动车发生碰撞造成机动车驾驶人员以外的人人身损害的，由铁路运输企业与机动车一方对受害人承担连带赔偿责任。铁路运输企业与机动车一方之间的责任份额根据各自责任大小确定；难以确定责任大小的，平均承担责任。对受害人实际承担赔偿责任超出应当承担份额的一方，有权向另一方追偿。

铁路机车车辆与机动车发生碰撞造成机动车驾驶人员人身损害的，按照本解释第四条至第六条的规定处理。

第九条　在非铁路运输企业实行监护的铁路无人看守道口发生事故造成人身损害的，由铁路运输企业按照本解释的有关规定承担赔偿责任。道口管理单位有过错的，铁路运输企业对赔偿权利人承担赔偿责任后，有权向道口管理单位追偿。

第十条　对于铁路桥梁、涵洞等设施负有管理、维护等职责的单位，因未尽职责使该铁路桥梁、涵洞等设施不能正常使用，导致行人、车辆穿越铁路线造成人身损害的，铁路运输企业按照本解释有关规定承担赔偿责任后，有权向该单位追偿。

第十一条　有权作出事故认定的组织依照《铁路交通事故应急救援和调查处理条例》等有关规定制作的事故认定书，经庭审质证，对于事故认定书所认定的事实，当事人没有相反证据和理由足以推翻的，人民法院应当作为认定事实的根据。

第十二条　在专用铁路及铁路专用线上因运输造成人身损害，依法应当由肇事工具或者设备的所有人、使用人或者管理人承担赔偿责任的，适用本解释。

第十三条　本院以前发布的司法解释与本解释不一致的，以本解释为准。

国务院办公厅转发交通运输部等单位关于加强铁路沿线安全环境治理工作意见的通知

· 2021年5月19日
· 国办函〔2021〕49号

各省、自治区、直辖市人民政府，国务院各部委、各直属机构：

交通运输部、中央政法委、公安部、自然资源部、生态环境部、住房城乡建设部、水利部、农业农村部、应急部、国家能源局、国家铁路局、中国国家铁路集团有限公司《关于加强铁路沿线安全环境治理工作的意见》已经国务院同意，现转发给你们，请认真贯彻落实。

（此件公开发布）

关于加强铁路沿线安全环境治理工作的意见

交通运输部、中央政法委、公安部、自然资源部、生态环境部、住房城乡建设部、水利部、农业农村部、应急部、国家能源局、国家铁路局、中国国家铁路集团有限公司

铁路沿线安全环境直接关系铁路运输安全畅通。随着我国铁路特别是高速铁路运营里程不断增加，改善铁路沿线安全环境对保障铁路高质量发展和人民群众生命财产安全的作用更加突出。为加强铁路沿线安全环境治理工作，现提出以下意见。

一、总体要求

以习近平新时代中国特色社会主义思想为指导，全面贯彻党的十九大和十九届二中、三中、四中、五中全会精神，坚持人民至上、生命至上，更好统筹发展和安全，树牢底线思维，增强忧患意识，注重标本兼治，构建政府主导、部门指导、企业负责、路地协同、多方共治的工作格局，依法解决突出问题，及时消除事故隐患，去存量、控增量，有效防范化解风险，持续改善铁路沿线安全环境。

二、完善工作机制，压实各方责任，提升多方共治合力

（一）发挥部际联席会议制度统筹协调作用。铁路沿线安全环境治理部际联席会议（简称部际联席会议）按照党中央、国务院决策部署要求，加强对铁路沿线安全环境治理工作的分析研判和统筹协调，推动解决重点难点问题，建立健全治理长效机制，指导督促有关方面共同做好各项工作。各成员单位要认真落实部际联席会议确定的工作任务，畅通信息沟通渠道，联合检查重点问题隐患，主动整改职责内有关问题，积极配合其他单位消除隐患。部际联席会议办公室要建立问题隐患排查清单和工作进展通报制度，及时跟踪了解情况，积极协调解决问题，适时组织开展督导检查，确保部际联席会议议定事项落实到位。

（二）压实各方治理责任。地方人民政府承担属地治理责任，完善工作机制，明确层级责任，保障经费投入，统一协调做好本地区铁路沿线安全环境治理工作。铁路运输企业承担产权范围内治理责任，加强内部安全管理，及时主动向地方人民政府和有关部门报告影响铁路安全的问题隐患，积极联系配合有关方面做好治理工作，按要求完成职责内治理任务。铁路监管部门承担专业监管责任，完善铁路沿线安全环境治理工作各项制度，加强协调督促，依法依规严格监管执法。国务院有关部门承担涉及本领域有关问题隐患治理的指导督促责任，按照法定职责，落实部际联席会议议定事项，指导督促系统内各单位完成治理任务。

（三）完善护路联防和"双段长"工作机制。发挥平安中国建设护路联防作用，组织专兼职护路队伍加强巡查，及时化解涉及铁路的矛盾纠纷，坚决打击破坏铁路设施和危害乘客安全的违法犯罪活动。地方人民政府分管负责同志和铁路运输企业主管领导牵头负责的"双段长"工作机制要落实巡查制度，妥善处置影响铁路安全的问题隐患，难以处置的按要求主动报告，确保早发现、早治理、早消除。将铁路沿线安全环境治理工作纳入城市运行管理服务平台等协同监管，促进监管政策、措施、力量、资源有效融合。积极组织行业专家、专业机构开展安全咨询服务，做好安全环境评估、治理方案论证等工作，提高专业治理能力。

三、坚持问题导向，实施专项行动，全力消除安全隐患

（四）实施存量隐患集中治理销号行动。以铁路两侧500米范围内的彩钢瓦、石棉瓦、树脂瓦、简易房、塑料薄膜、防尘网、广告牌等轻质物体为重点，建立存量问题隐患库，制定针对性整治方案，实行闭环销号管理，力争2022年底前全部治理完成。依法划定铁路线路安全保护区，确定铁路沿线地下水禁采区、限采区，合力推动拆除铁路线路安全保护区内违章建筑物，加强对山体边坡、跨越航道桥梁、公铁并行交叉线路等隐患点的治理，完善铁路桥梁标志标识和防撞设施，尽快改善铁路沿线安全环境。

（五）实施重点问题合力攻坚行动。加强铁路线路封闭防护管理，加快对时速120公里以上线路实施全封闭改造，未全封闭前采取有效措施，确保安全；噪声影响超出有关标准的，统筹考虑建设隔声屏障。按照有关责任划分和规定程序，加快推进上跨（下穿）铁路的道路、桥梁以及其他铁路代建设施产权移交工作，铁路运输企业要认真做好问题整改工作，地方有关单位要及时组织验收，确保按期完成。加快完成铁路道口"平改立"，优先实施时速120公里以上线路、旅客列车径路、机动车通行繁忙道口的改造工程，有效提高安全防护能力。

（六）实施常态化持续整治行动。将铁路线路安全保护区及桥下用地纳入有关规划统筹安排。依法严厉查处在铁路线路安全保护区内未经批准擅自生产储存危险化学品、采石采矿、开采地下水、挖砂挖沟采空作业、穿越油气电管线、堆放垃圾渣土、私设道口或平过道，以及盗割铁路器材、破坏防护设施等违法行为。建立举报投诉制度，及时调查核实处理社会各界反映的问题，依法从严处置和问责，防止问题隐患反弹。

四、健全法治体系，增强监管能力，建立长效治理机制

（七）完善法规制度。加快制修订铁路法、地方铁路安全法规，夯实法治基础。完善有关规划建设、监管执法、应急处置等制度，确保各环节协调一致。编制日常巡查、联合检查、整改评估、跟踪监督等工作指南和操作手册，实现排查治理工作制度化、规范化。

（八）加强督办考核。各省级人民政府要将铁路沿线安全环境治理工作纳入平安中国建设、沿线市县安全生产、安全发展示范城市、文明城市等考核评价，作为重点工作进行督查，并定期向部际联席会议通报工作进展情况，部际联席会议办公室将组织检查。国务院安全生产委员会办公室要将铁路沿线安全环境治理工作作为对省级人民政府安全生产工作考核的内容。

（九）强化科技支撑。充分运用视频监测、自动控制、人工智能、大数据分析等手段，提升铁路沿线安全环境问题隐患排查治理、违法行为信息采集、关键环节远程监测、工作任务闭环管理等能力。建设铁路沿线安全环境治理信息平台，多渠道采集信息，全过程动态掌握工作进展，实行问题隐患验收销号管理，提高信息化、精细化治理水平。

（十）提升应急能力。开展涉及铁路沿线安全环境应急预案的评估修订工作，优化预防预警、应急准备、信息共享、协同处置、事故调查、灾后恢复等工作程序。建立铁路值班电话与110报警服务台情况互通机制，完善铁路运输企业与公安、自然资源、交通、水利、应急、气象等部门的突发事件报警联动机制，定期组织联合演练，增强协调联动和应急处置能力。

（十一）加强舆论宣传。铁路监管部门、铁路运输企业要结合安全宣传进企业、进农村、进社区、进学校、进家庭工作，会同有关方面充分利用站车、政府网站、电视广播、报刊、新媒体等媒介，主动宣传保护铁路沿线安全环境相关法规、政策等知识，加强爱路护路教育，不断提升全社会共同改善铁路沿线安全环境的意识，营造良好舆论氛围。

2. 水路运输

中华人民共和国海上交通安全法

- 1983年9月2日第六届全国人民代表大会常务委员会第二次会议通过
- 根据2016年11月7日第十二届全国人民代表大会常务委员会第二十四次会议《关于修改〈中华人民共和国对外贸易法〉等十二部法律的决定》修正
- 2021年4月29日第十三届全国人民代表大会常务委员会第二十八次会议修订
- 2021年4月29日中华人民共和国主席令第79号公布
- 自2021年9月1日起施行

第一章 总 则

第一条 为了加强海上交通管理,维护海上交通秩序,保障生命财产安全,维护国家权益,制定本法。

第二条 在中华人民共和国管辖海域内从事航行、停泊、作业以及其他与海上交通安全相关的活动,适用本法。

第三条 国家依法保障交通用海。

海上交通安全工作坚持安全第一、预防为主、便利通行、依法管理的原则,保障海上交通安全、有序、畅通。

第四条 国务院交通运输主管部门主管全国海上交通安全工作。

国家海事管理机构统一负责海上交通安全监督管理工作,其他各级海事管理机构按照职责具体负责辖区内的海上交通安全监督管理工作。

第五条 各级人民政府及有关部门应当支持海上交通安全工作,加强海上交通安全的宣传教育,提高全社会的海上交通安全意识。

第六条 国家依法保障船员的劳动安全和职业健康,维护船员的合法权益。

第七条 从事船舶、海上设施航行、停泊、作业以及其他与海上交通相关活动的单位、个人,应当遵守有关海上交通安全的法律、行政法规、规章以及强制性标准和技术规范;依法享有获得航海保障和海上救助的权利,承担维护海上交通安全和保护海洋生态环境的义务。

第八条 国家鼓励和支持先进科学技术在海上交通安全工作中的应用,促进海上交通安全现代化建设,提高海上交通安全科学技术水平。

第二章 船舶、海上设施和船员

第九条 中国籍船舶、在中华人民共和国管辖海域设置的海上设施、船运集装箱,以及国家海事管理机构确定的关系海上交通安全的重要船用设备、部件和材料,应当符合有关法律、行政法规、规章以及强制性标准和技术规范的要求,经船舶检验机构检验合格,取得相应证书、文书。证书、文书的清单由国家海事管理机构制定并公布。

设立船舶检验机构应当经国家海事管理机构许可。船舶检验机构设立条件、程序及其管理等依照有关船舶检验的法律、行政法规的规定执行。

持有相关证书、文书的单位应当按照规定的用途使用船舶、海上设施、船运集装箱以及重要船用设备、部件和材料,并应当依法定期进行安全技术检验。

第十条 船舶依照有关船舶登记的法律、行政法规的规定向海事管理机构申请船舶国籍登记、取得国籍证书后,方可悬挂中华人民共和国国旗航行、停泊、作业。

中国籍船舶灭失或者报废的,船舶所有人应当在国务院交通运输主管部门规定的期限内申请办理注销国籍登记;船舶所有人逾期不申请注销国籍登记的,海事管理机构可以发布关于拟强制注销船舶国籍登记的公告。船舶所有人自公告发布之日起六十日内未提出异议的,海事管理机构可以注销该船舶的国籍登记。

第十一条 中国籍船舶所有人、经营人或者管理人应当建立并运行安全营运和防治船舶污染管理体系。

海事管理机构经对前款规定的管理体系审核合格的,发给符合证明和相应的船舶安全管理证书。

第十二条 中国籍国际航行船舶的所有人、经营人或者管理人应当依照国务院交通运输主管部门的规定建立船舶保安制度,制定船舶保安计划,并按照船舶保安计划配备船舶保安设备,定期开展演练。

第十三条 中国籍船员和海上设施上的工作人员应当接受海上交通安全以及相应岗位的专业教育、培训。

中国籍船员应当依照有关船员管理的法律、行政法规的规定向海事管理机构申请取得船员适任证书,并取得健康证明。

外国籍船员在中国籍船舶上工作的,按照有关船员管理的法律、行政法规的规定执行。

船员在船舶上工作,应当符合船员适任证书载明的船舶、航区、职务的范围。

第十四条 中国籍船舶的所有人、经营人或者管理人应当为其国际航行船舶向海事管理机构申请取得海事劳工证书。船舶取得海事劳工证书应当符合下列条件:

(一)所有人、经营人或者管理人依法招用船员,与其签订劳动合同或者就业协议,并为船舶配备符合要求的船员；

（二）所有人、经营人或者管理人已保障船员在船舶上的工作环境、职业健康保障和安全防护、工作和休息时间、工资报酬、生活条件、医疗条件、社会保险等符合国家有关规定；

（三）所有人、经营人或者管理人已建立符合要求的船员投诉和处理机制；

（四）所有人、经营人或者管理人已就船员遣返费用以及在船就业期间发生伤害、疾病或者死亡依法应当支付的费用提供相应的财务担保或者投保相应的保险。

海事管理机构商人力资源社会保障行政部门，按照各自职责对申请人及其船舶是否符合前款规定条件进行审核。经审核符合规定条件的，海事管理机构应当自受理申请之日起十个工作日内颁发海事劳工证书；不符合规定条件的，海事管理机构应当告知申请人并说明理由。

海事劳工证书颁发及监督检查的具体办法由国务院交通运输主管部门会同国务院人力资源社会保障行政部门制定并公布。

第十五条 海事管理机构依照有关船员管理的法律、行政法规的规定，对单位从事海船船员培训业务进行管理。

第十六条 国务院交通运输主管部门和其他有关部门、有关县级以上地方人民政府应当建立健全船员境外突发事件预警和应急处置机制，制定船员境外突发事件应急预案。

船员境外突发事件应急处置由船员派出单位所在地的省、自治区、直辖市人民政府负责，船员户籍所在地的省、自治区、直辖市人民政府予以配合。

中华人民共和国驻外国使馆、领馆和相关海事管理机构应当协助处置船员境外突发事件。

第十七条 本章第九条至第十二条、第十四条规定适用的船舶范围由有关法律、行政法规具体规定，或者由国务院交通运输主管部门拟定并报国务院批准后公布。

第三章　海上交通条件和航行保障

第十八条 国务院交通运输主管部门统筹规划和管理海上交通资源，促进海上交通资源的合理开发和有效利用。

海上交通资源规划应当符合国土空间规划。

第十九条 海事管理机构根据海域的自然状况、海上交通状况以及海上交通安全管理的需要，划定、调整并及时公布船舶定线区、船舶报告区、交通管制区、禁航区、安全作业区和港外锚地等海上交通功能区域。

海事管理机构划定或者调整船舶定线区、港外锚地以及对其他海洋功能区域或者用海活动造成影响的安全作业区，应当征求渔业渔政、生态环境、自然资源等有关部门的意见。为了军事需要划定、调整禁航区的，由负责划定、调整禁航区的军事机关作出决定，海事管理机构予以公布。

第二十条 建设海洋工程、海岸工程影响海上交通安全的，应当根据情况配备防止船舶碰撞的设施、设备并设置专用航标。

第二十一条 国家建立完善船舶定位、导航、授时、通信和远程监测等海上交通支持服务系统，为船舶、海上设施提供信息服务。

第二十二条 任何单位、个人不得损坏海上交通支持服务系统或者妨碍其工作效能。建设建筑物、构筑物、使用设施设备可能影响海上交通支持服务系统正常使用的，建设单位、所有人或者使用人应当与相关海上交通支持服务系统的管理单位协商，作出妥善安排。

第二十三条 国务院交通运输主管部门应当采取必要的措施，保障海上交通安全无线电通信设施的合理布局和有效覆盖，规划本系统(行业)海上无线电台(站)的建设布局和台址，核发船舶制式无线电台执照及电台识别码。

国务院交通运输主管部门组织本系统(行业)的海上无线电监测系统建设并对其无线电信号实施监测，会同国家无线电管理机构维护海上无线电波秩序。

第二十四条 船舶在中华人民共和国管辖海域内通信需要使用岸基无线电台(站)转接的，应当通过依法设置的境内海岸无线电台(站)或者卫星关口站进行转接。

承担无线电通信任务的船员和岸基无线电台(站)的工作人员应当遵守海上无线电通信规则，保持海上交通安全通信频道的值守和畅通，不得使用海上交通安全通信频率交流与海上交通安全无关的内容。

任何单位、个人不得违反国家有关规定使用无线电台识别码，影响海上搜救的身份识别。

第二十五条 天文、气象、海洋等有关单位应当及时预报、播发和提供航海天文、世界时、海洋气象、海浪、海流、潮汐、冰情等信息。

第二十六条 国务院交通运输主管部门统一布局、建设和管理公用航标。海洋工程、海岸工程的建设单位、所有人或者经营人需要设置、撤除专用航标，移动专用航标位置或者改变航标灯光、功率等的，应当报经海事管理机构同意。需要设置临时航标的，应当符合海事管理机构确定的航标设置点。

自然资源主管部门依法保障航标设施和装置的用地、用海、用岛，并依法为其办理有关手续。

航标的建设、维护、保养应当符合有关强制性标准和技术规范的要求。航标维护单位和专用航标的所有人应当对航标进行巡查和维护保养，保证航标处于良好适用状态。航标发生位移、损坏、灭失的，航标维护单位或者专用航标的所有人应当及时予以恢复。

第二十七条 任何单位、个人发现下列情形之一的，应当立即向海事管理机构报告；涉及航道管理机构职责或者专用航标的，海事管理机构应当及时通报航道管理机构或者专用航标的所有人：

（一）助航标志或者导航设施位移、损坏、灭失；

（二）有妨碍海上交通安全的沉没物、漂浮物、搁浅物或者其他碍航物；

（三）其他妨碍海上交通安全的异常情况。

第二十八条 海事管理机构应当依据海上交通安全管理的需要，就具有紧迫性、危险性的情况发布航行警告，就其他影响海上交通安全的情况发布航行通告。

海事管理机构应当将航行警告、航行通告，以及船舶定线区的划定、调整情况通报海军航海保证部门，并及时提供有关资料。

第二十九条 海事管理机构应当及时向船舶、海上设施播发海上交通安全信息。

船舶、海上设施在定线区、交通管制区或者通航船舶密集的区域航行、停泊、作业时，海事管理机构应当根据其请求提供相应的安全信息服务。

第三十条 下列船舶在国务院交通运输主管部门划定的引航区内航行、停泊或者移泊的，应当向引航机构申请引航：

（一）外国籍船舶，但国务院交通运输主管部门经报国务院批准后规定可以免除的除外；

（二）核动力船舶、载运放射性物质的船舶、超大型油轮；

（三）可能危及港口安全的散装液化气船、散装危险化学品船；

（四）长、宽、高接近相应航道通航条件限值的船舶。

前款第三项、第四项船舶的具体标准，由有关海事管理机构根据港口实际情况制定并公布。

船舶自愿申请引航的，引航机构应当提供引航服务。

第三十一条 引航机构应当及时派遣具有相应能力、经验的引航员为船舶提供引航服务。

引航员应当根据引航机构的指派，在规定的水域登离被引领船舶，安全谨慎地执行船舶引航任务。被引领船舶应当配备符合规定的登离装置，并保障引航员在登离船舶及在船上引航期间的安全。

引航员引领船舶时，不解除船长指挥和管理船舶的责任。

第三十二条 国务院交通运输主管部门根据船舶、海上设施和港口面临的保安威胁情形，确定并及时发布保安等级。船舶、海上设施和港口应当根据保安等级采取相应的保安措施。

第四章 航行、停泊、作业

第三十三条 船舶航行、停泊、作业，应当持有有效的船舶国籍证书及其他法定证书、文书，配备依照有关规定出版的航海图书资料，悬挂相关国家、地区或者组织的旗帜，标明船名、船舶识别号、船籍港、载重线标志。

船舶应当满足最低安全配员要求，配备持有合格有效证书的船员。

海上设施停泊、作业，应当持有法定证书、文书，并按规定配备掌握避碰、信号、通信、消防、救生等专业技能的人员。

第三十四条 船长应当在船舶开航前检查并在开航时确认船员适任、船舶适航、货物积载，并了解气象和海况信息以及海事管理机构发布的航行通告、航行警告及其他警示信息，落实相应的应急措施，不得冒险开航。

船舶所有人、经营人或者管理人不得指使、强令船员违章冒险操作、作业。

第三十五条 船舶应当在其船舶检验证书载明的航区内航行、停泊、作业。

船舶航行、停泊、作业时，应当遵守相关航行规则，按照有关规定显示信号、悬挂标志，保持足够的富余水深。

第三十六条 船舶在航行中应当按照有关规定开启船舶的自动识别、航行数据记录、远程识别和跟踪、通信等与航行安全、保安、防治污染相关的装置，并持续进行显示和记录。

任何单位、个人不得拆封、拆解、初始化、再设置航行数据记录装置或者读取其记录的信息，但法律、行政法规另有规定的除外。

第三十七条 船舶应当配备航海日志、轮机日志、无线电记录簿等航行记录，按照有关规定全面、真实、及时记录涉及海上交通安全的船舶操作以及船舶航行、停泊、作业中的重要事件，并妥善保管相关记录簿。

第三十八条 船长负责管理和指挥船舶。在保障海上生命安全、船舶保安和防治船舶污染方面，船长有权独立作出决定。

船长应当采取必要的措施，保护船舶、在船人员、船舶航行文件、货物以及其他财产的安全。船长在其职权范围内发布的命令，船员、乘客及其他在船人员应当执行。

第三十九条 为了保障船舶和在船人员的安全，船长有权在职责范围内对涉嫌在船上进行违法犯罪活动的人员采取禁闭或者其他必要的限制措施，并防止其隐匿、毁灭、伪造证据。

船长采取前款措施，应当制作案情报告书，由其和两名以上在船人员签字。中国籍船舶抵达我国港口后，应当及时将相关人员移送有关主管部门。

第四十条 发现在船人员患有或者疑似患有严重威胁他人健康的传染病的，船长应当立即启动相应的应急预案，在职责范围内对相关人员采取必要的隔离措施，并及时报告有关主管部门。

第四十一条 船长在航行中死亡或者因故不能履行职责的，应当由驾驶员中职务最高的人代理船长职务；船舶在下一个港口开航前，其所有人、经营人或者管理人应当指派新船长接任。

第四十二条 船员应当按照有关航行、值班的规章制度和操作规程以及船长的指令操纵、管理船舶，保持安全值班，不得擅离职守。船员履行在船值班职责前和值班期间，不得摄入可能影响安全值班的食品、药品或者其他物品。

第四十三条 船舶进出港口、锚地或者通过桥区水域、海峡、狭水道、重要渔业水域、通航船舶密集的区域、船舶定线区、交通管制区，应当加强瞭望、保持安全航速，并遵守前述区域的特殊航行规则。

前款所称重要渔业水域由国务院渔业渔政主管部门征求国务院交通运输主管部门意见后划定并公布。

船舶穿越航道不得妨碍航道内船舶的正常航行，不得抢越他船船艏。超过桥梁通航尺度的船舶禁止进入桥区水域。

第四十四条 船舶不得违反规定进入或者穿越禁航区。

船舶进出船舶报告区，应当向海事管理机构报告船位和动态信息。

在安全作业区、港外锚地范围内，禁止从事养殖、种植、捕捞以及其他影响海上交通安全的作业或者活动。

第四十五条 船舶载运或者拖带超长、超高、超宽、半潜的船舶、海上设施或者其他物体航行，应当采取拖拽部位加强、护航等特殊的安全保障措施，在开航前向海事管理机构报告航行计划，并按有关规定显示信号、悬挂标志；拖带移动式平台、浮船坞等大型海上设施的，还应当依法交验船舶检验机构出具的拖航检验证书。

第四十六条 国际航行船舶进出口岸，应当依法向海事管理机构申请许可并接受海事管理机构及其他口岸查验机构的监督检查。海事管理机构应当自受理申请之日起五个工作日内作出许可或者不予许可的决定。

外国籍船舶临时进入非对外开放水域，应当依照国务院关于船舶进出口岸的规定取得许可。

国内航行船舶进出港口、港外装卸站，应当向海事管理机构报告船舶的航次计划、适航状态、船员配备和客货载运等情况。

第四十七条 船舶应当在符合安全条件的码头、泊位、装卸站、锚地、安全作业区停泊。船舶停泊不得危及其他船舶、海上设施的安全。

船舶进出港口、港外装卸站，应当符合靠泊条件和关于潮汐、气象、海况等航行条件的要求。

超长、超高、超宽的船舶或者操纵能力受到限制的船舶进出港口、港外装卸站可能影响海上交通安全的，海事管理机构应当对船舶进出港安全条件进行核查，并可以要求船舶采取加配拖轮、乘潮进港等相应的安全措施。

第四十八条 在中华人民共和国管辖海域内进行施工作业，应当经海事管理机构许可，并核定相应安全作业区。取得海上施工作业许可，应当符合下列条件：

（一）施工作业的单位、人员、船舶、设施符合安全航行、停泊、作业的要求；

（二）有施工作业方案；

（三）有符合海上交通安全和防治船舶污染海洋环境要求的保障措施、应急预案和责任制度。

从事施工作业的船舶应当在核定的安全作业区内作业，并落实海上交通安全管理措施。其他无关船舶、海上设施不得进入安全作业区。

在港口水域内进行采掘、爆破等可能危及港口安全的作业，适用港口管理的法律规定。

第四十九条 从事体育、娱乐、演练、试航、科学观测等水上水下活动，应当遵守海上交通安全管理规定；可能影响海上交通安全的，应当提前十个工作日将活动涉及的海域范围报告海事管理机构。

第五十条 海上施工作业或者水上水下活动结束后，有关单位、个人应当及时消除可能妨碍海上交通安全的隐患。

第五十一条 碍航物的所有人、经营人或者管理人应当按照有关强制性标准和技术规范的要求及时设置警示标志，向海事管理机构报告碍航物的名称、形状、尺寸、位置和深度，并在海事管理机构限定的期限内打捞清除。碍航物的所有人放弃所有权的，不免除其打捞清除义务。

不能确定碍航物的所有人、经营人或者管理人的，海事管理机构应当组织设置标志、打捞或者采取相应措施，发生的费用纳入部门预算。

第五十二条 有下列情形之一，对海上交通安全有较大影响的，海事管理机构应当根据具体情况采取停航、限速或者划定交通管制区等相应交通管制措施并向社会公告：

（一）天气、海况恶劣；
（二）发生影响航行的海上险情或者海上交通事故；
（三）进行军事训练、演习或者其他相关活动；
（四）开展大型水上水下活动；
（五）特定海域通航密度接近饱和；
（六）其他对海上交通安全有较大影响的情形。

第五十三条 国务院交通运输主管部门为维护海上交通安全、保护海洋环境，可以会同有关主管部门采取必要措施，防止和制止外国籍船舶在领海的非无害通过。

第五十四条 下列外国籍船舶进出中华人民共和国领海，应当向海事管理机构报告：

（一）潜水器；
（二）核动力船舶；
（三）载运放射性物质或者其他有毒有害物质的船舶；
（四）法律、行政法规或者国务院规定的可能危及中华人民共和国海上交通安全的其他船舶。

前款规定的船舶通过中华人民共和国领海，应当持有有关证书，采取符合中华人民共和国法律、行政法规和规章规定的特别预防措施，并接受海事管理机构的指令和监督。

第五十五条 除依照本法规定获得进入口岸许可外，外国籍船舶不得进入中华人民共和国内水；但是，因人员病急、机件故障、遇难、避风等紧急情况未及获得许可的可以进入。

外国籍船舶因前款规定的紧急情况进入中华人民共和国内水的，应当在进入的同时向海事管理机构紧急报告，接受海事管理机构的指令和监督。海事管理机构应当及时通报管辖海域的海警机构、就近的出入境边防检查机关和当地公安机关、海关等其他主管部门。

第五十六条 中华人民共和国军用船舶执行军事任务、公务船舶执行公务，遇有紧急情况，在保证海上交通安全的前提下，可以不受航行、停泊、作业有关规则的限制。

第五章 海上客货运输安全

第五十七条 除进行抢险或者生命救助外，客船应当按照船舶检验证书核定的载客定额载运乘客，货船载运货物应当符合船舶检验证书核定的载重线和载货种类，不得载运乘客。

第五十八条 客船载运乘客不得同时载运危险货物。

乘客不得随身携带或者在行李中夹带法律、行政法规或者国务院交通运输主管部门规定的危险物品。

第五十九条 客船应当在显著位置向乘客明示安全须知，设置安全标志和警示，并向乘客介绍救生用具的使用方法以及在紧急情况下应当采取的应急措施。乘客应当遵守安全乘船要求。

第六十条 海上渡口所在地的县级以上地方人民政府应当建立健全渡口安全管理责任制，制定海上渡口的安全管理办法，监督、指导海上渡口经营者落实安全主体责任，维护渡运秩序，保障渡运安全。

海上渡口的渡运线路由渡口所在地的县级以上地方人民政府交通运输主管部门会同海事管理机构划定。渡船应当按照划定的线路安全渡运。

遇有恶劣天气、海况，县级以上地方人民政府或者其指定的部门应当发布停止渡运的公告。

第六十一条 船舶载运货物，应当按照有关法律、行政法规、规章以及强制性标准和技术规范的要求安全装卸、积载、隔离、系固和管理。

第六十二条 船舶载运危险货物，应当持有有效的危险货物适装证书，并根据危险货物的特性和应急措施的要求，编制危险货物应急处置预案，配备相应的消防、应急设备和器材。

第六十三条 托运人托运危险货物，应当将其正式名称、危险性质以及应当采取的防护措施通知承运人，并按照有关法律、行政法规、规章以及强制性标准和技术规范的要求妥善包装，设置明显的危险品标志和标签。

托运人不得在托运的普通货物中夹带危险货物或者将危险货物谎报为普通货物托运。

托运人托运的货物为国际海上危险货物运输规则和国家危险货物品名表上未列明但具有危险特性的货物的，托运人还应当提交有关专业机构出具的表明该货物危险特性以及应当采取的防护措施等情况的文件。

货物危险特性的判断标准由国家海事管理机构制定并公布。

第六十四条 船舶载运危险货物进出港口，应当符合下列条件，经海事管理机构许可，并向海事管理机构报告进出港口和停留的时间等事项：

（一）所载运的危险货物符合海上安全运输要求；

（二）船舶的装载符合所持有的证书、文书的要求；

（三）拟靠泊或者进行危险货物装卸作业的港口、码头、泊位具备有关法律、行政法规规定的危险货物作业经营资质。

海事管理机构应当自收到申请之时起二十四小时内作出许可或者不予许可的决定。

定船舶、定航线并且定货种的船舶可以申请办理一定期限内多次进出港口许可，期限不超过三十日。海事管理机构应当自收到申请之日起五个工作日内作出许可或者不予许可的决定。

海事管理机构予以许可的，应当通报港口行政管理部门。

第六十五条 船舶、海上设施从事危险货物运输或者装卸、过驳作业，应当编制作业方案，遵守有关强制性标准和安全作业操作规程，采取必要的预防措施，防止发生安全事故。

在港口水域外从事散装液体危险货物过驳作业的，还应当符合下列条件，经海事管理机构许可并核定安全作业区：

（一）拟进行过驳作业的船舶或者海上设施符合海上交通安全与防治船舶污染海洋环境的要求；

（二）拟过驳的货物符合安全过驳要求；

（三）参加过驳作业的人员具备法律、行政法规规定的过驳作业能力；

（四）拟作业水域及其底质、周边环境适宜开展过驳作业；

（五）过驳作业对海洋资源以及附近的军事目标、重要民用目标不构成威胁；

（六）有符合安全要求的过驳作业方案、安全保障措施和应急预案。

对单航次作业的船舶，海事管理机构应当自收到申请之时起二十四小时内作出许可或者不予许可的决定；对在特定水域多航次作业的船舶，海事管理机构应当自收到申请之日起五个工作日内作出许可或者不予许可的决定。

第六章 海上搜寻救助

第六十六条 海上遇险人员依法享有获得生命救助的权利。生命救助优先于环境和财产救助。

第六十七条 海上搜救工作应当坚持政府领导、统一指挥、属地为主、专群结合、就近快速的原则。

第六十八条 国家建立海上搜救协调机制，统筹全国海上搜救应急反应工作，研究解决海上搜救工作中的重大问题，组织协调重大海上搜救应急行动。协调机制由国务院有关部门、单位和有关军事机关组成。

中国海上搜救中心和有关地方人民政府设立的海上搜救中心或者指定的机构（以下统称海上搜救中心）负责海上搜救的组织、协调、指挥工作。

第六十九条 沿海县级以上地方人民政府应当安排必要的海上搜救资金，保障搜救工作的正常开展。

第七十条 海上搜救中心各成员单位应当在海上搜救中心统一组织、协调、指挥下，根据各自职责，承担海上搜救应急、抢险救灾、支持保障、善后处理等工作。

第七十一条 国家设立专业海上搜救队伍，加强海上搜救力量建设。专业海上搜救队伍应当配备专业搜救装备，建立定期演练和日常培训制度，提升搜救水平。

国家鼓励社会力量建立海上搜救队伍，参与海上搜救行动。

第七十二条 船舶、海上设施、航空器及人员在海上遇险的，应当立即报告海上搜救中心，不得瞒报、谎报海上险情。

船舶、海上设施、航空器及人员误发遇险报警信号的，除立即向海上搜救中心报告外，还应当采取必要措施消除影响。

其他任何单位、个人发现或者获悉海上险情的，应当立即报告海上搜救中心。

第七十三条 发生碰撞事故的船舶、海上设施，应当互通名称、国籍和登记港，在不严重危及自身安全的情况下尽力救助对方人员，不得擅自离开事故现场水域或者逃逸。

第七十四条 遇险的船舶、海上设施及其所有人、经营人或者管理人应当采取有效措施防止、减少生命财产损失和海洋环境污染。

船舶遇险时，乘客应当服从船长指挥，配合采取相关应急措施。乘客有权获知必要的险情信息。

船长决定弃船时，应当组织乘客、船员依次离船，并尽力抢救法定航行资料。船长应当最后离船。

第七十五条 船舶、海上设施、航空器收到求救信号或者发现有人遭遇生命危险的，在不严重危及自身安全的情况下，应当尽力救助遇险人员。

第七十六条 海上搜救中心接到险情报告后，应当立即进行核实，及时组织、协调、指挥政府有关部门、专业搜救队伍、社会有关单位等各方力量参加搜救，并指定现场指挥。参加搜救的船舶、海上设施、航空器及人员应当服从现场指挥，及时报告搜救动态和搜救结果。

搜救行动的中止、恢复、终止决定由海上搜救中心作出。未经海上搜救中心同意，参加搜救的船舶、海上设施、航空器及人员不得擅自退出搜救行动。

军队参加海上搜救，依照有关法律、行政法规的规定执行。

第七十七条 遇险船舶、海上设施、航空器或者遇险人员应当服从海上搜救中心和现场指挥的指令，及时接受救助。

遇险船舶、海上设施、航空器不配合救助的，现场指挥根据险情危急情况，可以采取相应救助措施。

第七十八条 海上事故或者险情发生后，有关地方人民政府应当及时组织医疗机构为遇险人员提供紧急医疗救助，为获救人员提供必要的生活保障，并组织有关方面采取善后措施。

第七十九条 在中华人民共和国缔结或者参加的国际条约规定由我国承担搜救义务的海域内开展搜救，依照本章规定执行。

中国籍船舶在中华人民共和国管辖海域以及海上搜救责任区域以外的其他海域发生险情的，中国海上搜救中心接到信息后，应当依据中华人民共和国缔结或者参加的国际条约的规定开展国际协作。

第七章 海上交通事故调查处理

第八十条 船舶、海上设施发生海上交通事故，应当及时向海事管理机构报告，并接受调查。

第八十一条 海上交通事故根据造成的损害后果分为特别重大事故、重大事故、较大事故和一般事故。事故等级划分的人身伤亡标准依照有关安全生产的法律、行政法规的规定确定；事故等级划分的直接经济损失标准，由国务院交通运输主管部门会同国务院有关部门根据海上交通事故中的特殊情况确定，报国务院批准后公布施行。

第八十二条 特别重大海上交通事故由国务院或者国务院授权的部门组织事故调查组进行调查，海事管理机构应当参与或者配合开展调查工作。

其他海上交通事故由海事管理机构组织事故调查组进行调查，有关部门予以配合。国务院认为有必要的，可以直接组织或者授权有关部门组织事故调查组进行调查。

海事管理机构进行事故调查，事故涉及执行军事运输任务的，应当会同有关军事机关进行调查；涉及渔业船舶的，渔业渔政主管部门、海警机构应当参与调查。

第八十三条 调查海上交通事故，应当全面、客观、公正、及时，依法查明事故事实和原因，认定事故责任。

第八十四条 海事管理机构可以根据事故调查处理需要拆封、拆解当事船舶的航行数据记录装置或者读取其记录的信息，要求船舶驶向指定地点或者禁止其离港，扣留船舶或者海上设施的证书、文书、物品、资料等并妥善保管。有关人员应当配合事故调查。

第八十五条 海上交通事故调查组应当自事故发生之日起九十日内提交海上交通事故调查报告；特殊情况下，经负责组织事故调查组的部门负责人批准，提交事故调查报告的期限可以适当延长，但延长期限最长不得超过九十日。事故技术鉴定所需时间不计入事故调查期限。

海事管理机构应当自收到海上交通事故调查报告之日起十五个工作日内作出事故责任认定书，作为处理海上交通事故的证据。

事故损失较小、事实清楚、责任明确的，可以依照国务院交通运输主管部门的规定适用简易调查程序。

海上交通事故调查报告、事故责任认定书应当依照有关法律、行政法规的规定向社会公开。

第八十六条 中国籍船舶在中华人民共和国管辖海域外发生海上交通事故的，应当及时向海事管理机构报告事故情况并接受调查。

外国籍船舶在中华人民共和国管辖海域外发生事故，造成中国公民重伤或者死亡的，海事管理机构根据中华人民共和国缔结或者参加的国际条约的规定参与调查。

第八十七条 船舶、海上设施在海上遭遇恶劣天气、海况以及意外事故，造成或者可能造成损害，需要说明并记录时间、海域以及所采取的应对措施等具体情况的，可以向海事管理机构申请办理海事声明签注。海事管理机构应当依照规定提供签注服务。

第八章 监督管理

第八十八条 海事管理机构对在中华人民共和国管辖海域内从事航行、停泊、作业以及其他与海上交通安全相关的活动，依法实施监督检查。

海事管理机构依照中华人民共和国法律、行政法规以及中华人民共和国缔结或者参加的国际条约对外国籍船舶实施港口国、沿岸国监督检查。

海事管理机构工作人员执行公务时,应当按照规定着装,佩戴职衔标志,出示执法证件,并自觉接受监督。

海事管理机构依法履行监督检查职责,有关单位、个人应当予以配合,不得拒绝、阻碍依法实施的监督检查。

第八十九条 海事管理机构实施监督检查可以采取登船检查、查验证书、现场检查、询问有关人员、电子监控等方式。

载运危险货物的船舶涉嫌存在瞒报、谎报危险货物等情况,海事管理机构可以采取开箱查验等方式进行检查。海事管理机构应当将开箱查验情况通报有关部门。港口经营人和有关单位、个人应当予以协助。

第九十条 海事管理机构对船舶、海上设施实施监督检查时,应当避免、减少对其正常作业的影响。

除法律、行政法规另有规定或者不立即实施监督检查可能造成严重后果外,不得拦截正在航行中的船舶进行检查。

第九十一条 船舶、海上设施对港口安全具有威胁的,海事管理机构应当责令立即或者限期改正、限制操作,责令驶往指定地点、禁止进港或者将其驱逐出港。

船舶、海上设施处于不适航或者不适拖状态,船员、海上设施上的相关人员未持有有效的法定证书、文书,或者存在其他严重危害海上交通安全、污染海洋环境的隐患,海事管理机构应当根据情况禁止有关船舶、海上设施进出港,暂扣有关证书、文书或者责令其停航、改航、驶往指定地点或者停止作业。船舶超载的,海事管理机构可以依法对船舶进行强制减载。因强制减载发生的费用由违法船舶所有人、经营人或者管理人承担。

船舶、海上设施发生海上交通事故、污染事故,未结清国家规定的税费、滞纳金且未提供担保或者未履行其他法定义务的,海事管理机构应当责令改正,并可以禁止其离港。

第九十二条 外国籍船舶可能威胁中华人民共和国内水、领海安全的,海事管理机构有权责令其离开。

外国籍船舶违反中华人民共和国海上交通安全或者防治船舶污染的法律、行政法规的,海事管理机构可以依法行使紧追权。

第九十三条 任何单位、个人有权向海事管理机构举报妨碍海上交通安全的行为。海事管理机构接到举报后,应当及时进行核实、处理。

第九十四条 海事管理机构在监督检查中,发现船舶、海上设施有违反其他法律、行政法规行为的,应当依法及时通报或者移送有关主管部门处理。

第九章 法律责任

第九十五条 船舶、海上设施未持有有效的证书、文书的,由海事管理机构责令改正,对违法船舶或者海上设施的所有人、经营人或者管理人处三万元以上三十万元以下的罚款,对船长和有关责任人员处三千元以上三万元以下的罚款;情节严重的,暂扣船长、责任船员的船员适任证书十八个月至三十个月,直至吊销船员适任证书;对船舶持有的伪造、变造证书、文书,予以没收;对存在严重安全隐患的船舶,可以依法予以没收。

第九十六条 船舶或者海上设施有下列情形之一的,由海事管理机构责令改正,对违法船舶或者海上设施的所有人、经营人或者管理人处二万元以上二十万元以下的罚款,对船长和有关责任人员处二千元以上二万元以下的罚款;情节严重的,吊销违法船舶所有人、经营人或者管理人的有关证书、文书,暂扣船长、责任船员的船员适任证书十二个月至二十四个月,直至吊销船员适任证书:

(一)船舶、海上设施的实际状况与持有的证书、文书不符;

(二)船舶未依法悬挂国旗,或者违法悬挂其他国家、地区或者组织的旗帜;

(三)船舶未按规定标明船名、船舶识别号、船籍港、载重线标志;

(四)船舶、海上设施的配员不符合最低安全配员要求。

第九十七条 在船舶上工作未持有船员适任证书、船员健康证明或者所持船员适任证书、健康证明不符合要求的,由海事管理机构对船舶的所有人、经营人或者管理人处一万元以上十万元以下的罚款,对责任船员处三千元以上三万元以下的罚款;情节严重的,对船舶的所有人、经营人或者管理人处三万元以上三十万元以下的罚款,暂扣责任船员的船员适任证书六个月至十二个月,直至吊销船员适任证书。

第九十八条 以欺骗、贿赂等不正当手段为中国籍船舶取得相关证书、文书的,由海事管理机构撤销有关许可,没收相关证书、文书,对船舶所有人、经营人或者管理人处四万元以上四十万元以下的罚款。

以欺骗、贿赂等不正当手段取得船员适任证书的,由海事管理机构撤销有关许可,没收船员适任证书,对责任人员处五千元以上五万元以下的罚款。

第九十九条 船员未保持安全值班,违反规定摄入可能影响安全值班的食品、药品或者其他物品,或者有其他违反海上船员值班规则的行为的,由海事管理机构对船长、责任船员处一千元以上一万元以下的罚款,或者暂扣船员适任证书三个月至十二个月;情节严重的,吊销船长、责任船员的船员适任证书。

第一百条 有下列情形之一的,由海事管理机构责令改正;情节严重的,处三万元以上十万元以下的罚款:
(一)建设海洋工程、海岸工程未按规定配备相应的防止船舶碰撞的设施、设备并设置专用航标;
(二)损坏海上交通支持服务系统或者妨碍其工作效能;
(三)未经海事管理机构同意设置、撤除专用航标,移动专用航标位置或者改变航标灯光、功率等其他状况,或者设置临时航标不符合海事管理机构确定的航标设置点;
(四)在安全作业区、港外锚地范围内从事养殖、种植、捕捞以及其他影响海上交通安全的作业或者活动。

第一百零一条 有下列情形之一的,由海事管理机构责令改正,对有关责任人员处三万元以下的罚款;情节严重的,处三万元以上十万元以下的罚款,并暂扣责任船员的船员适任证书一个月至三个月:
(一)承担无线电通信任务的船员和岸基无线电台(站)的工作人员未保持海上交通安全通信频道的值守和畅通,或者使用海上交通安全通信频率交流与海上交通安全无关的内容;
(二)违反国家有关规定使用无线电台识别码,影响海上搜救的身份识别;
(三)其他违反海上无线电通信规则的行为。

第一百零二条 船舶未依照本法规定申请引航的,由海事管理机构对违法船舶的所有人、经营人或者管理人处五万元以上五十万元以下的罚款,对船长处一千元以上一万元以下的罚款;情节严重的,暂扣有关船舶证书三个月至十二个月,暂扣船长的船员适任证书一个月至三个月。

引航机构派遣引航员存在过失,造成船舶损失的,由海事管理机构对引航机构处三万元以上三十万元以下的罚款。

未经引航机构指派擅自提供引航服务的,由海事管理机构对引领船舶的人员处三千元以上三万元以下的罚款。

第一百零三条 船舶在海上航行、停泊、作业,有下列情形之一的,由海事管理机构责令改正,对违法船舶的所有人、经营人或者管理人处二万元以上二十万元以下的罚款,对船长、责任船员处二千元以上二万元以下的罚款,暂扣船员适任证书三个月至十二个月;情节严重的,吊销船长、责任船员的船员适任证书:
(一)船舶进出港口、锚地或者通过桥区水域、海峡、狭水道、重要渔业水域、通航船舶密集的区域、船舶定线区、交通管制区时,未加强瞭望、保持安全航速并遵守前述区域的特殊航行规则;
(二)未按照有关规定显示信号、悬挂标志或者保持足够的富余水深;
(三)不符合安全开航条件冒险开航,违章冒险操作、作业,或者未按照船舶检验证书载明的航区航行、停泊、作业;
(四)未按照有关规定开启船舶的自动识别、航行数据记录、远程识别和跟踪、通信等与航行安全、保安、防治污染相关的装置,并持续进行显示和记录;
(五)擅自拆封、拆解、初始化、再设置航行数据记录装置或者读取其记录的信息;
(六)船舶穿越航道妨碍航道内船舶的正常航行,抢越他船船艏或者超过桥梁通航尺度进入桥区水域;
(七)船舶违反规定进入或者穿越禁航区;
(八)船舶载运或者拖带超长、超高、超宽、半潜的船舶、海上设施或者其他物体航行,未采取特殊的安全保障措施,未在开航前向海事管理机构报告航行计划,未按规定显示信号、悬挂标志,或者拖带移动式平台、浮船坞等大型海上设施未依法交验船舶检验机构出具的拖航检验证书;
(九)船舶在不符合安全条件的码头、泊位、装卸站、锚地、安全作业区停泊,或者停泊危及其他船舶、海上设施的安全;
(十)船舶违反规定超过检验证书核定的载客定额、载重线、载货种类载运乘客、货物,或者客船载运乘客同时载运危险货物;
(十一)客船未向乘客明示安全须知、设置安全标志和警示;
(十二)未按照有关法律、行政法规、规章以及强制性标准和技术规范的要求安全装卸、积载、隔离、系固和管理货物;
(十三)其他违反海上航行、停泊、作业规则的行为。

第一百零四条 国际航行船舶未经许可进出口岸

的，由海事管理机构对违法船舶的所有人、经营人或者管理人处三千元以上三万元以下的罚款，对船长、责任船员或者其他责任人员，处二千元以上二万元以下的罚款；情节严重的，吊销船长、责任船员的船员适任证书。

国内航行船舶进出港口、港外装卸站未依法向海事管理机构报告的，由海事管理机构对违法船舶的所有人、经营人或者管理人处三千元以上三万元以下的罚款，对船长、责任船员或者其他责任人员处五百元以上五千元以下的罚款。

第一百零五条　船舶、海上设施未经许可从事海上施工作业，或者未按照许可要求、超出核定的安全作业区进行作业的，由海事管理机构责令改正，对违法船舶、海上设施的所有人、经营人或者管理人处三万元以上三十万元以下的罚款，对船长、责任船员处三千元以上三万元以下的罚款，或者暂扣船员适任证书六个月至十二个月；情节严重的，吊销船长、责任船员的船员适任证书。

从事可能影响海上交通安全的水上水下活动，未按规定提前报告海事管理机构的，由海事管理机构对违法船舶、海上设施的所有人、经营人或者管理人处一万元以上三万元以下的罚款，对船长、责任船员处二千元以上二万元以下的罚款。

第一百零六条　碍航物的所有人、经营人或者管理人有下列情形之一的，由海事管理机构责令改正，处二万元以上二十万元以下的罚款；逾期未改正的，海事管理机构有权依法实施代履行，代履行的费用由碍航物的所有人、经营人或者管理人承担：

（一）未按照有关强制性标准和技术规范的要求及时设置警示标志；

（二）未向海事管理机构报告碍航物的名称、形状、尺寸、位置和深度；

（三）未在海事管理机构限定的期限内打捞清除碍航物。

第一百零七条　外国籍船舶进出中华人民共和国内水、领海违反本法规定的，由海事管理机构对违法船舶的所有人、经营人或者管理人处五万元以上五十万元以下的罚款，对船长处一万元以上三万元以下的罚款。

第一百零八条　载运危险货物的船舶有下列情形之一的，海事管理机构应当责令改正，对违法船舶的所有人、经营人或者管理人处五万元以上五十万元以下的罚款，对船长、责任船员或者其他责任人员，处五千元以上五万元以下的罚款；情节严重的，责令停止作业或者航行，暂扣船长、责任船员的船员适任证书六个月至十二个月，直至吊销船员适任证书：

（一）未经许可进出港口或者从事散装液体危险货物过驳作业；

（二）未按规定编制相应的应急处置预案，配备相应的消防、应急设备和器材；

（三）违反有关强制性标准和安全作业操作规程的要求从事危险货物装卸、过驳作业。

第一百零九条　托运人托运危险货物，有下列情形之一的，由海事管理机构责令改正，处五万元以上三十万元以下的罚款：

（一）未将托运的危险货物的正式名称、危险性质以及应当采取的防护措施通知承运人；

（二）未按照有关法律、行政法规、规章以及强制性标准和技术规范的要求对危险货物妥善包装，设置明显的危险品标志和标签；

（三）在托运的普通货物中夹带危险货物或者将危险货物谎报为普通货物托运；

（四）未依法提交有关专业机构出具的表明该货物危险特性以及应当采取的防护措施等情况的文件。

第一百一十条　船舶、海上设施遇险或者发生海上交通事故后未履行报告义务，或者存在瞒报、谎报情形的，由海事管理机构对违法船舶、海上设施的所有人、经营人或者管理人处三千元以上三万元以下的罚款，对船长、责任船员处二千元以上二万元以下的罚款，暂扣船员适任证书六个月至二十四个月；情节严重的，对违法船舶、海上设施的所有人、经营人或者管理人处一万元以上十万元以下的罚款，吊销船长、责任船员的船员适任证书。

第一百一十一条　船舶发生海上交通事故后逃逸的，由海事管理机构对违法船舶的所有人、经营人或者管理人处十万元以上五十万元以下的罚款，对船长、责任船员处五千元以上五万元以下的罚款并吊销船员适任证书，受处罚者终身不得重新申请。

第一百一十二条　船舶、海上设施不依法履行海上救助义务，不服从海上搜救中心指挥的，由海事管理机构对船舶、海上设施的所有人、经营人或者管理人处三万元以上三十万元以下的罚款，暂扣船长、责任船员的船员适任证书六个月至十二个月，直至吊销船员适任证书。

第一百一十三条　有关单位、个人拒绝、阻碍海事管理机构监督检查，或者在接受监督检查时弄虚作假的，由海事管理机构处二千元以上二万元以下的罚款，暂扣船长、责任船员的船员适任证书六个月至二十四个月，直至吊销船员适任证书。

第一百一十四条 交通运输主管部门、海事管理机构及其他有关部门的工作人员违反本法规定，滥用职权、玩忽职守、徇私舞弊的，依法给予处分。

第一百一十五条 因海上交通事故引发民事纠纷的，当事人可以依法申请仲裁或者向人民法院提起诉讼。

第一百一十六条 违反本法规定，构成违反治安管理行为的，依法给予治安管理处罚；造成人身、财产损害的，依法承担民事责任；构成犯罪的，依法追究刑事责任。

第十章 附 则

第一百一十七条 本法下列用语的含义是：

船舶，是指各类排水或者非排水的船、艇、筏、水上飞行器、潜水器、移动式平台以及其他移动式装置。

海上设施，是指水上水下各种固定或者浮动建筑、装置和固定平台，但是不包括码头、防波堤等港口设施。

内水，是指中华人民共和国领海基线向陆地一侧至海岸线的海域。

施工作业，是指勘探、采掘、爆破、构筑、维修、拆除水上水下构筑物或者设施，航道建设、疏浚（航道养护疏浚除外）作业，打捞沉船沉物。

海上交通事故，是指船舶、海上设施在航行、停泊、作业过程中发生的，由于碰撞、搁浅、触礁、触碰、火灾、风灾、浪损、沉没等原因造成人员伤亡或者财产损失的事故。

海上险情，是指对海上生命安全、水域环境构成威胁，需立即采取措施规避、控制、减轻和消除的各种情形。

危险货物，是指国际海上危险货物运输规则和国家危险货物品名表上列明的，易燃、易爆、有毒、有腐蚀性、有放射性、有污染危害性等，在船舶载运过程中可能造成人身伤亡、财产损失或者环境污染而需要采取特别防护措施的货物。

海上渡口，是指海上岛屿之间、海上岛屿与大陆之间，以及隔海相望的大陆与大陆之间，专用于渡船渡运人员、行李、车辆的交通基础设施。

第一百一十八条 公务船舶检验、船员配备的具体办法由国务院交通运输主管部门会同有关主管部门另行制定。

体育运动船舶的登记、检验办法由国务院体育主管部门另行制定。训练、比赛期间的体育运动船舶的海上交通安全监督管理由体育主管部门负责。

渔业船员、渔业无线电、渔业航标的监督管理，渔业船舶的登记管理，渔港水域内的海上交通安全管理，渔业船舶（含外国籍渔业船舶）之间交通事故的调查处理，由县级以上人民政府渔业渔政主管部门负责。法律、行政法规或者国务院对渔业船舶之间交通事故的调查处理另有规定的，从其规定。

除前款规定外，渔业船舶的海上交通安全管理由海事管理机构负责。渔业船舶的检验及其监督管理，由海事管理机构依照有关法律、行政法规的规定执行。

浮式储油装置等海上石油、天然气生产设施的检验适用有关法律、行政法规的规定。

第一百一十九条 海上军事管辖区和军用船舶、海上设施的内部海上交通安全管理，军用航标的设立和管理，以及为军事目的进行作业或者水上水下活动的管理，由中央军事委员会另行制定管理办法。

划定、调整海上交通功能区或者领海内特定水域，划定海上渡口的渡运线路，许可海上施工作业，可能对军用船舶的战备、训练、执勤等行动造成影响的，海事管理机构应当事先征求有关军事机关的意见。

执行军事运输任务有特殊需要的，有关军事机关应当及时向海事管理机构通报相关信息。海事管理机构应当给予必要的便利。

海上交通安全管理涉及国防交通、军事设施保护的，依照有关法律的规定执行。

第一百二十条 外国籍公务船舶在中华人民共和国领海航行、停泊、作业，违反中华人民共和国法律、行政法规的，依照有关法律、行政法规的规定处理。

在中华人民共和国管辖海域内的外国籍军用船舶的管理，适用有关法律的规定。

第一百二十一条 中华人民共和国缔结或者参加的国际条约同本法有不同规定的，适用国际条约的规定，但中华人民共和国声明保留的条款除外。

第一百二十二条 本法自2021年9月1日起施行。

国内水路运输管理规定

- 2014年1月3日交通运输部令2014年第2号公布
- 根据2015年5月12日《交通运输部关于修改〈国内水路运输管理规定〉的决定》第一次修订
- 根据2016年12月10日《交通运输部关于修改〈国内水路运输管理规定〉的决定》第二次修订
- 根据2020年2月24日《交通运输部关于修改〈国内水路运输管理规定〉的决定》第三次修订

第一章 总 则

第一条 为规范国内水路运输市场管理，维护水路运输经营活动各方当事人的合法权益，促进水路运输事业健康发展,依据《国内水路运输管理条例》制定本规定。

第二条 国内水路运输管理适用本规定。

本规定所称水路运输,是指始发港、挂靠港和目的港均在中华人民共和国管辖的通航水域内使用船舶从事的经营性旅客运输和货物运输。

第三条 水路运输按照经营区域分为沿海运输和内河运输,按照业务种类分为货物运输和旅客运输。

货物运输分为普通货物运输和危险货物运输。危险货物运输分为包装、散装固体和散装液体危险货物运输。散装液体危险货物运输包括液化气体船运输、化学品船运输、成品油船运输和原油船运输。普通货物运输包含拖航。

旅客运输包括普通客船运输、客货船运输和滚装客船运输。

第四条 交通运输部主管全国水路运输管理工作,并按照本规定具体实施有关水路运输管理工作。

县级以上地方人民政府交通运输主管部门主管本行政区域的水路运输管理工作。县级以上地方人民政府负责水路运输管理的部门或者机构(以下统称水路运输管理部门)具体实施水路运输管理工作。

第二章 水路运输经营者

第五条 申请经营水路运输业务,除个人申请经营内河普通货物运输业务外,申请人应符合下列条件:

(一)具备企业法人资格。

(二)有明确的经营范围,包括经营区域和业务种类。经营水路旅客班轮运输业务的,还应当有班期、班次以及拟停靠的码头安排等可行的航线营运计划。

(三)有符合本规定要求的船舶,且自有船舶运力应当符合附件1的要求。

(四)有符合本规定要求的海务、机务管理人员。

(五)有符合本规定要求的与其直接订立劳动合同的高级船员。

(六)有健全的安全管理机构及安全管理人员设置制度、安全管理责任制度、安全监督检查制度、事故应急处置制度、岗位安全操作规程等安全管理制度。

第六条 个人只能申请经营内河普通货物运输业务,并应当符合下列条件:

(一)经市场监督管理部门登记的个体工商户;

(二)有符合本规定要求的船舶,且自有船舶运力不超过600总吨;

(三)有安全管理责任制度、安全监督检查制度、事故应急处置制度、岗位安全操作规程等安全管理制度。

第七条 水路运输经营者投入运营的船舶应当符合下列条件:

(一)与水路运输经营者的经营范围相适应。从事旅客运输的,应当使用普通客船、客货船和滚装客船(统称为客船)运输;从事散装液体危险货物运输的,应当使用液化气体船、化学品船、成品油船和原油船(统称为危险品船)运输;从事普通货物运输、包装危险货物运输和散装固体危险货物运输的,可以使用普通货船运输。

(二)持有有效的船舶所有权登记证书、船舶国籍证书、船舶检验证书以及按照相关法律、行政法规规定证明船舶符合安全与防污染和入级检验要求的其他证书。

(三)符合交通运输部关于船型技术标准、船龄以及节能减排的要求。

第八条 除个体工商户外,水路运输经营者应当配备满足下列要求的专职海务、机务管理人员:

(一)海务、机务管理人员数量满足附件2的要求;

(二)海务、机务管理人员的从业资历与其经营范围相适应:

1.经营普通货船运输的,应当具有不低于大副、大管轮的从业资历;

2.经营客船、危险品船运输的,应当具有船长、轮机长的从业资历。

根据船舶最低安全配员标准,水路运输经营者经营的均为不需要配备船长、轮机长或者大副、大管轮的船舶,其配备的海务、机务管理人员应当具有不低于其所管理船舶船员的从业资历。

水路运输经营者委托船舶管理企业为其提供船舶海务、机务管理等服务的,按照《国内水路运输辅助业管理规定》的有关规定执行。

第九条 除个体工商户外,水路运输经营者按照有关规定应当配备的高级船员中,与其直接订立一年以上劳动合同的高级船员的比例应当满足下列要求:

(一)经营普通货船运输的,高级船员的比例不低于25%;

(二)经营客船、危险品船运输的,高级船员的比例不低于50%。

第十条 交通运输部实施省际危险品船运输、沿海省际客船运输、长江干线和西江航运干线水上运输距离60公里以上省际客船运输的经营许可。

其他内河省际客船运输的经营许可,由水路旅客运输业务经营者所在地省级水路运输管理部门实施,作出许可决定前应当与航线始发港、挂靠港、目的港所在地省级水路运输管理部门协商，协商不成的，应当报交通运输部决定。

省际普通货船运输、省内水路运输经营许可应当由设区的市级以上地方人民政府水路运输管理部门具体实施，具体权限由省级人民政府交通运输主管部门决定，向社会公布。

第十一条 申请经营水路运输业务或者变更水路运输经营范围，应当向其所在地设区的市级人民政府水路运输管理部门提交申请书和证明申请人符合本规定要求的相关材料。

第十二条 受理申请的水路运输管理部门不具有许可权限的，当场核实申请材料中的原件与复印件的内容一致后，在5个工作日内提出初步审查意见并将全部申请材料转报至具有许可权限的部门。

第十三条 具有许可权限的部门，对符合条件的，应当在20个工作日内作出许可决定，向申请人颁发《国内水路运输经营许可证》，并向其投入运营的船舶配发《船舶营业运输证》。申请经营水路旅客班轮运输业务的，应当在其《国内水路运输经营许可证》经营范围中载明。不符合条件的，不予许可，并书面通知申请人不予许可的理由。

推进国内水路运输领域政务服务事项网上办理以及《国内水路运输经营许可证》《船舶营业运输证》等证书电子化，加强水路运输经营者和船舶相关证照信息共享。

第十四条 除购置或者光租已取得相应水路运输经营资格的船舶外，水路运输经营者新增客船、危险品船运力，应当经其所在地设区的市级人民政府水路运输管理部门向具有许可权限的部门提出申请。

具有许可权限的部门根据运力运量供求情况对新增运力申请予以审查。根据运力供求情况需要对新增运力予以数量限制时，依据经营者的经营规模、管理水平、安全记录、诚信经营记录等情况，公开竞争择优作出许可决定。

水路运输经营者新增普通货船运力，应当在船舶开工建造后15个工作日内向所在地设区的市级人民政府水路运输管理部门备案。

第十五条 交通运输部在特定的旅客班轮运输和散装液体危险货物运输航线、水域出现运力供大于求状况，可能影响公平竞争和水路运输安全的情形下，可以决定暂停特定航线、水域的旅客班轮运输和散装液体危险货物运输新增运力许可。

暂停新增运力许可期间，对暂停范围内的新增运力申请不予许可，对申请投入运营的船舶，不予配发《船舶营业运输证》，但暂停决定生效前已取得新增运力批准且已开工建造、购置或者光租的船舶除外。

第十六条 交通运输部对水路运输市场进行监测，分析水路运输市场运力状况，定期公布监测结果。

对特定的旅客班轮运输和散装液体危险货物运输航线、水域暂停新增运力许可的决定，应当依据水路运输市场监测分析结果作出。

采取暂停新增运力许可的运力调控措施，应当符合公开、公平、公正的原则，在开始实施的60日前向社会公告，说明采取措施的理由以及采取措施的范围、期限等事项。

第十七条 《国内水路运输经营许可证》的有效期为5年。《船舶营业运输证》的有效期按照交通运输部的有关规定确定。水路运输经营者应当在证件有效期届满前的30日内向原许可机关提出换证申请。原许可机关应当依照本规定进行审查，符合条件的，予以换发。

第十八条 发生下列情况后，水路运输经营者应当在15个工作日内以书面形式向原许可机关备案，并提供相关证明材料：

（一）法定代表人或者主要股东发生变化；

（二）固定的办公场所发生变化；

（三）海务、机务管理人员发生变化；

（四）与其直接订立一年以上劳动合同的高级船员的比例发生变化；

（五）经营的船舶发生较大以上水上交通事故；

（六）委托的船舶管理企业发生变更或者委托管理协议发生变化。

第十九条 水路运输经营者终止经营的，应当自终止经营之日起15个工作日内向原许可机关办理注销手续，交回许可证件。

已取得《船舶营业运输证》的船舶报废、转让或者变更经营者，应当自发生上述情况之日起15个工作日内向原许可机关办理《船舶营业运输证》注销、变更手续。

第三章 水路运输经营行为

第二十条 水路运输经营者应当保持相应的经营资质条件，按照《国内水路运输经营许可证》核定的经营范围从事水路运输经营活动。

已取得省际水路运输经营资格的水路运输经营者和船舶，可凭省际水路运输经营资格从事相应种类的省内水路运输，但旅客班轮运输除外。

已取得沿海水路运输经营资格的水路运输经营者和船舶，可在满足航行条件的情况下，凭沿海水路运输经营资格从事相应种类的内河运输。

第二十一条 水路运输经营者不得出租、出借水路运输经营许可证件，或者以其他形式非法转让水路运输经营资格。

第二十二条 从事水路运输的船舶应当随船携带《船舶营业运输证》或者具有同等效力的可查验信息，不得转让、出租、出借或者涂改。《船舶营业运输证》遗失或者损毁的，应当及时向原配发机关申请补发。

第二十三条 水路运输经营者应该按照《船舶营业运输证》标定的载客定额、载货定额和经营范围从事旅客和货物运输，不得超载。

水路运输经营者使用客货船或者滚装客船载运危险货物时，不得载运旅客，但按照相关规定随船押运货物的人员和滚装车辆的司机除外。

第二十四条 水路运输经营者应当与托运人订立货物运输合同，对托运人身份信息进行查验。托运人托运货物时应当向水路运输经营者如实提供货物信息，托运危险货物的，还应当符合《船舶载运危险货物安全监督管理规定》的有关规定。

水路运输经营者收到实名举报或者相关证据证明托运人涉嫌在普通货物中夹带危险货物、谎报瞒报托运危险货物的，应当对相关货物进行检查。水路运输经营者发现存在上述情形或者托运人拒绝接受检查的，应当拒绝运输，并及时向水路运输管理部门和海事管理机构报告，未装船的还应当及时向拟装船的港口经营人、港口行政管理部门报告。

水路运输经营者应当对托运人身份信息、托运货物信息进行登记并保存至运输合同履行完毕后 6 个月。

第二十五条 水路运输经营者不得擅自改装客船、危险品船增加载客定额、载货定额或者变更从事散装液体危险货物运输的种类。

第二十六条 水路旅客运输业务经营者应当拒绝携带或者托运国家规定的危险物品及其他禁止携带或者托运的物品的旅客乘船。船舶开航后发现旅客随船携带或者托运国家规定的危险物品及其他禁止携带或者托运的物品的，应当妥善处理，旅客应当予以配合。

水路旅客运输业务经营者应当向社会公布国家规定的不得随船携带或者托运的物品清单。

旅客应当持有效凭证乘船，遵守乘船相关规定，自觉接受安全检查。

第二十七条 水路旅客班轮运输业务经营者应当自取得班轮航线经营许可之日起 60 日内开航，并在开航的 15 日前通过媒体并在该航线停靠的各客运站点的明显位置向社会公布所使用的船舶、班期、班次、票价等信息。

旅客班轮应当按照公布的班期、班次运行。变更班期、班次、票价的（因不可抗力变更班期、班次的除外），水路旅客班轮运输业务经营者应当在变更的 15 日前向社会公布。停止经营部分或者全部班轮航线的，经营者应当在停止经营的 30 日前向社会公布，并报原许可机关备案。

第二十八条 水路货物班轮运输业务经营者应当在班轮航线开航的 7 日前，向社会公布所使用的船舶以及班期、班次和运价。

货物班轮运输应当按照公布的班期、班次运行；变更班期、班次、运价（因不可抗力变更班期、班次的除外）或者停止经营部分或者全部班轮航线的，水路货物班轮运输业务经营者应当在变更或者停止经营的 7 日前向社会公布。

第二十九条 水路旅客运输业务经营者应当向旅客提供客票。客票包括纸质客票、电子客票等乘船凭证，一般应当载明经营者名称、船舶名称、始发港、目的港、乘船时间、票价等基本信息。鼓励水路旅客运输业务经营者开展互联网售票。

水路旅客运输业务经营者应当以公布的票价销售客票，不得对相同条件的旅客实施不同的票价，不得以搭售、现金返还、加价等不正当方式变相变更公布的票价并获取不正当利益，不得低于客票载明的舱室或者席位等级安排旅客。

水路旅客运输业务经营者应当向旅客明示退票、改签等规定。

第三十条 水路旅客运输业务经营者应当按有关规定为军人、人民警察、国家综合性消防救援队伍人员、学生、老幼病残孕等旅客提供优先、优惠、免票等优待服务。具体办法由交通运输部另行制定。

第三十一条 水路运输经营者从事水路运输经营活动，应当依法经营，诚实守信，禁止以不合理的运价或者其他不正当方式、不规范行为争抢客源、货源及提供运输服务。

水路旅客运输业务经营者为招揽旅客发布信息，必须真实、准确，不得进行虚假宣传、误导旅客，对其在经营活动中知悉的旅客个人信息，应当予以保密。

第三十二条 水路旅客运输业务经营者应当配备具

有相应业务知识和技能的乘务人员，保持船上服务设施和警告标识完好，为老幼病残孕等需要帮助的旅客提供无障碍服务，在船舶开航前播报旅客乘船安全须知，并及时向旅客播报特殊情况下的禁航等信息。

第三十三条 水路旅客运输业务经营者应当就运输服务中的下列事项，以明示的方式向旅客作出说明或者警示：

（一）不适宜乘坐客船的群体；

（二）正确使用相关设施、设备的方法；

（三）必要的安全防范和应急措施；

（四）未向旅客开放的经营、服务场所和设施、设备；

（五）可能危及旅客人身、财产安全的其他情形。

第三十四条 水路运输经营者应当依照法律、行政法规和国家有关规定，优先运送处置突发事件所需物资、设备、工具、应急救援人员和受到突发事件危害的人员，重点保障紧急、重要的军事运输。

水路运输经营者应当服从交通运输主管部门对关系国计民生物资紧急运输的统一组织协调，按照要求优先、及时运输。

水路运输经营者应当按照交通运输主管部门的要求建立运输保障预案，并建立应急运输、军事运输和紧急运输的运力储备。

第三十五条 水路运输经营者应当按照国家统计规定报送运输经营统计信息。

第四章 外商投资企业和外国籍船舶的特别规定

第三十六条 外商投资企业申请从事水路运输，除满足本规定第五条规定的经营资质条件外，还应当符合下列条件：

（一）拟经营的范围内，国内水路运输经营者无法满足需求；

（二）应当具有经营水路运输业务的良好业绩和运营记录。

第三十七条 具有许可权限的部门可以根据国内水路运输实际情况，决定是否准许外商投资企业经营国内水路运输。

经批准取得水路运输经营许可的外商投资企业外方投资者或者外方投资股比等事项发生变化的，应当报原许可机关批准。原许可机关发现外商投资企业不再符合本规定要求的，应当撤销其水路运输经营资质。

第三十八条 符合下列情形并经交通运输部批准，水路运输经营者可以租用外国籍船舶在中华人民共和国港口之间从事不超过两个连续航次或者期限为30日的临时运输：

（一）没有满足所申请的运输要求的中国籍船舶；

（二）停靠的港口或者水域为对外开放的港口或者水域。

第三十九条 租用外国籍船舶从事临时运输的水路运输经营者，应当向交通运输部提交申请书、运输合同、拟使用的外籍船舶及船舶登记证书、船舶检验证书等相关证书和能够证明符合本规定规定情形的相关材料。申请书应当说明申请事由、承运的货物、运输航次或者期限、停靠港口。

交通运输部应当自受理申请之日起15个工作日内，对申请事项进行审核。对符合规定条件的，作出许可决定并且颁发许可文件；对不符合条件的，不予许可，并书面通知申请人不予许可的理由。

第四十条 临时从事水路运输的外国籍船舶，应当遵守水路运输管理的有关规定，按照批准的范围和期限进行运输。

第五章 监督检查

第四十一条 交通运输部和水路运输管理部门依照有关法律、法规和本规定对水路运输市场实施监督检查。

第四十二条 对水路运输市场实施监督检查，可以采取下列措施：

（一）向水路运输经营者了解情况，要求其提供有关凭证、文件及其他相关材料。

（二）对涉嫌违法的合同、票据、账簿以及其他资料进行查阅、复制。

（三）进入水路运输经营者从事经营活动的场所、船舶实地了解情况。

水路运输经营者应当配合监督检查，如实提供有关凭证、文件及其他相关资料。

第四十三条 水路运输管理部门对水路运输市场依法实施监督检查中知悉的被检查单位的商业秘密和个人信息应当依法保密。

第四十四条 实施现场监督检查的，应当当场记录监督检查的时间、内容、结果，并与被检查单位或者个人共同签署名章。被检查单位或者个人不签署名章的，监督检查人员对不签署的情形及理由应当予以注明。

第四十五条 水路运输管理部门在监督检查中发现水路运输经营者不符合本规定要求的经营资质条件的，应当责令其限期整改，并在整改期限结束后对该经营者整改情况进行复查，并作出整改是否合格的结论。

对运力规模达不到经营资质条件的整改期限最长不

超过6个月，其他情形的整改期限最长不超过3个月。水路运输经营者在整改期间已开工建造但尚未竣工的船舶可以计入自有船舶运力。

第四十六条　水路运输管理部门应当建立健全水路运输市场诚信监督管理机制和服务质量评价体系，建立水路运输经营者诚信档案，记录水路运输经营者及从业人员的诚信信息，定期向社会公布监督检查结果和经营者的诚信档案。

水路运输管理部门应当建立水路运输违法经营行为社会监督机制，公布投诉举报电话、邮箱等，及时处理投诉举报信息。

水路运输管理部门应当将监督检查中发现或者受理投诉举报的经营者违法违规行为及处理情况、水上交通事故情况等记入诚信档案。违法违规情节严重可能影响经营资质条件的，对经营者给予提示性警告。不符合经营资质条件的，按照本规定第四十五条的规定处理。

第四十七条　水路运输管理部门应当与当地海事管理机构建立联系机制，按照《国内水路运输管理条例》的要求，做好《船舶营业运输证》查验处理衔接工作，及时将本行政区域内水路运输经营者的经营资质保持情况通报当地海事管理机构。

海事管理机构应当将有关水路运输船舶较大以上水上交通事故情况及结论意见及时书面通知该船舶经营者所在地设区的市级人民政府水路运输管理部门。水路运输管理部门应当将其纳入水路运输经营者诚信档案。

第六章　法律责任

第四十八条　水路运输经营者未按照本规定要求配备海务、机务管理人员的，由其所在地县级以上人民政府水路运输管理部门责令改正。

第四十九条　水路运输经营者或其船舶在规定期限内，经整改仍不符合本规定要求的经营资质条件的，由其所在地县级以上人民政府水路运输管理部门报原许可机关撤销其经营许可或者船舶营运证件。

第五十条　从事水路运输经营的船舶超出《船舶营业运输证》核定的经营范围，或者擅自改装客船、危险品船增加《船舶营业运输证》核定的载客定额、载货定额或者变更从事散装液体危险货物运输种类的，按照《国内水路运输管理条例》第三十四条第一款的规定予以处罚。

第五十一条　水路运输经营者违反本规定，有下列行为之一的，由其所在地县级以上人民政府水路运输管理部门责令改正：

（一）未履行备案义务；

（二）未以公布的票价或者变相变更公布的票价销售客票；

（三）进行虚假宣传，误导旅客或者托运人；

（四）以不正当方式或者不规范行为争抢客源、货源及提供运输服务扰乱市场秩序。

第五十二条　水路运输经营者拒绝管理部门根据本规定进行的监督检查或者隐匿有关资料或瞒报、谎报有关情况的，由其所在地县级以上人民政府水路运输管理部门责令改正。

第五十三条　违反本规定的其他规定应当进行处罚的，按照《国内水路运输管理条例》等有关法律法规执行。

第七章　附则

第五十四条　本规定下列用语的定义：

（一）自有船舶，是指水路运输经营者将船舶所有权登记为该经营者且归属该经营者的所有权份额不低于51%的船舶。

（二）班轮运输，是指在固定港口之间按照预定的船期向公众提供旅客、货物运输服务的经营活动。

第五十五条　依法设立的水路运输行业组织可以依照法律、行政法规和章程的规定，制定行业经营规范和服务标准，组织开展职业道德教育和业务培训，对其会员的经营行为和服务质量进行自律性管理。

水路运输行业组织可以建立行业诚信监督、约束机制，提高行业诚信水平。对守法经营、诚实信用的会员以及从业人员，可以给予表彰、奖励。

第五十六条　经营内地与香港特别行政区、澳门特别行政区，以及大陆地区与台湾地区之间的水路运输，不适用于本规定。

在香港特别行政区、澳门特别行政区进行船籍登记的船舶临时从事内地港口之间的运输，在台湾地区进行船籍登记的船舶临时从事大陆港口之间的运输，参照适用本规定关于外国籍船舶的有关规定。

第五十七条　载客12人以下的客船运输、乡镇客运渡船运输以及与外界不通航的公园、封闭性风景区内的水上旅客运输不适用本规定。

第五十八条　本规定自2014年3月1日起施行。2008年5月26日交通运输部以交通运输部令2008年第2号公布的《国内水路运输经营资质管理规定》，1987年9月22日交通部以（87）交河字680号文公布、1998年3月6日以交水发〔1998〕107号文修改，2009年6月4日交通运输部以交通运输部令2009年第6号修改的《水路运输管理条例实施细则》，1990年9月28日交通部以交通部令 1990 年第 22 号公布、2009 年交通运输部令 2009 年第 7 号修改的《水路运输违章处罚规定》，1995 年 12 月 12 日交通部以交水发〔1995〕1178 号文发布、1997 年 8 月 26 日以交水发〔1997〕522 号文修改、2014 年 1 月 2 日交通运输部以交通运输部令 2014 年第 1 号修改的《水路旅客运输规则》同时废止。

附件 1：

水路运输经营者自有船舶运力最低限额表

	沿海		内河			
	省际	省内	省际			省内
			长江	西江	其他	
普通货船（总吨）	5000	1000	5000	3000	1000	600
成品油船（总吨）						
化学品船（总吨）						
液化气船（立方米）			2000			
原油船（总吨）	35000	5000	15000			2000
拖航（千瓦）	5000	2000				
普通客船（客位）	400	200	400			100
客货船	3000 总吨及 400 客位	1000 总吨及 100 客位	1000 总吨及 100 客位			300 总吨及 50 客位
滚装客船						

附件 2：

海务、机务管理人员最低配额表（人）

		1-5 艘	6-10 艘	11-20 艘	21-30 艘	31-40 艘	41-50 艘	>50 艘
沿海	普通货船	1		2	3	4		每增加 20 艘增加 1 人，不足 20 艘按 20 艘计
	危险品船	1	2	3	4	5	6	每增加 10 艘增加 1 人，不足 10 艘按 10 艘计
	客船							
内河	普通货船	1		2				每增加 50 艘增加 1 人，不足 50 艘按 50 艘计
	危险品船	1	2	3		4		每增加 20 艘增加 1 人，不足 20 艘按 20 艘计
	客船							

中华人民共和国船舶安全监督规则

- 2017年5月23日交通运输部公布
- 根据2020年3月16日《交通运输部关于修改〈中华人民共和国船舶安全监督规则〉的决定》第一次修正
- 根据2022年9月26日《交通运输部关于修改〈中华人民共和国船舶安全监督规则〉的决定》第二次修正

第一章 总 则

第一条 为了保障水上人命、财产安全，防止船舶造成水域污染，规范船舶安全监督工作，根据《中华人民共和国海上交通安全法》《中华人民共和国海洋环境保护法》《中华人民共和国港口法》《中华人民共和国内河交通安全管理条例》《中华人民共和国船员条例》等法律法规和我国缔结或者加入的有关国际公约的规定，制定本规则。

第二条 本规则适用于对中国籍船舶和水上设施以及航行、停泊、作业于我国管辖水域的外国籍船舶实施的安全监督工作。

本规则不适用于军事船舶、渔业船舶和体育运动船艇。

第三条 船舶安全监督管理遵循依法、公正、诚信、便民的原则。

第四条 交通运输部主管全国船舶安全监督工作。

国家海事管理机构统一负责全国船舶安全监督工作。

各级海事管理机构按照职责和授权开展船舶安全监督工作。

第五条 本规则所称船舶安全监督，是指海事管理机构依法对船舶及其从事的相关活动是否符合法律、法规、规章以及有关国际公约和港口国监督区域性合作组织的规定而实施的安全监督管理活动。船舶安全监督分为船舶现场监督和船舶安全检查。

船舶现场监督，是指海事管理机构对船舶实施的日常安全监督抽查活动。

船舶安全检查，是指海事管理机构按照一定的时间间隔对船舶的安全和防污染技术状况、船员配备及适任状况、海事劳工条件实施的安全监督检查活动，包括船旗国监督检查和港口国监督检查。

第六条 海事管理机构应当配备必要的人员、装备、资料等，以满足船舶安全监督管理工作的需要。

第七条 船舶现场监督应当由具备相应职责的海事行政执法人员实施。

第八条 从事船舶安全检查的海事行政执法人员应当取得相应等级的资格证书，并不断更新知识。

第九条 海事管理机构应当建立对船舶安全状况的社会监督机制，公布举报、投诉渠道，完善举报和投诉处理机制。

海事管理机构应当为举报人、投诉人保守秘密。

第二章 船舶进出港报告

第十条 中国籍船舶在我国管辖水域内航行应当按照规定实施船舶进出港报告。

第十一条 船舶应当在预计离港或者抵港4小时前向将要离泊或者抵达港口的海事管理机构报告进出港信息。航程不足4小时的，在驶离上一港口时报告。

船舶在固定航线航行且单次航程不超过2小时的，可以每天至少报告一次进出港信息。

船舶应当对报告的完整性和真实性负责。

第十二条 船舶报告的进出港信息应当包括航次动态、在船人员信息、客货载运信息、拟抵离时间和地点等。

第十三条 船舶可以通过互联网、传真、短信等方式报告船舶进出港信息，并在船舶航海或者航行日志内作相应的记载。

第十四条 海事管理机构与水路运输管理部门应当建立信息平台，共享船舶进出港信息。

第三章 船舶综合质量管理

第十五条 海事管理机构应当建立统一的船舶综合质量管理信息平台，收集、处理船舶相关信息，建立船舶综合质量档案。

第十六条 船舶综合质量管理信息平台应当包括下列信息：

（一）船舶基本信息；

（二）船舶安全与防污染管理相关规定落实情况；

（三）水上交通事故情况和污染事故情况；

（四）水上交通安全违法行为被海事管理机构行政处罚情况；

（五）船舶接受安全监督的情况；

（六）航运公司和船舶的安全诚信情况；

（七）船舶进出港报告或者办理进出港手续情况；

（八）按照相关规定缴纳相关费税情况；

（九）船舶检验技术状况。

第十七条 海事管理机构应当按照第十六条所述信息开展船舶综合质量评定，综合质量评定结果应当向社会公开。

第四章 船舶安全监督

第一节 安全监督目标船舶的选择

第十八条 海事管理机构对船舶实施安全监督，应当减少对船舶正常生产作业造成的不必要影响。

第十九条 国家海事管理机构应当制定安全监督目标船舶选择标准。

海事管理机构应当结合辖区实际情况，按照全面覆盖、重点突出、公开便利的原则，依据我国加入的港口国监督区域性合作组织和国家海事管理机构规定的目标船舶选择标准，综合考虑船舶类型、船龄、以往接受船舶安全监督的缺陷、航运公司安全管理情况等，按照规定的时间间隔，选择船舶实施船舶安全监督。

第二十条 按照目标船舶选择标准未列入选船目标的船舶，海事管理机构原则上不登轮实施船舶安全监督，但按照第二十一条规定开展专项检查的除外。

第二十一条 国家重要节假日、重大活动期间，或者针对特定水域、特定安全事项、特定船舶需要进行检查的，海事管理机构可以综合运用船舶安全检查和船舶现场监督等形式，开展专项检查。

第二节 船舶安全监督

第二十二条 船舶现场监督的内容包括：

（一）中国籍船舶自查情况；

（二）法定证书文书配备及记录情况；

（三）船员配备情况；

（四）客货载运及货物系固绑扎情况；

（五）船舶防污染措施落实情况；

（六）船舶航行、停泊、作业情况；

（七）船舶进出港报告或者办理进出港手续情况；

（八）按照相关规定缴纳相关费税情况。

第二十三条 船舶安全检查的内容包括：

（一）船舶配员情况；

（二）船舶、船员配备和持有有关法定证书文书及相关资料情况；

（三）船舶结构、设施和设备情况；

（四）客货载运及货物系固绑扎情况；

（五）船舶保安相关情况；

（六）船员履行其岗位职责的情况，包括对其岗位职责相关的设施、设备的维护保养和实际操作能力等；

（七）海事劳工条件；

（八）船舶安全管理体系运行情况；

（九）法律、法规、规章以及我国缔结、加入的有关国际公约要求的其他检查内容。

第二十四条 海事管理机构应当按照船舶安全监督的内容，制定相应的工作程序，规范船舶安全监督活动。

第二十五条 海事管理机构完成船舶安全监督后应当签发相应的《船舶现场监督报告》《船旗国监督检查报告》或者《港口国监督检查报告》，由船长或者履行船长职责的船员签名。

《船舶现场监督报告》《船旗国监督检查报告》《港口国监督检查报告》一式两份，一份由海事管理机构存档，一份留备查。

第二十六条 船舶现场监督中发现船舶存在危及航行安全、船员健康、水域环境的缺陷或者水上交通安全违法行为的，应当按照规定进行处置。

发现存在需要进一步进行安全检查的船舶安全缺陷的，应当启动船舶安全检查程序。

第三节 船舶安全缺陷处理

第二十七条 海事行政执法人员在船舶安全监督过程中发现船舶存在缺陷的，应当按照相关法律、法规、规章和公约的规定，提出下列处理意见：

（一）警示教育；

（二）开航前纠正缺陷；

（三）在开航后限定的期限内纠正缺陷；

（四）滞留；

（五）禁止船舶进港；

（六）限制船舶操作；

（七）责令船舶驶向指定区域；

（八）责令船舶离港。

第二十八条 安全检查发现的船舶缺陷不能在检查港纠正时，海事管理机构可以允许该船驶往最近的可以修理的港口，并及时通知修理港口的海事管理机构。

修理港口超出本港海事管理机构管辖范围的，本港海事管理机构应当通知修理港口海事管理机构进行跟踪检查。

修理港口海事管理机构在收到跟踪检查通知后，应当对船舶缺陷的纠正情况进行验证，并及时将验证结果反馈至发出通知的海事管理机构。

第二十九条 海事管理机构采取本规则第二十七条第（四）（五）（八）项措施的，应当将采取措施的情况及时通知中国籍船舶的船籍港海事管理机构，或者外国籍船舶的船旗国政府。

第三十条 由于存在缺陷，被采取本规则第二十七条第（四）（五）（六）（八）项措施的船舶，应当在相应的缺陷纠正后向海事管理机构申请复查。被采取其他措施的船舶，可以在相应缺陷纠正后向海事管理机构申请复查，不申请复查的，在下次船舶安全检查时由海事管理机构进行复查。海事管理机构收到复查申请后，决定不予本港复查的,应当及时通知申请人在下次船舶安全检查时接受复查。

复查合格的,海事管理机构应当及时解除相应的处理措施。

第三十一条 船舶有权对海事行政执法人员提出的缺陷和处理意见进行陈述和申辩。船舶对于缺陷和处理意见有异议的,海事行政执法人员应当告知船舶申诉的途径和程序。

第三十二条 海事管理机构在实施船舶安全监督中,发现航运公司安全管理存在问题的,应当要求航运公司改正,并将相关情况通报航运公司注册地海事管理机构。

第三十三条 海事管理机构应当将影响安全的重大船舶缺陷以及导致船舶被滞留的缺陷,通知航运公司、相关船舶检验机构或者组织。

船舶存在缺陷或者隐患,以及船舶安全管理存在较为严重问题,可能影响其运输资质条件的,海事管理机构应当将有关情况通知相关水路运输管理部门,水路运输管理部门应当将处理情况反馈相应的海事管理机构。

水路运输管理部门在市场监管中,发现可能影响到船舶安全的问题,应当将有关情况通知相应海事管理机构,海事管理机构应当将处理情况反馈相应水路运输管理部门。

第三十四条 船舶以及相关人员,应当按照海事管理机构签发的《船舶现场监督报告》《船旗国监督检查报告》《港口国监督检查报告》等的要求,对存在的缺陷进行纠正。

航运公司应当督促船舶按时纠正缺陷,并将纠正情况及时反馈实施检查的海事管理机构。

船舶检验机构应当核实有关缺陷纠正情况,需要进行临时检验的,应当将检验报告及时反馈实施检查的海事管理机构。

第三十五条 中国籍船舶的船长应当对缺陷纠正情况进行检查,并在航行或者航海日志中进行记录。

第三十六条 船舶应当妥善保管《船舶现场监督报告》《船旗国监督检查报告》《港口国监督检查报告》,在船上保存至少2年。

第三十七条 除海事管理机构外,任何单位和个人不得扣留、收缴《船舶现场监督报告》《船旗国监督检查报告》《港口国监督检查报告》,或者在上述报告中进行签注。

第三十八条 任何单位和个人,不得擅自涂改、故意损毁、伪造、变造、租借、骗取和冒用《船舶现场监督报告》《船旗国监督检查报告》《港口国监督检查报告》。

第三十九条 《船舶现场监督报告》《船旗国监督检查报告》《港口国监督检查报告》的格式由国家海事管理机构统一制定。

第四十条 中国籍船舶在境外发生水上交通事故,或者被滞留、禁止进港、禁止入境、驱逐出港(境)的,航运公司应当及时将相关情况向船籍港海事管理机构报告,海事管理机构应当做好相应的沟通协调和给予必要的协助。

第五章 船舶安全责任

第四十一条 航运公司应当履行安全管理与防止污染的主体责任,建立、健全船舶安全与防污染制度,对船舶及其设备进行有效维护和保养,确保船舶处于良好状态,保障船舶安全,防止船舶污染环境,为船舶配备满足最低安全配员要求的适任船员。

第四十二条 中国籍船舶应当建立开航前自查制度。船舶在离泊前应当对船舶安全技术状况和货物装载情况进行自查,按照国家海事管理机构规定的格式填写《船舶开航前安全自查清单》,并在开航前由船长签字确认。

船舶在固定航线航行且单次航程不超过2小时的,无须每次开航前均进行自查,但一天内应当至少自查一次。

《船舶开航前安全自查清单》应当在船上保存至少2年。

第四十三条 船长应当妥善安排船舶值班,遵守船舶航行、停泊、作业的安全规定。

第四十四条 船舶应当遵守港口所在地有关管理机构关于恶劣天气限制开航的规定。

航行于内河水域的船舶应当遵守海事管理机构发布的关于枯水季节通航限制的通告。

第四十五条 船舶检验机构应当确保检验的全面性、客观性、准确性和有效性,保证检验合格的船舶具备安全航行、安全作业的技术条件,并对出具的检验证书负责。

第四十六条 配备自动识别系统等通信、导助航设备的船舶应当始终保持相关设备处于正常工作状态,准确完整显示本船信息,并及时更新抵、离港名称和时间等相关信息。相关设备发生故障的,应当及时向抵达港海事管理机构报告。

第四十七条 拟交付船舶国际运输的载货集装箱,

其托运人应当在交付船舶运输前，采取整体称重法或者累加计算法对集装箱的重量进行验证，确保集装箱的验证重量不超过其标称的最大营运总质量，与实际重量的误差不超过5%且最大误差不超过1吨，并在运输单据上注明验证重量、验证方法和验证声明等验证信息，提供给承运人、港口经营人。

采取累加计算法的托运人，应当制定符合交通运输部规定的重量验证程序，并按照程序进行载货集装箱重量验证。

未取得验证信息或者验证重量超过最大营运总质量的集装箱，承运人不得装船。

第四十八条 海事管理机构应当加强对船舶国际运输集装箱托运人、承运人的监督检查，发现存在违反本规则情形的，应当责令改正。

第四十九条 任何单位和个人不得阻挠、妨碍海事行政执法人员对船舶进行船舶安全监督。

第五十条 海事行政执法人员在开展船舶安全监督时，船长应当指派人员配合。指派的配合人员应当如实回答询问，并按照要求测试和操纵船舶设施、设备。

第五十一条 海事管理机构通过抽查实施船舶安全监督，不能代替或者免除航运公司、船舶、船员、船舶检验机构及其他相关单位和个人在船舶安全、防污染、海事劳工条件和保安等方面应当履行的法律责任和义务。

第六章 法律责任

第五十二条 违反本规则，有下列行为之一的，由海事管理机构对违法船舶所有人或者船舶经营人处1000元以上1万元以下罚款；情节严重的，处1万元以上3万元以下罚款。对船长或者其他责任人员处100元以上1000元以下罚款；情节严重的，处1000元以上3000元以下罚款：

（一）弄虚作假欺骗海事行政执法人员的；

（二）未按照《船舶现场监督报告》《船旗国监督检查报告》《港口国监督检查报告》的处理意见纠正缺陷或者采取措施的；

（三）按照第三十条第一款规定应当申请复查而未申请的。

第五十三条 船舶未按照规定开展自查或者未随船保存船舶自查记录的，对船舶所有人或者船舶经营人处1000元以上1万元以下罚款。

第五十四条 船舶进出内河港口，未按照规定向海事管理机构报告船舶进出港信息的，对船舶所有人或者船舶经营人处5000元以上5万元以下罚款。

船舶进出沿海港口，未按照规定向海事管理机构报告船舶进出港信息的，对船舶所有人或者船舶经营人、管理人处3000元以上3万元以下罚款。

第五十五条 违反本规则，在船舶国际集装箱货物运输经营活动中，有下列情形之一的，由海事管理机构处1000元以上3万元以下罚款：

（一）托运人提供的验证重量与实际重量的误差超过5%或者1吨的；

（二）承运人载运未取得验证信息或者验证重量超过最大营运总质量的集装箱的。

第五十六条 实施船舶安全检查中发现船舶存在的缺陷与船舶检验机构有关的，海事管理机构应当按照相关规定进行处罚。

因船舶检验机构人员滥用职权、徇私舞弊、玩忽职守、严重失职，造成已签发检验证书的船舶存在严重缺陷或者发生重大事故的，海事管理机构应当撤销其检验资格。

第五十七条 海事管理机构工作人员不依法履行职责进行监督检查，有滥用职权、徇私舞弊、玩忽职守等行为的，由其所在机构或者上级机构依法给予行政处分；构成犯罪的，由司法机关依法追究刑事责任。

第七章 附 则

第五十八条 本规则所称船舶和相关设施的含义，与《中华人民共和国海上交通安全法》《中华人民共和国内河交通安全管理条例》中的船舶、水上设施含义相同。

本规则所称法定证书文书，是指船舶国籍证书、船舶配员证书、船舶检验证书、船舶营运证件、航海或者航行日志以及其他按照法律法规、技术规范及公约要求必须配备的证书文书。

本规则所称航运公司，是指船舶的所有人、经营人和管理人。

本规则所称最大营运总质量，是指在营运中允许的包括所载货物等在内的集装箱整体最大总质量，并在集装箱安全合格牌照上标注。

第五十九条 本规则自2017年7月1日起施行。2009年11月30日以交通运输部令2009年第15号公布的《中华人民共和国船舶安全检查规则》同时废止。

中华人民共和国国际海运条例实施细则

- 2003年1月20日交通部发布
- 根据2013年8月29日《交通运输部关于修改〈中华人民共和国国际海运条例实施细则〉的决定》第一次修正
- 根据2017年3月7日《交通运输部关于修改〈中华人民共和国国际海运条例实施细则〉的决定》第二次修正
- 根据2019年6月21日《交通运输部关于修改〈中华人民共和国国际海运条例实施细则〉的决定》第三次修正
- 根据2019年11月28日《交通运输部关于修改〈中华人民共和国国际海运条例实施细则〉的决定》第四次修正
- 根据2023年11月10日《交通运输部关于修改〈中华人民共和国国际海运条例实施细则〉的决定》第五次修正

第一章 总 则

第一条 根据《中华人民共和国国际海运条例》(以下简称《海运条例》)的规定,制定本实施细则。

第二条 交通运输部和有关地方人民政府交通运输主管部门应当依照《海运条例》和本实施细则的规定,按照公平、高效、便利的原则,管理国际海上运输经营活动和与国际海上运输相关的辅助性经营活动,鼓励公平竞争,禁止不正当竞争。

第三条 《海运条例》和本实施细则中下列用语的含义是:

(一)国际船舶运输业务,是指国际船舶运输经营者使用自有或者经营的船舶、舱位,提供国际海上货物运输和旅客运输服务以及为完成这些服务而围绕其船舶、所载旅客或者货物开展的相关活动,包括签订有关协议、接受订舱、商定和收取客票票款和运费、签发客票和提单及其他相关运输单证、安排旅客上下船舶、安排货物装卸、安排保管、进行货物交接、安排中转运输和船舶进出港等活动。

(二)国际船舶运输经营者,包括中国国际船舶运输经营者和外国国际船舶运输经营者。其中,中国国际船舶运输经营者是指依据《海运条例》和本实施细则规定经营国际船舶运输业务的中国企业法人;外国国际船舶运输经营者是指依据外国法律设立经营进出中国港口国际船舶运输业务的外国企业。

(三)国际班轮运输业务,是指以自有或者经营的船舶,或以《海运条例》第十条第三款规定的方式,在固定的港口之间提供的定期国际海上货物或旅客运输。

(四)无船承运业务,是指《海运条例》第七条第二款规定的业务,包括为完成该项业务围绕其所承运的货物开展的下列活动:

(1)以承运人身份与托运人订立国际货物运输合同;

(2)以承运人身份接收货物、交付货物;

(3)签发提单或者其他运输单证;

(4)收取运费及其他服务报酬;

(5)向国际船舶运输经营者或者其他运输方式经营者为所承运的货物订舱和办理托运;

(6)支付运费或者其他运输费用;

(7)集装箱拆箱、集拼箱业务;

(8)其他相关的业务。

(五)无船承运业务经营者,包括中国无船承运业务经营者和外国无船承运业务经营者。其中中国无船承运业务经营者是指依照《海运条例》和本实施细则规定从事无船承运业务经营的中国企业法人;外国无船承运业务经营者是指依照外国法律设立并依照《海运条例》和本实施细则的相关规定经营进出中国港口货物无船承运业务的外国企业。

(六)国际船舶代理经营者,是指依照中国法律设立从事《海运条例》第二十条规定业务的中国企业法人。

(七)国际船舶管理经营者,是指依照中国法律设立从事《海运条例》第二十一条规定业务的中国企业法人。

(八)外商常驻代表机构,是指外国企业或者其他经济组织在中国境内依法设立的,为其派出机构开展宣传、推介、咨询和联络活动的非营业性机构。

(九)企业商业登记文件,是指企业登记机关或者企业所在国有关当局签发的企业营业执照或者企业设立的证明文件。境外企业商业登记文件为复印件的,须有企业登记机关在复印件上的确认或者证明复印件与原件一致的公证文书。

(十)班轮公会协议,是指符合联合国《1974年班轮公会行动守则公约》定义的,由班轮公会成员之间以及班轮公会之间订立的各类协议。

(十一)运营协议,是指两个或者两个以上国际班轮运输经营者为稳定或者控制运价订立的关于在一条或者数条航线上增加或者减少船舶运力协议,以及其他协调国际班轮运输经营者共同行动的协议,包括具有上述性质内容的会议纪要;两个或者两个以上国际班轮运输经营者为提高运营效率订立的关于共同使用船舶、共同使用港口设施及其他合作经营协议和各类联盟协议、联营体协议。

(十二)运价协议,是指两个或者两个以上国际班轮运输经营者之间订立的关于收费项目及其费率、运价或者附加费等内容的协议,包括具有上述内容的会议纪要。

（十三）公布运价，是指国际班轮运输经营者和无船承运业务经营者运价本上载明的运价。运价本由运价、运价规则、承运人和托运人应当遵守的规定等内容组成。

（十四）协议运价，指国际班轮运输经营者与货主、无船承运业务经营者约定的运价，包括运价及其相关要素。协议运价以合同或者协议形式书面订立。

（十五）从业资历证明文件，是指被证明人具有3年以上从事国际海上运输或者国际海上运输辅助性经营活动经历的个人履历表。申请人须承诺对所提供从业资历的真实有效性负责。

第二章　国际海上运输及其辅助性业务的经营者

第四条　中国企业法人申请经营国际客船、国际散装液体危险品船运输业务，应当符合《海运条例》第五条规定的条件，考虑交通运输部公布的国际海运市场竞争状况和国家关于国际海上运输业发展的政策。

交通运输部应当在其政府网站和其他适当媒体上及时公布国际海运市场竞争状况和国家关于国际海上运输业发展的政策。上述状况和政策未经公布，不得作为拒绝申请的理由。

第五条　中国企业法人申请经营国际客船、国际散装液体危险品船运输业务，申请人应当向交通运输部提出申请，报送相关材料或信息。申请材料或信息应当包括：

（一）申请书；

（二）申请人的企业统一社会信用代码、公司章程的复印件；

（三）公司与船舶名称及船舶识别号；

（四）提单、客票或者多式联运单证样本；

（五）符合交通运输部规定的高级业务管理人员的从业资格证明。

交通运输部收到申请人的申请材料或信息后，应当在申请材料或信息完整齐备之日起30个工作日内按照《海运条例》第五条和第六条的规定进行审核，作出许可或者不许可的决定。决定许可的，向申请人颁发《国际船舶运输经营许可证》，并将许可情况抄送有关省、自治区、直辖市人民政府交通运输主管部门；决定不许可的，应当书面通知申请人并告知理由。

取得《国际船舶运输经营许可证》的企业在经营国际客船、国际散装液体危险品船运输业务期间，应当确保本条所列有关材料持续合法有效。

第六条　中国国际集装箱船、国际普通货船运输经营者应当自开业之日起15日内，向注册所在地的省、自治区、直辖市人民政府交通运输主管部门提供完整准确的备案信息，包括企业名称、企业统一社会信用代码、注册地址、办公地址、联系方式以及自有船舶相关信息。

第七条　经营国际船舶代理业务的企业，应当在开业后30日内向交通运输部报备企业名称、注册地、联系方式、企业统一社会信用代码等信息。交通运输部定期在其政府网站或者授权发布的网站发布国际船舶代理业务经营者名称。

从事国际船舶代理业务的企业变更企业信息或者不再从事国际船舶代理经营活动的，应当在信息变更或者停止经营活动的15日内，向交通运输部备案。

第八条　国际船舶运输经营者申请经营进出中国港口国际班轮运输业务，应当向交通运输部提出申请，并报送《海运条例》第十一条规定的材料。交通运输部应当按照《海运条例》第十一条的规定进行审核。予以登记的，颁发《国际班轮运输经营资格登记证》。申请材料不真实、不齐备的，不予登记，应当书面通知申请人并告知理由。

国际船舶运输经营者依法取得经营进出中国港口国际班轮运输业务资格后，交通运输部在其政府网站或者授权发布的网站公布国际班轮运输经营者名称及其提单格式样本。

取得《国际班轮运输经营资格登记证》的企业在经营国际班轮运输业务期间，应当确保有关证书、证明持续合法有效。

第九条　仅i经营无船承运业务，应当自开业之日起15日内向注册所在地或者业务主要发生地的省、自治区、直辖市人民政府交通运输主管部门提供完整准确的备案信息，包括企业名称、企业统一社会信用代码、注册地址、办公地址、联系方式等。

第十条　没有在中国港口开展国际班轮运输业务，但在中国境内承揽货物、签发提单或者其他运输单证、收取运费，通过租赁国际班轮运输经营者船舶舱位提供进出中国港口国际货物运输服务；或者利用国际班轮运输经营者提供的支线服务，在中国港口承揽货物后运抵外国港口中转的，应当按照本实施细则的有关规定，办理无船承运业务备案。但有《海运条例》第十条第三款规定情形的除外。

第十一条　国际班轮运输经营者的登记提单发生变更的，应当于新的提单使用之日起15日前将新的提单样本格式向交通运输部备案。

第十二条　中国国际客船、国际散装液体危险品船运输经营者有下列变更情形之一的，应当自变更之日起15日内向交通运输部备案：

（一）变更企业名称；

（二）企业迁移；

（三）变更出资人；

（四）歇业、终止经营；

（五）减少运营船舶；

（六）变更提单、客票或者多式联运单证；

（七）在境外设立分支机构或者子公司经营相应业务；

（八）拥有的船舶在境外注册，悬挂外国旗。

前款情形涉及经营许可证信息变更的，由交通运输部换发相关经营许可证；企业终止经营的，应当将有关许可证交回交通运输部。

第十三条　中国国际集装箱船、国际普通货船运输经营者有下列变更情形之一的，应当自变更之日起15日内向企业注册地省、自治区、直辖市人民政府交通运输主管部门备案：

（一）变更企业名称；

（二）企业迁移；

（三）歇业、终止经营；

（四）调整运营船舶；

（五）在境外设立分支机构或者子公司经营相应业务；

（六）拥有的船舶在境外注册，悬挂外国旗。

第十四条　无船承运业务经营者有下列变更情形之一的，应当自变更之日起15日内向企业注册地或者业务主要发生地省、自治区、直辖市人民政府交通运输主管部门备案：

（一）变更企业名称；

（二）企业迁移；

（三）歇业、终止经营。

第三章　国际海上运输及其辅助性业务经营活动

第十五条　国际班轮运输经营者新开或者停开国际班轮运输航线，或者变更国际班轮运输船舶、班期的，应当按照《海运条例》第十三条的规定在交通运输部指定媒体上公告，并按规定报备。

第十六条　中国国际客船、国际散装液体危险品船运输经营者增加运营船舶，包括以光船租赁方式租用船舶增加运营船舶的，应当于投入运营前15日向交通运输部备案，取得备案证明文件。备案材料应当载明公司名称、注册地、船名、船舶国籍、船舶类型、船舶吨位、拟运营航线。

交通运输部收到备案材料后，应当在3个工作日内出具备案证明文件。

第十七条　在中国港口开展国际班轮运输业务的外国国际船舶运输经营者，以及在中国委托代理人提供进出中国港口国际货物运输服务的外国无船承运业务经营者，应当在中国境内委托一个联络机构，负责代表该外国企业与中国政府有关部门就《海运条例》和本实施细则规定的有关管理及法律事宜进行联络。联络机构可以是该外国企业在中国境内设立的外商投资企业或者常驻代表机构，也可以是其他中国企业法人或者在中国境内有固定住所的其他经济组织。委托的联络机构应当向交通运输部备案，并提交下列文件或信息：

（一）联络机构说明书，载明联络机构名称、住所、联系方式及联系人；

（二）委托书副本或者复印件；

（三）委托人与联络机构的协议副本；

（四）联络机构的企业统一社会信用代码。

联络机构为该外国企业在中国境内的外商投资企业或者常驻代表机构的，不须提供本条第一款第（二）项、第（三）项文件。

联络机构或者联络机构说明书所载明的事项发生改变的，应当自发生改变之日起15日内向交通运输部备案。

第十八条　任何单位和个人不得擅自使用国际班轮运输经营者已经登记的提单。

第十九条　无船承运业务经营者需要委托代理人签发提单或者相关单证的，应当委托依法取得经营资格或者办理备案的国际船舶运输经营者、无船承运业务经营者和国际海运辅助业务经营者代理上述事项。

第二十条　国际班轮运输经营者与货主和无船承运业务经营者协议运价的，应当采用书面形式。协议运价号应当在提单或者相关单证上显示。

第二十一条　国际班轮运输经营者和无船承运业务经营者应当将其在中国境内的船舶代理人、签发提单代理人在交通运输部指定的媒体上公布。公布事项包括代理人名称、注册地、住所、联系方式。代理人发生变动的，应当于有关代理协议生效前7日内公布上述事项。

国际班轮运输经营者、无船承运业务经营者应当及时公布代理事项的媒体名称向交通运输部备案。

第二十二条　国际船舶运输经营者之间订立的涉及中国港口的班轮公会协议、运营协议、运价协议等，应当

自协议订立之日起15日内,按下列规定向交通运输部备案:

(一)班轮公会协议,由班轮公会代表其所有经营进出中国港口海上运输的成员备案。班轮公会备案时,应当同时提供该公会的成员名单。

(二)国际船舶运输经营者之间订立的运营协议、运价协议,由参加订立协议的国际船舶运输经营者分别备案。

第二十三条 国际船舶管理经营者应当根据合同的约定和国家有关规定,履行有关船舶安全和防止污染的义务。

第二十四条 国际海运业及辅助业经营者,应当按照有关统计报表制度的要求,真实、准确、完整、及时地报送相关统计信息。

第二十五条 国际船舶代理经营者、国际船舶管理经营者,不得有下列行为:

(一)以非正常、合理的收费水平提供服务,妨碍公平竞争;

(二)在会计账簿之外暗中给予客户回扣,以承揽业务;

(三)滥用优势地位,限制交易当事人自主选择国际海运辅助业务经营者,或者以其相关产业的垄断地位诱导交易当事人,排斥同业竞争;

(四)其他不正当竞争行为。

第二十六条 外国国际船舶运输经营者以及外国国际海运辅助企业的常驻代表机构不得从事经营活动,包括不得:

(一)代表其境外母公司接受订舱,签发母公司提单或者相关单证;

(二)为母公司办理结算或者收取运费及其他费用;

(三)开具境外母公司的票据;

(四)以托运人身份向国际班轮运输经营者托运货物;

(五)以外商常驻代表机构名义与客户签订业务合同。

第二十七条 国际集装箱班轮运输经营者在报备运价时,应当报备中国港口至外国基本港的出口集装箱的海运运价和附加费。

第二十八条 班轮公会、运价协议组织在中国开展业务应当遵守我国缔结或者参加的国际公约和我国的法律法规、规章及相关规定,不得损害国际海运市场公平竞争秩序。

班轮公会和运价协议组织应当与中国境内的托运人组织建立有效的协商机制。

第四章 监督检查

第二十九条 交通运输部和有关地方人民政府交通运输主管部门依照有关法律、法规和本规定,对国际海运市场实施监督检查和调查。国际海上运输业务经营者、国际海运辅助业务经营者应当配合监督检查和调查,如实提供有关凭证、文件及其他相关资料。

第三十条 国际船舶运输经营者和无船承运业务经营者应当执行生效的备案运价。交通运输部根据利害关系人的请求或自行决定,组织或授权地方交通运输主管部门开展运价备案执行情况检查。

第三十一条 利害关系人认为国际海上运输业务经营者、国际海运辅助业务经营者有《海运条例》第二十五条和本实施细则第二十五条规定情形的,可依照《海运条例》第二十五条的规定请求交通运输部实施调查。请求调查时,应当提出书面调查申请,并阐述理由,提供必要的证据。

交通运输部对调查申请应当进行评估,在自收到调查申请之日起60个工作日内作出实施调查或者不予调查的决定:

(一)交通运输部认为调查申请理由不充分或者证据不足的,决定不予调查并通知调查申请人。申请人可补充理由或者证据后再次提出调查申请。

(二)交通运输部根据评估结论认为应当实施调查或者按照《海运条例》第二十五条规定自行决定调查的,应当将有关材料和评估结论通报国务院市场监督管理部门。

第三十二条 调查的实施由交通运输部会同国务院市场监督管理部门(以下简称调查机关)共同成立的调查组进行。

调查机关应当将调查组组成人员、调查事由、调查期限等情况通知被调查人。被调查人应当在调查通知送达后30日内就调查事项作出答辩。

被调查人认为调查组成员同调查申请人、被调查人或者调查事项有利害关系的,有权提出回避请求。调查机关认为回避请求成立的,应当对调查组成员进行调整。

第三十三条 被调查人接受调查时,应当根据调查组的要求提供相关数据、资料及文件等。属于商业秘密的,应当向调查组提出。调查组应当以书面形式记录备查。

调查机关和调查人员对被调查人的商业秘密应当予

以保密。

被调查人发现调查人员泄露其商业秘密并有充分证据的,有权向调查机关投诉。

第三十四条 调查机关对被调查人"低于正常、合理水平运价"的认定,应当考虑下列因素:

(一)同一行业内多数经营者的运价水平以及与被调查人具有同等规模经营者的运价水平;

(二)被调查人实施该运价水平的理由,包括成本构成、管理水平和盈亏状况等;

(三)是否针对特定的竞争对手并以排挤竞争对手为目的。

第三十五条 调查机关对"损害公平竞争"或者"损害交易对方"的认定,应当考虑下列因素:

(一)对旅客或者托运人自由选择承运人造成妨碍;

(二)影响旅客或者货物的正常出行或者出运;

(三)以账外暗中回扣承揽货物,扭曲市场竞争规则。

第三十六条 调查机关作出调查结论前,可举行专家咨询会议,对"损害公平竞争"或者"损害交易对方"的程度进行评估。

聘请的咨询专家不得与调查申请人、被调查人具有利害关系。

第三十七条 调查结束时,调查机关应当作出调查结论,并书面通知调查申请人和被调查人:

(一)基本事实不成立的,调查机关应当决定终止调查;

(二)基本事实存在但对市场公平竞争不造成实质损害的,调查机关可决定不对被调查人采取禁止性、限制性措施;

(三)基本事实清楚且对市场公平竞争造成实质损害的,调查机关应当根据《海运条例》的规定,对被调查人采取限制性、禁止性措施。

第三十八条 调查机关在作出采取禁止性、限制性措施的决定前,应当告知当事人有举行听证的权利;当事人要求举行听证的,应当在自调查机关通知送达之日起10日内,向调查机关书面提出;逾期未提出听证请求的,视为自动放弃请求听证的权利。

第三十九条 就本实施细则第二十五条所列情形实施调查的,调查组成员中应当包括对被调查人的业务实施管理的有关交通运输主管部门的人员。

对有本实施细则第二十五条第(三)项所列违法行为未给交易当事人或者同业竞争者造成实质损害的,调查机关可采取限制其在一定时期内扩大业务量的限制性措施。

第五章 法律责任

第四十条 违反《海运条例》和本实施细则的规定应当予以处罚的,交通运输部或授权的省、自治区、直辖市人民政府交通运输主管部门应当按照《海运条例》第六章和本章的规定予以处罚。

交通运输部或者有关省、自治区、直辖市人民政府交通运输主管部门应当将国际海上运输及其辅助性业务经营者和从业人员违反《海运条例》和本实施细则有关规定的违法行为记入信用记录,并将相关信用记录纳入全国信用信息共享平台。

第四十一条 外商常驻代表机构有本实施细则第二十六条规定情形的,交通运输部或者有关省、自治区、直辖市人民政府交通运输主管部门可将有关情况通报有关市场监督管理部门,由市场监督管理部门按照《海运条例》第三十九条的规定处罚。

第四十二条 班轮公会协议、运营协议和运价协议未按规定向交通运输部备案的,由交通运输部依照《海运条例》第三十六条的规定,对本实施细则第二十二条规定的备案人实施处罚。班轮公会不按规定报备的,可对其公会成员予以处罚。

第四十三条 调查人员违反规定,泄露被调查人保密信息的,依法给予行政处分;造成严重后果,触犯刑律的,依法追究刑事责任。

第六章 附 则

第四十四条 《海运条例》和本实施细则规定的许可、登记事项,申请人可委托代理人办理。代理人办理委托事项的,应当提供授权委托书。外国申请人或者投资者提交的公证文书,应当由申请人或者投资者所在国公证机关或者执业律师开出。

本实施细则所要求的各类文字资料应当用中文书写,如使用其他文字的,应随附中文译文。

第四十五条 对《海运条例》和本实施细则规定的备案事项的具体要求、报备方式和方法应当按照交通运输部的规定办理。

第四十六条 香港特别行政区、澳门特别行政区和台湾地区的投资者在内地投资从事国际海上运输和与国际海上运输相关的辅助性业务,比照适用《海运条例》的有关规定。

第四十七条 《海运条例》第十四条规定的公布运

价和协议运价备案的具体办法,由交通运输部另行规定。

第四十八条 本实施细则自 2003 年 3 月 1 日起施行。交通部 1985 年 4 月 11 日发布的《交通部对从事国际海运船舶公司的暂行管理办法》、1990 年 3 月 2 日发布的《国际船舶代理管理规定》、1990 年 6 月 20 日发布的《国际班轮运输管理规定》、1992 年 6 月 9 日发布的《中华人民共和国海上国际集装箱运输管理规定实施细则》、1997 年 10 月 17 日发布的《外国水路运输企业常驻代表机构管理办法》同时废止。

中华人民共和国内河海事行政处罚规定

- 2015 年 5 月 29 日交通运输部公布
- 根据 2017 年 5 月 23 日《交通运输部关于修改〈中华人民共和国内河海事行政处罚规定〉的决定》第一次修正
- 根据 2019 年 4 月 12 日《交通运输部关于修改〈中华人民共和国内河海事行政处罚规定〉的决定》第二次修正
- 根据 2021 年 8 月 11 日《交通运输部关于修改〈中华人民共和国内河海事行政处罚规定〉的决定》第三次修正
- 根据 2022 年 9 月 26 日《交通运输部关于修改〈中华人民共和国内河海事行政处罚规定〉的决定》第四次修正

第一章 总 则

第一条 为规范海事行政处罚行为,保护当事人的合法权益,保障和监督水上海事行政管理,维护水上交通秩序,防止船舶污染水域,根据《内河交通安全管理条例》《行政处罚法》及其他有关法律、行政法规,制定本规定。

第二条 对在中华人民共和国(简称中国)内河水域及相关陆域发生的违反海事行政管理秩序的行为实施海事行政处罚,适用本规定。

第三条 实施海事行政处罚,应当遵循合法、公开、公正,处罚与教育相结合的原则。

第四条 海事行政处罚,由海事管理机构依法实施。

第二章 内河海事违法行为和行政处罚

第一节 违反船舶、浮动设施所有人、经营人安全管理秩序

第五条 违反船舶所有人、经营人安全营运管理秩序,有下列行为之一的,对船舶所有人或者船舶经营人处以 5000 元以上 3 万元以下罚款:

(一)未按规定取得安全营运与防污染管理体系符合证明或者临时符合证明从事航行或者其他有关活动;

(二)隐瞒事实真相或者提供虚假材料或者以其他不正当手段骗取安全营运与防污染管理体系符合证明或者临时符合证明;

(三)伪造、变造安全营运与防污染管理体系审核的符合证明或者临时符合证明;

(四)转让、买卖、租借、冒用安全营运与防污染管理体系审核的符合证明或者临时符合证明。

第六条 违反船舶安全营运管理秩序,有下列行为之一的,对船舶所有人或者船舶经营人处以 5000 元以上 3 万元以下罚款;对船长处以 2000 元以上 1 万元以下的罚款,情节严重的,处以 1 万元以上 2 万元以下的罚款,并给予扣留船员适任证书 6 个月至 24 个月直至吊销船员适任证书的处罚。

(一)未按规定取得船舶安全管理证书或者临时船舶安全管理证书从事航行或者其他有关活动;

(二)隐瞒事实真相或者提供虚假材料或以其他不正当手段骗取船舶安全管理证书或者临时船舶安全管理证书;

(三)伪造、变造船舶安全管理证书或者临时船舶安全管理证书;

(四)转让、买卖、租借、冒用船舶安全管理证书或者临时船舶安全管理证书。

第七条 违反安全营运管理秩序,有下列情形之一,造成严重后果的,按以欺骗手段取得安全营运与防污染管理体系符合证明或者临时符合证明,对船舶所有人或者船舶经营人取得的安全营运与防污染管理体系符合证明或者临时符合证明予以撤销:

(一)不掌控船舶安全配员;

(二)不掌握船舶动态;

(三)不掌握船舶装载情况;

(四)船舶管理人不实际履行安全管理义务;

(五)安全管理体系运行存在其他重大问题。

第二节 违反船舶、浮动设施检验和登记管理秩序

第八条 违反《内河交通安全管理条例》第六条第(一)项、第七条第(一)项的规定,船舶、浮动设施未持有合格的检验证书擅自航行或者作业的,依照《内河交通安全管理条例》第六十四条的规定,责令停止航行或者作业;拒不停止航行或者作业的,暂扣船舶、浮动设施;情节严重的,予以没收。

本条前款所称未持有合格的检验证书,包括下列情形:

(一)没有取得相应的检验证书;

(二)持有的检验证书属于伪造、变造、转让、买卖或

者租借的；

（三）持失效的检验证书；

（四）检验证书损毁、遗失但不按照规定补办；

（五）其他不符合法律、行政法规和规章规定情形的检验证书。

第九条 船舶检验机构的检验人员违反《船舶和海上设施检验条例》的规定，滥用职权、徇私舞弊、玩忽职守、严重失职，有下列行为之一的，依照《船舶和海上设施检验条例》第二十八条的规定，按其情节给予警告、暂停检验资格或者注销验船人员注册证书的处罚：

（一）超越职权范围进行船舶、设施检验；

（二）擅自降低规范要求进行船舶、设施检验；

（三）未按照规定的检验项目进行船舶、设施检验；

（四）未按照规定的检验程序进行船舶、设施检验；

（五）所签发的船舶检验证书或者检验报告与船舶、设施的实际情况不符。

第三节　违反内河船员管理秩序

第十条 违反《内河交通安全管理条例》第九条的规定，未经考试合格并取得适任证书或者其他适任证件的人员擅自从事船舶航行或者操作的，依照《内河交通安全管理条例》第六十六条和《船员条例》第五十五条的规定，责令其立即离岗，对直接责任人员处以 2000 元以上 2 万元以下罚款，并对聘用单位处以 3 万元以上 15 万元以下罚款。

本条前款所称未经考试合格并取得适任证书或者其他适任证件，包括下列情形：

（一）未经水上交通安全培训并取得相应合格证明；

（二）未持有船员适任证书或者其他适任证件；

（三）持采取弄虚作假的方式取得的船员职务证书；

（四）持伪造、变造的船员职务证书；

（五）持转让、买卖或租借的船员职务证书；

（六）所服务的船舶的航区、种类和等级或者所任职务超越所持船员职务证书限定的范围；

（七）持已经超过有效期限的船员职务证书。

第十一条 违反《船员条例》第十六条的规定，船员有下列情形之一的，依照《船员条例》第五十二条的规定，处以 1000 元以上 1 万元以下罚款；情节严重的，并给予扣留船员适任证书 6 个月至 24 个月直至吊销船员适任证书的处罚：

（一）在船在岗期间饮酒，体内酒精含量超过规定标准；

（二）在船在岗期间，服用国家管制的麻醉药品或者精神药品。

第十二条 违反《船员条例》第十五条的规定，船员用人单位、船舶所有人有下列未按照规定招用外国籍船员在中国籍船舶上任职情形的，依照《船员条例》第五十五条的规定，责令改正，处以 3 万元以上 15 万元以下罚款：

（一）未依照法律、行政法规和国家其他规定取得就业许可；

（二）未持有合格的且签发国与我国签订了船员证书认可协议的船员证书。

第十三条 船员服务机构和船员用人单位未将其招用或者管理的船员的有关情况定期向海事管理机构备案的，按照《船员条例》第五十八条的规定，对责任单位处以 5000 元以上 2 万元以下罚款。

本条第一款所称船员服务机构和船员用人单位未定期向海事管理机构备案，包括下列情形：

（一）未按规定进行备案，或者备案内容不全面、不真实；

（二）未按照规定时间备案；

（三）未按照规定的形式备案。

第四节　违反航行、停泊和作业管理秩序

第十四条 船舶、浮动设施的所有人或者经营人违反《内河交通安全管理条例》第六条第（三）项、第七条第（三）项的规定，船舶未按照国务院交通运输主管部门的规定配备船员擅自航行的，或者浮动设施未按照国务院交通运输主管部门的规定配备掌握水上交通安全技能的船员擅自作业的，依照《内河交通安全管理条例》第六十五条的规定，责令限期改正，并处以 1 万元以上 10 万元以下罚款；逾期不改正的，责令停航或者停止作业。

本条前款所称船舶未按照国务院交通运输主管部门的规定配备船员擅自航行，包括下列情形：

（一）船舶所配船员的数量低于船舶最低安全配员证书规定的定额要求；

（二）船舶未持有有效的船舶最低安全配员证书。

第十五条 违反《内河交通安全管理条例》第十四条的规定，应当报废的船舶、浮动设施在内河航行或者作业的，依照《内河交通安全管理条例》第六十三条的规定，责令停航或者停止作业，并予以没收。

本条前款所称应当报废的船舶，是指达到国家强制报废年限或者以废钢船名义购买的船舶。

第十六条 违反《内河交通安全管理条例》第十四条、第十八条、第十九条、第二十条、第二十二条的规定，

船舶在内河航行有下列行为之一的,依照《内河交通安全管理条例》第六十八条的规定,责令改正,处以 5000 元以上 5 万元以下罚款;情节严重的,禁止船舶进出港口或者责令停航,并可以对责任船员给予扣留船员适任证书或者其他适任证件 3 个月至 6 个月的处罚:

（一）未按照规定悬挂国旗;
（二）未按照规定标明船名、船籍港、载重线,或者遮挡船名、船籍港、载重线;
（三）国内航行船舶进出港口未按照规定向海事管理机构报告船舶的航次计划、适航状态、船员配备和载货载客等情况,国际航行船舶未按照规定办理进出口岸手续;
（四）未按照规定申请引航;
（五）船舶进出港口和通过交通管制区、通航密集区、航行条件受到限制区域,未遵守海事管理机构发布的特别规定;
（六）船舶无正当理由进入或者穿越禁航区;
（七）载运或者拖带超重、超长、超高、超宽、半潜的物体,未申请核定航路、航行时间或者未按照核定的航路、时间航行。

第十七条 违反《内河交通安全管理条例》的有关规定,船舶在内河航行、停泊或者作业,不遵守航行、避让和信号显示规则,依照《内河交通安全管理条例》第八十一条的规定,处以 1000 元以上 1 万元以下罚款;情节严重的,还应当对责任船员给予扣留船员适任证书或者其他适任证件 3 个月至 6 个月直至吊销船员适任证书或者其他适任证件的处罚。

本条前款所称不遵守航行、避让和信号显示规则,包括以下情形:

（一）未采用安全航速航行;
（二）未按照要求保持正规了望;
（三）未按照规定的航路或者航行规则航行;
（四）未按照规定倒车、调头、追越;
（五）未按照规定显示号灯、号型或者鸣放声号;
（六）未按照规定擅自夜航;
（七）在规定必须报告船位的地点,未报告船位;
（八）在禁止横穿航道的航段,穿越航道;
（九）在限制航速的区域和汛期高水位期间未按照海事管理机构规定的航速航行;
（十）不遵守海事管理机构发布的在能见度不良时的航行规定;
（十一）不遵守海事管理机构发布的有关航行、避让和信号规则规定;
（十二）不遵守海事管理机构发布的航行通告、航行警告规定;
（十三）船舶装卸、载运危险货物或者空舱内有可燃气体时,未按规定悬挂或者显示信号;
（十四）不按照规定保持船舶自动识别系统处于正常工作状态,或者不按照规定在船舶自动识别设备中输入准确信息,或者船舶自动识别系统发生故障未及时向海事管理机构报告;
（十五）未在规定的甚高频通信频道上守听;
（十六）未按照规定进行无线电遇险设备测试;
（十七）船舶停泊未按照规定留足值班人员;
（十八）未按照规定采取保障人员上、下船舶、设施安全的措施;
（十九）不遵守航行、避让和信号显示规则的其他情形。

第十八条 违反《内河交通安全管理条例》第八条、第二十一条的规定,船舶不具备安全技术条件从事货物、旅客运输,或者超载运输货物、超定额运输旅客,依照《内河交通安全管理条例》第八十二条的规定,责令改正,处以 2 万元以上 10 万元以下罚款,并可以对责任船员给予扣留船员适任证书或者其他适任证件 6 个月以上直至吊销船员适任证书或者其他适任证件的处罚,并对超载运输的船舶强制卸载,因卸载而发生的卸货费、存货费、旅客安置费和船舶监管费由船舶所有人或者经营人承担。

本条前款所称船舶不具备安全技术条件从事货物、旅客运输,包括以下情形:

（一）不遵守船舶、设施的配载和系固安全技术规范;
（二）不按照规定载运易流态化货物,或者不按照规定向海事管理机构备案;
（三）遇有不符合安全开航条件的情况而冒险开航;
（四）超过核定航区航行;
（五）船舶违规使用低闪点燃油;
（六）未按照规定拖带或者非拖船从事拖带作业;
（七）未经核准从事大型设施或者移动式平台的水上拖带;
（八）未持有《乘客定额证书》;
（九）未按照规定配备救生设施;
（十）船舶不具备安全技术条件从事货物、旅客运输的其他情形。

本条第一款所称超载运输货物、超定额运输旅客,包括以下情形：

（一）超核定载重线载运货物；

（二）集装箱船装载超过核定箱数；

（三）集装箱载运货物超过集装箱装载限额；

（四）滚装船装载超出检验证书核定的车辆数量；

（五）未经核准乘客定额载客航行；

（六）超乘客定额载运旅客。

第十九条 违反《内河交通安全管理条例》第二十八条的规定，在内河通航水域进行有关作业，不按照规定备案的，依照《内河交通安全管理条例》第七十条的规定，责令改正，处以5000元以上5万元以下罚款。

本条前款所称有关作业，包括以下作业：

（一）气象观测、测量、地质调查；

（二）大面积清除水面垃圾；

（三）可能影响内河通航水域交通安全的其他行为。

本条第二款第（三）项所称可能影响内河通航水域交通安全的其他行为，包括下列行为：

（一）检修影响船舶适航性能设备；

（二）检修通信设备和消防、救生设备；

（三）船舶烧焊或者明火作业；

（四）在非锚地、非停泊区进行编、解队作业；

（五）船舶试航、试车；

（六）船舶悬挂彩灯；

（七）船舶放艇（筏）进行救生演习。

第五节 违反危险货物载运安全监督管理秩序

第二十条 违反《内河交通安全管理条例》第三十条第二款和《危险化学品安全管理条例》第五十四条的规定，有下列情形之一的，依照《危险化学品安全管理条例》第八十七条规定，责令改正，对船舶所有人或者经营人处以10万元以上20万元以下的罚款，有违法所得的，没收违法所得；拒不改正的，责令停航整顿。

（一）通过内河封闭水域运输剧毒化学品以及国家规定禁止通过内河运输的其他危险化学品的；

（二）通过内河运输国家规定禁止通过内河运输的剧毒化学品以及其他危险化学品的。

第二十一条 违反《内河交通安全管理条例》第三十二条、第三十四条的规定，从事危险货物作业，有下列情形之一的，依照《内河交通安全管理条例》第七十一条的规定，责令停止作业或者航行，对负有责任的主管人员或者其他直接责任人员处以2万元以上10万元以下的罚款；属于船员的，并给予扣留船员适任证书或者其他适任证件6个月以上直至吊销船员适任证书或者其他适任证件的处罚：

（一）从事危险货物运输的船舶，未编制危险货物事故应急预案或者未配备相应的应急救援设备和器材的；

（二）船舶载运危险货物进出港或者在港口外装卸、过驳危险货物未经海事管理机构同意的。

第二十二条 违反《危险化学品安全管理条例》第四十四条的规定，有下列情形之一的，依照《危险化学品安全管理条例》第八十六条的规定，由海事管理机构责令改正，处以5万元以上10万元以下的罚款；拒不改正的，责令停航、停业整顿。

（一）从事危险化学品运输的船员未取得相应的船员适任证书和培训合格证明；

（二）危险化学品运输申报人员、集装箱装箱现场检查员未取得从业资格。

第二十三条 违反《内河交通安全管理条例》第三十一条、《危险化学品安全管理条例》第十八条的规定，运输危险化学品的船舶及其配载的容器未经检验合格而投入使用的，依照《危险化学品安全管理条例》第七十九条的规定，责令改正，对船舶所有人或者经营人处以10万元以上20万元以下的罚款，有违法所得的，没收违法所得；拒不改正的，责令停航整顿。

第二十四条 违反《内河交通安全管理条例》和《危险化学品安全管理条例》第四十五条的规定，船舶配载和运输危险货物不符合国家有关法律、法规、规章的规定和国家标准，或者未按照危险化学品的特性采取必要安全防护措施的，依照《危险化学品安全管理条例》第八十六条的规定，责令改正，对船舶所有人或者经营人处以5万元以上10万元以下的罚款；拒不改正的，责令停航整顿。

本条前款所称不符合国家有关法律、法规、规章的规定和国家标准，并按照危险化学品的特性采取必要安全防护措施的，包括下列情形：

（一）船舶未按照规定进行积载和隔离；

（二）船舶载运不符合规定的集装箱危险货物；

（三）装载危险货物的集装箱进出口或者中转未持有《集装箱装箱证明书》或者等效的证明文件；

（四）船舶装载危险货物违反限量、衬垫、紧固规定；

（五）船舶擅自装运未经评估核定危害性的新化学品；

（六）使用不符合要求的船舶装卸设备、机具装卸危险货物，或者违反安全操作规程进行作业，或者影响装卸作业安全的设备出现故障、存在缺陷，不及时纠正而继续进行装卸作业；

（七）船舶装卸危险货物时，未经批准，在装卸作业现场进行明火作业；

（八）船舶在装卸爆炸品、闪点23°C以下的易燃液体，或者散化、液化气体船在装卸易燃易爆货物过程中，检修或者使用雷达、无线电发射机和易产生火花的工(机)具拷铲，或者进行加油、允许他船并靠加水作业；

（九）装载易燃液体、挥发性易燃易爆散装化学品和液化气体的船舶在修理前不按照规定通风测爆；

（十）液货船未按照规定进行驱气或者洗舱作业；

（十一）液货船在装卸作业时不按照规定采取安全措施；

（十二）在液货船上随身携带易燃物品或者在甲板上放置、使用聚焦物品；

（十三）在禁止吸烟、明火的船舶处所吸烟或者使用明火；

（十四）在装卸、载运易燃易爆货物或者空舱内仍有可燃气体的船舶作业现场穿带钉的鞋靴或者穿着、更换化纤服装；

（十五）在海事管理机构公布的水域以外擅自从事过驳作业；

（十六）在进行液货船水上过驳作业时违反安全与防污染管理规定，或者违反安全操作规程；

（十七）船舶进行供油作业时，不按照规定填写《供受油作业安全检查表》，或者不按照《供受油作业安全检查表》采取安全和防污染措施；

（十八）船舶载运危险货物，向海事管理机构申报时隐瞒、谎报危险货物性质或者提交涂改、伪造、变造的危险货物单证；

（十九）在航行、装卸或者停泊时，未按照规定显示信号。

第二十五条　违反《危险化学品安全管理条例》第六十三条的规定，通过船舶载运危险化学品，托运人不向承运人说明所托运的危险化学品的种类、数量、危险特性以及发生危险情况的应急处置措施，或者未按照国家有关规定对所托运的危险化学品妥善包装并在外包装上设置相应标志的，依照《危险化学品安全管理条例》第八十六条的规定，由海事管理机构责令改正，对托运人处以5万元以上10万元以下的罚款；拒不改正的，责令停航整顿。

第二十六条　违反《危险化学品安全管理条例》第六十四条的规定，通过船舶载运危险化学品，在托运的普通货物中夹带危险化学品，或者将危险化学品谎报或者匿报为普通货物托运的，依照《危险化学品安全管理条例》第八十七条的规定，由海事管理机构责令改正，对托运人处以10万元以上20万元以下的罚款，有违法所得的，没收违法所得；拒不改正的，责令停航整顿。

第六节　违反通航安全保障管理秩序

第二十七条　违反《内河交通安全管理条例》第四十五条，有下列行为或者情形之一的，责令改正，并可以处以2000元以下的罚款；拒不改正的，责令施工作业单位、施工作业的船舶和设施停止作业：

（一）未按照有关规定申请发布航行警告、航行通告即行实施水上水下活动的；

（二）水上水下活动与航行警告、航行通告中公告的内容不符的。

第二十八条　违反《内河交通安全管理条例》第二十九条的规定，在内河通航水域进行可能影响通航安全的作业或者活动，未按照规定设置标志、显示信号的，依照《内河交通安全管理条例》第七十条的规定，处以5000元以上5万元以下罚款。

本条前款所称可能影响通航安全的作业或者活动，包括《内河交通安全管理条例》第二十五条、第二十八条规定的作业或者活动。

第七节　违反船舶、浮动设施遇险救助管理秩序

第二十九条　违反《内河交通安全管理条例》第四十六条、第四十七条的规定，遇险后未履行报告义务，或者不积极施救的，依照《内河交通安全管理条例》第七十六条的规定，对船舶、浮动设施或者责任人员给予警告，并对责任船员给予扣留船员适任证书或者其他适任证件3个月至6个月直至吊销船员适任证书或者其他适任证件的处罚。

本条前款所称遇险后未履行报告义务，包括下列情形：

（一）船舶、浮动设施遇险后，未按照规定迅速向遇险地海事管理机构以及船舶、浮动设施所有人、经营人报告；

（二）船舶、浮动设施遇险后，未按照规定报告遇险的时间、地点、遇险状况、遇险原因、救助要求；

（三）发现其他船舶、浮动设施遇险，或者收到求救信号，船舶、浮动设施上的船员或者其他人员未将有关情况及时向遇险地海事管理机构报告。

本条第一款所称不积极施救，包括下列情形：

（一）船舶、浮动设施遇险后，不积极采取有效措施

进行自救；

（二）船舶、浮动设施发生碰撞等事故后，在不严重危及自身安全的情况下，不积极救助遇险他方；

（三）附近船舶、浮动设施遇险，或者收到求救信号后，船舶、浮动设施上的船员或者其他人员未尽力救助遇险人员。

第三十条 违反《内河交通安全管理条例》第四十九条第二款的规定，遇险现场和附近的船舶、船员不服从海事管理机构的统一调度和指挥，依照《内河交通安全管理条例》第七十八条的规定，对船舶、浮动设施或者责任人员给予警告，并对责任船员给予扣留船员适任证书或者其他适任证件 3 个月至 6 个月直至吊销船员适任证书或者其他适任证件的处罚。

第八节 违反内河交通事故调查处理秩序

第三十一条 违反《内河交通安全管理条例》第五十条、第五十二条的规定，船舶、浮动设施发生水上交通事故，阻碍、妨碍内河交通事故调查取证，或者谎报、匿报、毁灭证据的，依照《内河交通安全管理条例》第八十四条的规定，给予警告，并对直接责任人员处以 1000 元以上 1 万元以下的罚款；属于船员的，并给予扣留船员适任证书或者其他适任证件 12 个月以上直至吊销船员适任证书或者其他适任证件的处罚。

本条前款所称阻碍、妨碍内河交通事故调查取证，包括下列情形：

（一）未按照规定立即报告事故；

（二）事故报告内容不真实，不符合规定要求；

（三）事故发生后，未做好现场保护，影响事故调查进行；

（四）在未出现危及船舶安全的情况下，未经海事管理机构的同意擅自驶离指定地点；

（五）未按照海事管理机构的要求驶往指定地点影响事故调查工作；

（六）拒绝接受事故调查或者阻碍、妨碍进行事故调查取证；

（七）因水上交通事故致使船舶、设施发生损害，未按照规定进行检验或者鉴定，或者不向海事管理机构提交检验或者鉴定报告副本，影响事故调查；

（八）其他阻碍、妨碍内河交通事故调查取证的情形。

本条第一款所称谎报、匿报、毁灭证据，包括下列情形：

（一）隐瞒事实或者提供虚假证明、证词；

（二）故意涂改航海日志等法定文书、文件；

（三）其他谎报、匿报、毁灭证据的情形。

第三十二条 违反《内河交通安全管理条例》的有关规定，船舶、浮动设施造成内河交通事故的，除依法承担相应的法律责任外，依照《内河交通安全管理条例》第七十七条的规定，对责任船员给予下列处罚：

（一）造成特别重大事故的，对负有全部责任、主要责任的船员吊销船员适任证书或者其他适任证件，对负有次要责任的船员扣留船员适任证书或者其他适任证件 12 个月直至吊销船员适任证书或者其他适任证件；责任相当的，对责任船员扣留船员适任证书或者其他适任证件 24 个月或者吊销船员适任证书或者其他适任证件。

（二）造成重大事故的，对负有全部责任、主要责任的船员吊销船员适任证书或者其他适任证件；对负有次要责任的船员扣留船员适任证书或者其他适任证件 12 个月至 24 个月；责任相当的，对责任船员扣留船员适任证书或者其他适任证件 18 个月或者吊销船员适任证书或者其他适任证件。

（三）造成较大事故的，对负有全部责任、主要责任的船员扣留船员适任证书或者其他适任证件 12 个月至 24 个月或者吊销船员适任证书或者其他适任证件，对负有次要责任的船员扣留船员适任证书或者其他适任证件 6 个月；责任相当的，对责任船员扣留船员适任证书或者其他适任证件 12 个月。

（四）造成一般事故的，对负有全部责任、主要责任的船员扣留船员适任证书或者其他适任证件 9 个月至 12 个月，对负有次要责任的船员扣留船员适任证书或者其他适任证件 6 个月至 9 个月；责任相当的，对责任船员扣留船员适任证书或者其他适任证件 9 个月。

第九节 违反防治船舶污染水域监督管理秩序

第三十三条 本节中所称水污染、污染物与《水污染防治法》中的同一用语的含义相同。

第三十四条 违反《水污染防治法》规定，有下列行为之一的，依照《水污染防治法》第九十条的规定进行处罚：

（一）向水体倾倒船舶垃圾或者排放船舶的残油、废油的；

（二）未经作业地海事管理机构批准，船舶进行散装液体污染危害性货物的过驳作业的；

（三）船舶及有关作业单位从事有污染风险的作业活动，未按照规定采取污染防治措施的；

（四）以冲滩方式进行船舶拆解的；
（五）进入中华人民共和国内河的国际航线船舶，排放不符合规定的船舶压载水的。
违反《水污染防治法》的规定，船舶造成水污染事故的，依照《水污染防治法》第九十四条的规定，造成一般或者较大水污染事故的，处以直接损失的20%的罚款；造成重大或者特大水污染事故的，处以直接损失的30%的罚款。

第三十五条 违反《水污染防治法》第三十条的规定，拒绝海事管理机构现场检查，或者弄虚作假的，依照《水污染防治法》第八十一条的规定进行处罚。

第三十六条 拆船单位违反《防止拆船污染环境管理条例》的规定，有下列情形之一的，依照《防止拆船污染环境管理条例》第十七条的规定，除责令限期纠正外，还可以根据不同情节，处以1万元以上10万元以下的罚款：
（一）未持有经批准的环境影响报告书(表)，擅自设置拆船厂进行拆船的；
（二）发生污染损害事故，不向监督拆船污染的海事管理机构报告，也不采取消除或者控制污染措施的；
（三）废油船未经洗舱、排污、清舱和测爆即进行拆解的；
（四）任意排放或者丢弃污染物造成严重污染的。

第三十七条 拆船单位违反《防止拆船污染环境管理条例》第七条、第十条、第十五条、第十六条的规定，有下列行为之一的，依照《防止拆船污染环境管理条例》第十八条的规定，除责令其限期纠正外，还可以根据不同情节，处以警告或者处以1万元以下的罚款：
（一）拒绝或者阻挠海事管理机构进行拆船现场检查或者在被检查时弄虚作假的；
（二）未按照规定要求配备和使用防污设施、设备和器材，造成水域污染的；
（三）发生污染事故，虽采取消除或者控制污染措施，但不向海事管理机构报告的；
（四）拆船单位关闭、搬迁后，原厂址的现场清理不合格的。

第三章 附 则

第三十八条 内河海事行政处罚程序适用《交通运输行政执法程序规定》。

第三十九条 海事管理机构办理海事行政处罚案件，应当使用交通运输部制订的统一格式的海事行政处罚文书。

第四十条 本规定自2015年7月1日起施行。2004年12月7日以交通部令2004年第13号公布的《中华人民共和国内河海事行政处罚规定》同时废止。

3. 航空运输

中华人民共和国民用航空法

- 1995年10月30日第八届全国人民代表大会常务委员会第十六次会议通过
- 根据2009年8月27日第十一届全国人民代表大会常务委员会第十次会议《关于修改部分法律的决定》第一次修正
- 根据2015年4月24日第十二届全国人民代表大会常务委员会第十四次会议《关于修改〈中华人民共和国计量法〉等五部法律的决定》第二次修正
- 根据2016年11月7日第十二届全国人民代表大会常务委员会第二十四次会议《关于修改〈中华人民共和国对外贸易法〉等十二部法律的决定》第三次修正
- 根据2017年11月4日第十二届全国人民代表大会常务委员会第三十次会议《关于修改〈中华人民共和国会计法〉等十一部法律的决定》第四次修正
- 根据2018年12月29日第十三届全国人民代表大会常务委员会第七次会议《关于修改〈中华人民共和国劳动法〉等七部法律的决定》第五次修正
- 根据2021年4月29日第十三届全国人民代表大会常务委员会第二十八次会议《关于修改〈中华人民共和国道路交通安全法〉等八部法律的决定》第六次修正

第一章 总 则

第一条 为了维护国家的领空主权和民用航空权利，保障民用航空活动安全和有秩序地进行，保护民用航空活动当事人各方的合法权益，促进民用航空事业的发展，制定本法。

第二条 中华人民共和国的领陆和领水之上的空域为中华人民共和国领空。中华人民共和国对领空享有完全的、排他的主权。

第三条 国务院民用航空主管部门对全国民用航空活动实施统一监督管理；根据法律和国务院的决定，在本部门的权限内，发布有关民用航空活动的规定、决定。

国务院民用航空主管部门设立的地区民用航空管理机构依照国务院民用航空主管部门的授权，监督管理各该地区的民用航空活动。

第四条 国家扶持民用航空事业的发展，鼓励和支持发展民用航空的科学研究和教育事业，提高民用航空科学技术水平。

国家扶持民用航空器制造业的发展,为民用航空活动提供安全、先进、经济、适用的民用航空器。

第二章 民用航空器国籍

第五条 本法所称民用航空器,是指除用于执行军事、海关、警察飞行任务外的航空器。

第六条 经中华人民共和国国务院民用航空主管部门依法进行国籍登记的民用航空器,具有中华人民共和国国籍,由国务院民用航空主管部门发给国籍登记证书。

国务院民用航空主管部门设立中华人民共和国民用航空器国籍登记簿,统一记载民用航空器的国籍登记事项。

第七条 下列民用航空器应当进行中华人民共和国国籍登记:
（一）中华人民共和国国家机构的民用航空器;
（二）依照中华人民共和国法律设立的企业法人的民用航空器;企业法人的注册资本中有外商出资的,其机构设置、人员组成和中方投资人的出资比例,应当符合行政法规的规定;
（三）国务院民用航空主管部门准予登记的其他民用航空器。

自境外租赁的民用航空器,承租人符合前款规定,该民用航空器的机组人员由承租人配备的,可以申请登记中华人民共和国国籍,但是必须先予注销该民用航空器原国籍登记。

第八条 依法取得中华人民共和国国籍的民用航空器,应当标明规定的国籍标志和登记标志。

第九条 民用航空器不得具有双重国籍。未注销外国国籍的民用航空器不得在中华人民共和国申请国籍登记。

第三章 民用航空器权利

第一节 一般规定

第十条 本章规定的对民用航空器的权利,包括对民用航空器构架、发动机、螺旋桨、无线电设备和其他一切为了在民用航空器上使用的,无论安装于其上或者暂时拆离的物品的权利。

第十一条 民用航空器权利人应当就下列权利分别向国务院民用航空主管部门办理权利登记:
（一）民用航空器所有权;
（二）通过购买行为取得并占有民用航空器的权利;
（三）根据租赁期限为六个月以上的租赁合同占有民用航空器的权利;

（四）民用航空器抵押权。

第十二条 国务院民用航空主管部门设立民用航空器权利登记簿。同一民用航空器的权利登记事项应当记载于同一权利登记簿中。

民用航空器权利登记事项,可以供公众查询、复制或者摘录。

第十三条 除民用航空器经依法强制拍卖外,在已经登记的民用航空器权利得到补偿或者民用航空器权利人同意之前,民用航空器的国籍登记或者权利登记不得转移至国外。

第二节 民用航空器所有权和抵押权

第十四条 民用航空器所有权的取得、转让和消灭,应当向国务院民用航空主管部门登记;未经登记的,不得对抗第三人。

民用航空器所有权的转让,应当签订书面合同。

第十五条 国家所有的民用航空器,由国家授予法人经营管理或者使用的,本法有关民用航空器所有人的规定适用于该法人。

第十六条 设定民用航空器抵押权,由抵押权人和抵押人共同向国务院民用航空主管部门办理抵押权登记;未经登记的,不得对抗第三人。

第十七条 民用航空器抵押权设定后,未经抵押权人同意,抵押人不得将被抵押民用航空器转让他人。

第三节 民用航空器优先权

第十八条 民用航空器优先权,是指债权人依照本法第十九条规定,向民用航空器所有人、承租人提出赔偿请求,对产生该赔偿请求的民用航空器具有优先受偿的权利。

第十九条 下列各项债权具有民用航空器优先权:
（一）援救该民用航空器的报酬;
（二）保管维护该民用航空器的必需费用。
前款规定的各项债权,后发生的先受偿。

第二十条 本法第十九条规定的民用航空器优先权,其债权人应当自援救或者保管维护工作终了之日起三个月内,就其债权向国务院民用航空主管部门登记。

第二十一条 为了债权人的共同利益,在执行人民法院判决以及拍卖过程中产生的费用,应当从民用航空器拍卖所得价款中先行拨付。

第二十二条 民用航空器优先权先于民用航空器抵押权受偿。

第二十三条 本法第十九条规定的债权转移的,其民用航空器优先权随之转移。

第二十四条 民用航空器优先权应当通过人民法院扣押产生优先权的民用航空器行使。

第二十五条 民用航空器优先权自援救或者保管维护工作终了之日起满三个月时终止；但是，债权人就其债权已经依照本法第二十条规定登记，并具有下列情形之一的除外：

（一）债权人、债务人已经就此项债权的金额达成协议；

（二）有关此项债权的诉讼已经开始。

民用航空器优先权不因民用航空器所有权的转让而消灭；但是，民用航空器经依法强制拍卖的除外。

第四节 民用航空器租赁

第二十六条 民用航空器租赁合同，包括融资租赁合同和其他租赁合同，应当以书面形式订立。

第二十七条 民用航空器的融资租赁，是指出租人按照承租人对供货方和民用航空器的选择，购得民用航空器，出租给承租人使用，由承租人定期交纳租金。

第二十八条 融资租赁期间，出租人依法享有民用航空器所有权，承租人依法享有民用航空器的占有、使用、收益权。

第二十九条 融资租赁期间，出租人不得干扰承租人依法占有、使用民用航空器；承租人应当适当地保管民用航空器，使之处于原交付时的状态，但是合理损耗和经出租人同意的对民用航空器的改变除外。

第三十条 融资租赁期满，承租人应当将符合本法第二十九条规定状态的民用航空器退还出租人；但是，承租人依照合同行使购买民用航空器的权利或者为继续租赁而占有民用航空器的除外。

第三十一条 民用航空器融资租赁中的供货方，不就同一损害同时对出租人和承租人承担责任。

第三十二条 融资租赁期间，经出租人同意，在不损害第三人利益的情况下，承租人可以转让其对民用航空器的占有权或者租赁合同约定的其他权利。

第三十三条 民用航空器的融资租赁和租赁期限为六个月以上的其他租赁，承租人应当就其对民用航空器的占有权向国务院民用航空主管部门办理登记；未经登记的，不得对抗第三人。

第四章 民用航空器适航管理

第三十四条 设计民用航空器及其发动机、螺旋桨和民用航空器上设备，应当向国务院民用航空主管部门申请领取型号合格证书。经审查合格的，发给型号合格证书。

第三十五条 生产、维修民用航空器及其发动机、螺旋桨和民用航空器上设备，应当向国务院民用航空主管部门申请领取生产许可证书、维修许可证书。经审查合格的，发给相应的证书。

第三十六条 外国制造人生产的任何型号的民用航空器及其发动机、螺旋桨和民用航空器上设备，首次进口中国的，该外国制造人应当向国务院民用航空主管部门申请领取型号认可证书。经审查合格的，发给型号认可证书。

已取得外国颁发的型号合格证书的民用航空器及其发动机、螺旋桨和民用航空器上设备，首次在中国境内生产的，该型号合格证书的持有人应当向国务院民用航空主管部门申请领取型号认可证书。经审查合格的，发给型号认可证书。

第三十七条 具有中华人民共和国国籍的民用航空器，应当持有国务院民用航空主管部门颁发的适航证书，方可飞行。

出口民用航空器及其发动机、螺旋桨和民用航空器上设备，制造人应当向国务院民用航空主管部门申请领取出口适航证书。经审查合格的，发给出口适航证书。

租用的外国民用航空器，应当经国务院民用航空主管部门对其原国籍登记国发给的适航证书审查认可或者另发适航证书，方可飞行。

民用航空器适航管理规定，由国务院制定。

第三十八条 民用航空器的所有人或者承租人应当按照适航证书规定的使用范围使用民用航空器，做好民用航空器的维修保养工作，保证民用航空器处于适航状态。

第五章 航空人员

第一节 一般规定

第三十九条 本法所称航空人员，是指下列从事民用航空活动的空勤人员和地面人员：

（一）空勤人员，包括驾驶员、飞行机械人员、乘务员；

（二）地面人员，包括民用航空器维修人员、空中交通管制员、飞行签派员、航空电台通信员。

第四十条 航空人员应当接受专门训练，经考核合格，取得国务院民用航空主管部门颁发的执照，方可担任其执照载明的工作。

空勤人员和空中交通管制员在取得执照前，还应当接受国务院民用航空主管部门认可的体格检查单位的检查，并取得国务院民用航空主管部门颁发的体格检查合格证书。

第四十一条　空勤人员在执行飞行任务时，应当随身携带执照和体格检查合格证书，并接受国务院民用航空主管部门的查验。

第四十二条　航空人员应当接受国务院民用航空主管部门定期或者不定期的检查和考核；经检查、考核合格的，方可继续担任其执照载明的工作。

空勤人员还应当参加定期的紧急程序训练。

空勤人员间断飞行的时间超过国务院民用航空主管部门规定时限的，应当经过检查和考核；乘务员以外的空勤人员还应当经过带飞。经检查、考核、带飞合格的，方可继续担任其执照载明的工作。

第二节　机　组

第四十三条　民用航空器机组由机长和其他空勤人员组成。机长应当由具有独立驾驶该型号民用航空器的技术和经验的驾驶员担任。

机组的组成和人员数额，应当符合国务院民用航空主管部门的规定。

第四十四条　民用航空器的操作由机长负责，机长应当严格履行职责，保护民用航空器及其所载人员和财产的安全。

机长在其职权范围内发布的命令，民用航空器所载人员都应当执行。

第四十五条　飞行前，机长应当对民用航空器实施必要的检查；未经检查，不得起飞。

机长发现民用航空器、机场、气象条件等不符合规定，不能保证飞行安全的，有权拒绝起飞。

第四十六条　飞行中，对于任何破坏民用航空器、扰乱民用航空器内秩序、危害民用航空器所载人员或者财产安全以及其他危及飞行安全的行为，在保证安全的前提下，机长有权采取必要的适当措施。

飞行中，遇到特殊情况时，为保证民用航空器及其所载人员的安全，机长有权对民用航空器作出处置。

第四十七条　机长发现机组人员不适宜执行飞行任务的，为保证飞行安全，有权提出调整。

第四十八条　民用航空器遇险时，机长有权采取一切必要措施，并指挥机组人员和航空器上其他人员采取抢救措施。在必须撤离遇险民用航空器的紧急情况下，机长必须采取措施，首先组织旅客安全离开民用航空器；

未经机长允许，机组人员不得擅自离开民用航空器；机长应当最后离开民用航空器。

第四十九条　民用航空器发生事故，机长应当直接或者通过空中交通管制单位，如实将事故情况及时报告国务院民用航空主管部门。

第五十条　机长收到船舶或者其他航空器的遇险信号，或者发现遇险的船舶、航空器及其人员，应当将遇险情况及时报告就近的空中交通管制单位并给予可能的合理的援助。

第五十一条　飞行中，机长因故不能履行职务的，由仅次于机长职务的驾驶员代理机长；在下一个经停地起飞前，民用航空器所有人或者承租人应当指派新机长接任。

第五十二条　只有一名驾驶员，不需配备其他空勤人员的民用航空器，本节对机长的规定，适用于该驾驶员。

第六章　民用机场

第五十三条　本法所称民用机场，是指专供民用航空器起飞、降落、滑行、停放以及进行其他活动使用的划定区域，包括附属的建筑物、装置和设施。

本法所称民用机场不包括临时机场。

军民合用机场由国务院、中央军事委员会另行制定管理办法。

第五十四条　民用机场的建设和使用应当统筹安排、合理布局，提高机场的使用效率。

全国民用机场的布局和建设规划，由国务院民用航空主管部门会同国务院其他有关部门制定，并按照国家规定的程序，经批准后组织实施。

省、自治区、直辖市人民政府应当根据全国民用机场的布局和建设规划，制定本行政区域内的民用机场建设规划，并按照国家规定的程序报经批准后，将其纳入本级国民经济和社会发展规划。

第五十五条　民用机场建设规划应当与城市建设规划相协调。

第五十六条　新建、改建和扩建民用机场，应当符合依法制定的民用机场布局和建设规划，符合民用机场标准，并按照国家规定报经有关主管机关批准并实施。

不符合依法制定的民用机场布局和建设规划的民用机场建设项目，不得批准。

第五十七条　新建、扩建民用机场，应当由民用机场所在地县级以上地方人民政府发布公告。

前款规定的公告应当在当地主要报纸上刊登，并在拟新建、扩建机场周围地区张贴。

第五十八条 禁止在依法划定的民用机场范围内和按照国家规定划定的机场净空保护区域内从事下列活动：

（一）修建可能在空中排放大量烟雾、粉尘、火焰、废气而影响飞行安全的建筑物或者设施；

（二）修建靶场、强烈爆炸物仓库等影响飞行安全的建筑物或者设施；

（三）修建不符合机场净空要求的建筑物或者设施；

（四）设置影响机场目视助航设施使用的灯光、标志或者物体；

（五）种植影响飞行安全或者影响机场助航设施使用的植物；

（六）饲养、放飞影响飞行安全的鸟类动物和其他物体；

（七）修建影响机场电磁环境的建筑物或者设施。

禁止在依法划定的民用机场范围内放养牲畜。

第五十九条 民用机场新建、扩建的公告发布前，在依法划定的民用机场范围内和按照国家规定划定的机场净空保护区域内存在的可能影响飞行安全的建筑物、构筑物、树木、灯光和其他障碍物体，应当在规定的期限内清除；对由此造成的损失，应当给予补偿或者依法采取其他补救措施。

第六十条 民用机场新建、扩建的公告发布后，任何单位和个人违反本法和有关行政法规的规定，在依法划定的民用机场范围内和按照国家规定划定的机场净空保护区域内修建、种植或者设置影响飞行安全的建筑物、构筑物、树木、灯光和其他障碍物体的，由机场所在地县级以上地方人民政府责令清除；由此造成的损失，由修建、种植或者设置该障碍物体的人承担。

第六十一条 在民用机场及其按照国家规定划定的净空保护区域以外，对可能影响飞行安全的高大建筑物或者设施，应当按照国家有关规定设置飞行障碍灯和标志，并使其保持正常状态。

第六十二条 国务院民用航空主管部门规定的对公众开放的民用机场应当取得机场使用许可证，方可开放使用。其他民用机场应当按照国务院民用航空主管部门的规定进行备案。

申请取得机场使用许可证，应当具备下列条件，并按照国家规定经验收合格：

（一）具备与其运营业务相适应的飞行区、航站区、工作区以及服务设施和人员；

（二）具备能够保障飞行安全的空中交通管制、通信导航、气象等设施和人员；

（三）具备符合国家规定的安全保卫条件；

（四）具备处理特殊情况的应急计划以及相应的设施和人员；

（五）具备国务院民用航空主管部门规定的其他条件。

国际机场还应当具备国际通航条件，设立海关和其他口岸检查机关。

第六十三条 民用机场使用许可证由机场管理机构向国务院民用航空主管部门申请，经国务院民用航空主管部门审查批准后颁发。

第六十四条 设立国际机场，由机场所在地省级人民政府报请国务院审查批准。

国际机场的开放使用，由国务院民用航空主管部门对外公告；国际机场资料由国务院民用航空主管部门统一对外提供。

第六十五条 民用机场应当按照国务院民用航空主管部门的规定，采取措施，保证机场内人员和财产的安全。

第六十六条 供运输旅客或者货物的民用航空器使用的民用机场，应当按照国务院民用航空主管部门规定的标准，设置必要设施，为旅客和货物托运人、收货人提供良好服务。

第六十七条 民用机场管理机构应当依照环境保护法律、行政法规的规定，做好机场环境保护工作。

第六十八条 民用航空器使用民用机场及其助航设施的，应当缴纳使用费、服务费；使用费、服务费的收费标准，由国务院民用航空主管部门制定。

第六十九条 民用机场废弃或者改作他用，民用机场管理机构应当依照国家规定办理报批手续。

第七章 空中航行

第一节 空域管理

第七十条 国家对空域实行统一管理。

第七十一条 划分空域，应当兼顾民用航空和国防安全的需要以及公众的利益，使空域得到合理、充分、有效的利用。

第七十二条 空域管理的具体办法，由国务院、中央军事委员会制定。

第二节 飞行管理

第七十三条 在一个划定的管制空域内，由一个空中交通管制单位负责该空域内的航空器的空中交通管制。

第七十四条 民用航空器在管制空域内进行飞行活动,应当取得空中交通管制单位的许可。

第七十五条 民用航空器应当按照空中交通管制单位指定的航路和飞行高度飞行;因故确需偏离指定的航路或者改变飞行高度飞行的,应当取得空中交通管制单位的许可。

第七十六条 在中华人民共和国境内飞行的航空器,必须遵守统一的飞行规则。

进行目视飞行的民用航空器,应当遵守目视飞行规则,并与其他航空器、地面障碍物体保持安全距离。

进行仪表飞行的民用航空器,应当遵守仪表飞行规则。

飞行规则由国务院、中央军事委员会制定。

第七十七条 民用航空器机组人员的飞行时间、执勤时间不得超过国务院民用航空主管部门规定的时限。

民用航空器机组人员受到酒类饮料、麻醉剂或者其他药物的影响,损及工作能力的,不得执行飞行任务。

第七十八条 民用航空器除按照国家规定经特别批准外,不得飞入禁区;除遵守规定的限制条件外,不得飞入限制区。

前款规定的禁区和限制区,依照国家规定划定。

第七十九条 民用航空器不得飞越城市上空;但是,有下列情形之一的除外:

(一)起飞、降落或者指定的航路所必需的;

(二)飞行高度足以使该航空器在发生紧急情况时离开城市上空,而不致危及地面上的人员、财产安全的;

(三)按照国家规定的程序获得批准的。

第八十条 飞行中,民用航空器不得投掷物品;但是,有下列情形之一的除外:

(一)飞行安全所必需的;

(二)执行救助任务或者符合社会公共利益的其他飞行任务所必需的。

第八十一条 民用航空器未经批准不得飞出中华人民共和国领空。

对未经批准正在飞离中华人民共和国领空的民用航空器,有关部门有权根据具体情况采取必要措施,予以制止。

第三节 飞行保障

第八十二条 空中交通管制单位应当为飞行中的民用航空器提供空中交通服务,包括空中交通管制服务、飞行情报服务和告警服务。

提供空中交通管制服务,旨在防止民用航空器同航空器、民用航空器同障碍物体相撞,维持并加速空中交通的有秩序的活动。

提供飞行情报服务,旨在提供有助于安全和有效地实施飞行的情报和建议。

提供告警服务,旨在当民用航空器需要搜寻援救时,通知有关部门,并根据要求协助该有关部门进行搜寻援救。

第八十三条 空中交通管制单位发现民用航空器偏离指定航路、迷失航向时,应当迅速采取一切必要措施,使其回归航路。

第八十四条 航路上应当设置必要的导航、通信、气象和地面监视设备。

第八十五条 航路上影响飞行安全的自然障碍物体,应当在航图上标明;航路上影响飞行安全的人工障碍物体,应当设置飞行障碍灯和标志,并使其保持正常状态。

第八十六条 在距离航路边界三十公里以内的地带,禁止修建靶场和其他可能影响飞行安全的设施;但是,平射轻武器靶场除外。

在前款规定地带以外修建固定的或者临时性对空发射场,应当按照国家规定获得批准;对空发射场的发射方向,不得与航路交叉。

第八十七条 任何可能影响飞行安全的活动,应当依法获得批准,并采取确保飞行安全的必要措施,方可进行。

第八十八条 国务院民用航空主管部门应当依法对民用航空无线电台和分配给民用航空系统使用的专用频率实施管理。

任何单位或者个人使用的无线电台和其他仪器、装置,不得妨碍民用航空无线电专用频率的正常使用。对民用航空无线电专用频率造成有害干扰的,有关单位或者个人应当迅速排除干扰;未排除干扰前,应当停止使用该无线电台或者其他仪器、装置。

第八十九条 邮电通信企业应当对民用航空电信传递优先提供服务。

国家气象机构应当对民用航空气象机构提供必要的气象资料。

第四节 飞行必备文件

第九十条 从事飞行的民用航空器,应当携带下列文件:

（一）民用航空器国籍登记证书；
（二）民用航空器适航证书；
（三）机组人员相应的执照；
（四）民用航空器航行记录簿；
（五）装有无线电设备的民用航空器，其无线电台执照；
（六）载有旅客的民用航空器，其所载旅客姓名及其出发地地点和目的地地点的清单；
（七）载有货物的民用航空器，其所载货物的舱单和明细的申报单；
（八）根据飞行任务应当携带的其他文件。

民用航空器未按规定携带前款所列文件的，国务院民用航空主管部门或者其授权的地区民用航空管理机构可以禁止该民用航空器起飞。

第八章 公共航空运输企业

第九十一条 公共航空运输企业，是指以营利为目的，使用民用航空器运送旅客、行李、邮件或者货物的企业法人。

第九十二条 企业从事公共航空运输，应当向国务院民用航空主管部门申请领取经营许可证。

第九十三条 取得公共航空运输经营许可，应当具备下列条件：
（一）有符合国家规定的适应保证飞行安全要求的民用航空器；
（二）有必需的依法取得执照的航空人员；
（三）有不少于国务院规定的最低限额的注册资本；
（四）法律、行政法规规定的其他条件。

第九十四条 公共航空运输企业的组织形式、组织机构适用公司法的规定。

本法施行前设立的公共航空运输企业，其组织形式、组织机构不完全符合公司法规定的，可以继续沿用原有的规定，适用前款规定的日期由国务院规定。

第九十五条 公共航空运输企业应当以保证飞行安全和航班正常，提供良好服务为准则，采取有效措施，提高运输服务质量。

公共航空运输企业应当教育和要求本企业职工严格履行职责，以文明礼貌、热情周到的服务态度，认真做好旅客和货物运输的各项服务工作。

旅客运输航班延误的，应当在机场内及时通告有关情况。

第九十六条 公共航空运输企业申请经营定期航班运输（以下简称航班运输）的航线，暂停、终止经营航线，应当报经国务院民用航空主管部门批准。

公共航空运输企业经营航班运输，应当公布班期时刻。

第九十七条 公共航空运输企业的营业收费项目，由国务院民用航空主管部门确定。

国内航空运输的运价管理办法，由国务院民用航空主管部门会同国务院物价主管部门制定，报国务院批准后执行。

国际航空运输运价的制定按中华人民共和国政府与外国政府签订的协定、协议的规定执行；没有协定、协议的，参照国际航空运输市场价格确定。

第九十八条 公共航空运输企业从事不定期运输，应当经国务院民用航空主管部门批准，并不得影响航班运输的正常经营。

第九十九条 公共航空运输企业应当依照国务院制定的公共航空运输安全保卫规定，制定安全保卫方案，并报国务院民用航空主管部门备案。

第一百条 公共航空运输企业不得运输法律、行政法规规定的禁运物品。

公共航空运输企业未经国务院民用航空主管部门批准，不得运输作战军火、作战物资。

禁止旅客随身携带法律、行政法规规定的禁运物品乘坐民用航空器。

第一百零一条 公共航空运输企业运输危险品，应当遵守国家有关规定。

禁止以非危险品品名托运危险品。

禁止旅客随身携带危险品乘坐民用航空器。除因执行公务并按照国家规定经过批准外，禁止旅客携带枪支、管制刀具乘坐民用航空器。禁止违反国务院民用航空主管部门的规定将危险品作为行李托运。

危险品品名由国务院民用航空主管部门规定并公布。

第一百零二条 公共航空运输企业不得运输拒绝接受安全检查的旅客，不得违反国家规定运输未经安全检查的行李。

公共航空运输企业必须按照国务院民用航空主管部门的规定，对承运的货物进行安全检查或者采取其他保证安全的措施。

第一百零三条 公共航空运输企业从事国际航空运输的民用航空器及其所载人员、行李、货物应当接受边防、海关等主管部门的检查；但是，检查时应当避免不必要的延误。

第一百零四条 公共航空运输企业应当依照有关法律、行政法规的规定优先运输邮件。

第一百零五条 公共航空运输企业应当投保地面第三人责任险。

第九章 公共航空运输

第一节 一般规定

第一百零六条 本章适用于公共航空运输企业使用民用航空器经营的旅客、行李或者货物的运输，包括公共航空运输企业使用民用航空器办理的免费运输。

本章不适用于使用民用航空器办理的邮件运输。

对多式联运方式的运输，本章规定适用于其中的航空运输部分。

第一百零七条 本法所称国内航空运输，是指根据当事人订立的航空运输合同，运输的出发地点、约定的经停地点和目的地点均在中华人民共和国境内的运输。

本法所称国际航空运输，是指根据当事人订立的航空运输合同，无论运输有无间断或者有无转运，运输的出发地点、目的地点或者约定的经停地点之一不在中华人民共和国境内的运输。

第一百零八条 航空运输合同各方认为几个连续的航空运输承运人办理的运输是一项单一业务活动的，无论其形式是以一个合同订立或者数个合同订立，应当视为一项不可分割的运输。

第二节 运输凭证

第一百零九条 承运人运送旅客，应当出具客票。旅客乘坐民用航空器，应当交验有效客票。

第一百一十条 客票应当包括的内容由国务院民用航空主管部门规定，至少应当包括以下内容：

（一）出发地点和目的地点；

（二）出发地点和目的地点均在中华人民共和国境内，而在境外有一个或者数个约定的经停地点的，至少注明一个经停地点；

（三）旅客航程的最终目的地点、出发地点或者约定的经停地点之一不在中华人民共和国境内，依照所适用的国际航空运输公约的规定，应当在客票上声明此项运输适用该公约的，客票上应当载有该项声明。

第一百一十一条 客票是航空旅客运输合同订立和运输合同条件的初步证据。

旅客未能出示客票、客票不符合规定或者客票遗失，不影响运输合同的存在或者有效。

在国内航空运输中，承运人同意旅客不经其出票而乘坐民用航空器的，承运人无权援用本法第一百二十八条有关赔偿责任限制的规定。

在国际航空运输中，承运人同意旅客不经其出票而乘坐民用航空器的，或者客票上未依照本法第一百一十条第（三）项的规定声明的，承运人无权援用本法第一百二十九条有关赔偿责任限制的规定。

第一百一十二条 承运人载运托运行李时，行李票可以包含在客票之内或者与客票相结合。除本法第一百一十条的规定外，行李票还应当包括下列内容：

（一）托运行李的件数和重量；

（二）需要声明托运行李在目的地点交付时的利益的，注明声明金额。

行李票是行李托运和运输合同条件的初步证据。

旅客未能出示行李票、行李票不符合规定或者行李票遗失，不影响运输合同的存在或者有效。

在国内航空运输中，承运人载运托运行李而不出具行李票的，承运人无权援用本法第一百二十八条有关赔偿责任限制的规定。

在国际航空运输中，承运人载运托运行李而不出具行李票的，或者行李票上未依照本法第一百一十条第（三）项的规定声明的，承运人无权援用本法第一百二十九条有关赔偿责任限制的规定。

第一百一十三条 承运人有权要求托运人填写航空货运单，托运人有权要求承运人接受该航空货运单。托运人未能出示航空货运单、航空货运单不符合规定或者航空货运单遗失，不影响运输合同的存在或者有效。

第一百一十四条 托运人应当填写航空货运单正本一式三份，连同货物交给承运人。

航空货运单第一份注明"交承运人"，由托运人签字、盖章；第二份注明"交收货人"，由托运人和承运人签字、盖章；第三份由承运人在接受货物后签字、盖章，交给托运人。

承运人根据托运人的请求填写航空货运单的，在没有相反证据的情况下，应当视为代托运人填写。

第一百一十五条 航空货运单应当包括的内容由国务院民用航空主管部门规定，至少应当包括以下内容：

（一）出发地点和目的地点；

（二）出发地点和目的地点均在中华人民共和国境内，而在境外有一个或者数个约定的经停地点的，至少注明一个经停地点；

（三）货物运输的最终目的地点、出发地点或者约定的经停地点之一不在中华人民共和国境内，依照所适用的国际航空运输公约的规定，应当在货运单上声明此项运输适用该公约的，货运单上应当载有该项声明。

第一百一十六条 在国内航空运输中，承运人同意未经填具航空货运单而载运货物的，承运人无权援用本法第一百二十八条有关赔偿责任限制的规定。

在国际航空运输中，承运人同意未经填具航空货运单而载运货物的，或者航空货运单上未依照本法第一百一十五条第(三)项的规定声明的，承运人无权援用本法第一百二十九条有关赔偿责任限制的规定。

第一百一十七条 托运人应当对航空货运单上所填关于货物的说明和声明的正确性负责。

因航空货运单上所填的说明和声明不符合规定、不正确或者不完全，给承运人或者承运人对之负责的其他人造成损失的，托运人应当承担赔偿责任。

第一百一十八条 航空货运单是航空货物运输合同订立和运输条件以及承运人接受货物的初步证据。

航空货运单上关于货物的重量、尺寸、包装和包装件数的说明具有初步证据的效力。除经过承运人和托运人当面查对并在航空货运单上注明经过查对或者书写关于货物的外表情况的说明外，航空货运单上关于货物的数量、体积和情况的说明不能构成不利于承运人的证据。

第一百一十九条 托运人在履行航空货物运输合同规定的义务的条件下，有权在出发地机场或者目的地机场将货物提回，或者在途中经停时中止运输，或者在目的地点或者途中要求将货物交给非航空货运单上指定的收货人，或者要求将货物运回出发地机场；但是，托运人不得因行使此种权利而使承运人或者其他托运人遭受损失，并应当偿付由此产生的费用。

托运人的指示不能执行的，承运人应当立即通知托运人。

承运人按照托运人的指示处理货物，没有要求托运人出示其所收执的航空货运单，给该航空货运单的合法持有人造成损失的，承运人应当承担责任，但是不妨碍承运人向托运人追偿。

收货人的权利依照本法第一百二十条规定开始时，托运人的权利即告终止；但是，收货人拒绝接受航空货运单或者货物，或者承运人无法同收货人联系时，托运人恢复其对货物的处置权。

第一百二十条 除本法第一百一十九条所列情形外，收货人于货物到达目的地点，并在缴付应付款项和履行航空货运单上所列运输条件后，有权要求承运人移交航空货运单并交付货物。

除另有约定外，承运人应当在货物到达后立即通知收货人。

承运人承认货物已经遗失，或者货物在应当到达之日起七日后仍未到达的，收货人有权向承运人行使航空货物运输合同所赋予的权利。

第一百二十一条 托运人和收货人在履行航空货物运输合同规定的义务的条件下，无论为本人或者他人的利益，可以以本人的名义分别行使本法第一百一十九条和第一百二十条所赋予的权利。

第一百二十二条 本法第一百一十九条、第一百二十条和第一百二十一条的规定，不影响托运人同收货人之间的相互关系，也不影响从托运人或者收货人获得权利的第三人之间的关系。

任何与本法第一百一十九条、第一百二十条和第一百二十一条规定不同的合同条款，应当在航空货运单上载明。

第一百二十三条 托运人应当提供必需的资料和文件，以便在货物交付收货人前完成法律、行政法规规定的有关手续；因没有此种资料、文件，或者此种资料、文件不充足或者不符合规定造成的损失，除由于承运人或者其受雇人、代理人的过错造成的外，托运人应当对承运人承担责任。

除法律、行政法规另有规定外，承运人没有对前款规定的资料或者文件进行检查的义务。

第三节 承运人的责任

第一百二十四条 因发生在民用航空器上或者在旅客上、下民用航空器过程中的事件，造成旅客人身伤亡的，承运人应当承担责任；但是，旅客的人身伤亡完全是由于旅客本人的健康状况造成的，承运人不承担责任。

第一百二十五条 因发生在民用航空器上或者在旅客上、下民用航空器过程中的事件，造成旅客随身携带物品毁灭、遗失或者损坏的，承运人应当承担责任。因发生在航空运输期间的事件，造成旅客的托运行李毁灭、遗失或者损坏的，承运人应当承担责任。

旅客随身携带物品或者托运行李的毁灭、遗失或者损坏完全是由于行李本身的自然属性、质量或者缺陷造成的，承运人不承担责任。

本章所称行李，包括托运行李和旅客随身携带的物品。

因发生在航空运输期间的事件，造成货物毁灭、遗失或者损坏的，承运人应当承担责任；但是，承运人证明货物的毁灭、遗失或者损坏完全是由于下列原因之一造成的，不承担责任：

（一）货物本身的自然属性、质量或者缺陷；

（二）承运人或者其受雇人、代理人以外的人包装货物的，货物包装不良；

（三）战争或者武装冲突；

（四）政府有关部门实施的与货物入境、出境或者过境有关的行为。

本条所称航空运输期间，是指在机场内、民用航空器上或者机场外降落的任何地点，托运行李、货物处于承运人掌管之下的全部期间。

航空运输期间，不包括机场外的任何陆路运输、海上运输、内河运输过程；但是，此种陆路运输、海上运输、内河运输是为了履行航空运输合同而装载、交付或者转运，在没有相反证据的情况下，所发生的损失视为在航空运输期间发生的损失。

第一百二十六条 旅客、行李或者货物在航空运输中因延误造成的损失，承运人应当承担责任；但是，承运人证明本人或者其受雇人、代理人为了避免损失的发生，已经采取一切必要措施或者不可能采取此种措施的，不承担责任。

第一百二十七条 在旅客、行李运输中，经承运人证明，损失是由索赔人的过错造成或者促成的，应当根据造成或者促成此种损失的过错的程度，相应免除或者减轻承运人的责任。旅客以外的其他人就旅客死亡或者受伤提出赔偿请求时，经承运人证明，死亡或者受伤是旅客本人的过错造成或者促成的，同样应当根据造成或者促成此种损失的过错的程度，相应免除或者减轻承运人的责任。

在货物运输中，经承运人证明，损失是由索赔人或者代行权利人的过错造成或者促成的，应当根据造成或者促成此种损失的过错的程度，相应免除或者减轻承运人的责任。

第一百二十八条 国内航空运输承运人的赔偿责任限额由国务院民用航空主管部门制定，报国务院批准后公布执行。

旅客或者托运人在交运托运行李或者货物时，特别声明在目的地点交付时的利益，并在必要时支付附加费的，除承运人证明旅客或者托运人声明的金额高于托运行李或者货物在目的地点交付时的实际利益外，承运人应当在声明金额范围内承担责任；本法第一百二十九条的其他规定，除赔偿责任限额外，适用于国内航空运输。

第一百二十九条 国际航空运输承运人的赔偿责任限额按照下列规定执行：

（一）对每名旅客的赔偿责任限额为16600计算单位；但是，旅客可以同承运人书面约定高于本项规定的赔偿责任限额。

（二）对托运行李或者货物的赔偿责任限额，每公斤为17计算单位。旅客或者托运人在交运托运行李或者货物时，特别声明在目的地点交付时的利益，并在必要时支付附加费的，除承运人证明旅客或者托运人声明的金额高于托运行李或者货物在目的地点交付时的实际利益外，承运人应当在声明金额范围内承担责任。

托运行李或者货物的一部分或者托运行李、货物中的任何物件毁灭、遗失、损坏或者延误的，用以确定承运人赔偿责任限额的重量，仅为该一包件或者数包件的总重量；但是，因托运行李或者货物的一部分或者托运行李、货物中的任何物件的毁灭、遗失、损坏或者延误，影响同一份行李票或者同一份航空货运单所列其他包件的价值的，确定承运人的赔偿责任限额时，此种包件的总重量也应当考虑在内。

（三）对每名旅客随身携带的物品的赔偿责任限额为332计算单位。

第一百三十条 任何旨在免除本法规定的承运人责任或者降低本法规定的赔偿责任限额的条款，均属无效；但是，此种条款的无效，不影响整个航空运输合同的效力。

第一百三十一条 有关航空运输中发生的损失的诉讼，不论其根据如何，只能依照本法规定的条件和赔偿责任限额提出，但是不妨碍谁有权提起诉讼以及他们各自的权利。

第一百三十二条 经证明，航空运输中的损失是由于承运人或者其受雇人、代理人的故意或者明知可能造成损失而轻率地作为或者不作为造成的，承运人无权援用本法第一百二十八条、第一百二十九条有关赔偿责任限制的规定；证明承运人的受雇人、代理人有此种作为或者不作为的，还应当证明该受雇人、代理人是在受雇、代理范围内行事。

第一百三十三条 就航空运输中的损失向承运人的受雇人、代理人提起诉讼时，该受雇人、代理人证明他是在受雇、代理范围内行事的，有权援用本法第一百二十八条、第一百二十九条有关赔偿责任限制的规定。

在前款规定情形下，承运人及其受雇人、代理人的赔偿总额不得超过法定的赔偿责任限额。

经证明，航空运输中的损失是由于承运人的受雇人、代理人的故意或者明知可能造成损失而轻率地作为或者不作为造成的,不适用本条第一款和第二款的规定。

第一百三十四条 旅客或者收货人收受托运行李或者货物而未提出异议,为托运行李或者货物已经完好交付并与运输凭证相符的初步证据。

托运行李或者货物发生损失的,旅客或者收货人应当在发现损失后向承运人提出异议。托运行李发生损失的,至迟应当自收到托运行李之日起七日内提出;货物发生损失的,至迟应当自收到货物之日起十四日内提出。托运行李或者货物发生延误的,至迟应当自托运行李或者货物交付旅客或者收货人处置之日起二十一日内提出。

任何异议均应当在前款规定的期间内写在运输凭证上或者另以书面提出。

除承运人有欺诈行为外,旅客或者收货人未在本条第二款规定的期间内提出异议的,不能向承运人提出索赔诉讼。

第一百三十五条 航空运输的诉讼时效期间为二年,自民用航空器到达目的地点、应当到达目的地点或者运输终止之日起计算。

第一百三十六条 由几个航空承运人办理的连续运输,接受旅客、行李或者货物的每一个承运人应当受本法规定的约束,并就其根据合同办理的运输区段作为运输合同的订约一方。

对前款规定的连续运输,除合同明文约定第一承运人应当对全程运输承担责任外,旅客或者其继承人只能对发生事故或者延误的运输区段的承运人提起诉讼。

托运行李或者货物的毁灭、遗失、损坏或者延误,旅客或者托运人有权对第一承运人提起诉讼,旅客或者收货人有权对最后承运人提起诉讼,旅客、托运人和收货人均可以对发生毁灭、遗失、损坏或者延误的运输区段的承运人提起诉讼。上述承运人应当对旅客、托运人或者收货人承担连带责任。

第四节 实际承运人履行航空运输的特别规定

第一百三十七条 本节所称缔约承运人,是指以本人名义与旅客或者托运人,或者与旅客或者托运人的代理人,订立本章调整的航空运输合同的人。

本节所称实际承运人,是指根据缔约承运人的授权,履行前款全部或者部分运输的人,不是指本章规定的连续承运人;在没有相反证明时,此种授权被认为是存在的。

第一百三十八条 除本节另有规定外,缔约承运人和实际承运人都应当受本章规定的约束。缔约承运人应当对合同约定的全部运输负责。实际承运人应当对其履行的运输负责。

第一百三十九条 实际承运人的作为和不作为,实际承运人的受雇人、代理人在受雇、代理范围内的作为和不作为,关系到实际承运人履行的运输的,应当视为缔约承运人的作为和不作为。

缔约承运人的作为和不作为,缔约承运人的受雇人、代理人在受雇、代理范围内的作为和不作为,关系到实际承运人履行的运输的,应当视为实际承运人的作为和不作为;但是,实际承运人承担的责任不因此种作为或者不作为而超过法定的赔偿责任限额。

任何有关缔约承运人承担本章未规定的义务或者放弃本章赋予的权利的特别协议,或者任何有关依照本法第一百二十八条、第一百二十九条规定所作的在目的地点交付时利益的特别声明,除经实际承运人同意外,均不得影响实际承运人。

第一百四十条 依照本章规定提出的索赔或者发出的指示,无论是向缔约承运人还是向实际承运人提出或者发出的,具有同等效力;但是,本法第一百一十九条规定的指示,只在向缔约承运人发出时,方有效。

第一百四十一条 实际承运人的受雇人、代理人或者缔约承运人的受雇人、代理人,证明他是在受雇、代理范围内行事的,就实际承运人履行的运输而言,有权援用本法第一百二十八条、第一百二十九条有关赔偿责任限制的规定,但是依照本法规定不得援用赔偿责任限制规定的除外。

第一百四十二条 对于实际承运人履行的运输,实际承运人、缔约承运人以及他们的在受雇、代理范围内行事的受雇人、代理人的赔偿总额不得超过依照本法得以从缔约承运人或者实际承运人获得赔偿的最高数额;但是,其中任何人都不承担超过对他适用的赔偿责任限额。

第一百四十三条 对实际承运人履行的运输提起的诉讼,可以分别对实际承运人或者缔约承运人提起,也可以同时对实际承运人和缔约承运人提起;被提起诉讼的承运人有权要求另一承运人参加应诉。

第一百四十四条 除本法第一百四十三条规定外,本节规定不影响实际承运人和缔约承运人之间的权利、义务。

第十章 通用航空

第一百四十五条 通用航空,是指使用民用航空器从事公共航空运输以外的民用航空活动,包括从事工业、农业、林业、渔业和建筑业的作业飞行以及医疗卫生、抢险救灾、气象探测、海洋监测、科学实验、教育训练、文化体育等方面的飞行活动。

第一百四十六条 从事通用航空活动，应当具备下列条件：

（一）有与所从事的通用航空活动相适应、符合保证飞行安全要求的民用航空器；

（二）有必需的依法取得执照的航空人员；

（三）符合法律、行政法规规定的其他条件。

从事经营性通用航空，限于企业法人。

第一百四十七条 从事非经营性通用航空的，应当向国务院民用航空主管部门备案。

从事经营性通用航空的，应当向国务院民用航空主管部门申请领取通用航空经营许可证。

第一百四十八条 通用航空企业从事经营性通用航空活动，应当与用户订立书面合同，但是紧急情况下的救护或者救灾飞行除外。

第一百四十九条 组织实施作业飞行时，应当采取有效措施，保证飞行安全，保护环境和生态平衡，防止对环境、居民、作物或者牲畜等造成损害。

第一百五十条 从事通用航空活动的，应当投保地面第三人责任险。

第十一章 搜寻援救和事故调查

第一百五十一条 民用航空器遇到紧急情况时，应当发送信号，并向空中交通管制单位报告，提出援救请求；空中交通管制单位应当立即通知搜寻援救协调中心。民用航空器在海上遇到紧急情况时，还应当向船舶和国家海上搜寻援救组织发送信号。

第一百五十二条 发现民用航空器遇到紧急情况或者收听到民用航空器遇到紧急情况的信号的单位或者个人，应当立即通知有关的搜寻援救协调中心、海上搜寻援救组织或者当地人民政府。

第一百五十三条 收到通知的搜寻援救协调中心、地方人民政府和海上搜寻援救组织，应当立即组织搜寻援救。

收到通知的搜寻援救协调中心，应当设法将已经采取的搜寻援救措施通知遇到紧急情况的民用航空器。

搜寻援救民用航空器的具体办法，由国务院规定。

第一百五十四条 执行搜寻援救任务的单位或者个人，应当尽力抢救民用航空器所载人员，按照规定对民用航空器采取抢救措施并保护现场，保存证据。

第一百五十五条 民用航空器事故的当事人以及有关人员在接受调查时，应当如实提供现场情况和与事故有关的情节。

第一百五十六条 民用航空器事故调查的组织和程序，由国务院规定。

第十二章 对地面第三人损害的赔偿责任

第一百五十七条 因飞行中的民用航空器或者从飞行中的民用航空器上落下的人或者物，造成地面（包括水面，下同）上的人身伤亡或者财产损害的，受害人有权获得赔偿；但是，所受损害并非造成损害的事故的直接后果，或者所受损害仅是民用航空器依照国家有关的空中交通规则在空中通过造成的，受害人无权要求赔偿。

前款所称飞行中，是指自民用航空器为实际起飞而使用动力时起至着陆冲程终了时止；就轻于空气的民用航空器而言，飞行中是指自其离开地面时起至其重新着地时止。

第一百五十八条 本法第一百五十七条规定的赔偿责任，由民用航空器的经营人承担。

前款所称经营人，是指损害发生时使用民用航空器的人。民用航空器的使用权已经直接或者间接地授予他人，本人保留对该民用航空器的航行控制权的，本人仍被视为经营人。

经营人的受雇人、代理人在受雇、代理过程中使用民用航空器，无论是否在其受雇、代理范围内行事，均视为经营人使用民用航空器。

民用航空器登记的所有人应当被视为经营人，并承担经营人的责任；除非在判定其责任的诉讼中，所有人证明经营人是他人，并在法律程序许可的范围内采取适当措施使该人成为诉讼当事人之一。

第一百五十九条 未经对民用航空器有航行控制权的人同意而使用民用航空器，对地面第三人造成损害的，有航行控制权的人除证明本人已经适当注意防止此种使用外，应当与该非法使用人承担连带责任。

第一百六十条 损害是武装冲突或者骚乱的直接后果，依照本章规定应当承担责任的人不承担责任。

依照本章规定应当承担责任的人对民用航空器的使用权业经国家机关依法剥夺的，不承担责任。

第一百六十一条 依照本章规定应当承担责任的人证明损害是完全由于受害人或者其受雇人、代理人的过错造成的，免除其赔偿责任；应当承担责任的人证明损害是部分由于受害人或者其受雇人、代理人的过错造成的，相应减轻其赔偿责任。但是，损害是由于受害人的受雇人、代理人的过错造成时，受害人证明其受雇人、代理的行为超出其所授权的范围的,不免除或者不减轻应当承担责任的人的赔偿责任。

一人对另一人的死亡或者伤害提起诉讼,请求赔偿时,损害是该另一人或者其受雇人、代理人的过错造成的,适用前款规定。

第一百六十二条 两个以上的民用航空器在飞行中相撞或者相扰,造成本法第一百五十七条规定的应当赔偿的损害,或者两个以上的民用航空器共同造成此种损害的,各有关民用航空器均应当被认为已经造成此种损害,各有关民用航空器的经营人均应当承担责任。

第一百六十三条 本法第一百五十八条第四款和第一百五十九条规定的人,享有依照本章规定经营人所能援用的抗辩权。

第一百六十四条 除本章有明确规定外,经营人、所有人和本法第一百五十九条规定的应当承担责任的人,以及他们的受雇人、代理人,对于飞行中的民用航空器或者从飞行中的民用航空器上落下的人或者物造成的地面上的损害不承担责任,但是故意造成此种损害的人除外。

第一百六十五条 本章不妨碍依照本章规定应当对损害承担责任的人向他人追偿的权利。

第一百六十六条 民用航空器的经营人应当投保地面第三人责任险或者取得相应的责任担保。

第一百六十七条 保险人和担保人除享有与经营人相同的抗辩权,以及对伪造证件进行抗辩的权利外,对依照本章规定提出的赔偿请求只能进行下列抗辩:

(一)损害发生在保险或者担保终止有效后;然而保险或者担保在飞行中期满的,该项保险或者担保在飞行计划中所载下一次降落前继续有效,但是不得超过二十四小时;

(二)损害发生在保险或者担保所指定的地区范围外,除非飞行超出该范围是由于不可抗力、援助他人所必需,或者驾驶、航行或者领航上的差错造成的。

前款关于保险或者担保继续有效的规定,只在对受害人有利时适用。

第一百六十八条 仅在下列情形下,受害人可以直接对保险人或者担保人提起诉讼,但是不妨碍受害人根据有关保险合同或者担保合同的法律规定提起直接诉讼的权利:

(一)根据本法第一百六十七条第(一)项、第(二)项规定,保险或者担保继续有效的;

(二)经营人破产的。

除本法第一百六十七条第一款规定的抗辩权,保险人或者担保人对受害人依照本章规定提起的直接诉讼不得以保险或者担保的无效或者追溯力终止为由进行抗辩。

第一百六十九条 依照本法第一百六十六条规定提供的保险或者担保,应当被专门指定优先支付本章规定的赔偿。

第一百七十条 保险人应当支付给经营人的款项,在本章规定的第三人的赔偿请求未满足前,不受经营人的债权人的扣留和处理。

第一百七十一条 地面第三人损害赔偿的诉讼时效期间为二年,自损害发生之日起计算;但是,在任何情况下,时效期间不得超过自损害发生之日起三年。

第一百七十二条 本章规定不适用于下列损害:

(一)对飞行中的民用航空器或者对该航空器上的人或者物造成的损害;

(二)为受害人同经营人或者同发生损害时对民用航空器有使用权的人订立的合同所约束,或者为适用两方之间的劳动合同的法律有关职工赔偿的规定所约束的损害;

(三)核损害。

第十三章 对外国民用航空器的特别规定

第一百七十三条 外国人经营的外国民用航空器,在中华人民共和国境内从事民用航空活动,适用本章规定;本章没有规定的,适用本法其他有关规定。

第一百七十四条 外国民用航空器根据其国籍登记国政府与中华人民共和国政府签订的协定、协议的规定,或者经中华人民共和国国务院民用航空主管部门批准或者接受,方可飞入、飞出中华人民共和国领空和在中华人民共和国境内飞行、降落。

对不符合前款规定,擅自飞入、飞出中华人民共和国领空的外国民用航空器,中华人民共和国有关机关有权采取必要措施,令其在指定的机场降落;对虽然符合前款规定,但是有合理的根据认为需要对其进行检查的,有关机关有权令其在指定的机场降落。

第一百七十五条 外国民用航空器飞入中华人民共和国领空,其经营人应当提供有关证明书,证明其已经投保地面第三人责任险或者已经取得相应的责任担保;其经营人未提供有关证明书的,中华人民共和国国务院民用航空主管部门有权拒绝其飞入中华人民共和国领空。

第一百七十六条 外国民用航空器的经营人经其本国政府指定,并取得中华人民共和国国务院民用航空主管部门颁发的经营许可证,方可经营中华人民共和国政府与该外国政府签订的协定、协议规定的国际航班运输；外国民用航空器的经营人经其本国政府批准，并获得中华人民共和国国务院民用航空主管部门批准，方可经营中华人民共和国境内一地和境外一地之间的不定期航空运输。

前款规定的外国民用航空器经营人，应当依照中华人民共和国法律、行政法规的规定，制定相应的安全保卫方案，报中华人民共和国国务院民用航空主管部门备案。

第一百七十七条 外国民用航空器的经营人，不得经营中华人民共和国境内两点之间的航空运输。

第一百七十八条 外国民用航空器，应当按照中华人民共和国国务院民用航空主管部门批准的班期时刻或者飞行计划飞行；变更班期时刻或者飞行计划的，其经营人应当获得中华人民共和国国务院民用航空主管部门的批准；因故变更或者取消飞行的，其经营人应当及时报告中华人民共和国国务院民用航空主管部门。

第一百七十九条 外国民用航空器应当在中华人民共和国国务院民用航空主管部门指定的设关机场起飞或者降落。

第一百八十条 中华人民共和国国务院民用航空主管部门和其他主管机关，有权在外国民用航空器降落或者飞出时查验本法第九十条规定的文件。

外国民用航空器及其所载人员、行李、货物，应当接受中华人民共和国有关主管机关依法实施的入境出境、海关、检疫等检查。

实施前两款规定的查验、检查，应当避免不必要的延误。

第一百八十一条 外国民用航空器国籍登记国发给或者核准的民用航空器适航证书、机组人员合格证书和执照，中华人民共和国政府承认其有效；但是，发给或者核准此项证书或者执照的要求，应当等于或者高于国际民用航空组织制定的最低标准。

第一百八十二条 外国民用航空器在中华人民共和国搜寻援救区内遇险，其所有人或者国籍登记国参加搜寻援救工作，应当经中华人民共和国国务院民用航空主管部门批准或者按照两国政府协议进行。

第一百八十三条 外国民用航空器在中华人民共和国境内发生事故，其国籍登记国和其他有关国家可以指派观察员参加事故调查。事故调查报告和调查结果，由中华人民共和国国务院民用航空主管部门告知该外国民用航空器的国籍登记国和其他有关国家。

第十四章 涉外关系的法律适用

第一百八十四条 中华人民共和国缔结或者参加的国际条约同本法有不同规定的，适用国际条约的规定；但是，中华人民共和国声明保留的条款除外。

中华人民共和国法律和中华人民共和国缔结或者参加的国际条约没有规定的，可以适用国际惯例。

第一百八十五条 民用航空器所有权的取得、转让和消灭，适用民用航空器国籍登记国法律。

第一百八十六条 民用航空器抵押权适用民用航空器国籍登记国法律。

第一百八十七条 民用航空器优先权适用受理案件的法院所在地法律。

第一百八十八条 民用航空运输合同当事人可以选择合同适用的法律，但是法律另有规定的除外；合同当事人没有选择的，适用与合同有最密切联系的国家的法律。

第一百八十九条 民用航空器对地面第三人的损害赔偿，适用侵权行为地法律。

民用航空器在公海上空对水面第三人的损害赔偿，适用受理案件的法院所在地法律。

第一百九十条 依照本章规定适用外国法律或者国际惯例，不得违背中华人民共和国的社会公共利益。

第十五章 法律责任

第一百九十一条 以暴力、胁迫或者其他方法劫持航空器的，依照刑法有关规定追究刑事责任。

第一百九十二条 对飞行中的民用航空器上的人员使用暴力，危及飞行安全的，依照刑法有关规定追究刑事责任。

第一百九十三条 违反本法规定，隐匿携带炸药、雷管或者其他危险品乘坐民用航空器，或者以非危险品品名托运危险品的，依照刑法有关规定追究刑事责任。

企业事业单位犯前款罪的，判处罚金，并对直接负责的主管人员和其他直接责任人员依照前款规定追究刑事责任。

隐匿携带枪支子弹、管制刀具乘坐民用航空器的，依照刑法有关规定追究刑事责任。

第一百九十四条 公共航空运输企业违反本法第一百零一条的规定运输危险品的，由国务院民用航空主管部门没收违法所得，可以并处违法所得一倍以下的罚款。

公共航空运输企业有前款行为，导致发生重大事故的，没收违法所得，判处罚金；并对直接负责的主管人员和其他直接责任人员依照刑法有关规定追究刑事责任。

第一百九十五条 故意在使用中的民用航空器上放置危险品或者唆使他人放置危险品,足以毁坏该民用航空器,危及飞行安全的,依照刑法有关规定追究刑事责任。

第一百九十六条 故意传递虚假情报,扰乱正常飞行秩序,使公私财产遭受重大损失的,依照刑法有关规定追究刑事责任。

第一百九十七条 盗窃或者故意损毁、移动使用中的航行设施,危及飞行安全,足以使民用航空器发生坠落、毁坏危险的,依照刑法有关规定追究刑事责任。

第一百九十八条 聚众扰乱民用机场秩序的,依照刑法有关规定追究刑事责任。

第一百九十九条 航空人员玩忽职守,或者违反规章制度,导致发生重大飞行事故,造成严重后果的,依照刑法有关规定追究刑事责任。

第二百条 违反本法规定,尚不够刑事处罚,应当给予治安管理处罚的,依照治安管理处罚法的规定处罚。

第二百零一条 违反本法第三十七条的规定,民用航空器无适航证书而飞行,或者租用的外国民用航空器未经国务院民用航空主管部门对其原国籍登记国发给的适航证书审查认可或者另发适航证书而飞行的,由国务院民用航空主管部门责令停止飞行,没收违法所得,可以并处违法所得一倍以上五倍以下的罚款;没有违法所得的,处以十万元以上一百万元以下的罚款。

适航证书失效或者超过适航证书规定范围飞行的,依照前款规定处罚。

第二百零二条 违反本法第三十四条、第三十六条第二款的规定,将未取得型号合格证书、型号认可证书的民用航空器及其发动机、螺旋桨或者民用航空器上的设备投入生产的,由国务院民用航空主管部门责令停止生产,没收违法所得,可以并处违法所得一倍以下的罚款;没有违法所得的,处以五万元以上五十万元以下的罚款。

第二百零三条 违反本法第三十五条的规定,未取得生产许可证书、维修许可证书而从事生产、维修活动的,违反本法第九十二条、第一百四十七条第二款的规定,未取得公共航空运输经营许可证或者通用航空经营许可证而从事公共航空运输或者从事经营性通用航空的,国务院民用航空主管部门可以责令停止生产、维修或者经营活动。

第二百零四条 已取得本法第三十五条规定的生产许可证书、维修许可证书的企业,因生产、维修的质量问题造成严重事故的,国务院民用航空主管部门可以吊销其生产许可证书或者维修许可证书。

第二百零五条 违反本法第四十条的规定,未取得航空人员执照、体格检查合格证书而从事相应的民用航空活动的,由国务院民用航空主管部门责令停止民用航空活动,在国务院民用航空主管部门规定的限期内不得申领有关执照和证书,对其所在单位处以二十万元以下的罚款。

第二百零六条 有下列违法情形之一的,由国务院民用航空主管部门对民用航空器的机长给予警告或者吊扣执照一个月至六个月的处罚,情节较重的,可以给予吊销执照的处罚:

(一)机长违反本法第四十五条第一款的规定,未对民用航空器实施检查而起飞的;

(二)民用航空器违反本法第七十五条的规定,未按照空中交通管制单位指定的航路和飞行高度飞行,或者违反本法第七十九条的规定飞越城市上空的。

第二百零七条 违反本法第七十四条的规定,民用航空器未经空中交通管制单位许可进行飞行活动的,由国务院民用航空主管部门责令停止飞行,对该民用航空器所有人或者承租人处以一万元以上十万元以下的罚款;对该民用航空器的机长给予警告或者吊扣执照一个月至六个月的处罚,情节较重的,可以给予吊销执照的处罚。

第二百零八条 民用航空器的机长或者机组其他人员有下列行为之一的,由国务院民用航空主管部门给予警告或者吊扣执照一个月至六个月的处罚;有第(二)项或者第(三)项所列行为的,可以给予吊销执照的处罚:

(一)在执行飞行任务时,不按照本法第四十一条的规定携带执照和体格检查合格证书的;

(二)民用航空器遇险时,违反本法第四十八条的规定离开民用航空器的;

(三)违反本法第七十七条第二款的规定执行飞行任务的。

第二百零九条 违反本法第八十条的规定,民用航空器在飞行中投掷物品的,由国务院民用航空主管部门给予警告,可以对直接责任人员处以二千元以上二万元以下的罚款。

第二百一十条 违反本法第六十二条的规定,未取得机场使用许可证开放使用民用机场的,由国务院民用航空主管部门责令停止开放使用;没收违法所得,可以并处违法所得一倍以下的罚款。

第二百一十一条 公共航空运输企业、通用航空企业违反本法规定,情节较重的,除依照本法规定处罚外,国务院民用航空主管部门可以吊销其经营许可证。

从事非经营性通用航空未向国务院民用航空主管部门备案的,由国务院民用航空主管部门责令改正;逾期未改正的,处三万元以下罚款。

第二百一十二条 国务院民用航空主管部门和地区民用航空管理机构的工作人员,玩忽职守、滥用职权、徇私舞弊,构成犯罪的,依法追究刑事责任;尚不构成犯罪的,依法给予行政处分。

第十六章 附 则

第二百一十三条 本法所称计算单位,是指国际货币基金组织规定的特别提款权;其人民币数额为法院判决之日、仲裁机构裁决之日或者当事人协议之日,按照国家外汇主管机关规定的国际货币基金组织的特别提款权对人民币的换算办法计算得出的人民币数额。

第二百一十四条 国务院、中央军事委员会对无人驾驶航空器的管理另有规定的,从其规定。

第二百一十五条 本法自1996年3月1日起施行。

民用航空安全管理规定

· 2018年2月13日交通运输部令2018年第3号公布
· 自2018年3月16日起施行

第一章 总 则

第一条 为了实施系统、有效的民用航空安全管理,保证民用航空安全、正常运行,依据《中华人民共和国民用航空法》《中华人民共和国安全生产法》等国家有关法律、行政法规,制定本规定。

第二条 本规定适用于中华人民共和国领域内民用航空生产经营活动的安全管理。

第三条 民用航空安全管理应当坚持安全第一、预防为主、综合治理的工作方针。

第四条 中国民用航空局(以下简称民航局)对全国民用航空安全实施统一监督管理。中国民用航空地区管理局(以下简称民航地区管理局)对辖区内的民用航空安全实施监督管理。

民航局和民航地区管理局,以下统称民航行政机关。

第二章 安全管理要求

第一节 安全管理体系

第五条 民航生产经营单位应当依法建立并运行有效的安全管理体系。相关规定中未明确要求建立安全管理体系的,应当建立等效的安全管理机制。

第六条 安全管理体系应当至少包括以下四个组成部分共计十二项要素:

(一)安全政策和目标,包括:
1. 安全管理承诺与责任;
2. 安全问责制;
3. 任命关键的安全人员;
4. 应急预案的协调;
5. 安全管理体系文件。

(二)安全风险管理,包括:
1. 危险源识别;
2. 安全风险评估与缓解措施。

(三)安全保证,包括:
1. 安全绩效监测与评估;
2. 变更管理;
3. 持续改进。

(四)安全促进,包括:
1. 培训与教育;
2. 安全交流。

第七条 安全管理体系、等效的安全管理机制至少应当具备以下功能:

(一)查明危险源及评估相关风险;

(二)制定并实施必要的预防和纠正措施以保持可接受的安全绩效水平;

(三)持续监测与定期评估安全管理活动的适宜性和有效性。

第八条 民航生产经营单位的安全管理体系应当依法经民航行政机关审定。等效的安全管理机制应当报民航地区管理局或者其授权的机构备案。

第九条 民航生产经营单位应当建立安全管理体系、等效的安全管理机制的持续完善制度,以确保其持续满足相关要求,且工作绩效满足安全管理相关要求。

第十条 民航生产经营单位安全管理体系或者等效的安全管理机制的运行应当接受民航行政机关的持续监督,以确保其有效性。

第二节 安全绩效管理

第十一条 民航生产经营单位应当实施安全绩效管理,并接受民航行政机关的监督。

第十二条 民航生产经营单位应当建立与本单位运行类型、规模和复杂程度相适应的安全绩效指标,以监测生产运行风险。

第十三条 民航生产经营单位应当依据民航局制定

的年度行业安全目标制定本单位安全绩效目标。安全绩效目标应当等于或者优于行业安全目标。

第十四条 民航生产经营单位应当根据安全绩效目标制定行动计划，并报所在辖区民航地区管理局备案。

第十五条 民航生产经营单位应当对实际安全绩效实施持续监测，按需要调整行动计划以确保实现安全绩效目标。

第十六条 民航生产经营单位应当在每年7月15日前及次年1月15日前分别将半年和全年安全绩效统计分析报告报所在辖区民航地区管理局备案。

第三节 安全管理制度

第十七条 民航生产经营单位应当依法建立安全生产管理机构或者配备安全生产管理人员，满足安全管理的所有岗位要求。

第十八条 民航生产经营单位应当保证本单位安全生产投入的有效实施，以具备国家有关法律、行政法规和规章规定的安全生产条件。安全生产投入至少应当包括以下方面：

（一）制定完备的安全生产规章制度和操作规程；

（二）从业人员安全教育和培训；

（三）安全设施、设备、工艺符合有关安全生产法律、行政法规、标准和规章的要求；

（四）安全生产检查与评价；

（五）重大危险源、重大安全隐患的评估、整改、监控；

（六）安全生产突发事件应急预案、应急组织、应急演练，配备必要的应急器材、设备；

（七）满足法律、行政法规和规章规定的与安全生产直接相关的其他要求。

第十九条 民航生产经营单位应当建立安全检查制度和程序，定期开展安全检查。

第二十条 民航生产经营单位应当建立安全隐患排查治理制度和程序，及时发现、消除安全隐患。

第二十一条 民航生产经营单位应当建立内部审核、内部评估制度和程序，定期对安全管理体系或者等效的安全管理机制的实施情况进行评审。

第二十二条 民航生产经营单位应当建立安全培训和考核制度，培训和考核的内容应当与岗位安全职责相适应。

第二十三条 民航生产经营单位应当建立应急处置机制，制定统一管理、综合协调的安全生产突发事件应急预案。

第四节 人员培训

第二十四条 民航生产经营单位的主要负责人、分管安全生产的负责人和安全管理人员应当按规定完成必需的安全管理培训，并定期参加复训。

第二十五条 民航生产经营单位应当针对生产运行相关岗位人员制定安全培训大纲和年度安全培训计划，其内容和质量应当满足相应的要求。

第二十六条 民航生产经营单位应当组织开展安全培训，建立培训档案，定期组织复训和考核。未经安全教育和培训，或者经教育和培训后考核不合格的人员，不得上岗作业。

第二十七条 民航生产经营单位应当对安全培训质量实行监督，确保培训目的、内容和质量满足相关要求。

第五节 事故和事故征候处理

第二十八条 发生事故或者事故征候的民航生产经营单位应当依法及时报告。

第二十九条 与事故或者事故征候有关的民航生产经营单位，应当依法封存、妥善保管并提供有关资料，保护事发现场，积极配合事故和事故征候调查。

第三十条 发生事故或者事故征候的民航生产经营单位，应当依据调查结果，查找系统缺陷，制定纠正措施，预防事故或者事故征候再次发生。

第三章 安全数据和安全信息的利用

第一节 行业安全数据和安全信息管理

第三十一条 民航局建立安全数据收集和处理系统，并实现安全数据整合或者互访功能。

第三十二条 民航局建立基于安全信息分析的安全项目工作机制，包括但不限于以下内容：

（一）开展行业安全信息分析，确定重点风险领域，提出民用航空安全项目建议；

（二）组建民用航空安全咨询专家组，系统研究并提出风险控制方案；

（三）对风险控制措施的实施及效果进行持续监控。

第三十三条 安全数据和安全信息应当用于调查事故或者事故征候原因，提出安全建议，预防事故或者事故征候发生。

第三十四条 安全数据和安全信息保护的条件和范围另行规定。

第三十五条 民航局建立安全信息交流、发布的机制和程序。

第三十六条 安全信息的发布应当遵循以下原则：

（一）对调整安全管理政策、规章和措施是必要的；
（二）不影响信息报告的积极性；
（三）隐去识别信息，一般采用概述或者综述的形式。

第二节　民航生产经营单位安全数据利用

第三十七条　民航生产经营单位应当根据本单位运行类型、规模和复杂程度，以及相应的安全管理需求，建立适宜的安全数据收集和处理系统。

第三十八条　民航生产经营单位应当充分利用收集的安全数据，开展安全现状分析和趋势预测，不得将安全数据用于除改进航空安全以外的其他任何目的。

第三十九条　安全数据的来源包括但不限于以下渠道：
（一）安全报告，包括强制报告、自愿报告和举报等；
（二）事件调查；
（三）安全检查、审核和评估；
（四）航空器持续适航有关的报告；
（五）飞行品质监控。

第四章　安全监督管理

第一节　中国民航航空安全方案

第四十条　民航局编制和实施中国民航航空安全方案，以使民用航空安全绩效达到可接受的水平。

第四十一条　中国民航航空安全方案包括四个组成部分共计十一项要素。
（一）安全政策与目标，包括：
1. 安全立法框架；
2. 安全责任和问责制；
3. 事故和事故征候调查；
4. 执法政策。
（二）安全风险管理，包括：
1. 对民航生产经营单位安全管理体系的要求；
2. 对民航生产经营单位安全绩效的认可。
（三）安全保证，包括：
1. 安全监督；
2. 安全数据的收集、分析和交换；
3. 基于安全数据确定重点监管领域。
（四）安全促进，包括：
1. 内部培训、交流和发布信息；
2. 外部培训、交流和发布信息。

第四十二条　民航局制定行业可接受的安全绩效水平，包括安全绩效指标及其目标值、预警值，用于衡量并监测行业安全水平。

第四十三条　中国民航航空安全方案应当与民用航空活动规模和复杂性相一致。民航局负责对其适用性、有效性进行定期评估。

第二节　安全监管实施

第四十四条　民航局建立安全监管制度，保证安全监管全面、有效开展。安全监管制度包括：
（一）基本民用航空法律和法规。参与航空立法，以使安全监管活动得到充分的法律保障，实现依法治理。
（二）具体运行规章。依法制定行业运行规章，实现民用航空生产运行标准化、规范化管理，防范安全风险。
（三）安全监管机构、人员及职能。建立与民用航空运行规模和复杂程度相适应的安全监管机构，协调有关部门配备数量足够的合格人员以及必要的财政经费，以保证安全监管职能得到有效履行、安全监管目标得以实现。
（四）监察员资质和培训。规定监察员最低资格要求，建立初始培训、复训以及培训记录制度。
（五）提供技术指导、工具及重要的安全信息。向监察员提供必要的监管工具、技术指导材料、关键安全信息，使其按规定程序有效履行安全监管职能；向行业提供执行相关规章的技术指导。
（六）颁发执照、合格审定、授权或者批准。通过制定并实施特定的程序，以确保从事民用航空活动的人员和单位只有在符合相关规章之后，方可从事执照、许可证、授权或者批准所包含的相关民用航空活动。
（七）监察。通过制定并实施持续的检查、审计和监测计划，对民用航空活动进行监察，确保航空执照、许可证、授权或者批准的持有人持续符合规章要求，其中包括对民航行政机关指定的代其履行安全监督职能的人员进行监察。
（八）解决安全问题。制定并使用规范的程序，用于采取包括强制措施在内的整改行动，以解决查明的安全问题；通过对整改情况的监测和记录，确保查明的安全问题得到及时解决。

第四十五条　民航局制定年度可接受的安全绩效水平，确定重点安全工作任务。民航局各职能部门制定下发行政检查大纲或者行政检查要求。民航地区管理局开展辖区民用航空运行安全监管工作。

第四十六条　民航局对民航生产经营单位安全管理体系或者等效的安全管理机制进行持续监督，以确保其运行的有效性。

第四十七条 民航行政机关依法综合运用多种监管手段强化民航生产经营单位的安全生产主体责任，加强安全隐患监督管理，预防事故发生。

第五章 法律责任

第四十八条 民航生产经营单位有下列行为之一的，由民航行政机关责令其限期改正；逾期未改正的，给予警告，并处一万元以上三万元以下的罚款：

（一）违反本规定第五条，未建立并运行安全管理体系或者等效的安全管理机制的；

（二）违反本规定第八条，建立的安全管理体系未经民航行政机关审定或者建立的等效的安全管理机制未备案的；

（三）违反本规定第九条，未建立安全管理体系或者等效的安全管理机制的持续完善制度的；

（四）违反本规定第十一条至第十三条，未开展安全绩效管理工作、未制定适宜的安全绩效指标或者安全绩效目标劣于行业安全目标的；

（五）违反本规定第十四条、第十五条，未制定行动计划、未按规定向所在辖区民航地区管理局备案行动计划、未实施安全绩效监测或者未按需要调整行动计划的；

（六）违反本规定第十六条，未按规定向所在辖区民航地区管理局备案安全绩效统计分析报告的；

（七）违反本规定第二十一条至第二十三条，未建立相关安全管理制度的；

（八）违反本规定第二十四条，民航生产经营单位主要负责人、分管安全生产的负责人和安全管理人员未按要求完成培训的；

（九）违反本规定第二十五条、第二十七条，未按要求制定安全培训大纲、年度安全培训计划或者未进行培训质量监督的；

（十）违反本规定第三十条，未按要求查找系统缺陷、制定预防与纠正措施的。

第四十九条 民航生产经营单位有下列行为之一的，依照《中华人民共和国安全生产法》第九十四条，由民航行政机关责令其限期改正，可以处五万元以下的罚款；逾期未改正的，责令停产停业整顿，并处五万元以上十万元以下的罚款，对其直接负责的主管人员和其他直接责任人员处一万元以上二万元以下的罚款：

（一）违反本规定第十七条，未依法建立安全生产管理机构或者配备安全生产管理人员的；

（二）违反本规定第二十六条，未按要求组织对相关人员进行安全生产培训的。

第五十条 民航生产经营单位安全生产所必需的资金投入不足，致使其不具备安全生产条件的，依照《中华人民共和国安全生产法》第九十条进行处罚。

第五十一条 民航生产经营单位违反本规定第二十条，未建立安全隐患排查治理制度或者未采取措施消除安全隐患的，由民航行政机关给予警告或者处一万元以上三万元以下的罚款。

第五十二条 民航生产经营单位违反本规定第二十九条，未依法妥善保护资料的，由民航行政机关给予警告或者处一万元以上三万元以下的罚款。

第五十三条 民航行政机关工作人员有滥用职权、玩忽职守行为的，由有关部门依法予以处分。

第五十四条 违反本规定，构成犯罪的，依法追究刑事责任。

第六章 附 则

第五十五条 对民航生产经营单位的行政处罚等处理措施及其执行情况记入守法信用信息记录，并按照有关规定进行公示。

第五十六条 本规定涉及相关定义如下：

（一）民航生产经营单位，是指在中华人民共和国境内依法设立的民用航空器经营人、飞行训练单位、维修单位、航空产品型号设计或者制造单位、空中交通管理运行单位、民用机场（包括军民合用机场民用部分）以及地面服务保障等单位。

（二）民航航空安全方案，是指旨在提高安全的一套完整的法律、行政法规、规章和活动。

（三）安全管理体系，是指管理安全的系统做法，包括必要的组织机构、问责制、政策和程序。

（四）安全绩效，是指安全管理体系的运行效果，用一套安全绩效指标衡量。

（五）安全绩效指标，是指用于监测和评估安全绩效的以数据为基础的参数。

（六）安全绩效目标，是指安全绩效指标在一个特定时期的计划或者预期目标。

（七）行动计划，是指为了保证安全目标的实现而确定的一系列活动及其实施计划。

（八）安全数据，是指为实现安全管理目的，用于识别危险源和安全缺陷，而从不同来源收集的事实或者数值。通常采取主动或者被动方式进行收集。包括但不限于：事故调查数据、不安全事件强制报告数据、自愿报告数据、持续适航报告数据、运行绩效监测数据、安全风险评估数据、审计结果或者报告数据、安全研究或者检查数据或者安全管理的任何其他监管数据。

（九）安全信息，是指用于安全管理共享、交换或者保存为目的的、经过处理和整理过的安全数据。

（十）可接受的安全绩效水平，是指以安全绩效目标和安全绩效指标表示的，按照中国民航航空安全方案中规定的，或者民航生产经营单位按照其安全管理体系中规定的安全绩效的最低水平。

第五十七条 本规定自2018年3月16日起施行。

国际航空运输价格管理规定

- 2020年10月9日交通运输部令2020年第19号公布
- 自2021年1月1日起施行

第一章 总 则

第一条 为了规范国际航空运输价格管理，促进航空运输市场健康发展，根据《中华人民共和国民用航空法》和有关法律、行政法规，制定本规定。

第二条 本规定所称国际航空运输价格（以下简称国际航空运价），是指公共航空运输企业经营中华人民共和国境内地点与境外地点间的定期航空运输业务时，运送旅客、货物的价格及其适用条件。

国际航空运价包括国际航空旅客运价和国际航空货物运价。

国际航空旅客运价包括旅客公布运价和旅客非公布运价，国际航空货物运价包括货物公布运价和货物非公布运价。

第三条 中国民用航空局（以下简称民航局）依职责统一负责国际航空运价监督管理工作。中国民用航空地区管理局（以下简称民航地区管理局）依职责负责对本辖区范围内的国际航空运价实施监督管理。

民航局和民航地区管理局统称为民航行政机关。

第四条 国际航空运价管理遵循规范、效能、对等的原则。

第二章 国际航空运价核准与备案

第五条 中华人民共和国政府与外国政府签订的航空运输协定或者协议中规定国际航空运价需要民航局核准的，公共航空运输企业应当将旅客公布运价中的旅客普通运价和货物公布运价中的普通货物运价向民航局提出核准申请，经核准同意后方可生效使用。

公共航空运输企业申请核准国际航空运价应当取得航线经营许可。

第六条 公共航空运输企业可以通过信函、传真、电子邮件等方式，向民航局提交国际航空运价核准申请材料。申请材料应当包括拟实施的国际航空运价种类、运价水平、适用条件及其他有关材料。

第七条 民航局根据下列情况决定是否受理公共航空运输企业的核准申请：

（一）所申请的国际航空运价不属于核准范围的，应当即时告知公共航空运输企业；

（二）申请材料不齐全或者不符合规定形式的，应当于收到申请材料之日起5个工作日内一次告知公共航空运输企业需要补正的内容，逾期不告知的，自收到申请材料之日起即为受理；

（三）所申请的国际航空运价属于核准范围，且申请材料齐全、符合规定形式的，或者公共航空运输企业已按照民航局要求提交全部补正申请材料的，应当予以受理。

第八条 民航局依据中华人民共和国政府与外国政府签订的航空运输协定或者协议，综合考虑经营成本、市场供求状况、社会承受能力和货币兑换率等因素，对公共航空运输企业申报的国际航空运价进行核准。

第九条 民航局自受理之日起20个工作日内作出核准或者不予核准的决定。

第十条 经核准的国际航空运价需要调整的，公共航空运输企业应当依照本规定第五条、第六条的规定向民航局提出核准申请。民航局依照本规定第七条至第九条的规定进行核准。

第十一条 中华人民共和国政府与外国政府签订的航空运输协定或者协议中规定国际航空运价需要报民航局备案的，公共航空运输企业应当就旅客公布运价中的旅客普通运价和货物公布运价中的普通货物运价报民航局备案。

公共航空运输企业备案国际航空运价应当取得航线经营许可。

第十二条 国际航空运价实行备案的，公共航空运输企业应当于国际航空运价生效之日起20个工作日内，通过信函、传真、电子邮件等方式，将国际航空运价种类、运价水平、适用条件及其他有关材料，报民航局备案。

第十三条 公共航空运输企业调整已备案的国际航空运价后，应当依照本规定第十一条、第十二条的规定重新报民航局备案。

第十四条 公共航空运输企业应当遵循公开、公平和诚实信用的原则，及时、准确、全面地公布旅客公布运价和货物公布运价的水平以及适用条件。

第三章　监督管理及法律责任

第十五条　民航局定期发布、更新国际航空运价适用核准、备案管理的国家目录。

第十六条　民航行政机关应当建立监督管理机制，对国际航空运价核准、备案活动依法进行监督管理。

第十七条　民航行政机关进行国际航空运价监督管理时，可以依法采取下列措施：

（一）进入公共航空运输企业、销售代理企业的经营场所进行检查；

（二）询问当事人或者有关人员，要求其说明有关情况或者提供与国际航空运价有关的资料；

（三）查询、复制有关账簿、单据、凭证、文件以及与国际航空运价有关的其他资料。

第十八条　公共航空运输企业及其销售代理企业应当接受和配合民航行政机关依法开展的监督管理，如实提供有关资料或者情况。

第十九条　民航行政机关实施监督管理，应当遵守相关法律、法规、规章的规定，对调查过程中知悉的商业秘密负有保密义务。

第二十条　公共航空运输企业、销售代理企业不得从事下列行为：

（一）应当核准的国际航空运价未经民航局核准而实施的；

（二）在核准生效日期前实施国际航空运价；

（三）应当备案的国际航空运价未报民航局备案；

（四）未按照已核准或者已备案的价格水平及适用条件实施国际航空运价；

（五）拒绝提供监督管理所需资料或者提供虚假资料。

第二十一条　公共航空运输企业有本规定第二十条第一项至第三项所列行为之一且造成严重后果的，依法记入民航行业严重失信行为信用记录。

公共航空运输企业、销售代理企业有本规定第二十条第四项或者第五项所列行为之一的，依法记入民航行业严重失信行为信用记录。

第二十二条　公共航空运输企业有本规定第二十条第一项至第三项所列行为之一的，由民航行政机关责令改正，处1万元以上2万元以下的罚款；情节严重的，处2万元以上3万元以下的罚款。

第二十三条　公共航空运输企业、销售代理企业有本规定第二十条第四项或者第五项所列行为之一的，由民航行政机关责令改正，处2万元以上3万元以下的罚款。

公共航空运输企业、销售代理企业有本规定第二十条第四项规定的行为，构成《中华人民共和国价格法》规定的不正当价格行为的，依照价格法律、行政法规的规定执行。

第四章　附　则

第二十四条　本规定所用的术语和定义如下：

（一）旅客公布运价，是指公共航空运输企业对公众公开发布和销售的旅客运价，包括旅客普通运价和旅客特种运价。

旅客普通运价，是指适用于头等舱、公务舱和经济舱等舱位等级的最高运价。

旅客特种运价，是指除旅客普通运价以外的其他旅客公布运价。

（二）旅客非公布运价，是指公共航空运输企业根据与特定组织或者个人签订的协议，有选择性地提供给对方，而不对公众公开发布和销售的旅客运价。

（三）货物公布运价，是指公共航空运输企业对公众公开发布和销售的货物运价，包括普通货物运价、等级货物运价、指定商品运价和集装货物运价。

普通货物运价，是指在始发地与目的地之间运输货物时，根据货物的重量或者体积计收的基准运价。

等级货物运价，是指适用于某一区域内或者两个区域之间运输某些特定货物时，在普通货物运价基础上附加或者附减一定百分比的运价。

指定商品运价，是指适用于自指定始发地至指定目的地之间运输某些具有特定品名编号货物的运价。

集装货物运价，是指适用于自始发地至目的地使用集装设备运输货物的运价。

（四）货物非公布运价，是指公共航空运输企业根据与特定组织或者个人签订的协议，有选择性地提供给对方，而不对公众公开发布和销售的货物运价。

第二十五条　本规定自2021年1月1日起施行。

定期国际航空运输管理规定

· 2017年5月26日交通运输部令第24号公布
· 根据2018年10月22日《交通运输部关于修改〈定期国际航空运输管理规定〉的决定》第一次修订
· 根据2019年10月21日《交通运输部关于修改〈定期国际航空运输管理规定〉的决定》第二次修订

第一条　为了维护国家的航空权益，促进国际航空运输安全、健康、有秩序地发展，根据《中华人民共和国民用航空法》和国家其他有关法律、行政法规的规定，制定本规定。

第二条 本规定适用于在中华人民共和国境内设立的公共航空运输企业（以下简称空运企业）经营定期旅客、行李、货物、邮件的国际航空运输（以下称国际航班）。

第三条 申请国际航线经营许可的空运企业，应当具备以下条件：

（一）已按照《公共航空运输企业经营许可规定》申请增加了国际航班经营范围；

（二）具备与经营该国际航线相适应的民用航空器、人员和保险；

（三）航班计划和航权使用率符合规定；

（四）近两年公司责任原因运输航空事故征候率年平均值未连续超过同期行业水平；

（五）守法信用信息记录中没有严重违法行为记录；

（六）符合航班正常、服务质量管理的有关规定；

（七）符合法律、行政法规规定的其他条件。

初次申请国际航线经营许可的，还应具有与经营国际航班相适应的专业技术人员和主要管理人员、相应的经营国际航班的管理制度。

第四条 申请国际航线经营许可的空运企业（以下简称申请人），应当向民航局提交书面申请以及下列材料：

（一）公共航空运输企业经营许可证；

（二）最近一年内的航空运输业务经营情况及证明材料；

（三）与经营该国际航线相适应的民用航空器的情况；

（四）投保飞机机身险、机身战争险和法定责任险的保险证明文件；

（五）可行性研究报告；

（六）经营该国际航线的航班计划、拟飞行航路、班期、运力安排，以及始发站、经停站、目的站国际机场和备降国际机场的资料；

（七）申请人所使用的国际机场具备其通航所用机型相适应的条件和具备国际标准的安保措施等证明材料；

（八）确保航权能够有效执行的说明及近两年航权使用率情况；

（九）符合我国与外国政府签订的航空运输协定的代码共享航班计划的说明；

（十）其他必要的资料。

初次申请国际航线经营许可的，还应当提供与经营国际航班相适应的专业技术人员和主要管理人员情况、有关管理制度等证明材料。

第五条 民航局对申请人的申请，除按本规定第三条规定审核外，还应当考虑以下因素：

（一）符合我国与外国政府签订的航空运输协定；

（二）符合我国国家发展战略和国际航线总体规划；

（三）对于航权开放的国家或者航线，民航局根据本条第（一）项、第（二）项制定目录，目录内的航线不限定指定承运人、运营航线、运营班次及运力安排。对于其他航线，应当符合民航局有关国际航权和航班管理办法。

第六条 申请人应当在计划开航之日45日前，向民航局提交申请材料。申请材料不齐全或者不符合法定形式的，民航局在接收该申请材料时或者在5日内一次告知申请人需要补正的全部内容，逾期不告知的，自收到申请材料之日起即为受理。

申请材料齐全、符合法定形式，或者申请人按照民航局要求提交全部补正申请材料的，应当受理申请。

第七条 民航局应当自受理申请之日起二十日内作出批准或者不予批准的书面决定。二十日内不能作出决定的，经民航局负责人批准，可以延长十日，并应当将延长期限的理由告知申请人。

第八条 民航局应当公开国际航线航权分配原则，并公示申请人申请开通国际航线的信息，公示期不少于5日。利害关系人有异议的，可以在公示期内提出，由民航局按照相关法规、规定予以处理。民航局作出的准予国际航线经营许可的决定，应当予以公开，供社会公众查阅。

第九条 空运企业需要调整或补充航班计划的，按照民航局有关国际航权和航班管理办法办理。

第十条 申请人取得国际航线经营许可后，应当于国际航线经营许可颁发之日起一年内开通航线，并自开航之日起连续正常运营不少于三个月。

申请人因自身原因不能按期开航的，可向民航局申请延长，延期最多不超过三个月。三个月后仍不能开航的，自延期期满之日起该国际航线经营许可失效，民航局将依法予以注销。

第十一条 空运企业应当主动归还不能完全使用的航权。暂停或终止经营国际航线的，应当在计划暂停之日三十日前、或终止之日六十日前向民航局提出申请。因不可抗力原因暂停或终止经营国际航线的除外。

第十二条　空运企业暂停或终止经营国际航线,应当符合航空运输宏观调控政策,并向民航局提交以下材料:

(一)暂停或终止申请书,并说明原因;

(二)消费者权益保护方案。

第十三条　民航局在收到空运企业暂停或终止经营国际航线申请之日起二十日内,作出批准或者不予批准的决定。

暂停国际航线的期限不得超过一个航季。空运企业逾期不能复航的,自暂停期满之日起该国际航线经营许可失效,民航局将依法予以注销。

第十四条　民航局根据各空运企业现有航线的实际经营情况,保留航权使用充分的航空公司经营权利。对于未有效执行的航权,民航局将予以收回。

航空公司连续两个航季未执行的航线经营许可将自动失效,民航局将依法予以注销。

第十五条　国际航线经营许可不得转让、买卖和交换。

第十六条　经营国际航班的空运企业,应当遵守我国政府与外国政府签订的航空运输协定以及我国有关法律、法规、规章和民航局有关规定。

第十七条　民航局和民航地区管理局依法对空运企业的国际航班运营情况进行监督检查。

民航局和民航地区管理局实施监督检查可以采取查阅文件或者要求空运企业报送材料的方式,也可以进行现场检查。

第十八条　空运企业不能持续符合国际航线经营许可条件的,不得从事国际航线经营许可相关的国际航空运输活动。

第十九条　对已经依法取得国际航线经营许可和国际航班经营范围的空运企业,民航局或民航地区管理局发现其不再具备安全生产条件的,由民航局撤销有关国际航线经营许可,直至撤销国际航班经营范围。

第二十条　空运企业有下列情形之一的,由民航局或民航地区管理局责令改正,给予警告;情节严重的,处一万元以上三万元以下罚款:

(一)违反本规定第十一条,未经批准擅自暂停或终止国际航线运营的;

(二)违反本规定第十五条,擅自转让、买卖和交换国际航线经营许可的;

(三)违反本规定第十八条,不符合许可条件仍继续从事有关国际航空运输活动的。

第二十一条　空运企业隐瞒有关情况或者提供虚假材料申请国际航线经营许可的,民航局不予受理或者不予许可,并给予警告;空运企业在一年内不得再次申请该许可。

第二十二条　空运企业以欺骗、贿赂等不正当手段取得国际航线经营许可的,由民航局撤销该项许可,给予警告,并处三万元以下罚款,该申请人自被撤销许可之日起三年内不得重新申报;构成犯罪的,依法追究刑事责任。

第二十三条　对空运企业的撤销许可、行政处罚、行政强制等处理措施及其执行情况记入守法信用信息记录,并按照有关规定进行公开。

第二十四条　本规定中实施行政许可的期限以工作日计算,不含法定节假日。

第二十五条　空运企业经营至中华人民共和国香港特别行政区、澳门特别行政区和台湾地区的定期旅客、行李、货物、邮件的航空运输,参照本规定执行。

第二十六条　本规定自2017年7月1日起施行。1993年7月29日施行的《定期国际航空运输管理规定》(民航总局令第36号)同时废止。

运输机场使用许可规定

· 2018年8月31日交通运输部公布
· 根据2019年10月21日交通运输部《关于修改〈运输机场使用许可规定〉的决定》第一次修正
· 根据2022年6月12日交通运输部《关于修改〈运输机场使用许可规定〉的决定》第二次修正

第一章　总　则

第一条　为了规范运输机场使用许可工作,保障运输机场安全、正常运行,根据《中华人民共和国民用航空法》、《中华人民共和国安全生产法》、《中华人民共和国行政许可法》、《民用机场管理条例》和其他有关法律、行政法规,制定本规定。

第二条　本规定适用于运输机场(含军民合用机场民用部分,以下简称机场)的使用许可及其相关活动管理。

第三条　机场实行使用许可制度。机场管理机构取得机场使用许可证后,机场方可开放使用。

机场管理机构是指依法组建的或者受委托的负责机场安全和运营管理的具有法人资格的机构。

机场管理机构应当按照机场使用许可证规定的范围使用机场。

机场使用许可证在未被吊销、撤销、注销等情况下，持续有效。

第四条 中国民用航空局(以下简称民航局)负责对全国范围内的机场使用许可及其相关活动实施统一监督管理；负责飞行区指标为 4F 的机场使用许可审批工作。

第五条 民航地区管理局负责对所辖区域内的机场使用许可及其相关活动实施监督管理。包括：

（一）受民航局委托实施辖区内飞行区指标为 4E（含）以下的机场使用许可审批工作；

（二）受民航局委托实施机场使用手册审查工作；

（三）监督检查本辖区内机场使用许可的执行情况；

（四）组织对辖区内取得使用许可证的机场进行年度适用性检查和每 5 年一次的符合性评价；

（五）法律、行政法规规定的以及民航局授权的其他职责。

第六条 机场使用许可管理应当遵循安全第一、条件完备、审核严格、程序规范的原则。

第二章 机场使用许可

第一节 申 请

第七条 机场使用许可证应当由机场管理机构按照本规定向民航局或者受民航局委托的机场所在地民航地区管理局申请。

第八条 申请机场使用许可证的机场应当具备下列条件：

（一）有健全的安全运营管理体系、组织机构和管理制度；

（二）机场管理机构的主要负责人、分管运行安全的负责人以及其他需要承担安全管理职责的高级管理人员具备与其运营业务相适应的资质和条件；

（三）有符合规定的与其运营业务相适应的飞行区、航站区、工作区以及运营、服务设施、设备及人员；

（四）有符合规定的能够保障飞行安全的空中交通服务、航空情报、通信导航监视、航空气象等设施、设备及人员；

（五）使用空域已经批准；

（六）飞行程序和运行标准符合民航局的规定；

（七）有符合规定的安全保卫设施、设备、人员及民用航空安全保卫方案；

（八）有符合规定的机场突发事件应急救援预案、应急救援设施、设备及人员；

（九）机场名称已在民航局备案。

第九条 申请机场使用许可证，应当报送下列文件资料：

（一）《运输机场使用许可证申请书》(附件 1)；

（二）机场使用手册(以下简称手册)；

（三）机场管理机构的主要负责人、分管运行安全的负责人以及其他需要承担安全管理职责的高级管理人员的资质证明，与机场运行安全有关的人员情况一览表；

（四）机场建设的批准文件和行业验收的有关文件；机场产权和委托管理的证明文件；

（五）通信导航监视、气象等设施设备开放使用的批准或者备案文件；

（六）符合要求的机场使用细则、飞行程序、机场运行最低标准的材料；

（七）符合要求的民用航空安全保卫方案和人员配备、设施设备配备清单；

（八）机场突发事件应急救援预案；

（九）机场名称在民航局的备案文件；

（十）民航局、民航地区管理局要求报送的其他必要材料。

机场管理机构应当对申请机场使用许可证文件资料的真实性负责。

第十条 申请材料不齐全或者不符合法定形式的，民航地区管理局应当当场或者在 5 个工作日内一次告知机场管理机构需要补正的全部内容，逾期不告知的，自收到申请材料之日即为受理。

第二节 核 发

第十一条 民航局或者民航地区管理局收到符合要求的机场使用许可申请文件资料后，应当按照下列要求进行审查：

（一）对文件资料的真实性、完整性进行审核；

（二）对手册的格式以及内容与规章、标准的符合性进行审查；

（三）对机场设施、设备、人员及管理制度与所报文件材料的一致性进行现场检查复核。

负责前款事项的人员由民航局或者民航地区管理局指派或者监察员担任，但只有监察员有权在相应的文件上签字。

第十二条 民航局或者民航地区管理局经过审查，认为机场管理机构的申请符合本规定第八条、第九条要求的，应当在受理申请后的 45 个工作日内以民航局的名义作出批准决定，并自作出批准决定之日起 10 个工作日内将批准文件、机场使用许可证以及手册一并交与机场管理机构。

民航局或者民航地区管理局颁发机场使用许可证后,应当将许可申请、审查和批准等文件资料存档。

第十三条 民航局或者民航地区管理局经过审查,认为机场管理机构报送的文件资料或者实际情况不完全具备本规定第八条、第九条要求的,应当书面通知机场管理机构并说明理由。

在机场管理机构采取相应措施弥补前款提及的缺陷后,仍不能满足要求的,民航局或者民航地区管理局应当以民航局的名义作出不予颁发机场使用许可证的书面决定。

民航局或者民航地区管理局作出不予颁发机场使用许可证的书面决定后,应当将书面决定等文件资料存档。

第十四条 民航局统一印制机场使用许可证(附件2),并对许可证编号实施统一管理。

第三节 变 更

第十五条 机场使用许可证载明的下列事项发生变化的,机场管理机构应当按照本规定申请变更:

(一)机场名称;
(二)机场管理机构;
(三)机场管理机构法定代表人;
(四)机场飞行区指标;
(五)机场目视助航条件;
(六)跑道运行类别;
(七)跑道运行模式;
(八)机场可使用最大机型;
(九)跑道道面等级号;
(十)机场消防救援等级;
(十一)机场应急救护等级。

第十六条 申请变更机场使用许可证的,机场管理机构可以仅报送机场使用许可证申请资料的变化部分。

第四节 注 销

第十七条 有下列情况之一的,民航局或者民航地区管理局应当依法办理机场使用许可证的注销手续:

(一)机场关闭后,不再具备安全生产条件,被撤销机场使用许可的;
(二)决定机场关闭不再运营的;
(三)机场管理机构依法终止的;
(四)因不可抗力导致机场使用许可无法实施的;
(五)法律、行政法规规定的应当注销行政许可的其他情形。

第十八条 机场管理机构决定机场关闭不再运营的,应当于机场预期关闭前至少45日向民航局或者所在地民航地区管理局提出关闭申请,经民航局或者民航地区管理局批准后方可关闭,并向社会公告。民航局或者民航地区管理局应当自受理机场管理机构申请之日起20个工作日内予以答复,并在预期的机场关闭日期注销该机场使用许可证。机场管理机构应当在机场许可证注销后的5个工作日内,将原证交回颁证机关。

第十九条 机场管理机构应当按照相关规定将机场关闭信息通知航行情报服务机构发布航行通告并向社会公告,并自关闭之日起,撤掉识别机场的标志、风向标等,设置跑道、滑行道关闭标志。

第二十条 有下列情形之一的,机场管理机构应当于机场预期关闭前至少45日报民航局或者所在地民航地区管理局审批,民航局或者民航地区管理局应当在5个工作日内予以答复,但机场使用许可证不予注销:

(一)机场因改扩建在1年以内暂不接受航空器起降的;
(二)航空业务量不足,暂停机场运营1年以内的。

机场管理机构应当根据民航局或者民航地区管理局的答复,及时通知有关的空中交通管理单位或者航行情报服务机构发布航行通告并向社会公告。在批准的关闭日期,撤掉识别机场的标志、风向标等,设置跑道、滑行道关闭标志。

机场恢复开放使用时,机场管理机构应当报民航局或者所在地民航地区管理局批准。

第三章 机场使用手册

第一节 编制与生效

第二十一条 手册是机场运行的基本依据,机场管理机构应当严格按照生效的手册运行和管理机场。

第二十二条 手册应当由机场管理机构依据法律法规、涉及民航管理的规章和标准组织编制。手册编制时应当广泛征求使用者的意见,确保手册具有可操作性、实用性,满足机场运行安全管理工作需要。

相关驻场单位应当积极配合机场管理机构完成手册编制。

第二十三条 手册应当采用活页格式,预留手册修改记录空白页和机场使用许可证变更记录页,编排形式便于编写、审查。

第二十四条 编制完成的手册由机场管理机构按照

本规定第九条,在申请机场使用许可证时报送民航局或者所在地民航地区管理局。经审查合格的,在民航局或者民航地区管理局发放机场使用许可证以及手册时一并生效。

第二节 发放与使用

第二十五条 机场管理机构应当将生效的手册的相关章节发放给在本场运行的航空运输企业及其他运行保障单位。

第二十六条 机场管理机构、在本场运行的航空运输企业及其他运行保障单位应当将手册的相关章节印发给相关部门及岗位人员,就手册内容对员工进行培训和考核,确保员工熟知并严格遵守。

第二十七条 机场管理机构、在本场运行的航空运输企业及其他运行保障单位应当根据本单位各部门的工作职责和岗位的实际分工,制定相应部门、岗位的手册实施细则。手册实施细则应当涵盖手册中与该部门、岗位职责相关的内容,并不得与手册相冲突。

第三节 动态管理

第二十八条 机场管理机构应当建立手册的动态管理制度,使手册符合有关法律法规、涉及民航管理的规章和标准,以及机场实际运行情况,确保手册的持续有效。

第二十九条 机场管理机构应当至少每年组织相关驻场单位对手册的完整性、适用性、有效性等进行一次评估和完善。

第三十条 有下列情形之一的,机场管理机构应当及时组织修改手册:

(一)手册不符合有关法律法规、涉及民航管理的规章、标准等的;

(二)机场组织机构、管理制度、基础设施、保障设备等发生变化的;

(三)手册执行过程中,发现规定内容难以客观反映运行安全管理要求,不利于保障机场安全运行的;

(四)手册年度评估中发现存在问题的;

(五)民航局或者民航地区管理局要求修改的。

第三十一条 机场管理机构应当将修改后的手册及时报所在地民航地区管理局进行审查。

手册单章的全面修改或者章节中相对独立内容的修改,民航地区管理局应当在 10 个工作日内完成审查工作;手册的整体修改,民航地区管理局应当在 20 个工作日内完成审查工作,出具审查意见。

手册经审查合格后,负责审查的监察员应当在相应的手册修改记录页(含修改页)或者审查记录页上签字。

第三十二条 机场管理机构应当根据审查意见,对手册进行修改完善。

第三十三条 机场管理机构应当将审查修改完成的手册在生效日期的 5 个工作日前印发至使用手册的相关单位。

第三十四条 机场管理机构应当为民航局、所在地民航地区管理局各提供一套,并至少保存一套现行完整的手册。

第四章 机场名称管理

第三十五条 机场名称是体现航空运输始发、经停、到达的重要标识,其命名、更名和使用应当遵循本规定和国家有关规定。

第三十六条 机场的命名应当以确定机场具体位置并区别于其他机场为准则。

第三十七条 机场名称一般由行政区划名,后缀机场专名组成。

机场行政区划名应当与所在地行政区划名称相一致。跨地区的机场,机场行政区划名应当使用所跨行政区的地方政府协商确定的名称。

机场专名通常使用机场所在地县、区、旗、乡、镇名称,并不得与其他机场的行政区划名、专名重名,同时避免使用同音字和生僻字。

按照国家译名管理相关规定,规范拼写机场英文译名。

第三十八条 机场的更名应当遵循下列要求:

(一)机场所在地更名的,应当变更机场行政区划名;

(二)有机场所在地经济发展需要、与当地人民群众风俗习惯相冲突、现有名称的谐音容易产生歧义等情况的,可以变更机场专名;

(三)作为国际机场使用的机场,需在机场名称内增加"国际"二字;

(四)变更后的名称应当符合本规定第三十七条的要求。

第三十九条 机场的命名或者更名,应当按照《地名管理条例》及相关规定的要求进行,并报民航局备案。

第四十条 机场名称备案时,应当向民航局报送下列文件:

(一)机场管理机构关于机场命名或者更名的申请文件;

(二)机场所在地人民政府的审核意见;

(三)军队产权的军民合用机场民用部分,附相关军队机关的意见;

(四)机场名称内需增加"国际"二字的,附第四十一条要求的相关文件。

第四十一条 在机场名称中增加"国际"二字的,备案时应当向民航局报送下列文件:

(一)国务院批准设立航空口岸的批复;

(二)联检设施经国家口岸管理办公室验收合格的证明文件;

(三)国家有关部门批准对外籍飞机开放的证明文件。

第四十二条 机场管理机构应当在机场入口和航站楼显著位置设置机场名称标志。

一个城市只有一个机场的,机场管理机构可以在航站楼屋面上只设置机场行政区划名;一个城市有多个机场的,机场管理机构应当在航站楼屋面上同时设置行政区划名和专名。

国际机场还应当标示符合规范的机场英文名称。

第五章 监督管理

第四十三条 民航地区管理局应当对辖区内已取得使用许可证的机场进行年度适用性检查和符合性评价,监督检查机场使用许可的执行情况和许可条件的符合性;发现存在问题的,督促机场管理机构整改。

对于适用性检查或者机场运行中发现的问题,机场管理机构应当按照规定开展航空研究或者安全风险评估。

适用性检查与符合性评价的形式包括文件审核与现场检查。

第四十四条 民航地区管理局应当制定年度适用性检查计划,明确检查的内容、频次、检查方式等,并按计划严格落实检查任务。

民航地区管理局应当按照民航局要求或者根据本辖区机场运行安全形势,开展专项检查(临时性检查)。

第四十五条 民航地区管理局对已取得使用许可证的机场进行符合性评价后,应当向机场管理机构出具符合性评价意见,并报民航局备案。

第四十六条 机场管理机构及相关驻场单位应当配合所在地民航地区管理局对机场使用许可的监督管理,及时整改监督检查中发现的问题。

第四十七条 对机场管理机构的适用性检查、符合性评价、行政处罚、行政强制等处理措施及其执行情况记入民航行业信用信息记录,并按照有关规定进行公示。

第六章 法律责任

第四十八条 机场管理机构违反本规定第三条,未取得机场使用许可证或者机场使用许可证被吊销、撤销、注销而开放使用机场的,由民航局或者受民航局委托的民航地区管理局责令停止开放使用;没收违法所得,可以并处违法所得1倍以下的罚款。

第四十九条 机场管理机构未按照机场使用许可证规定的范围使用机场的,由民航地区管理局责令改正,处20万元以上50万元以下的罚款;造成严重后果的,处50万元以上100万元以下的罚款。

第五十条 机场管理机构违反本规定第九条,提供虚假材料申请机场使用许可的,由民航局或者民航地区管理局给予警告。

第五十一条 机场管理机构违反本规定第十五条,应当变更机场使用许可证而未申请变更的,由民航局或者民航地区管理局给予警告,可以并处1万元以上3万元以下的罚款。

第五十二条 机场管理机构未经批准擅自关闭机场的,由民航地区管理局责令改正,处10万元以上20万元以下的罚款;情节严重的,处20万元以上50万元以下的罚款。

第五十三条 机场管理机构违反本规定第十八条、第二十条关于申请时间的要求,未在预期关闭前45日向民航局或者民航地区管理局提出关闭申请的,由民航局或者民航地区管理局给予警告;情节严重的,处1万元以上3万元以下的罚款。

第五十四条 机场管理机构违反本规定第十九条、第二十条第二款,未按规定程序关闭的,由民航地区管理局责令立即改正,处2万元以上3万元以下的罚款;其中违反《民用机场管理条例》第二十一条规定的,按照《民用机场管理条例》第六十六条的规定予以处罚。

第五十五条 机场管理机构违反本规定第二十条第三款,未经民航地区管理局批准,即恢复开放使用机场的,由民航地区管理局责令停止开放使用,按照本规定第四十八条的规定予以处罚。

第五十六条 机场管理机构有下列行为之一的,由民航地区管理局给予警告,可以并处1万元以上3万元以下的罚款:

(一)违反本规定第二十五条、第三十三条有关发放手册要求的;

(二)违反本规定第二十八条、第二十九条、第三十条,未对手册进行动态管理的;

(三)违反本规定第三十一条,未将修改后的手册报所在地民航地区管理局进行审查的;

(四)违反本规定第三十二条,未根据审查意见对手册进行修改完善的;

(五)未按照本规定第三十四条要求提供、保存手册的。

第五十七条 相关驻场单位违反本规定第二十二条,不配合机场管理机构编制手册的,由民航地区管理局责令改正;拒不改正的,处1万元以上3万元以下的罚款。

第五十八条 机场管理机构、在本场运行的航空运输企业及其他运行保障单位违反本规定第二十六条、第二十七条,造成手册不能有效实施的,由民航地区管理局给予警告,可以并处1万元以上3万元以下的罚款。

第五十九条 机场管理机构违反本规定第四十六条,对民航地区管理局在监督检查中发现的不符合安全运营要求的问题拒不改正,或者经改正仍不符合安全运营要求的,由民航局或者民航地区管理局作出机场限制使用的决定;情节严重的,吊销机场使用许可证。

第七章 附 则

第六十条 本规定自2019年1月1日起施行。原民航总局于2005年10月7日公布的《民用机场使用许可规定》(民航总局令第156号)同时废止。

· 指导案例

阿卜杜勒·瓦希德诉中国东方航空股份有限公司航空旅客运输合同纠纷案[①]

【关键词】

民事 航空旅客运输合同 航班延误 告知义务 赔偿责任

【裁判要点】

1. 对航空旅客运输实际承运人提起的诉讼,可以选择对实际承运人或缔约承运人提起诉讼,也可以同时对实际承运人和缔约承运人提起诉讼。被诉承运人申请追加另一方承运人参加诉讼的,法院可以根据案件的实际情况决定是否准许。

2. 当不可抗力造成航班延误,致使航空公司不能将换乘其他航班的旅客按时运抵目的地时,航空公司有义务及时向换乘的旅客明确告知到达目的地后是否提供转签服务,以及在不能提供转签服务时旅客如何办理旅行手续。航空公司未履行该项义务,给换乘旅客造成损失的,应当承担赔偿责任。

3. 航空公司在打折机票上注明"不得退票,不得转签",只是限制购买打折机票的旅客由于自身原因而不得退票和转签,不能据此剥夺旅客在支付票款后享有的乘坐航班按时抵达目的地的权利。

【相关法条】

《中华人民共和国民法通则》第一百四十二条

《经1955年海牙议定书修订的1929年华沙统一国际航空运输一些规则的公约》第十九条、第二十条、第二十四条第一款

《统一非立约承运人所作国际航空运输的某些规则以补充华沙公约的公约》第七条

【基本案情】

2004年12月29日,ABDUL WAHEED(阿卜杜勒·瓦希德,以下简称阿卜杜勒)购买了一张由香港国泰航空公司(以下简称国泰航空公司)作为出票人的机票。机票列明的航程安排为:2004年12月31日上午11点,上海起飞至香港,同日16点香港起飞至卡拉奇;2005年1月31日卡拉奇起飞至香港,同年2月1日香港起飞至上海。其中,上海与香港间的航程由中国东方航空股份有限公司(以下简称东方航空公司)实际承运,香港与卡拉奇间的航程由国泰航空公司实际承运。机票背面条款注明,该合同应遵守华沙公约所指定的有关责任的规则和限制。该机票为打折票,机票上注明"不得退票、不得转签"。

2004年12月30日下午15时起上海浦东机场下中雪,导致机场于该日22点至23点被迫关闭1小时,该日104个航班延误。31日,因飞机除冰、补班调配等原因,导致该日航班取消43架次、延误142架次,飞机出港正常率只有24.1%。东方航空公司的MU703航班也因为天气原因延误了3小时22分钟,导致阿卜杜勒及其家属到达香港机场后未能赶上国泰航空公司飞卡拉奇的衔接航班。东方航空公司工作人员告知阿卜杜勒只有两种处理方案:其一是阿卜杜勒等人在机场里等候3天,然后搭乘国泰航

[①] 案例来源:最高人民法院指导案例51号。

空公司的下一航班，3天费用自理；其二是阿卜杜勒等人出资，另行购买其他航空公司的机票至卡拉奇，费用为25000港元。阿卜杜勒当即表示无法接受该两种方案，其妻子杜琳打电话给东方航空公司，但该公司称有关工作人员已下班。杜琳对东方航空公司的处理无法接受，且因携带婴儿而焦虑、激动。最终由香港机场工作人员交涉，阿卜杜勒及家属共支付17000港元，购买了阿联酋航空公司的机票及行李票，搭乘该公司航班绕道迪拜，到达卡拉奇。为此，阿卜杜勒支出机票款4721港元、行李票款759港元，共计5480港元。

阿卜杜勒认为，东方航空公司的航班延误，又拒绝重新安排航程，给自己造成了经济损失，遂提出诉讼，要求判令东方航空公司赔偿机票款和行李票款，并定期对外公布航班的正常率、旅客投诉率。

东方航空公司辩称，航班延误的原因系天气条件恶劣，属不可抗力；其已将此事通知了阿卜杜勒，阿卜杜勒亦明知将错过香港的衔接航班，其无权要求东方航空公司改变航程。阿卜杜勒称，其明知会错过衔接航班仍选择登上飞往香港的航班，系因为东方航空公司对其承诺会予以妥善解决。

【裁判结果】

上海市浦东新区人民法院于2005年12月21日作出（2005）浦民一（民）初字第12164号民事判决：一、中国东方航空股份有限公司应在判决生效之日起十日内赔偿阿卜杜勒损失共计人民币5863.60元；二、驳回阿卜杜勒的其他诉讼请求。宣判后，中国东方航空股份有限公司提出上诉。上海市第一中级人民法院于2006年2月24日作出（2006）沪一中民一（民）终字第609号民事判决：驳回上诉，维持原判。

【裁判理由】

法院生效裁判认为：原告阿卜杜勒是巴基斯坦国公民，其购买的机票，出发地为我国上海，目的地为巴基斯坦卡拉奇。《中华人民共和国民法通则》第一百四十二条第一款规定："涉外民事关系的法律适用，依照本章的规定确定。"第二款规定："中华人民共和国缔结或者参加的国际条约同中华人民共和国的民事法律有不同规定的，适用国际条约的规定，但中华人民共和国声明保留的条款除外。"我国和巴基斯坦都是《经1955年海牙议定书修订的1929年华沙统一国际航空运输一些规则的公约》（以下简称《1955年在海牙修改的华沙公约》）和1961年《统一非立约承运人所办国际航空运输的某些规则以补充华沙公约的公约》（以下简称《瓜达拉哈拉公约》）的缔约国，故这两个国际公约对本案适用。《1955年在海牙修改的华沙公

约》第二十八条（1）款规定："有关赔偿的诉讼，应该按原告的意愿，在一个缔约国的领土内，向承运人住所地或其总管理处所在地或签订契约的机构所在地法院提出，或向目的地法院提出。"第三十二条规定："运输合同的任何条款和在损失发生以前的任何特别协议，如果运输合同各方借以违背本公约的规则，无论是选择所适用的法律或变更管辖权的规定，都不生效力。"据此，在阿卜杜勒持机票起诉的情形下，中华人民共和国上海市浦东新区人民法院有权对这起国际航空旅客运输合同纠纷进行管辖。

《瓜达拉哈拉公约》第一条第二款规定："'缔约承运人'指与旅客或托运人，或与旅客或托运人的代理人订立一项适用华沙公约的运输合同的当事人。"第三款规定："'实际承运人'指缔约承运人以外，根据缔约承运人的授权办理第二款所指的全部或部分运输的人，但对该部分运输此人并非华沙公约所指的连续承运人。在没有相反的证据时，上述授权被推定成立。"第七条规定："对实际承运人所办运输的责任诉讼，可以由原告选择，对实际承运人或缔约承运人提起，或者同时或分别向他们提起。如果只对其中的一个承运人提起诉讼，则该承运人应有权要求另一承运人参加诉讼。这种参加诉讼的效力以及所适用的程序，根据受理案件的法院的法律决定。"阿卜杜勒所持机票，是由国泰航空公司出票，故国际航空旅客运输合同关系是在阿卜杜勒与国泰航空公司之间设立，国泰航空公司是缔约承运人。东方航空公司与阿卜杜勒之间不存在直接的国际航空旅客运输合同关系，也不是连续承运人，只是推定其根据国泰航空公司的授权，完成该机票确定的上海至香港间运输任务的实际承运人。阿卜杜勒有权选择国泰航空公司或东方航空公司或两者同时为被告提起诉讼；在阿卜杜勒只选择东方航空公司为被告提起的诉讼中，东方航空公司虽然有权要求国泰航空公司参加诉讼，但由于阿卜杜勒追究的航班延误责任发生在东方航空公司承运的上海至香港段航程中，与国泰航空公司无关，根据本案案情，衡量诉讼成本，无需追加国泰航空公司为本案的当事人共同参加诉讼。故东方航空公司虽然有权申请国泰航空公司参加诉讼，但这种申请能否被允许，应由受理案件的法院决定。一审法院认为国泰航空公司与阿卜杜勒要追究的航班延误责任无关，根据本案旅客维权的便捷性、担责可能性、诉讼的成本等情况，决定不追加香港国泰航空公司为本案的当事人，并无不当。

《1955年在海牙修改的华沙公约》第十九条规定："承运人对旅客、行李或货物在航空运输过程中因延误而造成的损失应负责任。"第二十条（1）款规定："承运人如果证明自己和他的代理人为了避免损失的发生，已经采取一切

必要的措施,或不可能采取这种措施时,就不负责任。"2004 年 12 月 31 日的 MU703 航班由于天气原因发生延误,对这种不可抗力造成的延误,东方航空公司不可能采取措施来避免发生,故其对延误本身无需承担责任。但还需证明其已经采取了一切必要的措施来避免延误给旅客造成的损失发生,否则即应对旅客因延误而遭受的损失承担责任。阿卜杜勒在浦东机场时由于预见到 MU703 航班的延误会使其错过国泰航空公司的衔接航班,曾多次向东方航空公司工作人员询问怎么办。东方航空公司应当知道国泰航空公司从香港飞往卡拉奇的衔接航班三天才有一次,更明知阿卜杜勒一行携带着婴儿,不便在中转机场长时间等候,有义务向阿卜杜勒一行提醒中转时可能发生的不利情形,劝告阿卜杜勒一行改日乘机。但东方航空公司没有这样做,却让阿卜杜勒填写《续航情况登记表》,并告知会帮助解决,使阿卜杜勒对该公司产生合理信赖,从而放心登机飞赴香港。鉴于阿卜杜勒一行是得到东方航空公司的帮助承诺后来到香港,但是东方航空公司不考虑阿卜杜勒一行携带婴儿要尽快飞往卡拉奇的合理需要,向阿卜杜勒告知了要么等待三天乘坐下一航班且三天中相关费用自理,要么自费购买其他航空公司机票的"帮助解决"方案。根据查明的事实,东方航空公司始终未能提供阿卜杜勒的妻子杜琳在登机前填写的《续航情况登记表》,无法证明阿卜杜勒系在明知飞往香港后会发生对己不利的情况仍选择登机,故法院认定"东方航空公司没有为避免损失采取了必要的措施"是正确的。东方航空公司没有采取一切必要的措施来避免因航班延误给旅客造成的损失发生,不应免责。阿卜杜勒迫于无奈自费购买其他航空公司的机票,对阿卜杜勒购票支出的 5480 港元损失,东方航空公司应承担赔偿责任。

在延误的航班到达香港机场后,东方航空公司拒绝为阿卜杜勒签转机票,其主张阿卜杜勒的机票系打折票,已经注明了"不得退票,不得转签",其无须另行提醒和告知。法院认为,即使是航空公司在打折机票上注明"不得退票,不得转签",只是限制购买打折机票的旅客由于自身原因而不得退票和转签;旅客购买了打折机票,航空公司可以相应地取消一些服务,但是旅客支付了足额票款,航空公司就要为旅客提供完整的运输服务,并不能剥夺旅客在支付了票款后享有的乘坐航班按时抵达目的地的权利。本案中的航班延误并非由阿卜杜勒自身的原因造成。阿卜杜勒乘坐延误的航班到达香港机场后肯定需要重新签转机票,东方航空公司既未能在始发机场告知阿卜杜勒在航班延误时机票仍不能签转的理由,在中转机场亦拒绝为其办理签转手续。因此,东方航空公司未能提供证据证明损失的产生系阿卜杜勒自身原因所致,也未能证明其为了避免损失扩大采取了必要的方式和妥善的补救措施,故判令东方航空公司承担赔偿责任。

十一、人大代表建议、政协委员提案答复

关于十三届全国人大五次会议第8682号建议的答复函
——关于加强农村公路建设的建议

- 2022年6月28日
- 交公路建字〔2022〕136号

您提出的《关于加强农村公路建设的建议》收悉，经商国家发展改革委、财政部，现答复如下：

"四好农村路"是习近平总书记亲自总结提出、领导推动实践的一项重要民生工程、民心工程、德政工程。党的十八大以来，习近平总书记站在党和国家事业发展全局的高度，多次对农村公路发展作出重要指示批示。

近年来，我部深入贯彻习近平总书记关于"四好农村路"重要指示批示精神，认真落实党中央、国务院决策部署，坚持将"四好农村路"建设作为服务全面建成小康社会、推进农业农村现代化、让人民共享改革发展成果的重要载体，坚持问题导向和目标导向，精准施策，逐步形成了"政府主导、部门协同、上下联动、运转高效"的农村交通工作大格局。不断完善政策法规体系，加大农村公路政策指导力度，大力推动农村公路立法，积极推进《农村公路条例》制定出台步伐，制定印发了《农村公路建设管理办法》《农村公路养护管理办法》等部门规章，印发了《关于推动"四好农村路"高质量发展的指导意见》《关于巩固拓展交通运输脱贫攻坚成果全面推进乡村振兴的实施意见》等政策性文件，出台了《小交通量农村公路工程技术标准》《小交通量农村公路工程设计规范》《农村公路养护技术规范》等标准规范，从顶层设计层面加大对农村公路工作的指导力度。不断强化示范引领，联合财政部、农业农村部、国家乡村振兴局开展"四好农村路"示范创建工作，带动全国农村公路持续健康发展，促进农村地区交通条件改善。截至2021年底，全国农村公路里程已达446万公里，全国具备条件的乡镇和建制村全部通硬化路、通客车。农村公路覆盖范围、通达深度、管养水平、服务能力、质量安全水平显著提高，农民群众"出行难"的问题得到历史性解决。农村交通的快速发展，为服务乡村振兴战略实施、助力农民农村共同富裕提供了坚实支撑。

在推动"四好农村路"高质量发展过程中，确实如您所说，还存在农村公路建养资金不足、重建轻养等方面的问题，您提出的加强农村公路建养资金保障、建立健全管理养护长效机制等有关建议，具有较强的针对性，我们将结合发展实际认真吸收采纳。

一、关于加强农村公路建养资金保障的建议

我部高度重视农村公路建养资金保障。积极推动建立以各级公共财政投入为主、多渠道筹措为辅的农村公路资金保障机制。"十四五"期，为进一步支持地方农村公路建养工作，落实地方政府主体责任，财政部联合我部印发了《车辆购置税收入补助地方资金管理暂行办法》《政府还贷二级公路取消收费后补助资金管理暂行办法》，明确将车购税资金、政府还贷二级公路取消收费后补助资金采取"以奖代补"方式支持地方农村公路建设和养护，并将地方政府投入情况纳入考核因素。指导各地认真贯彻落实国务院办公厅出台的《关于深化农村公路管理养护体制改革的意见》，明确地方财政用于农村公路日常养护投入标准。积极拓宽筹资渠道，推动将农村公路发展纳入地方政府一般债券支持范围，鼓励金融机构、社会力量依法合规参与农村公路建设，探索加大对农村公路基础设施建设的中长期信贷支持力度，鼓励地方将农村公路建设和一定时期的养护进行捆绑招标，将农村公路与产业、园区、乡村旅游等经营性项目实行一体化开发，探索开展农村公路灾毁保险，拓宽农村公路灾毁的修复资金来源渠道。

下一步，我部将推动建立更加稳定的农村公路资金投入机制，落实好车购税资金、政府还贷二级公路取消收费后补助资金"以奖代补"政策。推动政策性金融机构创新农村公路建设市场化融资模式，加大对农村公路发展的信贷支持力度，深入推进交通运输领域中央与地方财政事权和支出责任划分改革实施，推动落实各级政府支出责任。

二、关于建立健全农村公路管理养护长效机制的建议

我部高度重视农村公路管理养护工作，建立健全农

村公路管理养护长效机制。认真贯彻落实国务院办公厅出台的《关于深化农村公路管理养护体制改革的意见》，联合财政部印发《贯彻落实〈国务院办公厅关于深化农村公路管理养护体制改革的意见〉的通知》，指导各地健全管理养护制度，全面推行农村公路县、乡、村三级"路长制"，完善县有综合执法员、乡有监管员、村有护路员的路产路权保护队伍。健全群众爱路护路的乡规民约、村规民约，推动各地将农村公路管理养护情况纳入政府绩效考核，进一步夯实县级人民政府农村公路管理养护主体责任，充分发挥乡、村两级作用和农民群众积极性。创新养护生产组织模式，坚持以人民群众满意度和受益程度、养护质量和资金使用效率作为衡量标准，通过鼓励将干线公路建设养护与农村公路捆绑招标，支持养护企业跨区域参与市场竞争，引入专业化养护公司等方式，提升农村公路养护水平。同时，鼓励养护企业招聘沿线群众参与日常养护、路面清扫等工作，鼓励将村道和通自然村组公路日常养护通过分段承包、定额包干等方式由沿线农民承包进行养护，吸收广大农民群众参与农村公路发展。截至2021年底，农村公路列养率达到99.5%，优良中等路率达到87.4%，农村公路基本实现"有路必养、养必到位"。

下一步，我部将指导各地进一步落实管养主体责任，健全完善管理养护制度和绩效考核评价体系，创新养护生产模式，提高养护专业化、机械化、规模化水平，加大管护岗位开发力度，进一步强化农村公路管护力量，保障农村公路持续发挥良好服务功能。

感谢您对交通运输工作的关心与支持。

联系单位及电话：交通运输部公路局，010-65292761。

关于政协第十三届全国委员会第五次会议第00455号（工交邮电类052号）提案答复的函

——关于支持偏远地区"四好农村路"建设的提案

- 2022年6月17日
- 交公路提字〔2022〕15号

您提出的《关于支持偏远地区"四好农村路"建设的提案》收悉，现答复如下：

"四好农村路"是习近平总书记亲自总结提出、领导推动实践的一项重要民生工程、民心工程、德政工程。党的十八大以来，习近平总书记站在党和国家事业发展全局的高度，多次对农村公路发展作出重要指示批示。

近年来，我部深入贯彻习近平总书记关于"四好农村路"重要指示批示精神，认真落实党中央、国务院决策部署，坚持将"四好农村路"建设作为服务全面建成小康社会、推进农业农村现代化、让人民共享改革发展成果的重要载体，坚持问题导向和目标导向，精准施策，逐步形成了"政府主导、部门协同、上下联动、运转高效"的农村交通工作大格局。不断完善政策法规体系，加大农村公路政策指导力度，大力推动农村公路立法，积极推动《农村公路条例》编制，制定印发了《农村公路建设管理办法》《农村公路养护管理办法》等部门规章，印发了《关于推动"四好农村路"高质量发展的指导意见》《关于巩固拓展交通运输脱贫攻坚成果全面推进乡村振兴的实施意见》等政策性文件，出台《小交通量农村公路工程技术标准》《小交通量农村公路工程设计规范》《农村公路养护技术规范》等标准规范，从顶层设计层面加大对农村公路工作的指导力度。不断强化示范引领，联合农业农村部等有关部门共同开展"四好农村路"示范创建工作，带动全国农村公路持续健康发展，促进农村地区交通条件改善。截至2021年底，全国农村公路里程已达446万公里，全国具备条件的乡镇和建制村全部通硬化路、通客车。农村公路覆盖范围、通达深度、管养水平、服务能力、质量安全水平显著提高，农民群众"出行难"的问题得到历史性解决。农村交通的快速发展，为服务乡村振兴战略实施、助力农民农村共同富裕提供了坚实支撑。

在推动"四好农村路"高质量发展过程中，确实如您所说，还存在路网不完善、安全防护设施缺乏、建养资金不足等方面的问题，您提出的完善农村公路路网和安全防护设施、加强农村公路建养资金保障等有关建议，具有较强的针对性，我们将结合发展实际认真吸收采纳。

一、关于完善农村公路路网的建议

我部高度重视农村公路路网完善工作。"十三五"以来，印发《关于推动"四好农村路"高质量发展的指导意见》《关于巩固拓展交通运输脱贫攻坚成果全面推进乡村振兴的实施意见》，出台《农村公路中长期发展纲要》《公路"十四五"发展规划》，持续加大对脱贫地区交通基础设施建设的支持力度，将资源路、旅游路、产业路建设作为推动交通与乡村产业融合发展的主要措施，推进农村公路建设项目更多向进村入户倾斜，推进较大人口规模自然村（组）、抵边自然村通硬化路建设。进一步提高农村公路覆盖范围和通达深度，改善公路条件，提升服务水平。全国累计完成新改建农村公路约163万公里。截至2021年底，农村公路中的等级公路比例达到95.6%，铺装率达到89.8%。"十四五"期，我部深入贯彻落实中共中央、国务院印发的《乡村建设行动实施方案》，重点组织实施"四好农村路"服务乡村振兴五大工程，加快骨干路网提档升级，推动基础路网延伸完善，稳步提升农村公路安全保障能力和服务水平，促进农村公路与产业融合发展。力争到2025年，建成便捷高效、普惠公平的农村公路网络。

二、关于完善农村公路安全防护设施的建议

我部高度重视农村公路安全生命防护工程建设，认真贯彻落实国务院办公厅印发的《关于实施公路安全生命防护工程的意见》，不断完善农村公路安全设施。对于新改建农村公路，要求严格落实安全生产"三同时"制度，做到安全设施与主体工程同时设计、同时施工、同时投入使用。对于已建成农村公路，组织开展公路安全风险排查评估，并列出专项资金，支持地方开展农村公路安全生命防护工程建设。"十三五"以来，全国累计完成农村公路安全生命防护工程103.9万公里，农村公路本质安全水平有了明显提升。"十四五"期，我部联合公安部印发了《公路安全设施和交通秩序管理精细化提升行动方案》，组织开展公路安全设施和交通秩序管理精细化提升行动，以急弯陡坡、临水临崖等路段为重点，加强农村公路隐患排查和整治，实施农村公路安全生命防护工程，进一步提升农村公路本质安全水平。

三、关于加强农村公路建养资金保障的建议

我部高度重视农村公路建养资金保障。在加强建设资金保障方面，财政部联合我部印发了《车辆购置税收入补助地方资金管理暂行办法》，"十四五"期中央车购税资金采取"以奖代补"方式支持地方农村公路建设，重点支持乡镇通三级及以上公路、较大人口规模自然村（组）通硬化路、农村公路危桥改造、村道安全生命防护工程等建设。在明确地方政府主体责任的前提下，对地方建设、养护任务完成情况进行考核，并根据考核结果给予奖励，在测算奖补资金基数时充分考虑区域差异和财政困难程度，对脱贫地区给予倾斜支持。各省份可根据本地区实际情况，因地制宜制定奖补资金分配标准，原则上不超过"十四五"时期车辆购置税收入补助地方资金对同技术等级普通国道补助标准。在加强养护资金保障方面，我部联合财政部印发的《贯彻落实〈国务院办公厅关于深化农村公路管理养护体制改革的意见〉的通知》对农村公路管养资金保障作出明确规定，进一步提高了燃油税用于农村公路养护工程的比例。同时，鼓励各地探索开

展农村公路灾毁保险，拓宽农村公路灾毁的修复资金来源渠道。财政部联合我部印发了《政府还贷二级公路取消收费后补助资金管理暂行办法》，将政府还贷二级公路取消收费后补助资金调整用于农村公路养护，根据各地农村公路里程、养护情况等因素确定奖补资金，支持地方开展农村公路养护工作。

根据国务院办公厅印发的《交通运输领域中央与地方财政事权和支出责任划分改革方案》，农村公路属于地方财政事权，原则上由地方政府通过自有财力安排，确保地方承担的支出责任落实到位。对地方政府履行财政事权、落实支出责任存在收支缺口的，上级政府可根据不同时期发展目标给予一定的资金支持。县级人民政府是本行政区域农村公路建设、管理、养护、运营的责任主体，在中央不断加大支持力度的情况下，应进一步落实主体责任，多方筹资，完善农村公路发展资金保障机制。

下一步，我部将推动建立更加稳定的农村公路资金投入机制，统筹利用好车购税等资金，做好"以奖代补"政策实施工作。推动政策性金融机构创新农村公路建设和养护市场化融资模式，加大对农村公路发展的信贷支持力度。深入推进交通运输领域中央与地方财政事权和支出责任划分改革实施，推动落实各级政府支出责任。

感谢您对交通运输工作的关心与支持。

联系单位及电话：交通运输部公路局，010-65292761。

关于十三届全国人大四次会议第9032号建议的答复函
——关于增加农村公路防护经费的建议

·2021年6月25日
·交公路建字〔2021〕125号

您提出的关于增加农村公路防护经费的建议收悉。经商财政部，现答复如下：

"四好农村路"是习近平总书记亲自总结提出、领导推动实践的一项重要民生工程、民心工程、德政工程。党的十八大以来，习近平总书记站在党和国家事业发展全局的高度，先后多次对农村公路发展作出重要指示批示。

近年来，我部深入贯彻习近平总书记关于"四好农村路"重要指示批示精神，认真落实党中央、国务院决策部署，坚持将"四好农村路"建设作为服务全面建成小康社会、推进农业农村现代化、让人民共享改革发展成果的重

要载体，坚持问题导向和目标导向，精准施策，逐步形成了"政府主导、部门协同、上下联动、运转高效"的农村交通工作大格局。不断完善政策法规体系，加大农村公路政策指导力度，大力推动农村公路立法，积极推动出台《农村公路条例》，制定印发了《农村公路建设管理办法》《农村公路养护管理办法》等部门规章以及《小交通量农村公路工程技术标准》《农村公路养护技术规范》等标准规范，印发了《交通运输部 国家发展改革委 财政部 自然资源部 农业农村部 国务院扶贫办 国家邮政局 中华全国供销合作总社关于推动"四好农村路"高质量发展的指导意见》《交通运输部关于巩固拓展交通运输脱贫攻坚成果全面推进乡村振兴的实施意见》等政策性文件，从顶层设计层面加大对农村公路工作的指导力度。不断强化示范引领，联合农业农村部、原国务院扶贫办共同开展"四好农村路"全国示范县创建工作，以"树标杆、立模范"带动全国农村公路发展，促进农村地区交通条件改善。截至2020年底，全国农村公路里程已达438万公里，实现了全国具备条件的乡镇和建制村通硬化路、通客车。农村交通的快速发展，为决战决胜脱贫攻坚战、全面建成小康社会夯实了基础，为实施乡村振兴战略、加快推进农业农村现代化提供了交通保障。

在推动"四好农村路"高质量发展过程中，确实存在一些亟待解决的问题，您提出的增加农村公路相关经费的系列建议，符合农村公路行业发展规律，能够有效推动"四好农村路"高质量发展。对您提出的有关建议，我们将结合发展实际认真吸收采纳。

一、关于增加农村新建公路预算，提升公路防护附属工程设计标准的建议

我部高度重视公路安全生命防护工程建设，不断完善农村公路安全设施。对于新改建农村公路，要求严格落实安全生产"三同时"制度，做到安全设施与主体工程同时设计、同时施工、同时投入使用。对于已建成农村公路，组织开展公路安全风险排查评估，并列出专项资金，支持地方开展县乡公路安防工程建设。"十三五"期间，我部累计投入中央车购税资金594亿元用于农村公路增设安全防护设施，完成农村公路安防工程95.8万公里，全国农村公路安全水平有了明显提升。

2021年3月，财政部联合我部印发《车辆购置税收入补助地方资金管理暂行办法》，"十四五"时期，中央车购税资金采取"以奖代补"方式支持地方农村公路建设，继续支持乡镇通三级以及以上公路、较大人口规模自然村通硬化路、农村公路安防工程和农村公路危桥改造等，进一步加大资金补助力度，增强了地方自主性，保障地方发展需要。同时，我部正在组织编制《公路"十四五"发展规划》，将提升基础设施本质安全水平、推动基础网络延伸连通等列为重点任务，拟集中开展全国公路危旧桥梁改造专项行动，加强农村公路安防工程建设，特别是大力推进村道安全生命防护工程实施。此外，我部正积极推动将农村公路安全隐患治理纳入国务院安委会对省级政府的安全生产工作考核，以推动地方切实落实主体责任。

二、关于增加临时性公路修补经费和增加农村公路养护经费的建议

近年来，我部高度重视农村公路养护工作。为维护好来之不易的农村公路建设成果，我部认真贯彻落实《国务院办公厅关于深化农村公路管理养护体制改革的意见》，联合财政部印发《贯彻落实〈国务院办公厅关于深化农村公路管理养护体制改革的意见〉的通知》。其中，对农村公路管养资金保障作出明确规定，进一步提高了燃油税用于农村公路养护工程的比例，明确了省、市、县三级公共财政用于农村公路日常养护标准，在中央均衡性转移支付中进一步考虑了农村公路管理养护因素，进一步拓宽投融资渠道。同时，鼓励各地探索开展农村公路灾毁保险，拓展农村公路灾毁的修复资金来源渠道。财政部联合我部发布了《车辆购置税收入补助地方资金管理暂行办法》，"十四五"期中央车购税资金将采取"以奖代补"方式支持地方农村公路建设发展，在明确地方政府主体责任的前提下，对地方建设、养护任务完成情况进行考核，并根据考核结果给予奖励，在测算奖补资金基数时将充分考虑区域差异和财政困难程度，对中西部地区以及脱贫地区给予倾斜支持。同时，中央财政将继续通过成品油税费改革转移支付渠道支持地方交通发展，地方可结合当地实际将补助资金统筹用于支持农村公路养护等工作。目前，财政部正会同我部研究出台政府还贷二级公路取消收费后补助资金政策，拟采取"以奖代补"方式支持地方开展包括农村公路在内的普通公路养护工作，以充分调动地方积极性。

根据国务院办公厅印发的《交通运输领域中央与地方财政事权和支出责任划分改革方案》(国办发〔2019〕33号)，省道、农村公路、道路运输场站属于地方财政事权，原则上由地方政府通过自有财力安排，确保地方承担的支出责任落实到位。对地方政府履行财政事权、落实支出责任存在收支缺口的，上级政府可根据不同时期发展目标给予一定的资金支持。县级人民政府是本行政区域农村公路建设、管理、养护、运营的责任主体，在中央不断加大支持的情况下，应进一步落实主体责任，多方筹资，完善农村公路发展资金保障机制。

感谢您对交通运输工作的关心与支持。

联系单位及电话：交通运输部公路局，010-65292761。

关于十三届全国人大三次会议
第9425号建议的答复函

——关于放开大型货运汽车等驾驶员培训市场的建议

· 2020年7月31日
· 交运建字〔2020〕10号

您提出的关于放开大型货运汽车等驾驶员培训市场的建议收悉。经商公安部，现答复如下：

针对群众在培训考试过程中存在的不便利、不便捷问题，您在专题调研的基础上，提出了放开大型客货车驾驶培训市场、增设大型客货车驾驶员考点、实现大型客货车驾驶员跨省考试等建议，对于进一步便利群众学驾考证具有重要意义。我部将会同有关部门结合职责认真研究借鉴。

近年来，围绕进一步放开机动车驾驶培训市场、规范机动车驾驶培训考试管理、提升机动车驾驶培训考试服务水平，有效解决培训考试中的不便利、不经济等问题，我部会同公安部采取了一系列措施，不断提升人民群众的获得感、幸福感、安全感。

一是放开机动车驾驶培训市场。2016年，我部联合公安部印发《关于做好机动车驾驶人培训考试制度改革工作的通知》（公交管〔2016〕50号），明确对符合法定条件的申请人，不得以任何理由拖延或者禁止市场准入。截至2019年底，全国共有1.97万所机动车驾驶培训机构，拥有大中型客货教学车辆4.01万辆，大型客货车驾驶员年均培训能力超过180万人次，总体上能够满足大型客货车驾驶员培训需求。

二是拓宽大型客货车驾驶员培养渠道。2017年，我部联合公安部印发《关于开展大型客货车驾驶人职业教育的通知》（交办运〔2017〕1号），明确在江苏、云南、安徽等省份大客车驾驶员职业教育试点工作的基础上，在全国范围选择具备条件的高级技工学校、技师学院，开展大型客车、牵引车驾驶员职业教育。截至2020年6月底，全国共有9个省份15所院校开展了大型客货车驾驶员职业教育，有效提升了大型客货车驾驶员职业素质。

三是进一步优化考试供需。《国务院办公厅转发公安部交通运输部关于推进机动车驾驶人培训考试制度改革意见的通知》（国办发〔2015〕88号）印发后，公安部配套修订了《机动车驾驶证申领和使用规定》等规章规范，要求各地公安交管部门科学评估本地考试供需水平，按照方便群众、合理布局的原则布建考场，推行政府购买社会考场服务，切实满足本地考试需求。同时，采取延长考试时间、增加考试车辆等方式，提高考试供给能力。目前，全国共有892个大中型客货车考试场地，年均考试180多万人次，总体上能够满足大中型客货车驾驶员考试需求，少数地方还存在供需矛盾。

四是进一步便利考试领证。2019年4月，公安部推出深化公安交管"放管服"改革10项便民利民服务措施，其中包括大中型客货车驾驶证省内异地申领改革措施，对省内异地申领大中型客货车驾驶证的，可凭居民身份证直接申请，无需再提交居住登记凭证；对跨省异地申领的，在办理现所在省任一地居住证后，也可直接在全省范围内申领大中型客货车驾驶证，进一步便利群众考试领证。同时，考虑到大中型客货车驾驶员道路交通安全责任大，为防止异地违规办理驾驶证、有效管控道路交通安全风险、预防道路交通事故，暂未推行大中型客货车驾驶证免居住证全国通考。

五是进一步规范考场管理。公安部制定印发了《关于进一步加强和规范驾驶人考试管理工作的通知》等文件，指导各地推进落实政府购买社会考场服务，坚持公平竞争、公开择优的基本原则，明确纳入购买服务目录、依法公开招标、严格验收检查等流程方式，进一步规范社会考场使用管理。

关于您提出的每个市增设1至2个大型客货车驾驶员考场的建议，考虑到大型客货车驾驶员考试场地占地面积大、投入资金多、建设难度高等特点，公安部将加强对各地公安交管部门的指导，科学评估大型客货车考试供需能力，有序推进大型客货车考场建设，切实提升考试服务管理水平。

下一步，我部将会同公安部认真贯彻国务院"放管服"改革部署要求，结合您的建议，积极推动构建更加开放有序、公平竞争、服务优质、管理规范、人民满意的机动车驾驶培训市场体系，进一步健全完善大型客货车驾驶员培训考试衔接机制，便利群众参加大型客货车驾驶员培训考试。

感谢您对机动车驾驶培训考试工作的关心和支持！

关于十三届全国人大一次会议第 3088 号建议的答复函

——关于以更有效措施提升道路交通运输本质安全的建议

- 2018 年 6 月 26 日
- 交运建字〔2018〕127 号

您提出的关于以更有效措施提升道路交通运输本质安全的建议收悉，现答复如下：

您在建议中阐述了提升交通运输本质安全工作的重要意义，在调研的基础上客观分析了当前道路运输安全生产工作面临的问题，并提出了 4 个方面的建议，具有很强的针对性和现实意义，经商教育部、工业和信息化部、公安部、应急管理部，我们赞同您的建议并将结合各自职责认真研究采纳。

一、关于"从法律层面严格限定客运车辆、危险货物运输车辆、重型货运车辆的行驶时间，从根本上解决驾驶员的疲劳驾驶问题"的建议

我国法律对于劳动者的工作时间已经有明确规定。《中华人民共和国劳动法》第三十六条规定"国家实行劳动者每日工作时间不超过八小时、平均每周工作时间不超过四十四小时的工时制度。"第四十一条规定"用人单位由于生产经营需要，经与工会和劳动者协商后可以延长工作时间，一般每日不得超过一小时；因特殊原因需要延长工作时间的，在保障劳动者身体健康的条件下延长工作时间每日不得超过三小时，但是每月不得超过三十六小时。"

2012 年 7 月，为进一步加强道路交通安全工作，国务院印发了《国务院关于加强道路交通安全工作的意见》（国发〔2012〕30 号），其中规定"创造条件积极推行长途客运车辆凌晨 2 时至 5 时停止运行或实行接驳运输。"和"运输企业要积极创造条件，严格落实长途客运驾驶人停车换人、落地休息制度，确保客运驾驶人 24 小时累计驾驶时间原则上不超过 8 小时，日间连续驾驶不超过 4 小时，夜间连续驾驶不超过 2 小时，每次停车休息时间不少于 20 分钟。"

交通运输部高度重视驾驶员疲劳驾驶问题。《交通运输部 公安部 应急管理部关于印发〈道路旅客运输企业安全管理规范〉的通知》（交运发〔2018〕55 号）第三十八条对客运驾驶员的驾驶时间和休息时间作出了明确规定，要求客运驾驶员日间连续驾驶时间不得超过 4 小时，夜间连续驾驶时间不得超过 2 小时。《中华人民共和国道路运输条例》中也提出，"驾驶人员连续驾驶时间不得超过 4 个小时"。我部规章《道路危险货物运输管理规定》第四十四条提出，道路危险货物运输企业或者单位应当通过卫星定位监控平台或者监控终端及时纠正和处理超速行驶、疲劳驾驶、不按规定线路行驶等违法违规驾驶行为。

针对您提到的危货运输车辆各地区通行规定不一，可能导致安全隐患的问题，我部一直跟踪各地对危险货物道路运输车辆的通行限制情况，在危货运输车辆限行的时段、路段、绕行等方面与公安等部门进行沟通协调，积极推动有关政策规定的研究实施。

二、关于"开展全民交通安全素质教育提升工程"的建议

我们高度重视交通运输从业人员和交通参与者的安全素质提升，主要开展了以下工作：

一是印发交通运输从业人员安全素质提升实施方案。通过实施该方案，拟到"十三五"期末，交通运输从业人员安全素质提升长效机制基本建立，从业人员安全素质总体水平明显增强，从业人员安全生产法治意识、基本知识、专业技能明显提升。

二是制定交通运输从业人员安全素质管理制度。2017 年我部印发了《公路水路从业人员安全素质管理制度立改废清单》和《公路水路从业人员安全素质规范和职业标准立改废清单》，并制定了相关领域内的从业人员安全素质管理制度。

三是制定了完善的客运、危货驾驶员继续教育、定期考核制度。发布《道路运输驾驶员继续教育办法》《道路运输驾驶员诚信考核办法（试行）》《道路危险货物运输从业人员考试大纲》《道路危险货物运输从业人员培训大纲》，着力加强对从业人员的继续教育和考核，提升从业人员的知识和技能水平。在新修订的交通运输行业标准《危险货物道路运输规则》（JT/T 617）中，也进一步明确了危险货物道路运输从业人员应具备的知识范围和应急要求。

四是不断加强安全宣传教育工作。2017 年我部编制完成了《举案说法》教材及《公路水路行业安全生产典型事故警示录》，并作为行业内从业人员安全生产教育培训使用教材，切实加强警示宣传工作。公安部每年联合相关部门共同部署开展"交通安全日"主题宣传活动，全方位夯实道路交通安全基础。应急管理部连续第 17 年开展"安全生产月"活动，推动安全文化进企业、进学校、

进机关、进社区、进农村、进家庭、进公共场所,促进道路运输企业落实安全生产责任,提高道路运输从业人员安全意识,大力营造"关爱生命、关注安全"的社会氛围,为全国道路交通运输安全生产形势的持续稳定好转提供重要支撑。

三、关于"强制安装车辆主动安全智能防控技术装备,应用科技手段防控交通事故"的建议

随着车辆智能化技术的不断进步以及国家对车辆安全、道路交通安全要求的加严,工业和信息化部开展了一系列汽车安全智能控制标准的研究与制定工作。GB7258—2017《机动车运行安全技术条件》2017年9月发布,2018年1月1日已正式实施,增加了机动车采用主被动安全新技术、新装置、新结构时的要求,增加了事件数据记录系统(EDR)、汽车电子标识安装用微波窗口等运行安全管理要求。该标准中要求高度大于等于3.7M的客车于2020年1月1日起强制实施安装电子稳定性控制系统(ESC)。GB26149—2017《乘用车轮胎气压监测系统的性能要求和试验方法》2017年10月发布,将于2019年1月1日实施,要求M1类车辆强制安装轮胎气压监测系统(TPMS)。《商用车辆电子稳定性控制系统性能要求及试验方法》已报国标委审批,即将发布实施。这些标准都是为了鼓励车辆生产企业不断提高车辆安全技术水平。

此外,2016年汽车标委会正式成立先进驾驶辅助系统(ADAS)标准工作组,统筹先进驾驶辅助系统(ADAS)系列标准研究与制定。编制完成并发布ADAS标准体系,确定ADAS标准制定路线图,该系列标准已纳入《国家车联网标准体系建设指南(智能网联汽车)》。

下一步,工业和信息化部将不断完善主动安全、智能辅助驾驶标准体系,继续推进相关标准制修订工作,主要包括强制性国家标准《汽车事件数据记录系统(EDR)》、推荐性国家标准《商用车自动紧急制动系统(AEBS)》《商用车辆车道保持辅助系统(LKAS)》《车载视频行驶记录系统》《驾驶员疲劳/注意力提示系统性能要求与测试方法》等一系列标准项目。同时,积极将推荐性国家标准转化为强制性国家标准。

四、关于"提升农村道路的交通安全防控能力"的建议

我部高度重视提升农村道路的交通安全防控能力,深入贯彻习近平总书记关于"把农村公路建好、管好、护好、运营好"的重要指示精神,全面推动"四好农村路"协调发展,开展了一系列工作。

一是加大财政投入。要求各地认真落实《国务院办公厅关于创新农村基础设施投融资体制机制的指导意见》(国办发〔2017〕17号)有关要求,将农村公路建设、养护、管理机构运行经费及人员基本支出纳入一般公共财政预算,逐步建设以地方财政投入为主,多种筹资方式为辅的资金保障机制。

二是高度重视农村公路桥梁安全和安全设施建设。分别从2003年和2006年起列专项资金,支持地方开展县乡公路危桥改造和安防工程建设,提高农村公路安全保障能力。《国务院办公厅关于实施公路安全生命防护工程的意见》(国办发〔2014〕55号)提出了"2020年底前,基本完成乡道及以上行政等级公路安全隐患治理"的工作目标。为做好贯彻落实,2015年,我部对全国乡道及以上公路安全防护设施进行摸底排查,构建了"十三五"项目库。2015—2018年,我部连续4年将公路安全生命防护工程和危桥改造工程纳入"贴近民生实事"向社会做出公开承诺,加快推动工程实施。

提高农村公路基础设施安全保障能力,需要部、省、市、县共同努力。下一步,我们将进一步督促地方政府加强组织领导,落实主体责任,加大资金筹措力度,部省共同努力,促进公路安全保障能力不断提升、公路运行更加安全有序。

感谢您对道路交通运输安全工作给予的关心和支持,希望继续对我们的工作提出宝贵意见和建议。

联系单位及电话:交通运输部运输服务司,010-65293488。

关于十二届全国人大五次会议
第1032号建议的答复函

——关于发展城市公共自行车的建议

· 2017年8月2日
· 交运建字〔2017〕205号

您提出的关于发展城市公共自行车的建议收悉。我部会同公安部、住房城乡建设部等部门进行了认真研究,现答复如下:

您在建议中分析了城市公共自行车的发展现状,充分肯定了公共自行车带来的积极作用,指出当前公共自行车缺乏统一运营服务标准、公共自行车交通系统规划和自行车专用道等设置需要法规保障等问题,提出国家出台公共自行车相关条例及指导性意见的建议,针对性

强，具有很强的现实意义。我们对此高度重视，将认真研究和吸收借鉴。

全国人大已将您所提建议列入重点督办建议。为做好重点督办建议答复工作，我部刘小明副部长带队，邀请全国人大代表，会同全国人大办公厅、全国人大财经委、公安部、工业和信息化部、国土资源部、保监会等联合承办单位相关同志于 6 月中旬分别对深圳市、上海市城市综合交通发展和交通拥堵治理情况进行了调研，为建议办理工作打下良好基础。

针对公共自行车出现的新情况和新问题，各有关城市人民政府积极主动作为，因地制宜作出了有益的探索。深圳、成都等城市出台了鼓励规范互联网租赁自行车发展的政策意见，北京、天津、上海、南京和杭州等城市发布了征求意见稿。我部会同中央宣传部、中央网信办、国家发展改革委、工业和信息化部、公安部、住房城乡建设部、人民银行、质检总局、国家旅游局等部门组成联合工作组，对各地已出台的政策或者发布的征求意见稿进行了全面梳理，对 36 个中心城市开展了专题调研，组织开展了网络问卷调查，并联合召开了地方主管部门、互联网租赁自行车企业、专家学者和用户等不同层面的座谈会，通过多种方式广泛听取各方面意见。住房城乡建设部对自行车道交通网络、乱停放等问题深入研究论证，与部分城市政府负责同志和相关行业协会进行座谈，并赴地方实地调研指导，明确要求城市管理部门不得随意扣车。在此基础上，我部联合相关部门共同起草了《关于鼓励和规范互联网租赁自行车发展的指导意见（征求意见稿）》（以下简称《指导意见》），并于 5 月 22 日起向社会公开征求意见。征求意见工作得到了社会各界的广泛关注和积极参与，为研究完善政策文件奠定了基础。目前，我们正在会同相关部门抓紧研究吸纳各方面意见。

下一步，我们将会同有关部门进一步深化研究，结合您的建议和向社会征求意见情况，进一步修改完善《关于鼓励和规范互联网租赁自行车发展的指导意见》，争取早日出台。同时，加强部门联动，指导地方相关部门抓好政策落实工作，营造良好发展环境，促进互联网租赁自行车健康有序发展。

感谢您对城市交通事业的关心和支持。

关于十二届全国人大五次会议第 8619 号建议答复的函

——关于尽快制定支持和规范共享单车发展政策的建议

· 2017 年 8 月 2 日
· 交运建字〔2017〕206 号

您提出的关于尽快制定支持和规范共享单车发展政策的建议收悉。我部会同住房城乡建设部等部门进行了认真研究，现答复如下：

您在建议中肯定了互联网租赁自行车（俗称"共享单车"）带来的积极作用，分析了在发展过程中带来的问题，提出从国家层面出台法规政策促进发展的建议，具有很强的针对性。我们对此高度赞同并将认真研究借鉴。

近年来，互联网租赁自行车快速发展。据不完全统计，截至 2017 年 5 月，全国共有互联网租赁自行车运营企业 30 多家，累计投放车辆超过 1000 万辆，注册用户超过 1 亿人次，累计服务人数超过 10 亿人次。互联网租赁自行车服务极大地方便了公众短距离出行和公共交通接驳换乘，在有效解决城市交通出行"最后一公里"问题、缓解城市交通拥堵等方面发挥了积极作用，但同时也存在车辆乱停乱放、车辆运营维护不到位、企业主体责任不落实、用户资金和信息安全风险等问题。

针对这些新情况和新问题，各有关城市人民政府积极主动作为，因地制宜作出了有益的探索。深圳、成都等城市出台了鼓励规范互联网租赁自行车发展的政策意见，北京、天津、上海、南京和杭州等城市发布了征求意见稿。我部会同中央宣传部、中央网信办、国家发展改革委、工业和信息化部、公安部、住房城乡建设部、人民银行、质检总局、国家旅游局等部门组成联合工作组，对各地已出台的政策或者发布的征求意见稿进行了全面梳理，对 36 个中心城市开展了专题调研，组织开展了网络问卷调查，并联合召开了地方主管部门、互联网租赁自行车企业、专家学者和用户等不同层面的座谈会，通过多种方式广泛听取各方面意见。住房城乡建设部对自行车道交通网络、乱停放等问题深入研究论证，与部分城市政府负责同志和相关行业协会进行座谈，并赴地方实地调研指导，明确要求城市管理部门不得随意扣车。在此基础上，我部联合相关部门共同起草了《关于鼓励和规范互联网租赁自行车发展的指导意见（征求意见稿）》（以下简称《指导意见》），并于 5 月 22 日起向社会公开征求意见。征求意见工作得到了社会各界的广泛关注和积极参与，为研究完善政策文件奠定了基础。

下一步，我们将会同有关部门进一步深化研究，结合您的建议和向社会征求意见情况，进一步修改完善《关于鼓励和规范互联网租赁自行车发展的指导意见》，争取早日出台。同时，加强部门联动，指导地方相关部门抓好政策落实工作，营造良好发展环境，促进互联网租赁自行车健康有序发展。

感谢您对交通运输事业的关心和支持。

关于政协十三届全国委员会第三次会议第0618号（工交邮电类073号）提案答复的函
——关于完善高速公路限速管理的提案

· 2020年8月18日
· 交公路提字〔2020〕7号

您提出的关于完善高速公路限速管理的提案收悉，现答复如下：

感谢您对交通运输工作的关注。您提出的高速公路限速问题具有一定的典型性和代表性。对此，我部高度重视，逐一研究您所提建议，并结合我部近年调研实践完善相关工作措施。

一、高速公路限速问题及其主要原因

高速公路限速问题包括限速值忽高忽低、限速标志设置随意、各地标准掌握不一等问题。有关调查研究显示，这些问题的主要原因有两方面：一是限速路段的划分、限速值的确定和限速方式的选取没有严格执行限速标准。2017年，国标《道路交通标志和标线 第五部分限制速度》（GB 5768.5—2017）发布，对限速值的确定依据、考虑因素、限速梯度等进行了详细规定，但一些地方并未严格执行，尤其是限速值与设计速度不一致时，未根据运行情况和现场实际，按标准进行充分的交通工程论证，限速值设置不科学。二是未能妥善处理安全与效率的关系。一方面，公路建设管理中，对少数条件受限的特殊路段，如长陡下坡、特长隧道、特殊不良气象影响路段等，为确保运行安全选取较低的限速值是必要的，但对大量技术条件良好的高速公路路段仍选用偏低限速值，则会影响车辆通行效率。

二、规范高速公路限速有关工作措施

为解决以上问题，交通运输部门总结近年有关实践，组织各方专家进行调查研究，考虑各方需求，按照职责分工，提升服务理念，采取有效措施，共同推动问题解决。

（一）制定公路限速设计标准。我部于2020年6月28日发布了《公路限速标志设计规范》（以下简称《规范》），对既有国标《道路交通标志和标线 第五部分限制速度》（GB 5768.5—2017）进行了补充细化，同时根据您的建议调整了如下内容：一是在总则中明确，"公路限速标志设计应从公路使用者的角度出发，兼顾交通安全与运行效率"，提出了限速设置的原则；二是规定"相邻两个限速路段的限速值之差不应大于20km/h"，以解决主线路段限速值变化过大问题；三是规定"公路互通式立交交叉主线、减速车道和出口匝道所设置的限速标志，相互之间限速值之差不宜超过30km/h"，以解决出口匝道限速值变化过快或限速值过低问题；四是根据我国国情特点设置分车道、分车型限速的方式，在保障大客、大货车限速和安全的基础上，提高小客车通行效率。从重庆、山东、福建、贵州等省份此前按照相似方案进行的整治提升情况看，效果良好，在保证行车安全的前提下，提升了通行效率。

（二）以《规范》的实施推动改善公众体验。《公路限速标志设计规范》规定了限速路段的划分、限速值的确定、限速方式的选取、限速标志的设置要求，于2020年11月1日起施行。我部将认真做好解读、宣贯、培训、释义等工作，确保各地准确、完整实施《规范》，力求解决限速不规范问题，增强司乘获得感、幸福感和安全感。

（三）以信息化手段增强限速相关工作透明度。积极协调配合有关部门和单位，推动利用地图、表格、APP嵌入等方式，公开高速公路限速标志、电子眼、雷达测速仪等限速设施信息，以及高速公路限速路段或者限速点信息，进一步提高管理服务透明度。

再次感谢您对我部工作的支持！

联系部门及电话：交通运输部公路局，010-65292276。

关于政协第十三届全国委员会第一次会议第4529号（工交邮电类367号）提案答复的函
——关于多措并举引导网约车行业科学发展规范建设的提案

· 2018年10月25日
· 交运提字〔2018〕83号

您提出的关于多措并举引导网约车行业科学发展规范建设的提案收悉。我部会同国家发展改革委、公安部、

民政部、商务部进行了认真研究,现答复如下:

您在认真分析网约车发展存在的无序竞争、执法监督机制不健全、企业主体责任落实不到位等问题基础上,提出了实施"黑名单"制度、建立行业协会、加强市场准入审核等建议,具有很强的针对性和现实意义,我们将认真研究借鉴。

网约车新业态满足了乘客高品质、多样化出行需求,对促进传统行业转型升级具有积极作用,但同时也存在不公平竞争、乘客安全和合法权益缺乏保障等问题。对此,我部高度重视,会同各有关部门采取了一系列举措,持续推动网约车新业态规范有序发展。

(一)加快政策顶层设计。《国务院办公厅关于深化改革推进出租汽车行业健康发展的指导意见》(国办发〔2016〕58号)和《网络预约出租汽车经营服务管理暂行办法》(交通运输部 工业和信息化部 公安部 商务部 工商总局 质检总局 国家网信办令2016年第60号)(以下简称《暂行办法》)两个文件,明确了网约车规范发展的总体要求和政策制度,实现了网约车发展有法可依。两个文件实施后,各地有序推进行业改革工作,改革政策落地取得阶段性成效。

(二)加强新业态联合监管。2018年6月,我部联合相关部门印发了《交通运输部办公厅 中央网信办秘书局 工业和信息化部办公厅 公安部办公厅 中国人民银行办公厅 国家税务总局办公厅 国家市场监督管理总局办公厅关于加强网络预约出租汽车行业事中事后联合监管有关工作的通知》(交办运〔2018〕68号),要求各级相关部门加强事中事后联合监管应急响应和处置,明确了联合监管工作流程,为根据违法违规行为严重程度采取相应处置措施提供了政策依据。此外,2018年7月,为加强交通运输新业态监管,形成多部门工作合力,提高行业治理和应急处置能力,经国务院同意,由我部牵头建立交通运输新业态协同监管部际联席会议制度,中央宣传部、中央政法委、中央网信办、发展改革委、工业和信息化部、公安部、司法部、人民银行、市场监督管理总局、信访局等相关部门参加。

(三)引导新业态诚实守信经营。为加强出租汽车市场主体信用监管,我部会同国家发展改革委研究制定了关于出租汽车行业失信联合惩戒对象名单管理办法及联合惩戒合作备忘录,推动建立健全网约车诚信体系,建立失信黑名单制度和联合惩戒机制,加快构建以信用为核心的新型监管机制。目前,《关于加强和规范出租汽车行业失信联合惩戒对象名单管理工作的通知》已完成社会公开征求意见工作,待修改完善后发布实施。

(四)积极发挥行业协会作用。《暂行办法》要求"出租汽车行业协会组织应当建立网约车平台公司和驾驶员不良记录名单制度,加强行业自律。"《交通运输部关于印发〈出租汽车服务质量信誉考核办法〉的通知》(交运发〔2018〕58号)提出鼓励行业协会等第三方机构参与出租汽车服务质量信誉考核工作。目前网约车领域相关的行业协会主要有中国出租汽车暨汽车租赁协会、中国交通运输协会、中国智能交通协会、中国道路运输协会出租汽车与汽车租赁分会等。为提升行业服务质量和自治自律水平,我部非常重视行业协会建设工作,指导地方充分发挥行业协会作用。例如,广州市由行业协会推行诚信服务工作,加强驾驶员自我约束、行业正面宣传和社会监督,将诚信服务车数量与企业服务质量测评及运力投放等挂钩;行业协会出台驾驶员招聘公约,对驾驶员的企业内部管理、安全营运行为进行约定,明确各企业不得录用违章、投诉多或因此被其他企业清退的驾驶员,形成社会共同监督、驾驶员注重自律、企业重视监管的管理体系。

(五)切实加强安全监管。在驾驶员从业准入方面,为落实《暂行办法》相关要求,2018年3月,我部会同公安部印发了《交通运输部办公厅 公安部办公厅关于切实做好出租汽车驾驶员背景核查与监管等有关工作的通知》(交办运〔2018〕32号),明确了驾驶员背景核查内容、流程以及部门分工,公安机关对持证驾驶员背景信息变化情况按季度进行动态核查。在车辆管理方面,《暂行办法》已规定"网约车行驶里程达到60万千米时强制报废。行驶里程未达到60万千米但使用年限达到8年时,退出网约车经营。小、微型非营运载客汽车登记为预约出租客运的,按照网约车报废标准报废。其他小、微型营运载客汽车登记为预约出租客运的,按照该类型营运载客汽车报废标准和网约车报废标准中先行达到的标准报废。"在执法检查方面,由公安部指导各地公安交管部门结合深入推进交通秩序整治活动,加强网约车交通违法规律特点分析,突出客运场站、商务区等重点区域的管控,严查网约车交通违法行为,同时积极配合交通行政执法部门开展"网约车"非法客运整治。

下一步,我部将结合您提出的建议,会同各有关部门进一步推进出租汽车行业改革政策的落地实施。一是会同相关部门不断完善政策措施,提升传统行业运营效率和服务水平,推进新业态融合发展。二是加快网约车合规化进程,督促各地尽快为符合条件的车辆和人员办理许可。三是指导地方加大对网约车非法营运、"人车不符"等行为的执法打击力度,促进网约车规范发展,维护公众合法权益。四是督促网约车平台公司做好数据传输工作,重点围绕数据完整性、规范性、及时性和真实性,定期开展网约车监管信息交互平台数据传输质量测评,并将测评结果向社会公布,进一步规范平台公司数据传输行为。五是加快制定对对出租汽车行业失信市场主体及其有关人员实施联合惩戒的合作备忘录等文件,加强市场信用体系建设,不断提升行业治理能力和服务水平,不断增强人民群众的获得感、幸福感。

感谢您对交通运输事业的关心与支持。

联系单位:交通运输部运输服务司,电话:010-65293718。

• 实用附录

1. 机动车交通事故责任强制保险基础费率表
（2008 版）

金额单位：人民币元

车辆大类	序号	车辆明细分类	保费
一、家庭自用车	1	家庭自用汽车 6 座以下	950
	2	家庭自用汽车 6 座及以上	1,100
二、非营业客车	3	企业非营业汽车 6 座以下	1,000
	4	企业非营业汽车 6-10 座	1,130
	5	企业非营业汽车 10-20 座	1,220
	6	企业非营业汽车 20 座以上	1,270
	7	机关非营业汽车 6 座以下	950
	8	机关非营业汽车 6-10 座	1,070
	9	机关非营业汽车 10-20 座	1,140
	10	机关非营业汽车 20 座以上	1,320
三、营业客车	11	营业出租租赁 6 座以下	1,800
	12	营业出租租赁 6-10 座	2,360
	13	营业出租租赁 10-20 座	2,400
	14	营业出租租赁 20-36 座	2,560
	15	营业出租租赁 36 座以上	3,530
	16	营业城市公交 6-10 座	2,250
	17	营业城市公交 10-20 座	2,520
	18	营业城市公交 20-36 座	3,020
	19	营业城市公交 36 座以上	3,140
	20	营业公路客运 6-10 座	2,350
	21	营业公路客运 10-20 座	2,620
	22	营业公路客运 20-36 座	3,420
	23	营业公路客运 36 座以上	4,690

续表

车辆大类	序号	车辆明细分类	保费
四、非营业货车	24	非营业货车 2 吨以下	1,200
	25	非营业货车 2-5 吨	1,470
	26	非营业货车 5-10 吨	1,650
	27	非营业货车 10 吨以上	2,220
五、营业货车	28	营业货车 2 吨以下	1,850
	29	营业货车 2-5 吨	3,070
	30	营业货车 5-10 吨	3,450
	31	营业货车 10 吨以上	4,480
六、特种车	32	特种车一	3,710
	33	特种车二	2,430
	34	特种车三	1,080
	35	特种车四	3,980
七、摩托车	36	摩托车 50CC 及以下	80
	37	摩托车 50CC-250CC(含)	120
	38	摩托车 250CC 以上及侧三轮	400
八、拖拉机	39	兼用型拖拉机 14.7KW 及以下	按保监产险[2007]53号实行地区差别费率
	40	兼用型拖拉机 14.7KW 以上	
	41	运输型拖拉机 14.7KW 及以下	
	42	运输型拖拉机 14.7KW 以上	

1. 座位和吨位的分类都按照"含起点不含终点"的原则来解释。
2. 特种车一:油罐车、汽罐车、液罐车;特种车二:专用净水车、特种车一以外的罐式货车,以及用于清障、清扫、清洁、起重、装卸、升降、搅拌、挖掘、推土、冷藏、保温等的各种专用机动车;特种车三:装有固定专用仪器设备从事专业工作的监测、消防、运钞、医疗、电视转播等的各种专用机动车;特种车四:集装箱拖头。
3. 挂车根据实际的使用性质并按照对应吨位货车的 30% 计算。
4. 低速载货汽车参照运输型拖拉机 14.7kw 以上的费率执行。

2. 准驾车型及代号

准驾车型	代号	准驾的车辆	准予驾驶的其他准驾车型
大型客车	A1	大型载客汽车	A3、B1、B2、C1、C2、C3、C4、M
牵引车	A2	重型、中型全挂、半挂汽车列车	B1、B2、C1、C2、C3、C4、M
城市公交车	A3	核载10人以上的城市公共汽车	C1、C2、C3、C4
中型客车	B1	中型载客汽车(含核载10人以上、19人以下的城市公共汽车)	C1、C2、C3、C4、M
大型货车	B2	重型、中型载货汽车;重型、中型专项作业车	
小型汽车	C1	小型、微型载客汽车以及轻型、微型载货汽车;轻型、微型专项作业车	C2、C3、C4
小型自动挡汽车	C2	小型、微型自动挡载客汽车以及轻型、微型自动挡载货汽车	
低速载货汽车	C3	低速载货汽车	C4
三轮汽车	C4	三轮汽车	
残疾人专用小型自动挡载客汽车	C5	残疾人专用小型、微型自动挡载客汽车(允许上肢、右下肢或者双下肢残疾人驾驶)	
普通三轮摩托车	D	发动机排量大于50ml或者最大设计车速大于50km/h的三轮摩托车	E、F
普通二轮摩托车	E	发动机排量大于50ml或者最大设计车速大于50km/h的二轮摩托车	F
轻便摩托车	F	发动机排量小于等于50ml,最大设计车速小于等于50km/h的摩托车	
轮式自行机械车	M	轮式自行机械车	
无轨电车	N	无轨电车	
有轨电车	P	有轨电车	

3. 道路交通安全违法行为记分分值

一、机动车驾驶人有下列违法行为之一，一次记 12 分：

（一）驾驶与准驾车型不符的机动车的；

（二）饮酒后驾驶机动车的；

（三）驾驶营运客车（不包括公共汽车）、校车载人超过核定人数 20% 以上的；

（四）造成交通事故后逃逸，尚不构成犯罪的；

（五）上道路行驶的机动车未悬挂机动车号牌的，或者故意遮挡、污损、不按规定安装机动车号牌的；

（六）使用伪造、变造的机动车号牌、行驶证、驾驶证、校车标牌或者使用其他机动车号牌、行驶证的；

（七）驾驶机动车在高速公路上倒车、逆行、穿越中央分隔带掉头的；

（八）驾驶营运客车在高速公路车道内停车的；

（九）驾驶中型以上载客载货汽车、校车、危险物品运输车辆在高速公路、城市快速路上行驶超过规定时速 20% 以上或者在高速公路、城市快速路以外的道路上行驶超过规定时速 50% 以上，以及驾驶其他机动车行驶超过规定时速 50% 以上的；

（十）连续驾驶中型以上载客汽车、危险物品运输车辆超过 4 小时未停车休息或者停车休息时间少于 20 分钟的；

（十一）未取得校车驾驶资格驾驶校车的。

二、机动车驾驶人有下列违法行为之一，一次记 6 分：

（一）机动车驾驶证被暂扣期间驾驶机动车的；

（二）驾驶机动车违反道路交通信号灯通行的；

（三）驾驶营运客车（不包括公共汽车）、校车载人超过核定人数未达 20% 的，或者驾驶其他载客汽车载人超过核定人数 20% 以上的；

（四）驾驶中型以上载客载货汽车、校车、危险物品运输车辆在高速公路、城市快速路上行驶超过规定时速未达 20% 的；

（五）驾驶中型以上载客载货汽车、校车、危险物品运输车辆在高速公路、城市快速路以外的道路上行驶或者驾驶其他机动车行驶超过规定时速 20% 以上未达到 50% 的；

（六）驾驶货车载物超过核定载质量 30% 以上或者违反规定载客的；

（七）驾驶营运客车以外的机动车在高速公路车道内停车的；

（八）驾驶机动车在高速公路或者城市快速路上违法占用应急车道行驶的；

（九）低能见度气象条件下，驾驶机动车在高速公路上不按规定行驶的；

（十）驾驶机动车运载超限的不可解体的物品，未按指定的时间、路线、速度行驶或者未悬挂明显标志的；

（十一）驾驶机动车载运爆炸物品、易燃易爆化学物品以及剧毒、放射性等危险物品，未按指定的时间、路线、速度行驶或者未悬挂警示标志并采取必要的安全措施的；

（十二）以隐瞒、欺骗手段补领机动车驾驶证的；

（十三）连续驾驶中型以上载客汽车、危险物品运输车辆以外的机动车超过 4 小时未停车休息或者停车休息时间少于 20 分钟的；

（十四）驾驶机动车不按照规定避让校车的。

三、机动车驾驶人有下列违法行为之一，一次记 3 分：

（一）驾驶营运客车（不包括公共汽车）、校车以外的载客汽车载人超过核定人数未达 20% 的；

（二）驾驶中型以上载客载货汽车、危险物品运输车辆在高速公路、城市快速路以外的道路上行驶或者驾驶其他机动车行驶超过规定时速未达 20% 的；

（三）驾驶货车载物超过核定载质量未达 30% 的；
（四）驾驶机动车在高速公路上行驶低于规定最低时速的；
（五）驾驶禁止驶入高速公路的机动车驶入高速公路的；
（六）驾驶机动车在高速公路或者城市快速路上不按规定车道行驶的；
（七）驾驶机动车行经人行横道,不按规定减速、停车、避让行人的；
（八）驾驶机动车违反禁令标志、禁止标线指示的；
（九）驾驶机动车不按规定超车、让行的,或者逆向行驶的；
（十）驾驶机动车违反规定牵引挂车的；
（十一）在道路上车辆发生故障、事故停车后,不按规定使用灯光和设置警告标志的；
（十二）上道路行驶的机动车未按规定定期进行安全技术检验的。

四、机动车驾驶人有下列违法行为之一,一次记 2 分：
（一）驾驶机动车行经交叉路口不按规定行车或者停车的；
（二）驾驶机动车有拨打、接听手持电话等妨碍安全驾驶的行为的；
（三）驾驶二轮摩托车,不戴安全头盔的；
（四）驾驶机动车在高速公路或者城市快速路上行驶时,驾驶人未按规定系安全带的；
（五）驾驶机动车遇前方机动车停车排队或者缓慢行驶时,借道超车或者占用对面车道、穿插等候车辆的；
（六）不按照规定为校车配备安全设备,或者不按照规定对校车进行安全维护的；
（七）驾驶校车运载学生,不按照规定放置校车标牌、开启校车标志灯,或者不按照经审核确定的线路行驶的；
（八）校车上下学生,不按照规定在校车停靠站点停靠的；
（九）校车未运载学生上道路行驶,使用校车标牌、校车标志灯和停车指示标志的；
（十）驾驶校车上道路行驶前,未对校车车况是否符合安全技术要求进行检查,或者驾驶存在安全隐患的校车上道路行驶的；
（十一）在校车载有学生时给车辆加油,或者在校车发动机引擎熄灭前离开驾驶座位的。

五、机动车驾驶人有下列违法行为之一,一次记 1 分：
（一）驾驶机动车不按规定使用灯光的；
（二）驾驶机动车不按规定会车的；
（三）驾驶机动车载货长度、宽度、高度超过规定的；
（四）上道路行驶的机动车未放置检验合格标志、保险标志,未随车携带行驶证、机动车驾驶证的。

图书在版编目（CIP）数据

中华人民共和国道路交通法律法规全书：含规章及法律解释：2024年版／中国法制出版社编．—北京：中国法制出版社，2024.1
（法律法规全书系列）
ISBN 978-7-5216-4059-5

Ⅰ.①中… Ⅱ.①中… Ⅲ.①道路交通安全法-汇编-中国 Ⅳ.①D922.296.9

中国国家版本馆CIP数据核字（2023）第242115号

策划编辑：袁笋冰　　　　　　责任编辑：赵　燕　　　　　　封面设计：李宁

中华人民共和国道路交通法律法规全书：含规章及法律解释：2024年版
ZHONGHUA RENMIN GONGHEGUO DAOLU JIAOTONG FALÜ FAGUI QUANSHU：HAN GUIZHANG JI FALÜ JIESHI：2024 NIAN BAN

经销/新华书店
印刷/三河市国英印务有限公司
开本/787毫米×960毫米　16开　　　　　　　　　　　印张/47　字数/1246千
版次/2024年1月第1版　　　　　　　　　　　　　　2024年1月第1次印刷

中国法制出版社出版
书号 ISBN 978-7-5216-4059-5　　　　　　　　　　　　　　定价：98.00元

北京市西城区西便门西里甲16号西便门办公区
邮政编码：100053　　　　　　　　　　　　　　　　传真：010-63141600
网址：http：//www.zgfzs.com　　　　　　　　　　编辑部电话：010-63141669
市场营销部电话：010-63141612　　　　　　　　　印务部电话：010-63141606

（如有印装质量问题，请与本社印务部联系。）